U0920638

长庆石油勘探局年鉴

2001—2004

（二）

长庆石油勘探局　编

石 油 工 业 出 版 社

图书在版编目(CIP)数据

长庆石油勘探局年鉴:2001—2004/长庆石油勘探局编 .
北京:石油工业出版社,2005.4
ISBN 7-5021-5025-0

Ⅰ.长...
Ⅱ.长...
Ⅲ.鄂尔多斯盆地-油气勘探-工业企业-2001—2004-年鉴
Ⅳ.F426.22-54

中国版本图书馆 CIP 数据核字(2005)第 019080 号

长庆石油勘探局年鉴
2001—2004/长庆石油勘探局编

出版发行:石油工业出版社
(北京安定门外安华里 2 区 1 号 100011)
网 址:www.petropub.cn
总 机:(010)64262233 发行部:(010)64210392
经 销:全国新华书店
印 刷:长庆石油勘探局长庆石油报社印刷厂印刷

2005 年 4 月第 1 版 2005 年 4 月第 1 次印刷
787×1092 毫米 1/16 印张:118.5 插页:17
字数:2934 千字 印数:1—1050 册

ISBN 7-5021-5025-0/TE·3498
定价:680.00 元(全三册)
(如出现印装质量问题,我社发行部负责调换)

目　　录

《长庆石油勘探局年鉴》2003卷

第一篇　总　述

综　述

特　载

专　文

专　稿

第二篇　工程技术服务

地球物理勘探

钻井工程

测　井

井下作业

第三篇　生产服务　加工制造　合作开发油气田及社会服务

第四篇　科技发展

第五篇　质量安全与环境保护

第六篇　对外合作与交流

第七篇　企业改革与管理

第八篇　精神文明建设

第九篇　机构与人物

第十篇　长庆石油勘探局属单位概览

第十一篇　长庆石油勘探局大事纪要

《长庆石油勘探局年鉴》2004卷

第一篇 总 述

综 述

特 载

专 文

专　稿

第二篇　工程技术服务

钻井工程

井下作业

工程建设

第三篇　生产服务　加工制造

合作开发油气田及社会服务

第四篇　科技发展

第五篇　质量安全与环境保护

第六篇　对外合作与交流

第七篇　企业改革与管理

第八篇　精神文明建设

第九篇　机构与人物

第十篇　长庆石油勘探局属单位概览

第十一篇　长庆石油勘探局大事纪要

长庆石油勘探局年鉴

2003卷

第一篇

总　述

综 述

2002年长庆石油勘探局工作情况概述

【概述】 长庆石油勘探局(以下简称长庆局)是中国石油天然气集团公司(以下简称集团公司)所属的、以油气工程技术服务为主兼生产生活服务的、并具备油气资源开发和多元化发展能力的综合性国有大型企业,工作区域主要在鄂尔多斯盆地及其周边地区。2002年底,局属二级单位44个(含两个助剂厂),局机关设职能处室15个,附属单位9个。全局有职工37664人,其中干部11588人,占职工总数的30.8%;工人26076人,占职工总数的69.2%。干部中正高级职称人员19人,副高级职称人员565人,中级职称人员3512人,初级职称人员5056人。工人中高级技师21人,技师388人,高级工4983人,中级工6829人,初级工1874人。内部退养人员4381人,有偿解除劳动关系人员6425人,共有离退休职工11399人。

到2002年末,长庆局拥有资产总值84.09亿元。其中,固定资产原值40.02亿元,净值29.49亿元;所有者权益39.40亿元,负债总额44.69亿元,负债率53.15%。全年主营业务收入53.83亿元,同比增长21.79%;主营业务成本52.36亿元,同比增长22%;完成企业增加值19.17亿元,同比增长19.14%;完成全员劳动生产率5.09万元/(人·年),同比增长21.48%;上缴税费4.71亿元,同比增长46.82%。

【工程技术及生产服务】

(1)地震勘探:全年完成二维地震8204千米,同比增长17.52%,二维生产总炮次6.68万炮;完成三维地震546平方千米,其中:国外343平方千米,同比增长245.57%,完成GPS定位点130个,全年提交预探井位225口,完成的二维、三维地震工作量均创历史新高。二维地震一级品率75.80%,记录合格率99.80%,三维地震记录合格率100%,提交探井井位符合率77.9%,地震空炮率0.27%,微测井合格率100%。二维地震平均动用队年效率1651千米/(队·年),三维地震平均动用队年效率683千米/(队·年),二维地震队利用率55.22%,三维地震队利用率40%。

(2)钻井生产:全年开钻1004口,其中,天然气探井14口,石油探井65口,天然气开发井96口,石油开发井829口;完井1006口,其中,天然气探井14口,石油探井65口,天然气开发井97口,石油开发井830口;完成钻井进尺195.08万米,其中,天然气探井4.74万米,石油探井12.99万米,天然气开发井32.47万米,石油开发井144.88万米。钻井进尺同比增长8.5%。

钻井按市场划分:长庆油田市场开钻994口,完井995口,钻井进尺192.7万米;社会市场开钻8口,完井9口,钻井进尺1.97万米,其中,国外开钻2口,完井3口,钻井进尺8052米。

钻机月速度4030.53米/(台·月),井身质量合格率100%,固井质量合格率100%,取心收获率99.42%,平均动用队年进尺34254.22米/(队·年),钻机利用率90.48%,钻井队利用率88.98%。

(3)测井、测试:全年完成测井、测试工作量5065井次,同比增长20.68%;完成射孔1997井次,同比增长34.66%;完成测井直接工作量6358.13万计价米,完成射孔12572射孔米;测井资料合格率 100%,一级品率 93.94 %,射孔准确率 100%,优等品率 97.85%;气测录井资料合格率 100%。

(4)试油压裂及井下作业:全年完成试油 1022 层,与 2001 年同比增长 16.14%;试油交井 1317 口,同比增长 29.88%;压裂酸化 1730 次,同比增长 27.96%;平均动用试油队年效率 85 层/(队·年),试油队利用率 75.13%。全年完成井下修井作业 9407 井次,同比增长 22.87%;完成作业井口数 8762 口,比 2001 年增加 1342 口,增幅 18.08%。

(5)建筑施工:全年承揽工程合同金额 9.92 亿元,同比增长 118.80%;完成施工产值 9.58 亿元,同比增长 59.19%,创历史新高;建筑产品优良品率 87.10%,施工项目竣工率 89.90%,一次验交合格率 100%。

(6)供水供电:全年完成供水量 1517 万立方米,同比增长 10.81%;供水商品率 97.10%,供水损失率 2.57%。全年完成供电量 7.97 亿千瓦·时,同比增长 18.39%;供电标准煤耗率 131 克/千瓦·时,负荷率 78.72%,网损率 4.55%。

(7)通讯、运输:通讯年末交换机总量 60556 门,同比净增 6000 门;实装单机 50736 台,同比净增 3548 台;中继线路 7050 条,同比净增 2400 条;微波线路 1208 千米,同比持平;光缆线路 1301 千米,同比净增 101 千米。

运输全年完成货运量 175 万吨,同比增长 32.42%;完成货运周转量 39838.76 万吨·千米,同比增长 57.89%,车辆完好率 92.69%,车辆工作率 78.49%。

(8)物资供应:全年完成物资吞吐量 52.46 亿元,同比下降 8.23%。其中:售给股份公司 3.06 亿元。全年物资周转 5.42 次,同此增长 0.93 个百分点。

(9)机械制造:全年完成现价工业总产值 2.31 亿元,同比增长 48.35%;完成现价工业销售产值 2.11 亿元,同比增长 32.25%;两项工业产值均创历史新高。全年完成机械加工量 2.19 万吨,同比增长 57.29%;抽油机制造 1382 台,同比净增 545 台;压力容器制造 163 具,同比净增 56 具;抽油泵制造 4029 台,同比净增 1479 台;抽油杆制造 71 万米,同比净增 16 万米;振动筛制造 82 台,同比减少 14 台。

【市场开发】 2002 年,长庆局进一步建立和完善了市场开发网络体系和目标责任制,建立健全了内部激励、市场信息管理等规章制度和新的运行机制。特别是经过对收集到的 260 多条信息筛选分析后,重点跟踪了 150 多条,参与了 72 个项目的招投标,中标 35 个工程项目,承揽工作量 6.78 亿元,同比增长 88%。同时,还成立了长庆局石油生产承包商协会,对参加协会的 26 个单位的市场行为进行了规范。

经过努力,市场开发取得了显著成果:

(1)承揽和完成市场价值工作总量大幅增长,外部市场份额明显扩大。全年承揽市场价值工作总量 96800.87 万元,同比增长 33.3%;其中,承揽油田外社会市场工作量 74669.06 万元,同比增长 82.7%。

(2)工程施工层次得以提升。长庆建设工程总公司中标宁夏中宁—郝家集高速公路路面工程施工项目,结束了长庆局道路工程施工几年来一直承担二级以下公路工程施工的局面;中标"西气东输"管道施工工程,使该公司跻身于全国长输管道施工的先进行列。

(3)市场规模、市场份额不断扩大。长庆建设工程总公司打开了青海、内蒙古等省(区)的公路建设市场;机械制造总厂首次闯入中海油、新疆准东油田井下工具、固控设备等市场;钻井工程总公司成功进入青海油田钻井市场;井下技术作业处工程技术服务延伸到了中石化市场。

(4)产品销售市场进一步拓宽,销售业绩大幅增长。产品外销 1.19 亿元,同比增长 151.07%。

(5)一批外部项目在进度、质量以及管理水平等方面赢得了甲方高度的评价和赞扬，打响了长庆品牌。

(6)首次以大兵团作战的形式，对长呼（长庆气田至呼和浩特）输气管道建设工程等重点工程进行全方位、全过程的市场开发。在该项目上，长庆局投资5500万元，成为内蒙古西部天然气股份有限公司的第二大股东。同时，积极组织工程设计、施工、物资供应、工程监理等多方面力量参与招投标竞争，争取到各类工作量6304.95万元，实现了市场开发与资本运营的最佳结合，为长庆局构建了新的经济增长点。

2002年，长庆局还积极实施“走出去”战略，在对外石油工程技术服务上取得了实质性进展。全年三个境外合同项目共完成价值工作量1213万美元。其中，厄瓜多尔项目累计完成工作量630万美元；尼日利亚项目全年完成价值工作量163万美元；乌兹别克斯坦项目完成价值工作量420万美元。这些项目也带动了相关产品的出口，总货值达2060万元；引进机电设备19台（套）和石油专用管材1063.37万元。

【科技进步】 2002年，长庆局科技工作以提高整体技术服务能力和水平、开拓市场、降低成本为目标，围绕急需解决的技术难题，组织安排科技项目39个，统一部署，精心组织，集中力量，重点攻关，项目完成率达到92.3%，一批科技攻关项目在生产中成果显著。

(1)天然气欠平衡钻井技术日臻完善。重点针对极限负压条件下的井壁稳定和注气参数设计等开展室内研究，完善欠平衡钻井设计软件，研制撬装式地面注气装置，优化气体携岩洗井参数及施工工艺参数。在苏里格气田成功地进行了长庆局第二口天然气井（苏35－18井）欠平衡钻井作业，达到预期目的。

(2)天然气小井眼水平井钻井技术取得新成果，开创了长庆局独立完成长水平段导向水平井钻井的先河。针对长水平段水平井的钻柱力学、井身结构、轨迹控制等技术，开展攻关研究，掌握了长水平段钻进时降摩阻及轨迹控制技术；优选了强抑制全酸溶暂堵完井液ASS－1体系。成功地实施了苏平1井、苏平2井两口长水平段水平井钻井施工。

(3)乌兹别克斯坦1－G井复杂地层水平井钻井获得成功。针对乌1－G井的复杂地层钻井技术难点进行了调研和攻关，取得了上部大尺寸井眼防斜打直、低返速携砂、井壁稳定技术、深部复杂层段漏失堵漏工艺等技术成果。这口水平井钻井周期与乌方当地直井相比缩短两个多月，平均机械钻速提高89.6%，全井生产指标均达到合同要求。

(4)天然气井泡沫固井技术不断进步，发展和完善了长庆局天然气井低密度长裸眼段固井技术。结合长庆气田地质特点，开展了不同压力层系固井过程中发生气侵、气窜的原因及影响固井质量的相关因素的分析与研究，优选出一套性能优越并适合长庆气田的防气窜水泥浆体系——GSJ防气窜降失水体系和低密、高强、界面胶结强度高的泡沫体系；完成了防气窜、泡沫水泥浆体系现场试验16口井，固井合格率100%，优质率86%以上。

(5)端部脱砂压裂改造技术的开发与应用，已成为低渗透油田老井重复改造，提高油井单井产量的有效措施之一。该技术应用科学的压裂裂缝系统优化、精确的施工参数设计，采用高强度、高粘弹性暂堵材料，达到增大裂缝宽度或形成新的裂缝，提高裂缝导流能力，实现油井增产的目的。到2002年底，应用端部脱砂压裂工艺技术累计改造油井24口，平均单井产量由压前日产1.55吨上升到2.99吨，增产幅度达到93%。

(6)黄土塬大口径管道铺设技术的研究与应用，为长庆承揽的“西气东输”工程施工奠定了技术基础。该项目针对“西气东输”靖边至子长方向的32千米的$\phi1060 \times 70$管道铺设工程中黄土塬大口径管道施工的特点，在焊接工艺中，形成了STT打底加外焊机自动焊、STT打底加半自动焊焊接工艺技术，焊接质量稳定；在管道下沟施工中,采用“双侧沉管下沟”工艺技术,既节约费用,又保证工期。同时,成功地实施了芦河穿越,穿越主体管道 370 米。

(7)新一代双激振电机自同步平动椭圆振动筛——GW-S 型产品的研发,成功地进入了国外市场。GW-S 型振动筛应用双激振电机自同步平动椭圆轨迹理论,实现了双激振电机上筛参振,简化了结构,减少了易损件,改善和优化了工作性能。到 2002 年底,已加工该型振动筛 30 台,并与中油集团长城公司钻机配套出口。

【改革改制】 2002 年,长庆局以精干主业、突出主营业务、提高核心竞争力和建立现代企业制度为目标,点上深入,面上突破,改革改制工作获得实质性进展。完成国有企业改制项目 8 个(包括公司制规范),涉及资产 1.66 亿元,净资产 6191.38 万元,分流国有职工 699 人。改制后,新公司股本总额 9873.1 万元,其中国有股本 3575 万元,占资本总额的 36.21%;职工(包括持股会)股本 3708.46 万元,占资本总额的 37.56%;其他法人股本 2589.64 万元,占资本总额的 26.23%。完成多种经营企业公司制改造项目 10 个(包括公司制规范)。涉及 49 个法人企业,2 个非法人企业,改制面达 55%。改制涉及集体资产 15.08 亿元,净资产 2.86 亿元,分流国有职工 2579 人。改制后新公司股本总额 2.56 亿元,其中国有股本 2500 万元,占资本总额的 9.75%;职工(包括持股会)股本 1.97 亿元,占资本总额的 76.87%;其他法人股本 3431.51 万元,占资本总额的 13.38%。

长庆局还重点在公开竞聘副处级干部、实行巡视员制度、项目经理管理、虚拟机构管理、协议工资、设立博士后科研工作站等 8 个方面进行了改革试点。按照个体经营、民办公助、个人或集体承包等多种形式,探索生活服务系统改革新路子,并取得了显著成效。

【多元经济】 2002 年,长庆局多种经营有了长足发展,主要生产经营指标均超额完成。全年完成经营总值 21.7 亿元,经营销售收入首次突破 20 亿元,达到 20.9 亿元,利润总额 6176 万元,经营销售收入和利润总额分别完成年计划的 135.8%和 136.9%。全系统实现利税 2.44 亿元,增加值 5.36 亿元;全员劳动生产率 36562 元/(人·年);销售利润率 2.95%;资产保值增值率 121.34%;人均增加值 3.66 万元/(人·年),工业产品市场占有率 24.31%,成本费用利润率 3.08%。

2002 年末,多种经营总资产 29.32 亿元,其中国有经济 5.85 亿元,集体经济 6.11 亿元,股份制经济为 16.54 亿元,其他类型经济为 0.82 亿元,分别占总资产的 20%、20.8%、56.4%、2.8%。与 2001 年同期比较,国有、集体经济资产比例下降,股份制企业比例上升。全年固定资产完成投资 1.63 亿元,新增固定资产 3.14 亿元,亏损企业从 2001 年的 19 个降至 9 个,全系统减亏 714 万元,亏损总额同比下降了 16.6%。

【安全质量环保】 2002 年,长庆局事故起数同比下降 2.9%,死亡人数上升 9.1%,重伤人数下降 30%,轻伤人数下降 4.8%。按集团公司考核指标统计,均在控制指标之内。

在环境保护方面,污染物排放浓度与总量控制稳定达标,有控废气排放达标率为 95%,固定源工业污水排放达标率为 96%,工业固体废弃物有效处置率 95%,杜绝了特大环境污染和环境破坏事故的发生。

在质量、计量、标准化方面,完成了石油工程技术服务企业及施工作业队伍资质认证工作;产品质量抽检合格率稳定在 90%以上;企业技术标准、技术水平和文本质量有了本质提高;组织了全局产品质量检查,加强了产品质量监督检查力度;实施了《质量监督实施办法》,完善了全局质量监督体系。

2002 年,长庆局还将安全管理与监督初步分开运行。全局有 1 个单位设立专职安全总监,有 19 个单位设立兼职安全总监;9 个单位明确安全副总监兼安全科长,3个单位设立了监督站;配备专兼职监督员1020人,其中专职255人,兼职765人。

【财务管理】 2002年,集团公司下达的"三项费用"补贴指标为1.09亿元,报表反映亏损5220万元,减亏5733万元。主要财务指标情况为:资产负债率53.15%;流动比率1.07;速动比率0.83;存货周转率5.92%;资本保值增值率101.3%。

(1)进一步完善预算管理制度,实施预算动态管理。形成纵横交错的预算执行责任体系,实行全面、全员、全过程预算管理;坚持动态预算与月分析、季考核紧密结合;加强预算过程控制。继续实施低成本发展战略,有效地控制成本、费用支出;强化对生产经营中各项成本、费用的控制与管理。

(2)研究财务管理机制,开展专项调研,全面提高会计信息质量。深入研究并建立适应长庆局改革和发展需要的会计管理机制,转变财务管理职能,精简管理层次,积极推行以钻井工程总公司为试点的会计集中核算模式;进一步完善内部会计控制制度,加强会计监督工作;开展"物流和现金流"调研,深化精细管理;开展审计案例分析及相关经济问题讲座,开拓财会人员的视野;加强中油财务信息系统管理,完成了系统软件功能的完善和升级工作。

(3)规范报废资产管理,加大资产管理力度,提高资产经营效益。制定下发了《关于加强报废资产管理和开展自查清理工作的紧急通知》、《报废资产管理办法》等规章制度;按照有偿使用的原则,对占有的报废固定资产收取占用费;开展固定资产投资项目后评价,科学把握固定资产投资方向;规范资产评估工作,组织了整体带资分流、多种经营系统公司制改造、资产的整体及部分收购、有限责任公司增资扩股等各种类型的资产评估工作;配合集团公司完成了物探、测井系统专业化重组工作;清理调查了关联交易中互占资产情况。加强资金集中管理,提高资金运营的安全性和效益性。完善了资金授权管理制度、资金内控制度、关联交易结算办法、涉外资金管理制度等,形成了一套比较完善的资金管理制度体系。

【科学管理】 2002年,长庆局把开展"精细管理年"活动作为实施"管理提升战略"、提高企业科学管理水平的突破口。各单位结合实际,分别针对财务管理、成本管理、项目管理、审计管理、HSE管理、经营管理、教学管理、井队管理和机关管理等实施了专项精细管理,成效显著。

为适应市场的变化,两级机关逐步建立起了科学的动态管理体系,机关职能发生了明显转变,即:机关把管理职能具体到"动态分析、动态调控、构筑'平台'"上;把服务职能落实到"跟踪服务、总结推广、信息咨询"上;进一步完善"三位一体"成本动态控制体系,建立成本管理责任制;根据产业定位及发展方向,确定投资重点,优化投资结构,促进产业升级;严格投资审批制度,坚持投资主体多元化,实行责任追究制;健全和完善企业经营机制,建立起了科学、合理、有效的业绩考核体系;试行了巡视员派驻制度,对各二级单位领导班子和处级干部进行了实绩跟踪考查;逐步完善人事代理制度,实行了内部人事代理、社会人事代理和单位整体人事代理。

【设备管理】 截至2002年底,长庆局共有设备3290台(套),期末设备资产原值18.58亿元,期末净值12.60亿元,新度系数0.68。其中主要勘探开发设备有:大中型钻机63台,沙漠地震钻机19台,钻采特车435台,测井及物探设备136台,运输车辆1141台。主要专业设备综合完好率96.6%;主要专业设备综合利用率62.42%;主要专业设备故障停机率1.18%;设备特、重大责任事故发生率0‰。

2002年,根据上报集团公司的非安装设备购置建议计划,集团公司批准实施规模为3.34亿元,实际购置设备604台(套),完成投资3.34亿元。当年非安装设备购置计划实施的重点是提高工程技术服务单位的设备配套和施工能力，物探、钻井、测井、试油和试气、井下作业等工程技术服务单位的设备购置投资额占总投资的 89.01%，其中，钻井占 43.66%，井下占 12.84%，三个采油技术服务单位占 15.03%。在非安装设备购置过程中，坚持“技术配置要高，配套范围要全，成交价格要低”的原则，使购置的大型成套设备，达到了集团公司“先进、可靠、安全、实用、经济”的要求。

【教育卫生】 2002 年，长庆局普通教育教学质量及办学水平继续提高，高考录取比率和本科录取比率均高出陕西、甘肃和宁夏的平均水平。大专以上录取首次突破千人大关，共录取 1019 人，比 2001 年增加 108 人，录取率达到 61.02%，分别比陕西、甘肃、宁夏三省、自治区高出 4.67、1.56 和 7.31 个百分点。其中本科录取 757 人，录取率占考试人数的 45.3%，占录取的 74.29%，分别比陕西、甘肃及宁夏高出 10.58、14.08 和 13.73 个百分点。高中年级参加陕西、甘肃、宁夏三省、自治区毕业会考，6 所高中会考平均分、合格率均高出所在省、自治区中心城市水平；政治、语文、数学、英语四科成绩平均分分别高出兰州市 16.1 分、13 分、32.9 分、15.6 分；银川高级中学参加会考的 9 门学科，其中 5 门名列自治区第一，2 门名列第二，2 门分别名列第三、第四；小学、初中测试合格率、良好率、优良率均超过 2002 年长庆局考核指标。

卫生系统全年共诊治病人 62.34 万人次，其中门诊 51.56 万人次，住院病人 0.89 万人次；病床周转率 1.08 人次/(床·月)，平均病床使用率 49.36%；为在职职工健康体检 4.58 万人次；计划生育五大指标全面完成，计划生育率 100%，晚育率 99%，晚婚率 100%，节育率 99%，独生子女领证率 98%。

【精神文明】 2002 年，长庆局和地球物理勘探处同时获得“全国‘送温暖’工程先进单位”；井下技术作业处试油 177 队、钻井工程总公司 30533 钻井队获得“全国青年文明号”称号；井下技术作业处被评为全国职工体质检测先进单位；钻井工程总公司 60144 钻井队团支部被评为“全国‘五四’红旗团支部”；地球物理勘探处研究所解释二室获得“全国五一劳动奖状”；长庆局西安兴隆园小区被评为“全国青年文明社区”等。

（张宏鹏　刘　仁　廖应兵）

特　载

长庆石油勘探局固定资产投资责任追究实施细则(试行)

（2002 年 2 月 25 日长庆石油勘探局以长局发[2002]第 28 号文发布）

第一条　为规范勘探局固定资产投资行为，避免投资风险，提高投资效益。根据《中国共产党纪律处分条例(试行)》、《企业职工奖惩条例》和《长庆石油勘探局固定资产投资管理办法》以及集团公司、勘探局的有关规定，制定本细则。

第二条　勘探局及局属各单位，依据本细则，对固定资产投资工作中的严重违纪违规行为和造成重大经济损失等问题的责任人实行责任追究。

第三条　固定资产投资必须坚持科学化、程序化、制度化。鼓励大胆决策，但必须严格决策程序，防止和减少投资失误，避免重大投资失误。

第四条 责任追究坚持实事求是，惩前毖后，教育与惩处相结合，处罚轻重与违规行为和承担责任相适应，避免和最大限度减少国有资产流失的原则。

第五条 在固定资产投资过程中，有下列情况的，组织有关职能管理部门进行专项调查，分清责任，根据情节轻重和损失大小，对责任者实行责任追究：

（一）未经勘探局批准、授权的局属单位，擅自进行固定资产投资，或自行对外投资的。

（二）在编制项目建议书和项目可行性研究时，故意提供虚假资料，误导研究结论，导致项目盲目立项的。

（三）项目评估机构和评估人员不坚持客观、科学、公正的原则，提出错误的评估报告，导致决策失误的。

（四）不按规定的投资决策程序，个人或少数人决定重大投资项目的。

（五）不按批准的设计组织实施的；或未经批准，自行变动设计方案，随意提高建设标准；或违反项目开工报告审批制度，未经批准擅自动工建设的。

（六）在投资项目的可行性研究、设计、施工、物资设备采购、工程监理等环节，应招标而未招标；或在投资项目的质量监督、竣工验收过程中违反规定，造成重大质量缺陷或事故隐患的。

（七）固定资产投资项目管理不善，超预算严重的。

（八）违反固定资产投资管理办法其他有关规定的。

第六条 责任追究要分清直接责任者和主要领导责任者：

（一）直接责任者：指直接参与决策并起主要作用的人员。即投资发生的决策者和项目申请或建议书的项目负责人。个人擅自决策的，直接责任者为决策者个人；领导班子集体研究决策的，直接责任者为决策时会议召集人和授权人，批准项目的企业负责人或主管领导。

（二）主要领导责任者：指未直接参与决策，但由于不履行或不正确履行职责，致使本单位发生违规违纪投资造成经济损失的企业法人代表、主管领导。

第七条 责任追究的方式：

（一）通报批评。

（二）经济处罚：扣发工资、奖金，赔偿损失。

（三）行政处分：警告，记过，记大过，降级，撤职，留用察看，开除。

上述责任追究方式可以单独使用，也可以合并使用。

情节严重构成犯罪的移交司法机关处理。

第八条 对应追究责任的人员，根据情节轻重和损失金额大小，按以下规定进行处罚：

（一）发生第五条所列情况，造成直接经济损失 50 万元以上（含 50 万元），100 万元以下的，给予直接责任者通报批评、警告或记过处分；给予主要领导责任者通报批评或警告处分。

（二）发生第五条所列情况，造成直接经济损失 100 万元以上（含 100 万元），300 万元以下的，给予直接责任者记过、记大过或降级处分，扣发直接责任者两个月工资、奖金，并由其个人按损失金额的 1%—5%赔偿损失；给予主要领导责任者警告、记过或记大过处分。

（三）发生第五条所列情况，造成直接经济损失 300 万元以上（含 300 万元），500 万元以下的，给予直接责任者记大过、降级或撤职处分，扣发直接责任者 4 个月工资、奖金，并由其个人按损失金额 1%—5%赔偿损失；给予主要领导责任者记过、记大过或降级处分，扣发 2 个月工资、奖金。

（四）发生第五条所列情况，造成直接经济损失 500 万元以上（含 500 万元）的，给予直接责任者撤职或撤职以上处分，扣发直接责任者 6 个月工资、奖金，并由其个人按损失金额

1%—5%赔偿损失，最高赔偿额为 15 万元；给予主要领导责任者降级或撤职处分，扣发 4 个月工资、奖金。

（五）发生第五条所列情况，责任人有转移私分、贪污、贿赂等行为的，依照有关法律法规惩处。

第九条 应追究责任的人员，有下列情节之一，从严或加重处罚：

（一）个人擅自决定的。

（二）个人从中捞取好处的。

（三）个人多次违反勘探局《固定资产投资管理办法》的。

（四）在固定资产投资中为其亲属或其他人员谋取不正当利益或进行非法活动的。

（五）涂改、伪造、转移和销毁证据的。

（六）阻挠、抗拒调查或拒不纠正问题的。

第十条 责任的认定与追究：

（一）由规划计划处、生产运行处、财务资产处、资本运营部（多种经营处）、审计处等部门，按分管业务及职责，查清有关责任人的问题事实，提出责任追究的初步意见。

（二）由纪检监察部门牵头进行调查核实，认定责任性质和情节轻重，提出责任追究的具体处理意见，按干部管理权限进行审批和处理，并报上级主管部门备案。

（三）应追究责任的人员已离任的（含已离开长庆石油勘探局的），由原单位纪检监察部门提出责任追究意见，转交现管辖单位或部门处理。

（四）本细则实施前的违规违纪投资行为，执行中国石油天然气集团公司《关于在外投外借资金清查工作中实施责任追究和奖励的办法》有关规定。

第十一条 本细则由纪检监察处负责解释。

第十二条 本细则自下发之日起施行。

长庆石油勘探局安全生产综合考核办法

（2002 年 3 月 19 日长庆石油勘探局以长局发[2002]第 44 号文发布）

一、总　　则

第一条 为了进一步加强安全生产管理基础工作，全面落实安全生产责任制，建立安全生产自我激励和约束机制，有效地预防和杜绝各类事故的发生，确保全局安全生产目标的实现，根据《国务院关于特大安全事故行政责任追究的规定》、中国石油天然气集团公司《安全生产环境保护达标企业考核细则（试行）》及《安全生产环境保护先进企业考核验收申报规定》，结合我局重组改制后的实际情况，特制定本办法。

第二条 本办法的基本原则是：在集团公司下达的安全生产控制指标内，合理确定不同类别单位的具体考核指标，实行总量控制、内部调整，不同类型、区别对待，突出重点、分类考核的办法，建立起适应市场经济条件下安全生产考核体系，以追求零事故为目标。

第三条 本办法适用于勘探局所属各单位，包括多种经济成分法人企业及其他所有制性质的单位。

二、分　　类

第四条 按照生产特点及危险性，将局属各单位划分为四类：

1.特类单位（风险系数 $K=2.5$）：

钻井工程总公司。

2.一类单位(其他工程技术服务类单位,风险系数 $K=2.0$):

地球物理勘探处、测井工程处、井下技术作业处、建设工程总公司。

3.二类单位(生产服务类单位,风险系数 $K=1.5$):

第一采油技术服务处、第二采油技术服务处、第三采油技术服务处、长庆实业集团有限公司、运输处、器材供应处、机械制造总厂、水电厂、公用事业处、长庆科技工程有限责任公司、油气技术综合服务处、工程技术研究院、油气开发公司。

4.三类单位(风险系数 $K=1.0$):

其他单位。

三、指 标 体 系

第五条　勘探局对所属各单位建立以否决指标、控制指标为基本考核指标,与管理指标相结合的安全生产综合考核指标体系。

1.否决指标:

(1)发生井喷失控和井喷着火事故;

(2)发生锅炉压力容器爆炸事故;

(3)发生重大火灾、爆炸事故;

(4)发生一次死亡 3 人(含 3 人)以上的交通事故;

(5)发生一次直接经济损失 100 万元(含 100 万元)以上事故;

(6)控制指标超标。

2.控制指标:

(1)千人死亡率;

(2)千人重伤率;

(3)千台车死亡率。

3.管理指标:

管理指标包括安全生产综合管理、工业安全管理、交通安全管理、“锅容管特”(即锅炉、压力容器、压力管道、特种设备)安全管理、HSE 管理体系建设等。

第六条　否决指标对特、一、二、三类单位均适合,必须严格执行。

第七条　控制指标的确定:勘探局按照“总量控制、内部调整,不同类型、区别对待,突出重点、分类考核”的思想,以集团公司下达的安全生产控制指标为标准,根据特、一、二、三类单位的风险程度,确定不同的风险系数(K),计算出不同类别单位的具体安全生产控制指标。

第八条　控制指标的计算方法

1.控制指标的计算见下表:

单位类别	风险系数(K)	千人死亡率(GW)	千人重伤率(ZS)
特类单位	$K=2.5$	$GW_{标}\times K$	$ZS_{标}\times K$
一类单位	$K=2.0$	$GW_{标}\times K$	$ZS_{标}\times K$
二类单位	$K=1.5$	$GW_{标}\times K$	$ZS_{标}\times K$
三类单位	$K=1.0$	$GW_{标}\times K$	$ZS_{标}\times K$

2.计算公式:

千人死亡率(GW) = 集团公司下达千人死亡率($GW_{标}$) × 风险加权系数(K);

千人重伤率(ZS) = 集团公司下达千人重伤率($ZS_{标}$) × 风险加权系数(K);

千台车死亡率(JW) = 集团公司下达千台

车死亡率($JW_{标}$)。

第九条 各单位年度安全生产综合考核具体控制指标由勘探局每年核定,作为年度综合考核的依据。

四、考核方法

第十条 为了充分体现企业内部责权利关系,建立科学合理的约束激励机制,勘探局对所属单位的考核分单位和领导班子成员两个层次。

第十一条 勘探局对各单位安全生产综合考核实行千分制积分法,每年按本办法对各单位进行考核,按得分高低排序。得分在 900 分以上者为安全生产先进单位;得分在 800—899 分者为安全生产达标单位;得分在 600—799 分者为安全生产基本达标单位;得分在 600 分以下者为安全生产不达标单位。

第十二条 安全生产综合考核实行“先申报、后考核验收”的程序。

1.每年 10 月 20 日前,各单位依照本办法自行组织考核,并将考核结果和总结说明报勘探局安委会办公室,以便复核验收。

2.单位自行考核达 900 分以上者,可申报“安全生产先进单位”。申报单位需正式行文,并附考核结果及总结说明。

3.勘探局安委会办公室将根据各单位上报的考核结果和总结说明的实际情况,在当年 11 月底以前,组织复核验收。

五、奖　惩

第十三条 安全生产综合考核实行一票否决制和风险抵押金制度。

1.一票否决制:年度被勘探局考核为安全生产不达标的单位及其领导班子成员取消评比各种先进和荣誉称号的资格。

2.风险抵押金制度:

(1)风险抵押金由各单位在每年初统一上缴勘探局财务主管部门,年底由勘探局安全生产委员会办公室负责考核兑现。

(2)安全生产先进单位:返还全部安全生产风险抵押金,奖励该单位风险抵押金的 10%—20%。

(3)安全生产达标单位:返还全部安全生产风险抵押金。

(4)安全生产基本达标单位:按得分比例返还安全生产风险抵押金。

(5)安全生产不达标单位:扣除全部安全生产风险抵押金。

第十四条 对各单位领导班子成员的奖惩:

1.发生国家、集团公司规定的特大事故,对领导班子成员的处罚执行勘探局《厂处级领导干部辞职制度》和有关规定。

2.年度被勘探局考核为安全生产先进的单位,奖励标准见下表:

单位类别	风险系数(K)	行政正职	主管副职
特类单位	$K=2.5$	10000 元	8000 元
一类单位	$K=2.0$	8000 元	6000 元
二类单位	$K=1.5$	6000 元	4000 元
三类单位	$K=1.0$	4000 元	3000 元

3.年度被勘探局考核为安全生产不达标的单位,处罚标准见下表:

单位类别	风险系数(K)	行政正职	主管副职
特类单位	$K=2.5$	10000 元	8000 元
一类单位	$K=2.0$	8000 元	6000 元
二类单位	$K=1.5$	6000 元	4000 元
三类单位	$K=1.0$	4000 元	3000 元

4.领导班子其他成员的奖罚标准,各单位参照本办法自行确定。

5.发生一次死亡1人及以上的工业事故、死亡两人及以上的交通事故(同等及以上责任)的单位,其行政正职和主管副职到勘探局进行专题述职,内容包括事故经过、原因分析、责任处理意见和下一步防范措施等。

六、附　　则

第十五条　本办法由勘探局安全生产委员会办公室负责解释。

第十六条　本办法自印发之日起施行。原《勘探局安全生产综合考核办法》(长局发[2000]第189号)即行废止。

长庆石油勘探局信访工作暂行办法

(2002年4月4日长庆石油勘探局以长局发[2002]第56号文发布)

第一章　总　　则

第一条　根据国务院《信访条例》和《中国石油天然气集团公司信访工作暂行规定》,结合勘探局信访工作实际,特制定本办法。

第二条　信访工作是勘探局领导机关及所属单位一项经常性的群众工作和政治工作,是党政领导密切联系职工群众的桥梁和纽带,是真实反映社情民意的窗口,是维护和实现职工民主权利的形式和途径,是为人民服务、为职工群众排忧解难的一项实际工作。信访工作直接关系勘探局的改革、发展和稳定。

第三条　各单位党政主要领导要把信访工作纳入重要议事日程,关心、重视并亲自指导信访工作。党政"一把手"对本单位的信访工作负总责,同时必须有领导分管信访工作,并坚持每半年听取一次信访工作专门汇报,讨论研究本单位信访工作现状、重点和问题,提出加强和改进的具体办法和措施。

第四条　信访工作要坚持"分级负责、归口办理"和解决实际问题与做好思想工作相结合的原则,按照国家的政策、法规和集团公司、勘探局的规章制度,合情合理地答复、处理信访人提出的问题和要求。

第五条　信访工作具有很强的综合性、政策性、社会性,勘探局各级领导和相关职能部门要给予积极支持和有效配合。

第二章　受理信访问题

第六条　勘探局各级信访部门在职责范围内,受理信访人提出的以下信访事项:

(一)对机关及其工作人员的批评、建议和

要求。

(二)检举、揭发有关组织和个人的违法、违纪和失职行为。

(三)控告侵害自己合法权益的行为。

(四)其他有关信访事项。

第七条 一般信访事项要当场答复、当天处理;需要落实解决的具体问题,应在3日内落实责任单位,并予以及时批转。各二级单位为相关责任单位,对勘探局批转的信访问题只办不转。

第八条 重要信访事项应及时报告单位领导,通报有关职能部门。转办时,要附有明确的处理要求和解决时限,并跟踪催办,直到最终解决。

第九条 疑难信访事项和重访问题,要同信访人保持必要联系,随时掌握动态,适时疏导缓解,防止事态扩大,避免发生越级上访。

第十条 领导机关交办和领导同志批办的信访事项,必须如期办结并报告结果。

第十一条 反映群体意愿的信访事项或集体上访活动,要按照信访工作预案立即进行疏导化解,及时与源发单位、相关责任单位和有关职能部门沟通联系,协调会商,积极寻求答复、解决的途径和办法。

第十二条 处理人民来信应认真及时,不积压、不漏报,做到件件有登记、事事有结果。

第十三条 一般信件应在3日内处理完毕,情况紧急的应在当日内处理。根据来信内容及涉及问题的责任关系、重要程度,分别采取转办、函转、直送、批转、摘报、专报、自处、不处等方式进行处理。

第十四条 依照“谁承办谁答复”的原则,对直接处理的人民来信,应在处理完毕后,可采取口头、书面、走访等形式答复来信人。

第十五条 处理人民来信的主要方式:

(一)转办:反映一般性问题的来信,按分级归口的原则,转交下一级责任单位或有关部门处理。一封来信提出几个问题或问题涉及几个单位的,向涉及主要问题的单位转办,如几个问题都很重要,应将来信复印后分别转办。

(二)函转:对于来信内容和反映的问题比较重要的,将来信摘录经主管领导审定后以函的形式,转下一级责任单位或有关部门处理,但不报办理结果。

(三)直送:对领导同志私人交往信件和知名人士来信,以及内容比较重要、文字简短清楚的来信,直接呈送有关领导。

(四)批转:对反映问题比较重要、表述清楚、内容不宜扩散的来信,经审核直接转送下一级责任单位的负责同志阅处。

(五)摘报:文字较长或表达条理不清但内容重要的来信,摘录整理来信要点,经审核后报送有关领导。

(六)专报:对可能影响稳定的紧迫问题和带有一定普遍性的重大问题,摘录来信要点,形成专报材料,经审定后报有关领导阅批。

(七)自处:对于领导交办或需要直接处理的来信,办信人员经请示后,可直接答复来信人。

(八)不处:对没有办理意义的来信经审核登记后保存。主要包括:精神病患者的来信;来信人和反映对象都没有姓名、单位和住址且内容无从查处的来信;有关单位已做出过恰当处理并给予明确答复的来信;没有实质内容的来信。

第十六条 特殊信件的处理:

(一)重复信:对多次来信反映的问题,要认真分析原因,督促有关部门处理或做好来信人的思想工作。

(二)匿名信:应认真分析,区别情况,慎重对待。对于内容清楚的,按署名来信处理;没有事实的,按不处理信件办理。

(三)内容反动、恶毒攻击谩骂的信:可送公安保卫部门酌处。

(四)不属于受理范围的来信:登记后送有关部门。

(五)表扬信和批评信:应视情况转有关部门或报送有关领导。

第十七条 对来信人电话查询的答复:简要说明来信是否收到和来信去向。

第十八条 各单位党政领导要亲自阅批重大、敏感、复杂问题的群众来信,将此作为检查工作、了解民情、倾听群众呼声的一个重要渠道。

第十九条 对群众来访要文明礼貌,热情接待,认真听取来访人反映的意见,重要情况及时上报,同时注意向来访群众宣传党和国家及集团公司、勘探局相关大政方针、政策规定等,切实做好一人一事的思想政治工作。

第二十条 处理人民来访的主要方式:

(一)转办:反映一般性问题的来访,按分级归口的原则介绍到下一级责任单位或有关部门接待处理,并及时通知有关责任单位或部门。

(二)函转:对来访反映的问题比较重要的,以函的形式经审定后转下一级责任单位处理,但不要求报办理结果。

(三)直报:内容重要且带有政策性、代表性、苗头性或者解决难度大,需要请示领导的来访,整理信访要点经审定后呈送有关领导。

(四)专报:对于可能影响稳定或具有普遍性的重大来访问题,摘录来访要点形成专报,经审定后呈报有关领导阅批。

(五)自处:对于领导交办或需要直接处理的来访,接待人员经请示后,可直接协调解决并答复来访人。

(六)协调处理:对责任单位不明确或涉及多个单位,以及责任单位自身难以协调解决的问题,可采取“走出去、请上来”的方式共同研究处理。

第二十一条 特殊情况的处理:

(一)对职工家属集体到局机关驻地上访和个人来访滞留在领导机关的上访活动,要立即派人到现场疏导,主管领导要亲自出面接待听取意见,同时通知源发单位和相关责任单位立即派员将上访人员接回单位处理。陇东和陕西地区所在单位,接到通知后 10 小时赶到,宁夏地区接到通知后 24 小时赶到。

(二)在接待场所发现携带凶器和危险品或有寻衅滋事迹象的,立即通知公安保卫部门;遇紧急情况来不及请示,要临机果断处置,避免事态扩大和不良后果发生;遇有试图自杀、自焚、自残等紧急情况,要稳定其情绪,设法制止,同时请公安保卫部门协同处理;自焚、自杀和自残已发生的,要立即采取措施组织抢救。

(三)对精神病患者以关心同情的态度进行疏导,并及时通知所在单位或监护人将其接回。对不能控制自己行为、妨碍信访秩序的精神病人,可请公安保卫部门将其带离现场,并采取相应的监护措施。

(四)对于已经做过妥善处理仍无理纠缠取闹的来访人,要坚持原则,进行批评教育。批评教育无效的,按照国家有关规定,请公安机关予以收容遣送。

(五)对于在接待场所突发重病的来访者,如病情危险应立即送医院或请急救中心救治,同时通知来访者所在单位或亲属看护并接回。

第二十二条 各级党政领导要把亲自接待职工来访作为密切联系群众的方式,纳入领导工作日程。

第二十三条 信访立案,是指信访部门对群众来信来访反映的问题,经上级领导机关或领导同志批示以及信访部门认为需要查处的,按一定程序和审批手续立案,发函交给下级机关查处并要求上报查处结果,或者直接进行调查,督促有关部门落实。

第二十四条 立案必须是重大、典型或久拖未决的信访事项。对不需要信访部门跟踪了解办理情况、报告办理结果的批示件,不做立案处理。

第二十五条 领导同志对信访问题的批示意见,不得向信访人透露。

第二十六条 立案程序:填写立案登记表,

呈报审批，连同所需附件发往承办单位或部门。

第二十七条　催办程序：立案函件发出一周后，应查询承办单位是否收到，并注意掌握案件办理的进展情况。承办单位在收函后最迟50日内报送处理情况，并视情况答复信访人。对超过50日不能报结果的，应书面向交办单位说明情况。承办单位在收到信访案件后，既不调查处理，又不向交办部门说明情况的，交办部门采取发《人民来信来访处理结果催办单》的形式，通知承办单位来人汇报，必要时给予通报。

第二十八条　审结程序：

（一）登记：立案经办人收到承办单位处理情况报告后，应认真细致地审核所收材料是否完整，并及时登记。登记内容包括：收件时间、来件单位、文号、标题和处理结果。

（二）审案：要认真审核，确保办结质量。结案标准为事实清楚，符合政策，处理恰当，材料齐全。如果不符合要求，应向承办单位指出，必要时退回材料重新处理。

（三）报结：经办人要在一周内完成审结工作，拟出结案报告，报送有关领导。结案报告的内容包括：办案基本情况、调查结果、正式处理意见和信访人意见。

（四）批结：中央有关部门、陕西省、甘肃省、宁夏回族自治区、中国石油天然气集团公司等领导机关或领导批示的信访问题，需报经勘探局办公室主任批结。

（五）立卷：案件办理完毕，经办人将查办过程中形成的各种有关材料全部收集，按规定整理、立卷。

第三章　信访排查调处

第二十九条　信访排查调处的主要内容：

（一）单位内部各时期、各阶段影响稳定的主要问题。

（二）职工群众对重大改革举措的反映。

（三）集体上访活动趋势特点，反映的突出矛盾和问题，化解矛盾、解决问题的各项工作进展和落实情况，尚待解决的遗留问题。

（四）对可能来勘探局机关和进京的集体上访情况。

（五）可能引发集体上访的矛盾、隐患和不安定因素，相应的工作措施和计划安排。

（六）敏感信访问题、疑难信访事项和历史积案的办理情况。

（七）对重点信访情况的预测分析、意见和建议。

第三十条　信访排查调处工作的原则：

（一）积极预防，稳定控制，超前化解。

（二）把影响稳定的隐患和问题降到最低限度。

第三十一条　信访排查调处是一项经常性的工作。各单位原则上每季度对内部信访苗头向局信访办公室报告一次。

第四章　信访信息报送

第三十二条　信访信息是指对领导决策有参考价值的情况。内容主要是带有普遍性、倾向性、苗头性的重要情况，特别是与勘探局中心工作和职工群众生活密切相关的问题。

第三十三条　及时、准确、全面地向本单位领导和上级领导机关提供有价值的信息，发挥下情上达的沟通渠道作用，是信访部门和信访干部的职责。

第三十四条　信访信息主要来源渠道是：群众的来信、来访、来电和信访部门收集的信息。

第三十五条　为保证勘探局领导准确及时地了解掌握信访信息，适时有效地化解信访问题，各单位应严格履行信访问题报告制度。

第三十六条　信访问题报告范围：

（一）对一般信访问题的集体访5人以上100人以下（含100人）。

（二）20人以上有可能来勘探局机关和进

京的集体访。

（三）信访部门接待的 20 人以上的集体访人员中有过激行为的。

（四）未发现有过激行为但人数在 100 人以上的。

（五）反映的问题具有较强的政治敏感性和政策性的上访活动。

（六）上访人员有跨地区串联活动迹象或非法活动倾向的。

（七）当地发生的涉及人数较多的可能引发集体上访的重大事故。

（八）携带枪支、爆炸物等危险品上访或在上访中扬言制造事端以及自焚、自杀、自残的。

（九）其他可能产生严重后果或影响社会稳定的紧急重大情况。

第三十七条　各单位办公室负责信访工作的同志要认真积极地做好信访信息报送工作，保证信息内容准确、客观、完整、不得迟报、漏报、误报或隐瞒不报。

第三十八条　勘探局信访部门将定期向各单位通报信访信息的报送情况。

第五章　集体进京上访问题处置

第三十九条　凡是影响企业生产经营、干扰机关正常办公、危害社会秩序的集体上访行为，必须根据有关政策法规，及时有效地劝阻疏导，采取果断措施，全力化解，尽快平息。

第四十条　各单位对可能诱发进京集体上访问题的苗头和倾向，要准确预测，全面分析，并制订有可操作性的信访工作突发事件处置预案。

第四十一条　各单位应及时向勘探局办公室信访部门报送集体上访动态情况，并采取有效措施，尽可能把矛盾和问题化解在当地。

第四十二条　信访问题的源发单位和相关责任单位领导，在接到集体进京上访的信息后，应于 24 小时内带领工作人员到达北京，全面负责做好上访人员的劝解、返回工作。

第四十三条　集体进京和到勘探局上访问题的善后处理，由信访问题的源发单位全权负责。勘探局有关职能部门给予必要的指导、帮助，信访部门负责相应的联络、协调。问题化解后，源发单位和相关责任单位要按照信访工作要求，形成必要的书面材料，报信访部门备案。

第六章　信访督查督办

第四十四条　信访督查督办的主要内容：

（一）中央领导机关关于信访工作的重要指示、政策精神的贯彻落实情况和来文、来函的办理情况。

（二）集团公司领导批示和有关部门交办的重要信访事项的落实情况。

（三）勘探局领导和勘探局信访工作领导小组交办的信访问题落实情况。

（四）集体上访的化解、稳定工作的进展情况。

（五）重要信访事项和立案的处理情况。

（六）重点上访老户的处理情况。

第四十五条　信访督查督办工作由勘探局信访部门负责。对确定的督查事项提出的时限要求，承办单位要实事求是地及时办理，按时反馈结果。对敷衍塞责不符合要求的，退回重办。

第四十六条　各单位在收到勘探局信访部门要求查处和办理的信访事项后，一般应在 30 日内办结。对有特殊要求的，要特事特办，及时上报查处结果。

第七章　档案管理与保密事项

第四十七条　信访档案是信访工作中形成的具有一定查考价值的历史真迹材料。凡处理来信来访过程中积累和形成具有查考利用价值的文件材料（含音像、图片资料）均应归档。主要包括：

（一）信访原始材料，包括信访原件及登记件（来信摘录、来访笔录）立案函及其附件、结案报告等。

（二）领导批示的信访稿件、打印件。

（三）信访情况报告及其定稿、打印件。

（四）其他有关规定明确应当归档的材料。

第四十八条　信访档案质量要求：归档的文件材料应符合文件标印格式的要求，附填写齐全的发文稿纸，文件材料的纸张应为易于保存的 16 开纸，传真纸不得用于存档，自制文件不得使用复印件存档，文件底稿应用钢笔书写，字迹清楚工整，每一卷不超过 200 页。

第四十九条　办理信访事项的保密工作：

（一）在办理群众来信来访过程中，经办人对照国家秘密及密级的规定，在起草信访文件的同时，提出保密级事项。

（二）经办人不得向非相关人员泄露、扩散涉密信访文件内容。

（三）凡未经讨论决定的意见，不得向信访人透露。

（四）凡涉密文件，均应按保密工作有关规定传递，以防丢失、泄密。

第八章　信访部门的职能、职责与任务

第五十条　贯彻执行中央领导机关、集团公司和勘探局关于信访工作的各项指示、部署以及工作安排意见。

第五十一条　负责受理职工群众来信来访，办理上级领导机关和同级党政领导交办的各类信访事项。

第五十二条　负责向信访源发单位、相关单位和有关职能部门交办、转办来信来访问题，并进行督促检查，直至解决为止。

第五十三条　负责搜集、筛选和反映信访信息，综合分析研究职工群众来信来访的情况和问题，及时向领导机关提出政策建议。

第五十四条　负责定期信访情况的统计和上报工作。

第九章　信访工作机构与信访干部

第五十五条　各级领导应重视信访工作的组织建设，凡职工人数在 1200 人以上的单位，应设立信访部门，配备专职信访干部，建立接待场所。

第五十六条　各单位应选思想政治过硬、熟悉党和国家以及集团公司、勘探局的方针政策及相关法律及业务知识，作风正派、责任心强的同志从事信访工作。

第十章　信访工作人员守则

第五十七条　认真学习党的思想理论和国家的各项方针政策、法律法规，以及信访业务知识，不断提高思想觉悟、政策水平和业务素质。

第五十八条　努力提高政治敏感性和政治鉴别能力，牢固树立为改革、发展和稳定大局服务的思想，模范执行政策、法律，实事求是，坚持原则，秉公办事。

第五十九条　增强岗位意识、责任意识，恪守信访工作职责，全心全意为人民服务，为上访群众服务。

第六十条　热情接待上访群众，坚持做到“四个一”：倒一杯热水，说一句温暖话，送一条政策，给一个妥善答复。

第六十一条　认真处理人民来信来访，如实反映上访群众的意见和要求，合理答复解决问题。对过高要求和无理要求，敢于和善于做好教育疏导工作。

第六十二条　严守国家机密，遵守工作纪律，信守职业道德，尊重上访群众的合法权利，

不得扩散来信来访中涉及的情况和问题。

第十一章　附　　则

第六十三条　本办法适用于勘探局所属各单位、机关各部门。

第六十四条　本办法由勘探局办公室负责解释。

第六十五条　本办法自印发之日起施行，原勘探局1993年印发的《信访工作条例》同时废止。

长庆石油勘探局基本建设工程招标投标实施办法

（2002年4月22日长庆石油勘探局以长局发[2002]第59号文发布）

第一章　总　　则

第一条　为了适应社会主义市场经济的需要，规范我局基本建设工程招投标活动，维护建设市场的正常秩序和招投标活动当事人的合法权益，提高工程质量，缩短建设周期，降低工程造价，提高投资效益，根据《中华人民共和国招标投标法》及国家计委、建设部、集团公司有关规定，结合我局实际，特制定本办法。

第二条　建设工程招投标是企业法人之间依法进行的经济活动，受国家法律保护和约束。凡具备条件的建设单位和勘察设计、物资采办、施工等企业，均可按本办法规定参加局内工程建设项目招投标。

第三条　建设工程招投标，应当遵循公开、公平、公正和诚实信用的原则，应以技术水平、管理水平、社会信誉和合理报价等情况作为条件开展平等竞争，严格反对和禁止不平等竞争。

第四条　在勘探局范围内进行下列工程建设项目包括项目的勘察、设计、施工、监理以及与工程建设有关的重要设备、材料等的采购，必须进行招标。

（一）油田产能建设、通信、信息网络、供水、供电、供气、供热、石油基地建设及矿区建设的新建、改建、扩建和技术改造项目。

（二）使用集团公司导向资金、勘探局自有资金或局实际投资拥有控股权的项目。

（三）施工单项合同估算价在200万元人民币以上的项目。

（四）单项合同估算价在100万元人民币以上的与工程建设有关的重要设备、材料等物资的采购。

（五）勘察、设计、监理等服务单项合同价在50万元人民币以上的。

（六）单项合同估算价低于（三）、（四）、（五）项规定的标准，但项目总投资在3000万元人民币以上的。

第二章　职责与管理

第五条　勘探局规划计划处是基本建设工程项目建设招投标的管理部门。在局规划计划处设立勘探局基本建设招投标管理办公室，负责全局基本建设工程建设项目的招投标工作。局基本建设招投标管理办公室由局基本建设、计划、财务、纪检监察、审计、建设监理等相关业务部门组成，局规划计划处负责组织协调和日常管理工作。

第六条　局基本建设招投标管理办公室的主要职责是：

（一）贯彻执行国家、集团公司有关工程建设项目招投标法律和法规，制定我局工程建设项目招投标管理办法。

（二）指导、检查、监督我局有关工程建设项目招投标活动，总结、交流工作经验。

（三）审查建设单位（工程建设项目组）招投标机构及招标代理机构的资格，审定标底，批准工程建设项目招标及招标方式。

（四）仲裁、调解工程建设项目招投标中的争议及纠纷。

（五）在建设单位初审的基础上，负责复审参加投标的勘察设计、物资采办、设备供应商（厂家）、施工等企业的资质，颁发投标许可证。

（六）组织局重点工程及大型工程、特殊工程的开标、评标和定标工作。

（七）对违反本管理办法规定的招标、定标结果及违反招投标规定的责任者，提出处理意见。

第七条 局属各单位（工程建设项目组）成立招投标领导小组，在局基本建设招投标管理办公室领导下，具体负责管理、组织本单位工程建设项目的招投标工作。其主要职责是。

（一）根据国家、集团公司和勘探局有关基本建设招投标法律、法规、实施办法，在勘探局法定代表人授权委托后，具体组织本单位工程建设项目的招投标管理工作。

（二）编制本单位招标工程的标底，属局管招标工程建设项目，标底报局基本建设招投标管理办公室审批，属本单位自行招标工程建设项目，标底报局基本建设招投标管理办公室备案。

（三）根据确定的招标方式，编制有关招标文件，向局基本建设招投标管理办公室报送招标申请书，向投标单位提交招标通知及有关资料。

（四）组织招标的开标、评标和定标工作，与中标单位签订工程建设项目勘察、设计、施工监理以及与工程有关的重要设备、材料采购合同，并报局基本建设招投标管理办公室备案。

第八条 下列工程建设项目在批准招标后，各招标单位可以自行组织招标。

（一）建筑面积在 1000 平方米以内，投资不超过 100 万元的一般中小型工业与民用建筑工程。

（二）投资不超过 200 万元的油田产能工程建设项目及配套工程。

第九条 凡超过第八条规定范围的工程建设项目，在批准招标后，由各有关建设单位（工程建设项目组）与局招投标管理办公室共同组织招标。

第三章 招标机构及工作程序

第十条 建设单位（工程建设项目组）作为投资的责任者，按照本办法享有下列权利：

（一）组织招标活动。

（二）选择投标单位。

（三）选定中标单位。

第十一条 建设单位（工程建设项目组）招标应具备下列条件：

（一）具备法人资格或持有法人委托书。

（二）有与招标项目相适应的管理资质。

（三）有组织编制招标文件的能力。

（四）具备组织编制标底，审查投标单位资质，开标、评标、定标的能力。

上述条件必须经局基本建设招投标管理办公室审查后，方可开展招标工作。

不具备上述二至四条款的建设单位（工程建设项目组），可委托或部分委托有相应资信的招标代理机构组织招投标工作。

第十二条 招投标机构的组成人员应包括项目经理、熟悉工程的工程技术、经济方面的专家。

第十三条 工程建设项目招投标应当具备下列条件：

（一）建设工程项目的可行性研究报告、批准的计划任务书审批下达后，可进行勘察设计的招标或项目总承包方式的招标。

（二）初步设计批准后，可进行物资采办和

施工招标。

(三)招标工程的“三通一平”等前期准备工作已经就绪。

第十四条　工程建设项目招标机构经局批准后,应当向项目所在地政府行政监督部门备案。

第十五条　招标方式:

(一)公开招标:招标单位通过政府部门指定的报刊、网络等媒体公开发布招标公告。

(二)邀请招标:由招标单位向有承担该项工程建设项目勘察设计、物资采办、施工能力的三个以上(含三个)企业发出投标邀请书。

第十六条　招标工作程序:

(一)由建设单位(工程建设项目组)组织一个与第十一条、第十二条要求相符合的招标机构,并上报局基本建设招投标管理办公室,经批准后开展招标工作。

(二)编制招标文件和标底,并向局基本建设招投标管理办公室报送招标申请、招标文件和标底,经批准后招标。

(三)发布招标公告或发出投标邀请书。

(四)接受投标单位投标申请书。

(五)对投标单位资质进行初审,将初审结果通知各申请投标单位,并将初审合格单位报上级主管部门进行复审。

(六)向复审合格并已领取许可证的投标单位分发招标文件。

(七)召开招标会议,勘察工程现场,解答招标文件中的疑点。

(八)接受投标单位投标书及投标保证金。

(九)召开开标会议,审查投标书。

(十)组织评标,决定中标单位。

(十一)发出中标通知书。

(十二)建设单位(工程建设项目组)与中标单位签订承发包合同。

第十七条　招标文件主要内容。

(一)勘察、设计招标文件主要内容:

1.工程综合说明,包括工程名称、规模、主要工程内容、产品方案、环保评价、招标项目、勘察、设计进度要求、现场条件、计划开工和竣工时间、招标方式和对投标企业的资质等级要求等;

2.经批准的工程建设项目的项目建议书(预可行性研究报告)、可行性研究报告及其他技术资料;

3.投标书的编制要求,评标、定标原则;

4.投标、开标、评标、定标等活动日程、地点安排、联系人等;

5.合同主要条款及特殊要求,包括取费方式及支付方式;

6.要求缴纳的投标保证金额度;

7.其他需要说明的事项。

(二)物资采办招标文件主要内容:

1.工程综合说明,包括工程名称、规模、招标方式、要求交货时间、对投标企业的资质等级要求等;

2.设备、材料、电器、仪表等设计一览表和必要的非标准设备制造图、电器开关配线图及其他技术资料;

3.投标书的编制要求,评标、定标原则;

4.投标、开标、评标、定标等活动日程、地点安排、联系人等;

5.合同主要条款及特殊要求,包括取费方式及支付方式;

6.要求缴纳的投标保证金额度;

7.其他需要说明的事项。

(三)施工招标文件主要内容:

1.工程综合说明,包括工程名称、规模、产品方案、地址、招标项目、占地范围、现场条件、执行的标准规范、技术要求、质量目标、验收标准、招标方式、计划开工和竣工时间、对投标企业的资质等级要求等;

2.必要的设计文件、非标设备制造图及其他技术资料;

3.上级下达的建设投资计划,工程款的支付方式及预付款的百分比;

4.物资供应方式和设备、材料价格计算方法、价差的处理方法；

5.投标书的编制要求，评标、定标原则；

6.投标、开标、评标、定标等活动日程、地点安排、联系人等；

7.合同主要条款及特殊要求，包括取费方式及支付方式；

8.要求缴纳的投标保证金额度（人民币3000—5000 元）；

9.其他需要说明的事项。

第十八条　招标文件发出 10 天内，招标单位组织答疑会，答疑纪要作为招标文件的补充，并以书面形式通知所有投标单位。

第十九条　招标文件一经发出，招标单位不得擅自变更或增加附加条件。个别变更和补充的，在投标截止日期 15 天前，以书面形式通知所有投标单位，如有重大变更则应顺延投标截止日期。

第四章　标　　底

第二十条　标底由招标单位自行编制或委托有编制标底能力的单位编制。编制标底应遵守下列原则：

（一）勘察、设计标底。

1.根据批准的项目建议书（预可行性研究报告）、可行性研究报告的估算投资编制标底；

2.勘察、设计取费标准应符合国家有关规定。

（二）施工标底：根据批准的初步设计概算及其有关资料和国家关于工程费用定额、标准等有关规定编制标底。

（三）物资采办标底：根据批准的初步设计中设备、材料、电器、仪表等概算及国家有关规定编制标底。

（四）总承包标底。

1.从设计开始的总承包，应根据批准的项目建议书（预可行性研究报告）、可行性研究报告的估算投资及国家有关规定编制标底；

2.从施工开始的总承包，应根据批准的初步设计概算及国家有关规定编制标底。

（五）招标单位不得随意压低标底价格，但要控制在批准的投资额度以内。

（六）标底经审查后应密封保存至开标时，所有接触过标底的人员均负有保密责任，不得泄露标底。

第二十一条　工程标底的确定方式。

标底是业主对拟建工程测算确定的预期价格。根据我局实际，各建设单位（工程建设项目组）在确定招标工程标底时，可分别采用以下方法：

（一）以施工图预算为基础确定标底。

即以招标范围内工程建设项目的施工图纸、有关技术说明为依据，按工程预算规定的分项与分部工程子目，逐项计算工程量，套用预算定额单价确定直接费，再按有关规定的费率确定施工管理费、技术装备费、临时设施费、不可预见费、计划利润、税金等项，汇总后形成的总金额即为工程标底。

用此方式确定标底，必须在施工图完成后方可编制标底。

（二）以工程概算为基础确定标底。

其程序与施工图预算为基础的标底基本相同，其区别是子目的划分以工程概算定额为依据，其单价为概算单价，因子目较预算定额粗一些，故编制工作较为简化，适用于以初步设计进行招标的工程建设项目。

（三）以扩大综合定额为基础确定标底。

这是从工程概算基础上发展起来的，其特点是以分部分项工程为基础，将施工管理费、各项独立费、计划利润和税金都纳入扩大的分部分项单价内，形成扩大的综合单价。在计算出工程量以后，以确定的工程量乘以扩大的综合单价，再经汇总即为标底，从而能更进一步地简化确定标底工作。

采用此种方式，是在工程量尚不确定的情

况下,先以扩大综合单价确定分部分项工程价格,选择和确定中标单位开展施工,以最终完成的工程量确定最终工程价款。适用于施工图尚未最后完成但分部分项工程又多为同一类工程的招标工程标底的确定。

(四)以平方米造价包干为基础确定标底。

适用于采用标准图纸大量建造的住宅工程。通常作法是由局主管部门对不同结构体系的住宅工程造价进行测算分解,制定每平方米造价的包干标准。在具体招标时,再依据装修、设备情况进行适当调整,确定标底单价。鉴于基础工程因地质条件不同对造价有很大影响,所以此种包干方式多以工程的正负零以上部分为对象,基础和地下部分工程仍应按施工图预算为基础确定标底,二者之和才能构成完整的工程标底。

第五章　投　　标

第二十二条　投标单位应向招标单位提交投标申请书,投标申请书包括下列内容:企业法人营业执照、资质证书和局主管部门颁发的许可证;企业简历、全员职工人数(包括工程管理技术人员及职工技术状况);自有勘察设计、施工主要设备机具一览表;近三年勘察设计、物资采办、施工的主要工程任务及其质量情况。

正在承担的主要勘察设计、物资采办、施工任务,包括正在勘察设计、物资采办、施工和未开工的工程一览表。

第二十三条　投标单位的资质审查:

(一)建设工程总公司、器材供应处为局直属物资采办、施工企业,可按招标文件的要求直接参加局内工程建设项目的施工及相关物资采办等投标。

(二)局内持有法人营业执照和相应资质证书的非直属单位和局外的勘察设计、物资采办、施工企业,参加投标时,由局基本建设管理办公室审查资质,并颁发许可证,方可参加投标。

(三)招标单位应将资质审查结果正式通知各申请投标单位。

第二十四条　资质审查合格的投标单位,应按招标文件的要求,认真编制投标书。投标书应包括下列内容:

(一)与招标工程有关的综合说明,包括投标的工程名称、投标项目等。

(二)按照工作量计算的报价。

(三)勘察设计采用的主要工艺技术、工程的主要经济技术指标及勘察设计方法。施工采用的主要施工方案、标准规范、特殊工程施工采用的标准规范、技术措施和选用的主要施工机械。

(四)按照 GB/T 19000 所制定的质量保证体系及保证质量、进度、安全及成本的主要措施。

(五)投入项目的管理人员、技术人员、施工力量的编制计划。

(六)工作任务实施计划:

1.勘察设计计划开工、交工、存档日期、勘察设计进度实施进度表;

2.物资采办计划开始及完成日期,工作统筹计划表;

3.施工计划开工、竣工日期、工程进度实施表及网络图;

4.总承包综合以上内容填报。

(七)对合同主要条款的确认及修改建议。

(八)其他有关投标内容。

第二十五条　投标书需有单位和法定代表人(或法定代表人委托的代理人)印鉴。投标单位在规定的时间内将投标书密封送达招标单位。如发现投标书有误,需在投标截止日期前三天用正式函件更正,此函件与投标书具有同等效力,投标书与函件有出入,则以函件为准。

第二十六条　领取招标文件时应缴纳标书费,并按规定缴纳投标保证金。

第六章　开标　评标　定标

第二十七条　开标、评标、定标活动应在局项目主管部门、纪检、监察、公证等部门的监督下由招标单位主持进行。

第二十八条　开标应公开举行。

第二十九条　开标时，开标地点应当为招标文件中预先确定的地点，由招标单位组织投标单位，并约请局基本建设招投标管理办公室（自行招标的工程为本单位或项目组的招标领导小组）等部门参加，开标时由公证机构检查投标文件的密封情况并公证，由工作人员当众启封标底、投标书及补充函件，公布标底及投标书的主要内容和报价。

第三十条　投标书有下列情况之一的视为废标：

（一）未密封。

（二）无单位和法定代表人（或法定代表人委托的代理人）印鉴。

（三）未按规定格式填写，内容不全或字迹模糊，辨认不清。

（四）逾期送达。

（五）投标单位未参加投标会议。

（六）同一标书有两个或两个以上最终报价的。

（七）有其他违反招标文件约定的。

第三十一条　评标。评标机构及评标委员会由招标单位（工程建设项目组）或委托招标代理机构邀请主管部门、纪检、监察等部门参加组成评标机构。评标委员会由招标单位依法组织招标人的代表和有关技术、经济等方面的专家组成，成员为五人以上单数，其中技术、经济等方面专家不少于成员总数的三分之一，与投标人有利益关系的人不得进入相关项目的评标委员会，已经进入的必须更换。评标委员会成员的名单在中标结果确定前应当保密。局重点工程应由局基本建设招投标管理办公室组织。

第三十二条　评标委员会应当按照招标文件规定的评标标准和办法，对投标文件进行评审和比较，设有标底的应当参考标底。评标委员会完成评标后，应当向投标单位提出书面评标报告，并推荐中标候选单位。

第三十三条　定标。法人单位组织招标的，工程建设项目单位在评标委员会推荐的中标候选单位中确定中标单位，并报局基本建设招投标管理办公室备案。属局法人授权委托进行招标活动的，工程建设项目单位依照评标委员会推荐的中标候选单位，提出中标单位意见，报局基本建设招投标管理办公室按照规定审定。

第三十四条　中标单位确定后，招标单位应当向中标单位发出中标通知书，并同时将中标结果通知所有未中标的投标单位，同时向未中标的投标单位退还投标保证金。

第三十五条　依法必须进行招标的工程建设项目，招标单位应当自确定中标单位后 15 日内，向工程建设项目所在地政府监督部门提交招投标情况书面报告。

第三十六条　从发出招标文件到开标，一般工程不超过 30 天，大中型项目不超过 60 天；从开标到确定中标单位一般工程不超过 7 天，大中型项目不超过 15 天。

第三十七条　中标通知书发出 30 天内，中标单位应与建设单位依据中标文件、招标书签订工程承发包合同。

第三十八条　投标单位中标后，不得转包合同。

第七章　罚　　则

第三十九条　对建设单位（工程建设项目组）应招标而未招标的工程，责令不准开工或停止施工，并视情节轻重给予批评、通报批评或经济罚款。

招标单位隐瞒工程真实情况（如建设规模、

实物工程量、建设条件)以及泄露标底,影响招标工作正常进行的,应给予警告、通报批评、停止招标的处分,并给予经济处罚,经整顿后方可招标。

第四十条　投标单位不如实填写投标申请书,虚报企业资质等级、串通作弊、哄抬标价致使无法定标的,根据情节轻重,取消投标资格,并通报批评或扣罚投标保证金。

第四十一条　建设单位(工程建设项目组)利用招标机会索贿、收受回扣,投标单位以行贿、给回扣等不正当手段获取工程任务的,按有关规定处理。

第四十二条　基建主管部门或招标单位的工作人员发生徇私舞弊、索贿受贿的,应给予行政处分,构成犯罪的,由司法机关依法追究其刑事责任。前款所列行为影响中标结果的,招标无效。

第四十三条　在招标投标中发生纠纷,可自行协商处理或提请基本建设主管部门进行调解,调解无效时,可通过诉讼解决。

第八章　附　　则

第四十四条　本办法由局基本建设管理办公室负责解释。

第四十五条　本办法自印发之日起实施。原长庆石油勘探局《基本建设工程招标投标实施办法》长局发[1995]第182号文同时废止。

长庆石油勘探局报废资产管理办法

(2002年5月13日长庆石油勘探局以长局发[2002]第77号文发布)

第一章　总　　则

第一条　为了加强报废资产管理工作,防止国有资产流失,提高报废资产效能利用和经济效益,根据国家和集团公司国有资产管理的有关规定,结合我局实际情况,特制定本办法。

第二条　报废资产的具体内容包括:经集团公司批准、勘探局批复所属单位准予报废的机器设备、工具仪器、房屋建筑、库存物资、废旧钢铁等实物资产;经集团公司批准、勘探局批复所属单位准予核销的原在财务列账的应收账款、长期投资、其他应收款等债权资产(以下简称报废资产)。

第三条　长庆石油勘探局是国有企业。勘探局及所属单位的各类资产,除具有法律依据归集体单位、法人单位和个人之外,均属国有资产。经集团公司和勘探局批准报废的各项资产,因其存在不同程度的使用价值和经济价值,属国有资产的组成部分,应纳入国有资产管理的范围。

第四条　报废资产管理的内容:主要包括实物管理、价值管理、改造利用、调剂处置、资金回收、利益分配、奖惩规定。

第二章　报废资产实物管理及价值管理

第五条　建立报废资产管理责任制。勘探局所属单位国有资产经批准报废之后,其产权已与原单位脱离,勘探局对报废资产实行分级授权管理的方式进行管理,具体可采用集中回收管理和委托原单位管理两种方式进行管理。

勘探局财务资产处、生产运行处、器材供应处、规划计划处、公用事业处等部门负责全局报废资产的管理，由财务资产处牵头组织。资产经批准报废（核销）后，由原资产占用单位对批准报废的实物资产、经批准核销的债权资产建立管理责任制，明确管理部门和工作人员，制定规章制度，落实工作职责。

第六条　建立报废资产实物管理制度。报废资产实物管理是指对报废的资产在利用、维护、调剂、处置等方面的管理。受托管理报废资产的单位对报废资产实物进行分类管理，建立管理工作责任制。报废设备由生产和设备管理部门负责，具备条件的应设立报废设备库。报废器材、废旧钢铁由器材管理部门负责，按照器材物资管理办法执行。报废房屋建筑物由公用事业部门负责，建立报废房屋建筑物使用、维修、出租、拆除等档案资料。各专业管理部门设立账、卡进行日常管理，按月向财务部门报送报废资产增减变动和库存情况报表。

第七条　实行报废资产价值管理和报表上报制度。报废资产价值管理是指对报废资产原始价值、报废时净值、目前市值情况的管理。各单位对报废资产建立实物资产台账，对核销的债权资产设立备查账簿，动态反映报废资产的增减变动及各时期的报废资产的管理状况和价值情况。建立报废资产报表上报制度，各单位按季度上报报废资产实物管理报表，报表的内容包括：存量报废资产的数量、型号及规格、使用状况、价值状况、调剂处置情况，除填报规定的报表以外，还要附报情况说明。

第八条　实行报废资产有偿占用制度。勘探局对所属单位占用的报废在用资产收取资产占用费，资产占用费计算标准及收取办法按年度经营承包办法执行。

第九条　报废资产增减变动的条件及审批规定。

1. 报废实物资产增加的条件：经集团公司批准和勘探局批复报废，从财务核算中下账的固定资产、递延资产、存货等资产，经勘探局批准从内部单位调入的各类报废资产，以及其他原因增加的报废资产。

2. 报废实物资产减少的条件：经勘探局批准同意调剂处置、上缴物资回收部门、调拨给内部单位的报废资产，以及其他原因（符合资产管理规定并经勘探局有关部门批准）导致报废资产实物的减少。

3. 报废资产由于调拨、调剂、改造、毁损等原因形成的实物资产的增减变动，资产管理单位都要按规定办理申报审批手续。

4. 资产经批准报废后，按照批复从原账户下账，同时转入实物资产账户进行管理。实物资产因上述第 2 款列举的原因导致资产减少，按第 3 款规定办理申报审批手续，经财务资产处审定后从实物资产账户下账。

第三章　报废资产的改造利用及调剂处置

第十条　加强报废资产的利用，尽可能发挥其营运效能。资产报废是企业内部资产价值处理的一种方式，资产的使用价值并不会因资产报废而消失。各单位要根据报废资产的实际情况制定具体的利用办法，如经过改造、维修可恢复其技术性能，继续投入生产运行；也可采用租赁方式实行资产租赁经营；不能整体利用的资产可以利用部件，但要做好利用记录，防止乱拆乱卸造成资产流失。已经批准资产报废的机动车辆要投入运营需征得地方交管部门的批准。资产占用单位要积极采取各种有效的方式，合理地利用资产资源，提高企业的经济效益。

第十一条　加强报废资产的调剂处置，实现资产保值增值。各单位要结合本单位受托管理报废资产的具体情况，对闲置不需用的报废资产积极开展调剂处置工作，盘活存量资产，实现资产的保值增值。

报废资产调剂工作程序：

1.资产管理单位根据报废资产的管理及使用情况,对确属闲置、不需用的报废资产提出资产调剂处置的申请,按勘探局统一设计的申报表格填列,并报勘探局有关管理部门审批。

2.报废设备由生产运行处和财务资产处审批,报废器材、废旧钢铁由器材供应处和财务资产处审批,房屋建筑物由公用事业处、规划计划处和财务资产处审批。

3.由财务资产处委托资产管理单位或经勘探局批准的经营资产调剂业务的公司办理报废资产调剂的具体业务。

4.资产原值大于50万元或报废时资产净值大于5万元的单项报废资产要进行资产价值评估,评估费用在调剂收入中列支;不够上述标准的单项报废资产由资产管理单位组织专业人员根据资产状况和市场价格进行估价,评估价及自行组织估价结果作为资产调剂的价格参考。资产调剂出售价格原则上不能低于评估价或自行估价的90%,因特殊情况要降价处理的,需报财务资产处批准。

5.受托单位根据先系统内、后社会市场的顺序和价格优先的原则予以处置。

第十二条　报废资产管理和调剂处置的有关规定:

1.在勘探局设立报废资产集中管理库之前,各类报废资产由原资产管理单位受托管理。各单位要遵守勘探局关于报废资产管理的规定,接受勘探局相关管理部门的检查,执行勘探局管理部门对报废资产进行内部调拨和对外调剂处置的指令。

2.各单位设备管理部门对报废设备类资产实行专业化管理,按月编制报废资产实物管理情况报表报财务部门。由于各种具体原因不能作为设备实物资产建账管理的报废资产,经勘探局生产运行处、财务资产处批准后移交器材管理部门,作为废钢铁进行管理。

3.各单位器材管理部门对本单位废旧钢铁实行专业化集中管理,设库建账,按月编制废旧钢铁实物管理情况报表报财务部门。各单位要采取积极的措施,加强废旧钢铁的回收管理。废钢铁处理按照局内机械制造总厂生产需要优先、社会物资回收单位价格优先的原则予以处置。

4.报废汽车(包括摩托车、农用运输车,不含施工机械和石油专用设备)的管理,按照国家《报废汽车回收管理办法》的规定,不能拼装或转让,应上缴具有报废汽车回收资格的物资回收部门。勘探局分地区选择物资回收单位,签订回收协议,各单位按照勘探局与有关物资回收公司签订的协议执行。

5.经鉴定报废的锅炉及压力容器不能作为整套设备对外处置,应将设备分解后作为废钢铁进行处理。

第四章　加强报废资产管理的鼓励政策及奖惩规定

第十三条　经勘探局批准的报废资产调剂业务收入的资金留给资产管理单位,列入“其他应付款”,补充当年的流动资金。年度终了,各单位向财务资产处清算,并上缴调剂业务收入资金,由财务资产处统一核算,列入当年损益。

第十四条　各单位实现并上缴的报废资产调剂业务净收入,由财务资产处记账,作为资产管理单位的自有资金,由二级单位自主使用。自有资金的使用范围:购置生产设备、建设公共设施、弥补经营费用等经勘探局审定的开支项目。

第十五条　为鼓励各单位加强报废资产管理,积极开展报废资产调剂工作,经审批后,资产管理单位可从资产调剂总收入中提成10%的清理费用,作为开展报废资产调剂工作的业务开支,清理费用结余于每年年终一次性冲减管理费用。

第十六条　勘探局每年对报废资产管理进

行 1—2 次专项检查，根据检查结果及报废资产管理、改造利用、调剂处置的实际情况进行评比，对在报废资产管理中工作认真、积极开展资产调剂、加强资产改造利用、经济效益突出的单位予以表彰和奖励；对有关单位存在报废资产管理责任制不落实、实物资产管理混乱、未经审批处理报废资产等违规违纪行为，造成国有资产流失的，勘探局将根据问题的性质，分别给予单位通报批评、经济处罚，并追究单位领导和管理人员的管理责任和经济责任。

第五章　附　　则

第十七条　本办法由财务资产处负责解释。

第十八条　本办法自下发之日起执行。勘探局以前下发的制度办法与本办法不一致的，按本办法执行。

长庆石油勘探局质量监督实施办法

（2002 年 6 月 5 日长庆石油勘探局以长局发[2002]第 90 号文发布）

第一章　总　　则

第一条　为了进一步加强全局质量监督工作，建立起符合市场经济运行规律和生产经营实际的质量监督体系，保证勘探局生产经营工作不断发展，提升勘探局市场竞争力，特制定本办法。

第二条　本办法适用于勘探局所属单位负责实施的地面工程（包括管道施工、炼化建筑安装、产建及矿建、道路施工等）、工程技术服务（包括物探、钻井、井下作业、测井工程等）、生产服务（包括供电、供水、运输、机械加工等）、产品（包括内部产品和外部产品等）和生活服务项目。

第三条　质量监督必须坚持以下原则：

（一）坚持质量工作为企业生产经营管理服务的原则。勘探局的质量工作必须紧紧围绕全局生产经营的工作重点，必须服从和服务于全局生产经营工作的大局；

（二）坚持各专业系统必须为本专业系统内的质量工作负总责的原则；

（三）坚持质量管理部门协调管理与监督的原则。质量管理部门负责质量体系建设、标准化、计量等技术监督的基础工作，并对局属各专业系统及各单位的质量工作进行总体监督。

（四）坚持以生产单位内部管理为主并与监理（监督）单位过程管理、主管部门专业管理相结合的原则。生产单位、监理（监督）、主管部门在各自的职责范围内对本单位、本部门的质量工作负责。

第二章　管理与监督体系

第四条　勘探局技术监督委员会是全局质量工作的最高领导机构，负责对勘探局的质量工作进行计划、组织、决策、协调；技术监督委员会办公室设在质量安全环保处。

第五条　质量安全环保处负责开展日常质量工作，监督和管理各单位的质量工作，协调各专业系统的质量工作，并统一组织、协调勘探局对集团公司和外部的质量工作。各有关部门及单位质量工作相关职责是：

（一）市场开发部、生产运行处、工程技术

处、规划计划处、多种经营管理处、器材供应处、公用事业处在勘探局技术监督委员会的领导下管理本专业系统的质量工作；

(二)各单位负责本单位的内部质量管理工作并对本单位的质量工作负责；

(三)监督、监理单位及勘探局授权的各类检验、试验室是勘探局质量工作的技术机构，在业务上接受勘探局有关管理部门的领导；

(四)石油天然气长庆工程质量监督站业务上接受集团公司石油天然气工程质量监督总站及局有关管理部门的领导。

第三章 组织与实施

第六条 负责油田地面工程施工的单位，在有效运行 ISO 9000 质量管理体系的基础上，必须按照施工标准认真组织施工，竣工工程质量全部达到国家、行业标准或规范，重点工程建设项目试运行、投产实现一次合格。各有关部门及单位相关职责是：

(一)石油天然气长庆工程质量监督站履行第三方监督职能，做好工程的监督与评价工作；

(二)规划计划处负责工程质量的业务管理与协调工作，根据建设单位、监理、监督有关部门反馈的质量情况，做好对施工单位、石油天然气长庆工程质量监督站的管理工作。

第七条 工程技术服务单位必须按照 ISO 9000 标准的要求，有效运行质量管理体系，重点抓好施工技术标准的实施、计量管理等方面的工作，并对本单位负责施工的工程质量负责。

工程技术处要根据业主、监督单位及有关部门反馈的质量情况，对施工单位的质量工作进行检查、指导、协调和管理。

第八条 生产服务单位在有效运行 ISO 9000 质量管理体系的基础上，根据客户要求，突出服务工作的正常性、及时性，并建立起用户满意度测评体系。

生产运行处要根据用户及有关部门反馈的质量情况，对生产服务单位进行检查、指导、协调和管理。

第九条 局内各产品生产企业要按照 ISO 9000 标准，全面建立和运行质量管理体系，夯实质量管理基础，为产品质量的提高提供组织、技术保证。各有关部门及单位相关职责是：

(一)质量安全环保处负责对内外部产品进行产品质量认可；负责对产品进行质量监督抽查；参与合格供方的年度评价；参与货款结算前的审查；

(二)器材供应处负责产品采购、入库前的检验、库房的日常管理；负责合格供方的年度评价和器材采购网络管理；负责合同金额 50 万元以下产品购销合同的审查与付款结算前的审查；

(三)多种经营管理处负责局内产品网络管理，审核发放《内部产品市场准入证》；负责局内企业新上产品项目的审核；协助有关部门对局内产品质量进行监督检查；

(四)市场开发部负责合同金额 50 万元以上产品购销合同签订的审查与付款前的审查。

第十条 各生活服务单位要按照 ISO 9000 标准，逐步建立本单位的质量管理体系，做到服务标准化、考核制度化、用户回访真实化；要加强与用户的沟通，了解用户的需要，及时处理用户的投诉，不断提高用户满意度。

公用事业管理处要根据用户及有关部门反馈的质量情况，对职责范围内的质量工作进行检查、指导、协调和管理。

第十一条 局属勘察设计单位、建筑施工单位、工程技术服务单位(队伍)、监督、监理单位及承担各级各类检验、试验任务的试验室，要按照相关的行业要求，尽快取得从事相应工作的资质。

第四章 处罚与通报

第十二条 各单位、各部门领导要高度重视质量工作的重要性，建立健全并有效运行本单位的质量管理体系，层层落实质量管理职责，切实做好本单位、本部门的质量工作。根据集团公司质量事故报告制度，勘探局对局属各有关单位实施质量责任追究制度，具体的处罚办法将另行规定。

第十三条 从 2002 年起，勘探局技术监督委员会每月将对全局的质量状况进行一次通报。

市场开发部、生产运行处、工程技术处、规划计划处、多种经营处、公用事业处须定期向技术监督委员会办公室报送各单位实物工作量及质量指标（如合格率、一次成功率、优良率等）；

监理公司、监督公司、石油天然气长庆工程质量监督站须定期向技术监督委员会办公室报送监督、监理完成的工作及监理、监督结果；

承担各级各类检验任务的试验室须定期向技术监督委员会办公室报送检验工作完成的工作量及结果；

器材供应处须定期向技术监督委员会办公室报送强检物资的进货检验、退货、质量索赔情况。

以上资料应于每月五日前，由有关部门及单位质量管理专（兼）职工作人员完成，并经本部门、本单位负责人审核后，按时定期报送，逾期不报者，技术监督委员会办公室将通报批评。

第五章 附 则

第十四条 本办法由质量安全环保处负责解释。

第十五条 本办法自印发之日起施行。局属各单位、机关各有关部门可根据本办法制定相应的实施细则。

长庆石油勘探局安全事故调查补充规定

（2002 年 7 月 23 日长庆石油勘探局以长局发[2002]第 117 号文发布）

一、总 则

第一条 依据国家标准 GB 6441—1986《企业职工伤亡事故分类标准》、GB 6442—1986《企业职工伤亡事故调查分析规则》、石油天然气行业标准 SY 5855—1993《石油企业职工伤亡事故调查处理程序》、《长庆石油勘探局安全生产管理规定》，制定本规定。

第二条 本规定是对《长庆石油勘探局安全生产管理规定》中事故调查部分的补充。

第三条 本规定适用局属各单位，包括勘探局全资公司和控股公司。

二、事故调查工作的组织

第四条 大小事故，不论地方政府和上级部门是否介入调查，勘探局和各单位内部都应组成调查组进行调查，其中调查组组长对事故调查过程和结果负第一责任。

第五条 小事故由基层单位行政正职、主管副职和专兼职安全员及有关人员组成调查组。

一般事故由各二级单位负责人或指定专人负责，生产、技术、安全、机动、劳资、监察、工会等人员组成调查组。

重特大事故由勘探局负责人或指定专人负

责，生产、技术、安全、机动、劳资、监察、工会等人员组成调查组，二级单位要主动协助调查。

第六条　事故调查组应查清事故的经过和人员伤亡、经济损失情况，查明事故的原因包括直接原因、间接原因和管理原因，确定事故的责任者，提出事故的处理意见和防范措施的建议，写出事故调查报告。

三、事故调查现场人证物证资料的搜集

第七条　物证搜集应注明时间、地点、管理者，并保持原样。

第八条　人证搜集应对证人的口述材料进行考证。

第九条　事故事实材料的搜集应全面、详细。事故鉴别、记录有关的材料应包括：

(1)受害人和肇事者的姓名、性别、年龄、文化程度、职业技术等级、工龄、本工种工龄、技术状况、接受安全教育情况、过去的事故记录。

(2)事故当日受害人和肇事者开始工作时间、工作内容、工作量、作业程序、操作动作(位置)。

(3)出事前，受害人和肇事者的健康状况。

事故发生的有关事实应包括：

(1)事故发生前设备、设施的性能和质量状况。

(2)使用的材料，必要时进行物理或化学性能实验与分析。

(3)有关设计和工艺方面的技术文件、工作指令和规章制度方面的资料和执行情况。

(4)工作环境方面的状况：照明、温度、湿度、通风、声响、道路、色彩度及有毒有害物质取样分析记录。

(5)个人防护措施的有效性、质量和使用范围等。

第十条　应利用照相和录像等进行现场调查。现场照相和录像要一同进行。照相和录像应包括事故的全貌、受害者的原始存息地、残骸和可能被清除和践踏的痕迹。

第十一条　根据不同的事故，应绘制事故现场示意图、流程图、受害者位置图等。

四、事故调查原因的分析和责任的划分

第十二条　分析事故应从受伤部位、受伤性质、起因物、致害物、伤害方式、不安全行为、不安全状态等七个方面入手，确定事故的直接原因和间接原因，确定事故的责任者。

第十三条　分析事故应先直接原因，后间接原因，从而掌握事故的全部原因，再分清主次，进行责任分析。

第十四条　事故的直接原因应包括：

(1)机械、物质和环境的不安全状态：安全防护装置——防护、保险、连锁、信号装置缺少或有缺陷；设备、设施、工具、附件有缺陷；个人防护用品、用具缺少或有缺陷；生产(施工)场地环境不良。

(2)人的不安全行为：操作错误、忽视安全、忽视警告；造成安全装置失效；使用不安全设备；手工代替机器操作；物体(成品、半成品、原材料、工具、切屑和生产用品)堆放不当；冒险进入危险场所；攀、坐不安全位置(如增台栏杆、汽车挡板、吊车吊钩)；在起吊物下作业停留；机器运转时加油、修理、检查、调整、焊接、清扫等工作；有分散注意力行为；在必须使用个人防护用品用具的作业或场合中，忽视其使用；不安全装束；对易燃易爆等危险物品处理错误，总体是违反操作规程或劳动纪律。

第十五条　事故的间接原因应包括：

(1)技术和设计上有缺陷——工业构件、建筑物、机械设备、仪器仪表、工艺过程、操作方法、维修检验等的设计、施工和材料存在问题。

(2)教育培训不够,未经培训,缺乏或不懂安全操作技术知识。

(3)劳动组织不合理。

(4)对现场工作缺乏检查或指导错误。

(5)没有安全操作规程或不完全。

(6)没有或不认真实施事故防范措施,对事故整改不力。

第十六条　通过对事故直接原因和间接原因的分析,查找管理上的深层次原因。管理上的深层次原因应包括:管理思路的方向、管理体制和机制的有效性、管理责任的落实、管理的重心等方面。

第十七条　事故分析要采用事故树分析法和事件树分析法等现代事故致因理论模型。

第十八条　根据事故调查所确认的事实,通过对事故直接原因和间接原因及管理原因的分析,确定事故的直接责任者和领导责任者;在直接责任者和领导责任者中,根据其在事故发生过程中的作用,确定事故的主要责任者、次要责任者、一定责任者。

第十九条　事故责任应结合事故的类别、事故的等级、事故的性质、事故的原因等方面综合分析进行划分。

小事故,肇事者是直接责任者,负主要责任;作业班组当班班组长(司钻、机长)是本班组安全生产第一责任者,负主要领导责任。

一般事故,肇事者是直接责任者,负主要责任;作业班组成员根据在事故发生过程中的作用,分别负主要责任、次要责任、一定责任;作业队(车间、工段、站、)队长(车间主任、工段长、站长)是该作业单元安全生产第一责任者,负主要领导责任,主管副职负主要领导责任。

重特大事故,肇事者是直接责任者,负主要责任;作业班组成员、作业队(车间、工段、站)领导,根据在事故发生过程中的作用,分别负主要责任、次要责任、一定责任或领导责任;各二级单位厂长(处长、经理)是本单位安全生产第一责任人,负主要领导责任,主管副职负主要领导责任。若在厂、处(公司)下设有中间层次的项目部、分公司、分厂、大队,则该项目部、分公司、分厂经理、厂长、大队长负直接领导责任,主管副职负直接领导责任。

其他各级领导干部和有关部门如在落实《长庆石油勘探局安全生产管理规定》中的安全生产责任制方面存在问题,且造成事故的,应负主要领导责任、次要领导责任、一定领导责任。

五、事故调查报告

第二十条　事故调查报告应由调查组成员撰写。

第二十一条　事故调查报告应包括以下内容:

事故发生的单位、时间、地点、经过,事故原因分析,事故责任划分,事故处理意见,吸取教训和纠正措施,调查组成员。

第二十二条　事故调查报告还必须利用事故图和照片、录像等进行辅助说明。

六、事故调查后的资料归档

第二十三条　每起事故调查处理结束后,必须有完整的事故档案。事故档案应包括以下资料:

职工伤亡事故登记表;职工死亡、重伤事故调查报告及批复;现场调查记录、图纸、照片、录像;技术鉴定和试验报告;物证、人证材料;直接和间接经济损失材料;事故责任者的自述材料;医疗部门对伤亡人员的诊断书;发生事故时工艺条件、操作情况和设计资料;处分决定和受处分人的检查材料;有关事故的通报、简报及文件;参加调查组的人员姓名、职务、单位。

七、附　　则

第二十四条　本规定未尽事宜参照国家、

集团公司有关规定执行。

第二十五条　本规定自发布之日起执行。

第二十六条　本规定由质量安全环保处负责解释。

长庆石油勘探局信息化工作管理暂行办法

（2002 年 9 月 18 日长庆石油勘探局以长局发[2002]第 146 号文发布）

第一章　总　则

第一条　为了进一步加强勘探局信息化管理工作，理顺关系，规范管理，推进企业信息化建设和信息化技术应用，提高企业市场竞争能力，特制定本办法。

第二条　本办法适用于勘探局及所属各二级单位，控股公司可参照执行。

第二章　信息化工作指导思想、管理机构和职责

第三条　勘探局信息化工作的指导思想：

认真贯彻落实党中央“信息化带动工业化，实现跨越式发展”的战略方针，以市场为导向，以提高企业核心竞争能力为目标，以信息资源开发利用为核心，以基础设施建设为先导，以科学管理为主线，统筹规划，合理布局，优化资源配置，避免低水平重复建设。强化信息基础设施建设，提高信息资源开发利用率。强调信息共享，保障信息安全。突出系统集成，重视培训推广，在讲求实效的前提下加快推进企业信息化。

第四条　勘探局信息化工作领导小组是勘探局信息化工作的领导决策机构，主要职责是：

一、研究决定勘探局信息化发展方向、发展目标和发展战略。

二、审定勘探局信息化建设的中长期发展规划、信息化建设方案及重大信息化工程项目。

三、审批勘探局信息化工作管理办法及有关规章制度。

第五条　勘探局信息化管理办公室，为勘探局信息化工作领导小组的办事机构，归口管理全局信息化工作，主要职责是：

一、认真贯彻执行国家、集团公司有关信息化管理的方针、政策及规章制度，组织制定勘探局信息化工作管理制度、办法等，并组织实施。

二、组织制定并实施勘探局信息化发展战略、信息化建设的中长期发展规划及信息化建设方案。

三、参与全局信息化工程项目的立项、技术论证、质量监督和工程验收的管理工作。

四、指导局属各单位各专业组信息化建设与管理工作，协调处理有关问题，做好服务工作。

五、负责勘探局信息化工作的对外合作、交流和信息化管理人员的业务培训等工作。

第六条　勘探局信息化工作领导小组下设网络建设工作小组、办公自动化、物资管理与电子商务、长庆网站三个专业组（以下简称专业组），按照勘探局的统一规划，负责专业系统的信息化建设和管理工作，主要职责是：

一、网络建设工作小组职责：制定勘探局

计算机网络建设规划、年度计划和技术标准及规范；负责勘探局企业骨干网的建设、运行、安全与业务经营；负责勘探局企业网 IP 地址的管理；负责勘探局企业网外部出口的统一管理和对外信息联网的协调与管理；参与审定局属各单位局域网建设的技术方案；负责勘探局计算机网络技术培训，为局属各单位网络建设提供技术指导和技术支持。

二、办公自动化专业组职责：制定勘探局办公自动化的建设规划和年度计划；负责办公自动化系统的推广应用及人员培训工作；负责办公自动化系统的管理、运行及维护；负责办公自动化系统信息的安全管理。

三、物资管理与电子商务专业组职责：制定勘探局电子商务的发展战略、建设规划和业务发展计划；负责物资采购及产品销售交易过程中的规范管理；负责对物资采购供应商进行统一招标及网上采购的决策管理。

四、长庆网站专业组职责：制定勘探局主页的建设规划、计划；负责勘探局主页的建设、维护及管理；负责企业向长庆网站以外的网站发布信息的有关审批与管理工作；负责网上信息的保密性审查。

第七条　勘探局各二级单位的信息化管理部门，负责本单位的信息化管理工作，主要职责是：

一、根据勘探局信息化发展战略、建设规划及技术标准规范，组织制定与实施本单位信息化建设规划和年度计划。

二、组织制定与实施适合本单位信息化工作的有关政策、管理办法、技术标准和工作规范。

三、负责本单位计算机网络的建设、运行、管理和安全工作。

四、负责本单位信息系统的开发、运行及维护升级工作。

五、负责组织信息的发布，协同保密部门做好信息安全保密工作。

六、负责向勘探局信息化管理办公室按时上报年报、年度计划和工作总结。

第三章　网络基础设施建设管理

第八条　勘探局网络基础设施由网络建设工作小组负责统一规划，分级建设，互联互通，统一管理。

第九条　勘探局按优化组合的原则构建独立、统一的企业网络，主要包括企业骨干网和各二级单位的局域网两个层次。企业骨干网是勘探局西安网络中心到各网络分中心及汇接点的广域网。园区网是各网络分中心节点与各二级单位局域网互联组成的局域网。企业骨干网由勘探局统一规划、建设和管理。各二级单位的局域网由本单位按照勘探局的统一标准和规范进行建设和管理。

第十条　勘探局企业网采用 TcP 协议标准，遵循企业内联网（Itnanet）/企业外联网（EXtranet）的模式和架构进行建设和管理，采用统一的命名规范、域名体系、电子邮件地址及统一规划的 IP 地址等。

第十一条　勘探局统一通过西安或银川接入因特网，通过集团公司接入中国石油信息网，并统一进行对外企业门户网站的建设与管理。

第十二条　各单位（处室）接入因特网，必须经勘探局信息化管理办公室审批，并统一通过长庆互联网接入因特网。

第四章　信息资源建设管理

第十三条　勘探局建立本企业的信息网站，实现基础信息上网。长庆网站专业组负责勘探局信息主页的制作、管理及技术支持。各单位信息管理部门负责本单位信息主页的信息采集、发布与更新。信息发布与更新必须及时、准确，具有实效性。信息网页管理执行

《长庆石油勘探局网页管理与维护暂行规定》(长局办发［2001］第58号)。

第十四条　上网用户必须遵守有关法律法规和公共道德，不得在网上发布非法信息或恶意攻击诽谤他人。对于违反上述规定者，轻者通报批评，重者将追究其法律责任。

第十五条　勘探局信息系统的所有信息资源均为勘探局资产，应归勘探局所有，任何单位或个人不得单独占有。

第十六条　勘探局信息资源按决策和运营的需要，实行有限集中、分级管理。对于信息资源的使用，应根据工作需要给予相应的访问权限。

第十七条　与应用系统开发和推广项目相关的信息资源建设，是项目不可缺少的组成部分，要保证必需的费用，同步或先期实施，一并验收。

第十八条　信息源必须保证信息采集的及时性和准确性，要按时入库上网，并坚持做好信息的更新维护工作。

第十九条　勘探局各单位通过服务获得的生产和科研信息的产权和共享问题，应在服务合同中作明确规定。

第五章　信息系统建设管理

第二十条　勘探局信息系统建设要借鉴世界大石油公司的成功经验，以勘探局业务需求、实际应用和效益为驱动，充分利用原有的信息资源，进行有效管理。

第二十一条　勘探局信息系统的公共信息平台，由勘探局信息化管理办公室会同相关专业组共同组织开发和推广。

第二十二条　各专业组和勘探局有关职能部门应根据勘探局信息化建设规划，提出本专业、本部门的信息系统建设业务需求，经勘探局信息化管理办公室组织论证通过，报勘探局规划计划部门立项后，组织开发和推广集成的专业管理信息系统和生产、科研应用系统。

第二十三条　各二级单位的工作重点应放在信息系统的推广、运行和技术支持上，尽可能避免重复建设。

第二十四条　为确保勘探局信息系统的统一和标准化，信息系统的开发、引进、测试、实施需遵循勘探局统一的信息技术标准，并建立完整的文档资料。信息系统的维护工作需制定严格的管理办法和详细的文档手册。

第六章　信息与信息系统安全管理

第二十五条　信息与信息系统的安全是信息化建设的关键环节，勘探局信息与信息系统的安全管理由各级信息管理部门负责，主要包括：了解业务活动中可能存在的信息安全问题，制定确保信息安全的管理办法，培训合格的信息安全专业人员。信息管理者的信息安全工作应纳入其业绩考核范围。

第二十六条　信息系统建设项目和技术方案的设计和实施，必须考虑信息和系统安全，并与项目一起验收。

第二十七条　对重要和重大信息系统，应制定保障信息和系统安全的管理措施，同时建立安全防范机制，防止外来侵害和病毒损害。

第二十八条　要根据国家有关规定和勘探局保密部门的要求，落实信息安全管理人员和职责，加强职工信息安全意识和责任教育，并对信息和系统安全工作进行必要的检查和监督。

第二十九条　确定勘探局信息资源的保密级别，并根据信息的不同保密级别确定不同的安全措施和管理方法。同时确认所有系统用户的安全级别，并设计有效的系统密码规定。

第三十条　制定和实施统一的灾难恢复计划，并在各单位建立灾难恢复小组，明确该小组在系统发生物理灾难时的责任。

第三十一条 任何单位或个人，均不得利用信息网络从事危害国家和勘探局利益以及公民合法利益的活动，不得危害信息系统的安全。

第七章 信息技术软硬件设备采购管理

第三十二条 信息技术软硬件设备包括计算机硬件设备、网络设备、操作系统、数据库管理系统和其他应用软件产品等。

第三十三条 局属各单位、机关各处室引进、购置信息技术软硬件设备必须向勘探局信息化管理办公室申报引进、购置计划，内容包括：目的、用途、费用来源、软硬件模式型号、数量等，经批准后方可实施。

第三十四条 勘探局信息化管理办公室每年汇总各单位的购置计划，会同有关部门审核后，提出全局年度购置计划，并报勘探局信息化工作领导小组审定批准。未经局批准，各单位不得擅自购置信息技术软硬件设备。

第三十五条 勘探局信息技术软硬件设备的采购，由勘探局信息化管理办公室会同有关部门组织进行，对数额较大的可通过招标或议标的方式选择供应商。

第三十六条 各单位计算机网络建设需申请纳入局工程项目的，按规定程序报局规划计划部门立项，勘探局信息化管理办公室和网络建设工作小组参加对技术方案的审查、工程质量的监督与验收。

第三十七条 采购的信息技术软硬件设备要纳入勘探局的固定资产，并进行规范管理。

第八章 信息标准和规范

第三十八条 坚持信息系统建设标准先行的原则，由勘探局信息化管理办公室统一组织制定勘探局必需的各种标准和规范。制定标准和规范时，要依次优先采用国际标准、国家标准和行业标准。

第三十九条 为保证信息和数据的共享与交换，系统开发必须执行国家、行业或企业的有关标准和规范，采用标准信息代码。若暂时无标准代码，应按照信息编码的通用原则和要求，科学、规范地编制信息代码，并报勘探局信息化管理办公室备案。

第四十条 凡是没有采用或不符合有关标准规范的系统，一律不验收、不使用、不推广。

第九章 信息技术培训

第四十一条 信息技术应用的相关培训对提高职工综合素质和企业知识创新能力十分重要，应作为一项长期任务来抓。

第四十二条 信息技术应用要注意复合型培训，使信息技术应用人员和管理人员更多地掌握勘探局其他领域的知识，有效地提高管理和决策水平。

第四十三条 信息管理部门要会同人力资源管理部门，统一制定信息技术培训计划，组织多种形式不同层次的培训。

第十章 附 则

第四十四条 各专业组、局属各单位应根据本办法制定本系统、本单位的信息化工作管理办法及实施细则，并报勘探局信息化管理办公室备案。

第四十五条 本办法由勘探局信息化管理办公室负责解释。

第四十六条 本办法自印发之日起执行。

长庆石油勘探局企业管理现代化实施办法

（2002年11月25日长庆石油勘探局以长局发[2002]第190号文发布）

第一章　总　　则

第一条　为了总结和推广应用国内外企业管理现代化方法，鼓励和引导各单位积极推进企业管理的改革与创新，根据国家《全国企业管理现代化创新成果审定发布暂行办法》及中国石油企业管理协会《石油企业管理现代化优秀成果评审细则》、《石油企业管理现代化优秀成果经济效益计算方法》等办法及规定，制定本办法。

第二条　企业管理现代化成果包括创新成果和应用成果两类。

（一）创新成果是指运用现代科学理论，在企业制度、管理理念、管理方式、组织、方法和手段等方面提出的具有改进、创新因素的办法和措施，经过实践确认有明显成效的成果，包括：创新发明；应用国内外已有的成果在实践中确有改进和发展的创新因素；改进国内外最新先进管理技术在行业内首次应用获得成功等。

（二）应用成果是指应用已有现代管理技术并取得显著经济效益的成果。包括国内外已有成果的移植、并结合石油特点在应用深度、广度上有一定发展的单项应用和多种管理技法、手段的综合配套应用等。管理技法的应用领域有所拓展，或在应用过程中有一定改进和提高，但在理论上无重大改进的成果划分为应用成果。

第三条　为实现管理创新、技术创新并举，管理和技术同时作为生产力，对提高企业经济效益发挥着同样重要的作用。企业管理现代化项目应视为与科研项目同等重要的地位，企业管理现代化成果也视为勘探局级成果。

第四条　实行企业管理现代化的指导思想是：对企业管理现代化方式、方法、手段在勘探局得到推广应用和提高，实现管理创新，是加强企业管理、推进企业管理现代化、提高经济效益的有效途径，是深化企业改革、建立现代企业制度、转换企业经营机制、促进企业发展的迫切需要，树立管理和效益是企业永恒主题的思想。

第五条　本办法包括企业管理现代化项目立项、组织实施与监督检查、审查鉴定与经济效益计算、评审奖励、交流发布及上报六个方面的内容。

第二章　企业管理现代化项目的立项

第六条　发展研究部收集整理国内外先进企业成功的企业管理现代化方式、方法及手段，有针对性地进行研究和筛选，并针对勘探局实际进行可行性研究后，初步在勘探局有关单位推广。

第七条　勘探局各单位于当年初填写好《长庆石油勘探局企业管理现代化项目立项申报表》，交发展研究部审查，申报项目以管理创新项目为主，应用项目为辅。各单位申报的企业管理现代化项目须经过充分的可行性分析、论证，预测实施项目取得的经济效益和社会效益，申报表须经各单位主要领导或主管领导签字并加盖本单位印章。

第八条　发展研究部组织有关人员对各单位申报的企业管理现代化项目进行认真的研究，从中筛选出切实可行的、能带来经济效益的、有针对性的、符合本单位实际情况的项目，以勘探局文件形式批准下发立项。

第九条　未经批准立项的项目,不得参与企业管理现代化成果的评审,不得申请有关奖励与兑现。

第三章　企业管理现代化项目的组织实施

第十条　各单位经勘探局正式批准立项的企业管理现代化项目,应制定详细的组织实施步骤,时间安排,具体负责人,预期达到的目标,报发展研究部备案。

第十一条　各单位企业管理现代化项目实施经费从本单位成本中列支。

第十二条　各单位每季度末以书面形式简要汇报项目的进展情况,对于遇到的问题及出现的偏差,及时进行分析,进行处理和反馈控制,以实现各阶段目标及各分目标,从而达到总目标的完成。

第十三条　发展研究部对勘探局所立项目实行动态管理,组织人员定期与不定期的对重点项目的计划进度、各阶段目标的完成情况等进行检查,对存在的问题提出合理化意见,进行督促与指导,并在实践中不断总结经验,完善企业管理现代化程序。

第四章　企业管理现代化成果的申报

第十四条　各单位组织实施完成企业管理现代化项目后,在进行认真总结的基础上,于本项目结束年度完成项目成果报告。

第十五条　成果报告着重说明项目提出的原因、管理方式、方法及手段模型设计、组织实施过程、取得的经济效益等。

第十六条　按照规定格式,客观真实地填写《长庆石油勘探局企业管理现代化成果报告书》,报告书一式 3 份,成果报告一式 25 份。经济效益的计算要按照后面所列经济效益的计算方法列出经济效益的计算依据和过程,并加署财务部门和成果采用单位意见。

第十七条　成果申报日期为本项目(包括跨年度项目或期限超过一年的项目)完成年度末,成果报告预审由发展研究部负责,不符合申请条件和要求的成果报告,将通知申报单位补充、修改或取消评审资格。

第十八条　不属于评审范围内的成果:

(一)属于工程技术领域的成果,或以工程技术为主的成果。

(二)计算机、信息网络应用于企业管理的软、硬件成果。

(三)未经一年以上(含一年)实践检验、经济效益不好的成果。

(四)已在企业所在省、市、自治区获奖的成果。

(五)已申报过,未获奖,又无重大改进的成果。

(六)已获过奖励,无新发展的成果。

第五章　企业管理现代化成果经济效益的计算方法

第十九条　成果经济效益是该成果功能作用所创造的直接效益,不能把非成果作用而产生的效益计入成果效益,也不能重复计算,必须是经过科学测算真实反映的成果效益量。

第二十条　凡能计算经济效益的成果,按照本办法规定的三个测定法进行计算,不能计算经济效益的成果,可用定性方法评价,如果本办法的三个测定法均难以表达成果效益时,可用别的办法测算,但须附详细资料。

第二十一条　成果效益是指企业实施成果产出的有效价值量与投入价值量之差值。

第二十二条　成果效益计算执行国家及中国石油企协《企业管理现代化优秀成果经济效

益计算方法》,可采用单项因素直接测定法(MTP)、相关因素合成计算法(PCP)、复合因素分离计算法(CSP)三种方法。

第二十三条 单项因素直接测定法(MTP),适用于能直接计算经济效益的单项成果,其计算公式为:

$$E_M = (Q_1 - Q_0)LMV - F - (\sum_{a=1}^{n} C_a + I)$$

式中 E_M——单项成果经济效益;

Q_1——成果效益计算年度的实际完成数;

Q_0——成果效益计算年度上一年度(未实施本成果)实际数;

L——劳动量;

V——价值量;

M——实物量;

C_a——成果实施费;

I——实施成果损失费;

F——非本成果的效益。

第二十四条 相关因素合成计算法(PCP),适应于成果具有可分离的构成因素,并能按本身构成因素分别计算效益的综合性管理创新成果,其计算公式为:

$$E_p = \sum_{a=1}^{n} S_a - F - H(\sum_{b=1}^{n} C_b + I)$$

式中 E_p——各相关多因素的合成效益;

S_a——第 a 种因素的经济效益;

F——非本成果因素效益;

C_b——在单因素价值量中未包含的综合性实施费;

I——在单因素价值量中未包含的综合性损失费;

H——因素之间重复计算的效益。

第二十五条 复合因素分离计算法(CSP),适用于不具有明显构成因素的综合性管理创新成果效益的计算,其计算公式为:

$$E_c = (P_1 + P_0) - (N \pm \sum_{a=1}^{n} T_a \pm \sum_{b=1}^{n} R_b \pm \sum_{c=1}^{n} F_c) - (\sum_{d=1}^{n} C_d + I)$$

式中 E_c——综合管理成果效益,以企业实现利润表示;

P_1——成果实施年度企业总效益;

P_0——成果实施前一年度(未实施本成果)企业总效益;

N——未实施本成果的正常年度下自然增长的经济效益,通常采用成果效益计算年度的前三年的平均值;

T_a——第 a 项投入效益($a, b, c, \cdots, n$),指新投入固定资产而扩大生产能力或提高产量而取得的效益;

R_b——第 b 项外因效益($b, c, d, \cdots, n$),指非企业生产经营活动带来的效益,而是因外部条件而获取的效益;

F_c——第 c 项非管理效益($c, d, e, \cdots, n$),指非管理因素而获取的效益;

C_d——成果实施费;

I——实施成果损失费。

第六章 企业管理现代化成果的评审与奖励

第二十六条 勘探局企业管理现代化优秀成果评审每年进行一次,由评审委员会负责评审,评审委员会由具有管理现代化成果评审能力的专家、教授、高工及企业管理工作者组成,评委人选由发展研究部推荐，勘探局企协常务理事会审定。

第二十七条　成果评审采用定量评价与定性评价相结合的办法，以定量分析为主。每个评委对成果按评审标准打分，每个评委对成果评分采取加权平均法进行计算，公式为：

$$B_i = \sum_{5}(0.35A_1 + 0.2A_2 + 0.2A_3 + 0.2A_4 + 0.05A_5)$$

$$j = 1$$

去掉一个最高分和一个最低分，然后取各评委评分的平均值，计算公式为：

$$B_{总} = 1/m \sum B_i$$

评分结果在评委会全体会议上进行讨论，并最后通过评委投票确定项目获奖数目和等级，报勘探局企协理事会审核批准。

第二十八条　奖励等级分一、二、三等奖，其评定以评分结果为准，原则上得分在 90—100 分范围内评为一等奖；得分在 80—90 分范围内评为二等奖；65—79 分范围内评为三等奖。

第二十九条　获奖成果由勘探局企协颁发优秀成果荣誉证书、项目负责人和主要参加人个人获奖证书。勘探局利用多种形式公布表彰，广泛宣传。

第三十条　物质奖励参照[1997]中油体改字第 59 号文《石油企业管理现代化优秀成果评审奖励办法》，勘探局企业管理现代化优秀成果奖励金额一等奖为 3000—5000 元；二等奖 2000—3000 元；三等奖 1000—2000 元。

第三十一条　发展研究部根据勘探局企业管理现代化成果的评审结果，组织向中国石油企协及有关省(区)企协推荐上报。

第三十二条　本办法自印发之日起施行。

第三十三条　本办法由发展研究部负责解释。

长庆石油勘探局安全生产监督管理规定

（2002 年 11 月 27 日长庆石油勘探局以长局发[2002]第 193 号文发布）

第一章　总　　则

第一条　为了加强安全生产监督管理，防止和减少事故，保护职工在生产活动中的安全与健康，维护企业安全生产秩序，保障企业财产安全和生产经营的顺利进行，根据中华人民共和国《安全生产法》、《矿山安全法》、《劳动法》、《消防法》、《职业病防治法》等国家有关安全生产法规及中国石油天然气集团公司《安全生产管理规定》、《安全监督管理办法》等上级有关安全生产的规章制度，制定本规定。

第二条　安全生产工作必须坚持“安全第一、预防为主”的方针。

安全生产工作总的指导思想是：隐患险于明火，防范胜于救灾，责任重于泰山。

安全生产监督管理的基本原则是：“管生产必须管安全”、“谁主管、谁负责”、“安全生产人人有责”。在计划、布置、检查、总结、评比生产经营工作的同时，必须对安全生产工作进行计划、布置、检查、总结、评比。

第三条　安全生产工作的基本任务是：制定有关安全生产监督管理办法，监督落实安全生产责任制；开展安全生产宣传教育工作，提高员工安全防范意识；采取有效监控和预防措施，检查督促事故隐患的整改，采用先进安全技术，消除危险和危害因素；报告、调查、处理已发生的事故；科学分析和掌握事故发生的规律，防止人身伤亡、火灾爆炸和交通事故的发生，做到安全生产、文明生产。

第四条 本规定适用局属各单位，包括局全资公司和控股公司。

第二章 组织领导

第五条 各单位的主要负责人(指法定代表人、董事长，也包括法定代表人委托的总经理、总裁、首席执行官和党委书记等)是安全生产第一责任人，全面负责本单位的安全生产工作。

第六条 各单位应成立安全生产委员会(以下简称安委会)，统一协调指导本单位安全生产工作，安全生产第一责任人任主任，其他成员应包括分管领导、机关各有关部门负责人。安委会主要职责是：

(一)根据上级有关安全生产工作的指示要求，结合本单位实际，提出贯彻执行的具体办法。

(二)审定本单位安全生产工作年度计划、考核目标。

(三)定期(局半年一次、厂处单位每季一次)召开会议，听取有关部门(单位)的安全生产情况汇报，讨论决定安全工作中的重大问题和应采取的措施。

(四)审定年度安全生产工作综合考核结果及奖惩方案。

(五)组织安全生产工作大检查。

(六)组织调查处理事故，通报责任事故。

(七)总结探索适合勘探局特点的安全生产管理经验和方法。

第七条 各单位安委会下设办公室，办公室设在安全部门，负责处理安委会的日常工作。其主要职责是：

(一)负责向安委会汇报年度计划安排，及时协调有关部门的安全管理工作。

(二)掌握各单位安全生产工作动态，负责向安委会提供各种有关安全生产工作信息，调查研究，为安委会决策重大问题提供依据和建议。

(三)负责安委会决议的贯彻落实，督促和检查安委会决定事项的执行情况。

(四)组织实施安全教育、安全生产大检查以及其他安全活动。

(五)向安委会成员报送有关文件、报告、资料，组织编写安全生产工作情况反映。

(六)负责工业生产、火灾、交通事故汇总，并向勘探局报告。

第八条 各单位应按规定设立安全生产管理机构，并配备必要的安全生产管理人员。

(一)勘探局应设独立的安全生产管理机构。

(二)厂(处)级单位按以下标准设立安全生产管理机构：

用工总量大于等于800人，应设独立的安全生产管理机构，且专职安全生产管理人员应不少于3人；

用工总量300—800人，可设独立的安全生产管理机构，且专职安全生产管理人员应不少于2人；

用工总量小于300人，专职安全生产管理人员应不少于1人；

用工数量少，管理幅度小的单位，可设立兼职安全员。

(三)基层设专兼职安全员。

危险性较大的单位应加强安全生产管理力量。专职安全生产管理人员中，工程技术人员应达到60%以上。专职安全生产管理人员应严格按有关标准选聘，择优上岗，并实行动态管理。

第九条 各单位应根据规定设立安全总监和副总监，建立起主要负责人负总责、主管领导负管责、其他领导对所分管工作的安全生产负分管责任，安全总监负监责的安全监督体系。

工程技术服务单位应根据规定建立安全监

督站,并配备具备资格的专兼职安全监督,对生产作业场所、工程施工作业项目等实施异体监督。

安全生产监督站向安全总监负责。

安全生产监督站应和安全生产管理部门相对分开。

第十条　安全生产监督管理干部应保持相对稳定,不宜频繁调动,如因工作需要变动,应事先选配好接替人员,不得长期缺员。

第三章　安全生产责任制

第十一条　各级主要负责人的安全生产职责:

(一)全面负责本单位的安全生产工作,并纳入领导任期目标和企业经营承包责任制。

(二)认真贯彻国家有关安全生产和劳动保护的方针、政策、法律法规、标准和上级指示;建立健全和贯彻落实安全生产责任制;审定颁发本单位安全生产工作计划、规章制度和安全规程,并组织实施。

(三)加强组织领导,建立健全安全生产监督管理机构。定期主持召开安委会会议,及时解决安全生产中的重大问题。

(四)按规定保证本单位安全生产投入的有效实施。

(五)组织制定并实施本单位事故的应急救援预案。组织或参与重大事故的调查处理,并对所发生的事故调查、登记、统计和报告的正确性、及时性负责。

(六)督促、检查本单位安全生产工作,及时采取措施,整改和消除重大事故隐患。

(七)定期检查和考核同级副职的安全生产责任制落实情况。

(八)审定新建、改建、扩建工程项目时,遵守和执行安全、防火和工业卫生设施与主体工程同时设计、同时施工和同时验收投产的规定。

(九)定期向职工代表大会(职工大会)报告安全生产工作情况,认真听取意见和建议,接受职工群众监督。

第十二条　主管安全生产工作的副职职责:

(一)协助主要负责人管理本单位安全生产,对本单位实现安全生产,搞好劳动保护工作负直接的领导责任。

(二)负责组织审定安全生产规章制度、安全生产奖惩方案、安全技术措施和经费计划、重大隐患的整改方案,积极改善职工劳动条件。

(三)领导安全生产管理部门的工作,及时解决存在的问题。

(四)组织并参与安全生产检查,深入现场调查研究,掌握了解安全生产情况,总结、推广先进经验,发现问题和隐患,及时组织处理,并制定防范措施。发生重大事故时,应到现场组织调查处理。

(五)定期向领导办公会和安委会通报安全生产工作情况,重大问题提交会议讨论。

第十三条　其他各级副职的安全生产职责

(一)坚持安全生产“谁主管、谁负责”的原则,按“五同时”(在计划、布置、检查、总结、评比生产经营工作的同时,计划、布置、检查、总结、评比安全工作)的要求,抓好各自分管系统、部门的安全生产和劳动保护工作,并负直接领导责任。

(二)按系统承包生产要害部位(单位)的安全生产,负责组织并参与分管部门进行安全生产专项(专业)检查。对分管系统安全方面存在的重大问题,要及时协调解决,发生重大事故应到现场,组织抢救和参与调查、处理。

第十四条　安全总监职责:

(一)监督本单位贯彻执行国家有关安全生产的方针政策、法律法规、标准规范和上级有关安全生产的规章制度。

(二)在安全生产第一责任人的主持下,组织对同级副职、职能部门执行安全生产责任制情况的督察,并定期提出考核意见。

（三）指导、协调安全监督站实施现场安全监督检查。

（四）监督安全预评价和“三同时”的实施，督促重大事故隐患的整改及重大事故的处理。

（五）监督本单位健康安全与环境（HSE）和职业健康安全（OHS）管理体系的审核和评审工作。

（六）接受安全生产第一责任人交办的其他安全监督工作。

（七）审核 HSE 费用计划，并监督其有效使用。

安全副总监协助安全总监，具体负责组织、落实上述职责。

第十五条　各级技术负责人的安全生产职责：

（一）全面负责本单位的安全技术工作。

（二）组织研究解决安全生产工作中的重大技术问题，组织编制、审查、制订安全生产工作标准、安全技术操作规程，审批或制订安全生产技术措施。

（三）按国家有关安全、防火的法规、标准要求，主持或参与审查生产性新建、改建、扩建等工程项目的设计方案及工程竣工验收。

（四）抓好安全生产科技工作，开展安全生产科技攻关，推广应用安全生产新技术、新工艺和新产品。

（五）负责按规定审批工业动火报告。

第十六条　安全监督职责：

（一）接受安全总监委派或单位聘请，负责派驻单位的生产作业现场或工程施工作业项目的安全监督工作。

（二）监督现场的安全管理、“两书一表”的规范运作及其 HSE 管理体系的审核，监督员工正确执行安全技术操作规程，及时了解、处理现场 HSE 管理的有关情况。

（三）监督现场执行安全检查制度和隐患整改。一经发现重大事故隐患或重大问题，应及时通知被监督单位，并同时报告安全总监。

（四）向派驻单位和被监督单位定期递交现场监督的审核意见。

（五）向安全监督站定期递交现场监督的审核工作报告。

第十七条　班组长（包括班组安全员）的安全生产职责：

（一）模范遵守安全技术操作规程、工作纪律及各项规章制度，坚持原则，制止违章作业，对本班的安全生产负责。

（二）组织开展班组安全生产活动，搞好新、老职工和实习培训人员的岗位安全教育。

（三）督促、检查本班职工正确使用安全防护用品，搞好安全防护装置和设施的管理及日常维护保养工作。

（四）检查各岗位安全生产情况，发现隐患及时消除，暂不能消除的应采用有效的防范措施，并及时向上级报告。

（五）发生事故时，要及时采取措施，防止事态扩大，应积极抢救，保护好现场，并立即向上级汇报。

第十八条　岗位操作人员的安全生产职责：

（一）严格遵守安全生产规章制度和劳动纪律，认真执行岗位安全操作规程。

（二）上岗时必须正确穿戴好劳动防护用品，保证岗位安全防护装置及设施齐全、完好、灵敏、有效。

（三）熟练掌握岗位安全操作技能和故障排除方法，各岗位间搞好协作配合，并按规定巡回检查，及时发现和消除事故隐患，自己不能消除的应立即向上级如实汇报。

（四）制止并纠正他人的不安全行为，拒绝违章作业的指令并可越级汇报，在紧急情况下，应采取必要措施后逃离。

（五）积极参加各项安全生产活动，努力学习新技术、新工艺和安全生产的新办法、新要求，不断提高自身的安全素质，搞好安全生产。

（六）岗位操作人员有权拒绝在不符合安全

规定的环境下进行作业，有权拒绝使用不符合安全标准的物品。

第十九条　有关职能部门对保护职工的安全和健康都负有责任，应在各自的业务范围内，对实现安全生产负责，并定期向勘探局对口部门报告。

（一）安全生产监督管理部门职责：

1.安全生产监督管理部门是本单位安委会的常设办事机构。协助领导贯彻执行国家有关安全生产和劳动保护的方针、政策、法律法规、标准和上级指示，综合监督管理本单位的安全生产工作。

2.编制本单位安全生产工作计划，并负责组织实施。

3.组织制定安全生产规章制度和有关政策、安全技术标准和安全操作规程等，会同有关部门组织实施。

4.负责安全防护设施、设备和锅炉、压力容器、压力管道和特种设备（以下简称锅容管特）的安全监督管理。编制安全防护设施、设备配置标准和配备计划，并督促做好维护保养和修理工作，制定锅容管特检测检验计划并监督实施。

5.负责对劳动防护用品的生产、经营、采购、发放和使用等环节进行监督管理，编制劳动防护用品配备标准和使用计划，负责保健津贴、防暑降温费的发放标准制修订和发放管理。

6.负责组织安全生产检查，对发现的事故隐患和违章行为，依据规定和程序，责令改正、进行经济处罚或停产停业。

7.负责安全科技管理工作，编制安全技术措施计划，并组织实施。

8.负责对职工进行安全生产知识教育和培训，会同有关部门做好新员工入厂的三级（厂级、车间、班组）教育、转岗人员的安全生产再教育，负责特种作业人员的培训、考核、申办证工作，组织开展安全宣传活动。

9.负责事故隐患和危险源的安全监督管理。制定事故隐患治理计划并监督实施，督促事故隐患和危险源单位制定预防措施、应急预案，建立重大事故隐患和危险源档案。

10.负责危险化学品安全监督管理综合工作。负责危险化学品生产、储存企业设立及其改建、扩建的审查，负责危险化学品包装物、容器（包括运输工具的槽罐）专业生产企业的审查，负责危险化学品的登记、事故应急救援的组织和协调。

11.负责安全评价工作。组织对新建、改建、扩建工程项目的安全预评价、安全验收评价工作。参与新建、改建、扩建工程项目中有关安全技术和工业卫生设计方案的审查，并参加竣工验收，对不符合国家有关安全生产法律法规的工程有权制止其投产，对不符合规定强行投产的，有责任报告上级领导处理。负责单位或设备的安全现状评价和专项安全评价。

12.负责交通安全的内部管理，对驾驶员进行遵章守纪教育，处理违章人员和内部发生的车辆伤害事故；协同当地公安、交通、保险等部门搞好驾驶员审验、保险和道路交通事故处理。

13.配合基建部门对投标队伍进行安全资质审验，对外出施工队伍进行安全生产监督。

14.配合公安、消防等部门搞好防火工作，依据《工业动火管理规定》与消防部门共同审查工业动火申请报告，实施现场监督；配合劳资、卫生等部门搞好工业卫生和职业病防治工作。

15.组织参加生产安全事故、交通事故的调查、分析、处理，并负责统计、上报，按规定程序做好工伤的认定工作。

（二）生产运行部门的安全生产职责：

1.及时传达贯彻上级有关安全生产的指示。

2.在确保安全生产的前提下，做到科学、严密、合理地组织、指挥生产活动。

3.在生产中出现不安全因素、险情或发生事故时，要采取果断措施，防止事态扩大，并立即通知安全部门，组织有关部门和单位进行处理。

4.组织协调好投产、停产的安全生产运行工作。

5.负责防洪、防汛和防冻、保温等安全生产工作。

6.随时掌握安全生产动态，在生产会上及时讲评。

（三）设备管理部门的安全生产职责：

1.贯彻执行国家、上级关于设备设计、制造、安装、检修、维护保养等方面的安全规定和标准，负责本单位设备的运行、管理和检维修工作，协同当地公安、交通等部门搞好车辆年检，确保安全运行。

2.组织制修订本单位设备的操作规程和管理制度，并组织实施。

3.负责设备的本质安全工作，将安全防护设施和设备纳入设备购置计划，在购置设备时，应符合安全要求，保证安全防护设施齐全。

4.组织设备系统安全检查，对查出设备方面的事故隐患及时安排整改。

5.负责设备事故的调查、分析、处理和统计、上报。

（四）计划、财务部门的安全生产职责：

1.在编制、审定、检查本单位生产计划的同时，将安全技术措施计划所需资金纳入年度预算。

2.负责将本单位重大事故隐患治理项目及时列入计划安排解决。

3.各级财务部门应按规定确保安全技术措施、劳动防护用品、保健津贴和防暑降温以及安全管理的经费开支并认真监督执行。

（五）基建部门的安全生产职责：

1.组织对基本建设项目中有关安全、防火和工业卫生设计方案的审查，确保安全防护和工业卫生设施与主体工程同时设计、施工、验收和投产。

2.负责制定或审查新建、改建、扩建工程项目的安全施工措施。

3.负责对投标队伍安全资质进行审验，组织对外来基建施工队伍进行安全教育，签订合同时必须有安全条款，发生事故按合同处理。

4.组织基建系统安全检查，负责或参与本系统事故的调查和处理。

（六）生产（工程）技术和技术监督部门的安全生产职责：

1.组织编制、修改工艺技术操作规程、工艺技术标准，报局主管部门审批，并组织实施。

2.在选用新工艺、新技术和改变操作方法时，必须符合安全技术要求并报局主管部门审批。

3.组织本专业安全生产大检查，参与系统发生事故的调查和处理。

4.协同生产运行部门搞好投产、停产的安全生产工作。

（七）劳资、培训、教育、干部部门的安全生产职责：

1.负责将安全教育培训和特种作业人员的安全技术培训纳入全员培训计划。会同安全生产管理部门对新入厂的职工进行入厂教育（包括安全教育和劳动纪律教育），经考核合格方可分配工作；对调换工种的职工要进行队（车间）和班组安全教育。

2.按规定配备本单位的安全生产监督管理人员，在选配安全生产监督管理人员时，应征求安全部门意见，负责把安全工作业绩纳入员工晋升、晋级和奖罚考核内容。

3.参与事故调查，对事故责任者的处分意见确定后，按照人事管理权限，办理手续。负责事故善后处理和工伤人员的伤残程度鉴定。

4.在办理劳动合同的签订手续时，应有符合法律法规的安全生产条款，特殊作业岗位可以建立专门的安全生产协议作为劳动合同的附件签约。

（八）科技、设计部门的安全生产职责：

1.把安全防护、防尘、防毒、防污染等课题列入科技计划，并认真组织研究解决。

2.在采用新工艺、新技术,试制新产品和使用引进先进设备时,应提出安全技术措施。

3.工程项目设计,必须符合国家有关专业的安全技术规范,编制职业安全卫生专篇。编制工程设计方案时,在总概算中应包括安全工程设施概算。审查方案时,应通知安全生产管理部门参加。

(九)物资供应部门的安全生产职责:

1.按项目和安全技术措施计划及时供应所需的安全设备和器材。

2.按规定和计划做好劳动防护用品的采购、保管、发放工作,确保质量,严格执行发放标准。

3.采购设备、器材(包括消防设备、器材)应符合国家有关安全技术要求,不合格的禁止采购。

4.严格执行国家及行业主管部门制定的仓储安全管理规定,严格按规定储存、发放和搬运易燃、易爆、剧毒等危险品。

(十)公安(保卫)、消防部门的安全生产职责:

1.认真贯彻执行《消防法》,负责消防工作。

2.依据《工业动火管理规定》负责审查工业动火措施,实施现场监督,组织扑救本单位火灾事故。

3.开展防火宣传教育,普及消防知识;负责专职消防队业务工作的管理和指导义务消防队的训练工作。

4.负责监督工业、民用建筑工程项目涉及的防火审核申报和施工过程的防火监督,并参加竣工验收工作。

5.组织对重大火险隐患整改措施计划的编制、汇总,经上级批准后,负责督促有关单位按期实施。

6.编制本单位专用消防设备器材的配置标准和配备计划,并督促做好维护保养和修理工作。

7.负责危险化学品的公共安全管理。对本单位购置、发放爆炸、剧毒、放射性物品进行审批,监督检查危险化学品的运输和使用,并做好保卫工作。

8.负责检查、监督生产区域及公共娱乐场所防火安全工作。

9.组织防火安全检查;组织对火灾、爆炸、剧毒、放射性事故的调查、分析和处理,负责统计、上报。

(十一)行政后勤部门的安全生产职责:

1.搞好饮食卫生,严防食物中毒。会同有关部门调查、处理食物中毒事故。

2.负责民用锅炉、民用燃气的安全管理,做好操作、使用人员的安全教育工作,防止锅炉爆炸、火灾、燃气中毒等事故的发生。

3.负责生活区供电线路及设施的管理和检查,防止触电和电气火灾事故发生。

4.负责民用建筑的日常维护保养,协同有关部门做好防洪防汛和防火工作,防止楼房坍塌和火灾事故的发生。

5.负责生活小区的交通安全管理。

(十二)卫生部门的安全生产职责:

1.认真做好新入厂职工、从事有毒有害作业人员、特种作业人员就业前的体检和工业卫生教育,并定期进行职业健康监护。

2.对工伤者及时组织抢救治疗,并依据有关规定参与事故调查,对伤残程度提出鉴定意见。

3.搞好工业卫生,加强宣传教育,积极开展职业病防治,加强对生产场所有害物质的定期监测评价,建立健全工业卫生档案。

4.负责危险化学品的毒性鉴定和危险化学品事故伤亡人员的医疗救护工作。

(十三)监察部门的安全生产职责:

1.参与重特大事故调查,落实监察对象的责任。

2.对负有责任的监察对象提出行政处分建议。

3.督促有关部门总结安全管理中的经验教

训，提出改进措施和建议。

（十四）安全监督站的安全生产职责：

1. 建立健全本站各项管理制度和安全监督工作程序，根据本单位年度 HSE 工作规划，制定安全监督站的监督工作计划。

2. 在本单位安全总监的领导下，合理选派符合资格的安全监督，对聘请单位实施安全监督、执行现场 HSE 监督任务，并负监督责任。

3. 监督本单位健康安全与环境（HSE）、ISO14000 和职业健康安全（OHS）管理体系的运行及评审工作。

4. 定期向安全总监和有关职能部门上报监督工作报告和考核意见。

5. 负责组织专、兼职安全监督员的培训和管理，不断提高其工作能力和业务水平。

（十五）其他部门的安全生产职责：

其他各部门都应认真宣传贯彻国家安全生产方针、政策、法令，在各自分管范围内认真做好安全生产工作。

第二十条　各级工会职责：

（一）有权对建设项目的安全设施与主体工程同时设计、同时施工、同时投入生产和使用进行监督，提出意见。

（二）对本单位违反安全生产法律、法规，侵犯从业人员合法权益的行为，有权要求纠正。

（三）发现本单位违章指挥、强令冒险作业或者发现事故隐患时，有权提出解决的建议，本单位应当及时研究答复。

（四）发现危及从业人员生命安全的情况时，有权向本单位建议组织从业人员撤离危险场所，本单位必须立即作出处理。

（五）有权依法参加事故调查，向有关部门提出处理意见，并要求追究有关人员的责任。

第四章　安全生产的培训教育

第二十一条　应通过各种途径，采取有效措施，开展职业培训，进行安全生产教育，提高职工安全技术素质和防范事故能力。

（一）各级人员都要接受安全生产教育，除上级规定在指定地点或部门接受教育培训的各级人员外，其余人员由教育培训部门组织教育培训。

（二）新入厂的工人和大、中专毕业生（包括实习、代培人员）必须经厂级、车间和班组三级安全教育，考试合格后方准上岗。并建立三级教育卡片，经过岗位培训，掌握正确的操作方法后，方可单独操作。

（三）对调换工种的人员和从事新工艺、新技术、新材料、新设备的作业人员应进行重新培训，经考试合格后方可上岗，对参观人员也应做好有关安全知识的教育。

（四）全局各类企业和各类用工，都应遵守上述规定。

第二十二条　特种作业人员、易燃易爆岗位操作人员必须经过培训，取得合格证后，方可独立操作，持证人员必须按规定时间参加复审，过期未按规定参加复审的，视为无证，无证人员不得上岗操作。

第二十三条　各单位的主要负责人、主管安全生产工作的副职领导人、安全总监必须接受安全专业培训，并考核合格。安全生产监督管理干部必须持证上岗，并保证每年在职专业培训时间不少于 1 周。

第二十四条　加强经常性的安全生产教育，开展安全生产活动，建立健全安全生产教育机制，生产班组必须坚持班前安全讲话和每周一次安全活动。

第五章　安全生产的监督和检查

第二十五条　安全生产监督具体执行勘探局《安全监督管理办法》（试行）。

第二十六条　安全生产检查是实现安全生产的一项重要措施，必须坚持安全生产检查制度。各级领导和部门应本着“谁主管、谁负责”的原则，经常深入基层检查指导安全生产工作。

（一）定期组织安全生产检查。厂（处）每季度一次，大队（作业区）级生产单位每月一次，队、车间及基层生产单位每半月一次，生产班组每周一次。

1. 各专业部门应按照专业特点和季节特点，组织开展专项（专业）安全生产检查。对某些特殊作业及特殊设备，要组织专业检查或专人检查。

2. 对安全生产重点要害部位实行领导承包制度，进行重点检查。

3. 根据季节变化、节日特点，及时组织季节及节日安全生产检查。

4. 消防重点单（部）位，坚持每日防火巡查制度，确定审查人员、内容、部位和频次，建立巡查记录。

（二）各项检查应严格按标准进行。对查出的事故隐患要填发《隐患整改通知单》，并由检查人员和被检查单位的负责人签字，明确责任人，限期整改。专业部门组织的专业安全生产检查，要将检查书面总结交安全生产管理部门备存。领导承包安全生产要害部位的检查，应及时将反馈单送交安全生产管理部门。

第六章　安全生产科技和安全技术措施的管理

第二十七条　大力推进安全生产科技进步。安全科技管理实行技术主管负责制，由科技部门负责归口，安全生产管理部门协助组织实施。安全生产管理部门应设立专（兼）职人员负责安全生产科技攻关和安全生产新技术、新成果、新产品推广工作。

第二十八条　安全科技管理的主要任务是：对安全科研项目立项、开发、鉴定、推广等工作实施动态管理，提供业务指导，做好计划检查和协调工作。

第二十九条　勘探局的安全科研项目从层次上分局级、厂（处）级，从内容上分基础研究开发类项目、新技术、新产品、新设备推广应用项目、管理类项目，其管理办法按勘探局有关科技管理规定执行。列入科研计划的项目，其经费从科技经费中支出。

第三十条　安全技术措施计划应根据国家公布的安全生产法规和集团公司关于安全生产的规定、制度、有关标准，结合实际编制。

（一）安全技术措施范围。

1. 安全技术：各种机器设备的防护、保险、信号、报警装置；安全起动和紧急停车设施；生产区域内危险场所的指示及警告标志；采用新技术，推广新工艺、新成果；有毒有害作业点的检测、检查仪器；以及对繁重体力或人工操作有危险的作业所采取的辅助机械化措施。

2. 工业卫生：生产厂房的通风换气和采光照明装置。产生有毒有害气体、粉尘或烟雾等生产过程的机械化、密闭化或空气净化设施；生产场所为防止辐射危害的隔热防暑设施；为减轻或消除工作中的噪声、震动及辐射等的防护设施；工作厂房或辅助房屋内应增设或改善的防寒取暖设施等。

3. 辅助房屋及设施：女工较集中车间的女工卫生室，车间或工作场所的休息室、用膳室、更衣室及其相应的设施。

4. 宣传教育：安全技术、劳动保护的研究与实验工作所需的工作仪器；购置或编印安全技术、劳动保护管理所使用的宣传资料和器材。

（二）“安全生产技术措施计划”的编制、审批及实施。

1. 单位编制生产、经营财务预算的同时，要将安全技术措施经费计划纳入年度预算，经预算委员会审批后执行。

2. “安全生产技术措施计划”由各级安全

生产管理部门会同计划规划部门编制，其内容包括：项目名称、措施办法、经费预算和预期效果。

3."安全生产技术措施计划"编制完毕，由主管领导组织安全生产部门和计划、财务部门进行审查和汇总。由单位有关部门负责编入生产建设计划和单独编制计划下达。其中需报请上一级审定的，经上级审定后下达。

4.安全生产技术措施实施应实行项目管理，规定完成期限，项目竣工由单位安全生产管理部门牵头组织验收，确保达到预期目的。

(三)"安全技术措施计划"经费来源及使用。

1.各单位每年所需的安全技术措施经费，由单位纳入预算，统筹安排资金。

2.安全技术措施专项费用由安全生产管理部门使用，财务部门监督，任何单位和个人不得挪作他用。

3.未列入"安全生产技术措施计划"的项目，不得纳入安全技术措施预算。

(四)安全技术措施计划项目执行情况的检查和报告。

1.单位在检查年、季、月安全生产工作计划的同时，要检查"安全技术措施计划"的完成情况。

2.安全技术措施支出，应按实际发生数列入当年有关成本费用。

3.已经完成的"安全技术措施计划"项目，应提交项目实施情况的报告。

第三十一条 勘探局鼓励和支持采用国内外先进的安全生产标准体系，如 HSE（健康、安全、环境）管理体系、OHS（职业健康安全）体系，以不断满足安全生产管理和市场发展的需要。

第三十二条 勘探局对在安全科技工作中做出突出贡献的单位、集体和个人，将给予表彰奖励。对重大的安全技术攻关研究成果和效益显著的新技术推广项目，各单位可按有关规定申报科学技术进步奖。

第七章 安全生产设施和设备的管理

第三十三条 凡新建、改建、扩建的工程项目都必须符合国家规定的安全生产标准，其安全设施必须与主体工程同时设计、同时施工、同时投入生产和使用。安全设施投资应当纳入建设项目概算。

第三十四条 危险性较大的建设项目，应当分别按照国家有关规定进行安全条件论证和安全预评价和安全竣工验收评价。

第三十五条 设计人、设计单位应当对安全设施设计负责，施工单位对安全设施的工程质量负责，验收部门及其验收人员对验收结果负责。

第三十六条 建设项目的安全设施设计审查，实行分级管理，局级项目由局安全生产管理部门负责审查，厂(处)级项目由厂(处)安全生产管理部门负责审查，审查部门及其负责审查的人员对审查结果负责。

第三十七条 生产现场必须按规定配备可靠、有效的安全防护设施，任何人不得擅自拆除或毁坏。有较大危险因素的生产经营场所和有关设施、设备上，必须设置明显的安全警示标志。

第三十八条 安全设备的设计、制造、安装、使用、检测、维修、改造和报废，应当符合国家标准或者行业标准。

单位必须对安全设备进行经常性维护、保养，并定期检测，保证正常运转。维护、保养、检测应当做好记录，并由有关人员签字。

第三十九条 安全防护设施、设备的购置实行市场准入制度，各单位购置安全防护设施、安全设备及危险性较大的设备如锅炉压力容器、特种设备等须经安全生产管理部门审查。

第八章　危险源的管理

第四十条　定期开展危险源普查。局级应三年进行一次，厂(处)级单位应两年进行一次，大队(分公司、分厂)应一年进行一次，基层队(车间)应半年进行一次。

第四十一条　对重大危险源应当登记建档，进行定期检测、评估、监控，并制订应急预案，告知从业人员和相关人员在紧急情况下应采取的应急措施。

第四十二条　重大危险源实行分级管理并实行领导干部承包制度。

第四十三条　生产、经营、运输、储存、使用危险物品或者处置废弃危险物品，必须执行有关法律、法规和国家标准或者行业标准，建立专门的安全管理制度，采取可靠的安全措施，接受安全生产监督管理部门的监督管理。

第四十四条　生产、经营、储存、使用危险物品的车间、商店、仓库不得与员工宿舍在同一座建筑物内，并应当与员工宿舍保持安全距离。

生产经营场所和员工宿舍应当设有符合紧急疏散要求、标志明显、保持畅通的出口。禁止封闭、堵塞生产经营场所或者员工宿舍的出口。

第四十五条　进行工业动火、进入有限空间作业、爆破、吊装等危险作业，应当安排专门人员进行现场安全监督管理，确保操作规程的遵守和安全措施的落实。

第四十六条　两个以上单位在同一作业区域内进行生产经营活动，可能危及对方生产安全的，应当签订安全生产管理协议，明确各自的安全生产管理职责和应当采取的安全措施，并指定专职安全生产管理人员进行安全检查与协调。

第四十七条　单位不得将生产经营项目、场所、设备发包或者出租给不具备安全生产条件或者相应资质的单位或者个人。

生产经营项目、场所有多个承包单位、承租单位的，生产经营单位应当与承包单位、承租单位签订专门的安全生产管理协议，或者在承包合同、租赁合同中约定各自的安全生产管理职责；生产经营单位对承包单位、承租单位的安全生产工作统一协调、管理。

单位在签订此类合同时，应经安全生产管理部门审查。

第九章　安全生产中介机构的管理

第四十八条　单位聘请安全生产中介机构提供安全生产服务时，应当对其承担的安全评价、认证、检测、检验、培训、咨询等方面的资质进行审查，并报勘探局安全生产管理部门批准或备案。

第四十九条　局内承担安全生产中介服务的单位，应当将有关资质情况报勘探局备案，在申请新的安全生产中介业务时，须报勘探局安全生产管理部门批准。

第五十条　安全生产中介机构提供安全评价、认证、检测、检验、培训、咨询等服务时，应对结果负责，并将结果报勘探局安全生产管理部门备案。

第十章　劳 动 保 护

第五十一条　单位提供的工作场所，要符合国家职业卫生标准和劳动防护要求，落实职业卫生防护与管理措施，加强监管力度。

第五十二条　按石油天然气集团公司和勘探局有关规定标准供给上岗职工必要的劳动防护用品、防暑降温物品和用具。对从事有毒有害作业的人员，应根据特殊规定和需要，配发相应的防护用品，发给保健食品或保健费。劳动防护用品实行性能、款式、标准、颜色、标志五统一。

第五十三条　劳动防护用品管理具体执行

勘探局《劳动防护用品管理规定》。

第五十四条 进入作业现场人员都必须佩戴相应的劳动防护用品,否则一律不得进入作业现场。

第五十五条 单位与从业人员订立的劳动合同,应当载明有关保障从业人员劳动安全、防止职业危害等事项。

不得以任何形式与从业人员订立协议,免除或者减轻其对从业人员因生产安全事故伤亡依法应承担的责任。

第十一章 交通安全管理

第五十六条 必须加强交通安全管理,预防和减少交通事故。交通安全工作纳入安全生产整体部署,建立健全组织机构,落实分级管理责任制。

第五十七条 遵守交通安全法规,维护交通秩序是职工和家属应尽的义务,应教育职工和家属提高交通安全意识,保证交通安全。

第五十八条 交通安全管理具体执行勘探局《交通安全管理规定》。

第十二章 消防安全管理

第五十九条 为了预防和减少火灾事故,必须加强消防安全管理。消防安全工作应纳入安全生产整体部署,并贯彻"预防为主、防消结合"的方针,建立健全组织机构,落实防火安全责任制。

第六十条 消防安全管理具体执行勘探局《消防安全管理规定》。

第十三章 锅炉、压力容器、压力管道和特种设备安全管理

第六十一条 为了确保锅炉、压力容器、压力管道和特种设备(以下简称锅容管特)的安全运行,防止锅炉、压力容器爆炸事故和压力管道、特种设备事故的发生,必须加强锅容管特安全管理。

第六十二条 锅容管特安全管理应纳入安全生产整体部署,建立健全组织机构,落实各级责任。锅容管特安全管理的主要任务是:宣传贯彻国家有关锅容管特安全政策、法规,对设计、制造、安装、使用、检验、修理、改造等环节进行监督检查。

第六十三条 锅容管特安全管理具体按照国家有关规定执行。

第十四章 事 故 管 理

第六十四条 勘探局和各单位应制订事故应急救援预案,建立应急救援组织和救援队伍,配备必要的应急救援器材、设备,并进行经常性维护、保养,保证正常运转。

第六十五条 发生生产安全事故、火灾事故、交通事故、职业病均应报告、统计、调查和处理,不得虚报、瞒报、拒报、迟报,不得伪造、篡改统计资料。

第六十六条 事故的分类和分级参见集团公司《事故管理办法》。

第六十七条 事故报告。

(一)基层单位发生事故,应立即报告本单位负责人,并逐级上报。火灾事故应先报警。一般事故应在 8 小时内报上一级安全生产管理部门;重大事故应在 8 小时内报到勘探局安全生产管理部门。各类特大事故信息应立即上报,不得以事故不清楚延迟报告。

(二)单位负责人接到事故报告后,应当迅速采取有效措施,组织抢救,防止事故扩大,减少人员伤亡和财产损失,并按国家有关规定立即如实报告当地负有安全生产监督管理职责的部门,不得故意破坏现场、毁灭有关证据。

(三)各级安全生产管理部门接到事故报告

后,应立即按有关规定上报事故情况,并立即组织事故抢救。

(四)任何单位和个人都应当支持、配合事故抢救,并提供一切便利条件。

第六十八条 事故统计参见集团公司《事故统计报表制度》。

第六十九条 事故调查参见勘探局《安全事故调查补充规定》。

第七十条 事故责任追究。

(一)发生事故后,无论事故大小,都应按“四不放过”(事故原因分析不清楚不放过、员工没有受到教育不放过、没有防范措施不放过、事故责任者没有处理不放过)的原则处理。

(二)发生事故,经调查确定为责任事故的,除了应当查明事故单位和个人的责任并依照有关规定予以追究外,还应当查明对安全生产事项负有审查批准和监督职责的行政责任,对违反有关规定的将追究责任,触犯法律的追究法律责任。

(三)发生一次死亡 1 人或直接经济损失超过 20 万元的工业生产、火灾事故,单位安全生产第一责任人和主管领导应向勘探局汇报事故情况,并根据事故性质和损失情况由勘探局处理,发生重特大事故根据事故性质,勘探局在全局通报。

(四)因下列情况之一,应追究单位领导责任。

1. 未按规定保证安全生产所必需的资金投入,致使本单位不具备安全生产条件的。

2. 未履行本规定安全生产责任制的。

3. 发生事故隐瞒不报、谎报或拖延不报,弄虚作假以及故意破坏事故现场或搞打击报复的。

4. 发生事故,不立即组织抢救或者在事故调查处理期间擅离职守或者逃离的。

第七十一条 对事故责任者(包括领导责任者)应按照责任大小追究行政责任、民事责任和刑事责任。行政责任包括行政处分和行政处罚。行政处分主要分:开除、留用察看、撤职、降级、记大过、记过、警告等。行政处罚主要分罚款、责令停止生产或停止营业等。

(一)造成死亡 3 人(含 3 人)以上特大生产安全事故,政府、司法部门立案处理的,除执行政府、司法部门处理意见外,同时执行以下规定。

1. 负同等(含同等)以上责任者,分别给予开除(或解聘)、留用察看处分,并处 2000—3000 元罚款。

2. 负次要责任者,给予撤职(或降级)或记大过处分,并处 1000—2000 元罚款。

3. 负部分责任或一定责任者给予记过处分,并处 500—1000 元罚款。

4. 负领导责任者(指厂处级领导,科级及其以下领导参照本规定执行,下同)依据下列情况给予相应的处分:

(1)负主要领导责任者给予撤职或降职处分,并处 3000—5000 元罚款;

(2)负次要领导责任者给予降职或记大过处分,并处 2000—3000 元罚款;

(3)负部分或一定领导责任者给予记大过或记过处分,并处 1000—2000 元罚款。

(二)造成死亡 1—2 人的重大生产安全事故,政府、司法部门立案处理的,除执行政府、司法部门处理意见外,同时执行以下规定。

1. 负同等(含同等)以上责任者,分别给予留用察看、撤职(或降级)、记大过处分,并处 1000—2000 元罚款。

2. 负次要责任、部分责任或一定责任者,分别给予记大过、记过、警告处分,并处 500—1000 元罚款。

3. 负领导责任者依据下列情况给予相应的处分:

(1)负主要领导责任者给予降职或记大过处分,并处 2000—3000 元罚款;

(2)负次要领导责任者给予记大过或记过处分,并处 1000—2000 元罚款;

(3)负部分或一定领导责任者给予记过或警告处分,并处500—1000元罚款。

(三)造成一般生产安全事故负全部责任和主要责任者,分别给予记过处分,并处500—1000元罚款。

(四)造成生产安全小事故负全部责任或主要责任者,给予警告处分或通报批评教育,并处200—500元罚款。

第七十二条 生产安全一般及其以下事故由厂(处)级单位直接处理;对重特大事故责任者的处理,厂(处)级单位应上报处理意见,由勘探局审批后执行,对副处级以上领导干部的处理按勘探局干部管理规定执行。

第七十三条 火灾事故责任者的处理具体执行勘探局《消防安全管理规定》,交通事故责任者的处理具体执行勘探局《交通安全管理规定》,锅容管特事故责任者的处理按照国家有关规定或参照生产安全事故的处理条款执行。

第七十四条 发生重特大事故的厂处级单位和领导班子成员取消参与评选各类先进的资格。

第十五章 考核与奖罚

第七十五条 安全生产考核指标纳入单位生产经营承包责任制和领导任期目标,严考核、硬兑现。每年由局安委会组织对局属各单位进行年度安全生产综合考核。考核指标由局安委会根据集团公司下达的指标及有关规定,结合勘探局的实际情况制定,年初以文件下达,年终逐项考核。安全生产实行风险抵押金制度。安全生产综合考核具体执行勘探局《安全生产综合考核办法》。

第七十六条 员工有下列情况之一者,给予200—1000元奖励,特殊情况下可给予重奖。

(一)模范遵守安全生产法律法规、遵章守纪,认真贯彻执行本规定,在安全、文明生产方面做出显著成绩者。

(二)发现事故隐患或苗头,及时采取措施排除险情或向上级报告,避免重大事故发生者。

(三)事故发生后,积极组织抢救,对减少人员伤亡和保护国家财产有突出贡献者。

(四)在安全生产科学技术、劳动卫生、安全生产管理及学术研究,安全标准制、修订等方面取得重要成果及效果显著者。

(五)为安全生产提供合理化建议者。

第七十七条 安全生产奖励基金的来源及使用。

(一)安全生产奖励基金的来源:一是安全生产综合考核不达标单位扣除的风险抵押金;二是违章罚款;三是事故罚款;四是其他。

(二)安全生产奖的使用,由安全生产管理部门提出奖励方案,报请主管领导审批后实施。

(三)安全生产奖励基金由财务部门单独列账管理,并监督使用,其他任何部门不得挪用。

第七十八条 单位主要负责人有下列行为之一的,责令限期改正,并给予单位主要负责人2000—10000元罚款,逾期未改正的,责令停产停业整顿,造成事故的按事故处理的有关条款执行。

(一)未按规定保证安全生产所必需的资金投入,致使本单位不具备安全生产条件的。

(二)未履行本规定安全生产责任制的。

(三)本单位与从业人员订立协议,免除或者减轻单位对从业人员因生产安全事故伤亡依法应承担的责任的。

第七十九条 单位有下列行为之一的,责令限期改正,并处5000—20000元罚款,逾期未改正的,责令停产停业整顿。

(一)未按规定设立安全生产监督管理机构或者配备安全生产监督管理人员的。

(二)单位主要负责人、主管领导、安全生产监督管理人员未按规定培训并经考核合格的。

(三)未按本规定组织安全生产教育培训,包括三级教育和转岗教育及对从事新技术、新工艺、新材料、新设备人员的教育,安排人员上岗的。

（四）特种作业人员未按照规定经专门的安全作业培训并取得特种作业操作资格证书，上岗作业的。

第八十条 单位有下列行为之一的，责令限期改正，并处 10000—30000 元罚款，逾期未改正的，责令停止建设或停产停业整顿，造成事故或严重后果，依照有关规定给予处罚直至追究刑事责任。

（一）建设项目没有安全设施设计或者安全设施设计未按照规定报经有关部门审查同意的。

（二）建设项目的施工单位未按照批准的安全设施设计施工的。

（三）建设项目竣工投入生产或者使用前，安全设施未经验收合格的。

（四）未在有较大危险因素的生产经营场所和有关设施、设备上设置明显的安全警示标志的。

（五）安全设备的安装、使用、检测、改造和报废不符合国家标准或者行业标准的。

（六）未对安全设备进行经常性维护、保养和定期检测的。

（七）购置安全防护设施、安全设备和危险性较大的设备未经安全生产管理部门审查的。

（八）未为从业人员提供符合国家标准或者行业标准的劳动防护用品的。

（九）特种设备以及危险物品的储存、运输工具未经取得专业资质的机构检测、检验合格，取得安全使用证或者安全标志，投入使用的；未经局安全生产管理部门审查，引进安全生产中介机构的。

（十）使用国家明令淘汰、禁止使用的危及生产安全的工艺、设备的。

（十一）生产、经营、储存、使用危险物品，未建立专门安全管理制度、未采取可靠的安全措施或者不接受安全监督管理的。

（十二）未按规定组织危险源普查或对重大危险源未登记建档，或者未进行评估、监控，或者未制订应急预案的。

（十三）进行工业动火、进入有限空间作业、爆破、吊装等危险作业，未安排专门管理人员进行现场安全管理的。

（十四）生产、经营、储存、使用危险物品的车间、商店、仓库与员工宿舍在同一座建筑内，或者与员工宿舍的距离不符合安全要求的。

（十五）生产经营场所和员工宿舍未设有符合紧急疏散需要、标志明显、保持畅通的出口，或者封闭、堵塞生产经营场所或者员工宿舍出口的。

（十六）将生产经营项目、场所、设备发包或者出租给不具备安全生产条件或者相应资质的单位或者个人的。

（十七）未与承包单位、承租单位签订专门的安全生产管理协议或者未在承包合同、租赁合同中明确各自的安全生产管理职责，或者未对承包单位、承租单位的安全生产统一协调、管理，或者合同未经安全生产管理部门审查的。

（十八）劳动合同没有安全生产条款的。

（十九）未按规定上报各类事故资料和其他重要资料的。

（二十）多种经营企业没有办理安全生产许可证的。

第八十一条 两个以上生产经营单位在同一作业区域内进行可能危及对方安全生产的生产经营活动，未签订安全生产管理协议或者未指定专职安全生产管理人员进行安全检查与协调的，责令限期改正；逾期未改正的，责令停产停业。

第八十二条 员工有下列情况之一的，单位应追究当事人责任。按情节轻重给予 200—1000 元罚款。造成事故的按事故处理条款执行。

（一）拒不接受安全生产检查的。

（二）上岗时未正确穿戴劳动保护用品或将劳动保护用品挪作他用的。

(三)擅自拆除、毁坏、挪用安全、消防装置和设施的。

(四)玩忽职守,违反安全生产责任制和劳动纪律(如脱岗、睡岗、乱岗和酒后上岗者)的。

(五)有章不循,违章作业的。

(六)发现事故险情,不采取防范措施、不及时报告或隐瞒事故真相、伪造现场的。

(七)对批评和制止“三违”(违章指挥、违章操作、违反劳动纪律)的人员进行打击报复的。

(八)危及安全生产的其他行为。

第八十三条 交通违章处罚按照勘探局《交通安全管理规定》执行。

第八十四条 违反锅容管特安全管理、监察规定按照有关规定给予处罚。

第八十五条 发生事故后除按第十四章条款处理外,还应给予事故单位一定的行政处罚,一般及其以下事故由厂(处)级单位直接给予处罚,重特大事故由勘探局给予处罚。

(一)交通事故的处罚(次要责任及其以上者)。

1.发生一般及其以下事故,处以5000元以下罚款。

2.发生重大事故,处以2—5万元罚款,车队停产整顿。

3.发生特大事故,一次性罚款20万元,车队停产整顿。

(二)生产安全事故的处罚。

1.发生一般及其以下事故,处以1万元以下罚款。

2.发生重大事故,处以10—15万元罚款,基层队(车间)停产整顿。

3.发生特大事故,一次性罚款30万元,二级单位停产整顿。

第十六章 附 则

第八十六条 各单位可根据本规定制定实施细则。

第八十七条 本规定由质量安全环保处负责解释。

第八十八条 本规定自发布之日起执行。

长庆石油勘探局处理纠纷和争议的规定

(2002年12月31日长庆石油勘探局以长局发[2002]第222号文发布)

第一条 为及时、准确处理纠纷,维护勘探局及局属各单位的合法权益,根据国家经贸委《企业法律顾问管理办法》及集团公司《关于在推进企业改革与发展中进一步加强企业法律工作的意见》,结合我局实际,制定本规定。

第二条 本规定适用于勘探局职能部门、局属单位、控股公司及多种经营企业和名称中冠有“长庆”字样的其他企业,在对外经济活动中发生的经济权益和民事权益纠纷,以及认为行政机关及其工作人员的具体行政行为侵犯其合法权益而引起的争议和为了维护本企业利益而发生的刑事案件。

第三条 勘探局法律事务部是勘探局及其所属单位、控股公司等企业,处理纠纷和争议的主管部门和处理机构,负责接受上报、统一组织协调处理全局发生的各类纠纷和争议案件。

第四条 在处理纠纷和争议案件方面,局法律事务部有权统一调派、使用全局取得律师执业证的法律干部和全局法律顾问。

第五条 在对外经济往来中,各单位要坚持“预防为主、诉讼为辅、重在管理”的原则,切实加强合同管理和法律论证工作,防范风险,堵塞漏洞，将纠纷隐患消灭在萌芽状态。确因合同不能履行或不能完全履行，或与行政机关发生歧义而产生纠纷、争议时，应当及时调解，或邀请有关部门协助调解；调解不成时，应当收集原始证据，做好诉讼准备工作。

第六条　在对外经济往来中，一旦发生纠纷或争议，各单位应当及时上报，切不可延误时效、坐失良机，造成被动或损失。多种经营企业和基层单位发生纠纷或争议时，应当向其主管单位的法律事务机构上报；勘探局职能部门及局属单位、控股公司和其他法人企业应当将本单位发生的纠纷和争议报局法律事务部。

第七条　上报的纠纷、争议包括合同纠纷、民事纠纷、行政争议、劳动争议以及因职务行为涉及保护本企业利益而被追究刑事责任的刑事案件。

第八条　各单位在收到法院、仲裁机构送达的应诉通知书、起诉状、先预执行申请书、支付令、仲裁申请书及行政机关送达的行政处罚决定书等法律文书后，应当首先电话通报局法律事务部，然后在法律规定的时效期满前 7 日，将全部法律文书及有关证据上报局法律事务部。

第九条　各单位要经常清理债权债务，对于已到法定诉讼时效的债权（外欠款）和知道其合法权益被侵害的时间已到诉讼时效前两个月，应当将债权或侵权事由形成的资料、凭证、合同等上报局法律事务部。局法律事务部收到全部材料后，应当认真审阅、进行研究，并根据具体情况分别采取公证还款计划或保证、协商、调解、诉讼等切实可行的具体措施。

第十条　上报案件应当采用书面形式，一般应填写《案件上报表》一式两份，由上报单位主管领导签字，并加盖本单位公章。

第十一条　上报纠纷、争议时应提交《起诉状》、《答辩状》、《行政处罚决定书》、《强制执行通知书》、《申诉书》等副本或复印件及全部证据材料和《案情说明书》一份。同时，应当列清双方当事人详细情况。

第十二条　局法律事务部接到上报后，应当认真分析，通盘考虑，组织局内律师代理或者选聘局外律师代理诉讼。重大复杂案件，由局法律事务部聘请专家和有关专业律师组成诉讼团，研究方案、制定策略进行诉讼；案情简单、诉讼金额较小的案件，由局法律事务部参与或指导上报单位法律干部处理。

第十三条　局法律事务部根据上报案件案情及案件管辖地等情况，经过综合分析研究，需要外聘律师的，应当统一由其从社会律师库中，通过招标或其他方式择优选择和聘请，各单位不得随意聘请社会律师办理案件和从事其他法律事务。

第十四条　申请复议、仲裁、起诉、应诉等法律行为，应当在局法律事务部的指导下，按有关法律规定办理委托手续。

第十五条　处理纠纷和争议的诉讼费和聘请律师的费用，由上报单位承担。

第十六条　外聘律师的授权委托书、代理合同、常年法律顾问合同等法律文书，签约前应当由局法律事务部进行审查审批，案件或法律事务处理完毕所发生的诉讼费、处理费、律师代理费、常年法律顾问费、法律咨询费等，必须由局法律事务部签章认可后方可结算。否则，财务部门和结算中心不予报销或结算。

第十七条　上报单位在纠纷、争议处理终结后，应将其生效的调解书、仲裁裁定书、行政处罚决定、行政复议决定、判决书、决定书在生效之日起 30 日内，连同《案件处理结果上报表》一并上报局法律事务部。

第十八条　局法律事务部处理的案件应当自行装卷归档。各单位处理的案件应当将卷宗向局法律事务部上报一份，同时自行装卷归档一份。

第十九条　纠纷或争议因未及时上报、及时处理，债权债务未及时清理，使侵害、债权、担保、投资等超过诉讼时效，而给勘探局造成损失的，上报单位应当承担责任，经办人员和负责人也应当承担责任。

第二十条　纠纷或争议隐瞒不报，要追究经办人员和负责人的故意不报责任；由此造成损失的，还要追究单位负责人和直接责任人的其他责任。

第二十一条　上报单位未经局法律事务部审核同意而支付案件诉讼费、处理费、律师代理费及常年法律顾问费、法律咨询费的，单位负责人和经办人要承担责任。

第二十二条　本规定由局法律事务部解释。

第二十三条　本规定自下发之日起施行。

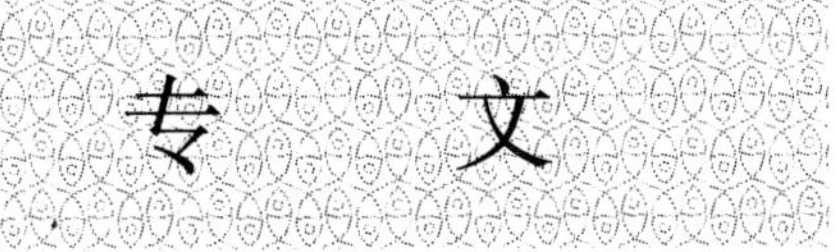

发挥整体优势　加快结构调整
努力开创“二次创业”的新局面

——局长、党委书记孙玉辰在2002年工作会议上的报告

（2002年2月1日）

同志们：

年年百花相似，岁岁万象更新。

勘探局2002年工作会议、第九届职工代表暨第七次工会会员代表大会和2001年度先进集体、先进个人表彰大会今天隆重召开。

这次会议的主要任务是传达集团公司2002年工作会议精神；总结2001年工作，部署2002年任务。

现在，我受局党委、勘探局委托作工作报告。

报告分两个部分：

第一部分　2001年工作总结

一、业绩报告

2001年是我局“二次创业”革新图治、奋发图强的一年。在集团公司的正确领导下，在油田公司的支持帮助下，全局广大职工以“三个代表”重要思想为指针，调整结构，开拓市场，加强管理，保持稳定。在关联交易市场开放50%、招投标价格下浮5%—10%的困难条件下：

主营业务收入42.8亿元；

上缴税费3.8亿元；

企业增加值15.7亿元，比上年度增长0.5%；

职工工资收入增长7%；

全员劳动生产率4.37万元/(人·年)，同比增长15.9%，较好地完成了集团公司的考核指标；

多种经营实现销售收入17.17亿元，同比增长0.76%；

实现利润4350万元，同比下降2.26%；

各项工作刷新了一批新纪录，取得了一系列新成果；

实现了局党委、勘探局年初确定的“争取有个‘好收成’，职工过上‘好日子’”的奋斗目标。

1.工程技术(生产)服务刷新了11项历史最高纪录

(1)2132 队创造了沙漠队年生产 18705 炮次、日生产 525 炮次的历史最高纪录。

(2)2117 队创造了山地队年生产 1021.88 剖面千米的历史最高纪录。

(3)三维资料处理 498.7939 平方千米,创历史最高纪录。

(4)钻井开井 1079 口,完井 1080 口,进尺 192.9 万米,创历史最高纪录。同比增长 33.05%,剔除不可比因素,绝对增长率 15.9%。

(5)平均钻机月速度 3696 米/(台·月),同比提高 22.2%,创历史最高纪录。

(6)钻井进尺上 100 万米时间同比提前 29 天、上 140 万米提前 70 天;11 月 10 日,钻井进尺突破 180 万米,11 月 30 日进尺达到 190 万米,均创历史最高纪录。

(7)队年进尺上 5 万米井队 1 个,上 4 万米井队 4 个,上 3 万米井队 24 个,创历史最高纪录。其中 18103 队年开钻 35 口,完井 35 口,进尺 52289 米。创队年进尺、开完井口数历史最高纪录。

(8)完成试油(气)压裂酸化 2196.5 层次,同比增长 6.52%,创历史最高纪录。

(9)对长 2 井顺利实施了排量 9.6 立方米/分钟、加砂 50 立方米的大型压裂,创压裂施工排量最高纪录;在苏 24-17 井压裂施工中,加陶粒 100 立方米,创历史最高纪录。

(10)完成各类测井测试 4313 井次,同比增长 50.7%,创历史最高纪录。

(11)三个采油技术服务处完成井下作业 10080 井次,同比增长 13.3%。

2.市场开发创造了 12 项新成绩

(1)关联交易市场价值工作量 39.5 亿元。

(2)国内社会市场承揽工作量 3.6 亿元,同比增长 31.84%;预计收入 3.3 亿元,同比增长 43.5%。

(3)国际市场承揽直接工作量 6.5 亿元,实现了零的突破。

(4)长庆建工完成建安工作量 6.16 亿元,同比增长 40.7%。

(5)筑路板块实现产值 1.8 亿元,同比增长 61.75%。

(6)完成购、发电量 67324 万千瓦·时,同比增长 5.04%。

(7)建成了长庆首条 750 千米 155MBs 的"西—延—吴—庆"通信光缆工程。数据通信的质量和安全可靠性大大提高,误码率从 10^{-6} 降低到 10^{-10}。

(8)全局信息高速公路网络的骨架已经形成,西安基地千兆以太网办公系统和住宅区宽带网投入运行,这在西安地区尚属领先水平。

(9)机械制造完成工业总产值 2.085 亿元(其中,主业 1.55 亿元),同比增长 9.0%,创历史最高水平。

(10)机械制造社会市场销售额 1966 万元、新产品产值 3510 万元,均创历史最高水平。

(11)物资销售(发出量)7.45 亿元,(其中外销物资 9000 万元)、代储代销收入 1142 万元,均创历史最高水平。

(12)用 31 个测井小队,服务局内外 147 部钻机施工,创历史最高纪录。

3.科研攻关取得了 11 项新成果

(1)黄土塬区多线地震勘探采集、处理方法研究取得新成果。

(2)定向井通过钻具组合参数优化,建井周期缩短 3.37 天、定向一次成功率 100%。

(3)靖平 2 井水平井取得了优化井身结构、采用无固相聚合物钻井液、优选钻头等 5 项技术新成果。

(4)完成了抗高温降滤失剂产品的现场实验与推广应用。

(5)应用成像测井技术测井 38 口,在油气层判识,特别是低阻油气层识别方面取得新的成果。并在储层各向异性研究、流体可动性研究方面拓展了测井技术的应用面。

(6)端部脱砂压裂工艺技术的研究与应用,初步形成了一套适应低渗油田老井复压的现场施工技术。

(7)压裂施工拟三维动态实时监测系统的研究,完成了软件系统的开发与硬件系统的配置。

(8)清洁压裂液开发研究取得新成果。研制出清洁压裂液主剂——粘弹性表面活性剂FRC-1,成功地进行了现场试验。

(9)长庆电网优化运行与应用,取得了较好的经济效益。

(10)撬装式三甘醇脱水装置、弯梁变矩复合平衡抽油机装备研制成功。

(11)颅内血肿治疗新方法应用研究取得好的效果。

4.企业科学管理取得12项新进步

(1)多元动态预算、成本控制体系的建立取得新的进步。

(2)上报报损资产7.1亿元,集团公司批准损失6.47亿元。为调整资产结构、明晰产权奠定了基础。

(3)勘探局荣获"全国质量管理小组活动优秀企业"称号。

(4)油建板块承建的"长庆气田30亿立方米/年产能建设地面工程"和"长庆炼油化工总厂30万吨/年、催化重整20万吨/年加氢精制联合装置"工程被中国石油天然气集团公司评为优质工程金质奖,被国家建设部评为国家银质奖。

(5)全局建立HSE示范队14个,发布了HSE体系文件,有247个基层队实施了"两书一表",占全局作业队伍的55%;向集团公司第一批申报市场准入证的230个队,审核通过了190个,占上报队伍总数的82.6%。

(6)全局科技投入3500万元;所确定的38项重点项目,已完成34项;科技成果转化率为85%。

(7)全局32个机关处室和二级单位建成了局域网,建立电子信箱42个(不含个人),建立主页网页16个(不含个人),钻井、器材、结算中心等4个系统建立了专用网,办公自动化发展迅速。

(8)全局高考录取911人(不含高职),录取率为55.38%,是我局历史上录取人数最多、升学率最高、进入名牌大学最多的一年。

(9)培训局、处级领导干部31人次。参加集团公司培训的项目86个,培训300余人;举办各类培训班641期,培训职工23513人次,全员培训率64%,为历史最好水平。

(10)全局高级职称人数由重组时的424名增加到541名,提高27.6%。

(11)各类事故次数同比下降42.37%,各类控制指标达到集团公司安全生产先进单位标准,获得集团公司井控工作先进单位称号,安全生产创历史最好成绩。

(12)抢救危重脑外伤患者112例,还成功抢救了一例重度有机磷中毒病人,用阿托品14万支,国内罕见,创造了奇迹。

5.建立健全了9项社会保障制度

(1)健全了职工基本养老保险制度,由局社会保险中心委托代管,保证了离退休人员养老金按时足额发放。

(2)建立了基本医疗保险制度。制订了新的基本医疗保险方案,完成了属地管理的模式转换。

(3)建立了失业保险制度。

(4)建立了企业职工补充养老保险。

(5)建立了企业补充医疗保险。

(6)建立城镇居民最低生活保障制度。为79户157人发放了4.93万元最低生活保障金。

(7)建立了企业困难职工救济基金。全局拿出82万元,救助特困户234户和困难职工、住院职工及遗孀遗属上千人次。

(8)成立了宁夏、甘肃职业介绍服务中心长庆分中心。向社会输送劳务用工37名、局内886人。

(9)成立了油田内部住房交易中心,交易住房508套。

6.精神文明建设获得12项荣誉称号

(1)勘探局荣获“全国群众体育工作先进单位”称号；

(2)勘探局荣获“全国绿化先进集体”称号；

(3)局团委荣获“全国五四红旗团委”称号；

(4)水电厂、井下处荣获“全国十佳职业道德先进单位”称号；

(5)地球物理勘探处荣获全国“模范职工之家”称号；

(6)30533钻井队获得“全国青年文明号”称号；

(7)局纪委监察处被评为集团公司纪检监察先进集体；

(8)杨再生、曹师伊、秦惠中三人获得“全国五一劳动奖章”；

(9)安宏刚被评为“全国青年岗位能手”；

(10)刘瑛被集团公司党组授予“模范共产党员”光荣称号；

(11)王凤嘉被集团公司党组授予“廉洁自律模范个人”荣誉称号；

(12)谢文虎被评为“陕西省有突出贡献的中青年专家”。

二、工作启示

去年，我们在非常特殊、复杂和困难的情况下，创造了值得自豪与回味的好成绩。这是全局广大职工智慧和汗水的结晶。

冷静地思考业绩报告中的每一组数据，它对我们的认识是一次全面而深刻的升华。

1.“二次创业”，更新理念为先

集团公司重组改制，不是为了“一生一死”、“一长一短”。而是力求用全新的体制和运行机制使上市公司做强、未上市公司改“活”，实现集团公司的整体发展。

问题是怎么样才能“活”起来。

局党委、勘探局在深度思考了这一问题后认为，如果不首先更新理念，其他无从谈起。因此，及时地提出了“二次创业”战略目标，确立了“两条基本思路”、“四大发展战略”和“创新、开放、简捷、明确、责任、自信”的企业理念。

这些理念的主题突出了八个字，即：实事求是，创新图治。

(1)在实践中，我们针对市场观念相对滞后的局面，提出了：

市场观念滞后，是当前制约我们生存、发展的桎梏。

市场是我们生存、发展的惟一空间。

关联交易市场是一种特殊的市场，它当前的运行机制应是有效的协商，以达到规范运作的目的。

我们的理念、行为必须主动地去“适应”市场，而不是让市场适应我们。

在市场中要始终把“自己”当成“敌人”(第一竞争对手)。

(2)在企业经营战略方面，我们针对勘探局的实际，提出了：

关联交易市场是我们的生存市场、主体市场。

关联交易是当前发挥长庆整体优势、谋求共同发展最基本的结合点和最现实的举措。

勘探局要在转换经营机制、管理体制的过程中逐渐使管理重心和经营重心下移。

今天的投资就是明天的成本，有投资就得有回报。

放水养鱼，激活基层。

动态控制，自求平衡。

(这两年出台的许多政策，包括今年的考核办法，都是基于这个经营战略考虑的。)

(3)在深化企业改革方面，我们提出了：

结构性矛盾是影响企业发展的主要矛盾。

改革管理体制和转换经营机制，建立法人治理结构是“二次创业”的基本目标。

“三项制度”改革必须为“二次创业”服务。

转变机关职能就是由“管理”向“服务”转变。

发展多元经济，“三分天下有其一”等等。

(4)在促进科技进步方面，我们提出了：

我们不是穷在钱上而是穷在人上。

我们缺少的不是人头而是人才。

科技是龙头,龙年要龙抬头、龙归位。

(5)在为职工办实事方面,我们提出:

老少春秋,至尊至贵。再穷也不要穷一老一少。

只会怨天尤人而一筹莫展的领导干部对不起长庆的父老乡亲,不是真正实践“三个代表”的好干部。

在当前困难的情况下,只会当“和平官”是危险的。

不给基层添麻烦就是廉政;勤政廉政是团结带领职工克服困难、“二次创业”的一面旗帜,等等。

实践使我们体会到,理念的更新是体制、机制创新的先导,是理性的升华,是靠智慧办大事、处难事的保证。我们去年之所以在深化改革方面进展顺利,效果明显,是与更新理念分不开的。

(这里需要提及的是,我们在企业发展战略专题科研项目总结报告中提出将“四大发展战略”之一的“质量、效益型经营战略”改为“管理提升战略”,经局党委、勘探局研究,决定把“市场开发战略;质量、效益型经营战略;多元化发展战略;科技进步与人才开发战略”改为“市场开发战略;管理提升战略;多元化发展战略;科技进步与人才开发战略”;把“坚持围绕油气主业发展而发展;坚持以市场为导向促进内部管理水平提高”两条基本思路改为“坚持围绕长庆油气发展而发展;以市场为导向,不断提升科学管理水平”两条基本思路。)

2.“二次创业”,调整结构为实

结构性的矛盾,是制约我们生存与发展的主要矛盾。它主要表现在三个方面:

一是在管理体制上,适应多元产权管理和市场竞争的法人治理结构还未建立;

二是在组织结构上,“大而全”、“小而全”造成资源浪费和生产效率低下,缺少活力;

三是在资产结构上,总量不足、质量不高造成“庞然大物,四肢无力”,缺乏竞争实力。

这些都是长期计划经济条件下形成的、重组改制中凸现出来的。针对这样一种现实,我们必须做好结构调整这篇大文章,使企业改革取得实质性的进展。

所以,我们进行了产权制度改革试点,为建立法人治理结构打好基础。

我们下决心大力进行专业化重组,为解体“大而全”、“小而全”,提高效率和效益铺平道路。

我们在争取报废无效资产的同时,把有限的资金投到工程技术和生产服务的关键设备更新上,以增强企业核心竞争力。

实践证明,我们这样分析、这样做是正确的。例如:

(1)我们把勘察设计研究院和4个多种经营企业作为产权制度改革的突破口和“实验田”,见到明显的成效。西安科技工程有限责任公司2001年实现收入4970万元,同比增长17.3%;实现利润603万元,同比增长32.9%;投资回报率超过10%。

(2)我们大刀阔斧进行专业整合重组。先后对钻井、机械、建工、教育等系统和局机关等15个单位及部门进行整合,涉及职工15802人,占全局职工总数的42%;涉及资产21.3亿元,占全局总资产的27.37%。

钻井工程总公司完成了17个专业公司的组建工作,发挥了管理、技术、人才、地域等整合优势;加强领导班子建设和队伍建设,保持了队伍的稳定。全年完成钻井进尺192.9万米,又创造了6项历史最高水平,带来了好的效益。

(3)我们大力调整资产结构,使优质资产比率逐步提高。

全年投资3.01亿元购置关键设备,占总投资的77.18%。

全局设备新度系数提高8%,其中工程技术服务板块设备新度系数提高11%。

与重组时相比，人均固定资产净值提高 8.76%，特别是优良资产率大大提高。

(4)结合有偿解除劳动关系和内退政策的实施，进一步精简机构，紧缩编制，压缩冗员。与 1999 年相比，全局职工总数减少 24.43%。几个冗员较多的单位，如运输处、机械制造总厂减员幅度分别达到 43.18%和 39.07%，效益也明显提高。

3.“二次创业”，开发市场为本

去年我们念了一年“市场经”，上下都在学市场知识，闯市场路子，受了苦也品出了滋味。

(1)市场开发，领导是关键。

去年，勘探局分工 2 名局领导负责国内和国际社会市场的开发工作。

成立市场开发部、国际市场开发部、关联交易处。

局领导带领局机关与二级单位联手开发市场。先后 15 次到陕、甘、宁、蒙等 7 省市(自治区)跑市场。

建设工程总公司，不论筑路还是油建，主要领导跑市场跑出了名，跑出了效益，跑出了经验，跑出了民心民意。

机械制造总厂将市场开发的任务分解到每个领导，先后有 320 多人次到全国各地推销产品，为用户现场无偿服务 40 多次。社会市场销售量近 2000 万元，创历史最高水平。

地球物理勘探处、井下技术作业处、测井工程处、三个采油技术服务处、油气技术综合服务处、运输处、公用事业处等单位的主要领导，亲自跑市场，并与油田公司各部门建立起密切联系，常来常往，互利互惠。

器材供应处的领导分头走访用户和生产厂家，拓展市场，代储代销收入 1142 万元，创历史最高水平。

为了开发市场，全局组织三次质量回访。对 12 个项目组提出的 61 个问题及时进行整改，提高了服务质量和市场信誉。元旦期间，钻井工程总公司的领导又到陕、甘、宁、蒙施工项目组进行质量回访，研究改善服务工作。实践教育了我们，大家感到，市场到处都有，但要靠人们去开拓，不能靠“老天爷”恩赐。

(2)开发市场要靠实力。

钻井工程总公司以速度快、质量优占领了关联交易 79.3%的市场份额。

地球物理勘探处靠特色技术赢得了关联交易 79%的市场份额。

(2001 年为油田公司提供建议井位 160 口，完钻井 85 口，地震预测符合率达到 81.8%)

测井工程处用 5700 成像测井成功地解释了庄 13 井、宁 4 井的长 2 低阻油层。

综合录井靠资料准确齐全，将地质录井向工程事故预测方面拓展，赢得了用户的好评。

(安塞、吴旗、靖边、陇东各项目组先后收到表扬信 128 封，赢得了用户的好评)

这些都说明，没有实力是不可能占领市场的。

(3)质量和信誉是开发市场的首要条件。

物探、钻井、井下、测井等单位都把服务质量作为自己的“命根子”来对待。资料处理讲优质品率，井筒作业讲“合同”规范，质量回访认真负责，出现问题自查自纠。

去年盛夏，建设工程总公司职工提出“硬叫晒脱一身皮，也要撑起筑路一面旗”，把咸阳世纪大道建成了“形象工程和精品工程”，受到陕西省政府领导的称赞。油建队伍在靖咸管线施工中，严把质量关，5 万多个焊口试压无一渗漏，在项目组三次大的质量检查中，两次获得第一名，一次获得第二名；在第二净化厂至榆林第二集配气总站 53 千米输气管线工程施工中，全线优质，投产一次成功，获得甲方领导的高度评价。

西安长庆科技工程有限责任公司，发挥改制企业的优势，不断提高服务质量，做到“接到电话有承诺，48 小时内见效果”，对重点工程派驻设计代表，确保工程进度，得到用户的信任。油田内部设计、勘察、出版工作量成倍增长，外部承揽工程创历年之最，在“西气东输”、海南花场凝析气田开发工程、长呼输气管道工程投标中，技术标书位于所有参加投标的甲级设计院之首。

这些说明，“信誉也是金钱”。服务质量是站稳市场的首要条件。

(4)解放思想，路子越走越宽。

通信公司解放思想，大胆进行产权结构调整，利用社会资金建成750千米的光纤工程，与中国联通延安和庆阳分公司进行市场置换，为今后发展攒足了后劲。

水电厂实施“购销连带，市场互换”，与华亭煤矿、新窑煤矿达成购煤卖铁丝的协议，使电线厂一举扭亏增盈。

三个采油技术服务处发挥整体优势，市场互补，不仅做到自求平衡，也为建立战略伙伴关系打下了基础。

钻井、采油、长宁、乳山、综合技术服务处、技术监测中心等单位，还创造了“市场置换”、“联合开发”、“借船出海”、“股权置换”等多种模式，路子越走越宽，效益也有了明显提高。

4.“二次创业”，要靠科技兴企

进行“二次创业”，科技是龙头，人才是关键。实践使我们对勘探局制定的“科技进步与人才开发战略”的认识越来越深刻，贯彻落实也越来越自觉。

(1)科技创新靠人才。

两年来，我们之所以能在科技创新上取得19项新成果，是因为我们有一批像蒋加钰、杨呈德等知名的老专家，也培养了一大批像刘硕琼、宋振云等这样一批年轻有为的科技工作者。有了这些人才，“二次创业”就有了希望。2001年，我们评选出2名首席学术技术专家、58名学术技术带头人，奖励了11名优秀科技人才，就是要鼓励更多的年轻知识分子走“科技兴企”的路子，在“二次创业”中发挥聪明才智。

(2)人才管理靠市场。

去年我们坚持“不求所有，只求所用”，依靠市场调度、整合人才，见到了效果。

2001年成立社会人才交流长庆分市场。

引进高中级人才23名。

经国家人事部批准，建立了博士后工作站。

与西北大学联合开展企业战略研究，取得好成果。

与石油大学联合举办4个研究生培训班。

选送7名管理人员到国内知名企业挂职锻炼、2名高级人才到国外攻读研究生。

制定政策鼓励科技人员兼职工作。

井下技术作业处、第一采油技术服务处，与集团公司研究院、西安交大等国内研究机构以及柏灵顿、德士古等国外公司合作，缓解人才短缺的矛盾。

上述措施，都见到了好的效果。

(3)科技攻关重在“特色技术”。

两年来，我们在资金非常困难的情况下，投入科研经费近5000万元，其中用于重点科技攻关项目的就有2200多万元，占45%。研究和开发出一系列“特色”技术和新产品。如：

地震形成了三大技术系列、10项关键技术。

(其中弯线高分辨率采集技术、黄土山地直测线采集技术、黄土山地多线采集技术达到国内领先水平，网状三维地震技术达到国际先进水平。)

钻井形成了5大技术系列17项优势技术。

(其中定向井、丛式井、水平井、天然气井、小井眼钻井及其完井工艺技术和油气层保护、聚合物钻井液体系、天然气欠平衡钻井、酸溶暂堵技术、次生有机阳离子形成剂等处于国内领先水平。)

井下作业在4个方面形成了34项成熟技术和配套技术。

(其中 CO_2 泡沫增能压裂工艺技术、碳酸盐岩储层酸化改造技术、水平井分段试油压裂技术达到了国内先进水平。)

测井测试形成了两大技术系列13项特色

技术,其中8项达到了国内先进水平。

(特别是水平井自定位射孔工艺技术、油管传输负压射孔联作工艺技术、钻进式井壁取心技术、包覆式增效射孔技术等5项技术达到了国际先进水平。)

机械制造2001年开发新产品30项。

(其中投入批量生产或进入产品确认阶段的10项;自行研制的油气田专用设备销售70台(套),实现收入720万元;研制开发了近60项化学助剂与机电产品,其中天然气脱水撬装置达到国内先进水平,GW-1振动筛达到国际先进水平。)

地面建设工程形成了10项配套技术和15项特色技术等等。

(其中低渗透油田地面建设配套技术处于国内领先水平。)

(4)必须走技术服务产业化的路子。

工程技术研究院、西安长庆科技工程有限责任公司、监理公司、监督公司、技术监测中心等单位在开发新产品(服务)的同时,注重探索技术服务产业化的路子,并尝到了甜头。

5."二次创业",管理要科学

(1)适应市场,动态管理。

2001年,我们对全局预算管理、投资计划实行了动态控制。

在钻井工程总公司进行了市场开发、生产运行、财务管理"三位一体"成本动态管理试点。

9月底召开了"三位一体"成本动态管理座谈会。

投资计划经过动态控制,提高了投资效益,保证了投资重点,强化了投资责任,拉动了新的投资观念的形成。

全局预算先后经过3次动态调整,使预算管理更贴近市场、贴近实际。

(2)经营工作,重在效益。

我们去年在协商处理好关联交易中的6个突出矛盾过程中,注重方案的效益分析,做到了精心测算、规范运作、顾全大局、坚持原则,因而双方满意,效益也好。

我们争取导向资金1.3亿元,购置了关键设备;年底又争取一些有偿解除劳动关系补偿金,继续进行人员结构的调整。

结合财产清查,2000年批准报废资产3.7亿元。去年又上报无效资产7.1亿元,集团公司批准6.47亿元,提高有效资产的比率等。

办理承兑、减少贷款共节减财务费用1013万元。

(3)加强监督,防止效益流失。

建立有效的自我监督约束机制,是企业科学管理的重要内容。

去年我们充分发挥内部审计监督的职能,有效防范了效益的流失。审计额达67.26亿元,局内二级单位审计覆盖率、审计资金覆盖率、外付结算款审计覆盖率,实现三个100%。共查出各类违纪违规金额上亿元,特别是外付结算款,审减金额达1627.57万元。

纪检监察部门参与工程招投标101项,竞价采购物资136批(次);审计项目48项,节约了大量资金。

加大资金管理和资金结算的力度。制定了资金授权管理、社会市场收入资金管理、境外财务管理等管理办法等。

在二级单位建立会计核算中心,在部分单位试行"会计人员委派制",确保资金使用全过程的监督。

开展对外投外借、对外担保及三年以上应收款项的专项清查和效能监察工作,落实清查回收责任制,清回欠款12939万元。

6."二次创业",稳定大局为要

保持大局稳定,是实现"二次创业"目标的基本保证。过去的一年,发挥"大政工"的优势,党政工团齐抓共管,加强领导班子建设和职工队伍建设,确保了大局的稳定,为实现各项工作目标提供了强有力的保证。

(1)"三讲"学习教育活动促进了领导班子建设。

按照集团公司的统一部署，从5月10日至6月22日开展的“三讲”学习教育活动，使勘探局领导班子成员进一步增强了企业发展的信心，通过认真落实“三讲”整改措施，使“班子”内聚力进一步增强。整个工作得到了“三讲”回访组的好评。

(2)认真贯彻十五届六中全会精神，加强和改进党的作风建设。

我们以“八个坚持、八个反对”为重点，加强对干部的教育，特别是加大了对领导干部的廉洁自律教育和违纪违法案件的查处力度，使党风廉政建设进一步加强。

局领导认真改变作风，加强调查研究。先后下基层调研26次，帮助基层解决市场开发、安全生产、经营管理、科技攻关等方面的问题。局领导亲自撰写调研报告24份，而且报告的分量重、质量高，为制定政策、指导工作打下基础。

局领导班子先后6次集体听取了18个单位的专题汇报。

局处两级机关围绕转变职能，推行“立即就办”、“绿色通道”、“首问责任制”和“内部岗位临时接替”等制度，进一步规范了工作程序和办事行为。开展了“比作风、比基础工作、比调查研究、比为基层办实事”的“四比”活动和“创新竞赛”活动，提高了工作水平和办事效率。

局机关开展下基层专题调研活动，参加1722人次，解决各类问题941个。

宣传部、公用事业处等还针对为基层服务所存在的差距，集中一个月时间，扎扎实实地整顿作风，增强了服务意识，提高了服务质量。这些措施进一步密切了党群和干群关系，发挥了党组织的战斗堡垒作用和党员的先锋模范作用，职工队伍的凝聚力、战斗力进一步增强。

(3)开展“二次创业”宣传教育活动，凝聚了人心，鼓舞了士气。

各级党组织表彰了102名优秀党员和31名优秀党务工作者。

在全局范围内开展了“二次创业”百面红旗选树活动，评选了12个标杆单位，10大标兵，98个先进集体和100名先进个人，这次要隆重表彰他们，宣传他们的经验，使之发扬光大。

局团委在团员青年中，表彰了在“闯市场、增效益”活动中涌现出的40名青年标兵；大大鼓舞了士气，弘扬了正气，增长了志气。

(4)为职工群众办了8件实事。

①职工工资和货币收入的增长实现了预期的目标；

②改善了职工的住房条件，全年动工新建住房5000套，竣工3553套、面积30.7万平方米；

③泾河、银川工业园等基地开工建设，为实现老基地的战略调整和职工在城市购房创造了条件；

④筹集资金260万元，为全局离退休职工进行了一次全面体检；

⑤建立了企业职工补充养老保险、企业补充医疗保险，保证了离退休人员养老金足额按时发放；

⑥筹集资金2150万元，改善了办学条件，完善了离退休职工文化娱乐设施；

⑦组建成立了中国西安人才市场长庆分市场，并成立了银川、庆阳职业介绍服务中心，向社会输送劳务用工37名，局内劳务用工886人；

⑧建立了“博士后流动工作站”，为发展高科技建造了人才流动平台。

(5)加强治安综合治理，创造了良好的工作、生活环境。

严厉打击刑事犯罪。侦破各类刑事案件766起，破案率同比提高12.48%。

认真抓好对“法轮功”人员的教育、转化与管理，与“法轮功”邪教组织作坚决斗争。

重申“三禁一反”有关规定，加大了“三禁一反”工作力度，强化对重点部位和人员的管理教育和有效控制，社区发案率同比降低了36%。

(6)发挥大政工的优势和群众组织的作用。

建立了政工例会制，共召开 11 次，协调党政工团组织在全局开展了纪念建党 80 周年等 4 大项 27 个系列活动，取得明显效果。报纸、电视、网络在贴近生产经营、贴近改革、宣传典型等方面做了大量有形、有效的工作。

工会在企业民主管理、民主监督、厂务公开、群众文化、为职工排忧解难方面发挥了重要的作用。

召开了共青团第八次代表大会，制定了加强共青团工作和青年工作的目标、任务和措施。广大团员青年在“二次创业”中发挥了生力军和突击队的作用。

加强了对离退休人员的管理与教育，18000 多名离岗“老石油”在文明建设和保持大局稳定，促进企业发展方面发挥了积极作用。

民兵武装、治安保卫工作为生产、安全、综合治理和军训等方面做出了积极贡献。

目前，全局上下思想稳定、队伍稳定、社区稳定；广大职工团结一致，人气旺、士气足。

我们可以自豪地说，去年的生产经营状况有明显改善；改革与发展的目标和思路基本理清；自我生存、发展的能力有所提高；“平稳过渡”的任务已经基本完成。展现在我们面前的是进一步抓住机遇，深化改革，加快发展的良好前景。

在过去一年工作中，我们还存在一些问题，主要表现在：

(1)结构性矛盾依然很突出，机制转换还不适应市场要求，“大锅饭”普遍存在。

(2)管理体制没有根本性的变革，考核办法还不能很好地调动基层积极性。

(3)有些领导干部“创”劲不大，管理工作标准不高，责任不到位。

(4)有些关联交易面宽的地方市场观念转变较慢。

(5)新的经济增长点规模小、数量少。

第二部分　2002 年工作部署

一、形势分析

1. 有利形势

“十五”期间，长庆的油气发展呈上升态势。

(1)长庆油田公司“十五”期间发展计划是：

勘探开发总投资：总计 319 亿元，年均 63.8 亿元；

新建原油生产能力 700 万吨；

新建天然气生产能力 98 亿立方米；

地震：总计 37800 剖面千米，年均 7560 剖面千米；

钻井：总计 6094 口，年均 1219 口，进尺 1034 万米，年均 206.72 万米。

勘探局力争获得其 85%—90% 市场份额，即：

二维地震 35000 剖面千米，年平均 7000 剖面千米；

钻井 5200 口，年平均 1000 口以上，钻井进尺 880 万米，年平均 175 万米；

地面建设力争获得长庆油田公司 50% 市场份额、约 20—30 亿元工作量，年平均 4 亿元以上。

(2)西部大开发和西气东输市场。

“十五”期间，预测公路建设投资 7200 亿元，管道建设 400 亿元。勘探局拟跟踪 10% 左右的项目，中标率 10%—15%，占领 0.5%—1% 的市场，每年约有 3—5 亿元的工作量。

(3)国际市场。

目前已进入尼日利亚、厄瓜多尔、乌兹别克斯坦石油工程技术服务市场，签订合同总金额 1.2 亿美元以上。加入 WTO 之后，为我们进入国际市场开了“绿灯”。我们要进入哈萨克斯坦、叙利亚、伊朗、柬埔寨等中亚及美洲地区市场，每年争取承揽到 2—3 亿元的工作量。

(4)“十五”期间，勘探局的经营目标。

预计累计实现主营业务收入 246 亿元，其中 2005 年主营业务收入 52.62 亿元,比 2000 年增加 12.6 亿元,年均增长 5.6%;累计实现利润 7.5 亿元,其中 2005 年实现利润 1.9 亿元,资本运营投资回报率达到 8%以上。

到 2004 年,集团公司取消“三项费用”补贴后,提前一年实现持平有余的经营目标。

2. 面临挑战

2002 年,我们面临着更加严峻的挑战。

加入 WTO 后,随着关税减让及配额许可证的取消,国外石油工程技术专业服务公司将进入国内市场,使国内石油工程技术服务市场竞争更加激烈。

随着地区性服务市场的进一步开放,有更多的国内各类石油工程技术服务队伍参与鄂尔多斯盆地及其周边市场的竞争。

就关联交易市场变化而言,原油价格的波动和市场开放力度的加大会直接影响关联交易市场,最终影响存续企业的效益。另外,成品油、钢材、水泥等各类生产资料价格还可能上涨,使我们面临的成本压力增大。

就我们自己而言,人们市场观念仍然相对滞后,企业实力不强,缺乏竞争力的局面还没有从根本上改变。

3. 整体优势

长庆发展的整体优势有三条:

一是发展的机遇存在。油气发展、西部大开发、西气东输是百年不遇的发展机遇;加入 WTO 是前所未有的机遇。

二是发展的政策具备。除国家和西部各省出台的政策外,CNPC 重组改制后所制定的关联交易政策、财务政策、投资政策、考核办法以及“三项制度”改革政策和中油计字[2001]637 号文件《合作开发未动用石油储量工作指导意见》等,都为我们提供了政策保证。

三是发展的客观要求强烈。集团公司 2002 年工作会议主题是应对入世,实施大公司、大集团战略,使集团公司真正成为国际上具有竞争实力的大公司。所以,专题研究了:

上市公司加快发展的问题。

未上市公司“改活”的问题。

同时,长庆人盼着过好日子、富日子。

结论只有一条:抓住机遇,发挥整体优势,谋求更快的发展。当前,发挥好整体优势的结合点有 6 个。

(1)搞好关联交易,共同发展。

(2)联合开发未动用石油储量,调整产业结构,协调发展。

(3)完善捆绑运行机制,建立战略同盟,持续发展。

(4)盘活人才、设备、土地、未上市资产,优势互补,积极寻求发展。

(5)建立产权流动管理、人才流动管理、市场置换、物业流动管理、信息流动管理平台,加快发展。

(6)适应科技体制改革,靠科技和人才促进发展。

总形势对我们发展有利,只要我们把握好机遇,趋利避害,即可快速发展。

二、指导思想

以邓小平理论和十五大精神为指导,深入贯彻十五届六中全会和中央经济工作会议精神,全面落实集团公司 2002 年工作会议精神,进一步发挥整体优势,搞好关联交易,建立战略同盟。继续坚持以市场为导向,以效益为中心,以发展为主题,以结构调整为重点,以改革创新为动力,解放思想,实事求是,推进科学管理,持续整合重组。增加积累,加快发展,全面推进“二次创业”。要在产权制度改革、“三项制度”改革、专业化重组、公司制改造、调整基地布局和产业结构等五个方面有新的突破。

三、工作目标

1. 经营目标

主营业务收入 45 亿元,计划增长 5%。

(其中关联交易收入 40.9 亿元,社会市场收入 4 亿元,在集团公司解决三项费用补贴 1.0062 亿元后,实现持平的经营目标。力争到

2004 年内真正实现持平有余,使企业具有发展的后劲。)

企业增加值:16.8 亿元,计划增长 7%。

生产效率:4.46 万元/(人·年),计划增长 2.1%。

职工人均货币收入:20400 元/(人·年),计划增长 8%。

2. 市场预测及开发目标

(1)关联交易市场:

勘探开发总投资:67.33 亿元;

新建原油生产能力:170 万吨;

新建天然气生产能力:15 亿立方米;

力争占领关联交易市场 85%—95% 的市场份额;

钻井进尺:力争 217 万米;

二维地震:5600 千米;

试油(气)作业:3869 井次;

测井测试:3900 层次。

(2)社会市场:力争收入 4 亿元(含国际市场)。

(3)培育新的经济增长点:低效油田合作开发,新建原油生产能力 10—15 万吨。

(4)房地产开发:职工集资建房 5000 套,面积 45 万平方米,投资 5 亿元。

3. 固定资产投资

总投资 54000 万元。其中:

工程技术服务 25602 万元;

生产服务 4648 万元;

加工制造及其他 2486 万元;

低效油田开发 21264 万元。

4. 科技进步

(1)经费预算:4248 万元,增长 20%(其中各单位投 3000 万元)。

(2)完成科技发展项目 34 项,其中重点科技发展项目 16 项。

5. 综合指标

(1)HSE 管理工程。

安全生产:实现四个杜绝,三个不超,一个确保。

环境保护:一杜绝,两控制,三达标。

健康保护:抓好职业病预防,劳动保护达到规范要求。

(2)精神文明建设。走在所在省(区)前列。

四、重点工作

1. 发挥整体优势,搞好关联交易

今年,是长庆“十五”期间油气持续发展的第二年,也是勘探局持续发展年。

油气大发展是长庆人的根本利益所在、希望所在。

发挥整体优势,搞好关联交易,是保证重点工程顺利实施、保证勘探局生存与发展、保证大局稳定的最基本、最现实的条件,务必工作到位,不失大局。

必须认真落实双方制定的相互支持、共同发展的“双十二条”和“五项基本工作原则”;

必须坚持有效的协商机制,及时解决运行中出现的各种问题,规范运作,确保大目标的实现;

必须摆正甲乙方的关系,坚持以质量求生存、图发展。

去年,由于双方共同努力,在解决关联交易突出矛盾方面取得了双方共同满意的结果。同时又暴露出许多新的矛盾和问题,争取今年要解决得更好。主要包括:

(1)超特作的价格问题;

(2)优质优价问题;

(3)分项协议滞后的问题;

(4)资金结算规范制度、简化程序问题;

(5)市场开放问题;

(6)采油、炼油单位“捆绑”中的价格等问题;

(7)资产置换等问题。

马富才总经理在工作会议上反复强调:搞好关联交易,关键是价格公正,搞好招投标;建立新的甲乙方关系,发挥整体优势,共举一面旗。我们一定要认真贯彻执行这一重要的指示精神,把自己的事情办好。

2. 推进改革改制,加快企业发展

对存续企业来讲,集团公司2002年工作会议是一次推进改革、改制的研讨会、动员会。会议专门制定了深化改革的意见。按照“地区综合服务公司”、“地区基地公司”和“地区专业公司”三种公司功能的定位,勘探局毫无疑问地“定位”在“地区综合服务公司”上。因此,结构调整和持续搞好专业化重组是今年的重头戏,必须抓紧、抓实、抓好;建立现代企业制度,实行公司制改造和深化“三项制度”改革,要在点上有所突破;转换经营机制和调整产业结构,要见到实效。

(1)加快专业化重组。

工程技术服务板块要巩固完善专业化重组。对本系统的多种经营,要在明确产权的基础上,大力推进产权制度改革,加快公司制改造,放开搞活,形成新的经济增长点。

物探、测井要根据集团公司工作会议关于“产权联结、股份制组合和企业自愿”的要求,研究我们怎样有效的联结与组合。

生产服务板块,要加大产权制度改革力度,向社会化、市场化过渡。

全局机械加工制造系统要进一步进行专业化重组。打破目前规模小、效率低、冗员多、产品单一、经营分散的格局,通过整合与再造,逐步形成有主导产品、有市场竞争力、有一定研发能力的集团公司。

物资供应系统要加快专业化重组,本着发挥优势、规范市场、突出重点、服务油田、面向社会的原则,打破条条块块的封闭,建立市场化程度高、管理灵活顺畅的新的物资供应体制与机制。

多种经营系统在去年资产清查的基础上,以市场为导向,抓紧规模整合、专业化重组和产业、人员结构的调整,建立健全法人治理结构。

物业管理和社会服务系统的整合重组,要把握四条原则:

一是能改制的改制;

二是能融向社会的融向社会;

三是能整合的先按块块或条条整合。

四是“一对一”服务的项目价格化。实行企业化管理、市场化运作,社会服务系统下决心“先剥离”,不能再吃“大锅饭”。

上半年,勘探局将召开一次整合重组形势报告会,交流经验,研究政策,促进我局持续重组的顺利发展。

(2)调整产业结构。

要认真贯彻落实集团公司《关于印发〈合作开发未动用石油储量工作指导意见〉的通知》(中油计字[2001]637号)文件,抓紧联合开发低效油田,使其尽快成为勘探局新的经济增长点。

要加快泾河工业园和银川工业园区建设。入园单位要通过改革改制实现产权多元化,培育一批科技含量高、发展前景好的中小企业。

通过改制和明晰产权,扩张集体资产,强化资本运营,形成新的经济增长点。

长庆实业集团有限公司、长宁输气有限公司、乳山长庆公司、西安长庆科技工程有限责任公司等参(控)股企业,加强股权管理,提高效益。

房地产开发要积极向市场靠拢,也要形成新的经济增长点。

正在运作成立的股份公司,要加快步伐。

(3)坚定不移地调整市场结构。

当前我们必须抓住“四个机遇”,调整市场结构,降低企业经营风险。力争到2005年社会市场收入达到20亿元,初步形成多元经济的格局。

(“四个机遇”即:油气发展、西气东输、西部大开发、加入WTO。)

(4)认真抓好改制试点,稳步推进整体带资分流。

从今年起,逐步建立起产权流动的三种模式,实现“两个分离”,理清“三个关系”。即:

对以钻井为龙头的井筒作业技术服务和有

效益的新兴产业,通过控股和成立独资公司,对其产权保持绝对的控制力、支配力;

对以区域优势搞好"一对一"服务的部分生产服务、部分物业管理、特种运输、工程建设、物资供应等,通过产权联结等多种形式,对其产权保持相对的控制力、支配力;

对关联度不大,并能与社会服务接轨的第三产业、普通义务教育、医疗卫生、生活服务等,通过推介、改制、整体带资分流等形式,逐步退出其产权的控制与支配权。

通过这三种模式,实现主辅业分离、生活服务与社会服务分离,理清多种经营企业的隶属关系、产权关系和劳动关系。

当前,继续抓好以整体带资分流为重点的改制试点工作,严格报批,规范运作,摸索路子,积累经验,积极推开。上半年力争完成机械制造总厂抽油杆分厂、监理公司的整体带资分流工作。

(5)积极进行"三项制度"改革,激活基层活力。

根据集团公司工作会议的要求,要进一步深化干部人事、劳动用工和分配制度的改革,以适应建立现代企业制度和市场经济发展的要求。

有关单位要创造条件并研究在国有独资公司建立法人治理结构的可能性。不要走"翻牌公司"的老路,目的在于借鉴它的权力结构多元化、决策程序科学化、监督程序规范化等优势,以适应市场运作的需要。

要积极推进以岗位管理为核心的干部人事制度改革。

要逐步建立企业及企业职工分级分类管理体系,取消企业及企业领导人员的行政级别。

对技术人才要进行公开竞聘上岗。积极推进以评聘分开、直接聘任为主要内容的专业技术职务聘任制。更大范围地选择试点,转身份管理为岗位管理,试行专业技术职务直接聘任,实行高职低聘和低职高聘,易岗易薪,使其待遇和专业技术任职资格脱钩。

对二级单位副职的选拔也要公开招聘,竞聘上岗,上半年试点,下半年逐步推行。

局党委、勘探局拟实行巡视员制度,对基层领导干部和基层工作实行更有效的监督和服务。

领导班子、干部人事、纪检监察、审计、安全生产、综合治理等单项考核于本年度 11 月 30 日前写出考核报告;经营工作于 12 月 31 日前写出预考核报告。以上考核以日常考核为主,一般不再搞全局性的综合考核。

各单位要运用市场机制配置劳动用工和机构设置。勘探局只进行总量宏观控制,动态管理。

要建立职工收入能高能低的分配激励机制。根据各单位的经营性质和具体情况,实行不同的经营承包模式,建立以效益为中心的责任指标考核体系,使职工的收入与本单位的效益紧密挂钩,领导班子成员的奖金与本单位效益和职工收入挂钩,效益工资上不封顶、下不保底。建立责任、贡献、利益和风险相统一的激励约束机制。同时,建立和完善股权代表的收入分配办法,进行年薪制试点。

3. 完善内部承包经营责任制,确保全局经营目标的实现

"二次创业"的总体目标是:以建立现代企业制度、建立健全法人治理结构为目标,调整结构,转换机制,使勘探局成为以生产经营为主,兼有资本经营,多元发展的现代企业集团。

根据这一总体目标,今年经营工作的总体要求是:确保"一个目标",突出"三个重点",强化"四项工作"。

"一个目标":确保实现勘探局的经营总目标。

"三个重点":完善承包经营责任制,规范关联交易运作,培育新的经济增长点。

"四项工作":预算动态管理和资金管理;以整体带资分流改制为重点的产权制度改革;低

效油田开发;经营机制转换。

采取的主要措施是:

根据不同单位的经营性质和具体情况,将全局各单位划分为四种经营承包模式。并根据每个单位的不同情况,勘探局与各单位签订不同内容的经营承包责任书。

一是内部模拟资产经营承包。实行的单位有:钻井工程总公司、井下技术作业处、测井工程处、地球物理勘探处和建设工程总公司等5个单位。

二是内部利润经营承包。实行的单位有:水电厂、机械制造总厂、通信公司、油气技术综合服务处、运输处、监理公司、工程监督公司、器材供应处、公用事业处、银川物业管理处、长庆宾馆、交通服务处、国际市场开发部、油气开发公司等14个单位。

三是费用化补贴经营承包单位。实行的单位包括:第一采油技术服务处、第二采油技术服务处、第三采油技术服务处、长庆炼油化工综合服务处、西安油气销售综合服务处等5个单位。

四是定额费用经营承包。实行的单位有:工程技术研究院、资本运营部、技术监测中心、北京联络处、兰州办事处、上海联络处、乳山长庆公司、长庆石油报社、机关事务处、审计处、庆阳子弟总校、银川高级中学、培训中心、职工医院、职工疗养院等15个单位。

对单位实行工资总额与责任指标挂钩的考核办法。

对领导班子实行以责任指标为重点考核内容的风险抵押奖惩办法,确保考核指标的实现。

2002年经营考核办法和2001年相比,做了重大调整,经营责任制突出体现了"激活基层"和"放水养鱼"的思想,完全符合集团公司工作会议关于"工效挂钩,加大效益工资调控力度"的要求。它有以下6个方面的特点:

一是经营责任制坚持以经济效益为中心,简化了责任指标,以便于考核兑现;

二是效益工资充分体现激励的作用,制定了"上不封顶、下不保底"的政策,加大了提取比例,进一步激活基层;

三是效益工资真正按单位的效益好坏考核发放,变过去的"先预发、后算账"为"先考核、后发放";

四是扩大二级单位经营自主权,在生产、经营、用工、机构设置、自有资金使用、闲置无效资产处置等10个方面下放了权利,进一步调动各单位开拓市场、增收节支的积极性;

五是尽量发挥政策的导向作用。对依靠科技进步、减员增效或改革改制等渠道增加的效益,尽可能予以鼓励;对靠增加投入、扩张生产规模或"吃老本"的,也做必要的"限制";为了照顾历史原因,如人员、资产分布不合理等,基本工资保证人均70%的额度。在总的经营承包责任体系下,按每个单位生产经营的不同情况,签订不同的经营责任承包书;

六是实行领导班子成员风险抵押金制度,领导班子成员的奖金与单位效益挂钩,根据单位效益、生产规模和管理幅度等按本单位职工奖金的一定倍数,年度考核后兑现,加大了奖惩力度。

4.实行"管理提升"战略,提高企业科学管理水平

今年,我们要把加强企业科学管理作为一项战略任务,认真实施,力争初见成效。

(1)建立企业科学管理的新理念。

企业的科学管理,应包括下列内容:

以建立法人治理结构为主要内容的管理体制新理念。

以效益为中心的经营管理理念。

以竞争为主要特征的市场理念。

以人为本的HSE管理理念。

以提高效率和管理者素质为目的的精细管理理念。

以企业信息化建设为平台,带动各项工作创新和升级的理念。

在这里要强调的不是上述"理念"的一般原

则,而是要突出三个重点、做好一项工作:

一是现代企业管理中的人本观念。以人为本,要靠适用的制度、政策、法律管人,而不是靠人管人。科学管理的重心应放在“制度”建设上,要通过规范的制度去管人。减少决策的随意性、盲目性,增强科学性和预见性。

二是科学管理中的效率观念。时间就是金钱。如何保证效率,就必须创建适用本企业的精细管理模式。不要总是在管理机构设置上“兜圈子”。因为不论组织结构如何,都必须解决好精细管理问题。

三是科学管理必须借助信息化平台,带动各项工作创新和升级的观念。

它不仅可以改变落后的管理手段,更重要的是可以提升管理理念和管理水平,可以有效地制约随意决策、制度不严、“暗箱操作”,有效地利用电子商务降低成本,实现“流程再造”。

根据上述三个重点,我们必须把精细管理作为实行“管理提升战略”的突破口,认真做好各项工作。

这里先提出精细管理的五项基本要求,供大家在实践中修改完善:

①质量化:消灭无质量规范的管理。

②数据化:消灭无数据要求的管理。不仅要有“数”,还要有“据”。有“数”无“据”是无效的数,有“据”无“数”构不成数据。数据化,就是要对数据进行真实翔实的统计和科学的对比分析。

③个性化:推行“个性化”管理、个性化服务。而要做到这一点,“原则性”的领导和指导将被淘汰。

④标准化:消灭无标准的管理。

⑤科学化:消灭非科学管理。科学的东西,不仅是正确的,而且是可以实施、可以实现的。

我们还必须以此推动各项专项管理,实现管理增效。

①重点抓好战略管理和决策管理,建立民主决策制度和科学的决策程序,落实可追溯的责任追究制度,避免重大决策失误;

②抓好财务管理,实行资金集中管理和全面预决算制度,严格控制对外投资、对外借款和对外担保,努力降低财务风险;

③抓好成本管理,建立健全目标成本责任制度,最大限度地降低生产经营成本;

④抓好法律事务管理,健全法律事务机构,推行法律顾问制度,依法办事,依法治企;

⑤以计算机网络建设为重点,推进企业管理信息化,建设统一、完整、通畅的信息化管理与服务系统,提高管理工作的效率和效益。

进一步加强企业内部管理制度建设,强化现场管理、质量管理、安全管理等基础管理工作,从严治企,堵塞“跑、冒、滴、漏”,杜绝重大事故的发生。

党群工作也要借鉴严格管理、精细管理、科学管理的原则,提高针对性、时效性和提升企业文化的精髓。

(2)要创造更好、更高的企业信誉。

信誉也是金钱。

一是全面建立“用户档案”。生产运行、市场开发、科技和社会服务、工程技术管理部门都必须设立咨询服务电话,并把它作为重要的“门面”建设好,不搞形式主义。

二是全面建立“质保”体系,实行“质保”制度。对用户无质保承诺的服务项目、产品不允许“出厂”。

三是健全质量回访制度,建立广泛的“信誉”监督体系与制度。

(3)严格实行“岗位责任制”。

管理者要按“精细管理”的要求进行管理。特别是领导干部,要把“精细管理”作为改进作风的重点内容身体力行。组织部门要把此项要求作为跟踪考核的重要内容。

服务(产品)质量只有合格与不合格,不能有一、二、三等之分。

严格追究制造“不合格”产品的领导责任和操作者责任。勘探局拟制定独立的专家检评制度，以保证客观、公正、及时地查处责任者。

5. 走科技兴企的路子，推进科研产业化

我们要坚定不移地实施“科技进步与人才开发”战略。

2002年，共安排40项科技发展项目。其中技术攻关创新项目17项，新技术与新产品开发应用项目20项，软科学项目3项。要着重抓好主体专业技术的科研攻关，在优势项目上做精做强，力争取得突破性的进展和好的研究成果。

在物探技术方面，在搞好黄土塬地震直测线技术研究攻关的同时，重点搞好横波勘探、储层物性、开发地震等技术攻关，拓宽地震资料的应用领域。

在钻井技术方面，重点进行天然气欠平衡钻井，包括水平井欠平衡钻井、长水平段水平井钻井及水平分支井的攻关研究；同时在小井眼、井壁稳定、保护油气层、大型漏失井堵漏、钻井液水泥浆添加剂产品开发等方面形成配套技术。

在测井技术方面，进一步创新应用技术。开展成像测井系统技术，如p型核磁共振技术应用、储层描述与油气层识别水平井测井解释方法和组合测井平台的研究。要在低阻油气层识别及水平井测井响应等领域达到国内领先水平。

在井下作业技术方面，重点解决低渗透油田老井增产措施和天然气储层高效改造技术。发展端部脱砂压裂、CO_2泡沫压裂、清洁压裂液压裂等，形成以技术引导市场、占领市场的良性发展格局。

在地面建设方面，重点进行黄土塬大口径管道铺设技术、城镇配气管网优化设计研究；重点开发天然气高效过滤分离器、天然气缓蚀剂、GH轻质墙板等新产品，形成新型科技产业。

在抓好特色技术攻关的同时，还要积极开发其他实用新技术和新产品，提高科研成果的转化率。要重视群众性的科技创新活动，广泛征集合理化建议。

房地产要开发“绿色住宅”。

思想政治工作和企业文化建设以及经营管理要搞好软科学研究。

物业管理、文教卫生等系统也要结合各自实际，认真组织并实施好科研工作。

要以市场为导向，建立和完善人才开发新体系。

除继续培养、选拔100名左右局处两级学术技术带头人，加强钻井、物探、测井、井下作业等专业人才的培养和关键岗位人员培训外，更重要的是要整合、调度社会市场中的人才“为我所用”。把引进人才、建立特聘专家制度做活。

要进一步加强领导干部的培训，强化高层次复合型人才的选拔培养，特别还要注意经营性人才的培训、引进。

要进一步搞好工人技术培训，尤其是技师和高级技师的培训。

6. 坚定不移地实施“市场开发战略”，拓宽发展空间

在市场开发工作上，我们今年要充分利用好“三种资源”，开发好“三个”市场。即利用长庆资源，提升关联交易市场质量；利用社会资源，拓展国内社会市场的空间；利用国际资源，提高国际服务市场的效益。

今年市场开发要突出“三个重点”，落实“两项责任”，使市场开发工作整体上水平。即：

突出关联交易的政策研究；

突出国内社会市场的开发；

突出国外项目与国际“接轨”及效率、效益；

落实责任制，强化“精细管理”；

落实配套政策。

今年在关联交易中，协商解决好市场开放范围与划分，完善价格体系与结算办法，各项协议及合同的签订要及时、有效。

社会市场很大，我们要用好政策鼓励大家去开拓。在开拓市场中培养人，造就人。不能要求没有失误，而是要求减少失误，避免重大失误。

国际市场的大门已经跨了出去。今年要加强管理,进一步明确和落实责任。

五、工作要求

钻井工程总公司去年打了一场决胜仗,总收入占到全局主营业务收入的 44.3%。为全局争取了主动,为“二次创业”立了大功。但是在市场中也明显地暴露出因认识不到位而存在着不可忽视的问题。机关建设还缺少具体的规范要求和目标。今年要进一步增强市场观念,从大局上保证关联交易市场的需要。要继续调整结构,深化“三项制度”改革,激发基层活力;机关建设要带个好头,创出经验。要加强科研攻关,继续发挥重组的优势,深化对井队、专业公司的科学管理。

地球物理勘探处今年关联交易市场有所缩减。要在充分占领关联交易市场的基础上,大力开拓外部市场。要继续进行组织结构、产业结构的调整,搞好专业化重组。要抢占“三维”制高点。

井下技术作业处去年在非均衡生产的情况下,再创佳绩。作业井次超过 2100 井次,确保了重点项目的顺利投产。由于实行了多元动态控制成本的办法,使关联交易市场效益有所提高,2000 年“丰产不丰收”的局面有所改观。今年要大力开拓社会市场,争取两个市场双丰收。

测井工程处去年是全面进步的一年。特别是在发挥特色技术服务、搞好关联交易方面及产权结构调整方面搞得很活跃,也很有成效。今年要进一步搞好结构调整和专业化重组。

2002 年,井下技术作业处、测井工程处都要下功夫发展自己的特色技术,为油田公司搞好市场服务。同时,通过改革改制,强化管理,降低成本,提高效益。

建设工程总公司筑路板块去年打了一个漂亮的“翻身仗”,油建板块打了质量“争气仗”。两个板块都打了艰苦的市场“攻坚仗”。取得了令人欣喜、备受鼓舞的成果。今年要充分发挥整合重组的优势,狠抓内部管理,大力开拓市场。同时,必须认真进行产权制度改革和“三项制度”改革。用他们自己的话说,一手抓管理,一手抓市场,争取精神文明、物质文明成果双丰收。

三个采油技术服务处要利用三个采油厂上产的契机,在发挥整体优势、谋取自求平衡上做文章。要突出主导产业,走多元发展的路子。要进行内部整合,深化改革。

油气销售综合服务处要在做好关联交易的同时,积极寻求自我积累、自我发展的路子。

炼化综合服务处要寻求更有效的“捆绑”运行方式,提高效率,增加积累。

机械制造总厂去年充分发挥整合优势,大力开发新产品,取得了明显效益。今年必须牢牢占领关联交易市场,不断扩大拳头产品的市场份额,研制开发高附加值、高科技含量的新产品。同时要大力推进企业改制与内部再重组。

水电厂去年在市场开发、市场置换和发挥整体优势,搞好天然气发电等方面取得了重要经验。今年要趁势大力调整产权结构和人员结构,大力发展多种经营,争取更快的发展。

油田通信 30 多年历经三个重要发展阶段,当前,进入了重要的发展时期,将成为勘探局新的经济增长点。通信公司今年要充分发挥信息“高速公路”的骨架效用,再投资 2400 多万元(含融资 1000 多万元)搞好西安、银川基地和工业园区及综合科研大楼的通信工程建设,有效占领市场;要走产权多元化发展的路子,不断提高人员素质。力争今年实现“三个五”的目标,即:电话数超 50000 门,宽带上网 5000 户,实现收入 5000 万元。同时,要加速折旧,消灭油区内程控交换的亏损。

长庆科技工程有限责任公司为我们建立现代企业制度探索了很好的经验。要进一步完善公司管理体制和法人治理结构,提高服务质量,拓展市场。走设计、科研、联产一体化的路子,争取今年再创佳绩。

工程技术研究院要进一步加强工程施工技

术管理与指导，加大特色技术攻关力度，加速技术服务产业化的进程。要筹备建立技术创新服务中心和重点实验室，改革用人机制和激励机制。

长实集团及多元经济在“二次创业”中具有特殊的地位。不仅要实现企业增加值的比例达到“三分天下有其一”，而且队伍结构也要“三分天下有其一”。长实集团当前要以“油业”为主，同时也要在“油外”寻求新的增长点。要对19个直属企业进行整合重组和公司制改造。

目前全局多元经济“油味重”，市场结构脆弱。第三产业要在清理资产的基础上，进行内部整合重组；要按照公司制要求，完善法人治理结构，形成能够独立发展的新的经济增长点。要通过产权制度改革，解决好产权、隶属、劳动三个方面关系不清的问题，逐步与主办单位彻底脱钩分开。

器材供应处去年在开拓市场方面前进了一大步。今年要办好四件事：

一是搞好本处、本系统的专业化重组；

二是认真搞好关联交易市场的服务，适时召开全局电子商务工作会议，尽快与社会电子商务接轨；

三是继续扩大社会市场占有份额，大力占领“西气东输”和油田外部施工作业物资供应市场；

四是扩展“新买卖”。

运输处去年打了一个非常艰苦的市场开发仗、结构调整仗，加强了内部管理。下一步要加大改制与内部整合重组力度，先使小块块活起来，带动整体发展。今年要做好两件事：一是开拓市场，控亏减亏；二是深化改革，分流改制。

油气技术综合服务处连续三年大打翻身仗，去年产值达到9000万元，增长28%，而且利润率提高。今年要保持开拓市场、调整产业结构的好势头，进一步强化内部管理，拓展新的经济增长点，力争产值突破亿元。

房地产开发公司今年要办好四件事：

一是在老基地按“四统一”的要求搞好配套建设；

二是搞好职工集资建房；

三是健全法人治理结构，多元投资开发商品房；

四是开发民用建筑业和建材市场。

公用事业处2001年加强管理，增收节支取得显著效果。与2000年相比，减少补贴800多万元，扣除减员及不可比因素，减少补贴18%。而且在转变经营机制方面摸索了好经验。但就全局物业管理来讲，改革的力度还需加强。今年物业管理必须进行专业重组，与主营业务分离，向市场化运营、社会化服务方向发展，减少费用补贴，逐步融入社会；建立健全物业管理价格体系，提高服务质量；对部分生活服务项目(幼儿园、招待所、职工食堂、浴室等)价格市场化，不吃大锅饭；大力发展多元经济，结合整体带资分流进行改制，实行产权多元化。新建办公大楼、住宅小区和两个工业园的物业管理要按照新体制、新机制运作。

监理公司去年工作上了新台阶，今年要做好整体带资分流工作，提高监理水平。

监督公司要加强自身的管理，提高素质和工作质量，搞好体制和机制的转换。

技术监测中心去年加强了管理，提高了效益。今年要进一步提高整体素质和工作质量，充分发挥技术监督、安全环保、节能管理等中介服务作用。

培训中心要转变职能，发展教育产业。搞好职工培训，联合搞好科研攻关。

普通教育要进一步调整学校布局，提高教学质量，抓好教学改革和学生管理。

医疗卫生要大胆进行改制试点，创办股份制医院，进一步调整医疗机构布局，适当缩减规模。

驻外办事机构要进行内部整合重组，充分发挥各自优势，并形成全局优势。要充分利用大中城市的市场、人才优势，创自我发展的新路子；要提高办事效率，减少费用补贴。

2002 年要继续为职工办好 8 件实事：

(1)继续增加职工的货币收入，力争增长 8%。

(2)在集团公司核定的“三项费用”补贴不足的情况下，勘探局今年在预算中安排一定的资金，以改善全局教育、医疗卫生和离退休管理工作的条件。

(3)勘探局预算 200 万元的专项奖金，以提高全局教职工和工程技术研究院科研人员的奖励水平。

(4)多方筹集资金，搞好泾河工业园、宁夏长庆工业园、桃花源、西安基地和银川基地的公用设施配套建设，新建 5000 套商品房。

(5)改善和提高劳动保护条件及质量，对职工进行体检。

(6)预算资金 200 万元，安排好职工的健康疗养。

(7)积极创造条件，让局级以上劳动模范、全国先进个人，优先在大中城市购买商品住房。

(8)力争住宅宽带网的接入户数达到 5000 户。

六、加强党建和思想政治工作，推进企业文化建设，保持大局稳定

认真贯彻党的十五届六中全会精神，进一步加强党的建设和领导班子建设。要把作风建设作为各级领导班子建设的核心和重点。中央决定把 2002 年作为转变作风年和调查研究年。按照中央的要求，要充分抓好两级机关和领导干部作风的转变及工作效率的提高。各级领导干部必须按照中央提出的“八个坚持、八个反对”规范自己的行为，起好带头作用。进一步加强党风廉政建设，全面落实党风廉政建设责任制，深入持久地开展反腐败斗争。当前，要特别提倡艰苦奋斗，求实求是，倡导立志改革，创新图治。

进一步加强党的基层建设，充分发挥好党支部的战斗堡垒作用、党员的先锋模范作用。

要把“三个代表”的思想落到实处，巩固“三讲”教育成果，继续抓好整改。要站在稳定大局的高度，充分认识关心职工群众生活、维护职工群众利益的极端重要性，真正把职工的冷暖挂在心上。

各级领导要以“三个代表”思想为指针，带头贯彻工作会议精神，坚定“二次创业”的信心。要加强两级中心组的学习，把转变观念，更新理念，与时俱进，深化改革作为思想政治工作的首要内容，努力学习政治理论、市场经济及有关 WTO 的知识。

去年的思想政治工作，在贴近实际、推动“二次创业”、加强企业文化建设和队伍建设方面，做得很出色，得到了局党委、勘探局的充分肯定。今年，要围绕中心、服务大局、开拓创新、提高水平，继续把深入开展“二次创业”活动作为思想政治工作的切入点，突出六个重点做好宣传思想工作：一是凸现企业理念；二是深化企业改革；三是市场开发；四是科技创新；五是企业管理；六是队伍建设。继续开展形势任务教育，全面、准确地宣传两级工作会议精神和集团公司、勘探局做出的各项改革措施，认真做好释疑解惑和引导工作。加大对先进典型宣传的力度，弘扬正气，鼓舞士气。

继续完善大政工运行机制，开好政工例会，策划、协调解决思想政治工作的重点工作和系列活动，形成报纸、电视、网络三位一体、整体联动的大宣传格局。为长庆的大发展创造一个安全、文明、和谐的工作和生活环境。

要建设具有时代精神和长庆特色的企业文化体系，形成以提升求实、创新、自信为核心的企业理念体系，以科学性和自律性为目的的制度行为体系，以企业知名度和实力为主要内容的形象工程体系。

要继续坚持与“法轮功”邪教组织作坚决斗争，要正确处理好改革、发展、稳定的关系，认真做好内部综合治理和稳定工作。

要建立和健全治安形势通报制度、重大案

件追究制度、要情报告制度、督促查办制度。对职工群众关心的热点、难点问题，特别是对重组改制中出现的新情况、新问题和带有倾向性的问题，要及时说服教育，化解矛盾。继续加大“三禁一反”工作力度，确保队伍稳定和大局稳定。

要认真实行企业民主管理，积极推进厂务公开，搞好民主监督。

共青团要带领青年在“二次创业”中发挥好生力军和突击队的作用。

民兵武装、离退休管理工作，要配合全局的中心工作，发挥积极的作用。

机关要转变职能，重点放在“服务”上。要精简会议和文件，改进会风、文风。做解放思想、开拓进取的模范，服务大局、团结协作的模范，严以律己、勤政廉政的模范，转变职能、服务基层的模范。

各位代表、同志们，今年将是勘探局持续发展、再上新台阶的一年。“丰收年”加“富日子”的美好前景就在前头。当前，摆在我们面前的改革、稳定和发展的任务十分艰巨。我们一定要按照集团公司的工作部署和勘探局的总体要求，坚定信心，振奋精神，抓住机遇，开拓创新，团结一致，拼搏进取，为实现全年的各项工作目标做出新的贡献，努力开创“二次创业”的新局面，以新的优异成绩迎接党的十六大召开！

借此机会，我代表局党委、勘探局向大力支持我们的各级政府和老区人民、向油田公司的领导和同志们表示衷心的感谢！向全局劳动模范和在“二次创业”中涌现出来的先进集体、先进个人表示热烈的祝贺！向各位代表、同志们，并通过你们向全局广大干部、职工、家属和退休老同志拜个早年，祝愿大家身体健康、工作顺利、生活愉快、合家欢乐！

孙玉辰同志在长庆局2002年工作会议结束时的讲话

（2002年2月3日）

同志们：

勘探局2002年工作会议即将圆满结束。

这次会议，认真传达学习了集团公司2002年工作会议精神，认清了形势，理清了思路，明确了政策，确定了各项工作目标，是一次“二次创业”的经验交流会和再攀高峰的动员会。会议开得很成功，大家都觉得受到了教育，受到了启发，都觉得收获很大。这次会议最大的收获是进一步认清了形势，理清了思路，坚定了信心，鼓舞了斗志。

就工作会议来讲，要总结的东西确实很多，回去要落实的工作也很多。越是觉得事多的时候，就越应该删繁就简，抓主要的，要有所为，有所不为。特别是主要领导同志，要干主要领导的活。

现在，大的部署已定，下一步关键在于各级领导班子振奋精神、改进作风、创新思维和创造性地工作。

为了贯彻落实好集团公司和勘探局工作会议精神，我再强调三个问题：

一、解放思想，敢于创新

江泽民同志最近再三强调：要走创新之路。我们进行“二次创业”，说到底，是要按照现代企业制度的要求，对计划经济条件下长期形成的思想观念、管理体制、经营机制、企业理念等进行脱胎换骨的改造，真正建立起在市场中具有竞争力的企业集团。

尽管两年来我们在这方面进行了大胆的改

革,前进的步伐不断加快,但从整体上讲,还没有达到质的飞跃。在这种情况下,我们必须对形势有一个清醒的认识,要积极推进企业改革。当然,同志们对工作报告的肯定,实际上是对我们工作的肯定,也是对我们班子工作的支持。如果说大家认为这个报告还基本上符合咱们的实际,那是局领导班子成员一年来实践的结果,是机关各个部门认真总结的结果,更是大家努力克服困难的结果,也是广大职工智慧和血汗的结晶。要注意根据现在的形势,提高市场运行的质量,注意调整市场结构,要靠科技、靠重组大大降低我们的服务成本,并注意研究价格政策,积极推动关联交易双方建立伙伴关系。

今年的任务十分艰巨,尤其是企业改革的任务十分艰巨。

要完成今年的各项任务,主要的动力也来自于深化企业改革。所以,这两年凡是尝到改革甜头的,今年会主动启动改革;凡是迈不开改革步伐的单位,必须启动思想火花才能启动改革本身。

搞改革,必须先启动思想。存续企业现在从上到下都认为需要改革,而且存续企业真正的活力来自于改革,动力也必须依靠改革。越是良性循环的时候,转得越快;越是迈不开步子的时候,越是没有活力,越难启动改革。那么总得找一个启动点,必须要解决思想启动点的问题。

所以,改革,就是创新;创新,就必须解放思想。

改革,我们没有现成的路子可走,别的经验照搬到我们这儿来也不行,我们 43 个单位实际情况各不相同。所以说,不解放思想就不能闯出新的路子。

改革,有可能成功,也有可能失败。我们只要求减少失误,避免更大的失误。但是我认为,在报告中给大家提出的基本目标,没有太大的、过不去的风险。

所以,今年将是对“和平官”的一次考验,对改革者又是一次锻炼。

对老一点的同志讲,55 岁以上的同志,现在应该是“不用扬鞭自奋蹄”的时候,应当履行好历史责任,不要搞短期行为,不要懒散,要给年轻人“搭梯子”。

这两年我们之所以干到这个份上,靠的是什么? 靠的是“责任”两个字。这就是为什么“12 字企业理念”中有“责任”两个字。这两年我们没有签订任何的责任书,但大家凭什么在运转? 因为他们自己觉得要担负起历史责任。这一点非常难能可贵,这就是觉悟。

我们应该支持年轻同志大胆工作,要给他“铺路子”,不要在最后冲刺的时候给自己“铺路子”。

如果我们的后来者日子过得还不如现在,你“铺路子”也没有用,到时候工资一样发不出去。到时候全国形势不好,你日子也过不安稳。

马克思讲,无产阶级只有解放全人类,才能最后解放自己,这句话没有过时。

如果年轻人比我们干得好,就是给我一口“糖”吃,也比现在“肥”得多。年轻的干部,要尊重老同志,要向老同志学习,毕竟他们在实践中多工作了几年,有很多东西需要继承,而且要在继承的基础上发展起来的。

年轻的同志更应该好好地学习,处理好学习与工作的关系。要鼓励年轻的同志大胆地创新。不管是新同志还是老同志,都要搞好廉政建设,不要办自己心里不踏实的事情。你办了就得要改,改了就好。

不管是老同志还是新同志,既然在这个领导岗位上,“在其位”就要“谋其政”,就要负责任。

“三讲”主要是我们领导干部讲,“三讲”主要是讲给自己,不是讲给老百姓的。

去年的工作会和今年的工作会,有一个突出的主题就是给自己鼓劲,这叫讲政治。我们这些年有很多问题,都必须从政治上看。

对领导干部来说,当前有一个特殊的形势,

这就是要想维系旧的模式是根本不可能的。这一点必须认清楚，只有带领一班人在管理体制、经营体制、科学技术等方面立志创新，才能与时俱进。也就是说，当前的改革是不以人的意志为转移的。

实践证明，群众对不思进取的干部也不会投赞成票。毫不客气地说，改革的阻力不是来自于群众。马富才总经理在集团公司工作会议总结的时候强调，要用改革的精神搞好结构调整，首先要调整好自己的心态，这是经验之谈。

今年的工作报告一开始用了一句对联：年年百花相似，岁岁万象更新。也就是古人说的：年年花相似，岁岁人不同。之所以把“人不同”改成“万象更新”，是因为我们在变，在越变越好。

有些人到现在心态还没有调整过来，疑虑太多。去年就讲过，担心是客观的，但是担心到杞人忧天的地步，没有任何必要。

现在的形势是“沉舟侧畔千帆过，病树前头万木春”。你不干有人干，有后来者，不用担心，你干不好，有人能干好。

大家参加这次会议，确实受到鼓舞，因为是总结咱们自己的经验。三年过去了，都觉得像是在爬山，1999 年在山低下，往上看，不知道山有多高；去年，爬了一段时间，还觉得可以。去年工作会大家皆大欢喜。今年，咱不仅能爬山，还觉得有点底气，可以干一番事业。

只要大家干了，出现这样那样的问题是不足为怪的，也不要大惊小怪，也不要过多的指责。如果因为没有经验，出这样那样的毛病，不要指责。因为市场的变化，完不成下达的经营考核指标，不要批评。如果因为特殊情况，单项考核不达标，也不要追究。

这就要求你们要大胆地干。我只有两个要求，违法靠法究，失职要自究。如果不按精细化管理的要求，再搞大而化之，就会犯原则性的错误。

关键是时间耽误不得。现在的形势是，我们必须和 CNPC 内部的存续企业竞争，我们必须和关联交易市场竞争。

当官不做事，出了问题就得查你。同志们应该放开说，放开干。平时讨论时，大家应该敞开思路。今年真正把报告贯彻好，到明年，又有很多的观点需要重写，包括一些理念，那才是在实践的基础上进一步深化了。

对于主要领导同志来讲，要想维系旧的模式是根本不可能的。只有带领一班人在管理体制、经营机制、科学技术等方面励志图新、图治，才能与时俱进。

大势所趋，改革者就位。

解放思想，实事求是仍是当务之急。

二、调查研究，转变作风

中央决定，今年是调查研究年、转变作风年。

这是深入贯彻六中全会精神，落实“八个坚持、八个反对”的具体措施，也是落实好今年各项任务的重要保证。

各级领导在贯彻落实会议精神时，切忌以会议落实会议、以文件传达文件，要结合本单位情况，把大政策搞明白。

各级领导首先要学好文件。除中心组学习外，勘探局拟继续办好处级干部学习班。今年要重点抓好 70 多个党政主要领导的办班学习，研究政策，提高认识。首先解决好权力观、地位观的问题，要为职工群众用好权、谋利益，立志谋大事，不要谋大官，要自觉接受监督。

要加强各级班子建设。要真正地实行按岗聘用、公开透明，逐步建立健全选贤任能的好机制。要用科学的方法考核、评价、监督干部，用好的作风，选作风好的人。

这次集团公司工作会议，传达了中央领导一些重要指示精神。结合这些年的考核情况，对票数高的同志要认真研究，对票数低的同志也要实事求是地分析，不能完全靠得票的高低来评价干部。

今年我们将实行巡视员制度。目的就是要

加强平时的考核，一般不再搞综合考核和单项考核，考核到每年的 11 月 30 日为止，经营考核 12 月 31 日预考核就可以了。大家不要应付考核，机关也不要检查一下、跑一圈就行了，考核也没有那么容易。

当然，委派制也不是我们的创造，也不是绝对地建立在科学的机制上。要加强平常的考核，如一年参加了几次重要会议，在会上发表了什么重要意见，这些意见回头看哪些是正确的，哪些是错误的，自己分管的事情干的怎么样。

当前，要按照中央领导的指示，进一步完善对干部的民主监督。对民主评议的结果，要实事求是的分析，既要对群众认可、业绩突出的干部不拘一格地委以重托，也要防止票数很高、干不成事的人进班子，要真正把各级班子建设成奋发有为、廉洁奉公、团结高效的好班子。

当前，要提倡艰苦奋斗的好作风，反对华而不实，弄虚作假。江泽民同志指出，看领导干部不要去看那些沽名钓誉的工程。要讲大局、讲团结、讲创新，在大是大非面前头脑清醒，在思想上、行动上、作风上做到立党为公、执政为民，增强公仆意识，自觉摆正同人民群众的关系；要把心思用在工作上，用在为人民群众谋利益上。

我们需要业绩，但是有一条，各单位主要领导同志必须正确处理个人、集体、国家这三者之间的利益关系；要处理好眼前与长远利益的关系，防止短期行为，不要搞潜亏。这几年，经过审计发现，有很多领导同志在岗位上搞了很多潜亏的东西，当然也有一些客观原因。这几年“放水养鱼”，政策不逼人，有些领导虽然离开了岗位，但是业绩有很多地方是短期行为的表现。所以中央提出要实行责任追究。今年的文件，把这一条已经加进去了，退休了也要追究责任。所以说，对业绩的看法，也要实事求是。对我们存续企业来讲，不要搞那些华而不实的东西。

为了进一步搞好干部队伍建设，更有效地为基层服务，局党委、勘探局决定试行巡视员制度，也希望大家共同搞好此项工作。

机关要增强“服务”意识，强化“服务”职能，要让基层评价机关服务的业绩。巡视员要把基层对机关的意见和建议及时反馈上来，以便及时改进工作。

机关处室长，也不能当“和平官”。对机关处室长的考核，要让基层说话，要加大这方面的力度。基层的同志为了完成工作目标，晚上睡不着觉，把电话摆在床头上。机关的同志应该好好地感谢他们，好好地向他们学习。

要教育我们的党员干部，任何时候要与党同心同德，一言一行都要维护党的形象和威信；要教育我们的职工，支持、参与“二次创业”的改革实践，为“二次创业”再立新功。

为了让机关干部有更多的时间和精力深入基层，今年必须大力精简会议、文件，压缩会议规模。这里特别强调，未经勘探局批准，不得召开全局性的专业会议，不得随意安排二级单位主要领导汇报工作、参加会议、外出调研及应酬杂事。

机关下基层要轻车简从，不准搞迎送，不要给基层添麻烦。

三、再接再厉，奋发创业

今年是深化改革、打好基础非常重要的一年，也是“二次创业”上台阶、打基础的一年。

这里强调五个问题：改革、效益、增长点、为职工办实事和关联交易。

(1)要进一步明确勘探局作为地区综合服务公司的功能定位。实行“主业与辅业、生产服务与社会服务”两个分离，建立三种产权流动管理模式，理清多种经营三种关系，推进三种形式的公司制改造，深化“三项制度”改革。

今年改革的任务很明确，问题在于如何结合本单位实际搞好改革。这次工作会后要结合实际认真研究，不是回去后文件一传达，事情就可以干起来了。

(2)经营管理以效益为中心。

①成也在市场、败也在市场。

提高效益，关键在市场。在市场经济条件

下，企业的生存与发展完全取决于企业的市场竞争能力。

解放思想是当务之急。实践证明，凡是市场意识强、敢于面向市场、开拓进取的单位，各项工作就比较主动；反之，观念滞后、不敢面对市场、依然等待特殊政策保护的单位，工作就被动，就难以走出困境。

解放思想的重要标志不是口头上承认不承认市场，而是要拿出适应市场的措施、办法和方案。

理念不是实践，更不是实施方案。理念的改变并没有改变事实本身。我们强调的是更新理念，理念不是我们坐在这里争论出来的，聪明一点的，就先干，回过头来再重新修正理念。进入不了市场，谈何更新理念？

我们的现状如何呢？事实是，理念的转变还存在差距，要真正做到解放思想，差距就更大了。

对存续企业来讲，重组改制是千载难逢的解放思想的好机会。财富就在市场中。物竞天择，适者生存。只有那些积极主动跟踪市场、适应市场、驾驭市场的强者，才能赢得竞争优势和市场的青睐，从而实现企业自身的发展。

②活也在基层，死也在基层。

目前，存续企业的经营方略必须把握住两点：搞好关联交易，激活基层活力。

关联交易市场是当前生存的基础，这个特殊的市场运作机制在于“有效地协商”。

对我们自己来讲，不论面对的是关联交易市场还是社会市场(包括国际市场)，都需要自信、自强。

有一条不可忘记：我们的活力来自基层。从何处下手，首先从基层下手。这不是讲通用原则，是讲“实施方略”。“放水养鱼”必须把握住三条：一是目的端正，就是为了增加新的增长点；二是目标明确，即养多少鱼，养多大，必须一清二楚；三是方法科学。

以上三点，要是把握不住，也会出现两个危险：一是废了“水”而“养”不成“鱼”；二是“养”了“鱼”，自己也被“鱼吃掉”。我们一定要发展多元经济，不能搞单元经济，哪里赚钱就在哪里干。我们要突出主营业务，但必须搞多元经济。

③快也在人，慢也在人。

经济效益是企业的中心。

“中心”需要“质重”。“质重”才有引力、向心力、带动力、推动力。

“质重”的经营人才是企业的“财神”。“质重”的经营人才，应是解放思想的行家，是运作市场的专家，是能激活基层的“大家”。重量级的“财神人物”是老百姓的“福星”。给大家放了权，大家的责任也更大了。有些同志干劲没啥说的，遵纪守法没啥说的，对职工的爱护也没啥说的，但是总觉得在动脑子这方面有些叫人担心。

(3)首先要抓好低渗低效油田的联合开发，大力调整产业结构，形成新的经济增长点。在报告当中提到的新经济增长点数量少，规模小，今年除了力争建成10—15万吨产能，还要抓好工业园的建设。要按照“四统一”和“新机制”、“新体制”的要求，加快布局调整。

(4)要认真搞好关联交易，这是当前基本利益所在，是发挥共同优势、谋取共同发展所在。

马富才总经理在集团公司工作会议上，充分肯定了长庆油田等单位站在讲政治、讲大局的高度，“分开分立不分心、共举一面旗”，相互理解，相互支持，共谋发展的做法。

吴邦国副总理听取集团公司工作汇报时，十分关心存续企业与上市公司的关联交易问题。他指出：“关联交易的关键是价格公正，搞好招投标”。现在的价格不公正，对我们来讲也不公正，这是历史原因造成的。这用不着怨天尤人。不仅价格不公正，现在有些同志还等着找一个公平的环境搞竞争。我看没有这种事情，那是理论上的事情。什么叫公正？去年我们的人均工作量是CNPC工作量的1.5倍，而我们价值工作量的平均水平低于平均水平的

11%。什么原因？不就是大市场、低效益吗。既然不公平，那么我们就不干了，就不竞争了，这能行吗？在任何地方，不公平是绝对存在的，而公平却是相对的。

更重要的是我们在座的要提高认识，身体力行。我们要认真清理那些各式各样的挂靠单位和个人。要把市场秩序和环境搞好。

(5)今年提出给职工再办几件实事、大事，一定要认真落实。刚开了职工代表大会，代表们对我们给予了热情支持，并寄予了希望，我们不能给职工答应那些办不到的事情，但力所能及的必须多办、办实、办好。

同志们，春节即将来临，节日期间，要特别关心离退休老同志，还要关心特困职工的生活，要走访和慰问生产一线岗位的职工，不要热衷于“锦上添花”，要多做“雪中送炭”的事情。单位之间、上下级之间不要搞没有实际意义的相互走访、拜年活动，不要往上走，要多往下走。会议之后，局领导要到基层给大家拜年。明天阎总要到西北片给大家拜年。各单位要组织开展好各种健康向上的文化娱乐活动，让职工过一个安定、祥和、快乐的春节。

借此机会，向各位同志，并通过你们向广大干部职工、家属和离退休老同志提前拜个年，祝愿大家春节愉快，在新的一年里取得新的更大成绩。

孙玉辰同志在长庆石油勘探局经营工作会议上的讲话

（2002 年 1 月 10 日）

同志们：

这次勘探局经营工作会议开得非常及时、非常好。

大家对今年的经营政策的调整基本上是认同的，也有了信心，这对搞好今年的经营工作奠定了基础。

去年，我们仍然是在一个非常特殊、非常困难，也非常复杂的情况下，经过大家的共同努力，取得了值得自豪、也值得回味的成绩。

年初工作会议上我讲过两句话：争取 2001 年有一个“好收成”，让职工过上“好日子”。我讲这两句话，是留有余地的。我没敢说让职工过上“富日子”，也没敢说争取有个“大丰收”。总体上看：由于油田公司的支持、我们自己的努力，情况要比原来计划的好得多。

重组改制后，局党委、勘探局针对全局的实际情况，对经营方略进行了一些重大的调整，而且还在继续调整。同志们可能感到有的地方适应，有的地方不适应；有的问题可能认识到了，可能还有一些问题没有认识到。这种调整是迫不得已的，但也是非常必要的。

我们主要做了以下政策上的调整：

首先，按照“二次创业”的目标，勘探局管理的重心、经营的重心逐步下移。勘探局主要以生产经营为主、兼有资本经营，其作为利润中心、投资决策中心的职能逐渐地下移一级。

长期以来，二级单位在计划经济条件下不是一个利润中心，而是一个成本控制中心。我们这样表述“二次创业”目标：用 3—5 年时间，把勘探局建成以生产经营为主、兼有资本经营的公司集团或集团公司。下一步工程技术服务板块必须逐渐成为投资决策的中心。那个时候要以生产经营为主，还要兼有资本经营，要完成这样一个过渡，尽管需要一个过程，但现在必须从政策上逐渐地进行调整。

第二，我们的经营方略是必须搞好关联交

易,发挥整体优势。这是我们生存之本,起码目前来说确实如此。

对关联交易,一开始我们就把它定位为一个市场,是一个特殊的市场。面对这样一个特殊市场,必须要建立一种有效的协商机制,用别的机制都不行。

重组分开已经两年了。任何事情怕“回头看”。我们现在再来看这样一个协商机制符合不符合目前关联交易的运作情况?符合不符合长庆的实际?

我们当时就定位是一个协商机制,而不是其他的机制。这不是凭空说的,我们是研究了关联交易在国际上的发展和我们自己刚开始进行关联交易这样一个现实基础得出的。要按照理论上讲,它不应该是一个协商机制,既然是合同仲裁,那就是行政上仲裁不了的,就得依靠法律来仲裁,如果我们这两年不采取靠法律来仲裁、靠上级行政来仲裁的方法,那么就不会有这样的“好日子”。所以,在处理关联交易市场这方面,咱们回过头来看这两年,符合不符合实际,咱用事实说话。在座的尽管这两年费了不少口舌,甚至为了这个事情流过泪、伤过心、伤过感情,但这不是为了你自己,是为了我们存续企业的生存与发展,是值得的。

前年我们暴露出的六个问题,也就是我在工作会议上讲的关联交易暴露出的六个问题,在2001年下决心去解决,目前,这六个问题解决的怎么样呢?经过双方的努力,解决得不错,能够达到双方满意的结果,或者说,双方比较满意的结果。为什么会如此?那是因为关联交易的政策是立足于协商,我们不仅要协商,还要避免随机协商,一定要主动协商。我们提出的这六个问题是主动协商的结果。如果我们以己之昏昏,就不会有这样的结果。

那么,我们确定的关联交易政策对还是不对?我相信今年尽管市场份额、市场开发、价格及政策调整还会出现一些新的矛盾,但是我觉得今年关联交易比去年、比前年还应该顺利。我们长庆人如果不发挥我们的整体优势,那就太不明智,甚至还会犯历史性的错误。这样一个大政策,我们在座的各位一定得要想得深一点,否则很可能因小失大。我们说的协商,是有效的协商,而不是失掉基本原则的协商。所以有些收入尽管到了年底才结算,我觉得我们没有失掉大局。

根据下一步的任务和这两年运行的情况,我们还在对一些重大的经营政策进行调整。比如说,我们这次会议,要研究一个中心的任务和课题,那就是要“放水养鱼、激活基层”。实际上这两年,我们已经这样做了。我觉得为了统一大家的思想,从去年10月份开始,有意识地叫大家进行研究。为什么?就是要和我们“二次创业”整个的经营重心、管理重心下移配套起来。要相信一条:事在人为。必须要坚定不移地把基层激活,我们没有什么富可言,也没有什么富可藏,我们谈不上什么“藏富于民”,但是我们必须“放水养鱼”。“放水养鱼”这并不是一个新的提法,也不是自己的什么创造,但在当前来说,什么时候这个问题落实好,我们存续就发展得快;什么时候这个问题还解决得不彻底,我们的潜力就发挥得不到位。

一开始我就给五个“捆绑”运行单位两边的厂长建议,要他们思考一个大的政策,趁着油气上产的重要机会,一定要利用“捆绑”政策,先把自己的事办好,先搞自求平衡;“捆绑”不是为了把你“捆死”,你们如果错过了这个机会,我看你们就对不起三个采油厂的职工家属。而且,我公开地许诺,你给存续方创造条件,或者是有内部盈利,我再困难一概不要,再穷也不要,你们本着“发挥整体优势、谋求共同发展”的大原则,自己掂量着办。这不是去年讲的,也不是现在才讲的,这是前年讲的。现在看来,可能有的采油厂做的深一点,有的采油厂做的浅一点,总的来说,还都在朝这个方向努力。

对于“放水养鱼”的政策,你们在座的要充分地理解,要从大局来理解这个问题,而且要坚定不移，全局上下都要来“下”这个“棋”。所以同志们一定要贯彻落实好这次会议精神，而且首先要把会议精神向本单位主要领导汇报到，一定要注意解决好这个问题。我们要依靠自己对形势的分析，来把握好大决策和大局。

第三，我们有一个重大的政策调整，这就是动态平衡、动态管理。

前年我就提出这个问题，隐隐约约地觉得这个问题不提不行。因为过去我们都习惯了计划经济条件下能要来多少钱、能生产多少油、能有多少收入、基本建设投资是多少、生产建设投资是多少，等等，基本就按照这一套就行了，顶多中间再作一些调整。

现在行么？两年了，我们没有签订经营承包责任书。情况不确定，怎么能签？签了也是空的。我们在市场当中有许多不确定的因素，再靠过去计划经济条件下那一套来搞经营工作、管理工作，我看不行。不是说这些东西都要废除，起码那个理念不适用。所以从去年一上手，我首先叫钻井工程总公司摸索动态管理，光搞市场开发是无效的。搞经营的、搞财务的，过去只会算死账，死抠成本；生产运行部门不知道市场是什么样的，也不知道效益是什么样的，还在大规模组织生产。我看了有些单位的报告当中有“五位一体”，有“四位一体”的，所以我就考虑在今年的工作报告中添上建立多元的而且是一个动态的成本考核体系。问题不在于“几元”，也不在于这个东西本身起到多少作用，关键是在管理思路上必须要撕破一个口子，理念上要撕破一个口子，再按照过去那套办法搞生产、搞经营、搞管理，很可能你自己就成了“绊脚石”。

这样一个动态的控制、动态的管理，是在市场当中运作的，不是我们凭空捏造出来的。对于这样一个重大的调整，希望大家能够很快适应，而且要靠大家去完善、去创造，研究我们在市场当中的一种动态平衡、动态控制，也就是要建立动态管理这样一种机制，而不能照搬书本。

从去年开始，局里的预算是动态平衡的，成本的控制也是每一季度调整一次。大家还有些不习惯，特别是往下“抠”的时候，就觉得财务资产处、规划计划处“账”算得都不准；而往里头“贴”的时候，就“得了便宜卖乖”。我们钻井系统两年来在成本上做了一些大的调整，决算的时候也做了一些大的调整，大家还不习惯，但必须尽快适应。

还有一个政策我们要认真研究，那就是要创建市场平台。什么意思呢？从理论上讲非常简单，讲市场就是价值规律在起作用。价值规律什么时候才起作用呢？是交换的时候才起作用。和一个人逛市场一样，你进市场以后，啥也不买，你不交换，那个杠杆对你不起作用。我们搞经营管理的同志怕交换也不行，回避交换也不行，必须要建立一个市场平台，并在交换当中获得利润。

计划部门的同志不仅要会“分钱”，而真正的本事是要研究人、财、物的结构，要搭建一个市场交换的平台，如果在市场当中没有这个本事，那都是“天桥的把式”。大家对此要加深理解。看我们这些人有没有本事，就看你能不能逐渐地创造这样一个交换平台。现在局里要研究激活的一些政策，就是要让你们敢于去创建这个平台。我相信你们也有能力去创建这个平台、获得利润。

勘探局要想创建一个平台，光从经营工作上来做工作还不行，还必须从“三项制度”改革这方面进行配套。从去年开始，我们已经把一些责任和义务下移。将来对局管的项目，不管是周期长的项目还是临时的项目，除了现在在职的人员仍然由局里决定外，其他只要局里批了的项目，由你各单位去用人，并享受有关待遇，但是项目一撤，待遇也要随之撤销。否则，光行政干部就任命一大群。我们现在还没有真正把项目运作搞清，你在用人中这样做，那么管人和管事始终是“两张皮”，待遇该提的提不上来，能行吗？

另外,我们要对职称评审实行"双轨制",即能走地方的走地方,能走集团公司的走集团公司,今年还准备根据需要直接搞评审,我们还要对有条件的单位实行年薪制,这是激活基层的一个方面。将来有条件的在点上要铺开、扩大。实际上三产单位实行的还是不错的,但是也有一些地方还要调整。不管怎么调整,都要有利于激活基层,重心下移;有利于搞好关联交易,发挥整体优势;有利于调动各方面的积极性。

我们准备对一些技术人员、管理人员采取兼职政策,允许一人多岗。我们不能只靠自己养人、自己用人,利用市场杠杆调动、整合社会上的人才资本。

所以在很多理念上,必须要有一个突破,必须来一次思想解放。

这两年的运作中给我一个非常深的印象,就是说长庆的干部是顾全大局的,基本素质还是非常好的,观念滞后也是相对的。市场观念不是天生的,前年在临潼讲课的时候,我就讲过这个问题。现在就要围绕经营管理这样一个中心来转变,我衷心希望你们要研究和了解重大的经营政策的调整,如果你们对这个问题认识到位,思想解放,那基层还能创造出许多比现在还好的管理政策。所以说,观念创新为先,也就是理念创新为先。

我回顾了这两年的"苦、辣、酸、甜",主要在"实事求是"这四个字上做文章,下功夫,关键就是要研究咱们自己的情况,不能照搬现成的,否则可能有很多机遇要丢掉。重组方案有我们自己的特点,关联交易的政策有我们自己的特点,经营方略的调整有我们自己的特点,如果我们自己都不敢创新,那活力何在? 所以"12 字企业理念"中"创新"是第一位的。这两年哪个单位创新工作搞得比较扎实,哪个单位的活力就激发的比较好。这些意思报告当中都有,我再补充这些,是因为你们搞经营管理的同志要把握这些事情。

我在这里重复一下,2002 年也不要提什么高指标,今年再争取一个"好收成",并且让我们的职工生活质量进一步有所提高。

孙玉辰同志在建设工程总公司一届一次职代会暨工代会上的讲话

(2002 年 3 月 11 日)

各位代表,同志们:

一年之计在于春。在这充满生机、充满希望的春天,建设工程总公司召开首届职工代表暨工会会员代表大会。

这是一次革新图治、奋发图强的动员会。

张继昌副书记代表局党委、勘探局向大会表示了热烈的祝贺! 向建设工程总公司全体职工家属表示了亲切的慰问!

今天,有这么多的局领导参加你们的会议,还都在大会上讲了话。之所以这么做,有四层意思:

一是祝贺;

二是鼓劲;

三是寄予厚望;

四是转变作风,带头落实会议精神。

下面,我讲三个问题:

一、过去一年,长庆建工,可喜可贺

凌心强同志总结了 10 大成绩,都是实实在在的。

不仅是量的飞跃,更重要的是质的升华。

第一是思想的解放。

(1)市场是“争”来的,不是“等”来的。于是领导带头跑市场,跑出了名,跑出了效益,跑出了经验,跑出了民心民意。众人划桨开大船。项目真正按市场运作,所以不仅市场份额所占比例增大,经营效果也好。

(2)“品牌”、“名牌”是建工人的形象。像“沙漠第一路”一样,去年你们又创造了自己的精品工程。它像顶天立地的巨人,是市场中的靓丽风景。为了创名牌,建工人向自我挑战,洗心革面,所以,兰成渝、660 管线、靖咸管线、咸阳世纪大道、塔旦、洛洪公路等,都成为长庆建工的骄傲。

职工春节出征、带病投标、妻子送夫上前线,可歌可泣。

种瓜得瓜,种豆得豆。

春天播下汗水,秋天收获硕果。

去年,长庆建工不仅承揽工程项目 45 个,完成产值 6.6 亿元,而且市场信誉大大提高:

塔旦工程被评为“优秀施工项目”;

在咸阳世纪大道的各个施工单位中,“工程进度看长庆,施工质量学长庆”;

气田产能建设、长庆炼化分公司加氢精制联合装置两项工程被评为集团公司优质工程金奖,被建设部评为国家银质奖,得到了胡文瑞同志和金忠臣同志高度赞扬。

(3)“不改革活不了”。去年,你们大刀阔斧地进行专业化重组,迈出了深化改革的第一步,为改革改制探路,为发挥自己的优势奠基。

第二是管理的创新。

去年 8 月 8 日,长庆建设工程总公司成立。你们坚持“以融合保整合”的思想,在不到四个月的时间里,实现了“思想、文化、工作、机制、制度”的初步融合,完成了公司机关、辅助生产单位、后勤单位和 6 个基层专业公司的整合重组。融合就是发挥共同优势、就是创新。

你们坚持“外树形象抓市场,内转机制抓管理”,做到了整合重组与生产经营两不误、两促进,创造了新的历史纪录,完成产值 6.6 亿元,同比提高 43.4%,其中筑路板块同比提高 122%。

你们积极推行“精细管理”,采取了一系列适应市场、行之有效的办法,创造了“齐锐经验”,把项目管理细化到每方土石、每车水上,实现了全年的经营目标。筑路板块由 2000 年亏损 2870 万元到实现盈利 117 万元;油建板块实现利润 1746 万元。

第三是“领头雁”领了头。

去年,长庆建设工程总公司的班子建设突出了解放思想、团结奋斗、事在人为。所以,我说过去的一年,长庆建工确实打了一场艰苦的市场攻坚仗,打了一个争气仗,打了一个翻身仗,可喜可贺!“喜”在职工有了盼头,“贺”在修了通往市场的道路,确实是事在人为。

二、新的一年,起步平稳,志在必得

听了凌心强同志的行政工作报告和边文宇同志的工会工作报告,我们有以下感受:

一是形势分析正确。比如对市场形势、勘探局的政策和自身发展基础的把握,是实事求是的,说明你们班子对市场的了解是下了功夫的,对勘探局工作会议精神领悟是透彻的,对自身的认识是清楚的。

二是问题把握准确。“两个不合理、一个不活”(资产结构不合理、人员结构不合理、内部机制不活)在存续企业是普遍存在的现象,但对于你们这样面向社会市场的单位来说,解决这些问题尤为重要。

三是部署突现创新。五个方面的工作,用五句话来概括:“创新理念是灵魂,开拓市场是基础,精细管理是主题,转换机制是动力,企业文化是保证”。外抓市场,内抓管理,与时俱进,符合勘探局工作会议精神。

四是市场开发有效。你们在苏里格气田建设项目组主动做工作,让长庆建工中标;西气东输管道工程、宁夏横陶项目、大扮梁至庆阳路基路面工程也相继中标。不到两个月,长庆建工拿到2亿元的工作量。当然,今年春节你们也没休息,涌现了许多感人肺腑的事迹。

三、展望未来,改革改制,任重道远

我们在西部大开发、西气东输和长庆发展的大好形势下,争得一些市场,与建设一个有发展后劲的长庆建工相比,要容易得多。我详细地了解过原筑路总公司“九五”期间的财务状况,实事求是地讲,沙漠公路曾让筑路“红”过,但“峰点”只有一年多,不到两年,而且下滑很快,矛盾暴露给大家是滞后了两年,但再想攀升,没有做到,连续亏损了三年,潜亏了三年多。

我们两个板块加在一块也只是解决了眼下的“吃饭”问题,并未解决让职工过“富日子”的问题。要过“富日子”,必须要改革现行的管理制度,创造新的经营机制和实现科学管理。

(1)建立公司制,实行法人治理。这是企业制度,即企业管理体制上的基本定位,这一步非走不可。当前,需要进一步搞好内部整合重组、主辅分离、整体带资分流、三项制度改革。

(2)要以市场为导向,建立新的经营机制。当前,要在三项制度改革上下功夫。在用人机制上,尽量向市场靠拢,即靠市场调度人,使管理人才选贤任能、公开竞聘,操作人员企业培训、社会流动。分配机制要体现多种形式、多元参与、多劳多得、兼顾公平,向产权多元化的方向迈进。

体制、机制是济世富民的大计。我们必须以“三个代表”为指针,把让职工过上“好日子”、“富日子”作为改革改制的出发点和落脚点。今天会场主席台两旁的对联写得好:同心同德深化改革开辟新财源,群策群力加快发展创造新财富。

职工代表要真正代表大多数职工的根本利益,就必须带头推进改革。只有发展才能解决贫穷和落后,只有改革才能发展。

(3)要把精细管理作为实现科学管理的突破口和重要内容,认真实践,见到实效。以精细管理为突破口,提高企业科学管理水平,是局党委、勘探局确定的2002年的基本任务之一。

提高企业科学管理水平的目的,是为了适应市场,增强企业核心竞争力,提高企业经济效益。

海尔集团精细管理到每块玻璃、每件事都有人管,有人检查,工作日日清制度落实到每一个人身上,确实不简单。这使他们在激烈的市场竞争中立于不败之地,成为跨国公司。

精细管理是实行科学管理的基础,但不是一般意义上的工作细化,而是人、财、物、信息流,流向对、流速快。管理一定要创新,连这个会也要创新。我们没有什么可保可守的,我们必须革新图治,为民致富,精细管理还可以更有效地解决责权利的一致性。

精细管理,是领导的事,是领导素质的提升。结合建工实际,首先需要解决科学管理的理念问题。要制定出明确的目标,还要逐步建立起高效、民主、科学的信息网络平台。要抓试点,摸索经验。

职工代表贯彻《工会法》,要落实“维权”责任,就必须尽科学管理之责,学科学管理之识。只有这样,才能“维权”有效。

总之,对于长庆建工来说,提高市场竞争力,真正能走向良性发展的道路,根本的问题在三个方面:一是技术装备,二是人才,三是科学管理。

我们还要大力加强企业文化建设,表彰先进,搞好职工教育和培训,稳定大局。还要进一步加强领导班子建设,勤政廉政。

这样看,今后的路子还很长,也很宽。任重道远,兴企富民的历史重任一定要承担,一定能承担。

同志们,形势喜人,形势逼人。让我们认清形势,振奋精神,抓住机遇,与时俱进,迎来长庆建工光辉灿烂的美好明天!

预祝大会圆满成功!

孙玉辰同志在长庆建工西气东输工程开工典礼上的讲话

（2002 年 5 月 10 日）

尊敬的管道公司项目部领导、靖边县委马书记、各位监督和各位工程监理，尊敬的长庆建工的同志们，各位来宾、朋友们：

感谢你们的光临！

今天之所以在这里举行一个简朴而隆重的开工典礼，是想向尊敬的业主和各位转达长庆石油勘探局两条信息：

一条是按照中国石油天然气集团公司党组的要求，勘探局把参与西气东输工程建设看成造福人民的神圣使命，它像修筑长城、开凿运河和三峡工程一样，利在子孙后代，功在强国富民。能参与，就是幸福，就是荣幸。所以，我们把此项工程看成西部开发的标志性工程，看成党中央、国务院的战略性工程，并以此教育我们的干部和职工。因此，我们组织了专门人员去竞标，近两年投资了 3556 万元购置关键设备，整合了全局工程建设队伍，抽调了 120 名精兵强将来到这里，进行了专门的 HSE 培训和技术训练，并立下“争金夺银，再立新功”的誓言。所有这一切表明，尽管目前存续企业很困难，施工企业更困难，但企业自身的责任不能忘。所以，勘探局参与和搞好这项工程，不仅仅是为了挣钱，而更重要的是为了尽早把长庆的天然气、新疆的天然气送到千家万户，为发展西部老少边穷地区经济尽微薄之力。再说，家门口的事，自己干不好也脸上无光。昨天下午和晚上，我们查看了现场施工情况，听取了工程准备情况汇报，心里非常高兴，也非常踏实。因为勘探局的这种认识，已经传递到了施工项目部的每一位管理人员和操作人员，他们正以一种特殊的使命感整装待发。我相信，这种觉悟会变成力量，一定会按照工程设计和甲方要求，干好这项工程。

我要传达的第二条信息是，勘探局始终认为，西气东输工程在我国目前尚属管径最大、线路最长、施工难度最高的管道工程。它将翻越三山，穿越五水，纵横黄土高原，直插江南水网。所有焊口均采用无损探测。对我们来讲，所采用的全自动焊接和 STT 底层焊接还是第一次。我们在施工能力上，与参战的其他 13 个兄弟单位相比，还不算最强。知己知彼，百战不殆。所以，从一开始，我们就把参与这项工程，与其说看成发展的机遇，不如说看成发展的基础。因为就资金、人员的投入与回报相比，效益是谁都算得出的。但这确实是一个难得的学习机遇、一个难得的创造业绩的机遇，当然也是一个难得的再一次展现长庆风采的机遇。回想到当年在陕京线开始施工时，我们几乎没有发言权，而最终受到甲方的好评；涩宁兰工程刚开始时，出现了质量控制不稳定的问题，但最终我们又一次受到甲方的认可。这次我们坚信，从一开始直到结束，都能让甲方满意。所以，我们把工程监督和监理看成是不掏学费的老师，把兄弟单位的竞争看成是学习的机遇。有此，不怕立不稳脚跟，不怕今后没饭吃。所以，我用不着再对我们的施工队伍提什么要求，因为这些他们自己会做得很到位。我倒希望业主和监督、监理人员把我们的施工队伍看成自己的学徒，看成自己有培养前途的一支生力军，大胆地批评、帮助，用力锤打成钢。我们将真诚地感谢你们。马书记更要把我们的施工队伍看成是你的“忠实臣民”，使之遵纪守法，文明施工。

我相信：最后，我们将会共同拥抱成功。

孙玉辰同志在长庆石油勘探局产业定位暨项目开发工作会议上的讲话

（2002年8月2日）

同志们：

开门见山。我主要讲5个问题。

一、要进一步提高对产业定位重要性的认识

今年上半年调研当中，我们发现不少二级单位对勘探局产业定位缺乏深度的理解，对本单位的产业定位也缺少战略性的思考。主要表现在：

第一，对企业产业定位重要性的认识需要进一步提高。企业的产业定位是企业发展战略的重要内容，是结构调整的重要依据，是市场开发的前提。正因为如此，产业定位成为企业发展的重要步骤和重要保证。

第二，就产业定位的内容来讲，并不是各单位没有，而是内容不规范，重点也不突出。我翻阅了几个材料，发现国家及各级政府计划部门对产业定位都没有一个统一的标准，各个企业也不完全一致。但结合我们企业的实际，我认为，产业定位应该包括以下内容：

（1）主导产业；

（2）辅助产业，这与主导产业两者之间是相辅相成的；

（3）接替产业，也就是未来产业；

（4）产业接替、调整计划及相关政策；

（5）市场分析与策划；

（6）风险管理。

我们上次调研时，听取了陇东、宁夏各单位上半年生产经营工作及产业定位情况的汇报。宁夏片各单位由于事先了解这次调研汇报的内容，准备得比较充分。但从总体上讲，这些内容还不是很集中、很突出。

第三，对产业定位实施方案还没有很好的论证。有些单位把“十五”规划当成了产业定位，战略目标不清楚；有的将当前的经营目标误认为产业定位，等等。这是我们在调研当中发现的一个比较普遍的问题，这个问题的出现并非偶然。

长庆重组改制后，勘探局在产业定位方面就有了一个框架性的概念。前年，我们在临潼办学习班的时候，对产业定位的框架也有所描述。今年年初，马富才总经理在集团公司工作会议的报告中，要求各地区公司进一步搞好产业定位。我们把它作为一个专题进行了研究，初步的研究文件向集团公司汇报后，集团公司评价比较高，而且把我们的产业定位文件作为一个范本，向其他油田作了介绍。但是，对我们各二级单位而言，由于工作比较忙，没有下大力气抓这个问题，汇报得不是很理想。所以，目前出现这个问题，我认为是很自然的，但也是非常危险的。如果产业定位搞得不科学、不及时，碰到啥抓啥，那就会出现盲目性。我觉得这次把大家召集起来重新专题研究这个问题，是抓了勘探局的一件大事，而且是非常必要的。

二、产业定位一定要做到“三个明确”

各二级单位的产业定位不管怎么搞，都要做到“三个明确”，即：

第一，今明两年主业、辅业经营目标要明确。

第二，3—5年之内主业、辅业调整计划要明确。有些同志认为一旦确定了本单位的主业、辅业，就没有必要再调整，这是不对的。必须走多元发展的路子，这是勘探局的一个既定的发展战略。况且各二级单位，本身就存在着主业、辅业这样一个现实，在 3—5 年之内必须做一些科学的调整。

第三，新项目的开发计划要明确。各单位在第三季度要把你们的框架拿出来，到年底要把明年的实施计划制定出来。

三、要把握好产业定位的有关政策性问题

各二级单位现在都不是独立法人，这就决定了各单位的产业定位必须保证勘探局整体优势的发挥，要避免产业趋同、重复建设，形成内部恶性竞争。现在有些产业已经出现了这方面的问题，像我们的化工产品、工程建设等方面。

第一，要把握住凡是目前主业确定的主营目标，各家在进行多种经营产业定位时，一般再不能确定为主营业务。有些主导产业可以分出一部分市场，交给多种经营干，形成一种互补的产业，这个是可以的。如果测井在全石油系统没有进行重组，方元公司和测井处可以在现在的基础上进行业务上的再重组，将会比现在的效果还好。比如说，可不可以把井口的采集完全交给方元公司，而资料的处理全部交给测井工程处？这样就谁也离不开谁，而且还能互相发挥自己的优势。方元公司改制后，他们的体制、机制，尤其是分配机制搞得比较活，井口采集这一块的市场可以完全给他，测井工程处可以发挥在资料处理、软件开发、关键设备的管理等方面的长处。像钻井、井下、物探都可以照着这样一个思路来考虑，要从整体上把握好这个问题。勘探局已确定为主营业务的，有些单位还组织在搞，现在钻井、试油工作量大，临时组织一个队是可以的，要不然钱也让别人赚去了。但是，把它定位到主导产业就没那个必要了，尽管今年可能赚的钱很多，但是时间不会长的。

第二，就是要研究、理顺多种经营业务和三产企业的业务与主导产业的关系。进一步理顺有好处，因为有些产业主业在搞，三产也在搞，不利于专业化分工，也不有利于发展。可以采取资产置换的方式进行置换，如果觉得整合成新的股份公司更有利于发展，两者也可以进行整合。当然，有些小的地方，目前市场需要两者并存，这种情况也允许存在。总之，解决这一类问题的指导思想还是要以市场为导向，以经济效益为中心，以发展为主线。

第三，发展多种经营是勘探局的一个既定方针，“三分天下有其一”。这个奋斗目标，不仅仅是把多种经营作为主导产业的一种补充来考虑，而且更要大力发展多种经营，搞得早的单位已经尝到了甜头，搞得晚的单位已经形成了比较被动的局面。像我们这么大的企业，暂且不说遗留下来诸多问题的“老底子”，就是比较整齐地给我们一块市场，我们也要研究从事多元化的产业，这样对分散经营风险、保持持续发展都有好处。有些单位工作一忙，认为现在有活干了，对三产就有点放松，容易形成一损俱损的局面，一旦主导产业萎缩，将没有退路。这样的企业在现在的市场当中是非常危险的，要引起我们的高度警惕，特别是几个大的生产单位更要警惕这个问题。这是必须把握的一个大的政策，不是可有可无，而是要认真、坚决的发展；不是作为主导产业的补充，而是要齐头并进。

第四，对新开发的项目，不管资金是怎么来的，都必须严格履行基本建设管理程序，不得搞计划外工程。只要你们的项目好，不是简单地搞重复建设，勘探局会大力支持的。作为局里的一项大的政策，这方面还是放得比较开的。有些项目从本单位看可以，但对全局而言并没有效益，甚至是重复建设，相互争夺市场，两败俱伤。勘探局在这方面给你把把关，有好处。有些单位是独立的法人企业，从法律的程序上讲，我们可以不管这些企业，但现在来看，在我们局真正能规范地按法人治理结构运作的企业并不多。在这个问题上，你们不要糊涂，一定要注意履行程序，规范管理，这是一条纪律。

第五，要大力开发新项目，寻找新的经济增长点。整合重组到现在，真正开发的一些新项目、寻找的新的经济增长点，从总体上看，还不能满足企业发展的需要。对外合作,我们搞了三条输气管线:第一条是靖边到西安的输气管线,我们局投资了7000多万,由于我们本身管理不到位,后来把资金全部退出来了,股权也退出来了;第二条是靖边到宁夏的输气管线,在股权管理上还比较好,整体效益还可以;第三条,也就是最近又批准的靖边到呼和浩特的输气管线,我局要投资5000多万。我们前面两条管线,一条失败、一条成功。最近这条管线,比过去有经验了,一上手我们就想在运作的过程当中取得效益。我们新开发的房地产,由于历史原因,用国家的政策,结合我们的战略调整,给职工搞经济适用房建设,取得了很大的成绩。但是,作为一个产业来讲,今年才开始迈步。

另外,我们今年比较零碎的产业也开发了不少,但总体上来说没有形成气候。大家期望值比较高的就是低效油田开发,今年开头还不错,这会形成一个新的经济增长点。但作为我们这么一个企业来讲,目前取得的进展还不行,和我们整个的结构调整、发展目标相比,还远远不能适应,所以说各单位还是要大力开发新的项目。对于好的项目,我们的资金来源是有保证的。如果没有新的项目,我们企业的结构调整就不能很好地解决,化解我们的经营风险那也是一句空话,保持企业持续稳定的发展,也根本不可能。所以说,寻找新的经济增长点,在指导思想上一定要以市场为导向,坚持围绕油气主业发展而发展,一定要注意这个大的方向。具体的做法是,既可以对现有业务中有效益的部分进行扩展,也可以根据各单位自身技术优势、市场优势、产业优势,寻求新的产业,包括房地产、物业管理、深度加工、文化产业,等等。

我们在市场中,既不要当“瞎子看戏”,也不要当“聋子看戏”,更不要当“歪脖子看戏”,要当一个健康人“看戏”。因为瞎子看不见,他只能说这台戏唱得好;聋子听不见,他只能说这台戏耍得好;歪脖子既能听也能看,他说唱得好,耍得也好,就是戏台搭歪了。在市场当中,怎么来寻求自己的支点呢?我不是动员大家一哄而上搞新项目,而是想借这个例子开拓大家的思路。前面我说过,围绕油气主业发展而发展是我们局的基本发展思路之一,这是指一般的情况,这不等于说离开了油气就不能发展,各单位要注意把握住这些大的方面。

四、要深化改革,加快发展

不管产业定位多么明确、多么科学,要落实和实施产业定位的方案和计划,不进一步深化改革是不行的。主导产业要保持和扩大市场份额,降低成本,增强盈利能力;辅助产业要保证主导产业的发展,要分流富余人员,还可以充分利用企业闲置的资源,包括资金、资产和各种人才。我们必须探索产权多元化的路子,促进主业和辅业的共同发展。主导产业要增强盈利能力,就要很好地研究和发展辅业,辅业是对主业的保证和补充,是主业的“大后方”。但发展辅业,必须要注意认真研究产权问题,研究新的机制问题,这个问题不解决,就会发展一个垮一个,发展一个背一个包袱,绝不会与主业形成一种相辅相成的局面。要做到这一点,就必须深化改革。只有在这个大的前提下,才能够搞好接替产业的开发,接替产业才能够保证持续的发展、更快的发展。

五、各单位的产业定位不求一次完成,但务求工作到位

产业定位不可能一次完成,即使市场调研和分析做得很好,主导产业、辅业和接替产业也不可能一成不变,更不可能长期不变。产业定位和发展方向的研究,要与“十五”规划的制定和实施结合起来。产业定位工作到位不到位,主要看能不能做到“两个明确”,即:一是产业定位的计划目标、政策策略必须明确;二是分年的项目实施方案必须明确。

在这里,我再次要求各单位产业定位的框架必须在第三季度搞出来;到今年年底,必须把明年的具体实施方案搞出来。

孙玉辰同志在厄瓜多尔项目汇报会上的讲话

（2002 年 8 月 9 日）

同志们：

今天的会开得很成功，达到了两个目的：

第一，通过项目汇报，我们确实受到了教育。

第二，大家对这个项目进行了“会诊”，并提出了很多很好的建议。

今天的会议，时间虽短，但是，总的内容比较清楚，做法和经验也都是他们自己体会总结的，和第一步相比，他们的体会和认识显然又深刻了许多。

对于自己的经验，我们要重视研究。所以，除了刚才大家讲的以外，我再讲几点意见：

一、A—P 项目取得了阶段性成果

为了贯彻集团公司充分利用两个市场、两种资源的战略部署，调整我局的市场结构，立足于培训我局国际市场开发人才，我们通过 A—P 项目一年多的运行，确实取得了阶段性成果。这要感谢项目经理、感谢项目组的全体成员，同时也要感谢中国驻厄大使馆和我们的合作伙伴。我们还要给外经贸部、外交部汇报，同时也要感谢他们。这样一个小项目，引起了国家领导人的重视，那就不仅仅是经济上的合作项目，这一点出乎我们的意料。

这一年的起步运行取得的成果，我觉得在我们预料之中，这与我们全局都很关心和支持这个项目分不开。

二、项目组的同志总结的收获非常实际

（1）要相信我们的干部，要相信我们的职工，这一点非常重要。特别是当前由计划经济向市场经济过渡的关键时期，一定要相信自己，这是最为重要的心态和决策依据。把这样的指导思想，用于干部培训，用于当前的干部管理是有效的；用于市场开发是有效的；用于大项目的管理也是行之有效的。

大家回头看，我们没有大批地撤换干部，我们没有搞“一刀切”。道理很简单，我们所有的干部，不管是老同志还是年轻的同志，不管是学历高的还是学历低的，对市场经济都是“先天不足者”。立足于培训我们自己的干部，并用于市场开发，包括国内市场和国际市场都是如此。这同我们引进人才，把人才放到市场当中去管理并不矛盾。

如果我们自己都不相信自己，我们何谈闯市场？何谈人才开发？何谈创业？谁去创业？请创业的专家给我们创业行吗？

真正难能可贵的是在市场当中培养利用好人才，尤其像董兰生这样的大、小项目经理。董兰生带病坚持工作，我们的合作伙伴说，像董兰生这样的项目经理天天坐在办公室，这样敬业，就值得信赖。我们出去的同志，还有很多人带病坚持工作，都有这样的敬业精神。

我们创业的路还很长，我们一定要相信自己。特别是现在创业的目标和第一次创业的目标不一样了。第一次创业我们是在计划经济条件下“铺摊子”，也不容易。第二次创业我们一定要进入市场，这是一种新的经济体制，要建立新的经济增长点，让我们的职工过上好日子，也不容易，要是不相信自己能行吗？

（2）不怕困难，就怕没胆。特别是零的突破是非常不容易的。在突破“零”的时候，一定要先粗后细，不要苛求一次成功，只要避免大的失误就可以了。

我们老是用计划经济条件下形成的管理模式、思维模式，什么都要准备齐全，打“阵地战”，结果有时不仅丢掉了市场,还把时间耽误了。

现在,应该回过头来看,包括我们一些战略性的转移,开始都是比较粗糙的,没有现成的经验可以借鉴。我们现在要开始运作房地产,进一步运作物业公司,还要进一步运作好两个工业园,想得太多、太细,能干成事吗? 事难不难呢? 事很难,现在我们没有经验,正因为没有经验,才需要解放思想。

董兰生同志运作了一年,到现在基本上达到了预期的目的。运作有失误,今天也不批评大家,我们不去创业,都"缩脖子"当评论家,能行吗? 能出效益吗? 我们现在创业,创的是机制,创的是市场。有没有本事,就看在这个问题上敢不敢决策,在这个问题上能不能运作起来,其他的都是"闲话"。

在这个问题上一是要认真总结我们自己的经验,这点非常重要。现在仅仅刚开始,我们的"大戏"、"好戏"还在后面。

参加这个项目的几个单位，实际上是被"推"到海外去的，不是主动的。后来我也想，我们要实事求是地教育干部，空讲道理是教育不了干部的。这个项目不能说就一定是能盈利的项目，只能说前景看好，打好基础有可能盈利。

万事开头难。现在在闯市场、开拓市场这个问题上，没有一点解放思想、实事求是的精神，就干不成事。在市场开拓方面我们应该好好地总结，包括国内市场开发，我们确实有独特的一面。

领导，越是在没有经验的情况下，越是要相信集体的智慧。一个人本事再大，离了你，地球照转，这不是理论问题。没有大家的心齐，"泰山"就不能移；没有集体的智慧，就不可能取得成功。

这个项目，前年就开始论证、调研。去年5月份获准下决心开始运作，7月份项目组的人员出国。在项目前期运作中，局领导多次听取了汇报并对项目进行"会诊"。这确实是我们领导班子集体智慧的集中体现。再难的事，如果大家群策群力，就不会没有解决的办法。

从管理层讲，一定要从这个项目中吸取经验、提高认识，这对下一步开拓市场有好处。在国际上进行资本运作，前期垫付了这么多资金，通过中行，在国际上进行复杂的资本运作、管理。同时，还想在运作的过程当中，利用包括 CNPC 的资本和国际上更多的资本，我们不学习能行吗?

这个项目是逼着大家"跳下海"去的，在项目开始论证时，钻井、物探、测井都说是亏的，赚不了钱，这是借口。对于这个问题，我们不是算后账，而是必须回头看。

目前，项目运行到这个程度在我们的预料之中。任何事情等到大家都知道"桃子甜"，都想去"摘桃"的时候，"桃子"就不值钱了，管理也不值钱了。这一点，也值得我们思考和汲取教训。

三、要办好三件事

第一件事，要与我们的预算、计划相比照，与我们的合同相比照，认真分析经营成果，进行风险计划的调整。

今后，开会首先是思考，观念上一定要注意更新。

今天大家的发言都不错，从发言可以看出项目运行和管理人员的工作水平有了进一步提高。

刚才有几个同志各抒己见，但不对照合同单讲哪个项目盈，哪个项目亏，这样没有依据。我们现在分析问题的切入点一定要准确，如果从一开始就听不到风险预测，听不到控制哪几个点，那不科学。财务部门、计划部门、资本运营部、国际市场开发部要一起分析这个问题，然后调整风险计划。

第二件事，大力开拓外部市场。我们在会议室大谈开拓市场，肯定是开拓不了市场的。开拓市场更重要的是转变人们的思想，现在中原油田研究院的院长摆地摊，自己心里很平静，他绝不是缺钱，这是个观念问题。如果37000名职工中有3700人有这个决心，有“摆地摊”的精神，那还有什么难的呢？事在人为！市场开发战略千万不能停留在口头上。

第三件事，要加强管理。年初工作会议上对国际项目提出的要求是加强管理、明确责任。

国际项目这一年在管理上有许多经验，也有很多不足。

国际市场开发目标占到我们主业收入的1/5到1/3。我们现在的主业年产值40多亿元，1/3就是10多亿元。如果一年能够运作1亿美元的产值，很可能产生5000万元到8000万元左右的利润，养的人可以比国内多2—3倍。出去一个钻井队，在国内可以养2—3个钻井队；出去一个地震队，可以养2—3个地震队。

在管理上要提高综合管理素质，包括政治素质。在技术上，要有一个综合性的技术人才队伍。所以我讲要理顺人、培训人、联络人。

在异国他乡，要干好工作，要入乡随俗。要研究国际上的会计管理、财务管理、成本管理方法，并认真地与之进行接轨。人事管理也应该如此。

管理上，起点一定要高。所谓起点高，就是一定要注意和国际接轨，接轨的时候，不要忘记结合我们自己管理上的优势和长处。

国际上垫资的目标是“高风险、高回报”。下一步可以直接运作，买一些二手设备，事情运作起来就好办了。虽然我们在井筒作业的钻井和物探资料的采集上有长处，但在整体上不具备优势。物探在处理自己的资料上有优势，有特色技术，但在国际上可能不具备优势。所以，技术服务要注意拾遗补缺，能干的活我们可以承揽，不能干的可以反承包。现在国际上赚钱的，很多都是搞反承包，就是靠经验和管理优势赚钱。

最后，在这里向在国外工作的项目组全体人员及向他们的亲属表示感谢。

孙玉辰同志在全局多种经营工作座谈会上的讲话

（2002年8月14日）

同志们：

今天，在西安的局领导都来参加这个会，一是向多种经营战线的先进单位、先进个人表示祝贺、进行学习；二是多元发展既然作为全局四大发展战略之一，局领导就要带头实施。

这次会议采取座谈的形式很好，下一步采取研讨的方式可能更好，也便于大家畅所欲言，群策群力。因为对于多种经营这个概念，还需要很好地研究。例如对勘探局没有控股的独立法人企业，到底用什么形式管理？管理什么？确实值得研究。下一步对非国有的、勘探局没有控股的企业，行政管理上要逐渐淡化，甚至退出来。但对于因历史沿革所派生的企业，还要管好四件事，那就是：明晰产权；对参股的企业要管好股权；理顺职工身份；理顺内部市场。当前，多种经营企业的全民职工，在没有理顺身份之前，具有双重身份。这是特殊时期的特殊现象，也要研究这种过渡时期的双重管理。所以，采取这种座谈的方式，把企业经理请来研究这些大事是非常好的。但是在贯彻当中，还希望大家抓住主要矛盾，把讨论的成果贯彻好。

一业为主，多元发展，不仅是多数现代大型企业发展的必然趋势，更是勘探局重组后发展的迫切需要。

局党委、勘探局在重组开始，就在发展思路、发展战略上非常明确地提出了这个问题，即围绕油气发展而发展，同时把多元发展确定为四大发展战略之一。

为了提醒我们的管理干部，我们曾经在临潼举办学习班，画图示范“三分天下有其一”的战略。

两年半过去了，我们该回头看了。这次会议座谈，实际上也是和大家一起认真总结勘探局实施多元发展战略的经验和教训，坚定信心，继续搞好我们的工作。

一、我局多种经营工作现状

1. 取得的收获

(1) 我们从认识上更加明确贯彻勘探局多元发展战略的重要性。而且，在周围环境发生变化时，我们从不动摇，信心更加坚定。只有如此，才能完成“二次创业”的目标。

(2) 我们的多种经营在逐步健康发展。截至去年年底：

多种经营法人企业 106 个；

用工总量 13526 人；

资产总额超过 25 亿元，其中固定资产 7.14 亿元，流动资产 17.26 亿元；

经营总值近 19 亿元，销售收入超过 18 亿元；

利税总额 1.69 亿元；

产品种类 39 大类，2758 种。

1999 年刚重组时，多种经营占全局产值的 18.9%，2001 年达到 29%；利润由 4100 万元上升为 4300 万元；在 CNPC 的排名由第 7 位上升到第 5 位；人均产值由 18.8 万元/（人·年）上升到 28.7 万元/（人·年），提高了 31%。

(3) 企业科学管理水平大大提高。

一是资产管理进一步得到加强。报废了 5800 多万元的无效资产，新建项目 62 个，投资总额超过 3 亿元，有效资产的比率明显提高。

二是产权进一步明晰，公司制改造取得有效进展。已改制企业 15 个，占企业总数的 14.2%，净资产总额 1.5 亿元，占资产总额的 36.7%；社会参股超过 2000 万元，职工持股会资金超过 7000 万元。

三是产品质量和服务质量明显提高。从订货情况看，1992 年到 2001 年，平均年增长超过 22%。其中，1999 年 2.5 亿元，2001 年上升到 4 亿元。

四是效益进一步提高。就扭亏额来看，2000 年比 1999 年下降 16.3%，2001 年又比 2000 年下降了 5%。

五是支柱产业逐渐成长起来。2001 年，化工产品销售额 1.877 亿元，占多种经营产品销售额的 58.66%。

这些进步，也表现出我们管理队伍素质的提高。这都是我们自己走过的路，值得认识剖析。

2. 存在的主要问题

一是对多种经营企业来讲，结构性矛盾依然突出。

在产业结构方面，产品性收入份额小，拳头产品相对少，主要收入来源于劳务收入；

在市场结构方面，83% 的收入来源于油田，17% 的收入来源于社会，而且还很不稳固；

在产权结构方面，股份制企业很少，数量有限的责任公司的运作离现代企业制度的要求还比较远，运作也不规范，且大部分股份来源于职工参股，真正进入资本市场进行运作的还不多，而且资本数额的绝对值很少。在这方面，还基本上属于外行。

二是公司制改造进展缓慢，产权不清，体制不顺，机制不活，对资源的浪费较大。因此，亏损企业面大，亏损额度绝对值和相对值都较大；管理上不顺，监督约束机制不健全，个别企业短期行为严重，引发不少财产纠纷和诉讼。这些问题，有些是历史遗留的，有些是深层次矛盾的必然暴露。

三是经济运行质量不高，骨干企业的产品开发还没有形成良性发展的局面。

3. 要集中精力办好的两件事

一是结合专业整合重组搞好公司制改造。

二是结合市场开发搞好产业定位。

这是我们工作的突破口。前者是科学管理的机制、体制问题。后者是科学管理的企业发展目标和市场决策问题，两者都是管理问题。

对搞好这两项工作的出发点和落脚点，必须十分明确：

转换机制、理顺体制的目的，是为了激发职工的积极性和利用市场的杠杆配置资源；

以产权为纽带建立健全法人治理结构的目的，是为了真正落实责任，从而提高效率和竞争力；

进行规模整合、专业重组和企业改制的目的，是为了落实勘探局放水养鱼、让职工得实惠、过好日子的政策。

二、加快发展多元经济的意见

勘探局提出的多元发展战略，主要包括：产业多元化、产权多元化、经济多元化、市场多元化。

产业多元化，指除井筒技术作业外，必须发展物业管理、房地产开发、机加工、通讯业、信息业、文化业、水电器材供应、商贸、运输、教育、医疗等产业。

产权多元化，指产权有全民的、集体的、个人的、社会的。

经济多元化，指经济成分有国有经济、集体经济、个体经济、民营企业等。

市场多元化，指市场有国内的、国际的、油田的、社会的等。

要加快发展勘探局多元经济，必须做好以下三件事。

1. 搞好产业定位

国家对国有企业的产业定位可以分为九类：

一是竞争性企业。包括战略性竞争企业和一般性竞争企业。

战略性竞争企业，指钢铁、电子、化工、造船等企业，其产业进入壁垒强、规模经济明显阶段，虽以盈利为目标，也具有发展民族经济的责任；

一般性竞争企业，指轻工、纺织、机械等企业。

二是战略性资源开发企业。指石油、有色金属等，这些企业的特点是高投入，同时，国家对于战略性资源也采取高保护的政策。

三是战略性高技术企业。指航天、核工业、基础电子等企业。

四是管制性垄断企业。指涉及国家安全和公众利益的企业，如电信。

五是自然垄断企业。如邮电、电网、铁路、港口、机场等。

六是公用事业企业。如供水、供电、供暖，而且这种企业还具有自然垄断性。

七是非营利性企业。指医疗、教育等。

八是敏感性企业。如新闻、出版等。

九是高社会风险企业。如金融业。

搞企业的产业定位，不明确国家产业政策，不认真学习、不认真调研，凭自己的爱好，凭过去陈旧的经验和知识，必然要碰壁。关于这个问题，我劝大家要当个老实人，老老实实地学习。我们过去出现的很多盲目现象也与没有好好学习有很大关系。这也是我们在陇东和宁夏两次调研所发现的重要问题。不懂没有关系，那是因为以前我们没有干过，但不学习是要吃大亏的。

2. 明确优势与劣势，明确发挥优势的政策

（1）优势。

一是当前长庆油气发展为多种经营的发展提供了广阔的服务市场和产品市场，尤其为开发油气资源提供了市场。

虽然石油、天然气资源的开发企业是战略性资源开发企业，但不是自然垄断企业，目前并非存在禁区。

在油气资源开发方面，从20世纪80年代开始，陕北就已经开创了先河。发展到目前这种局面，之所以国务院八次派人整顿没有奏效，也说明其中有一个内在的规律——虽然国家法律上对油气资源统一管理，但将来在开发上也可能是多元的，至少投资多元化是存在的。

同时，我们的尝试也是成功的。长实集团打了120口井，生产了25万吨油，3年内偿还了5000万元的债务，积累了6000万元的资产；前10年我们各单位曾经搞过50万吨产能，安排了1300人就业，虽然没有实现增加企业积累的初衷，但尝试是成功的；重组后我们开始了新的思考，开始了新的目标，低效油气资源的开发进入实质阶段，最终要达到膨胀企业资产的目标。

当前搞好这件事，要符合垄断资源的开发政策和管理政策，仅凭热情不行，不是想怎么干就可以怎么干。

二是多种经营的大部分产品和服务与油气勘探开发关联度高。一旦形成真正的优势，市场将比较稳定，发展前景良好，特别是化工产品、地面建设、机加工产品。当然，水、讯、电服务也具有优势，但我们的成本高，技术含量低，只属于一般性竞争产业。当前的主要竞争对手，是油田企业中的多余资源，包括人力资源。这些资源用不了多久，就可能成为我们在社会上的竞争对手。所以，我们的对策就是要降低成本，提高服务质量，开发换代产品，控制技术制高点。

三是我们在常规管理方面有优势。另外，独到的企业文化，这也是我们企业宝贵的无形资产。

你们在报告中总结了五条经验和成绩，讲得很实际。如成本管理、财务管理、资金管理、股权管理、内部市场管理、质量管理、扭亏解困等都有我们的特色和经验。包括采油二处、机械总厂、采油一处的华泰公司、采油三处、钻井总公司、器材处、长实集团、通信公司，还有刚起步的房地产开发公司等，都有自己的长处。

总结我们在管理上的经验，据初步统计，近两年先后出台了八项重要制度和产权制度改革方案的编制提纲。特别是今年，在贯彻勘探局提出的“管理提升战略”方面也取得了可喜的进步。

我们的干部有事业心、责任心，有拼劲、干劲和学劲，有创业的精神，表现出一种非常好的为职工办实事、办好事的愿望和自觉行动。很多企业的效益很好，但仍然保留着艰苦奋斗、廉洁自律的好传统，这是我们的宝贵财富。

（2）劣势。

我们管理上的劣势，依然是管理理念上的相对滞后，以及缺乏有经验的、按现代企业制度运作、务实创新的、足够的管理队伍。

所以，我们的对策，必须在人才开发上下功夫，现在还不迟，但晚了就要吃亏。

3. 要建立和完善加速多元经济发展的平台

一是建立股份制平台。优选新的项目或有条件的企业，或旧企业脱壳重组，建立一步到位的、规范运作的股份制企业。而且，以这种企业为核心，按市场机制吸纳老企业、小企业。这个核心建不起来，平台也就建不起来。

在市场当中生存，不利用好的机制，怎么参与竞争？所以，没有改制的企业不能往泾河和宁夏两个工业园里搬，我们不能搞“少、慢、差、费”的大搬家。

这个平台，要在两年内搞完。

二是完善社会保障平台。这个工作的意义，不是说在社会保障不健全的时期，使我们的职工生活有保障，而是让职工的思想观念在市场中得到教育，使职工处于多元社会保障之中（包括企业的特殊保障），同时，为我们的改革铺平道路。

这么多年，我们在非常困难的情况下，出台了很多政策，解决了大多数职工（包括离退休职工）的住房问题；拿出大笔资金，提高各类保险和公积金，这不仅是为了稳定职工队伍，而是要从一开始就着手建立、完善社会保障平台。

所以，现在多种经营企业不管用工制度如何，该建立起来的保障体系一定要建立。

三是建立技术服务和技术开发平台。特别是人才市场、技术服务市场平台。这个平台如果建不好，即使机制变了、体制变了，仍然是“大而全、小而全”。

当然，三项制度改革也必须配套，否则，人才市场、技术市场的运作也很困难。

我再强调一下人的问题。对于多种经营企业来讲，依然是人的问题，而且，对这种企业来讲，对人还有特殊的要求。这一点，要根据国家对不同企业的分类要求来研究。

人才最宝贵的素质有两种：

一是敢为人先；

二是致富为民。

这几年，凡是有成绩，有实际性突破的，都是那些敢于挑头、敢闯路子的人。

另一方面，闯路子的根要正，要致富为民，不能“富了和尚穷了庙”。这两点要从在座的各位做起。

都说人才重要，那么人才从哪儿来？人才从市场上来没错，但当前要立足于培养我们自己的人才，相信我们的干部是能学会的，我们的海外项目就是最好的证据。

建立上述平台，还要实事求是。能整合就整合，能重组就重组，能改制就改制，不能凑数。要真正取得效益，摸索出我们自己的路子。

对于多种经营队伍，要选配精兵强将，把人的素质提高一个档次。

对于多种经营企业的改革改制，开始可以粗一点，先迈开步子，不要苛求。难事从易处着手，大事从细处着眼。建立法人治理结构总有一个从不规范到规范的过程，作为机关部门和上层领导要有客观的态度。

总之，多元经济是勘探局多元发展的核心内容，也是我们结构调整的重要内容，它不仅是中长期发展的必然趋势，也是当前结构调整的战略步骤。这样做，不仅是为了减少企业经营风险，也为了抢占多领域市场开发的主动权。同时，客观上为精干主业开辟了另一个资源再造流程的大后台、大水库。蓄水才可以养鱼，有鱼才可以养人。

各级领导要从发展战略上来认识多元经济发展的重要性，不要为当前的温饱而忘掉大计。失掉机会比失掉黄金还危险，失掉关键机会的领导罪不可恕。

我们对多元经济的目标是“三分天下有其一”，即：主业、辅业和其他产业三分天下。但随着多种经营的发展，以及机械、水电、运输、建工等产业中的部分也走多种经营的路子，并且伴随企业资产的不断膨胀，就经济比重来讲，多元经济可能会和国有经济“大江分南北，彼此论伯仲”。

所以，大家要有这样的历史责任，担起这个历史重担，把我局的多种经营大大地向前推进一步，使其真正驶入良性循环的大道，真正驶入快车道。

孙玉辰同志在长庆石油勘探局电视电话会议上的讲话

（2002 年 9 月 26 日）

同志们：

根据局党委、勘探局的安排，张继昌同志代表勘探局对国庆期间的工作及迎接十六大的召开作了部署，对当前的稳定工作提出了明确的要求。这些意见是经过集体研究的，各单位要认真贯彻落实。

今年 1—8 月份，在集团公司的正确领导下，在油田公司的大力支持下，全局上下认真贯彻落实年初工作会议提出的各项任务，八项主要生产经营指标中，有七项同比大幅度增长，实现了速度、质量同比两方面的提高。全局开展了精细管理、稳定大局、确保重点工程、搞好关联交易、深化改革等六项工作，也取得了较大的进步。在此基础上，我们提出了向十六大献礼的 13 个项目，目的就是要动员全局广大干部、工人以此为动力，调动各方面的积极性，保持大局稳定，全面完成今年各项生产经营指标。这是我们的当务之急，是我们的中心任务，每位职工、家属、离退休老同志都必须从讲政治的高度来对待当前局党委、勘探局的各项安排部署。这是党中央对我们提出的政治要求，是地方有关省、自治区党委、政府及集团公司党组对此做出的重大部署，我们必须自觉地去执行。

为了使大家能够贯彻落实好今天的电视电话会议精神，在这里，我再强调三个问题：

一、必须确保大局稳定

张继昌同志刚才用了很大的篇幅讲这个问题。确保大局稳定，为十六大的召开创造一个良好的环境，是党中央的要求，也是每位共产党员的神圣职责。这项工作搞得好与坏，是当前衡量每一个党员、职工政治觉悟高低的重要标志。最近，国际“恐怖”势力，包括“东突”恐怖分子制造的恐怖恶性事件搅得局势不得安宁，“法轮功”顽固分子也到处制造事端。在国内一些地方，投毒、爆炸、凶杀等恶性案件屡屡发生。对此，我们必须保持高度的警惕。今年以来，我们内部群体性的聚集和上访事件屡有发生。中央要求，为迎接十六大的召开，各级党委、政府必须做好维护稳定工作，严格履行领导责任制，确保大局稳定。我局按照集团公司党组的要求，今天专门召开电视电话会议，张继昌同志代表局党委、勘探局提出的这些明确要求，还要以文件的形式下发，各单位必须逐条研究落实。

二、切实加强思想政治工作，正确处理人民内部矛盾

随着企业改革的不断深化，不仅很多旧体制、旧机制受到了冲击，而且人们长期形成的价值观、人生观也受到了极大的冲击。在这种大变革中，我们必须研究和处理好各种人民内部矛盾。只有这样，才能保证大局稳定和促进企业深化改革。

结合勘探局目前的实际情况，当前要特别注意以下五个问题：

1. 各级组织、各级领导要按照“三个代表”的要求，为职工群众多办实事、好事、大事

我们首先要继续搞好基地的战略调整。这就要求我们必须做到：

一是进入工业园的企业，必须先进行改制。我们并不急于“旧厂老店”大搬家，而是要急于把那些“旧厂老店”的机制激活，真正使职工在新的企业当中有更多的股权。这两

年，我们对原设计院、测井方元公司的改制，已经摸索出了很好的经验；即将对机械制造总厂抽油杆分厂的改制和对长实集团公司制的规范，也要贯彻这样一个整体工作要求。

二是要搞好职工集资建房。我们已经在这方面摸索出了一条途径，就是刚才张继昌同志讲的，要使勘探局盖得起房、职工买得起房。这两条缺一不可，不然就是一句空话。我们要抓住当前难得的机遇，充分利用好国家政策，加快建房的速度。我们的目标不仅是为离退休老同志在大中城市购房创造条件，还要创造更有利的条件，为那些“上班族”在大中城市购房创造条件，也包括油田分公司的同志。这样一个目标，只要政策对头，群众支持，是可以完全实现的，只是个时间问题。当然，我们也必须向职工老老实实讲清楚、讲明白，在第三轮房改政策出台之前，房价必须年年调整，使勘探局有能力来办这件事。过去那种低价分房的观念必须转变，如果不转变，甚至提出勘探局没有能力解决的过分的要求，那就不可能加快建房的步伐，那就有可能丧失机遇，只能让我们的职工待在山沟里。这一点必须向职工讲明白、讲清楚。最近，我们准备授权，让勘探局、油田分公司共同成立的原房改领导小组进一步监管这项工作，真正使“勘探局盖得起、职工买得起”这两条落到实处。

2. 各单位要认真贯彻局党委、勘探局提出的“放水养鱼、激活基层”的经营政策，使职工的货币收入逐年有所增加，生活质量逐步有所提高

在这里，各级领导一定要注意两个问题：

一是要集中手中的力量，为职工办一些实事、大事，不要“撒胡椒面”。

二是资金运作必须规范。当然，我们去年提出“老少春秋、至尊至贵”的方针，即使再苦、再穷，也要把“一老一少”的问题挂在心上，尽量使“老少”都高兴。

3. 要关心职工生活，特别是困难职工的生活

我们要继续建立健全企业内部的职工保障制度。这两年，勘探局在十分困难的条件下，建立健全了五项企业内部保障制度：

一是企业年金。对退休的老职工，企业拿出钱，做了适当补助。

二是提高了住房公积金的提交比例。

三是提高了基本医疗保险提交比例。

四是解决了特殊病的医疗报销问题。

五是对特困职工和困难职工的生活补助，也做了很好的安排。当然，我们还始终坚持按时足额发放离退休老同志的养老金。

尽管做了一些工作，但是，有的职工仍有不少困难，包括内退和有偿解除劳动关系的职工，也存在不少困难。

刚才，张继昌同志向大家介绍了这方面的情况。除了已经按照政策落实和解决了一些困难，目前正在向地方政府请示，还要协调解决好以下六个方面的问题：

有偿解除劳动关系人员中，将近 200 名工伤人员的补助问题；

城市的“低保”问题；

失业救济金的发放问题；

下岗职工再就业问题；

职工大病伤残问题；

有偿解除劳动关系人员基本医疗保险接续问题等等。

这些问题，我们已经有了一些初步的解决方案。凡是涉及到这些方面的问题，要给有关的人员以明确答复：这些问题正在统一研究、统筹解决，只是个时间问题、程序问题。当然，最近包括家属在内，还提出了一些其他问题，凡是有政策规定的，必须抓紧研究，认真落实；凡是企业有能力解决的，要研究认真解决。

除此之外，我们必须按照 9 月 24 日在北京开会时集团公司领导强调的“不能乱开新口子”的要求，任何单位、任何个人，都不得给

职工空头承诺，不得出台没有政策依据和不切合本单位实际的政策，不允许擅自突破政策界线乱开口子，以避免造成政策不平衡，引发新问题。勘探局有关部门要加强监督检查和指导，凡是涉及职工利益的政策问题，必须与油田公司同步研究、同步部署、同步实施。

我们还要畅通群众反映意见的渠道。局党委、勘探局已经在庆阳和宁夏增设了两个信访点，希望各级领导切实做好这方面的工作，使群众的意见能够比较顺畅地上传下达。

4. 要依法维护企业职工的正当权益

最近，有关涉权的案子还不少。明天，我们在家的部分领导，准备专门听取有关部门关于这方面的工作汇报，并抓紧做好这方面的工作，使依法维权工作有新的进展。

5. 要搞好队伍建设和领导干部廉政建设

最近，有些苗头要引起我们各级领导的注意。有些单位的职工，因为现场作业问题，自己人跟自己人打架；基层少数干部以权谋私、经济违法的案件屡有发生。我希望各级领导要用大的政策规定、用一些传统思想教育和管理队伍，真正使职工和基层的干部树立大局观念，把这些矛盾和问题自觉地处理好。

三、进一步抓住机遇，深化改革

我们必须处理好改革、发展和稳定的关系。对勘探局来讲，总体上看大局是稳定的，当然，也存在一些不可忽视的不稳定因素。实事求是地分析这些不稳定因素，在我局只是个别的、局部的，而且通过做深入细致的思想工作，是可以解决好的。最近，反映意见比较集中的就是一些家属要求发补贴的问题，这些问题会议上已经作了明确要求，而且再三强调，每个单位情况不一样，必须注意解决好群众关心的问题，但总的要求是各单位不能乱开“口子”；没有政策依据的，暂时不能出台新的政策。各单位在这个问题上要积极做好工作。有些单位由于乱开“口子”，造成了一些政策上的不一致，造成了一些新的攀比。我相信，长庆的职工也包括长庆的家属，是能够顾全大局、实事求是地处理好这个问题的，我们一定要防止一些谣传蛊惑人心。

我们必须看到，即使存在某些不稳定因素，也要靠深化改革才能解决好。发展是硬道理，我们必须确保长庆大目标的实现。但大目标的实现，也不是没有困难。现在，油田公司万吨产能建设投资为2100多万元，明年只投资1700万元。要建这么多的产能，上报了140多亿元的投资，上面只给了70多亿元，可工作量并没有砍下一半。所以说，在这些方面还有很多困难。但是，我们要记住一条，就是长庆到2003年、2005年这两大步要跨不上去，将会造成很大的被动。所以说，今年上半年，勘探局还是力保重点工程项目。

总结这几年改革的经验教训，必须大力推进产权制度改革和结构调整。当前，我们特别要注意在改革当中处理好“三个关系”：

一是处理好职工与企业长远利益、眼前利益的关系，以及企业利益与国家利益的关系。片面地强调哪一个方面的利益都行不通，都会贻误战机。

二是要处理好职工利益与国家利益的关系。我们要在政策允许的范围内、在改革当中让职工获得更多的实惠。这样，才能够吸引职工真心实意地参与改革。

三是要处理好企业自身深化改革与社会上建立和完善社会保障体系之间的关系。我们不能单兵突围，顾此失彼。

我们要注意处理好这几个方面的问题，结合勘探局目前的形势，不失时机地加大力度，推进改革。对存续企业来讲，如果不抓住这两年油气上产的时机，加大改革力度，就会丧失良机。因为，不管从近处还是长远看，不改革就没有出路，不深化改革就不能解决企业的长远发展问题。

当前，我们还要大力发展第三产业，大力发展民营经济和非公有制经济，创造更多的就业机会，同时，为我们深化改革建立一个非常好的平台。最近，局领导参加了甘肃、陕西和集团公司领导干部会议，主要内容都是传达全国再就业工作会议精神。9月24日，我和胡文瑞同志参加了集团公司领导干部会议。说到底，国家除了给一些税收、培训等方面的政策，很重要的一个方面就是要大力发展三产，大力发展非公有制经济，以解决国有企业下岗失业人员的再就业问题。同时，也必须通过这样一个渠道解决诸如存续企业下一步深化改革的平台问题。在上个月召开的多种经营座谈会上，我曾专门讲了这个问题。而且，年初局党委、勘探局从工作会议上就开始思考和部署这方面的工作。马富才同志在讲话当中提出的有些政策，要专门召开会议来传达贯彻，两边要成立专门的协调领导小组安排这些工作。这次会议文件很多，包括江泽民同志的重要讲话，朱镕基、吴邦国等中央领导同志的重要报告，以及党中央和国务院关于再就业问题的有关政策。我们要结合实际，积极推进非主营业务整体分流改制，通过主辅分离，辅业改制，分流安置企业现有富余人员。这就是我们要思考的，也是我们要解决的一个问题。

首先，要把我们现有的职工安置好，还是要靠深化改革。所以说，整体分流改制，最终形成独立的法人实体，实现自主经营、自负盈亏，这是我们当前要推进的一项工作。马富才同志要求下一步要扩大范围，工作思路要更加开阔一些，操作要更加规范、更加简捷一些，让企业有积极性、职工拥护参与，以进一步加大推进的力度。我们一定要利用好这一政策，勘探局原来制定的政策，是符合国家政策、集团公司政策和我局实际情况的。

第二，积极扶持、发展矿区第三产业。这两年，我们把坚守多种经营阵地，把“三分天下有其一”作为我们的战略目标，多元化发展战略是勘探局“四大战略”之一。产业多元化、产权多元化，主要还是要解决发展三产这一主体。要大力扶持兴办第三产业，引导和鼓励下岗失业人员进入矿区服务市场；以非公有制小型企业为主，兴办物业、物流、餐饮、家政、修理、保洁、保安等传统服务产业；积极开发中介服务、文化旅游等新兴服务业务。

邓小平同志曾给唐克部长提出要搞“两油(游)”创汇100个亿，即：石油和旅游，石油创汇50个亿，旅游创汇50个亿。现在看来，旅游创汇不止50个亿，现在搞到100个亿了。而我国即将成为第三大石油进口国，要拿出100个亿来买石油了。所以说，我们的想法很积极，但就是迈不开步子。

第三，积极探索与经济发达地区、有劳务需求的地区进行定向劳务协作的实现形式。要促进跨地区的劳务输出，扩大异地就业范围，缓解独立工矿区就业空间小的矛盾。这个问题，培训中心前几年就进行了很好的实践，包括送我们的孩子到深圳去，现在，我觉得人们对这一问题的认识更符合实际了。庆阳、马岭、大水坑就业空间很小，如果我们不进行战略调整、工业布局调整，能行吗？看来光这些调整还不行，还得要和经济发达地区进行劳务协作，扩大异地就业，鼓励下岗人员到有劳务需求的地区进行就业，包括到农场、农村和城市结合部去承包荒山、荒地从事种植、养殖业等。

第四，企业因生产发展确有临时用工需求的时候，应该按照社会公开竞聘、择优录取的原则，将下岗失业人员纳入应聘范围，依法建立规范的劳动关系。

第五，关于开展劳动技能培训问题。我们深化改革、发展三产，首先要抓紧搞好现有三产企业的公司化改造和法人治理结构的健全。建立健全法人治理结构，就要大力推进整体带资分流改制，大力推进“三项制度”改革。我们要积极搞好物探、测井这两大系统的整合重组工作，物探、测井的职工将会在这次重组中更好地感受到“三个代表”重要思想带来的好处。

我们就是要用深化改革落实“三个代表”。对存续企业的职工来说，只要有好的去处，我们就把它厚厚地“嫁出去”；没有好的去处，我们绝不往外赶、往外推。但是有一条，必须要动员和教育我们的干部职工转变观念，特别是转变就业观念，还必须积极地参与和支持深化改革。我们相信，只要我们的政策好，群众就会支持；只要群众支持，我们的事情就能办好。我们各级领导要认真学习，大胆创新，不要怕麻烦，不要把自己的私心杂念加进去。只要这样，我相信，勘探局“二次创业”的目标一定能够实现。

最后，利用今天这样一个机会，向全局广大职工、家属、离退休老同志，致以节日的祝贺！预祝大家度过一个愉快、祥和的国庆节！同时，也利用这样一个机会，向一线坚守岗位的广大职工表示衷心的感谢！向油田分公司的各级领导、广大职工表示衷心的感谢！

孙玉辰同志在长庆石油勘探局市场开发工作会议上的讲话

（2002年12月12日）

同志们：

这次市场开发工作会开得非常好，非常成功。会议总结交流了一年来，或者说是三年来的经验，分析了当前的形势和任务，进一步规范了我们内部市场的运行。滕玉林同志的报告和会上交流的书面经验，都讲得非常好。特别是对当前的工作提出了十项要求，我都同意。

利用这个机会，我再强调三个内容。

一是市场观念问题；

二是市场开发问题；

三是当前的形势和下一步市场工作的任务。

一、市场观念问题

结合学习贯彻十六大报告，联系近三年来市场开发的实践，我们有必要回过头来加深对市场观念这个问题的理解，这对于搞好我们今后的市场工作至关重要。

十六大报告中有这样一段话，“要建立与社会主义市场经济相适应、与社会主义法律体系相协调、与中华民族传统美德相承接的思想道德体系。引导人们树立中国特色社会主义共同理想，树立正确的世界观、人生观和价值观”。那么，我们现在讨论市场观念到底和贯彻十六大报告有什么内在的联系？这个问题大家在学习过程中一定要注意。

市场观念我们经常讲，到底结合企业，特别是结合存续企业实际，应该包括什么内容？通过这两年的实践，我认为，市场观念至少应该包括三个方面的内容：一是尊重市场价值规律；二是主动地适应市场价值规律；三是认识和把握特殊市场。

关于尊重市场价值规律。我们不能简单地把市场看作一个场所，市场实际上是一种商品交换的过程，包括网络交换、商品交换等。所谓要尊重市场价值规律，就是首先要承认在市场交换中商品价值的大小、高低。按照政治经济学理论来讲，价值是由制造这个商品所需要的社会平均劳动量来确定的。这个最基本的概念，现在不仅没有变，而且，我们这几年才刚刚体会到其真正的、深刻的含义。

我局的服务产品也是一种商品，那么它的价值必须要放到市场当中，通过交换才能体现出来。它的大小不是由我们实际的劳动量决定，而是由社会的平均劳动量来决定的。那么，我们在生产商品的时候，只有低于社会平均劳动量的商品才能赚钱。这就是说，实施低成本战略是一个永恒的主题。

我们在市场当中交换商品，实际上是交换它的劳动价值，而不是它的使用价值。所以，有时候我们老埋怨自己没有竞争力，别人的商品只卖 10 块钱，我们的制造成本就得 15 块钱，为啥呢？这不能怨天尤人。商品的交换价值不是你自己来定的。我们平常所犯的很多“糊涂”，都是因为对这个基本概念认识得还不深刻，还要重新学习。

关于主动适应价值规律。仅仅承认价值交换规律还不行，还必须要主动地去适应，也就是说必须发挥人的能动性，这是人的素质的一种表现。

怎样能生产出低成本、使用价值高、销售好的商品，这完全是人的因素起主导作用。所以，市场的竞争是人才的竞争，在市场当中“事在人为”。仅承认这个规律还不行，还必须积极地适应这种规律。这几年，凡是我们在市场当中不认输，在市场当中敢为人先的，都能够争出一席之地来。

关于认识和把握特殊市场。我们不能只了解和把握一般性的市场规律，任何事情都有特殊性，市场也是如此。

当前，我们经常碰到的特殊市场主要有五种：

一是垄断市场。也就是说由于政治和商品本身使用价值的特殊性，它形成的是一种垄断价格，或者是国家控制的价格，这个现象任何国家都有，我们国家也不例外。

二是关联交易市场。这也是一种特殊市场。凡是具有同一个上级的企业，为了达到三个目的，它必然要形成一种关联交易市场。这三个目的是：保护企业的利益、保持企业竞争力、实现企业战略目标。为了这三个基本目的，它必须在其下级企业之间实行关联交易。比如说，勘探局和油田公司具有同一个上级，实行的就是关联交易。勘探局内部各兄弟单位是同一个上级，很多的价格也是关联交易价格，市场也是关联交易市场。关联交易市场当中的商品交换价格，是不完全的市场价格。集团公司规范我们的市场，也是为了实现这三个基本目的，这种特殊的市场要用特殊的办法来对待。

三是为了共同规避风险而建立的市场同盟。虽然这些企业没有共同的上级，但他们是一种战略同盟和战略伙伴关系，他们之间的商品交换也是一种特殊的交换。国际上的欧佩克成员国之间都是如此。这就是我们一直强调要把关联交易市场作为一个特殊市场来研究、对待的原因。

四是由脑力劳动和创造性劳动的价值确定的特殊的商品交换。

五是资本市场的交换。

这些交换都有特殊性，那么，我们衡量自己的市场观念是否适应当前的市场，也必须是动态的，但是又有一些基本的要求。

我在学习十六大报告的同时，回想我们这两年走过的路，在这里提出这样的观点和大家一起讨论：市场观念的树立，或者说，要转变过去计划经济条件下形成的观念，向市场观念转变，最起码要做到刚才我说的这样三个层次。

那么，按照这样的基本要求来衡量我们工作，就出现了两个新的认识：

一是我们讲的价值观，不论是法人的价值观还是个人的价值观，都要放进市场当中去衡量才具有真正的意义。这就是为什么要把我们的人尽可能地推进人才市场的原因。不然，自我评价是没有任何实际意义的。我说的法人，就是一个企业，企业也有它的价值观。当然，平常人们更多的是讲个人，讲人自身对自己价值的理解。不把这个人放到市场当中去衡量价值，用任何办法来衡量都不客观，都没有实际意义。

二是市场当中的价值观，应该是人生观的重要组成部分，而且是非常重要的组成部分。

那么，用这个观念来衡量我们重组时存在的“一明一暗”两大矛盾（明的是结构不合理，暗的是市场观念相对滞后），在解决市场观念相对滞后问题上我们有两个基本估计：第一个是市场观念有了极大的提高。如果说，我们的市场开发包括关联交易市场的开发取得了成绩，那么，生产年年上台阶最基本的经验应该是市场观念的转变。我们没有进入市场的时候谈这个问题，虽然不是空谈，但是大家基本上没有切身体会。为什么现在讨论起来大家滔滔不绝，都可以谈出一条两条来呢？是因为我们自己变成了真正的市场运作者。第二个基本估计是就企业整体而言，人们的市场观念与形势的发展相比，与十六大的要求相比，还很不适应，这依然是阻碍我们发展的桎梏。按理说，这三年我们对市场的认识有了基本的适应，但是，最近我和几位局领导在讨论学习贯彻十六大精神的过程中，在和基层同志座谈过程中，我体会到，按照“与时俱进”这一最基本的要求研究我们的工作，就会发现我们的市场观念和形势相比，还没有从根本上扭转被动滞后局面。这两个基本的估计不是针对37000名职工，主要是针对管理者。

一个非常重要的原因，就是因为这三年来，关联交易市场的特殊性掩盖了人们对市场本质的正面理解和认识。这几年，指标年年上升，效益年年飘红，影响了我们对市场本质的一些认识，这是非常危险的。

11月26日，我和玉林、国法同志去定边看了咱们打的两口试采井，非常高兴。本来咱们搞油搞了30年了，打井近2万口，一两口井出油，对在座的人来说，是家常便饭的事，没有什么可激动的。但是为啥会引起人们一种特殊的感情、特殊的思维来？那天我给他们的题词是：“天盘地盘龙盘王盘，有荒无荒开荒备荒。”为啥我要说“有荒无荒开荒备荒”呢？实际上，真正意义就在于备荒。我们往往让目前的这些数据把头脑弄昏了，掩盖了一个非常危险的东西。所以，这两个基本估计希望大家能够认真地思考。

这次会议上，市场搞得好的单位介绍的经验，都谈到了市场观念的问题，可见这个问题的重要性，现在大家对这个问题引起了足够的重视。市场开发部总结了“树立符合市场要求的四条理念”；国际市场开发部提出“转变观念是搞好国外项目开发的根本保障”；长庆建工的材料当中谈到“社会市场是一座取之不尽、用之不竭的金山”；钻井总公司、器材处、三个采油处、水电厂、运输处、总机厂、油气综合技术服务处都谈到“观念不变确实是千难万难，观念转变，发展路子宽”。这次在基层调研过程中，大家确实有了自己的体会，而不再是念别人的经、学别人的话。

我们贯彻十六大精神要来一次思想大解放，要按照十六大报告当中指出的“自觉地把思想认识从那些不合时宜的观念、做法和体制的束缚当中解放出来，一切妨碍发展的思想观念都要坚决冲破，束缚发展的做法和规定都要坚决改变，影响发展的体制、弊端都要坚决革除”。只有进一步转变思想观念，长庆局的发展才可能有更可靠的基础，我们“二次创业”的目标才能真正的实现。

二、关于市场开发问题

市场开发是一项综合性工程，这次会议本身就是综合分析研究这方面的问题。但我认为最重要的是科学的市场定位和人才开发问题。

每一项产品的开发，甚至每一个企业要想成功，最重要的是市场定位问题。市场定位是市场战略的核心内容，主要包括政策法律、对与发展有关的主要矛盾的认识、对策以及发展目标等。从这次会议介绍的经验看，大家对这方面的认识是非常好的。我想再讲一下人才开发问题。

去年在市场开发会议上讲过这个问题。经过一年的实践再一次证明了如下的道理：

第一，市场开发首要任务是开发“开发市场的人才”，也就是市场管理人才。市场开发首要的不是产品的开发，而是“开发”人才，这个问题咱们确实有体会。这两年，勘探局是“破釜沉舟”，局里两名领导，一个负责国际市场的开发，一个负责国内市场的开发。现在各单位凡是搞得好的，都有这么一批人去干这件事。有的单位组织了几十个人去开发市场，建工就是如此。开发市场先开发“开发市场的人”，要不然，你总抓不到点子上。另外，这样的人，也要到市场当中去培养，到市场当中去锻炼。

第二，人才必须具备生产运行和成本核算的能力。这就是我们近两年来，结合推行科学管理，强调的“三位一体成本动态管理体系”的建立。对于市场开发人才来讲，不懂得生产运行，不懂得成本管理，开发市场必然是盲目的。不仅造成“两张皮”，而且盲目地开发还会导致人才的浪费，会把好多机遇错过的。

第三，我们一定要培养和学会在市场当中运作资产、资金、资本。强调这个问题是因为我们没有这方面的经验。而且在市场开发当中，这不光是经营问题，这个市场杠杆很有意思。这两年咱们大胆地搞了点试验，在自己内部市场用了不到 1.4 亿元，调动了职工和社会的资金将近 6 亿元，进行基地战略调整，在这方面大有文章可做，大有市场可开发。

第四，适应学习型组织的要求，不断创新。对于市场开发人才，必须培养他们适应学习型组织的要求。现在国家要建设成学习型的国家，企业还要建设成学习型企业，班子要建设成学习型的班子，当然这个问题也不要赶时髦。总之有一条，开发市场的人才，必须是不断创新，善于学习的人。要不然，我们和其他企业接轨、和社会接轨就很难。到市场中和别人谈问题的资格也不具备。所以说，我们必须大力地在市场当中培养一批市场开发的人才才行。市场开发方面的领导只知道组织几个项目，开发几个小产品，完成几项具体的市场开发任务，那是不行的，那样零敲碎打是办不成大事的。

三、形势与责任

一眨眼，我们重组三年了。回头看看，我们群策群力集中办了三件大事。这三件大事办得有成效，但是没有办完，还必须要继续办。

第一件大事，按照重组之后局党委、勘探局确定的目标，大力进行了结构的调整，资产结构逐步优化。

重组时我们的资产结构非常不合理，这是历史造成的。人均数量不足，特别是无效资产占的比重太多，分析资产表，除了房子、土地是我们的，真正要想赚钱的大型设备等，占的比重非常小。当时我们固定资产总额是 31 亿元。那么，经过三年以后，我们报废了 10 个亿的无效资产，又投资了 12.5 亿元，其中 10 个亿更新了关键设备，到年底固定资产很可能达到 30 个亿。关键设备的新度系数由重组时的 0.5 上升到现在的 0.78。工程技术服务板块的固定资产由重组时的 10.44 亿元（包括那些烂套管），上升到了 13 亿元。在集团公司的支持下，经过全局的共同努力，我们这几年勒紧裤腰带进行关键设备的更新，我们的钻井、测井、压裂设备上了档次，而且更令人高兴的是，我们准备明年再进一步加大关键设备的更新力度，完成钻井总公司、井下作业处、三个采油处及建工等几个单位关键设备主体的更新改造，2004 年进行小配套和扫尾。这就是说，我们用将近四年的时间，完成了主体的改造。这对一个企业来讲谈何容易。说老实话，在计划经济条件下我们都做不到这一点。在计划经济条件下我们照样生产这么多油，照样生产这么多气，但生产的多拿走的就多，你要想花钱更新设备，还得慢慢去报批呢。

组织结构的调整，除了人员减少了21%之外，重点搞了专业重组，为继续改革改制打下了基础。

市场结构的调整，由重组的时候非关联交易市场收入2.3亿元，占我们总收入的5.7%，到现在达到6亿元，市场的比重可能占到了12.5%，翻了一番，这又谈何容易。

最近我们组织机关业务处室，逐单位地座谈，总结今年的工作，安排明年的工作。大家在分析市场的时候都有一个感觉，这两年我们苦在两个地方：一是处理关联交易虽然费了不少神，费了不少劲，但一年比一年顺，一年比一年好；二是社会市场开发。要没有赵业荣同志在外头顶着干了一年，国外市场是打不开的。为跑国内市场，滕玉林经常几十天的不在家，有时带病和大伙一块跑。你们在座的又哪一个不是夜以继日地在跑市场？所以说市场是战场啊！想当初分家的时候，集团公司只有滇黔贵油田和我局的国际市场开发是零蛋，这两年我们终于有了进展。大家要珍惜这个12.5%，这是大家智慧和汗水的结晶。

在产业结构方面，除了更加突出了主导产业的定位之外，还大力发展了多种经营、第三产业，多种经营产值今年很可能达到17亿元，比去年有了大幅度的提高。更主要的是质量有了大幅度的提高，特别是今年开发低效油田，有了突破性的、实质性的进展。

产权结构调整方面，职工的股权到年底可能要达到2.86亿元，其中7627名职工参与了改制，对1.92亿元的资产享受收益的分配权；另外，还有23228名职工参加了持股，股金达到了9402万元，实现了零的突破。

第二件大事是我们突出抓了发展问题。

“发展是执政兴国的第一要务”。重组分开后，我们突出抓了发展问题，主营业务收入三年上了三个台阶，从40亿元上升到44亿元、48亿元。主体生产单位的工作量也是年年上台阶。2002年完成的工作量与2000年相比：

钻井增长40.6%；

测井增长53.45%；

试油压裂增长17.62%；

井下作业增长29.91%；

建筑施工增长109.34%；

机械制造增长97.94%；

三年科技投入8900万元。

按照“三个代表”的要求，职工收入稳步增长。

集中在大中城市进行基地的战略调整，三年共建住宅17750套，新建住宅相当于1990—1999年10年的总和。

一老一少问题放到了各级领导的重要议事日程。企业出资搞了六项社会保险，其中包括企业年金、基本医疗保险、特殊医疗保险、大病保险等，这在其他企业都是很少见的。

第三件大事是我们推进了改革改制。

首先，我们进行了大规模的专业整合，涉及资产21亿多元，占资产总额的27%；涉及人员15800人，占职工总数的42%。这其中还不包括有些二级单位自己搞的。

二是勘探局批准改制的九个单位采取了五种模式，已经挂牌的三家单位现在运作很好。对长实等六个单位进行了公司制的改造，包括各二级单位的部分多种经营公司制改造，进一步建立了规范的法人治理结构，增强了企业活力。今年，采油二处公司制改造了十个公司，除一个公司没有完成预期的经营目标之外，九个公司都达到、甚至超过年初经营目标，十个公司全部扭亏，而且内部利润比没有整合以前明显上了一个台阶。公司实行人员竞聘，明显迸发出新的活力。

三是深化三项制度改革，为其他的改革、改制打下了基础，铺平了道路。人事制度的改革，包括一些干部直接评聘、竞聘，都受到了职工和基层的欢迎。

四是我们加强和规范了目前的管理。长宁输气公司这几年的运作是非常有效益的，所以我们才敢大胆地拿了 5500 万元向长呼管线进行投资，这都是跨地区、跨企业的联合。从目前长呼管线的初步运作看，也是不错的。

我们对已经参股和控股的公司，通过加强股权管理，总的运行是不错的，为明年的改革摸索了自己的经验，路子越来越宽，胆子越来越大。局改革领导小组的继昌同志也几次对我说，有些工作运作起来，只要我们稍微筹划得好一点，以基层的素质都能运作得不错，只要整体的方向把握住就可以了，确实如此。

我们前年用了一年时间，试点设计院的改革，今年，我们用了不到半天，讨论了三个单位六个公司，大家运作越来越熟悉了，上下也都有经验了。

我们在改革改制的同时进行了生产和生活基地的调整。我们在办这三件大事的同时，加强了党的基层建设，加强了企业文化建设，加强了职工队伍建设，加强了科学管理，加强了机关建设，保持了职工队伍稳定。

特别是机关建设，我对机关的同志们要求是比较严的，有时对一些包括正处室长、老处室长说话也不留有余地，甚至在会上公开批评。但是说老实话，今年基层的同志有感觉，好像机关的作风在变，好像机关在为基层服务时更加主动，我觉得你们这种感觉是对的，机关确实在变。机关这三年抓了两件事，第一件是抓了机关职能的转变；第二件是抓了机关的基础建设，包括机关的一些基本制度、网络建设、人员培训等。机关这两年没有更多的在减员上做文章。我最近和机关的处室长在讨论，我说你变也好，不变也好，我只说将来的事实，那就是下面逐渐地在改制，你要像过去那样做官当老爷，发号施令是不可能的。管理职能很需要，也不能削弱，甚至有些方面还要加强，但是有一条，必须加强职能服务。最近集团公司开结算会，张芝兰同志和张忠华同志给我讲，我局财务系统这几年的基础工作有创新，像“三位一体动态成本控制”的体系正在积极的探索，目前正在建立。像一些集中核算的试点，像对有些资金的运作，要是建立好了，将大大强化我们自己的内部管理，这些都得到了贡华章同志的多次表扬。过去财务评比大庆肯定是第一名，今年听说长庆是第一名，这在几十年的历史上是第一次；计划局主管领导，包括刘海胜助理对计划处的基础工作也给予了肯定；集团公司人事部讲，现在人事基础工作真正搞得好的就是长庆；我们的科研部门、机动安全部门、生产运行部门、思想政治工作部门，甚至包括工会、团委、基础工作、机关工作在集团公司当中都是名列前茅的。

这三件事是实实在在的，但是这三件事还没完，不仅没有完，而且仅是开了个头，或是说开了个好头。那么我们要全面建设小康社会，勘探局也要有个具体目标。我想能不能经过努力，使我们的职工平均年收入达到目前深圳、广州、上海、北京的平均水平。现在这几个地区的年平均收入大概是 43000 多元，对我们来说等于从今年收入的基础上翻一番。暂且不说别人还在翻番，就说要达到他们目前的水平，能不能用两三年的时间实现？到底怎么来筹划这件事？

现在我们这样的市场结构，这样的产业结构，我们用 90% 的时间和精力来给别人打工挣钱，能不能富？

现在有两个分析，可能大家越来越觉得是这么回事。第一个分析，我们现在靠打工的形式，富不了；第二个分析，咱们有两条发展思路，其中一条是围绕长庆油气发展而发展，如果说仅是贯彻这一条思路，就是围绕长庆这个市场干，也富不了。现在大家真正来一次思想大解放，考虑能不能在下面几个方面研究一下：

第一，我们必须大力调整市场结构。现在计算一下，如果说我们的内部市场，也就是说围绕着长庆的油气市场，能够真正的在我们总收入当中占到 60%（其中包括关联交易市场，也包括非关联交易市场)，那么外部市场份额必须占到 40%，才有可能备荒。现在我们不仅要规划一个奔小康的目标，而且首先要把经营的风险研究一下，有了“荒年”，内部市场萎缩的情况下，怎么办？所以，我们要珍惜这 12.5%。然后能不能争取社会市场占到 30%，在这个基础上向 40%努力，这个问题一点都不能含糊。

第二，要大力调整我们的产业结构，大力发展多种经营，大力发展非油产业，大力发展非公有经济。通过分析三个采油处和钻井总公司多种经营的情况，给我一种概念，如果说 1000 人的单位，它的多种经营产值能够达到 1 亿元，这样就能调整一下产业结构的风险。按 3 万人算，就必须达到 30 亿元产值，而且是真正有效益的产值。如果我们现在主业的总收入达到 50 亿元左右，那么再加上 30 亿元的三产产值，共计 80 亿元，才能够真正用 30 亿元资产养活 1 万人。只有这样，我们才能大大降低经营风险，才可能使我们职工收入提高，争取使职工在企业当中人均持股 10 万元。如果我们不认真解决这些问题，小康生活恐怕是个空话。

第三，必须持续推进改革。像钻井总公司这样的勘探局主体单位，也要进行多次公司化的改造。我们用了近一年的时间对他们进行专业整合，他们用了将近一年的时间进行内部整合，而且考虑能不能用明年一年的时间进行其内部的公司制改造，或者说建立新的公司。以后还要进行勘探局的公司制改造和钻井总公司的改造。就是勘探局不进行公司制改造，钻井总公司也要进行全面的公司制改造。所以说，必须大力推进公司制改造，甚至多次对同一个单位进行公司制改造，这一点大家思想上一定要有准备。咱们已经整合了机械总厂，今年又把它的两个基层单位进行了公司制改造，一个是抽油杆厂，一个是泾河园的石油天然气设备制造有限责任公司，共计 200 多人。

昨天讨论时，有个二级单位的同志给我说，现在工作太累了。但只要累得有点效果，且不说让大伙马上奔小康，如果生活质量有进一步的提高，那也没白累。

当然，我们还必须要建立若干个发展平台，其中包括为了促进市场开放所必须建立的有关政策。我们一定要认真贯彻勘探局制定的“放水养鱼、激活基层”的政策，要认真转变机关的职能，要认真搭建若干个改制的平台。明年是贯彻十六大精神年，对国企来说也将是一个改革创新年，我们一定要抓住这个优势、抓住这个机遇。

总之，西气东输和长庆油气保持良好的发展势头，仍然是我们发展的两大机遇。加上我们三年成长的经验，要完成我们既定的目标并不难。问题是回头看，二次创业的问题仍然是个体制、机制转变的问题，是个市场问题。市场问题又是一个观念领先的问题，开发市场又是一个人才的问题。所以说，我们冬训、干部培训、贯彻“十六大”的精神，必须抓住对市场的培训，必须抓住对人才的开发。

最后，向从事市场开发工作的同志一年来取得的成绩表示祝贺。你们的辛苦劳动，给勘探局创造了极大的价值，也带来了美好的希望，坚定了我们创业的信心。是你们在前面开拓市场，所以应该感谢你们，并通过你们向市场开发战线的同志们问个好，希望我们到年底好好总结一下，明年使我们的工作再上一层楼。我也相信，明年召开市场开发工作会时，一定会有更深刻的体会，更好的经验，还会创造出更好的成绩。

张继昌同志在长庆石油勘探局第九届职工代表、第七次工会会员代表、先进模范表彰大会暨 2002 年工作会议结束时的总结讲话

（2002 年 2 月 3 日）

同志们：

经过与会代表的共同努力，勘探局第九届职工代表大会、第七次工会会员代表大会、先进模范表彰大会暨 2002 年工作会议已经圆满完成了预定的各项议程，今天就要胜利闭幕了。

参加这次“四会”的各位代表，肩负着全局 3 万多名职工的重托，满怀着进一步搞好勘探局“二次创业”，推进改革、发展与稳定大业的信心和决心。同志们畅所欲言，各抒己见，提出了许多宝贵的意见和建议。钻井工程总公司等 9 个单位在会议上做了既振奋人心，又具特色；既充满生机和活力，又结合实际，可操作性很强的表态发言。

这次会议时间虽然不长，但内容十分丰富。会议期间，与会代表本着高度负责的态度，选举产生了新一届工会委员会和新一届工会领导班子；全面系统地学习了集团公司 2002 年工作会议精神，集中精力听取并认真讨论和审议通过了勘探局工作报告；审议通过了勘探局“十五”发展计划、财务工作报告及业务招待费使用情况报告；表彰奖励了 2001 年度先进模范集体、先进模范个人、“二次创业”先进集体及标兵、先进模范个人和 2000 年度优秀科技人才奖获得者；通报了 2001 年度党风廉政建设和领导班子、领导干部考核情况，签订了 2002 年党风廉政建设责任书。我们还特别邀请油田公司总经理、党委书记胡文瑞同志到会并作了重要讲话，这对我们进一步搞好当前和今后一个时期的工作，发挥整体优势，谋求共同发展，实现双赢互利，搞好“二次创业”，将起到十分重要的作用。

提交会议的 19 个单位的经验材料，与会代表通过学习，一致认为深受启发，受益匪浅。刚才，孙局长又作了对工作针对性和指导性很强的重要讲话，使我们进一步认清了形势，明确了目标，鼓舞了士气，坚定了信心。

这次会议，是在勘探局改革、生存与发展跨入一个新阶段，全面推进“二次创业”，向“十五”目标迈进的关键时期召开的一次非常重要的会议，是一次进一步转变观念，更新理念，统一思想，提高认识的会议；是一次动员和带领全局广大职工团结奋进，开拓创新，求真务实，与时俱进，在新的一年再谋新发展，再创新业绩的会议；也是一次在新的起点上，以新的精神风貌，迎接新的挑战，抓住机遇，乘势前进的动员会、务实会、鼓劲会。

会议期间，代表们认真学习，热烈讨论，畅所欲言，始终充满着团结向上、奋发进取的气氛。大家一致反映，这次会议开得很好，很成功。主要表现在，一是通过总结回顾去年的工作，更加坚定了搞好勘探局改革和发展的信心；二是进一步认清了形势，看到了勘探局面临的严峻挑战和发展机遇；三是更加明确了今后的奋斗目标和工作任务。大家一致表示，一定要以更加理性的思考，以更加高昂的斗志，以更加务实的作风，团结一致，克服困难，扎实工作，确保集团公司下达的年度经营考核指

标如期完成，确保勘探局各项工作整体平稳推进。

局党委、勘探局十分重视这次会议的筹备组织工作，为此，专门成立了“四会”筹备工作领导小组，并多次召开专题会议，总体安排，分工负责，协调配合。在具体运作中，集中人员，集中时间，集中精力，全力以赴做好材料准备、会务安排、会场布置、氛围营造等各项工作，使“四会”筹备组织工作紧张有序，平稳运行。局工会、宣传部、局办公室、报社、宾馆、公用事业处，以及各相关部门和单位，都为会议的顺利召开付出了辛勤的劳动，在此，我们一并表示衷心的感谢。

下面，结合会议情况，我主要强调五个方面的问题。

一、深刻领会集团公司工作会议精神实质，进一步明确勘探局当前的定位和今后的发展方向

马富才总经理在集团公司 2002 年工作报告中指出，集团公司的总体目标和发展战略是实施国家大公司、大集团战略，努力建设具有国际竞争力的大型企业集团。

阎三忠副总经理在讲话中指出，存续企业要围绕集团公司的整体发展战略，坚持以持续发展为主题，以结构调整为主线，加大改革、管理和技术创新的力度，大打扭亏脱困攻坚战，努力提升企业核心竞争力和实现持续、有效发展。到“十五”末，形成几个具有较强市场竞争力的专业服务公司和若干个具有一定经济规模和实力的地区服务公司；大多数企业初步建立起现代企业制度；2005 年，未上市企业在扣除“三项费用”补贴后，总体上实现扭亏为盈，逐步增强自我积累、自我发展的能力。

集团公司在这次会议上，也进一步明确了存续企业“十五”期间深化改革的主要任务。勘探局作为地区性综合服务公司，要按照有进有退、有所为有所不为的原则，加快推进企业内部体制改革和结构调整，彻底解体“小而全”，完成内部专业化重组。集中力量做专、做强主营业务；放开和退出其他一般性业务；创造条件分离企业办社会职能，进一步优化产业结构、队伍结构和企业组织结构。在具体操作上，坚持以市场为导向，发挥比较优势和特色技术，努力做精做强工程技术服务，坚持按计划压缩队伍，控制总量；淘汰一批落后装备，同时搞好钻机等关键设备的更新改造，加速提升竞争能力；努力做优生产服务，降低成本，提高质量；努力做精做专加工制造，以拳头产品和骨干企业为龙头，搞好技术改造，形成独具特色的加工制造中心，实现技术升级和产品换代。

与此同时，要基本完成“两个分离”，即主业与辅业分离，生产服务与社会服务分离，下决心解决内部“小而全”。对生活后勤服务和其他社会通用辅助业务，实行市场化运营、社会化服务，减少费用补贴，逐步融入社会；对中小多种经营企业，通过产权制度改革，解决好产权、隶属、劳动三个方面关系不清的问题，与主办单位彻底脱钩分开；要积极创造条件，分离企业办社会职能。

在此基础上，还要按照专业化、集约化的原则，对部分技术含量高、设备更新快、市场竞争性强的技术服务业务和特种作业业务，以产权联结、股份制组合的方式，按照自愿、互利、互补的原则，积极稳妥地参与跨企业、跨地区的重组。同时，还要按照建立现代企业制度的要求，积极推进存续企业的公司制改造，建立起规范运作、精干高效的公司管理体制；进一步深化“三项制度”等配套改革，着力转换经营机制，增强企业发展活力。

这些重大的改革举措，进一步明确了存续企业的产业定位和发展方向。这是中央和集团公司从存续企业的整体利益和长远发展目标出发做出的战略决策和必然选择，对我们既是挑战，又是机遇。对此，我们一定要认真学习文件，吃透会议精神，认清发展方向，结合实际分析问题，正确估计各种矛盾，努力把各项工作做细做实，争取有新的突破。

二、认真学习勘探局工作会议精神，紧密联系本单位实际情况，找准各项工作的切入点和落脚点

孙局长在工作报告中，已经全面、客观、准确地分析了我们当前和今后一个时期所面临的形势，提出了今年工作的总的指导思想和工作目标，明确了今年的重点工作，并进一步提出了做好各项工作的总要求，还特别强调了要加强思想政治工作，推进企业文化建设，保持大局稳定。

这就要求各级领导干部和全局广大职工必须深入贯彻十五届六中全会和中央经济工作会议精神，全面落实集团公司 2002 年工作会议精神，进一步发挥整体优势，搞好关联交易，建立战略同盟；继续坚持以市场为导向，以效益为中心，以发展为主题，以结构调整为重点，以改革创新为动力，解放思想，实事求是，推进科学管理，持续整合重组；调整结构，增加积累，加快发展，全面推进“二次创业”。尤其要在产权制度改革、“三项制度”改革、专业化重组、公司制改造、调整基地布局和产业结构等五个方面有新的突破。

2002 年是改革年，是管理年，是调查研究年，是转变作风年，是持续发展年。在今年的各项工作中，我们必须突出抓好六个方面的工作，即：发挥整体优势，搞好关联交易；推进改革改制，加快企业发展；完善内部承包经营责任制，确保全局经营目标的实现；实行“管理提升”战略，提高企业科学管理水平；走科技兴企的路子，推进科研产业化；坚定不移地实施“市场开发战略”，拓宽发展空间。

在这里，需要特别强调的是关联交易问题。市场开放是大势所趋，不可逆转。今年集团公司、股份公司确定的市场开放目标是 70%，明年还将进一步扩大市场开放程度。在这个问题上，我们的既定方针是发挥整体优势，谋求共同发展，实现双赢互利。正如孙局长多次强调指出的那样：油气大发展是长庆人的根本利益所在、希望所在；发挥整体优势，搞好关联交易，是保证重点工程顺利实施、保证勘探局生存与发展、保证大局稳定的最基本、最现实的条件，务必工作到位，不失大局；必须认真落实双方制定的相互支持、共同发展的“双十二条”和“五项基本工作原则”；必须坚持有效的协商机制，及时解决运行中出现的各种问题，规范运作，确保大目标的实现；必须摆正甲乙方的关系，坚持以质量求生存、图发展。我们必须坚定不移地贯彻落实好这一系列重要指示精神，努力把我们自己的事情办好，为实现长庆油气大发展的共同目标做出自己的贡献。

在结构调整方面，我们要找准自己在整个集团公司产业布局、业务重组中的位置，明确结构调整的方向、目标和重点，处理好局部与全局、近期与长远的关系。当前，我们结构不合理的矛盾依然突出，“大而全”、“小而全”的问题还比较严重，该强的没有做强，该退的没有退出，许多方面还存在雷同化的倾向。辩证唯物主义讲“扬弃”，只有把不该发展的舍弃掉，才能把应该发展、能够发展的方面凸显出来，实现轻装上阵，才能把企业的命运牢牢掌握在自己手中。各单位一定要摆正局部与整体、眼前与长远的关系，增强大局观念，坚决执行集团公司和勘探局的总体工作部署，结合实际情况，用改革的精神搞好结构调整。

三、深入贯彻落实本次会议精神，把广大干部职工的思想统一到勘探局总体要求和工作部署上来

这次“四会”意义十分重大，对我们认清改革形势，把握发展方向，坚定发展信心，起着至关重要的作用。今年的工作目标和任务已经明确，要实现预定的目标，关键是统一思想，开拓创新，抓好落实，务求实效。

为了传达贯彻落实好这次会议精神，我强调几点意见：

一是要按照六中全会和集团公司工作会议精神，加强和改进作风建设，以创新思维和创造性地工作，统一广大职工群众的思想认识，引导大家彻底转变观念，更新理念，直面现实，以良好的精神状态投入到改革、生存与发展大业之中去。

二是要在领导班子中统一思想认识。班子成员首先要学好、吃透会议精神，并对会议作出的各项部署进行认真研究。要注重把思路理清楚，把局党委、勘探局的意图和整体要求搞明白，在班子内部形成统一的意志和共识，把班子成员的思想统一到这次会议关于今年工作的总体要求和部署上来。要真正打破传统的思维定势，以全新的思路和全新的理念指导和做好本单位、本部门的各项工作。

三是要切实加强对深化改革、结构调整工作的领导。各单位党政主要领导要亲自抓，不仅要明确责任和任务，而且还要抓得紧、抓得实，更要抓得有力度、有章法，争取有新的突破，并见到实实在在的效果。要注意及时研究解决改革中遇到的各种新情况、新问题，正确把握好改革的方向，确保深化改革、结构调整工作健康有序地向前推进。

四是要结合实际情况，研究制定出相应的措施。各单位情况互不相同，绝不能不顾现实，盲目照搬照抄。要按照勘探局的总体部署，结合本单位的生产经营、发展定位、结构调整、公司制改造、专业化重组、党建及思想政治工作等实际情况，组织专门力量认真研究，制定出具体可行的实施意见，拿出思路清晰、目标明确、措施得力的运行方案，有计划、分步骤地抓好实施。

五是要注重实效，坚决反对各种形式主义、教条主义和本本主义。要坚持“创新、开放、简捷、明确、责任、自信”的企业理念，一切注重实际效果，绝不能以会议贯彻会议、以文件贯彻文件，图形式、走过场。要从传达这次会议精神开始，切实转变工作作风，深入基层一线，抓好调查研究，解决生产建设中的实际问题。要让每一个职工实实在在地认识到勘探局的现状和发展的方向，教育和引导职工与企业同呼吸，共命运，心连心，自觉地理解和支持改革，自觉地把自身的利益与勘探局的整体利益紧密联系起来，全力以赴地投入于“二次创业”的伟大实践中去。

四、深入学习贯彻党的十五届六中全会精神，深刻认识加强和改进党的作风建设及干部队伍建设的极端重要性

今年，我们要把进一步加强和改进党的作风建设，加强干部队伍建设作为新形势下的一件大事来抓，努力提高领导水平和决策水平，不断增强拒腐防变和抵御风险的能力。当前，首先要着力组织各级领导干部认真学习江泽民同志在中纪委第七次全体会议上的重要讲话，深刻理解加强干部队伍建设的极端重要性，牢固地树立起正确的权力观，诚心诚意地为实现人民群众的利益而奋斗。

各级领导干部要坚持理论联系实际，廉洁自律，以身作则，弘扬正气，不断提高政治理论水平，不断增强驾驭市场能力。正如职工群众说得那样：“不怕企业摊子破，就怕领导班子散；不怕企业无出路，就怕领导无思路；不怕职工不服气，就怕领导无正气。”我们必须紧紧围绕群众路线这个核心问题，结合勘探局改革、生存与发展的实际，有针对性地解决思想作风、工作作风、领导作风和干部作风方面的突出问题。

各级领导和局处两级机关工作人员要率先垂范，重心下移，注重调查研究，关心职工生活，增强服务意识，简化工作程序，切实提高工作效率和服务质量，进一步密切党群、干群关系。

特别是在干部队伍建设上，要严字当头，严格要求，严格教育，严格管理，严格监督，务求实效，真正把大家的思想统一到六中全会精神上来，统一到集团公司工作会议精神上来，统一到勘探局“四会”精神上来，以全新的作风、坚定的信心和崭新的形象投身到改革改制、结构调整、市场开发、科技进步、企业管理和思想政治工作的各项实践中去。

五、切实抓好春节期间的安全工作和综合治理工作，确保广大职工家属度过一个安全、文明、祥和、欢乐的节日

2002年春节即将来临，为使全局广大职工度过一个安全、文明、祥和、欢乐的节日，各单位要认真做好节日期间的各项工作。

要按照“三个代表”的要求，切实转变作风，认真安排好节日期间的各项工作和职工生活，特别是坚守生产岗位职工的生活。要通过开展形式多样、健康向上、丰富多彩的文化娱乐活动，使广大职工群众过一个安全、文明、祥和、欢乐的节日。同时，要做好慰问离退休老同志和特困职工家庭的工作，把党的关怀和企业的温暖送到职工群众之中，进一步密切党群、干群关系。

要切实负起责任，落实各项措施，确保节日期间安全生产和矿区、厂区稳定。各单位要按照中央、集团公司和勘探局关于加强“两节”期间安全生产工作和治安防范工作的有关规定，切实抓好安全生产工作和治安工作。要严格落实各级领导和部门的安全生产和综合治理责任制，强化监督检查，特别是要加强对重点要害部位、人群密集的公共场所，以及供水、供电、供气、通信等关键设施的安全保卫和防范工作，严格对易燃易爆等危险物品的管理。有关部门要对家庭用气、用电安全认真进行检修，并落实责任。要坚决杜绝各种违章违规现象，对存在安全隐患的单位、场所和设备，必须认真整改，确保万无一失。要高度重视交通安全管理工作，切实落实各项安全措施，确保冬季行车安全，一车同载十人以上必须落实专人负责制。要认真贯彻“三禁一反”的有关规定，特别防止因酗酒引发的不安全、不稳定事件的发生。

各单位要把维护稳定工作摆在重要位置，切实承担起“保一方平安”的政治责任。要严密防范“法轮功”邪教组织及各种非法组织的破坏活动，发现苗头，坚决打击，绝不手软。要切实加强信访工作，下大力气做好各种不稳定因素的排查调处工作，超前防范，及时化解，努力把矛盾和问题解决在萌芽状态。同时，要制订切实可行的处置突发性、群体性事件的预案，一旦发现问题，领导干部必须靠前指挥，做好深入细致的引导教育和解释疏导工作，确保队伍稳定和大局稳定。

要认真学习贯彻落实中纪委第七次全体会议精神。各级领导干部要坚持廉洁自律、勤俭节约，狠刹各种请客送礼、奢侈浪费等不正之风。各单位要严格执行中央、集团公司和勘探局有关加强各级领导干部廉政建设的各项规定，严禁在春节期间搞相互走访和拜年等活动。要严格财务管理，严禁用公款请客、送礼和滥发钱物。各级领导干部和机关工作人员不得参加用公款支付的高消费娱乐活动，不准接受下属或有业务联系单位赠送的礼金、有价证券等。各单位纪检监察部门要对“两节”期间本单位的廉洁自律情况进行监督检查，对违反廉洁自律规定及上述要求的，予以严肃查处。

要切实做好节日期间的值班工作。各单位、各部门要认真落实节日值班工作的各项制度，严格实行岗位责任制，切实做好交接班。节日期间，局属各单位，局处两级机关办公室、生产运行、财务、治安保卫等部门必须坚持24小时专人值班，认真做好值班记录，并有领导在岗带班，带班领导联系电话及时报送局总值班室。局总值班室要班班抽查全局值班情况。各单位值班人员要尽职尽责，定期或不定期抽查下属单位值班工作情况，遇到重大问题和紧急突发事件，要及时请示报告，妥善处理，确保春节期间生产生活的平稳有序运行。

同志们，新的一年，新目标、新起点、新征程。我们要以这次会议精神为新的动力，以崭新的精神风貌，努力开创“二次创业”的新局面。

2002年新春佳节即将来临，借此机会，我代表局党委、勘探局向在座的各位代表，并通过你们向全局广大干部职工、家属和离退休老同志拜个早年，祝愿大家工作顺利，心情愉快，合家欢乐，身体健康，在新的一年里取得新的、更大的成绩！

张继昌同志在纪念建党81周年先进事迹报告会上的讲话

（2002年7月1日）

同志们：

今天是中国共产党成立81周年纪念日。81年来，我们党领导全中国人民浴血奋战，进行了艰苦卓绝的斗争，推翻了压在中国人民头上的“三座大山”，建立起人民当家作主的新中国。建国后，尤其是改革开放20多年来，我们党领导人民在错综复杂的国际国内环境下，取得了举世瞩目的伟大成就，中华民族已巍然屹立于世界民族之林。历史表明，我们党始终代表了中国先进社会生产力的发展要求，始终代表了中国先进文化的前进方向，始终代表了中国最广大人民的根本利益，为实现国家和人民的根本利益而努力奋斗，为中华民族和中国人民建立了不朽的功勋。

我们纪念建党81周年，其根本目的就在于增强全体党员的理想信念，使广大党员进一步增强党性，树立正确的世界观、人生观、价值观，艰苦奋斗，无私奉献，在“二次创业”中充分发挥共产党员的先锋模范作用，这是我们企业的活力所在，也是我们企业的巨大财富。

今天，我们欢聚一堂，举行事迹报告会，纪念党的生日，歌颂优秀党员、先进党支部的先进事迹，非常有意义。他们是在“二次创业”的伟大进程中，涌现出来的先进典型；他们是全局职工的优秀代表；他们是实践“三个代表”，推进“二次创业”，实现长庆振兴的希望所在。他们的先进事迹不仅对全体共产党员，而且对全局广大干部、职工都有很强的教育鼓舞和示范作用。局党委、勘探局感谢他们，全局职工感谢他们。

下面，我强调三个方面的问题。

一、认真学习江泽民总书记“5·31”重要讲话精神，进一步认清形势，统一思想

2002年5月31日，江泽民总书记在中央党校发表重要讲话，站在党和国家发展全局的高度，科学分析了面临的新形势，深刻阐明了我们党执政兴国的新任务，创造性提出了一系列新思想、新观点、新论断，进一步丰富了“三个代表”的重要思想，进一步总结了建设有中国特色社会主义的规律，为党的十六大胜利召开奠定了重要的思想理论基础。《讲话》高屋建瓴，内涵丰富，思想深刻，论述精辟，对于更好地动员全局广大党员和全体职工，为“二次创业”努力奋斗具有十分重要的指导意义。

江泽民总书记指出：进入新世纪，我国进入了全面建设小康社会，加快推进社会主义现代化的新的发展阶段。国际形势正在发生着深刻的变化。世界多级化和经济全球化的趋势在曲折中发展，科技进步日新月异，综合国力竞争日趋激烈。形势逼人，不进则退。我们党要坚定地站在时代潮流的前头，团结和带领全国各族人民，实现推进现代化建设、完成祖国统一、维护世界和平与促进共同发展的历史任务，在建设有中国特色社会主义的道路上实现中华民族的伟大复兴，这是历史和时代赋予我们党的庄严使命。

近年来，集团公司在国际政治跌宕起伏、世界经济增速减缓、国内市场需求不旺、油品价格剧烈震荡的大环境下，审时度势，沉着应对，通过采取一系列深化改革和强化管理的重大举措，抵御和克服了发展道路上的风险和困难，坚持改革创新，经受各种考验，整体实力逐步增强，在国际石油领域已具备一定的竞争实力。根据国际权威机构公布的世界 50 家最大石油公司综合排名，中油集团已经从 1997 年的第 16 位上升到第 9 位，率先进入世界石油大公司十强。

鄂尔多斯盆地油气勘探开发是国家实施“稳定东部，发展西部”战略的主战场之一。重组改制以来，按照集团公司的要求和部署，面对历史遗留的和自身存在的各种矛盾与困难，我局全体共产党员和广大干部职工，顾全大局，开拓进取，积极探索，正确处理改革、发展和稳定的关系，努力转换经营机制，逐步理顺各种关系，进一步增强了适应市场竞争的能力。2000 年，勘探局在 21 个方面创造了 48 项历史最高水平，完成了“一盈一平”的奋斗目标。2001 年，取得了 6 个方面 64 项新成果，创造了多项新纪录，完成了集团公司确定的“平稳过渡”的目标，基本实现了局党委、勘探局确定的“争取有个好收成，让职工过上好日子”的目标。今年上半年，自 2 月 23 日全局各路生产全面启动以来，全局大局稳定，职工队伍稳定，以生产经营为中心的各项工作稳步推进，呈现出良好的发展态势。

成绩来之不易，必须倍加珍惜，我们一定要发扬成绩，增强信心，百尺竿头，再进一步，努力取得更好的成绩。同时，更要清醒认识当前面临的严峻形势，努力增强紧迫感和危机意识，迎接更大的挑战。

马富才同志指出，我们面临着比亚洲金融危机更为严峻的国际经济形势，这话发人深思。加入 WTO 后，随着关税减让及配额许可证的取消，国外石油工程技术专业服务公司将大举进入国内市场，使得国内石油工程技术服务市场的竞争将更加激烈。随着地区性服务市场的进一步开放，会有更多的国内各类石油工程技术服务队伍参与鄂尔多斯盆地及其周边市场的竞争。就关联交易市场变化而言，原油价格的波动和市场开放力度的加大，会直接影响关联交易市场，最终将影响存续企业的效益。另外，成品油、钢材、水泥等各类生产资料价格还可能上涨，使我们面临的成本压力将进一步增大。

就我们自己而言，干部职工的观念仍然相对滞后，严重地影响着勘探局的改革和发展，必须引起我们的高度重视。从局领导近期在陇东、宁夏、陕北各单位调研了解的情况来看，观念滞后主要表现在：职工依赖国家、依赖企业的心理倾向依然突出，扔掉“铁饭碗”，主动参与企业改革的意识还不到位，缺少与企业荣辱与共的创业精神；特别是领导干部中知识体系较为陈旧，对市场竞争规则、现代企业运行机制知之甚少；行动滞后，求稳怕乱，畏难情绪还比较严重，忧患意识强烈但改革创新步伐缓慢；企业文化体系、价值观念亟待更新等。

当前，勘探局到了“二次创业”的关键时期。全体共产党员和广大干部职工，要认真学习江泽民同志重要讲话精神，充分认识讲话的重大意义，深刻领会讲话的科学内涵，全面把握讲话的精神实质，把对当前形势的认识统一到讲话精神上来，把思想统一到局党委、勘探局确定的“实践三个代表，推进二次创业，创造优异成绩，向党的十六大献礼”上来。全体共产党员和广大干部职工，面对复杂多变的市场环境，必须认清形势，坚定信心，周密筹划，沉着应付。要坚持解放思想、实事求是的思想路线，要大力弘扬与时俱进的精神，通过自身的努力，跟上时代的步伐，为推进“二次创业”，实现长庆振兴做出自己应有的贡献！

二、以“三个代表”重要思想为指导，加强党的各级组织建设，努力维护长庆改革、发展、稳定的大局

江泽民总书记强调：“努力开创建设有中国特色社会主义事业新局面，必须毫不动摇地坚持和改善党的领导，全面推进党的建设新的伟大工程。”

企业中的党组织是党在基层的战斗堡垒，只有不断加强和改进基层党组织的建设，才能团结和带领广大职工群众，艰苦奋斗，勇闯难关，促进企业的改革和发展，推进两个文明建设。

党的十五大以来，勘探局各级党组织和广大党员干部按照党中央确定的新时期党建工作的指导思想、原则和总体目标，结合勘探局的实际，恪尽职守，开拓进取，竭诚奉献，为在新形势下加强和改进企业党的建设，保证和促进勘探局的改革与发展做出了积极的贡献。特别是在重组改制以来，面对存续企业生存与发展的困难，各级领导班子、领导干部始终坚持和局党委、勘探局保持一致，讲政治，顾大局，注意发挥整体优势，从企业生存与发展的高度出发，不断提高解决复杂问题的能力，带领职工锐意进取，及时化解改革当中出现的矛盾和问题，保证了勘探局总体目标的实现。

但是应该看到，重组改制，不但使我局在管理体制和运行方式等方面发生了脱胎换骨的变化，也为存续企业的生存与发展带来了许多新情况、新问题，给新形势下加强和改进企业党组织建设提出了不少新的挑战和新的课题。

为了适应新形势的要求，党的组织建设工作必须进一步在改进中加强，决不能停留在旧有状态上。我们要按照“三个代表”的要求和集团公司的部署，一定要把思想建设、组织建设、作风建设有机地结合起来，把制度建设贯穿其中，既立足于经常性的工作，又抓紧解决存在的突出问题，不断开创党建工作新局面。

一是要发挥企业党组织的政治核心作用。

从组织上、制度上进一步规范党组织参与企业重大决策的途径和办法，保证党组织在企业中更好地发挥政治核心作用和监督保证作用。要积极参与企业经营方针、发展规划、投资方向、对外合作、关联交易、整合重组等企业改革、发展中的重大问题的决策，和住房改革、三项制度改革、医疗制度改革等职工群众普遍关心的热点问题的决策，要切实加强对油田精神文明建设和思想政治工作的领导，确保企业发展始终坚持正确的政治方向。

要进一步发挥党组织在改制企业的政治核心作用。近几年来，我们对党组织在改制企业的地位和作用方面进行了一些实践和探索，譬如：对所属的模拟法人全资公司，按照规范的法人治理结构要求改造的长庆实业有限公司和按照现代企业制度要求建立的西安长庆科技工程有限公司，实行董事会领导下的总经理负责制。公司党委成员与董事会、监事会、经理班子和工会成员实行“双向进入，交叉任职”，在实际运作中取得了显著效果。随着产权制度改革的进一步深化，勘探局将出现更多的改制企业。要通过一定程序，以国有股股份的名义推荐党委领导成员进入董事会、经营班子和监事会担任领导职务，形成以党组织为政治核心，董事会为决策中心，以总经理为首的经营班子为生产经营指挥中心的领导体制，可以较好地解决“老三会”和“新三会”的衔接问题，形成一套较为规范的操作办法，保证国有企业党组织政治核心作用的充分发挥。

二是要充分发挥党支部的战斗堡垒作用。

要根据勘探局改革和发展的新情况，及时调整党支部设置，选配好党支部书记，经常检查督促党支部有效地开展工作，及时整顿软弱涣散的党支部。要抓好新建单位（项目部）、改制企业、对外合作队伍的基层建设。要紧密结合生产经营的实际，创造性地开展工作，努力做到一个支部一个堡垒，一个小组一块阵地，一个党员一面旗帜。各级党组织要以增强党性、提高素质为目标，加强对党员的教育、管理和监督，保持党员队伍的先进性、纯洁性。要紧密结合企业改革和生产经营，扎扎实实地开展党员责任区、党员目标管理、民主评议党员、创先争优等活动。

三是要进一步健全党员的组织管理体系。

在企业实施改革改制、人员分流的过程中，必须同时做好基层党组织建设工作，真正做到基层党的组织不散，党的工作不停，把正确引导职工投身改革，保持职工队伍稳定和保证企业改革顺利进行，作为党组织的中心任务。

要积极探索有偿解除劳动合同党员的管理工作。目前，全局共有有偿解除劳动关系的职工 6425 人，其中，党员 2348 人，占全局党员总数的 12.2%。在这些党员中，党组织关系仍在原单位的有 1956 人，占有偿解除劳动关系党员总数的 83.3%，党组织关系已经转出勘探局的有 210 人，占有偿解除劳动关系党员总数的 8.9%。暂时联系不上的有偿解除劳动关系党员有 182 人，占 7.8%。我们要根据集团公司党组的要求，本着有利于党组织管理、有利于加强教育监督、有利于党组织活动开展的原则，积极加强指导，帮促基层党组织探索有偿解除劳动关系党员管理的途径，大力加强对有偿解除劳动关系党员的党组织关系接转工作。

四是进一步巩固和扩大“三讲”成果，切实加强党的作风建设。

2002 年是“转变作风年”，我们要认真落实中央、集团公司和局党委、勘探局有关加强党风廉政建设的各项规章制度，加强共产党员、特别是党员干部的作风建设。在新形势下继续发扬大庆精神、铁人精神和“三老四严”的作风，保持艰苦奋斗的本色，不能因为经济条件好了，工作环境改善了，就忘了我们的根本。要按照十五届六中全会“八个坚持、八个反对”的要求，加强党风廉政建设，坚持落实好《长庆石油勘探局党风廉政责任制》等各项制度，把好制度约束关、监督关和自律关。要密切联系群众，要始终保持共产党人的蓬勃朝气、昂扬锐气、浩然正气，永远与广大职工群众心连心。

三、发挥党员先锋模范作用，立足岗位，发愤图强，努力创造优异成绩，向党的十六大献礼

重组改制、分开分立以来，面对严峻形势，在局党委、勘探局的正确领导下，广大党员奉献在生产经营、市场开发、科技创新第一线，不管是在鄂尔多斯盆地，在青海涩宁兰工地区、西气东输现场，还是在厄瓜多尔、尼日利亚和乌兹别克斯坦项目，我们的共产党员总是冲锋在前、吃苦在前、奉献在前。近两年来，先后有 36 个基层党组织、109 名共产党员和 31 名党务工作者受到局党委、集团公司和陕甘宁三省（区）的表彰奖励，进一步推动了全局基层党组织建设和党员队伍建设。他们是“三个代表”的忠实实践者，他们是勘探局“二次创业”的坚实的脊梁。他们的事迹和今天报告的先进党支部、优秀共产党员的事迹一样感人至深、催人泪下，具有很强的教育意义。

今年是我们党和国家发展史上非常重要的一年，我们党将召开十六大。这对于我们继往开来，与时俱进，全面建设小康社会，加快推进社会主义现代化建设的步伐，具有重大而深远的意义。全体共产党员，全局广大职工，要向先进典型学习，认清新机遇新挑战，保持奋发有为的精神、艰苦奋斗的作风、百折不挠的斗志，扎实做好各方面工作，以优异的成绩迎接党的十六大的胜利召开。

一是锐意进取，做生产经营的先锋。

2002年，长庆油田油气年产量（当量）目标锁定在1000万吨，油田建设规模大幅度攀升，工作量又是长庆历史之最。勘探局今年的生产经营任务十分繁重，在年初的工作会上，我们明确了今年主营业务收入45亿元，计划增长5%；钻井进尺217万米，二维地震5600剖面千米，试油（气）作业3869层次，测井测试3900层次，主要指标都超过了上年。上半年，我们的生产经营总体形势不错，各项指标踏上了计划的步子，但是也遇到了一些困难和问题。特别是今年雨季提前，一些油区受到暴雨袭击，给生产带来了不少困难。同时，安全生产形势严峻，为我们敲响了警钟。当前是生产的黄金季节，各单位一定要按照局党委的要求，在全体党员中进一步开展创建"党员责任区"、"党员模范岗"活动，做到吃苦在前，奉献在前，拼搏进取，模范带头。紧紧围绕勘探局重点工程、重点项目建设，积极参与勘探局"创纪录、上水平"劳动竞赛、"闯市场、增效益"劳动竞赛和群众性的科技创新工程，力争取得好成绩。同时，全体共产党员要进一步增强安全意识，带头严格执行安全生产有关规章制度，推动各级安全生产工作责任制的落实，最大限度地消除身边事故隐患，遏制重、特大事故的发生，为我局生产经营的顺利进行创造一个良好的环境。

二是开拓创新，做改革改制的促进派。

存续企业必须深化改革、加大力度，调整结构，否则就不可能求得生存与发展。今年，勘探局的各项改革任务非常繁重，年初确定的企业发展定位、内部主辅分离、各种结构调整、专业化重组、公司制改造、住房分配货币化以及人事制度改革等项改革任务，目前都在按照既定的工作要求运行，应该说态势不错。但是，改革改制工作发展还不平衡，改革工作搞得不好的单位最大的问题是思想观念问题。通过近期的调研发现，哪个单位职工思想解放了，哪个单位的观念进一步转变了，哪个单位的"棋"就下活了。反过来说，如果思想保守，观念陈旧，即使市场工作量饱满，也看不出有更多的"活棋"。我们教育职工要转变观念，各级领导首先要转变观念，共产党员首先要转变观念，要从思想上理解改革、行动上支持改革、积极投身参与改革。

改革是一项政策性很强的工作，各级领导、全体党员，要做学习的模范，认真学习政策，准确掌握政策。宣传解释政策要讲准、讲透、讲清楚，不断提高政策的透明度，帮助群众正确理解改革、自觉支持改革、积极投身改革。要及时澄清和纠正各种舆论误导，使广大群众既明白改革的必要性、改革政策的合法性和正确性，又懂得这些政策的具体规定和操作方法，提高职工群众对改革的认知度，进而增强承受能力。特别要做好改革中的释疑解惑工作，做好一人一事的思想工作，认真理顺情绪，努力化解矛盾，维持队伍稳定。

三是顾全大局、做维护稳定的模范。

重组改制以来，局党委、勘探局始终将"保一方平安"作为各级领导的政治责任，把维护稳定大局作为各级领导班子的一项首要任务来抓，做了大量切实有效的工作。从整体上来看，长庆的大局是稳定的，职工队伍也是稳定的。局党委、勘探局对维护和保持长庆的稳定是充满信心的。但是也要清醒地看到，在局属各单位中还存在着不少不稳定的因素。

各级组织、全体党员，要站在讲政治的高度，进一步提高对维护稳定重要性的认识，要时刻注意坚持讲大局、讲团结、讲稳定。如果出现不稳定，直接的受害者是全局广大职工群众；如果出现不稳定，不仅影响全局眼前的利益，还将对长庆未来的发展造成很大的危害。全体党员要在政治上、思想上自觉与党中央、集团公司党组保持高度一致，不能有任何偏离，更不能自行其是，要用强烈的党性原则和高度的责任意识来确保职工队伍的稳定。

要增强组织性、纪律性，每个领导干部、每个共产党员，都要从党和国家的大局、集团公司的大局、长庆整体发展的大局出发来考虑和处理问题，坚决做到不利于大局、不利于稳定的话不说，不利于大局、不利于稳定的事情不做，要坚持党性，严肃党纪，处处带头，以身作则，做顾全大局、维护稳定的模范。在事关稳定这个大是大非问题上，各级党组织、各级干部、全体党员都要头脑清楚，立场坚定，旗帜鲜明，措施得力，工作有效。

同志们，目前我们进入了改革的攻坚阶段和发展的关键时期，任务繁重而艰巨，我们要以开展“实践三个代表，推进二次创业，创造优异的成绩迎接党的十六大胜利召开”的系列活动为契机，动员全体共产党员和全局广大职工，立足岗位，锐意进取，全面完成各项任务，创造更加优异的成绩，迎接党的十六大的胜利召开。

专　稿

长庆石油勘探局做好调查研究大文章

2002 年，长庆局党政工领导兵分三路，分赴陕甘宁三省区的 10 多个单位，送前线将士出征，调查研究基层单位新一年生产经营工作准备情况及存在的问题。所到之地，留下了领导们繁忙的身影。职工们说：“领导的务实行动使我们看到了长庆的又一个希望之年。”

2001 年，长庆局面对重组改制、生产经营、市场开发等各方面遇到的新问题，坚持把调查研究作为转变领导和机关作风、解决实际问题、搞好经营决策的主要手段，除局领导班子先后 6 次集体听取 18 个基层单位的专题汇报外，还先后 26 次深入基层进行调研，共写出调研报告 24 份。这些调研报告分量重、质量高，为制定政策、指导工作打下了基础。根据调研结果，长庆局首先从更新理念开始，建立和完善了市场、经营、改革、科技进步等方面的理念体系；作出了对钻井工程总公司持续重组及对机械、建工、教育等系统和局机关等 15 个单位及部门进行整合的重大决策；在钻井工程总公司进行了以市场开发、生产运行、财务管理为内容的“三位一体”成本动态控制试点，并在全局召开了“三位一体”成本动态管理座谈会，使企业的经营管理水平进一步提高。

领导作风的转变，使长庆局从上到下调查研究工作蔚然成风。局机关各部门在开展“比作风、比基础工作、比调查研究、比为基层办实事”的“四比”活动中，下基层参加专题调研达 1722 人次，解决各类问题 941 个。根据调研的情况，推行了“立即就办”、“绿色通道”、“首问负责制”等制度，进一步规范了工作程序和办事行为。各基层单位也结合各自实际，组织专门人员进行调查研究，及时解决了基层反映的问题。

调查研究工作进一步促进了干部队伍特别是领导干部队伍的建设，领导干部在职工群众中的形象大大提高。

（杨文理　张新民）

长庆石油勘探局“四会”隆重召开

长庆局第九届职工代表暨第七次工会会员代表大会、2001 年度先进模范表彰大会、长庆局

2002年工作会议于2002年2月1日在西安隆重召开。长庆局局长、党委书记孙玉辰在会上做了题为《发挥整体优势,加快结构调整,努力开创“二次创业”的新局面》的工作报告,长庆局工会主席蒲建中在第七次工会会员代表大会上做了《实践“三个代表”突出维护职能,在“二次创业”中建功立业》的工作报告。开幕式由长庆局党委副书记、纪委书记张继昌主持,长庆局副局长杨庆理致开幕词。长庆油田公司为祝贺长庆局“四会”的召开,专门发来贺信,并赠送了礼品。

长庆局副局长滕玉林、刘自强,总工程师赵业荣、总会计师张芝兰,党委常委张启英,局长助理张元忠、邓火孝、杨再生,原长庆局副局长陈国法、原局工会主席王树荣等也出席了会议。参加这次大会的正式代表共240名,列席代表17名。

大会的主要任务是:审计并通过勘探局工作报告、财务工作报告、业务招待费使用情况报告、工会工作报告、工会财务工作报告,以及勘探局“十五”发展计划;签订《长庆石油勘探局2002—2004年集体合同》;民主评议局领导班子成员;选举产生长庆石油勘探局第七届工会委员会和工会经费审查委员会,选举产生长庆石油勘探局第九届职工代表大会三个专门工作委员会;集思广益,畅所欲言,共商企业改革、生存与发展大计;表彰2001年度先进模范集体、劳动模范和先进生产(工作)者、“二次创业”先进集体、先进个人、优秀科技人才;对2002年工作进行整体部署,提出总体要求,确定工作目标,明确重点工作。

孙玉辰同志在工作报告中,总结了2001年工作,部署了2002年任务。他指出,2001年是长庆局“二次创业”革新图治、奋发图强的一年。在关联交易市场开放50%、招投标价格下浮5%—10%的困难条件下,较好地完成了集团公司的考核指标,各项工作刷新了一批新纪录,取得了一系列新成果,实现了局党委、长庆局年初确定的“争取有个‘好收成’,职工过上‘好日子’”的奋斗目标。主要成绩有:工程技术(生产)服务刷新了11项历史最新纪录;市场开发创造了12项新成绩;科研攻关取得了11项新成果;企业科学管理取得12项新进步;建立健全了9项社会保障制度;精神文明建设获得12项荣誉。他强调,2001年工作的主要启示是:“二次创业”,更新理念为先;“二次创业”,调整结构为实;“二次创业”,开发市场为本;“二次创业”,要靠科技兴企;“二次创业”,管理要科学;“二次创业”,稳定大局为要。

孙玉辰同志对长庆局2002年工作进行了部署。他指出,2002年工作的指导思想是,以邓小平理论和十五大精神为指导,深入贯彻十五届六中全会和中央经济工作会议精神,全面落实集团公司2002年工作会议精神,进一步发挥整体优势,搞好关联交易,建立战略同盟。继续坚持以市场为导向,以效益为中心,以发展为主题,以结构调整为重点,以改革创新为动力,解放思想,实事求是,推进科学管理,持续整合重组。增加积累,加快发展,全面推进“二次创业”。要在产权制度改革、“三项制度”改革、专业化重组、公司制改造、调整基地布局和产业结构等五个方面有新的突破。经营目标是主营业务收入45亿元,计划增长5%。市场预测及开发目标是关联交易市场勘探开发总投资67.33亿元;科技进步经费预算4248万元,增长20%(其中各单位投资3000万元);完成科技发展项目34项。其中重点科技发展项目16项。综合指标是:(1)HSE管理工程:安全生产实现四个杜绝、三个不超、一个确保、环境保护一杜绝、两控制、三达标;健康保护抓好职业病预防、劳动保护达到规范要求。(2)精神文明建设:走在所在省(区)前列。重点工作一是发挥整体优势,搞好关联交易;二是推进改革改制,加快企业发展;三是完善内部承包经营责任制,确保全局经营目标的实现;四是实行“管理提升”战略,提高企业科学管理水平;五是走科技兴企的路子,推进科研产业化;六是坚定不移地实施“市场开发战略”,拓宽发展空间,孙玉辰同志还对各单位的工作提出具体要求，并强调 2002 年要继续为职工办好 8 件实事。

长庆局工会主席蒲建中受第六届工会委员会的委托，向大会做工会工作报告，他在报告中回顾了四年来的工会工作。他指出，过去的四年，工会工作坚持以生产建设为中心，大力实施经济技术创新工程，积极引导广大职工投身“二次创业”，认真履行基本职能，全面落实职工代表大会和平等协商制度，有效地维护了职工的合法权益；全心全意依靠职工群众，不断深化厂务公开制度，企业民主管理有了新的进展；积极实施送温暖工程，大力开展“交友帮扶”活动，把组织的关怀送进千家万户；大力开展企业文化建设活动，努力培养一支高素质的职工队伍；不断加强工会自身建设，努力推进整体工作上水平。

蒲建中同志指出，今后几年长庆局工会工作的指导思想是：以邓小平理论和党的基本路线为指导，按照“三个代表”的要求，紧紧围绕勘探局“两条基本思路”、“四大发展战略”和“创新、开放、简捷、明确、责任、自信”的企业理念，坚定不移地推动党的全心全意依靠工人阶级根本指导方针的贯彻落实，以贯彻实施《工会法》为重要契机，坚决履行基本职责，最大限度地把广大职工组织到工会中来，最大限度地维护广大职工的合法权益，最大限度地保护、调动和发挥好广大职工的积极性、创造性，充分发挥广大职工群众在“二次创业”中的主力军作用。总体要求是：依法维护，重在创新，突出重点，讲求实效。

（李东勋　李　莉　徐志武）

长庆石油勘探局热烈欢迎劳模和先进集体代表载誉归来

2002 年 5 月 8 日上午，长庆局两位“全国五一劳动奖章”获得者、一位陕西省劳动模范以及一位陕西省先进集体的代表载誉归来。长庆局举行了隆重简短的欢迎仪式。

所有在西安的局领导以及西安片各单位负责人参加了欢迎仪式，孙玉辰局长亲自为劳模和先进集体代表献花。在随后的座谈会上，“全国五一劳动奖章”获得者、井下技术作业处处长王鸿彬介绍了进京领奖以及参加全国总工会组织的活动情况。“全国五一劳动奖章”获得者、采油三处党委书记朱文伯、陕西省劳动模范凌心强，以及陕西省先进集体钻井工程总公司的代表，钻井工程总公司党委书记刘顶运分别谈了获表彰奖励后的感想和今后的打算。

孙玉辰局长在座谈会上发表了热情洋溢的讲话，他说，长庆局举行这个仪式就是为了表达崇敬的心情，号召全局职工向各位劳模和先进集体学习。长庆局这两年的“二次创业”已经开了好头，这与各位劳模和先进集体的带头创新密不可分。长庆局目前的工作与长庆“十五”目标相比，也仅仅是个开头。他强调当前要做好的三件事，第一是要深化改革，不改革企业就没有活力，就没有发展的后劲；第二是要处理好改革、稳定、发展的关系，当前尤其是要做好稳定工作，不然就会错过发展的大好时机；第三是要进一步明确“二次创业”的目标，树立“二次创业”的信心，要克服两种错误认识：一是长庆有活干就有市场，改革与不改革都过得去；二是对前景缺少信心，精神不振作。

（苏　柯　徐志武）

长庆石油勘探局外揽工作量突破 5 亿元

长庆局把实施市场开发战略作为搞好“二次创业”的重中之重，取得了前所未有的好成绩。2002 年前 4 个月，在油田关联交易市场稳步发展的基础上，外揽工作总量已达 54900 多万元。其中国内社会市场承揽到的工作量，已超过2001年全年同类工作量的总和。目前,各个工程(项目)均已进入全面实施阶段。

为了规范管理,增强市场开发工作的后劲,长庆局加强了市场开发的基础工作。年初,成立了石油生产承包商协会及地面建设、井下作业、运输、产品销售4个分会,有26个单位的代表分别在各分会自律协议上签了字;长庆局加强了对基层单位的服务,给工程技术服务队伍建立了内部档案,对施工队伍的设备、资质、作业能力、工作量等全部进行了造册登记,分析了现状并采取了相应的措施;着眼于提高基层单位市场开发专、兼职干部的业务素质,对全局28个单位的40余名营销人员进行了《合同法》、商务谈判等8个方面的业务培训;选拔推荐了部分高级专业技术人才前往国内外著名大学,进行英语、工商管理等方面的知识培训,为下一步更大范围的市场开发储备了人才。

长庆局在市场开发中,针对国内外的市场环境,注重发挥自身特长,重点在筑路工程、管道施工、钻井作业、产品销售等方面进行突破。在筑路方面,先后承揽到了甘肃打扮梁—庆阳、西峰—庆阳、内蒙达查、新疆塔且、宁夏中宁—郝家集及陕西安康—紫阳等8条道路工程的施工;在管道施工上,承揽到了"西气东输"管道工程、宁夏忠—武输气管道及西安—商州天然气管道、长—呼输气管道、河南信阳天然气管道等7条管道的施工、设计及物资储运业务。其中在"西气东输"工程中,在13、14两个标段共揽到了172.4千米的施工任务,在陕西延安至子长和山西临汾两个标段揽到的物资储运量,占整个"西气东输"工程物资储运总量的五分之一左右;在钻井市场上,先后两次中标青海油田的钻井施工资格,目前第二口井井深已达1400余米;产品外销上,目前已向西部各油田及周边市场销售机械、化工产品670多万元。

在国内市场遍地开花的同时,国际市场开发的空间不断拓展,目前已有3支钻井队出国打井。其中厄瓜多尔钻井项目已实现两开一完,乌兹别克斯坦项目第一口井井深已达2018米。

(杨文理　张新民)

长庆石油勘探局
高奏持续发展乐章

石油企业分开分立独立运行后,长庆局按照"创新、开放、简捷、明确、责任、自信"的企业理念,坚持以市场为导向,以效益为中心,以发展为主题,以结构调整为重点,以改革创新为动力,持续整合重组,推进科学管理,全面实施"两条基本思路"和"四大发展战略",使企业的经营业绩一年好于一年。2000年,在全局各项工作创造了21个方面482项历史最高水平的基础上,主营业务实现收入40.2亿元,全面完成了分开运作第一年的预期经营目标。2001年,在工程技术服务、市场开发、科研攻关、企业管理、精神文明建设等方面取得多项新成果的基础上,主营业务收入达到了42.8亿元,上缴税费3.8亿元。2002年上半年,主营业务以22.3亿元的收入,比2001年同期增长18.6%,从而为长庆局的又一个持续发展年奠定了坚实的基础。

重组改制后,长庆局面对冗员多、装备相对老化、设备新度系数低、资产和产业结构不合理及企业社会负担重等一系列困难,首先从更新理念开始,经过深思熟虑,及时提出了市场开发、经营战略、企业改革、科技进步等方面的23条理念,把理念更新作为体制、机制创新的先导,使各路工作都迸发出齐头并进之势。

两年多来,钻井系统依靠科技进步,综合运用配套技术,不断创造新水平,共开钻2453口,完井2389口,进尺438.66万米。创造了年钻井总进尺、油气井机械钻速、固井质量合格率、取心收获率等多项历史最高水平;试油压裂5132.8个层次,试油气合格率、新井压裂酸化成功率、压裂酸化施工全优率等较重组前均有不同程度提高；油井测试完成 9393 井次；井下作业完成 21047 井次；二维地震、三维地震分别完成 12517 剖面千米和 701 平方千米，受到股份公司勘探部和长庆油田公司的高度评价；市场开发工作取得了实质性进展，在国内社会市场和国际市场承揽工作量 18.69 亿元；科技创新见到明显效果，先后取得关键技术和配套技术 20 多项，促进了生产的快速发展；精神文明建设取得显著成果，长庆局先后获得“全国绿化先进集体”、“全国群众体育工作先进单位”等称号，刘瑛、蒲建中、杨呈德、杨再生、曹师伊、秦惠中、朱文伯、王鸿彬等先后分别获得了“全国劳动模范”、“全国五一劳动奖章”称号，另有 10 多个单位(部门)和个人也分别获得了全国及省、集团公司授予的各类称号；多种经营发展势头强劲，文教卫生、基地建设及其他各项工作均取得了较好成绩。

(杨文理)

钻井工程总公司完成乌兹别克斯坦首口水平井

塔什干时间 2002 年 8 月 11 日 2 时左右，由长庆钻井工程总公司承钻的乌兹别克斯坦第一口水平井 1－G 井顺利完井，工程质量全优，各项技术经济指标均优于当地直井指标，这标志着乌国从此拥有了自己的第一口水平井，也标志着长庆钻井在乌国乃至中亚地区的市场开发迈出了关键的一步。

1－G 井位于乌国西南部半沙漠腹地的库克杜马拉克油田，这是乌国的第一大油田，已有 28 年的开发历史，是乌国主要的经济命脉。然而该油田的开发一直受到低压油气层和高温高压盐膏层两大难题的困扰，10 多年来油田开发难以取得重大突破，美国、加拿大、英国、俄罗斯等国专家和公司几经考察论证并施工，都因难度大、风险高而“望油兴叹”。

2001 年 5 月，中国石油技术开发公司和乌国国家石油公司签订 1－G 井施工合同，长庆钻井工程总公司取得了该井的施工权。在局领导和有关部门的大力支持下，经过大量艰苦细致的前期准备工作后，2002 年 4 月 3 日该井首次开钻，到 8 月 11 日顺利完井，井深 3677 米，水平段长 500 米，钻井周期仅 116.71 天，机械钻速高达 4.73 米/时，分别比当地直井平均钻井周期缩短 2 个多月、平均机械钻速提高 89.6%。

施工中，长庆钻井工程总公司乌兹别克斯坦项目部的管理、技术、施工人员，克服高温、缺水、文化差异等重重困难，综合运用了防喷、防漏、防卡、防塌、防斜的先进工艺技术，攻克一道道难关，成功打完了乌国历史上第一口水平井，受到了甲方和乌国国家石油公司的高度赞扬。

(殷林锋)

长呼输气管道工程正式开工

2002 年 9 月 24 日，风和日丽，晴空万里，位于内蒙古乌审旗纳林河乡第二净化厂北侧的施工现场彩旗飘扬，18 只气球悬挂高空，笑脸相迎四方客人，一派节日气氛，长呼输气管道工程开工典礼正在这里举行。上午 9 时许，随着欢快的乐曲和鞭炮声，漫天的彩条在空中劲舞，开工典礼被推向了高潮。内蒙古自治区副主席周德海、政协副主席夏日、自治区有关部门及呼和浩特市、鄂尔多斯市、乌审旗等管道沿线所在地的各级领导，部分企业及长庆油田领导共 186 人参加了开工典礼。开工典礼由长庆石油勘探局副局长、内蒙古西部天然气股份有限公司副董事长滕玉林主持。长庆建设工程总公司 200 多名职工组成的方队，参加开工典礼并在现场宣誓。自治区、内蒙古西部天然气股份有限公司等领导为施工队伍授旗，并为开工典礼剪彩。新华社、中央电视台、中央人民广播电台、内蒙古日报社、内蒙古电视台等18家新闻单位的30多名记者深入现场进行了采访。

内蒙古西部天然气股份有限公司董事长兼总经理杨护恩介绍了工程的概况。他说,长庆气田——呼和浩特输气管道工程是内蒙古西部天然气有限公司为满足自治区呼和浩特市、包头市、鄂尔多斯市对天然气需求而建设的天然气管道输送工程,是内蒙古自治区"十五"期间重点工程之一,是长庆气田继陕京管道、靖西管道、长宁管道等之后的第五条输气管道,也是内蒙古境内的第一条管道。该管道工程南起长庆气田第二净化厂,北至呼和浩特市,总长度497千米,中途有四条支线总长为24千米,管道直径为ϕ457毫米,共经过66个自然村、31个乡镇、6个旗、3个市。全线将穿越公路90处、河流44处、铁路10处、黄河1处。项目上报总投资为84366万元,评审总投资为83881万元,其中固定资产投资83673万元。整个管线建设计划一年时间完成,建成后的输气能力达9.5亿立方米,二次加压后可达到13亿立方米。这项工程的建设对调整内蒙古自治区的能源结构、净化城市环境、带动内蒙古自治区的工业及相关产业的发展,具有十分重要的意义,将成为带动内蒙古自治区经济腾飞的一个新的经济增长点,是实施西部大开发的标志性工程之一。作为内蒙古西部天然气股份有限公司股东之一的长庆石油勘探局出资参与长呼输气管道工程的建设,是把资本运营、市场开发和业务拓展相结合的一次有益的探索。

长庆油田公司总经理助理荀三权代表长庆油田公司和勘探局讲了话。他说,内蒙古地区地下有着丰富的天然气资源,承担长呼管道输气任务的长庆气田,目前已探明靖边、苏里格、乌审旗、榆林、长东5个区块,累计探明储量超过万亿立方米,为我国最大的天然气气区。根据目前的天然气市场情况,到2005年,向北京、西气东输及气田周边地区供应之后,尚有27 .5亿立方米的余量,完全可以满足2005年长庆气田向内蒙古供应5.8亿立方米天然气。

长呼输气管道工程是由按新体制、新机制运行的内蒙古西部天然气股份有限公司所投资的重点项目。这项工程的建设投产,将有效地推动内蒙古地区把资源优势转化为经济优势,这对于巩固和改善企地关系,拓展潜在的商机,实现油田与区域经济的有机结合和协调发展都具有重要的意义。

承担长呼输气管道工程建设的长庆建设工程总公司副总经理刘建华,代表施工单位发了言。他说,长庆建设工程总公司是国内大型、长距离管道施工建设中的一支劲旅。近几年来,公司坚持以市场为导向,靠质量取信誉,加强管理,开拓进取,曾参与陕京、靖西、涩宁兰、兰成渝、苏丹等国内外重大管道工程的建设并屡创佳绩,特别是在国家重点工程——西气东输管道建设中,其综合进度、质量指标在全线施工单位中名列前茅,这对提高长呼输气管道工程的建设水平必将起到积极的作用,作为施工单位,有决心、有信心优质快速完成任务。当长呼输气管道工程总监理下达开工令后,施工现场打火开焊,拉开了长呼管道工程施工的序幕。参加会议的代表在施工现场进行了观摩。看到长庆职工规范的操作和过硬的技术水平以及标准化的现场管理,与会代表给予了高度的平价。

内蒙古自治区政府副主席周德海在开工典礼的讲话中说,长呼输气管道工程是内蒙古实施西部大开发的重点项目,而投资这个项目的又是由5个单位控股的内蒙古西部天然气股份有限公司,这就要求我们必须站在保证国有资产增值保值的高度,站在推动内蒙古经济大发展,促进西部大开发,加快长庆气田开发速度的高度,正确认识长呼输气管道工程。管道沿线各级政府要以实际行动大力支持管道建设,从各个方面为西气东输开绿灯。他同时希望参加长呼管线施工的单位要精心施工,确保质量,保证长呼管线优质快速建成投产。开工典礼结束后,周德海副主席在接见董事会成员时说,在施工现场，我们看到了施工单位雄厚的实力、先进的装备和职工良好的技术素质和队伍作风，这次依靠长庆石油勘探局的企业实力举办了一个成功的开工典礼，为管道施工开了一个好头。周德海副主席还就董事会下一步的工作，特别是下游工程及市场开发问题提出了具体意见。

（杨文理）

长庆石油勘探局积极探索建立与社会接轨的人事劳动力市场情况的调查

随着产权制度的改革和产业结构的调整，作为大型企业的石油企业，怎样通过员工队伍的调整，一方面把企业富余的人才输送到社会寻求更好的发展，另一方面把企业需要的高层次、紧缺人才引进到企业，为企业服务，以此提高企业的竞争力。这是石油企业当前亟待解决的课题。长庆石油勘探局在这方面进行了积极有益的探索，建立起了与社会接轨的人事劳动力市场，为企业缓解了人才短缺与企业持续发展的矛盾。2001 年 6 月中旬，集团公司人才劳动力交流中心在长庆局西安基地召开了集团公司人才市场建设现场观摩会，推广了长庆的做法和经验。2001 年 11 月中旬，集团公司人才劳动力交流中心领导到长庆局检查工作时又指出，长庆局建设社会人才市场在集团公司是第一家，在集团公司系统具有推广价值。

一、队伍结构不合理逼出人才开发新思路

2002 年，长庆局有职工 37559 人，其中干部 10846 人，占全局职工总数的 30%。企业重组，使长庆局人才短缺和队伍结构不合理的局面更加严峻。职工队伍文化素质偏低，全局具有大专以上文化程度的职工占全局职工总数的 18%，初中及以下文化程度的职工占 39%；高级技术工人严重缺乏，高级技师、技师分别占全局职工总数的 0.01%、0.88%。就专业技术干部队伍现状来看，队伍结构不合理，高层次学科、技术带头人和经营管理高层次人才队伍明显不足。

面对人才短缺和队伍结构不尽合理的严峻局面，长庆局党委和长庆局及时提出了“两条基本思路”和“四大发展战略”，把科学技术进步和人才开发战略提到关系企业生存与发展的战略高度来认识，赋予了人力资源开发工作新的内容和更加艰巨的任务，要求人力资源开发部门必须以全新的理念，创造性地开展工作。

二、积极探索建立与社会接轨的人才劳动力市场

根据长庆局领导关于“加快建立与社会人才市场接轨的、开放的企业人才市场体系，大力开拓社会就业市场，做好急需人才引进工作，全面推进人才资源配置的市场化”的工作要求，长庆人力资源开发中心（以下简称人力中心）经过近两年的上下协调，多方争取，企地联手，共同努力，2001 年 12 月，中国西安人才市场长庆分市场、陕西省人才交流中心长庆分部（以下简称长庆分支机构）正式成立。

长庆分支机构所隶属的中国西安人才市场、陕西省人才交流服务中心（简称总部），是 1996 年由国家人事部、陕西省人民政府、西安市人民政府共同组建的西北片国家及区域性人才市场，是全国七大区域性人才市场之一。目前，在西安拥有 9 个分支机构，在位于西安北郊的国家级经济技术开发区内，仅批准了长庆分支机构一家。其重要意义在于长庆分支机构具有国家区域性人才市场和省级人才交流服务的全部职能，为今后企业引进人才和求职就业市场化、人事代理社会化创造了极为有利的条件。

长庆分支机构主要职能是收集、查询、发布人才和技术信息，办理人才交流登记手续；举办人才交流会；代理招聘人才，开展职业推荐服务；办理人才入网手续，开展网上人才交流；开展人事代理业务；提供国家人事人才政策、法规

的咨询服务等。

在具体运作方式上，长庆分支机构的业务由人力中心具体负责，一套机构，两种职能，把社会人才、劳动力市场与企业的人力市场有机地结合起来运行。

西安人才市场长庆分市场筹建以来，在长庆局减员增效的政策实施过程中，开展了与局有偿解除劳动合同关系的原企业职工的人事代理业务。长庆分部与有偿解除劳动合同人员签订《人事代理协议书》和《养老保险托管协议书》，由长庆分部具体负责人事档案管理、基本养老保险接续、就业推荐等，并在到达国家法定退休年龄时为其办理正常退休手续。目前长庆分部已与6124人签订了档案托管协议，其中与5931人签订了养老保险托管协议，向社会保险中心首次收缴养老保险费1030余万元，有效地维护了全局队伍的稳定。

为从社会引进高层次人才提供人事代理服务。

所谓人事代理，是指人事部门所属的人才流动管理组织，接受单位或个人的委托，依据法律法规，按照一定的人事管理规范，运用社会化服务方式，对用人单位和人才事务实行代理，是市场经济条件下产生的新的管理方式，是人事管理社会化的重要标志。

为了打破传统的人事管理和工资分配制度，长庆人力中心2002年首次把从社会引进的具有硕士以上学历的人才放到长庆分部，实行完全的人事代理。具体运作方法是，长庆分部与引进人才就工作岗位、有关待遇等问题在充分协商达到一致意见的基础上，签订《人才代理委托协议书》和有限的《聘用合同》。长庆分部负责其人事档案管理、接续社会保险、在西安落户、评审职称、配偶的工作安置，并参照人才市场价格和引进的人才签订包括工作任务、工作目标、考核办法、具体薪酬待遇发放等内容的《聘用分协议》和《职务说明书》、《工作任务书》、《知识产权说明书》等配套协议，借鉴合资企业的做法，这部分人才的薪酬发放由基本年薪等三部分组成，分阶段发放。第一、二部分按月发放，第三部分根据考核结果年底兑现。从目前长庆引进且已经到岗的博士后、硕士生、高级教师等人员的工作和待遇执行情况看，由于责任明晰，双向进入人员既体现绩效挂钩，多劳多得，使他们有积极性，也便于用人单位量化考核，奖惩兑现，双方均比较满意。

独立举办人才交流会。自2001年6月16日长庆分市场开业至今，长庆局先后举办了4次人才交流洽谈活动，共接待局内外用人单位88家，前来求职的860余人。其中为长庆局内部推荐急需专业人才14人，推荐油田职工子女外部就业42人。

建立人才信息网络，实现人才信息共享。2000—2001年，长庆分支机构先后多次组团参加总部举办的大型人才交流活动。他们还专门聘请专家，设计开通独立的长庆人才网站，并与中国西安人才市场和陕西省人才交流中心的人才信息联网，为今后实现网上人才远程交流提供了平台。

三、下大力气引进企业紧缺人才

为了实施人才开发战略，长庆局在认真分析全局人才队伍现状和需求的基础上，加快了引进高层次专业技术和管理人才的步伐。

在确定人才引进工作目标的基础上，长庆局制定了引进人才的优惠配套政策，对引进毕业生实行“迁户自愿，待遇从优，考核兑现，留去自由”的政策；按人事代理方式引进的毕业生薪酬待遇按照“显性化、货币化”的原则，实行单一的不分工资单元的月薪制，由用人单位参照市场人才价格，协商确定。长庆局还建立灵活多样的人才引进方式，根据引进人才的不同情况，采取多种形式，分类实行合同管理，依据合同规定履行双方的责任和义务。

为探索现代企业人事管理的有效模式，进一步深化劳动人事制度改革，推行人事管理社会化和劳动用工市场化，创建内部职工流动机制,2001 年长庆局还进行了多种形式的内部人事代理的尝试。比如,以企业内部人事劳资管理为内容的人事代理业务,单位整体人事关系代理业务等。

为创建内部职工流动的新机制,建立工资能高能低、岗位直接聘用、协商确定工资待遇和职工能进能出的市场化用人新机制,促进人才劳动力的合理流动,制定下发了《长庆石油勘探局内部流动职工人事代理实施办法(试行)》,对申请流动到西安基地的新调入人员 153 人按新机制试行内部人事代理。

这里所说的新机制是指人力资源开发中心为用人单位和流动职工提供有别于传统人事管理的人事代理服务新机制。即职工人事档案由人力资源中心保管,与职工人事关系有关的社会事务由人力中心代理。用人单位与职工自愿协商,实行岗位直接聘用,聘用合同一年一签,工资待遇按照市场价格,执行协议工资。职工原工资作为档案工资予以保留。被聘用职工的劳动报酬及各项待遇由用人单位承担。聘用合同解除(终止),职工进入长庆局人才劳动力市场,本人自行联系工作单位或通过市场重新竞聘上岗。

四、人事代理制带来良好效益

长庆局经过近一年积极探索的人事代理制度,已见到明显效果。

人事代理制的实行,增强了职工对自己岗位的珍惜和就业风险意识,单位有了用人自主权,搞活了用人机制。

人事代理制的实行,拉动了人才市场的建立,促使长庆局下属单位从人才市场找人才,用市场手段调整队伍结构,已显示出人事制度改革的优越性。

通过实行人事代理制,已初步缓解了企业人才紧张与企业持续发展的矛盾。人力中心根据长庆局关于人才开发和引进的一系列政策及要求,采取到社会人才市场公开招聘、上门求贤、网上查询信息等途径,2001 年至 2002 年已先后引进了北大博士后 1 人、法学硕士、金属材料与防腐硕士各 1 人;全力以赴保证局国际合作项目对人才的需求,从各种渠道为厄瓜多尔项目招聘西班牙语翻译 4 名,为乌兹别克斯坦项目招聘俄语翻译 2 名;共为长庆局其他单位招聘采油高工、高中英语、物理教师、财会、商贸专业人才、地质、试油、钻井监督共 23 人;共引进各类高校毕业生 210 人,其中石油主体专业占了近 60%。这对缓解企业人才短缺压力,促进人才队伍建设起到了积极的作用。

(张新民　戎玉瑛)

钻井工程总公司加强班组建设的调查

班组是企业的最小单元,但却是生产目标、成本控降、队伍管理的最直接的实施者。长庆钻井工程总公司通过狠抓基层班组建设,企业展现出极大的活力。

一、成本控制进班组

长庆钻井工程总公司所属陇东物业服务区中心锅炉班过去成本居高不下,班组受罚,职工人心浮动。在班组节能降耗献计献策会上,大家分析其原因,主要是锅炉不能自动上煤,意见统一了,职工提出许多好的改进方案。他们模拟钻井队泥浆振动筛工作原理,用废旧材料制作自动振动筛,大大降低了费用,减轻了岗位工人的劳动强度。该班组人员还集思广益,采用多触点中间继电器,解决了过去补水泵功率过大,影响供热的老大难问题,仅此一项就节约成本 30 余万元。

长庆钻井工程总公司以班组为龙头,开展"优质、低耗、增效"劳动竞赛,在全公司掀起争当功勋班组、争当岗位能手、争当节约模范的劳动竞赛热潮。总公司一方面采用科学完善的激励政策鼓励钻井队多打进尺,创造更多的经济效益。一方面制定定量性的班组建设标准,把

"成本无超支"列入班组建设的重要内容,使班组真正承担起钻井成本控制的重大责任。各班组从大处着眼,小处着手,从一寸棕绳、一滴油、一度电入手,最大限度地降低生产成本。

二、安全教育进班组

长庆钻井工程总公司以基层班组为基点,总结出既具传统性又具时代特色的安全教育模式。传统性安全教育是继续进行石油战线光荣传统和作风教育,现代化安全教育是贯彻已经建立的总公司 HSE 管理体系,全面推行"两书一表"(HSE 作业指导书、HSE 计划书和 HSE 现场检查表),并对八项岗位责任制按现代化管理方法和标准进行完善和创新。

长庆钻井工程总公司成立了由 20 世纪六七十年代参加工作的老职工组成的传帮带小组,分赴陕、甘、宁三省区井队进行石油传统、安全生产、队伍作风、标准化班组建设教育,把老一代石油工人在实践中总结出来的经验传承下来。同时,职工技能鉴定人员每年逐队进行现场安全操作示范。在总公司总部的督促和安排下,各基层班组从抓岗位应知应会入手,结成安全生产互帮对子,每日班前进行班组长安全讲话,使职工在潜移默化中接受教育,达到文明生产、安全生产。为调动各单位班组抓好安全教育的积极性,总公司建立党员示范岗 460 个,共青团安全监督岗 531 个,并对安全管理工作实行考核奖罚制度。特别是在钻井队管理等级达标考核中,对因安全工作不到位而存在事故隐患或发生事故的班组进行 500—2000 元的罚款,对先进单位一次性奖励 3000 元,真正体现了安全就是效益的原则。

三、质量管理进班组

本着"让甲方 100% 满意,让 100% 甲方满意"的质量管理理念,长庆钻井工程总公司坚持把提高钻井工程三大质量作为班组生产经营和技术管理的重点,通过生产经营承包和质量责任承包等形式,明确具体目标,落实管理措施和考核内容。

为使基层班组质量管理工作做到有章可循,长庆钻井工程总公司在制度建设上落实质量责任制度,确定各基层单位班组长是班组质量第一责任人,对班组安全质量工作负全责,质量管理与班组长奖惩挂钩,使质量管理最基层的管理责任得到落实。他们还对生产班组现场管理要求做到"四不"、"五化"。"四不"即操作不违章、工作不凑合、标准不降低、程序不超越。"五化"即岗位操作标准化、管理工作制度化、物件摆放定置化、安全生产文明化、清洁卫生经常化。同时,各班组坚持实行质量定期检查,做到班组每天检查考核一次,基层队每月检查分析一次,总公司每季抽查总结一次,使质量管理纵向到底。总公司将质量管理目标、措施落实到了班组,因而堵住了最前沿的关口。长庆钻井工程总公司井身质量合格率 10 年保持 100%,取心质量近三年保持在 97% 以上,固井质量三年迈出三大步,固井一次合格率从过去的 85.2% 提高到现在的 98.6%。

质量的提高,树立了长庆钻井工程总公司在长庆油田分公司市场上的良好信誉,为双方的合作奠定了坚实的基础。从 2000 年至 2002 年,长庆钻井工程总公司在长庆油田分公司的市场占有率始终保持在 79% 以上。

(张新民　冯永祥　刘筱君)

长庆石油勘探局推行"2345"交通安全管理模式的调查

如何实现交通安全管理精细化,使安全责任真正落实到每一个驾驶员身上,为企业增效创造良好安全的环境,是长庆局多年来一直探索的课题。2000 年,长庆局结合多年的实践经验,推出适应企业实际,符合市场经济规律,以"两个保证体系、三项优化措施、四个重点监控、五项基础工作"为内容的"2345"交通安全管理模式。经两年多来的运行,全局交通安全工作步入了良性发展的轨道。

一、两个体系形成管理网络

长庆局安全管理保证体系包括管理机制和制度约束两个方面。在管理机制上，变过去长庆局统管为现在的梯级管理。即局级为运筹、监督、协调层，重点在整章建制、动态监控、科技攻关、量化考核等方面发挥作用，弱化管理职能；厂处级单位为组织、管理、指挥层，突出管理职能，确立管理的中心地位；运输车队为操作、控制、实施层，具体负责制度落实、培训教育、隐患整改、设备维修。在制度体系上，先后建立路查路检、聘用驾驶员管理等办法及安全检查、风险削减、长途车审批等制度，编写了操作性很强的《运输车队健康、安全与环保管理规范》和《驾驶员 HSE 手册》。

两个保证体系的建立，既形成了全局从上到下的交通安全管理监控、管理、实施网络，又形成了横向上从左到右的制度约束平台，从而将安全责任落实到每一个驾驶员身上。

二、三项措施强化安全责任

设备、人、环境是影响安全生产的三个关键因素，怎样从科学的角度和深度管理上处理好这三方面的关系，是长庆局重点考虑的问题。在优化设备管理上，针对车辆分散、管理混乱的情况，实行相对集中管理、分散使用的办法。第二采油技术服务处双力实业公司将分散的 130 余辆车集中管理，不但连年盈利，累计实现利润近千万元，且至今无一般以上事故发生。在人员管理上，实施驾驶员注册管理制度，职工及聘用社会人员准备上岗前必须分别呈报办理局机动车准驾证或聘用驾驶员准驾证后，方可安排驾车。按规定，未持准驾证驾驶局属机动车辆，视为严重交通违章，一经查出就地扣车扣证，并处单位 1 万元罚款，个人 1000 元罚款。

在优化设备、人员管理的同时，进一步优化交通安全责任制，各二级单位与每一位驾驶员签订交通安全合同书，对驾驶员的责权利进行明确界定，约束驾驶员的行为。

三、四个监控抓住关键环节

交通安全管理是一项复杂的系统工程，长庆局在交通安全管理中，把时段、车型、人员、单位分为 4 个关键要素进行监控，保证了整个交通安全管理工作既重点突出，又全面介入。

在重点时段上，在生产高峰期对事故实行超前预防措施，元旦、春节等长假期间对车辆进行封存。在重点车型上，加强对大客车、载客车、拉运易燃易爆物品车辆及职工送班车的检验检查。在重点人员上，经过统计分析，将年龄 18—27 岁、40—52 岁，驾龄 3—5 年及 20 年以上的人员作为重点监控对象，每月进行一次思想动态、技术操作、安全意识方面的综合分析，并采取相应措施。在重点单位上，将所有运输单位划分为专业运输、生产配属、工作用车和多种经营 4 个板块，根据不同的工作性质采取不同的监控措施。

四、五项工作筑就安全基石

交通安全，预防为主，而预防的关键在于抓好基础工作。长庆局在长期的实践中，从教育、消除违章、HSE 管理、计算机应用、风险防范等方面入手，夯实交通安全的基石。

教育上不但注重驾驶员操作技能、安全意识的培训，而且加强对驾驶员安全法规、紧急避险能力的学习和训练，从根本上提高驾驶员的综合素质。为了加强动态监控，杜绝各类交通违章，加大交通安全路查路检的频率，由原来的每月检查 900 余辆车次上升到现在的 1700 余辆车次。同时，还利用 HSE 管理及网络技术加强交通安全的基础工作，建立起局、处两级驾驶员信息、交通违章分析、机动车信息等方面的数据库，为交通安全的科学决策提供了依据。归纳整理了 6 个方面 13 类风险因素，提出削减措施 14 条，有效提高了交通安全管理人员的分析预测能力及驾驶员对危险的防范和自我保护能力。

“2345”模式的实施，为长庆局交通安全筑起了平安大道。去年以来，长庆局重大交通事故发生率、千台车死亡率分别比原来下降50%和80%。

（景　云　杨文礼）

第二采油技术服务处修井公司整合重组效果的调查

一、实现完全整合重组

2001年9月20日，长庆石油勘探局第二采油技术服务处原独立运行多年的3个修井单位被撤销，合并为一个修井公司。修井公司新的班子认为，企业整合的目的是创造效益，而要创造效益必须有一套全新的管理体制作保证。为此，修井公司大刀阔斧地对内部组织结构进行了调整，走出了一条边整合重组、边组织生产的路子。按照“精干、高效、灵活”的原则，修井公司将机关部门由原来的6个调整为4个，将机关管理人员由原来的50多人减少到28人，压缩近50%。减下来的人员按照加强基层、用其所长的原则，全部充实到一线。在基层队，针对将多兵少的现状，这个公司有计划、分区块地对作业队进行整合，将原来的24个小队合并为14个，精简管理人员1/4。这样，彻底消除了管理层人浮于事、多头管理的现象，提高了管理效益。

在理顺管理体制的同时，第二采油技术服务处修井公司把整章建制工作作为持续整合的重要内容，先后制定完善了《安全生产管理制度》、《三级质量监督检查制度》、《综合治理承包办法》及队伍建设等方面的10多项管理制度。制度上的融合，促进了员工行动上的统一，这个公司从上到下呈现出了奋发向上的良好氛围。修井公司整合前月平均劳务收入只有276万元，整合后跃升到了320万元。2001年整合后的3个月时间，在扭亏130万元的基础上，实现赢利200万元。整合重组，为修井公司的高效发展铺平了道路。

二、管理迈向精细化

管理是企业的永恒主题，抓管理就是抓关键。成本的高低直接关系着公司的利润。为了从根本上降低成本消耗，修井公司认真分析成本的构成情况，从点、面、时空等各个方面建立了全员、全方位、全过程的立体化成本控制机制。纵向上，按照公司、作业队、作业班组及岗位人员对成本的控制能力，细化成本控制指标，使不同的管理环节都有明确的、量化的考核指标。横向上，按照机关各办公室的职责范围，细化项目，将办公、交通等项可控成本费用量化后下达给各个办公室进行控制，并与各办公室主任及主管领导的业绩挂钩。各办公室和作业队也将可控费用指标下达给有关岗位控制。同时，修井公司还加大了成本消耗过程的控制力度，进一步量化成本的月度考核指标，并制定了严密而科学的大成本管理办法。2001年10月份，修井公司试行该管理办法以后，工作量在比9月份增加32个标准井次的情况下，作业成本反而下降了18.66万元。2002年头8个月，在各项不可预测的费用支出较大的情况下，实际成本比预算下降了3.4%，修井公司的成本管理已步入了良性发展的轨道。

管理是一项复杂的系统工程，为了调动员工的积极性，修井公司结合整合重组，对员工的分配制度也进行了配套改革，拉大了员工的收入差距，提高了工作效率。在工作量大、质量高的修井队，员工最高月工资拿到了2800元，而效益不好的修井队，员工工资仅为270元，收入差距达10倍以上。

三、质量打开市场门

质量是企业的生命，是占领市场的法宝。根据长期的实践经验，修井公司着眼于企业的长远发展，以科学的视角，在全公司建立了软硬相兼、动静结合的质量保证体系。对员工综合素质的培训，被列入修井公司提高作业质量的重要内容。用公司领导的话说，没有高素质的员工队伍作保证，实现优质服务和高质量施工就是一句空话。每班一次的提问、每月一次的答题考试、每季一次的现场操作技术比武成为修井公司扎实有效、富有特色的培训模式。公司专门将员工 30% 的岗位工资同员工的培训考核成绩挂钩,从根本上激发了员工的学习热情。

对员工的培训为提高作业质量奠定了良好的基础,而一系列切实可行的保证措施,更使修井公司的施工质量如日中天,步步登高。随着修井公司的成立,《修井公司现场管理办法》同时出台,办法中“五不开工、五不下井、五不交井”的硬性规定,使公司成立后两个月内,就将返工率控制在 2.2% 以内,其中修井 19 队连续修井 103 口,无一口返工井,创历史新高。

为了以诚信换得甲方的信任,公司领导每个月都要带领有关人员,深入各作业区及井站,征求意见,反馈信息,全方位开展质量回访活动。2001 年 10 月,当得知元 7－71 井修过多次而未出油时,公司立即选派技术过硬车组赶到现场,经过一整天的检测、整改和抢修,最终制服了这口躺井,赢得了作业区员工的高度称赞。2002 年大年三十晚上,为给作业区抢扶躺井,全公司有 9 台动力车组奔赴一线。从大年三十到正月初十,公司共出动车组 89 台次,抢扶躺井 114 口,劳务收入达 140 多万元。修井 18 队、27 队和 28 队多次创造了一天抢修 3 口井的奇迹。

如果说,一年前,人们对长庆局第二采油技术服务处修井系统的整合心里还没有底的话,通过修井公司一年来的实践,人们已经看到了整合的效果。

（杨文礼　赵世祥　马宏宁）

长庆石油勘探局不断完善质量管理体系的调查

长庆石油勘探局牢固树立“质量第一”的观念,坚持“以质量求生存、靠信誉闯市场、视超越为目标、凭实力创辉煌”的方针,不断探索、完善科学规范的质量保证体系,迈上“依靠制度约束、推进标准认证、加强过程控制、规范产品管理、坚持质量回访、赢得用户满意”的质量管理新台阶。

工程、产品和服务质量可以说是石油企业生存的命根子。长庆局为了从根本上提高企业的质量管理水平,增强企业的竞争实力,根据《产品质量法》、《标准化法》、《计量法》等法规和集团公司的有关规定,先后制定了用户质量回访、内外部产品质量认证、产品质量监督、施工队伍资质认证等一系列规章制度。在国际标准认证上,局所属各单位着眼于提高参与国内外市场的竞争实力,积极开展 HSE、ISO、OSH 等国际标准管理体系的认证工作。目前,全局所有工程技术服务企业不仅全部通过质量体系认证,而且在开拓市场及进行国际合作中尝到了甜头。在施工质量过程控制工作中,受甲方的委托,长庆局专门成立了石油天然气监督公司和石油天然气监理公司,对石油天然气产能建设、石油天然气长输管道、油气储库站工程及油气井的钻井、地质、测井、试油、试气等工程,在设计、施工、验收中全面行使监督职能,受到业主的好评。在内外产品质量管理上,长庆局分别制定了“企业产品质量认可证书管理办法”及“外购产品质量认可管理办法”,加强质量管理监督人员的岗位培训,每年都组织对内外产品进行至少两次以上的大范围质量抽查。凡抽检不合格或责令其整改后仍不合格的产品,将取消产品质量认可资格。几年来,长庆局共取消十多个厂家的 30 多种产品在油田流通的资格。为了加强信息反馈,保证优质服务,每季度都由主管领导带队,组织工程技术、质量管理、市场开发及有关二级单位的相关人员,深入各个用户及施工现场,就局属各单位在施工质量、施工进度、产品质量、服务态度、现场管理、供货及服务的正点率等方面,虚心听取甲方的意见和建议。

健全完善的质量管理体系及一系列行之有效的措施，保证了工程、产品及服务质量的不断提高。2001 年以来，长庆局钻井质量、固井质量、井身合格率、取心收获率、物探资料一级品率、试油压裂优质率及油气井资料解释符合率等各项技术指标均比原来大幅度提高。特别是“长庆气田地面产能建设工程”和“长庆炼油化工总厂催化重整加氢联合装置”工程，分别被集团公司评为优质工程。其中，“长庆气田产能建设工程”申报了国家优质工程。2002 年，长庆局还获得了“全国 QC 小组活动优秀企业”称号。

（杨文礼）

长庆石油勘探局靠新机制拉动人才开发情况的调查

石油企业重组分开分立后，作为存续企业的长庆石油勘探局面对生存与发展的挑战，及时提出了企业发展的“两条基本思路”和以科技进步与人才开发战略等为主要内容的“四大发展战略”。紧密围绕本企业改革、发展的整体工作目标，立足油田、面向市场，积极引进高层次和紧缺人才，大力培养和盘活现有人才，不断加强人才队伍的整体建设，提升了企业的科技创新和核心竞争能力。

一、企业发展关键靠人才

重组改制后，长庆局面临生存与发展的严峻挑战。企业的重组与转型对人才的需求发生了重大变化，而现有人才队伍的现状不能满足新形势的需要。主要表现在人才队伍总量不足，结构不尽合理，高层次专家和技术拔尖人才严重短缺。全局享受政府特殊津贴的专家仅有 5 人，教授级人员只有 14 人；研究生仅占技术人员总数的 0.4%，大专以上文化程度的人员仅占员工总数的 18%；工程技术人员比例偏低，高级技术工人严重缺乏。

面对激烈的市场竞争和生存与发展的严峻现实，长庆局在认真调查研究、冷静分析形势的基础上，充分认识到企业进行“二次创业”，科技是龙头，人才是关键，适时提出了科技进步与人才开发战略。

实施科技进步与人才开发战略，关键在于吸引、培养人才，用好用活人才。为此，长庆局确立了“引进急需人才、培养人才队伍”的整体工作目标，实施“1285”和“四个一”人才开发工程，致力于培养、引进一批优秀管理和专业技术人才。即到 2005 年，全局专业技术人员总量达到 1 万人，各类专家和局处两级学术技术带头人达到 200 人，博士、硕士研究生达到 80 人，高级职称人员达到 500 人；力争在 1 至 2 年内选拔培养 100 名中层正职后备管理人员、100 名中层生产技术后备管理人员、100 名中层市场开发和经营后备管理人员以及 100 名中层政工和其他专业后备管理人员，为长庆局“二次创业”提供人才支持。

二、吸纳人才关键靠政策

为了满足重组改制后对人才的需求，长庆局以建立和完善人才市场为载体，积极推进人事、劳动和工资制度改革，初步探索建立了一套与市场需要相适应的人才引进、考核、付酬和管理运行机制。

从满足人才引进的需要出发，积极创建国有企业与社会人才劳动力市场人员流动的“绿色通道”。经陕西省人事厅批准，于 2001 年 6 月挂牌成立了中国西安人才市场长庆分市场、陕西省人才交流服务中心长庆分部。经陕西、甘肃、宁夏批准，长庆局分别成立了陕西省、甘肃省和宁夏回族自治区职业介绍服务中心长庆分中心。同时，还建立并开通了长庆人才网站，已与国内各大人才市场联网，向社会发布人才供求信息，实现了企业内部人才市场与社会人才市场的有效接轨。同时，为了更好地引进和培养高层次人才，促进产、学、研相结合，加快新技术、新工艺的引进和转化，经陕西省人事厅审查，国家人事部批准，已于2001年12月建立了长庆博士后科研工作站，为带动科研攻关和引进人才创造了更为有利的条件。

长庆局作业区域大多地处偏僻的山地和黄土塬，交通不便，工作生活条件相对较差，缺乏吸引人才的地域优势。为了增强企业对人才的吸引力，长庆局围绕人才引进工作目标，先后制定了《长庆石油勘探局聘用高层次科技、管理和紧缺专业人才暂行办法》，从有利于人才引进出发，对愿意来长庆局工作且长庆局需要的人才在迁户、薪酬待遇、住房等方面采取了一系列优惠政策。

长庆局还对引进的人才实行人事代理制度。人事代理的主要内容包括人事档案、社会保险、户口、职称评审等一系列人事管理事务。人事部门依据用人单位和引进的人才签订的合同对引进人才进行管理和考核，依据考核结果兑现待遇。通过实行人事代理制，基本上做到了岗位人员能进能出、工资能高能低，为企业人才资源优化配置创造了条件。

三、发挥人才作用关键靠机制

长庆局以深化干部人事制度改革为契机，以创新机制为手段，在引进高层次和紧缺人才的同时，积极研究解决管理机制等深层次的问题，努力稳定、培养和用好现有人才，调动了广大专业技术人员的工作积极性和创造性。

结合科技进步和人才开发战略的实施，把留人留心作为一项重要工作来抓。一是合理使用人才，用吸引人的事业留住想干一番事业的人。近年来，通过不拘一格选拔人才，放手大胆使用人才，为各类人才，特别是为年轻管理和技术人才创造了良好的成长环境，帮助他们在鄂尔多斯盆地油气勘探开发建设中成就一番事业。制定了《长庆石油勘探局学术技术带头人和高层次人才选拔培养使用办法》，建立了由26个专业、58名局一级学术技术带头人和2名局级学术技术首席专家组成的学术技术带头人队伍；选拔了15名优秀专业技术人员担任局级重点建设项目经理；选配了400余名专业技术骨干承担局处两级科研项目，先后有32名优秀专业技术人员走上了厂处级领导岗位，为厂处单位选聘了29名专业副总师；破格选拔了15名在生产、科研和管理工作中取得突出成绩的优秀人才晋升副高级职称。二是制定特殊政策，以待遇留人。对专业技术人才和在西安、银川以外地区工作的研究生、博士生发放特殊津贴；设立了1000万元科技奖励基金，对在理论或技术上有重大创新或突破的专业技术人员，特别是不担任厂处领导职务的专业技术人员，一次性发给5000元至5万元不等的奖金。三是营造尊重人才的氛围，靠良好的人才环境留人。大力实施“优秀专业技术干部形象工程”，对优秀专业技术人才的先进事迹进行宣传，评选出了“优秀专业技术干部十佳形象”并进行表彰奖励。四是加强联系和交流，以真挚的感情留人。坚持在重大节日期间定期与高层次人才进行联系和慰问，及时解决他们在科研、生活中遇到的实际困难，积极落实高层次人才的有关待遇政策。2001年年初以来，先后为14名硕士以上研究生在西安解决了住房和夫妻分居问题。

加强对现有人才的培养，是用活用好人才的重要基础。长庆局运用市场机制，采取多种形式培养了一批用得上、留得住、能解决实际问题的各类人才。一是建立了分级培训管理体系。按照指令性、指导性和市场性相结合的思路，长庆局主要负责制定和实施关系全局发展的、具有超前性指令性人才培训计划；各处级单位在长庆局的指导下，根据其发展规划和工作需要，面向局内外培训市场，自主确定和实施人才培训项目。近年来全局共实施了160个局外培训项目，800余名管理和技术骨干参加了送外培训。二是转变培训机制，走培训市场化道路。对局重点培训项目实行甲乙方管理，市场化运作，积极培养高层和紧缺专业人才。近年来，通过对培训市场的调研，采取联合办学、对口培养的形式，先后邀请石油大学、西安石油学院等高等院校来油田举办地质、石油工程等专业工程硕士、MBA 进修班，培养专业技术和管理骨干 300 余人；选送了 33 名综合素质较好、具有培养和发展潜力的年轻专业技术骨干攻读硕士研究生学位。三是拓宽培训渠道，积极探索培养使用一体化的新途径。从用好人才的需要出发，根据具体情况，把各类人员按照技术型、管理型和复合型进行分类培养，并结合实际工作进行分类锻炼。先后选送了 13 名高中级管理人员到长沙远大等国内知名企业进行挂职锻炼和学习。四是把学习深造作为稳定和激励优秀人才的重要措施来抓，谁为企业做出了贡献，企业就送谁学习深造。

一分耕耘，一分收获。重组分开分立两年多来，长庆局通过大力实施科技进步与人才开发战略，有效地提升了企业科技创新和核心竞争能力。两年来，科技创新共取得 19 项新成果，开发了 30 项新产品，形成了 14 大系列 99 项特色技术和关键技术，先后荣获省部级科研成果 6 项。

（张新民　冀小祁）

长庆石油勘探局推行厂务公开制度的调查

自 1998 年国家《关于推行厂务公开制度的通知》下发以来，长庆局面对石油化行业重组改制，企业全面走向市场的严峻挑战，在全局广大职工中广泛开展了厂务公开工作，激发了职工群众参与民主决策、民主管理、民主监督的积极性，为勘探局走出困境，迎来新的辉煌起到了积极的作用。

一、推行厂务公开制度的基本做法及成效

1. 提高认识，建立机制，积极推行厂务公开制度

根据上级组织的要求，结合自身实际，首先把提高领导干部的思想认识作为关键来抓。通过认真学习有关厂务公开制度要求，反思以往存在的问题，在局处两级领导班子形成了三点共识：一是需要不需要公开。从我局的实际来看，重组改制后，面对市场的严峻挑战和职工急躁不安的情绪，领导的压力大了，只有通过公开，让职工参与管理监督，改革的目的才能达到。二是愿不愿意公开。把厂务能否真正公开，作为检验领导干部是否秉公办事、廉洁勤政、民主决策的“试金石”。三是敢不敢公开，能不能公开。通过制定严格的规章制度，加强监督检查，扩大公开范围，为厂务公开创造了一个良好的环境。其次是把加强厂务公开的组织领导作为重点来抓。长庆局成立了厂务公开领导小组及办公室和监督检查小组。领导小组由党委书记、局长任组长，纪委书记、工会主席任副组长，成员由局机关有关部门和处室负责人组成，局属 42 个厂处级单位也建立了厂务公开组织领导机构、工作机制和监督检查机构。使全局的厂务公开工作有了一个比较好的开端。再次，进行了厂务公开制度建设，结合实际研究制定了《长庆石油勘探局关于实行厂务公开制度的实施办法》，明确规定了实施厂务公开的指导思想、总体要求原则，厂务公开的内容、形式、程序、时间和考核标准。同时，还制定了《长庆石油勘探局厂务督察工作暂行规定》，设立了督察室。使厂务公开实现了四个规范：即公开内容规范、公开形式规范、公开程序规范、公开方式规范。最后，采取先试点，逐步推进的工作方式。先在机械制造厂、地球物理勘探处等 6 个单位作试点，1999 年底全局有 50%的单位实行了厂务公开，2000 年底，全局所有的二级单位基本上都实行了厂务公开，此外，召开专门工作会议，总结经验，加大推行厂务公开制度的力度。为了使厂务公开制度层层建立，局工会 1999 年 11

月 2 日在地球物理勘探处召开了“长庆局厂务公开座谈会”，各二级单位的党委书记、工会主席、纪委书记以及局机关有关处室的负责人 80 多人参加了会议。在这次会议上，有 15 个单位交流汇报了厂务公开工作情况，局党委对厂务公开工作做了进一步安排部署。经过几年的努力，局所属的各二级单位，都建立了以职代会或职工大会为基本形式的厂务公开制度；815 个建立职代会或职工大会的大队、车间及小队、站，以及 2522 个实行民主管理的班组，基本上都实行了厂务公开制度。形成了局、厂（处）、车间队站、班组四级实行厂务公开制度的网络。

2. 重实际，认真确定厂务公开的形式

全局各单位逐步摸索和确定了厂务公开的形式和内容。普遍把职工代表大会或职工大会作为厂务公开的基本形式；把职工代表团（组）长联席会议、政工领导班子联席会议以及有职工代表参加的通报会、生产例会、职工代表座谈会等作为厂务公开的补充形式；把厂务公开栏、厂务通报等作为厂务公开的必要形式；把内部广播、有线电视、刊物、黑板报作为辅助形式，对重大决策、生产经营管理方面和涉及职工切身利益方面的问题以及与企业领导班子建设和党风廉政建设密切相关的问题进行公开。在厂务公开的内容上，局、厂（处）两级根据各自的实际，界定公开范围。将企业的年度目标任务、生产经营方针、长远和年度发展规划、重大技术改造和引进计划、企业重大改革方案、经济责任制方案和生产经营情况，企业资产保值、增值和财务预决算情况，劳动用工制度改革方案及职工下（转）岗分流和重新安置方案，职工工资调整和奖金分配方案，业务招待费用情况，职代会民主评议领导干部情况，以及局内物业管理标准等都列入了厂务公开的范围。

3. 抓重点，不断推进厂务公开工作向纵深发展

长庆局在推行厂务公开中抓住重点，坚持“四个突出”，即：突出职工最关心，反映最强烈的问题；突出涉及职工的切身利益，需要让职工清楚的问题；突出容易引发矛盾的问题；突出关系改革、发展、稳定、体现职工民主权利、民主决策的问题，始终把“四个突出”作为厂务公开的重点落实对象，常抓不懈，一是以职工代表大会制度为主渠道，推行厂务公开制度。就专业队伍整合、股份制改造、整体带资分流、干部聘任等政策，以及住房销售、分配、职工持股、奖金分配、医疗卫生制度改革等职工关心的热点问题坚持上职代会讨论，使职工参与企业管理，行使民主权利，推进了政策、制度的执行进展；二是坚持职代会代表团（组）长联席会议和民主评议干部制度，实施厂务公开制度；3 年来，局工会组织召开职工代表团长联席会议、主要讨论审议勘探局关于职工内部退养、有偿解除劳动关系的暂行规定及职工基本医疗保险等重大改革方案 18 项。按照职代会民主评议干部的要求，各单位民主评议干部领导小组，每年组织职工代表对领导干部进行民主评议和测评，并将评议结果及时反馈给广大职工，加强了职工民主监督的力度、增强了领导干部勤政廉洁的自觉性。3 年来，共民主评议处级领导干部 798 人次，科级干部 3784 人次；三是坚持工程项目、物资采购招投标会由工会、职工代表全过程参与，切实落实厂务公开工作；局泾河园工程建设项目组在基建工程招投标中，坚持让职工代表参与招投标全过程，避免了暗箱操作；在职工住宅的建设过程中，两次召开职工代表和住户代表参加的听证会，向代表们介绍施工情况，参观建设工地、样板房，让职工代表和住户代表在西安市建材市场选定房屋装饰材料等，受到了广大住户的好评；四是上下联动，共同推进厂务公开工作，井下技术作业处每年召开两次厂情发布会，处领导现场回答职工提问，全面公开企业生产经营、改革改制、重大决策、原材

料采购和住户分配等事项。3年来，共开办厂务公开栏42期，公开厂务210条，先后组织职工代表参与工程招投标、物资采购及验收工作36次。为使厂务公开得以向基层延伸，井下技术作业处又在基层单位推行了队务公开、班务公开。在全处29个基层单位建立了队务公开、班务公开栏，对试油队及班组原材料消耗、工资奖金考核发放、生产经营情况等全部向职工公开。处工会先后8次进行检查验收，整改问题40多个，从而使队务公开、班务公开在基层得到了较好地落实。

4. 抓落实，努力提高厂务公开的实效

通过定措施、抓落实，全局厂务公开工作收到了明显的效果：一是充分调动了职工知厂情、议厂事、务厂政的热情，地球物理勘探处地震队每年拥有几千万元的投资，实行厂务公开后，每个职工都有一个小笔记本，登记自己领用的材料，到月底与单位对账。支出费用与队挂钩后，使一些人直纳闷：以前还挺大方的，现在咋变得这么抠门？2000年，仅此一项就节省近6万元。二是有效促进了党风廉政建设，密切了干群关系。厂务公开将一些不想公开、不敢公开的内容公开于群众，为干部廉政设置了一道坚固的"防火墙"。过去，一些单位的机关和后勤人员吃喝费用浪费较严重，造成基层单位招待费用逐年攀升，职工对此有意见，推行厂务公开后，基层单位招待费用公开，进一步规范了领导干部的行为。三是促进了领导干部队伍建设，增强了各级领导的群众观念。推行厂务公开后，各级领导干部必须向职工代表述职，接受职工代表的民主评议和测评。对评为优秀的干部予以奖励和提拔，被评议为基本胜任、不胜任的干部进行了诫免、解聘等处理。基层领导反映："过去只想着对上负责，只要上头满意就行，现在感到群众不认可，椅子就坐不稳。"

二、存在的主要问题及原因分析

一是认识不到位。根据调查了解，一些单位的部分领导干部对厂务公开的必要性、重要性和作用认识不够，所以重视程度也就大打折扣，有的片面地认为厂务公开就是工会的民主管理工作，致使党委的领导作用没有得到很好的发挥，行政主体地位没有得到较好的体现，因而造成了厂务公开工会"独家经营"的现象。有些工会干部担心公开的多了，厂长（处长）不高兴；公开的少了效果不明显，职工有意见。有些职工认为厂务公开对自己意义不大，公开不公开都一样。

二是公开不规范。个别单位厂务公开工作还未制度化、规范化，存在着公开形式单一、公开力度不大，随意性比较强等问题。

三是发展不平衡。局、厂（处）两级工作制度较完善，公开较规范，小队、班组工作不尽如人意；大单位工作比较扎实，几十人的小单位工作重点不突出。

出现以上问题的主要原因，一是部分职工特别是相当一部分领导干部没有认识到厂务公开在企业民主政治建设、领导干部廉政建设、职工民主管理等方面所具有的独特作用，把厂务公开仅仅看作是表面上的一种形式；二是工作不到位。个别单位的领导干部对厂务公开工作出于应付的想法，搞几块公开栏，定几条制度，就算完事，至于起不起作用，起多大作用，很少过问，落实工作就更谈不上。久而久之，厂务公开工作就失去了它的作用；三是缺乏保障机制。个别单位在推行厂务公开制度中，只制定了一个厂务公开的实施办法或细则，没有相关的保障措施，使制定的厂务公开制度未能及时落到实处；四是由于重组改制和结构调整，勘探局内部管理体制、经营模式发生了较大变化，厂务公开工作面临一些新情况和新问题，都需要在实践中进一步探索和解决。

三、进一步推进厂务公开工作的对策

为了进一步巩固、深化和规范厂务公开工作，应采取的对策：

一要组织广大职工特别是领导干部，从实践江泽民同志“三个代表”重要思想，进一步落实党的全心全意依靠工人阶级的指导方针，促进党风廉政建设，加强企业管理和企业党组织建设、领导班子建设的高度出发，认真学习《中共中央办公厅、国务院办公厅关于在国有企业、集体企业及其控股企业深入实行厂务公开制度的通知》和集团公司《关于在深化改革中进一步推进厂务公开工作的意见》，深刻领会深化厂务公开工作的意义和实行厂务公开制度的重要性。

二要进一步拓宽厂务公开的内容，实行厂务公开责任制。在继续执行《长庆石油勘探局关于实行厂务公开制度的实施办法》规定的主要内容的同时，将进一步扩展厂务公开的内容，对企业重大投资方案、企业担保、大额资金使用、承包租赁合同执行情况、劳动法律法规的执行情况、集体合同、劳动合同的履行情况、企业公积金和公益金的使用、安全生产和劳动保护措施、企业领导人员兼职、补贴、出国出境费用支出情况等事项，应作为厂务公开的新内容进行推行。同时，密切结合改革和发展的实际，对原厂务公开领导工作机构进行调整。从而形成在党委统一领导下，党政主要领导亲自抓，工会组织实施，纪委监督检查，各部门共同推动、职工广泛参与的工作格局，使厂务公开工作落实到部门、责任到人。

三要对厂务公开实行有效的监督检查。局厂务公开领导小组将进一步加强对全局厂务公开工作的领导，每年至少召开两次会议研究厂务公开工作；厂务公开监督检查小组对厂务公开的情况每年至少组织一次检查。

四要对厂务公开实行责任追究制。局属各单位厂务公开监督检查小组，应结合本单位实际情况，建立责任追究制度，并建立自查、抽查、专项检查相结合的督促制度，并将厂务公开纳入领导干部目标责任制，作为考核领导班子和领导人员的重要依据，与奖惩任免挂钩，使厂务公开工作在全局更加规范深入地发展。

（工　会）

建设工程总公司西气东输工程项目运作情况的调查

一、超越自我，唱响质量主旋律

在西气东输工程 24 个标段 40 多家施工企业的激烈竞争中，长庆中标第 14 标段 A 段 32.6 千米的施工任务。这一标段施工难度较大，其中河流穿越 1 处，冲沟穿越 3 处，古长城穿越 1 处，公路穿越 10 处。2002 年 3 月 21 日，由 120 人组成的长庆建设工程总公司西气东输项目部正式挂牌，从而拉开了施工序幕。

曾在陕京、苏丹、涩宁兰、兰成渝等管道施工中积累了丰富经验的长庆建工人，经过短期磨合，顺利拿到了半自动焊流水施工作业的入场券。在试验段半自动焊流水作业取得成功后，项目组又向自动焊技术迈进。虽然在开工前，项目部就对所有上线焊工进行了长时间的全自动焊强化培训，然而在试验段施工时，还是出现了质量波动。刚开始的四五天，每天焊接的焊口数量只有 1 个至 3 个，焊接合格率仅有 70%。项目部领导组织工程技术人员反复研究不合格处的 X 射线片，深入分析原因。问题的症结找到后，项目部采取 10 项有效措施，加强焊工学习，掌握设备性能，熟悉施工工序，对各项数据参数反复校正，最终确定了科学、合理的技术参数，使焊接质量得到大幅度提高，一次合格率高达 100%。

二、咬定目标，你争我赶创一流

西气东输工程第 14 标段 A 段按照合同应该在 2003 年 3 月竣工。但是，为了树立良好形象，争取西气东输工程更多的施工建设任务，长庆建设工程总公司西气东输项目部铆足了劲，把目标锁定在 2002 年 9 月 30 日这一天，响亮地提出：“大干 120 天，实现‘9·30’

管道主体工程完工”的口号，开展了以“赛质量、赛安全、赛速度、赛作风、比管理、比降耗、比环保、比效益”为内容的“四赛四比”劳动竞赛活动。根据每月施工计划制定节点控制目标，并把分项计划落实到班组和个人，把生产压力传递给员工。

从3月25日上工地以来，120名员工中有85%以上没有回过家探过亲。6月下旬，中国石油天然气集团公司岗位技术能手李天恩的母亲病危，他的哥、嫂三番五次打电话催他回去。但他是作业面的专职质检员，负责焊缝的外观检验，工作实在离不开。自古忠孝两难全，李天恩最终也没见上母亲最后一面。

主管外协的副项目长马玉英，整天跑村串巷，联系土地征用事宜。当施工进行到张家畔时，尽管乡政府明确表示支持施工，但仍有部分村民不理解，认为施工动了“脉气”，破坏了“风水”，阻挠施工。马玉英立即赶去做工作，在当地有关部门的协助下，她终于做通了村民的工作，确保了施工的顺利进行。

三、推行HSE管理，与国际惯例接轨

长距离、大口径管道施工，不可避免地要对环境带来一定的影响。为了最大限度地将对环境的影响减少到最低程度，长庆建设工程总公司按照HSE管理的要求，提出要把西气东输工程建成“健康、安全、环保的绿色通道”。

按管道走向设计要求，37号桩附近的管道必须经过“万亩林”。项目部虽然采取了很多措施，可还是有12棵树必须要为管道让路，别无选择，建设者们决定移栽。在施工人员的精心护理下，12棵树最终成活9棵。集团公司领导在检查作业带时说，北京有“九棵松”，长庆有“九棵树”。

黄土塬、沙漠地区的生态环境非常脆弱，夏季暴雨频繁，雨量集中，对地表冲刷严重。管线下沟回填后，如何恢复地貌，这是业主、监理和当地政府最为关注的问题。长庆建设工程总公司西气东输项目部结合黄土塬的实际，探索出了具有长庆特色的保护模式，修筑挡水墙、挖鱼鳞坑，采取“消能引导，化整为零”的方式，减少地表雨水的冲刷。这种黄土塬水工保护施工方案被树立成样板，业主多次组织各施工单位参观学习。

（张新民　王三勇　杨宽新）

长庆石油勘探局创新统计工作的调查

创新与服务使统计工作由被动变主动，由滞后变超前，由单一的数据组合变为集总结、调研、分析、指导为一体的综合服务，进而将统计工作推向了企业发展的前沿哨所地位。这是上到集团公司，下到本局领导对长庆石油勘探局统计工作的一致评价。

与时俱进，不断创新，建立统计工作的科学管理体系。

统计工作是企业提升管理水平和进行科学决策的一项重要的基础性工作。随着信息时代的到来和企业的进一步发展，过去企业统计工作，上面要什么就统计什么，将企业的各项数据进行简单组合的被动式统计模式已远远满足不了企业现代化管理的需求。如何以全新的视角，开拓创新，发挥统计工作在企业发展中的前沿哨所作用，长庆局进行了有益的探索。

在观念创新上，勘探局首先确立了以“总结、分析、指导、服务”为内容的统计工作新理念，并以此理念为指导，在全体统计人员中，初步树立了“统计不是简单的数据汇总，统计与统计分析并重”、“没有科学的统计，就没有科学的决策”、“统计工作只有与时俱进，不断创新，才有立足之本”等新观念。新观念的影响，促使统计工作者不再单单以资料员的身份出现，取而代之的是担当了企业发展和生产经营的调研员和分析员的角色。在制度创新上，针对重组改制后企业内部组织结构、经营项目、发展战略等方面发生的变化，重新修订完成了统计基础工作管理办法和统计工作评定办法，制定了统计部门的管理职责和统计人员的岗位职责。通过制度、职责的修订，使统计人员在工作中有章可循，实现了统计工作中的科学化、制度化。在统计期限、内容及方式方法的创新上，从 2002 年年初开始，将月报变为季报、年报，减轻了月度报表的工作量。在统计内容上，坚持了“为我所用”的原则，由原来的对钻井、井下作业、测井等主体工作的统计辐射到了多种经营、后勤服务等各个方面，实现了统计工作的全方位覆盖。在统计方式上，立足“准、快、全”，争取在最短的时间内为局领导和有关部门提供有价值的国内外行业信息。钻井工程总公司针对重组后的新机构，改变了原来收集资料由钻井队到项目部再到总部机关的逐级汇报式为现在的钻井队到机关的直接索取式，缩短了收集资料的时间，提高了快速反应能力。在目标管理创新上，本着既兼顾全面，又突出重点的原则，对统计工作全面实行了日常和重点目标相结合、长期和短期目标相结合、总体和分项目标相结合的目标化管理，对全年的统计工作分不同内容列成了运行大表，并规定了按月按日的完成时间，实现了统计分析工作的程序化。

强化职能，突出重点，建立统计工作“长、宽、深”相结合的服务体系。

服务是统计工作的立足之本，没有服务，统计工作将失去存在的意义。长庆局结合企业的实际和统计工作的现状，从“长、宽、深”三个方面入手，不断强化了统计工作的服务职能。

在服务的“长度”上突出统计工作的超前性。统计工作不是就企业已有的数据进行被动的统计，而应把企业已有的数据进行分析研究后，作为企业再发展的资源进行利用，进而制定出企业更长远的发展战略和规划。在制定季度、年度生产经营、市场开发等目标的同时，2001 年，长庆局根据重组改制以来企业机构、主要装备及生产能力、技术状况、市场分布、存在的主要问题等全面进行统计分析，编制了长庆石油勘探局“十五”发展计划，为企业的长远发展理清了思路，明确了目标，提出了措施。

在服务的“宽度”上突出广泛性。从原来对企业生产工作量、技术指标等方面的统计，扩大到了对企业发展战略、产业定位、固定资产投资计划及生产经营计划、生产经营决策等各个方面的研究。通过广泛的分析，企业应该发展什么，留下什么，淘汰什么，一目了然。在加强企业内部信息利用的同时，还抓了国内外及油田企业之间的信息共享，从全球的油气动态到全国同行业各种生产经营指标，采取各种方式进行收集，供企业领导及有关部门决策时参考。

在服务的“深度”上突出实用性。围绕企业发展中出现的热点、难点问题，在开展经常性的生产经营统计分析的基础上，就企业发展中出现的老基地调整、钻井核心竞争力的提升、多种经营系统改革改制的方法等问题展开分析，分析的思路紧紧把握住了企业发展的命脉。特别是近几年来，一些老的基地由于建设年代久，公用配套设施严重老化，运行费用高，物业管理难度加大，整体效益差，成为制约企业发展的障碍。为此，局领导多次带领有关人员对老基地资产、人员、设施、运行费用、环境等方面进行广泛的调研统计分析，详实的统计资料，为勘探局作出关闭一些边远矿区基地的重大决策提供了可靠依据。今年年初以来，全局共完成各个方面的统计分析 13 篇。

以人为本，优化配置，建立统计工作优质快捷的保证体系。

人员是搞好一切工作的基本，设备是搞好工作的保证，没有一支作风硬、业务精的队伍，搞好统计工作就是一句空话。在给基层配备专业书籍，鼓励职工在岗参加自学的同时，长庆局分层次、全方位对统计人员实施培训，实施了全体统计人员参加的上岗新知识普及培训；选送一批业务骨干参加集团公司举办的业务强化培训；选送部分有培养前途的人员参加有关院校举办的业务提高培训，从而形成了在岗自学与脱产培训相结合，普及培训与业务提高相并重的培训格局。截至目前，全局统计人员上岗新知识培训率达到了100%。

为了提高办公效率，长庆局还加强了办公设施的建设，从长庆局到二级单位的统计岗位全部实现了办公网络化。2002年还专门拨出50万元专项资金，购置了边远钻井队的无线传输设备，使一线的信息传递速度成倍提高。

（杨文礼）

长庆石油勘探局公开竞聘中层管理人员的调查

通过试点推广，长庆局公开竞聘中层管理人员工作已全面推开，2002年新提拔的副处级干部全是通过竞聘走上岗位的。公开竞聘中层管理人员的一些做法，给干部的选拔任用工作闯出了一条新路子。

坚持党管干部的原则，建立了“用好的作风选人，选作风好的人”的干部选拔使用机制。

近年来，长庆局在干部选拔任用工作中，严格按照中央颁布的《党政领导干部选拔任用工作条例》，并以“三个代表”为最重要、最根本的要求，始终坚持从“德、能、勤、绩、廉、学”等方面，全面、综合考察干部，并制定了干部廉洁自律、任用监督及警示、辞职、函询、诫勉、离任审计、重大事项报告、收入申报等10多项管理制度，规范了干部的行为。

2002年，按照集团公司干部人事制度改革的总体思路，长庆局于年初制定了《长庆石油勘探局公开选拔任用中层管理人员办法（试行）》，对公开竞聘的原则、办法、程序、标准等重大问题，全部交由局党委会研究决定。这样，不但坚持了党管干部的原则，改进了党管干部的方法，而且创造了一个公平、平等、竞争、择优用人的环境，使干部管理更趋民主化，每一位符合条件的职工都能够获得参与上一级岗位平等竞争的机会。

体现实事求是的原则，尊重客观实际，形成了“结合实际，好中选好，优中选优”的干部选拔环境。

长庆局在公开竞聘副处级干部中，不是每一个岗位都放在全局范围内进行，而是根据机关和基层的实际、岗位专业的实际、竞聘岗位后备人选及所在班子的实际，来确定公开竞聘的范围。如第三采油技术服务处、井下技术作业处2002年分别缺额1名和2名副职领导，根据这两个单位后备干部成熟、竞聘岗位专业性强、领导班子和职工队伍稳定的实际，决定将公开竞聘的范围限定在这两个单位内部。当竞聘公告发出以后，这两个单位报名竞聘的总人数达19人之多。在生产运行处、资本运营部和油气技术综合服务处、乳山培训中心竞聘副职时，考虑到机关部门的管理职能和两个基层单位的实际，决定在全局范围内公开竞聘。通过竞聘，有一名同志从基层的科级岗位竞聘到了局机关部门任职，有一名机关的副科级干部直接竞聘到了副处级岗位。良好的选人机制，为优秀人才的脱颖而出创造了良好的环境。

遵循群众路线的原则，扩大监督范围，为加强干部的民主管理打开通道。

长庆局在竞聘中层管理人员工作中，自始至终坚持了民主监督的原则，即做到个人申请、群众拥护、组织批准。在单位内部竞聘中，竞聘人员要由职工推荐，在组织考核初定人员时，还要按比例找职工谈话，在最后召开的竞聘大会上，让各方面的群众代表打分。对在油田范围内（不包括在用人单位内部）公开竞聘的人选，从组织考察、专家组考评到最后的信任度投票，都体现民意，并根据各方面的综合得分提出拟聘人选的初步意见。这样，竞聘人员的全过程，都保证了群众的参与权和选择权。

在公开竞聘干部中最能体现民意的是，党委会只是在召开竞聘大会前对参加竞聘演说的初选人员，按不小于 1:2 的比例进行审定。参加投票的人数必须得到保证，规定厂处单位竞聘中层管理人员参加竞聘大会进行信任度投票的人数为：5000 人以上的单位不少于 100 人；2000 至 5000 人的单位不少于 80 人；500 至 1000 人的单位不少于 50 人；500 人以下的单位不少于职工总人数的 8%；200 人以下的单位不少于职工总人数的 15%，局机关处室竞聘中层管理人员，参加会议人数一般不少于 20 人。

严而有序的竞聘过程，科学公平的竞争环境，开创了干部选拔使用的新局面。

在公开竞聘中层管理人员过程中，从发布公告、报名、资格审查、组织考察、审定初步人选、召开竞聘大会到确定拟聘人员及公示聘用的每一个环节上，既坚持了党管干部的原则，又充分尊重了民意，建立了干部选拔使用的透明开放体系，使群众在干部选拔中的知情权、监督权真正得到了落实。一是前置并扩大了群众对干部的民主监督权，原来只是年度对在岗干部的民主评议，而现在从干部的选拔开始就介入，形成了干部选拔、培养、聘用的全过程监督；二是进一步完善了干部“能上能下”机制，对竞聘上岗的干部任期 3 年后要重新进行竞聘，竞聘不上将自然淘汰；三是真正实现了“从多数人中选人，由多数人选人”，调动了群众和竞聘者双向的积极性。2002 年 9 月，长庆局公开竞聘 4 个副处级岗位任职人员，报名应聘者达 56 人，其中报名应聘生产运行处副处长一个岗位的就达 19 人之多，为实现真正意义上的“好中选好、优中选优”打下了基础。

（杨文礼　张新民）

“全国五一劳动奖章”获得者
——井下技术作业处处长王鸿彬

2002 年 4 月 29 日，北京人民大会堂隆重举行向“全国五一劳动奖状”、“全国五一劳动奖章”获得者的颁奖仪式。一位从长庆油气田走来的中年男子，受到尉健行、吴邦国等中央领导的亲切接见。他就是“全国五一劳动奖章”获得者，长庆井下技术作业处处长王鸿彬。

一、先进的理念，是企业生存与发展的基础，也是企业竞争取胜的关键

1999 年，中国石油进行大规模的重组，长庆井下技术作业处被整体划归为存续企业。同年 9 月，王鸿彬由党委书记改任为处长。当时企业正面临着“二次创业”的巨大压力和挑战。

上任伊始，王鸿彬既没有急于发表施政演说，也没有急于大刀阔斧地搞改革，而是以他固有的沉稳深入调查研究，科学分析井下技术作业处的现状和存在的问题，从深层次上探寻井下技术作业处生存、发展的出路。

经调查研究和综合分析，王鸿彬与处领导班子成员共同认为：要从开拓市场着眼，在巩固关联交易市场的基础上，走出长庆，拓宽生存空间，培植新的经济增长点。而解决好市场问题的关键，在于提高质量管理水平。王鸿彬和其他领导提出了“精心施工、尽心服务”的企业经营理念，确定了全处“质量取胜”、“市场开发”、“控制成本”、“技术创新”、“企业形象”的五大发展战略，向全体员工发出了以质量赢得信誉、以质量占领市场、以优质品牌开拓新的生存空间的动员令，采取多种方式、方法，教育员工转变观念，增强“精心施工、尽心服务”意识，要求员工牢固树立“让甲方满意是我们的唯一宗旨”的思想。

二、管理是企业发展的永恒主题

“管理也是生产力”。这是王鸿彬信奉的一条真理。多年来，在管理上，王鸿彬坚持抓好基础管理，强化现场监督，严格责任考核。凡是重大施工，他总是亲临现场，检查质量管理工作措施落实情况，不定期地组织专业人员对重大施工中的关键环节进行监督，以保证工程质量全优。

质量管理总体水平的提高，增强了王鸿彬战胜困难、勇往直前的信心和决心。为了提高企业管理水平，他积极倡导建立和全面推行HSE管理体系。先后两次邀请HSE管理方面的专家对全处206名生产骨干、管理干部进行了HSE管理知识培训，188人获得了集团公司颁发的HSE资质证书。企业先后筹资300万元，购置了一批作业现场必需的HSE设备和设施。经过两年的质量管理体系的建设，井下技术作业处管理水平一年登上一个台阶。仅2001年，各项管理指标均创本单位近10年来的最高水平。

三、品牌的有无，是企业实力大小的体现，因此要精心打造品牌闯市场

打造企业品牌，一直是王鸿彬努力追求的目标。他认为科技兴企是提升企业核心竞争实力的助推器。他担任井下技术作业处处长职务以来，连续3年加大科研经费投入，组织开展对占领市场有引导作用的新工艺、新技术研究。仅2001年投入科研经费就达155万元，确定科研攻关项目22个。项目的推广应用，为井下技术作业处赢得了市场空间和发展机遇。这几年，他们先后与吉林油田、斯伦贝谢——道威尔等石油公司开展技术合作，使他们一次次地接触到世界先进技术与管理经验。

王鸿彬干什么事情，都注意考虑企业的长远利益。在市场开发方面，如何处理好企业眼前利益与长远利益的关系，他心中装着一本明白“账”。2000年，井下技术作业处以反承包的方式给英荷壳牌公司完成了3口重点井的改造施工，许多人认为给壳牌公司反承包施工投入太大，像我们这样的企业划不来。面对这些议论，王鸿彬力排众议，他指出能够与世界著名石油公司合作，会让我们看到自己的差距，从而锻炼员工队伍。为了搞好与壳牌公司的开发合作，王鸿彬亲自上手，把全处最好的设备用于长1、长2井的施工，从一点一滴讲求施工质量，圆满完成了壳牌公司的施工任务，使这个项目为井下技术作业处结算回1200多万元的收入。2001年，长庆井下技术作业处凭借与跨国公司的合作，终于实现了借船出海、走出国门的战略。他们与南美石油大国厄瓜多尔一家石油公司签订了7口油井的井下作业施工合同。

四、他坚持用人格力量带队伍

近几年来，作为党务工作出身的王鸿彬，坚持把关心职工物质文化生活放在代表人民群众的利益的高度来对待。他大力提倡企业形象工程建设，把关心职工生活与推进企业文化建设结合起来。井下技术作业处先后在靖边气田开发区修建了配套齐全的前线职工基地；对贺旗基地的旧住宅楼进行了翻新装修；采取“滚动换新”的办法，给野外作业机组更换了功能齐全、规模统一的野营房40余幢，配备了电视、供暖设施和被褥等，改善了前线职工的生活条件。近几年来，王鸿彬及其领导班子坚持与10户特困户建立了帮扶对子。每逢节假日，王鸿彬和处党委书记刘勇谋都要分别带领处里副职和有关部门同志，带上慰问品深入到困难职工家中慰问。还利用工休之际，安排职工健康体检……领导的关心和爱护，极大地调动了职工的生产积极性。2001年，长庆井下技术作业处生产建设实现了跨越式发展。主业和社会市场累计完成试油（气）压裂酸化2396.5层次，完井1116口，分别为历史最高水平2000年总工作量的116.22%和133.33%，全年实现收入 5.13 亿元，创造了长庆井下技术作业处有史以来的最新纪录。

十多年来，王鸿彬在长庆井下技术作业处党委副书记、党委书记和处长岗位上做出了突出贡献，党和人民理所当然地给予了他应得的荣誉，他先后荣获了“长庆局廉政勤政领导干部”、“长庆局 2001 年度劳动模范”等荣誉称号。井下技术作业处也先后荣获了“甘肃省职业道德建设‘十佳’单位”和“全国职工职业道德建设先进单位”等荣誉称号。

（张新民　张树民　李　铭）

“全国五一劳动奖章”获得者——第三采油技术服务处党委书记朱文伯

改革创造了机遇，重组激发了活力。在我国石油企业脱胎换骨式的重组改制后，长庆石油勘探局第三采油技术服务处党委书记朱文伯以强烈的事业心和一步一个脚印的扎实作风，带领和团结一班人开拓创新、积极进取，使重组后的存续企业连续两年实现了盈利目标，2002 年他荣获了“全国五一劳动奖章”。

一、汇集体智慧，让企业与时代同步发展

1999 年 11 月，石油企业大规模的改制重组，将原有的企业格局打破，使其经营性质发生了根本性的变化，将存续企业彻底推到了自求生存、自找饭吃的境地。朱文伯就是在这种形势下，挑起了长庆石油勘探局第三采油技术服务处党委书记的重担。

作为主要领导，摆在朱文伯面前的是一步什么样的棋呢？从内部讲，第三采油技术服务处同其他存续企业一样，几乎集中了分开分立前原企业绝大部分的不良资产，结构性富余人员多、设备新度系数低、人均国有资产占有率低、企业没有原始积累等等。从外部讲，企业面临走上市场、自找饭吃的一系列不确定因素。面对诸多困难，朱文伯带领班子成员没有退却，他坚信，存续企业存在的问题，只是企业在重组改制过程中出现的暂时困难，只有找准了症结，才好对症下药。朱文伯同班子成员一起，开展了广泛深入的调查研究活动。运输大队是第三采油技术服务处各类矛盾较为集中的基层单位，资产结构不良，社会负担沉重，市场需求疲软，工作量严重不足，加之职工的思想观念没有从根本上得到转变，导致经营管理难度大。为此，朱文伯和班子成员一道，深入运输大队的车间、班组，听取职工的意见和建议，分析运输大队面临的形势，为确定全处工作思路寻找依据。

经过 3 个多月的调查分析，朱文伯和班子成员果断地提出了“为生存而超越，为发展而创新”的经营理念和“服务油气主业谋生存，开拓社会市场图发展”的工作思路，制定了“一年平、二年盈、三年大发展”的经营目标，明确了第三采油技术服务处的生存基础和发展方向。

确立了新的发展思路以后，第三采油技术服务处利用广播、电视、宣传栏等多种形式，迅速在全处开展了铺天盖地的企业形势宣传活动，先后编发了《认清形势，坚定信心，开拓进取，寻求发展》和《树立市场意识，推动二次创业》等 10 多份宣传材料，召开各种座谈讨论会 80 多次，开办电视论坛 10 多期。广泛深入的宣传教育活动，使职工感受到了生存的危机。运输大队女职工金蓉，原来岗位工作量不饱满，部分职工提前内退以后，她主动申请了铣工和垫子工的工作量，一人干起了 3 人的活，所干工时名列全队职工之首，成为全处职工投身“二次创业”的典型。

二、以创新为动力，为企业增添有力的发展后劲

朱文伯有一个坚定的信念：企业没有改革，就没有发展的活力，没有创新，就没有发展的后劲。从他担任第三采油技术服务处党委书记职务的第一天起，他就和班子成员把改革和创新提上议事日程。在机构创新上，按照服务主业和对应市场的原则，2000年，先后对处机关及附属机构进行了改革，机关科室由原来的11个调整为8个，附属机构由原来的6个调整为2个，机关人员由原来的107人减少到73人，基本上达到了机构精简、管理规范、人员精干、高效运行的目的。

在创新经营机制上，制定和实施了“风险抵押、分类考核、收入两挂、总量调控”为主要内容的新的经营责任制考核办法，在拿出20%的基本工资进行浮动的同时，对中层干部还实行了1—1.5万元的风险抵押金制度，有效地调动了职工的劳动生产热情。2001年，根据行业特点及市场前景，又对多种经营系统进行了整合，成立了宁夏长庆石油建设工程有限责任公司，撤销了以前11个“小法人”。重组后，当年产值达到了1.45亿元，实现内部利润1280万元，资产负债率较整合前降低了9个百分点。2002年，朱文伯又确定了新的发展目标：按照专业化管理的原则，利用2—3年时间，在结构调整上大做文章，成立水电技术服务公司、机修技术服务公司、运输服务公司、井下作业技术服务公司、物业管理公司及多种经营公司，形成六大公司为主要支撑，器材供应、消防服务、文教卫生为附属，具有现代石油技术服务企业特点的模拟公司化管理模式。在创新管理上，朱文伯提出了“建设一流领导班子、培养一流职工队伍、达到一流管理水平、实现一流工作业绩”的“四个一”目标。通过强化岗位培训和专业技能培训，逐步建立起了一支以中级技术工人为主体，技师、高级技术工人为骨干，技术精湛、结构合理的职工队伍。

三、大力开拓市场，把企业效益蛋糕做大

“看着眼前的，想着长远的，要时时把握市场经济的脉搏，才能在市场经济的大潮中经得住考验，立于不败之地。”这是朱文伯常说的一句话。根据油气田的发展态势，第三采油技术服务处在主业生产前线组建成立了经理部，加强了与主业各单位之间的联系和沟通。目前，第三采油技术服务处已形成以银川为中心，以大水坑、马家滩、油房庄、吴旗和顺宁等老基地为支撑，以井下作业、地面工程建设、产能建设、劳务输出为合作项目，辐射整个陕北油气田的市场开发新格局。在非关联交易市场，2000年取得了0.6亿元的收入，2001年取得了0.9亿元的收入，成为油气开发战略的有效补充，为企业发展增添了后劲。

在区域性油气技术服务市场承揽工作量的同时，朱文伯及其一班人又将目光投向了更加广阔的社会市场。在他的带领下，采取“走出去”战略，以四面出击之势，充分发挥所属各单位的特长，使市场开发工作“芝麻开花节节高”。重组两年来，在公路建设、涩宁兰试压工程、化工产品等社会市场实现了1000多万元的收入。在新产品开发上，与辽河油田合作兴建了PVC塑钢门窗厂，实现了当年投产，产值就达52万元的好成绩。在国际市场，施工队以优质的服务，过硬的技术，胜利完成了25万元的孟加拉国达卡市天然气发电机组的安装调试工程项目，打响了进军国际市场的第一炮。

（杨文礼　杨林杰）

钻井工程总公司运用新技术完成乌兹别克斯坦历史上第一口水平井

2002年11月初，从乌兹别克斯坦传来消息：长庆钻井工程总公司与乌兹别克斯坦国家石油公司达成了后续5口水平井的合作意向。这是因为长庆钻井工程总公司成功地打成了乌国历史上第一口水平井——库克杜马拉克油田的 1 - G 井。2002 年 8 月 26 日，1 - G 井试油结束，日产原油是这个油田单井平均日产量的 5 倍。

对长庆钻井工程总公司在乌兹别克斯坦所取得的成绩，乌兹别克斯坦国家石油公司的一位领导人感慨地说："俄罗斯人来了，英国人来了，美国人来了，看完、问完，说声'OK'就走了。只有中国人留下来，不仅成功地打出了我国历史上第一口水平井，更重要的是，把我们的'死'油田变成了'活'油田。勇敢而聪慧的中国人，才是我们最好的合作伙伴。"

曾经的怀疑和担忧变成了高度赞扬和肯定，长庆钻井工程总公司的创业者们，扛着"二次创业"的大旗，在开拓国际市场的征程中，在"古丝绸之路"的必经之地——乌兹别克斯坦，循着两千多年前先辈们的足迹，以聪明的才智和开拓进取的精神，谱写了一曲新时代的"丝路之歌"。

一、"死亡"之锁，谁来开启

库克杜马拉克油田位于乌兹别克斯坦西南部半沙漠腹地，是乌兹别克斯坦的第一大油田，也是乌国主要的经济命脉，已有 28 年的开发历史。然而这个油田的开发一直受到高温高压盐水层、低压油气层严重漏失两大难题的困扰，特别是西北部约占油田 1/3 面积的区块，由于分布着大面积的高压盐水层，开发上难以取得突破。10 多年来，乌兹别克斯坦国家石油公司和美、英、俄等国的大石油公司在这一区块先后部署了 16 口井，都因钻具被卡死而填井，或因井喷而火烧钻机，打到半途全部报废，无一成功。高压盐水层和低压油气层严重漏失，就像两把"死亡"之锁，将区块内丰富的油气资源牢牢地锁住。

"死亡"之锁，谁来开启？乌兹别克斯坦国家石油公司面向全球寻找合作伙伴。长庆钻井工程总公司得到消息后，陷入了深深的矛盾之中。该区块的技术难题是长庆 30 多年钻井历史上从没有遇到过的，在乌国也无经验可借鉴，国际上此类井更不多见。一旦失败，损失是巨大的。但如果拿下这个区块，长庆钻井不仅可以一炮打响，在乌国市场站稳脚跟，还可辐射到周边及中亚市场，市场前景十分广阔。经过慎重的考虑和研究，长庆钻井工程总公司决定向世界级难题挑战，拿下这块"硬骨头"。

2001 年 5 月，中国石油技术开发公司和乌兹别克斯坦国家石油公司正式签订了库克杜马拉克油田 1 - G 水平井的施工合同。2001 年 8 月，长庆钻井工程总公司取得了该井的施工权。2001 年 11 月 9 日，装备有世界先进水平的全套 70D 型电动钻机的 70106 钻井队的首批设备从青铜峡启运出国，开赴乌兹别克斯坦。12 月 19 日，长庆钻井工程总公司乌兹别克斯坦项目部第一批人员到达乌国，开钻前的各项准备工作全面展开。

二、用新技术这把钥匙

1 - G 水平井设计井深 3672 米，其所处的地层构造十分复杂，上部井段有大段的泥岩并带有砂砾岩夹层，易斜、易坍塌、易出水；中部井段有 500 多米的高压盐层、石膏层，极易蠕动、缩径、结晶；下部井段地层构造最为复杂，储油层的低压油层和顶部"锅盖"状的低压气层，需要防井喷、防漏失。地层压力极难把握，控制不好，轻者发生井涌、井漏，重者发生井喷着火、大面积漏失。更为严重的是，下部井段的任何一个环节控制不好，引起的后果都是连锁性的。几家大的国际石油公司，就是因为没有找到低压油气层的压力"平衡点"而宣告失败。

面对这种情况，长庆钻井工程总公司做了充分准备。在长庆局领导和有关部门的大力支持下，长庆钻井工程总公司在项目合同签订之后，派出 2 个工艺技术考察组，分赴乌国和国内的 4 个油田调研、学习，并集中油田的技术专家，开展了一系列的科研攻关，仅钻井液体系方案，就先后试验了 10 多种配方。

为了加强乌国项目的管理和技术力量，长庆钻井总公司为项目组配备的钻井、钻井液等工艺技术人员全部是公司的技术带头人，还派出了公司总工程师岳砚华常驻乌国钻井施工现场，全面负责项目管理和技术攻关。在开钻前，长庆局副局长、钻井技术专家杨庆理和局长助理、长庆钻井工程总公司总经理杨再生，又亲赴乌国现场考察、论证，进一步完善项目管理和技术方案。

2002年4月1日，1-G井一开顺利钻进。经过100多个昼夜的艰苦奋战，到8月11日，终于成功完井，建井周期仅116.71天，机械钻速达到4.73米/时，分别比当地直井平均钻井周期缩短了2个多月，平均机械钻速提高了89.6%，各项经济技术指标全部为该油田历史最高水平。

毫不夸张地说，1-G水平井打出的每一米进尺，都是现场科技人员智慧与汗水的结晶。在施工中，乌兹别克斯坦项目部的20多名科技人员，在长庆钻井工程总公司的精密部署下，积极开展科技攻关，先后成功运用大尺寸井眼防斜打直技术、大排量高钻压喷射和压井技术、漏失和井喷并存条件下的平衡钻井技术及防喷和压井技术等14项新工艺、新技术，成功地开启了库克杜马拉克油田的“死亡”之锁，填补了乌国石油开发历史上的空白，特别是相对密度幅度小于0.01、有效控制地层压力平衡点的“水包油”钻井液技术，引起了世界同行的高度关注。目前，长庆钻井工程总公司不仅与乌国达成了后续5口水平井的合作意向，而且正与几家国际大公司商谈提供技术服务的有关事宜。

三、攻坚啃硬，挑战极限

长庆钻井工程总公司承钻的乌兹别克斯坦第一口水平井1-G井，所处地区气候属典型的内陆干旱气候，自然条件极为恶劣。驻地方圆百里没有居民、市场、店铺，社会依托几乎是空白，就连生活用水，尚不能完全供给，实行定时定量供应。项目组所需的生活物资和日用品，少量的还可以到100多千米外的穆巴列克小镇采购，肉、蛋、蔬菜、副食等则需要到200多千米外的布哈拉或卡尔西采购，路远费时，极不方便。生活上的不方便，比起持续高温带来的困难就不算什么了。项目部副经理李进塘谈起库克杜马拉克油田的天气时这样说：“从2002年7月份起，就是持续的高温天气，平均温度在40摄氏度以上，一直到9月底才降下来。最热的时候，地表温度在60摄氏度以上。”

说起高温给生产带来的困难，平台经理薛让平说：“设备温度一般都在70摄氏度以上，钻井液出口温度也在80摄氏度左右。钻工们扶钻、打钳子、检修保养设备等，都要戴棉手套操作，否则就会被烫伤；在钻台上、循环罐上作业，不到2分钟脚就烫得生痛；起下钻时，一不小心，钻井液溅到脸上就会烫起一个水泡；现场的施工人员，人人都有中暑的经历。更困难的是，设备在高温下运转，寿命大大缩短，六七两月，仅烧坏的各类电机就达5台之多，钻井泵橡胶件损耗也成倍增加。在这种环境下工作生活，困难是可想而知的。”

除了自然环境、施工环境方面的困难之外，最大的困难来自复杂的地质构造和工艺技术要求。

6月底，工程进入中下部井段的高温高压盐水层和低压油气层，井下的情况变得愈来愈复杂，随时都有卡钻、井漏、井喷的危险，加之满井场飘溢着硫化氢，不仅威胁着设备安全，更威胁着操作人员的生命安全。以前在国内几乎不用的封井器，在这里成了常规设备；以前的井控演习，在这里成了必须熟知的操作规范；以前一两年才能遇到的压井作业，如今也成了常规作业；过去做培训教具用的防毒面具，在这里成了随身的必备品。

为了攻克一系列技术难关，整整一个多月的时间，总工程师岳砚华和技术人员们几乎工衣不离身，日夜守候在井场，密切观察着钻井动态和关键环节，连续几天几夜盯在现场不合眼，一门心思全部放在了钻井上。不到半个月，所有的人员都明显地瘦了一圈。项目经理王均良嫌刮胡子麻烦，竟然宣布：不完井，就不刮胡子。

经过艰苦的鏖战，长庆钻井工程总公司乌兹别克斯坦项目部终于胜利完成了 1－G 井的钻井任务。而支撑他们超越自我、挑战体能和精神极限的完全是一种朴素的“爱国、奉献”精神，在他们心里，祖国的荣誉和利益高于一切。

首次进入乌兹别克斯坦钻井市场即承担复杂的水平井施工并取得不俗业绩的长庆钻井人，不仅在古“丝绸之路”上续写了先辈们的辉煌，而且以自己的聪明才智和不畏艰险的精神，赢得了每一位与他们交往的乌国人的敬重和赞叹。乌兹别克斯坦国家石油公司的一位负责人说：“中国长庆钻井人，必将誉满中亚！”

（殷林锋　冯永祥　樊　瑾）

第二篇

工程技术服　务

地球物理勘探

【概述】　2002年，长庆局地球物理勘探系统职工总数为2232人。职工中各类管理及技术干部632人，工人1600人。在岗职工共计1860人（女职工521人），内部退养372人。职工中硕士研究生8人，大本学历202人，大专学历199人，中专学历183人，技工学历315人，高中学历245人，初中及以下学历的1080人。

【设备情况】　拥有设备447台（含报废在用和未到位设备）；UL408、SN388、System－2000等地震仪器10台（套），现场处理设备9台（套）；Dsnp Lrk 6000卫星定位仪、Leica TCll02全站测量仪、BLS－1850井下多道仪等测井测绘仪器34台（套）。在室内资料处理、解释方面，配备了12台大型工作站，并引进GeovecteurPlus、Omega资料处理系统和Gristation人机交互解释系统。

【工作特点】　一是在野外地震队实行工资奖金分配制度改革，明晰职工工资的构成、来源及发放标准，调动了职工积极性，促进了生产效率提高；二是实行人机分离，成立装备管理服务公司，与使用单位以租赁形式，进行系统内模拟市场经营。通过明晰双方的责权，提高了设备使用和管理水平；三是加强技术研究和动态的生产方法调整，提高生产效率；四是坚持冬夏施工，完善质保体系，保证均衡、优质的生产。

【工作量】

（1）野外采集：共完成长庆油田分公司二维地震勘探8204千米，共获生产记录66662张，其中合格品66526张，占99.8%；完成天然气开发三维勘探546平方千米，获生产记录20728张，合格率100%。

（2）资料处理、解释：共完成常规二维地震资料处理13460.2878千米，测线631条，折标准剖面长度288653．019千米；二维特殊处理38150.1720千米；三维资料处理一次覆盖面积260.415平方千米，满覆盖面积206.70平方千米；三维特殊处理9155平方千米；VSP测井资料处理8口。提供钻井井位225口，被采纳189口，采纳率84%，发现圈闭69个，面积211029平方千米；完成VSP解释8口，提交VSP解释报告8份；全年提交生产报告9份，科研成果2份。

（3）测绘测量：测绘完成GPS点130个，实测地震剖面导线189条，长度10273.308千米，VSP测井7口，获生产记录2907张，试验记录68张，全部合格。

【科技工作】　坚持把科技创新的重点放在五个项目攻关上，即储层物性预测和油气藏描述方法研究、转换横波勘探技术研究、黄土塬区宽线地震采集方法研究、黄土塬静校正技术方法研究和砾石区钻井方法研究。为使攻关项目取得突破性进展，推行了科技项目招投标制度，重新明确了科技工作的领导与组织，建设与完善了科技研发机制，明确了一名副总工程师重点负责钻机工艺开发和改造工作；还与2001年引进的博士生续约，继续开展岩性勘探方面的具体方向研究。设立了50万元的科技专项奖励基金，将攻关项目研究落到实处。12月份，召开了地球物理勘探系统第四届科技大会，对科技攻关项目进展情况进行总结，推动各项技术成果的应用和交流，并积极为青年科技工作者的锻炼成才打造平台。

钻井工程

【概述】 2002年,长庆石油勘探局钻井工程施工系统共有职工8213人(其中管理人员1249人,专业技术人员848人)。共有钻井队63支,拥有各种类型钻机63台。按承载负荷划分,3000米以上钻机39台,占总数的61.9%;3000米以下的钻机有24台,占总数的38.1%。按传动方式划分,电动钻机5台,占总数的7.94%;机械钻机58台,占总数的92.06%。电动钻机与机械钻机的比例约为1:11.6。共有顶驱4套,其中进口3套,国产1套。施工区域横跨陕、甘、宁、蒙、青等省、自治区,并进入了南美、中亚、北非等国际市场。

【工作特点】 根据钻机高度分散、竞争日趋激烈的特点,提出了"适应市场、优选区块、统筹兼顾、突出重点、减少搬迁、相对均衡、安全有序、优质高效"的生产组织管理原则。一是在靖吴区块增设第四项目部,并以项目部为单元,进一步从人事管理、奖惩权限等方面强化职能,促进各种生产要素的有机结合;二是充分发挥整合优势,以目标管理为主要措施,抓住生产黄金季节,实现了3—10月份平均进尺24.69万米的历史新纪录;三是持续推进钻井队等级达标考核制度,坚持定置管理与动态管理相结合、治标与治本相结合。利用经济政策的拉动作用,进一步理顺了新形势下生产组织关系,保障了生产组织的节奏;四是细化分解生产组织停工时效,相关后勤服务单位自主承包控制。生产运行定期考核通报。全年井队生产时效达92.43%,较2001年提高4.52个百分点;五是狠抓新设备投用管理,集中力量组织编写设备操作标准、维护管理制度和现场配套。新购到位的3台ZJ50L、4台ZJ15、1台ZJ70D钻机完井98口,完成进尺162169米。

【生产经营指标】 2002年,钻井系统资产总额11.99亿元,固定资产原值7.63亿元,净值5.68亿元。实现主营业务收入20.73亿元,内部利润0.67亿元,上缴税费3.38亿元。多种经营实现生产经营总值3.46亿元,实现收入3.35亿元,上缴税费0.34亿元。

【工作量】 开钻1004口(其中在长庆油田开钻996口;在青海开钻6口;在乌兹别克斯坦开钻1口;在厄瓜多尔开钻1口)。完井1006口(其中在长庆油田完井997口;在青海完井6口;在乌兹别克斯坦完井1口;在尼日利亚完井1口;在厄瓜多尔完井2口)。完成钻井进尺195.08万米,比2001年增长8.5%,创历史新高,在集团公司同行业中名列第二(其中在长庆油田完成进尺193.1066万米;在青海完成进尺11660米;在乌兹别克斯坦完成进尺3677米;在厄瓜多尔完成进尺4375米)(表1)。

表1　2002年工作量统计表

施工市场		开井(口)	完井(口)	进尺(米)
国内市场	合计	1002	1003	1942726
	长庆油田市场	996	997	1931066
	青海油田市场	6	6	11660
国际市场	小计	2	3	8052
	乌兹别克斯坦	1	1	3677
	厄瓜多尔	1	2	4375
	尼日利亚			0

在本油区市场，自60144A队在鄂8井2月25日第一个率先开钻，到12月10日30521队承钻的董78－53井最后一口井完井，历时288天的有效工作时间，平均队年进尺32587米。扣除两口水平井，完成井平均井深1875米，钻井周期11.55天，建井周期15.23天，钻机月速度4000米/(台·月)，平均机械钻速13.47米/时。较2001年同期平均井深增加82米，钻机月速上升292米/(台·月)，机械钻速下降0.89米/时，平均钻井周期缩短0.08天，建井周期缩短0.5天(表2)。

表2　2001年与2002年总体对比表

年份＼项目	开井（口）	完井（口）	钻井进尺（米）	平均井深（米）	钻井周期（天）	建井周期（天）	钻机月速度[米/(台·月)]	机械钻速（米/时）
2001	1078	1080	1929535	1793	11.63	15.73	3708	14.36
2002	1116	1118	2093394	1875	11.55	15.23	4000	13.47
增减	38	38	163859	82	－0.08	－0.5	292	－0.89

注：数据为当年实际完成口径数据。

油井开钻1017口，完井1017口，完成进尺176.0841万米。完成井平均井深1732米，钻井周期9.1天，建井周期11.87天，钻机月速度4699米/(台·月)，机械钻速17.39米/时。同比少开钻15口，少完井15口，少完成进尺2776米，完成井平均井深增加20米，钻井周期缩短1.11天，建井周期缩短1.88天，钻机月速度上升593米/(台·月)，机械钻速提高1.03米/时(表3)。

表3　2001年与2002年油井对比表

年份＼项目	开井（口）	完井（口）	钻井进尺（米）	平均井深（米）	钻井周期（天）	建井周期（天）	钻机月速度[米/(台·月)]	机械钻速（米/时）
2001	1032	1032	1763617	1712	10.21	13.75	4106	16.36
2002	1017	1017	1760841	1732	9.10	11.87	4699	17.39
增减	－15	－15	－2776	20	－1.11	－1.88	593	1.03

注：数据为当年实际完成口径数据。

气井开钻 99 口,完井 101 口,累计完成进尺 33.2553 万米。扣除两口水平井,完成井平均井深 3342 米,钻井周期 36.72 天,建井周期 49.76 天,钻机月速度 2238 米/(台·月),机械钻速 6.17 米/时。同比多开钻 53 口,多完井 53 口,多完成进尺 16.6635 万米。完成井平均井深减少 74 米,钻井周期缩短 7.07 天,建井周期缩短 8.53 天,钻机月速度上升 135 米/(台·月),机械钻速提高 0.07 米/时(表 4)。

表 4 2001 年与 2002 年天然气井对比表

年份＼项目	开井(口)	完井(口)	钻井进尺(米)	平均井深(米)	钻井周期(天)	建井周期(天)	钻机月速度[米/(台·月)]	机械钻速(米/时)
2001	46	48	165918	3416	43.79	58.29	2103	6.10
2002	99	101	332553	3342	36.72	49.76	2238	6.17
增减	53	53	166635	－74	－7.07	－8.53	135	0.07

注:数据为当年实际完成口径数据。

【生产时效】 钻井工作总时间 379529 小时,生产时间占 92.43%,纯钻进占 40.74%;非生产时间占 7.57%(其中:事故占 1.26%,修理占 0.71%,复杂占 1.85%,组织停工占 1.73%,自然灾害停工占 1.60%,其他停工占 0.41%)。与 2001 年同期相比,生产时效上升 4.52 个百分点,纯钻时效上升 4.59 个百分点,非生产时效下降 4.52 个百分点(其中:事故时效上升 0.21 个百分点,修理时效下降 0.63 个百分点,复杂下降 0.48 个百分点,组织停工下降 1.9 个百分点,自然灾害停工下降 1.12 个百分点,其他停工下降 0.61 个百分点)(表 5)。

表 5 2001 年与 2002 年钻井时效对比表

年份＼项目	钻井总时间(小时)	生产时效(%)	纯钻进(%)	非生产时效(%)	事故(%)	修理(%)	复杂(%)	组织停工(%)	自然灾害(%)	其他停工(%)
2001	366069	87.91	36.15	12.09	1.05	1.34	2.33	3.63	2.72	1.02
2002	379529	92.43	40.74	7.57	1.26	0.71	1.85	1.73	1.60	0.41
增减量	13460	4.52	4.59	－4.52	0.21	－0.63	－0.48	－1.9	－1.12	－0.61

注:数据为当年实际完成口径数据。

【市场开发】 国内市场：为了在国内钻井市场上占有一席之地，打造长庆钻井品牌，2001 年后期，长庆局对国内钻井市场进行了充分论证，并实地考察，在青海油田的招投标会上一举中标。2002 年生产启动后，“全国青年文明号”30533 钻井队开赴青藏高原。项目组和钻井队的同志们克服了高原反应等重重困难，第一口井于 3 月 30 日零时开钻，截至 9 月 18 日最后一口井完井，以 172 天的有效时间开钻 6 口，完井 6 口，完成钻井进尺 11660 米。完成井平均钻井周期 15.76 天，平均建井周期 20.25 天。钻井总时间 2916.5 小时，生产时间占 98.10%，非生产时间占 1.90%。纯钻时间占 32.68%。机械钻速 12.23 米/时，钻机月速度 2879 米/(台·月)，各项指标处于青海油田领先水平(表 6)。

表 6　2002 年青海项目完井统计表

井号	设计井深(米)	实际井深(米)	开钻时间	完井时间	中靶半径(米)	水平位移(米)	钻井周期(天)	建井周期(天)	生产时效(%)	非生产时效(%)	纯钻时效(%)	机械钻速(米/时)	经济钻速[米/(台·月)]
狮中19斜1	1627	1630	2002.03.30	2002.04.20	26.7	579.4	16.46	21.96	99.62	0.38	32.04	9.65	2233
跃3622	2050	2060	2002.04.28	2002.05.20	直	直	16.71	22.29	98.79	1.21	37.85	10.17	2784
跃394	1790	1790	2002.05.29	2002.06.15	直	直	17.42	20.84	100	0	27.22	15.73	3086
跃新614	1990	1990	2002.06.25	2002.07.12	直	直	11.83	17.42	97.66	2.34	30.02	15.79	3431
跃382	1850	1850	2002.07.20	2002.08.03	直	直	9.44	13.44	99.69	0.31	37.67	15.23	4130
ⅦⅡ7-9	2340	2340	2002.08.20	2002.09.18	直	直	22.67	29	98.56	1.44	31.75	10.59	2412
合计		11660					94.53	121.52					
平均		1943					15.76	20.25	98.1	1.9	32.68	12.23	2879

国际钻井市场：

(1)乌兹别克斯坦市场：乌兹别克斯坦项目 1-G 水平井钻井项目是由乌兹别克斯坦国家石油公司与中国石油技术开发公司于 2001 年 5 月 23 日签订的一口水平井钻井施工总包合同，合同金额为 578 万美元。工作量包括水平井钻井、测井、录井、固井及完井作业。2001 年 8 月 22 日，长庆石油勘探局与中国石油技术开发公司签订了该项目的合作协议，长庆钻井工程总公司负责该项目的工程作业，协议价款为 420 万美元。该项目由 70106 队负责实施，于 2002 年 4 月 2 日开钻，至 8 月 7 日完井，实际井深

3677 米(水平段 500 米)。并用原钻机进行了试油,8 月 26 日试油结束(表 7)。8 月 27 日开始拆卸、检修设备。该井位于乌兹别克斯坦西南沙漠腹地的库克杜马拉克油田,地质情况非常复杂,该油田 28 年的开发史中,曾发生过井喷失控烧毁井架的事故,乌兹别克斯坦国家石油公司先后在高压盐水区打过 15 口井,均以失败告终,美国、法国、俄罗斯等国家的钻井承包商了解情况后再也没有来过。长庆钻井施工人员以国内强大的支持为后盾,查阅当地施工资料,走访专家,针对现场实际问题,制订了行之有效的解决措施,在整个施工过程中成功应用了 10 多项特色技术,高效优质地完成了 1－G 井的施工任务,解决了乌国水平井高压盐层上喷下漏的技术难题。长庆钻井主要领导回访乌国客户时,再次考察了中亚市场,并与乌方达成了 5 口井 2035 万美元施工合同合作意向。

表 7　乌兹别克斯坦项目 1－G 井主要指标

开钻日期	完钻日期	完井日期	设计井深（米）	实际井深（米）	钻井周期（天）	建井周期（天）	钻机月速［米/(台·月)］	机械钻速（米/时）
2002.04.02	2002.07.27	2002.08.07	3672	3677	116.71	187.13	845	4.73

（2）尼日利亚项目：长庆钻井作为设备租赁方，第一口井于 2002 年 1 月完钻。长庆局国际市场开发系统整理出 O－1 井全井施工设计的中英文版，已完成技术标、商务标及合同的编写和审核，与尼日利亚另一家公司 Summit Oil Company 接触，甲方已在现场考查设备，达成了三口井的钻机租赁意向。

（3）厄瓜多尔项目：由长庆局国际市场开发系统主导，50112 队施工的第一口井 P－3B 井 2001 年 10 月 30 日开钻，2002 年 3 月 1 日完井。第二口井 A－10 井于 2002 年 3 月 28 日开钻，至 6 月 27 日钻至井深 3112 米完钻，进行完井作业，7 月 3 日完井。第三口 VHR13 井（直井）于 2002 年 10 月 9 日 16 时开钻，10 月 30 日 14 时完钻，完钻井深 2545.7 米，11 月 5 日进行固井作业，11 月 6 日完井，用了不到 21 天的时间就钻完了 2545.7 米的井深，在南美打出了“长庆钻井”的品牌。

【工程质量】　长庆钻井系统把精细管理作为实施“管理提升战略”的突破口，在科学管理上进行了积极的探索和实践，建立了与国际惯例接轨的 ISO 9001 质量管理体系，并通过了中国方圆标志 2000 版认证。全系统钻井技术综合标准覆盖率达 99.5%，2002 年完井 1103 口，井身质量合格率 100%；油层套管固井 1095 口，固井质量合格率 100%，固井优质率 85.11%；钻井取心 120 口，取心进尺 6339.94 米，取心收获率 99.78%，取心平均单筒进尺 14.31 米。其中：天然气完井 101 口，平均井深 3360.35 米，井身质量合格率 100%；气层套管固井 101 口，固井质量合格率 100%；取心进尺 1465.57 米，取心收获率 99.42%，取心平均单筒进尺 12.11 米。

完成录井 999 口（其中：探井录井 79 口，开发井录井 920 口），比 2001 年同期少完成 10 口，平均动用录井队年效率 19 口/（队·年），录井队利用率 83.00%，气测录井资料合格率 100%。

探井完井 66 口，井身质量合格率 100%；油层套管固井 62 口，固井质量合格率 100%，固井优质率83.87%；钻井取心66口，取心进尺4197.78米，取心收获率99.82%，取心平均单筒进尺13.72米。

开发井完井1037口，井身质量合格率100%；油层套管固井1033口，固井质量合格率100%，固井优质率85.19%；钻井取心54口，取心进尺2142.16米，取心收获率99.71%，取心平均单筒进尺15.64米。

【技术攻关】 在全面推广应用成熟配套技术的同时，针对油田、社会、国际三个市场的不同需求和制约发展的技术难题，安排科研经费266万元，实施重点攻关项目37项，其中有17项成果获局科技进步奖。

(1) 丛式井钻井技术不断完善。在289个井场实施丛式钻井939口，推广应用面达84%，减少钻机搬安646个井次。在杏20－010井组实现了11口井，杏13－05井水平位移达792.97米。全年定向井完井941口，井身质量合格率100%。油层套管固井937口，固井质量合格率100%，固井优质率86.02%；钻井取心30口，取心进尺1105.48米，取心收获率100%，取心平均单筒进尺16.02米。

(2) 水平井钻井工艺技术日趋成熟，逐步延伸到了丛式井、气井，并在苏平1井成功地实现了多波形水平轨迹，水平位移达1123.1米，达到了国际先进水平。全年水平井完井2口，井身质量合格率100%；油层套管固井2口，固井质量合格率100%。

(3) 以天然气为循环介质的欠平衡钻井技术在苏35－18井的成功应用，填补了国内钻井一项技术空白。

(4) 导向钻具复合钻井技术在209口油井和22口气井成功地得到应用，与常规钻井技术相比，平均机械钻速分别提升1.53米/时和0.55米/时，平均钻井周期分别缩短1.41天和3.88天，气井钻具失效频率由平均每口井的1.57次降至0.68次，显示出了明显的综合效益。在苏36－18井全井段推广应用该技术，机械钻速提升2.23米/时，钻井周期缩短7天。

(5) 推广应用深井钻井技术，2002年共完成4口，平均井深4136米，平均钻井周期108天，平均建井周期126天，平均耗用钻头25只，平均取心进尺30.44米，取心收获率100%，平均机械钻速5.84米/时，平均钻机月速度1128米/（台·月）。

(6) 积极开发优质钻井液与完井液技术。为有效保护油气层，减少钻井事故，实现优质、快速、高效钻进，长庆钻井针对不同地区、不同地层，优选新型钻井液和完井液体系，形成8大系列15个体系无固相聚合物钻井液、完井液体系，在稳定井壁、保护产层、提高电测一次成功率等方面发挥了积极的作用。东部应用气田无固相防塌钻井液体系，电测一次成功率由58%上升至71%。

(7) 天然气井应用泡沫固井技术，进一步完善了低压易漏长裸眼段固井技术。应用该技术实施固井16口，固井质量优质率达86%。

(8) 推广高效能PDC钻头应用技术。在31口井钻井施工中应用PDC钻头5只，平均机械钻速19.9米/时，比牙轮钻头提升12.62%，最高单只PDC钻头累计进尺已达8556米。

(9) 运用尾管固井工艺技术固井2次，成功率100%；运用多级注水泥固井工艺技术固井50次，成功率98%。

(10) 有4个油井钻井队年进尺上5万米；5个油井钻井队上4万米；22个油井钻井队上3万米；19个油井钻井队、3个气井钻井队上2万米。

测　井

【概述】 长庆测井系统按照就近服务、精干队伍、突出效益的原则，实施了“扁平式”管理模式，建立了项目管理机制，设立四个项目经理部(与分公司是两块牌子)，分区块组织生产，使生产组织进一步合理化。项目经理部负责本区块的市场开发、生产组织以及受测井处委托协调和各配合单位的关系；各项目部之间相对独立、相互补充，独立核算。同年又成立了第二个成像队——2000 队，进一步扩充了成像队伍；同时加强了新技术、新工艺在生产中的推广应用，并加大对现有设备的多功能开发，以及下井仪器大组合，投入了 5 个 SKN3000 多功能队伍，使队伍同时具备承担完井和射孔工作的能力，减少了仪器下井次数，最大程度提高了施工效率，大大提高了队伍的综合作业能力。

【工作量】 拥有作业队伍 51 个(其中 3700 队 7 个、动态监测 6 个、5700 队 1 个、2000 队 1 个、射孔队 11 个、25 个数控队)。完成完井 1576 口、三样 1520 口、工程 51 口、吸水剖面 375 口、产液剖面 26 口、射孔 1821 口、桥塞 77 口。小队年最高工作量为：完成完井 79 口、三样 96 口、吸水剖面 136 口、射孔 194 井次。综合录井按照长庆局专业重组的要求，从测井工程处剥离，隶属长庆局钻井工程总公司管理(二级半单位)。生产作业队伍上井一次成功率平均达到 99.41%，正点到井率为 97.84%。

【经营业绩】 2002 年，拥有固定资产 12027.67 万元。实现主营业务收入 20973 万元，实现内部利润 1790 万元。

【技术装备】 2002 年 3 月，引进了哈里伯顿公司的具有世界先进水平的核磁共振 MRIL－P 设备，完善了成像测井系列，同时还引进了 5 套 SKN3000 综合数控测井地面系统，更新换代了小数控测井地面系统。2002 年 5 月，引进了中子寿命测井仪，填补了长庆局在这一项目上的空白；2002 年 10 月，引进 ϕ70 毫米小井眼泵出式测井系列，该系列包括小井眼补偿密度、小井眼补偿中子、小井眼补偿声波、小井眼自然伽马、小井眼连斜等，并完成了测井工艺的配套。

【工作特点】 一是采取“扁平化”管理模式，分区域成立项目经理部组织生产，责、权、利统一，调动了基层的工作积极性和主动性；二是生产准备扎实有效，启动工作平稳快速，掌握了生产主动权；三是加强生产信息的预测、收集和分析处理，严密组织，超前动作，提高了运作效率；四是依靠科技创新，培育长庆特色技术，增强市场竞争力，确保市场占有率。

【创新指标】 10 月份创造了 832 井次的月度历史最高水平；测井运行效率进一步提高，用 35 个测井小队最多时保证了局内外 183 部钻机的正常施工。

【新技术研究及应用】 科研立项 21 项，完成 17 项，获得长庆局科研项目奖 10 项(一等奖 3 项、二等奖 4 项、三等奖 3 项)。

(1)油藏水淹机理分析研究为长庆油井开发中的流体判识建立了识别模式。

(2)为了提高时效，攻克了三仪器组合测井难题，解决了连斜、井径、微电极组合测井的问题。

(3)建立了卫星移动数据传输系统，缩短了远程作业队伍与基地的距离。

(4)P 型核磁共振测井处理解释应用研究解决了测井采集中的测前设计、参数选取和处理、解释中的许多模糊不清的问题。

(5)应用成像测井资料研究岩石机械特性使得交叉偶极子声波测井资料具有更高的地质

应用价值。

(6)高孔密射孔器的研制、声波—伽马密度测井仪引进推广应用等,增加了测井技术作业手段。

(7)在区域评价方面,通过“苏里格庙地区沉积特征研究”、“生产测井资料产层评价系统研究”和应用“苏里格庙地区低阻气藏测井识别与评价技术”,使测井资料从点到面的应用有了实质性的进展;总结归纳了以核磁共振测井技术、声—电成像测井技术等为代表的15项先进技术,以低阻油气层解释技术、水淹层解释技术等为代表的10项特色技术。

【质量管理】　2002年,是长庆测井获得QC成果最好、最多的一年,也是获得省、部级质量管理成果奖最多、最好的一年。

获得测井工程处QC小组成果一等奖2项、二等奖5项、三等奖12项。8个成果荣获长庆石油勘探局优秀QC小组一等奖,5个成果荣获二等奖,4个成果荣获三等奖。4个成果荣获中国石油天然气集团公司优秀QC成果二等奖,4个成果荣获三等奖。1个成果荣获甘肃省优秀QC成果一等奖,3个成果荣获二等奖。1个QC小组被命名为“2002年全国优秀质量管理小组”,这是长庆石油勘探局当年惟一获此殊荣的QC小组。

【体系管理】　2002年3—4月,初步确立了长庆测井的管理体系程序文件。7月份举行了整合管理体系内部审核员取证学习班。在文件起草的同时,对所有岗位潜在的职业健康安全危害因素、环境因素进行了调查、分析和评价,完成了长庆测井《职业健康安全和环境初始评审》,编写了2万7千多字的《测井公司职业健康安全和环境风险初始评价报告》。5月,在天津咨询公司专家的指导下,完成了质量、职业健康安全和环境整合管理手册的编写。7月29日至8月1日,组织实施了整合管理体系建立后的第一次内部审核;同年9月3日至5日,又进行了第二次内部审核。两次审核均采用按部门集中、全要素抽样方式进行。2002年10月8日至12日,长城(天津)质量保证中心派6人审核组,对长庆测井进行第三方整合管理体系认证审核,通过了质量、职业健康安全、环境整合管理体系认证,于2002年12月6日发证,成为CNPC系统首家通过ISO 9001、ISO 14001、OHSAS 18001一体化认证的企业,长庆测井为拓展国内市场、开拓国际市场拿到了通行证。

井下作业

【概述】　长庆局井下作业系统拥有一个井下技术作业处;有三个采油技术服务处和一个压裂酸化研究所,216套试油、修井机组,10套压裂酸化机组,2个测试试井小队;从业人员3790人。其中:研究生5人,大学本科学历的181人,大专学历270人,中专学历的283人;高级工程师23人,工程师278人,助理工程师269人,技师100人。其中:长庆局井下作业系统一级学术带头人6人,二级学术带头人17人。

【设备状况】　2002年,井下作业系统动用压裂酸化队5个,10套机组;试油(气)队18个,71套机组,测试试井小队2个,7套车组、65个修井队,149套机组(采一处17个队、34套机组,采二处27个队、71套机组,采三处21个队、44套机组)。其中有2000型压裂机组、W－1400型压裂机组、1050型压裂机组各两套,550修井机组两套,450修井机组1套,350修井机组6套,还有250修井机组和X－15、X－12通井机,CO_2压裂机组、连续油管车、液氮泵车、地面直读试井车、电子压力计和三相分离器等试油设备。局压裂酸化研究所拥有岩心流动试验仪、RV 系列旋转粘度计、泡沫/动态滤失仪、傅里叶红外光谱仪、高压液相色谱仪、表/界面张力仪、高温高压动态腐蚀仪等测试仪器和设备。承担着长庆油田分公司所属的 7500 多口油、水井的维修维护措施作业任务和每年近 1000 口油、气产建新井的试油、压裂酸化、投产任务。

【工作量】 2002 年，井下作业系统共完成试油压裂酸化 2752 层次，交井 1317 口，修井 12522 个标准井次。

【工作特点】 井下技术作业处根据 2002 年油田勘探开发部署，针对施工区域分散情况，在靖边、安塞、靖吴、陇东区块设立了四个项目管理部，在生产运行上。(1) 全处组织一盘棋，统筹兼顾，局部服从整体，突出苏里格气田开发、西峰油田勘探的重点，紧跟钻井，不留积压井场；(2) 推行项目管理，落实目标责任制，并加强各个区块之间的有机衔接，增强生产组织的时效性和超前性；(3) 处领导每月轮流深入前线，坚持生产组织面向基层、面向前线、面向生产，并进行质量回访。每月巡回检查制度是全年生产健康有序发展的重要因素；(4) 强化过程监控管理，避免长距离搬迁和生产组织上的浪费行为，杜绝窝工、返工、误工等行为，最大限度地降低生产成本。

第一采油技术服务处以“一对一”服务为基本出发点，细化生产运作，加强了生产过程控制，缩短了施工周期；加强与职能部门的联系与沟通，及时掌握生产动态，保证合理的队伍部署；进一步理顺生产组织程序，明确责任，提高工作效率，以快捷有序的后勤服务全力以赴保障原油上产。

第二采油技术服务处坚持“稳、准、实、快”的原则，突出生产的季节性和原油生产特点，加大日常生产的动态监控力度，提高了运行效率；进行了 HSE/OSH、ISO 9001 及井下作业队伍资质认证“三项认证”，制订 HSE/OSH 管理体系运行考核监督细则，加快 ISO 9001 质量认证体系建设步伐，提升了企业竞争实力，提高了基础管理、现场管理和质量管理水平；加强了质量回访，改进了服务质量，提高了施工质量，及时解决用户提出的问题，采纳合理化建议。

第三采油技术服务处针对施工区域分散的实际，统筹兼顾，合理调配施工队伍，突出重点施工区域，保障了原油的上产；积极推行生产运行工作的精细管理，尽心服务，突出“生产组织、成本控制、质量安全”三个环节，严格生产现场规格化和操作标准化；掌握生产动态，及时协调、解决生产运行中存在的问题，并加强各个生产单位之间的有机衔接。

【创新指标】 井下技术作业处在苏 40－16 井，实施了加陶粒 83 立方米、排量 4.96 立方米/分的大型压裂，创历史同期施工规模之最；6 月 13 日，全处日完成压裂施工井 11 层次，加砂 267.5 立方米，创历史日完成工作量和施工规模最高纪录；7 月 6 日突破 1000 层次大关，比 2001 提前 18 天，比 2000 年提前 43 天；7 月份完成 383 层次，完井 157 口，同比增长 109%，创月完成工作量历史最好水平（含新源公司月施工工作量）；9 月 10 日 11 个试油队突破百层大关，比 2001 年同期增加 6 个试油队；10 月 4 日以 2007.5 层次突破两千层次大关，比去年提前 48 天，创造了历史最高纪录。

第一采油技术服务处 8 月份完成检泵 417 口、重复压裂 13 口，创月度最好纪录。

第二采油技术服务处 11 月 26 日，累计维修检泵 4066 口，突破 4000 口井大关，创维修检泵交井新纪录（年交井 4386 口）。11 月份措施井交井 43 口，全年突破 295 口井，创历史纪录。

工程建设

【概述】　长庆局工程建设系统 2002 年用工总量 3500 人，职工总数 2701 人，其中干部 739 人，工人 1962 人。

资产总值为 54470.17 万元。其中，固定资产原值 27511.61 万元，净值 19569.15 万元；所有者权益 19569.15 万元，负债 34901.01 万元，负债率 64.07%。拥有各类设备 454 台（套），资产原值 14610.73 万元，资产净值 9849 万元，设备新度系数 0.67。

【工作量】　2002 年，累计完成施工产值工作量 9.57 亿元，其中建设工程总公司 8.86 亿元。主营业务实现收入 67205.94 万元，内部利润 3148.43 万元。

【工作特点】　一是以现场保市场，全面推行质量保证体系和 HSE 管理，精心组织运作，规范科学施工；二是抓住黄金季节，开展劳动竞赛，带动各项工程逐步加速；三是加大外协工作力度，优化施工环境，抓好组织衔接，杜绝停工、窝工；四是以项目管理为重点，强化预算管理和成本控制，确保经济效益。

【创新指标】　一是西气东输工程 14A 标段（32.603 千米），2002 年 4 月 28 日开工，试验段 100 道口焊接一次探伤拍片合格率 100%，超过了业主、监理部门在考核段定下的一次探伤拍片合格率 90% 的要求。9 月 30 日管线主体组焊完工，11 月 14 日完成芦河穿越“沉管”施工，14A 标段全线贯通。该段工程焊接质量一次合格率为 99.34%，综合进度和施工质量在陕晋段名列前茅。二是新疆三条沙漠公路和“通县油路”获新疆维吾尔自治区交通厅公路管理局 40.16 万元的嘉奖，在全疆施工的 44 个合同段项目经理部中名列榜首。三是打一庆项目在路面施工中，不断刷新单幅路日进度纪录（500 米、700 米、800 米），受到主业通报表彰。七八月份两次现金奖励 3 万元。

【市场开发】　承揽到工程项目 20 项，落实工作量 81302.04 万元。承揽并开建西气东输工程；一举中标 180 千米长呼管道工程，取得了长庆局工程建设系统历史上承揽最长管道施工的资格。

油气田产建和长输管道工程：中标和承揽工程项目 12 项，计 96004.02 万元。

道路工程：中标 10 个标段，中标价为 44204 万元，中标率 32%，中标价比 2001 年增长 23879 万元。

【科技创新与技术改造】

（1）引进管道环向射线检测技术，提高了无损检测能力，增强了企业核心竞争能力。

（2）掌握了 PE 三层作业线、全自动焊接工艺及配套工艺等制约施工质量和速度的关键技术。

（3）西气东输管道工程中，创造性地完成“双侧管沟开挖沉管法下沟”、“山坡地段管沟水工保护”等工艺。

（4）在宁夏中郝高速公路路面工程中采用路缘石机械化铺设和拦水带一次成型两项新技术，施工质量达到了业主的要求，获得业主的充分肯定。

【科研成果】

（1）攻克钢制管道熔结环氧粉末外防腐涂层技术。

（2）黄土塬地区大口径管道铺设技术获 2002 年长庆局科研成果一等奖。

（3）管道三层 PE 防腐工艺研究应用成果获 2002 年长庆局科研成果二等奖。

（4）250T 履带吊车整体吊装 120T 脱硫塔

施工技术成果获 2002 年长庆局科研成果三等奖。

（5）高等级公路路缘石滑模施工技术成果获 2002 年长庆局科研成果三等奖。

【工程建设】 2002 年，承建工程项目 21 项，其中关联交易项目 9 项，社会工程项目 10 项，油气田产建、长输管道项目 10 项，道路、桥梁项目 10 项，当年竣工验交 13 项，跨年 4 项，新中标道路项目 1 项。承担施工的西气东输工程 14 标段管线提前实现主体完工，施工质量、进度、安全等经济技术指标在陕晋段各施工单位中名列前茅，取得了与专业施工队伍比肩的水平；提前优质建成了国家第二条沙漠公路——塔且沙漠公路。

【质量管理】

（1）单位工程验交合格率 100%，优良率 90.6%。

（2）长庆气田 30 亿立方米/年产能建设地面工程、长庆炼化总厂 30 万立方米/年催化及加氢装置获“国家优质工程银质奖”；长庆气田 30 亿立方米/年产能建设地面工程还获得“全国用户满意工程奖”；陕甘宁气田至北京输气管道工程获“中油建设协会优质工程金质奖”；吐乌大公路工程被评为“优质工程奖”。

（3）5 项 QC 成果获奖，其中获“国家优秀 QC 成果”一项，“石油工程建设协会优秀 QC 成果”二等奖两项、三等奖两项。

（4）通过 ISO 9001 质量体系换版认证。

第三篇

生产服务
加工制造
合作开发
油气田及
社会服务

供水及发、供电

【概述】　2002年,完成供水量1517万立方米。与2001年同期相比增长3.41%。其中水电厂完成供水量1080万立方米,第三采油技术服务处完成供水量244万立方米,银川物业管理处完成供水量123万立方米,公用事业处完成供水量70万立方米。供水商品率97.10%,供水损失率2.57%。

2002年,完成发电量17385万千瓦·时,与2001年同期相比增长18.79%;供电量79703万千瓦时,与2001年同期相比增长17.07%。其中:水电厂完成供电量60591万千瓦·时,第三采油技术服务处完成供电量16870万千瓦·时,银川物业管理处完成供电量949万千瓦·时,公用事业处完成供电量1293万千瓦·时。供电标准煤耗率131克/(千瓦·时),负荷率78.72%,网损率4.55%。

【工作特点】　一是积极承揽油田新建区域工作量,加强领导,严密组织,按期优质完成了靖安110千伏变电所建设和华池110千伏变电所改造工程;二是加强基础管理,规范生产管理制度、工作程序、报表记录和考核办法;三是充分准备,精心组织,高质量、快节奏的完成了电气春检;四是防患未然,切实做好防洪防汛和冬防保温工作,保证汛期和冬季安全生产。

物资供应

【概述】　2002年,完成物资购进量26.27亿元,与2001年同期相比下降8.72%。完成物资售出量26.18亿元,与2001年同期相比增长5.23%,物资周转次数5.42次。

2002年,器材供应工作全面落实长庆局工作会议精神,抢抓机遇,奋力扩大市场份额,加快结构调整步伐,加强物资采购价格、库存控制、合同管理,完善精细管理措施,进一步提升管理水平,开展ISO 9001:2000质量管理体系认证,全力打造长庆物流品牌,保障油田生产建设的物资需求。

【市场开发】　大力开拓油田公司市场、周边社会市场、西气东输市场、国内贸易市场和国际贸易市场。将“西气东输”物资中转市场作为重点目标市场,通过招投标竞争,承揽到西气东输工程14－18标段的物资中转任务;与捷克太脱拉公司等多个国际知名公司达成了在中国的第三家销售代理协议;与宝石、兰石、凌钢等厂家在钻采配件、化工产品、基础材料等领域开展易货贸易;与上海联络处合资建成上海浦东贸易窗口。

【物资管理】　严格采购资金管理,加强物资质量监督,供应物资质量、成本得到有效控制。健全质量管理体系,2002年10月份通过了中国质量认证中心ISO 9001:2000质量管理体系审核认证,管理水平得到进一步提升;加强采购物资价格管理,开展比价采购,建立全局主要物资价格信息库,对所需物资在网上比质比价;建立和完善物资采购价格的监督审查程序和制约机制,实行合同分级审批制度,订货合同统一纳入“长庆石油勘探局物资管理信息系统”规范管理。调整一、二级库存结构,增强库存调配的灵活性,使一级库存占全局库存的75%左右,通过代储代销方式实现部分品种零库存管理;采用期货方式解决供应周期长的问题,一方面间接体现了全局效益,另一方面缓解了全局资金紧张的局面。

贴近现场,诚信服务,在重点工程和项目作业区域,抽调业务骨干,组成靖边、延安、高沟口、顺宁桥、宁夏、陇东(包括西峰)6个现场工作组,深入生产一线,了解掌握生产和物资需求信息,征求价格、质量和服务意见,主动与各单位项目组沟通联系,协调解决资源落实、配送和质量价格等问题。

【服务能力】 2002年,共采购物资306290.05万元,物资供销量249805万元;实现经营收入7098.24万元;完成进出口贸易额4115.87万元,国内贸易额1683.9万元,累计实现利润95万元;"西气东输"项目实现产值1258万元,利润377万元。

【工作特点】 一是细化市场,加强现场生产供应服务。及时掌握各方的物资需求,缩短物资供应时间;二是科学分析各类物资供求动态,一手抓市场,一手抓资源,保持合理的库存水平,提高资金利用率;三是突出重点单位、重点工和重点物资,兼顾日常生产和常规物资需求,合理组织生产运行,有效保障全局各路生产物资供应。

通　信

【概述】 2002年末,交换机总量60556门,比2001年同期净增6000门;实装单机50736台,比2001年同期净增3548台,中继线路7050条,比2001年同期净增2400条;微波线路1208千米,光缆线路1301千米,比2001年同期净增101千米。

固定电话装机总数达到49000部,其中,2002年新装1622部;开展互联网接入工程,发展集团用户局域网20个,总接入点达到99个,发展拨号用户5010户,宽带用户1357户。

完成了吴旗—大水坑170千米光缆通信工程、西安—延安—吴旗光缆升级改造、顺宁桥—靖边光缆工程等,实现长庆通信网的骨干信息传输网光缆化,形成了以西安为中心,辐射庆阳、银川、延安、靖边等,以光缆传输为主、微波备份为辅的信息"高速公路"网络格局,总里程达到了1260千米。

运　输

【概述】 2002年,完成货运量175万吨(其中:运输处完成77.5万吨,第一采油技术服务处完成18万吨,第二采油技术服务处完成27.9万吨,第三采油技术服务处完成17.7万吨,钻井工程总公司完成33.34万吨,井下技术作业处完成0.69万吨),与2001年同期相比下降5.4%。完成货运周转量39838.76万吨·千米(其中:运输处完成13734万吨·千米,第一采油技术服务处完成2775万吨·千米,第二采油技术服务处完成4629万吨·千米,第三采油技术服务处完成3525万吨·千米,钻井工程总公司完成11648.68万吨·千米,井下技术作业处完成3527.08万吨·千米)，与2001年同期相比下降4.83%。车辆完好率92.69%，车辆工作率78.49%。

【工作特点】　一是健全组织机构，加强基础管理；二是强化生产动态监控、信息收集和分析预测，确保生产有序运行；三是积极推行生产区块专业化管理，区域承包、绩效挂钩，提高了单车运效；四是加强设备综合管理，细化运行过程监控，提高了设备使用率。

机械加工制造

【概述】　2002年，完成现价工业总产值2.31亿元，与2001年同期相比增长48.35%；完成现价工业销售产值2.11亿元，与2001年同期相比增长32.25%，两项工业产值均创历史新高。

全年完成机械加工量2.19万吨，比2001年同期增长57.29%；制造抽油机1382台，比2001年同期净增545台；制造压力容器163具，比2001年同期净增56具；制造抽油泵4029台，比2001年同期净增1479台；制造抽油杆71万米，比2001年同期净增16万米；制造振动筛82台，比2001年同期减少14台。

全年累计完成工业总产值2.68亿元(其中主业1.98亿元)，同比增长28.54%，创历史同期最好成绩。

10月8日，抽油机年产量首次突破1000台大关，超过2001年全年生产量。

10月21日，抽油泵年产量突破3000台大关。

70MPa高压阀门组成功进入中海油钻井市场，GW－S型泥浆振动网销往新疆准东等油田。

【工作特点】　一是坚持以销定产，根据用户需求编制和调整生产计划和生产组织形式；二是按照作业形式确定计划管理方式，经常性施工作业施工滚动计划法，关键性作业实施网络计划技术；三是强化调度职能，对生产组织的全过程进行实时、有效地监控；四是加强沟通，保证信息流和物质流传递畅通。

合作开发油气田

【概述】　2002年一季度组建油气开发公司机构，设立工程技术部、合作开发与公共关系部、生产运行部、计划财务部和综合部5个部门。共有员工29人，其中各类管理人员14人，各类专业技术人员15人，包括教授级高工1人，高级职称专业技术人员4人，中级职称专业技术人员12人。

2002年，资产总值为4950.31万元。其中固定资产原值64万元，净值32.96万元；所有者权益32.96万元，负债4917.41万元，负债率100%。

【生产业绩】

(1)钻井13口，进尺2.63万米。

(2)完成1.12万吨产能建设。

(3)生产原油867吨，销售量615吨。

(4)先后在姬塬东斜坡上发现了延9、延10、长2三个油藏，在马坊北区发现了延8油藏。

(5)在王盘山区块的7口井、马坊北区的1口井喜获高产工业油流,试油平均日产油10吨。

物业管理及社会服务

【公用事业】 截至2002年底，全局公用事业系统共设有公用事业管理站24个、物业公司5个、生活后勤办、组3个。用工总量5508人，其中在职职工3795人、劳务工804人、其他用工945人；干部683人，其中高级职称14人、中级职称133人、助理级206人。全系统经营收入2.91亿元，费用支出4.09亿元，企业补贴1.18亿元。

2002年全局公用事业系统改革管理工作是继续以企业减补为重点，进一步理顺管理体制，开展优质服务。从解体“大而全、小而全”的管理体制入手，对各二级单位生活服务管理机构从根本上进行理顺。重新规范和界定了管理和服务范围，明确了职责和权限，并按照市场化运作的要求，探索在油田这个特殊环境下如何建立具有长庆特色的物业公司新模式，逐步向社会化、市场化、专业化过渡，把本属于社会服务的项目还原于社会。

2002年把“以人为本搞好服务促管理，共同创建文明小区”作为公用事业系统的一项主要工作来抓，在逐步完善各小区“硬件”设施的同时，特别重视抓“软件”管理，坚持以“诚实守信、优质服务”为宗旨，以人为本、情系居民、关爱小区、加强管理、勇于创新，以新的理念指导工作实践，采取“发现亮点、培育亮点、树立样板、召开小区物业管理现场经验交流会”等办法，在不断总结经验的基础上，开展了富有成效的工作，形成了具有长庆特色的小区物业管理新模式。截至2002年底，全局共荣获“国家级优秀住宅小区”1个，省级“文明小区”4个、局级“优秀住宅小区”8个。

4月24日，公用事业处以长公用发［2002］21号和［2002］22号文件，下发了《长庆石油勘探局公用事业处关于表彰2001年度公用事业系统文明服务模范单位、文明服务岗位明星的决定》和《长庆石油勘探局公用事业处关于在公用事业系统开展“三争创一树立”劳动竞赛活动的通知》。表彰决定对活动中涌现出的8个文明服务模范单位、28个文明服务模范班组、28个文明服务岗位明星进行了表彰奖励。

6月25日，根据集团公司研函字［2002］14号《关于开展石油独立工矿区社区管理专题调研的通知》精神，公用事业处组织有关人员起草了做好调研工作的通知及要求，开展了石油独立工矿区社区管理专题调研工作。

2002年，全油田共交易职工住房1372套，总交易金额5015.69万元；其中宁夏交易所交易住房132套，交易金额277.38万元；陇东交易所交易住房910套，交易金额2197.74万元；延安交易办公室交易住房143套，交易金额729.46万元，西安交易中心完成交易187套，交易金额1811.1万元，全年共收交易手续费53万元。

【中小学教育】 全局有中小学校24所，其中完全小学10所，九年制学校7所，初级中学1所，完全中学5所，高级中学1所；有中小学生15920人，其中小学学生7974人，初中学生4615人，高中学生3331人；有教职工1480人，其中教师1107人，行政人员240人，工勤人员133人。

（1）认真贯彻中央和集团公司的有关政策，落实局党委和长庆局的一系列安排和部署，用政策调动教职工的积极性。一是召开了教育工作会议，制定了工作目标和目标考核实施办法。二是认真落实长庆局［2001］18号纪要精神，通过校舍维修、设备添置、教师奖金、教科研工作、职称、校长待遇等问题的落实，有效地激发了教职工的工作热情。三是大力落实局领导关于稳定教师队伍，办好学校的意见，形成了学校稳定，教师安心，爱岗敬业，教书育人的新局面。

（2）实施精细管理、科学管理，提升管理战略。一是把目标管理作为一种形式，调整和细化考核指标；二是在考核办法上按照精细、科学的要求，较为准确、客观地反映学校的工作实际；三是建立严细的管理机制，形成严细的管理风格，促进了学校管理水平的提高。

（3）开展教育创新活动。一是以新课程改革为契机，促进教育理念的转变；二是组织好新课程改革的实验工作。2002年，总校一小、采二子校、银川子弟小学、长庆八中小学部被列入甘肃、宁夏、陕西的省级实验学校；三是改进培训方式，突出薄弱学科的教师培训，对小学和初中英语教师，进行为期20天的培训，请外籍教师进行口语训练，请名师进行教法训练，并进行说课比赛。

（4）发挥学科带头人和骨干教师作用，开展教学交流。组织12名学科带头人、骨干教师到一、二、三、七、八中和银川高级中学、咸阳子校讲授与学校同步进展的课程；邀请北京名师，专程到陇东学区讲课、督教督学；组织小学英语教师到上海考察学习，体验新理念、新教法；成立教科研委员会，开展教学专题研究，承担国家级课题4个，省级课题10个，地区级课题35个。举行全局91节优质课评选，请陕、甘、宁三省、自治区21名省级教研人员进行讲评、示教活动。

（5）整合宁夏片九年制学校，成立银川初级中学和银川小学；撤销了大水坑子校、富县小学、马家滩子校初中部。

2002年，高考录取比率和本科录取比率均高出三省区比率。大专以上录取首次突破千人大关，共录取1019人，与2001年相比增加108人。自1995年以来连续7年在百位数上换“字”头（图1）。

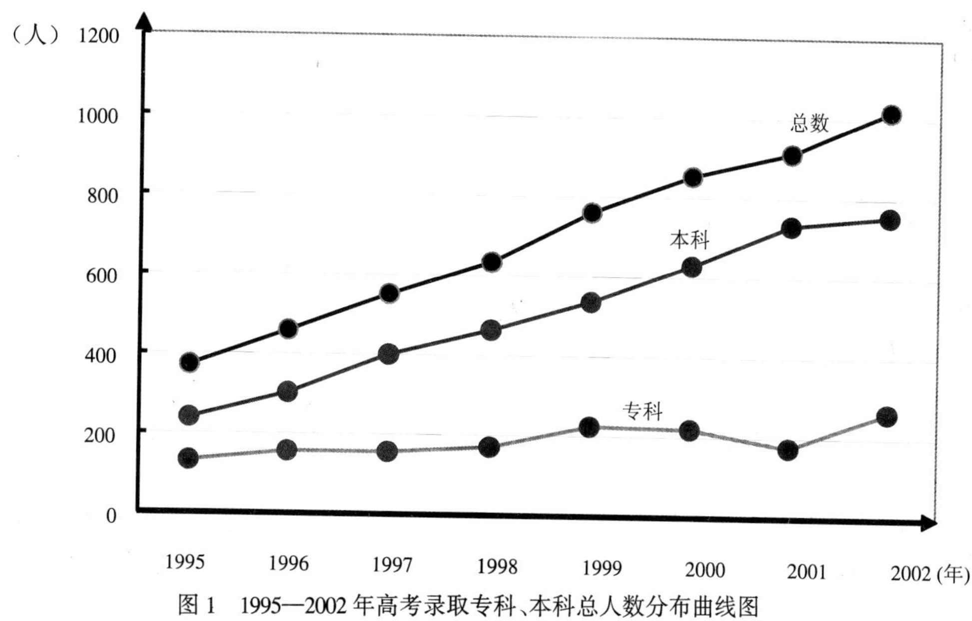

图1　1995—2002年高考录取专科、本科总人数分布曲线图

大专录取率达到 61.02%。比陕、甘、宁三省、自治区平均录取率分别高出 4.67、1.56 和 7.31 个百分点(长庆局本届高中学生入学时,占到当时初中毕业人数的 70%,陕、甘、宁三省、自治区当年高中录取人数只是初中毕业生的 25%—30%)。本科录取 757 人,录取率占考试人数的 45.3%,占录取人数的 74.29%。分别比甘肃、陕西及宁夏高出 14.08、10.58 和 13.73 个百分点(图 2)。

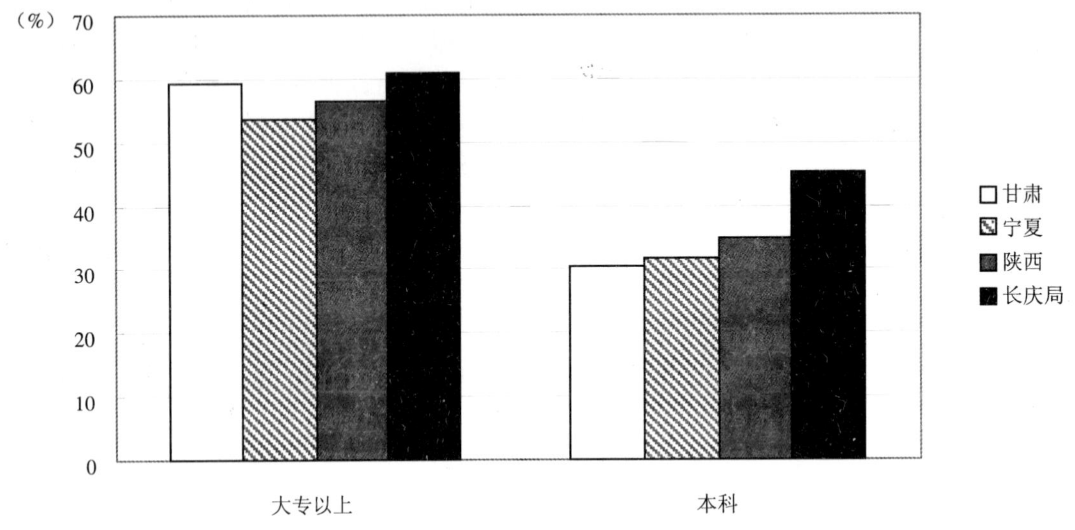

图 2　长庆局 2002 年高考录取比率与三省、自治区对照图

会考成绩超过省会城市、接近省属重点中学水平。高中参加甘肃、陕西、宁夏三省、自治区毕业会考,六所高中会考平均分、合格率均高出所在省区中心城市水平。小学、初中测试,合格率、良好率、优秀率均超过 2002 年局考核指标。

各类竞赛在国家和省、自治区榜上有名。教师参加全国竞赛,获得一等奖 5 名,二等奖 9 名,三等奖 12 名,参加省、自治区竞赛,获得一等奖 9 名,二等奖 22 名。学生参加学科竞赛,获得地区团体一等奖 2 名,二等奖 2 名,三等奖 2 名;获得省、自治区团体二等奖 1 名;获得国家级个人一等奖 5 名,二等奖 12 名,三等奖 16 名。

【医疗卫生】　全局医疗卫生单位共有 23 个,其中处级医院(局职工医院)1 所,疗养院 1 所;科级医院(二级单位医院)5 所,防疫站 1 所;基层卫生所 15 个,设置正规病床 677 张,观察病床 210 张。全局医疗卫生系统共有职工 1131 人,卫生技术人员 882 人,其中取得中级卫生技术职称的有 215 人,取得副主任以上技术职称的有 35 人。全局现有医疗设备共 203 台,其中在册医疗设备共有 65 台,报废在用设备共 138 台。

各医疗单位年内共诊治病人 62.34 万人次,(其中门诊诊病 51.56 万人次,收治住院病人 0.89 万人次)。医院病床周转率为 1.08 人次/(床·月),平均病床使用率为 49.36%,为在职职工健康体查 4.58 万人次。

在开展社区卫生服务工作上,着重从广度和深度上抓落实,全局已设立社区服务网点 33 个。有条件的医疗单位还实现了微机管理,建立了一整套规范的社区服务管理体系。

积极开展 HSE 健康管理工作。一是强化

《职业病防治法》的普法学习，举办了一期培训班；二是加强现场监督监测，共监测有毒有害作业场所324个、3618点次；三是落实对在岗从业人员的健康体查和对上岗前、离岗时职工的体格检查，共体查5876人；四是进一步完善了管理制度，封闭了两个γ源库，按规定程序及时送交了12个报废的γ源。

继续抓好陕北"鼠疫"预防工作。防疫站先后两次进入陕北、内蒙疫区的18个油田单位，开展"鼠疫"预防，进行现场监测和疫情调查，并投放灭鼠毒饵1020千克，灭蚤粉200千克。

积极开展预防接种工作，全局共接种各种疫苗4.2万人次；儿童计划免疫接种率和建证、建卡率都达到了100%。

2002年，在油田各级领导的大力支持下，经过全油田广大职工家属的共同努力，全面完成了计划生育五大指标。计划生育率100%，晚育率99%，晚婚率100%，节育率99%，独生子女领证率98%。

【职业健康】　长庆局职业危害因素涉及23个二级单位的423个工作场所，从事职业危害作业的职工3706人，约占职工总数的10%。主要职业危害因素有电焊粉尘、苯、硫化氢、酸、汽油等毒物和镅铍中子源、铯137γ源、放射性同位素、医用X射线、噪声等物理因素。

根据集团公司的要求和职业病防治工作实际，成立"长庆石油勘探局职业卫生与健康工作领导小组"，制定了《长庆石油勘探局2002年职业健康工作要点》，在局卫生防疫站增挂"长庆石油勘探局职业病防治中心"的牌子，原卫生防疫站劳动卫生科改称职业病防治中心。中心共有职业病防治卫生技术人员9人，其中副主任医师1人，主管医师1人，医师2人，医士(检验士、员)以下职称5人。涉及有职业危害的绝大多数二级单位，根据本单位的实际情况，分别设置了兼职职业卫生安全人员30人。

对23个涉及职业危害单位的423个场所进行了现场职业卫生检测，检测点达到3618个，实现了检测率100%的工作目标。并按照卫生学评价标准，对每个检测后的场所进行了职业危害分级和卫生学评价，及时将意见反馈给所属单位。

依据集团公司建档标准，新建、复核职业卫生档案70册，职业卫生档案建档率100%。

2002年3月，按照集团公司的要求，对局属15个单位的71个放射性工作场所进行了专项检查，发现问题8个，并逐一进行了整改。同时，封闭了钻井工程总公司原宁夏两个γ源库，按规定程序及时处理了12个报废的γ源，消除了事故隐患。

落实了对职业危害在岗从业人员的健康体查3644人，并同时给体查后的职工建立了个人健康监护档案。

至2002年底，全局确诊职业病患病人数累计为40例，比2001年增加了4例确诊病例。其中患尘肺累计11例，新增加了1例确诊病例；职业中毒累计25例，新增加了3例确诊病例；物理因素致病累计3例，无新增病例。

【新闻文化】　2002年，出版《长庆石油报》158期，编发网络版158期，出版《内参与信息》12期。

长庆石油报PDF版成功上网，实现了编采一体化。

《长庆石油报》被中国石油天然气集团公司政治思想工作部、中国石油记协评选为首届全国石油、石化新闻团体十佳新闻单位。

电视实现了每日新闻，播出214期。增加了硬盘播出系统，长庆新闻实现了网上直播，提高了新闻时效，增加了影响面。

长庆电视台被集团公司政治思想工作部评为《中国石油报道》节目优秀组织单位；在首届全国石油、石化新闻团体评选中，被评选为先进电视台。

对宁夏片电视系统进行整合，成立了长庆第三电视台。

在长庆网上增加了物资招投标、机关信息、

长庆房地产、长庆人才、长庆石油安全、长庆宽带、长庆局工会、长庆石油报电子版等 8 个专业网，同时，还增加了 19 个二级单位主页，使长庆网企业主页逐步成为一个大型综合网站。

长庆网全年共发布新闻 1167 条，日点击量达到 3000 多人次。

初步完成了局级软科学项目《长庆网站建设与设计研究》。

【离退休职工管理】 离退休职工管理部门紧紧围绕长庆局工作会议精神和集团公司老干局 2002 年工作要点，结合全局离退休工作实际，以稳定为核心，贯彻“三个代表”的重要思想，认真落实“两项”待遇和“六有”目标，全面完成了各项工作任务和年初制定的工作目标。通过积极为离退休职工办实事、解决实际困难，增强了凝聚力，确保了离退休职工队伍的稳定。

截至 2002 年底，全局离退休职工总数为 13136 人，比 2001 年同期减少了 150 人。其中新增退休职工 27 人(含托管油田公司退休职工 7 人)，死亡离退休职工 177 人。有离休干部 253 人，退休干部 3747 人，退休工人 8969 人，退职人员 167 人。离退休职工中党员 6144 人，占离退休职工总数的 47%，设立党总支 21 个，党支部 150 个。全局共设立离退休职工管理科(站)30 个，配备专职管理工作人员 214 名。

(白富才)

第四篇

科技发展

科技发展

【概述】 2002年,科技发展工作认真贯彻实施"科技进步与人才开发"战略,突出重点,讲求效益,紧紧围绕主体专业、核心技术,开展攻关研究,安排科技项目39项,完成率达92.3%,为提高长庆局整体技术实力做出了贡献。

【主要技术进步】

(1)天然气欠平衡钻井技术日臻完善。重点针对极限负压条件下的井壁稳定和注气参数设计等开展室内研究,完善欠平衡钻井设计软件,研制撬装式地面注气装置,优化气体携屑洗井参数及施工工艺参数。在苏里格气田苏35-18井成功地进行了第二口天然气欠平衡井钻井作业,达到了预期目的。

(2)开创了独立完成天然气小井眼长水平段导向水平井钻井的先河。针对长水平段水平井的钻柱力学、井身结构、轨迹控制等进行攻关研究,掌握了长水平段钻进时降摩阻及轨迹控制技术,优选了强抑制全酸溶暂堵完井液ASS-1体系。在苏平1井、苏平2井两口成功进行了施工。其中苏平1井完钻井深4289米,水平段长869.5米,井眼轨迹按地质要求随时调整,形成了多波形4台阶的水平段轨迹。

(3)顺利完成了乌兹别克斯坦1-G井复杂地层水平井钻井。针对乌1-G井的复杂地层钻井技术难点进行调研和攻关,取得了上部大尺寸井眼防斜打直、低返速携砂、井壁稳定技术和深部复杂层段漏失堵漏工艺等技术成果。乌1-G井钻井与乌方当地直井相比周期缩短两个多月,平均机械钻速提高89.6%,全井生产指标均达到合同要求,赢得了乌国钻井行业的高度赞扬。

(4)完善了我局天然气井低密度长裸眼段固井技术。结合长庆气田地质特点,开展了针对不同压力层系固井过程中发生气侵、气窜的原因及影响固井质量的相关因素分析与研究,优选出一套性能优越并适合长庆气田的防气窜水泥浆体系——GSJ防气窜降失水体系和低密、高强、界面胶结强度高的泡沫体系;完成了防气窜、泡沫水泥浆体系现场试验16口井,固井合格率100%,优质率86%以上。

(5)端部脱砂压裂改造技术成为低渗透油田老井重复改造的有效措施。该技术应用科学的压裂裂缝系统和精确的施工参数设计,采用高强度、高粘弹性暂堵材料,达到增大裂缝宽度或形成新的裂缝,提高裂缝导流能力,实现油井增产的目的。到2002年底,应用端部脱砂压裂工艺技术累计改造油井24口,平均单井产量由压前日产1.55吨上升到2.99吨,增产幅度达到193%。

(6)黄土塬大口径管道铺设技术在国家重点工程中得到广泛应用。在承揽的"西气东输"靖边至子长方向的32千米的ϕ1060×70管道铺设工程中,结合黄土塬大口径管道施工特点,在焊接工艺中,形成了STT打底+外焊机自动焊、STT打底+半自动焊焊接工艺技术,焊接质量稳定;在管道下沟施工中,采用"双侧沉管下沟"工艺技术,节约了费用,保证了工期;并成功实施了主体管道370米的芦河穿越。

(7)新一代双激振电机自同步平动椭圆振动筛GW-S型产品,成功进入国际市场。GW-S型振动筛应用双激振电机自同步平动椭圆轨迹理论,实现了双激振电机上筛参振,简化了结构,减少了易损件,改善和优化了工作性能。2002年生产30台,并与长城公司钻机配套出口国外。

【获奖科技成果】 2002年,共评出科技进步奖

81 项。其中,一等奖 8 项,二等奖 24 项,三等奖 49 项。同时推荐申报集团公司技术创新奖 4 项,其中,评为集团公司技术创新特等奖 1 项,集团公司技术创新二等奖 1 项(表 1)。

表 1　重要获奖成果列表

序号	成　果　名　称	单　　位	获奖等级
1	低渗透油田高效开采配套技术	长庆局等 7 个单位	集团公司特等奖
2	气田含甲醇污水处理工艺技术研究与应用	长庆石油勘探局 长庆油田分公司	集团公司二等奖
3	5700 成像测井系统应用技术研究	测井工程处	长庆局一等奖
4	陕 215 井区黄土塬直测线上古生界山亚段储层岩性物性含气性预测方法及效果	地球物理勘探处	长庆局一等奖
5	长庆石油勘探局生存与发展战略研究	发展研究部	长庆局一等奖
6	端部脱砂压裂工艺技术研究	工程技术研究院	长庆局一等奖
7	长庆气田保护气层暂堵钻(完)井液的研制与应用	工程技术研究院	长庆局一等奖
8	长庆气田第二天然气净化厂新技术推广应用	西安长庆科技工程 有限责任公司	长庆局一等奖
9	长庆石油勘探局互联网系统建设	通信公司	长庆局一等奖
10	滑动导向钻具复合钻井工艺技术应用研究	钻井工程总公司	长庆局一等奖

【知识产权管理与保护】　2002 年,知识产权保护工作得到了进一步加强和落实,在科研项目开发过程中,对申报集团公司的项目加强了专利检索与查新,以确定研究方向、重点及策略;对勘探局的重大科研项目建立了保密登记制度,同参与项目管理、研究、验收、鉴定等人员签订了保密协议,以防止泄密和知识产权流失事件的发生(表 2)。

表 2　授权专利统计

序号	专　利　名　称	申请单位	申请时间
1	气体欠平衡钻井装置	工程技术研究院	2002.02.07
2	油田站场电磁转动三通球阀	工程技术研究院	2002.03.01
3	油田本井水采注设备	工程技术研究院	2002.04.02
4	油井防脱防喷试油排液抽子	工程技术研究院	2002.03.14
5	一种短节式油管防腐器	工程技术研究院	2002.09.02

续表

序号	专　利　名　称	申　请　单　位	申请时间
6	地面油管丝扣清洁器	第二采油技术服务处	2002.07.12
7	偏心自调式井口油管刮蜡器	第二采油技术服务处	2002.07.12
8	套管内弯鱼头抽油杆自锁打捞装置	第二采油技术服务处	2002.07.12
9	采油井口远程智能监控防盗装置	第一采油技术服务处	2002.08.22
10	采油井口防盗装置	第一采油技术服务处	2002.08.22
11	粗粒化斜管立式除油罐	科技工程有限责任公司	2002.05.23
12	强制旋流—吸收吸附式气液分离器	科技工程有限责任公司	2002.03.15
13	储油罐自力式防爆自动灭火装置	科技工程有限责任公司	2002.11.07
14	油气直通—下部旁接式清蜡球接收器	科技工程有限责任公司	2002.03.14
15	电加热收球筒	科技工程有限责任公司	2002.04.12
16	强化换热器	科技工程有限责任公司	2002.04.12
17	弯梁变矩复合平衡游梁抽油机	机械制造总厂	2002.12.27
18	一种次生热及次生泡沫压裂液	井下技术作业处	2002.09.12

（侯哲国　马怀东）

信息工作

【概述】 2002年，信息工作认真贯彻落实党中央“信息化带动工业化，实现跨越式发展”的战略方针，落实集团公司及长庆局的工作部署，以提高企业管理水平和增强核心竞争能力为目的，加强领导，统一规划，理顺程序，规范管理，突出重点，注重实效，取得了较显著的成效。

【信息化管理】 一是加强了组织机构建设。成立了以局长为主任的信息化工作领导小组，在科技发展处设立了信息化管理办公室，对全局的信息化工作统一管理。在通信公司、局办公室、器材供应处、政治思想工作部等部门分别设立了网络建设、办公自动化、物资管理与电子商务、长庆网站等四个专业组，负责本专业系统的信息化建设和管理工作。局属主要二级单位设立了信息中心（室），负责本单位的信息化建设和管理工作，全局信息化管理网络系统基本形成。二是制定了《长庆石油勘探局信息化工作管理暂行办法》和《长庆石油勘探局网页管理与维护暂行规定》等制度，进一步明确了职能，理顺了关系，规范了管理。三是制定了《长庆石油勘探局信息化建设总体规划》，对2002年至2007年长庆局信息化建设的方向、目标及重点建设内容进行了规划，确立了信息化建设的指导思想、基本原则、实施措施及工作要求。从网络基础设施建设、专业数据库开发与应用、企业综合信息管理系统开发与应用、数据仓库与决策支持系统、企业信息门户及信息化相关标准规范的修订等六个方面提出了 29 个建设项目。通过实施该《规划》,力争 2007 年末,使长庆局的信息化水平在国内同行业中处于先进水平。四是制定了长庆局信息化工作培训计划,先后举办了 3 期有 200 人参加的学习班,进一步提高了信息化管理水平及信息技术应用能力。

【信息化建设】

(1)加快了网络基础设施改造建设。借助于长庆通信网西安—延安—吴旗 2.5G、吴旗—银川 155Mbps 的 SDH 传输系统,对长庆互联网进行了改造,西安网络中心至延安、靖边、银川网络分中心分别互联,互联网出口扩到 100Mbps。同时,与“中国石油计算机骨干网”实现 2Mbps 带宽的互联。利用现有的语音电话系统,建立 ADSL 方式宽带接入系统,为西安基地住宅小区提供高速率的宽带接入服务,传输速率达到上行 1Mbps、下行 8Mbps。在西安基地 3 区 2 组团做试点,采用光纤 + 以太网技术进行宽带接入服务 10Mbps 入户。开通了长庆互联网视频点播及直播系统,向全局用户提供 DVD 级效果的视频点播和直播服务。

(2)组织开发和应用了一批管理软件,主要包括人事劳资管理系统、安全管理信息系统、资金结算系统、施工区域地理信息系统、IC 卡加油信息系统、物资网络管理信息系统与招投标系统等。

(3)初步完成了钻井数据传输系统的研究与开发。该系统应用无线传输有线接入技术,解决了钻井数据传输难的问题。经过在 9 个井队的两次试验,无线数据传输系统性能可靠,运行平稳,达到了设计总体目标。

(4)改版了长庆门户网站。网站主页开设了企业概况、决策信息、生产经营、市场开发、科技创新、科学管理、产品与服务、企业文化等 8 个专栏,建立了 8 个动态数据库,连接了 18 个二级单位和机关部门的主页系统。

(余彩霞)

第五篇

质量安全与环境保护

安全生产

【概述】 2002年，是安全生产工作取得阶段性成果的一年，长庆局针对安全生产召开了安全生产专题会议，相继采取了一些重大措施，大部分单位如井下作业处、测井工程处、第一采油技术服务处、运输处、建设工程总公司、水电厂、器材供应处、长庆实业集团公司等实现了零死亡，较好地保持了长庆局安全工作整体平稳的态势。见表1、图1—图3。

表1　2001—2002年事故情况表

年　份	总事故				工业事故				交通事故			
	起数(人)	死亡(人)	重伤(人)	轻伤(人)	起数(人)	死亡(人)	重伤(人)	轻伤(人)	起数(人)	死亡(人)	重伤(人)	轻伤(人)
2002	33	12	7	20	13	3	3	11	20	9	4	9
2001	34	11	10	21	7	2	2	3	27	9	8	18
事故增长率(%)	-2.9	9.1	-30	-4.8	86	50	50	267	-26	0	-50	-50

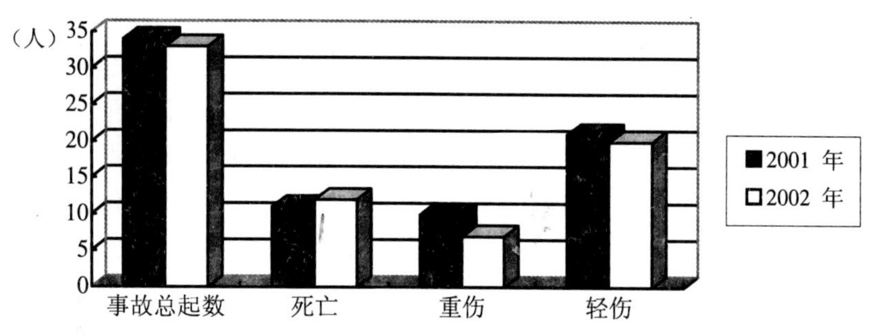

图1　2001—2002年总事故对比

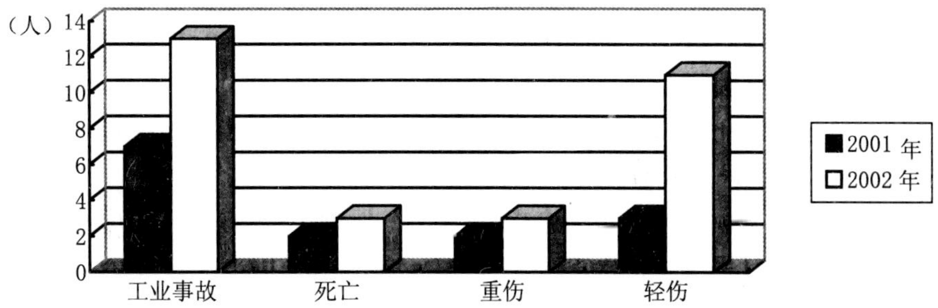

图2　2001—2002年工业事故对比

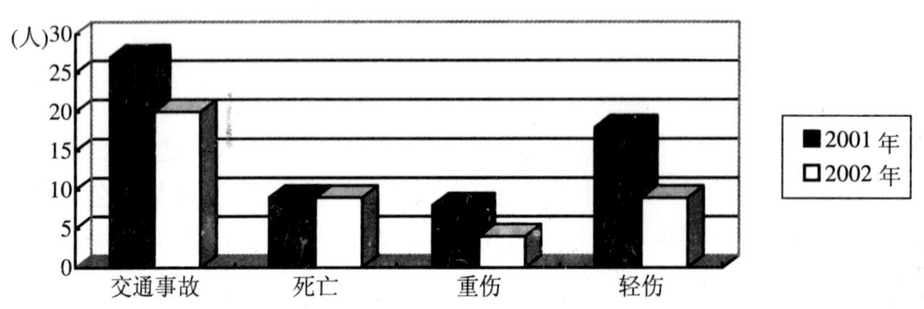

图 3　2001—2002 年交通事故对比

按集团公司考核指标统计，千人死亡率为 0.06‰（集团公司考核指标为 0.05‰），千人重伤率为 0.08‰（集团公司考核指标为 0.30‰），千台车死亡率为 1.5‰（集团公司考核指标为 2‰）。

【安全生产管理】

（1）安全管理与安全监督初步分开运行。全局设立专职安全总监的单位 1 个（钻井工程总公司），设立兼职安全总监的单位 19 个。9 个单位明确安全副总监兼安全科长，3 个单位建立了监督站（钻井工程总公司工程监督部、井下技术作业处 HSE 监督站、第二采油技术服务处督导队）。配备专职、兼职监督员 1020 人，其中专职 255 人，兼职 765 人。进一步明确了各级领导的安全生产责任，即各级行政正职负总责任，主管副职负安全管理责任，安全总监负监督责任，其他副职和各专业部门对所分管工作内的安全生产负“三全”管理责任。真正形成了安全生产党政工团齐抓共管的局面，体现了安全生产管理横向到边、纵向到底。

（2）安全管理的信息化建设步伐加快。建立了长庆石油勘探局 QHSE 网站，开发了比较完整的安全管理信息系统，主要包括事故管理系统、事故案例、交通安全管理系统、劳动保护管理系统、多种经济成分企业安全管理系统、安全宣传教育系统、HSE 管理系统、安全动态和发文系统。依据这些系统，初步实现了安全管理数据的远程采集、集中处理，为建立快速的安全反应系统和实施科学的安全管理决策提供了较好的平台。全局有 35 个单位实现网上事故统计、动态发布、文件发布、管理数据的实时化。

（3）多种经济成分法人企业安全管理进一步规范。针对多种经营企业已逐步形成多元投资、相互参股、多种经济成分并存的企业特点，长庆局制定下发了《多种经济成分法人企业安全生产管理暂行办法》、《关于调整多种经营企业安全生产环境保护许可证发放和复审换证工作的通知》，并以《安全生产法》的实施为契机，对多种经营企业《安全生产环境保护许可证》进行了全面清理，凡挂靠不属于长庆局主管的多种经济成分法人企业，一律不发放《安全生产环境保护许可证》，降低了安全风险。局处两级安全部门对 110 个多种经营生产厂点进行了检查验收，审查发放《安全生产许可证》97 个。从而在多种经济成分企业安全管理中初步形成了五项制度为基础的安全管理模式，即：安全生产协议制度，安全生产保证金制度，安全生产许可证制度，安全生产人身、必要的财产保险制度，重大事故责任追究制度。

【安全生产宣传教育】　《安全生产法》颁布以后，为推进《安全生产法》的贯彻实施，全局从 8 个方面做了准备工作：一是认真组织学习《安全生产法》。制定了《安全生产法》宣传提纲，举办了局级领导、机关处室长、厂处级领导干部、安全总监和安全科长、多种经营厂长经理等培训班；二是修订有关安全生产的规章制度，使之更符合法律的要求、更符合市场经济的形势、更符合长庆局改革和管理工作的要求；三是清理、审查各类承包合同、租赁合同、劳动用工合同等；四是清理有关审批事项，做到审批归位；五是建立健全安全生产监督管理机构，并做到监管分开；六是加大安全投入，从本质上消除重大事故隐患；七是清理整顿安全生产中介机构（专职机构），取得法定的资格；八是做好风险源的调查、评估、削减措施、应急预案、建档等工作。

在日常安全宣传教育方面，各单位坚持三级安全教育和特种作业人员教育，全年共有 442 名新入厂职工和转岗职工接受了三级安全教育，共举办各类取证培训班 21 期，培训 1199 人次，复审培训班 24 期，培训 1766 人次。特种作业人员持证率达 100%。基层单位班前讲话、每周安全活动、月度安全动态分析也得到了很好地坚持。

【“安全生产月”活动】　质量安全环保处与《长庆石油报》共同组织了“安全生产月”征文活动，共收到各种文章 80 余篇；开辟了“安全生产月活动周报”专栏，编发了“安全热浪扑面来”专稿。2002 年 6 月 16 日，在西安基地开展了“安全生产月”宣传咨询日活动，同时举办了“领导干部安全生产座右铭书法作品展览”和“安全生产暨 HSE 板报展览”，共展出书法作品 130 幅，设立展览板报 13 块。

【安全生产责任制】　重新修订了《安全生产综合考核办法》，将所属单位按风险大小分为三类，分别下达指标，分别考核，加大了对安全生产第一责任人、主管领导的风险抵押力度。从 2002 年 11 月 4 日—25 日，对全局 30 个二级单位的安全生产状况进行了冬季安全检查和年底安全综合考核。在安全生产综合考核力度加大的同时，各单位普遍加强了各级安全生产责任制的落实，据不完全统计，局处两级领导承包安全生产要害部位，共进点 1042 次，解决问题 2340 个。

【HSE 管理体系建设】

（1）HSE 管理体系认证实现了零的突破。2002 年是全局“HSE 体系认证年”，在物探、测井、钻井、试油、修井作业等主要工程服务单位中全面启动了 HSE 认证工作。井下技术作业处于 8 月 17 日率先通过中油认证中心 HSE/OSH 体系认证，成为全局第一家通过 HSE/OSH 认证的单位。此后，水电厂、第二采油技术服务处也分别于 9 月 20 日、11 月 4 日顺利通过了中油认证中心现场评审认证。

（2）HSE“两书一表”精品工程成果显著。组织开展了 HSE“两书一表”精品工程项目活动，在基层单位、作业队中分别建立起了钻井、测井、试油、修井、运输、变电、供水供热和修理作业 HSE“两书一表”精品工程项目 35 项，形成了标准化作业现场模式，岗位人员职责明确，现场管理规范，对设备的维护使用、技术作业都规定了严格的操作规程和检查标准。

（3）HSE 风险管理取得重大进展。各单位广泛开展了生产作业活动中危险因素、危害因素、环境因素的识别、评价活动，岗位操作人员对自己作业中所面临的岗位风险、作业风险、交通风险都有了较清醒的认识，制定出了危险控制措施，并贯穿于 HSE“两书一表”中。

（4）体系整合试点取得初步成功。随着现代管理的不断延伸，多种管理体系（HSE、OSH、ISO 14000、ISO 9000）并存，为剔除重叠管理，减少工作接口，提高管理效率，简化体系审核，按照“统一、相融、可操作”的原则，提出了体系整合设想，并进行了大胆尝试。测井工程处、工程技术研究院、西安长庆科技工程公司三个单位均进行了 ISO 14001、ISO 9001 和 GB/T 28001 三套管理体系的整合实践，其中测井工程处、工程技术研究院现通过三套体系的整体认证。

【安全监督检查】

（1）组织对钻井队进行安全检查和调研。摸清了钻井队的现状，真正发现了钻井队存在的问题，为长庆局正确决策提出了好的建议，不仅有力地推动了各单位的安全生产工作，而且为全局实施管理提升战略，推行精细管理奠定了坚实的基础。

（2）加大监控力度，安全生产整治成效明显。元旦、生产启动期间、安全生产月、国庆节前、十六大召开期间、雨季和汛期等关键时期，长庆局和各单位都组织了安全生产专项检查，对要害部位和易发生人身伤害的钻井队、作业队、物探地震队、油建野外施工队等施工现场进行重点安全检查，纠正“三违”行为，消除不安全隐患和问题。据统计，共组织大型安全生产检查活动 6 次，检查出各类隐患问题 1018 个，下达《重大隐患问题整改通知书》17 份。同时，结合实际组织开展了“四防五整治”工作，即：防井喷、防爆炸、防火灾、防特大交通事故；整治重大施工作业现场、整治加油站、整治锅炉压力容器和压力管道、整治危险化学物品、整治运输车队。在危险化学品整治中，分类型编制了全局统一的《危险化学品从业单位安全管理信息表》9 份，建立了全局危险化学品从业单位安全管理信息数据库。在加油站整治中，重点从防火责任人落实情况，各项安全制度的制定和落实，消防安全许可证取证情况，防火建审、现场防火间距情况，加油站安全管理，消防器材、设施配备，事故应急预案制订、演练情况；加油机防爆检测，加油机、储油罐、卸油台静电接地和防雷接地检测等方面进行了整治。

（3）锅炉压力容器及特种设备的安全监察实现了全过程化。编制并下发了 2002 年度检验工作计划，全年共检验锅炉 203 台（其中定期检验的锅炉为 127 台、运行中检验的锅炉为 76 台），压力容器 13 台，油田专用加热炉检验 83 台，石油液化气钢瓶 116143 只，桥式起重机 124 台，汽车起重机 71 台。其中报废锅炉 8 台、报废压力容器 7 台、报废油田专用加热炉 2 台、报废石油液化气钢瓶 1071 台。在锅炉压力容器的设计、制造、安装、修理、改造等方面，共审批锅炉修理改造方案 24 台，锅炉安装方案 3 台。先后组织、参加锅炉修理改造和锅炉安装施工的总体验收 47 台。在司炉工、焊工、起重机操作工的培训方面，举办焊工培训、取证、复审学习班 5 期，参加培训学员总计 274 名，合格办证学员 256 名。

【交通安全监管】

（1）在大部分运输车队推行 HSE 管理。全局已有 112 个运输车队实施了 HSE 风险管理，113 个运输车队编制并运行了“一书一表”，分别占车队总数的 88.1% 和 88.9%。

这些车队在 HSE 管理方面的共同特点是：

HSE 管理体系文件齐全。在《HSE 管理手册》中增加了交通安全章节，编制了 HSE 管理第二层次文件《交通安全管理程序》和第三层次文件《运输车队健康、安全与环境管理规范》以及操作性很强的《驾驶员 HSE 手册》。

HSE 交通安全风险识别、评估、控制、削减机制初步建立。大部分运输车队在《HSE 作业计划书指导》中都编制了包括 16 种环境因素、23 种道路因素、9 种人员因素、11 种车辆因素在内的风险评估及风险控制措施。运输处编制了《客运线路风险控制图》，水电厂制订了操作性很强的《水电厂机动车辆风险管理手册》。

运输车队基础管理资料完整。建立了《驾驶员信息数据库》、《机动车信息数据库》、《交通事故信息分析数据库》、《交通违章信息分析数据库》，实现了驾驶员、车辆、事故、违章等交通安全基础工作的计算机检索、分析、统计、管理和信息网络传递。

(2)交通安全教育方式有所创新。主要做到了“六个结合”，即：安全教育与建立健全教育制度相结合，安全教育与硬件投入相结合，安全教育与不同时期安全重点工作相结合，安全教育与因人、因需施教相结合，安全教育与多种形式的宣传引导相结合，安全教育与严细考核相结合。如针对交通环境复杂、驾驶员紧急避险能力差的实际，在驾驶员队伍中开展安全法规、紧急避险能力教育和模拟训练。利用生产淡季，重点抓了交通安全管理人员、驾驶员及违章驾驶员的安全教育和技术培训工作。2002年，全局先后举办各类学习培训班110个，参加培训学习人员达6330人次，人均受教育时间在40小时以上。

(3)五个重点监控有效落实。在重点监控时段，如元旦、春节、“五一”、“十一”及冬休长假期，落实了车辆“三交一封”制度，并对正常生产的运营车辆进行跟踪监控。在春困、夏乏、冬寒时期，及时与各单位沟通信息，加强联系，及时解决出现的问题。周末、月尾、夜间重点对驾驶员进行安全意识和操作技术教育。

在重点车型监控方面，将全局机动车辆划分为大型客车、小型客车、特种车辆、货运车辆、配属车辆和多种经营等六个板块，对大客车、载客车、拉运易燃易爆物品车辆，坚持实行驾驶员年度全面考核制度，月度检查制度，每日的车辆检验制度，强调静态管理与动态管理相结合，对发往各地的长途客车、职工送班车，常年不间断地分路段进行检查，重点对车速、载客人数、车辆安全技术状况以及在各种复杂路段上的安全行车措施的落实进行严格的检查。

在对重点人员监控方面，对18—27岁、40—52岁年龄段和3—5年及20年以上驾龄段的驾驶员，特别是载客驾驶员，每月定期进行一次思想动态、家庭生活、技术操作、安全意识及职业道德方面的综合分析，确定和调整监控措施，指定专人帮促。

在对重点单位监控方面，将全局担负交通运输任务的单位划分为专业运输、生产配属、工作用车和多种经营等四个板块，有侧重点地进行监控。

在对重点环节监控方面，对五个潜在隐患的环节进行重点监控。一是不符合驾驶条件的在岗驾驶员。全局共排查驾驶员5831人，查出发生重大交通事故负有责任、严重违反纪律、连续发生交通违章的驾驶员31人，采取坚决措施调整了工作岗位。二是车辆超载超限。对全局超载车辆进行了全面摸底，确定超载车辆127台，投资36万元全部进行了改造。对超限拉运，严格执行申报程序，经地方主管部门批准后，制订详细的安全措施，指定带队负责人动态监控。三是危险品拉运。修订了相应的化学危险品规章制度，编制应急预案；认真执行“三检制”，对不符合要求的车辆进行整改，规范了化学危险品运输行为。四是报废在用车辆。坚持两个原则，即：未经公安交通部门批准使用的车辆一律停止使用；经公安交通部门批准使用的车辆一律进行安全技术状况鉴定。全局共鉴定报废在用载客车辆214台，其中小型客车145台，中型客车23台，大型客车36台；经鉴定不符合安全行驶条件的车辆停用10台，制定报废在用机动车辆安全行车措施105条。五是私有车辆户籍公挂。对车籍存在问题的103台车辆进行了清理转籍。

(4)交通安全检查得到优化。确立了动态性检查为主、静态性检查为辅，驾驶员行为检查与车辆检查并举，局级抽查、处级普查、车队自查相结合的检查模式。如5月份和7月份，对宁夏、陇东、陕北、西安基地、靖边、顺宁桥等片区，统一组织在主要生产作业区域严格检查，共出动路查人员136人次，检查各类车辆3122台次，违章率与去年同期相比降低11.33个百分点。

环境保护

【ISO 14000 环境管理体系建设】 ISO 14000 环境管理体系建设认证试点初见成效。机械制造总厂于 2002 年 10 月 11 日顺利通过 ISO 14001 环境管理体系第二阶段审核，经北京华夏环境认证中心推荐即将通过 ISO 14000 环境管理体系认证注册。

此外，还建立了两个绿色钻井示范队、两个绿色井下作业示范队，使示范队主要环保技术指标向国际先进水平看齐。

【环境治理】

(1)流动源的污染防治技术和现场管理有了较大提高。重点开展了钻井废液处理技术方案室内研究，并取得了较好的室内及模拟现场试验效果。经过对油井压裂残液进行攻关，已开发出一套车载式自动化现场处理装置，处理后的残液(清液)立足于重复利用，絮体得到有效的处置。同时，加强现场管理，在钻井作业中加大了生产过程的管理，保持设备的良好运行状态，减少了跑冒滴漏；加大对钻井液的循环利用，尽量减少新鲜水的消耗量；采用防渗布对泥浆池进行防渗漏处理，防止了污水渗漏或外排。在井下作业中，对施工作业产生的污水加大循环利用的力度，井场安放了残液回收罐，使作业过程的施工液尽量进罐，禁止随意排放；推广应用新型防喷盒，减少抽吸作业过程的落地原油；对作业环境敏感区域，在抽吸过程中安装滑轮防护罩，极大的减少了原油落地。修井施工作业中，在井场钻杆、油管、抽油杆下面铺设防渗漏布，抽油机平衡块用塑料布包扎，使现场管理工作符合 HSE 规范化管理要求，现场作业环境得到了极大地改观。

(2)生态意识增强，树立了企业崭新形象。建设工程总公司在西气东输工程施工中不断强化环保意识，落实环保措施，《中国石油报》于 2002 年 8 月 25 日在头版头条刊登了《“九棵树”的故事》，对他们进行环境保护的做法进行了特别报道。

(3)生活污染源防治逐步改善。经过近几年对锅炉房除尘设备进行全面改造，各类污染物的削减、排放均符合国家规定的标准，基本达到了当地政府的要求。建成了长庆局目前最大的污水处理厂——河庄坪基地污水处理厂，最大处理量 2400 吨/天，经延安市环保局、监理站、监测站验收，认为该工程工艺先进，处理效果较好，主要污染物达到国家一级排放标准。

质量工作

【概述】 2002 年，长庆局的技术监督工作实现了“六个一”，即：一个杜绝，杜绝了无标生产；一个完成，完成了石油工程技术服务企业及施工作业队伍资质认证工作；一个稳定，产品质量抽检合格率稳定在 90% 以上；一个提高，企业技术标准、技术水平和文本质量有了本质提高；一个加强，加强了产品质量监督检查力度；一个完善，完善了长庆局质量监督体系。

【质量监督管理体系】 为了切实提高长庆局地面工程建设、工程技术服务、生产技术服务、产品及生活服务质量,建立起符合市场经济运行规律和生产经营实际的质量监督体系,全面提升长庆局市场竞争力,在全局范围内实施了《长庆石油勘探局质量监督实施办法》。

【资质认证】　为了做好资质认证工作,长庆局成立了石油工程技术服务企业及施工作业队伍资质认证管理委员会、办公室及地球物理勘探、井下作业、钻井工程、测井四个专业审核组,明确了具体的工作职责(见长局发[2002]10号文)。在此基础上,及时转发集团公司石油工程技术服务企业及施工作业队伍资质管理规定,组织全局开展资质认证工作。2002年5月中旬,在资料审核基本满足集团公司要求的基础上,分钻井、测井、井下作业、物探四个专业组开始现场审核。6月10日,长庆局资质认证办公室将长庆局申报资质认证的8个企业、290个队伍的资质认证资料报送集团公司。集团公司经过对长庆局上报的资料审核,认为长庆局资料上报迅速,总体质量较高,符合集团公司的标准要求。

此次资质认证工作量之大、涉及范围之广、时间跨度之长、工作之细都是前所未有的。通过检查还发现了各单位在装备水平、人员素质、技术资源、施工业绩、质量管理、HSE管理等方面存在的问题,为今后开展工作指出了努力的方向。

【质量检查】　2002年,长庆局技术监督部门以产品质量认可工作为切入点,把产品质量认可工作与内部产品管理网络、器材供应管理网络结合起来,要求凡进入内、外部产品管理网络的单位必须经过长庆局质量安全环保处的质量认可。截至2002年底,共办理外部产品质量认可证书89个,内部产品质量认可证书6个。另一方面,加强产品质量监督力度,组织了重组改制以来规模最大、涉及范围最广的一次产品质量检查,这次产品质量检查以检查、调研、帮促、服务为宗旨,以查看、询问、讨论、座谈为手段,重点检查了有关二级单位、产品生产厂点的质量体系建设情况,产品质量管理制度建设情况,人员、设备、过程控制情况,产品质量资料管理情况,产品质量认可、器材供应网络、内部产品供销网络管理情况,不合格品管理情况,相关部门质量管理职能落实情况等七个方面的内容。检查中做到了"四个结合",即:查厂点产品质量管理与查二级单位质量管理工作相结合;查问题与分析原因、制订整改措施相结合;查质量管理问题与查安全管理问题相结合;宣传先进与解剖典型相结合,达到了预期的目的。

这次产品质量检查共检查了17个单位的75个生产厂点、器材供应站（库）及器材采购业务部门，发现问题250个，现场整改66个；现场抽样51份，下发整改通知书7份，收回产品质量认可证书3份；做出对1个生产厂点摘牌、1个厂点停产整改、1个厂点限期整改的决定。

【ISO 9000标准宣传贯彻】　三个采油技术服务处、油气综合技术服务处等单位已经开始进行质量体系认证工作，通信公司、器材供应处、工程技术研究院完成了ISO 9001：2000版质量体系认证，钻井工程总公司、测井工程处、建设工程总公司等单位已经完成了ISO 9001：2000版体系的换版认证工作，长庆科技有限责任公司和测井工程处正在分别进行ISO 9000、ISO 14000两个体系、ISO 9000、ISO 14000、OHASI 8000三个体系的一体化认证的探索工作，以ISO 9000标准为基础的体系认证工作正在蓬勃发展。与此同时，与质量体系有关的教育工作也在不断地加强，2002年，全局共培养国家注册实习审核员6名，ISO 9000：2000版质量体系内审员200多名，为质量体系认证工作的开展及质量体系有效运行提供了人员保证。

标准化工作

【标准化制度建设】

（1）针对长庆局标准体系表已经不适应长庆局生产经营工作的现状，局技术监督部门及时提出了修订标准体系表的工作计划，并对具体工作做了安排部署，大部分单位按进度认真地开展了工作。

（2）以队伍资质认证工作为契机，针对现场审核工作中发现的标准配备不到位的现状，帮助标准配备存在问题的单位查阅有关材料，通过石油标准长庆发行站积极联系石油行业标准的订购事宜，基本满足了施工作业队伍资质认证工作的需要，也为标准实施奠定了基础。

（3）加强企业标准的制修订工作。针对产品质量检查中存在的产品标准不规范的问题，组织有关单位进行局级企业产品标准的起草和审查工作，全年共审查标准 80 项。

【标准化活动】 长庆局在 QC 小组的建立、注册、成果的评审及推荐等方面建立了一套比较完备的制度，培养了拥有国家级 QC 诊断师资格的评审员队伍，经过多年的积累和发展，长庆局的 QC 小组活动有了一定的基础，也具备了一定的水平。2002 年，长庆局在开展 QC 小组活动方面取得了好成绩，获国家优秀 QC 小组奖 1 名；中国质量协会石油分会优秀 QC 小组一等奖 3 名，二等奖 6 名，三等奖 8 名；石油工业 QC 活动优秀推进者 1 名；甘肃省质量管理协会优秀 QC 小组一等奖 1 名，二等奖 5 名。至此，长庆局已经连续三年有荣获国优 QC 小组的成果。

计量工作

【计量检测体系】 2002 年，针对局级标准器大部分已经到期的现状，局技术监督部门积极与甘肃省质量监督局联系，在培训中心举办了计量标准器考核细则宣传贯彻班，并于 2002 年年底前完成了局级标准器的现场考核，确保了长庆局计量体系的完整。

节能工作

【概述】 2002 年是集团公司深入推行持续重组战略之年，石油集团服务企业的资源节约综合利用工作面临着新的机遇和挑战。长庆局以企业深化改革为动力，以促进企业减亏增效、提高市场竞争力为目标，在明确节能节水工作定位、健全节能节水工作机制、调研节能节水潜力、落实节能节水任务等几个方面做了大量工作，持续加强了节能节水工作，促进企业降低成本，提高经济效益。

【合同能源管理】 “合同能源管理”是一种基于

市场的、全新的节能项目投资机制，目前，国家经贸委在北京、辽宁、山东等地进行示范。合同能源管理的实质是一种以减少的能源费用来支付节能项目全部成本的节能投资方式。这种节能投资方式允许用户使用未来的节能收益为企业设备升级或节能技术改造，以降低目前的运行成本。能源管理合同在实施节能项目投资的企业与专门的盈利性能源管理公司之间签订，它有助于推动节能项目的开展。在合同能源管理方式中，一般不要求企业自身对节能项目进行投资，使企业避免了自身单独承担项目可能遭遇的技术、财务等方面的诸多风险责任。勘探局在采油一处进行了基地热网节能改造项目合同能源管理示范，取得较好效果。

【节能节水管理】　按照集团公司“十五”节能节水计划目标的统一部署，组织对各单位节能、节水、节材及综合利用潜力进行了调研，研究分析了“十五”期间进一步推广先进适用的资源节约和综合利用技术，实施技术改造工程的可能性。调研结果表明，到“十五”末长庆局节能节水有三大潜力，一是供电系统尚有1000多台主变和配电变压器是国家明令淘汰的高耗能产品，部分供电线路需要优化改造；部分6—10千伏线路需要安装无功补偿提高功率因素，预计节能潜力2000万千瓦·时，节约价值1200万元。二是供热系统热网平衡改造、风机水泵变频调速、预计节能潜力5000吨标煤、节约价值400万元。三是供水系统加强计量管理、供水管网调整改造、污水处理回收利用等措施，预计节水潜力200万立方米、节约价值400万元。通过持续进行耗能用水系统优化，大力研究和推广节能节水新技术，引入“合同能源管理”新机制，推进节能节水潜力向节能节水能力和节能节水效益转化。

第六篇

对外合作与交流

对外交流与外事活动

【外事管理与协调】　2002年，随着国际市场开发力度的不断加强及海外工程技术服务项目的不断增多，长庆局的外事管理工作发生了很大的变化。一是执行境外工程合同的劳务人员和技术人员大幅增加；二是参加投标、谈判、贸易和工程施工的紧急出国团组逐渐增多。这些新的变化对外事管理工作提出了新的要求，如何在新的形势下转变观念，开拓进取，更好地为基层服务成为工作的重点。全年共办理出国手续49批，211人次，是历年来最多的一次，其中121人次为参加海外项目施工及技术服务的人员。全年共接待来访外宾13批53人次。

【人才培训】　长庆局今年举办初级俄语培训班1期，培训26人；中级俄语培训班1期，培训18人；高级英语培训班1期，培训37人；派2人赴俄罗斯留学；2人赴美国攻读MBA，1人赴美国参加财务知识培训；各有关单位也把培养国际化人才放在十分重要的位置，钻井总公司抽调大批生产和技术骨干进行长期脱产培训；物探处启动了人才开发工程，对50名技术干部进行了西班牙语培训，并与武汉大学测绘管理学院联合办学，设立了测绘专业大专教育函授站，招收企业学员30余人；井下处挑选外语基础比较好的职工，有针对性地送外进行长时间的英语、西班牙语、俄语培训，还分岗位、分层次强化培训了对外合作方面的知识。

【会议与展览】　2002年，厄瓜多尔分公司积极参加了“厄瓜多尔国际石油展”和基多独立节游行，提高了长庆的知名度；长庆局还派团参加了在美国休斯敦举办的OTC国际石油展。

【对外交流】　为了使业主进一步加深对长庆局的认识与了解，今年先后邀请AP项目业主PETROPRODCCION、合作伙伴DYGOIL、PETROLOG公司的高级管理人员及乌兹别克斯坦国家技术监督局防喷委员会的官员到长庆局进行访问；今年还接待了斯伦贝谢、壳牌、特纳等国际知名大公司有关人员来访，并安排其到长庆油田各作业现场进行实地考察访问，加深了相互了解，提高了长庆局的知名度，为进一步开拓国际市场创造了条件。

2002年，经过不懈努力，在中东、中亚、南亚、东南亚、非洲、南美、地中海等区域都找到了一些合作伙伴，并与多家外国公司和国内有关单位建立了正常的业务联系，跟踪了一批具有潜在价值的新项目。

（罗晓琴　李东勋）

国外项目运行与管理

【概述】　2002年，长庆局国际市场运作的重点是“加强现有项目管理，适度进行市场开发”。在总结以往国际项目运作经验的基础上，将工作的重心转移到强化现有项目管理方面，以厄瓜多尔项目为试点，初步建立了海外项目管理体系，促使厄瓜多尔项目取得良好进展，全年完成投资工作量2646万美元。

国际市场开发有序进行。在厄瓜多尔AP

项目合同外，额外承揽并完成了一口井的钻井工作量，并完成了 9 口井的修井工作量，同时协助集团公司勘探开发公司与厄瓜多尔国家石油公司签订了合作协议，长庆局被确定为集团公司下一步在厄瓜多尔开展石油工程技术服务的首选单位。

【海外项目】

(1) 厄瓜多尔项目。钻井完井三口，其中 VHR - 13 井仅用 21 天顺利完钻，创造了当地钻井速度最高纪录，业主向长庆局队伍颁发了市场准入证。

地震完成 A - P 项目最困难、工作量最大的 343 平方千米三维地震野外采集工作，比原计划提前了 80 多天，创造了当地三维地震炮次最高纪录。

井下作业完成 P - 3B 井和 A10 井的完井工作。

电站、输变电工程、地面建设工程设计方案已经业主批复。

(2) 尼日利亚项目。在完成一口深 3800 多米的定向井后，对设备进行了全面整修，剖析了工作中存在的各种问题，尽力落实下一步工作量。

(3) 乌兹别克斯坦项目。在作业中针对该地区地下含有高温高压盐水层、原油伴生气无法处理，沉积时代新，易垮、易斜、易漏、易卡等难题，结合现场实际情况，制定了十多项专项技术措施，成功地完成了乌兹别克斯坦国家历史上第一口水平井，井深 3674 米，水平位移 745.43 米。该井完成后，乌兹别克斯坦国家石油公司又以议标的方式与长庆局签订了 5 口水平井的服务合同。

【经营管理】　在实践中探索，初步建立了符合国际惯例的境外项目运行新体系。

(1) 国际市场开发的管理体系基本理顺。为积极有序地开拓国际市场，长庆局于 2002 年 6 月，下发了［2002］93 号文件，明确了国际市场开发部作为长庆局国际市场开发与项目管理的归口管理部门，并承担部分境外工程项目组织实施和经营。根据这个定位，国际市场开发部逐步理顺与局内相关单位在境外业务方面的关系，为项目的正常运行奠定了基础。

(2) 以经济责任制为核心，初步建立了符合国际惯例的境外项目经营承包责任制，保证了境外项目顺利运行。

①建立健全了境外项目目标考核管理体系。厄瓜多尔项目部建立了以内部经营承包责任制为主要内容的经营考核办法，把工作绩效与职工收益挂钩，把企业利益和职工利益有机结合起来，真正体现了企业内部责、权、利的关系，实施后见到明显效果。

②建立和完善了符合国际项目运作要求的工作规范。根据实际工作情况，各境外项目部制定了管理职责和岗位职责，对每一项具体业务都建立了相应的工作流程和规范，使各项管理工作规范化、科学化。厄瓜多尔项目部先后制定完善了《CPEB - ECUADOR BRANCH 绩效考核制度》、《长庆局厄瓜多尔分公司员工奖惩条例》等 24 种管理规定和办法，规范了运作程序。乌兹别克斯坦项目部制定了《项目人员管理制度》、《项目钻井队考核规定》、《项目现场管理制度》等一系列管理制度，规范了员工的行为，为国际项目的精细化管理奠定了基础。

(3) 积极与国际惯例接轨，不断加强合同管理工作。各项目部在项目运行中，认真研究合同，较好地保护了我方的利益。

厄瓜多尔项目启动前，国际市场开发部专门聘请西北政法大学教授对项目主合同进行评价，编制了《厄瓜多尔项目风险预测及其防范措施》，为项目在厄瓜多尔的顺利实施提供了法律保障。项目部专门设立法律部，邀请外籍律师，深入研究合同和当地法律，对合同中存在的问题，多次与甲方谈判交涉，提出了大量补充条款，确保项目正常运行。同时加强了投资登记管理，促使业主同意对物探投资进行分割，较好地保护了长庆局的利益。

乌兹别克斯坦项目部在合同管理方面，组织人员对原合同文本进行了深入研究，就原来未预计到的情况和不合理的条款提出了修改意见，并通过签订补充合同予以明确。在项目具体运作中，紧扣总包合同条款，狠抓施工安全和工序衔接，每个阶段的工作完成后及时签认工作量，并以此作为双方结算的依据。

(4) 严格预算和资金管理，确保境外项目效益最大化。各境外项目部严格成本控制措施，力求效益最大化。厄瓜多尔分公司依据合同编制了详尽的项目预算，严格按照预算拨付资金。国际市场开发部确定专人负责审核境外项目预算专项资金，对重要合同支出项目，先由项目部上报专项资金申请，严格依据《国际市场开发部资金管理办法》规定的程序，实行逐级“审批制”；项目部在资金支出上始终坚持“两笔一章”的“联签制度”，保证了资金的安全和支出的合理性。

各分项目部还根据成本控制目标制定了严格的成本控制办法，对各项成本按计划控制。乌兹别克斯坦项目部实行了材料消耗动态管理，扎扎实实地将成本控制措施落实在具体工作中。

(5) 解放思想，开拓创新，积极实施国际化经营战略。境外项目运行一年多来，境外项目的经营管理理念在不断更新，逐步走上了国际化经营的路子。厄瓜多尔分公司按照国际化经营的思路，调整内部管理机制，充分利用当地的人力和物力资源，大幅度削减中方人员，中方人员从最初的97人减少到51人。人工成本有所下降，工作绩效却成倍增长。

(6) 认真学习，不断总结，努力提高项目管理水平。提出“干完一个项目，总结一些经验教训，培养一批人才”的要求，在境外项目运行过程中，全局各有关单位都能随时注意剖析项目运行中出现的各种问题，及时吸取教训，积累经验。

长庆局厄瓜多尔分公司根据项目运行中出现的问题，从经营管理、资金管理、HSE管理、生产组织管理、设备配套、材料供应、中外员工管理等多方面进行了系统的分析和总结。通过分析总结，明确了问题的症结，深化和细化了对项目管理的认识，为加强管理、提高效益提供了准确的依据。

尼日利亚项目在执行中，针对出现的问题，及时对设备配套、人员选配、管理理念等。多方面进行总结，对后续项目的运行起到了较好的警示作用。

乌兹别克斯坦项目参照壳牌公司设备管理规定管理设备，针对不同施工阶段的特点，对关键设备、无备件设备、有问题的设备重点检查，推行了关键设备挂牌承包制和检查制，取得了较好的效果。

(7) 加强思想政治工作，确保职工队伍有一个良好的精神状态。长庆局三个境外项目所在国都是发展中国家，生活和工作条件很差，社会治安普遍不好，有时甚至会有生命危险。厄瓜多尔项目执行前期，抢劫、绑架我方人员的事件就时有发生。同时，海外项目人员在远离家人，远离祖国的情况下，容易产生思乡情绪，特别是当家中遇到困难、工作出现挫折时，人员思想波动较大。因此，在项目运行中，国际市场开发部采取多种方式，加强对职工的思想教育。开展了评先选优活动，同时，领导干部以身作则，率先垂范，激发了职工的奉献热情。乌兹别克斯坦项目施工现场地处沙漠腹地，气候恶劣，生活条件非常艰苦。职工们发扬大无畏的精神，奋勇拼搏，优质完成了施工任务。正是由于有这样一支经得起考验的职工队伍，才使长庆局在较短的时间里在国际市场开发中取得了较好的成绩。

（李东勋）

技术装备引进

【概述】　截至2002年底，长庆局共有各类设备3920台（套），期末设备资产原值238224万元，期末设备资产净值168491万元，新度系数0.71。其中主要设备数量：大中型钻机63套，钻采特车435台，汽车吊99台，运输车辆1141台。主要专业设备完好率96.6%，设备综合利用率62.42%，故障停机率1.18%，设备特、重大事故发生率0‰。

2002年，长庆局为更新、引进装备，共投入资金3.34亿元。本着“技术配置要高，配套范围要全，成交价格要低”的原则，购置各类装备604台（套）。其中，物探、钻井、测井、试油和试气、井下作业等工程技术装备221台（套），更新了建设施工单位的部分装备。同时，引进液氮泵车2台、综合录井仪1套、500吨顶驱装置1套、ZJ70D电动钻井配套CAT3512/800千瓦柴油发电机5台。

（雒建胜）

第七篇

企业改革与管理

企业改革与管理

【概述】　2002年,长庆局抓住机遇,开拓创新,坚持科学的发展战略,增大战略管理范围和实施力度,用企业战略指导具体工作。全面推进"二次创业",继续坚持以市场为导向,以效益为中心,以发展为主题,以结构调整为重点,以改革创新为动力,解放思想,实事求是,持续整合重组,加快结构调整,增加积累,加快发展,靠科学管理增效,企业发展路子不断拓宽。

【战略管理】　长庆局积极谋求发展,进一步发挥整体优势,加快专业化重组,优化产业结构,调整市场结构,稳步推进整体带资分流,积极进行"三项制度"改革,激活基层活力。

(1)扩大"四大发展"战略的覆盖面。长庆局把加强企业科学管理作为一项战略任务,有针对性地对管理层进行深化企业战略和企业理念的专题教育活动。进一步加强战略管理,大力实施"管理提升战略",全方位延伸"四大发展战略"的实施面。

(2)进一步加大战略研究力度,广泛开展软科学研究,完成多项课题。探索建立战略同盟,开展了继续深化企业内部改革、调整和解决结构性矛盾;实施精细管理,提升科学管理水平;产业定位和发展方向;市场营销战略与策略;资本运营策略;多元化发展等多项重大的软科学课题研究,确定了长庆局的产业定位,进一步明确了长庆局的发展方向。

【管理创新】　2002年是长庆局的"精细管理年",全局上下不断更新管理理念,内抓发展质量,外抓发展速度,进一步拓展发展空间,全方位提升科学管理水平。依靠制度创新求发展,积极稳妥地推进改革,着力解决理念问题、结构问题、体制问题、机制问题;严格实行"岗位责任制",按"精细管理"的要求解决了"管理者归位、管理者抓管理"的问题;逐步建立起了基本适应市场竞争要求的动态的管理体系和运行机制;培育新的经济增长点,解决"大市场、低效益"问题,为实现可持续发展奠定了基础。

(1)规范关联交易运作,提升关联交易层次。认真落实与长庆油田分公司双方制定的相互支持、共同发展的"双十二条",坚持"五项基本工作原则",进一步规范运作,开展建立战略同盟的课题研究。

(2)加强经营工作,抓住"四个机遇",加快专业化整合重组,调整产业结构,发展非国有经济。坚定不移地调整市场结构,规避市场和政策风险,提升企业信誉,持续实施"市场开发战略",充分利用好"三种资源",开发好"三个市场",降低了企业经营风险,推进了长庆局的持续发展。

(3)实行总量宏观控制,动态管理的原则,以改革促发展。建立科学的经营机制,完善内部承包经营责任制,突出体现"激活基层"和"放水养鱼"的思路,推广完善"三位一体"动态成本控制体系。

(4)建立企业科学管理的新理念,突出科学管理的人本观念。积极推进以岗位管理为核心的干部人事制度改革,用制度管人,增强决策的科学性和预见性。突出效率观念,创建适用本企业精细管理要求的质量化、数据化、个性化、标准化、科学化、信息化的管理模式;不断加强企业信息化建设,突出信息化对管理科学化的带动作用,提升企业信息化建设和管理水平。

(5)贯彻"管理提升战略",以精细管理为突破口,抓住关键环节,强化基础管理。开展全局性的管理提升战略大讨论和大型调研活动,提高了对科学管理的再认识、再实践,促进了管理理念的创新和机关职能的转变。着手解决了制约企业管理升级的"无效管理"和"管理无效"问题,推进科学管理水平的有效提升。

(6)开展安全管理办法和考核办法、适应市场竞争的生产运行系统管理优化、内部会计制度提升与创新项目、新项目开发、网站建设与设计、海外项目运行模式、内部银行制度、质量环境职业健康安全一体化管理体系、"三位一体"成本控制体系等专项管理工作研究,改革会议制度和实行巡视员制度,实现了有效的监督。管理手段的不断创新,管理内涵的不断丰富,管理体系的不断完善,促进了长庆局的整体协调发展。

(刘小康　杨伟杰)

人事管理

【概述】 2002 年,长庆局人事管理工作认真落实中央《深化干部人事制度改革纲要》和集团公司《关于深化人事劳资制度改革的意见》精神,坚持把认真搞好干部人事制度改革试点工作作为实践"三个代表"、推进"二次创业"的政治任务来抓,结合长庆局持续重组、改革改制和生产经营工作实际,正确处理好改革、发展和稳定的关系,在企业内部人事、劳动、分配制度改革方面进行了积极有益的探索和尝试,取得了比较明显的效果。

【领导班子建设】

(1)以考核调整为重点,切实加强领导班子组织建设。结合长庆局经营承包责任制考核实施办法,以业绩考核为重点,对全局 43 个厂处领导班子和 287 名领导干部进行了考核。其中,好班子 18 个,较好班子 21 个,一般班子 4 个;优秀干部 80 人,胜任干部 207 人。结合考核工作,先后对 22 个厂处单位和 7 个机关处室的领导班子进行了调整补充,共调整领导干部 68 人。其中,正处级干部 18 人,副处级干部 50 人。围绕长庆局重点工程和重点项目建设,为 3 个重点工程项目选配项目经理 8 人。在全局范围内审核聘任兼职安全总监、副总监 32 人。

(2)切实抓好领导干部的政策理论和业务能力培训。按照集团公司岗位培训要求,选送局处领导干部和后备干部参加集团公司举办的各类培训班 45 人次。举办了 1 期领导干部工商管理知识培训班,培训领导干部 42 人;举办了 2 期党政主要领导培训班,共有来自 54 个厂处单位和机关处室的 67 名党政主要领导参加了培训。

【人事制度改革】

(1)积极推行公开竞聘中层管理人员工作。制定下发《长庆石油勘探局公开选拔任用中层管理人员办法(试行)》。先后在井下技术作业处、第三采油技术服务处等 5 个单位内部,按照个人报名、资格审查、组织考察、召开竞聘大会和公示聘用等程序,组织了 10 个副职岗位的公开竞聘工作。在油田范围内为生产运行处、资本运营部等 9 个单位公开竞聘了 13 名副处级领导干部。全油田共有 176 人次报名应聘,其中 23 名人员通过竞聘脱颖而出,走上副处级领导岗位。

(2)积极推行巡视员派驻工作制度。为了切实加强领导班子建设,更好地实施对领导班子和领导干部的跟踪考核、服务和督察,进一步发挥领导班子的整体功能,在全局推行了巡视员派驻制度,制定下发了《长庆石油勘探局巡视员派驻办法(试行)》。聘任 8 名工作经验比较丰富、政策水平比较高、组织协调能力比较强的同志担任巡视员,采取列席会议、个别访谈、跟踪调查、核查资料、书面建议和分析报告等形式，先后187次深入38个单位调查研究、督察工作，较好地实现了领导班子工作的规范化、制度化和决策的民主化、科学化以及领导干部管理的精细化。

(3)积极稳妥地推进专业技术人员管理改革工作。推行全局专业技术人员实行岗位管理改革工作，并对具有代表性的13个二级单位的工程专业技术岗位进行了试设置。拟订了《长庆石油勘探局专业技术人员岗位聘任管理办法》和《长庆石油勘探局专业技术人员岗位设置的实施意见》，为实行专业技术人员岗位管理奠定了基础。

【人才队伍建设】

(1)以高层次专业技术人才选拔、培养为重点，继续改善和优化人才环境。从吸引高层次人才的需要出发，于2002年6月，组织了"长庆石油勘探局博士后科研工作站"挂牌仪式。全国博士后管理委员会主任徐圣陶、陕西省常务副省长陈德铭和13家驻陕博士后科研工作站代表出席了挂牌仪式。2002年，先后有3名博士后研究人员进站工作，为长庆局科研工作和培养优秀拔尖技术人才搭建了平台。选送了32名高层次人才赴国内外知名院校攻读硕士。继续组织实施"优秀专业技术人才形象工程"和优秀技术人才奖评选活动。加大各级各类高层次人才奖励力度，对长庆局评选出的局级学术带头人和学术技术首席专家，每人每月发放200—800元的特殊津贴。对在西安、银川市以外单位工作的，在生产、科研一线岗位上工作业绩突出且具有硕士研究生及以上学历的人员，每年每人一次性发放3000—4000元特殊津贴。从1000万元的科技奖励基金中拿出30万元对局优秀科技人员进行奖励，先后奖励27人次，其中个人一次性奖励最高达4万元。

(2)人才引进工作。制定了《长庆石油勘探局引进人才有关问题指导意见》、《长庆石油勘探局引进普通高校毕业生暂行办法》和《关于2002届高校毕业生实行人事代理有关问题的说明》，进一步规范人才引进程序，完善并落实引进人才使用、培养和管理以及待遇等配套措施。全年引进高校毕业生264人，其中研究生2人，本科生234人，专科生28人；为国际市场开发部引进西班牙语翻译3名。

(3)人才劳动力市场建设。全年举办人才劳动力交流洽谈会8场次，参会单位142家，提供就业岗位460余个，接待内外部各类求职人员3020余人次，办理求职登记1500人，外输劳务190人，举办了5场次局内职工子女专场招聘会，为油田内部用工单位招聘102人。制定了《长庆人才网》发展规划及网站管理与维护暂行办法，为163家用人单位发布招聘信息462条，登记求职人员1980人。多种经营系统新聘劳务合同工304人，续聘773人。办理职工流动1168人，局内流动742人，局内调出35人。2002年4月，举办了首期全局人力资源开发服务创新业务研讨班，全局42个单位的72名代表参加了研讨。

(4)人事代理工作。按照《长庆石油勘探局企业内部人事管理事务代理暂行规定》，与西安基地16个单位的273名流动职工签订人事代理协议书。拓展代理业务，整体代理3个单位的75人。对引进的2002年度高校毕业生，根据本人意愿，首次采取由长庆分部进行人事代理的管理模式，共代理西安方向12个单位的59名毕业生，占引进高校生的22.3%；代理有偿解除劳动关系人员6279人。

【劳动力管理】

(1)理顺管理体系，调整组织及队伍结构。钻井工程总公司对多种经营企业、第二采油技术服务处对部分基层单位进行了整合重组，职业技能鉴定中心等机关处室及乳山职工培训中心等二级单位对内部机构进行了调整。同时，为适应企业发展，转变职能，在测井工程处增挂了测井公司牌子，在资本运营部(多种经营管理处)增挂了集体资产投资管理中心牌子，在技术监测中心增挂了石油天然气长庆工程质量监督站牌子,在市场开发部增挂了法律事务部牌子,在卫生防疫站增挂了职业病防治中心牌子。成立了长庆石油勘探局博士后科研工作站。

(2)深化用工制度改革,在控制总量、规范管理的同时,进一步扩大二级单位用工自主权。对与长庆局有产权关系的股份制、股份合作制、合资和具有独立法人资格的集体经济及全民多种经营企业使用的劳务合同工,由二级单位根据需要自行确定,实行短期聘用,市场工资;对主业主要生产岗位使用的劳务合同工,实行总量控制;对主业后勤服务岗位使用的劳务合同工,进一步压缩精简。同时,不断加大劳务合同工的培训、考核力度,严格按照国家就业准入制度的有关要求进行审批,对未经培训、未取得上岗资格证书、文化程度偏低和经考核无法胜任岗位工作的人员,一律通过长庆局人才(劳动力)市场进行替换。

(3)加强劳动保障政策法规宣传,做好集体合同签订工作。认真搞好陕西、甘肃劳动用工年检自查自改工作,积极参加全国劳动和社会保障知识竞赛。起草签订了《长庆石油勘探局2002—2004 年集体合同》,有力地维护和保障了企业和职工的合法权益,保证了劳动关系的和谐稳定。

(4)认真做好有偿解除劳动关系人员的相关工作。选派有关人员到华北、大港、辽河、新疆、物探局等兄弟单位调研有偿解除劳动关系人员有关工作。制定了有偿解除劳动关系人员失业保险金申领发放办法、因工伤残补助规定、失业证办理等政策文件,并召开全局社会保险工作会议进行部署安排。

【培训工作】 理顺职工培训管理体制,建立全局职工学历培训一级管理体系、全局工人培训两级管理体系、全局干部培训三级管理体系。全局共举办各类培训班 720 期,培训职工 21279 人(干部 6269 人,工人 15010 人),全员培训率达 62%。在各类培训中,干部继续教育 332 人,工人技术等级培训 5725 人,资格培训 4138 人,短期、应急类适应性培训 7431 人,其他培训 3653 人。全局工人中参加岗位练兵 15095 人,占技术工种工人的普及率达 67.5%;举办各级技术比武 474 场次,8891 人参加,占技术工人的覆盖面达 44.8%。同时,对劳务合同工进行了操作技能培训,全年培训 1422 人,累计培训 5820 人,劳务合同工培训率达 97.4%。对 180 名退伍军人首次实行为期一年的集中统一培训,组织了全国石油石化行业职业技能竞赛参赛工作。

【工资管理】 完善工资总量调控办法,制定《长庆石油勘探局 2002 年经营承包办法》。将全局 39 个二级单位分成内部模拟资产经营承包、内部利润经营承包、费用化补贴经营承包和定额费用经营承包等 4 种经营承包模式,并与每个单位的党政一把手签订了《经营承包责任书》。简化了责任指标,制定了“上不封顶,下不保底”的经营政策,加大了效益工资的提取比例;对二级单位的党政一把手实行以责任指标为重点考核内容的风险抵押奖惩办法,领导班子成员的奖金与本单位效益和职工收入挂钩。制定了《长庆石油勘探局引进人才有关问题指导意见》,对长庆局引进的高层次及紧缺专业科技、管理人才,按照“显形化、货币化、市场化”的原则,参照人才市场价格,由双方协商确定薪酬标准。

【职(执)业资格评定】

(1)职称考评工作。2002 年,评审教授级高级职称 8 人,评审副高级职称 108 人,评审中级职称 303 人,有 131 人通过全国考试取得专业技术任职资格;组织 958 名专业技术人员参加集团公司晋升职称外语考试,通过率为 50%。

(2)职业技能鉴定工作。举办全局技能鉴定站(所)管理人员培训班。全年共鉴定 11898 人次,其中,劳务合同工 1736 人次;鉴定长庆油田公司员工 4556 人次,长庆石化公司员工 654 人次,鉴定综合合格率 74%。长庆局技能鉴定所是甘肃省第51个国家职业技能鉴定所,2002年,被甘肃省劳动和社会保障厅授予"优秀职业技能鉴定所",鉴定机构被评为"优秀职业技能鉴定机构"。

【社会保险】 按照国家和甘肃省职工医疗保险实行定点医疗管理的政策规定,明确了油田职工定点医疗单位的范围,并与油田内部14个医疗机构签订了《长庆油田职工定点医疗服务协议》。制定下发了《长庆油田特殊慢性病种人员医疗费用报销暂行规定》,有效解决了油田职工医疗制度改革和实行"统账结合"模式后,一些特殊慢性病人门诊医疗费用较高、个人经济负担较重的实际问题。积极与当地劳动保障部门和社会保险经办机构联系,争取政策,疏通渠道,为油田有偿解除劳动关系人员发放失业保险金。

【基础工作】

(1)继续完善《长庆石油勘探局人事劳资管理系统》,开发了人事劳动政策查询系统,基本实现数据的远程传输,并在西安片等10家二级单位安装试运行,初步达到系统设计要求。同时,在培训中心举办了长庆局第二期人事劳资管理系统培训班。

(2)在全局组织人事劳资系统开展"比学习、比创新、比服务质量,加强精细管理"的"三比一加强"活动。制定下发活动通知,明确活动的目的、内容和考评标准,坚持把此项活动作为组织人事劳资系统的一项重要工作,纳入全系统年度工作考核、评比之中,评比结果作为表彰年度先进集体和先进个人的重要依据。

规划计划改革与管理

【概述】 2002年,规划计划工作(关联交易工作)认真贯彻集团公司、长庆局工作会议精神,紧紧围绕改革、发展、稳定三大主题,坚持以创新为突破口,以不断探索新形势下如何搞好计划工作的新路子为重点,重新定位处室职能,不断拓展业务范围,改革相关业务流程,与时俱进、开拓进取,创造性地开展工作,突出抓重点、着力抓落实,各项工作健康、有序地向前推进。

2002年,重点做了八个方面的工作:一是全面试行了目标管理;二是狠抓了关联交易工作;三是寻找新项目,培育新经济增长点;四是较好地组织落实了固定资产投资计划;五是基本建设管理工作步入正规化;六是统计工作与时俱进,求实创新;七是产业定位在中国石油天然气集团公司系统名列前茅;八是不断加强处室建设。

【产业定位与发展方向】 根据中国石油天然气集团公司工作会议精神,长庆局按照理论与实际相结合、微观与宏观相结合、定性与定量相结合的原则,运用现代决策分析方法和手段,对长庆局产业定位和未来发展方向进行了研究,得出了较为实际的结论,编制完成了《长庆石油勘探局产业定位与发展方向研究》,在上报集团公司的同时,下发全局基层单位,为指导长庆局产业结构调整,加快改革改制步伐发挥了重要的作用。

【新项目开发】

(1)在广泛调研论证基础上,制定了《长庆局寻找新项目工作规划》,经局务会讨论通过下发执行。规划中明确了寻找项目的方向和重点,提出了具体的措施和办法,并制定了"十五"期间的工作部署,做到健康、有序、稳步推进。

(2)制订了项目开发提案制度、奖励制度、评估制度、专家库建设等办法,对长庆局培育新的经济增长点工作起到积极的推进作用。

(3)召开了全局项目开发会议(产业定位),

对具体工作进行了安排部署。

(4)组织人员赴清华大学、中国石油技术开发公司、西安石油学院、西安墙体材料研究设计院、西安技术成果交易中心等 20 多个单位调研,并与西安石油学院、西南石油学院、华东石油大学、西安交通大学等单位建立业务联系,收集了 3000 多个项目资料。

(5)组织人员赴第六届东西部投资贸易洽谈会和大会组织的海外留学人员技术成果信息发布会、西部地区重点工程信息发布会、杨凌农洽会等交流学习,广泛收集各省(市)的项目资料,筛选出 300 个项目资料,并编写成《重点项目资料汇编》,进行研究讨论。

(6)开展了一系列项目前期论证工作。先后多次到渭河电厂现场考察、到西安墙体材料设计研究院咨询、到西安市图书馆查阅相关资料,论证粉煤灰建材项目;与美国三星公司就 HDPE 塑料木材项目进行了技术交流;对西北大学北美基因有限公司微阵列生物芯片项目以及加拿大一个基因芯片项目,进行了项目跟踪;制定了石油套管丝扣加工项目前期调研计划;深入天津市无缝钢管厂、天津钢管有限责任公司、辽河油田盘锦荣联石油套管加工有限公司、无锡西姆斯石油专用管制造有限公司钢管分公司、宝鸡住金石油钢管有限公司等 5 个生产企业进行现场调研。通过调研、论证,开拓了思路、增长了见识,对于搞好项目前期工作起到了有益的借鉴作用。

【投资计划与项目管理】

(1)全年下达固定资产投资总额 6.48 亿元,其中工程建设项目 1.39 亿元,非安装设备更新 3.34 亿元,合作开发油气田 0.45 亿元,其他 1.3 亿元。

(2)不断理顺基本建设业务关系,围绕企业资质就位、招投标管理、重点项目管理和项目后评价四个重点,坚持帮促指导和检查考核相结合,确保建设工期不超,工程质量不降,工程造价不超,工程资料齐全准确,达到了基本建设管理要求。

(3)重新修订下发了“长庆石油勘探局关于印发《基本建设工程招投标实施办法》的通知”(长局发[2000]59 号)。

【生产经营计划】 在调查分析的基础上,编制完成了《长庆局 2002 年生产经营计划》,为确保全年经营计划的落实,制定了相应的工作措施,并与经营承包责任制挂钩,于 2002 年初上报了集团公司。

【关联交易和经营责任制考核】 进一步完善了不同层次的对接协商机制,重新修订完善了关联交易资金结算办法,协商确定了长庆的划分格局(30%直接关联交易,50%定向招标,20%公开招标)。生产、生活(社会)工作量继续稳步增长。协商确定了关联交易结算价格。即:30%工作量执行关联交易价格,50%执行定向招标价格(在关联交易价格的基础上下浮 2%),20%执行公开招标价格,平均结算价格较关联交易价格整体下浮 1.143%。提出并实施了“一对一”服务单位价格化以及市场保护方案,本年度订立各项关联交易分协议 17 个。

制定了长庆局经营承包考核办法及实施细则,突出效益原则,基本上实现了责、权、利的有效统一。

【综合统计】

(1)推行了两项管理措施,即统计业务目标管理和统计工作精细管理。

(2)实现了统计管理制度创新、统计指标体系创新、统计工作方法创新、统计服务项目和统计产品创新。

(3)强化了三项基础工作,即:理顺了统计组织机构,调整队伍结构;完善统计网络体系;加强了统计人员培训。

【建筑施工管理】

(1)队伍现状:长庆局 2002 年管理的资质施工企业 3 个,其中一级总承包企业 1 个,一级专业承包企业 2 个。总承包企业主营石油化工工程建设等。2002 年末,一级以上施工企业

4254人。

（2）技术装备：2002年末一级资质施工企业共有设备1227台，设备总功率69670千瓦，动力装备率13.44千瓦/人。

（3）生产经营：2002年签订合同金额12.05亿元，承揽工程完成产值10.57亿元，其中自行9.8亿元，2002年末资产总计8.14亿元，负债总额4.3亿元，所有者权益3.84亿元。

（赵　诚　张国伟　赵子敬　刘聪亮　杨晓明）

财务资产改革与管理

【概述】　2002年，是长庆局进一步深化改革、精细管理、提高整体经济效益的关键一年。财务资产工作以市场为导向，以效益为中心，狠抓预算动态管理和"三位一体"成本动态控制管理体系，强化资金和资产管理，全面规范会计核算，深入研究财税政策，加强财会队伍建设，积极推进会计管理体制改革，进一步提升财务资产工作管理水平。本年荣获中油集团2001—2002年度会计报表评比一等奖；被西安市地税局评为"诚信纳税先进单位"；被西安市地税一分局评为2002—2003年"地税免检单位"；被内蒙古鄂尔多斯市地税局评为"诚信纳税企业"。

2002年，实现主营业务收入53.83亿元，实现税费4.86亿元，亏损0.52亿元，完成了集团公司下达的经营指标。

【预算管理】

（1）加强预算管理制度建设，修订完善动态预算管理制度，建立预算执行责任体系。根据集团公司下达的预算指标，审定、批复、下达各单位预算，基层单位层层分解，从纵向和横向上落实到每个单位、每个部门、每个生产环节和每个岗位，形成纵横交错的预算执行责任体系，实行全面、全员、全过程预算管理。

（2）动态预算与月分析、季考核紧密结合，加强预算过程控制。在预算实施过程中，为提高预算执行的效率，充分体现长庆局2002年经营承包考核政策，对效益工资、误餐费的发放，严格在指标考核和各种因素分析的基础上综合确定。补充完善了经营责任制考核办法，并坚持对预算执行情况月分析、季汇报，对重点单位进行跟踪检查分析，发现偏离预算的情况，及时采取措施，确保长庆局全年经营目标的实现。

（3）继续实施低成本发展战略，有效地控制成本、费用支出。一是推行"三位一体"成本动态控制体系，建立成本管理责任制；二是加强成本管理的各项基础工作；三是建立分板块成本比较分析系统，规范成本核算与管理工作。

（4）加强全局自用成品油管理。通过对基层单位在自用成品油结算、领用等方面存在的问题进行调查，下发《关于加强自用油管理的通知》，规范了各单位在自用成品油管理中存在的问题。

【会计核算】

（1）组织2001年度财务决算，真实反映长庆局经营成果。全局各单位在时间紧、任务重的情况下，精心组织、统筹安排，圆满完成了2001年年度决算工作。编制的会计报告经过深圳南方民和会计师事务所审计，取得了无保留意见的审计报告，未出现重大违纪、违规现象。

（2）开展"物流和现金流"调研，深化精细管理。为了掌握全局费用支出和现金流的主要构成部分，抓住全局成本控制和现金流控制的主要矛盾，按照长庆局实施科学管理和精细管理的决策要求，由财务资产处、结算中心、器材供应处组成联合调研组，选择长庆局现金流量最大户器材处、物资消耗最大户钻井工程总公司、社会市场份额最大户长庆建设工程总公司作为被调研单位，就2001年的物流与现金流进行了详细的调查研究，核实了大量的数据，分析了运行过程中存在的利弊，提出了进一步改善和加强物流和现金流管理的措施。

(3)加强中油财务信息系统管理。做好系统软件功能的完善和升级工作，将资产管理并入信息系统，加强对系统的监管，确保财务管理信息系统的准确性和安全性。

【资产管理】

(1)加强制度建设，规范资产评估工作。从制度建设做起，使资产管理工作有章可循。结合2001年财产清查和全局资产管理的实际情况，先后制定下发了《关于加强报废资产管理和开展自查清理工作的紧急通知》、《长庆石油勘探局报废资产管理办法》等规章制度，对全局报废资产管理工作进行了规范。

2002年，组织了整体带资分流、多种经营系统公司制改造、资产的整体及部分收购、有限责任公司增资扩股等各种类型的资产评估工作。组织了对机械制造总厂抽油杆分厂整体带资分流改制中的资产评估，并按资产评估程序将评估结果上报集团公司备案。配合集团公司对物探、测井系统专业化重组工作，开展了资产评估及测井方元公司录井设备的资产评估工作。

(2)核实并分析2001年财产清查中原材料损失原因。在2001年财产清查中，经集团公司批准长庆局报损原材料损失5556.46万元。为能准确的计算非正常损失增值税进项税转出数，组织核实原材料报废原因。经核实原材料损失中属非正常损失的有150.08万元，应上缴增值税进项税额回转款25.51万元。

【资金管理】

(1)不断完善资金管理制度，降低财务费用。重点完善了长庆局资金授权管理制度、资金内控制度、关联交易结算办法、涉外资金管理制度等，从而形成了一套比较完善的资金管理制度体系。同时，各二级单位也逐步完善了本单位的资金管理办法，为全局资金规范运作发挥了重要保证作用。局内资金全部实行有偿占用制度，精心经营内部存贷款业务，通过发放内部贷款，实现内部资金融通，同时也降低了财务费用。2002年，压缩贷款指标0.8亿元，使全年的银行借款始终保持在较低的水平上。

(2)做好关联交易封闭运行工作。为保证关联交易封闭结算的按期运行，经与油田公司反复协商，共同制定下发了《关联交易封闭结算办法实施细则》，规范了双方关联交易结算行为。从实际运行情况来看，虽然资金划拨前的签认手续未能从根本上解决，还存在承兑汇票使用问题等，但关联交易封闭结算速度有所加快，封闭结算后结算关联交易款13.7亿元，较好地满足了长庆局生产经营对资金的需求。

(3)规范各单位外投外借行为。下发了长局财字[2002]第4号文件《关于建立外投外借专项报告制度的通知》，加强了对外投外借的监督管理。

【资金结算】 2002年多种经营结算纳入主业结算系统统一管理，与主业资金同步运转。为积极稳妥地搞好多种经营结算工作，结算中心以树服务窗口形象为目标，与时俱进，开拓创新，全面完成了资金结算管理的各项工作，获得了“2002年度局机关先进党支部”和长庆局工会委员会“女职工先进集体”光荣称号。

2002年结算中心共有员工35名，其中：正式人员31名，劳务工4名。下设综合科、会计科（多种经营科）、稽查科三个科室，主要负责中心内部事务工作、资金调度、会计核算、多种经营资金结算业务及资金监督；分设西安结算处、庆阳结算处、银川结算处和延安结算处四个结算处，主要负责办理全局资金结算业务。

全年货币资金预算执行率达到98%；银行存款平均占用额6841万元，比计划减少占用额约1200万元；办理业务34930笔，稽查银行账簿100本，会计凭证740本，没有发生任何差错和损失，资金安全率100%；管理费用指标控制在规定范围内；资金结算及时率达到100%。

2002年，资金结算中心加强了资金预算管理，将全局所有的收入统一纳入预算管理，特别是社会市场收入资金，统一收回后在全局范围内集中调剂使用；在资金结算管理程序方面，完善了追加资金预算的审批程序，制定了资金结算中心内部资金授权审批制度。

增强服务意识，深入基层单位调查研究112人次，为基层单位解决结算中的困难54个；中心建立的首问责任制和服务质量回访制在今年均得到了很好的落实。

主动联系，及时协调，不断改进关联交易资金的兑付办法，取消了已往按结算票据兑付的兑付方式，改用按双方明细账挂账数进行兑付的方式进行清兑，极大地缩短了兑付周期，使以前通过传递票据需15天左右的一个兑付周期，缩短为两天。仅在4月和10月两个月的时间里，收回的关联交易收入就有14.5亿元，全年收回关联交易收入53.5亿元，做好关联交易收入的清兑工作，确保了全局重点生产建设资金的需要。

主动为开户单位服务，规范社会市场收入管理。中心依据勘探局2002年经营承包政策中，各开户单位社会市场收入总量的3%，经资金结算中心确认后，可留予创收单位自行使用的规定，中心制定了相应的《社会市场收入确认办法》，并组织人员到有社会市场收入的20多个单位解释局里的经营承包政策，指导这些单位对社会市场收入资金进行规范管理，并按照资金结算中心确认办法，进行会计核算和填报收入报表，各开户单位上报社会市场收入资金6.48亿元，上缴资金结算中心2.84亿元。

主动协调三产单位资金，组织专人会同多种经营处，对全局79个多种经营单位的现状、构成和结算形式进行了摸底调查，在资金结算中心开设内部银行账户增至83个；会同财务处，清理了器材处欠多种经营单位7000多万元的器材采购款；帮助理顺与油田公司的结算关系，减少承兑汇票的风险，清理了“三产”三角债，规范了三产的资金结算行为。

【税收管理】　2002年，通过与税务部门协调，解决了长庆局地球物理勘探处增值税纳税、长庆宾馆营业税、关联交易印花税、水利建设基金等问题。另外，完成了5574万元企业财产损失税前扣除的税务审批工作；解决了长庆局零星销售业务开具增值税专用发票问题，并下发了《关于在长庆油田全面推行防伪税控的通知》长局财字[2002]第15号文件，使长庆局增值税业务电算化及集中规范管理前进了一大步。为加强长庆局票据管理，严格内部财务控制制度，根据2002年财务工作计划，对第三采油技术服务处等11家二级单位的票据使用、管理等情况进行了检查，详细了解了被检查单位的票据管理及使用情况，提出了下一步加强票据管理的思路及措施。

【财会队伍建设】

(1)加强思想政治教育，提高财会人员职业道德水平。按照“诚信为本、操守为重、遵循准则、不做假账”的要求，认真组织开展财会人员职业道德教育活动；抓好财会人员法制纪律教育，做到警钟长鸣，增强财会人员法制观念；按照《会计法》的规定设置会计机构和会计岗位，严格会计人员从业资格管理，加强财会队伍的作风建设。

(2)实施从业资格管理，建立会计人员信息平台。根据《会计从业资格管理实施办法》中的有关规定，经与陕西省财政厅、甘肃省庆阳地区财政处、宁夏财政厅联系，历时近一年，为1182人办理了继续教育证、电算化证，为1021人办理了从业资格证，基本完成了长庆局换证工作，并建立了长庆局会计人员信息平台。

(3)加强培训工作，提高财会人员的业务素质。2002年，进一步开展对财务资产人员的业务培训，全年完成企业会计制度及新准则培训班 4 期(每期 10 天)、财务系统科级干部任职资格培训班 1 期(43 人)、财务主管“新会计准则和会计制度”研讨班 1 期(52 人)、中油财务软件升级培训班 5 期。通过层层培训,提高财会人员专业技能,建设起了一支业务能力强、结构较为合理的财会队伍。

(刘　敏)

市场管理

【概述】 2002 年,市场开发部门紧紧围绕勘探局工程技术服务能力和市场趋势,立足于降低市场开发费用、规避市场风险,对涉及自身不同业务范围的内外市场进行多层面的市场调研活动,主动跟踪外部市场信息,积极参与社会市场投标活动,坚持“内攻外联”,积极争取国内反承包项目,外部市场不断扩大,市场管理水平不断提高。

【指标情况】 跟踪外部市场信息 150 条,参与投标 72 项,中标 35 项。累计承揽市场价值工作量 74669.06 万元。为年度计划的 186.67%,其中:石油系统 6376.25 万元,占 8.54%;社会市场 68292.81 万元,占 91.46%。见下表。

2002 年承揽、完成市场价值工作量

项目类别	2002 年	
	承揽价值工作量(万元)	完成价值工作量(万元)
工程技术服务	1127.1	1127.1
技术服务	863.45	863.45
生产服务	3777.95	3777.95
产能建设	0	0
筑路工程	48640.38	43072.58
管道工程	9253.85	4240.85
内部产品外销	10877.54	10877.54
其他	128.8	128.8
合计	74669.06	64088.27

【市场开发】 局处两级市场开发部门紧紧围绕勘探局工程技术服务能力和市场趋势，立足于降低市场开发费用、规避市场风险，对涉及自身不同业务范围的内外市场进行多层面的市场调研活动；在外部市场经营机制上大胆创新，建立市场开发目标责任制，健全有效的内部激励和奖励机制，强化了市场开发的龙头作用；加强“内攻外联”，积极争取国内反承包项目。先后与前来长庆油田考察的挪威国家、法国道达尔、美国 BP 等多家国际石油公司就长庆油田苏里格气田合作开发进行现场实地考察；同内蒙古鄂尔多斯市国有资产投资经营有限公司、华北石油管理局、呼和浩特市城发投资经营有限公司、包头市燃气总公司共同出资

组建内蒙古西部天然气股份有限公司，建设、管理内蒙古西部天然气管道。内蒙古西部天然气管道工程是长庆局以资本投入带动项目施工及运营市场开发的成功典范。项目建设过程中，在勘探局的统一组织协调下，西安长庆科技工程有限责任公司、建设工程总公司、第一采油技术服务处、第二采油技术服务处、工程监理公司、技术监测中心、器材供应处、油气技术综合服务处等单位承揽到设计、施工、管线试压、监理、质量监督、物资供应、绿化等施工价值工作量7090万元，油气技术综合服务处承揽管线运行管理工作，年运行管理费500万元。在该项目的建设初期，就收回了7590万元，不仅取得建设初期的综合效益，规避了风险，而且取得了运营、管理和分红等长期效益。

【市场管理】　成立长庆局石油生产服务承包商协会，下设地面建设、井下作业、运输、产品销售四个分会，有26个单位参加协会并在自律协议上签了字。协会就各会员单位的市场行为提出了明确的规范要求，并提出《长庆油田外来工程技术服务队伍规范管理意见》；请集团公司市场管理部、承包商协会两次在我局召开长庆市场协调会，为维护本区域公平竞争的市场秩序起到了积极的引导和推动作用。

【主要成果】　2002年，外部市场开发突破了道路建设工程“一枝独秀”的状况，呈现出全方位开发的局面，除工程施工工作量承揽外，施工监理、质量监督、器材供应、劳务输出等方面在外部市场开发上都实现了零的突破；工程施工突破了低级别状况，提升了施工层次。中标宁夏中宁—郝家集高速公路路面工程施工项目和“西气东输”管道施工工程；各单位在努力稳定和巩固原有市场的同时，又突破了原有的市场规模，扩大了市场份额。打开了青海、内蒙等省区的公路建设市场，成功进入青海油田钻井市场，工程技术服务市场已延伸到了中石化市场；新疆三条沙漠公路、青海钻井等部分外部项目的进度、质量及管理水平赢得了业主的高度评价和赞扬，以不凡的业绩打响了长庆品牌，为勘探局进一步开发外部市场创造了良好的市场信誉；首次以大兵团作战的形式对长呼输气管道建设工程等重点工程进行市场开发工作，承揽到各类工作量6304.95万元，实现了市场开发与资本运营的最佳契合，为长庆局的市场开发工作做出新的探索和尝试。

（黄应红　周文庆）

资本运营

【多种经营计划指标完成情况】　2002年，长庆局多种经营系统实现经营销售收入21.05亿元，为年计划的135.8%；实现利润6300万元，为年计划的136.9%。其中，钻井工程总公司、第三采油技术服务处、第二采油技术服务处等多种经营企业及长庆实业集团有限公司的年收入均在亿元以上；长庆实业集团有限公司的报表利润超过千万元。多种经营各项指标平稳增长，全面完成了预定目标。

【产权制度改革】　根据长庆局产权制度改革的总体部署，及时制定了2002年整体带资分流和公司制改造工作实施意见及运行大表，起草了多种经营系统整合重组实施意见、采油助剂行业整合实施方案，有效指导了基层改制工作的开展。全年纳入公司制改造和公司规范计划的多种经营改制项目15个，涉及法人企业58个（占多种经营法人企业总量的57.5%），非法人企业2个。其中，长庆实业集团有限公司、西安长庆科技有限责任公司等单位的规范与理顺工作已经完成；钻井工程总公司、建设工程总公司、第二采油技术服务处的多种经营企业的公司制改造方案已批准实施；井下技术作业处、运输处、油气技术综合服务处、培训中心等单位的多种经营改制方案正在组织审查论证。

【多种经营企业管理】 长庆局年初即编制下发了 2002 年多种经营生产经营计划，由有关部门先后两次组成工作组，深入基层，调研帮促，了解多种经营企业的经营情况，力所能及地协调、解决多种经营企业存在的问题，促进各项经营计划的落实。8 月中旬，长庆局召开多种经营工作座谈会，表彰先进，总结经验，交流信息，就年度性工作进行了安排，收到了良好的效果。

为了及时掌握企业动态，了解企业信息，按照精细化管理的要求，建立了多种经营法人企业档案文件及相关的系统基础资料，基本做到了信息齐备，读取便捷。建立了全系统机动车辆数据库，实行了机动车辆户籍管理制度，并按照规定对车辆准入进行了认真的审查把关。截至 2002 年底，全系统办准入证的车辆共有 1607 台。

加强扭亏脱困工作。对 2001 年 19 个亏损企业，特别是对几个亏损额较大的多种经营企业进行了认真调研，摸清了亏损原因，制定并实施了有效的扭亏、减亏措施。对庆阳总校校办工厂进行了专项审计调研工作，分析了该校办工厂多年来亏损的原因，对有关问题提出了处理意见及建议。按照法律程序对东道公司进行了清算，出台了关闭锦林建安公司、中际公司、庆阳总校校办工厂和长峰乙炔厂等四个企业的具体措施，北京海蒂达公司被停业，第二采油技术服务处的施达开发公司被重组整合，基本实现了扭亏和减亏目标。

【多种经营企业财务管理】 完成了多种经营系统 106 个法人企业的财务决算工作，完成了长庆局在甘肃省的 27 个企业的决算工作并及时上报甘肃省。完成了 2001 年全局多种经营企业财产清查、产权界定后报损资产的批复工作。经税务机关批复，报损资产 5798 万元，其中，甘肃地区 3066 万元、陕西地区 2184 万元、宁夏地区 548 万元，完成了全局 106 个经济实体稽查资料上报工作。

建立了中油信息电算化系统，设置了资本运营、集体资产管理中心账务管理系统，实行财务电算标准化管理。分别为西安石油科技公司、钻井工程总公司多元开发部、恒立公司、房地产建材公司等 5 个单位建立了中油电算化系统。通过电子邮件，不定期向基层企业下发有关税收优惠、会计政策等方面信息 21 条。

完成了多种经营系统新会计制度培训工作。2002 年，在无锡举办了两期多种经营财会学习班，在临潼、西安等地举办培训班六期，培训多种经营系统财会人员 163 人。近两年来，多种经营企业会计的培训面已达到了 95%，增强了会计人员对新会计制度的理解和应用能力。

【项目开发和投资管理】 继续坚持“四有”、“四为主”的投资方针，修订完善了《多种经营系统项目投资管理办法》，对多种经营系统投资应遵循的基本原则、投资方向、评价标准、投资责任制等方面做了明确规定，突出了投资回报责任，提高了项目审核水平。2002 年，长庆局多种经营系统共审查项目 12 个，涉及投资总额 4438.9 万元。对于批复立项的项目，展开了项目追踪调查和督办工作，落实项目法人责任制，以加快项目实施进度，争取早日投产，早日见效。

对长庆实业集团有限公司煤焦化项目进行了调研，现场考察生产技术和设备，为决策提供了较为详实的项目资料，并最终促成了立项；钻井工程总公司多元开发部完成了《控股式收购西安万通石油钻头有限责任公司的可行性研究》，该项目正在进一步审核中；转变职能，为基层服务，积极督促和协助了钻井工程总公司管业公司“网状钢骨架塑料复合管项目”的筹建。

【内部产品市场管理】　积极与油田公司沟通协商，及时成立了长庆油田产品内部市场协调委员会（见长庆字［2002］2号），为同油田公司进行产品互供奠定了基础。收集整理了2001年订货会全部订货合同、意向，依此建立了分类跟踪台账。从全年跟踪的情况来看，年初合同订货总额15600.15万元，已执行12600万元，执行率为81%；意向订货总额25522.29万元，已执行18940万元，执行率74.2%，合同和意向实物供应量均超过90%。

加强了内部产品的订货管理。对长庆局部分多种经营企业进行了为期一周的局内产品互供情况调查，形成了《关于多种经营企业局内产品互供情况的汇报》。2002年12月中旬，举办了“2002年长庆产品订货会”，共签订合同、意向72份，订货金额4.5亿元，比2001年增加4500万元，进一步稳定了长庆内部产品既有的供求关系。

重新审核办理内部产品准入证44个，共517种产品。在全局范围内开展了2002年产品质量大检查。结合检查调研情况，及时举办了“多种经营厂长经理安全生产法学习班”，召开了“多种经营系统产品质量工作会”，就长庆局“认真贯彻落实‘三法’（《标准化法》、《质量法》、《计量法》），全面提升质量管理水平”的工作进行了培训和部署。

修订、出版并下发了《长庆产品目录》。这次修订共收集石油化工、机械、电器电材、橡胶塑料、活动建筑物与建筑材料、轻工等六大类600余种3630个规格型号的产品，产品价格参照2001年长庆产品订货会合同价格制定。为方便用户查询订货，还增编了企业名录。

（李天升）

审计监督

【审计成果】　全年完成审计项目43项，审计资金总额76.55亿元，审计单位覆盖率和审计资金覆盖率均达到100%。其中经营成果考核审计10项，离任经济责任审计3项，财务收支事中审计30项。共发现违纪违规及影响经济效益问题金额15727.7万元，其中，涉及多计成本费用金额4786.26万元，约占全部问题金额的30%；涉及少计成本费用金额2404.63万元，约占全部问题金额的15%；少计收入问题2071.89万元，约占问题金额的13%；多计收入问题499.42万元，约占问题金额的3%；其余核算不规范、违反资金结算规定以及其他影响经济效益金额5965.5万元，占全部问题金额的38%。此外，累计审计全局各单位对外付款结算资金5.96亿元，累计审减金额878.91万元，综合审减率达1.47%。

【主要审计活动】　2002年2月28日—4月12日，对钻井工程总公司、建设工程总公司等十个主要生产单位、费用补贴单位进行了经营成果考核审计。

【优秀审计项目】　《2002年度长庆西安泾河工业园建设工程项目管理审计》被评为“2002年中国石油天然气集团公司优秀审计项目”二等奖。

（金　刚）

长庆局机关管理

【概述】 2002 年，长庆局有机关处室 16 个，附属单位 8 个，托管单位 1 个；职工总数 487 人，其中，干部 475 人，工人 12 人；男职工 308 人，占职工总数的 63%，女职工 179 人，占职工总数的 37%。干部中各类管理人员 211 人，各类专业技术人员 152 人，其中，具有中级职称 239 人，占干部总数的 50%；副高级职称 90 人，占干部总数 19%，共有离退休职工 422 人。

2002 年，机关党委以转变作风、转变职能、强化服务、有效管理为重点，抓基础、保生产、求稳定、促发展，大力开展“五比四做”劳动竞赛，在“二次创业”的实践中做出了机关应有的贡献，促进了年度各项工作目标的实现。

【机关作风】 2002 年是局机关的“转变作风年、调查研究年和加强机关建设年”，局机关将工作重点放在为基层服务上。一是深入开展调查研究，帮助基层解决问题。2002 年，机关处室领导带队到基层调研 1725 人次，现场办公 7045 天，形成调研报告 1556 份，解决生产经营管理方面的重大问题 1107 个。收到基层上报的请示、报告等公文 3208 个，办结率 93%。二是修订岗位职责和工作制度，实行服务承诺。机关 23 个处室及附属单位共修订 414 个岗位的工作职责，建立了 486 项规章制度，明确了 192 项审批事项、203 项备案事项、128 项核准事项。三是加强办公自动化建设，方便基层工作。组织两期网络知识培训班，培训机关干部近 200 人。开展了职工计算机知识操作比赛，228 名同志参加了比赛，10 名同志荣获局机关“计算机操作能手”称号。四是切实精简会议和文件。将系统会议分片召开，有效地节约了基层的人力、物力和财力。

【事务管理】 一是加强了机关资产、物业管理。核实挂靠机关的实物资产 7321 件，资产原值 2413 万元，为机关节约资金 20.8 万元；认真核对机关办公和职工住房面积，节约物业管理费 2 万元。二是加强了通讯管理。清理了 65 部公费固定电话，为机关节约固定通讯费近 24 万元。将公费手机话费管理改为机关统一发放缴费卡，节约了人力，方便了处室工作。三是加强了安全、卫生、综合治理工作。完善了 3 个组织机构，进行了 4 次普查，发现 35 个安全隐患，下发 6 个整改通知书。四是调剂资金 24 万元，为 498 名职工建立了安康互助保险。五是调剂资金 13 万元，为 471 名职工进行了体检。六是为新入住西安的在职和离退休人员共 70 户（188 人）办理了户口申报手续。七是救济、慰问生病住院职工、离退休职工和生活困难职工 450 多人，发放慰问金 15 万元。八是确保全年人均收入比去年有所提高。

【财务管理】 一是制定了《局机关资金授权管理办法》，对资金的审批程序、运行管理、授权办法进行了规范，保证了机关资金的安全使用。二是将学校、卫生所的收费项目，纳入机关财务统一管理。三是分解下达各处室预算，实行动态监控，全年费用略有节余。四是多种经营得到进一步发展。先后两次扩股，经营范围进一步拓宽，全年实现产值 3000 多万元，保证了股东收益。

【党群工作】 一是根据集团公司和长庆局稳定工作会议精神，机关党委与各处室签订了稳定工作责任书，对 12 个二级单位的 59 名有偿解除劳动关系和 19 名内部退养人员进行了调查摸底，加强了管理。二是抓好党员的学习和教育。分别举办了党支部书记和入党积极分子培训班，培训78人。2002年，各处室组织干部学习817次，学习时间为1639小时，上党课91次，召开民主生活会57次，开展党组织活动257次。三是抓好党风廉政建设。组织机关干部参加了“预防职务犯罪知识竞赛”活动，收到答卷223份；开展了“迎接党的十六大，廉洁自律，勤政为民”知识测试活动，收到答卷380份。开展了党员警示教育活动，学习了中纪委七次全会提出的领导干部廉洁从政的各项规定和局纪委印发的《“防腐室”的腐败分子》等14起案件剖析材料等。四是制定了机关稳定工作应急预案，挑选了15人参加西安基地民兵自卫连，组建了机关稳定工作应急小分队。五是积极开展文体活动。组织了大众体育项目运动会、庆“七一”职工歌咏比赛、“兴隆杯”职工排球赛等活动，各处室还开展小型多样的文体活动166次。

（王凤嘉　高万善　蒙阿仔）

其　他

【法律事务】　2002年，主要法律事务工作主要有以下8项：

（1）下发了《清理和规范签订合同资格证的规定》等文件，重申和明确了以下几方面的制度：一是坚持审查审批制度，严把签约审查关，防范和杜绝同没有履约能力的当事人签订合同；二是坚持合同会审制度，提高合同的透明度和履约率；三是坚持公开招标投标制度，规范招投标行为；四是坚持委托代理制度，杜绝未经授权、授权不明或超越代理权限订立对外合同的行为；五是坚持签订合同资格证制度，力争从提高合同承办人员的素质做起；六是坚持业务归口审查制度，杜绝不经业务部门审查或业务部门相互代替审查的现象；七是坚持审计监督制度，杜绝不经审计就对外付款的现象；八是坚持结算监督制度；九是坚持考核奖惩制度；十是坚持合同效能监察制度。

（2）先后向房地产开发公司、油气开发公司、宁夏长庆工业园建设项目组等单位配发局合同印章各一枚。

（3）对全局231名取得《签订合同资格证》承办人员的资格证进行年度检验，对已经调离工作岗位和经考核不合格的21人的资格证予以注销或吊销。5—8月，在钻井工程总公司、机械制造总厂、临潼疗养院、培训中心举办了四期《签订合同资格证》培训班，培训人员229名。9—10月，在全局开展了清理和更换《长庆石油勘探局签订经济合同资格证》的工作，全面推行签约人员持证上岗制度。

（4）局属各单位在市场经济中的信誉和知名度不断提高。7月份，测井工程处、井下技术作业处荣获甘肃省政府命名的2001年度“重合同、守信用单位”荣誉称号。长庆局被陕西省人民政府命名为“陕西省守合同、重信用企业”。

（5）先后就《内蒙古西部天然气股份有限公司发起人协议书》、《内蒙古西部天然气股份有限公司章程》、《内蒙古西部天然气股份有限公司董事会议事规则》等文件提出法律意见，并及时提供该公司设立过程中的有关法律文书和证件。还为长庆局与甘肃隆宇房地产有限公司联合办学、长庆局房地产开发有限公司增资扩股、泾河工业园区、未央园小区以及东风小区建设等及时提供法律论证和服务。对东道精铸工业公司解散事宜提出了《关于解决东道精铸工业公司有关问题的法律意见书》，并参加了该公司第二届董事会议，形成了解除合资合同和解散该公司的决议。

（6）按照国家工商登记管理的有关规定和庆阳地区工商局的要求，派出 1 名法律干部配合庆阳地区工商局在第二采油技术服务处设点，现场办理企业年检事宜。对在年检审核中出现的企业名称、经营场所等不符合法律规定的情况，提出法律意见，要求限期规范，指导长庆局 100 多户企业顺利通过了年检。

（7）对全局近十年来发生的 500 余起案件进行了剖析，总结归纳出十个方面的教训，并在全局举办工商管理干部培训班、法律干部培训班、团干班、生产干部培训班以及有关科室长培训班上以案说法，取得了一定的效果。为了普及法律知识，提高广大职工的法律意识，2002 年在《长庆石油报》开辟了“法律咨询台”栏目。

（8）在两家建设工程施工单位以“合同欺诈和工程漏项”为同一起诉理由，认为长庆局于 1999 年在陇东所建的 62 栋住宅楼存在实际建筑面积大于合同面积的问题，分别将运输处和井下技术作业处起诉到庆阳县人民法院，并要求向他们支付超过合同量的工程价款合计 84 万元。经过积极应诉，住宅楼纠纷一案完全胜诉，维护了长庆局合法权益。

【治安综合治理】

（1）2002 年，油田公安机关共侦破各类刑事案件 849 起。其中，涉油刑事案件 742 起，内部刑事案件 107 起，与 2001 年同期相比，破案绝对数增加 10.8%。查处治安案件 675 起，与 2001 年同期相比，查处绝对数增加 97.4%。

（2）摧毁犯罪团伙 56 个，涉案人员 219 人，打击处理违法犯罪人员 1258 人，其中，刑事拘留 236 人，逮捕 330 人，取保候审 125 人，治安处罚 480 人，其他处理 321 人。与 2001 年同期相比，挖出犯罪团伙个数和人数分别增加了 14%、12%，打击处理违法犯罪人数增加了 13%，其中，逮捕、治安处罚人数分别增加了 2.5%、30%。

（3）危害生产案件和问题与 2001 年同期相比，发案总数减少了 3607 起，下降 37.4%，其中，对油田生产和员工人身危害较大的输油管线打眼盗油及殴打守井护矿员工案件分别下降了 42.8%、65.7%，经济损失下降了 70%。

（4）全年截获盗贩原油车辆 881 台，取缔非法土炼炉 226 座、收油点 164 处，收缴原油 3180 吨，为油田挽回经济损失 2668 万元。

（5）油田治安综合治理工作目标责任落实。与油田 65 个二级单位签订了社会治安综合治理责任书，年终进行了考核兑现。评选出综合治理模范单位 3 个，先进单位 16 个；46 个单位为达标单位，全油田无不达标单位。评选长庆油田分公司“油田卫士”10 人，表彰奖励油田见义勇为积极分子 30 人，综合治理主要指标全面完成，内部刑事案件发案率为职工、家属总数的 7.6‰，比 2001 年下降 0.04 个百分点；内部人员违法犯罪率控制在 0.8‰，比 2001 年下降 0.01 个百分点。

（6）做好维护油田政治大局稳定工作。针对其他油田部分职工及有偿解除合同人员上访、串联闹事等不稳定的情况，深入各基层单位，开展专项调查 13 次，并制定了《油田处置突发事件预案》。针对“东突”国际恐怖组织及“法轮功”邪教组织的频繁渗透破坏活动，采取措施，加强防范。先后组织了四次打击“法轮功”违法犯罪活动集中统一行动。对油田内部习练“法轮功”的 292 名人员，逐人建立了信息表。对 20 名“法轮功”痴迷人员，逐人签订承包责任书。组织侦破了王永铎、张玉玲等人在银川市散发“法轮功”光盘案和长庆总校“3·29”法轮功定时播音装置案，对两案涉及的 4 名违法犯罪人员依法逮捕。

（7）2002 年破获涉毒案件 3 起，抓获毒品违法分子 3 人，强制戒毒 2 人，劳教戒毒 1 人，摸排涉毒案件线索 30 条。完成对吸毒人员定期尿检任务，连续三年保持无新增吸毒人员，复吸率与2001年相比下降了80%。23个涉毒单位中，在原17个“无毒单位”的基础上，2002年又新创建3个“无毒单位”。

（8）全年杜绝了一、二级重点防火、要害单（部）位爆炸、着火和重大责任事故，一般火灾次数比2001年下降50%，全面完成了集团公司下达的控制指标。先后组织或参加多种形式的防火、防爆检查14次，查出各类隐患及问题1270个，监督落实整改1182个，限期整改88个。参加油田、气田产能建设等工程项目的初步设计方案审查26项，完成了西峰油田勘探开发消防总体配套建设方案17项；举办消防技能培训一期，培训岗位操作人员66人。

【信访工作】　2002年，共受理职工群众来信来访7553件（次），已办理6873件（次），办结率为91%。其中，处理来信1234件（次），接待群众来访6319人（次），局党政领导阅批群众来信77件，接待群众来访15人。局信访办公室处理信访问题17人，给17名特困上访户解决返程路费4700元。

深入贯彻落实集团公司印发的《信访工作暂行办法》，紧紧围绕企业生产经营中心，坚持为社会稳定服务、为领导决策服务、为职工群众服务的宗旨，主要做了以下几方面的工作：一是建立了“一把手”负总责的信访工作责任制，加强了对信访工作的领导。根据集团公司和三省（区）党委的部署，对“十六大”会议期间的信访工作提出了明确的要求，信访办坚持24小时值班，针对陇东地区有偿解除劳动关系人员比较集中、信访活动比较频繁的特点，长庆局党委在庆阳召开了陇东片党委书记会议，对稳定工作提出了八条意见。二是将集团公司稳定工作会议作为全局信访工作的重中之重，做到万无一失，成立了稳定工作领导小组，制订了信访问题突发事件预案。三是踏踏实实为职工办实事，做到两个“一样对待”，即：电话访和走访一样对待；写信反映和人来访一样对待。从五个方面为群众办实事，取得了群众对党的信任。

【档案工作】　2002年，档案系统紧紧围绕企业发展大局和中心工作，充分发挥档案信息资源的作用，有效地为企业各项工作服务，合力构建基础工程、管理工程、专家工程三个优质工程，促进了油田档案事业持续稳步发展。

（1）2002年，档案系统发扬“求实、进取、创新、效益”的工作精神，全面完成了各项工作任务和业绩指标，档案归档率、准确率、查全查准率达到规定指标，档案利用率又创新水平，档案鉴定、统计、修复等工作有了良好开端。长庆局共有25个单位保管各类档案584851卷，以件为单位保管的档案为63646件，各类图表602482张，各类磁带69060盒，各类磁盘20457盘。2002年，新增档案40882卷，以件保管的档案248件，图纸55911张，磁带1855盒，磁盘452盘，录音录像带264盘。全年共有14088人次借阅各类档案66870卷次。

（2）各级领导和主管部门非常重视档案工作，为了实现长庆档案工作的统一管理，有利于共同发展，多次进行专题研究，确定档案工作管理模式，开展工作调研，定期检查落实工作情况，使档案工作保持了持续发展的良好态势。各二级单位领导和主管部门重视档案工作，健全档案工作机构，加强档案工作的基础建设，积极解决档案工作中存在的问题，配备人员和设施，完善制度，改善档案保管条件，重视档案人员的培训教育，充分发挥档案部门的主观能动作用，较好地完成了全年档案工作各项任务指标。

（3）档案管理工作坚持依法治档，贯彻以《档案法》为中心的档案法规和规章制度，积极推行档案工作规范化、标准化管理，重视档案基础业务建设，提高了档案工作管理水平。①按照现代企业制度要求，制定下发了档案管理规定、细则等档案管理规章制度，健全完善企业档案标准体系。各单位依据规定标准，完善了档案管理制度体系。②开展《档案法》颁布 15 周年宣传活动。举办《档案法》知识竞赛，增强了企业档案意识和档案法制观念，并依法规范了企业档案工作的基本行为。③坚持依法治档，规范档案工作管理。各单位将档案工作纳入企业规划，纳入科研生产管理，档案工作经费列入企业费用计划。档案人员参加有关专业会议，参加产能建设项目、工程等验收，参加设备开箱验收等已成为制度。归档工作渠道畅通，及时归档已成为档案文件材料产生部门的自觉行为，归档数量和质量明显提高。

（4）各单位制定了档案工作计划规划，确定工作目标等级，扎实开展以企业档案目标管理为重点的工作。钻井工程总公司在机构整合后，对 49 个网络归档员组织培训，对 60 个网络归档员重新注册登记，并集中力量帮助档案管理较薄弱的档案室突击整理，平衡协调，整体推进，提高了整体管理水平。公用事业处档案管理实现标准化整理 100%，计算机录入管理 100%，为档案管理规模小的单位做出了榜样。物探处、测井工程处、井下技术作业处、水电厂、器材处、临潼疗养院等单位坚持利用计算机等现代化管理手段，对档案管理各环节工作进行规范，使管理水平不断提高。

【保密工作】　2002 年，全局保密工作继续深入贯彻中央《关于加强新形势下保密工作的决定》，紧紧围绕长庆局中心工作，突出重点，深化教育，强化管理，与时俱进，不断创新，发挥了保密工作在生产经营工作中的保障和服务作用。

（1）按照陕西省、甘肃省保密工作会议精神和集团公司保密委员会工作要求，结合全局保密工作实际，制定下发了 2002 年全局保密工作要点，并对各二级单位年度保密工作计划和实施情况进行了检查。

（2）按照集团公司要求，成立了长庆局密码工作领导小组，购置了密码传真机、密码电话，选配了密码工作人员，开通了传真和电话密码通信。同时，派员参加了集团公司密码通信西北片大检查，并顺利通过了专项检查，受到了检查人员的一致好评。

（3）认真组织实施《长庆局“四五”保密法制宣传教育规划》，积极同省、地保密局联系，购买下发了 2000 册宣传教育材料，对广大干部职工进行了“四五”保密普法教育。

（4）进一步加强保密工作管理，制定下发了计算机信息网络、手机使用保密管理规定，以制度促进管理上台阶。同时，按规定审批办理了 41 户计算机入网手续。

（5）严格企业秘密的保密管理，审查对外提供的资料、论文 8 篇。组织了 2002 年度陇东地区高考试卷的保管看护工作。对基地各单位（部门）的文件资料 3 次统一进行销毁，没有发生任何失密、泄密事件。

（6）狠抓了保密组织建设，调整充实了工作人员，帮促指导开展工作，保证了工作的连续性和有效性。

（魏小宁　陈辉荣）

【巡视工作】　根据集团公司有关规定，经局党委研究决定，于 2002 年 4 月，在全局范围内建立并推行了巡视员派驻制度。成立了巡视员办公室，分设陕西、甘肃、宁夏三个巡视组。巡视组对局党委、长庆局负责，业务接受局党委组织部领导。

2002 年，巡视工作以党的十五届六中全会精神和“三个代表”重要思想为指导，认真履行督察、考核和服务三项职能，开拓进取，狠抓落实，比较好地完成了各项工作任务。

各巡视组采取个别访谈、列席会议、查阅资料、现场跟踪等方法，先后 187 次深入所辖 38 个单位调查研究、督察工作。列席有关单位研究重要问题和决策重大事项的会议 83 次，个别访谈 545 人次，核查资料 206 本（份）。

向局党委组织部上报巡视工作摘要24份，书面报告列席有关会议、现场跟踪考核情况，及时反映了有关单位领导班子的工作情况。对各二级单位领导班子及300名处级干部分别建立了日常巡视、考核档案，随时记录领导班子及处级干部日常工作及考核情况，为年度领导班子和领导干部考核积累了第一手资料。配合局党委组织部对12个二级单位的领导班子、77名处级领导干部进行年中巡视，配合局党委组织部对局属单位领导班子、领导干部进行年度考核，先后三次配合局党委组织部对报名应聘中层管理干部人员组织考察。

取得的成绩主要有：

（1）整章建制，规范行为，促进了领导班子工作规范化、制度化和决策的民主化、科学化。各巡视组利用下基层调研的机会，对照长庆局有关制度要求，检查各单位会议制度及工作程序，对不符合要求的提出整改意见。各单位按要求认真查找本单位在内部管理，特别是会议制度、议事程序、决策程序等方面存在的问题，有26个单位重新制定并以文件形式下发了会议制度，有9个单位完善、修订了会议制度、工作程序，做到了有章可循。

（2）保证局党委、长庆局重大工作部署和重大决策迅速贯彻落实。将各单位贯彻落实长庆局2002年工作会议精神及不同时期的重点工作，作为巡视工作督察的重点。针对局党委、长庆局关于稳定工作会议精神情况，巡视组列席了22个单位领导班子稳定工作专题民主生活会，引起各单位对此项工作的高度重视。通过召开专题民主生活会，使班子成员进一步统一了思想，明确了责任，提高了对稳定工作的认识。在排查分析不稳定因素过程中，能够从思想上、作风上、工作上查找原因，制定出切实可行的办法、措施和预案。

（3）保证了民主集中制原则的贯彻执行。巡视员通过列席有关单位重大资金使用、干部任免、工程招投标等研究重要问题和决策重大事项的会议，促使基层单位对工作的程序更严、更细，了解和掌握了各领导班子成员，尤其是主要领导干部执行会议制度、坚持民主集中制原则、遵循议事规则和决策程序、执行政策等方面的情况。巡视员派驻制度的推行，有效防止了个别单位以通气、打招呼、个别协商代替会议研究的做法，防止了重大问题个人说了算的问题出现。

（4）对领导班子和领导干部的工作情况有了更多的了解和掌握。通过巡视工作的全面展开，巡视员身临其境，发挥自身优势，在较长的时间和较大的范围，广泛听取职工群众对班子、干部的评价，从而对班子整体作用发挥情况、干部的思想水平、工作能力及存在问题有了更真切的感受和了解。

（李守泉）

第八篇

精神文明建设

党建与党群工作

【概述】 2002年，长庆局根据“二次创业”的战略目标，适时调整经营管理重心，不断加强党的建设及思想政治工作。紧紧围绕长庆局改革发展中心任务，充分认识发展形势，及时发现改革和发展中急需解决的问题，熟悉、掌握深化改革、促进发展的政策，正确处理改革、发展、稳定的关系，把广大职工的力量凝聚到实现长庆奋斗目标上来。

【理论学习】 不断改进学习方法，认真组织局党委中心组学习。根据局党委《关于加强和改进党委中心组学习的意见》，下发了《关于2002年党委中心组学习的安排意见》，对全年局处两级党委中心组学习内容、重点、联系实际讨论的问题和全年自学的篇目进行了安排，并拟订了运行大表。编印、下发了中心组学习辅导材料12期，计120万字，共组织局党委中心组学习12次。

中心组学习更加规范化。首先，各单位建立了专题讨论制度、学习通报制度和处级以上党政领导干部理论学习考核制度。

其次，组织学习中精心策划，重点突出。第一季度，重点学习了中央经济工作会议精神、《人民日报》元旦社论和集团公司领导干部会议精神和长庆局“四会”精神。第二季度，重点学习了江泽民同志“5·31”重要讲话精神。第三季度，重点学习了“四五”普法规定的法律法规以及国家、集团公司、三省区关于稳定方面的精神。第四季度，重点学习了党的十六大文件和江泽民《论有中国特色社会主义》等文献。

第三，坚持理论联系实际，紧紧围绕长庆改革发展的全局性和战略性问题，充分认识发展变化了的形势，紧紧抓住改革和发展中急需解决的关键问题。熟悉、掌握深化改革、促进发展的政策，正确处理改革、发展、稳定的关系，把广大职工的力量凝聚到实现长庆奋斗目标上来。

第四，把认真学习理论和学习现代化建设必需的各种知识结合起来，不断拓宽了领导干部知识面，提高了综合素质。

【党建工作】 2002年，长庆局共建有党委32个，党总支107个，党支部947个，党小组1389个。共有党员19815名，其中，正式党员19199名，预备党员616名，女党员2212名，少数民族党员314名。在岗党员9336名，占党员总数的47%。长庆局各级党组织围绕中心，服务大局，拓宽领域，强化功能，把重点放在“强核心、固堡垒、当先锋”上，通过深入扎实组织建设，较好地发挥了党组织的政治核心作用、党支部的战斗堡垒作用和党员的先锋模范作用，有效地推进了“二次创业”。

各级党组织采取积极有效措施，不断加强党员队伍的教育管理，印发了《关于进一步加强基层党组织建设和党员管理的通知》，制定了《发展党员公示制和责任追究暂行办法》和《关于进一步加强局属派驻境外单位党组织建设工作的意见》，进一步规范和理顺了发展党员工作程序和局属派驻境外单位党组织管理工作。

坚持把开展党建课题研讨作为贯彻十六大精神、全面推进党的建设新的重要内容。在深入调查研究的基础上，对新形势下基层党组织和广大党员如何发挥战斗堡垒作用和先锋模范作用以及企业党组织参与重大问题决策的内容、途径和方法进行了初步探索和研究。

贯彻“坚持标准、保证质量、改善结构、

慎重发展”的方针，共发展新党员 534 名，保持了党员队伍的先进性。

【宣传思想工作】 2002 年，长庆局宣传思想工作以向党的十六大献礼重点项目为主线，紧紧围绕长庆局市场开发、生产经营、科技创新、企业管理，继续深化“二次创业”主题活动，有力地推动了各项工作上水平。为配合长庆局生产启动，积极策划生产启动中的思想宣传工作，确定了生产启动标语口号，编写、编印了形势任务教育材料和宣传折页。宣传人员深入到生产一线，配合钻井工程总公司、井下技术作业处、测井工程处、建设工程总公司等生产单位，宣传报道全局的生产启动工作，有力地鼓舞了士气。

《长庆石油报》开设了《重组以来看长庆》、《创造好成绩，喜迎十六大》栏目；长庆电视台开设了《向十六大献礼》、《优秀党员电视片展播》、《数据报告》专栏，集中对西气东输工程等举世瞩目的重点工程进行大力宣传。对建设工程总公司中标的 14A 标段的施工任务，进行了全方位的宣传，策划了十四标段首段开工典礼，并随队实地采访，以翔实的资料，制作专题片 1 部，制作展板 6 块，出专期大报一期，制作电视新闻 6 期，帮助建设工程总公司制作电视专题片 1 部、多媒体 1 部。邀请新华社、中央电视台、中国国际广播电台、经济日报等 20 多家媒体报道了长呼管线的开工典礼仪式以及试验段施工情况。在西部天然气公司第一次董事会上，内蒙古自治区副主席周德海对开工典礼的策划、组织和宣传工作给予了很高的评价。

坚持“正面宣传、团结鼓劲”的方针，大力宣传“二次创业”中涌现出的先进集体和个人。《长庆石油报》开办《劳模风采》专栏，陆续刊发劳模的先进事迹；长庆网“长庆之星”专栏，以图片的形式，陆续刊发稿件 10 篇；制作劳模、先进宣传展板 46 块。

树立科学的企业管理理念，进行“管理提升战略”宣传。在全局范围内组织了一场“管理提升战略大讨论”。围绕“为何出现无效管理和管理无效”、“管理中的责任如何进一步落实”、“监督与管理的关系”等方面的话题，积极组织职工进行历时 50 多天的讨论，引起了全局上下的广泛关注。先后收到来稿 160 余篇，陆续在报纸、电视和网络上刊播。长庆电视台《管理提升战略专题报道》栏目，设《管理动态》、《科学管理之路》、《管理提升战略大家谈》三个子栏目，共制作节目 20 期，编辑出版《长庆宣传·管理提升战略大讨论专刊》。

对整合重组单位取得的成绩进行了回顾和宣传。组织了钻井工程总公司、机械制造总厂、建设工程总公司、长庆培训中心 4 篇重点材料。《长庆石油报》刊登了“建设工程总公司筑路板块扭亏解困纪实”、“机械总厂进行结构调整调查”、“第二采油技术服务处多种经营企业整合重组纪实”、“长庆科技工程公司改制工作纪实”、“培训中心整合重组报道”等重点稿件。同时，加强了 2002 年重大改革举措的宣传，策划、宣传了钻井工程总公司银川河东工业园奠基仪式、机械制造总厂长庆局首家整体带资分流企业宁夏抽油杆厂改制挂牌仪式。加大“三项制度”改革的宣传，特别对长庆局公开招聘中层管理人员的做法进行了关注和报道。加大了基地调整过程中思想政治工作，制作了“关于关闭大、马基地的多媒体汇报”，积极向集团公司争取有关政策，为职工办实事、办好事。

【精神文明建设】 2002 年，按照《长庆局“十五”精神文明建设规划》要求，制定和完善了《思想政治工作考评办法》和与之相关的标准、制度等，使精神文明建设和思想政治工作的考核标准更加系统化、科学化、规范化，同时，还制定了年度精神文明建设规划，继续坚持两个文明一起抓，把精神文明建设同生产经营一起部署、一起落实、一起考核，多层次、全方位开展形式多样的群众性精神文明建设争创、创建活动，不断提高企业和职工的文明素质，使职工队伍在改革发展中，继续保持了不畏艰难、知难而进、开拓创新、勇攀高峰的精神风貌。确保全局精神文明建设继续走在所在省市区精神文明建设的前列。

开展职业道德教育，塑造“四有”职工队伍。以宣传贯彻《公民道德建设实施纲要》为契机，大力倡导以爱岗敬业、诚实守信、办事公道、服务群众、奉献社会为主要内容的职业道德规范，教育和引导职工做有理想、有道德、有文化、有纪律的“四有”职工。并以“做与时俱进的知识工人”为倡议，引导职工树立终身学习的观念。开展了第二届职工自学成才奖及先进单位评选活动，为职工立足岗位、自学成才搭建平台。

各级党组织落实维护稳定工作责任制，切实把维护稳定作为首要政治任务来抓，及时制定下发了关于做好稳定工作的意见。对涉及职工利益并带有政策性、倾向性的重大问题，深入调查研究，提出政策性建议。同时，明确稳定工作责任制，凡因责任不到位和因关心困难职工不够而引发的不稳定事件，都将追究领导责任。加强了来信来访和信息收集报送工作。要求各单位，凡发生群体性事件，领导要及时赶到现场，弄清情况、分析原因、积极做好教育疏导工作，做好职工队伍的稳定工作。

2002年，井下技术作业处试油177队、钻井工程总公司30533钻井队获得“全国青年文明号”称号；井下技术作业处被评为全国职工体质检测先进单位；钻井工程总公司60144钻井队团支部被评为“全国‘五四’红旗团支部”；地球物理勘探处研究所解释二室获得“全国‘五一’劳动奖状”。长庆局西安兴隆园小区被评为“全国青年文明社区”等，实现了精神文明建设走在所在地区的前列、走在全行业前列的奋斗目标。

【工会工作】　2002年，全局各级工会组织，积极探索新形势下工会工作新思路，充分发挥工会特点和优势，形成合力，共同做好新形势下的群众工作。

各级工会积极转变职能，转变观念，不断加强工会的群众化、民主化、法制化建设，切实发挥维护、建设、参与、教育四项基本职能，认真开展民主管理、建功立业及送温暖三项工作，继续加大民主管理、民主监督力度，加大依靠职工群众办企业的力度，加强新形势下工会工作的自身建设，严格按照有关文件要求建立完善各级工会组织。

深入贯彻中央、国务院办公厅《关于深入实施厂务公开制度的通知》精神，对全局厂务公开工作进行了回顾和总结。重新完善和修订了厂务公开的规章制度，印发了《关于实行厂务公开制度的补充规定》，明确了厂务公开的内容和范围，调整了厂务公开领导小组和办公室，成立了厂务公开监督检查小组，在厂务公开中坚持四个突出，建立厂务三级公开体系，采取各种形式通报厂务公开情况，把公开的重点放在基层。长庆局厂务公开的做法在能源工会召开的厂务公开集中调研会上做了专题发言，《工人日报》对此也做了专题报道。

进一步落实以职工代表大会为基本形式的民主管理机制，民主管理的内容不断充实，方法不断创新，领域不断拓宽，基本形成了日益成熟的民主管理运行机制。2月份，召开了勘探局第九届职工代表暨第七次工会会员代表大会，签订了《长庆石油勘探局2002—2004年集体合同》。对局领导班子成员进行了民主评议，选举产生了长庆局第七届工会委员会和工会经费审查委员会、职代会三个专门工作委员会。各单位也按期召开各级职代会，职工代表各抒己见，畅所欲言，共商企业改革大计，审议企业行政报告、经营方略、重组改革方案，参与企业管理，行使民主权利。通过参与民主管理，达到了统一思想，凝聚人心，振奋精神，鼓舞士气，坚定信心的作用。

大力开展劳动竞赛和群众性经济技术创新

工程。2002 年，在全局范围内开展了“创市场增效益”、“创纪录上水平”、“群众性经济技术创新工程”。在重点工程、重点建设项目中，开展群众性立功竞赛活动，在钻井生产中开展了“争效创优”立功竞赛；在西气东输项目中开展“大干 120 天，实现‘9·30’目标”劳动竞赛，提前 40 天完成了业主要求的任务；在中郝项目部开展了“大干 100 天，完成中郝施工任务”劳动竞赛，施工质量居全线前列。同时还开展了技术比武、岗位练兵活动和工人技术运动会。17 个主要生产单位共组织开展了 129 个(次)工种的岗位培训和练兵比武活动，参加职工达 14850 人次；举办厂、处级技术比武 21 场次，46 个(次)工种，参赛职工 2712 人，参赛选手 432 人；有 12 名同志获技术状元称号，16 名同志获技术标兵称号，39 名同志获技术能手称号。并组队参加了陕西省“延长杯”井下作业和“时代——锦泰杯”电焊工决赛，并取得了井下作业工一、二、三名的好成绩。在全国第六届焊工技术比赛陕西赛区预赛暨 2002 年陕西省焊工技术比赛中，夺得团体第三名，并争得一个参加第六届全国焊工技术比赛名额。

2002 年，是全国工会实施送温暖工程十周年，长庆局和地球物理勘探处被授予“全国送温暖工程先进单位”称号。送温暖工程基本实现了经常化、制度化、社会化，并逐步向细致化、非时令化、多样化方向发展。2002 年，长庆局和局温暖工程基金拨款 42 万元，基层单位筹措资金 214.28 万元，慰问特困户 286 户、困难户 1425 户(人)、离退休职工 8565 人，慰问住院、养病职工 631 人，慰问在岗职工 7578 人。同时，局工会给困难企业运输处下拨 30 万元，购置试油机组主力设备一台，将投资回报率及设备折旧费委托运输处工会管理，并用于解决困难职工的救济补助，变“输血”为“造血”。继续开展“交友帮扶”活动，有 9 名局领导、3 名助理、127 名处级干部、55 名科级干部、25 名工会干部和全局 191 名特困职工结成“帮扶对子”。同时，情系灾区，向汉中、安康等灾区捐助 5 万千克大米，援助陕西宁陕县金川镇进行灾后重建工作，长庆局被陕西省委、省政府授予抗洪救灾先进集体。

【共青团工作】 2002 年，长庆局各级团组织以“共青团基层建设年”活动为重点，带领团员青年积极投身“二次创业”的伟大实践，充分发挥了生力军和突击队作用。

围绕生产经营目标，充分发挥团员青年的生力军和突击队作用。在生产建设的急、难、险、重、新任务面前，广大青年团员不畏艰难险阻，积极勇跃参加青年突击队，在生产中冲锋陷阵，攻坚啃硬，为生产建设做出了贡献。全局共组建青年突击队 340 支，有突击队员 7700 名。钻井工程总公司 18103 钻井队青年突击队等 86 支优秀青年突击队获局团委命名表彰。

继续开展争优创先活动，并不断取得优良成绩。2002 年，钻井工程总公司 60144 钻井队团支部被共青团中央评为“全国五四红旗团支部”；井下技术作业处试气 177 队被共青团中央、中油集团公司评为“全国青年文明号”；长庆兴隆园小区被共青团中央评为“全国青年文明社区”；西安子弟小学少先大队被全国少工委评为“全国红旗大队”；工程技术研究院任雁鹏获共青团中央首届“全国青年创新创效奖”；测井工程处团委、第二采油技术服务处团委被甘肃团省委评为“五四红旗团委”；钻井工程总公司 60144 钻井队被陕西团省委评为“青年文明号标兵”；水电厂线路施工大队被甘肃团省委评为“青年文明号”；机械制造总厂产品开发研究所被甘肃团省委评为“创新创效”先进集体；运输处汽修厂符永宏、水电厂水电安装一队刘斌、机械制造总厂任伟被甘肃团省委评为“青年岗位能手”；局机关团委书记刘龙被甘肃团省委评为“优秀团干部”、采油三处团委干事童伟燕被甘肃团省委评为“优秀共青团员”。

【企业文化建设】 2002 年，各单位按照《精神文明建设“十五”规划》要求，从规范入手，为体现“创新、开放、简捷、明确、责任、自信”的企业理念，统一设计了长庆局 VI 视觉识别系统，从基础要素、办公用品、环境设计、服饰设计、交通工具、礼品设计等 6 大类，对企业进行全面包装。

开展了长庆“二次创业”文学征文活动，参赛作品 200 余篇。组织职工参加第四届全国石油大赛石油征文比赛，推荐参赛作品 37 篇首，6 篇作品入围一等奖，获奖面达到 95% 以上。加强文化交流工作，举办文艺创作笔会，邀请陕西省著名作家肖云儒、李天芳、李星、程海等为 30 多名油田业余作者讲课，提高了文艺骨干素质。

各级工会采取小型多样、灵活便捷的方式，送文化上前线。钻井、物探、建工、井下等单位工会，针对前线施工队伍分散、生活工作环境十分艰苦、职工对业余文化生活的渴求异常强烈的实际，将流动书籍、露天电影、简易体育器械送到生产一线，定期进行文化用品发放、因地制宜组织体育比赛，组织慰问团赴重点工程慰问，为陕、甘、宁、蒙油区八个工区的前线职工送去了精彩的文艺节目、图书杂志，受到了前线职工的欢迎和赞扬。适时开展节日文化，以重大节日庆祝活动为契机，举办丰富多彩的文体活动。将节日的矿区装扮得分外妖娆，将节日的气氛烘托得红红火火。因地制宜开展阵地文化，充分利用职工俱乐部、职工活动中心等阵地，举办书法、美术、集邮、收藏品、手工艺品、根雕等展览，开设舞蹈、声乐、健身操等培训班，为广大职工提供了交流、学习、展示才艺的舞台。按照《全民健身纲要》的要求，因地制宜开展大众性广场文化、彩色周末、露天舞会、纳凉晚会、秦腔演唱会、太极拳、木兰扇表演等活动，深受职工的欢迎。组队参加在井冈山举办的首届“红色之路”全国职工团队健身挑战赛；参加在胜利油田举办的“中国首届职工艺术节小品比赛”并取得好成绩；选派选手参加“西部民歌大赛”荣获三等奖；参加甘肃省首届企业美术书法摄影作品大展；承办中国石油第六届“石油杯”围棋比赛，荣获优秀组织奖和体育道德风尚奖。

企业对外宣传工作也取得了一定的成绩，在《中国石油报》发表文章 280 篇，在三省区电视台和中国石油新闻联播上播发新闻 33 条，宣传了企业形象，提高了企业知名度。

【武装工作】

(1)认真学习贯彻中宣部、国家国防教育委员会《关于认真组织开展全民国防教育日活动》的通知精神，组织民兵、中小学生开展了国防知识竞赛，共印发试卷 11400 份，回收问卷 12621 份。

(2)根据庆阳军分区要求和长庆局安排，对分配到油田工作的 176 名退伍军人实施了石油专业培训和军政教育训练，完成了退伍军人的复训，探索出战时集结动员的经验。

(3)根据维护稳定形势的需要，西安基地 7 个单位共组织 110 人组建了“长庆油田西安基地应急自卫连”，制定《西安基地应急维护稳定预案》，并按维护稳定预案组织实施应急训练。

(4)深入开展“双拥”活动，走访慰问了现役军人家属，对 23 名伤残退伍军人和 173 名退伍军人中的特困户进行了重点慰问。

(5)扎实开展年度民兵训练，提高民兵军事素质。组织 478 名基干民兵和应急民兵进行军事和应急训练，并在纪念建军 75 周年之际，组织 938 名基干民兵进行实弹射击活动。

(6)充分发挥民兵在油田建设中的突击队作用，使民兵既是企业生产中的“拳头”力量，又是服务油田、保卫油田的主力军。民兵在抢修暴雨冲断原油管道和在与不法分子偷盗、哄抢原油的战斗中做出了突出贡献。为此，兰州军区《西北民兵》、《中国石油报》等报刊刊登了“自觉履行国防义务，巩固军民团结”、“昔日军营好汉，今日企业标兵，复转退伍军人成为安塞油田顶梁柱”、“戈壁荒原展雄风”、“石油人的国防观”等 12 篇新闻报道。

（李　强　张永年　史恒伟　范恩海）

纪检监察工作

【概述】 2002 年,长庆局纪检监察工作以促进企业改革和发展,维护稳定为着眼点,采取有效措施,认真抓好领导干部廉洁自律、案件查处、效能监察三项重点工作和源头治理“五项工程”,各项工作有序推进,取得了明显成效。

【党风廉政建设责任制】 2002 年,长庆局把落实党风廉政建设责任制向深化改革、开拓市场、提高效益等中心工作延伸,按照“谁主管、谁负责”和“六统一”的原则,分解任务,明确责任,层层签订党风廉政建设责任书 1430 份。抓点促面,建立落实责任制“示范区”30 个,“示范点”44 个。加大日常巡视的力度,由局纪委组成 3 个巡视组,先后对 22 个大的单位进行了巡视检查。按照局党委的要求,探索党风廉政建设责任制的考核方式方法,制定了党风廉政建设责任制考核办法,增强了考核的科学性、实效性和可操作性。组成 7 个考核组,对 38 个单位落实党风廉政建设责任制的情况进行了检查考核。加大责任追究的力度,全局先后对 46 人次进行了不同形式的责任追究,加大了落实责任制的力度。

【领导干部廉洁自律】 2002 年,在全局深入开展权力观教育,认真组织领导干部重读《甲申三百年祭》,促使领导干部树立正确的权力观,增强廉洁自律的自觉性。建立了领导干部“四书告诫”制度,强化了约束机制。对 315 名处级领导干部配偶、子女从业和经商办企业情况进行了认真清理。对各单位小轿车的使用情况,进行了认真清查。同时,就干部的廉洁自律情况进行了问卷调查,从抽样问卷调查情况看,广大职工群众对领导干部廉洁自律的满意度达到 95.5%。

【查处违法违纪案件】 2002 年,长庆局纪检监察工作坚定不移地把案件查处作为纪检监察工作重点来抓,突出办案重点,拓宽案源渠道,不断探索办案的新思路,改进办案的方法,以服从服务于长庆局整体工作、维护企业利益、维护稳定大局为着眼点,注意把案件查处工作向前和向后延伸,有效发挥了办案的政治、经济和社会效应。认真贯彻集团公司下发的“三个规定”,制定了《实名举报回告办法》和《党纪政纪处分权限的规定》,加强了案件管理和信访举报管理。始终严格把握政策,加强案件审理和对基层办案工作的检查指导,确保了办案质量。通过实行分片协查制和“四定一包”办案责任制,分解案件指标责任到人等措施,确保查办案件工作取得明显成效。2002 年,共受理来信来访 135 件,通过初核,立案查处 16 件,其中大案 2 件,结案率 100%,做到了件件有结果。处理涉案人员 15 人,挽回经济损失 220.16 万元。

【效能监察】 2002 年,长庆局认真组织开展了四个方面的效能监察和专项监察,全局共设立效能监察项目 140 个,成立领导小组 41 个,投入专兼职人员 325 人。第一,开展了对外投资、对外借款效能监察。全局共清查对外投资、对外借款、对外担保项目 74 个。通过落实清查责任、明确清欠回收责任人、制订追偿措施,发现问题 60 个,涉及金额 16428.67 万元,整改问题 58 个,整改问题金额 10654.2 万元;立案查处违纪案件 1 起,涉及金额 18 万元,收缴违纪金额 7.63 万元;挽回经济损失 445.2 万元,清收 2001 年以前长期拖欠款 6828 万元。第二,开展财产清查损失处理工作效能监察。财产清查损失处理专项效能监察涉及报废资产总额 252289.14 万元,覆盖率 100%。通过专项效能监察,调剂、盘活闲置资产原值 1288.96 万元,净值 336.87 万元;发现案件线索 2 件,立案查处 2 件,收缴违纪金额 13.903 万元;挽回经济损失 116 万元,避免经济损失

469.5万元。第三,开展了以IC加油卡使用管理为主的成本管理效能监察。全局以IC加油卡使用管理为切入点,累计清查各种耗油设备5043台,耗油数量6710万公升,涉及金额18798.8万元;发现问题204个,涉及人员1238人;重点解剖结算单位26个,加油站18个;经济处罚违规司机49人,追究违规违纪结算及使用IC加油卡人员6人,挽回经济损失116.34万元,其中退赔100.9万元,罚款15.44万元,重新核定设备油耗定额1374台。通过监察,全局油耗成本比上年同期降低2017万元,油品成本呈现管理增效的良好态势。第四,开展了招投标专项执法监察。两级纪检监察部门认真履行监督职责,积极参与各类招投标活动,对重点项目实行全过程监督,全年参与各类招投标活动117项(次),节约资金2726万元。器材供应系统对大宗物资采购招标53次,节约金额1801万元,通过议标采购物资节约2437.9万元。

【源头治理】　2002年,长庆局继续实施"责任履行"、"思想防线"、"干部形象"、"管理监控"和"阳光管理"五项工程,进一步加大从源头预防和治理腐败的力度。认真组织开展政策法规教育、廉洁自律教育、预防职务犯罪知识宣传教育和警示教育。开展"预防职务犯罪"和"廉洁自律,勤政为民"知识竞赛,全局有7671人参加;组织专题学习279次,观看反腐倡廉电教片和电影、电视剧等91场次,有887名党员和干部撰写了心得体会。认真贯彻落实党的十五届六中全会精神,先后4次派出工作组进行监督检查,促进领导干部作风的转变。采取多种形式宣传廉政勤政先进典型72个,编辑了《公仆的本色》一书,弘扬了正气。紧紧抓住干部提拔前、上任前、任期内、离任时四个关键环节强化监督。聘请党风廉政监督员177名,对148名干部进行了任前公示,与332名干部进行了廉政谈话,对26人次进行了诫勉谈话,提高了党员干部廉洁自律的自觉性。针对企业管理中存在的薄弱环节和问题,协助有关部门制定下发了《固定资产投资管理办法》、《固定资产投资责任追究实施细则》、《设备管理暂行办法》、《报废资产管理办法》、《基建工程招投标实施办法》、《IC加油卡使用管理办法》、《加强小轿车购置管理的通知》等制度,强化了对重点环节的监控。全局建立了以职代会或职工大会为基本形式的厂务公开制度,并向基层延伸,厂处单位厂务公开实施面达到了100%。对企业改革发展的重要举措、重大生产经营决策、重组整合的方案、带资分流的有关政策规定、涉及职工切身利益的事项等都进行了全方位、全过程的公开,让职工知情、明白,赢得了职工的理解和支持,维护了队伍稳定。

【队伍建设】　2002年,纪检监察部门认真学习贯彻党的十五届六中全会精神和长庆局工作会议精神,努力转变工作作风,强化服务职能,不断提升管理水平。积极转变思想观念,牢固树立纪检监察工作为企业改革、发展、稳定服务的大局意识,提出了"三个转变",即由标本兼治、更多地注重治标向标本兼治、突出治本转变;由事后的监督、查处向事前、事中的超前监督防范转变;由抓工作面面俱到、样样一般向抓重点、抓特色转变。建立以责任分解、责任落实、责任考核、责任追究"四位一体"的党风廉政建设责任机制;以职能监督部门为重点,融党内监督、职工群众监督、民主监督为一体的监督制约机制;以局纪委协调,各有关部门和二级单位相互协作配合的效能监察和办案网络机制。加大"下沉"、"下管"、"下访"力度,把主要精力放在认真解决基层工作中存在的实际问题和抓工作任务落实上来,保证党风廉政建设和纪检监察各项工作任务的落实。

同时,积极组织开展理论研究工作,申报"现代企业制度监督模式"的软科学研究项目,完成了研究课题论文。对全局近两年来纪检监察工作理论研究成果进行了筛选加工,编辑了《纪检监察理论研究文集》。加强了纪检监察干部培训工作,选派10名同志参加了集团公司党组纪检组组织的业务培训和岗位任职资格培训,举办了有27名科级干部参加的岗位任职资格培训班,有效地提高了纪检监察干部的业务水平和综合素质。　(李巨龙)

第九篇

机构与人物

长庆石油勘探局组织机构

（机关部门16个，机关附属单位10个，直属单位36个，控股企业3个，参股企业1个，托管单位3个，其他机构3个。资料截至日期：2002年12月31日。）

一、长庆局机关（16个处、室、部）　陕西省西安市

局办公室（党委办公室）
财务资产处
市场开发部（法律事务部）
生产运行处
人事劳资处（党委组织部）
规划计划处（关联交易处）
科技发展处
质量安全环保处
纪检监察处
政治思想工作部（党委宣传部、企业文化处、武装部、局团委）
局工会
机关事务管理处（机关党委）
离退休职工管理处
教育处
卫生处
庆阳指挥部　甘肃省庆城县

二、长庆局机关附属（10个）　陕西省西安市

人力资源开发服务中心（再就业服务中心）
社会保险中心
职业技能鉴定中心
巡视员办公室
资金结算中心
石油工程造价管理中心（工程定额概预算管理站）
发展研究部（咨询中心）
西安基地卫生所
西安基地子弟学校
电视台

三、直属单位（36个）

1. 工程技术服务板块（9个）

地球物理勘探处	宁夏吴忠市
钻井工程总公司	陕西省西安市
测井工程处(测井公司)	甘肃省庆城县
井下技术作业处	甘肃省庆城县
建设工程总公司	陕西省西安市
工程技术研究院(工程技术处)	陕西省西安市
工程监督公司	陕西省西安市
国际市场开发部(国际石油技术工程公司)	陕西省西安市
油气开发公司	陕西省西安市
2.生产服务板块(10 个)	
第一采油技术服务处	陕西省延安市
第二采油技术服务处	甘肃省庆城县
第三采油技术服务处	宁夏银川市
油气技术综合服务处	宁夏银川市
机械制造总厂	甘肃省宁县
器材供应处	陕西省西安市
水电厂	甘肃省庆城县
通信公司	陕西省西安市
运输处	甘肃省庆城县
交通服务处	陕西省西安市
3.社会服务板块(17 个)	
培训中心	甘肃省宁县
庆阳子弟总校	甘肃省庆城县
银川高级中学	宁夏银川市
职工疗养院	陕西省西安市
职工医院	甘肃省庆城县
公用事业处	陕西省西安市
银川物业管理处(银川办事处)	宁夏银川市
西安油气销售综合服务处	陕西省西安市
长庆宾馆	陕西省西安市
兰州办事处	甘肃省兰州市
北京联络处	北京市
上海联络处	上海市
乳山职工培训中心(乳山长庆公司)	山东省乳山市
技术监测中心(石油天然气长庆工程质量监督站)	陕西省西安市
长庆石油报社	陕西省西安市
资本运营部(多种经营管理处、集体资产投资管理中心)	陕西省西安市
审计处	陕西省西安市

四、控股企业(3个)

长庆实业集团有限公司　陕西省西安市
房地产开发公司(西安长庆房地产开发有限公司)　陕西省西安市
西安长庆科技工程有限责任公司　陕西省西安市

五、参股企业(1个)

西安长庆工程建设监理有限公司　陕西省西安市

六、托管单位(3个)

马岭炼油厂　甘肃省庆城县
马家滩炼油厂　宁夏灵武市
长庆石化综合服务处　陕西省咸阳市

七、其他机构(3个)

博士后科研工作站　陕西省西安市
泾河工业园项目组　陕西省西安市
宁夏长庆工业园建设项目组　宁夏银川市

长庆石油勘探局党政领导

序号	姓　名	职　　务
1	孙玉辰	长庆石油勘探局局长、党委书记
2	张继昌	长庆石油勘探局党委副书记、纪委书记
3	杨庆理	长庆石油勘探局副局长、安全总监、党委常委
4	滕玉林	长庆石油勘探局副局长、党委常委
5	刘自强	长庆石油勘探局副局长
6	蒲建中	长庆石油勘探局工会主席、党委常委
7	赵业荣	长庆石油勘探局总工程师、党委常委
8	张芝兰	长庆石油勘探局总会计师、党委常委
9	张启英	局党委常委、人事劳资处处长、党委组织部部长

长庆石油勘探局局长顾问

序号	姓　名	职　　务
1	陈国法	原长庆石油勘探局副局长、现为局长顾问
2	王树荣	原长庆石油勘探局工会主席、现为局长顾问

长庆石油勘探局局长助理

序号	姓　名	职　　务
1	张元忠	长庆石油勘探局局长助理兼房地产开发公司经理
2	邓火孝	长庆石油勘探局局长助理兼长庆实业集团有限公司经理、党委委员
3	杨再生	长庆石油勘探局局长助理兼钻井工程总公司总经理、党委书记

长庆石油勘探局副总

序号	姓　名	职　　务
1	贾明欧	长庆石油勘探局钻井副总工程师
2	杨洪志	长庆石油勘探局试油压裂副总工程师
3	戴能尚	长庆石油勘探局安全副总监兼质量安全环保处处长

长庆石油勘探局机关处室及附属单位班子成员

序号	单位	正职	副职
1	庆阳指挥部	滕玉林(兼)	
2	局办公室(党委办公室)	张宏鹏	李三卫　杨懿峰 陈辉荣　华耀博
3	生产运行处	吴述普	于怀兴　万云峰 孙智国　高连中
4	市场开发部	谢文虎	黄应红　李建福 勾　建　高　鹏
5	财务资产处	张忠华	王　红　杨杰山 童天喜
	资金结算中心	阮平生	阮开奎
6	规划计划处(关联交易处)	马效忠	尚　进　廖长明
	石油工程造价管理中心(工程定额概预算管理站)	廖长明(兼)	
7	科技发展处	丁世宣	陈军强
8	质量安全环保处	戴能尚(兼)	王玉琦　郭占春

续表

序号	单位	正职	副职
9	人事劳资处(党委组织部)	张启英(兼)	徐维坚 张智慧 赵清显 王录军
	人力资源开发服务中心(再就业服务中心)	徐维坚(兼)	戎玉瑛 石恒春
	职业技能鉴定中心	刘晓华	冯树立
	社会保险中心	李锡璋	
10	纪检监察处	安武林	苏碎勋 张景尧 李巨龙 刘春科
11	政治思想工作部	郭志刚	
	宣传部(企业文化处)	郭志刚(兼)	戴 娜 李尊团
	局团委		张明力
	武装部	范恩海	
12	局工会	曹师伊 周红霞	
13	机关事务管理处(机关党委)	王凤嘉	陈云虎 李新杰
14	教育处	王振昌	范光洲 孟汉青
15	卫生处	贺红旗	
16	离退休职工管理处	朱世骏	秦有明
17	发展研究部(咨询中心)	徐安国	黄祥林
18	巡视员办公室	黄儒新	

长庆石油勘探局所属单位及控股单位班子成员

序号	单　　　　位	处长(经理、主任、所长、院长、校长、社长)	党委(总支)书　记	副处长(副经理、副主任、副院长、副校长、副社长、副书记、纪委书记、工会主席、总工程师、总会计师)
1	国际市场开发部(国际石油技术工程公司)	金学智	金学智	袁争鸣　董兰生　郭建友　闫世和　张振武
2	资本运营部(多种经营管理处、集体资产投资管理中心)	袁培森	袁培森	张生春　刘维忠　高小东
3	钻井工程总公司	杨再生(兼)	杨再生(兼)	赵宏英　李旭春　张晓成　韩　庆　李功玉　潘应元　高荣瑛　沈双平　郭　杰　岳砚华　姚建国　刘新建
4	建设工程总公司	凌心强	朱德胜	文杰堂　任留生　刘　伟　王　锐　王建国　范万动　杨正新　郭怀林　韩建成　刘济民　王国仁　刘建华　王　凌　边文宇　郝世英　朱传敬
5	第一采油技术服务处	吴志华	吴志华	刘　琴　陶德荣　张　暄　孙常印　王　旭
6	第二采油技术服务处	刘拴孝	刘拴孝	王秉科　燕世文　雒继忠　李崇奇　严正江　王振华　李开连
7	第三采油技术服务处	朱文伯	朱文伯	刘永林　贺军生　强少军　程玉虎　曹继虎
8	地球物理勘探处	陈建新	王亚宁	钱文安　任文军　翟作威　范宏明　郭彦良　窦易升　姚宗惠
9	井下技术作业处	王鸿彬	刘勇谋	吕凤军　赵　勇　李静群　田广平　付贵荣　徐宝亮　胡文让　李　锋

续表

序号	单　　　位	处长(经理、主任、所长、院长、校长、社长)	党委(总支)书　记	副处长(副经理、副主任、副院长、副校长、副社长、副书记、纪委书记、工会主席、总工程师、总会计师)
10	测井工程处(测井公司)	胡启月	田建会	刘家顺　井林西　王成来　景　卫　魏二团　姚绪纲　杨永发
11	工程技术研究院(工程技术处)	刘硕琼	刘顶运	荆长勇　王长宁　孙玉玺　刘贵喜　雷　桐　宋振云　谭　平
12	博士后科研工作站	张启英(兼)		袁孟嘉　丁世宣(兼)　徐维坚(兼)　王长宁(兼)
13	西安长庆科技工程有限责任公司	何宗平	朱文甫	张正海　李智渊　李时宣　张　帆　杨世海
14	西安长庆工程建设监理有限公司	孙志文	孙志文	
15	工程监督公司	王益海	王益海	赵　康
16	机械制造总厂	杨　锋	纪忠明	徐步京　李红才　冯林生　陈建毅　王　翔　吉振宇
17	运输处	杨伯岳	李　涛	李建民　马忠林　熊浩平　张　峰　翟习佳
18	水电厂	慕甲锋	慕甲锋	于　军　周地南　王进海　童建平　杨志铎　侯远志
19	器材供应处	张富中	孔明杜	王平生　周建民　刘世祥
20	油气技术综合服务处	杨　清	杨　清	杨　文　朱彦博　田毓峰　樊　成　姬定成
21	通信公司	郝永宏	郭海岗	郭文仲　杨定普　黄晓东　陈国庆　刘振华　艾宝泉
22	职工医院	杨耀民	马积玉	李　琪　杨共和　张百宁　田　云
23	职工疗养院	宋钊元	宋钊元	刘全利　郝自力
24	公用事业处	牛仁会	牛仁会	白文运　付运生　徐　斌　陈有仁　李　云

续表

序号	单　　位	处长(经理、主任、所长、院长、校长、社长)	党委(总支)书　记	副处长(副经理、副主任、副院长、副校长、副社长、副书记、纪委书记、工会主席、总工程师、总会计师)
25	交通服务处	石玉国	石玉国	李　明
26	长庆宾馆	刘　琦	刘　琦	毕丽君　李晓明
27	审计处	张金山	张金山	何丽君　阎凤俊
28	西安油气销售综合服务处	吴全福	吴全福	孙素辉
29	培训中心	史仲乾	余连城	郭月琴　衣国安　王　乐　徐进学　尤学文　鱼永纲
30	庆阳子弟总校	王智兴	康俊杰	高　议　顾　云
31	银川高级中学	雷永锋	王占龙	陈金龙　沈凤金　于成义
32	长庆石油报社	王纪中	王纪中	雍亚民　金其超
33	中国石油报社驻长庆记者站	张新民		
34	技术监测中心	何　毅	何　毅	贾春虎
35	房地产开发公司(西安长庆房地产开发有限公司)	张元忠(兼)	周仁荣	李庆宁　张树国　权　衡　尚世君　吕本祥　王黎明
36	长庆实业集团有限公司	邓火孝(兼)	王跃龙	郭树森　黄依理　苏计成　吕立国　夏化民　王维东
37	银川物业管理处(银川办事处)	许　允	叶含中	杨登治　周宏跃　巴怀富　文宏平
38	油气开发公司	杨玉征	杨玉征	秦惠中　张凤奎　王永华　李金明　姬定成(兼)　阎凤俊(兼)
39	泾河工业园项目组	张文锦	张文锦	王黎明(兼)　夏孟虎　王铁项　李爱善　张君海
40	宁夏长庆工业园建设项目组	马建军	马建军	李舜和　郭必虎　刘光前　张占玺
41	北京联络处	王欣夫	王欣夫	邵明新
42	上海办事处		刘志文	刘志文
43	兰州办事处		陈晓玲	陈晓玲
44	乳山职工培训中心(乳山长庆公司)	王育中	王育中	周义刚

长庆石油勘探局正高级职称人员

序号	单　　位	姓　名	技　术　职　称	备　注
1	长庆石油勘探局	孙玉辰	教授级高级政工师	
2	长庆石油勘探局	张继昌	教授级高级政工师	
3	长庆石油勘探局	杨庆理	教授级高级工程师	
4	长庆石油勘探局	赵业荣	教授级高级工程师	2001 年特贴
5	长庆石油勘探局	张芝兰	教授级高级会计师	
6	长庆石油勘探局	邓火孝	土建教授级高工	
7	长庆石油勘探局	杨再生	钻井教授级高工	
8	长庆石油勘探局	贾明欧	钻井教授级高工	
9	长庆石油勘探局	杨洪志	试油教授级高工	1997 年特贴
10	局工会	曹师伊	教授级高级政工师	
11	市场开发部	谢文虎	钻井教授级高工	
12	科技发展处	侯哲国	测井教授级高工	2000 年特贴
13	卫生处	贺红旗	外科主任医师	
14	工程技术研究院	杨呈德	钻井教授级高工	1993 年特贴
15	职工医院	杨耀民	外科主任医师	
16	职工医院	李明科	外科主任医师	
17	房地产开发公司	李庆宁	教授级高级经济师	
18	油气开发公司	杨玉征	教授级测井高工	
19	地球物理勘探处	蒋加钰	教授级高级工程师	

长庆石油勘探局副高级职称人员

序号	单　　　　位	姓　名	技　术　职　称
1	长庆石油勘探局	滕玉林	高级经济师
2	长庆石油勘探局	刘自强	高级工程师
3	长庆石油勘探局	蒲建中	高级工程师
4	长庆石油勘探局	张启英	高级工程师
5	长庆石油勘探局	张元忠	高级经济师
6	长庆石油勘探局	戴能尚	高级工程师
7	局办公室(党委办公室)	张宏鹏	高级政工师
8	局办公室(党委办公室)	罗晓琴	高级工程师
9	人事劳资处(组织部)	徐维坚	高级工程师
10	人事劳资处(组织部)	张智慧	高级经济师
11	人事劳资处(组织部)	焦留群	高级经济师
12	人事劳资处(组织部)	冀小祁	高级工程师
13	人事劳资处(组织部)	曾晓培	高级政工师
14	人事劳资处(组织部)	谭郁平	高级工程师
15	人事劳资处(组织部)	王凤礼	高级工程师
16	人事劳资处(组织部)	郭东宏	高级工程师
17	纪检监察处	安武林	高级政工师
18	纪检监察处	苏碎勋	高级政工师
19	纪检监察处	李润生	高级政工师
20	党委宣传部(企业文化处)	郭志刚	高级政工师
21	党委宣传部(企业文化处)	戴　娜	高级政工师
22	局电视台	张平心	高级政工师
23	局工会	周红霞	高级政工师
24	局工会	徐家林	高级政工师
25	局工会	李鸿明	高级政工师
26	生产运行处	吴述普	高级工程师

续表

序号	单　　位	姓　名	技　术　职　称
27	生产运行处	于怀兴	高级经济师
28	生产运行处	张玉坤	高级工程师
29	生产运行处	雒建胜	高级工程师
30	市场开发部	黄应红	高级工程师
31	市场开发部	勾　建	高级工程师
32	市场开发部	邓忠义	高级工程师
33	资金结算中心	阮平生	高级工程师
34	资金结算中心	阮开奎	高级会计师
35	财务资产处	张忠华	高级会计师
36	财务资产处	王　红	高级会计师
37	财务资产处	张　瑞	高级工程师
38	财务资产处	刘继红	高级会计师
39	规划计划处(关联交易处)	马效忠	高级工程师
40	规划计划处(关联交易处)	何炳忠	高级工程师
41	规划计划处(关联交易处)	尚　进	高级工程师
42	规划计划处(关联交易处)	廖长明	高级经济师
43	规划计划处(关联交易处)	肖剑华	高级经济师
44	科技发展处	丁世宣	高级工程师
45	科技发展处	陈军强	高级工程师
46	科技发展处	方　勇	高级工程师
47	质量安全环保处	郭占春	高级工程师
48	质量安全环保处	王玉琦	高级工程师
49	质量安全环保处	冯忠全	高级工程师
50	质量安全环保处	辛熠平	高级工程师
51	机关事务管理处	王凤嘉	高级政工师
52	教育处	王振昌	高级工程师

续表

序号	单　　　位	姓　名	技　术　职　称
53	教育处	范光洲	中学高级教师
54	教育处	孟汉青	高级工程师
55	教育处	王新民	中学高级教师
56	教育处	张　芸	中学高级教师
57	教育处	田璟利	中学高级教师
58	教育处	马录堂	中学高级教师
59	卫生处	赵风库	副主任医师
60	离退休职工管理处	朱世骏	高级政工师
61	离退休职工管理处	秦有明	高级政工师
62	离退休职工管理处	郭爱琴	高级政工师
63	人力资源开发服务中心	戎玉瑛	高级工程师
64	人力资源开发服务中心	李　宁	高级工程师
65	职业技能鉴定中心	钱定新	高级经济师
66	发展研究部(咨询中心)	徐安国	高级经济师
67	发展研究部(咨询中心)	魏胜利	高级讲师
68	发展研究部(咨询中心)	李海石	高级工程师
69	发展研究部(咨询中心)	荆永福	高级工程师
70	发展研究部(咨询中心)	刘永泉	高级工程师
71	发展研究部(咨询中心)	郭洁宗	高级工程师
72	发展研究部(咨询中心)	杨智耀	高级政工师
73	发展研究部(咨询中心)	史树德	高级政工师
74	巡视员办公室	黄儒新	高级政工师
75	西安基地卫生所	张建萍	副主任医师
76	西安基地子弟学校	朱克强	中学高级教师
77	西安基地子弟学校	刘少阳	中学高级教师
78	西安基地子弟学校	王嘉利	中学高级教师

续表

序号	单　　　　　位	姓　名	技　术　职　称
79	西安基地子弟学校	薛安民	中学高级教师
80	西安基地子弟学校	王　华	中学高级教师
81	西安基地子弟学校	王存才	中学高级教师
82	西安基地子弟学校	李顺启	中学高级教师
83	西安基地子弟学校	葛志莲	中学高级教师
84	西安基地子弟学校	赵珍兰	中学高级教师
85	西安基地子弟学校	高春毅	中学高级教师
86	西安基地子弟学校	李建平	中学高级教师
87	钻井工程总公司	赵宏英	高级政工师
88	钻井工程总公司	李旭春	高级工程师
89	钻井工程总公司	张晓成	高级工程师
90	钻井工程总公司	韩　庆	高级工程师
91	钻井工程总公司	潘应元	高级经济师
92	钻井工程总公司	高荣瑛	高级经济师
93	钻井工程总公司	沈双平	高级工程师
94	钻井工程总公司	岳砚华	高级工程师
95	钻井工程总公司	姚建国	高级工程师
96	钻井工程总公司	李　艳	高级会计师
97	钻井工程总公司	秦建忠	高级工程师
98	钻井工程总公司	陈水镜	高级经济师
99	钻井工程总公司	李百顺	高级经济师
100	钻井工程总公司	韩相义	高级工程师
101	钻井工程总公司	吕松林	高级工程师
102	钻井工程总公司	蒋跃新	高级工程师
103	钻井工程总公司	王均良	高级工程师
104	钻井工程总公司	刘胜娃	高级工程师

续表

序号	单　　位	姓　名	技　术　职　称
105	钻井工程总公司	吴付频	高级工程师
106	钻井工程总公司	彭国荣	高级工程师
107	钻井工程总公司	邵东波	高级工程师
108	钻井工程总公司	张增年	高级工程师
109	钻井工程总公司	韩文兴	副主任医师
110	钻井工程总公司	王泽霖	高级工程师
111	钻井工程总公司	肖建东	高级工程师
112	钻井工程总公司	李建明	副主任医师
113	钻井工程总公司	韦海防	高级工程师
114	钻井工程总公司	雍存侠	高级工程师
115	钻井工程总公司	龙利平	高级工程师
116	钻井工程总公司	罗　强	高级工程师
117	钻井工程总公司	梅海桥	高级工程师
118	钻井工程总公司	董拴有	高级工程师
119	钻井工程总公司	胡培茂	高级工程师
120	钻井工程总公司	郝俊林	高级工程师
121	钻井工程总公司	王居明	高级工程师
122	钻井工程总公司	肖纪石	高级工程师
123	钻井工程总公司	吕平福	高级工程师
124	钻井工程总公司	常占宪	高级工程师
125	钻井工程总公司	郭卫军	高级工程师
126	钻井工程总公司	高政宏	高级工程师
127	钻井工程总公司	谢凌祥	高级工程师
128	钻井工程总公司	孙保林	高级工程师
129	钻井工程总公司	王宏伟	高级工程师
130	钻井工程总公司	朱　虎	高级工程师

续表

序号	单　　位	姓　名	技　术　职　称
131	钻井工程总公司	李　斌	中学高级教师
132	钻井工程总公司	席建堂	副主任医师
133	钻井工程总公司	化柱州	副主任医师
134	钻井工程总公司	田少江	高级工程师
135	钻井工程总公司	周　浩	高级工程师
136	钻井工程总公司	慕建军	高级工程师
137	钻井工程总公司	史向东	高级工程师
138	钻井工程总公司	李章元	高级工程师
139	钻井工程总公司	刘文华	高级工程师
140	钻井工程总公司	曹文信	副主任医师
141	钻井工程总公司	王占宁	副主任医师
142	钻井工程总公司	罗润子	中学高级教师
143	钻井工程总公司	薛仁福	中学高级教师
144	钻井工程总公司	周建兴	中学高级教师
145	钻井工程总公司	张富军	中学高级教师
146	钻井工程总公司	智兴昌	中学高级教师
147	钻井工程总公司	曹玉山	中学高级教师
148	钻井工程总公司	张应华	中学高级教师
149	钻井工程总公司	刘玉兰	中学高级教师
150	钻井工程总公司	慕勤国	中学高级教师
151	钻井工程总公司	何光荣	中学高级教师
152	钻井工程总公司	蒙学成	中学高级教师
153	钻井工程总公司	周　兰	中学高级教师
154	钻井工程总公司	薛克泰	中学高级教师
155	钻井工程总公司	柴仓库	中学高级教师
156	钻井工程总公司	野德胜	中学高级教师

续表

序号	单　　位	姓　名	技　术　职　称
157	建设工程总公司	凌心强	高级工程师
158	建设工程总公司	朱德胜	高级政工师
159	建设工程总公司	任留生	高级政工师
160	建设工程总公司	刘　伟	高级政工师
161	建设工程总公司	王建国	高级工程师
162	建设工程总公司	范万动	高级会计师
163	建设工程总公司	韩建成	高级工程师
164	建设工程总公司	刘济民	高级工程师
165	建设工程总公司	朱传敬	高级工程师
166	建设工程总公司	郝世英	高级工程师
167	建设工程总公司	边文宇	高级政工师
168	建设工程总公司	许小成	高级工程师
169	建设工程总公司	岳志宏	高级工程师
170	建设工程总公司	崔旭良	高级工程师
171	建设工程总公司	张景斌	高级工程师
172	建设工程总公司	路彩青	高级工程师
173	建设工程总公司	廉援朝	副主任医师
174	第一采油技术服务处	吴志华	高级工程师
175	第一采油技术服务处	温哲豪	高级工程师
176	第一采油技术服务处	刘永谦	中学高级教师
177	第一采油技术服务处	梁晓春	副主任医师
178	第一采油技术服务处	党义玲	中学高级教师
179	第一采油技术服务处	甄永峰	中学高级教师
180	第一采油技术服务处	王芒丽	中学高级教师
181	第一采油技术服务处	刘铁锁	中学高级教师
182	第一采油技术服务处	段万祥	中学高级教师

续表

序号	单　　　位	姓　名	技　术　职　称
183	第一采油技术服务处	张天锋	中学高级教师
184	第一采油技术服务处	王芳玲	中学高级教师
185	第一采油技术服务处	吉双虎	中学高级教师
186	第一采油技术服务处	朱克强	中学高级教师
187	第一采油技术服务处	张树德	副主任医师
188	第一采油技术服务处	张清俊	副主任医师
189	第一采油技术服务处	吴福兴	副主任医师
190	第一采油技术服务处	刘延民	副主任医师
191	第一采油技术服务处	李　莉	副主任医师
192	第二采油技术服务处	刘拴孝	高级经济师
193	第二采油技术服务处	雒继忠	高级工程师
194	第二采油技术服务处	李崇奇	高级会计师
195	第二采油技术服务处	李开连	高级工程师
196	第二采油技术服务处	金正谦	高级工程师
197	第二采油技术服务处	靳思贤	高级工程师
198	第二采油技术服务处	李永辉	中学高级教师
199	第二采油技术服务处	毛德科	中学高级教师
200	第二采油技术服务处	王兴国	高级政工师
201	第三采油技术服务处	朱文伯	高级工程师
202	第三采油技术服务处	郭必虎	高级政工师
203	第三采油技术服务处	唐建平	副主任医师
204	第三采油技术服务处	宋建明	副主任医师
205	第三采油技术服务处	韩志民	副主任医师
206	地球物理勘探处	钱文安	高级政工师
207	地球物理勘探处	施洪建	高级政工师
208	地球物理勘探处	窦易升	高级工程师

续表

序号	单　　　　位	姓　名	技　术　职　称
209	地球物理勘探处	姚宗惠	高级工程师
210	地球物理勘探处	钱汉林	高级工程师
211	地球物理勘探处	陈伊苗	高级工程师
212	地球物理勘探处	王建功	高级工程师
213	地球物理勘探处	张代琳	高级工程师
214	地球物理勘探处	李宝泉	高级工程师
215	地球物理勘探处	岑向东	高级工程师
216	地球物理勘探处	刘圣辉	高级工程师
217	地球物理勘探处	任文军	高级工程师
218	地球物理勘探处	孙景旺	高级工程师
219	地球物理勘探处	杨大昌	高级工程师
220	地球物理勘探处	焦小龙	高级工程师
221	地球物理勘探处	赵　旭	副主任医师
222	地球物理勘探处	郭培智	高级工程师
223	地球物理勘探处	姚花兰	高级工程师
224	地球物理勘探处	付守献	高级工程师
225	地球物理勘探处	孙玉华	高级工程师
226	地球物理勘探处	李来运	高级工程师
227	地球物理勘探处	钱俊生	高级工程师
228	地球物理勘探处	李凤歧	高级工程师
229	地球物理勘探处	丁光兴	高级工程师
230	地球物理勘探处	何晓菊	高级工程师
231	地球物理勘探处	曾令邦	高级工程师
232	地球物理勘探处	郭亚斌	高级工程师
233	地球物理勘探处	董光明	高级工程师
234	地球物理勘探处	周夏丽	高级工程师

续表

序号	单　　位	姓　名	技　术　职　称
235	地球物理勘探处	衡维民	高级工程师
236	地球物理勘探处	杨　智	高级工程师
237	地球物理勘探处	肖文霞	高级工程师
238	地球物理勘探处	刘秀达	高级工程师
239	地球物理勘探处	冯泽民	高级工程师
240	井下技术作业处	王鸿彬	高级经济师
241	井下技术作业处	刘勇谋	高级工程师
242	井下技术作业处	吕凤军	高级政工师
243	井下技术作业处	赵　勇	高级工程师
244	井下技术作业处	李静群	高级工程师
245	井下技术作业处	孙智国	高级工程师
246	井下技术作业处	漆雕良	高级工程师
247	井下技术作业处	王庚锁	高级工程师
248	井下技术作业处	苏金柱	高级工程师
249	井下技术作业处	李武平	高级工程师
250	井下技术作业处	魏　斌	高级工程师
251	井下技术作业处	杨平春	高级工程师
252	井下技术作业处	汪作阳	高级工程师
253	井下技术作业处	张兴科	高级工程师
254	井下技术作业处	王宏宇	高级经济师
255	井下技术作业处	孙　莉	中学高级教师
256	井下技术作业处	赵维斌	高级工程师
257	井下技术作业处	刘文晖	高级工程师
258	井下技术作业处	孙　虎	高级工程师
259	井下技术作业处	王宇豪	中学高级教师
260	井下技术作业处	孙宝成	中学高级教师

续表

序号	单　　位	姓　名	技　术　职　称
261	测井工程处	胡启月	高级工程师
262	测井工程处	田建会	高级政工师
263	测井工程处	井林西	高级经济师
264	测井工程处	王成来	高级工程师
265	测井工程处	景　卫	高级工程师
266	测井工程处	姚绪刚	高级工程师
267	测井工程处	杨永发	高级工程师
268	测井工程处	喻敬极	高级工程师
269	测井工程处	王宏备	高级工程师
270	测井工程处	牟金东	高级工程师
271	测井工程处	沈麟书	高级工程师
272	测井工程处	许彧斐	高级工程师
273	测井工程处	陈开元	高级工程师
274	测井工程处	马瑞林	高级工程师
275	测井工程处	范永维	高级工程师
276	测井工程处	牛忠学	高级工程师
277	测井工程处	黄大庆	高级经济师
278	测井工程处	贺小陆	高级工程师
279	测井工程处	刘复屏	高级工程师
280	测井工程处	高山荣	高级工程师
281	测井工程处	赵建武	高级工程师
282	测井工程处	田　方	高级工程师
283	测井工程处	程玉梅	高级工程师
284	测井工程处	冯春珍	高级工程师
285	测井工程处	孙瑞厚	高级工程师
286	测井工程处	张新江	高级工程师

续表

序号	单　　位	姓　名	技　术　职　称
287	工程技术研究院	刘硕琼	高级工程师
288	工程技术研究院	刘顶运	高级工程师
289	工程技术研究院	袁孟嘉	高级工程师
290	工程技术研究院	荆长勇	高级政工师
291	工程技术研究院	王长宁	高级工程师
292	工程技术研究院	孙玉玺	高级工程师
293	工程技术研究院	刘贵喜	高级工程师
294	工程技术研究院	雷　桐	高级工程师
295	工程技术研究院	宋振云	高级工程师
296	工程技术研究院	谭　平	高级工程师
297	工程技术研究院	陈在君	高级工程师
298	工程技术研究院	张西明	高级工程师
299	工程技术研究院	张毓民	高级工程师
300	工程技术研究院	田福德	高级工程师
301	工程技术研究院	尹才元	高级工程师
302	工程技术研究院	李家森	高级工程师
303	工程技术研究院	李志航	高级工程师
304	工程技术研究院	赵喜民	高级工程师
305	工程技术研究院	李逢先	高级工程师
306	工程技术研究院	拓伯民	高级工程师
307	工程技术研究院	张汉林	高级工程师
308	工程技术研究院	魏周胜	高级工程师
309	工程技术研究院	周春玲	高级工程师
310	工程技术研究院	张建斌	高级工程师
311	工程技术研究院	毛连海	高级工程师
312	西安长庆科技工程有限责任公司	何宗平	高级工程师

续表

序号	单　　位	姓　名	技　术　职　称
313	西安长庆科技工程有限责任公司	朱文甫	高级工程师
314	西安长庆科技工程有限责任公司	张正海	高级政工师
315	西安长庆科技工程有限责任公司	李智渊	高级会计师
316	西安长庆科技工程有限责任公司	李时宣	高级工程师
317	西安长庆科技工程有限责任公司	张　帆	高级工程师
318	西安长庆科技工程有限责任公司	杨世海	高级工程师
319	西安长庆科技工程有限责任公司	曹家泉	高级工程师
320	西安长庆科技工程有限责任公司	黄　琨	高级工程师
321	西安长庆科技工程有限责任公司	冯凯生	高级工程师
322	西安长庆科技工程有限责任公司	郭少林	高级工程师
323	西安长庆科技工程有限责任公司	常益民	高级工程师
324	西安长庆科技工程有限责任公司	何茂林	高级工程师
325	西安长庆科技工程有限责任公司	任兴文	高级工程师
326	西安长庆科技工程有限责任公司	葛　辉	高级工程师
327	西安长庆科技工程有限责任公司	陈金根	高级工程师
328	西安长庆科技工程有限责任公司	刘利群	高级工程师
329	西安长庆科技工程有限责任公司	曹海忠	高级工程师
330	西安长庆科技工程有限责任公司	隋月凤	高级工程师
331	西安长庆科技工程有限责任公司	王晓东	高级工程师
332	西安长庆科技工程有限责任公司	刘文喜	高级工程师
333	西安长庆科技工程有限责任公司	姚光蓉	高级工程师
334	西安长庆科技工程有限责任公司	李　娟	高级工程师
335	西安长庆科技工程有限责任公司	赵志刚	高级工程师
336	西安长庆科技工程有限责任公司	孙志鹏	高级工程师
337	西安长庆科技工程有限责任公司	贾德义	高级工程师
338	西安长庆科技工程有限责任公司	聂　华	高级工程师

续表

序号	单　　位	姓　名	技　术　职　称
339	西安长庆科技工程有限责任公司	陆子谦	高级工程师
340	西安长庆科技工程有限责任公司	张兴元	高级工程师
341	西安长庆科技工程有限责任公司	赵兴国	高级工程师
342	西安长庆科技工程有限责任公司	方　俊	高级工程师
343	西安长庆科技工程有限责任公司	白红升	高级工程师
344	西安长庆科技工程有限责任公司	方文俊	高级工程师
345	西安长庆科技工程有限责任公司	何　军	高级工程师
346	西安长庆科技工程有限责任公司	牟小平	高级工程师
347	机械制造总厂	杨　锋	高级经济师
348	机械制造总厂	纪忠明	高级政工师
349	机械制造总厂	李红才	高级工程师
350	机械制造总厂	吉振宇	高级工程师
351	机械制造总厂	秦德福	高级工程师
352	机械制造总厂	谭家荣	高级工程师
353	机械制造总厂	唐忠钰	中学高级教师
354	机械制造总厂	曹接民	高级工程师
355	机械制造总厂	孟平德	高级工程师
356	机械制造总厂	丁发亮	高级工程师
357	机械制造总厂	王安平	高级工程师
358	机械制造总厂	田百选	高级工程师
359	机械制造总厂	白文雄	高级工程师
360	机械制造总厂	刘舒义	高级工程师
361	机械制造总厂	韩宏斌	高级工程师
362	机械制造总厂	薛庆生	副主任医师
363	机械制造总厂	何　勇	高级工程师
364	机械制造总厂	陈治中	中学高级教师

续表

序号	单　　　　位	姓　名	技　术　职　称
365	机械制造总厂	徐自创	中学高级教师
366	机械制造总厂	何胆孝	中学高级教师
367	机械制造总厂	惠登科	中学高级教师
368	机械制造总厂	程旭昌	中学高级教师
369	机械制造总厂	栗新洮	中学高级教师
370	机械制造总厂	姚志长	中学高级教师
371	机械制造总厂	吕荣华	中学高级教师
372	器材供应处	张富中	高级经济师
373	器材供应处	孔明杜	高级政工师
374	器材供应处	刘世祥	高级政工师
375	器材供应处	徐定国	高级经济师
376	器材供应处	吴涛生	高级经济师
377	器材供应处	杨晓琴	中学高级教师
378	器材供应处	杨丽芸	中学高级教师
379	器材供应处	职玉清	中学高级教师
380	水电厂	慕甲锋	高级会计师
381	水电厂	童建平	高级工程师
382	水电厂	侯元志	高级工程师
383	水电厂	马镇文	高级工程师
384	水电厂	刘志恩	高级工程师
385	水电厂	李志锋	高级工程师
386	通信公司	郝永宏	高级经济师
387	通信公司	郭海岗	高级政工师
388	通信公司	郭文仲	高级工程师
389	通信公司	黄晓东	高级工程师
390	通信公司	刘振华	高级工程师

续表

序号	单　　位	姓　名	技　术　职　称
391	通信公司	王建忠	高级工程师
392	通信公司	王有榜	高级工程师
393	通信公司	张吉应	高级工程师
394	通信公司	程维平	高级工程师
395	通信公司	刘玉芬	高级工程师
396	职工医院	马积玉	高级政工师
397	职工医院	李　琪	副主任医师
398	职工医院	杨共和	高级政工师
399	职工医院	张百宁	副主任医师
400	职工医院	武卫东	副主任医师
401	职工医院	李秀英	副主任医师
402	职工医院	牛靖峰	副主任医师
403	职工医院	王　平	副主任医师
404	职工医院	白晓霞	副主任医师
405	职工医院	吴世俊	副主任医师
406	职工医院	王树德	副主任医师
407	职工医院	蔡　辛	副主任医师
408	职工医院	李西安	副主任医师
409	职工医院	黄金环	副主任医师
410	职工医院	胡　清	副主任医师
411	职工医院	童玉梅	副主任医师
412	职工医院	李建凯	副主任药师
413	职工医院	王长青	副主任医师
414	职工医院	李永红	副主任医师
415	职工医院	杨　伟	副主任医师
416	职工医院	张建民	副主任医师

续表

序号	单　　位	姓　名	技　术　职　称
417	职工疗养院	宋钊元	高级政工师
418	职工疗养院	刘全利	高级政工师
419	职工疗养院	郝自力	副主任医师
420	职工疗养院	刘致远	高级政工师
421	职工疗养院	徐宏万	高级经济师
422	职工疗养院	屈发启	高级工程师
423	房地产开发公司	周仁荣	高级经济师
424	房地产开发公司	尚世君	高级会计师
425	房地产开发公司	吕本祥	高级工程师
426	房地产开发公司	高思毅	高级工程师
427	房地产开发公司	李敏光	高级政工师
428	房地产开发公司	张德新	高级经济师
429	房地产开发公司	顾金国	高级工程师
430	房地产开发公司	刘东轸	高级政工师
431	房地产开发公司	王　辉	高级经济师
432	公用事业处	牛仁会	高级政工师
433	公用事业处	白文运	高级政工师
434	公用事业处	林隆华	高级工程师
435	公用事业处	张晓林	高级工程师
436	培训中心	史仲乾	高级讲师
437	培训中心	余连城	高级工程师
438	培训中心	郭月琴	高级政工师
439	培训中心	王殿民	副教授
440	培训中心	衣国安	高级讲师
441	培训中心	王铁项	高级讲师
442	培训中心	王　乐	高级政工师

续表

序号	单　　位	姓　名	技　术　职　称
443	培训中心	徐进学	高级讲师
444	培训中心	鱼永纲	高级政工师
445	培训中心	孙俊郎	高级讲师
446	培训中心	王三乐	高级讲师
447	培训中心	栾中鹤	高级讲师
448	培训中心	杜宏昌	高级讲师
449	培训中心	张鹏云	高级讲师
450	培训中心	马仁华	高级讲师
451	培训中心	路利民	高级讲师
452	培训中心	刘在翔	高级讲师
453	培训中心	余洪林	高级讲师
454	培训中心	张　波	高级讲师
455	培训中心	高登林	高级讲师
456	培训中心	廖军伟	高级讲师
457	培训中心	王维珍	高级讲师
458	培训中心	郑社教	高级讲师
459	培训中心	高松厚	高级讲师
460	培训中心	唐　磊	高级讲师
461	培训中心	张积峰	高级讲师
462	培训中心	陈明支	高级讲师
463	培训中心	巩智远	高级讲师
464	培训中心	张发展	高级讲师
465	培训中心	王樊科	高级讲师
466	培训中心	杨保林	高级讲师
467	庆阳子弟总校	康俊杰	中学高级教师
468	庆阳子弟总校	高　议	中学高级教师

续表

序号	单　　位	姓　名	技　术　职　称
469	庆阳子弟总校	王金江	中学高级教师
470	庆阳子弟总校	席进忠	中学高级教师
471	庆阳子弟总校	陈　萍	中学高级教师
472	庆阳子弟总校	侯陆良	中学高级教师
473	庆阳子弟总校	刘弘敬	中学高级教师
474	庆阳子弟总校	刘风中	中学高级教师
475	庆阳子弟总校	赵柯然	中学高级教师
476	庆阳子弟总校	包新安	中学高级教师
477	庆阳子弟总校	张盰明	中学高级教师
478	庆阳子弟总校	赵炜辉	中学高级教师
479	庆阳子弟总校	段转林	中学高级教师
480	庆阳子弟总校	李崇祥	中学高级教师
481	庆阳子弟总校	刘晓凝	中学高级教师
482	庆阳子弟总校	夏继军	中学高级教师
483	庆阳子弟总校	任绥海	中学高级教师
484	庆阳子弟总校	刘宜攀	中学高级教师
485	庆阳子弟总校	何　辉	中学高级教师
486	庆阳子弟总校	秦玉萍	中学高级教师
487	庆阳子弟总校	张淳驽	中学高级教师
488	庆阳子弟总校	相云峰	中学高级教师
489	庆阳子弟总校	刘朝东	中学高级教师
490	庆阳子弟总校	刘　策	中学高级教师
491	庆阳子弟总校	王媛珍	中学高级教师
492	庆阳子弟总校	杜佩钦	中学高级教师
493	庆阳了弟总校	俞卫红	中学高级教师
494	庆阳子弟总校	周颖娟	中学高级教师

续表

序号	单　　位	姓　名	技　术　职　称
495	庆阳子弟总校	袁明敏	中学高级教师
496	庆阳子弟总校	孔珍珍	中学高级教师
497	银川高级中学	雷永锋	中学高级教师
498	银川高级中学	陈金龙	中学高级教师
499	银川高级中学	沈凤金	中学高级教师
500	银川高级中学	于成义	中学高级教师
501	银川高级中学	王　勇	中学高级教师
502	银川高级中学	曹朗朗	中学高级教师
503	银川高级中学	沈　毅	中学高级教师
504	银川高级中学	任克建	中学高级教师
505	银川高级中学	马占林	中学高级教师
506	银川高级中学	同高社	中学高级教师
507	银川高级中学	马庭龙	中学高级教师
508	银川高级中学	乔新宁	中学高级教师
509	银川高级中学	李　敏	中学高级教师
510	银川高级中学	郭学文	中学高级教师
511	银川高级中学	张玉生	中学高级教师
512	银川高级中学	顾同刚	中学高级教师
513	银川高级中学	刘建明	中学高级教师
514	银川高级中学	刘建全	中学高级教师
515	银川高级中学	蔺晓林	中学高级教师
516	银川高级中学	顾险峰	中学高级教师
517	银川高级中学	徐　燕	中学高级教师
518	银川高级中学	包忠勇	中学高级教师
519	银川高级中学	吕淑杰	中学高级教师
520	银川高级中学	王保源	中学高级教师

续表

序号	单　　位	姓　名	技　术　职　称
521	银川高级中学	马廷喜	中学高级教师
522	银川高级中学	王　青	中学高级教师
523	银川高级中学	杨培军	中学高级教师
524	银川高级中学	胡文锋	中学高级教师
525	银川高级中学	文燕萍	中学高级教师
526	银川高级中学	霍德亮	中学高级教师
527	银川高级中学	李兴荣	中学高级教师
528	银川高级中学	王宏恩	中学高级教师
529	银川高级中学	刘兴昌	中学高级教师
530	银川高级中学	宋卫乾	中学高级教师
531	银川高级中学	唐　玉	中学高级教师
532	银川高级中学	倪鸿平	中学高级教师
533	银川高级中学	杜海军	中学高级教师
534	银川高级中学	雍海军	中学高级教师
535	银川高级中学	张莹萍	中学高级教师
536	银川高级中学	张万贵	中学高级教师
537	银川高级中学	马英海	中学高级教师
538	银川高级中学	王占龙	高级政工师
539	长庆实业集团公司	王跃龙	高级政工师
540	长庆实业集团公司	郭树森	高级政工师
541	长庆实业集团公司	黄依理	高级工程师
542	长庆实业集团公司	苏计成	高级经济师
543	长庆实业集团公司	张升耀	高级政工师
544	长庆实业集团公司	张志荣	高级工程师
545	长庆实业集团公司	李存群	高级工程师
546	技术监测中心	何　毅	高级工程师

续表

序号	单　　位	姓　名	技　术　职　称
547	技术监测中心	贾春虎	高级工程师
548	技术监测中心	刘丰年	高级工程师
549	技术监测中心	潘文启	高级讲师
550	技术监测中心	徐怀玉	高级工程师
551	技术监测中心	王生才	高级工程师
552	工程监督公司	王益海	高级工程师
553	工程监督公司	朱　山	高级工程师
554	西安长庆工程建设监理有限公司	王　浩	高级工程师
555	西安长庆工程建设监理有限公司	孟兴业	高级工程师
556	多种经营处(资本运营部)	袁培森	高级会计师
557	多种经营处(资本运营部)	刘维忠	高级经济师
558	多种经营处(资本运营部)	张生春	高级经济师
559	国际市场开发部	金学智	高级工程师
560	国际市场开发部	董兰生	高级工程师
561	国际市场开发部	郭建友	高级工程师
562	国际市场开发部	阎世和	高级工程师
563	国际市场开发部	张振武	高级工程师
564	国际市场开发部	袁争鸣	高级工程师
565	国际市场开发部	宋绍军	高级工程师
566	国际市场开发部	李永泓	高级工程师
567	油气开发公司	秦惠中	高级经济师
568	油气开发公司	张凤奎	高级工程师
569	油气开发公司	王永华	高级工程师
570	油气开发公司	陈付星	高级工程师
571	长庆宾馆	刘　琦	高级经济师
572	长庆石油报社	金其超	主任编辑

续表

序号	单　　位	姓　名	技　术　职　称
573	运输处	李　涛	高级政工师
574	运输处	李健民	高级政工师
575	运输处	翟习佳	高级工程师
576	交通服务处	武西安	高级工程师
577	审计处	张金山	高级审计师
578	审计处	何丽君	高级会计师
579	北京联络处	王欣夫	高级经济师
580	北京联络处	张　平	高级政工师
581	油气销售综合服务处	孙素辉	高级经济师
582	银川物业管理处(银川办事处)	叶含中	高级工程师
583	银川物业管理处(银川办事处)	李杰然	高级政工师
584	油气技术综合服务处	朱彦博	高级农艺师
585	泾河工业园项目组	张文锦	高级政工师
586	宁夏长庆工业园项目组	马建军	高级工程师

模范(先进)集体

【全国五四红旗团支部】　钻井工程总公司60144钻井队团支部。

【全国青年文明号】　井下技术作业处试气177队。

【全国青年文明社区】　长庆兴隆园小区。

【全国用户满意施工企业】　建设工程总公司。

【全国公路工程三优奖】　建设工程总公司参建的吐乌大公路工程。

【全国红旗大队】　西安子弟小学少先大队。

【甘肃省五四红旗团委】　测井工程处团委、第二采油技术服务处团委。

【陕西省青年文明号标兵】　钻井工程总公司60144钻井队。

【甘肃省青年文明号】　水电厂线路施工大队。

【甘肃省“创新创效”先进集体】　机械制造总厂产品开发研究所。

【长庆局模范集体】 钻井工程总公司:30527A钻井队、40102钻井队、30518钻井队。

地球物理勘探处:研究所。

井下技术作业处:试油164队。

测井工程处:测井四分公司。

第一采油技术服务处:长庆华泰石油工程建设有限责任公司。

第二采油技术服务处:修井公司修井21队、特种修井公司特修一队。

第三采油技术服务处:宁夏长庆石油建设工程有限责任公司、油气田建设工程分公司。

建设工程总公司:第四工程公司、西气东输项目部。

机械制造总厂:建筑设备安装公司。

水电厂:水电工程公司。

运输处:运输三分公司。

器材供应处:咸阳转运站。

工程技术研究院:固井研究所。

西安长庆科技工程有限责任公司:石油工程设计部。

公用事业处:靖边基地管理分处。

长庆实业集团有限公司:镰刀湾油田项目组。

【长庆局先进集体】 钻井工程总公司:15144钻井队、32646钻井队、32910钻井队、运输公司六中队、固井公司一中队、机修公司马家滩保养站、管子公司河东服务部靖边前指。

地球物理勘探处:280队、286队。

井下技术作业处:压裂五队SS—2000型压裂机组、测试试井队。

测井工程处:测井一分公司。

第一采油技术服务处:井下作业工程公司、特车大队轿子车中队。

第二采油技术服务处:工程建设公司安装一队、第二物业公司水电维修队。

第三采油技术服务处:井下作业一大队作业八队、水电厂供电队。

建设工程总公司:第二工程公司榆林气田南区分项目组、第三工程公司苏里格气田产建项目组。

机械制造总厂:钻采配件分厂。

水电厂:靖边燃气发电厂。

运输处:试采公司。

油气技术综合服务处:农业综合大队。

油气销售综合服务处:离退休职工管理站。

通信公司:信息中心。

房地产开发公司:长庆未央湖花园建设项目部。

银川物业管理处:供热站。

交通服务处:驾驶员二小队。

长庆宾馆:餐饮部。

培训中心:培训部。

庆阳子弟总校:第二小学。

银川高级中学:2002届高三年级组。

职工医院:检验科。

职工疗养院:运输队。

乳山职工培训中心:长庆隆达防腐保温公司。

审计处:审计三科。

长庆石油报社:编辑部。

技术监测中心:锅炉压力容器检验站。

长庆实业集团有限公司:勘探开发公司。

局机关:局办公室(党委办公室)、财务资产处、厄瓜多尔项目部。

【长庆局廉政勤政先进集体】 钻井工程总公司、井下技术作业处、建设工程总公司、第二采油技术服务处、第三采油技术服务处、水电厂、机械制造总厂、地球物理勘探处、测井工程处、工程技术研究院、西安长庆科技工程有限责任公司。

模范(先进)个人

【“全国五一劳动奖章”获得者】　井下技术作业处：王鸿彬。

第三采油技术服务处：朱文伯。

【全国内部审计先进工作者】　审计处：张金山。

【全国青年创新创效奖获得者】　工程技术研究院：任雁鹏。

【全国技术能手】　测井工程：李玉森。

【甘肃省优秀团干部】　局机关：刘龙。

【甘肃省优秀共青团员】　第三采油技术服务处：童伟燕。

【长庆局劳动模范】　钻井工程总公司：李新建、李延新、姚立新、李泉。

地球物理勘探处：付守献。

井下技术作业处：路安平。

测井工程处：张荣飞。

第一采油技术服务处：吴志华。

第二采油技术服务处：肖朝福。

第三采油技术服务处：李凤龙。

建设工程总公司：齐锐、孟繁荣。

机械制造总厂：王强恒。

水电厂：何世如。

运输处：牛永旺。

工程技术研究：马海忠。

乳山职工培训中心：王育中。

职工医院：白晓霞。

银川高级中学：刘建明。

长庆实业集团有限公司：庞晓荣。

【长庆局先进生产（工作）者】　钻井工程总公司：孙建林、刘新宇、杨佐英、张炜珍、满百胜、张保林、王均良、夏小刚、李宁宁、刘文祥、张永学、田正平、智兴昌。

地球物理勘探处：郝振彬、武应华、陈伊苗、李麦成。

井下技术作业处：林平、张强、汪义发、徐陇彬。

测井工程处：杨新宏、郭锋、李华溢、郭忠孝。

第一采油技术服务处：景小红、潘玉虎、康广寅、高金刚。

第二采油技术服务处：刘二龙、周瑾成、巨永宁、张彤、李玉琴（女）、鲜小波。

第三采油技术服务处：寇保东、马永刚、杨学峰、贺宁生、胡凤珍（女）。

建设工程总公司：何小林、郭培宁、李文明、董桂珍（女）。

机械制造总厂：王国红、张晓文、朱兴业、李仁代。

水电厂：田进忠、魏兴明、常亚文。

运输处：张永泰、王启华。

器材供应处：尚小宁、汤志林。

油气技术综合服务处：刘兴波、苗永亮。

油气销售综合服务处：张斌。

工程技术研究院：韦孝忠。

西安长庆科技工程有限责任公司：林玉和、何军。

通信公司：李亚峰。

公用事业处：杨治力、苏振国。

房地产开发公司：邹铁军。

银川物业管理处：杨宏飞。

交通服务处：李建华。

长庆宾馆：李虎。

培训中心：闫苏斌。

庆阳子弟总校：张甲文。

职工医院：王树德、胡发明。

职工疗养院：熊刚。

乳山职工培训中心：王延祥。

审计处：朱军林。

长庆石油报社：杨良喜。

技术监测中心：谷怀栋。

长庆实业集团有限公司：王科。

兰州办事处：孙彦福。

上海联络处：刘志文。

北京联络处：林峰。

局机关：赵中华、谭郁平、冯彪、张建萍（女）、李永泓、刘朝东、马兆云、王清（女）。

【长庆局党风廉政建设先进个人】 赵宏英、王鸿彬、刘勇谋、凌心强、朱德胜、刘拴孝、朱文伯、慕甲锋、杨锋、纪忠明、曹师伊、胡启月、田建会、刘硕琼、刘顶运、郝永宏、牛仁会、王育中、史仲乾、王纪中、王凤嘉、何宗平、朱文甫。

【长庆局技术状元】

钻井项目：

司钻：安晓兵（钻井工程总公司）。

副司钻：王小军（钻井工程总公司）。

井架工：朱梭清（钻井工程总公司）。

内钳工：游俊峰（钻井工程总公司）。

外钳工：李率峰（钻井工程总公司）。

司机：杨三友（钻井工程总公司）。

测量工：石矿林（地球物理勘探处）。

钳工：郭英（机械制造总厂）。

计算机操作：张强（第一采油技术服务处）。

压裂操作工：王伟培（井下技术作业处）、徐龙彬（井下技术作业处）。

测井项目：

测井操作员：李建伟（测井工程处）。

射孔操作员：王红松（测井工程处）。

测井井口工：李峰（测井工程处）。

射孔井口工：樊参军（测井工程处）。

绞车工：牛承东（测井工程处）。

处理解释员：尤世梅（测井工程处）。

仪修工：黄晓昆（测井工程处）。

电工：郭振春（水电厂）。

护理项目：杨玲玲（职工医院）。

【长庆局技术标兵】

钻井项目：

司钻：杨辉（钻井工程总公司）。

场地工：方利军（钻井工程总公司）。

司助：文军宁（钻井工程总公司）。

测量工：陈西银（地球物理勘探处）、江翰（地球物理勘探处）。

钳工：陈养军（机械制造总厂）、周军（机械制造总厂）、韩宏武（机械制造总厂）。

计算机操作：张帆（测井工程处）、王婉（培训中心）、秦海峰（通信公司）。

压裂操作工：崔建芳（井下技术作业处）、吴效金（井下技术作业处）、蔡宏（井下技术作业处）、周瑞敏（井下技术作业处）。

测井项目：

测井操作员：张域（测井工程处）。

射孔操作员：王兆东（测井工程处）。

绞车工：曹智荣（测井工程处）。

处理解释员：徐银秀（测井工程处）。

仪修工：姚韦平（测井工程处）。

电工：雍国伟（水电厂）、张建斌（水电厂）。

护理项目：于桂霞（职工医院）、刘兴梅（职工医院）。

【长庆局技术能手】

钻井项目：

司钻：李双德（钻井工程总公司）。

副司钻：张文军（钻井工程总公司）。

井架工：徐庆琦（钻井工程总公司）。

内钳工：袁小云（钻井工程总公司）。

外钳工：张彦华（钻井工程总公司）。

场地工：李宏伟（钻井工程总公司）。

司机：张德强（钻井工程总公司）。

司助：李晓峰（钻井工程总公司）。

测量工：谢晓刚（地球物理勘探处）、张永军（地球物理勘探处）、孙斌（地球物理勘探处)、徐庆儒（地球物理勘探处)、王烽懿(地球物理勘探处)。

钳工：张丽华（机械制造总厂)、曹英杰(机械制造总厂)、霍建军（第一采油技术服务处)、李辉（建设工程总公司)、王永宏（钻井工程总公司)、李忠斌（第二采油技术服务处)。

计算机操作：李树旺（培训中心)、李卫(钻井工程总公司)、李世红（通信公司)、姜军武（第三采油技术服务处)、李刚（第二采油技术服务处)、林海（水电厂)、蔡海燕（通信公司)。

压裂操作工：付天林（井下技术作业处)、汪新玉（井下技术作业处)、谭志福（井下技术作业处)、王鹏洲（井下技术作业处)、秦金林（井下技术作业处)、席天生（井下技术作业处)。

测井项目：

测井操作员：孙环宇（测井工程处)、杨学国（测井工程处)。

井口工：王斌、刘春斌（测井工程处)。

绞车工：刘玉刚、丁旭东（测井工程处)。

处理解释员：刘敏（测井工程处)。

仪修工：关照星（测井工程处)。

电工：王锐（水电厂)、赵勇（水电厂)、赵渊（水电厂)、孟强（运输处)、赵斌（第三采油技术服务处)、麻永滨（运输处)、徐宁乐(第三采油技术服务处)。

护理项目：包彩绒（职工医院)、张慧(职工医院)、罗雪雁（钻井工程总公司)、赵红英（钻井工程总公司)、董淑贤（钻井工程总公司)、王延芳（第一采油技术服务处)、张茹（第三采油技术服务处)。

第十篇

长庆石油勘探局属单位概览

地球物理勘探处

【概述】 2002年10月,地球物理勘探处(以下简称物探处)机关及后勤单位迁至银川市兴庆区石油城。2002年12月6日,原地球物理勘探处参与集团公司物探专业化重组,正式进入中国石油集团东方地球物理勘探有限责任公司。

2002年,物探处机关设职能部室10个,机关附属单位3个,下属基层单位21个。职工总数为2232人,其中原有职工2124人,新增职工108人。职工中各类管理及技术干部632人,工人1600人。在岗职工共计1860人(女职工521人),内部退养372人。

职工中有硕士研究生8人,大本学历202人,大专学历199人,中专学历183人。在管理和技术干部中,教授级高级工程师1人,具有高级职称的39人,具有中级职称的205人,具有初级职称的278人。另外,人事代理博士研究生1人。

物探处主要从事二维和三维地震勘探设计、野外采集、地震资料处理与解释,以及计算机软硬件开发与维护,物业管理、物资供应、多元开发等项目。

【装备状况】 共有装备447台(含报废在用和未到位设备),其中,有UL408、SN388、System－2000等地震仪器10台(套);地震现场处理设备9台(套),Dsnp Lrk 6000卫星定位仪、Leica TC1102全站测量仪、BLS－1850井下多道仪等测井测绘仪器34台(套)。在室内资料处理、解释方面,配备了12台大型工作站,并引进Geovect-eurPlus、Omega资料处理系统和Gristation人机交互解释系统。

【队伍资质】 物探处是中国石油地球物理勘探承包商协会创始会员单位,2000年9月,通过了国家ISO9002质量体系认证。有6个物探队取得集团公司甲级地震队资格;有3个地震队取得集团公司乙级地震队资格;9个地震队以及研究所、VSP测井队分别取得了集团公司颁发的市场准入证。2132队和286队2002年被东方公司评为“东方先锋”物探队。

【完成地震工作量】

(1)野外采集。2002年,共完成长庆油田分公司二维地震勘探9633.320千米,其中,天然气勘探项目1400.105千米,石油勘探5802.225千米,天然气开发项目2430.990千米。共获生产记录78976张,其中一级品59639张,占75.5%;二级品19155张,占24.3%;废品182张,合格率99.8%;完成天然气开发三维勘探202.53平方千米,获生产记录10085张,其中一级品7486张,占74.2%;二级品2599张,合格率100%。

(2)资料处理、解释。共完成常规二维地震资料处理13460.2878千米,测线631条,折标准剖面长度288653.019千米;二维特殊处理38150.1720千米;三维资料处理一次覆盖面积260.415平方千米,满覆盖面积206.70平方千米;三维特殊处理9155平方千米;VSP测井资料处理8口。提供钻井井位225口,被采纳189口,采纳率84%;发现圈闭69个,面积211029平方千米;完成VSP解释8口,提交VSP解释报告8份;全年提交生产报告9份,科研成果2份。

(3)测绘测量。测绘完成GPS点130个,实测地震剖面导线189条,长度10273.308千米,VSP测井7口,获生产记录2907张,试验记录68张,全部合格。

【科技创新】 按照长庆局的安排和地球物理勘探处生产经营实际,把科技创新的重点放在五个项目攻关上，即：储层物性预测和油气藏描述方法研究、转换横波勘探技术研究、黄土塬区宽线地震采集方法研究、黄土塬静校正技术方法研究和砾石区钻井方法研究。筹集了 50 万元的科技专项奖励基金，将攻关项目研究落到实处。

地震勘探采集技术及效果：

(1)黄土塬直测线多线地震采集技术在古生界天然气勘探和开发中发挥了重要作用，使钻井成功率稳定在 80%以上。

(2)黄土塬沟中弯线高分辨率地震采集技术有效地提高了剖面的信噪比和分辨率。

(3)沙漠区多线地震采集技术在第四纪古河床区、天环地区和五十里明沙区效果显著。

(4)复杂表层条件下构造发育地区地震采集技术不断完善。

地震勘探处理技术及效果：

(1)应用三维常规处理技术完成了苏 6 井区三维资料处理，在满足构造解释的同时，已能基本满足岩性预测的需要，并在不断完善。

(2)利用多线处理技术对靖边潜台及其东侧的陕 160、陕 4、陕 26、陕 103 井区和盐定、西缘前陆以及天环北低信噪比地区的资料进行了精细处理，取得了较满意的效果。

(3)在原有静校正技术系列的基础上，针对高速层底界不稳定、低降速带变化剧烈地区研制出了矢量分析法静校正技术，在西缘前陆、马家滩等地区取得了很好的应用效果。

(4)多线处理技术攻关取得了明显进展。

地震勘探解释技术及效果：

(1)全面推广了多参数反演技术，实现了储层预测由单一的岩性向物性、含气性预测的转变。

(2)研制成功了二维资料三维建模的反演方法。这是提高井约束反演精度的一个突破性进步，也是一项具有长庆特色的创新技术。

(3)利用黄土直测线资料在榆林气田确定的上古生界天然气开发井位钻探成功率达 90%，使得黄土直测线勘探目标由深向浅迈进了一步。

(4)在西缘前陆及马家滩复杂构造带利用地震资料获得了新成果和新认识。

(5)VSP 测井技术的应用由勘探领域推广到了开发领域。利用非零井源距 VSP 资料为采油三厂等进行井周构造、岩性预测获得成功。

【生产经营】 全年实现总收入 28579.5 万元，其中主营业务收入 26838.69 万元，其他业务收入 1740.81 万元。全年实现净利润 511.33 万元，全年共上缴各项税费 5952.87 万元。

【深化经营改革】 2002 年 3 月，在 2001 年试点的基础上，野外地震队全面推行工资奖金分配制度改革，对外雇季节工的工资，也针对其从事岗位的不同，实行了不同的工资标准。加大对经营者的兑现力度，对创收能力强、闯市场效果明显的劳务单位，进一步提高其经营者的兑现系数。

【成本控制】 制定出一系列富有针对性的成本控制措施：一是进一步完善经营承包政策，传递经营压力。二是加大风险责任，提高领导干部成本控制意识。三是明确控制指标，压缩非生产支出。四是建立全处“三位一体”的管理体系，以经营统率全处各项工作。五是实行项目招标制度。

【质量管理】 2002 年，进一步加强对 ISO 9002 质量管理体系的贯彻落实，强化对生产质量的现场检查。5 月底，完成了对 ISO 9002 质量管理体系复审的初次内审，7 月中旬顺利通过北京三星质量认证中心的正式复审认证。同时，还全面启动对 ISO 9002 质量管理体系的换版(改为 2000 版)工作，对有关质量手册和程序文件的编写做出精心部署。

【人力资源管理】

(1)在中层管理干部中首次推行公开竞聘。2002 年 8 月，在全处范围内组织实施了 4 名副处级领导干部的公开竞聘工作。

(2)建立高层次技术人才队伍。评出物探

首席技术专家1名，局一级学术技术带头人5名，局二级学术带头人12名。

(3)提高职工队伍素质。选派30多名优秀人才参加地球物理探测与信息工程、石油地质工程等专业的研究生进修班；有6人通过国家研究生考试并取得入学资格，10多名技术人员先后到国外参加技术培训或技术考察；2002年10月，正式挂牌成立了武汉大学长庆物探处函授站，第一期测绘大专班如期开学。

【国际市场开拓】 2002年12月，圆满完成厄瓜多尔国家石油公司A－P工区三维地震勘探任务。共完成常规测量1271.94千米，GPS点47个，水准测量81.76千米，控制导线644.13千米；钻井10662口；小折射60点；完成采集记录10662炮，合343.74平方千米，质量和效率都得到甲方的认可和好评。

【多种经营】 2002年，2个多种经营企业共完成主营业务收入4055.75万元，其他业务收入283.96万元，实现企业利润310.44万元，上缴税费182.02万元，实现税后利润13.18万元。

【党建政工】

(1)党的建设。加强党的自身建设，充分发挥党组织的政治核心作用。对17个支部进行了调整和改选，增选1个支部，增补支委17人，使基层支部健全率、完整率均达100%；发展新党员39名，按程序对37名预备党员按时按期转正；完善了党员责任区和党员模范岗的创建及考核评比工作，创建党员责任区226个，党员模范岗140人。

(2)围绕企业中心工作，开展思想政治工作。组织编写《形势任务教育提纲》下发各支部，指导全处形势教育工作。

(3)企业文化建设。制作物探处企业形象画册，编写完成《鄂尔多斯盆地油气地震勘探技术图集》。政研成果《重组改制中加强和改进思想政治工作的探索》获全国职工思想政治工作研究会年会一等奖，报告文学《为了鄂尔多斯不熄的圣火》获长庆局“二次创业”文化大赛一等奖。

【荣誉榜】

(1)物探处被宁夏回族自治区总工会授予“自治区职工读书自学活动先进单位”荣誉称号。

(2)处工会被长庆石油勘探局工会授予“五星级工会”。

(3)研究所荣获“长庆局模范集体”荣誉称号。

(4)280队、286队荣获“长庆局先进集体”荣誉称号。

(5)2132队、286队荣获东方公司“东方先锋物探队”荣誉称号。

(物探处办公室)

钻井工程总公司

【概述】 钻井工程总公司（以下简称钻井总公司）是长庆局下属的钻井施工服务单位，主要从事井深7000米以内各类石油、天然气及其他地下资源勘探开发井的钻井工程。截至2002年末，钻井总公司机关设5个职能科室，15个附属单位，18个专业公司（部），职工8213人（其中管理人员1249人，专业技术人员848人），党员3651人，占职工总数的44.5%。资产总额11.95亿元，固定资产原值7.63亿元，净值5.69亿元。拥有70D、50D等各种类型钻机63部，施工区域横跨陕、甘、宁、蒙等省、自治区，并进入了南美、中亚、北非等国市场。2002年，实现了主营业务收入20.73亿元，内部利润0.67亿元，上缴税费3.38亿元。多种经营实现生产经营总值3.46亿元，实现收入3.35亿元，上缴税费0.34亿元。

【钻井生产】 年动用钻机63部，开钻1125口（其中长庆市场1116口，社会市场6口，国际市场3口），完井1129口（其中长庆市场1118口，社会市场6口，国际市场5口），总进尺211.44万米，比2001年增长9.58%，创历史新高，在集团公司同行业中名列第二。在长庆油田内部市场承揽的1118口井，其中油探井65口，油开井952口，气探井7口，气开井92口，水平井2口，完成油田内部钻井进尺209.34万米，其中气井33.26万米、油井176.08万米，总进尺为历史之最，并有多项指标又创历史新高，其中：

最高日进尺11683米（9月1日），比历史最好的2001年高565米；

最高月进尺260934米（5月），比历史最好的2001年高15291米；

油井平均机械钻速17.39米/时，比历史最好的2001年高1.03米/时；

气井平均机械钻速6.17米/时，比历史最好的2001年高0.07米/时；

油井平均钻机月速4699米/（台·月），比历史最好的2001年高593米/（台·月）；

气井平均钻机月速2238米/（台·月），比历史最好的2001年高135米/（台·月）；

18105A队10月份以8003米创油井最高队月进尺，比历史最好指标高1392米（18103队，2001年8月）；

50627队10月份以3492米创气井最高队月进尺，比历史最好指标高137米（50577队，2001年7月）；

30527A队以55738米创油井最高队年进尺，比历史最好指标高3449米（18103队，2001年）；

40102队以23268米创气井最高队年进尺，比历史最好指标高5268米（6015队，2001年）等。

全年总取心进尺6467.26米，岩心长度6451.48米，收获率达99.76%；固井质量合格率100%；井身质量合格率100%。

【市场开发】 钻井总公司将市场开发作为生存和发展的基础，确立了“立足长庆之基、外拓发展之路”的市场开发战略和“以诚取信、以质取胜”的市场竞争策略，始终坚持“让客户100%满意、让100%客户满意”的经营宗旨，在油田、社会、国际“三个市场”开发中均取得了新的突破。

油田市场开发：面对外部120多个竞争对手，钻井总公司依靠自身实力，凭借整合优势，承揽油气钻井工作量209.34万米，市场占有率达77.8%。特别是在气井比上年增多1倍、平均井深增加82米的情况下，动用钻机67部，提前完成了所承揽的全部工作量，以高质量、高效率的服务，在6个采油、采气厂及11个项目组赢得认可，先后9次收到客户送来的感谢信和锦旗。

社会市场开发：先后对塔里木、青海、玉门、延长等油田的钻井市场进行了考察，把青海作为进军西部市场的突破口，选派“全国青年文明号”——30533钻井队第一个出征，在青海油田滚动开发的招投标中中标6口井，完成钻井进尺11660米，在整个施工队伍中名列第二，为今后国内市场开发奠定了基础。

录井公司承揽并完成了华北队伍的9口气井录井工作量，创收135万元。

国际市场开发：在乌兹别克斯坦施工的70106钻井队，面对50多摄氏度的高温天气和多国不敢入围的高压盐水地层，依靠长庆钻井人“攻坚啃硬”的精神，综合应用水包油钻井液、欠平衡钻井等14项特色技术，攻克了卡、漏、塌、喷等多项技术难题，顺利完成了乌国史上第一口水平井，试油后日产原油高达400多吨，使死油区成为活油区，取得了乌国对长庆技术的充分信任。之后，钻井总公司又与乌方达成了 5 口井合作意向，签订 2035 万美元施工合同。

进入厄瓜多尔的 50112 钻井队，在局劳模袁卓的带领下，高质量、高效率地完成了施工任务，尤其是在第三口井，用了不到 21 天的时间就钻完了 2545.7 米的井深，在南美打出了“长庆钻井”的品牌。

【机制转换】　钻井总公司模拟“法人”运作机制，将基层单位划分为核心层、紧密层、松散层三个层次，采取了单井全额承包、内部模拟资产经营承包、费用包干三种方式的承包经营责任制，有效地激发了钻井队活力，使全公司钻井生产以平均日进尺 7200 多米的速度向前推进，整个运行进度比上年缩短了 1 个多月，全年有 4 个油井队上 5 万米、3 个气井队上 2 万米，钻井队人均年收入同比增长了 12.69%。

【科学管理】　钻井总公司把精细管理作为实施“管理提升战略”的突破口，在科学管理上进行了积极的探索和实践，并取得了新的进展。

在信息平台建设方面：完成了“三网一库”（即：内网——办公室网络，专网——专业公司网络，外网——对外信息网络，一库——信息资源数据库）的基本骨架，进行了业务信息处理系统、数据信息管理系统的研发工作，在 10 个钻井队成功地进行了无线传输、有线接入联网试验，初步实现了内部文件网上传输，财务管理实现了远程业务处理。

在机关建设方面：对四大基本工作链（即市场开发链、生产运行链、经营控制链、党群工作链）和四大支撑工作链（即人流链、物流链、资金流链、信息流链）进行了现状分析和重新设计，有效地减少了中间管理环节，为业务流程再造奠定了基础。工作链的缩短，促进了工作效率提高和服务功能增强。以井队结算为例，程序减少 3 个、周期缩短 6 天。

在机关实行了人事代理制、责任追究制、中层副职竞聘制，有 7 人报名参加了信息管理中心两个副职岗位的竞聘，有 160 人申报机关副科及其以下岗位应聘，对 65 人进行了技能测试和绩效考核，有 54 人受聘走上了新的岗位。同时，在技术人员中试行了评聘分开，根据工作需要和个人能力，实施高聘 17 人、平聘 47 人、低聘 4 人，初步做到了人尽其才。

在成本管理方面：在全局率先建立了市场开发、生产运行、财务管理“三位一体”的成本动态控制体系，基本形成了以财务管理为中心、以提高效益为目的的经营管理模式。年内对 46 口井进行了效益评估，主动放弃无效益和无市场前景的井位 9 个，可控钻井成本比上年下降 4.23%。

在标准化建设方面：建立了与国际惯例接轨的 ISO9001 质量管理体系，并通过了中国方圆标志 2000 版认证。全公司钻井技术综合标准覆盖率达 99.5%，井身和固井质量合格率均为 100%，取心收获率 99.76%。同时，建立安全总监制，实行监管分开运作，建成 HSE 管理示范队 9 个，推动了管理方式的转变。工业生产万米进尺死亡率 0.014%、伤亡率 0.058%，仅次于历史最好的 2001 年，分别比长庆钻井有史以来 33 年间的平均水平低 0.058 个百分点和 1.8 个百分点。

【技术攻关】　在全面推广应用成熟配套技术的同时，针对油田、社会、国际“三个市场”的不同需求和制约发展的技术难题，安排科研经费 266 万元，实施重点攻关项目 37 项，其中有 17 项成果获局科技进步奖。

(1) 水平井钻井工艺技术日趋成熟，逐步延伸到了丛式井、气井，并在苏平 1 井成功地实现了多波形水平轨迹，水平位移达 1123.1 米，达到了国际先进水平。

(2) 以天然气为循环介质的欠平衡钻井技术在苏 35－18 井的成功应用，填补了国内钻井一项技术空白。

(3) 在 209 口油井和 22 口气井成功地应

用了导向钻具复合钻井技术，与常规钻井技术相比，平均机械钻速分别提升 1.53 米/时和 0.55 米/时，平均钻井周期分别缩短 1.41 天和 3.88 天，气井钻具失效频率由平均每口井的 1.57 次降至 0.68 次，显示出了明显的综合效益。在苏 36－18 井全井段推广应用该技术，机械钻速提升 2.23 米/时，钻井周期缩短 7 天。

（4）丛式井钻井技术不断完善。年内在 289 个井场实施丛式钻井 939 口，推广应用面达 84%，减少钻机搬安 646 个井次。在杏 20－010 井组实现了 11 口井，杏 13－05 井水平位移达 792.97 米。

（5）无固相聚合物钻井液、完井液已形成 8 大系列 15 个体系，在稳定井壁、保护产层、提高电测一次成功率等方面发挥了积极的作用。东部气田无固相防塌钻井液体系的形成，电测一次成功率由 58%上升至 71%。

（6）天然气井泡沫固井技术的发展，进一步完善了低压易漏长裸眼段固井技术。年内应用该技术实施固井 16 口，固井质量优质率达 86%。

（7）在 31 口井钻井施工中应用 PDC 钻头 5 只，平均机械钻速 19.9 米/时，比牙轮钻头提升 12.62%，最高单只 PDC 钻头累计进尺已达 8556 米。

（8）投资 630 多万元配备了井口小型机械化工具，不仅减轻了井队操作者的劳动强度，更重要的是提高了井口操作的安全性，降低了生产事故发生的几率。

【精神文明建设】

（1）思想政治工作充分发挥“大政工”优势，突出一个“实”字，营造了队伍稳、人气旺的良好环境，为改革和发展提供了强大的精神动力。总公司被陕西省命名为“先进集体”、被甘肃省命名为“省级文明单位”；30533 钻井队通过了团中央“全国青年文明号”年度复审；60144 钻井队团支部被团中央誉为“全国五四红旗团支部”；60144 钻井队被陕西省团委誉为“青年文明号标兵”；30527A、40102、30518 钻井队被长庆局评为模范集体；袁卓被评为“陕西省优秀青年突击手”、“长庆局十大杰出青年”；李延新、李新建、姚立新、李泉被长庆局评为劳动模范。

（2）党的建设围绕集团公司党建课题，开展了 3 次调研活动，形成了上万字的调研报告，在加强和改进新时期党建工作方面进行了有益的探索。

（3）企业文化建设以培育企业精神为核心，建立了理念、行为、视觉“三大”体系，逐步形成了以井场文化为主，历史、精品、行为、认知、网络、广场文化为辅的“七大”文化系列。

（4）充分利用各种宣传媒体，大力开展先进典型、重大事件、重点工程在公司内外的推介工作，有效地鼓舞了职工队伍士气，提升了长庆钻井形象。

（5）大力开展创新、创先、创优、创佳，增效“四创一增”的劳动竞赛和每日一题、每周一课、每月一考、每季一评“四个一”的岗位知识达标竞赛，充分利用宁夏职工培训基地、礼泉干部培训学校的系统培训功能，全面加强职工技能培训和岗位练兵，提高了队伍素质，增强了企业实力。

（6）坚持解决职工思想问题与实际问题相结合，努力为职工群众办实事。先后开发新的经济增长点 4 个，安置待业青年 146 人；拨款 313.62 万元用于“温暖工程”，慰问和救济职工群众 16986 人次；自筹一定数额资金用于“两园”住房设施配套工程。

（7）组建青年突击队 97 个，开展各类突击活动 370 场次，涌现局级优秀青年突击队 23 个。

（李作宁　马　佳）

测井工程处（测井公司）

【概述】 测井工程处2002年有机关部门10个，基层单位11个（其中：科级单位10个，中队级单位1个）。有在岗职工942人，离退休职工221人。其中：男职工664人，女职工278人；干部415人，工人527人；专业技术人员共407人，其中高级职称34人，中级职称161人，初级职称212人。职工中，硕士研究生毕业4人，在读硕士研究生54人，大学本科216人，大专103人，中专88人，高中及以下文化程度531人。2002年，针对长庆油田施工区域点多、线长的特点，按照就近服务，精干队伍，突出效益的原则，测井工程处实施了“扁平式”管理模式，建立了项目管理机制，设立四个项目经理部（与分公司是两块牌子），分区块组织生产，使生产组织进一步合理化。项目经理部负责本区块的市场开发、生产组织以及受测井处委托协调各配合单位的关系；各项目部之间相对独立、相互补充，独立核算。同年又成立了第二个成像队——2000队，进一步扩充了成像队伍；同时加强了新技术、新工艺在生产中的推广应用，并加大对现有设备的多功能开发以及下井仪器大组合，投入了5个SKN3000多功能队伍，使队伍同时具备完井和射孔工作的能力，减少了仪器下井次数，最大程度提高了施工效率，大大提高了队伍的综合作业能力。2002年，测井工程处被长庆石油勘探局评为安全生产先进单位；并荣获“甘肃省职工职业道德建设十佳单位”称号。

【工作量情况】 全处有作业队伍51个（其中3700队7个、动态监测6个、5700队1个、2000队1个、射孔队11个、25个数控队）。完成完井1576口、三样1520口、工程51口、吸水剖面375口、产液剖面26口、射孔1821口、桥塞77口。

小队年最高工作量：完成完井79口、三样96口、吸水剖面136口、射孔194井次。

综合录井按照长庆局专业重组的要求，从测井工程处剥离，隶属长庆局钻井总公司管理（二级半单位）。

生产作业队伍上井一次成功率平均达99.41%，正点到井率97.84%。施工队伍收到项目组、钻井队、试油队表扬信200多封，以优质的服务、良好的信誉树立了长庆测井的形象。

【安全生产】 2002年，在签订《交通安全合同书》的基础上，实行安全风险抵押金制度，按照1:1奖励兑现。

2002年5月8日，首次设立安全总监，王成来被任命为安全总监。

对162名放射工作人员进行了专项体检，建立了职工健康档案，顺利通过了甘肃省环保局和卫生厅的检查验收。

【经营业绩】 2002年，拥有固定资产12027.67万元。实现主营业务收入20973万元，实现内部利润1790万元，实现考核利润2199万元。

【技术装备】 2002年3月，引进了哈里伯顿公司的具有世界先进水平的核磁共振MRIL－P设备，完善了成像测井系列。引进5套SKN3000综合数控测井地面系统，更新换代了小数控测井地面系统。2002年5月，引进了中子寿命测井仪，填补我处在这一项目上的空白。2002年10月，引进ϕ70毫米小井眼泵出式测井系列，该系列有小井眼补偿密度、小井眼补偿中子、小井眼补偿声波、小井眼自然伽马、小井眼连斜等，完成测井工艺的配套。

【新技术研究及应用】　科研立项 21 项，落实科研经费 374.0 万元，其中长庆局拨款 63 万元，自筹 311 万元。完成科研项目，其中，17 项上报长庆局科研项目奖 10 项（一等奖 3 项、二等奖 4 项、三等奖 3 项），处级一等奖 6 项、处级二等奖 9 项。

(1) 2002 年《油藏水淹机理分析研究》，为长庆油井开发中的流体判识建立了识别模式。

(2) 为了提高时效，攻克了三仪器组合测井难题，解决了连斜、井径、微电极组合测井的问题。

(3) 建立了卫星移动数据传输系统，缩短了远程作业队伍与基地的距离。

(4)《P 型核磁共振测井处理解释应用研究》解决了测井采集中的测前设计、参数选取和处理、解释中的许多模糊不清的问题。

(5)《应用成像测井资料研究岩石机械特性》，使得交叉偶极子声波测井资料具有更高的地质应用价值。

(6)《高孔密射孔器的研制》、《声波—伽马密度测井仪引进推广应用》等，增加了测井技术作业手段。

另外，在区域评价方面，《苏里格庙地区沉积特征研究》、《生产测井资料产层评价系统研究》、《苏里格庙地区低阻气藏测井识别与评价技术》及研究成果，使测井资料从点到面的应用有了实质性的进展；总结归纳了以核磁共振测井技术、声—电成像测井技术等为代表的 15 项先进技术，以低阻油气层解释技术、水淹层解释技术等为代表的 10 项特色技术。

【质量管理】　2002 年，是测井工程处获得 QC 成果最好、最多的一年，也是长庆测井获得省、部级质量管理成果奖最多、最好的一次。

工程处 QC 小组成果一等奖 2 项、二等奖 5 项、三等奖 12 项。

8 个成果荣获“长庆石油勘探局优秀 QC 小组”一等奖，5 个成果荣获二等奖，4 个成果荣获三等奖。

4 个成果荣获“中国石油天然气集团公司优秀 QC 小组”二等奖，4 个成果荣获三等奖。

1 个成果荣获“甘肃省优秀 QC 小组”一等奖，3 个成果荣获二等奖，有 1 个 QC 小组被命名为“2002 年全国优秀质量管理小组”，这是长庆石油勘探局当年唯一获此殊荣的 QC 小组，为长庆局赢得了荣誉。

【体系管理】　2002 年 10 月 8 日至 12 日，长城（天津）质量保证中心派审核组，对长庆测井进行第三方整合管理体系认证审核，通过了质量、职业健康安全、环境整合管理体系认证，于 2002 年 12 月 6 日发证，成为 CNPC 系统首家通过 ISO 9001、ISO 14001、OHSAS 18001 一体化认证的企业。

【职工培训】　2002 年，送外培训 84 人次，其中外语培训 5 人次（英语 3 人次，俄语 2 人次）。参加函授学历教育 124 人，其中，硕士研究生 43 人，专升本 6 人，大专 62 人，中专 13 人。参加自学考试毕业 9 人。

【精神文明建设、工会、共青团工作】

(1) 2002 年 10 月份，在由省委宣传部、省经贸委、省总工会共同组织的第七届甘肃省职工职业道德“双十佳”评选活动中，测井工程处荣获“甘肃省职工职业道德建设十佳单位”称号。

(2) 承办了长庆局第九届工人技术运动会测井工项目的比赛。参加本次竞赛的有测井操作员、射孔操作员、仪修工、井口工、绞车工、油气井完井处理解释 6 个岗位，共 89 名选手。经过 3 天激烈的角逐，20 名选手获得了名次。

(3) 履行维护职能，继续开展“送温暖”活动。春节期间，共发放救济款 14200 元；年初，对全处职工进行了体检。利用生产间隙，组织先进生产者及各项目部经理共 42 人去海南、云南等地旅游。

（4）组建文化小分队赴三个项目经理部和甲方项目组慰问演出，不仅活跃了职工业余文化生活，也增进了与甲方的沟通与交流，为双方进一步合作打下了良好的基础。

（5）当年，成立了测井工程处游泳协会，会员达到了80多人。

（6）组织职工学习了新《婚姻法》、《工会法》。

（7）请专家为女职工讲授“女性保健知识”，并进行现场咨询。

（8）7月份，处工会又为全处425名女工报名参加中国职工保险互助会，为每位女职工买了一份特殊疾病保险。

（9）处团委认真开展了青年志愿者岗位作奉献、义务献工和“爱心助学”活动。为8户困难职工的子女捐助了文具、图书等学习用品20余套。

（10）建党81周年之际，组织了百人合唱团，在长庆局“迎‘七一’歌咏比赛”陇东赛区取得了第一名的好成绩。

【企业文化】　认真组织实施长庆测井企业文化建设工程。重点包括企业形象宣传片（多媒体、电视片）一部，专业网页一个，画册一本，谱写厂歌2—3首。完成企业形象宣传片及专业网页文字脚本的撰写工作以及部分视频、图片资料的采集工作。

【党建工作】　（1）全处共有党总支4个，党支部22个，党小组42个，党员责任区112个，党员模范岗105个，党员总数390人，其中男352人，女38人。（2）评选先进党支部4个，优秀共产党员32名。（3）发展新党员11名，转正22名。（4）以纪念建党81周年为契机，组织党员开展学习党的知识竞赛活动，收到了很好的效果。

【纪检监察和廉政建设】　认真贯彻落实中纪委七次全会和长庆局纪检监察工作会议精神。加强油料检查力度，严格油品管理。一是加强油料管理。以IC卡加油制度为切入点，核定了油料指标；二是强化管理，杜绝漏洞。2002年没有发现违规加油的司机及车辆。集中精力抓了遗留案卷的补充整理，对物资采购和工程建设项目招标情况进行了专项执法监察。

坚持标本兼治，深入开展党风廉政教育工作。加强对各基层领导干部的监管力度。一是抓了干部的形象教育，将评选出来的廉政勤政先进个人在全处范围内进行大力宣传，树立了干部的良好形象。二是抓了案例学习教育。将局纪委印发的《“防腐室”的腐败分子》等14个案件剖析材料，下发各党总支（支部），提高了领导干部拒腐防变能力。

【人事制度改革】　坚持跟踪考核，完善考核机制，增强考核的公正性和透明度。按照《测井工程处管理人员聘任上岗暂行办法》，首次对处长（党委）办公室等6个部门和单位的正职实行了公开竞聘，调整和选拔了机关科室和基层单位中层管理人员。

完成了测井一、二、三、四个分公司整合重组，以合理的劳动组织承担了非常繁重的生产任务，极大地调动了员工的生产积极性。

【劳动组织管理】　在长庆局“放水养鱼、激活基层”的管理理念指导下，测井工程处对基层单位实行“扁平式”管理，使生产组织靠前、成本控制下移，缩短内部管理链，合理调整劳动组织结构，按照整合体系的要求，制定了《岗位员工能力评价办法》。完成了录井公司（原宁夏测井站）126人向钻井工程总公司移交工作的办理。

【工资管理内部经济责任制】　实行承包经济责任制，对超额完成部分实行分段奖励的政策，把职工的劳动报酬同企业的经济效益高低及本人劳动贡献大小相结合。对工资改革进行了探讨和分析，从岗位测评到工资标准的测算，都形成了书面材料，并给长庆局劳资部门进行了多次专题汇报。

（测井工程处办公室）

井下技术作业处

【概述】 2002 年，井下技术作业处用工总量 2934 人，职工总数 2313 人。离退休职工 476 人，内退 234 人。下设机关职能科室 9 个，附属单位 4 个，处属科（大队）级基层单位 16 个，处属小队级基层单位 23 个。截至年末，资产总值为 28045.53 万元。其中，固定资产原值 19611.21 万元，净值 14757.11 万元。

【业绩指标】 2002 年，完成试油（气）压裂酸化 2821.5 层次，完井 1324 口，分别是 2001 年总工作量的 117.73% 和 118.64%，其中试油（气）1082.5 层次，压裂 1647 井次，酸化 76 井次，挤水解堵 16 井次。主业实现货币收入 62010.07 万元，比 2001 年增加了 23.81%，全面完成了各项经营考核指标。多种经营和集体经济实现生产经营总值 19381.4 万元，比 2001 年增加 119.05%。各项技术指标保持了较高水平，压裂（酸化）施工全优率 88.4%，比 2001 年提高了 0.8%；压裂（酸化）成功率 100%，地层测试成功率 100%，资料一级品率 82.7%。

【精细管理】 井下技术作业处把 2002 年确定为“制度建设年”，全年共建立健全资金管理、专用器材物资管理、外委修理费用控制、物资采购、对外劳务管理等制度和办法 21 项。开展了“质量化、数据化、个性化、标准化、科学化”的管理活动，较好地实现了管理“精细化”的目标。同时，通过增加投入改善硬件、配套完善施工监测仪表器具、建立科学有效的技术监控体系等，提高了企业管理水平。

进一步规范了内部经营管理和会计核算工作，整顿内部市场秩序，加强内部结算管理，制定内部停工误工补偿办法和跨区域作业机组费用补偿标准，进一步规范和完善了内部结算业务。建立了更加明晰的内部经济责任考核制，健全了内部协商、业务投诉、经济仲裁等管理流程，规范了内部市场秩序。

从 2001 年 9 月开始，对试油、试气、压裂、酸化、试井所涉及的工序、实物量、耗材、设备、费用、人员机构等 10 多个方面的资料进行逐项测算，开展了工程定额造价工作。

【市场开发】 2002 年，按照效益优先的原则，区分市场等级，进行理性取舍，全面占领关联交易市场，完成了油田公司油探、气探、气开及主要石油产建的试油压裂工作量；承揽了油田公司长西、新长南、采油四厂等开放区块和集团公司深盆气勘探、新星公司等外部市场的部分工作量；为新星公司、延长油矿及集团公司深盆气勘探等提供了压裂服务，完成社会市场工作量 156.5 层次，实现收入 640 万元。

在保持厄瓜多尔油井作业项目正常运行的同时，与斯伦贝谢公司进行了技术、设备、作业能力等方面的交流，初步达成了 10 口井试气压裂合作意向。

自行研制生产的 CJ1－2 酸液稠化剂、BE－8 油井脱水破乳剂、CHJ－1 解堵剂、CJSJ 杀菌剂等化工产品外销陕北、青海和中石化等市场，实现外销收入 360 万元。

【HSE 建设】 2002 年，在全面抓好 ISO 9002 贯标运行的同时，着手开展了 GB/T 19000（2000 版）质量标准的宣贯工作，为实现质量管理体系向 2000 版的过渡奠定了基础。同时，按照持续改进的原则，在 HSE 体系运行过程中，对工业安全、企业文化、员工健康、消防安全、信息交流等 10 个 OSH/HSE 程序进行修订，对其他程序进行了整合和修订，在全局率先通过了中油健康、安全和环境保护认证中心 OSH/HSE 管理体系认证，试油（气）队、压裂队及测试试井队全面通过了中油市场准入的资质认证。

以 OSH/HSE 体系宣传贯彻认证为主线，把加强教育、消除隐患、查纠违章作为安全管理的主要任务来抓。全年共举办各类 HSE 培训班 24 个，培训 2600 人次。从 4 月份开始，先后开展了“HSE 宣传贯彻月”活动、“安全生产法宣传月”、“消除隐患、杜绝违章、珍爱生命、确保安全”等系列活动。同时，以安全检查为手段，整治安全隐患及违章问题，全年安全生产形势平稳，千人死亡率、千人重伤率、千台车死亡率均为零，被长庆局评为安全生产先进单位。

【技术创新】 2002 年，全年共安排科技发展项目 14 项，其中局级项目 5 项，处级项目 9 项。重点解决低渗透油田老井复压增产、天然气储层高效改造、CO_2 泡沫压裂、清洁压裂液等技术问题。首次独立完成了气井水平井苏平 1 井、苏平 2 井的施工，并在这两口井上，成功地开展了大排量、大砂比液氮伴注压裂，以及对筛管完井的水平井的酸洗工艺试验。在塞 128 井成功地进行了次生热压裂液压裂施工；新 52 井土酸酸化加砂压裂工艺试验取得了明显的改造效果；在剖 34－10 井成功地进行了边配边注压裂液试验，在天 1 井进行了 CO_2 替喷排液、CO_2 灌注泵车、槽车及储罐投产试验。开展了国产 5‘½’可退式桥塞分压试验、气动密封防喷盒现场试验、KQ1050 型井口的引进及现场试验、轻便式自封封井器的引进及推广应用等技术创新活动。

【装备管理】 在继续抓好 2000 型压裂机组的人员培训和设备性能的消化、吸收的同时，对 4 台液氮泵车的台上液氮罐进行了改装，恢复了 1 台连续油管车和 1 台混砂车的使用。

在 30 井次上使用了压力计脱挂器作业，提高了试井设备的利用率，消除了因 H_2S 腐蚀导致钢丝绳断裂造成压力计落井事故的发生。

通过长庆局投资和自筹资金，新增了修井机、砂罐车、运液罐车、试井车、卡车、液氮泵车等装备。

【企业改革】 以产权制度改革为突破口，根据市场需要和建立现代企业制度的要求，初步建立以产权为纽带的控股、参股关系，组建成立了咸阳鑫源工程技术服务有限公司、昌润压裂砂加工厂。2002 年，鑫源公司实现营业收入 9000 万元，昌润压裂砂加工厂形成了年产压裂砂 15000 吨、产值 320 万元的生产能力。

加大“三项制度”改革力度，促进了职工思想观念的转变和生产要素的合理配置。在分配制度改革中，提高了管理和技术岗位人员的奖金系数，分配进一步向技术含量高、管理责任大和经济效益好的岗位倾斜。按照干部年轻化的原则和市场需求，配备人力资源，较大幅度调整了部分中层领导干部的工作岗位，实现了新老干部的交替。对全处 555 名干部进行了认真考评，对 20 个基层单位和机关部门的干部进行了调整。在干部任用上引入竞争机制，公开选拔，择优录用，按照长庆局的总体部署，公开竞聘了 2 名副处级领导干部，引进了 31 名大学毕业生，较好缓解了专业技术人才短缺的矛盾。

在深化物业管理改革、逐步理顺物业管理体制上进行了积极的探索，为促进物业管理产业化，服务价格化奠定了基础。着手开展了多种经营企业重组整合的论证和可行性研究，形成了初步方案。

【精神文明建设】 以党的十五届六中全会精神为指针，以学习实践“三个代表”重要思想为重点，以全面提高职工队伍的整体素质为目标，深入开展了政治理论教育、党风廉政建设教育、形势任务教育、职业道德教育和业务技术培训，不断提高职工队伍的整体素质。

井下技术作业处荣获全国职工职业道德建设先进单位，全国职工体质检测先进单位，甘肃省模范职工之家等多项殊荣；处长王鸿彬同志荣获“全国五一劳动奖章”，并进京参加了“五一”国际劳动节庆祝大会系列活动，受到了党和国家领导人的亲切接见；试油 177 队被团中央授予“全国青年文明号”。

（乔　峰）

建设工程总公司

【概述】 2002 年,建设工程总公司坚持“外树形象抓市场,内转机制抓管理”的工作思路,在开拓内外市场,实施精细管理,转换经营机制,创新企业理念,确保稳定发展上下功夫,全面完成了年度生产经营工作任务。

2002 年,建设工程总公司下设机关职能科室 8 个(包括机关党总支),附属单位 2 个;厂(处)属科级单位 20 个。用工总量 3500 人,职工总数 2701 人,其中干部 739 人,工人 1962 人;男职工 1953 人,占职工总数的 72.3%,女职工 748 人,占职工总数的 27.7%。设有党总支 8 个,党支部 42 个,党员总数 1623 人,在职党员 628 人,占职工总数的 23.48%。资产总值为 5.44 亿万元。其中,固定资产原值 2.75 亿元,净值 1.95 亿元;所有者权益 1.95 亿元,负债 3.49 亿元,负债率 64.07%。拥有各类设备 454 台(套),资产原值 1.46 亿元,资产净值 0.98 亿万元,设备新度系数 0.67。

【生产经营】 2002 年,建设工程总公司全年累计完成施工产值工作量 8.86 亿元,较 2001 年增长 43.8%;主营业务实现收入 6.72 亿元,内部利润 2105 万元。

【市场开发】 全年共承揽到工程项目 20 项(不包括跨年工程),落实工作量共计达 8.13 亿元,市场开发的“量”创造了建工历史之最。承揽并展开西气东输工程施工;一举中标 180 千米长呼管道工程,取得了公司历史上承揽最长管道施工的资格。

油气田产建和长输管道工程:共中标和承揽工程项目 12 项,计 96004.02 万元,其中,油气田产建工程 9 项,34400.0 万元,长输管道工程 3 项,产值 61604.02 万元。

道路专业:采集工程项目信息 86 个,资格预审项目 33 个,投标项目 31 个,进入前三名 25 个标段,中标 10 个标段、中标价为 4.42 亿元,前三名入围率 80.65%,中标率 32%。中标价比 2001 年增长 2.38 亿元。

【主要措施和成果】 2002 年,生产组织建立了以生产计划为龙头,以生产运行为中心的生产管理模式。

(1)深入施工现场,检查落实生产计划的执行情况,针对现场生产运行情况及时调整月度生产计划。

(2)加强施工设备的购置、管理、配置、租赁,解决了施工设备缺口的问题。

(3)针对各项目特点,加强项目法施工管理工作,取得了较好成果。

(4)完善生产信息网络,确保生产信息畅通。

(5)进一步规范内部运输市场。

【科技创新与技术改造】

1. 新工艺和新技术应用

(1)掌握了 PE 三层作业线、全自动焊接工艺及配套工艺等制约施工的关键技术。

(2)西气东输管道工程创造性地完成“双侧管沟开挖沉管法下沟”、“山坡地段管沟水工保护”等工艺,均在全线推广使用。

(3)宁夏中郝高速公路路面工程采用路缘石机械化铺设和拦水带一次成型两项新技术,施工质量达到了业主的要求,获得业主的充分肯定。

(4)引进管道环向射线检测技术,提高了无损检测能力。

2. 科研成果

(1)攻克钢制管道熔结环氧粉末外防腐涂层技术。

(2)黄土塬地区大口径管道铺设技术成果获2002年长庆石油勘探局科研成果奖一等奖。

(3)管道三层PE防腐工艺研究应用获2002年长庆石油勘探局科研成果奖二等奖。

(4)250T履带吊车整体吊装120T脱硫塔施工技术成果获2002年长庆石油勘探局科研成果奖三等奖。

(5)高等级公路路缘石滑模施工技术成果获2002年长庆石油勘探局科研成果奖三等奖。

【工程建设】　2002年，承建工程项目21项，其中关联交易项目9项，社会工程项目10项，油气田产建、长输管道项目10项，道路、桥梁项目10项，当年竣工验交13项，跨年4项，新中标道路项目1项。

西气东输项目部承担施工的14标段管线提前实现主体完工，施工质量、进度、安全等经济技术指标在陕晋段各施工单位中名列前茅，取得了与专业施工队伍比肩的水平；长庆建设工程总公司新疆前指继世界沙漠第一路之后，提前优质建成了国家第二条沙漠公路——塔且沙漠公路。

【安全生产】　围绕“统一管理标准，规范管理行为，狠抓基础工作，施行三级督查，实现既定目标”的管理方针，以市场为导向，以效益为中心，以用户满意为目标，不断改进和完善安全环境管理体系，努力提高施工作业和服务水平。深化HSE/OSH管理体系和“两书一表”的推行，开展了整章建制活动，狠抓了基础工作建设，加大了监督检查力度，严格违章事故处理，重大责任事故和低级违章事故得到了有效的遏制，事故起数和经济损失比去年有了大幅度下降，基本实现了安全生产奋斗目标。千人死亡率零，千人重伤率零，千台车死亡率零(无责任死亡事故)，杜绝了任何环境污染和植被破坏事故。

【质量管理】

(1)单位工程验交合格率100%，优良率90.6%。

(2)长庆气田30×10^8立方米/年产能建设地面工程、长庆炼化总厂30×10^4立方米/年催化及加氢装置获国家优质工程银质奖；长庆气田30×10^8立方米/年产能建设地面工程还获得全国用户满意工程奖；陕甘宁气田至北京输气管道工程获中油建设协会优质工程金质奖；吐乌大公路工程被评为优质工程奖。

(3)5项QC成果获奖，其中，国家优秀QC成果一项，石油工程建设协会优秀QC成果二等奖两项，三等奖两项。

(4)通过ISO 9001质量体系换版认证。

【企业改革与管理】

(1)企业改革。对多种经营企业按照公司制定的《多种经营系统整合重组方案》，采取以“长建有限公司”为主体吸收“劳动服务公司”的吸收式合并办法，进行了公司制改造。依照现代企业制度“三权分立、相互制约”和精简高效的原则，建立了公司法人治理结构，设立了股东会，选举产生了董事会和监事会，成立了甘肃长庆长建建设工程有限公司。公司注册资本1750万元，公司性质为股份制企业，形成了母公司“整体多元化”和各分公司“局部专业化”的经营格局，实现了以体制的变革达到管理的提升，以机制的创新来增强企业活力的目的。

(2)制度建设。建立各种工作职责、工作制度308个，编制各种组织系统图、工作流程图75张。编写出版了《油建公司文件选编》和《企业管理制度汇编》。另外，还制订了《油建公司资信证件管理办法》，严格了企业营业执照、组织代码证书、资质证等资信证件的使用审批手续。

【思想政治工作】　2002年，取得了6项主要成绩：企业核心价值观初步形成；企业形象添亮点，被全国施工企业管理协会评为“全国用户满意施工企业”；宣传工作有效树立了企业良好的形象；精神文明建设成果丰硕；稳定工作成效显著；弘扬了一批先进典型。

【荣誉称号】　长庆气田地区建设工程获“国家银质工程奖”，获“集团公司金质工程奖”；长庆石化总厂加氢联合装置获“国家优质工程银奖”;建设工程总公司获“全国重合同、守信用企业”称号;凌心强获“陕西省劳动模范”称号。

（尚建文　张建军）

工程技术研究院(工程技术处)

【概述】 工程技术研究院(工程技术处)有职工152人。下设钻井研究所、钻井液完井液研究所、固井研究所、压裂酸化研究所、机械电气研究所、腐蚀与防护研究所、信息情报研究所、新技术推广部;院机关设有综合管理部、工程技术部、市场开发部、财务资产部等4个科室。拥有固定资产原值2297.15万元,净值2187.93万元。

【科研攻关】

(1)2002年,共承担研究课题15项(分项18项)。其中,科研攻关项目9项,新技术开发项目6项(含集团公司科研发展项目3项)。承担7个集团公司级项目,其中(水平井钻井、欠平衡钻井、CO_2 压裂和天然气固井)等4项完成。多台阶水平井和天然气欠平衡钻井技术被预选为集团公司十大科技成果。承担集团公司项目数量、完成集团公司项目数量以及研究水平均创造了工程院的历史之最。共申报技术发明和实用新型专利7项,已获授权4项。

(2)加大科研创新力度,搭建了三个平台,形成了三大亮点。①跟踪国际先进技术,加强高新技术攻关,提升了长庆局整体技术水平。②提升原有技术,突出技术、产品的创新性,形成特色技术和产品,增强了发展实力。③开发实用新技术,适应市场需求,实施“走出去”战略,拓宽了发展空间。

(3)科研创新:①完成了我国陆上第一口多台阶水平井;②填补了我国陆上砂泥岩层天然气欠平衡钻井空白;③降低储层伤害的 CO_2 泡沫压裂技术日趋完善;④长封固井段、多套压力系统天然气井固井技术达到国内先进水平;⑤在技术创新方面形成了以端部脱砂、多级充填、缝内转向压裂技术为主的压裂特色技术。

(4)产品创新:①固井所研发的新型早强剂GJR-1和泡沫体系中的GFQ-1、GFQ-2、GWP等化学试剂产品,在现场得到广泛应用。②机电所研究开发的新一代“集输管网安全装置”和一体式“油井温控短路热洗装置”、“多功能组合控制柜”、“旋转直流电磁阀”,形成了系列产品,拓展了其应用范围。③防腐所开发的“防腐器”在现场推广应用200多套。

【技术管理】

(1)管好长庆局递延资产。确保施工单位服务能力提高,确保其技术的先进性,确保总量控制。

(2)推广先进配套技术,规范质量标准,规范技术准入,加强以井控为中心的井下安全管理。

(3)发挥服务功能,与油田公司建立了协商机制;建立了靖边服务点;加大国际市场的技术支持;搞好特殊井的技术管理。

(4)做好长庆局的技术参谋,提供决策技术依据,协助搞好关联交易谈判和定额编制工作。

(5)做好生产的技术准备工作,确保生产运行正常有序。

【技术服务】

(1)进一步提出了创建科技型企业的发展方向,更加明确了科研是基础、技术服务是重点的科研理念。

(2)在实际工作中处理好科研与技术服务、技术服务与管理、技术服务与人才三个关系。

(3)组建了前线小分队,由分管技术创新的副院长亲自挂帅,各研究所派人参加,长驻靖边地区,总揽全局,协调关系,现场协商,就近解决问题。

(4)组织完成了乌兹别克斯坦 1 - G 水平井设计和厄瓜多尔 P - 3B 井、A4 井定向井钻井设计,派出技术人员赴乌兹别克斯坦负责轨迹控制任务,圆满完成现场施工。

(5)承揽了江苏油田洪顺 2 井、胜利油田胜 3 - 平 1 水平井技术服务。

(6)完成了油田公司靖宁项目组红平 1 井的方案设计,进行了现场施工监督。

(7)开辟了新星公司华北分公司 DP - 1 井水平井的固井技术服务市场。

【经营与市场开发】

(1)全年收入 7698.88 万元。其中:局事业费补贴 830 万元;局拨科研经费 701.5 万元(含接转到 2003 年项目费用);完成产值 6165.38 万元(含厄瓜多尔项目费),实现销售收入 5750.38 万元,比 2001 年增长 12.75%;实现内部利润 333.5 万元(含有限责任公司);全员劳动生产率为 50.64 万元。

(2)市场开发初步形成了五大专业技术服务模式:①以水平井、定向井及欠平衡钻井为主体的钻井技术服务;②以油气层保护为主体的钻井液技术服务;③以压裂新工艺、新技术为主体的压裂酸化技术服务;④以老井修复为主体的井下作业技术服务;⑤以水平井固井为主体的固井技术服务。

(3) 产品销售形成了三大规模: ①以新型固井外加剂、新型钻井液外加剂、新型缓蚀剂、新型压裂酸化外加剂为主体的油田化剂产品; ②以钻井、井下作业、固井等工具及油田地面装置、仪器为主体的新型油田机电产品的销售市场; ③形成了以阴极保护工程为主体的油田工程建设市场。

(4)“走出去”战略初见成效,外部市场份额达到了总收入的 13.35%。技术服务、产品销售走向了国际市场,走向了国内 8 个油田。

【企业管理】

(1)完善了经营机制。根据不同单位的性质,确定了不同的经营指标,明确了产值是市场占有率的一项重要衡量指标。

(2)加强了市场管理。完善了经营月报、价格管理和合同管理体系,统一了各单位的产品和技术服务的品牌宣传。

(3)完善了科研管理机制,初步建立了技术服务项目的管理制度,把技术服务纳入了项目管理。

(4)加强了财务管理,争取了优惠的税收政策。为责任公司办理了“技术资格贸易证书”,减免了营业税;加强了责任公司的财务审计,财务报表实现了电算化。

(5)加强了质量、安全、环境与健康管理工作。顺利通过 ISO 9001:2000、ISO 14001 和职业安全健康管理体系的认证,初步建立起了企业化管理的文件框架。

(6)取得了集团公司定向井服务市场准入许可证,责任公司取得了陕西省防腐保温二级专业资格证书和设备安装工程三级承包证书。

(7)加强了质量管理,建立了质量回访制度。

(8)实行了安全生产责任制,进一步完善了安全生产“三全”管理体系,安全生产达标。

(9)完成了工程院的无纸化办公系统,为实行信息化管理奠定了基础。

【人才培养】

(1)全面实行人事代理制,对新进人员的薪酬进行了结构性调整。

(2)加大了人才培养力度,在读硕士两人,参加硕士研究生进修班 8 人,新提拔科级干部两人。

(3)加大了领导班子的考核力度,在人才选拔、职称评审等工作方面实行了公示制度。

(4)建设了一支专家队伍,拥有长庆局首席专家 1 人,一级学术技术带头人 8 名,二级学术技术带头人 12 名；晋升高级工程师 4 人，其中破格 1 人，晋升工程师 7 人，其中破格 1 人。

【结构调整】

(1)组织结构：成立了腐蚀与防护研究所，调整了钻井研究所、钻井液完井液研究所、固井研究所、压裂酸化研究所、机电研究所的人员。加强和充实了市场开发部，加快成果的现场转化应用。

(2)人才结构：加快了人才引进和培养步伐，使技术人才从能力和年龄结构方面更趋合理。

(3)科研产品结构：从纯科研单位向科技型企业转变；从完成科研指令性计划到科研市场化方向转变；从科研投资单一性向多元化方向转变。

(4)市场结构：增大了市场的技术含量，形成了技术服务能力，技术服务和新产品、新技术占市场主体的 53.8%；加大了“走出去”的步伐，提高了抗风险的能力，外部市场占了 13.35%。

(5) 资产结构：进一步调整了资产结构。①投入近 2600 万元（其中局投资 2300 万元）购买了先进的仪器和设备；②清产核资报废资产 143 万元，资产新度系数为 0.9，优化了资产结构；③责任公司在泾河工业园征地 35 亩，长庆局和责任公司将共同投资，建立井筒技术重点试验基地和化工、机电、仪器试验工厂。

(6)加大投资，调整科研结构：①工程院自筹资金 100 万元进行新产品研发；②加大与外部科研单位的合作，研发井架测试软件和 MWD 地面仪表系统；③责任公司投资 8.5 万元与采油三处、西安交大共同组建了长庆应用化学研究所。

【精神文明建设】

(1)加强了基层建设，认真推行了厂务公开制度和民主评议干部制度，落实了职工民主管理、民主监督的权力，增强了凝聚力。

(2)严格实行党风廉政建设责任制度，年终考核二级单位班子优良率达 100%，院领导班子被长庆局考核评定为先进班子，工程院被局考核评定为党风廉政建设先进集体；综合治理工作、计划生育工作全面达标。

(3)党组织建设工作、宣传工作、工会工作、青年工作得到了有效的加强。院工会被局考评为两星级“职工模范之家”；工程院被评为“基地精神文明建设先进单位”；责任公司被评为“局多种经营系统优秀企业”；责任公司工会被评为“局模范职工小家”；李光明被评为“局多种经营优秀经理”；任雁鹏获得“全国青年创新创效先进个人”称号；固井所再次被评为“局先进集体”；马海忠再次被评为“局劳动模范”；韦孝忠被评为“局先进个人”；工程院 2002 年树立了任雁鹏、韦孝忠、朱哲、拓伯民、王正金等五大标兵。

（左志俊　马红宁）

工程监督公司

【概述】 2002 年，工程监督公司设有工程监督部和综合财务部，配备人员 10 名，其中经理 1 名，副经理 1 名。下设 5 个现场监督部，实行总监负责制，统一在公司领导下开展工作。聘用钻井、试油（气）、地质、测井四个专业工程监督人员 88 名。

【生产经营】 因长庆油田公司于 2001 年 9 月将工程技术管理部改成工程技术管理公司，加入了工程质量监督职能，使长庆监督市场的进入难度增大，导致长庆监督公司工作量锐减。

2002年,共承揽油田产建165万吨、气田产建7亿立方米产建质量监督工作量。全年共完成钻井监督井1396口,地质监督井1629口,测井监督井1626口,试油(气)监督井1122口,监督覆盖率分别达到了100%、93%、80%、100%,查出各类质量问题及质量隐患问题3182个,现场解决与整改3051个,下发监督备忘录444份。

2002年,上缴管理费100万元,内部利润73.57万元,超额完成经营考核指标,其他管理控制指标全部达标。

(荣建利)

国际市场开发部(国际石油技术工程公司)

【概述】 2002年,是国际市场开发部逐步适应海外工作形势、规范运作程序、强化内外管理、夯实国际市场开发及境外项目基础的一年。国际市场开发部既是长庆局管理海外项目的职能部门,又是一个经营实体。其主要业务为国际石油工程技术服务和石油施工领域的物资出口以及器材引进。

国际市场开发部下设综合、商务、经营财务、项目管理和对外贸易(局技术设备引进办公室)四部一室,现有27人。另设海外施工项目部一个,即厄瓜多尔项目部。

【主要指标完成情况】

(1)费用计划300万元,年底实现了可控部分不超。

(2)海外项目运行情况良好。

①厄瓜多尔项目:钻井已完井三口;其中VHR-13井仅用21天顺利完钻,创造了当地钻井速度纪录,一举扭转了厄瓜多尔项目的被动局面,业主已向CPEB队伍颁发了市场准入证。

地震完成A-P项目物探工作中最困难、工作量最大的343平方千米三维地震野外采集工作,以390炮创造了在当地三维地震炮次最高纪录。

井下作业完成P-3B井和A10井的完井工作。

电站、输变电工程、地面建设工程设计已经业主批复。

完成投资工作量2646万美元,投资登记正按计划运行。

②尼日利亚项目:完成了一口井深3800多米的定向井。对设备进行了全面整修,剖析了工作中存在的各种问题,做好了下一步工作量落实后的各项开工准备。

(3)按照国际市场的运作要求,以厄瓜多尔项目为基础,初步建立了海外项目管理体系,管理工作逐步规范。

(4)国际市场开发有序进行。在厄瓜多尔AP项目合同外,额外承揽并完成了一口井的钻井工作量;额外承揽并完成了9口井的修井工作量;由国际部提供的厄瓜多尔售卖石油区块信息,引起了集团公司领导的高度重视,专门派员赴厄瓜多尔考察,并和厄瓜多尔国家石油公司签订了合作协议,CPEB被确定为集团公司下步在厄瓜多尔开展石油工程技术服务的首选单位;初步建立了国际市场开发信息渠道。与多家外国公司和国内有关单位建立了正常的业务联系。厄瓜多尔项目部还积极参加了“厄瓜多尔国际石油展”和基多独立节游行,提高了长庆的知名度。

(5)设备引进完成工作量1300万美元,保证了生产所需,并解决了大量遗留问题,通过办理免税,为长庆局节约资金6055万元。

【基础管理】 2002年6月,长庆局进一步明确了国际市场开发部的工作职责和范围,根据要求,国际市场开发部及时调整了内部机构和定员编制。各部门及境外项目部制定了管理职责、岗位职责 24 种,强化了对海外项目的管理力度,初步建立了长庆国际市场开发的基本构架,使各项管理工作规范化、科学化。

【境外项目管理】

(1)加强对海外项目的指导和协调,保障海外项目顺畅运行。2002 年,在项目部实行内部经营承包、加强经营管理、严格控制成本、精简中方人员等,强化了对境外项目管理。

(2)积极探讨境外项目的运作模式,建立健全了海外项目考核体系。在厄瓜多尔项目部建立了以内部经营承包制为主要内容的经营考核办法,把工作绩效与职工收益挂钩,把企业利益和职工利益有机结合起来,真正体现了企业内部责、权、利的关系,实施后见到明显效果。

(3)加强投资登记管理,保证收益回报。厄瓜多尔分公司除了加强日常的投资管理以外,把投资登记作为重中之重,初步解决了物探投资分割、电站和输变电工程前期投资登记等一些重大投资登记疑难问题,极大地保护了我方利益。为了从根本上解决投资登记难的问题,厄瓜多尔分公司还组织有关人员研究投资登记程序,明确了投资登记所需要的文件类型、文件格式和提交的程序,同时,实行专人负责制,对由于责任心不强,影响投资登记的,限期登记,并给予经济处罚。

(4)大力开展合同研究,积极做好合同转移和变更。严格按照国际惯例规范运作,在厄瓜多尔项目部成立了法律事务部,加强了对项目当地情况和合同的研究;制定了合同管理办法(试行)和法律合同部工作职责,基本上把合同管理纳入了正规化轨道;制定了“合同责任人管理办法”,合同的谈判、订立、履行、监督都有专人负责;实行了分级负责制,明确了责任,分解了压力,解决了推诿扯皮的问题;规范了项目部常用合同格式,初步完成了常用的格式合同和格式条款的制定工作,为保护公司利益创造了条件;积极进行了合同转移及分包合同的谈判,力求最大限度地规避法律风险。

(5)加强对厄瓜多尔法律的研究,保证项目的依法正常进行。厄瓜多尔项目部组织人员以“厄瓜多尔投资指南”、“厄瓜多尔政府更迭后政治经济现状参考”为依据,结合国际上通行的工程承包示范合同(FIDIC),对项目所涉及的法律、合同进行了认真研究。并聘请西北政法大学教授对 PP 和 DYGOIL 签订的 2001075 合同进行评价,形成了“厄瓜多尔项目风险预测及其防范措施”,为项目在厄瓜多尔的顺利实施提供法律保障。

(6)严格资金管理,有效控制海外项目运作及市场开发成本。为了缓解长庆局资金紧张的压力,国际市场开发部确定专人负责审核海外项目预算专项资金,特别是对重要合同支出项目先由项目部上报专项资金申请,再由国际市场开发部把关,严格依据 2002 年 3 月起草的《资金管理办法》规定的程序,实行相关领导逐级“审批制”,确保境内外资金的使用始终处于可控状态。项目部在资金支出上始终坚持“两笔一章”的“联签制度”,保证了资金的安全和支出的合理性、严肃性。

(7)积极实施本土化战略,解体“大而全、小而全”的体制。根据国际惯例,国际部在比较优劣得失的基础上,合理使用当地工程技术和管理人员,减少了交流障碍,缩短了管理流程,使 AP 项目中方人员从最初的 97 人减少到目前的 48 人。其中物探分项目人员从 30 人减到 13 人,钻井分项目人员从 40 多人减到 15 人,节约了大量人工成本,工作效率却大大提高。

(8)加强关系协调,创造良好环境。

①逐步理顺了各参加施工单位与厄瓜多尔项目部的责、权、利关系,明确分工、统一管理,达到最终实现互利双赢、共同发展的目标。国际市场开发部与钻井工程总公司、井下技术作业处就厄瓜多尔项目、尼日利亚项目的合作模式进行了探讨和研究,明确了双方的责任和义

务,对人员、设备等保障体系的运作达成了共识,为境外项目下一步的精细管理和保障支持奠定了良好的合作基础。

②理顺对外关系,保证有效开展工作。注重协调好与项目所在地各方关系,减少项目运行的风险和难度。AP 项目经理部在整个运作过程中,始终坚持处理好与业主 PP 公司、合作方 DYGOIL 公司、中国驻厄瓜多尔使馆及当地华人团体的关系,外部力争与业主以及合作伙伴建立顺畅的合作关系。特别是致力于协调好与业主方现场监督,业务主管部门和高层领导的关系,在 2002 年业主方人事变动频繁,工作难度大幅增加的情况下,基本保证了项目的正常进行。

同时,国际市场开发部与集团公司国际合作部、中油勘探开发公司、中油国际工程公司、中油长城公司等建立了正常的工作联络,为今后开展合作创造良好条件。

【精神文明建设】 一是发挥党组织的战斗堡垒作用和落实工会组织民主管理和监督职能,不断增强队伍凝聚力。成立了党总支,下设部机关支部、厄瓜多尔项目部支部和尼日利亚项目部支部,并及时对基层组织成员进行了改(补)选,健全了国际市场开发部的工会组织,切实加强了基层组织建设工作;同时,认真落实“三会一课”制度,保证党内组织生活正常进行;发挥工会组织的自身优势,开展了为海外职工家庭排忧解难等多种小型多样的活动,增强职工队伍的向心力。

二是加强思想政治工作,发扬长庆光荣传统,采取多种方式,加强对职工的思想教育。在开展了先进标兵评先选优活动,激发职工创造热情的同时,领导干部以身作则,率先垂范,激发了全体职工的奉献热情。

(李东勋)

油气开发公司

【概述】 油气开发公司是长庆石油勘探局负责油气资源合作开发的管理部门和低效油田勘探开发的生产单位,成立于 2001 年 12 月。主营业务是与长庆油田分公司共同在合作开发区块内进行石油勘探开发和生产。主要勘探开发区域在陕西、宁夏两省(区),勘探开发总面积 514.94 平方千米。

2002 年一季度,长庆局组建油气开发公司机构,根据工作开展需要设立工程技术部、合作开发与公共关系部、生产运行部、计划财务部和综合部等 5 个部门。共有员工 29 人,其中各类管理人员 14 人,各类专业技术人员 15 人,其中教授级高工 1 人,高级职称专业技术人员 4 人,中级职称专业技术人员 12 人。

资产总值为 4950.31 万元。其中,固定资产原值 64 万元,净值 32.96 万元;所有者权益 32.96 万元,负债 4917.41 万元,负债率 100%。

【生产经营指标完成情况】 2002 年,钻井 13 口,进尺 2.63 万米;完成 1.12 万吨产能建设;生产原油 867 吨,销售量 615 吨。在无探明储量的区块内,先后在姬塬东斜坡上发现了延 9、延 10、长 2 三个油藏,在马坊北区发现了延 8 油藏。在王盘山区块的 7 口井、马坊北区的 1 口井中喜获高产工业油流,试油平均日产油 10 吨。

【勘探开发】 先后编制完成了坪桥东区开发方案,王盘山、马坊北、姬 15、楼坊坪等区块的勘探开发方案。同时,鉴于合作区块区既没有探明储量,也没有控制储量,勘探开发风险很大的现实,在油田公司的大力支持下,在收集了物探和以前所钻井的钻井、测井、试油、地质等各方面资料的基础上，对王盘山区块的地质构造情况、油藏分布、主要含油层位等进行分析，并在此基础上确立了勘探开发的技术思路、布井原则和具体实施方案，围绕原出油井点，部署以延10 和长 2 为目的层的 3 口滚动评价井。方案实施后，首先在王评 2 井喜获高产工业油流。9 月按照加快王盘山开发步伐的指示，在王评 2 井周围布井，实施元 47－1 井施工方案，该井也获得了高产工业油流，随后完钻的元 47－2、元 47－3 井，经试油均获高产工业油流。

【企业与地方关系协调】 先后多次奔赴延安、定边、盐池、吴旗、子长等地，疏通企地关系，进行实地探井调查，协调土地征借。2002 年 4 月份，在定边县和盐池县取得了突破，办妥了王盘山区块、姬塬区块、马坊北区块的土地征借手续，开始钻井作业；8 月份，加大外协工作力度，在吴旗、志丹县取得进展。2002 年在宁夏的盐池、陕西的定边、吴旗、志丹 4 县进行石油勘探开发作业。

【企业管理】 公司成立了安全管理委员会，严格落实周一安全生产例会制度。在交通安全方面，制订了《车辆使用管理制度》，对各类用车实行计划审批、专人调度、严格控制的管理制度，全年公司实现了安全生产无任何大小事故。在生产环节管理上，对施工作业把好监管“三关”，即作业队伍进入关，施工过程工序关，各类资料分析关。按照干部管理程序，分期、分批配备了部门负责人，先后选聘科级干部 6 名，聘任副科级干部 3 名，年终干部考核胜任率 100%。

【党群工作】 成立了油气开发公司党总支，成立了 1 个党支部，3 个党小组。建立了党群工作相应的基础资料，制定了七大项工作制度，编印了《油气开发公司党群工作制度汇编》。公司共有党员 23 名，收缴党费 3019.0 元并足额上缴。年终民主评议党员合格率 100%，局优秀党员 1 名。

加强党风廉政建设，制定了《党风廉政建设制度》。制定了《招投标管理办法》、《合同管理办法》等，加强了监督制约，全年签订的七大类 16 项合同未发生一起问题。

设立了工会组织，推行厂务公开，增强管理透明度。

（杨玉虎　王晓红）

第一采油技术服务处

【概述】 2002 年，第一采油技术服务处（以下简称采油一处）下设机关职能科室 10 个，附属单位 4 个；处属科级单位 11 个，直属小队级单位两个。处党政领导班子成员 6 人，处级干部 6 人，科级干部 70 人。用工总量 2396 人，职工总数 2031 人。其中干部 534 人，工人 1497 人；男职工 1462 人，占职工总数的 72%，女职工 569 人，占职工总数的 28%。共有离退休职工 1037 人。拥有各类专业技术人员 297 人。其中：中级职称 131 人，占干部总数的 30%；副高级职称 14 人，占干部总数的 3%。

按内部业务板块分，工程技术服务 134 人，占职工总数的 6.6%；生产服务 705 人，占职工总数的 34.71%；文化教育 127 人，占职工总数的 6.25%；医疗卫生 120 人，占职工总数的 5.9%；物业管理 419 人，占职工总数的 20.63%；多种经营 374 人，占职工总数的 18.41%；其他 152 人，占职工总数的 7.50%。

截至 2002 年末，资产总值为 24154.83 万元。其中，固定资产原值 24538.86 万元，净值 17342.72 万元；所有者权益 17342.72 万元，负债 6812.11 万元，负债率 28%。

【产业定位及发展方向】 做优做强以井下作业为主的工程技术服务业务；加快发展以低产低效区块开发为主的新兴业务；稳定发展以运输及特车服务为主的生产服务业务和以物业管理为主的社会服务业务。

【生产经营】 2002年，共创新了7项指标：

(1)企业总收入创造历史新高。实现2.5亿元，同比增长17.9%。

(2)关联交易总量稳步增长。收入1.20亿元，同比增长19.8%。

(3)外闯市场收入持续攀升。收入1727万元，同比增长26.8%。

(4)人均劳动生产率达10.43万元/(人·年)，同比增长17.2%。

(5)井下作业全年完井折合4612标准井次，同比增长17.8%。

(6)多种经营得到长足发展。华泰有限责任公司产值突破亿元大关，实现收入1.15亿元。

(7)油田地面建设再创佳绩。在安塞地面产建中创下5个优良工程。其中输油管线索跨创安塞油田管线跨越长度与落差之最。

【关联交易】 关联交易获得实质性进展。关联业务基本实现了价格化结算，超基础工作量以外工作量实行浮动价格结算。在长时间、满负荷、超强度配合长庆油田公司采油一厂上产中，巩固了厂处建立战略同盟合作伙伴关系的基石。加强了与长庆局同行兄弟单位的沟通，避免了无序竞争，确保了关联交易市场的完整。

【HSE管理】 营造了全员安全的生产环境。HSE“两书一表”在基层班站推广实施，6个HSE建设“精品工程”通过长庆局验收，修井、运输等重点要害部位硬件建设基本到位，全处HSE体系建设基本达到规范要求。全员安全环保意识进一步加强，安全总监、专(兼)职安全督查和责任体系逐步建立。连续3年被评为局安全生产先进单位、消防工作先进单位。

提升了进入市场的资质水平。采油一处井下作业2个甲级队、14个乙级队通过了集团公司评审；ISO 9001质量管理体系通过北京三星九千国家质量认证中心的认证；获得了国家建筑专业二级企业资质和国家GB类压力管道二级施工资质；特种作业人员持证率达到了100%，增强了企业的整体竞争实力。先后自筹资金740万元，申请长庆局投资1766万元，购置关键主营设备96台(套)，设备新度系数从0.54迅速提升到0.65。

【科技管理】 召开了采油一处首届科技大会暨QC成果发布表彰会，组建了科技管理机构，投入科技经费66万元(自筹40万元)。安排科技项目五大类25项，取得了3项科研成果、10项QC成果、申报了两项专利成果。井下作业技术，低产低效区块高效简捷开发管理、浅油层开发中后期含水控制技术在陕北油区处于领先地位。

【改革改制】 机制转换取得新进展，业绩考核深入人心。对综合机修公司、公用事业管理站幼儿园等单位实行了完全成本集体承包，模拟法人运作。在绿化队、液化气站等单位尝试了多种不同形式的经营承包模式。完善实施了以“一个中心、两种考核、三个体现、四种模式、五个统一”为核心的经营业绩考核办法和配套的12条经营政策。对基层领导班子量化业绩分值考核，明确了职工个人创收的奖励政策，提高了单位外部创收提留比例。对劳动服务公司采油队实行了吨油买断；对特车大队尝试单车核算，对修井队实行费用分摊到井次上核算。结构调整持续推进，资源配置不断优化。对华泰有限责任公司业务进行了整合，将机修加工、油管修复、检泵业务合并成立了综合机修公司。恢复组建了拥有两个作业机组的华泰试油队，与华北迅达塑料制品有限责任公司组建了注塑抽油杆加工厂。撤销了长兴商贸公司；规范了河庄坪商业网点管理；协调解决了向阳大厦、清泉沟农场等历史遗留问题。将基建办并入公用事业管理站，理顺了河庄坪基地基本建设管理。

建立了五个层面的人力资源开发体系，引进本(专)科毕业生 34 名；开展培训 405 人次；申报、鉴定技师 7 人，高级工 163 人。

【企业管理】 积极参与了长庆局“管理提升战略大讨论”，通过以会代培、聘请教授讲座、参与 MBA 学习，对中层以上干部进行了理论培训。提出了管理者归位，从注重行为向管理思维转变。引入了以人为本的管理理念，将硬性约束与人本管理有机融合。编制完成了《处精细管理实施办法》，在 4 个单位及重点业务进行了试点，由粗放管理开始向精细管理过渡转变。首次将 2002 年全年经营工作纳入了预算轨道，完善了滚动预算。加强了报废设备清理，正确处理了质量提升与质量过剩的关系。

【精神文明建设】 企业文化日臻完善，企业形象充分展示。完善了一处理念体系，企业文化实施方案有效落实。举办“元宵灯会”、“书画艺术展”等文娱活动 21 场次。美化了三区中道及四区大门；多功能电教室、灯光球场相继投用；大型户外标识广告、机关局域网建成投用。深入开展了“十六大精神”、“二次创业”、局处“四会”三大主题宣传教育，持续进行了企业文化、市场意识、改革改制、职业道德 4 项宣贯教育，编订了职业道德、居民公约等 11 项行为道德规范，全处无“法轮功”习练者。

认真落实了集团公司、长庆局关于维护稳定工作的一系列指示精神。成立了维护稳定领导小组，对基层班子实行维护稳定一票否决制。建立了动态信息网络，实行了 24 小时值班制度，组建了 11 个内退职工党支部，摸清了 468 名内退及 211 名有偿解除劳动关系人员情况，加大了小区治安综合治理力度和公共场所外来人员的管理。为职工办好事、办实事，职工人均收入同比增长 20%。为 120 余户厂处职工解决了住房，组织先进旅游 39 人次。发放救济款、慰问金 24 万元，为困难职工捐款 4.3 万元。投入资金 23 万元改善了司机食宿站、井下作业队等一线生活条件。为全处 2300 余名职工进行了体检，设立了小区“440”全天候服务热线，妥善解决了基地水、电、气、暖中的难点问题。

（王　磊）

第二采油技术服务处

【概述】 第二采油技术服务处(以下简称采油二处)是长庆局下属的以从事采油工程技术服务、生产技术服务和基地服务业务，兼营其他业务，多种所有制共同发展的国有大型企业。主要经营业务包括维修检泵、井下措施作业、物业管理、试油、油田建筑安装、机械加工与维修、化工产品销售。全处有职工 3359 人。资产总额 2.67 亿元，固定资产原值 2.74 亿元、净值 1.73 亿元。

2002 年，采油二处按照“大生产、大经营、大市场”思路，全面落实工作部署，整体工作健康、有序、平稳、高效运行，圆满完成了预期目标。全年主营业务收入 32109.8 万元，同比增长 18%；多种经营收入 15100 万元，实现利润 1109.86 万元。

【生产建设】 全面完成各项生产指标，实现了 7 个增长。维修检泵完成 4397 口，同比增长 13.53%；措施作业完成 291 口，同比增长 33.94%；货运周转量完成 4621.3 万吨·千米，同比增长 6.09%；客运周转量完成 5750 万人·千米，同比增长 2.57%；涂料油管生产完成 31 万米；同比增长 83.48%；油管杆转送完成 140 万米，同比增长 80%；抽油机安装完成 272 台，同比增长 6.52%。

经济技术指标再创佳绩，创造了六项纪录：修井公司创造了日出动力32台、月检泵420口的历史新高，提前2个月完成当年生产目标；特修公司创造了月措施交井38口的历史新高，提前45天完成当年生产目标；工程公司1项工程被评为“省部级优良工程”，4项工程被评为“地级优良工程”，消灭了不合格工程，并首次成功承揽建成2具1000立方米贮油罐，实现了历史性跨越；机械厂涂料油管生产31万米，分别是2000年和2001年的3.2倍和1.6倍；巨力化工厂精细化工产品销售完成2847.33万元，彩钢公司完全依赖社会市场创收658.10万元，两项指标均创历史新高。

施工质量明显提高：井下作业施工一次合格率99%，措施有效率98.8%，服务质量满意率98%，资料全准率100%；特车运输设备到位率98%，用户满意率90%；地面建设施工一次合格率100%，用户满意率100%，工程质量优良率70%；机械加工产品质量合格率100%，质量抽检合格率100%，用户满意率90%；化工产品质量合格率100%，用户满意率100%；物业管理用户满意率90%。

【市场开发】 双赢互利机制逐步确立，规范化运作基本实现。与服务对象达成了思想、战略、目标、利益“四个一致”，质量、工期、工作量、业绩目标“四个保证”和确保双方队伍稳定，做到了“业务上分、思想上合、职责上分、工作上合”，同长庆油田公司第二采油厂达成西峰油田开发建设“一揽子”协议，建设过程中井下作业、地面建设、交通运输、道路维修、机械维修、前线倒班配套生活设施等管理系统均由采油二处承担。2002年，关联交易整体运作顺畅，全年实现收入23106.76万元，同比增长23.4%，占主业总收入的76%，在采油二厂技术服务市场占有率达到100%。

大力开拓局内、油田公司和社会“三个市场”，加大单位和个人提成返利比例，鼓励职工人人闯市场。全年主营业务外部市场收入2223.73万元，同比增长13.6%；多种经营外部市场收入11915.45万元，同比增长1.93%。井下作业、地面建设、化工产品和彩钢工程实现了历史性突破。

【经营管理】 按照长庆局“放水养鱼、激活基层”政策，创新5种经营方式，建立起了具有采油二厂技术服务特色的经营管理模式。实行基数工资同单位效益挂钩，效益工资同主要责任指标挂钩的“双挂钩”办法，以贡献大小和效益高低决定报酬。对中层管理人员按照责、权、利相统一原则，实行风险抵押金和年度业绩奖惩制度。巨力化工厂、服装厂等基层单位采取计件、计时、绩效等多种分配方式，调动了职工开发市场、创收增效的积极性。修井公司全年管理增效200多万元。特车运输公司推行“单车”完全成本核算管理，单车运行成本下降0.7%。工程公司通过实行“单项工程”核算管理，全年承揽大小工程和生产项目101项，完成产值6150万元。

实施系统化经营管理方法。全年实行了“动态预算管理”、“三位一体”成本管理和“集中统一核算管理”等行之有效的经营管理方法，使全处预算管理、成本管理、资金管理、资产管理做到了管理有效、规范、实用、准确。坚持月度成本分析例会制度，试行财务人员“委派”制度和定期效能监察制度，使全处经营运作得到全过程监控。

建立科学化生产管理方式。生产管理平台不断完善，管理程序逐步规范，运作效率全面提高。顺利通过井下作业资质、HSE/OSH管理体系、ISO 9001质量体系、2000质量管理，“三项认证”，提升了竞争实力和基础管理水平。“三项生产管理制度”得到有效落实。通过全员培训和层层成立督导队进行定期督查，违章现象大幅减少，管理水平明显提高。安全管理通过探索建立长效机制，围绕贯彻《安全生产法》，以“五防一整治”为重点，全面落实风险识别、风险管理和风险削减措施，“抓好安全工作就是最大效益"的观念深入人心。

树立全新的人本管理理念。通过"管理提升"大讨论活动,使广大职工尤其是各级领导干部的管理思想、管理理念和效益意识明显增强。对 18 个大队级单位的管理现状进行大调查,增强了科学管理的针对性。消防大队通过落实各项管理措施,在甘肃省消防系统比武考核中,参赛的两个代表队分别取得第 1 名和第 3 名的好成绩。

【改革改制】 "三项制度"改革进一步深化。对 139 名科级以上干部进行重新聘任。其中低聘 2 名,谈话诫勉 2 名,免职 3 名。对年龄到限的 8 名科级干部不再聘任。解聘了 15 名不在岗位和考核不胜任的一般干部。对整合重组后的多种经营单位和长庆第二招待所主要责任人实行公开竞聘上岗。彩钢公司在外部聘请 3 名高级人才,解决了技术上的难题。

对小型厂点按照市场化运作。对两个托儿所、3 个食堂和 7 个物业服务网点,取消补贴,推向社会,实行承包、租赁等多种方式,进行社会化经营,与市场接轨。

【科技创新】 2002 年,采油二处充分发挥科学技术是第一生产力的重要作用,遵循"以推广应用为主,科研攻关为辅"的科技方针,加大科技人才培养力度,加速科技成果向现实生产力转化。全年投入科研经费 70 多万元,完善充实井下作业、化工产品两个工艺研究所。按照"四个一百"人才发展目标,出台《学术技术带头人选拔培养和管理实施办法》。选拔任命 44 名一、二级学术技术带头人队伍。形成以"井下作业、化工产品、设备改造、信息工程"为主的"四大科研工程"。推广成熟工艺技术 32 项,完成科研项目 18 项。其中重造座封段隔水采油工艺技术在中 306 - 3、中 306 井进行腐蚀段套管补贴试验一举成功,增油效果显著;低温高效破乳剂、原油降凝剂已大面积推广应用;锅炉炉管水侧腐蚀机理研究技术,已在岭南、贾桥供热点推广应用。

【队伍建设】 围绕"二次创业"活动,开展了"形势任务、改革发展、市场开发、企业管理"四大宣传教育活动。推行党风廉政建设季度目标管理。开展"双学"和"创岗建区"活动,全年树立党员模范岗 320 个、党员责任区 323 个。成立维护稳定工作领导小组,编制稳定预案,签订责任书,对 8 种不稳定因素摸排调查,落实了帮教措施。构建防范机制与创建"文明小区"、"文明单位"相结合,从"六区、两馆"入手,以落实综合治理责任带动"三禁一反"深入开展,做到了"打、防、管、教"四同步,内部发案明显减少,综合治理全面达标。完善厂务公开实施办法,实施群众性"增效创新"工程,开展送温暖活动。全年厂务公开检查 12 次,落实率 98%,开展劳动竞赛 20 项次,提合理化建议 527 条,落实率 100%。2002 年采油二处的各项工作受到了上级的充分肯定。处领导班子在长庆局 21 个好班子中排名第五;党风廉政建设在长庆局 11 个先进集体中排名第四;处工会被长庆局授予"五星级模范职工之家"荣誉称号;修井 21 队、特修 1 队、工程公司安装 1 队、物业二公司水电维修队被评为"局先进集体";财务科等 7 个部门和单位被评为"局业务对口系统先进集体"。

(第二采油技术服务处办公室)

第三采油技术服务处

【概述】 第三采油技术服务处(以下简称采油三处),设机关职能科室 8 个,机关附属单位 2 个,处直属 1 个,电视台基层科级单位 26 个,处党政领导班子成员 7 人,科级干部 109

人；截至2002年末，职工总数2096人，其中干部494人，工人1602人，共有离退休职工1158人，在岗人数与离退休职工（含内退）比例为1.2∶1。有党总支10个，党支部70个，党员总数774人，占职工总数的36.9%。资产总值2.20亿元，所有者权益1.04亿元，负债1.16亿元，负债率47.36%。

【生产指标完成情况】　2002年，完成转供电16870万千瓦时，转供水244万方；完成标准井次4379个，同比增加460个；完成货运量17.72万吨，同比增加6.24万吨；货运周转量3525万吨·千米，同比增加499万吨·千米；客运量30.22万人，同比增加7.82万人；客运周转量5500万人·千米，同比增加1643万人·千米。

【经营指标完成情况】　主营业务收入3.39亿万元，同比增加163万元，增长0.48%；在长庆局不补贴“三项经费”的情况下，超额完成了局下达的经营指标。多种经营实现销售收入1.66亿元，同比增加2200万元，增长13.2%；实现内部利润517万元，同比增长42.8%。全员劳动生产率4.16万元/（人·年），同比增长13.6%。

【市场开发】　发挥“捆绑”运行的优势，关联交易市场进一步规范，实现关联交易收入25754万元，同比增加了394万元，提高1.55%，占总收入的75.78%。非关联交易市场竞争能力不断增强，成立了靖油吴前指、靖边项目经理部，加强组织协调，全方位服务油田市场。开发社会市场，培育新的经济增长点。银川综合办公大楼的商住功能得到有效开发，对外租赁收入100多万元；建成了河东加油站、长庆燕鸽湖加油城、吴旗加油站、顺宁加油站、小汽车维修中心等面向社会的新兴项目；投资128万元使“长庆采三西安办事处”投入运作，盘活了500万元的资产；投资50万元创办并控股“西安交大长庆应用化学研究所”。投资近400万元，对大水坑变电所进行了技术改造，提高了变电所的转供电能力。

【内部改革】　对运输、机修队伍和资产进行整合重组，运输公司、机修公司经营收入较整合前增加682.09万元和107.67万元，分别增长17.12%和16.64%。成立了内退职工管理办公室、职工再就业培训服务中心、资金结算室、科技信息中心、安全督导办公室。规范了盛泽公司的法人治理结构，扩大了经营范围，经营形势良好。

【精细管理】　大力实施低成本战略，在全处开展了“精细管理”活动。处领导和有关科室分别进行了10多次专项调研活动，机关工作作风有了明显转变，总结出了许多好的经验和典型做法，为正确决策提供了依据。深化干部人事制度，公开竞聘生产副处长1人；提聘副总师2人；考核提聘副科级干部17人，提聘科级干部6人，调整科级干部4人，充实了领导干部队伍，优化了干部队伍结构。针对大马基地收缩现状，成立了大马临时党委和前指，组建了基地联防队。

【精神文明建设成果】　采油三处被评为“宁夏回族自治区职工职业道德‘十佳’先进单位”，处工会继续保持“全国模范职工之家”、“自治区总工会目标考核先进单位”称号。处党委书记朱文伯同志获“全国五一劳动奖章”，宁夏长庆石油建设工程有限责任公司副总经理高占武同志荣获“长庆石油勘探局第六届十大杰出青年”荣誉称号。处团委被甘肃省团委确定为“省级五四红旗团委创建单位”。

（杨林杰）

油气技术综合服务处

【概述】 截至 2002 年底,油气技术综合服务处(以下简称油气处)有职工 430 人,其中干部 159 人,工人 271 人。各类管理人员 70 人,专业技术人员 133 人,其中中级职称 53 人,副高级职称 3 人。现有机关职能科室 6 个,附属单位 4 个,处属科级单位 11 个。

截至 2002 年末,拥有固定资产原值 884.90 万元,净值 658.30 万元。共有各类主要专业设备 84 台(套),设备资产原值 709.20 万元,净值 510.70 万元,设备新度系数 0.72。全处共有 11 个专业队伍,其中:产建安装队 5 个,年施工能力 8000 万元;钻井队 4 个,年进尺 10 万米;井下作业(修井)队 1 个,年生产能力 110 井次;井下作业(试油)队 1 个,年生产能力 30 层次。

2002 年,是油气处"二次创业"实现"三年发展规划"目标的重要一年,广大职工紧紧围绕全年工作思路、工作目标和工作重点,以市场为导向,以管理为重点,以提高效益为中心,以抓好承揽工作量最大限度地增加对外创收和落实各项管理制度为突破口,奋发图强、顽强拼搏、开拓创新,在油田地面产建无大型工程、市场竞争激烈、农业遭受自然灾害的情况下,完成产值 10860 万元,为年预期目标的 108.6%,比 2001 年增长 34%,职工收入增长 20%,实现了年初确定的"产值上亿元、职工收入进一步提高、企业有一定积累"的奋斗目标。

【生产经营】 油田地面产建完成工作量 6200 万元,创近年最好成绩,同比增长 33%;钻井完钻 18 口,进尺 3.64 万米;运输完成劳务收入 1507.35 万元,同比增长 151.2%;生产原油 2491 吨;修井 195 井次,试油压裂酸化 22 层次,收入 331 万元;农业生产粮食 356 万千克,其中:水稻 245 万千克,小麦 35 万千克,玉米 77 万千克,农副产品销售实现收入 532 万元;绿化项目完成收入 203 万元,同比增长 191%;医疗卫生对外创收 38.5 万元;全年安全供电 139 万度,供水 30 万立方米,供暖 38 万平方米,实现收入 343 万元,其中对外创收 218 万元;物资供应 2480 万元。

【市场开发】 2002 年对外承揽工作量 9000 万元,占总收入的 90%,为历年之最。其中:承揽产建工程 20 多项,工作量达 6450 万元;承揽绿化工作量 280 万元。同时在社会市场承揽产建工作量 285 万元,进行了走向社会市场的尝试。

油田地面产建取得化工石油工程施工总承包二级资质,通过了 ISO 9001:2000 国际质量体系认证,已具备 8000 万元以上生产能力,为 2003 年走向油田外社会市场打下了良好基础;油气集输在长庆局的大力支持下,长呼大型输气管线管理的人员培训工作已全面开始,采油管理以长庆局低产低效油田开发为依托,争取劳务输出;园林绿化公司取得城市园林绿化三级资质。

【精细管理】 按照长庆局"精细管理年"的安排和精细管理的要求,在财务管理、成本管理、生产现场管理、劳动力管理和安全生产管理上取得了明显效果。

(1)在经营管理上,以激活基层为目的,制定了按市场运作的考核机制,出台了"八包一挂"经济政策,从而调动了各级干部的积极性,2002 年盈利水平与 2001 年同期相比进一步提高。

(2)在财务管理上,实行财务集中核算,建立了动态预算体系,进一步加强了资金管理。压缩贷款规模,局内贷款同比下降 1200 万元;盘活闲置资产 95 万元,报废资产 10.2 万元,清理报损 1510 万元；严控各项成本费用，八项费用支出同比下降 43.9 万元。全处财务工作基本走上了一条既符合局财务要求，又适应本处生产的路子，得到了局财务处较好评价。

(3)在安全管理上，狠抓各项规章制度、领导者责任制和处罚制度的落实，全面推行 HSE 管理体系，安全工作迈上了一个新台阶，全年未发生一起重特大事故，各类事故次数同比下降了 41.6%，各项指标均好于往年，为实现产值上亿元目标创造了良好的环境。

(4)加强现场管理效果明显。2002 年物资消耗、成品油消耗、材料运费、外协费用共节约 35 万元。

(5)职工整体素质和技能水平明显提高，施工水平、质量有了新的提高。举办了焊工、管工、铆工、汽车驾驶、财会、采油、集输等 10 个培训班，培训职工 325 人次，参加局各类培训 21 人次，全员培训率 61%。在产建上承建的采油三厂盘五转油站被油田公司评为标准化站，采油四厂路一转油站被评为样板站。

【党建和精神文明建设】 2002 年，狠抓干部队伍建设和各级领导班子建设，把建设一支"纪律严明，管理严细，技术精湛"的好队伍与建设经济强处放在同等重要的位置来抓，弘扬正气，表彰先进，有力地促进了党建和精神文明建设的发展。

2002 年，油气处被局效能监察领导小组评为"勤政监察工作先进集体"；被长庆局评为"消防先进集体"；被灵武市委、市政府评为"社会治安综合治理先进集体"；被吴忠市委、市政府评为"治安模范单位"；实业公司被局党委、长庆局评为"先进集体"；在局工会组织的庆祝建党 81 周年职工业余歌咏比赛中获宁夏片区第一名；在局第七届老职工地掷球比赛中，获得第二名；先后涌现出局先进 2 人、勤政廉洁好干部 2 人。

（赵文杰　郭　锐）

机械制造总厂

【概述】 机械制造总厂(以下简称总厂)是中国石油天然气集团公司"三抽"设备、固控设备、钻采配件一级网络企业和出口网络企业。是长庆局生产石油固控、钻采设备和配件的石油专业机械制造厂。生产基地分布在甘肃省宁县长庆桥镇、甘肃省庆阳县和宁夏银川市，占地面积 60 余万平方米，资产原值 7234.85 万元，净值 5113.14 万元。

总厂机关设职能科室 9 个，附属单位 5 个。下属主要生产单位 7 个，基层辅助生产单位 3 个，社会服务单位 4 个，多种经营单位 1 个。全厂现有各类用工 1456 人，其中在册职工 928 人，其他用工 528 人。有专业技术干部 295 人，其中高级职称 22 人，中级职称 125 人，初级职称 130 人。

全厂有冶炼、铸钢、铸铁、铆锻、焊、热处理、机加工、动力及维修等各类生产工种 69 个，主要生产配套设备 506 台。主要产品已形成"三抽"系列、固控设备系列、天然气设备系列、井下工具系列等四大产品系列 80 多个品种 270 余种规格。

【生产经营成果】 全年完成工业总产值 2.68 亿元，实现销售收入 2.57 亿元，同比分别增长 28%和 23%，创历史最好水平，实现了长庆局下达的内部利润指标。

【市场开发】 坚持"确保长庆市场，扩大社会市场，拓展国际市场"的市场定位，主要做了以下工作。

(1)发挥地域、技术和服务的优势，占领好关联交易市场。①在西安基地和油田公司各采油厂、采气厂设点住人，确保长庆市场的稳定性。②发挥地域优势，开展特色服务。③为用户培训熟练的技术操作工人。④让科技人员直接进行产品营销，对产品的性能、特点、安装、调试等专业知识进行讲解。⑤整合营销力量。建立了总厂信息库；确立了市场开发工作例会制度。⑥加大质量回访力度。厂长领导带领相关人员奔赴陕、甘、宁、蒙四省区，行程4100千米，深入到油田公司的四个采油厂、三个采气厂、四个项目组、四个公司等单位进行质量回访和技术交流，取得了良好的效果。全年全厂售后服务200多人次，解决问题76个。⑦加大产品宣传力度。总厂利用油田公司在银川召开设备管理工作年会的机会，应用多媒体演示、实物模型展示，发布新产品信息。利用油田公司在培训中心举办设备管理人员培训班之际，请到厂里参观，并由总工程师、副总工程师讲授产品结构、原理及操作规程。

(2)树立品牌意识，进一步开拓社会市场和国际市场。①"请进来"参观，走出去"宣传"，邀请一些用户企业负责人、技术骨干来厂参观；主动展示企业资质和各种产品资料，加强品牌宣传和企业形象宣传。②加强电子商务工作。整理了产品电子目录及参考价格，修订了总厂网页，增加了"网上新闻"、"特色技术"等栏目。③提升品牌产品的扩张能力。积极参加知名品牌和质量管理奖评选活动。7月总厂取得由中国质量检验协会颁发的"全国质量稳定合格产品"证书，振动筛系列产品通过"甘肃名牌产品"复评；充分利用各种媒体、各种机会宣传"长石"、"长庆"两个品牌。通过努力，社会市场和配套出口市场取得"两大突破"。一是社会市场实现新突破。井下工具首次进入新疆淮东油田；钻井液管汇首次进入中海油公司。二是钻井液管汇和固控设备销售配套出口实现新突破，总额达340.89万元。

【经营管理】 以市场开发为本，以效益为中心，以发展为前提，围绕"一个目标"，搞好"一个体系"，突出"两个重点"，加大"三个力度"。一个目标：收入过两亿，利润超百万；一个体系：建立和推行"五位一体"成本控制体系；两个重点：开展"精细管理工作年"活动，完善经营承包责任制；三个力度：加大成本控制力度，加大资金管理力度，加大内部经营管理力度。

(1)建立和推行"五位一体"成本控制体系。从市场开发、优化设计、生产运行、质量保证到财务核算的过程中，围绕利润形成先算后干、动态分析、过程控制、财务核算监督等管理机制有机结合的成本控制集合体。把市场开发作为成本控制的源头。建立成本的源头控制机制，加强市场调研与预测，搞好成本预算。把优化设计作为成本控制的关键环节，通过优化设计，使产品无过剩功能，如对抽油机设计图纸、工艺进行改进后，成本有了比较明显的下降。把生产运行作为成本控制的根基。在生产组织上，采用"成本倒算法"，实行目标管理，实行新的《工时核销办法》。把质量保证作为成本控制的重要环节。减少和控制废品损失，减少售后服务费用，使内部和外部故障成本的支出控制在最佳点。把财务核算作为成本控制的关键。经营财务部门及时分析成本控制中的难点和重点，针对问题提出改进措施，帮助各基层单位抓好财务核算管理。

(2)扎实开展"精细管理年"活动。成立了以厂长为组长的总厂活动领导小组；组建了抓质量、降成本、保安全、市场开发、产品研发5个专业工作组，制定了每个专业工作组工作目标及措施。在成本控制上推行"五位一体"成本控制体系；对大宗物资及外协件招标采购；完善和扩大厂内器材物资指导价范围；修订了《外协件管理办法》。

(3)完善内部经营承包责任制。继续在全厂实行五种不同的经营承包模式，建立了总厂内部模拟市场。五种责任制是：对生产分厂(车间)实行成本倒算；对市场营销部、产品开发研究所实行以产品销售额、新产品开发所创造的效益与工资、奖金挂钩；对产销一体化分厂实行独立经营、独立核算；对费用单位实行费用总量包干；对机关科室和附属单位，实行专项费用控制指标、通用费用指标综合考核，并直接与工资奖金挂钩。

(4)规范经营管理的基础工作。制定修订完善了总厂专项费用立项管理办法、车辆路单管理办法、物业管理收费办法、机关科室及有关单位费用控制办法、送外短期培训管理办法、废旧物资管理办法、原材料发放中代用材料费用的处理办法，进一步扩大了厂内物资指导价的覆盖面，全年调整增加执行指导价的物资品种50余种，全厂器材物资指导价覆盖率达43%。

(5)强化财务和资金管理。坚持经营副厂长“一支笔”审批制度；坚持月度成本常规分析和季度集中分析相结合制度。

(6)加强效能监察。在安排局定效能监察项目的同时，总厂自立效能监察项目3项，取得良好效果。

【新产品研发】　制定了新产品试制管理办法，从项目难度、工作量大小、工作进度、开发效果、开发成功的经济效益等20个方面量化考核、强化了激励机制、突出重点，打好6个重点项目的攻坚战；加大合作开发力度，有5个转让或合作项目取得成功。

(1)GW－S电机激振同步平动椭圆振动筛项目与西南石油学院、长城钻井公司三方合作研制，具有国际先进水平。

(2)天然气脱水撬系列化开发与四川石油设计院联合研制，具有国际先进水平，可替代进口的同类设备。

(3)大传动比低冲次抽油机的研发与油田公司油气院共同设计，针对长庆油田低渗透特点研制的，适应性强，节能效果好。

(4)振动筛波浪式筛网与国内最好的厂家郑州思达公司进行合作。

(5)真空原油加热炉。经局节能检测站测试，在负荷90.10%的情况下，热效率达85.13%，超过采气厂大量使用的国内基地厂家生产的加热炉。

【人力资源开发】　从科技人才和营销人才、管理人才、操作技术工人三个层面上全面实施人力资源开发战略工程。

(1)抓好科技人才和营销人才的开发。建立学术技术带头人选拔机制。下发了《技术学术带头人选拔管理办法》，推荐并确立局一级学术技术带头人3人，局二级学术技术带头人5人，厂级5人。加大高科技人才培养力度。送外在读研究生3人，高层次外语培训3人。推荐局第二届“优秀技术人才”两人，有1人获局级科技人才奖。坚持引进人才和内部人才并重。引进技术人员9人，其中新增大学生5人，社会聘用技术人员4人；提拔了3名聘用的高层次技术人员担任分厂、车间主管技术的副厂长、副主任。加强营销队伍建设。对科技和营销人员实行特殊的优惠政策。

(2)抓好管理人才的开发。加强对中层领导班子、中层领导干部的考核，全年共调整中层领导干部28人，换位任职5人，新提拔9人，副职转正职10人，基层转副科4人。加大管理人才的培训。全年送外培训干部70多人次；选拔部分有发展前途的管理干部送外进行WTO、工商管理等知识的专业培训。

(3)抓好操作技术工人的培训。实施《岗位贴薪办法》，对获局、厂荣誉的优秀职工每月发放津贴，共有71名职工享受贴薪待遇。加强工人技师队伍建设。全年评聘高级技师2人、技师9人，推荐6名优秀技术工人参加了技师任职资格考评。目前全厂共有高级技师2人、技师12人。大力开展岗位培训。全年培训377人次。其中，技术工人送外进行各类取证培训57人次，厂内举办各类培训班9个共计320人。

【HSE管理】　树立“以一万倍的努力，防止万一的发生”的安全观和“消除一个隐患，就是杜绝一次事故；纠正一次违章，就是挽救一次生命”的思想，开展“精细管理年”活动，全年全厂工业生产千人死亡率、千人重伤率、交通安全千台车死亡率、千台车重伤率、千台车经济损失均为零。三废排放全部达标、重大污染事故发生率为零。通过了北京华夏认证中心对总厂的 ISO 14000 环境体系认证审核，成为全局首家获得者。

(1)以 ISO 14001 体系认证为契机，全面推进各项基础工作。妥善处理好 ISO 14001 体系与 ISO 9001、HSE 管理体系的关系；抓好 ISO 14001 环境体系标准中的安全要素；加大对 ISO 14001 环境管理体系的检查审核力度；将抽油泵分厂冷加工班、钻采配件分厂车工班、建安公司安塞项目组列为总厂 HSE“两书一表”精品工程示范单位建设，起到了示范作用，建安公司承建的杏河集油站为油田公司的样板工程；分析总厂安全生产现状，使 ISO 14001 和 HSE 管理体系达到持续改进的目的。

(2)积极推进交通安全新的管理方法。在运输大队开展“道路风险评价”、“行驶道路预想”活动，实行交通安全领导承包连带责任制。规范驾驶员的安全操作行为，坚持车辆回场检验制度，制定了《车辆管理办法》。

(3)提高建安公司安全生产管理水平。在建安公司 3 个驻外项目组建立了 HSE 管理体系，实施 HSE“两书一表”。全年建安公司共投入 430 万元更新设备，改善了作业条件。

【精神文明建设】 坚持“两手抓，两手都要硬”的方针，在全厂党员中深入开展了“一联二带三承包”及党员责任区、党员模范岗等活动，在职党员与身边群众都建立了帮教对子；在基层党组织中开展了“创建党支部流动红旗”竞赛活动；在职工队伍中，抓好先进典型的宣传，营造“比、学、赶、超”的浓厚氛围；在宣传思想工作方面，加大形势任务教育力度，动用一切宣传工具，向职工交家底、讲形势、鼓士气，引导广大干部、职工转变观念，提高适应市场的应变能力；在厂务公开方面，充分发挥职工代表的参政议政作用、厂务公开制度的监督作用，对厂里的重大事项，在月度工作例会上通报，使职工有知情权、发言权、决策权和监督权；在工会、共青团工作中，充分利用小型多样的广场文化、技术比武、岗位练兵、劳动竞赛等活动，激励广大职工在“二次创业”中建功立业；在综合治理方面，突出重点，狠抓落实，全年全厂治安形势稳定，未发生重大刑事案件和恶性治安案件。

2002 年，机械制造总厂获“全国‘安康杯’竞赛优胜企业奖”，成为全国 429 家、甘肃省 8 家被表彰的企业之一，也是长庆油田惟一的一家；总厂获“甘肃省诚信纳税企业”和“甘肃省重合同、守信用单位”称号；总厂建安公司取得“国家专业承包一级资质”证书，并获 3 项增项资质；总厂领导班子获局党委、长庆局“好班子”和“党风廉政建设先进集体”称号，总厂获“长庆局安全生产先进单位”荣誉，厂长杨锋、党委书记纪忠明被评为“廉政勤政先进个人”；总厂工会被长庆局授予“五星级职工之家”称号，抽油机分厂、水电车间被长庆局授予“优秀职工小家”称号。

（杨　锋　常向龙　阳　毅）

器材供应处

【概述】 器材供应处共有职工 887 人，其中，干部 309 人，工人 578 人；有各类专业技术人员 273 人，其中具有中高级职称 104 人；有处级干部 5 人，科级干部 82 人。有机关职能科室 7 个，业务科室 7 个，附属单位 2 个，基层单位 13 个。

固定资产原值5972.1万元，净值3691.1万元；共有各类设备60台(套)，资产原值2883.61万元，资产净值1081.84万元，设备新度系数0.62。

2002年，器材供应处面对经营压力和日趋复杂激烈的市场竞争形势，全面贯彻落实长庆局的总体部署，以“五个一流”为工作指导思想，大力开拓“西气东输”等重点工程项目物资中转市场，加快推进国际贸易发展，全力打造长庆物资品牌。全处顺利通过ISO 9001质量体系认证，初步形成了供管、贸易、实业“三分天下”的产业格局。

【经济管理指标】 物资供销量24.98亿元；实现经营收入7098.24万元；完成进出口贸易额4115.87万元，国内贸易额1683.9万元，累计实现利润95万元；“西气东输”项目实现产值1258万元，利润377万元；代储代销及其他社会纯收入1086万元；报废物资销售收入321万元；完成物资吞吐量126万吨，创历史之最。

【市场开发成果】 大力开拓了“西气东输”物资中转等市场。从2001年四季度开始，就将“西气东输”物资中转市场作为重点目标市场，成立“西气东输物资中转项目部”，积极展开招投标竞争，通过大量艰苦细致的争取工作，承揽到“西气东输”工程14－18标段的物资中转市场份额，并为此迅速筹建了延安、临汾中转站，严格按照HSE标准开展物资仓储中转工作；加大商务公关力度，确保了后续工作接替。延安中转站被“西气东输”物资采办项目部确定为“中转样板站”，临汾中转站被确定为“重点中转站”。

外闯市场取得明显成效。积极争取为长庆外雇钻井、井下、地面建设队伍销售材料，主动出击，奋力争取周边社会市场。全年向油田外雇队伍和庆阳、宁夏、延安、靖边等周边市场外销物资2.2亿元，是2001年的240%。

国际、国内贸易有了实质突破。2001年成立国际贸易部，在尝试开展国际贸易的基础上，2002年加大了国际市场开发力度，按照“优势互补，互惠互利”的原则，多方面寻求合作伙伴，与“中国石油技术开发有限公司”签订了长期合作协议及具体合作细则，组织建筑材料和家用电器等商品出口苏丹等国家，与“捷克太脱拉公司”等多个国际知名公司达成了在中国的第三家销售代理协议。国内贸易按照“互惠互利、市场互换”的原则，广泛与宝石、兰石、凌钢等厂家在钻采配件、化工产品、基础材料等领域开展易货贸易，并与上海联络处合资建成上海浦东贸易窗口，利用供货方的资金进行市场置换，成功开展了国内贸易。

【招标采购】 加快了长庆局物资网络管理信息系统和招投标网的建设，招投标网2002年5月1日开始运行，管理信息系统7月1日首先在器材供应处正式投入使用，改变了传统的采购理念和方法，实现了“阳光”下采购。同时，充实加强了“物价合同科”，加大商务谈判和合同审查力度。进一步细化招标议标规则，规定每周星期二、星期四下午为招标日，对超过5万元以上的物资实施招标采购。全年累计招标66次，金额15191万元，节约采购资金1954万元，其中网上招标24次，金额1585.2万元，节约采购资金102.9万元；代储代销物资9223多万元，收取代储代销费276.7万元，取得了明显效果。

【质量管理】 开展了ISO 9000国际质量体系标准认证。从2002年3月份开始，经过体系策划、标准宣贯、文件编制、试运行和三次内部审核，使建立的质量体系不断完善并良好、稳定运行和持续改进，8月份一次通过甘肃质量评审中心组织的外部审核，取得ISO9001国际质量体系认证证书，管理水平进一步提高，取得了进军国内、国际市场的“通行证”。

【精神文明建设】 一是以“三个代表”重要思想为指导，不断加强领导班子和职工队伍思想建设，领导班子认真学习了局党委、长庆局《关于加强厂处领导班子组织建设若干问题的意见》和有关文件精神，对职工进行了“二次创业”的形势任务教育;二是采取各种方式,加强了职工业务素质培训,强化了市场营销、经营管理、商业英语等知识的培训;三是加大投入力度,改善基础设施和职工生活条件,咸阳干休所锅炉改造、宁夏站和银川生活基地锅炉维修等项目相继竣工投运,咸阳子校教学设施进一步配套完善,职工居住环境大为改善,生活质量有新的提高。

(石仲昭　杨治鹏　赵步清)

水电厂

【概述】 水电厂有职工 1519 人。设有机关职能科室 11 个,附属单位 2 个;厂(处)属科级单位 13 个,基层车间级单位 3 个。拥有固定资产原值 6.51 亿元、净值 4.66 亿元。主要承担长庆油区供电、供水等服务业务,55 个生产厂点分布在甘、陕、蒙三省(区)16 个县域。拥有自备发电站 12 座、变电所 34 座、各类发电机组 40 台套,总装机容量 68790 千瓦。6—10 千伏供电线路 166 条 1549 千米,35 千伏、110 千伏供电线路 38 条 689 千米。供水站 18 座,水源井 154 口,供集水管线 263 千米,水处理设备 4 组,年供电能力 10.25 亿千瓦·时、供水能力 1500 万立方米。可承担 220 千伏及以下电压等级的送变电线路工程和变电所建设、安装工程的施工、电讯安装、水泥预制、玻璃钢内防腐、镀锌、电机维修、二级污水处理和净化厂、10 万吨以下的给排水工程、输送变电工程建设,以及变压器、水泵、钢芯铝绞线、聚氯乙烯绝缘导线、铁丝、钢丝电杆、阀门等业务。

2002 年,水电厂经受住了复杂多变的市场形势和各种困难风险的考验,同心同德,群策群力,与时俱进,开拓创新,走过了很不平凡的历程,在生产经营市场、改革发展稳定、物质精神文化建设各方面,取得了长足发展和新的进步,圆满完成了各项预期目标。

【主要生产经营指标】 购发电量“换字头”,完成 6.22 亿千瓦·时,同比增长 16%;完成供水量 1080 万立方米,同比下降 0.64%;天然气产量:完成 1360 万立方米,同比下降 18.97%;完成供热面积 213 万平方米,同比增长 2.4%。实现工业总产值(现价)21000 万元,同比增长 14.61%;企业总收入 4.48 亿元;供电商品率 86%,同比增长 2.52 个百分点;供水商品率 90%,同比增长 1.52 个百分点;内部利润 2681.79 万元,同比增长 102.41%。

【主要措施和成果】 一是认真贯彻长庆局“速度快、质量高、时间短、停电范围小”的春检工作要求,按照厂里“严、细、实、快、稳”的春检工作思路,优质高效地完成了电气设备春检任务,比计划缩短 300 小时;二是以整章建制为突破口,修订了运行岗位设备巡回检查制度,全面落实了以岗位责任制为主要内容的八项规章制度,通过建立事故通报制度,事故率明显降低;三是深入开展了设备秋检、冬防保温等工作,设备完好率 97%,比计划提高了 2 个百分点;四是全员参与,主动出击,与油田公司各单位签订关联交易合同 13 份,租赁油田公司新建电力资产 5367 万元;采取先进入、后调整的策略,突破了西峰油田供电市场,供电工区承揽到白马油区线路架设和转供电任务,用电负荷达到 520kW;五是按照“三种承包方式”,层层制定了经营承包责任制,签订了四级《承包责任书》,制定了《领导干部风险抵押金制度》、《内部经营承包责任制考核办法》,积极推行“三位一体”成本动态控制体系,减少了经营风险,实现了生产与经营的有机结合;六是加强企业战略研究,制定了

《水电厂产业定位》和做大做强水电主营业务、做强做精工程施工业务、做精做优新兴产业业务的“三个层面”接替发展战略，制定了《水电工程公司业务整合方案》、《“三项制度”改革方案》、《优化器材供应管理，探索器材供应企业化经营改革方案》等三个改革方案；七是加强了内部管理和科学管理。

通过这些措施的落实，承揽油气田产能建设价值工作量7500万元，同比增长19%；新增电力负荷8720千瓦，同比增长14%；全员千人死亡率、重伤率、千台车死亡率均为零，春节期间实现了“六个零”目标（零停电、零停水、零停暖、零事故、零火灾、零治安案件）；完成实施类科技项目9项；HSE/OSH管理体系通过中油公司审核认证；ISO 9002质量管理体系、送变电工程施工国家二级资质通过了复审；进一步完善了全厂信息系统，初步实现了内部资源共享；多种经营实现销售收入4296万元，同比增长19%；实现利润107.58万元，同比增长51.4%。

【工程建设】　长庆局重点建设项目靖安110千伏变电所建设工程，实现当年立项、当年施工、当年投产，15个分部分项工程优良率达到87%，观感率达到93%，被局评为优良工程。

【精神文明建设】

（1）厂领导班子被局党委、长庆局评为先进领导班子和党风廉政建设先进集体。

（2）水电厂及部分机关部门荣获长庆局“五星级模范职工之家”，“宣传思想工作先进单位”，“统计工作先进单位”，多种经营系统“优秀企业”及“统计报表先进单位”，“设备管理先进单位”，“档案管理先进单位”，“公用事业系统先进单位”，“五四红旗团委”，全局电工技术比武、中小学生暑假教育管理、职工诗歌朗诵大赛、首届青年歌手大赛“优秀组织单位”。

（3）水电工程公司荣获“长庆局模范集体”称号；靖边燃气发电厂荣获“长庆局先进集体”称号；线路施工大队团总支荣获“甘肃省青年文明号”；靖边燃气发电厂运行车间团支部荣获“局级五四红旗团支部”；线路施工大队、贺旗水电大队供电队、水电工程公司电讯队、安塞综合大队侯杏水电队、水电安装大队一队5支青年突击队荣获“局优秀青年突击队”。

（4）慕甲锋同志被局党委、长庆局评为党风廉政建设先进个人；何世如同志荣获“长庆局劳动模范”光荣称号；常亚文、魏兴明、田进忠3名同志被长庆局评为“先进生产（工作）者”；李馥同志荣获“甘肃省职工职业道德‘十佳’标兵”、“长庆局第六届十大杰出青年”称号；郑继军同志荣获“长庆局优秀技术人才十佳形象”称号；刘斌同志荣获“甘肃省青年岗位能手”称号。

（5）在长庆局第九届工人技术比武中，郭正春同志荣获“电工技术状元”称号，雍国伟、张建斌两名同志荣获“电工技术标兵”称号，王锐、赵勇、赵渊3名同志荣获“电工技术能手”称号，林海同志荣获“计算机操作技术能手”称号。

（曹　斌　杜永军）

通信公司

【概述】　2002年，通信公司下属信息中心和西安、庆阳、延安、银川等4个分公司、长庆通信信息有限责任公司、器材供应站等。全公司员工总数362人，其中干部163人，包括高级工程师10人、工程师47人、助理工程师71人、技术员20人、操作服务人员199人（含内部退养职工22人）。拥有固定资产2.35亿元。长庆通信网拥有程控交换站点48座，装机总容量58000余门；微波站35座，微波传输线路1125千米；光缆传输线路1200多千米，西安至吴旗传输带宽扩至 2.5GB/S,为长庆通信网的宽带化和信息高速公路提供了充分的传输通道;无线寻呼基站 29 座;随着油田机构重组整合,电视会议系统调整为西安基地主会场,和西安、井下技术作业处、银川基地、靖边基地、延安河庄坪和庆阳通信大厦等分会场。2002 年长庆互联网网控中心增设了视频发布、视频采集服务器,西安、庆阳、银川、延安接入节点分别设置了视频点播服务器,各地区互联网用户可就近上视频点播服务器点播电影、电视剧;长庆互联网至公网出口带宽由原来的 10MB/s 扩展到 100MB/s。西安、庆阳、银川、延安拨号接入服务总线为 540 线。2002 年,采用 ADSL 技术,利用电话线将宽带引入各住宅小区,西安、延安、庆阳、银川、靖边等基地共安装 ADSL 宽带设备 3200 线,为基地小区住宅提供了宽带上网浏览和视频点播的网络条件。截至 2002 年底,全网共有固定电话用户 48195 户,无线寻呼用户 9184 户,局域网接入 101 个,宽带上网用户 1500 户,拨号上网用户 5053 户。通信业务服务范围除语音通信、数据传递外,扩展了视频业务服务。

【生产和经济指标】 主要生产指标:微波电路阻断历时为 0.098 分/路;光纤电路阻断历时为 0.092 分/路;电话综合接通率为 89%;网络接通率为 97%;寻呼系统接通率为 97.9%;计费差错率为 0.62×10^{-5};设备完好率为 98%;经营指标:主营业务收入 5677.22 万元;内部利润 507.08 万元,超计划 4.08 万元。

【科技创新与技术改造】 2002 年,为进一步满足长庆信息化建设迅猛发展的需求,对西延吴庆光缆传输系统进行技术改造,将原 155MB/s 的带宽一次扩容到 2.5GB/s,带宽提高了 16 倍,是原微波传输带宽的 64 倍。该项目于 2003 年获长庆局科学技术进步三等奖。在此基础上,长庆互联网庆阳、延安节点带宽由原 45MB/s 提升到 100MB/s。在住宅小区引进了 ADSL 技术,使宽带网络进入职工家庭。西安网控中心、庆阳节点、银川节点、延安节点试验开通了 VOD 视频点播系统。

【工程建设】 重点工程科研综合楼通信工程动工建设,工程主要包括新建 3500 门程控交换机及交直流供电设备、西安至咸阳、西办、临潼、三桥方向的微波传输设备、2.5GB/s、SDH 光传输设备、长庆互联网网控中心 40 多台交换机、防火墙、服务器等设备的搬迁、新建 IP 电视会议系统、大楼网络设备配套及基地电缆调整割接等。6 月份工程开工,10 月基本完工,各系统在 10—12 月先后进行了接割,年底各系统全部投入正常运行,为长庆局和油田公司机关及相关单位的搬迁创造了条件。

2002 年,开工建设吴旗至大水坑光缆线路,全长 172 千米,该工程将于 2003 年上半年建成投产,吴大光缆线路的建成将长庆通信网的主干传输光缆延伸到了大水坑、马家滩、九公里和银川,传输带宽 155MB/s。建成顺宁桥至靖边 110 光缆线路,传输带宽 622MB/s,同时建成顺宁至靖三联、靖边至凤凰山、凤凰山至饮马坡、西安基地至泾河工业园等四条支线光缆 158 千米,泾河工业园通信配套工程随园区土建工程同步展开。

2002 年底,银川分公司机房从公寓楼搬迁到新建机房,各系统一次割接成功。

【安全生产】 2002 年,通信公司发布了 HSE 程序文件 19 个,接着下发了《2002 年 HSE 管理工作计划》、《HSE"创优升级"实施方案》及《通信机房安全管理规定》、《通信设备安全操作规程》等 24 项安全管理规章制度。西安、庆阳、延安、银川分公司、信息中心和长庆通信信息有限责任公司先后发布了《HSE 作业指导书》和《现场调查表》,HSE 管理体系推广应用工作在全公司范围全面展开。经过培训和考试,全公司有 64 人取得了陕西省安全生产监督局颁发的《中华人民共和国特种作业操作证》。公司没有发生任何安全生产和交通事故,以 902 分的好成绩被长庆局评为"安全生产先进单位"。

【企业改革与管理】 2002 年,是通信公司获得

ISO 9001:2000 版质量认证书后全面贯彻的一年,公司始终坚持“客户满足是我们服务质量的唯一标准,用户满意是我们永恒的追求”的质量方针和服务理念,将 ISO 9001:2000 版的标准贯穿于通信工程建设和通信服务工作的全过程,塑造了良好的企业形象。2002 年,多种经营得到了长足的发展,面向市场,紧抓机遇,拼搏竞争,全年共对外承揽较大的通信工程 9 项,工程总造价达 1184.84 万元,多种经营总产值 1578 万元。

【精神文明建设】 通信公司被长庆局评为“社会治安综合治理先进单位”。西安分公司外线班获“2002 年度陕西省青年文明号标兵”的光荣称号,西安分公司 112 台被长庆局评为“岗位创新学习成才”、“‘双十佳’先进女工集体”。

（郭文仲）

运　输　处

【概述】 运输处是长庆石油勘探局所属的以公路运输服务为主的专业运输企业。全处下设 11 个科级单位, 8 个机关职能科室,4 个附属科级单位。共有职工 1182 人(含内部退养 54 人),其中干部 232 人,占职工总数的 19.62%;工人 950 人,占职工总数的 80.38%。干部中管理人员 129 人,专业技术人员 78 人。工人中技师 13 人,高级工 512 人,中级工 298 人。全处有离退休职工 844 人,当年有偿解除劳动关系 5 人,累计有偿解除劳动关系 1085 人。

截至 2002 年底,全处有生产车辆总数 387 台 4637 个吨位,新度系数 0.6,资产原值 6685.4 万元,净值 4308.7 万元。拥有吊车 33 台 718 个吨位;罐车 6 台 30 个吨位;拖车 38 台 718 个吨位;重型货车 113 台 1872 个吨位;中、小型货车 153 台 1299 个吨位;大轿车 44 台 1689 个座位。设备综合完好率 93.78%,主要设备利用率 84.03%,设备故障停机率 0%,设备特大、重大责任事故发生率 0%。

2002 年,运输处在运输市场急剧萎缩、经营压力不断增加的形势下,全年共完成货物周转量 13733.6 万吨·千米,154 万吨·时,242.8 万车·千米;实现收入 14094.51 万元;全员劳动生产率 11.6 万元/(人·年),创历史最好水平;荣获长庆局“安全生产先进单位”称号;ISO 9000 质量管理体系通过中国船级社认证,通过了国家运输货运一级资质,较好地完成了长庆局下达的经营指标,全面实现了“三个确保”的奋斗目标。

【运输生产】 完成井队搬迁 260 队次,其中,局内钻井队搬迁 200 队次(独立搬迁队 112 次,参与搬迁 88 队次),局内试油(试气)队、修井队搬迁 16 队次,外雇钻井队搬迁 44 队次。拉运原油 11.5 万吨,与 2001 年相比减少 1.6 万吨。

全年共拉运物资 9.2 万吨,与 2001 年相比增加 1.7 万吨。为油田内各单位提供车辆配属服务 124 台。提供旅客公路运输服务 242.8 万车·千米,与 2001 年相比增加 11.5 万车·千米。提供汽车维修作业及机械加工服务 110 个标准台,与 2001 年相比增加 3.9 个标准台。改装车辆 49 台,与 2001 年相比增加 46 个标准台。为油田公司完成试油 36 井次、试气 4 井次、修井 134 井次工程技术服务工作量。

【主要成果】 2002 年,运输处以市场为导向,以效益为中心,以发展为主题,以结构调整为重点,以改革创新为动力,科学管理,挖潜增效,取得了 9 项主要成果:实现了长庆局下达的扭亏持平的经营目标;通过加强内部管理,成本大幅度下降,在固定成本上升 354 万元的情况下,可控成本比预算降低 143.3 万元;安全生产荣获长庆局“安全生产先进单位”称号；职工队伍团结稳定；ISO 9000 质量管理体系荣获中国船级社认证，通过了国家运输货运一级资质；新增10种车辆改装产品通过国家公告认证，累计已达22种产品；党群工作实行网络目标管理，互动共振效应明显；综合治理、消防工作达标；小区环境建设进一步得到改善，职工生活质量得到进一步提高。

【市场开发】 2002年，运输处明确了“巩固原有市场、收复丢失市场、渗透周边市场、开发社会市场”的市场开发思路，提出了开拓市场的“三种精神”和“三种意识”，制定了市场开发考核办法和奖励政策，层层分解指标，人人明确责任，形成了市场开发网络。油田市场全年实现收入13543万元，占总收入的96%，比2001年提高10.9%；社会市场实现对外创收552万元，占全处总收入的4%，社会市场开发取得了实质性的进展。

【企业管理】 2002年，围绕扭亏持平的奋斗目标，以调整结构、转换机制、细化管理、强化监督为重点，积极开展工作，实现了扭亏持平的奋斗目标。完善经济责任制。按照长庆局“放水养鱼，激活基层”的经营理念，运输车队推行了单车承包经营、租赁、部分费用包干等办法；其他各单位结合实际制订了灵活的经营政策。精细管理以物料消耗为重点，重新修订了油材料消耗定额及管理办法，通过强化管理和监督，油料比预算节约70.9万元，水、电、煤节约30.7万元；物资供货商由44家减少到18家。全面推行多元动态成本控制体系。结合实际制定了《多元动态成本控制办法》，形成运输作业事前、事中、事后的动态成本控制体系；实行资金授权管理和封闭运行，资金使用效益得到提高，全年流动资金贷款减少1000万元；坚持每月召开一次经营分析会，分析通报全处的经营状况，制订纠偏措施。设备管理从过去重实物管理转向综合管理，建立设备效益档案及定期巡查制度，并将管理面由基地管理向前线站点延伸，全处车辆完好率达到了90.9%，同比提高了1.9个百分点。

【安全生产】 突出“以人为本，预防为主”的管理主题，完善“三全”管理网络体系，形成了上级对下级实施教育、检查、监督、考核，下级对上级高度负责，人人重视安全，全员参与安全的良好氛围，符合运输特点的安全管理理念逐步深入人心，运输安全理念和“走出四个误区，加大五个力度”的经验在集团公司和长庆局获得肯定和介绍。全面运行HSE管理体系，全处“零事故车队”达到96%，“零事故班组”达到98%以上。加大安全动态管理，开展检查48次，查出问题230个，现场整改218个，限期整改12个；上路检查198天，检查车辆2650台次，查处违章103起，现场处理103起，消除了安全隐患。2002年，事故损失同比下降88%，千人死亡率、千人重伤率、千台车死亡率为0%；污水排放达标率、废气控制达标率、污染事故发生率、事故赔偿率均在控制指标范围内，全面实现了安全生产的“四个杜绝、三个不超、一个稳定”的总体奋斗目标，跨入长庆局先进行列。

【产业结构调整】 按照“规范运作，管理科学”的原则，在产业结构、组织结构方面进行了积极的探索。

（1）对运输车型进行优化。根据市场需求调整车型结构，更新补充中卡10台，轻卡10台，小型车辆6台，报废和停驶负效车75台，卡改拖10台，新增13台管材拉运车辆，适应市场、参与竞争的能力逐步增强。

（2）车辆改装和机械加工业务得到加强。汽修厂通过技术引进与合作，研制出油田工程车、锅炉车等新产品，实现销售收入667万元。

（3）逐步扩大试油试气、修井规模。培训试油工、试气工、修井工共31人，从业人员增加到89人，全年实现收入912.4万元，利润173万元，对运输业形成了有力补充。

【精神文明建设】 面对严峻的生产经营形势，运输处借鉴网络的整体性和互动性，全面推行党委工作网络目标管理，形成了工作、目标、责任网络体系，产生互动共振效应，从而构建起了大政工格局，充分发挥了整体效能。思想政治工作紧扣生产经营、市场开发、深化改革、队伍稳定四个主题，开展了形势任务、企业理念、市场意识、道德文明建设四个系列教育，做到有目标、有要求、有考核、有成效，工作开展得有声有色，有力维护了队伍的稳定，广大干部职工齐心协力进行"二次创业"的凝聚力明显增强。同时，以厂务公开为载体，加强民主监督与管理，综合治理、计划生育等各项工作得到了进一步加强，良好和谐的氛围逐步形成，职工生活环境和生活质量逐步得到改善和提高。全年安排了71项维修项目，更换了38栋楼房的水管线，拆除了旧电影院，增容改造了小区电网，种植草坪3000多平方米，厂区环境得到了进一步改善；职工收入稳步提高，人均收入比2001年提高了10%以上；出资28万元为职工进行了健康体检，普查率达到100%。

（王永刚）

交通服务处

【概述】 交通服务处设机关职能科室3个，服务小队2个，并有直属生产单位——小汽车修理厂和多种经营单位——西安长庆隆都贸易有限责任公司。有职工119人，其中干部16人（处领导2人，科级干部6人，一般干部8人），工人103人（驾驶员61人，修理人员24人，内退职工18人）。有各型小汽车69台（其中在册车辆56台，报废在用车辆13台），固定资产原值3004.20万元，当年固定资产净值1838.20万元。

2002年，是交通服务处生产经营指标全面完成，企业管理水平有效提升，安全生产平稳运行的一年。

【生产经营】 全年实际实现总收入1045.7万元，比2001年增收140.9万元；总支出1331.3万元，比2001年增加269万元；实现内部利润－286.21万元，比调整后的考核指标（－292.7万元）减亏6.49万元。全年完成行驶千米256万千米，车辆平均出勤率为85%，比2001年提高12%；机修能力：全年维修车辆1316台次，比2001年的维修量增加14.7%，其中一保208台次，二保65台次，项修961台次，大修发动机47台次。

【安全生产】 实现了安全生产"三个杜绝、三个不超、一个确保"的目标，长庆局安全生产综合考核的"否决指标和控制指标"全部达标，在全局41个单位中考核排列第12名。

【企业管理】 2002年初，交通服务处根据长庆局2002年的总体工作要求，结合实际情况，认真分析了面临的形势，提出了"狠抓安全生产，强化优质服务，努力增效减亏，实施多元开发"的指导思想和6项重点工作目标，在明确长庆局当前的定位和今后的发展方向的同时，寻求交通服务处的发展空间。为了强化职工的成本意识和绩效经营意识，加强车辆运营管理，调动职工完成生产任务的积极性，研究制定了《单车经营考核办法》，综合各种因素重新核定了单车任务指标，考核奖惩比例，并重新核定了单车材料、油料定额指标；为了加强对油料的控制和管理，制定了《IC加油卡管理办法》；为了进一步加强财务管理和资金管理，严格控制成本和非生产成本，完善各项经营财务制度，制定了《资金管理办法》。

始终将安全生产列为头等大事常抓不懈。按照《长庆局2002年安全生产质量环保工作要点》部署，以健康、安全、环境（HSE）管理体系为核心，以学习实践 HSE 管理体系和“两书一表”为主线，建立了 HSE 管理体系，编制了《车队 HSE 管理手册》。为了强化安全生产规章制度的执行，将《交通安全管理规定》、《驾驶员操作指南》、《驾驶车辆自检自查办法》、《车辆、设备定期检查制度》等制度汇编成《交通安全管理手册》下发至每位职工。《中华人民共和国安全生产法》颁布后，组织职工积极参加各类宣传教育活动，播放了《安全生产法》电视讲座 VCD 光盘，还组织参加了中国石油《安全生产法》知识竞赛，为安全生产工作打下了良好基础。继续深化安全生产“三全”管理，落实“三位一体”安全责任保证体系，围绕安全生产适时开展“安全生产月”、“环境宣传周”、“百日安全生产劳动竞赛”以及路查路检等活动。继续实行并相应加大了安全生产风险抵押金力度，风险抵押金额度比 2001 年提高了 60%。通过扎实有效地工作，最大限度地杜绝了各类责任事故的发生。

进一步履行驾驶员安全优质服务承诺的 5 条规定。继续实行挂牌服务制度，狠抓服务承诺项目的落实，教育职工，特别是驾驶员摆正自己的位置，正确处理好与服务对象的关系，坚决反对有条件服务，以个人的喜好对待服务对象，向服务对象要待遇、要好处的行为和做法，强化优质服务意识，全面提升安全优质服务质量。继续抓好修理厂的规范化服务，通过内强素质、外塑形象，扩大修理厂的知名度，强化车辆维修机械安全保障体系，巩固二类企业水平，争创一类企业，为打入西安维修行业，取得行业资质奠定基础。

落实长庆局“放水养鱼、激活基层”的政策，实施多元开发，寻求新的经济增长点，逐步改变依赖“方向盘”吃饭的格局。修理厂在市场开发难度大的情况下，千方百计扩大对外修理工作量，针对修理厂厂址闭塞的不足，积极寻找临街铺面，兴办了汽车配件、修理、装潢、洗车、电子配漆门市部，形成前店后厂的经营格局，既拓展了业务工作量，又扩大了修理厂的知名度。继续将部分闲置低效车辆组建租赁车队，开展租赁服务，积极创收。经过多元开发，努力实现了自求平衡，自我发展的目标，隆都贸易有限责任公司当年经营收入 234.7 万元，比 2001 年增长 17%。

（郭光明）

培训中心

【概述】　长庆局培训中心设机关科室 4 个，基层科室单位 18 个。职工总量为 395 人，其中专职教师 134 人。2002 年举办各类培训班 192 期，培训职工 8430 人次；成人学历教育录取人数达 1620 人；职后学历招生 569 人，其中社会生源占到 51%，毕业生当年就业率为 82%；校办产业完成产值 2100 万元，实现内部利润 256 万元。

【产业定位】　基本思路：在长庆局产业定位的大前提下，逐步把培训中心建成以职后培训为主体，以职前培训为补充，以职后学历教育、科研和校办产业为新的效益增长点，具有一定自养能力的多层次、多功能、综合性的教育培训实体。具体设想：在现有业务板块中，大力发展，做大做强职后培训业务，按地域成立培训项目部，服务市场定位在中基管理干部培训、工人培训和高层次培训服务三个方面；突出特色，适度发展职前培训；通过校际联合，做活职后学历教育；稳步发展、巩固提高多种经营业务；物业管理服务面向职工和学生两个市场，推行社会化服务；另外，在科研开发，低效油田开发方面力争有所作为。

发展目标：到 2004 年末集团公司取消“三项费用”后，基本实现收支平衡。

【内部管理】 推行了新的管理机制。驿马、西峰基地实行“扁平化”管理，培训部压缩了管理层次，撤并了科室，减少了中间环节；从稳定和发展两方面出发，调整了部分人员岗位，初步优化了队伍结构，盘活了人力资源。

全面推行承包经营责任制，分片搞活，提高效益。按照经营学校的思想，根据各单位的具体情况，将 22 个科室（单位）按五种经营模式进行了承包：银川培训站按内部模拟资产经营，实行全新的经营模式；培训部按内部创收及利润指标，获得了较好的经济效益；同时，对各单位实行工资总额与责任指标挂钩的考核办法，加大了效益工资的调控力度，简化了责任考核指标，见到了明显的效果。

建立了新的分配激励机制。在培训与生产经营中，试行培训项目、生产经营项目经理负责制，公开招聘项目负责人。在一定范围内赋予项目经理用工自主权，实行项目利润分配制，自负盈亏、利润分成。将全体员工的收入分成基本工资、奖励工资、效益工资三个部分，形成按责任、工作量、质量、效益和劳动要素进行分配的激励机制。

加强费用预算和成本控制，紧缩开支，加大教学投入。22 个科室（单位）承包指标和费用包死、考核硬兑现。实行“一支笔”把关和费用分解及预警措施，有效地加强了过程控制；将有限的资金投入到教学设备购置、人力资源开发（师资培训）、教学生活设施的维修上，三项费用全年共计投入 290 万元，其中教学设备投入 146 万元，师资培训投入 24 万元，教学生活设施维修、购置投入 120 万元。

【培训工作】 一是推行培训项目经理管理方法。新成立了西安、银川两个培训项目部，两个项目部全年培训 2156 人次。二是加大市场开发力度。先后 8 次前往宁夏、靖边、河庄坪等地，联系培训业务，承揽到油田公司 500 名技师、高级工培训，采一厂、采气厂中级工技能鉴定前培训，争取到庆阳地区 800 多名公务员计算机培训和 300 名技工的技能鉴定培训，有效地拓宽了市场份额。三是主动送教上门。先后组织教师到安塞、靖边、河庄坪等地办培训班 20 期，为生产单位现场培训职工 2325 人次；选派钻井专业教师为前线 27 个井队进行了现场安全生产、操作规范培训；把驾校办到了西安、银川、靖边、吴旗等油田单位所在地。四是积极探索了“订单式”培训模式。根据油田用工需求，先后与第一采油厂、第四采油厂、第二采油厂、机械制造总厂达成了采油工、电工、电焊工岗前培训的意向和协议，举办短期岗前培训班 14 期，培训学员 834 名；与第二采油技术服务处、西安石油学院联合，开办了全日制修井大专班，达到了进口出口畅通，厂校联合、校际联合的办学目的。五是积极开展合作培训。先后与钻井工程总公司、油气销售服务处、油气技术综合服务处、井下技术作业处、第二采油技术服务处、监督公司、地球物理勘探处、长庆宾馆合作办班 13 期，较好地发挥了培训的服务职能。六是重视培训质量管理。加强市场调研，重视质量回访，选派相对固定的优秀教师任教，聘请知名教授授课。同时，加强培训服务，培训评估鉴定等环节管理，广泛征求培训单位和主管部门的意见，搞好超前服务，取得了良好的效果。

【招生和就业指导】 学制教育根据油田用工预测，改一年一度（秋季）为一年两季（春季、秋季），走出石油“围墙”，面向社会招生，有效地拓宽了生源渠道。根据用工单位需求和生源状况，实行全日制大专班、高职 3 + 2，普通中专、劳动预备制四种模式并存的办学格局，全年共招生 569 名。

坚持以“出口”保证“入口”，全面加强就业指导工作。一是实习与就业相结合。将油田主干专业学生安排到采油厂、采气厂、钻井队实习，社会服务类专业安排到对口单位实习，鼓励学生在实习中提高能力，主动应聘。全年共安排 27 个班 959 名学生进行对口实习，为就业奠定了基础。二是广开就业门路。通过人才市场和各类关系资源疏通就业渠道，为学生就业创造条件。2002 年应届毕业生 633 名，当年就业 521 名，就业率为 82%。三是成人学历函授教育抓住国家和企业成人高等教育政策调整的机会，加强宣传，组织人力为考生上门报名，使 2002 年成人高等学历教育录取人数达到 1620 人。加强函授教学的组织工作，采取了强化日常考核，清除“挂名”学员，严格考试制度，设立考风考纪投诉箱等方法，进一步规范了教学管理。

【教师队伍建设】　制定了教师队伍整体素质建设《规划》及《实施细则》，明确了教师队伍建设的目标和任务。专职教师队伍按骨干层、中间层、弱势层、不达标层进行分层培训提高和末尾淘汰。每位教师按 CBD 计划设计自己的培养目标。

创造条件，强化在职教师的培训提高。在经费紧张的情况下，合理调配，安排机关等部门兼职教师兼课，选送专职教师外出培训。2002 年共投入 24 万元送 33 名教师外出参加了各种形式的培训学习，占到教师总数的 30%，还有 14 名教师攻读硕士研究生，有 19 名教师攻读本科学历，有 10 名教师脱产在生产现场实习。

政策激励，实施名师战略工程。通过优质教学评比活动，在全中心树立了“教学明星”1名，“教学能手”7 名，通过奖金等政策倾斜，吸引教师队伍，鼓励非教学岗位人员回归教师队伍，有 12 名非教学岗位教师重新回到了教学岗位。

建立、完善了兼职教师队伍。根据长庆局《职工培训兼职教师聘用管理办法》的相关规定，积极与局机关处室、二级单位地方院校联系，建立兼职教师人才数据库，聘请了以长庆局业务处室领导为主的经营管理专业兼职教师队伍，以各二级单位专家、技术能手为主的专业和实习指导兼职教师队伍，以地方院校专家、教授为主的校际联合兼职教师队伍，以校内非教学岗位人员为主的基础课、专业基础课兼职教师队伍。

【科研工作】　在 2001 年设立专门机构的基础上，积极承担了长庆局 2002 年重点科研应用项目《井下作业技术操作手册》的编写工作，并已通过审定，正式出版；与局人事劳资处联合开展了《长庆局“十五”期间人力资源现状分析与培训模式研究》的预研究工作。

【校办产业】　一是年初对原两校的校办企业进行了整合，组建了八达实业公司，实现了客户、资产、资源共享与优势互补，增强了企业抗风险的能力。二是实施多元开发，积极培育市场环境，形成新的经济增长点。新成立的石油配件门市部营业额达 100 多万元，新成立的 4 个工程服务项目部在陕甘宁联系到了锅炉安装维修、油田维护、原油拉运工作量 380 万元。三是全面推行承包经营责任制。公司实行全员承包，建立了新的分配制度，实行了工效挂钩、绩效挂钩、计件工资、收入提成的激励机制，4 名副经理各自承担百万元的产值指标，对全公司的经营摊点完全承包，进一步盘活了资源，实现了经营化管理与服务。

【精神文明建设】　2002 年，通过了“国家级文明单位”和“省级安全文明小区”的复查验收，获得了“甘肃省道德教育道德实践示范单位”的荣誉称号。

（叶　健）

庆阳子弟总校

【概述】 庆阳子弟总校由长庆一中及两所附属小学(第一小学、第二小学)组成,担负着长庆油田庆城及周边地区职工子女的基础教育任务,是甘肃省示范性学校,全国中小学德育工作先进集体。有教职工 338 人,专职教师 215 人,其中高级教师 21 人、中级教师 145 人。在校学生 3312 名(高中 755 名、初中 990 名、一小 1121 名、二小 446 名)。共有教学班 80 个(高中 17 个、初中 22 个、一小 29 个、二小 12 个),下设 7 个职能科(室)。

【主要成绩】

(1)高考:考生 404 人,600 分以上有 4 人,国家重点院校录取 56 人,本科录取人数 168 名,录取率达到 41.5%。有两名同学被北京大学录取,一名同学成绩名列甘肃省文史类第六名,陇东地区第一名。

(2)毕业会考:高三毕业会考成绩名列全省 14 所示范性学校第一名。高一、高二会考一次性合格率达到 90%。初中毕业会考黄妍、左佳同学总成绩分别名列陇东地区第一、二名,700 分以上有 9 人,占陇东片的 50%。小学毕业统考:一小、二小双科合格率和体育合格全部达到 100%。

(3)学科竞赛:初中英语获庆阳地区团体第一名,初中物理、化学分别获庆阳地区团体第二名,高中数学、化学分别获庆阳地区团体第三名。99 人次获学科竞赛个人奖,其中省级二等奖 72 人次,三等奖 15 人次,优秀奖 2 人次;地区级一等奖 9 人次,二等奖 21 人次,三等奖 40 人次。

(4)学生管理:学生思想品德合格率达到 100%,守法率 100%,遵纪率 99.48%,良好率、优秀率合计达到 95.19%;“四无班级”达到 87.5%,一、二类班级合计达到 80%;全年学生平安无事故。

(5)教师赛教:获省级奖励 1 人,地局级奖励 12 人次。教育教学研究取得多项新成绩,《长庆一中创新教学模式研究》获“石油系统优秀教科研成果”二等奖;《长庆一中课堂目标导学模式》获“甘肃省第四届基础教育教学科研优秀成果”三等奖;《L 标准分及教学应用》获“石油系统优秀教科研成果”二等奖。学校荣获“甘肃省道德教育和道德建设示范校”、“庆阳地区文明单位”、“甘肃省交通文明示范校”称号。

【主要工作】

(1)把教育思想建设放在首位。学校以现代教育理论为指导,根据企业改革和基础教育市场化的新形势,从培养新型人才的要求出发,提出了“确立一个思想、两条发展思路”,“追求一个理念、唱响一个口号”,“实施两个工程、实现一个目标”的办学思想和整体发展战略。一个思想是“育人为根本、质量为核心、科研为动力、创新为保障”;两条发展思路是“稳定队伍,提高质量,抓住机遇,改革发展;尊重教育规律,发挥企业优势,简洁明确,求真务实,追求质量、发展、效益的良性循环”;一个理念是“向学生终身负责”;一个口号是“向学生负责、向家长负责、让社会满意、树名校形象”;两个工程是“名师工程、管理提升工程”;一个目标是“创一流质量、建一流名校”,这一办学思想体现了“素质教育”、“学生为本”的教育理念,突出了“加快学校发展,增强生存竞争能力”的主题,从而为学校发展奠定了思想基础。

(2)把提升管理水平作为重点。按照长庆局“管理提升战略”的要求,学校实施了以精细管理为手段,以创新管理为突破口的“管理提升工程”。一是提升教学管理水平,夯实教学管理基础,形成教学全过程的监控反馈体系,建立规范有序的教学秩序;二是提升学生管理水平,强化“三全”管理,突出安全教育、养成教育、心理教育、法制教育,构建学校、社区、家庭三结合管理网络;三是提升校园管理,创建优美文明校园环境,丰富课外活动,营造良好育人氛围;四是提升队伍管理水平,完善岗位责任制,建立科学的考评机制,增强教职工的责任心;五是提升成本管理水平,加强人、财、物的管理,实施经费预算、决算制度,规范收费,堵塞漏洞,提高办学效益。

(3)把教学研究作为动力。学校把科研创新作为提升教学水平的突破口,制定了《庆阳总校教学研究管理办法》,鼓励教师广泛参与。开展了“3+X”高考模式专题研究,召开“3+X”高考研讨会;开展了“新教材研究”,举办了“新教材论坛”;继续深化“优化课堂教学,构建创新模式”和“课堂目标导学模式”课题研究,形成了一批成熟模式并在全校推广。

(4)把教师队伍建设作为根本。一是加强教师思想建设。利用教师节精心策划了“实践教育理论事迹报告会”,在过节同时,让教师受到教育。建立“学生评教制度”,并和收入挂钩,用经济杠杆拉动教师转变教育理念。二是突出教师业务能力的提高。通过新课程标准和理论培训、岗位培训和赛教交流活动,促进教师发展。三是改革内部分配制度。实施了新的奖金分配方案,提高教师,特别是骨干教师的收入。四是注重满足精神激励。大力表彰奖励优秀教师,为他们制作肖像挂历,满足教师精神需求。五是改革用人机制。制定了《招聘教师管理办法》,吸引地方优秀教师到学校任教。

(张灵生)

银川高级中学

【概述】 2002 年 1 月,大水坑子校、马家滩子校、九公里子校、十八公里子校隶属银川高级中学,实行专业化管理。8 月 3 日,大水坑移交盐池县办学,十八公里撤校,马家滩、九公里子校生源递减,教职工进行了较大幅度的调整,8 月份组建了银川初级中学。银川高级中学共有教职工 447 名,其中女职工 234 名,干部 406 名,工人 41 名;高级职称教师 31 名,中级职称教师 202 名;教职工中,大学文化 150 人,大专文化 164 人,中专文化 43 人;高中教职工 145 名,学生 1300 名,有 29 个教学班。下设 4 个子弟学校,有教职工 303 名,学生 3208 名,其中银川小学教职工 96 名,教学班 30 个,学生 1576 名;银川初中教职工 96 名,教学班 23 个,学生 1151 名;马家滩子校教职工 23 名,教学班 6 个,学生 130 名;九公里子校教职工 38 名,教学班 9 个,学生 351 名。学校领导班子共有 5 人组成,校长 1 人,党委书记 1 人,副校长 3 人,其中一名副校长兼任银川子校校长(下半年任银川初中校长)。高中下设 3 个年级组,分成 5 个小组进行管理。

【各项指标完成情况】

(1)503 名学生参加高考,录取 464 人,录取率达到了 92%,重点录取率达到 22%,本科录取率达 57%。王旭、平方青两名学生考入了北京大学。平婧同学高考数学单科成绩和蔺哲同学高考文科综合成绩名列宁夏第一。高中会考有三门课程进入自治区前十名。其中数学、历史居全区第一。初中毕业统考、小学测试超过局定指标,实现了稳中有升的目标。初三毕业会考 700 分以上达到 23 人,蒋婕同学以 748 分的总成绩居全局第一。

(2)学校综合治理、安全稳定、计划生育均达到局下达的指标。全校400多名教职工，4500多名学生，无违法犯罪，无重大伤害事故，在长庆局的年终考核中得到充分肯定。

(3)合理使用经费，做到预算控制不超，并略有节余，保证了学校工作的顺利进行。

(4)校园建设、教学设施配置等按计划完成。2002年9月2日，举行银川初级中学挂牌仪式。

【学生培训】　2002年9月24—29日，举办首届体育艺术文化节，银川基地三所学校参加了活动，文化节为期一周，内容丰富，形式多样，有体育竞技比赛、体育趣味活动、美术展评、舞蹈、器乐、声乐比赛等，还举办了4台文艺演出，师生参与率达到100%，展示了校本课程的成果，又活跃了校园文化生活。在高一、高二建立个性化管理档案790多份，跟踪管理，见到实效。

学校在高中阶段开设研究性课程，2002年前半年，结题18个课题，师生参与率达到65%。后半年又开题73个课题。从课题研究看，学生选题面广，能够联系生活、生产实际及社会热点问题，充分体现出学生关心社会、关心生活，运用所学知识研究关注社会问题的责任感，拓宽了知识面，转变了学习方式，提高了能力。

学校开设了音乐、体育、艺术等17门校本课程，加大投入，开发教育资源，培养学生的特长。各子校也根据不同学段学生的年龄特点，开展丰富多彩的教育活动。让学生在活动中增长才能，陶冶情操，增强主体意识，收效显著，受到了家长及社会的广泛好评。

【教师培训】　外出培训三批35人次，新课程培训127人次，组织参加自治区教师继续教育考试109人；各子校组织教师参加各级各类外出学习190多人次。通过多种培训途径，使广大教师更新了理念，初步树立了终身学习的观念，对提高教学能力以适应新的教学要求起到了积极作用。有10位教师晋升为中学高级教师，有21位教师晋升中级职称。

【学校获得的主要荣誉】　长庆局中小学目标管理考核二等奖；长庆局办学水平督导评估一级学校；中华人民共和国现代教育技术实验学校(2002年12月)；宁夏回族自治区中小学教师信息技术教育培训基地(2002年)；宁夏回族自治区"中小学、幼儿教育研究先进学校"；长庆石油勘探局先进职工之家(2002年9月)；长庆局第二届职工自学成才先进单位(2002年10月)；团委获"共青团长庆石油勘探局五四团委"(2002年5月)；2002—2004年全国重点科研课题21世纪中国学校体育发展研究实验学校；中国教育学会中学语文专业委员会"创新写作教学研究与实验"实验学校(2002年12月)；2002—2004年学校体育发展研究学校。刘建明同志获"长庆石油勘探局2002年劳动模范"。

(王占龙　李儒鼎　孙会钧)

职工疗养院

【概述】　职工疗养院共有各类劳动用工129人，其中职工95人(干部51人，工人44人)、劳务合同工30人。副高级以上职称6人、中级职称10人、初级职称24人。固定资产原值644万元，净值464万元。2002年，职工疗养院坚持以效益为中心，以确保稳定为重点，带领全院干部职工努力推进"二次创业"，取得了两个文明建设新成绩。

【经营业绩】　共接待油田内外疗养人员382人次；接待会议、培训班、体育比赛及旅游团体71个、6267人次；2002年经营净收入311.12万元，首次突破300万元大关，较2001年增长

15.92%；全年费用支出不超，收支相抵后基本持平。疗养服务满意率达到 98.26%，较局下达的指标提高 13.26%；慢性病治疗有效率达到 96.2%，较局下达的指标提高 16.2%；床位使用率达到 70.02%，较局下达的指标提高 0.02%。

【经营管理】 2002 年，在长庆油田疗养人员减少、局拨费用减少的不利形势下，面向油田内外开拓市场，增收节支，强化内部管理，提高经济效益。

以服务创新开拓市场，靠优质服务广揽客源。继续加强与兄弟油田的业务联系，主动承揽职工疗养、团体旅游业务，稳定了外油田疗养客源；发挥服务优势，面向油田内外拓展会议、培训服务市场；依靠医疗科技进步，提高医疗服务水平，院医疗中心采用“烤瓷牙修复技术”与“人工种植牙技术”相结合，为牙齿缺损患者解除痛苦，吸引了油田众多患者来院求医就诊。《烤瓷牙临床应用技术研究》获本年度长庆局科技成果二等奖。同时，院医疗中心组成医疗小分队，先后三次深入陕北、宁夏和内蒙古油气田生产第一线，为职工查体治疗 1500 多人次，创收 40 余万元，既方便了一线职工，又培养了医护人员的敬业精神。

转换经营机制，激活基层、搞活经营。以落实经营承包责任制为重点，制定了切实可行的考核奖惩办法，对经营承包人预收一定数额的风险抵押金，将经济效益和工作质量与经营者和员工的切身利益挂钩，调动了全体员工创收增效的积极性。

实施精细管理，提高管理水平。年初及时制定了《长庆局职工疗养院 2002 年实施精细管理暂行办法》以及《疗养院劳动用工管理暂行办法》和《劳动用工考核暂行办法》等管理制度。通过加强对外经济合同管理、打字复印管理、公务用车管理、内事接待管理、劳动用工管理和水、电、电话管理，进一步规范了经营行为，细化了成本预算、成本分析和成本控制措施，堵住了成本控制上的“跑、冒、滴、漏”，避免了资金浪费，提高了经济效益。

认真落实安全生产责任制，在健全院安全防火委员会和 HSE 管理委员会，形成院、基层单位、班组三级安全管理网络的基础上，层层签订责任书，落实领导责任。结合疗养院的实际，在运输队和公用事业站锅炉房推行 HSE 管理，完善 HSE 管理体系建设。通过抓教育、重防范，实现了“四个杜绝、三个为零、一个确保”的安全生产管理目标，落实安全防火措施，并荣获“消防工作先进单位”光荣称号。

【多种经营】 多种经营厂点在市场竞争中依靠产品质量赢得客户，提高自主经营和自我发展能力，取得了较好的经济效益。

长庆药用沙棘油厂抓住市场机遇，从市场需求出发实现了产品的更新换代。先后开发出 VE 营养霜及长丽丝洗发液、沐浴露、洗手液等护肤、洗涤新产品，投放市场后受到消费者欢迎，全年实现生产经营总值 199 万元。

长庆实业发展公司通过加强斜口加油站的成品油销售管理和透明洗衣皂生产、销售环节的成本控制，全年生产经营总值 75 万元，实现利润 3.43 万元。

【硬件建设】 多方筹措资金，进一步完善基础设施配套和院区环境绿化、美化。先后实施了一疗区的整体改造以及二疗区、医疗中心、俱乐部东会议室、游艺室和膳食服务部餐厅的局部改造和室内配套；实施了三疗区供热回水管线的改造和 1 号锅炉的维修，保证了疗养员和宾客洗浴用水；实施了门球场的拓宽改造，并安装看台座椅 164 个，为举办比赛提供了更好的条件；对单身职工宿舍楼进行了维修和内外粉刷，更换了铝合金窗户；给二幢住宅楼封闭了阳台，更换了铝合金窗户；给俱乐部大厅和招待所客房配备了空调，使接待、住宿条件进一步改善。同时，搞好院区绿化调整，通过新栽和移栽树木、花卉，绿化、美化了疗养接待区和办公生活区。

【精神文明建设】 加强党建和思想政治工作，精神文明建设连续七年保持了“西安市临潼区文明单位”称号。

抓好党的思想建设、领导班子建设，发挥党组织的政治核心作用。在坚持院党委中心组学习的同时，组织中层干部学习中央、中油集团和局党委的重要文件，让院、科两级领导干部先学一步、先提高一步，在企业改革不断深入的情况下，当好群众的主心骨。加强基层领导班子建设和党风廉政建设，严格干部的管理和教育。通过干部年度考核，科以下干部没有出现基本胜任和不胜任者，科级干部的民主测评优胜率平均达到了95.8%；基层单位一类领导班子达到了三分之二以上，没有出现三类班子。院、科两级领导班子和领导干部党风廉政建设责任制得到了认真落实，职工群众对各级领导干部的信任度有了明显提高。

抓组织建设，发挥党员的先锋模范作用。针对院内离退休、内部退养职工党员和有偿解除劳动关系党员多的现状，严格党员的管理和教育，组织党员积极、自觉参加党内活动。为了发挥党员在“二次创业”中的骨干作用，持续开展“创先争优”活动，给党员交任务、压担子，在以效益为中心的各项工作中发挥了党员的先锋模范作用，增强了党组织的号召力和凝聚力。

持续开展群众性精神文明创建活动。制定了《职工疗养院文明公约》，引导职工、家属弘扬和遵守社会公德、职业道德和家庭美德，积极投身“三创一争”活动；发挥文化阵地的服务教育功能，吸引职工家属参加各种有益身心健康的文体活动。2002年“五一”节期间，疗养院组织参加了在长庆局西安基地举办的大众体育运动会，荣获团体第一名的好成绩，增强了队伍凝聚力和集体荣誉感。

【综合治理和稳定工作】 认真贯彻落实局社会治安综合治理工作会议和稳定工作会议精神，加强组织领导，结合实际制定了《职工疗养院维护稳定工作预案》，继续加强对疗养区、办公区、生产区和生活区的治安防范，加大“三禁一反”工作力度；做好重大节日和重要会议接待期间的治安保卫工作，荣获长庆局“生产要害保卫工作先进单位”称号，实现了社会治安综合治理“四无”目标，维护了内部治安稳定和职工队伍稳定。

（刘致远　薛　恒　高甫印）

职工医院

【概述】 职工医院是一所集医疗、科研、教学于一体的综合性医院，担负着为油田广大职工、家属及老区人民防病治病的重任。

医院现有机关职能科室6个，附属单位2个；院属科级单位20个。党政领导成员6人，科级干部33人。职工总数405人，其中干部272人，工人133人，男职工174人，女职工231人，离退休职工236人，内部退养职工35人，劳务合同工19人。有主任医师1人，副主任医师19人，中级专业技术职务人员58人。

设有急诊科、内科、外科、妇产科、儿科、眼科、五官科、口腔科、皮肤科、传染科、影像科(CT、B超、放射)、检验科、麻醉手术科、病理科、药械科、介入科等16个科室，有心血管内科、血液内科、普通外科、神经外科、妇科、产科等30多个二级专业。

拥有CT、彩色B超、800毫安X光机、颈颅多普勒、乳腺X光机、高压氧舱、电子胃镜、血气分析仪、大生化分析仪等先进设备。

【医疗指标】 坚持以一流的管理，一流的技术，一流的服务，一流的设备，一流的质量，一流的信誉为油田职工家属和老区群众健康服务，全面完成了各项医疗指标。出院人数 4920 人，治疗有效率 95.93%，平均住院天数 13.17 天，床位使用率 51.83%，诊断符合率 99.15%，抢救成功率 94.62%，门诊量 77558 人次。

【经营情况】 在长庆局补贴的基础上，医院积极推行了“经营承包责任制”，将部分成本列入了科室成本核算，实行了月核算月考核，各个科室自觉的节约成本和开支。同时，努力提高医护质量，不断改善服务态度，增加收入，减少支出，节约开支。2002 年局补贴 1405.4 万元，实现收入 2886 万元，支出 4301 万元，实现了收支平衡。

【科技成果】 医院积极采取走出去学习和引进新技术两条腿走路的方法，使医疗技术水平一直处在陇东地区的领先地位。2002 年，送出去到各大医院进修人员 6 人，发表各种学术文章 27 篇，开展了“消化道出血的介入治疗临床应用”等 26 项新工作。其中《永久性心脏起搏器植入术》获长庆局科技进步三等奖。

【企业管理】 医院面对重组改制和调整导致服务对象不断减少的情况，牢固树立“外树形象、内聚实力、严谨务实、开拓进取”的指导思想，抓住“质量、服务、稳定、安全”主题，积极开展优质服务竞赛，每月进行患者满意度测评，提高了全院职工的素质。在中华医院管理学会组织的全国创建“百姓放心医院”活动中，荣获“明明白白看病、百姓放心医院”称号。

【安全生产】 坚持“安全第一、服务第一”的思想，建立健全各级安全网络和科室安全生产责任制。全面推行了 HSE 管理体系。认真组织学习 2002 年 9 月 1 日国家开始施行的新修订的《医疗事故处理条例》，严格施行医疗安全知识考核，从抓规范病历书写、处方书写入手，规范医疗文件，规范医疗工作程序，以为患者高度负责的态度，保证医疗的安全，减少医疗纠纷的发生。2002 年，发布 HSE 程序文件及作业文件，形成共 29 个单项程序文件（A 版），对车队统一管理，实行了车辆运行警示单制度。加强了职工生活区的安全管理，定期到职工家中检查用电、用气的情况，杜绝了不安全因素。针对医院属于开放性的服务单位的特点，成立了医院巡逻队，加强治安巡逻，保证了职工工作和生活区的安全。

（龚成林）

公用事业处

【概述】 公用事业处设机关职能科室 7 个，附属单位 1 个，基层科级单位 10 个。全处职工总数 285 人，其中干部 133 人，工人 152 人；男职工 149 人，占职工总数的 52.28%，女职工 136 人，占职工总数的 47.72%。干部中各类管理人员 60 人，各类专业技术人员 67 人。其中，具有中级职称 29 人，占干部总数的 21.8%；副高级职称 3 人，占干部总数 2.25%，共有离退休职工 32 人。

截至 2002 年末，拥有资产总值为 3.88 亿元。其中，固定资产原值 1.67 亿元，净值 1.46 亿元，负债总额 3.88 亿元。

2002 年，长庆局将公用事业处列入内部利润单位。根据这一经营政策，公用事业处在年内工作任务未减和服务范围增加、费用指标降幅较大的情况下，及时调整经营思路，深化内部改革，促进了年度各项工作目标的实现。

【生产经营】 全年完成主营经营收入 3655 万元，同比增长 25.96 %。其中：关联交易收入、社会市场收入增长幅度较大，靖边基地管理分处关联交易收入突破994万元。

【内部改革】 按照"融入社会逐步推向市场"的改革精神,积极制定了职工食堂、幼儿园、招待所等单位的改革方案,并进行了有效的实施。投入资金对靖边基地职工食堂硬件设施进行完善改造。改造后的靖边职工食堂,以其优良的环境和服务展现在客户面前,受到油田公司驻地单位的好评。幼儿园入托人数提高到330多人,为可容纳总数的89.9%,是西安基地办园以来入托人数最多的一年。

【市场开发】 油田产能建设市场进一步扩大;油田新基地建筑市场份额进一步提高;锅炉检修、管道安装等优势项目开始向社会市场延伸;西安基地供热供气辐射范围逐步扩大;园林绿化走出长庆,呈现出良好的发展势头。

【安全生产】 加强对安全生产的领导,认真落实"三全"管理措施,突出重点部位管理,促进"三标"建设,安全控制指标达到局考核标准,实现了全年安全生产无事故。2002年,荣获长庆局"安全生产先进单位"和"消防工作先进单位"称号。水电暖气供应站"HSE"管理试点成效显著,"两书一表"获长庆局精品工程优秀项目。

【小区建设与管理】 重新认识兴隆园物业管理工作的重要性,提出了以居民参与为主体的管理理念;以品牌服务为中心的竞争理念;以互动交流为内容的开放理念;以质量效率为宗旨的服务理念;以"满意"换取回报的经营理念;以建立和谐人际关系的发展理念,有效地指导了小区管理与服务工作。关注居民关心的热点、难点问题,着力解决小区"老大难"问题。挤出资金,给364户二楼住户安装了防盗窗;在经一路、纬五路、长庆路等主要道路安装了减速带;彻底解决了长期困扰居民生活的136户住户地下室渗水问题;认真组织了报修住户卫生间的治漏工作;从方便职工入手,实行了出租车限时准入制度。

文明小区创建工作一年一个台阶,兴隆园小区被团中央、民政部、建设部、国家工商行政管理总局授予"全国青年文明社区"光荣称号。获得"陕西省卫生先进单位"和西安市"绿色社区"、"水土保持先进单位"光荣称号。

【班子和队伍建设】 领导班子被长庆局评为"优秀班子";处工会被局工会授予"三星级职工之家"称号;公用事业处被长庆局评为"思想宣传工作先进单位";靖边基地管理分处荣获"局模范集体"称号;两名同志荣获"局先进工作者"称号;还有10余名同志获得局安全、宣传、办公室系统和多种经营系统等先进个人等系统荣誉称号。

(张俊杰)

银川物业管理处(银川办事处)

【概述】 银川物业管理处设机关科室5个,基层科级单位2个,队站级单位16个,多种经营企业2个;职工总数243人,其中干部82人(处级7人,科级26人,其他49人),工人161人;燕鸽湖基地住户6968户。拥有固定资产14836万元。局下达收入指标3335.5万元,费用指标5711万元,实际完成收入3335.5万元,费用5552.8万元,节约费用158.2万元。

2002年,经过全处上下共同努力,全面实现了"两个确保(确保完成局下达的经营工作指标;确保安全生产和综合治理达标)、三个争取(争取在市场化运营方面有所作为;争取管理水平和服务质量有明显提高;争取多种经营有更大发展)"的奋斗目标,超额完成了长庆局下达的经营和管理指标。燕舞区继续保持了"全国城市物业管理优秀示范住宅小区"的称号,燕鸽湖基地荣获银川市"物业管理优秀示范住宅小区"和"卫生先进小区"光荣称号。

【生产建设和经营管理】 在生产建设方面，完成了培训中心的建设、一供燃煤改造工程、二供大修工程，完成了办公楼的设施配套和搬迁组织工作。在经营管理上，实行可控费用责任目标承包，使费用的控制和核算更为精确具体。同时，实施"扁平化"管理，撤销了大队级建制的房管所、公寓管理站，按规划形成的小区成立了四个小区管理站和绿化环卫队，压缩了管理层次，缩短了管理链条，提高了工作效率，各小区管理站的职责更加明确，基础工作水平有了明显提高。

【物业管理】 坚持"诚信敬业、优质服务"的服务理念，结合小区物业管理的实际情况，制宁出台了《太阳能热水器安装使用管理规定》、《房屋装饰装修管理规定》、《单元防盗门使用管理规定》等 13 项小区管理制度，使物业管理向制度化、规范化、科学化方向迈出了一大步。建立了"处长接待日"制度和 24 小时总值班制度，设置了居民服务热线电话，方便了居民的报修服务。根据物业管理有关法律法规和地方行业主管部门的要求，选举成立了业主委员会，审议通过了业主委员会章程和业主公约，在向规范的物业管理企业过渡方面迈出了新的一步。

【社会治安综合治理】 把严防入室抢劫等恶性刑事案件的发生作为工作重点，注意加强了对外来人口的管理，与基地各施工企业(包括装潢工队)实行治安管理责任承包，做到群防群治；定期召开银川基地社会治安综合治理协调领导小组会议和物业处社会治安综合治理工作例会，及时通报情况，解决问题；申请银川市公安局在基地设立了燕鸽湖基地派出所，保卫科加强了与派出所及地方公安部门的联系和合作，企地联手、共同整治，治安管理的力度进一步加大，确保了小区的稳定。

【安全生产】 2002 年，以交通安全、工业安全和消防安全为重点，继续落实安全生产目标管理，修订完善了《安全生产综合考核细则》、《安全生产考核奖罚细则》、《小区交通管理规定》等制度，与机关科室和各基层单位、基层单位与所属部门、班组层层签订了责任书，签订率达 100%；坚持安全生产领导承包责任制，一年来，处领导共进点 60 余人次，解决问题 70 余个。

【队伍建设】 在班子建设中，修订和完善了会议制度，进一步明确了各种会议的职权和议事范围，健全了各种专业委员会和领导小组；坚持定期召开每周一次的班子成员工作例会和每月一次的生产经营工作例会，重大事项集体研究，提高了决策的民主性和科学性。在干部建设方面，对机关科室长和基层单位负责人在德、能、勤、绩、廉等方面的表现组织了专门考核，优良率达到了 97.2%。在队伍建设方面，重点加强了对职工的教育和培训。

【精神文明建设】 2002 年，处党群组织围绕中心，服务大局，在党建和宣传思想工作方面做了大量工作，切实起到了保障作用。加强党建工作，认真宣传和贯彻中央和上级党委的方针政策，教育广大党员增强党性，发挥党员的模范带头作用；坚持抓好党风廉政建设责任制的落实和效能监察工作，并注意从制度建设入手，落实民主决策、扩大招投标范围等，确保廉政目标的实现；建立健全了基层组织，新建支部 1 个，补、改选基层支部委员 3 人，发展预备党员 6 人，预备党员到期转正 3 人，确定重点发展对象 7 人，举办入党积极分子学习班 1 期，参加培训 20 余人。注意发挥工会、团委组织的作用，通过开展职工互助保险、法律援助、岗位练兵和技术比武以及丰富多彩的文体活动，维护职工的合法权益，活跃了职工的文化生活，提高了职工队伍素质。宣传思想工作，注重了有线电视、宣传橱窗、小区宣传点、通讯报道等媒体手段的运用。结合落实《公民道德建设实施纲要》，广泛开展文明家庭、文明居民"双百"评比活动，评选出文明家庭 129 户，文明居民 129 名；对外宣传工作得到了加强，反映我处分区管理实施情况的多媒体在长庆局2003年工作会议上进行了交流，局电视台对我处物业管理工作组织了专门的采访，长庆石油报专门刊发了《在群众信赖的岗位上》的长篇通讯，报道了处党委副书记杨登治同志的事迹，动态反映银川基地建设、管理和服务情况的电视专题片《塞上明珠石油城》、网页等正在制作之中。

【离退休职工管理和幼教工作】 重视对离退休职工的思想教育，经常举行形势任务教育报告，全年共举办报告会9场，听众达五百余人次。注意发挥五个老年活动中心和湖边广场、各小区的休闲凉亭的娱乐阵地作用，开展老年社区文化建设，全年组织各种比赛44次；成立了银川市老年大学长庆分校，已有200余名离退休老同志报名参加学习；坚持重大节日期间对老领导、老同志和生活有困难的离退休职工进行慰问，全年慰问471人次。

加强了幼儿园的师资力量，增配了教学设施，改善了办学条件。目前，两个幼儿园共有入托幼儿570余人。

【多种经营】 在巩固已有市场的同时，积极主动向外围拓展，全年实现多种经营产值2500余万元，实现利润200万元，安置职工45人。为了优化多种经营资源配置，调整产业结构，形成规模经营，按照"整合资源、发挥优势、拓展市场、增强实力"的原则，决定对现有多种经营企业实施合并方式的整合重组，拟成立以建筑安装工程施工、物业综合经营服务为主营业务的有限公司。按照整合方案确定的工作步骤，资产清查和债权债务清理工作已基本结束，新设公司将于2003年3月开始运行。

（窦忖学）

西安油气销售综合服务处

【概述】 西安油气销售综合服务处设机关科室3个，附属单位1个。下设基层科级单位4个。用工总量108人（其中全民职工68人，其他用工40人），处级干部2人，科级干部13人，资产总额557.3万元。拥有固定资产原值462.6万元，净值353万元。

【主要业绩】

（1）全面完成经营指标。2002年实现收入668万元，费用支出666.1万元。上缴"三金"比2001年增加12.4万元，完成了局下达的各项经济指标，费用还有所节余。多种经营实现经营收入436万元，为业绩指标的109%。

（2）控制类指标全面达标。HSE管理、社会治安综合治理卓有成效。2002年未发生任何刑事、治安案件及各类安全生产责任事故，继续保持了"安全单位"、"社会治安综合治理"、"无毒害社区先进单位"和"省级文明单位"称号。

（3）企业管理水平进一步提高。建立了科学的经营机制，实行了经济指标与工资、奖金挂钩。建立了动态的财务预算管理体系，按月定期通报各项费用的收支情况。

（4）发展路子不断拓宽。认真搞好"一对一"服务，与油气销售公司取得了双赢。大力开拓外部市场，培植新的经济增长点，先后组织17人次，行程5000多千米进行液化气、各类水泵、折叠野营房等项目的考察、调研和洽谈，收到了明显效果。

【精细管理】 为了达到精细管理的五项要求，利用现有设备，建立了一套详细的数据资料库，并利用院内运程集抄系统，逐步实现了微机化管理。为加强计量，新装水表30块，更新住户集抄水电表208块，配电室总电表6块，减少了误差。水电费较2001年相比节约13.4万元；电话费节约8.3万元。

【基础设施建设】 取消了电话人工转接，加入了长庆通信网。投资 30 余万元对招待所客房和餐厅进行了修缮。投资 1.5 万元改造了中心花坛，建立了老干部室外健身活动场所。

（刘惠芬）

长庆宾馆

【概述】 2002 年，长庆宾馆有职工 38 人，劳务工 53 人，机构设置为 10 部 1 室，拥有固定资产 5685.628309 万元。全年接待宾客 15 万人次，同比增加 2 万人次，增幅 15%；实现经营收入 1426 万元，同比增加 150 万元，增幅 11.7%；费用补贴降至 119 万元，同比减少 100 万元，减幅达 45%；单位成本费用同比下降 7.6%，人均劳动产值 7.8 万元，同比增长 4%；全年缴纳各种税费 86 万元，新安置就业人员 57 人。

【“五个一”工程】 根据宾馆经营目标管理和服务过程管理的需要，为了有效地调动全体员工工作的积极性和创造性，宾馆于 2002 年 3 月 28 日，启动“五个一”工程，即：每季度对各部门和全体员工进行一次综合考评；每季度评选一次过程管理优胜部门和明星员工；每季度调整晋升一次工资；每季度召开一次经营分析会；每季度召开一次员工大会。为了确保“五个一”工程有效实施，宾馆专门成立了综合考评领导小组和 5 个业务考评组，实施对各部门及全体员工的综合考评，通过考评评选出每季度的过程管理优胜部门和优秀管理者及明星员工，并且给予奖励。另外，通过每季度一次的经营分析会及时寻找发现经营工作中存在的不足，制订相应的管理措施，确保全年经营目标的实现。通过每季度一次的员工大会，及时总结上季度的工作，安排布置下季度的重点工作，表彰季度工作的优胜部门和明星员工，激励全体员工发奋工作。同时及时地把长庆局和宾馆的经营形势、管理方针、政策交给员工，使员工心系宾馆和宾馆融为一体，有效地增强宾馆的凝聚力，促进了宾馆的经济发展和员工队伍的稳定。

【分配制度】 在分配中，取消过去企业惯用且落后的工程普调制，根据宾馆每季度的经济效益情况和经济承受能力，择优给一部分员工晋升工资，并根据操作技能、工作态度不同而适当的拉开员工之间的收入差距。对过程管理优胜部门给予一次性奖励，对优秀管理者和明星员工除一次性奖励外，晋升一级工资。通过这些措施，有效地调动了全体员工的工作积极性和创造性。

【精细管理】 2002 年，长庆宾馆坚持向管理要质量，要市场，要效益，提出了“过程管理”的新理念。对每项服务工作进行全过程、全方位的有效规范和约束，使每位员工在实际操作中做到职责、程序、标准明确，提高了工作效率，减少了工作中随意性和无标准的现象，服务水平和产品质量大幅度提高，促进了服务工作的精细化。

在具体操作中重点做好三个方面的工作：一是建立和完善了每项工作的流程、工艺要求、标准及考核细则，每个部门针对管理工作中存在问题，有针对性的制定工作职责、管理标准，有力地克服了部门以前职责不清，相互推诿扯皮的现象；二是加强了物流过程管理，降低经营成本，从统一采购、验收、保管、维修等制度方面，对物流进行精细管理，由采供部一个口花钱，采取货比三家，大宗物品公开招标。并且十分重视废旧物品的回收再利用。只这一项，就为宾馆节省近千元的支出。三是经营任务全过程目标跟踪管理。根据“严管理，硬指标”的管理方法，将 2002 年经营工作总目标细化分解，分别与各部门签订了目标责任书，部门又将具体的指标分解到各个经营网点，形成了指标层层分解，目标人人明确，责任共担的良好格局。与此同时，还将指标完成情况与部门、个人的经济收益直接挂钩，有效促进了全年经营目标的全面完成。

通过一年多的工作实践，"过程管理"模式也在不断地发展和完善中，对全面提升管理水平和服务水平的作用日益显现。

【设备设施配置改造】 为提高宾馆的竞争力，长庆宾馆把设备设施配置的改造放在经营工作的重要地位。一是在康乐设备上，新增加了时尚的沙狐球、电子飞镖、桌上足球、自动麻将机等设备，使客人们徜徉在环境优美、设备时尚的健体活动中；二是为了进一步美化宾馆的大厅环境，对宾馆大厅自动开启门进行改造，安装密闭性能良好的旋转门；三是根据宾馆消防工作的需要，将二氧化碳灭火器全部更换为干粉灭火器，并且对现有的监控系统进行扩充改造，为客人提供安全的居住环境；四是根据宾馆作为会议宾馆的定位和实际需要，新建增加会议室一个，更新改造会议室 2 个；五是对原员工更衣室进行改造，新建员工淋浴室，使员工更衣室和淋浴室更能体现星级的标准；六是对宾馆门口花坛和地下室进行改造，使其环境更加优美。2002 年，宾馆在硬件设施上的投资，可达 70 余万元，有效地弥补了宾馆原设计和建设的不足，使其设施设备更能体现星级水准，顺利的通过省旅游局于 10 月份组织的对宾馆的星级复评。

（周　杰）

兰州办事处

【概述】 2002 年，是兰州办事处各项经营指标全面完成的一年，也是企业管理水平有效提升的一年。有员工 43 人，其中职工 12 人（干部 8 人，工人 3 人，内退职工 1 人）。有机动车 5 辆，固定资产原值 828.60 万元，净值 667.61 万元。

【组织机构】 办事处下辖 2 个基层党支部、综合办公室、管理科、接待科（下设招待所 1 个）、采购站等 4 个职能科室。

【生产经营指标完成情况】 2002 年，长庆局下达的经营承包指标是：费用化补贴 105 万元；上缴固定资产折旧费 14 万元；上缴投资回报 2 万元；上缴"三金"12.32 万元；下达工资总额 23.42 万元。

全年实现总收入 78.98 万元；总支出 218.9 万元；以收抵支 67.5 万元。

【主要工作】 根据长庆局 2002 年的总体工作要求，结合办事处实际，认真分析了面临的形势，提出了"精细管理"战略，坚持以经济效益为中心，在创收上下功夫，提高招待所床位利用率，全年共计完成收入万元，年平均床位利用率 42%（略高于兰州市同行业），重点任务完成率 100%，一般事项完成率 98% 的任务指标；费用支出完成局下达指标；安全生产、消防安全、综合治理、服务满意率及精神文明建设等均为长庆局达标单位。为了完善住宅区的基础设施，给居住在兰州的离退休人员和油田来兰的各位住户提供优良的居住条件，在长庆局的大力支持下，对住宅区进行了天然气管网改造；并对住宅楼、大门安装了远红外线报警装置，通过上述改造，方便了各位住户，也给居住在院内的职工、离退休人员提供了一个安全的居住环境。

（陈晓玲）

北京联络处

【概述】 北京联络处有正式职工 25 人,劳务合同工 6 人,临时用工 18 人。2002 年 8 月,长庆局人事劳资处下文对联络处内部管理机构进行了调整,即机关设两科:综合管理科、经营财务科;基层单位两个:接待服务部、物业管理部;多种经营单位一个:海帝达公司。联络处有固定资产原值 1989.23 万元,净值 1469.12 万元。

【主要工作】 积极参与长庆局开拓市场的各项工作。在配合做好国内工程技术服务市场的调研和资质办证工作的同时,全力以赴做好拓展国际市场的服务工作,为大型出国团组租车、包房、接送飞机、办理设备发运,确保了海外队伍的按时开工。

经营工作有了新的进步。全年收入超过 250 万元,为 2001 年的 135%,创联络处组建以来的历史最好水平,其中对外收入超过 180 万元。在比 2001 年局补贴额减少 30%的情况下,仍完成长庆局下达的费用指标,并节约 13%。

(张　平)

上海联络处

【概述】 2002 年,上海联络处针对长庆局取消补助,年初预算自行创收 207 万元的严峻经济形势,从转变观念、勇闯市场、注重效益、强化管理、加强队伍建设等方面寻找立足点和突破口,在激烈的市场竞争中,依托油田发展的大好形势,走自负盈亏、自我积累之路。

截至 2002 年底,联络处用工总量 105 人。局内职工 13 名,其中干部 7 人(处级 1 人,科级 5 人)工人 6 人;局内劳务工 50 人;外聘工 41 人。平均年龄 41 岁。党总支 1 个,党支部 3 个,党员 12 名;团支部 1 个,团员 18 名。机关设置 2 科 1 室(即财务经营科、市场开发科和综合办公室),下属 1 个基层单位即长庆油田无锡技术开发中心(无锡明园饭店),3 个多种经营单位(即华油远东实业公司西北公司、上海长庆旅行社有限公司、上海长庆石化物资装备有限公司)。资产总值 1553.92 万元。其中固定资产原值 1827.38 万元,净值 1429.21 万元;所有者权益 1429.21 万元,负债 124.71 万元。

2002 年,联络处的企业理念是:以市场为衣食,信息为先,人才为本,创新竞争谋发展;产业定位是:以旅游、培训、进出口贸易为主,以开拓和发展多元经济为补充。联络处已逐步构建成为长庆局在华东地区具有集旅游接待、职工疗(休)养、举办培训学习班、进出口物资贸易、承揽油田工程技术服务、项目引进、新技术开发、信息传递、宣传长庆等服务功能的机构。

【转变职能】 根据长庆局“二次创业”和对上海联络处经济政策的变更,为求生存、谋发展,重塑“窗口”形象,2002 年,联络处的职能进行了以下转变:一是由费用补贴型向自负盈亏、自我发展型转变,确保创收 207 万元弥补费用缺口;二是由单纯接待型向经营服务型转变。把联络处原有的接待职能分解下放到所属的旅游板块,由旅游板块对接待职能实行专业部门归口管理;在切实履行好接待职能的同时,坚定不移地贯彻以生产经营为中心，以提高经济效益为重点，将注意力和侧重点放到经营服务上来，强化经营实体的建设和管理力度，追求效益和利润的最大化；与此同时，切实搞好优质服务，加速信息的收集、传递和反馈，服务油田、发挥窗口职能；三是由单一经营向多种经营模式转变。

联络处所属的经营实体由原来的一个（明园饭店）发展到多个，允许各个实体结合自己实际，确定自己的经营机制和操作模式。

【市场开发】 紧密结合实际，适时调整经营方案：2002 年初，为落实长庆局"放水养鱼、激活基层"的经营政策，制定了闯市场方案及考核办法。

4 月中旬，结合对陕、甘、宁、蒙四省（区）市场调研和一季度整体经营形势，对年初下达的经营指标进行了必要的调整和规范，较好地解决了各板块企业之间或各经营实体之间缺乏有效的协调性、统一性、资金不集中、整体优势不明显等问题；五月份，为确保全处各经营实体的经营指标圆满完成，使联络处的各项资源得到合理配置使用，研究确定了以上海为龙头，华东市场为依托，盘活现有资产，严格控制新上项目，巩固现有"平台"的经营方略，并对年初的经营指标重新讨论和修订。

在搞好局内服务的同时，千方百计开拓关联交易市场。组建了井下作业三队参股合作的大路沟油井项目，进展比较顺利；借地域优势，宣传长庆，宣传西气东输，扩大长庆在华东地区的影响。

经过周密的市场论证，决定在浦东成立上海长庆石化物资装备有限公司，完成目前长庆石油勘探局在华东地区的石油化工产品、金属材料、仪器仪表、石油设备及铸造件零配件等物资的流通贸易和代理，并实施项目投资管理。

【强化管理】 一是建立和完善了以岗位责任制度为中心的岗位职责，工作标准和工作程序等，使人有其位，岗有其责，考核有据，奖罚有规；二是建立健全各项财务制度；三是把安全生产作为经营管理的头等大事来抓，建立健全安全生产组织管理机构，落实安全责任，加强安全责任的检查和考核，并严格要求基层单位要紧密结合自身的实际制定安全生产的组织和制度，确保完成安全责任指标；四是贯彻以人为本，实行人员动态管理，制定和实施上海联络处用工管理办法，干部能上能下，职工与各经营实体实行双向选择，竞争上岗，易岗易薪，真正打破"铁饭碗"。

（郑志良）

乳山职工培训中心（乳山长庆公司）

【概述】 2002 年 1 月，根据长局发[2002]第 3 号文件要求，组建乳山长庆公司，与乳山职工培训中心实行一套机构，两块牌子的管理模式。共有劳动用工 242 人，其中原长庆固定职工 38 人（干部 29 人、工人 9 人），劳务合同工 70 人，外方代表 1 人，外聘工 133 人。有正处级干部 1 人，副处级干部 1 人，正科级干部 9 人，副科级干部 12 人；中级职称 12 人，初级职称 9 人。机关设有经理办公室、计划财务科、市场开发科；经营单位有物业管理部、长庆度假村；多种经营法人企业有庆阳长庆隆达防腐保温工程有限公司、庆阳长庆隆达工程建设有限公司、乳山鼎立有限公司。受长庆局委托，负责管理中美合资乳山隆达美西橡胶制品有限公司、中韩合资乳山韩京摩擦材料有限公司。截至 2002 年底，乳山长庆公司及两合资企业账面固定资产原值总额 5657.4 万元，净值 4705.61 万元，待摊销递延及无形资产 921.6 万元。其中中心固定资产原值 3607.68 万元，净值 2977.14 万元，待摊销无形资产 875.06 万元。

【发展思路】 继续贯彻局党委和长庆局的大政方针，坚持三条发展思路，即加快合资企业和度假村的发展；全力开拓油田市场和社会市场，创造条件进入国际市场；努力盘活低效资产，取得投资回报。坚持“转变机制、坚持创新、抓住机遇、与时俱进”的十六字工作方针，继续加快发展步伐，重点突出创新，即体制创新、观念创新、管理创新、技术创新。

【改革措施】 按照乳山长庆公司和乳山职工培训中心一套机构、两块牌子的体制，逐步完善公司管理体制，转变机制，实行以下几方面改革：

(1)以大力发展实业为主，并积极发展旅游业和开展经贸活动，做到多业并举，共同发展。

(2)在国有、外资经济成分基础上，既要大力发展国有经济，更需要发展股份制的混合经济，创造条件，广泛吸收员工出资和外资，创办新的经济实体，培育新的经济增长点。

(3)劳动用工既包括长庆职工、劳务合同工、地方用工，还要进一步广纳人才，培养高水平的技术、管理人才，形成以长庆人为主体的多种用工形式并存，优胜劣汰的用人格局。

【生产经营】 2002 年，完成经营收入 3600 万元，实现利润 220 万元，上缴国家税金 150 万元，其中主营业务收入 300 万元，上缴税费 15 万元；多种经营企业实现生产经营总值 2200 万元，内部利润 80 万元，上缴税费 25 万元；两合资企业完成经营收入 1100 万元，实现利润 140 万元，上缴税费 110 万元。在局净补费用基本取消的情况下，全面完成了年度预算指标，首次实现了保折旧下的自求平衡，使公司的经营形势发生了根本的变化，逐步走上了自求平衡、自我发展的道路。创造了四个之最：经营指标创历史最高纪录；经济运行质量为历年最好，在局补费用基本取消情况下，基本实现了自求平衡；职工工资、奖金水平较 2001 年增长 15%，为历年最高；工作、生活环境变化为历年最大。合资企业厂容厂貌大为改观，中心筹措 10 万元，在工业园建起了职工之家、阅览室、舞厅、背景音乐等。

【市场开发】 2002 年，长庆度假村 30% 市场为局内职疗收入，70% 的市场为局外收入。韩京公司进一步强化内部管理、提高产品档次，抓住有利时机，全力开拓国际、国内市场。年出口韩国集装箱 19 个，收入达 110 万元，为济南重汽配套年收入达 400 万元。2002 年，社会市场和国际市场收入占公司总收入的 85%，比 2001 年提高 20%。公司经理、党委书记王育中同志获“长庆局 2002 年度劳动模范”荣誉称号。

（成秀梅）

技术监测中心(石油天然气长庆工程质量监督站)

【概述】 技术监测中心下设工程质量监督室、锅炉压力容器检验站、环境监测站、节能监测站、标准计量站、特种作业培训站等 6 个专业站和西望公司，机关设有综合管理科、经营财务科、技术管理科和供应保障组(2002 年 3 月成立)等 4 个职能部门。在册职工 95 人，其中干部 65 人(科级 20 人，中级职称 26 人，高级职称 5 人)，工人 27 人，内部退养 3 人。共有各类设备 107 台(套)，资产净值 324.46 万元。

【主要业务、经营指标】 地面工程质量监督完成单位工程 354 个；检验锅炉压力容器与阀门 24300 台(只)；监测环境污染项目 3598 个；检定计量器具 1228 台；监测耗能设备 561 台；检验油田化学剂 115 个样品 575 个项目；培训考核特种作业人员3130名。

局拨费用254万元,年终节余40万元,主营业务收入696万元,其中油田外部收入20万元。

【主要措施和成果】 认真贯彻长庆局“放水养鱼,激活基层”的总体原则;科学合理地核定收入和成本指标;吸取2001年经验,承包指标留有余地,给基层创造宽松经营环境,鼓励他们外抓创收,内控成本;下放部分权力,如:劳动用工权,奖金及30%工资自主分配权等;克服“以包代管”,实施经营运作过程监控。首先,中心及各站根据市场动态及业务工作量的变化走势,及时分析预测各站承包指标的完成情况,变静态管理为动态管理,以过程监控确保目标实现。其次,制定资金运作、物资采购、后勤物业等8项管理制度,坚持靠制度规范经营行为。同时,加强财务管理,实施成本核算,加大经营运作各个环节的监控力度。第五,严格承包兑现。基本政策是各基层单位收入超欠部分按50%追加或扣减效益工资,费用节约、超欠部分按等额追加或扣减效益工资。在职工利益分配方面,做到“三个倾斜”,即:向贡献大的岗位倾斜、向技术含量高的岗位倾斜、向工作责任大的岗位倾斜。成功地解决了职工关注的三件大事:通过大力开拓市场、不断强化管理、努力增加创收、从严控制成本,获得了较好的经济效益,职工的收入比上年有一定幅度的增长;2002年8月底,中心整体进驻未央湖办公,形成以西安为主、庆阳为辅的两大基地;抢抓机遇,把发展多种经营产业作为新的经济增长点,克服多种经营产业底子薄、流动资金短缺、人员参差不齐等不利因素,经过努力,实现利润52万元,比局多种经营处下达持平的指标超额52万元。

【科技创新与技术改造】 承担局级科研课题1项,在国家及省(部)级刊物发表论文9篇。

【安全生产】 未发生任何交通、工业、消防有责伤亡事故。无污染事故,污染物总量控制在局下达指标之内。

【企业改革与管理】 2002年8月,中心基地调整完成后,经过反复分析论证,得出“租车比养车合算”的结论,于9月份适时向长庆局提出了仅保留1台车,将车队其余14台车辆由局统一调拨的请示,得到了局领导和有关部门的认同,这样既解决了交通安全风险难以承受的问题,也解决了养车费用较大的问题。

(李汲峰)

长庆石油报社

【概述】 长庆石油报社下设机关职能科室2个,附属单位2个(中国石油报长庆记者站、年鉴办公室);所属科级单位2个(编辑部、印刷厂),多种经营公司1个(金羽广告公司)。截至2002年年末,用工总量67人。职工总数59人,其中干部36人,工人23人;男职工28人,占职工总数的47%,女职工31人,占职工总数的53%;劳务合同工8人。按岗位职务分,拥有各类管理人员17人,各类专业技术人员17人。其中:具有中级职称13人,占干部总数的38%;副高级职称1人,占干部总数3%。

资产总值为396.18万元。其中,固定资产原值395.41万元,净值381.4万元;所有者权益381.4万元,负债14.78万元,负债率3.73%,实现收入140万元。

【指标完成情况】

(1)主要工作指标:全年出版《长庆石油报》158期,为计划的125 %(其中正刊119期,为计划的125.4%,副刊39期,为计划的130%)。编发网络版158期,为计划的165%(其中PDF版

100 余期)。出版《内参与信息》12 期,为计划的 100%。报纸政治性差错为 0,技术性差错率控制在 0.03‰以内,正点发行率达到 100%。全年在《中国石油报》刊发稿件 280 篇,为计划的 187%,其中记者站刊发稿件 120 篇,为计划的 120%;编采人员及特约通讯员刊发稿件 160 篇,为计划的 267%。

(2)经济技术指标:经济运行良好,局下达的费用总体不超,除去自行消化的 49 万元外,全年节约费用 8.22 万元,全面完成了局下达的各项经营承包指标。印刷业务连年攀高,内外部实物工作量达到 288 万元,实现净收入 140.2 万元,为计划的 148%,确保了以收抵支,收支平衡。多种经营跃上新台阶,全年实现收入 297 万元,为局计划的 165%。科技投入和技术装备有较大幅度改观,新增设备和科技投入近 200 万元,彻底解决了多年来设备新度系数低和编采及印刷的一些关键技术难题。

(3)其他主要指标:职工效益工资收入比往年大幅度提高,工作条件得到了较大改观,编采、印刷、办公装备达到同行业较好水平。班子建设进一步得到加强,连续两年被局里评为好班子。内部治安综合治理、消防、安全生产、计划生育等工作全面达标。精神文明建设取得明显成效,继 2001 年被全国企业报协会评为"全国优秀企业报",2002 年又获"首届全国石油石化战线'十佳'新闻单位"。

【主要工作】

(1)积极地进行科学定位和办报思维的调整,逐步实现了办报思路和办报模式的战略转移,使新闻宣传在新形势、新条件和新的复杂情况下,超前策划、主动出击、唱响主旋律,基本上达到了领导和职工两个满意,从而增强了我们从宏观整体上驾驭和把握全局宣传走势的能力,办报的水平日臻成熟。

(2)以结合实际的创新思维为主调,实现了工作思路、工作目标、工作措施及工作方法年年出新意、见实效。2002 年,在继续坚持"五个一"的基础上,实现四个战略转移,办好五件大事。

(3)坚持以信息化带动业务流程再造,实现了编采方式的变革,告别了传统的笔与纸的编采模式,建立了编采通一体化的网络信息平台。同时实现了由纸质媒体向电子媒体平台的跨越和双媒体的同步运行。PDF 电子版很好地解决了远程传输和网上快捷阅报的问题。

(4)探求一报两制的市场运作模式并已粗具雏形。在坚持恢复、摸索、定位、分立运行的基础上,对进入市场化运作的客观环境及自身的优势劣势进行了深入的分析研究,不断寻找新的突破,成功地步入了稳妥起步和平稳运行的路子,不仅开掘了报业自身资源,而且实现了社会和经济两个方面的效益。

(5)以深化内部改革为动力,从转变机制入手,已经逐步突破了由单项业务、岗位改革的层面,进而实现了包括管理机制、经营机制、薪酬分配机制、用人机制等一系列的突破,从根本上实现了人们思想观念的转变,基本上完成了从观念到机制方面和市场的初步对接。

(6)把建设和发展作为报社工作中最根本的指导思想,不断谋求报社未来的生存、发展之路和职工的根本利益。坚持挖掘报业自身和社会市场两种资源,不断延伸产业链,走一业为主、多元发展、稳步扩张的路子,主业经营从小到大,多种经营从无到有,从单一产业发展到多种产业发展,完成了产品、产业结构的调整,已初步具备抵御市场风险的能力。

(7)把管理作为内部建设的加速器,不断推进整体工作上水平。坚持持之以恒的深化管理、细化管理、创新管理。实现了由单项、单元、环节向综合、体制、过程化管理的战略转变。完成了下道工序围着上道工序转,生产围着营销转,营销围着市场转的由单纯生产作业型向市场经营型的战略转变,整体经营管理水平有了质的飞跃。

(8)良好的学习风气正在兴起,激励型的学习机制正在形成,学习型的组织正在逐步确立。通过从送出去、请进来、岗位练兵、生存锻炼、技术考核及坚持“三个一”和“六个一”等多种形式的活动,确立“今天学习就是为明天投资”的理念,靠创新学习机制激发学习热情,既解决了生产及工作中的一些技术难题,使整体业务技术水平有了长足的进步,同时又形成了钻研业务技术不断提高整体素质的良好风气。

(9)两个文明建设取得了丰硕成果。先后获得了“全国企业协会优秀企业报”称号,石油、石化首届“十佳”新闻单位,长庆记者站获“中国石油报模范记者站”,报社获“长庆局星级模范职工之家”。社领导班子被长庆局评为“好班子”,一批职工分别获得省部级“百优”、“优秀报业经营管理者”、“局先进工作者”、“优秀共产党员”、“局科技‘十佳’”、“岗位明星”等称号。

(辛喜雪)

资本运营部（多种经营管理处、集体资产投资管理中心）

【概述】 2002年,是长庆局资本运营工作进入专业化管理的第二年。这一年,长庆局以多元化发展战略为依托,以改革改制、股权管理和投资管理为主线,资本运营工作取得了重要成果。

【改革改制】 2002年,长庆局围绕精干主业,突出主营业务,提高全局核心竞争力和建立现代企业制度目标,点上深入,面上突破,改革改制工作取得实质性进展。

全年完成国有企业改制项目8个(包括公司制规范)涉及资产16604.07万元,净资产6191.38万元,分流国有职工699人。改制后,新公司股本总额9873.1万元,其中:国有股本3575万元,占资本总额的36.21%;职工(包括持股会)股本3708.46万元,占37.56%;其他法人股本2589.64万元,占26.23%。

完成多种经营企业公司制改造项目10个(包括公司制规范),涉及49个法人企业,2个非法人企业,改制面达55%。改制涉及集体资产150799.27万元,净资产28622.11万元,分流国有职工2579人。改制后新公司股本总额25642.07万元,其中:国有股本2500万元,占9.75%;职工(包括持股会)股本19710.56万元,占76.87%;其他法人股本3431.51万元,占13.38%。

全局重点在8个方面进行了改革试点,包括公开竞聘副处级干部、实行巡视员制度、项目经理管理、虚拟机构管理、协议工资、设立博士后科研工作站、建立了两项社会保险等。探索生活服务系统改革新路子,按照个体经营、民办公助、个人或集体承包等多种形式,对11个商业网点、22个职工食堂、18个托儿所和19个招待所,实行市场化运作、社会化经营,减少补贴500多万元,降低人工成本900多万元。

根据长庆局产权制度改革的总体部署,及时制定了2002年整体带资分流和公司制改造工作实施意见及运行大表,起草了多种经营系统整合重组实施意见、采油助剂行业整合实施方案,有效指导了基层改制工作的开展。全年纳入公司制改造和公司规范计划的多种经营改制项目15个,涉及法人企业58个(占多种经营法人企业总量的57.5%),非法人企业2个。其中:长庆实业集团有限公司、西安长庆科技有限责任公司等单位的规范与理顺工作已经完成;钻井工程总公司、建设工程总公司、第二采油技术服务处的多种经营企业的公司制改造方案已批准实施;井下技术作业处、运输处、油气技术综合服务处、培训中心等单位的多种经营改制方案正在组织审查论证。

改革改制使长庆局产业结构初步得到优化,资产结构明显改善,队伍结构得到有效调整,管理体制得到进一步理顺,核心竞争力和生产集中度得到提高。

【股权管理】 截至 2002 年底,共形成控(参)股企业 18 个,其中控股企业 7 个(包括集体资产投资管理中心控股企业)。全局股本总额 4.15 亿元,其中:国有股本 3.88 亿元,集体股本 0.27 亿元。一年中,以继续规范行为和完善基础为突破口,在股权管理方面进行了有益的探索,全年实现国有股权收益 225 万元,集体股权收益 49 万元。

依据已有的股权管理政策,全面启动了对局属控(参)股企业的日常管理业务。及时收缴了 2001 年的股权收益,对控股企业 2001 年业绩进行了考核兑现,制定了 2002 年的经济责任目标,并及时将长庆局新改制成立的控(参)股企业纳入了股权管理范畴。建立了长庆局控(参)股企业档案,对企业送达的文件、资料及时进行了整理归档,并按 20 个科目建立了实用、高效的股权信息管理系统。

【投资管理】 2002 年,资本运作的主要方向仍然是股权投资。一年中,通过努力开拓投资渠道,积极培育新的经济增长点,为提高资本运营效率进行了积极的实践。

通过参与内蒙古西部天然气股份有限公司、中国石油集团东方地球物理勘探有限责任公司、中国石油集团测井有限公司以及长庆实业集团公司、房地产开发公司等项目投资,全年新增国有股权投资项目 5 个,新增国有股本总额 2.42 亿元,新增集体股权投资项目 4 个,新增集体股本总额 2408 万元。股权投资,为长庆局加快现代企业制度建设,保持可持续发展开创了新的局面。

【基础工作】 围绕长庆局改革与发展,搞好政策研究和储备,探索资本运营工作的科学方法和有效途径。

为了促进改制工作的深入开展,在认真学习集团公司、长庆局有关政策及总体发展战略的基础上,组织力量对法人治理结构的健全、集体净资产分割、集体股权量化、有偿转换集体工身份、职工持股形式的选择、多元化经营产业布局的调整等问题进行了细致研究,为下步工作的深入开展提供了必要的理论和政策支持。

为了提高工作人员的业务素质,组织机关和基层相关人员参加了集团公司和长庆局举办的业务培训,认真学习企业改制、资本运作的相关法律政策,了解辽河、大庆等油田的经验和做法,拓宽了思路,提高了业务水平。2002 年年底,初步完成了《长庆石油勘探局多元化发展战略研究》、《长庆石油勘探局资本运营策略研究》等课题的研究工作。

【多种经营企业管理】 按照精细化管理的要求,为了及时掌握企业动态,了解企业信息,建立了多种经营法人企业档案文件及相关的系统基础资料,基本做到了信息齐备,读取便捷。建立了全系统机动车辆数据库,实行了机动车辆户籍管理制度,并按照规定对车辆准入进行了认真的审查把关。截至目前,全系统办准入证的车辆共有 1607 台。

加强扭亏脱困工作。对 2001 年 19 个亏损企业,特别是对几个亏损额较大的多种经营企业进行了认真调研,摸清了亏损原因,制定并实施了有效的扭亏、减亏措施。与财务资产处、审计处共同对庆阳总校校办工厂进行了专项审计调研工作,分析了该校办工厂多年来亏损的原因,对有关问题提出了处理意见及建议。按照法律程序对东道公司进行了清算,出台了锦林建安公司、中际公司、庆阳总校校办工厂和长峰乙炔厂等四个企业关闭的具体措施,北京海蒂达公司被停业,采油二处的施达开发公司被重组整合,基本实现了扭亏和减亏目标。

完成了多种经营系统 106 个法人企业的财务决算工作并及时上报中油集团、长庆局,完成了长庆局在甘27个企业的决算工作并及时上报甘肃省。(确定了2001年度全系统资产总额为25亿元,实现经营收入18亿元,应交各种税金1.5亿元,形成利润总额4300万元)

完成了2001年全局多种经营企业财产清查、产权界定后报损资产的批复工作。经税务机关批复报损资产5798万元,其中甘肃地区3066万元,陕西地区2184万元,宁夏地区548万元,完成了全局106个经济实体稽查资料上报工作。

建立了中油信息电算化系统,设置了资本运营、集体资产管理中心账务管理系统,实行财务电算标准化管理。分别为西安石油科技公司、钻井工程总公司多元开发部、恒立公司、房地产建材公司等5个单位建立了中油电算化系统。通过电子邮件,不定期向基层企业下发有关税收优惠、会计政策等方面信息21条。

完成了多种经营系统新会计制度培训工作。2002年在无锡举办了两期多种经营财会学习班,组织参加了长庆局在临潼、西办等地举办的培训班6期,培训多种经营系统财会人员163人。近两年来,多种经营企业会计的培训面已达到了95%,增强了会计人员对新会计制度的理解和应用能力。

【项目开发和投资管理】 继续坚持"四有"、"四为主"的投资方针,修订完善了《多种经营系统项目投资管理办法》,对多种经营系统投资应遵循的基本原则、投资方向、评价标准、投资责任制等方面做了明确规定,突出了投资回报责任,提高了项目审核水平。2002年,长庆局多种经营系统共审查项目12个,涉及投资总额4438.9万元。对于批复立项的项目,展开了项目追踪调查和督办工作,落实项目法人责任制,以加快项目实施进度,争取早日投产,早日见效。

协助调研长庆实业集团有限公司煤焦化项目,现场考察生产技术和设备,为决策提供了较为详实的项目资料,并最终促成了立项;协助钻井工程总公司多元开发部完成了《控股式收购西安万通石油钻头有限责任公司的可行性研究》,该项目正在进一步审核中;转变职能,为基层服务,积极督促和协助了钻井工程总公司钻宇集团管业公司"网状钢骨架塑料复合管项目"的筹建。

【内部产品市场管理】 积极与油田公司沟通协商,及时成立了长庆油田产品内部市场协调委员会,为同油田公司进行产品互供奠定了基础。收集整理了2001年订货会全部订货合同、意向,依此建立了分类跟踪台账。

加强了内部产品的订货管理。会同器材供应处、市场开发处共同组成调查组,对长庆局部分多种经营企业进行了为期一周的局内产品互供情况调查,形成了《关于多种经营企业局内产品互供情况的汇报》。12月中旬,举办了"2002年长庆产品订货会",共签订合同、意向72份,订货金额4.5亿元,比2001年增加4500万元,进一步稳定了长庆内部产品既有的供求关系。

重新审核办理内部产品准入证44个共517种产品。联合质量安全环保处等有关部门,在全局范围内开展了2002年产品质量大检查。结合检查调研情况,及时举办了"多种经营厂长经理安全生产学习班",召开了"多种经营系统产品质量工作会",就长庆局"认真贯彻落实'三法'(《标准化法》、《质量法》、《计量法》),全面提升质量管理水平"的工作进行了培训和部署。

修订出版并下发了《长庆产品目录》。这次修订共收集石油化工、机械、电器电材、橡胶塑料、活动建筑物与建筑材料、轻工等六大类600余种3630个规格型号的产品,产品价格参照2001年长庆产品订货会合同价格制订。为方便用户查询订货,还增编了企业名录。

(李大升)

审 计 处

【概述】　2002 年，审计处紧密围绕长庆局“两条基本思路，四大发展战略”的整体经营目标，认真贯彻“全面审计、突出重点”的工作方针，坚持以“财务审计为基础，以经营成果考核审计和对外付款结算审计为主线，不断推动内审工作向企业经营管理延伸，向管理和经济效益审计转移”，逐步形成了以“事前审计、事中控制、事后评价”为主的内部审计监督与服务体系的新格局，为切实推进长庆局整合重组工作的平稳发展和“二次创业”做出了积极贡献。全年完成审计项目 43 项，审计资金总额 76.55 亿元，审计单位覆盖率和审计资金覆盖率均达到 100%。

举办了审计处第 10 次集训。开展了优秀审计论文评比，评出优秀论文 9 篇，其中选送 6 篇参加了集团公司（西北片）审计论文的评比，4 篇获二等奖，2 篇获三等奖。审计处被陕西省审计厅、陕西省内部审计师协会评为“2002 年度内部审计理论研讨组织工作先进单位”。

【经济责任制考核审计】　按照集团公司要求，根据长庆局经营承包考核办法规定，2002 年初，选择钻井工程总公司、建设工程总公司等 10 个主要生产单位、费用补贴单位进行了经营成果考核审计工作试点，重点从核实收入、支出出发，分析影响年度经营成果的因素，并对被审计单位提出的经营指标影响因素进行审计确认，为长庆局经济责任制考核兑现提供依据和保证。通过这 10 个单位的审计试点实践，查证资金 24.7 亿元，发现各类问题 5808.52 万元，其中影响经营成果问题 3948.57 万元，占全部问题的 68%；对 8 个单位提出的 6658.11 万元的考核指标调整因素进行审计确认，认可 5419.29 万元。考核时共调增收入 247.86 万元，调减收入 46.13 万元，调减成本 2644.69 万元，调增成本 1009.89 万元。比较客观公正的考核评价了被审计单位的年度经营成果。

【财务审计】　2002 年，对 30 个单位的财务收支进行了审计，将单位财务收支、预算执行情况和重要内部控制制度作为审计的三项重点内容，及时帮助被审计单位查找和纠正会计核算、预算管理、内部控制等方面存在的薄弱环节，将问题消灭在萌芽状态。30 项财务审计项目共查证资金 41.48 亿元，发现问题金额 9919 万元，先后下发审计意见书 21 份。

【对外付款结算审计】　严格按照长局发［2001］第 291 号文件《长庆石油勘探局关于印发对外结算付款审计实施办法的通知》的规定，以方便基层、服务生产为宗旨，重点将资金结算审计的环节前移，积极主动参与付款项目前期合同招标、谈判，努力扩大审计领域、加大审计力度和深度，在因重组造成的审计工作量锐减的情况下，为长庆局节约资金起到了积极作用。2002 年审计各单位对外付款结算资金 5.96 亿元，累计审减金额 878.91 万元，审减率 1.47%。

【基本建设工程审计】　坚持提前介入，全过程跟踪，将管理服务融于审计监督之中。重点对银川河东工业园、西安泾河工业园、昌源小区、兴隆园小区以及由局属单位牵头、关系职工切身利益、职工集资性质的建设项目，派出了审计小组进行全过程跟踪审计，加强对工程施工过程的审计监督，严格把好工程付款的预结算审计关口，并把提供工程管理控制监督服务、提供审计建议等工作作为重点内容，受到了局领导和工程项目组的好评。根据审计情况，定期编写各重点工程（工业园）的审计简报，方便领导和有关部门及时掌握情况，为加强经营管理发挥了积极作用。

（金　刚）

长庆实业集团有限公司

【概述】 2002年,长庆实业集团有限公司(以下简称公司)有职能部室7个;有成员企业20个,其中,全资企业6个,控股子公司11个,参股公司3个。在公司产业定位和发展方向上,确定了"在拓展油田服务市场的基础上,加大对能源产业、高新技术产业和服务业(商饮服务、物业管理)的投入",以实现公司的可持续发展。

公司用工总量795人,员工总数594人。全民工399人,其中干部286人,工人113人。厂(处)党政领导班子成员10人,科级干部81人。

公司有党总支2个,党支部19个,党员总数185人,占职工总数的31.2%。

截至2002年底,公司共有各类设备272台(套),资产原值2175.89万元,资产净值730.69万元,设备新度系数0.34。资产总值为63808万元。其中,固定资产原值43975万元,净值33368万元;所有者权益9823万元,负债54674万元,负债率85.68%。

2002年,公司各项管理全面达标,其中安全生产、综合治理、宣传思想工作和工会、共青团工作等进入全局先进行列。在中油集团多种经营系统同规范企业的六项指标和经营业绩对比中均居榜首。其中社会营业收入比重达70%,人均年盈利达4万元,在全系统也是比较领先的。

几年来,公司在坚持结构调整和加快完成资本积累中推进了企业可持续发展。经过6年完全靠借贷的滚动发展,除弥补历史累亏5450多万元,剥离低效无效资产5008万元,还评估净资产6000多万元;即使扣除曾用过局内管理费近3000万元,也实打实滚存了1.3亿多元。

【生产经营情况】

(1)实物工作量:原油商品量92937吨,轻质墙板15200平方米,混凝预制件7000块,配电箱401面,30号发泡剂12227吨;

(2)社会市场收入11897万元;

(3)主营业务实现收入27163万元,同比增幅达8.64%;内部利润1769.85万元,同比增幅达4.1%;上缴税费3494万元;

(4)投资回报按过渡期各种股权的特定情况,分别根据承包指标足额交纳和分红。

【改革改制】 长实集团的改革改制非同常规企业,从1996年到2002年的6年中,前4年主要是扭亏治乱抓积累,重点解决历史问题,补平亏损并积累基本实力;后两年主要解决清产核资、产权界定、资产评估、系统职能移交、集体工身份和所属企业重组整合准备等6个棘手问题。长实集团的改革,不仅为公司建立现代企业制度创造了条件,也大大带动了全局多种经营企业的改革改制和规范理顺。

【原油生产】 通过严加管护和上产措施,千方百计改善外部环境,特别是在战胜几次暴雨洪灾之后,全年实现原油生产商品量71754吨(不含收油量),注水30万立方米,原油产量稳定在正常递减水平线以内;另外还新打调整扩边井8口,新建产能0.6万吨/年左右。

此外,还争取到3个新区块,勘探开发也全面展开。麻黄山区块新打裸眼探井2口;葫芦河区块争取油田公司支持探井1口,并在勘探上取得了成果;镰西区块已打开发井12口。在争取新区块的同时还争取解决了"老区块老政策”问题。另外还在寻找新的经济增长点方面做了不少工作，如收购外部油井、开拓油井管护市场、合作开发长庆以外的区块等。

【项目经营】 建安公司轻质墙板取得国家主管部门颁发的产品质量合格证书，全年销售 1.5 万平方米，并在质量认证、研发新产品、货款回笼方面做了大量工作；陕西长陇公司液化气远销云南，并已开始实现盈利；青年建材厂积极承包采一厂和新区公司 51 口油井管护，开辟了新的市场，实现了产业接替，并因此使企业扭亏为盈；高层商住楼合作，消化了职工集资建房的部分地价成本，可以尽快完善小区形象，拓展物业管理市场，获得相应的投资回报；为了寻求产业接替，实现“无荒备荒”，公司还涉足了韩城煤焦化和俄罗斯森林砍伐等项目；长陇、康太公司低成本上手了经济开发区地产和渭河滩农林项目，并可借此规范重建康太公司；建安、电器公司取得了建安资质和电器设备安装资质；开发公司取得了运输、修井作业的资质和市场准入证，为全局多种经营搭建了修井作业平台；为维护长庆局整体利益，自觉规范市场行为，清理挂靠工作见到了实效。

【管理创新】 财务管理从“记账花钱”向“当家理财”转变，在清收还欠、解决拨付所属、优化资产结构、拓展融资渠道、争取税收政策、改变核算体系和重新建账等方面初见成效，负债率由年初的 87.55%下降到 82.3%。

经营工作已从计划任务管理转向市场导向、预算控制、合同管理、信息利用和动态调控。“经营承包”已从交管理费、折旧、利润向按股回报、资本经营、有偿服务过渡。

劳动用工的市场化意识明显增强，在“依法用工、合同管理”、重视人力资源、控制用工总量、调整队伍结构、落实社保政策等方面做了大量工作，特别是利用双赢互利政策，合法有效地解决了 350 名集体工的问题。

效能监察紧紧围绕解决历史问题、清收还欠、改革改制开展工作，成效明显，东道公司的依法清算为企业建立市场退出机制趟开了一条路子。

生产管理转向市场、质量、信誉和与经营工作相结合，转向科技提升、质量认证、资质就位、HSE 管理，对生产资料如土地管理，也已结合产权、股权管理要求加强。

规范运作意识、依法经营意识、靠管理增效意识和方法策略意识也明显增强，不按市场法则的做法较往年减少。比如依法维权，2002 年 6 起诉讼案（其中起诉两起，应诉 4 起），至今 4 案已获胜诉，另两案预期较好，预计可避免经济损失 380 万元。经过近 4 年艰难抗争的锦林建安“权属案”也终审胜诉。

【队伍建设】 干部队伍建设立足于提高整体素质，改进思想作风和工作作风；在员工队伍建设中，坚持讲发展、讲形势、讲政策、讲奉献，并有针对性地开展形势任务、政策法规和企业理念的宣传教育。连续两年推荐表彰了两名局劳模和两个标杆集体，同时选树了长实集团杰出青年 6 名，先进生产（工作）者 74 名。

（石建军　任绥海）

房地产开发公司
（西安长庆房产投资管理中心）

【概述】 房地产开发公司设有机关职能科室 6 个，附属单位 1 个；下属科级单位 2 个。厂（处）党政领导班子成员 7 人，科级干部 40 人。用工总量 169 人，职工总数 104 人，其中干部 86 人，工人18人。截至2002年末，公司资产总值为15965.57万元。其中，固定资产原值213.21万元，净值120.39万元；所有者权益120.39万元，负债15845.19万元，负债率99.24%。2002年公司紧紧围绕职工住房建设和加快公司改革发展这一中心，以“构建长庆地产集团、做大做强房地产开发公司”为战略目标，团结、带领全体职工，开拓创新，努力工作，全面完成了公司各项任务。

全年完成工程量总投资近4亿元，新开工建设职工住宅4164套约41万平方米，同比增加2157套，增幅达107%。竣工跨年职工住宅1743套约17万平方米。住房销售5695套，其中银川基地2001年开工的1584套、2002年开工的1380套，未央湖花园1844套(占总户数的92%，其中个人购房1570套，单位集体购房274套)。当年建房和售房数量均创历史新高。

【企业管理】　按照长庆局改革改制的安排部署及《长庆石油勘探局关于理顺和调整房地产开发公司机构及职能的通知》精神，积极对西安长庆房地产开发有限公司进行了规范和理顺，五区综合写字楼和未央湖花园已经纳入有限公司业务范畴，有限公司已经步入实质性运作阶段。

为了进一步提升公司核心竞争力，不断适应质量管理发展的新形势，加快与国际质量标准接轨的进程，根据国家有关法律法规和ISO 9001:2000质量标准的要求，2002年，公司顺利通过了ISO 9001质量管理体系认证审核。

2002年，公司初步形成了“一个理念、两个方针、三个目标、四个定位”的发展思路。并积极探索和实践了多种不同的发展模式。成功收购了易方房地产公司，开创了资本运作的先河，形成了油田商品房开发的新模式。以参股合作的方式，与社会房地产公司进行联合开发兴盛园住宅小区。对未央湖花园按模拟市场方式运作、探索出了内部商品房开发的模式，为公司的发展构建了新的平台。积极从研究政策入手，探索银企合作、建立战略伙伴关系的途径，并在五区土地转化、新征建设用地等方面开展了卓有成效的工作。以有限公司参股、职工持股的方式，兴办了兴隆建设、建材两个有限责任公司。

【改革改制】　在干部人事管理和分配制度方面，迈出了实质性的步伐，实行了多种用工制度。干部聘任实行职工民主推荐，组织考察，党政联席会议集体决策、公示、试用期半年的制度。对所缺人员，采取灵活的用人办法，逐步建立起了“用人市场化、管理合同化、待遇岗位化”的用人机制。

针对建设任务重、建设项目多的情况，公司实行了项目管理下移，精干项目管理人员，实施项目监理，推行了项目管理经济责任制，实现了项目管理创新。

为了适应市场、提高效率、减少层次、降低费用，公司实行了材料“按需采购，直达现场”、“用多少购多少、用什么购什么，等量采购、供货商补差，不形成库存积压”的办法；完善了材料供应管理制度，根据材料的性质和价值实行“公司级、建设项目部级和乙方自采自供级”的三级管理，建立起符合市场机制的材料供应体系。

【科技创新】　公司在坚持质量标准、执行隐蔽工程验收制度、完善质量管理体系的同时，下功夫研究克服建筑质量通病的办法，提出有效的解决方案。采用现浇楼板，在增强结构抗震性能的同时也避免了传统预制板缝开裂的通病。对墙体的裂缝问题，采取了在内墙砌筑墙面挂钢丝网、在砌筑墙和结构墙之间嵌入膨胀石膏浆的办法。通过技术攻关，找到了有效解决地下室渗水问题的办法，新技术已经应用到西安基地新三区和未央湖花园住宅建设之中。

【精神文明建设】　2002年，公司党委先后组织班子成员、科以上干部认真学习了江泽民同志“三个代表”的重要思想和“5·31”讲话、党的十六大精神。公司党委还特别注重加强职工队伍的日常教育工作，坚持每周召开一次领导和科室长会议；半月召开一次职工大会；一个季度上一次党课，时时教育党员职工要认清形势，明确目标和任务。未央湖项目部开展了“大干80天，实现首批工程年底封顶”的劳动竞赛，成效显著；公司机关成立了团总支委员会，建立了四个基层团支部，结合生产实际和青年特点，开展了丰富多彩、健康有益的活动，使青年保持朝气蓬勃的精神风貌。

（周仁荣　刘东臻　苟世伟）

西安长庆科技工程有限责任公司

【概述】　西安长庆科技工程有限责任公司（以下简称科技公司）是长庆石油勘探局控股企业，国家行业甲级设计单位。具有甲级工程设计、甲级工程勘察、甲级工程咨询、甲级工程总承包能力，拥有GA、GB、GC类压力管道设计和A、D类压力容器设计等资质，并在全国同行业率先通过了ISO 9000：2000版（质量）、ISO 14000（环境）、OHSAS 18000（职业健康安全）3个体系的认证。主要从事石油天然气、化工石化、建筑、市政（燃气、给水、排水、热力、道路）、电力、通信、机械、自控、消防、环境保护、压力管道和压力容器等工程的咨询、勘察、设计、技术经济评价、工程监理和工程建设总承包；行业高新技术产品研发、制造、安装和销售。

科技公司设机关职能科室7个，公司所属基层单位9个，公司党政领导班子成员7人，科级干部36人。用工总量385人，职工总数287人，其中干部249人，工人24人。干部中各类管理人员43人，各类专业技术人员247人。专业技术人员中副高级职称36人，占干部总数的14.5%；中级职称124人，占干部总数49.8%；初级职称71人，占干部总数28.5%；无技术职称干部14人，占干部总数5.6%。工人中取得技师资格1人，高级工20人，中级工2人。科技公司共有离退休职工88人（含内退3人）。职工中大学本科学历159人，大专62人，中专26人，高中及以下27人。

截至2002年12月31日，科技公司资产总值为7408.99万元。其中，固定资产原值998.47万元，净值650.13万元；所有者权益3128.49万元，负债4280.50万元，负债率59%。共有各类设备269台（套），资产原值867.09万元，资产净值523.13万元，设备新度系数0.86。

【经营业绩】　2002年实现产值7007.28万元，比董事会下达的指标增加2007.28万元，为年度预算的140.15%，比2001年增加2037.5万元。全年费用支出为5334.77万元，比预算增加1167.77万元，比2001年增加968.14万元。单位成本费用支出同比降低11.7%。实现利润1672.51万元，是年计划630万元的2.65倍。投资回报率55.6%，比年计划增长40.6个百分点。

【改革与管理】　公司领导班子实行了“双向介入、交叉任职”，既相对分工，又协调配合，促进了各路工作的良性开展；建立了岗位负责制，考核评聘选拔和聘任干部，基本形成双向选择、择优聘任上岗，人事动态管理，人才内部流动机制；初步构建了“基本工资、工龄工资、岗位工资和绩效工资”的薪酬结构；重新修订、完善了等级设计师评聘管理办法及非设计岗位员工等级评聘管理办法，具体组织实施评聘工作。共聘任首席设计师14人，一、二、三级设计师共111人，科员24人，技工18人，初步建立了评聘分开、竞聘上岗的激励机制。

【项目设计】　产建工程施工设计：完成油田30个区块共180万吨产能建设，9座新建集气站、15座扩建集气站、220千米集气干支线、290千米采气管线的施工图设计。完成长庆气田85亿立方米、145亿立方米天然气发展规划、部署方案9项；矿建工程设计：完成银川燕鸽湖基地五区、咸阳生活基地三组团和大路沟、安塞西南、南梁、长庆气田第三净化厂倒班点及采气一厂地质工艺楼等，各种油气田场站，各类工业与民用建筑工程施工图设计32.7万平方米；银川燕鸽湖基地湖心区规划和锅炉房改造以及建设工程公司锅炉房改造施工图设计，初步设计12.6万平方米。

重点工程勘测设计：共完成了靖—惠、靖惠首站、南梁—华池等3条输油管道工程和18万立方米原油储罐扩容工程、第三天然气净化厂以及化子坪、沿河湾、大路沟等3个集油站、靖安110千伏变配电工程、第二助剂厂储罐扩容工程、第一输油公司咸阳末站扩建工程原油铁路装车系统等总计11项重点工程的勘察测量、初步设计及施工图设计，已建成项目均为一次投产成功。

【科技成果】　2002年，是公司科技创新大丰收的一年，也是建院以来获奖最多的一年。共荣获国家质量银奖2项，国家级QC成果1项；省、部级科技进步奖1项、优秀工程设计3项、优秀工程咨询成果1项；局级科技进步奖9项，在国家级和省部级刊物上发表各类科技论文22篇。其中，长庆气田30亿立方米/年产能建设地面工程和长庆炼化总厂30万吨/年催化重整及20万吨/年加氢精制联合装置获“国家质量银奖”；运用QC方法确保西气东输管道工程第五标段测量质量获“国家工程建设优秀QC奖”；靖安油田五里湾一区120万吨/年产能建设地面工程获“陕西省优秀工程设计”一等奖，推荐“国家优秀工程设计”评选；靖边天然气发电厂工程获“陕西省优秀工程设计”三等奖；榆林气田地面建设工程获“中国石油天然气集团公司优秀工程设计”三等奖；气田含甲醇污水处理工艺技术研究获“集团公司科技创新”二等奖，推荐申报“国家环保奖”；第二净化厂可行性研究报告获“中国石油天然气集团公司优秀工程咨询”二等奖。

【精神文明建设】　公司各级党组织大力加强精神文明建设，积极开展“求生存、图发展、闯市场、增效益”主题活动，广泛开展劳动竞赛活动，表彰先进，弘扬正气，涌现出了一大批先进典型。公司获“西安经济技术开发区2002年度优秀高新技术企业”荣誉称号；被西安市消费者协会评定为“诚信单位”；荣获“长庆局党风廉政建设先进集体”；公司工会被局工会授予“四星级模范职工之家”称号；石油工程设计部被陕西省总工会授予“2001年度陕西省职工经济技术创新活动示范岗”称号；林玉和被陕西省总工会授予“2001年度职工经济技术创新标兵”称号；刘利群被陕西省总工会授予“‘十五’科技创新能手”称号；油气勘察设计团支部被共青团陕西省委命名为“青年文明号”荣誉称号，并被局团委授予“五四红旗团支部”称号，何军同志被局团委授予“杰出青年岗位能手”称号。

（苏忠华）

西安长庆工程建设监理有限公司

【概述】　2002年，根据长局发［2002］第200号文件精神，西安长庆工程建设监理有限公司（以下简称长庆监理公司）整体改制为多元投资主体的有限责任公司。新公司由长庆石油勘探局集体资产投资管理中心、陕西长庆产业有限公司和公司内部职工共同出资设立。2002 年 12 月 25 日，公司正式挂牌成立，更名为西安长庆工程建设监理有限公司。公司共有员工 173 人，其中正式编制的 14 人（处级干部 1 人，科级干部 3 人，一般干部 10 人），现场监理人员 161 人（国家注册监理工程师 19 人，省部级监理工程师 87 人）。

为了适应市场经济的发展和需要，长庆监理公司紧紧围绕“创新、竞争、诚信、奉献”这一企业理念，发扬“优化服务、追求卓越、完善自我、创造价值”的企业精神，以建设工程质量为中心，以用户满意率为宗旨，加大监理力度，创造精品工程，圆满地完成了投资 14.23 亿元的监理合同工作量，为长庆局赢得了荣誉，同时也牢固地树立了长庆监理的新形象。

【主要经营指标完成情况】 2002 年，公司承担监理项目主要有 20 项，地处陕、甘、宁、蒙等地区。其中：油田公司 14 项，累计油田产建 145.7 万吨/年；气田产建 12 亿立方米/年；长输管道（靖惠）240 千米（跨年）；杨山油库（跨年）、第二助剂厂等工程；长庆局工程 4 项，累计完成矿建面积 66 万平方米；外部工程两项，长呼输气管道 ϕ457 毫米管长 64.8 千米（跨年）；银川市气化工程管道 40.7 千米。累计完成投资 23 亿元。全年监理费收入总共 1457.9 万元，比 2001 年增收 196.8 万元；比 2000 年增收 677.79 万元。其中油气田产建工程 1157.97 万元，长庆局工程 253 万元，社会市场 47 万元。圆满完成长庆局年初确定的全年经营指标，实现上缴利润 224.97 万元，比长庆局年初确定指标增长了 2.3%。

【主要成果】

（1）企业资质取得了历史性突破，通过国家建设部监理资质审核和评定，取得国家甲级监理资质证书。

（2）国家级注册监理工程师工作取得较大进展。在完成年度国家注册监理工程师年考核的基础上，2002 年，又成功申报注册 13 人，使监理公司国家注册监理工程师总数达到 28 人。

（3）监理队伍整体素质有了大幅度提高。2002 年先后三次组织了监理工程师专业培训、监理人员上岗前培训和全国监理工程师考前培训，培训人员达 230 人次。

（4）质量体系运行收到良好效果。上半年顺利通过了中建协质量体系认证中心 ISO 9002 体系年度复审验收，为 ISO 9002（2000 版）质量体系的换版打好了基础。

（5）公司持证人员比率发生了可喜的变化。公司采取多项措施，积极鼓励公司员工报考全国监理资格证书，有 8 名同志通过了全国监理工程师资格考试。55 人通过了集团公司行业监理工程师和监理员资格证书。

（6）监理工程获得公司成立以来的最高荣誉。长庆炼化总厂 30 万吨/年重整和 20 万吨/年加氢技改工程；长庆气田 30 亿立方米/年产能建设工程双双获得总公司工程金质奖国家优质工程银奖荣誉称号。

（7）监理市场开发工作取得了显著成效，在内蒙古天然气股份有限公司投建的长呼管道输气工程监理中标中，取得总监理单位和东（胜）—包（头）两个监理标段的监理工作量。

（8）在监工程质量水平逐年提高。全年完成油田产能建设工程规模约 139 万吨/年，工程优良率达 40%以上。完成气田产能建设规模 12 亿立方米/年，工程优良率达 70%以上；完成基地矿建工程建筑面积 59.95 万平方米，工程优良率达 80%以上。

【安全生产】 本年度各受监工程都能够保证安全生产施工，无任何事故发生。

（张　婷）

长庆石化综合服务处

【概述】　长庆石化综合服务处下设机关科室4个,附属单位1个,科级单位5个,用工总量127人(其中全民职工93人,其他用工34人)处级干部1人,科级干部5人。拥有固定资产原值876.2万元,资产净值672万元。

2002年实现收入505.88万元,其中,关联交易结算收入426.12万元。实现利润21.7万元。年上缴长庆局折旧40.7万元,上缴养老统筹金34.7万元。

【企业管理】　主要做了以下几方面工作:加强资产运营管理工作力度、盘活现有固定资产。一是从制度入手,加强财务管理工作。二是加强材料采购工作,实行三人采购、相互监督的制度。三是以效益为中心,努力盘活现有资产。四是加强经营承包管理,提高管理者的积极性。五是加大资产清理工作力度,努力降低经营成本。六是认真细致地做好停产项目的清理工作。七是严格控制非生产性支出。同时,加强合同管理工作,完善程序;狠抓安全生产、安全施工,杜绝安全隐患;增强服务意识、认真做好后勤服务工作;从实际出发认真做好关联交易工作,全年签订关联交易合同12份,收入431万元;狠抓小区环境建设,树文明小区形象。

(周文来)

博士后科研工作站

【概述】　博士后科研工作站先期的筹备工作于2001年6月份启动,2001年12月,国家人事部批准长庆局建立“博士后科研工作站”。人事劳资处(组织部)又根据国家人事部、全国博管会制订的《博士后管理工作规定》以及陕西省博管会有关文件精神,结合我局的实际情况制订了《长庆石油勘探局博士后科研工作站管理暂行办法》和《长庆石油勘探局博士后科研工作站管理实施细则》以及工作站机构设置等具体事宜。

2002年6月26日,由陕西省人事厅主办、长庆石油勘探局协办的博士后工作站授牌仪式在长庆兴隆园小区隆重举行。

博士后工作站设站长1人,常务副站长1人,副站长3人。工作站办公室设在工程技术研究院,主要负责工作站的具体事务及日常管理工作。

【发展规划】　工作站将始终坚持“以人为本、求真务实”的工作态度和作风,依托西安的科技优势和长庆局的技术经济实力,“筑巢引凤”。计划每年在钻井工程、井下作业、油田化学、机械工程、地面工程、企业管理及信息化等专业领域招收3—4名博士后。到2005年将引进10名左右博士生,力争使长庆局工作站的整体工作处于西北地区或集团公司企业博士后工作站的先进水平,为促进长庆局科技进步,加强人才队伍建设做出应有的贡献。

【主要工作情况】　自2002年6月份挂牌以后,当年引进了3名博士后进站,在企业管理、地质勘探、防腐等专业领域开展了4项局级科研课题的研究工作。

(毛连海)

泾河工业园项目组

【概述】 长庆西安泾河工业园项目组于 2001 年 7 月开始筹建,2001 年 9 月 30 日,根据《长庆石油勘探局关于成立泾河工业园项目组的通知》(长局发[2001]225 号)正式成立。2002 年 4 月,根据《中共长庆石油勘探局委员会关于成立长庆西安泾河工业园项目组临时党委的通知》(长党发[2002]24 号)成立临时党委。2002 年 7 月,根据《中共长庆石油勘探局机关委员会关于上海联络处等 16 个党总支、党支部改选组成情况的批复》(长局机党发[2002]13 号)成立了泾河工业园项目组党支部。

项目组有工作人员 31 人,其中党员 18 人,大学本科学历 4 人,专科学历 17 人,中专、中技学历 5 人,都是从油田各二级单位抽调人员,其工资奖金暂由原单位发放。项目组领导班子由 6 人组成,经理 1 人,副经理 5 人。

园区占地面积 1473.562 亩,工业用地 755.87 亩,生活用地 717.692 亩,规划建筑面积 912796 平方米,其中工业(公建)建筑面积 150170 平方米,住宅建筑面积 762626 平方米,计划建住宅楼 160 栋、7004 户。2001 年 9 月 17 日,长庆局举行长庆西安泾河工业园开工奠基仪式,部分工业项目动工修建。2001 年 11 月 6 日,第一期住宅楼建设工程开标,2002 年 3 月全面施工。

【工程建设】 2002 年底,工程建设完成:

(1)住宅工程:共开工建设 128 栋住宅楼,其中:封顶 87 栋,进行主体建设 41 栋楼。

(2)系统配套工程:完成 5 个锅炉房的土建、安装;完成 9 个配电室的土建和污水处理厂的土建、安装;完成各种管线 73981 米,铺设道路 7100 米,370 米的防洪护堤竣工,修整边坡 2100 米,修建围墙 3200 米。完成园区整体绿化规划设计,道路绿化 2000 米。

(3)工业项目:第二采油技术服务处的彩钢厂投产;机械制造总厂机加工一车间、天然气工房、固控工房完成主体建设;测井工程处综合办公楼内完成主体建设和内装饰;射孔器材厂工房骨架工程建设、钻井工程总公司管业公司综合楼和钢骨架网状复合管厂房主体封顶,进入设备安装阶段。

【工程质量管理】 长庆泾河工业园项目组坚持“强化精细管理,建设精品工程”的目标,坚持“质量第一,一次成优”的工作标准,狠抓现场的施工组织与管理,2002 年质量管理目标全部达标。点检查合格率 100%;单体工程优良率达到 95%;分项工程优良率达到 95%;分部工程优良率达到 95%。

【投资控制管理】 泾河工业园生活区住宅单体工程建设,配套工程及工业区的系统配套工程概算总投资为 12.26 亿元,项目采取了优化住宅楼施工图设计,严格审查系统配套工程施工图纸,优化建筑材料,争取地方政府优惠政策,实行器材招标准入制度等七项措施,将投资控制在 9.89 亿元,控制资金 2.37 亿元。使泾河工业园住宅楼完全成本控制到 1180 元/平方米,达到入住条件后每平方米售价 996 元,实现了“住宅楼每平方米售价不超过 1000 元”的控制目标。

【招投标管理】一是认真组织了住宅工程招投标工作。住宅工程共考察施工队伍 500 多个,有 379 个施工队伍参加招投标,制作招标文件 200 多份,制作标底 22 个。中标工队 98 个,全面、顺利地完成了 131 栋住宅工程的招投标工作。

二是组织了系统配套工程、公建项目及绿化工程的招(议)标工作。共组织招(议)标 7

次,选择施工队伍35个。

三是组织了建筑材料的商务招标。共采取招标形式进行物资采购项目25个,招标准入供应厂家80多个,通过招标使所采购的器材价格平均下浮了15%—25%。

【安全生产管理】 针对园区建设期间参建人员多、施工现场点多面广、外部环境复杂、管理难度大等特点,认真贯彻安全生产管理措施,坚持“安全第一、预防为主”的方针,突出“安全责任重于泰山”这一主题,成立了园区建设工程安全生产领导小组,建立健全8项制度、2项规定、3项标准;开展了“安全生产月”活动,组织召开园区安全生产现场会6次,发简报10多期;实行施工现场安全工作挂牌承包制度,实现了全年安全生产无事故的目标。

【治安综合治理】 坚持“齐抓共管、领导负责;标本兼治、重在治本;坚持严打,突出重点;建设队伍,长治久安”的指导思想,全面完成了长庆局社会治安综合治理的各项指标和任务,实现了“无治安案件,无刑事案件,无治安灾害事故,无内部人员违法犯罪”的四无目标。

【管理创新】 按照长庆局“统一规划设计、统一施工建设、统一售房政策、统一物业管理”四统一的要求,长庆泾河工业园项目组建设坚持创新的管理理念,实现了管理机制和管理体制的全面创新。

投资主体新:入园的工业项目全部是油田改制企业,住宅楼建设为职工集资建房,投资主体为入园职工。

运行机制新:模拟房地产开发,采用先集资后建房的运作模式。

管理模式新:园区工程管理是在执行长庆局“四个统一”方针前提下,由长庆局和各二级单位分级管理,共同实施。长庆局项目组负责园区建设的规划、协调、监督、检查和系统配套工程和绿化工程建设,各入园单位负责工业项目和住宅楼施工管理。

管理方法新:在工程建设中,实行科学的民主管理,定期召开听证会,组织召开入园职工代表来园区检查工作,广泛听取职工群众的意见和建议。先后召开了二次入园单位职工代表听证会,有近300多名职工代表亲临园区听取汇报、现场检查、提意见、献计策,发放征求意见表,征求职工对阳台封闭、门窗材料、室内装修标准、施工质量、施工现场管理等所关心问题的意见和建议。

(张文锦 杨耐厚)

宁夏长庆工业园建设项目组

【概述】 宁夏长庆工业园建设项目组(以下简称项目组)从2002年6月16日起,正式组建了新的领导班子,从钻井工程总公司借聘了23名工作人员,充实到项目建设的各个岗位。

项目组组建以来,面对工作头绪多、工程量大、技术力量薄弱等诸多实际困难,认真贯彻长庆局重组改制、深化改革的指示精神,按照长庆局多元化发展战略和开拓社会市场图发展的思路,加快工业园区基础设施建设的步伐,加大生态环境治理的力度,基本完成了各项工程建设任务。

【项目建设】 2002年,项目组的工程施工主要是园区基础设施的建设,规划实施了园区的水、电、暖、路、讯等工程。

(1)园区完成了输送距离 ϕ300毫米×27.195千米、日供水量达2000立方米的饮用水工程,铺设了生产区供水管网和园区绿化带数十千米的浇灌管线,完善了园区的给排水管网,并建成黄河水二级提水泵站一座,使园区内工程施工和生态环境治理灌溉用水紧张的问题基本得以解决。

(2)园区供电工程:10 千伏配电室的土建及园区 10 千伏电缆敷设工作,成为全年供电工程施工的重点。建筑面积为 236.5 平方米的 10 千伏配电室开关站土建工程已按期竣工,并完成了部分高低压电网和电缆的铺设工作,使园区的供电线路基本畅通。

(3)供热工程:建成面积为 2267 平方米、供热负荷 26.56 兆瓦、覆盖面达 20 万平方米的园区供热锅炉房一座,并安装园区规范中的供热管网 3197.47 米,供热管线安装完成辅管 800 米,完成焊接 250 米,锅炉房各辅助设施的施工全部完成。

(4)2002 年,在工业园区内在建的施工工程还有轻钢框架彩板结构工房三幢(5538 平方米)、员工公寓一幢(4271.5 平方米)、员工食堂一幢(1262.59 平方米)。除此之外,园区南侧长 550 米、宽 24 米的道路施工也全部完成。

【园区绿化】 宁夏长庆工业园规划中的森林公司,是长庆石油勘探局在宁夏地区实施的生态环境治理工程为主体的一个大型山川秀美工程。至 2002 年,长庆局已投入资金 889 万元,建成一座黄河水二级提水泵站和数十千米的浇灌管线,并准备修筑三纵十座一横的土基砂石简易公路,把园区割划成面积为 550 米 × 200 米(约 165 亩)的 30 个条块,为下一步绿化和管护打好基础准备,并已经具备了面积栽种和管护的基础条件。2002 年,在占地面积达 4588 亩的生态环境治理区域内,进行了大树栽移、经济园建植、苗圃扩建、防风林带补栽等绿化工作。建成桃园 142 亩,枣园 150 亩,核桃园 100 亩,枸杞园 100 亩等经济园区,并在园区内大量种植槐树、柏树、丁香等美化园区的林木,补充防护林区树木 21719 株,使园区绿化面积达到近千亩之多。从园区开发至今,已累计栽种树木 159814 株,林木平均成活率均达到 80% 以上,为宁夏回族自治区提出的在以河东国际机场为中心的周边地区的生态环境治理工程中开了先河,有了良好的开端。

【园区管理】 项目组在精心组织工程施工的同时,抓紧抓好园区项目组的整章建制工作,先后制定出 25 项园区管理制度,以规范项目组管理,使各项工作步入科学化、制度化、标准化、规范化轨道,全面提高企业现代化管理水平,为宁夏长庆工业园整体规划的胜利完成提供了制度保障。

(张占玺　刘　静)

第十一篇

长庆石油勘探局大事纪要

长庆石油勘探局大事纪要

一　月

6日　长庆局发出《关于录井公司组织机构设置的通知》(长局发[2002]5号文),明确了该公司的主要职责、机构设置、班子成员管理等有关事宜。

同日　经局务会议研究,决定成立乳山长庆公司,与乳山职工培训中心实行“一套机构、两块牌子”。

7日　根据中共甘肃省委组织部《关于长庆石油勘探局、中国石油长庆油田公司出席中国共产党甘肃省第十次代表大会代表候选人预备人选的批复》(甘组发[2001]32号),长庆局召开党员代表会议,选举孙玉辰同志为出席中国共产党甘肃省第十次代表大会的代表。

8日　长庆局党委、长庆油田公司党委研究决定(长党发[2002]4号文),成立长庆油田武装工作委员会,张继昌、包方钧任主任。

9日　经局党委常委(扩大)会议研究决定(长党发[2002]3号文),田建会同志任测井工程处党委书记。

同日　经局党政领导联席会议研究决定(长任字[2002]1号文),长庆局聘任:杨玉征为油气开发公司经理;王振昌为教育处处长;马效忠为规划计划处(关联交易处)处长;胡启月为测井工程处处长。

10日　为期两天的长庆局经营工作会议在西安结束。这次会议全面总结了长庆局2001年经营工作,提出了全局2002年经营工作的总体目标和经营工作重点。长庆局副局长刘自强、总会计师张芝兰、局党委常委张启英、局长助理邓火孝参加了会议。会议结束时,长庆局局长、党委书记孙玉辰作了重要讲话。他指出,一是按照“二次创业”目标,长庆局的经营管理重心要向二级单位转移;二是必须搞好关联交易,发挥整体优势,争取更大的市场份额;三是按照市场规律,经营实行动态管理、动态平衡、动态控制。

11日　局党委中心组认真学习中央经济工作会议精神。长庆局党委中心组成员、局机关15个处室负责人和西安片16个单位党政领导参加了集中学习。

同日　经长庆局、长庆油田公司研究决定,成立长庆产品内部市场协调委员会,滕玉林、喻昌荣任主任。

15日　测井工程处3700测井仪在苏里格庙气区重点评价井苏平1井、苏平2井首次运用水平井大组合测井工艺获成功,大大降低了水平井测井风险,提高测井时效20多个小时,填补了长庆局一项技术空白,为3700测井仪承担国外同类型测井项目奠定了基础。

同日　长庆局第八届工人技术运动会胜利闭幕。经局第八届工人技术运动会组委会研究,长庆局授予杨义兴等12名同志“技术状元”称号;授予张世峰等16名同志“技术标兵”称号;授予谭郁江等39名同志“技术能手”称号。

同日　继2000年进入陕西省部分企业免予年检审查行列之后,长庆局2002年再次进入免予年检审查的行列。陕西省工商行政管理局在省政务大厅隆重举行了整顿和规范市场主体新闻发布会,并向长庆局颁发了“2001年至2002年度工商企业年度检验免予审查单位”荣誉证书。

同日　长庆局印发《关于成立石油工程技术服务企业及施工作业队伍资质认证管理委员

会暨有关工作职责》(长局发[2002]10 号文),管理委员会由 13 人组成,杨庆理任主任,同时成立了地球物理勘探、井下技术作业、钻井、测井四个专业审核组,并就委员会和专业审核组的职责分别做了规定。

16 日　长庆局印发《集体资产投资管理中心章程》(长局发[2002]17 号文),就企业性质、经营范围、经营方式、组织机构、劳动用工、职责任务等做了明确规定。

17 日　经长庆局优秀科技人才奖评审委员会评审,优秀科技人才奖基金管理委员会审定,长庆局决定表彰 2000 年度优秀科技人才(长局发[2002]15 号文),蒋加钰等 11 名同志为长庆局 2000 年度优秀科技人才奖获得者。

21 日　长庆局发出《关于成立集体资产投资管理中心的通知》(长局发[2002]16 号文),就该中心的性质、机构设置、工作职责、注册资金及经营范围做了规定。

同日　长庆局党政领导联席会议研究决定(长任字[2002]2 号文),聘任袁培森同志为集体资产投资管理中心经理。

22 日　长庆局召开 CO_2 泡沫压裂技术座谈会,会议由赵业荣总工程师主持。长庆局科技发展处、工程技术研究院、井下技术作业处,长庆油田公司工程技术部、上古压裂试验项目组,西安交通大学、石油大学(北京)等 7 个单位的 18 名专家、工程技术人员参加了座谈会,并进行了技术交流。

同日　长庆局印发《运输车辆准入证管理办法》(长局发[2002]19 号文),就办理运输车辆准入证的范围、程序及监督检查做了明确规定。

24 日　长庆局召开 2002 年度第一次科学技术委员会会议,27 名科委委员参加会议。会议讨论了 2001 年科技工作调研报告,审议了 2002 年科技发展计划。

25 日　局党委、长庆局决定,表彰 2001 年度廉政勤政先进单位和先进个人(长党发[2002]8 号文)。井下技术作业处等 6 个单位被评为"廉政勤政先进单位",曹师伊等 17 人被评为"廉政勤政先进个人"。

26 日　集团公司市场管理部、股份公司勘探与生产分公司和财务部联合组成调研组,专程来长庆油田进行以市场开放、关联交易、同业竞争和重复建设等为主要内容的专题调研。

27 日　局党委、长庆局研究决定表彰 2001 年度先进模范集体、劳动模范和先进生产(工作)者(长党发[2002]7 号文)。钻井工程总公司 18103 钻井队等 20 个单位被评为"2001 年度模范集体";井下技术作业处试油 167 队等 43 个单位被评为"先进集体";曹师伊等 22 名同志被评为"劳动模范";杨茂存等 91 名同志被评为"先进生产(工作)者"。

同日　局党委、长庆局决定表彰"二次创业"先进集体、先进个人(长党发[2002]9 号文),钻井工程总公司 18103 钻井队等 12 个单位荣获"二次创业"标杆集体光荣称号;袁卓等 10 名同志荣获"二次创业"十大标兵光荣称号;30529 钻井队等 98 个单位荣获"二次创业"先进集体光荣称号;杨再生等 100 名同志荣获先进个人光荣称号。

同日　长庆局印发《2002 年度经营承包办法(试行)》(长局发[2002]23 号文),就经营承包模式、考核指标、奖惩办法及相关政策等做了明确规定。

31 日　陕西省省长程安东一行 8 人专程来到长庆油田西安基地,代表陕西省委、省政府对长庆广大职工家属表示亲切的慰问。长庆局局长、党委书记孙玉辰向程安东省长一行汇报了长庆的基本情况,对陕西省领导、各级党委政府对长庆的大力支持表示诚挚的感谢。参加汇报的油田领导还有包方均、王道富、滕玉林。

二　月

1—3 日　长庆局召开 2002 年工作会议、第九届职工代表大会暨第七次工会会员代表大会、2001 年度先进集体及先进个人（“二次创业”模范集体及个人、优秀科技人才奖）表彰大会。会议传达学习了集团公司 2002 年工作会议精神，总结了长庆局 2001 年工作，安排部署了 2002 年工作；审议并通过了长庆局工作报告、工会工作报告、预算执行及编制情况报告、业务招待费使用管理情况报告；表彰奖励了 2001 年度先进模范集体及个人、“二次创业”先进集体及个人、2000 年度优秀科技人才奖获得者等。

2 日　长庆局 2002 年迎春联谊会在西安举行，局领导与“二次创业”先进代表、劳动模范代表及参加长庆局工作会议的代表 300 多人欢聚一堂，共庆全局 2001 年在生产建设中取得的成果，喜迎新春佳节。局长、党委书记孙玉辰在联谊会上简要回顾了全局 2001 年各项工作取得的成就，代表局党委、长庆局向奋战在全局各条生产战线上的职工致以新春的祝福，并号召全体职工积极工作，为开创全局工作新局面拼搏奉献。

5 日　中国石油天然气集团公司副总经理阎三忠一行来长庆慰问。阎三忠副总经理在长庆局和油田公司领导的陪同下，在生产运行处观看并询问了生产运行处正在开发中的电子地理信息系统，高兴地说：“生产运行管理是越来越细，越来越先进了。”

6 日　长庆局在西安基地召开迎春专家座谈会，传达了集团公司工作会议精神和长庆局“四会”精神，并就全局目前高层次人才队伍建设情况作了介绍。

8 日　在新春佳节即将到来之际，长庆局、长庆油田公司联合召开新春团拜会，向定居西安基地的老领导、老专家以及劳模近 30 人致以节日的祝福与问候。长庆局局长、党委书记孙玉辰，长庆油田公司总经理、党委书记胡文瑞，长庆局党委副书记、纪委书记张继昌，油田公司党委副书记、纪委书记、工会主席包方钧参加了团拜会，孙玉辰局长发表了热情洋溢的团拜祝辞。

同日　长庆局软科学研究项目《长庆石油勘探局生存与发展战略研究》召开成果评审会。该课题是由西北大学和长庆局共同研究的，由局领导任课题组组长，发展研究部、企业文化处等部门参与的重点研究项目。长庆局副局长刘自强、总工程师赵业荣、总会计师张芝兰参加了评审会。

同日　长庆局局长、党委书记孙玉辰带领局有关领导和局机关有关部门负责人，分别到陕西、陇东、宁夏各单位看望一线职工。孙玉辰等领导每到一个单位，和职工家属亲切座谈，通报长庆局的形势，看望坚守在生产岗位的职工，以及劳模、离退休职工和特困户，发放慰问金和节日礼品，鼓励职工为“二次创业”再立新功。

同日　在集团公司召开的安全生产电视电话会上，集团公司领导宣读了《关于表彰 2001 年度安全生产环境保护先进企业的决定》，长庆局榜上有名。

12 日　长庆局局长、党委书记孙玉辰带领局办公室、组织部、局工会、宣传部、机关事务管理处等有关部门负责同志，前往公安处、通信公司 169 信息台和传呼台、长庆有线电视台转播室、交通服务处、质量安全环保处、生产运行处和油田公司生产运行处等单位，向坚守在工作岗位上的职工拜年，与职工一起欢度新春佳节。

19 日　钻井工程总公司 270 多名专业技术和管理人员，以及长庆局、长庆油田公司、西安石油学院等单位的领导和专家，在礼泉基地参加了该公司 2001 年度技术座谈会。会议提出了“全面实施技术创新战略，加快技术进步，努力提高核心竞争力”的目标，确定的重点工作是：落实“三个战略”（市场开发战略、低成本战略、技术创新战略），实现“三个提高”（提高钻井速度、提高工程质量、提高服务水平）。

23 日　全局 33 个钻井队、1500 余人开赴生产一线。自此，长庆局 2002 年生产全面启动。局领导孙玉辰、杨庆理、滕玉林、刘自强、赵业荣、蒲建中等分赴陕西、陇东、宁夏欢送出征将士。

25 日　长庆局印发《固定资产投资责任追究实施细则(试行)》(长局发[2002]28 号文),要求固定资产投资必须坚持科学化、程序化、制度化。并就固定资产投资过程中违规、违纪、违反程序等行为予以追究,以及追究的方式、责任认定等作了明确规定。

28 日　长庆局召开西安片党风廉政建设和纪检监察工作会议。会议安排部署了 2002 年党风廉政建设和纪检监察工作,并要求各单位加大纪检监察力度,促进党风廉政建设。

三　月

12 日　中华全国总工会作出决定,授予全国 209 个基层单位“实施送温暖工程先进单位”称号,长庆局地球物理勘探处名列其中。

同日　共青团中央、民政部、建设部、国家工商行政管理总局命名表彰 474 个社区为全国第三批文明社区,长庆局西安基地兴隆园小区被评为“全国青年文明社区”。

17 日　经局务会议研究,决定在测井工程处增挂“测井公司”的牌子,与测井工程处实行“一套机构、两块牌子”的管理模式,对外以测井公司的名称开展业务,对内仍以测井工程处的名称开展工作。测井工程处(测井公司)机构调整后,其内部机构设置与定员编制不变(长局发[2002]41 号文)。

18 日　长庆局发出《关于认真做好深化改革工作的通知》(长局发[2002]39 号文),明确了长庆局改革领导小组,由 14 人组成,局党委副书记、纪委书记张继昌任组长,并就长庆局从 11 个方面进行深化改革作了具体安排。

同日　建设工程总公司被全国施工企业管理协会用户工作委员会评为 2001 年度“全国用户满意施工企业”。

19 日　经局务会议研究,决定在技术监测中心增挂石油天然气长庆工程质量监督站的牌子(长局发[2002]42 号文)。

同日　长庆局印发《安全生产综合考核办法》(长局发[2002]44 号文)。《办法》将局属各单位根据生产特点和危险性,化分为四类,分别确定了风险系数,并就指标体系、考核奖惩办法作了明确规定。

21 日　为期两天的长庆局女职工工作会议暨女职工“二次创业”现场经验交流会在第一采油技术服务处河庄坪基地召开,来自全局各单位工会负责人及女职工代表共 60 余人参加了会议。局工会主席蒲建中、总会计师张芝兰参加会议并分别讲话。会议表彰奖励了在女职工双文明建功立业活动中涌现出的先进个人、先进集体及文明家庭和优秀女职工工作者。

23 日　乌兹别克斯坦国家技术监督局局长卡西莫维奇·罗伯特和防喷委员会主席波拉多维奇·依莫夫一行,应邀对钻井工程总公司进行考察。长庆局局长助理、钻井工程总公司总经理杨再生,长庆局副总工程师、乌兹别克斯坦项目组经理贾明欧,以及钻井工程总公司有关人员与来访的乌兹别克斯坦客人进行了座谈。

26 日　长庆局召开第三届归侨侨眷代表大会,来自全局的归侨侨眷代表及各单位代表、西安片部分单位党委书记和政工干部 30 多人参加了会议。局党委副书记、局纪委书记张继昌在会上就如何做好统战工作和侨联工作发表了讲话。

29 日　长庆油田召开社会治安综合治理工作会议。长庆局、长庆油田公司领导张继昌、包方钧、蒲建中、张敬堂、邓火孝、周宗强等参加了会议。

四　月

1 日　美国三星无限公司北京代表处首席代表祖国民一行 2 人来长庆局进行技术交流和项目合作洽谈。

2日　宁夏回族自治区党委书记陈建国、自治区政府主席马启智一行8人与长庆油田举行座谈会，长庆油田公司总经理、党委书记胡文瑞，长庆局党委副书记、纪委书记张继昌等领导参加了座谈。

同日　共青团陕西省委将连续两年以上获得省级“青年文明号”荣誉的61个青年集体，命名为“青年文明号标兵单位”称号，长庆局钻井工程总公司60144钻井队榜上有名。

4日　经甘肃省委批准，甘肃省委组织部批复(甘组发[2002]73号)同意，长庆局党委书记、局长孙玉辰，油田公司党委书记、总经理胡文瑞2名同志为出席中国共产党甘肃省第十次代表大会代表。

同日　长庆局印发《信访工作暂行办法》(长局发[2002]56号文)，就信访受理、排查调处、信息报送、督查督办等做了规定。

8日　局党委印发《公开选拔任用中层管理人员办法(试行)》(长党发[2002]19号文)。

同日　长庆局印发《关于设置安全总监、副总监的意见(试行)》(长局发[2002]52号文)，就安全总监(副总监)的设置原则、岗位职能、任职条件及管理与考核等提出了具体意见。

同日　局党委印发《发展党员公示制和责任追究制暂行办法》(长党发[2002]21号文)，就公示对象、内容、期限等做了规定。

同日　根据中央和地方党委政府有关指示及工作要求，经研究，决定成立长庆油田防范和处理邪教问题办公室。

10日　局党政领导联席会议研究决定(长任字发[2002]3号文)，聘任：胡启月同志为测井公司经理；何毅同志为石油天然气长庆工程质量监督站站长。

同日　经局党委常委(扩大)会议研究决定(长党发[2002]22号文)，田建会同志任测井公司党委书记。

同日　经局党委常委(扩大)会议研究决定(长党发[2002]23号文)：黄儒新同志任巡视员办公室主任、陕西组组长、正处级巡视员；王殿民同志任甘肃组组长、副处级巡视员；曹金锋同志任甘肃组副处级巡视员；施洪建同志任宁夏组组长、副处级巡视员。

同日　经局党委常委(扩大)会议研究决定(长党发[2002]24号文)，成立长庆西安泾河工业园项目组临时党委，张文锦同志任党委书记。

11日　由钻井工程总公司70518队承钻的第一口天然气水平井——“苏平2井”顺利完钻。该井水平段长度堪称国内之最，它标志着长庆局实施“科技进步与人才开发”战略取得了丰硕成果。

12日　国家审计署召开全国内部审计工作“双先”表彰大会，长庆局审计处处长张金山荣获“1999—2001年全国内部审计先进工作者”称号。

同日　集团公司发文表彰了一批内部审计工作先进集体和先进个人。长庆局审计处荣获“集团公司1999—2001年度审计工作先进集体”称号。

同日　陕西省政府审计厅召开内部审计工作“双先”表彰大会，长庆局审计处荣获“1999—2001年陕西省内部审计工作先进单位”称号。

16—18日　集团公司安全环保处长座谈会在长庆局临潼职工疗养院召开，来自集团公司及所属各企业的质量安全与环保部门的负责人共60多人参加了会议。局工会主席蒲建中代表长庆局参加会议并讲话。

18日　在陕西省少先队德育工作会暨“新世纪我能行”体验教育活动现场经验交流会上，长庆局西安基地子弟学校荣获“全国红旗少先大队”称号。

同日　局党委决定，成立稳定工作领导小组，由局长、党委书记孙玉辰同志任组长(长党发[2002]29号文)。

19日　长庆局第一口多台阶天然气水平井苏平1井顺利完钻。这是长庆局继苏平2井之后又一口技术难度大、地质导向精度高的天然气水平井。

同日　测井工程处5700队在鄂8井利用卫星传送资料获得成功。该处不仅在全国测井系统率先实现了测井资料卫星传送,而且为今后开拓国内外市场打下了坚实的基础。

22日　长庆局印发《基本建设工程招标投标实施办法》(长局发[2002]59号文)。《实施办法》共八章45条,就招(投)标的范围、职责与管理、招标机构、工作程序、标底的编制等作了明确规定。

23日　中华全国总工会召开全国工会纪念送温暖活动十周年大会,长庆局受到了表彰奖励。

地球物理勘探处作为宁夏回族自治区8家先进企业的代表之一,也受到了全国总工会的表彰奖励。

同日　为加大对领导班子和领导干部的监督力度,长庆局首批8名巡视员派驻基层。

24日　全国总工会举行新闻发布会,宣布了"五一"劳动节表彰的先进个人和先进集体。长庆局井下技术作业处处长王鸿彬、第三采油技术服务处党委书记朱文伯同志荣获"全国五一劳动奖章"。

25日　长庆局在西安基地举行欢迎仪式,欢迎"全国五一劳动奖章"获得者井下技术作业处王鸿彬、第三采油技术服务处朱文伯、陕西省先进集体获得者钻井工程总公司代表刘顶运、陕西省劳动模范建设工程总公司凌心强载誉归来。局领导孙玉辰、张继昌、滕玉林、刘自强、蒲建中、赵业荣、张芝兰、张启英,原工会主席王树荣参加了欢迎仪式。

26—27日　集团公司副总经理吴耀文一行10余人来长庆调研,并听取长庆油田的工作汇报。长庆局局长、党委书记孙玉辰主持了汇报会,长庆油田公司总经理、党委书记胡文瑞,局党委副书记、纪委书记张继昌,长庆油田公司副总经理喻昌荣,长庆石化公司总经理张喜文分别向吴耀文副总经理汇报了工作。

28日　长庆局团委在西安基地召开了"长庆局纪念建团80周年暨第六届'十大杰出青年'表彰大会",表彰了"十大杰出青年"、80名优秀青年团员、31名优秀团干部、41个五四红旗团支部、11名杰出青年岗位能手。长庆局党委副书记、纪委书记张继昌同志出席会议。

29日　共青团陕西省委隆重举行第二届"陕西省青年五四奖章、青年突击手标兵和青年突击手颁奖大会"。长庆局钻井工程总公司18103钻井队队长袁卓获得"陕西省青年突击手"称号。

五　月

8日　经局务会议研究决定,将长庆炼油化工综合服务处更名为长庆石化综合服务处(长局发[2002]68号文)。

同日　经国家人事部批准,长庆局决定成立博士后科研工作站。并印发了《长庆石油勘探局博士后科研工作站管理暂行办法》和《长庆石油勘探局博士后科研工作站管理实施细则》(长局发[2002]69号文),就博士后的招收、管理、待遇、科研项目管理等做了规定。

9日　测井工程处从美国哈里伯顿公司引进的一套EXCELL2000成像测井地面系统及P型核磁共振井下仪,在长庆油田公司重点探井西28井、西33井投产成功。

同日　长庆局发出《关于进一步强化多种经营管理工作的通知》(长局发[2002]73号文),就各类公司注册、改制、投资、上项目、挂靠施工队、作业队以及对外担保等行为进行了规范。

10日　长庆局在位于靖边县桥沟湾乡银湾村的"西气东输"管道工程第14标段试验段施工现场,为参建的长庆建工将士举行了开工典礼,长庆局局长、党委书记孙玉辰,副局长滕玉林及地方党政领导出席典礼并表示祝贺。

10—16日　长庆局局长、党委书记孙玉辰,副局长刘自强,工会主席蒲建中带领局机关有关部门负责人到陇东各单位调研。调研组先后听取了陇东地区12个单位的工作汇报,深入基层厂点实地考察,召开基层干部和职工代表座谈会。通过调研,长庆局对陇东各单位的生产经营、改革改制、市场开发、内部管理等情况有了全面的了解,发现了一批先进典型,查找出了一些问题,并现场解决6个问题;对不能现场解决的问题,调研组也提出了解决的思路、办法和意见。

13日 甘肃省省委书记宋照肃带领省委、省政府有关部门负责同志到长庆油田调研。宋照肃书记在长庆局局长、党委书记孙玉辰,长庆油田公司总经理、党委书记胡文瑞的陪同下,深入到陇东油区一线试油队、钻井队和采油井场,详细询问了职工的生活、工作情况,观看了施工作业现场。

同日 长庆局印发《报废资产管理办法》(长局发[2002]77号文),就报废资产的实物管理、价值管理、改造利用、调剂处置等做了规定。

14日 长庆局在庆阳召开陇东各单位领导干部大会。会议通报了局领导在陇东地区各单位调研的情况,总结了年初以来各单位的工作,并安排部署了下一步的工作。会上,孙玉辰局长对各单位的工作给予了充分肯定,并针对调研中暴露出的问题和今后的工作强调指出,一是要抓发展保稳定;二是要抓住影响企业生存发展的薄弱环节;三是要切实转变领导作风。

15日 在纪念中国共产主义青年团成立80周年之际,共青团中央在人民大会堂举行第六届"中国青年五四奖章"颁奖仪式。长庆局钻井工程总公司60144钻井队团支部荣获"全国五四红旗团支部"荣誉称号。

同日 根据《长庆石油勘探局公开选拔任用中层管理人员暂行办法(试行)》,经局党委、长庆局研究批准,长庆局首次在井下技术作业处内部公开竞聘生产管理副处长1名,分管市场开发、多种经营的经营管理副处长1名;在第三采油技术服务处内部公开竞聘生产管理副处长1名。

20日 长庆局在长庆宾馆与厄瓜多尔A-P油田项目合作伙伴Dygoil公司董事长和总经理一行进行了座谈。孙玉辰局长和赵业荣总工程师及长庆局国际市场开发部负责人参加了会谈。

21日 钻井工程总公司日进尺从年初以来第四次突破1万米,并一举创造了11527米的最高日进尺纪录。这是该公司在一周前刷新年进尺上60万米历史纪录之后,本年度第十次刷新的长庆钻井历史纪录。

27日 长庆局印发《企业内部人事管理事务代理暂行办法》(长局发[2002]80号文),就人事管理事务代理的对象、内容、程序、责任及义务做了明确规定。

同日 长庆局印发《引进人才有关问题指导意见》(长局发[2002]81号文),就引进人才遵循的原则,引进的渠道、方式、程序及薪酬待遇等提出了具体意见。

31日 长庆局局长、党委书记孙玉辰,局长助理张元忠带领局机关有关处室负责人来到西安基地幼儿园,看望幼教工作者,并对幼儿园的小朋友致以节日的问候。孙玉辰同志强调,搞好幼儿教育,必须解决三个问题:一是认识问题;二是政策问题;三是改善办学条件。他希望西安基地幼儿园全体幼教工作者尽职尽责,搞好工作,为全局做出示范。

同日 长庆局党委发出《关于组织开展庆祝"七一",迎接党的十六大系列活动的通知》(长党发[2002]36号文),要求各级党组织加强领导,精心组织,结合实际、突出主题,注重实效,把系列活动搞得扎扎实实。

同日 经宁夏回族自治区党委批准,宁夏回族自治区党委组织部批复同意,长庆局第三采油技术服务处党委书记兼第三采油厂党委书记、副厂长朱文伯,长庆局地球物理勘探处地质研究所所长、物探教授级高级工程师蒋加钰(女)等三名同志为出席中国共产党宁夏回族自治区第九次代表大会代表。

六 月

1 日 长庆局领导孙玉辰、张继昌、滕玉林、蒲建中、赵业荣、张元忠、张敬堂,长庆局原副局长陈国法等与长庆八中师生欢聚一堂,庆祝“六一”国际儿童节。

3 日 根据长庆局 2002 年第 7 号会议纪要精神,宁夏长庆工业园建设项目列为局级项目管理。为加强工程建设项目的管理和协调,统一规划设计、统一施工建设、统一物业管理,确保工程建设质量,经 2002 年局务会议研究,决定成立长庆局宁夏长庆工业园建设项目组。

同日 根据集团公司质量环保健康工作的有关要求,经局务会议研究,决定在局卫生防疫站增挂“长庆石油勘探局职业病防治中心”牌子。

同日 根据集团公司质量环保健康工作的有关要求,经局务会议研究,决定成立长庆局职业卫生与健康工作领导小组,杨庆理副局长任组长。

4 日 内蒙古自治区政府副主席周德海率自治区办公厅、计委、财政厅以及呼和浩特市、包头市、鄂尔多斯市领导一行 16 人来长庆慰问并进行座谈。长庆油田领导孙玉辰、胡文瑞、张继昌、滕玉林、蒲建中、何自新,长庆局原工会主席王树荣参加了座谈会。

5 日 由四川石油管理局副局长胥永杰、股份公司天然气与管道分公司副总经理陈永武为团长的集团公司安全检查团一行 7 人来长庆检查工作。检查团在西安基地听取了长庆局、长庆油田公司关于落实党中央、国务院安全生产会议精神和集团公司马富才总经理电视讲话精神,1—5 月份安全生产情况,安全生产中存在的问题和自查自改情况的汇报。汇报会由长庆局总工程师赵业荣主持,长庆局工会主席蒲建中、油田公司副总经理王道富参加了汇报。

同日 长庆局印发《质量监督实施办法》(长局发[2002]90 号文),就质量监督范围、原则、管理及处罚作了明确规定。

6 日 长庆油田西安兴隆园小区管委会召开兴隆园文明小区总结表彰大会。会议全面总结了 2001 年小区建设取得的成绩,安排部署了 2002 年工作,表彰了 7 个“文明单位”、58 户“文明家庭”、62 名“文明居民”。

7 日 新疆石油管理局局长唐健一行来长庆油田考察,双方就关联交易、存续企业生存与发展等有关问题进行了交流。长庆局局长、党委书记孙玉辰,党委副书记、纪委书记张继昌,副局长滕玉林,长庆油田公司副总经理何自新、总经理助理杨华及油田机关有关处室负责人参加了座谈会。

8 日 钻井工程总公司 30518 钻井队仅用 100 天 21 小时,年累计钻井进尺一举突破 2 万米,周期比 2001 年创造的最快上 2 万米时间缩短了 11 天。

9 日 乌 1 井直井段测井施工作业顺利完成,标志着长庆局野外小队国外测井施工首获成功,进一步证明了长庆测井具备了参与国际测井市场的竞争能力。

10 日 庆阳地区行政公署公安处长庆公安局在西峰举行揭牌仪式,庆阳地委副书记石卫东、长庆局党委副书记张继昌到会揭牌。长庆油田公安处划归庆阳地区行政公署公安处,成立庆阳地区行政公署公安处长庆公安局,标志着长庆公安工作纳入正规化建设的轨道。

12 日 长庆局在第三采油技术服务处召开公开竞聘副处级领导干部大会。该处参加会议的 80 名干部职工及职工代表进行了民主投票。经过公开报名、资格审查、组织考察、局党委审定、公开竞聘大会民主推荐,确定曹继虎同志为第三采油技术服务处生产管理副处长。

14 日 经局党政领导联席会议研究决定,聘任马建军为宁夏长庆工业园建设项目组经理(长任字[2002]6 号文)。聘任慕甲锋同志为水电厂厂长(长任字[2002]7 号文)。

同日 经局党委常委(扩大)会议研究决定(长党发[2002]43 号文):张继昌同志兼任党校(干校)校长;张启英、郭志刚、史仲乾、余连城等同志兼任党校(干校)副校长。决定(长党发[2002]41 号文):刘顶运同志任工程技术研究院(工程技术处)党委书记;周俊基同志任钻井工程总公司党委书记。

同日 经局党委常委(扩大)会议研究决定(长党发[2002]44 号文),成立宁夏长庆工业园建设项目组临时党委。临时党委由马建军、李舜和、郭必虎、刘光前、张占玺五位同志组成,马建军同志任临时党委书记。

17 日 甘肃省经济贸易委员会副主任廖永远和玉门石油管理局局长、党委副书记田玉军一行 5 人来长庆油田调研。

同日 长庆局印发《关于会议制度改革的意见》(长局发[2002]100 号文),对长庆局原规定召开的各类会议,通过合并、压缩等方法,进行了改革与规范。

17—19 日 由中共中央组织部组织、长庆局承办的国有企业中发挥党组织政治核心作用问题研讨会在长庆宾馆召开。

19 日 机械制造总厂被中华全国总工会和国家安全生产监督管理局授予 2001 年度全国“安康杯”竞赛优胜企业奖,成为全国 429 家、甘肃省 8 家被表彰的企业之一。

同日 经局党政领导联席会议研究决定,长庆局聘任:张启英同志为博士后科研工作站站长(兼);袁孟嘉同志为博士后科研工作站专职常务副站长(正处级)。

19—20 日 长庆局局长、党委书记孙玉辰,副局长滕玉林、刘自强,原局工会主席王树荣及有关处室负责同志,深入宁夏地区,就企业重组改制、市场开发、精细管理及职工关心的问题进行调研。

20 日 陕西安康、汉中等地区的 30 多个县(区)发生洪灾后,长庆油田向灾区捐赠十万斤大米。

22 日 长庆局印发《2002 年度经营承包考核实施细则》(长局发[2002]101 号文),就 2002 年度经营承包考核兑现原则、机构、职责、程序等做了规定。

26 日 长庆局博士后科研工作站在西安长庆基地挂牌,这是陕西省新增的 13 家博士后科研工作站之一。国家人事部原副部长、全国博士后管委会主任徐颂陶,陕西省常务副省长陈德铭,以及陕西省人事厅、办公厅等有关部门和单位的领导出席了挂牌仪式。

28 日 共青团中央、国家经贸委、国家知识产权局、中国科协联合表彰“首届全国青年创新创效奖”。长庆局工程技术研究院工程师任雁鹏获此殊荣。

同日 集团公司、共青团中央命名和认定了一批石油企事业单位青年集体为 2001 年度“全国青年文明号”,长庆局井下技术作业处试气 177 队名列其中。这是重组分立后长庆局继 30533 钻井队之后第二个获此殊荣的集体。

同日 局党委在西安基地举行纪念建党 81 周年座谈会,纪念党的生日,歌颂党的丰功伟绩。座谈会由局党委常委、组织部部长张启英主持,局机关党群部门负责人及局属西安片各单位党委书记和优秀党员、优秀党务工作者代表共 20 多名同志参加了座谈会。局党委副书记、纪委书记张继昌在会上发表了重要讲话。

30 日 由国家工程建设质量奖审定委员会组织的“2001 年度国家优质工程及全国重点工程优秀项目经理颁奖大会”在北京召开。由西安长庆科技工程有限责任公司负责设计、原长庆局油田建设工程处参建的长庆气田 30 亿立方米/年产能建设地面工程和长庆炼化总厂 30 万吨/年催化重整及 20 万吨/年加氢精制联合装置工程,荣获“国家优质工程银质奖”,并受到表彰。

七　月

1 日　长庆局 2002 年上半年钻井进尺首次突破 100 万米大关,创造了新的历史纪录。截至 6 月 30 日,全局钻井进尺 100.0036 万米,同比提高 19.16 万米;开井 549 口,完井 486 口,同比增加 90 口和 83 口;其中有 6 天日进尺突破 1 万米,最高 11605 米;5 月份创月进尺 25.89 万米的最高纪录;上半年有 6 支油井队进尺突破 2 万米,2 支气井队进尺突破 1 万米。

同日　局党委在西安兴隆园小区召开纪念中国共产党成立 81 周年先进事迹报告会。局党委书记、局长孙玉辰,局党委副书记、纪委书记张继昌,副局长刘自强,工会主席蒲建中,总工程师赵业荣,总会计师张芝兰,局党委常委、组织部长张启英等领导及西安片各单位优秀党员、优秀党务工作者参加了大会。

3 日　经长庆局同意,撤销长庆宾馆独立法人资格(长局发[2002]102 号文)。长庆宾馆法人资格撤销后,成为长庆局下属的实行内部利润经营承包的非独立法人的二级单位。

5 日　局党委中心组成员集中学习江泽民同志“5·31”重要讲话精神和江泽民同志在西安召开的西部大开发座谈会上的重要讲话精神。

同日　长庆局召开电视电话会议,总结上半年工作,安排部署下半年生产任务。

8 日　法国 TFE 公司技术人员来长庆局进行交流。

9 日　长庆局党委副书记、纪委书记张继昌,副局长刘自强,局党委常委、工会主席蒲建中,局长助理张元忠等长庆局调研组一行 20 人抵达第三采油技术服务处,并深入宁夏片各单位进行调研和检查指导工作。

12 日　长庆局副局长滕玉林,油气技术综合服务处处长、党委书记杨清经推荐担任内蒙古西部天然气股份有限公司董事,滕玉林同志兼任该公司副董事长。同时,资本运营部副主任、多种经营管理处副处长、集体资产投资管理中心副经理刘维忠经推荐担任该公司监事。

同日　国家陕北石油重组整顿调研组组长、国家经贸委经济运行局局长马力强一行 26 人来长庆调研。

19 日　长庆局举办形势报告会,中国石油天然气集团公司发展研究部主任严绪朝应邀作了关于集团公司深化改革问题的报告。局领导张继昌、杨庆理、刘自强、张芝兰、张启英、杨再生等领导及局机关、西安片各单位副处级以上干部 100 人参加了报告会。

23 日　长庆局印发《安全事故调查补充规定》(长局发[2002]117 号文),就安全生产管理中的事故调查部分作了补充规定。

25 日　经局党委常委(扩大)会议研究,并报请集团公司同意,聘任杨庆理同志为长庆局安全总监(兼)。

26 日　长庆局发出《关于认真做好明确产业定位与发展方向工作的通知》(长局发[2002]120 号文),要求各单位搞清企业现状,进行科学的产业定位,并明确其发展方向。

28 日　长庆西安基地综合写字楼工程举行开工典礼。长庆局副局长刘自强,局长助理张元忠、杨再生,西安市未央区区委、区政府领导朱经建、金维新等参加了开工典礼和奠基仪式。

30 日　为纪念中国人民解放军建军 75 周年,长庆局武装部组织进行了西安基地民兵应急自卫连集结点验,并进行了轻武器练习实弹射击。

八　月

2 日　长庆局党委中心组成员认真学习甘肃省委副书记、省纪委书记韩忠信在“全省牢固树立正确的权力观教育活动电视电话动员大会”上的重要讲话精神。局领导孙玉辰、张继昌、刘自强、赵业荣、邓火孝、杨再生,原副局长陈国法以及局党委中心组成员 19 人参加了学习。

同日　集团公司石油工程技术服务企业及施工作业队伍资质认证现场审核在长庆进行。为了做好队伍资质认证工作，长庆局按照集团公司有关文件要求，从 2001 年底开始，先后进行了有关文件的宣传贯彻、资料的填报、资质现场初审等工作。长庆局此次共申报队伍 290 个，其中甲级队 54 个、乙级队 236 个。

同日　长庆局在临潼召开产业定位暨项目开发工作会议，局长、党委书记孙玉辰，副局长刘自强出席会议并讲话。孙玉辰局长就长庆局的产业定位、新项目开发，以及下一步的重点工作做了重要讲话，要求各单位的产业定位要做到“三个明确”，一是今明两年主业、辅业经营目标要明确；二是 3—5 年之内主业、辅业调整计划要明确；三是新的产业的开发计划要明确。

7 日　长庆局在西安基地召开维护稳定工作会议。局领导张继昌、蒲建中、张启英及局机关有关部门、各级单位负责同志参加了会议。

9 日　经局党政领导联席会议研究决定，(长任字[2002]9 号文)：聘任陈建新为地球物理勘探处处长；许允为银川办事处主任、银川物业管理处处长。

同日　经局党委常委(扩大)会议研究决定(长党发[2002]48 号文)：杨再生同志任钻井工程总公司党委书记；曹师伊同志任局工会副主席；王亚宁同志任地球物理勘探处党委书记。

同日　集团公司干部管理学院副院长孙启瑞来长庆调研，主要就干部管理学院与企业干部培训问题与长庆油田的负责同志进行交流。长庆局局长、党委书记孙玉辰，局党委常委张启英和长庆局、长庆油田公司有关处室负责人参加了座谈会。

同日　长庆局党委副书记、纪委书记张继昌和共青团陕西省委青工部部长李晓虎代表集团公司和团中央，在靖边井下技术作业处试气 177 队驻地举行“全国青年文明号”授牌仪式，向“全国青年文明号”荣誉称号获得单位——试气 177 队颁发匾牌，并分别讲话。

11 日　由钻井工程总公司承钻的乌兹别克斯坦第一口水平井顺利完井，工程质量全优，各项技术经济指标均优于当地直井指标。这不仅标志着乌兹别克斯坦从此后拥有了自己的第一口水平井，也标志着长庆钻井在乌兹别克斯坦乃至中亚地区的市场开发中迈出了关键的一步。

13—14 日　长庆局召开多种经营工作会议。西安长陇石化实业有限责任公司等 17 个优秀企业、钻井工程总公司多元开发部等 3 个先进管理科室、王万里等 17 名优秀厂长(经理)、李占胜等 49 名先进工作者受到了表彰。

14—17 日　北京中油健康安全环境认证中心对井下技术作业处 OSH/HSE 体系进行审核后认为，该处 OSH/HSE 体系的建立符合标准要求，已通过认证审核。

13—18 日　长庆局副局长杨庆理带领生产运行处、人事劳资处、质量安全环保处等部门的负责人深入生产一线，进行工作调研。这次调研以查现场为主，先后走访了局属 6 个单位的 25 个现场，重点检查了 7 月份长庆局 10 个调研组检查问题的整改落实情况和各单位现场 HSE 管理的实施情况。

21 日　为切实落实集团公司和股份有限公司有关合作开发低效油田文件精神，进一步加快鄂尔多斯盆地低效油田合作开发进程，经长庆局、长庆油田公司研究，决定成立难采储量合作开发领导小组，孙玉辰、胡文瑞任组长。

24 日　西安长庆未央湖花园举行开工典礼。长庆局领导孙玉辰、杨庆理、蒲建中、张芝兰、张启英、张元忠、邓火孝，长庆油田公司领导胡文瑞，长庆局原副局长陈国法，西安市未央区政府领导，以及长庆油田机关部分处室、二级单位的领导参加了开工典礼。

29 日　长庆局发出《关于清理规范多种经营系统内部结算管理的通知》(长局发[2002]

134 号文)，就内部结算企业的范围、管理办法、管理要求等做了明确规定。

30 日　为了加强全局钻井系统工程概预算、工程定额、工程造价及工程定额标准的编制工作，经研究，决定成立由工程技术研究院(工程技术处)院长(处长)刘硕琼为组长，财务资产处副处长王宏，工程技术研究院(工程技术处)副院长(副处长)孙玉玺，规划计划处(关联交易处)主任经济师兼石油造价管理中心主任、工程概预算管理站长廖长明任副组长，有关二级单位及部门人员为成员的长庆局钻井系统工程定额编制工作小组。

31 日　全国总工会书记处书记纪明波在陕西省总工会副主席卢其松的陪同下，来长庆油田检查指导工作。长庆局党委副书记、纪委书记张继昌，局党委常委、工会主席蒲建中，长庆油田公司党委委员、总经理助理张敬堂，长庆局原工会主席王树荣等参加了座谈会。

同日　钻井工程总公司年钻井进尺累计达 150.2786 万米，以 187 天的有效时间进尺突破 150 万米大关，时间比 2001 年同期提前 32 天，周期缩短 37 天，再创油田钻井进尺上 150 万米的新纪录。

九　月

3 日　长庆局局长、党委书记孙玉辰赴兰州参加甘肃省领导干部大会。

5 日　长庆实业集团有限公司召开二届二次董事会，讨论通过了《关于进一步完善法人治理结构、规范公司运作行为的总体方案》。长庆局副局长、长实集团副董事长滕玉林，长庆局总会计师、长实集团董事张芝兰，长庆局局长助理、长实集团总经理邓火孝等参加了会议。

8 日　钻井工程总公司 30527A 钻井队以开井 25 口，完井 24 口，183 天 3 小时的有效时间，年累计进尺突破 4 万米大关，创造了油田最新纪录。

同日　为深入学习宣传贯彻落实《安全生产法》，长庆局《安全生产法》领导干部学习班在西安开班。局机关有关处室及部分二级单位的 50 多名领导参加了学习。

10 日　长庆局厄瓜多尔 A－P 项目 A－10 井完成测试，这是厄瓜多尔项目部继第一口井 P－3B 井之后完钻的第二口井。该井于 3 月 28 日开钻，经过 3 个月的艰苦工作，于 6 月 27 日钻至 3112 米处完钻。试采期间，日产原油 177.44 立方米，日产液 357.75 立方米。

同日　测井工程处研究所 QC 小组承担的“挖掘设备潜力降成本促效益”课题获国家级优秀奖。该小组同时荣获“全国优秀质量管理小组”，这是测井研究所第二次获此殊荣。

同日　长庆局决定成立法律事务部，法律事务部与市场开发部实行“一套机构、两块牌子”，并明确了其职责。

同日　长庆局印发《安全监督管理办法(试行)》(长局发[2002]141 号文)，就安全监督的适用范围、职责、权力、考核、奖惩等做了规定。

14 日　厄瓜多尔 PP 公司第一副总裁克莱沃一行 5 人来长庆局进行为期 5 天的工作访问。

同日　为落实局长、党委书记孙玉辰“宣传理论、政策研究的干部要开展读书活动”的指示，由宣传部、发展研究部组织成立了长庆局(西安片)读书会，会员由来自长庆局西安地区各二级单位的宣传科长、企业管理方面的专家等近 40 人组成。

17 日　长庆局党委印发《思想政治工作考核评估办法(试行)》、《思想政治工作考核评估标准》及《长庆石油勘探局思想政治工作先进集体和优秀思想政治工作者评选奖励办法(试行)》(长党发[2002]58 号文)，就思想政治工作考核评估工作的原则、对象、步骤、标准等做了规定。

18 日　国家建设部公布晋升甲级资质和甲级资质增项监理企业名单，长庆监理公司不仅化工、石油工程主项资质等级获得甲级资质，而且房屋建筑工程增项资质等级也获得了甲级资质。

同日　长庆局印发《信息化工作管理暂行办法》(长局发[2002]146号文)，就信息化工作管理的机构、职责、标准做了规定。

23日　石油大学(华东)党委书记郑其绪一行3人来油田就企校合作问题进行交流。

24日　长呼输气管道工程开工典礼在内蒙古乌审旗纳林河乡第二净化厂北侧施工现场举行。长庆局作为内蒙古西部天然气股份有限公司股东之一，出资参与长呼输气管道工程建设。这是长庆局把资本运营、市场开发和业务拓展相结合的一次有益的探索。承担长呼输气管道工程建设的建设工程总公司副总经理刘建华代表施工单位发言。

同日　长庆局发出《关于使用企业标识的通知》(长局发[2002]148号文)。通知要求各单位重视规范使用长庆局企业标识的重要作用，要归口管理，准确使用，确保长庆局标识使用的规范性和严肃性。

十　月

4日　井下技术作业处完成试油压裂2007.5层次，突破2000层次大关，是继7月6日突破1000层次大关后的又一壮举，这一成绩比上年提前48天，以完成2002年预测市场工作量80%的好成绩，创该处作业史上又一新纪录。

同日　被称为“中国第二条沙漠公路”的塔中一井一且末沙漠公路全线竣工。该公路是由曾经修筑“世界沙漠第一路”的长庆局建设工程总公司经过一年半时间的鏖战修筑而成的。

9日　为认真贯彻《中共中央国务院关于进一步做好下岗失业人员再就业工作的通知》和集团公司企事业单位领导干部会议精神，经长庆局、长庆油田公司、长庆石化公司研究，决定成立由胡文瑞、孙玉辰为组长，张继昌、包方钧、张喜文为副组长，长庆三大企业机关有关部门负责人为成员的长庆油田再就业工作协调领导小组。

10日　长庆油田召开电视电话会议，传达党中央、国务院及集团公司关于再就业工作的有关会议精神。长庆局局长、党委书记孙玉辰、长庆油田公司总经理、党委书记胡文瑞在会上作了重要讲话。

14日　钻井工程总公司继10月8日年累计钻井进尺突破180万米后，又以231天有效时间年累计开井总数突破了1000口大关，达1005口，同比多开井110口，多完井104口。

15日　长庆局印发《关于规范公司制企业法人治理结构的意见》(长局发[2002]157号文)，就公司制企业股东会、董事会、监事会的组成、性质、权利及决策程序等提出了具体意见。

同日　长庆局印发《股权管理实施细则(试行)》(长局发[2002]158号文)，就股权管理的目的、原则、依据、范围、内容以及股权管理的机构和行使的程序等做了规定。

18日　长庆局最大的起重装卸设备——50吨“龙门吊”的建成验收仪式，在塞北物资集散重地器材供应处宁夏转运站举行。由长庆局规划计划处、质量安全环保处、财务资产处、审计处等单位5名专家组成的项目验收组，通过听取汇报、现场观看演示等形式对工程进行现场验收。

同日　驻中国石油天然气股份有限公司监事会一行5人赴长庆油田检查工作。

22日　由建设工程总公司承建的连接乌审旗气田和第二净化厂的集气干线主体焊接完工。该线路全长43千米，途经内蒙古和陕西两省(区)，是油田公司产建工程中的重点投资项目。

25日　由甘肃省委宣传部、省经贸委、省总工会共同组织的第七届甘肃省职工职业道德“双十佳”表彰大会在省总工会隆重召开。测井工程处荣获“甘肃省职工职业道德建设十佳单位”称号，该处是长庆局唯一受到表彰的单位。

同日　钻井工程总公司 30527A 队仅用 236 天 10 小时，创油井队第一个上 5 万米进尺纪录，比 2001 年同期提前 20 天 8 小时，周期缩短 26 天 20 小时。

29 日　长庆局党委印发《关于实行厂务公开制度的补充规定》（长党发［2002］67 号文），对原执行的《关于实行厂务公开制度实施细则》（长党发［1999］77 号文）从规范标准、内容形式、监督检查等方面做了补充规定，并成立了由局长、党委书记孙玉辰为组长的长庆局厂务公开领导小组。

30 日　全球著名的工程技术服务公司——斯伦贝谢公司代表来到井下技术作业处进行有关压裂合作的考察。

同日　根据《中共中国石油天然气集团公司党组关于进一步加强境外单位党建工作的意见》（中油党字［2002］62 号文）精神，长庆局党委制定下发了《关于进一步加强局属派驻境外单位党组织建设工作的意见》，就局属境外单位党组织的设立、管理以及其他有关事项进行了明确规定。至此，长庆局派驻境外施工单位 3 个，在厄瓜多尔、乌兹别克斯坦、尼日利亚三个国家成立了施工项目组，共有职工 121 人，其中党员 43 人，成立了 3 个党支部。

十一月

2 日　集团公司长庆市场协调会在西安召开。集团公司、股份公司有关部门领导出席会议。长庆局及在长庆油田范围内施工的四川石油管理局等 10 家企业相关负责人共 55 人参加了会议。会议由集团公司市场管理部副主任石林主持，长庆局副局长杨庆理作了《长庆油田服务情况及市场分析报告》。

3 日　钻井工程总公司历时 251 天 18 小时，钻井年进尺首次突破 200 万米，创长庆钻井史最新纪录。

5 日　十六大召开前夕，长庆局党委常委、副局长杨庆理，局党委常委、总会计师张芝兰带领宣传、财务等机关有关部门负责人深入宁夏各单位重点就稳定问题检查调研、指导工作。

同日　经与长庆油田公司协商，局党政领导联席会议研究决定（长任字［2002］16 号文）：聘任吴志华为第一采油技术服务处处长；刘拴孝为第二采油技术服务处处长；朱文伯为第三采油技术服务处处长。

8 日　长庆局党委中心组认真学习、深刻领会江泽民同志在党的十六大上所作的工作报告。

16 日　随着芦河穿越施工结束，建设工程总公司承建的国家重点工程“西气东输”管道施工任务全面完成，在全线首家实现线路贯通，赢得了良好的声誉。

同日　井下技术作业处以完成 2524 层次、完井 1172 口，提前 43 天全面超额完成 2002 年度生产经营指标。

同日　长庆油田在西安基地举行党的十六大盛况报告会。十六大代表，长庆油田公司总经理、党委书记胡文瑞同志介绍了党的十六大盛况。长庆局、长庆油田公司处以上干部共 160 多人参加了报告会。长庆局局长、党委书记孙玉辰主持会议并作了重要讲话。

18 日　长庆局党委副书记、纪委书记张继昌，副局长刘自强，局党委常委、局工会主席蒲建中及局有关部门负责人在宁夏长庆工业园调查研究、现场办公。

19 日　局党委、长庆局致信祝贺由建设工程总公司承建的“西气东输”工程 14 标段全线贯通。

21 日　第二采油技术服务处 HSE/OSH 双体系顺利通过北京中油健康安全环境认证中心第二阶段审核（正式审核）。这标志着该处以 HSE/OSH 管理体系为载体，构筑企业基础管理平台，提升企业竞争战略方面取得实质性进步。

同日　长庆局党委副书记、纪委书记张继昌，长庆油田公司副总经理周宗强为宁夏长庆抽油杆制造有限责任公司揭牌。以此为标志，长庆局第一个整体带资分流改制试点单位成功组建。参加揭牌仪式的还有副局长刘自强、局工会主席蒲建中，以及长庆局、油田公司 58 个二级单位 200 多名领导和来宾。

22 日　长庆局、长庆油田公司、长庆石化公司在西安基地组织召开学习十六大精神电视电话报告会。会议由长庆局局长、党委书记孙玉辰主持，长庆油田公司总经理、党委书记胡文瑞作学习辅导报告。报告会设主会场 1 个，分会场 23 个，油田 1448 名科级以上干部参加了会议。

23 日　全国石油物探政研会召开第十二次年会，地球物理勘探处的《重组改制中加强和改进思想政治工作的探索》被评为政研成果一等奖。这是自 1991 年全国石油物探政研会成立以来，该处荣获的第七个一等奖。

24 日　中国石油记协首届先进单位评选工作圆满结束。本届评委会由中国记协、新闻出版总署、石油记协有关领导及长期从事石油新闻工作的专家构成，奖励分最佳、优秀和先进三个档次，《长庆石油报》社名列 10 个最佳新闻单位之首。

25 日　第二采油技术服务处检泵作业完井 4022 口，突破 4000 口大关；措施作业完井 265 口，突破 250 口大关，提前 35 天完成全年生产指标，比 2001 年同期增长 10% 以上，施工合格率达到 98% 以上，刷新了多项历史纪录，为配合陇东原油上产活动做出了积极贡献。

同日　长庆局印发《企业管理现代化实施办法》（长局发［2002］190 号文），就企业管理现代化项目的立项、组织实施、成果申报、评审奖励等做了明确规定。

26 日　局党委印发《关于认真学习贯彻党的十六大精神的安排意见》（长党发［2002］74 号文），就学习贯彻党的十六大精神作了安排部署。

26—29 日　长庆局局长、党委书记孙玉辰，副局长滕玉林，以及长庆局老领导陈国法深入陕北、宁夏等单位，就学习贯彻十六大精神、陕北地区石油勘探开发、企业持续重组及职工工作生活等情况进行调研。

27 日　长庆局印发《安全生产监督管理规定》（长局发［2002］193 号文），就安全生产责任制监督检查、技术措施、事故管理、考核奖罚等做了详细规定。

28 日　机械制造总厂按新项目、新体制、新机制的原则，组建“西安长庆石油天然气设备制造有限责任公司”。新公司由长庆局、机械制造总厂职工和公司内部职工共同出资设立。

同日　长庆局同意将长庆石油天然气工程建设监理公司整体改制为多元投资主体的有限责任公司。新公司由长庆局集体资产投资管理中心、陕西汇科建设工程服务有限公司和公司内部职工共同出资设立。

同日　长庆局局长、党委书记孙玉辰在第三采油技术服务处处长、党委书记朱文伯，副处长、宁夏长庆石油建设工程有限责任公司总经理程玉虎的陪同下，到该处所属多种经营单位进行调研，并为该公司题词：“发展非公有经济，三分天下有其一，推进改革改制，祝愿宁石建再上一层楼”。

29 日　长庆局、长庆油田公司党委中心组组织十六大精神报告会。中央社会主义科学院副院长、博士生导师甄小英作十六大精神专题辅导。长庆局、长庆油田公司党委中心组成员，西安基地各单位党委中心组成员，以及机关科以上干部 440 人参加了报告会。

同日　长庆局第九届工人技术运动会钻井工项目决赛在马家滩职工培训基地圆满结束，来自全局钻井系统的 88 名参赛选手经过两天角逐，共有 17 名选手分别荣获技术状元、技术标兵和技术能手称号。

十二月

3 日　根据长庆局、长庆油田公司党委的总体部署和要求,长庆局、长庆油田公司联合举办了领导干部十六大精神学习班,油田各单位党政领导、机关处室负责人共 80 人参加了学习。

同日　第二采油技术服务处消防大队在甘肃省消防执勤岗位练兵竞赛活动中,以 231.8 分的总成绩在全省 41 个参赛单位中名列榜首,廖军、贾成良被授予“优秀指挥员”荣誉称号,范敬、鲜小波被授予“训练能手”荣誉称号。

4 日　钻井工程总公司获得中国方圆认证委员会颁发的 ISO 9001:2000 认证书。

11 日　井下技术作业处 2002 年多种经营收入首次突破 1 亿元大关。这标志着该处多种经营无论从规模上,还是从服务领域上,都进入了一个崭新的发展阶段。

11—12 日　长庆局市场开发工作会议在西安召开,副局长滕玉林主持会议。会议总结了 2002 年市场开发经验,研究确定了新一年市场开发工作思路。局长、党委书记孙玉辰出席会议并作了重要讲话,局党委副书记、纪委书记张继昌,局党委常委、总会计师张芝兰,局党委常委张启英,以及老领导王树荣,局长助理杨再生出席了会议。

12 日　全国劳动保障系统先进集体、先进个人和第六届中华技能大奖、全国技术能手表彰大会在北京隆重举行。测井工程处工人技师李玉森在会上受到了表彰,并获得了“全国技术能手”称号。

13 日　陕西省委常委、省总工会主席郭永平一行 10 人来长庆油田检查指导工作,并与长庆油田领导座谈,听取情况汇报,参观基地小区。

17 日　局党委、长庆局印发《关于进一步做好就业再就业工作的意见》(长党发[2002]76 号文),就如何认识做好就业再就业工作的重要性,如何扶持、援助和推进就业再就业工作提出了具体意见。

18 日　宁夏回族自治区总工会主席杨应科带领自治区总工会组织部、财务部负责人到第三采油技术服务处检查指导工作。

同日　2002 年长庆油田内部产品订货会订货金额达 4.5 亿元,创 11 次油田产品订货会最好成绩。长庆局副局长滕玉林、总会计师张芝兰、局长助理邓火孝,长庆油田公司总会计师陈慧敏参加订货会并讲话。

22—23 日　长庆局 2002 年经营工作会议在西安举行。局长、党委书记孙玉辰出席会议并作了重要讲话。副局长刘自强、总会计师张芝兰、局长助理邓火孝和各二级单位主要领导、经营部门负责人,以及局机关有关处室领导参加了会议。会上,刘自强副局长作了《实践“三个代表”重要思想推进长庆局持续稳定发展》的讲话,系统回顾了 2002 年经营工作,分析了经营形势,提出了 2003 年及今后一个时期经营工作的思路和重点。

24—25 日　在北京召开的“中国石油体育协会秘书长(扩大)会议”上,中国石油体育协会对集团公司所属各单位开展的“全民健身月活动”进行了总结表彰,长庆局荣获“全民健身月活动优秀组织奖”。同时获得这一荣誉的还有第二采油技术服务处、测井工程处、机械制造总厂和第一助剂厂。

25 日　西安长庆工程建设监理有限责任公司在西安挂牌。长庆局局长、党委书记孙玉辰,局党委副书记、纪委书记张继昌,副局长杨庆理、刘自强,总会计师张芝兰等领导参加了揭牌仪式,并为庆典剪彩。西安长庆工程建设监理公司是继宁夏长庆抽油杆制造有限责任公司之后的又一家整体带资分流改制企业。孙玉辰、杨庆理、刘自强等领导发表了重要讲话。

30 日　长庆局决定表彰 2002 年度设备管理先进单位、先进集体、优秀机组和先进工作者

(长局发[2002]212号文)。钻井工程总公司等4个单位被评为设备管理先进单位;井下技术作业处压裂五队等12个单位被评为设备管理先进集体;第二采油技术服务处甘M09022斯太尔修井机组等64个机组被评为设备管理优秀机组;王拉练等45名同志被评为设备管理先进工作者。

同日　长庆局决定表彰第九届工人技术运动会技术状元、技术标兵和技术能手(长局发[2002]218号文),安晓兵等20名同志被授予"技术状元"光荣称号;杨光军等24名同志被授予"技术标兵"光荣称号;李双德等4名同志被授予"技术能手"光荣称号。

31日　长庆局印发《关于处理纠纷和争议的规定》(长局发[2002]222号文),就处理纠纷与争议的适用范围、处理机构、坚持的原则及处理程序等作了明确规定。

同日　经长庆局党委(扩大)会议研究决定(长党发[2002]79号文),成立油气开发公司党委,杨玉征同志任党委书记。

同日　局党委、长庆局印发《关于表彰2002年度党风廉政建设先进集体和先进个人的决定》(长党发[2002]81号文),钻井工程总公司等11个单位被评为2002年度党风廉政建设先进集体,赵宏英等23名同志被评为党风廉政建设先进个人。

(李三卫　廖应兵　赵玉华　王　萌　高生珠)

长庆石油勘探局年鉴

2004 卷

第一篇

总　述

综 述

2003年长庆石油勘探局工作情况概述

【综述】 长庆石油勘探局（以下简称长庆局）工作区域主要在鄂尔多斯盆地及其周边地区。截至2003年底，局直属单位有34个，国有全资企业1个，控股企业3个，参股企业1个，托管企业3个；局机关设17个职能处室，机关附属单位10个。全局有职工34696人（含内部退养人员3862人），其中干部11080人，占职工总数的31.9%；工人23616人，占职工总数的68.1%。全局有离退休职工11844人，有偿解除劳动关系人员6425人。全局有基层党委31个，党总支115个，党支部909个。其中，在职党员9091人，占党员总数的48.2%。

截至2003年末，长庆局共拥有资产总值90.42亿元。其中，所有者权益38.98亿元。全年主营业务收入61.06亿元，同比增长13.42%；主营业务成本59.60亿元，同比增长13.82%；完成企业增加值19.98亿元，同比增长4.22%；完成全员劳动生产率5.78万元/(人·年)，同比增长13.54%；上缴税费4.66亿元，同比增长7%。

2003年，长庆局积极落实集团公司的工作部署，贯彻“两条基本思路”，实施“四大发展战略”，凸现“十二字企业理念”。全年主营业务收入再创历史新高，生产运行安全高效，经济效益平稳增长，改革改制稳步推进，市场开发领域不断拓宽，科学创新能力进一步增强，科学管理水平显著提高，思想政治工作再上新台阶，职工生活水平明显提高。是生产经营双丰收、油气当量上千万、温饱有余大局稳、防非抗洪保安全的“四喜盈门”的一年。

【工程技术及生产服务】

(1)钻井生产：2003年开钻919口，完井918口，完成钻井进尺190.49万米。钻机月速度3445米/(台·月)，井身质量合格率100%，平均建井周期21.63天，生产时效94.35%。完成固井口数895口，油层套管固井合格率100%，平均动用固井队年效率220口/(队·年)，固井队利用率81.2%；完成录井906口，其中：综合录井178口。平均动用录井队年效率20口/(队·年)，录井队利用率78.07%。

(2)试油压裂及井下作业：2003年完成试油922层，比2002年同期下降9.78%，试油交井1002口，比2002年同期减少315口。完成压裂酸化2045井次，同比减少139井次；平均动用试油队年效率61层/(队·年)，试油队利用率71.43%；完成修井作业11458井次，与2002年同期相比增长27.98%。

(3)建筑施工：2003年承揽工程合同金额13.41亿元，比2002年同期增长35.2%。总承包工程完成产值10.40亿元，比2002年同期增长8.7%，创历史新高。自行完成施工产值8.11亿元，比2002年同期增长0.51%。最终建筑产品优良品率98.9%，竣工率100%，一次交验合格率100%。

(4)供水供电：2003年完成供水量1632万立方米，比2002年同期增长7.58%。供水商品率94.24%，供水损失率1.53%；完成发电量19990万千瓦·时，比2002年同期增长14.99%，供电量90066万千瓦·时，比2002年同期增长13.01%。供电负荷率82.35%，电网损失率4.68%。

(5)运输:全年完成货运量 170.7 万吨,比 2002 年同期下降 2.53%,完成货运周转量 37389 万吨·千米,2002 年同期下降 6.15%。完成客运量 292.3 万人次,同比增长 2.39%。客运周转量 29273 万人·千米,同比增长 5.90%,车辆完好率 92.65%,车辆工作率 74.81%。

(6)机械制造:全年完成现价工业总产值 2.0662 亿元,比 2002 年同期下降 10.50%,完成现价工业销售产值 1.8529 亿元,2002 年同期下降 12.36%。

(7)物资供应:2003 年完成物资购进量 26.15 亿元,比 2002 年同期下降 0.47%。完成物资售出量 27.30 亿元,比 2002 年同期增长 4.28%,物资周转 7.88 次,比 2001 年加快 2.46 次。

(8)通信信息:2003 年末交换机总量已达 6.80 万门,实装单机 5.26 万台,中继线路 8000 路;互联网用户达 1.09 万户,比 2002 年同期净增 4203 户,中继电路长度 2685 千米,其中:微波电路长度 1024 千米,光缆电路长度 1661 千米。

【市场开发】 2003 年,长庆局充分利用“两种资源”,积极开拓“两个市场”。承揽和完成社会市场价值工作总量大幅增长,市场份额明显扩大。全年主营业务收入 61.1 亿元,其中社会市场收入 11.03 亿元,占 18.07%。

国际市场开发取得了显著成果。2003 年境外项目运行良好,三维地震工程项目已全面验交;向厄瓜多尔国家石油公司提交了 7500 万桶(1192 万立方米)的石油探明储量和 3200 万桶(509 万立方米)的石油预测储量;优选了 7 口开发井、3 口勘探井和 1 口评价井井位;钻井已完井 5 口(含合同外 1 口);中央发电站和输变电建设按计划推进,装机容量 11 兆瓦的发电机组已开始安装。业主对这一部分工作的进度和质量十分满意,并主动要求再增加 2 台 5 万千瓦的发电机组。全部合同金额近 1 亿美元,累计完成价值工作量 4017 万美元。

【科技进步】 2003 年,长庆局积极探索“效益科技”之路,投入科技经费 3663.6 万元。安排重点科技项目 52 项,其中技术攻关创新项目 16 项,新技术与新产品开发应用项目 26 项,软科学项目 10 项,项目计划进度完成率 95.5%。获局级科学技术进步奖 81 项;申请国家专利 13 项,其中发明专利 2 项,实用新型专利 11 项。“储油罐自力式防爆自动灭火装置”和“多功能天然气过滤器”两个科研项目获得国家专利,并形成了一批具有长庆特色的先进实用技术,为提升长庆局的技术实力做出了贡献。

(1)天然气欠平衡钻井技术:实施小井眼天然气欠平衡钻井 2 口,其中苏 39 - 14 - 1 井,欠平衡钻井进尺 783.7 米,平均机械钻速达到 20.87 米/时;苏 39 - 14 - 4 井在下部井段钻井进尺 1091 米,创造了国内天然气欠平衡钻井进尺新纪录。

(2)小井眼低成本快速钻井技术:小井眼泥浆钻井技术试验 2 口井,单井成本较常规钻井单井成本降低 80 万元,降低幅度达 12.7%。

(3)低渗透油田老井重复改造技术:端部脱砂压裂改造工艺技术实施应用 60 口井,增产幅度达到 130%。在此基础上,深化研究工作,不断探索新工艺,初步形成了堵水 - 压裂重复改造技术和多级充填压裂新工艺,试验应用效果良好。

(4)乌兹别克斯坦复杂地层水平井钻井技术:研究采用“环空悬浮泥浆钻井法”等多项新技术,顺利完成了复杂水平井 350 井的钻井施工。

(5)天然气复合钻井工艺技术:该项技术先后在 25 个井队推广应用,累计完井 58 口,平均钻具失效由以前的 2.08 次/口井降低到 0.5 次/口井,较常规钻井平均机械钻速提高 0.70 米/时,钻井周期缩短 3.95 天。

(6)提高西峰地区钻井速度新技术试验与应用:针对西峰地区地层特点和技术难题,应用可循环泡沫及充气钻井液等多项新技术,钻井

162口，与2002年相比，在平均井深增加67.76米的情况下，平均机械钻速提高了0.83米/时，钻井周期缩短1.58天。为西峰油田经济有效开发提供了一套实用技术。

(7)低温集气工艺技术：该项研究攻克了节流膨胀制冷、低温分离、气液聚结等一系列关键技术，形成了以小压差、大面积换热、节流制冷低温分离为核心技术的低温集气工艺配套技术，在榆林、乌审旗等气田得到成功应用。为大规模开发低产、低渗、低含凝析油气田提供了一种成功模式。

(8)湿陷性黄土地区管道施工生态水工保护技术：研究试验形成一套适应黄土塬地区生态水工保护技术。该技术在"西气东输"工程B14A标段得到成功应用，经受住了罕见的"6·18"、"7·4"洪灾的考验，并在西气东输管道工程陕晋段推广应用。

(9)无线传输、有线接入数据传输系统：研究试验成功了无线传输、有线接入数据传输技术，在钻井工程总公司72个钻井队投入试运行，系统处于有序运行状态。初步实现了钻井数据的及时采集和远程传输，效果良好。

(10)油气田新产品研发：针对油气田市场特点，研发新产品、新装置，形成具有自主知识产权的钻井液固控设备、油田三抽设备、天然气田地面设备等四大类10余种新产品，创产值约1.2亿元，取得了良好的经济效益。

同时，科技人才开发见到成效。全局建立了近百人的局级一级学术(技术)带头人队伍；选拔了15名局级技术专家，上报集团公司一级学术(技术)带头人5名；选送了40名干部参加工商管理硕士研究生学历培训和1名赴加拿大攻读MBA；参加集团公司及有关省(部)级单位或部门举办的各类培训53期，176人参加了培训，并在全局树立了优秀技术人才"十佳形象"。到2003年底，全局共有各类工程技术人员4188人，占职工总数的12.00%；科技研发人员342人，占全局工程技术人员的8.93%。人才结构逐步得到优化，队伍整体素质明显提高。

【改革改制】 2003年，长庆局在前几年内部专业化整合重组和改革试点的基础上，以建立现代产权制度和现代企业制度为目标，主要做了三项工作，即：扩大改制试点面、大力实行公司制改造及深化三项制度改革，并取得了显著成果。

(1)国有企业改制有了实质性进展。2003年国有企业组织实施项目4个，其中公司制改造2个，整体带资分流1项，组建新公司1个，涉及账面国有净资产240.3万元，分流国有职工239人，新公司注册资本3600万元，其中，国有股本600万元，投资中心股本275万元，职工个人(包括持股会)股本1043.8万元，其他法人股本1681.2万元。

(2)多种经营企业公司制改造基本完成。根据多种经营企业实际情况，将现有企业分为四类，并视具体情况进行整治。经过改制，长庆局多种经营产权多元化局面初步形成，并向"归属清晰、权责明确、保护严格、流转顺畅"的现代产权制度，迈出了至关重要的一步。

(3)股权及股权代表管理得到进一步加强，初步建立了内部产权管理与交易"两个平台"。加强了长庆局控股、参股的32个公司的股权管理，完善了股权管理体系，制定了股权管理实施细则、控股公司业绩考核办法、股权代表管理办法等一系列股权管理办法；初步搭建起了"产权交易"及"资本运营"两个平台；已明确的权益性投资3.09亿元，并已形成9个控股公司、23个参股公司。

(4)主辅分离、辅业改制分流试点工作全面启动。根据国家经贸委等八部委和集团公司有关文件精神，制定了《关于整体带资分流改制工作的指导意见》、《关于主辅分离辅业改制分流工作的若干意见》，编制了《主辅分离改制分流总体方案》，启动了辅业改制分流的第一批项目。

(5)"三项制度"改革见到了实效。在人事制度改革中,继续实行并扩大了干部公开竞聘的范围和巡视员监督的力度;开展了管理人员、专业技术人员和操作服务人员的全员竞聘(竞争)上岗,变身份管理为岗位管理;在劳动制度改革上,积极推行人事代理、劳务工、临时工等灵活多样的用工形式;在分配制度上,逐步引入劳动力市场价位的理念,并为职工取得合法的非劳动性收入搭建平台。

(6)分离企业办社会工作迈出了关键步伐。物业管理改革,将部分费用由"暗补"变为"明补",向市场化运作靠近了一大步。按照集团公司的统一部署,全面启动了油田住房分配货币化改革和油田独立工矿区社区化管理试点工作。经过两年来的实践和摸索,龙凤园小区初步建立了共驻、共投、共享、共管的全新管理模式;同时,与社会联合办学、办幼儿园等工作也取得了较大进展。

【多元经济】 2003 年,长庆局多元经济形成六大支柱产业,共有 86 个法人企业,安置从业人员达 15416 人,其中国有职工 4344 人。全年完成生产经营总值 24.7 亿元,同比增长 13.9%;经营销售收入 23.4 亿元,同比增长 11.8%;实现利润总额 9348 万元,同比增长 51.4%。全系统实现利税 3.0045 亿元,增加值 6.2511 亿元;销售利润率 3.99%;资产保值增值率 109.79%;人均增加值 44862 万元/(人·年),工业产品市场占有率 25.01%,成本费用利润率 4.19%,资产负债率 77.41%。

2003 年末,多种经营总资产 31.69 亿元,其中国有经济 3.1886 亿元,集体经济 1.4986 亿元,股份制经济为 26.63 亿元,其他类型经济为 3692 万元,分别占总资产的 10.1%、4.7%、84%、1.2%。与 2002 年同期相比,国有、集体企业资产比例下降,股份制经济比例上升。全年固定资产完成投资 2.4298 亿元,新增固定资产 2.4212 亿元。

【安全环保质量】 2003 年,长庆局认真贯彻落实国家和集团公司安全、环境与健康工作会议精神,坚持"安全第一、预防为主"的方针,以"精细管理"的思想统筹安全环保工作,以法制化、体系化为主线,积极推进 HSE 管理体系建设和清洁生产,加大安全环保监管力度,加速安全环保科技进步,取得了良好的工作业绩。全局各类上报安全责任事故共 25 起,同比下降 24.2%,其中,死亡人数和重伤人数分别下降了 58.4%、28.6%;全局工业生产实现了零死亡,交通安全杜绝了特大事故,重大事故得到有效控制,34 个二级单位实现了交通事故零死亡。经集团公司现场考核,长庆局取得了中国石油天然气集团公司安全生产先进企业和环境保护先进企业资格,是历史上安全指标完成最好的一年。

环境保护方面,12 个主要生产单位建立了 HSE 管理体系;5 个单位通过了多套管理体系整体认证;388 个基层队实施 HSE"两书一表"。由于按 HSE 管理体系严格管理,所以,在生产施工中,污染物排放浓度总量控制稳定达标,有控废气排放达标率为 96%,有控污水排放达标率为 95%,固体废物有效处置率为 93%,全年杜绝了重、特大环境污染与破坏事故的发生。

质量、计量、标准化方面,2003 年,制定《质量管理考核办法》,编制《质量手册》,以切实落实质量责任制;推进"质量目标管理、名牌战略、诚信服务、队伍资质认证"四大工程,切实完善质量管理体系;开展产品质量监督检查,保证产品质量稳中有升;制定名牌战略发展规划,创建具有国际、国内先进水平的钻井、压裂、试油、修井及建设工程队伍,并以抽油机、压力容器、钻井液添加剂、固井材料、压裂酸化添加剂为主,争创省(部)级名牌产品,已有 20 种产品获得"3C"认证。

【财务管理】 2003 年,长庆局在财务管理中,围绕管理提升年活动,强化预算动态管理,加强资金管理,推进会计集中核算,完善内部控制制度建设,全面实施"三位一体"的成本动态控制体系,抓好国有资产管理及财税政策的研究与落实工作，加强财会基础工作和队伍建设，努力提高财务资产管理工作水平，确保长庆局改革与发展目标的实现。

2003年，报表(公司财务情况)反映亏损23683万元，在集团公司解决"三项费用"补贴后，减亏1292万元。主要财务指标为：资产负债率55.39%；流动比率1.07；速动比率0.88；存货周转率6.30；资本保值增值率102%。

【设备管理】　截至2003年底，长庆局共有设备3983台(套)，期末设备资产原值24.25亿元，期末净值16.62亿元，新度系数0.69。主要专业设备综合完好率96.08%；主要专业设备综合利用率73.55%；主要专业设备故障停机率0.21%；设备特、重大责任事故发生率0‰。

2003年，集团公司批准固定资产投资规模为5.76亿元，完成投资5.76亿元，其中非安装设备购置投资规模3.36亿元。当年非安装设备购置计划实施的重点仍是提高工程技术服务单位的设备配套和施工能力，钻井、试油(气)、井下作业等工程技术服务单位的设备购置投资额占总投资的82.73%，其中，钻井工程总公司占46.81%，井下作业技术处占18.31%，三个采油技术服务单位占17.61%。在非安装设备购置过程中，坚持"技术配置要高，配套范围要全，成交价格要低"的原则，使购置的大型成套设备，达到了集团公司"先进、可靠、安全、实用、经济"的要求。

【教育卫生】　2003年，长庆局普通教育教学质量及办学水平继续提高，高考录取比率再上新台阶，全局大专以上录取1108人，比2002年增加89人，录取人数连续8年在百位数上换"字"头，录取率达到64.64%。本科录取733人，录取率达到42.77%。有6名考生分别被清华、北大录取。会考成绩超过所在省区省会城市水平，接近或超过省区重点中学水平。

全年共诊治病人53.88万人次，抢救危重病人850多人次，抢救成功率达97%以上。为职工体检33000多人，巡回医疗约6100多人次。并对2465名从事有毒有害作业人员进行上岗前及预防性健康体查；对有毒有害作业场所实施监测367个，设置监测点3618个。

【精神文明建设】　2003年，长庆局企业文化、精神文明建设取得显著成效。制定了《企业文化建设2003—2007年规划》；确定了8个部级爱国主义教育基地；开展了创建学习型企业活动，培育具有长庆特色的制度文化、管理文化、品牌文化。持续实施企业文化建设"六大工程"，对企业形象识别系统进行了整体设计，大幅度提升了CPEB的品牌价值。加强党的基层组织建设，出台了《关于进一步加强基层党支部建设的意见》，表彰基层建设"红旗单位"28个。共青团、青年工作在各级党委的领导下，创造性地开展工作。各级团组织认真贯彻局党委《关于加强共青团及青年工作的意见》，广大团员青年在生产建设中发挥了突击队的作用；民兵武装工作在国防建设、生产建设、经营管理和军训中做出了积极的贡献；广大离退休职工时刻关心企业的发展，言传身教，率先垂范，在精神文明建设和维护稳定方面发挥了积极的作用。

同时，第三采油技术服务处荣获"全国五一劳动奖状"；建设工程总公司荣获"全国精神文明建设先进单位"荣誉称号；长庆局局长、党委书记孙玉辰荣获"全国五一劳动奖章"；局工会女职工委员会和第三采油技术服务处工会女职工委员会被中华全国总工会授予全国先进女职工集体光荣称号；第三采油技术服务处工会主席刘永林荣获"全国优秀工会工作者"称号；钻井工程总公司30533钻井队、井下技术作业处压裂大队压裂五队、建设工程总公司新疆分公司三单位被评为集团公司"百面红旗单位"；兴隆园小区又被评为陕西省创建文明社区先进单位。

(张宏鹏　李三卫　赵玉华　高生珠)

特　载

长庆石油勘探局软科学研究管理暂行办法

（2003 年 1 月 6 日长庆石油勘探局以长局发[2003]第 2 号文发布）

第一章　总　则

第一条　为了加强软科学研究管理，有效地利用软科学研究手段，充分发挥软科学研究的指导作用，为勘探局改革、发展及企业管理服务，实现软科学研究管理的科学化、现代化、规范化和制度化，更好地指导和协调勘探局各部门（单位）开展软科学研究工作，特制定本办法。

第二条　软科学研究计划是勘探局科技发展计划的重要组成部分。软科学研究工作的管理，主要包括确定研究方向、立项、落实经费、实施、监督检查、结题（评审、归档）、奖励，以及成果应用推广等环节的管理。

第二章　研究范围

第三条　软科学是自然科学、社会科学、工程技术、数学和哲学的交叉与综合。软科学研究是以解决勘探局各部门（单位）日常经营活动中的决策、组织和管理问题，促进经济、科技与社会的协调发展为目标，以辅助各级领导决策为根本目的，利用现代科学技术提供的方法和手段，采用定性分析与定量分析相结合的方法进行的一种多学科、多层次的综合性研究活动。

第四条　软科学研究的范围和内容主要包括：战略研究、规划研究、政策研究、管理研究、体制改革研究、科技法制研究、技术经济分析、重大项目可行性论证，以及软科学的基本理论和方法等。

第五条　软科学研究必须坚持以下四个方面的结合：

1. 定性分析与定量分析相结合；
2. 理论与实际相结合；
3. 专业研究与业余研究相结合；
4. 预见性与实效性相结合。

第三章　管理组织

第六条　为了加强软科学研究管理，提高研究水平，结合软科学研究的特殊性，勘探局软科学研究工作实行归口管理。由勘探局科学技术委员会集中统一管理。发展研究部在勘探局科学技术委员会统一安排下，与科技发展处共同管理勘探局软科学研究工作的日常事务。

第七条　对软科学研究日常管理的主要内容是：

1. 确定软科学研究方向和内容；
2. 收集整理项目立项申请，并提出申报意见；
3. 组织项目开题；
4. 参与各项目研究过程中的监督检查工作；
5. 督促落实研究项目的结题资料准备工作；
6. 参与协调研究成果推广运用工作。

第四章　项目的立项管理

第八条　每年年初，由发展研究部根据勘探局生产经营实际情况，广泛征求各方意见，提出年度软科学研究方向和内容要点。勘探局机关各部门、各二级单位根据研究方向和内容要点，拟定研究课题，填写软科学立项申请书，上报发展研究部集中统一后，提出意见，报科技发展处研究立项。

第九条 凡申报的软科学立项课题，必须进行立项论证。论证的主要内容是：

1. 是否属于勘探局软科学研究的方向及内容，是否能解决勘探局生产经营活动中的关键性问题；
2. 预期产生的经济效益和社会效益；
3. 研究方向和方法是否正确、合理；
4. 是否具备立项及开题的基本条件；
5. 课题研究人员是否具备软科学研究能力。

第十条 所有上报申请立项的软科学研究课题经开题论证后，落实和核定研究经费，确立研究项目并下发文件。各项目研究组根据文件中指定的研究内容完成开题报告后，积极组织力量，展开研究工作。

第十一条 凡申请软科学研究立项的部门(单位)，在拟定研究课题时，必须遵守勘探局的科技发展方向和政策，密切结合生产实际情况，突出重点，统筹兼顾。

第十二条 局机关处室申请立项的课题，必须经主管局领导审阅并签署意见后方能上报；局属各二级单位可根据本单位具体情况自筹资金申请立项，但必须经科学技术委员会办公室讨论同意后方可立项，研究经费纳入本单位科技经费计划。

第五章 项目的过程管理

第十三条 从下达年度软科学研究项目计划任务起，到提交研究成果止，为软科学研究项目的实施阶段。发展研究部结合项目开题报告中已确定的内容，进行必要的监督、检查和指导，以确保研究的进度和质量。

第十四条 项目的过程管理主要针对项目在实施过程中出现的问题，给予处理和解决。各项目承担部门(单位)应积极配合项目执行情况的检查。

第十五条 软科学研究过程管理中检查的内容一般包括：

1. 项目研究工作的进展情况和工作质量；
2. 阶段性研究结果和研究方向；
3. 调查研究情况；
4. 研究工作进度和时间安排；
5. 研究经费使用情况；
6. 交流观点，启发思路。

第十六条 为保证软科学研究工作具有科学性、连续性、系统性和操作性，适应国家、集团公司、勘探局重大决策的需要，发展研究部在进行广泛调查研究的基础上，可对已立项的软科学研究项目的研究方向和内容提出修改、调整意见，报科技发展处讨论通过后进行必要的修改和调整。

修改和调整包括撤销、合并、分解和增加内容，改变项目的名称、主要研究内容和研究方向，增减项目经费，变动项目完成期限，改换或增减项目承担单位等。

第六章 经费的管理

第十七条 勘探局软科学研究经费，列入勘探局年度科技经费计划，资助项目研究工作。

第十八条 软科学研究经费是勘探局筹集的专项费用，专款专用，用于资助软科学项目的研究工作。软科学研究经费由科技发展处掌握，根据各项目具体情况采取一次审定，分期拨款，包干使用，超支不补，违章处罚的办法进行统 管理。

第十九条 软科学研究项目承担部门(单位)和负责人应根据项目研究的实际需要，认真编制经费预算，合理使用，确保项目研究的经济效果和质量。

第二十条　软科学研究经费开支范围一般包括:调研协调费、差旅费、交通费、资料费、咨询费、印刷费、评审费等。

第二十一条　发展研究部应加强各项目之间日常的协调工作,避免多层次的重复研究,以使勘探局软科学研究经费发挥最大的效益。

第七章　项目的结题

第二十二条　勘探局软科学研究项目的结题是对软科学研究结果的质量、水平等进行全面、认真、客观、公正的评审。

第二十三条　软科学成果的评审,按照公平、公正、公开的原则和程序进行。

第二十四条　软科学项目按开题报告要求完成研究任务后,发展研究部协调督促各承担部门(单位)及时向科技发展处提出评审的书面申请、总结报告和全套研究资料,完成研究成果的评审工作。

第二十五条　软科学研究成果的综合评审指标主要包括:

1. 经济效益和社会效益;
2. 科学价值和意义;
3. 对决策科学化和管理现代化的作用和影响;
4. 观点、方法和理论的创新性;
5. 研究难度和复杂程度;
6. 科研规模和效益。

第二十六条　软科学研究成果的评价结论指标主要包括:

1. 成果的水平、作用和效益;
2. 是否完成开题报告中规定的任务;
3. 技术资料是否齐备并符合规定;
4. 存在的问题及改进意见。

第二十七条　评审组将对所评审的项目研究成果出具评审意见,项目承担单位应按照评审意见对项目研究成果进行必要的修改和完善。

第八章　成果的归档和登记

第二十八条　发展研究部督促各项目完成单位整理必要的文件、材料,完成归档工作。

第二十九条　对经评审通过的研究成果,发展研究部应认真登记,妥善保存,以备查用。

第九章　成果的奖励

第三十条　经评审结题的软科学研究成果,可申请进行勘探局科技成果评审。

第三十一条　对勘探局产生重大影响和深远意义的优秀成果可申报勘探局科技进步奖,同时根据集团公司有关规定,按程序申报集团公司科技进步奖。

第十章　成果的应用推广

第三十二条　凡在勘探局及所属二级单位立项研究所取得的软科学研究成果,均属勘探局所有。

第三十三条　软科学研究成果是勘探局宝贵的财富和资源,成果完成部门(单位)应积极配合科技发展处共同开发和推广运用,以发挥成果的最大效益。

第三十四条　发展研究部应积极协助科技发展处促进勘探局软科学研究成果运用推广工作。

第十一章　附　　则

第三十五条　本办法由发展研究部和科技发展处负责解释。

第三十六条　本办法自发布之日起执行。

长庆石油勘探局危险源管理规定

（2003 年 4 月 24 日长庆石油勘探局以长局发[2003]第 76 号文发布）

第一章　总　则

第一条　为了加强对危险源的管理和监督，有效控制风险，防止和减少事故，保障人民群众生命和财产安全，促进经济发展，根据《中华人民共和国安全生产法》和《国务院特大安全事故行政责任追究规定》等有关法律法规，结合我局生产作业实际和 HSE 管理体系建设要求，制定本规定。

第二条　危险源是指可能造成人身伤害、财产损失或环境破坏的根源。它可以是存在危险的一台设备、一处设施、一种危险物质或一个系统中存在危险的一部分。

第三条　危险源管理原则为：分类分级管理，重大危险源重点监控；实行要害部位承包、责任到人；谁主管、谁负责。

第四条　本规定适用于长庆石油勘探局（以下简称勘探局或局）所属各单位及所属多种经济成分法人企业。

第二章　危险源分类

第五条　按危险源的风险高低和危险性大小，将其分为以下三类：

（一）重大危险源（A 类）：是指长期的或临时的生产、搬运、使用或者储存危险物品，且危险物品的数量等于或者超过临界量的单元（包括场所或设施），或者事故会导致多人伤亡或系统报废等灾难性的后果。

（二）较大危险源（B 类）：事故会导致人员伤亡、严重职业病或系统严重损坏。

（三）一般危险源（C 类）：事故会导致人员轻度受伤、轻度职业病或系统轻度损坏等后果。

第六条　局属各单位在工程施工、固定场所作业中所面临重大危险源主要确定为以下几类（但不仅限于此）：

（一）钻井、试油（气）、修井作业中的井喷。

（二）放射源在储存、搬运、使用中发生放射伤害；压裂检测仪表中的放射性密度计发生放射性泄漏，造成人员伤害；焊接裂纹探伤中射线辐射。

（三）加油站、油库。

（四）锅炉、压力容器使用场点。

（五）载人客车（9 座及以上）。

（六）危险物品拉运：包括危险化学品（如甲醇）、易燃易爆物品（如原油、燃油、液化石油气瓶）的拉运和汽车槽车运输。

（七）爆炸物品：84 号、85 号爆炸物品的采购、储存、拉运、使用。

（八）气瓶（包括液化石油气瓶和氧气瓶、乙炔气瓶）存放库和气瓶充装站。

（九）符合本规定第五条第一款定义的其他重大危险源。

第三章　管理职责划分

第七条　根据危险源管理原则，局、厂（处）、基层都要根据其管理业务和作业范围所涉及的危险源特性，明确危险源管理的归口责任部门、责任单位和责任岗位，形成危险源管理的三级监控网络。

第八条　局有关职能部门归口负责对主管业务范围内的重大危险源的管理、监控、应急预案制订和检查落实，明确责任岗位和责任人，并按照国家、地方、集团公司和局有关规定开展监督检查工作，具体为：

（一）质量安全环保处负责对全局重大危险源进行综合性监督管理，负责建立全局的 A、B 类危险源信息库，对危险源实施监督和检查。

负责对锅炉压力容器、载人客车和气瓶（氧、乙炔）库及充装站三项重大危险源的监督管理，具体监督危险源所在单位进行危险源信息建档、控制措施和应急预案制订，有关锅炉压力容器、载人客车、气瓶库的管理制度、标准的制订和完善，并按有关规定和要求进行检查落实。

（二）公安处负责对放射源、爆炸物品、加油站三项重大危险源的管理实施监督。具体负责监督危险源所在单位进行危险源的信息建档、控制措施和应急预案制订，相关管理制度、标准的制订和完善，并按有关规定和要求进行监督检查、落实。

（三）生产运行处负责危险物品拉运的重大危险源管理，具体负责危险物品拉运的重大危险源信息建档、控制措施和应急预案制订，有关危险物品拉运的管理制度、标准的制订和完善，并按有关规定和要求进行检查落实。

（四）工程技术处负责钻井、试油（气）、修井作业中的井喷重大危险源的管理。具体负责井喷危险源的信息建档、控制措施和应急预案制订、相关防井喷管理制度、标准的制订和完善，并按有关规定和要求进行检查落实。

（五）公用事业处负责对局属各单位液化石油气瓶库重大危险源的管理，具体负责液化石油气瓶库的信息建档、控制措施和应急预案制订，有关气瓶库管理制度、标准的制订和完善，并按有关规定和要求进行检查落实。

第九条 各二级单位具体负责本单位各类危险源的管理，其主要职责是：

（一）负责本单位危险源识别、评价工作。

（二）明确本单位的 A、B 类危险源及相应的归口管理责任部门、责任单位或责任岗位。

（三）建立 A、B 类危险源信息档案，制定相应的危险源控制措施及重大险情的应急预案，进行检查落实和监控，并及时做好危险源信息和资料的上报，并保持其不断更新。

（四）对从事危险性较大的作业人员进行培训教育，使之熟悉岗位操作中所面临的风险，并具有避险和处理紧急情况的能力。

第十条 各基层单位负责本组织生产作业范围内的危险源控制和资料建立，其职责是：

（一）建立健全岗位责任制。

（二）负责本作业单元危险识别和危害辨识工作，及时发现事故隐患或险情。

（三）制订风险控制措施并认真落实，对风险较大危险源或作业建立并有效实施 HSE“两书一表”。

（四）做好危险源信息收集、建档和上报。

第四章 危险源识别与建档

第十一条 各基层作业组织要支持和鼓励岗位操作人员参与风险识别和危害辨识活动，注意采纳技术人员、经验丰富人员的意见，查找事故隐患和识别作业中存在的风险。

第十二条 各单位对风险较大的危险源（A 类、B 类）都应登记建档，进行定期检测、评估、监控，并制订控制风险的措施（如作业指导书、作业程序）和生产安全事故应急救援预案。

第十三条 危险源登记建档包括以下内容：

（一）危险源基本信息：如危险源分布（所处地理位置）、危险特性（如温度、压力、毒性、对人和环境的危害等）、承包人、库容（容量）、联系电话。

（二）风险及危害。

（三）风险控制措施及生产安全事故应急救援预案。

第十四条 对本规定所列 A 类重大危险

源,建立包含如下信息的危险源信息档案:

(一)井喷:发生在钻井、修井、试油作业中。

1. 井喷的危害;

2. 井喷失控的主要原因;

3. 风险削减措施(从管理制度、操作指南、硬件方面制订措施);

4. 应急救援预案。

(二)放射源:放射源在储存、搬运、使用中发生放射伤害;压裂检测仪表中的放射性密度计发生放射性泄漏,造成人员伤害;焊接裂纹探伤中射线辐射等。

1. 放射源物理特性、储存保管信息;

2. 主要风险和危害;

3. 风险削减措施;

4. 应急救援预案。

(三)爆炸物品:84 号、85 号爆炸物品的采购、储存、拉运、使用等。

1. 爆炸物品(炸药、雷管、导火索)危险特性、储存库的信息;

2. 主要风险和危害;

3. 风险削减措施;

4. 应急救援预案。

(四)加油站:局属各单位分布于陕、甘、宁、蒙等省(区)的加油站。

1. 加油站基本信息数据库(站名、地址、主办单位、库容、年销售量、加油机数量、负责人、经营性质、投用时间);

2. 主要风险和危害;

3. 风险削减措施;

4. 应急救援预案。

(五)锅炉、压力容器:局属各供热站锅炉房和一些使用压力容器的场所。

1. 锅炉、压力容器分布及基本技术特性(如型号、介质、温度、压力、投用时间、制造厂家、检修检测日期、安全附件检测日期等);

2. 主要风险和危害;

3. 风险削减措施;

4. 应急救援预案。

(六)载人客车。

1. 载人客车的分布及技术特性(如型号、额定载客数、投用时间、制造厂家、车辆技术状况、检修检测日期等);

2. 驾驶人员资质;

3. 主要风险和危害(针对不同行车路段、行车环境);

4. 风险削减措施;

5. 应急救援预案。

(七)危险物品拉运:包括危险化学品(如甲醇)、易燃易爆物品(如原油、燃油、液化石油气瓶)的拉运和汽车槽车运输等。

1. 运输车辆的技术特性(如型号、额定载重量、投用时间、制造厂家、车辆技术状况、检修检测日期等)、总台数;

2. 驾驶人员和押运人员资质;

3. 危险物品的物理、化学特性及运输风险和危害;

4. 风险削减措施;

5. 应急救援预案。

(八)气瓶(包括液化石油气瓶和氧气瓶、乙炔气瓶)存放库和气瓶充装站。

1. 站库基本信息(站名、地址、主办单位、库容、气瓶总数、负责人、投用时间、主要安全附件检查检测日期);

2. 人员的资质情况;

3. 主要风险和危害;

4. 风险削减措施;

5. 应急预案。

第十五条　各单位应结合实际,建立完整的涉及危险源的重要信息数据库,使其具有很强的适用性、操作性和有效性,并借助计算机技术建立危险源信息管理数据库。

第五章　危险源评价与控制

第十六条　重大危险源都应进行安全评价或风险评价。

对危险因素大的现有设施或施工作业应由其所属单位安全部门根据现状进行评价。

第十七条　危险因素大的新建、改建和扩建项目，在项目立项评审阶段应由相关部门负责进行安全条件论证或预评价。这些项目包括：

（一）属于《国家计划委员会、国家基本建设委员会、财政部关于基本建设项目和大中型划分标准的规定》中规定的大中型建设项目。

（二）属于 GBJ 16《建设设计防火规范》中规定的火灾危险性生产类别为甲类的建设项目。

（三）属于劳动部颁布的《爆炸危险场所安全规定》中规定的爆炸危险场所等级为特别危险场所和高度危险场所建设项目。

（四）大量生产或使用 GB 5044《职业性接触毒物危害程度分级》规定的Ⅰ级、Ⅱ级危害程度的职业性接触毒物的建设项目。

（五）大量生产或使用石棉粉料或含有10%以上的游离二氧化硅粉料的建设项目。

（六）其他由安全主管部门确认的危险因素大的建设项目。

第十八条　危险源实行分类、分级管理与监控，重大风险重点控制：

（一）对重大危险源，实行局、厂（处）、队（车间、站）三级监控。由风险源所在单位具体负责危险源的识别（申报、登记）、评估、定期检测，风险控制措施和事故应急预案制订，危险源信息建档，并将其信息档案、资料报局危险源管理的归口责任部门和安全主管部门审查备案。

局危险源管理归口责任部门按照国家、地方、行业和局的有关规定和要求，依法进行监督检查、监控和督促其危险源控制措施的落实。

危险源所在的队（车间、站）具体完成危险源控制措施的落实。

（二）对较大危险源，实行厂（处）、队（车间、站）二级监控，由风险源所在单位具体负责危险源的识别、评估、定期检测，危险源控制措施及应急预案的制订，建立危险源信息档案，列出《×××作业危险（源）识别及控制措施一览表》，明确可能产生的危害、风险发生的作业或场所。

危险源所在的队（车间、站）具体完成危险控制措施的落实。

（三）对一般危险源，由危险源所在队（车间、站）或作业单元自行识别、评估，并负责控制措施的制定和落实，并将危险源信息上报风险所在单位的安全部门备案。

第十九条　对每一个重大危险源的风险控制措施应包括以下几方面的内容：

（一）安全管理制度。

（二）安全技术措施（设施的设计、建造、安全监控系统、维修以及有关计划的检查等）。

（三）组织措施（如人员的培训与指导、提供保证其安全的设备、工作人员的技术水平、工作时间、职责、外雇人员的管理）。

第二十条　除本规定第六条规定的几类重大危险源外，其他危险源或作业风险由危险源所在单位根据其生产作业过程的特性，按照 GB 6441—1986《企业伤亡事故分类》的规定，对生产作业过程中的危险、危害因素进行识别和分类，并建立对风险的控制措施。

第二十一条　在危险因素较大的危险源场所和有关设施、设备上，应设置明显的安全警示标志。

第六章　应急救援

第二十二条　重大危险源都应制订具有详尽、实用、清楚和有效的技术与组织措施的应急救援预案，以抑制突发事件，减少事故对现场人员、居民和环境的影响。

第二十三条　应急救援预案要定期检查和演练，评估有效程度，进行必要更新，且使各有关人员都清楚。应急预案应包括：

（一）应急反应工作的组织和职责（明确局、

处、队三级组织)。

(二)参与应急工作的人员。

(三)环境调查报告。

(四)应急设备、物资、器材的准备。

(五)应急实施程序。

(六)现场培训及模拟演习计划。

(七)紧急情况报告程序、联络人员和联络方法;应急抢险防护设备、设施布置图。

(八)生产现场及营区逃生线路图、简易交通图等。

第二十四条　用人单位要对关键岗位操作人员和相关人员进行必要的培训,使其了解岗位上存在的风险、危害,掌握风险控制的方法及在紧急情况下应当采取的措施,并达到持证上岗要求。

第七章　信息化管理

第二十五条　局、厂(处)、队(车间、站)三级组织间应建立起原始信息上传和控制信息下传的交互通道,有效、准确、及时地传递危险源管理的各类信息。

第二十六条　风险及危险源档案的建立必须及时更新,方便交换和传输,并尽可能通过计算机网络来实现。

第二十七条　对重大危险源的建档信息要及时更改、更新,危险源所在二级单位要及时进行网络信息的更新和维护,实现与局相关责任部门和安全主管部门的信息共享。

第二十八条　各单位要将本单位所具有的A类、B类危险源按规定的项目进行汇总。

第八章　附　　则

第二十九条　相关职能部门在监督检查中发现有违反本规定的单位时,可依据《长庆石油勘探局安全生产监督管理规定》中有关条款对其进行处罚。

第三十条　本规定由质量安全环保处负责解释。

第三十一条　各单位可根据本规定,结合单位实际,制订危险源管理实施细则。

第三十二条　本规定自印发之日起实施。

长庆石油勘探局股权管理实施细则

(2003年6月6日长庆石油勘探局以长局发[2003]第102号文发布)

第一章　总　则

第一条　为进一步规范和加强勘探局对所参、控股公司的股权管理,建立科学、有效的股权管理体系,维护国有、集体资本和各方股东的权益,根据《中华人民共和国公司法》、《中华人民共和国证券法》等法律法规和《中国石油天然气集团公司股权管理暂行办法》的有关规定,结合勘探局实际,特制定本实施细则。

第二条　股权管理是指勘探局作为出资者,按照国家法律法规的要求和集团公司的有关规定,为正确行使股东的资产受益、重大决策、选择经营者等项权利,使国有、集体资产保值增值,向所参、控股公司委派股权代表、推荐董事和监事,建立股权决策支持和股权信息管理系统,分析、研究股权价值等一系列行为的总称。

第二章　股权管理的目的与原则

第三条　股权管理的目的：

(一)明确勘探局作为股东的权利、义务和责任，积极有效地行使股权；

(二)保障国有、集体股权的安全完整，维护国有、集体资本的权益；

(三)建立符合现代企业制度的股权管理体系，依法规范运作和管理股权。

第四条　股权管理的原则：

(一)依法管理。严格遵循国家法律法规及参、控股公司章程的规定，维护和保障勘探局的合法权益；

(二)规范运作。按照现代企业制度规范运作，勘探局通过股东大会或股东会行使出资人权利，按出资额承担有限责任，获取股权收益；

(三)权益平等。依法保障勘探局股权与其他股权同股、同权、同利；

(四)价值最大化。通过股权运作和管理，促进资源合理配置，优化投资结构，努力提升勘探局股权价值；

(五)维护公司的法人地位和经营自主权。明确勘探局与参、控股公司的产权关系和经济关系，落实参、控股公司的法人财产权和生产经营权。

第三章　股权形式与管理内容

第五条　勘探局股权是指勘探局所代表或拥有的国有和集体股权。具体包括：

(一)国有资本投资形成的股权；

(二)集体资本投资形成的股权；

(三)下属企业或单位改制后界定给勘探局全体职工 20%集体资产所形成的股权。

第六条　股权管理的内容：

(一)委派股权代表参加参、控股公司的股东(大)会，审议和表决股东(大)会议程所列有关内容；

(二)根据公司章程依法推选董事、监事，或提出罢免董事、监事的议案；

(三)建立股权管理决策支持系统，为行使股东权利提供决策支持；

(四)对股权信息进行系统的管理，与参、控股公司保持信息沟通，以便对其经营状况有客观的了解和判断；

(五)对参、控股公司重大决策信息进行研究，确保勘探局按照所持股份或出资比例行使决策权；

(六)根据所持股份或出资比例行使投资收益权；

(七)对所投资公司的股权价值进行研究分析，并采取必要对策以贯彻勘探局发展战略；

(八)做好勘探局股权代表的任用、培训、考核等工作。

第四章　股权管理机构和股权行使程序

第七条　局务会是勘探局股权管理的最高决策机构。

第八条　为确保股权管理工作的协调、高效，勘探局设立股权管理委员会，由有关的领导和党委组织部(人事劳资处)、财务资产处、资本运营部、规划计划处、审计处、工会等部门的人员组成，对决策层负责，为勘探局进行股权管理提供决策支持。

第九条　股权管理委员会下设办公室，办公室设在资本运营部。

第十条　股权代表具体执行勘探局关于股权管理方面的决策要求。

第十一条　勘探局行使股权的程序是：

(一)勘探局将指示和要求下达资本运营部(股权管理办公室)——资本运营部将具体贯彻意见书面下达股权代表——股权代表通过股东

会陈述勘探局意见——股东会研究表决——董事会组织落实股东会决策——公司经理班子组织实施；

（二）勘探局股权代表应在股东会表决后2日内以书面形式向资本运营部（股权管理办公室）报告表决结果。并将股东会决策的贯彻实施情况反馈资本运营部（股权管理办公室），以便于资本运营部（股权管理办公室）向勘探局汇报，及时掌握公司的运作情况。

第五章　股权设置和确认

第十二条　勘探局国有法人股由长庆石油勘探局代表；勘探局集体法人股由长庆石油勘探局集体资产投资管理中心代表。

第十三条　勘探局股权设置应遵循如下原则：

（一）对勘探局重点发展和控制的领域，国有或集体资本应选择绝对控股或相对控股；

（二）对放开搞活的领域，勘探局可以参股，也可以全部退出；

（三）改制企业的股权设置方案及公司章程应按有关政策、程序的规定报勘探局和有关上级部门审批确认。勘探局依据审批确认后的方案，依法持有改制企业的国有或集体股权。

第十四条　勘探局所投资公司的股权确认后，股权管理部门应对勘探局持有的股权进行登记。并建立国有、集体股权管理档案，对持股单位名称、持股比例、持股凭证、股权代表、推荐的董事和监事、股利收缴、股权变动等事项进行记录和动态监管。

第六章　股权变动和运作

第十五条　股权变动是指勘探局在所参、控股公司中的持股比例或持股数量发生变化。主要包括：增资扩股、送红股或公司公积金转增股本、股权的增持和减持、股权与债权转换、股权内部流动等。

第十六条　参、控股公司调整股权结构或增减股本额的事项，勘探局股权代表应及时报告勘探局并提出书面意见和建议，经股权管理委员会研究并经勘探局批准后，按法定程序进行。

第十七条　勘探局根据国家有关法律法规和总体发展战略，充分利用资本市场和产权交易市场，通过股权的增持、转让、合并、拆分、回购、置换等方式运作股权，实现资源的优化配置，提升股权价值。

第七章　股权管理决策支持系统

第十八条　股权管理决策是指勘探局作为股东，依据《中华人民共和国公司法》及公司章程的规定，对需提交股东（大）会表决的重大决策、收益分配等事项形成意见或决定。

第十九条　为确保股权管理决策的科学和高效，对于战略管理、投融资、人事与考核、收益分配等重大事项，由勘探局股权管理委员会进行论证研究，提出意见或方案，为勘探局决策提供支持。

第二十条　股权管理决策的主要工作流程：

（一）勘探局股权管理部门通过股权信息渠道获得有关需进行决策的信息。经整理登记后提出初步意见提交股权管理委员会研究；

（二）股权管理委员会形成决策建议，向勘探局决策层汇报；

（三）股权管理部门将决策意见形成书面材料，经登记后送达股权代表，股权代表根据决策意见依法行使表决权，并将表决结果及时反馈股权管理部门。

第八章　股 权 代 表

第二十一条　勘探局的法定代表人是勘探

局国有股权的法定代表;勘探局集体资产投资管理中心的法定代表人是勘探局集体股权的法定代表。勘探局及勘探局集体资产投资管理中心也可授权其他人员担任股权代表,但应当签订委托责任书,明确任期、任职目标要求、责任和权利,以及严重违约、损害勘探局利益应承担的法律与经济责任。

第二十二条　股权代表的职责:

(一)股权代表应当完整、正确地履行勘探局赋予的工作责任,遵守公司章程,通过参与经营决策,积极维护勘探局的股东权益;

(二)自觉接受相关业务部门的指导,按照勘探局有关规定及要求,以书面形式向局党委组织部(人事劳资处)、资本运营部定期汇报任职公司的生产经营及其他方面的重大情况,并提出相应的意见和建议,为勘探局进行决策提供参考依据;

(三)廉洁奉公,坚持原则,忠实履行职务,主动提供年度述职报告,接受组织人事部门、股权管理部门的管理与监督;

(四)在股东(大)会召开之前,对所议事项及内容提出个人书面意见报勘探局股权管理部门。经勘探局决策层研究后,严格按勘探局的决定表达意见和进行表决;凡不按勘探局决定表决造成损失的,将予以追究;

(五)股权代表有责任对公司董事会的工作权限、工作程序及职能履行情况进行必要的监督。对董事会超越权限的行为应依法予以纠正。

第二十三条　在股东(大)会闭会期间,股权代表履行下列职责:

(一)协助有关部门与参、控股公司进行联络和沟通;

(二)及时向股权管理部门书面报告公司运作情况和有关的信息,以便对公司有关议案和事项进行研究和准备;

(三)协助做好勘探局股权收益的收缴工作;

(四)根据勘探局的决定,提议召开临时股东(大)会。

第二十四条　通过股权代表,勘探局在必要时将对参、控股公司提出有关的建议或议案,其内容包括但不限于:

(一)对公司章程的修改意见;

(二)对公司建立有效的决策机制和管理机制的建议;

(三)对公司发展战略、重大决策、利润分配原则的建议;

(四)提名董事、监事候选人及提出罢免董事、监事的议案。

第二十五条　股权代表的任用与管理:

(一)股权代表由局党委组织部(人事劳资处)会同资本运营部按任职资格条件,提出任用建议,经勘探局研究决定后,依照法定程序委派或更换;

(二)勘探局对于同一股权,原则上委派一名股权代表在授权范围内行使股东表决权。委派一名以上股权代表时,应从中确定一人为首席股权代表,由首席股权代表依勘探局授权行使股东表决权,对勘探局决策层负责。股权代表不得以个人名义行使勘探局股权,不得以任何形式在股东会、董事会、监事会上发表违背勘探局意志和利益的意见;

(三)勘探局委派的股权代表、出任的董事或监事在公司的任职可以专职,也可以兼职,但同一人任职公司数量不宜超过 5 家;出任董事长的原则上不宜担任该公司总经理和其他公司的股权代表、董事、监事;

(四)股权代表的任用、培训、评议、考核等工作由局党委组织部(人事劳资处)归口管理,资本运营部协助做好日常业务工作。对股权代表实行年度业绩考核和期满述职制,并建立个人业绩考核档案。根据考核情况给予表彰、嘉奖或诫勉、警告、解聘;

(五)股权代表可以在任职期间向勘探局书面提出辞职申请,但必须经勘探局按照有关规定和程序审查批准后，方可正式辞职；勘探局根据工作需要，可以按程序更换股权代表。

第二十六条　股权代表任职前应当经过培训，在任职期间也要进行有计划的培训，以确保正确维护和行使勘探局股权。

第二十七条　股权代表的薪酬及相关费用：

（一）股权代表的薪酬及社会统筹、物业费用等由勘探局承担，其人事、工资、组织关系不变。公司为其履行职责所发放的报酬或补贴应如数上缴勘探局；

（二）股权代表受勘探局委托办理业务发生的费用，由勘探局承担。股权代表不得在公司报销其履行职责以外的任何费用；不能有公司为其在银行设立的账户和存款；

（三）勘探局对派出股权代表在任职公司的经济往来实行终身追究制，凡违反勘探局规定的，将予以严肃查处。

第九章　股权信息管理

第二十八条　股权信息是指勘探局为行使股东权利所需的参、控股公司重大经营决策、收益分配、管理者选择和经营业绩信息，以及对公司进行分析和评价所需的信息。

第二十九条　股权信息的内容：

（一）重大经营决策信息。主要包括：公司的发展战略和中长期规划；年度经营、投资计划；财务预算方案；融资方案；兼并方案；其他需要股东（大）会审议的重大事项；

（二）收益分配信息。主要包括：股利分配政策；财务报告；利润分配方案；股利分配决议等；

（三）管理者的选择及其经营业绩方面的信息。主要包括：董事会、监事会就董事、监事候选人向股东发出的征求意见函；董事会、监事会关于提名董事、监事候选人的决议；股东（大）会关于董事、监事的薪酬方案与考核办法；公司的主要利润指标及业绩考核办法；董事会、监事会的工作报告；董事、监事的述职报告等；

（四）对公司的价值进行分析与评价应获得的信息。主要包括：可依法取得的审计报告；财务报表；预算执行报告；生产经营年报；重大诉讼等法律纠纷的信息等。

第三十条　股权管理部门与勘探局所投资公司董事会秘书（处）建立股权信息渠道，保持及时的沟通和协调。勘探局股权代表和出任的董事、监事有责任配合股权管理部门与参、控股公司建立股权信息沟通渠道，并努力维护股权信息渠道的畅通。

第三十一条　股权管理部门应建立实用、高效的股权信息管理系统，对公司送达的文件和资料进行登记、传递、处理、反馈、存档，并做好保密工作。

第十章　股权收益

第三十二条　勘探局股权收益由国有股权收益和集体股权收益两部分组成。股权收益的收缴由资本运营部负责，其中国有股权收益由财务资产处管理，集体股权收益由集体资产投资管理中心运作管理。

第三十三条　参、控股公司在股东（大）会作出股利分配的决议后，应如期将勘探局的股权收益足额划转至股利收缴管理部门，并附有股利分配决议。

第三十四条　股权管理部门和财务资产管理部门应严格执行国家、集团公司和勘探局的有关政策规定，确保勘探局股权收益足额到位，并按《中华人民共和国会计法》和会计制度的规定做好会计核算工作。

第十一章　附　则

第三十五条　本细则由资本运营部负责解释。具体条款中如有与国家有关法律法规和集团公司规定相抵触的,以国家法律法规和集团公司规定为准。

第三十六条　本细则自印发之日起施行。原长局发[2001]201 号《股权管理办法(试行)》、长局发[2002]158 号《股权管理实施细则(试行)》随即废止。

长庆石油勘探局交通安全管理规定

(2003 年 7 月 4 日长庆石油勘探局以长局发[2003]第 110 号文发布)

第一章　总　则

第一条　为了加强交通安全管理,预防和减少交通事故,确保企业财产、职工人身安全和各项生产建设的顺利进行,依据《中华人民共和国安全生产法》、《中华人民共和国道路交通管理条例》和《长庆石油勘探局安全生产监督管理规定》,结合我局实际特制定本规定。

第二条　局属各单位(包括多种经营企业及其他各种性质的单位)、各级管理人员及参与局内交通活动的所有职工(合同工、协议工、劳务工、临时工等),都应遵守本规定。

第三条　遵守交通法规,维护交通秩序是每一个职工和家属应尽的义务;对违反本规定的行为,每个职工都有劝阻和制止的权利。各级组织应强化交通安全管理,教育职工和家属遵守交通安全法规。

第二章　管理组织与体制

第四条　各单位应明确一名副职领导分管交通安全工作,同时应明确负责交通安全管理工作的部门。交通安全管理部门的职责是:

(一)贯彻落实国家及勘探局有关交通安全的政策、法规、文件和要求;

(二)建立和完善本单位交通安全管理的规章制度,并组织实施;

(三)负责本单位交通安全管理,对驾驶员进行交通安全教育;

(四)开展交通安全检查,对发现的事故隐患和交通违章行为按规定及时处理;

(五)组织调查和处理本单位发生的交通事故,建立交通事故档案,并负责统计上报。

第五条　机动车辆总数在 100 台(含 100 台)以上的单位(车队)应配备专职交通安全管理人员,机动车辆总数在 100 台以下的单位(车队)应配备兼职交通安全管理人员。

第六条　交通安全管理实行分级负责,三级监管。

(一)局级监管。主要实施四个方面的监管职能:整章建制,动态监控,科技攻关,量化考核。具体内容是:

1. 规划交通安全中长期发展目标,制定交通安全阶段性工作计划;

2. 制定交通安全管理规定、制度和措施,并监督执行;

3. 引进、推广应用现代交通安全管理新技术、新方法,建立交通安全动态监控系统;

4. 制定交通安全教育培训标准及计划,并监督实施;

5. 审查驾驶员报考培训资质,监督培训质量;

6. 负责驾驶员登记注册和准驾证、聘用证管理;

7. 负责机动车辆安全管理;

8. 组织全局性交通安全活动；

9. 组织交通安全科研攻关；

10. 对各单位交通安全工作运行情况进行日常监督、年度考核，奖优罚劣。

（二）二级单位管理。主要履行四个方面的管理职能：明确职责，逐级负责，检查督促，强化基层。具体内容是：

1. 组织贯彻执行上级有关交通安全的法规、制度及措施；

2. 制定并落实本单位各级、各部门及全体职工的交通安全职责；

3. 交通安全管理融入本单位管理系统之中，并将交通安全工作与生产经营工作同计划、同布置、同检查、同总结、同评比；

4. 确立本单位交通安全主要风险源，每季度进行一次风险评估和管理工作分析，制订风险削减措施，并组织落实；

5. 组织车队编制《运输作业 HSE 计划书》、《运输车队 HSE 检查表》，并督促实施；

6. 组织经常性的交通安全静态管理检查和动态路查路检；

7. 对本单位全民、集体、多种经营厂点（企业）等所属或租赁的以任何经营方式运营的机动车辆，实行交通安全全方位管理；

8. 对员工（包括合同工、协议工、劳务合同工、社会聘用人员等）中职业、非职业等各种性质具有驾驶资格的人员，进行统一的、规范化的交通安全管理；

9. 制定本单位交通安全教育计划，并负责实施。

（三）车队级控制。主要负责四个方面的工作：落实制度，安全教育，整改隐患，维护设备。具体内容是：

1. 按照勘探局 Q/CNPCCQ 3139—2001《运输车队健康、安全与环境管理规范》，建立并有效运行车队 HSE 管理；

2. 结合实际，采取多种有效措施，全面落实上级有关交通安全的方针、法规、制度及措施，严明纪律，增强职工遵章守纪的自我约束力；

3. 以人为本，开展经常性的交通安全综合素质教育培训；

4. 每月进行一次风险评估和驾驶员动态分析，对影响交通安全平稳运行的风险因素，制订可靠削减措施，限期削减；

5. 建立车辆维修保养制度，坚持车辆回场检验，确保车辆技术状况良好。

第七条 各单位应对所属或租赁的机动车辆及驾驶员相对集中管理，并明确管理部门和管理人员；车队应对驾驶员实行动态管理，坚持每月对驾驶员进行分析，制定针对性的监控措施，组织落实。

第三章 车辆安全管理

第八条 机动车辆必须符合 GB 7258—1997《机动车运行安全技术条件》，方可上路行驶。

第九条 大型机动车辆门徽标识按照《长庆石油勘探局、长庆油田公司关于规范对外名称使用的通知》（长庆发[2000]第 3 号）执行。

第十条 各单位、各企业车辆管理部门，应建立机动车辆维护保养制度，对车辆进行严格的质量检查，凡不符合安全行驶条件的不得运营。

第十一条 长期在外执行任务的车辆，每一个月必须返回基地进行系统检修保养；确因特殊原因无法返回的，应及时组织机修人员到配属点检修保养。

第十二条 节假日期间，非运行车辆应实行“三交一封”（交车辆钥匙、交行驶证、交驾驶证，封存车辆）。

第十三条 机动车行驶必须遵守《中华人民共和国道路交通管理条例》。

第十四条 机动车驾驶员应坚持出车前、行车中、收车后对车辆各部件和装载物品进行检查。

第十五条 驾驶员每日驾车行驶不得超过8小时，每连续行车2小时必须停车短暂休息1次，预防疲劳驾车。

第十六条 严格控制机动车夜间行驶，夜间行驶须经单位主管领导同意。

第十七条 机动车装载必须严格执行《中华人民共和国道路交通管理条例》。

第十八条 机动车拉运易燃、易爆、剧毒等危险物品必须符合国家有关驾驶员、押运员，车辆装载、行驶、停放等方面的规定。

第十九条 机动车进行吊装等危险作业时，使用车辆单位应安排专业人员现场指挥和管理，确保操作规程和安全措施的落实。

第二十条 小型客车行驶，实行交通安全乘车人负责制，即乘车人谁职务最高，谁承担交通安全连带责任。

第二十一条 各种机动车辆未经允许，一律不准进入或通过生产装置区或其他易燃易爆区域；获准进入的，必须加装阻火器，并经门卫检查合格后方可进入。

第二十二条 按照《中华人民共和国安全生产法》第三十条之规定，局属各单位应对所租赁使用的机动车辆实施交通安全管理：

（一）租赁车辆指为满足本单位生产经营需要，以租赁形式使用的油田内部其他单位或社会上的机动车辆；

（二）租赁使用车辆按照“谁租赁、谁负责，谁使用、谁管理”的原则，单位依法对所租赁使用的车辆负有一定的管理责任，必须确定租赁使用车辆管理部门，制定租赁使用车辆管理办法，严格租赁车辆及随车驾驶员资质审查；

（三）租赁车辆行驶证、营运证、附加费证、保险费凭证等必须齐全有效，并经地方政府有关部门按期检验合格；车辆权属单位必须是取得道路运输经营许可证，并依法办理工商登记和税务登记的法人企业；

（四）租赁车辆必须符合GB 7258—1997《机动车运行安全技术条件》的有关规定，确保技术性能安全可靠；

（五）租赁车辆驾驶员应符合下列条件：

1. 年龄在23周岁至55周岁之间；

2. 经县级以上医院体检合格；

3. 持有“B”类以上机动车驾驶证，且具有5年以上驾龄；

4. 持合法的户籍证明和身份证；

5. 投保人身意外伤害险。

（六）租赁车辆单位必须与出租车辆单位依法签订责、权、利明确的车辆租赁合同，并经当地公证机关公证。

（七）勘探局对租赁车辆实行安全许可制度：

1. 租赁车辆单位负责所租赁车辆及驾驶员的资质审查，对使用期间的交通安全管理负责；

2. 局属各单位租赁车辆须填报《长庆石油勘探局租赁车辆安全许可申报表》，经勘探局安全主管部门审批同意；

3. 勘探局财务结算部门依据经审批同意的《长庆石油勘探局租赁车辆安全许可申报表》，办理租赁车辆费用结算手续；

4. 未经审批，严禁租赁车辆参加勘探局范围内的生产经营活动。

第四章　交通安全教育

第二十三条 各单位应将交通安全纳入教育培训计划，结合生产及季节特点，组织开展经常性的交通安全教育培训活动，提高职工的交通安全意识。

第二十四条 交通安全教育的对象应包括机动车驾驶员、其他工种人员、聘用人员以及参与企业生产经营活动的所有人员及其家属。

第二十五条 交通安全教育内容：

（一）国家有关交通安全法律、法规；

（二）集团公司及勘探局有关交通安全规

定、制度、指令、通报等；

（三）交通安全常识；

（四）交通运输《HSE 作业计划书》、《HSE 作业指导书》、《HSE 检查表》；

（五）交通事故案例；

（六）安全驾驶技术。

第二十六条 各单位、各企业应结合实际，确保交通安全教育的时间、内容、效果的“三落实”。

第五章 驾驶员管理

第二十七条 开展局内驾驶员培训业务的单位须经勘探局安全主管部门审查批准，接受勘探局安全主管部门的业务指导、检查及监督。

第二十八条 报培机动车驾驶员条件按照《中华人民共和国机动车驾驶证管理办法》有关条款执行。

第二十九条 凡报培局内机动车驾驶学习的人员，应在本单位或父母所在单位、企业安全主管部门办理报名手续，经勘探局安全主管部门资格审查；学习期满取证后，经勘探局安全主管部门办理实习驾驶员局内注册手续。

第三十条 单位应对初考取得机动车驾驶证人员，落实车辆及跟车实习师傅，签订《跟车实习师徒协议书》，安排跟车实习 6 个月；跟车实习期满，单位应组织考核，经考核合格者，由单位报勘探局安全主管部门办理机动车驾驶员局内注册手续。

第三十一条 单位或企业应对初考取得小型车辆机动车驾驶证人员或非职业驾驶员安排实习 1 年；实习期间驾驶车辆，严禁载乘其他乘员；行驶区域限定在本人工作所在地 50 千米范围内；实习期满后，单位应组织考核，经考核合格者，由单位报勘探局安全主管部门办理机动车驾驶员局内注册手续。

第三十二条 复转军人持军队、武装警察部队驾驶证转为局内机动车驾驶员，由所在单位安排跟车实习 6 个月，期满考核合格，报勘探局安全主管部门办理机动车驾驶员局内注册手续。

第三十三条 凡持有机动车驾驶证驾驶局内机动车辆的人员，均需履行驾驶证注册手续并持有机动车准驾证。局内在册职工、待业青年驾驶证注册由局安全主管部门负责办理；聘用社会人员（以下简称聘用人员）驾驶证注册由各单位自行办理，并报局安全主管部门备案。

第三十四条 各单位聘用社会人员驾驶机动车辆，应遵守下列规定：

（一）聘用人员持有合格的居民身份证（或户口本）、机动车驾驶证和驾驶学校学习结业证书；

（二）聘用人员驾龄不得少于 5 年；

（三）聘用人员年龄在 23 至 55 周岁之间；

（四）聘用人员必须在当地保险公司投保驾驶员人身意外保险；

（五）经局内职工医院（分院）体检合格；

（六）本单位 2 名在职职工担保，并签订经县级以上公证机关公证的《经济担保协议书》；

（七）有经县级以上公证机关公证的《劳动用工合同书》；

（八）经勘探局安全主管部门审查合格。

第三十五条 机动车准驾证分为“长庆石油勘探局机动车驾驶员准驾证（以下简称准驾证）”和“长庆石油勘探局机动车聘用驾驶员准驾证（以下简称聘用准驾证）”。

第三十六条 准驾证和聘用准驾证由勘探局安全主管部门负责发证。

第三十七条 准驾证有效期两年，聘用准驾证有效期 1 年，逾期无效。

第三十八条 凡驾驶局内各类机动车辆必须同时持有驾驶证、准驾证或聘用准驾证。

第三十九条 处级干部因工作需要驾驶机动车辆的，须经勘探局主管领导同意，安全部门考核合格；科级以下管理人员及其他非职业驾驶员因工作需要驾驶机动车辆的，须经单位主管领导签字同意，本单位安全部门考核合格，勘探局安全主管部门认可后，颁发“非职业驾驶员准驾证”，并在指定路段驾驶车辆。

第四十条　聘用准驾证颁发范围：

（一）已履行驾驶证注册手续的待业青年；

（二）已履行驾驶证注册手续的退休职工和社会聘用人员。

第四十一条　准驾证和聘用准驾证领取程序：

（一）单位统一领取；

（二）持经单位主管领导签字同意的领取准驾证和聘用准驾证申请报告；

（三）持《二级单位机动车驾驶员驾驶证注册登记册》或《聘用人员驾驶证注册登记表》；

（四）其他非职业驾驶员审批复印件。

第四十二条　持证人在局内单位进行流动，应按以下规定办理换证手续：

（一）流入单位负责统一办理相关手续；

（二）自调动之日起，30 日内办理驾驶证注册过户和机动车准驾证换发手续；

（三）持流出单位介绍信和本单位机动车驾驶证注册过户申请报告。

第四十三条　机动车准驾证若遗失、损毁，由持证人或单位安全主管部门持单位介绍信在 30 日内办理补证手续。

延期办理的，按本规定处罚后予以补发。

第四十四条　有下列情况之一的，注销机动车驾驶证局内注册和机动车准驾证，并在登记资料中注明：

（一）身体条件发生变化，不适合驾驶机动车的；

（二）无正当理由，超过三个月不接受违章或事故处理的；

（三）持有两个以上机动车准驾证的；

（四）已离开工作岗位，退休、退养或自谋职业的；

（五）受国家法律制裁的；

（六）本人提出申请的。

第六章　矿区道路管理

第四十五条　各单位必须加强矿区道路管理，确保矿区道路设施齐全。在矿区道路、厂门、弯道、单行道、交叉路口以及禁止停放各种车辆场所等路段，按规定设置交通安全标志。矿区内铁路道口应设有路杆、警铃和信号灯。

第四十六条　任何单位不得在矿区道路上进行有碍交通安全的作业。由于生产需要临时占道，心须经安全部门批准，施工处应设立明显标志，夜间应设红灯警示。

第四十七条　矿区道路应平坦畅通，有足够的照明设备，严禁向路面排放蒸汽、烟雾、酸碱等有害物质，冬季积聚的冰雪应及时清理。

第四十八条　严禁在矿区道路和消防通道上堆积物资设备及杂物。

第七章　路查路检

第四十九条　交通安全路查路检实行局、处两级负责制；以各单位、各企业组织的路查路检为主，以勘探局组织的全局性重点路查路检为辅。

第五十条　勘探局安全生产委员会是交通安全路查路检的领导机构。安委会办公室具体负责路查路检的组织工作，其职责为：

（一）制定全局交通安全路查路检工作计划；

（二）组织全局性重点路查路检；

（三）检查各单位、各企业路查路检工作开展情况；

（四）处理查出的严重违章；

（五）组织对交通违章突出单位的整顿和帮促；向局安全生产委员会汇报全局路查路检情况及改进工作的计划和措施，批准后组织实施。

第五十一条　局属各单位安全生产委员会是本单位交通安全路查路检的领导机构，安委会办公室具体负责本单位路查路检的组织工作，其职责为：

（一）制定本单位交通安全路查路检工作计划；

（二）制定本单位交通安全路查路检实施办法；

（三）组织本单位交通安全路查路检；

（四）处理查出的交通违章；

（五）建立路查路检台账资料；

（六）按期上报路查路检情况。

第五十二条　二级单位组织的路查路检以检查本单位的车辆和驾驶员为主，并有权检查局内非本单位发生交通违章的车辆和驾驶员。路查路检应以巡回检查为主，定点检查为辅。

第五十三条　勘探局不定期、不定点组织全局性重点路查路检；区别情况对重点单位进行整顿和帮促；每月定期公布各单位当月路查路检情况；年度考核评比各单位路查路检工作。

第五十四条　单位（企业）应建立下列路查路检资料：

（一）交通路查路检登记本；

（二）月交通路查路检情况汇总表，月度交通路查路检情况分析及对策；

（三）路查路检严重违章月报表；

（四）路查路检一般违章登记表。

第五十五条　全局副处级以上领导干部及交通安全专职人员凭《交通安全检查证》查纠交通违章，具体办法见长局安发[2000]第6号《长庆石油勘探局安全生产委员会、长庆油田公司HSE委员会关于制发使用〈交通安全检查证〉的通知》。

第五十六条　持《交通安全检查证》人员查出的违章者必须在10日内到其所在单位接受处理，逾期将加倍处罚；单位对违章者处理后，5日内报局安全主管部门和检查人；无故拖延或不按规定处理，将对违章者所在单位进行严肃处罚。

第五十七条　凡违反《中华人民共和国治安管理处罚条例》、《中华人民共和国道路交通管理条例》和当地政府交通法规，以及勘探局各项交通管理规章制度的，统称交通违章。

第五十八条　安全部门有对违章者批评教育、责令写出检查、罚款、停车思考、短期扣证扣车、责令单位领导接车的权力；对严重违章者，有权建议组织（领导）给予改换工种及行政处分。

第五十九条　交通违章划分为一般违章、严重违章两类（具体划分见本规定第十一章）；一般违章由单位按本规定标准处理，严重违章由各单位报勘探局处理。

第六十条　有下列情况之一，驾驶员有权拒绝驾驶车辆：

（一）指令违章驾驶车辆；

（二）医院证明患有妨碍安全行车的疾病；

（三）车辆存在严重故障，影响安全行车；

（四）车辆手续不全；

（五）行驶路线与行车任务书不符；

（六）装载物品不符合装载规定或装载危险品无专人押运。

第八章　事故管理

第六十一条　交通事故等级划分按照《中华人民共和国道路交通事故处理办法》执行。

第六十二条　局属各类机动车辆发生下列交通事故均需进行统计：

（一）执行任务过程中发生的各类交通事故；

（二）非执行任务过程中发生的各类交通事故。

第六十三条　局属各类机动车辆发生交通事故按下列标准分级统计：

（一）勘探局统计范围：

1. 执行任务过程中发生的一般事故以上等级并负次要责任以上的各类交通事故；

2. 非执行任务过程中发生的重大事故以

上等级的各类交通事故；

3. 发生翻车 90 度以上的各类交通事故。

(二)二级单位统计范围：

1. 执行任务过程中发生的轻微事故以上等级的各类交通事故；

2. 执行任务过程中驶离行驶路线发生的轻微事故以上等级的各类交通事故；

3. 非执行任务过程中发生的一般事故以上等级的各类交通事故；

4. 发生翻车 90 度以上的各类交通事故。

第六十四条　交通事故上报应遵守下列规定：

(一)发生交通事故由车属单位上报；

(二)局属单位之间发生交通事故双方分别上报；

(三)发生重大事故以上等级的各类交通事故单位应按下列规定向勘探局安全主管部门报告：

1. 发生事故第一时间内电话报告；

2. 8 小时之内电传或送达《交通事故快报》；

3. 24 小时之内报送包括发生事故单位、时间、地点、环境、气候、事故经过、原因、伤亡人员、财产损失、驾驶员基本情况等主要内容的交通事故调查报告。

(四)发生一般事故以上等级属勘探局统计范围的各类交通事故，有关单位应在当月 28 日前向勘探局安全主管部门填报《交通事故月报表》。

第六十五条　交通事故调查按下列规定进行：

(一)轻微事故由车队负责组织调查，并报上一级安全主管部门；

(二)一般事故、重大事故由二级单位负责组织事故调查组调查，车队协助，并报勘探局安全主管部门；

(三)特大事故由勘探局组织事故调查组调查，二级单位协助；

(四)事故调查组应由下列部门人员组成：

1. 业务主管部门；

2. 安全主管部门；

3. 发生事故单位分管领导。

(五)发生事故后应按下列程序组织调查：

1. 向上一级安全主管部门报告；

2. 组成事故调查组；

3. 进行事故现场勘察；

4. 向上一级安全主管部门报告事故基本情况；

5. 核实相关人证、物证；

6. 向上一级安全主管部门报送事故调查报告；

7. 组织事故善后处理；

8. 提出对事故有关责任人的处理意见及事故防范措施；

9. 归纳整理事故资料并存档。

(六)调查人员向与事故有关单位和职工了解情况、索取材料，任何单位和任何人员不得以任何理由阻挠或拒绝。

第六十六条　交通事故处理应遵守下列规定：

(一)发生各个等级的各类交通事故均应按照“四不放过”(事故原因未查清楚不放过，事故责任者没有处理不放过，职工未受到教育不放过，未制定防范措施不放过)的原则进行处理；

(二)各类交通事故无论伤者是否痊愈，当地公安机关是否结案，单位应在事故发生后三个月之内对有关责任者进行处理；

(三)重大事故以上等级的事故，单位对责任人的处理应在事故发生后一个月之内将处理意见书面报告勘探局安全生产委员会办公室审查同意；

(四)对事故负有责任的副处级以上领导干部的处理，单位应在事故发生后一个月之内将处理意见书面报告勘探局安全生产委员会办公室；

(五)机动车驾驶员对事故应负的责任以发

生事故当地公安机关的认定为准；

(六)对事故责任者的行政处分依次为：开除厂籍、留厂察看两年、留厂察看一年、行政撤职、行政降级、行政记大过、行政记过、行政警告；

(七)机动车驾驶员发生负有责任的交通事故按下列标准给予处理：

1. 轻微事故：负全部责任或主要责任，并处赔偿事故直接经济损失的30%，停车待岗10日进行安全教育；负同等责任，并处赔偿事故直接经济损失的20%，停车待岗5日进行安全教育；负次要责任，并处赔偿事故直接经济损失的15%，停车待岗3日进行安全教育；

2. 一般事故：负全部责任或主要责任，并处行政警告，赔偿事故直接经济损失的25%，停车待岗30日进行安全教育；负同等责任，并处赔偿事故直接经济损失的15%，停车待岗15日进行安全教育；负次要责任，并处赔偿事故直接经济损失的10%，停车待岗3日进行安全教育；

3. 重大事故：负全部责任和主要责任，并处留厂察看两年，赔偿事故直接经济损失的20%，注销局内驾驶证注册资格，永不准驾驶局属机动车辆；负同等责任，并处行政记大过，赔偿事故直接经济损失的15%，收缴机动车准驾证停车待岗6个月，参加勘探局组织的交通安全学习班，处分期满后单位考核合格方准驾车；负次要责任，并处行政警告，赔偿事故直接经济损失的10%，收缴机动车准驾证停车待岗三个月，参加勘探局组织的交通安全学习班；

4. 特大事故：负次要责任以上，并处开除厂籍、赔偿事故直接经济损失的10%，注销局内驾驶证注册资格，永不准驾驶局属机动车辆；

5. 因发生事故被司法机关追究刑事责任，按司法程序办理。

(八)因下列情况之一造成交通事故的，应追究单位领导的责任：

1. 本单位发布的指令、命令、决定、规章制度违反交通安全法规；

2. 无视安全部门的警告，未及时消除事故隐患；

3. 交通安全工作无人负责，管理混乱；

4. 不按规定对驾驶员进行安全教育、培训，因驾驶员缺乏交通安全知识发生事故；

5. 发生事故后未采取措施，致使同类事故重复发生；

6. 强令机动车驾驶员违章驾驶，纵容酒后驾车、无证开车、忽视管理造成机动车带病运行；

7. 未经审批，擅自租赁使用非本单位机动车辆。

(九)交通事故应负的领导责任分为：主要领导责任、一定领导责任(处级)；直接领导责任、部分直接领导责任(科级)；管理责任(车队级)；

(十)发生责任交通事故，对负有领导责任者，按下列标准给予处理：

1. 重大事故。负直接领导责任者，给予行政记大过或行政记过处分；负部分直接领导责任者，给予行政记过或行政警告处分；

2. 特大事故。负主要领导责任者，给予行政降级处分；负一定领导责任者，给予行政记大过处分；负直接领导责任者，给予行政撤职处分；负部分直接领导责任者，给予行政撤职或行政降级处分；负管理责任者，给予行政降级或留厂察看一年处分；

3. 小型客车发生交通事故，乘车人职务最高者参照上述规定“负直接领导责任者”处理标准同等处理；

4. 除上述行政处分外，单位可并处经济罚款；

5. 负管理责任者的处理标准，由二级单位参照上述规定制定，但不得低于本规定。

第六十七条 交通事故档案按下列标准建立：

(一)车队应对本车队发生的各类交通事故

逐一登记、填写，专人负责长期保存；

(二)安全主管部门应对本单位发生的一般事故以上等级的各类交通事故逐一登记，填写《交通事故登记表》，并建立事故档案，每起事故一册，交本单位档案室长期保存；

(三)二级单位应将本单位发生的重大事故以上等级的各类交通事故档案复制一份报勘探局安全主管部门备案；

(四)交通事故档案由下列内容组成：

1. 事故现场图及各种数据文字说明；

2. 各种人证材料；

3. 各种物证材料；

4. 事故现场照片及文字说明；

5. 伤亡人员基本情况；

6. 驾驶员基本情况；

7. 财产损失情况；

8. 事故调查报告；

9. 当地公安机关对事故的认定文书；

10. 对事故有关责任人的处理文件；

11. 事故善后处理文书。

第九章　奖励与处罚

第六十八条　交通安全考核奖励按照《长庆石油勘探局安全生产管理规定》有关条款合并执行。

第六十九条　交通安全其他单项奖励资金来源为：交通事故及交通违章罚款。由勘探局财务部门建账管理，并监督使用，不得挪用。

第七十条　发生交通事故，按照下列规定给予发生事故单位或企业经济处罚：

(一)发生重大事故，每轻伤 1 人罚款 3000 元，每重伤 1 人罚款 5000 元，每死亡 1 人罚款 20000 元；

(二)发生特大事故，一次性罚款 20 万元，车队停产整顿。

第七十一条　单位发生重大事故以上等级的交通事故或一季度内被查出 5 次严重交通违章，车队停车整顿 3 日，车队安全生产第一责任人参加勘探局组织的安全教育学习班，一切费用自理。

第七十二条　各单位每 6 个月应组织一次肇事、违章驾驶员学习班，分析事故、违章原因，找教训、订措施，确保人员、时间、内容、效果四落实。

第七十三条　发生一般事故以上等级的交通事故或发生严重交通违章的驾驶员，参加勘探局组织的安全继续教育学习班，一切费用自理。

第七十四条　有下列情况之一的，给予单位 5000—10000 元经济处罚，并勒令基层车队停车整顿一周：

(一)单位发布实施的有关交通安全指令、规定、制度、措施等，违反国家交通安全法规和本规定的；

(二)存在影响交通安全的重大隐患，限期未整改的；

(三)隐瞒事故或不按本规定及时上报事故的；

(四)不执行勘探局交通安全工作指令的；

(五)违反本规定，使用无驾驶资格人员驾驶局属机动车辆的。

第七十五条　发生交通违章按下列标准处理：

(一)有下列严重违章之一者，处单位罚款 10000 元，负直接领导责任者参加勘探局举办的安全教育学习班(由此造成事故的，事故处罚按有关规定执行)：

1. 安排无证人驾车的(包括无驾驶证、无准驾证、无聘用准驾证)；

2. 指令驾驶员违章驾驶的；

3. 未经审批，租赁使用非本单位机动车辆的；

4. 对违章驾驶员，勘探局通知后 10 日内未交证的；

5. 私车公挂者。

(二)有下列严重违章行为之一者，对违章驾驶员给予罚款3000元、吊扣驾驶证和准驾证一年，待岗一年；聘用人员立即解聘：

1. 无证驾车者(包括无驾驶证、无准驾证、无聘用准驾证)；

2. 酒后驾车者；

3. 私自交领导、其他人员或无证人驾驶者(包括无驾驶证、无准驾证、无聘用准驾证)；

4. 严重不服管理者。

(三)有下列严重违章行为之一者，对违章驾驶员并处1000元罚款，待岗6个月：

1. 强超抢会者；

2. 超速行驶者；

3. 公车私用者。

(四)有下列一般违章行为之一者，对违章驾驶员并处罚款500元，待岗1个月：

1. 行车时证件携带不齐全者；

2. 不按规定会车、让车、调头、停放、起步者；

3. 转弯不减速、不鸣号、不靠右行驶、不按规定使用灯光者；

4. 试车时不挂正式试车牌，不带驾驶证和试车证；不按指定路线(段)试车；试车时拉人或车上带其他危险物品者；

5. 吊车、水泥车、压裂车、修井车、钻机车、冷藏车、平板车、架子车、罐车等，车上其他部位乘人者；

6. 拉运笨重、大体积、易燃、易爆货物的车辆未设安全标志或车上乘人者；

7. 大、小客车、小型汽车、工程车、仪器车等驾驶室或车厢内及摩托车等超员者(每超一人罚50元)；

8. 客货混装或拉运物资装载不符合规定者；

9. 停车不熄火、不拉手制动、不锁车门、在坡道停车不挂挡及车轮不打掩木者；

10. 不服从交通安全管理人员检查、指挥者；

11. 随意把车停在路中和他人谈话或上下人、装卸货物妨碍交通者；

12. 在厂区内乱停乱放车辆者；

13. 乘车人正在上车或下车时车辆起步者。

(五)乘车人员违反下列规定之一者罚款100元：

1. 上车时携带易燃、易爆等危险物品者；

2. 在车上打闹、喧哗、不听乘务人员和驾驶员的管理者；

3. 车辆未停稳时，争抢下车，影响安全者；

4. 乘坐载客卡车，爬坐在车厢挡板或驾驶室上面，将头或手伸出车厢外或车窗外边者；

5. 车辆在行驶中，追爬车或跳车者。

(六)其他：

不按规定喷门徽者，每车次处单位罚款1000元。

第七十六条　路查路检中进行经济处罚时，必须使用勘探局安全生产委员会统一印制的《长庆石油勘探局交通违章罚款收据》，任何单位和个人不得违反。

第七十七条　为了激励各级领导及安全干部、车管干部、司助人员等搞好交通安全工作，不断提高我局交通安全管理水平，确保各项工作顺利进行，对在交通安全管理和路查路检工作中做出优异成绩的给予奖励表彰。

第七十八条　交通安全路查路检奖励资金从交通违章、交通事故罚款中列支。奖励范围为路查路检先进单位、先进路查路检组及个人、优秀车管干部、优秀驾驶员。奖励每年进行一次，由勘探局安委会办公室推荐评选，勘探局安全生产委员会给予奖励。

第七十九条　对安全行车百万千米的驾驶员，勘探局将适时给予表彰。

第十章　附　则

第八十条　本规定自印发之日起施行，原

《长庆石油勘探局交通安全管理规定(试行)》(长局发[2000]112 号文)随即废止。

第八十一条　在日常交通活动中,凡遇到本规定未涉及的情况,应在确保安全的原则下进行交通活动。

第八十二条　本规定由质量安全环保处负责解释。

长庆石油勘探局工程技术服务队伍长庆市场管理暂行规定

(2003 年 8 月 6 日长庆石油勘探局以长局发[2003]第 125 号文发布)

第一章　总　则

第一条　为了确保在长庆油田工程技术服务市场(以下简称服务市场)中的有序竞争,加强对勘探局内部工程技术服务单位(以下简称服务单位)施工队伍进行有效的协调与管理,结合《长庆石油勘探局关于钻井工程总公司等 24 个单位产业定位的批复》(长局发[2003]83 号),特制定本规定。

第二条　服务市场管理的总体原则是:

(一)尊重历史的原则;

(二)做专、做强主营业务,确保勘探局工程技术服务专业队伍正常发展的原则;

(三)以非专业队伍为补充,最大限度占领服务市场的原则;

(四)确保勘探局整体利益最大化的原则。

第三条　本规定所指的工程技术服务,是指在长庆油田市场范围内提供井筒作业和油气田地面建设施工的服务。

第四条　本管理规定管理的范围是:根据勘探局对所属 24 个二级单位的产业定位,局属全民、集体和改制企业从事工程技术服务的具有主营业务的专业公司和非专业公司,以及非主营业务的非专业公司队伍(专业公司和非专业公司是指勘探局所属从事工程技术服务的二级单位)。

其中专业公司且属主营业务的工程技术队伍是指二级单位具有全民经济属性的工程技术队伍,包括:

钻井工程总公司的钻井、录井、固井队伍;

井下技术作业处的试油(气)、压裂酸化、油气井测试队伍;

采油技术服务处和西安长庆石油勘探开发作业有限公司(包括各单位原作业区移交时遗留的已经办理中油集团公司市场准入证的施工队伍)的油水井维护性小修、大修、措施作业、油水井投产、投注作业队伍;

建设工程总公司的油气田地面工程建设和筑路队伍;

非专业公司属主营业务的工程技术队伍包括:

机械制造总厂的油气田地面工程建设队伍;

采油服务处的油田地面工程建设队伍;

油气技术综合服务处的油水井维护性小修、措施作业、油水井投产、投注作业、油田地面工程建设队伍;

长庆实业集团公司的油田地面工程建设队伍。

非专业公司非主营业务工程技术队伍包括:除以上专业及非专业公司从事所指定的主

营业务工程技术队伍外,其他从事钻井、录井、固井、试油(气)、压裂酸化、油气井测试、油水井维护性小修、大修、措施作业、油水井投产、投注作业、油气田地面工程建设和筑路队伍。

第二章 主营业务服务范围的划分

第五条 主营业务划分的原则是:

(一)长庆油田市场以专业队伍为主,非专业队伍为补充的原则;

(二)专业队伍要按照做专做强的原则发展所属专业业务;

(三)非专业服务单位在现有已批准的工程技术服务队伍的基础上开展工程技术服务业务,未经许可不得擅自扩大,如违背,责令退出;

(四)非专业队伍开发专业队伍业务,仅限于专业队伍能力不足的情况下,原则上应以专业队伍总承包,非专业队伍参与的方式运行;

(五)非专业队伍进入专业队伍业务前,必须征得市场开发部及该业务相关主营单位同意后方可进行;

(六)维护三个采油服务处为三个采油厂提供既定对口服务、自求平衡的原则。

第六条 按照勘探局产业定位及目前实际需要,本管理规定将专业服务单位主营业务范围划分为:

钻井工程总公司的钻井(包括油田井侧钻)、录井、固井业务;

井下技术作业处的试油(气)、压裂酸化、油气井测试,天然气井的维护性大修、小修、措施作业业务;

采油技术服务处的油水井维护性小修、大修、措施作业,油水井投产、投注作业业务;

西安长庆石油勘探开发作业有限公司的油水井维护性小修、措施作业,油水井投产、投注作业业务;

建设工程总公司的天然气田的地面建设工程、油田地面建设工程业务。

将非专业服务单位其主营业务范围划分为(属资质允许范围内):

机械制造总厂的油(气)田地面建设工程业务;

采油技术服务处的油田地面建设工程业务;

油气技术综合服务处的油水井维护性小修、措施作业,油水井投产、投注作业,油田地面建设工程业务;

长庆实业集团公司的油田地面建设工程业务。

第七条 未对外开放区域的钻井、录井、固井和试油(气)、压裂酸化、油气井测试工程技术服务项目,由勘探局负责承揽总工作量和区块,钻井工程总公司、井下技术作业处负责从油田公司各勘探开发项目组承揽具体业务。

第八条 三个采油厂的井筒技术服务的修井、措施作业、油水井投产、投注作业,以及其他未明确服务单位的工作量,由三个采油技术服务处统一对口承揽。服务处的资质所允许范围内的地面建设工作量,按照关联交易及市场运行的原则向采油厂承揽。

第九条 作业区移交时保留国有或集体资产性质的施工队伍,应在原作业区区域内从事本专业服务项目的施工。

第十条 机械制造总厂的油气田地面建设队伍,油气技术综合服务处的油水井维护性小修、措施作业、油水井投产、投注作业,油田地面建设队伍,长庆实业集团公司的油田地面建设队伍,根据自己的施工能力和施工资质,原则上在以上未明确服务单位的市场区域内承揽工作量。

第十一条 已对外开放的服务市场、合作开发的低产低效油田市场,以及以上未明确服务单位的市场工作量,由局内各专业服务单位积极对口承揽,在专业服务单位施工能力不足时由非专业服务单位予以补充。

第十二条　各主营服务单位在已明确的服务区域内，具有承揽对口专业服务项目的优先权，同时也具有市场维护的权利和义务，若因施工能力不足却又不申请勘探局平衡队伍而丢失市场的，应承担丢失市场的责任。

第十三条　各主营服务单位未经勘探局准许，不得随意扩张队伍，不得将已承揽工程外包，不得以任何方式、借任何名义允许其他队伍挂靠。

第三章　市场管理

第十四条　勘探局市场协调工作领导小组，负责本管理规定的检查与落实，负责协调处理局内各单位在工作量承揽时相互之间出现的各类纠纷和争议。

第十五条　勘探局将对非专业公司工程技术服务队伍实行施工资格审查管理。各非专业服务单位的工程技术服务队伍施工资格，需经勘探局市场开发部、生产运行处、质量安全环保处、工程技术处、规划计划处(关联交易处)联合审查合格后，方可进行对口业务工作量的承揽。

第十六条　非专业公司工程技术服务队伍施工资格的审查，依照确保施工质量、控制队伍总量、避免无序竞争、提高市场占有率的原则进行。

第十七条　各非专业服务单位在拓展工程技术服务项目或扩大工程技术服务能力前，应到勘探局主管部门申报并备案，由主管部门组织有关部门对其资质、业绩、能力、市场前景等进行联合审查，并报局主管领导批准后，方可筹备实施。

第十八条　专业服务单位要加大所属全民、集体和改制企业队伍的管理，按照勘探局“十五”规划从严控制主业队伍。集体和改制企业工程技术服务队伍视同非专业服务单位队伍，一并实行施工资格审查管理。

第十九条　勘探局非专业公司工程技术服务队伍施工资格的审查将逐年进行。申报条件、评审程序按《长庆局非专业公司工程技术服务队伍施工资格审查实施细则》执行。

第二十条　勘探局将及时向油田公司通报已取得施工资格的施工队伍。

第二十一条　对于已获得勘探局施工资格，但在实施过程中违反本规定，或以不正当竞争手段参与竞争的施工队伍，以各类名义允许其他队伍挂靠的单位，在施工中管理和施工质量达不到要求的队伍，将视具体情况，分别给予全局通报批评、追究领导责任、取消施工资格等处罚。

第二十二条　勘探局所认可的施工资格是多种经营队伍在局内结算的必要条件。结算中心在资金结算时，要严格控制，未获得勘探局施工资格的队伍不得结算。

第二十三条　对于未获得勘探局施工资格，但参与施工的队伍，一经查实，将按照外来不正当进入市场队伍对待，坚决予以清理，并追究单位领导责任。

第二十四条　勘探局市场开发部与生产运行处将通过长庆局域网，对专业服务单位所属改制或多种经营工程技术服务队伍和非专业服务单位，已取得施工资格工程技术服务队伍的情况，包括队伍种类、队伍(机组)数量、主要设备型号、主要施工负责人姓名等情况予以发布，以便监督检查。

第四章　附　则

第二十五条　本规定由市场开发部负责解释。

第二十六条　本规定自印发之日起施行。

长庆石油勘探局管理人员聘任上岗暂行办法

（2003 年 9 月 23 日长庆石油勘探局以长局发[2003]第 161 号文发布）

为了贯彻落实集团公司干部人事制度改革总体部署，全面实行企业管理人员全员聘任上岗制度，建立能上能下的用人机制和易岗易薪的分配机制，根据《党政领导干部选拔任用工作条例》和《长庆石油勘探局关于加强厂处单位领导班子组织建设若干问题的意见》，制定本办法。

一、基本原则

（一）坚持党管干部及党管人才的原则。

（二）坚持定编、定岗、定员、定责、定岗位规范的原则。

（三）坚持双向选择、逐级聘任的原则。

（四）坚持公开、竞争、择优的原则。

（五）坚持能上能下、合理流动、优化配置的原则。

二、聘任岗位、对象及基本条件

（一）聘任岗位。

局属各单位、局机关处室及其附属部门各级管理岗位，包括党群职能部门管理岗位，均属于此次聘任上岗的岗位。党委、纪委、工会、团委负责人依照各自章程选举产生，届中调整时按相关规定委任。

（二）聘任对象。

聘任的对象主要是现职各级管理人员，也可从符合任职条件的专业技术人员和操作人员中聘任。

（三）聘任基本条件。

厂处单位领导班子成员、局机关处室长及附属部门负责人的聘任条件，按照《长庆石油勘探局关于加强厂处单位领导班子组织建设若干问题的意见》中的规定执行；科级及以下管理人员的聘任条件，由各单位结合岗位职责自行研究确定。

三、聘任权限

（一）局属厂处单位领导班子成员、局机关处室及其附属部门负责人，由局党委、勘探局研究、聘任。

（二）厂处单位其他管理人员，按照管理权限，由单位研究、聘任。其中，须报局人事劳资处（党委组织部）批复或备案的，按有关规定报批或备案。

（三）局机关处室及其附属部门其他管理人员的聘任，由局人事劳资处（党委组织部）根据本办法制定具体实施意见，负责组织实施。

四、聘任程序

（一）担任各级领导职务的管理人员的聘任，按下列程序进行：

1. 公布岗位。根据岗位设置，公布拟聘岗位及其任职基本条件。

2. 个人申报。应聘人员填写《管理人员聘任上岗申报表》。

3. 资格审查。根据拟聘岗位任职条件，按照管理权限，由组织人事部门对申报人员进行资格审查。

4. 领导提名。根据应聘人员年度考核情况，由单位党政主要领导协商提名。

5. 信任度测评。参加信任度测评人员范围及人数参照公开竞聘相关规定执行。信任度测评实行一人一票制。信任度达不到 70% 的提名无效。提名无效时，应重新提名、重新投票，也可暂不提名。

6. 组织考察。由各级组织人事部门负责实施。对提名有效人选，按照管理人员考核有关规定组织全面考察，如考察不合格，应重新提名并按程序进行信任度测评和组织考察。

7. 会议审定。经会议审定未通过的人员，其岗位按空缺处理。

8. 聘任上岗。对聘任上岗的人员按照有关规定，由组织人事部门办理聘任手续。

(二)其他管理人员的聘任，由各单位参照上述有关规定自行研究制定。

(三)公开选拔、竞聘上岗按照长党发[2002]19 号文件执行。

五、管理与考核

(一)聘任上岗的各级管理人员一律实行任期制，聘期一般为三年。

(二)加强对各级管理人员的考核。考核以工作实绩为主要内容，重点突出经营(工作)责任指标完成情况。

(三)将考核结果作为提拔、奖惩、聘任或解聘的依据。

六、有关规定

(一)管理人员全员聘任上岗后，按照薪随岗变的原则，实行岗位管理。

(二)按照聘任程序，对未能聘任到原职级岗位的人员，可允许应聘其他岗位，也可由单位安排在适合的下一级岗位。

(三)对现职厂处单位领导班子成员、局机关处室长及附属单位负责人，男年满 55 周岁、女年满 50 周岁及以上，若本人主动提出不参加原岗位应聘，可另行安排其他岗位，岗位工资仍按原职级标准执行。效益奖在退出领导班子当年按原职级标准、次年按相当于原职级标准、第三年按原职级标准 70% 左右、第四年及以后按不低于本人实际岗位标准，由所在单位研究确定。

党群组织负责人因年龄原因主动退出领导班子，其待遇与上述规定相同。

(四)鼓励长期从事技术管理工作、有较高专业技术水平和特长的现职各级管理人员应聘相应专业技术岗位。应聘一般不受岗位职数和年龄限制。其中对年龄较大，本人主动提出申请，单位认为确实需要的，可直接办理相关聘任手续。

(五)已通过公开竞聘上岗的各级管理人员，竞聘上岗未满一年的，一般不再重新聘任。

(六)脱产学习在一年以上的人员，不参加岗位应聘，其岗位工资及效益奖按勘探局及所在单位有关规定执行，学习结业后按规定程序聘任上岗。

(七)没有正当理由不参加岗位应聘的人员，由单位根据本人情况安排在适合的岗位，若本人不服从单位安排，可按待岗处理，待岗期间的待遇按勘探局有关规定执行。

(八)勘探局向控股、参股企业推荐的董事会、监事会和经理班子成员，按本办法执行。

(九)对实行选任制和届中委任制的各级党群组织负责人，结合全员聘任上岗工作，按照管理权限，由组织人事部门对其进行民主测评和考察。需要变换岗位的，按有关程序办理。

七、组织实施

(一)局人事劳资处(党委组织部)在局党委、勘探局的领导下，负责对全局各级管理人员聘任上岗工作的组织、协调和指导。各厂处单位要结合各自实际，也应成立或明确相应的组织机构，加强对本单位管理人员聘任工作的组织领导。

(二)管理人员聘任上岗工作涉及面广，政策性强，必须统筹安排，平稳运行。各单位要根据局党委、勘探局的统一部署，研究制订具体的实施方案，认真做好政策宣传和对广大管理人员的教育引导工作，按照自上而下、逐级聘任的方式，有组织有计划地实施。

(三)各级领导要自觉维护聘任工作的严肃性，坚持任人惟贤，严格聘任程序，遵守工作纪律，坚决抵制各种不正之风。应聘人员要解放思想，转变观念，客观地评价自己，正确地对待组织和群众的选择。

八、其他

(一)勘探局控股企业各级管理人员的聘任

上岗,原则上参照本办法执行,具体实施意见由企业研究制订,经勘探局批准后实施;勘探局参股企业各级管理人员的聘任上岗,可参照本办法执行,也可由企业自行研究决定。

(二)各单位在制订聘任上岗方案和具体实施过程中,应将遇到的具体问题及时向局人事劳资处(党委组织部)报告,以便及时解决。聘任上岗工作结束后,要认真总结,并将整体工作开展情况以书面形式向局人事劳资处(党委组织部)汇报。

长庆石油勘探局专业技术人员岗位聘任管理暂行办法

(2003年9月23日长庆石油勘探局以长局发[2003]第163号文发布)

第一章 总 则

第一条 根据《长庆石油勘探局关于深化专业技术人员管理制度改革的实施意见》,制定本办法。

第二条 专业技术岗位聘任是指在合理设置专业技术岗位和制定岗位规范的基础上,由企业法人代表或其委托人依照规定程序,逐级按照岗位或生产(科研)项目要求,择优聘任专业技术人员并签订聘任协议。受聘人员享受相应岗位薪酬,易岗易薪;聘后管理以岗位业绩考核为手段,考核结果作为奖惩、续聘、解聘和培训的主要依据。

第二章 岗位聘任的范围、权限

第三条 各单位根据“按需设岗、精干高效、结构优化、简洁规范”的原则设置专业技术岗位,把专业技术职业资格作为聘任的必要条件,组织开展全员竞聘上岗。

第四条 岗位聘任的范围。

1. 工程技术:直接从事科研、设计、生产技术等工作的专业技术人员。

2. 会经统审:直接从事会计、经济、统计、审计等工作的专业技术人员(不含局处两级机关相应岗位上的人员)。

3. 医疗卫生:直接从事医疗、药学、护理、医疗器械、卫生防疫等工作的专业技术人员。

4. 教育:直接从事中小学(幼儿)教育、中专技校教学工作的专业技术人员。

5. 新闻(档案):直接从事新闻、编辑、档案、翻译、图书管理等工作的专业技术人员。

6. 农林牧:直接从事农业、农艺、园林、畜牧等工作的专业技术人员。

第五条 科研、医疗、教育单位的部分专业性强、技术含量高的基层管理岗位,试行专业技术岗位负责制。

第六条 按照“谁用人,谁聘任,谁管理,谁考核”的原则,由企业法人代表或其委托人进行聘任。

第三章 岗位聘任

第七条 专业技术人员参加岗位竞聘,应同时具备以下基本聘任条件:

1. 与岗位相应或相近的专业技术职业资格。

2. 岗位必需的学历层次和专业知识。

3. 完成岗位任期目标所需的能力要求。

4. 对岗位工作的熟练程度及专业技术工作经历的要求。

5. 政治思想品德等综合素质的要求。

6. 岗位必需的其他特殊要求。

第八条　专业技术岗位聘任的形式分为首聘、试聘、续聘、低聘和解聘。

第九条　各单位要组成由组织人事部门、技术专家和有关部门负责人参加的专业技术岗位聘任考核组,按以下程序开展竞聘工作:

1. 公布岗位。根据岗位设置需求,由单位组织人事部门公布拟聘岗位和岗位职责、任职条件、任期目标、相关待遇及其他需要说明的问题。

2. 个人申报。应聘人员向单位组织人事部门提交应聘申请及相关材料。

3. 资格审查。单位组织人事部门对应聘人员进行资格审查。主要审查其任职资格、工作经历及其他任职条件。

4. 考核和竞聘。由考核组以聘任协议规定的岗位职责、任期目标为依据,对应聘人员进行聘前考核。主要考核专业技术能力、水平和工作绩效情况,提出考核意见和拟聘人选,必要时可采取公开述职、答辩(考试)方法,实行公开竞聘。

5. 领导提名。根据考核意见和岗位要求,按照聘任权限由单位领导提名,单位研究择优确定聘任人员。

6. 聘任上岗。单位组织人事部门与受聘人签订聘任协议。

第四章　聘后管理

第十条　聘任协议作为专业技术人员劳动合同的附件,主要应明确聘期、岗位职责、任期目标、双方的权利和义务、违约责任以及其他要明确的内容。

第十一条　聘任双方不得随意终止或解除聘任协议,如确需终止或解除协议,一般应提前一个月通知对方,并按聘任权限和程序办理有关手续。专业技术人员受聘岗位发生变化,应重新办理聘任手续。

第十二条　聘任单位应定期对受聘人进行考核。主要考核受聘人的工作实绩、工作能力、工作态度和职业道德,对不同的考核对象应确定不同的考核重点。

第十三条　考核由各级组织人事部门负责实施。考核包括日常考核、年度考核和任期届满考核,考核结果分为优秀、胜任、基本胜任和不胜任四个档次。

第十四条　考核结果记入受聘人考绩档案,并与培养和使用相结合。

1. 对考核为优秀的人员,在培训、续聘和晋升专业技术职务任职资格时优先考虑。

2. 对任期届满考核为不胜任或连续两个年度考核为基本胜任的人员,应视具体情况予以低聘或解聘。

第五章　有关待遇

第十五条　专业技术人员的薪酬按照所聘任的岗位确定。岗位薪酬执行集团公司制定的统一标准,主要由岗位工资、津(补)贴和奖金三部分组成。

第十六条　按照易岗易薪的原则,对聘任上岗的专业技术人员,兑现新的岗位薪酬。专业技术人员上岗后可享受岗位工资和津(补)贴,各单位根据考核结果发放奖金;聘任到技术专家岗位上的人员,享受专家津贴。

第十七条　实行协议工资人员和自行研究制定薪酬分配办法的单位,薪酬和其他待遇按照相应的规定执行。

第六章　其他规定

第十八条　专业技术人员转聘到其他专业技术岗位一般应遵循专业相近的原则。

1. 具有工程、经济(统计)、政工、教师和卫生专业技术职业资格的人员,可以聘任到同职级的图书、档案专业技术岗位。

2. 具有工程专业技术职业资格的人员，可以聘任到同职级的经济专业技术岗位。

3. 具有政工、教师类专业技术职业资格的人员，可以聘任到同职级的新闻、经济专业技术岗位。

4. 聘任到工程、文教卫生专业技术岗位上的专业技术人员，必须具备与拟聘岗位相一致的专业技术职业资格。

5. 确因岗位需要，但以上各条中未涉及的专业技术人员，经局人事劳资处（党委组织部）审批同意后，也可转聘到其他专业技术岗位。

第十九条　低职高聘只限于在工程技术系列作为试点，其他系列暂不实行低职高聘。具体要求如下：

1. 符合下列条件的工程技术人员，根据岗位需要，可以聘任到较高一级的岗位：

(1)符合集团公司中油职改字[2000]第1号文件规定的破格晋升职称条件；

(2)局一级和二级学术技术带头人。

2. 低职高聘只限高聘一级岗位，不得跨级聘任。

3. 低职高聘到高级专业技术岗位的，必须报人事劳资处（党委组织部）审批。

4. 低职高聘到中级专业技术岗位，由各单位自行确定，原则上只限野外一线生产单位。

5. 初级专业技术岗位一般不实行低职高聘。对于野外一线专业技术人员紧缺的岗位，可采取“先上岗、后取证”的办法，从无职称人员中择优聘任。

第二十条　对于引进的企业紧缺、急需的各类人才及国内外专家、硕士以上的高层次人才可不受岗位设置数的限制，根据勘探局人才引进的有关规定程序，按照其技术职称、学历学位、工作年限聘任到相应的专业技术岗位。

第七章　附　则

第二十一条　各单位根据本暂行办法制定相应的实施细则。

第二十二条　勘探局控股企业原则上参照本办法执行，具体实施意见由本企业研究制定，经勘探局批准后实施。勘探局参股企业可参照本办法执行，也可由本企业自行研究制定。

第二十三条　本暂行办法由局人事劳资处（党委组织部）负责组织实施和解释，自下发之日起实行。

长庆石油勘探局专业技术专家管理暂行办法

（2003年9月23日长庆石油勘探局以长局发[2003]第164号文发布）

第一章　总　则

第一条　为认真贯彻党的十六大精神，坚持党管人才方针，大力实施科技进步与人才开发战略，建立一支在石油系统有一定影响，具有解决生产、科研中重大技术难题和较强技术创新能力的专业技术专家队伍，根据集团公司有关规定，结合勘探局实际，制定本办法。

第二条　本办法所称专业技术专家（以下简称专家），主要指聘任在一级专业技术岗位（以下简称一级岗位）上的人员以及聘任在二级专业技术岗位（以下简称二级岗位）上的局一级学术技术带头人。聘任在一级岗位上的人员分为集团公司级技术专家和局级技术专家，聘任在二级岗位上的局一级学术技术带头人也称为厂处级技术专家。

第三条　局处两级党委和行政在各自的职权范围内负责审定专家队伍选拔、管理等相关办法和队伍建设规划，并对专家工作进行监督和指导。各级组织人事部门牵头组织实施，有关部门各司其职、各负其责、积极配合，建立起有效的专家管理体系。

第四条　局人事劳资处（党委组织部）是全局专家工作的主管部门，负责局级专家岗位设置、聘任和考核等管理工作，并负责核定二级岗位数量，以及对全局专家管理工作的监督、检查和指导。

第二章　专家的选拔、聘任和管理

第五条　专家选拔、聘任工作要坚持公开、平等、竞争、择优的原则，注重专家选拔的群众基础和专业技术权威性。

第六条　按照勘探局的发展战略和产业定位，在专家队伍建设上突出主营业务，科学合理设置一级和二级专业技术岗位，准确选拔局级和厂处级专家，并从局级专家中向集团公司推荐评选高级技术专家，逐步建设起一支由高级技术专家、局级技术专家和厂处级技术专家组成的、适应“二次创业”要求的勘探局专家队伍。

第七条　选拔条件：

（一）基本条件。

1. 热爱祖国，热爱石油和勘探局发展战略及产业定位确定的事业，有开拓创新精神和严谨的治学态度，学风正派，有高尚的职业道德。

2. 专业理论基础系统、扎实，具有在生产、科研中解决重大技术难题和进行技术创新的能力，能够较为全面地把握本专业国内外最新研究动态和发展方向，深入了解和掌握本专业的新理论、新技术。

（二）局处两级各类专家的具体选拔条件由局人事劳资处（党委组织部）和厂处单位人事组织部门在征求有关单位或部门意见后确定。

第八条　局处两级专家的选拔程序：

1. 推荐人选。各单位按照勘探局核定的二级专业技术岗位数量，从局一级学术技术带头人选拔聘任厂处级专家，并从中推荐局级专家人选。

2. 资格审查。局人事劳资处（党委组织部）会同厂处单位人事组织和科技管理部门，对局级专家推荐人选进行资格审查，并对成果资料、获奖证书等进行确认。

3. 专家评审。至少经 2 名以上同行专家对候选人的材料进行评价，再由专家评选委员会从技术水平、科研能力等方面进行全面评议，并做出综合评价。

4. 投票评选。专家评选委员会进行无记名投票，评选出局级专家，并从中确定集团公司高级技术专家的推荐人选。

5. 研究审定人选。由局人事劳资处（党委组织部）对评选委员会的考评结果进行研究，确定局级专家人选。

6. 公示。将确定为局级专家的人员材料在所在单位进行公示，接受群众监督。

7. 公布。勘探局发文公布局级专家名单，并颁发《长庆石油勘探局专业技术专家证书》。

第九条　专家实行任期制，聘期一般为三年。

第十条　实行岗位目标管理。按照管理权限，由局处两级组织人事部门与受聘专家签订任期岗位目标责任书。

第十一条　推荐国家、省市级有突出贡献专家（中青年专家）、百千万人才工程人员等各类专家候选人时，原则上优先从专家队伍中推荐。

第三章　专家培养、吸引和使用

第十二条　加强专家队伍的继续教育工作。以改善专业知识结构、增强技术创新能力、提高科研攻关和技术革新综合素质为目标，进一步完善和落实各级专家的定期进修、出国深造、带薪休假制度，支持各级专家在单位的统一组织下开展国内外学术、技术交流活动。

第十三条　切实做好专家引进工作。要多层次、多渠道引进所需的专家，重点引进高新技术、支柱产业、重大工程、重点科研项目、新兴产业等领域急需的高级专业技术人才，充实和壮大各级专家队伍。

第十四条　充分发挥各级专家的作用。局处两级党委和行政应根据专家的特长和岗位要求，通过切实有效的形式，充分发挥他们在科技创新、人才培养、决策咨询和学术交流中的作用。

第十五条　加强专家后备人才队伍的培养。局一、二级学术技术带头人是局处两级专家的后备人才队伍，要建立和完善学术技术带头人队伍的选拔、培养和管理体系，形成合理的专家和后备人才队伍梯次。

第四章　建立和完善专家激励机制

第十六条　结合勘探局发展战略和产业定位的要求，要及时对专家队伍进行调整和选拔，实行动态管理，以确保专家队伍结构合理，素质较高。对不适合继续从事专家岗位工作的人员要及时进行调整，要使局处两级专家队伍保持一定比例的淘汰率。

第十七条　实行专家津贴制度，按照专家级别和岗位发放专家津贴。

第十八条　营造良好的、有利于专家队伍建设的舆论氛围。要采取多种形式，大力宣传专家的典型事迹，提高他们的知名度，努力营造“尊重劳动、尊重知识、尊重人才、尊重创造”健康向上的企业文化氛围。

第十九条　进一步完善专家定期联系制度。局人事劳资处(党委组织部)和厂处单位人事组织部门都要建立专家信息库，设立“专家电子信箱”，征集他们在决策咨询、人才培养、科技攻关、工程论证、重点工程建设等方面的意见和建议；关心专家的工作、学习和生活，切实解决他们的后顾之忧。

第二十条　积极探索不同层次专家的多种奖励方式。利用勘探局优秀科技人才奖，对在科技开发、技术进步等方面做出特殊贡献的专家给予一次性重奖；对于为企业创造直接经济效益的，可根据税后利润的一定比例，奖励主要贡献者。

第五章　建立和完善专家考核机制

第二十一条　专家考核分为年度考核和聘期届满考核，以及重点工程、重点事件考核。考核的主要内容以任期岗位目标责任书为基础，包括职业道德、工作业绩、创新能力、指导能力、任期内的学术成果等。

第二十二条　考核可采取上级部门评价、主管领导评价和专家组评议相结合的方式进行。

第二十三条　建立专家考核档案，对其年度考核、聘期届满考核以及重点工程、重点事件考核情况做出公正评价和记录，作为对专家动态管理的主要依据。

第六章　附　则

第二十四条　勘探局控股企业原则上参照

本办法执行，具体实施意见由本企业研究制定，经勘探局批准后实施。勘探局参股企业可参照本办法执行，也可由本企业自行研究制定。

第二十五条　本暂行办法由局人事劳资处（党委组织部）负责组织实施和解释，自下发之日起施行。

长庆石油勘探局操作和服务人员考核竞争上岗暂行办法

（2003 年 9 月 23 日长庆石油勘探局以长局发[2003]第 166 号文发布）

第一章　总　则

第一条　为配合工资分配制度改革，建立操作和服务人员考核竞争上岗制度，促进职工队伍结构调整和人员合理流动，优化劳动力资源配置，调动操作和服务人员的工作积极性，制定本办法。

第二条　操作和服务人员考核竞争上岗要以“五定”方案为依据，科学合理设置操作和服务岗位，明确岗位职责和上岗资格条件，按照公开、公平、公正的原则，通过严格考核，竞争上岗，以岗定薪，实现职工工资收入与工作业绩、实际贡献、技能水平相一致，建立起考核与使用、培训、待遇相结合的激励分配和用人机制。

第三条　基本原则：

（一）坚持公开、公平、公正的原则；

（二）坚持日常考核和技能水平考核相结合，以日常考核为主的原则；

（三）坚持考核结果与使用、培训、待遇相结合的原则。

第二章　竞争上岗的范围

第四条　在勘探局技术、非技术工种岗位上工作的操作和服务人员，包括原有职工、新增职工、就业前培训工、集体工和劳务合同工，均应参加本次考核竞争上岗。

符合条件的管理人员和专业技术人员，申请从事操作和服务岗位的，单位可直接安排上岗。

第五条　内部退养、协议离岗、工伤休假、长期学习、长假等长期不在岗人员及长期劳务输出人员不纳入本次考核竞争上岗范围。

第六条　正在国外施工队伍工作的操作和服务人员暂不实行考核竞争上岗。正在远离基地的社会市场施工工作的操作和服务人员是否实行考核竞争上岗，由各单位根据实际情况自行确定。

第七条　操作和服务岗位设置，要按照“五定”工作要求，结合单位生产实际和职工队伍现状，科学合理地确定上岗条件及岗位职业资格等级要求。

技术性较强、操作工艺较复杂的操作和服务岗位，一般应要求具备中级工以上职业资格。

属于国家规定持证上岗的技术工种、特种作业工种岗位，应要求具备相应工种职业资格证书、特种作业操作证书。

技师、高级技师可设置在工程技术服务、生产技术服务、机械制造等板块的主体专业和其他技术密集、操作工艺复杂的岗位。简单劳动和一般性服务岗位不设技师和高级技师岗位。

第三章　竞争上岗

第八条　职工竞争操作和服务岗位按以下

程序进行:

(一)各单位依据“五定”方案,公布竞争上岗的岗位名称及定员,明确岗位职责、职业资格等级要求及其他上岗条件;

(二)拟竞争岗位人员向单位提交竞争上岗申请;

(三)单位对申请竞争上岗人员进行资格审查;

(四)考核组对符合竞争上岗条件的人员进行考核;

(五)单位根据考核结果和岗位要求,确定上岗人选。

第九条　职工竞争到新的操作和服务岗位的,按新岗位的工资、津补贴和奖金标准执行。

第十条　允许各单位在勘探局规定的权限范围内自行制定操作和服务人员分配激励政策,倡导内部分配向高级操作技能人才和关键艰苦生产岗位适当倾斜。

第十一条　对考核合格但未竞争上岗人员,按以下办法处理:

(一)本人可申请参加其他岗位竞争;

(二)本人不愿参加其他岗位竞争或参加其他岗位竞争仍未上岗的,由单位根据岗位空缺情况安排上岗或转岗。

第十二条　对考核不合格人员,按以下办法处理:

(一)单位有空缺岗位的,可安排试岗,试岗期限一般为3个月,试岗期间岗技工资按80%发给,可停发奖金。试岗期满经重新考核合格的,方可安排上岗;

(二)单位无空缺岗位的,安排转岗培训,培训期限一般为3个月,培训期间岗技工资按70%发给,可停发奖金和其他岗位性津(补)贴。培训期满经重新考核合格的,方可安排上岗。

第十三条　对不服从单位工作安排或经试岗、转岗培训考核仍不合格的操作和服务人员,是原有职工的,实行内部待岗;是新增职工和其他用工的,依据劳动合同的约定,协商解除劳动合同。

第四章　技师、高级技师的聘任

第十四条　具有技师、高级技师资格的操作和服务人员,经考核合格的,可竞争应聘本单位根据工作需要设置的技师、高级技师岗位。

第十五条　具有高级技师资格的操作和服务人员未竞争聘任到高级技师岗位的,如本人自愿,可由单位直接聘任到相应工种的技师岗位,并享受技师津贴;具有技师资格的操作和服务人员未竞争聘任到技师岗位的,如本人自愿,可由单位直接安排到高级工岗位,取消技师津贴。

第十六条　在本次考核竞争上岗中,对工作业绩突出、能胜任岗位要求、具备下列条件之一的操作和服务人员,报经人事劳资处审批后,可破格竞争聘任到技师、高级技师岗位,享受相应的技师、高级技师津贴。

破格聘任技师的条件是:

(一)在国家一类技能竞赛中取得前五名的中级工;

(二)在国家二类技能竞赛中取得前三名的中级工;

(三)在国家一类、二类技能竞赛中取得名次的高级工;

(四)在以高级工标准命题的局级技能竞赛中取得第一名的高级工。

破格聘任高级技师的条件是:

(一)在国家一类、二类技能竞赛中取得名次的技师;

(二)在以高级工标准命题的局级技能竞赛中取得第一名的技师。

第十七条　本次经局人事劳资处批准同意破格聘任的技师、高级技师,由单位向局职业技能鉴定中心及时申报办理相应的职业资格证书。

第十八条　聘期未满的在岗技师、高级技师,经考核合格的,本次可不再重新办理聘任手续。

第十九条 各单位技师、高级技师的考核竞争上岗情况须报人事劳资处审查备案。

第五章 考 核

第二十条 本次考核竞争上岗中对操作和服务人员的考核，应以日常考核为基础，采取定性和定量相结合的方式，重点从完成工作任务、履行岗位职责、遵守劳动纪律等日常表现及技能水平方面进行综合考核评价。考核结果分为合格和不合格。

第二十一条 各单位要成立操作和服务人员考核组，负责制定具体的考核标准和办法，组织对职工进行考核评价，并提出考核结果。考核组成员由人事劳资、安全、技术、工会等部门的人员组成，并吸收一定比例的专业技术人员或高级工以上的操作和服务人员参加。

第二十二条 操作和服务人员考核不合格率应控制在 5%左右。

第六章 组织实施

第二十三条 人事劳资处负责全局操作和服务人员考核及竞争上岗的指导协调，各单位具体负责组织实施。

第二十四条 各单位在具体实施过程中，既要注意保持操作和服务人员岗位的相对稳定，又要通过考核和竞争上岗提高职工队伍的整体素质。

第七章 附 则

第二十五条 本办法适用于局属各单位。各单位可依据本办法，研究制定本单位的实施细则。勘探局控股企业原则上参照本办法执行，具体实施意见由企业研究制定，经勘探局批准后实施。勘探局参股企业可参照本办法执行，也可由企业自行研究决定。

第二十六条 各单位在制订考核竞争上岗方案和具体实施过程中，要将遇到的具体问题及时向局人事劳资处报告，以便尽快解决。考核竞争上岗工作结束后，要认真总结，并将整体工作开展情况以书面形式向局人事劳资处汇报。

第二十七条 本办法由人事劳资处负责解释，自下发之日起施行。

长庆石油勘探局报废资产处置办法

（2003 年 10 月 30 日长庆石油勘探局以长局发［2003］第 179 号文发布）

第一章 总 则

第一条 根据《长庆石油勘探局报废资产管理办法》和《长庆石油勘探局报废资产管理实施细则》的规定，为妥善处置勘探局报废资产，提高报废资产利用率及经济效益，最大限度地发挥其营运效能，特制定本办法。

第二章 处置报废资产的范围及原则

第二条 本办法处置的报废资产主要是

指：经集团公司批准、勘探局报废的各类资产（包括生产过程中形成的废旧钢铁及有色金属）。

第三条　坚持“分级管理、统一处置”的原则，防止国有资产流失。

第三章　报废资产审批管理与处置机构

第四条　勘探局需要处置的报废资产，由资产管理单位按资产类别分别上报。属于机械设备类的，由二级单位统一上报生产运行处、财务资产处审批；属于物资类的，由二级单位统一上报器材供应处、财务资产处。资产处置工作由集体资产投资管理中心负责，并指定专人办理资产调剂业务；各二级单位要积极配合，共同完成好报废资产处置工作。

第五条　各二级单位必须按照勘探局有关规定，做好报废资产的管理，未经批准，一律不得随意处置。集体资产投资管理中心按照勘探局有关规定，做好报废资产的处置工作，实现国有资产的保值增值。

第四章　报废资产处置的程序

第六条　报废资产处置按下列程序进行：

（一）对拟处置的报废资产，原则上要进行评估。资产评估工作由财务资产处委托中介机构进行评估确认。对因资产可利用程度和资产价值较低的报废资产、废旧钢铁及有色金属等，由勘探局相关部门研究定价，集体资产投资管理中心进行处置。

（二）实际处置过程中，若竞价低于评估价，需降价处置时，由财务资产处、生产运行处、器材供应处、审计处、纪检监察处等部门对处置底价重新进行确认。

（三）报废资产处置前，由二级单位提出申请，财务资产处、生产运行处、器材供应处审批，按程序统一处置给集体资产投资管理中心。

第七条　集体资产投资管理中心按季向勘探局上缴报废资产处置收入，上缴收入标准为评估定价或经局有关部门研究定价。

第五章　检查考核

第八条　各二级单位和集体资产投资管理中心要严格执行勘探局有关制度规定和工作程序，提高办事效率，做好报废资产管理与处置工作。集体资产投资管理中心要按月向财务资产处上报报废资产处置专项报表。

第九条　报废资产的监督检查由纪检监察处、审计处负责。

第十条　报废资产检查的主要内容包括：报废资产管理情况、处置程序、处置价格、处置资金回收管理等。

第六章　附　则

第十一条　本办法由财务资产处负责解释。

第十二条　本办法自印发之日起施行。

专　文

改革创新　加快发展
为实现“二次创业”目标而努力奋斗

——局长、党委书记孙玉辰在2003年工作会议上的报告

（2003年1月4日）

同志们：

我代表局党委、勘探局作工作报告。

第一部分　2002年工作总结

2002年，是生产经营指标全线飘红的一年，是改革改制取得宝贵经验的一年，是科学管理水平有效提升的一年，是继续保持大局稳定的一年，各项工作圆满完成了预期目标。

一、发展指标不断攀升

（一）效益指标稳中有升

主营业务收入48.2亿元，同比增长9%（图1）；

企业增加值17.3亿元，同比增长7.4%（图2）；

全员劳动生产率4.6万元/（人·年），同比增长9.5%（图3）；

多种经营实现销售收入17亿元，同比增长5.1%；实现利润4500万元，同比增长4.6%（图4）；

主业和多种经营上缴税费5.1亿元（图5）；

超额完成集团公司利润考核指标（图6）；

安全生产综合指标达标（图7）；

完成投资6.4亿元，同比增长58.8%（图8）。

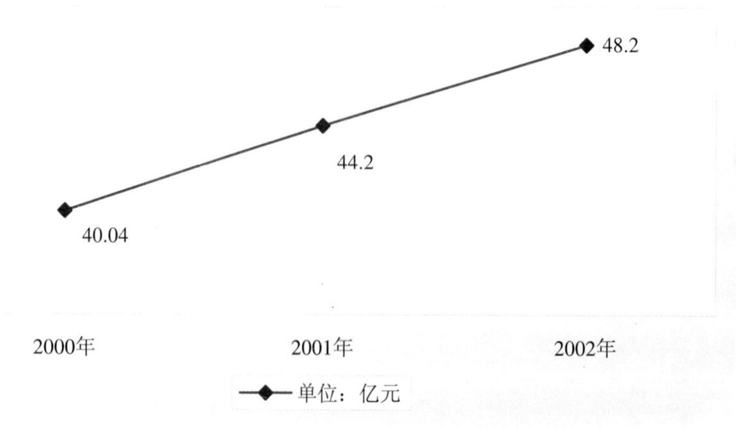

图1　勘探局2000—2002年主营业务收入曲线图

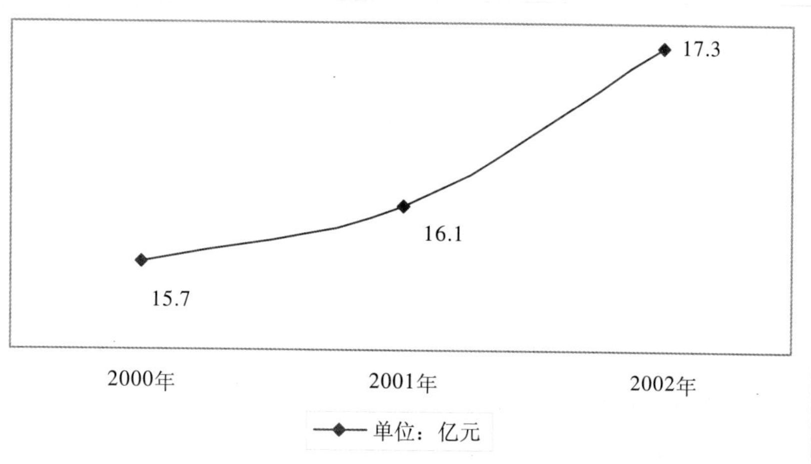

图 2 勘探局 2000—2002 年企业增加值曲线图

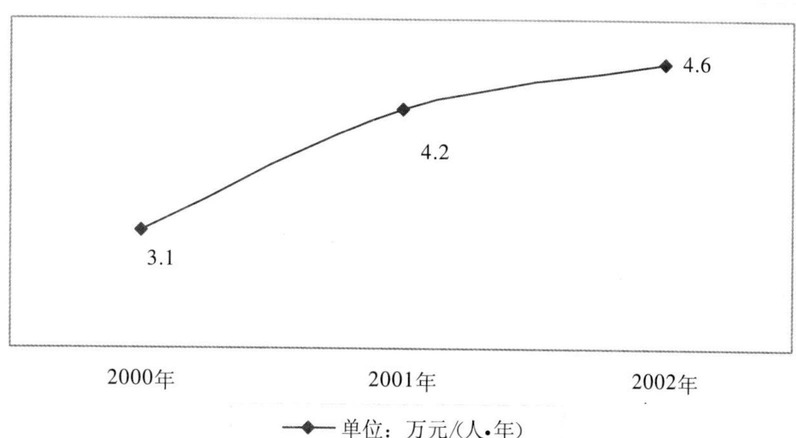

图 3 勘探局 2000—2002 年全员劳动生产率曲线图

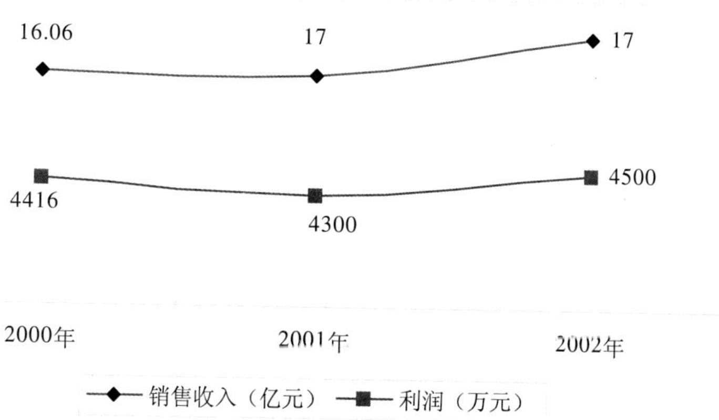

图 4 勘探局 2000—2002 年多种经营销售收入及利润曲线图

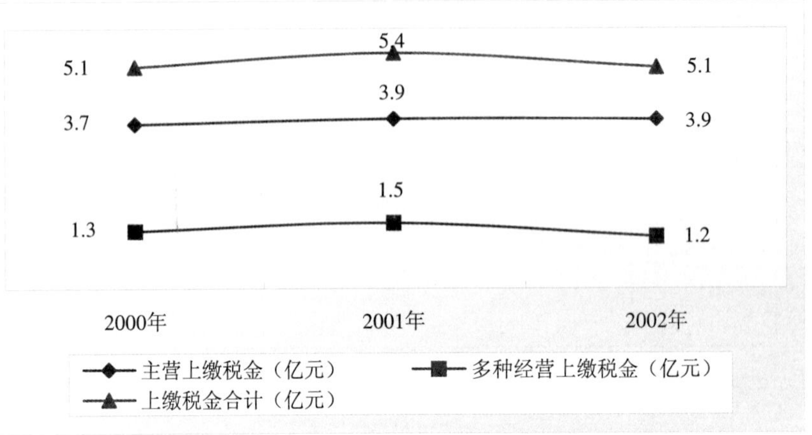

图 5　勘探局 2000—2002 年主业和多种经营收缴税金曲线图

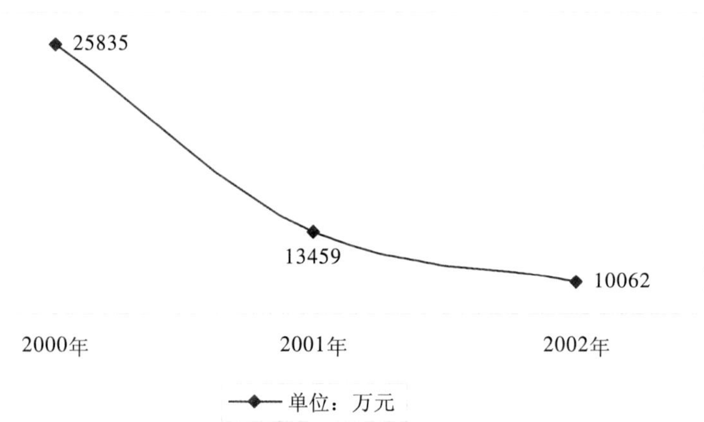

图 6　集团公司 2000—2002 年费用化补贴曲线图

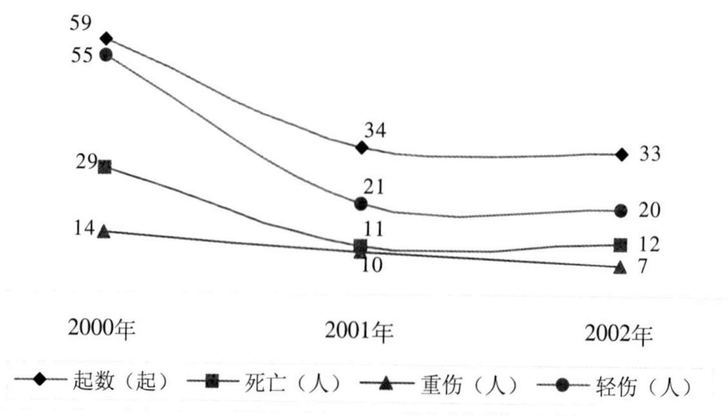

图 7　勘探局 2000—2002 年安全生产事故曲线图

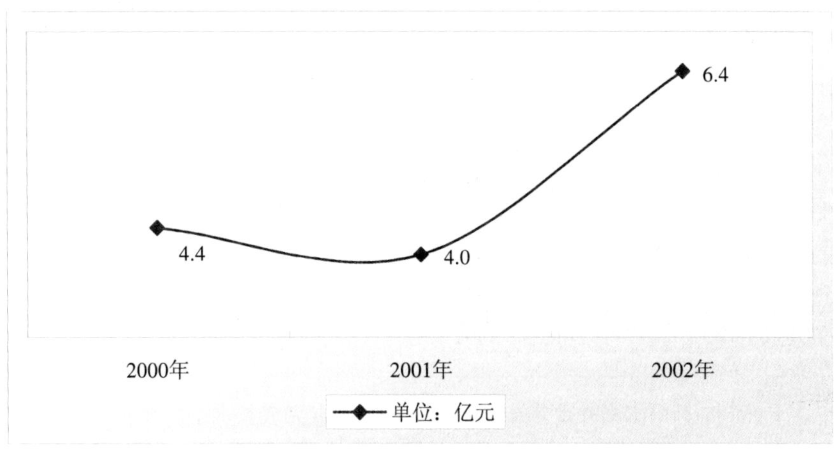

图 8　勘探局 2000—2002 年投资情况曲线图

(二)生产指标增幅较大

钻井进尺等 7 项指标首位数字“换字头”，两项指标在集团公司排名第一，两项排名第二(表 1)。水电、通信、交通运输、器材供应、技术监测、工程监理监督、石化销售服务等单位较好地完成了年度目标；宾馆、疗养院、对外办事机构在提高服务质量，减少费用补贴上见到了成效。

表 1　长庆局 2000—2002 年生产指标完成情况表

项　目	2000 年	2001 年	2002 年		集团公司
			数　值	与 2001 年同比增长率(%)	排　名
钻井进尺(万米)	147.9	193.1	211.4	16	2
二维地震(剖面千米)	9701	7845	8204	4.6	1
三维地震(平方千米)	209	100	425	325	
试油压裂(层次)	2015	2232	2670	19.7	1
测井、测试(井次)	2862	4339	5084	17.16	2
井下作业(井次)	6713	7655	8721	13.9	3
建筑施工(万元)	40820	60158	85500	42.13	3
机械制造(万元)	10362	15563	23074	48.26	4

注：1. 2002 年钻井进尺含社会市场 1.16 万米，海外市场 1.3 万米；增长率剔除不可比因素；

2. 2002 年三维地震含海外市场 222 平方千米；

3. 集团公司排名是指 13 个油气田存续企业。

(三)科技创新能力大幅度提高

2002 年用于科研的经费 3300 万元,完成科研项目 36 项,占计划的 92.3%。其中完成重点科技项目 16 项,并取得了 10 项新的科技成果(表 2)。

表 2 长庆局 2002 年科技成果表

分类	序号	内容
钻井	1	天然气欠平衡钻井技术日趋成熟,苏 35 - 18 井建井周期明显缩短,达到了预期的地质目标
	2	天然气小井眼水平井钻井技术,开创了我局独立完成长水平段地质导向水平井钻井的先河;苏平 1 井,井眼轨迹按地质要求随时调整,形成了多波形 4 台阶的水平轨迹
	3	在乌兹别克斯坦完成的复杂地层水平井钻井,运用"水包油"钻井液等 14 项新技术,填补了乌国水平井的空白,树立了长庆品牌
	4	天然气井固井技术的发展,进一步完善了我局低压易漏长裸眼段固井技术;现场试验 51 口井,固井合格率 100%,优质率达 80% 以上
地震	5	苏里格气田储层物性、含气性预测研究取得新进展,提供的 20 口井位,预测符合率达到 70%—80%
测井	6	P 型核磁测井资料处理解释与应用,拓展了测井应用领域,深化了精细解释内涵,累计测井 12 口,均取得良好效果
压裂	7	端部脱砂压裂改造技术已成为提高单井产量、老井重复改造的有效措施,在安塞、靖安、华池等区块改造油井 29 口,平均单井产量提高 1.8 吨,增幅达到 193%
建工	8	黄土塬大口径管道铺设技术的研究与应用取得新进展,特别是"双侧沉管下沟"工艺技术、黄土塬水工保护技术和全自动焊机等先进设备的运用,为"西气东输"工程 14 标段的施工提供了技术支撑
机械	9	机械制造总厂新一代 GW - S 型振动筛随钻机配套出口国外 30 台
医疗	10	职工医院开展的国内第二项急性心肌梗塞临床应用研究(国际合作项目)已经进行了 15 例,取得了良好效果;消化道出血介入治疗已进入临床应用阶段

(四)经济技术指标不断刷新

2002 年又有 20 项经济技术指标被刷新(表 3)。

表 3　长庆局 2002 年经济技术指标完成情况表

分类	项数	内　　容
钻井	10	全年有 4 个油井队年钻井进尺突破 5 万米、2 个气井队年进尺突破 2 万米，创造了最高年进尺、最高月进尺、最高日进尺、最高队月进尺、最高机械钻速、最短钻井周期、最短建井周期，最快上 3 万米、4 万米、5 万米等 10 项历史新水平
试油压裂	5	试油压裂创造了日完成工作量、月工作量、年工作量、队年工作量、压裂施工规模等 5 项历史新水平
测井	2	测井测试完成了月工作量、队年射孔量 2 项历史新水平
加工制造	2	年产抽油机突破 1000 台大关；年产抽油泵突破 3000 台大关，均创历史新纪录
建筑施工	1	在“西气东输”工程施工中，半自动焊接机创单机组日焊 18 个口的新纪录
国际贸易	1	器材供应处完成国际贸易额 2495 万元，创历史最高水平

（五）工程质量稳中有升

工程技术服务质量明显提高，有 5 项质量指标达到 100%（表 4）。

（六）职工生活质量稳步提高

2002 年确定的 8 件实事件件落实（表 5）。

表 4　长庆局 2000—2002 年工程质量指标完成情况表

分　类	项数	指　　标	2002 年	2001 年	2000 年
钻　井	3	井身质量合格率	100%	100%	100%
		取心收获率	99.46%	99.88%	99.46%
		固井质量合格率	100%	100%	100%
试　油 压　裂	2	试油合格率	100%	100%	100%
		压裂酸化施工成功率	99.9%	100%	99.9%
测　井	2	测井资料合格率	100%	99.99%	99.97%
		射孔准确率	100%	100%	100%
物　探	2	地震生产合格率	99.8%	99.8%	99.75%
		地震建议井位符合率	79.3%	83.1%	84.5%

表 5　长庆局 2002 年 8 件实事落实情况表

分类	序号	内　　容
收入	1	全年人均收入同比增长 8%以上
住房	2	新建住宅 10544 套,81.85 万平方米,同比增长 125.5 %;竣工 5258 套,50.84 万平方米,有 1 名劳模优先在大中城市购买了商品房
保险	3	为职工办理基本医疗、补充医疗、职工互助安康等医疗健康保险;出台了特殊慢性病种人员医疗费用报销规定,使职工看病就医有了基本保证
医疗	4	巡回医疗 3.2 万人次。为 3.7 万名职工进行了健康体检,有 1006 名职工外出疗养
就业	5	接收高校毕业生 264 人
	6	外输劳务 190 人,新聘劳务合同工 304 人
文教卫生	7	安排 1000 万元专项资金(投入达到 3136 万元),改善了全局中小学教育和幼儿教育及医疗、卫生和离退休管理工作条件
	8	安排 200 多万元的专项奖金,提高了全局教职工和工程技术研究院科研人员的奖励水平

二、发展路子不断拓宽

(一)靠市场发展,培育新的增长点

1. 抓住关联交易基本市场,建立稳固的“根据地”

与 2001 年相比,关联交易进一步规范:

特殊的有效协商机制基本形成;

价格体系进一步明细;

结算渠道基本理顺;

“一对一”服务的运行质量进一步提高;

油气田重点工程建设得到了全面保证;

油气发展的宏伟目标真正成为长庆人共同的旗帜;

全年关联交易收入 45 亿元,同比提高 10.26 %,占主营业务收入的 93.6%。

目前乃至今后一个时期,长庆市场是我们生存发展的“根据地”,必须把它建设得更稳固、更具生命力。

2. 开发社会市场,增强抗风险能力

2002 年国内社会市场承揽工作量 7.3 亿元,同比提高 78%。社会市场收入的比重已由 5.8%提高到了 8%,后续市场前景看好。

国际市场实现收入 4000 万元,三个国外施工项目和国际贸易运行顺利,这为增强企业抗风险能力奠定了基础。

3. 投资主体多元化,建立新的经济增长点

2002 年是近三年来投资规模最大的一年,也是寻找新的经济增长点有了新突破的一年,共创造了 10 项“亮点”工程。

合作开发未动用难采储量有了实质性进展,可建产能 2—3 万吨,已生产原油 1000 吨;

经批准投资 5500 万元,参股组建内蒙古西部天然气管道建设有限责任公司,并承揽到工程设计、施工、监理、监测、产品供销等工作量 6305 万元;

钻井工程总公司多元投资 9900 万元,建设钢骨架塑料复合管厂,收购了西安万通石油钻头有限公司;

器材供应处投资 870 万元,完成了 CMC 技术改造工程;

第三采油技术服务处、工程技术研究院与

西安交通大学联合创办了应用化学研究所；

通信公司多元化投资 980 万元，建成西安—大水坑、顺宁桥—靖边、西安—泾河园三条光缆，实现了油区生产区块和生活基地的大连通；

房地产开发公司收购了西安易方房地产开发公司；

第二采油技术服务处彩钢厂和房地产开发公司玻璃钢门窗厂等一批中小型企业相继投产，已成为我局新的经济增长点。

另外，房地产开发公司、泾河工业园项目组、宁夏长庆工业园项目组按照新体制、新机制运作，在兴办经济实体，实现生产生活基地战略调整等方面做出了突出成绩。

(二)靠科学管理增效，提升企业管理水平

1. 建立科学的经营机制

管理创新，“放水养鱼，激活基层”，见到成效。

2002 年按经营性质制定了四种经营承包模式。考核指标留有余地，增收超线，节约归己；

实行工资总额与责任指标考核挂钩，并鼓励和拉动市场开发及节约增效；

改革用工制度，在机构设置、盘活无效资产等 10 个方面扩大基层管理权限，进一步调动了基层的积极性、创造性。

“放水养鱼”也初步见到了成效：

增加了职工收入；

建设了新的项目；

改善了公共设施；

积累了改革资金。

2. 建立动态的管理体系

计划、财务、资产、科研、设计、人事管理、生产运行、市场开发等部门，为适应市场的变化，逐步建立起科学的动态管理体系，两级机关的职能正在发生深刻的变化。

人事部门强化了对处级干部的动态实绩考核，正在对 318 名处级干部考核情况进行分析。

针对高层人才短缺和市场的需要，成立了博士后科研工作站，3 名博士后已进站工作。

选送 15 人带课题到知名院校攻读硕士学位。

评审、推荐评审高级职称 110 人，全局高级职称人数已达到 579 人，是重组时的 1.4 倍(图 9)。

成立了甘肃、宁夏、陕西三个长庆职业介绍服务中心，为人才流动建立了服务平台。

举办外语等各类培训班 720 期，培训职工 21279 人。

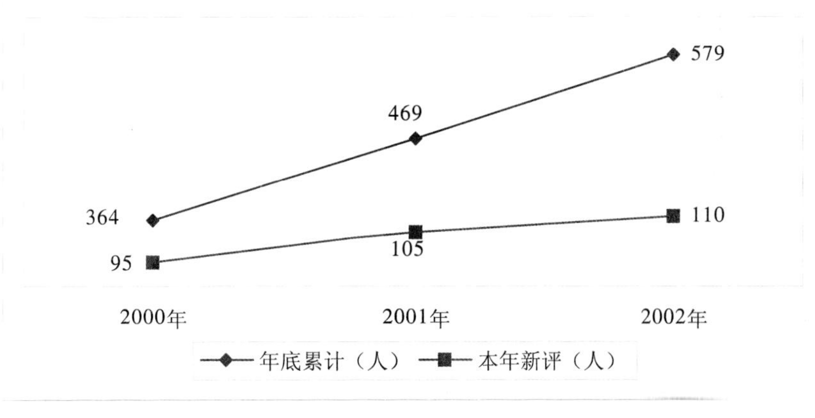

图 9　勘探局 2000—2002 年高级职称人员统计表

举办各类技术比武 474 场次，参赛工人 8891 人，占技术工人总数的 44.8%。

财务部门建立了预算动态管理体系，得到了集团公司财务资产部的肯定。

完善了资金授权管理、社会收入暂行管理、境外项目资金管理和多种经营资金管理办法，确保了资金安全、高效运行。

加强了资金和报废资产管理，全年节约财务费用 1050 万元。

进行了物流、现金流调研。

计划等部门加强投资管理，严格执行投资回报制度。

根据产业定位及发展方向，确定投资重点，优化投资结构，促进产业升级。

严格投资审批制度，坚持投资主体多元化，实行责任追究制。

开展了固定资产投资项目后评价工作。

财务、市场开发、生产运行部门进一步完善“三位一体”动态成本控制体系。钻井工程总公司实行后，可控成本同比下降 4.2%；运输处、建设工程总公司等单位也见到好的效果。

审计、监察和法律事务等部门，积极探索有效的防范监督机制。不仅工作面实现了“两个百分之百”，即内部审计单位和资金覆盖率均达到 100%，完成了 10 个方面的 15 个重点审计和 140 个项目的效能监察，而且重在动态监督，防范为主。

3. 以信息化带动管理科学化

成立了勘探局信息化建设领导小组，制定了信息化建设发展规划，全局信息传输平台建设速度加快。

陕甘宁矿区光纤、微波通信环网干线基本形成。

器材网上招标、采购平台初具规模。

用于生产运行的地理信息系统可覆盖主要作业区域。

主要科研生产、生活基地都接入了宽带网。

野外测井资料实现了卫星传递。

完成了 10 个钻井队现场资料的分段有线接入、无线传输试验。

实现了《长庆石油报》原版网上传输和西安—庆阳局内电视新闻直播。

4. 克服“无效管理”，防止“管理无效”

“无效管理”是指管理的方式、方法、过程不科学；“管理无效”是指管理理念不科学，它只强调管理过程和管理秩序，而不是从管理结果审视管理过程。这两个问题不解决，管理者归位就是一句空话。

2002 年，我们认真贯彻“管理提升”战略，着手解决制约企业管理升级的“无效管理”和“管理无效”问题，带动了各项管理工作的创新。

首先，围绕为何出现无效管理和管理无效、落实管理责任、监督和管理的关系、科学管理的内容等 4 个课题，开展了全局性的“管理提升战略”大讨论。

其次，以安全管理为切入点，以钻井系统安全生产分析会、井下作业事故分析会为载体，派出 10 个调研组，对全局各钻井队进行大规模调研；然后再由管理专家、教授和钻井技术专家组成专家调研组，对钻井生产管理过程、管理模式等进行专题研究。在总结汇报会上，普遍认为，这样做，大大超出了事故分析的范畴，确实是一次对科学管理的再认识、再实践。

除此以外，还以精细管理为突破口，强化基础管理。开展了 14 个方面的软科学研究；开展了厂处级领导转变管理思想的专题培训；加强了法律事务工作；改革了会议制度。

（三）靠改革激发活力，促进了生产力的发展

2002 年，是全局改革改制取得重要经验的一年。

1. 整合尝到“甜头”，持续重组稳步推进

钻井工程总公司、建设工程总公司、机械制造总厂、工程技术研究院、培训中心、第二采油技术服务处、长庆实业集团有限公司、油气技术综合服务处等单位，内部持续重组，区位优势、市场优势、人才优势和技术优势得到进一步发挥。

钻井工程总公司全年收入 20.1 亿元，同比提高 22.2%；

建设工程总公司收入 6 亿元，同比提高 28.2%；

机械制造总厂收入 1.4 亿元，同比提高 9.9%；

培训中心整合后充分利用师资力量，扩大生源，增加了收入；

工程技术研究院发挥整合后的技术优势，科研攻关力量加强，项目进展加快。

事实证明，企业内部的整合重组，对优化资源配置大有好处。

2. 整体带资分流改制平稳起步，公司制改造逐步推开

2002 年产权制度改革立项 19 项，已完成 7 项，其中，主业完成 2 项，多种经营系统完成 5 项；已批复正在组织实施的 5 项，正在报批的 7 项。

(1)完成了机械制造总厂抽油杆分厂整体带资分流改制工作，进一步调动了职工的积极性，生产经营运作良好。

(2)监理公司、机械制造总厂天然气设备制造公司等已经顺利挂牌。

(3)规范健全了长庆实业集团有限公司、长庆房地产开发有限公司的法人治理结构，这些单位普遍呈现出良好的发展态势。

长庆实业集团有限公司 2002 年可完成销售收入 2.6 亿元，实现利润总额 1750 万元，分别比预期指标增长 4.4%和 2.9%。

西安长庆科技工程有限责任公司 2002 年收入 6100 万元，同比提高 22.7%，并为建立苏州、青海分公司打下了基础。

房地产开发公司千方百计筹措资金，优化设计，降低成本，不仅在职工集资建房方面做到了“盖得起、买得起”，一次性出售住房 5695 套，而且已经启动商品房的开发，并将成为新的经济增长点。

(4)第二采油技术服务处、钻井工程总公司、建设工程总公司等多种经营系统进行的公司制改造，完成和正在组织实施的项目 15 项，涉及法人企业 56 个，占全局的 52.8%。

3. 物探、测井专业化整合重组进展顺利

对物探、测井进行专业化重组，是集团公司的重要战略部署。我们按照要求进行了深入细致的调查研究，所提出的相关建议和意见，既维护了大局，又照顾了勘探局和重组单位的利益。

这次专业化重组，采取了“整体进入、一步到位”的方式。两个参加重组单位的业务、资产、人员(包括离退休人员)等全部划归新公司。开始人们曾产生过很多顾虑，由于操作平稳，政策对头，职工利益受到保护，企业利益得到兼顾，因而进展顺利。我们要一如既往地关心支持物探、测井的工作，共同建设好长庆。

4.“三项制度”改革进一步深化

公开竞聘试点工作顺利。为 12 个单位及部门公开竞聘了 23 名副处级领导干部，占全局副处级干部总数的 10%；

试行巡视员派驻制度起步很好。首聘 8 名巡视员，深入到 38 个单位调查研究，对 12 个厂处单位领导班子、77 名处级干部进行了实绩跟踪考察；

对局机关等 16 个单位 263 人实行内部人事代理；对 59 名毕业生实行社会人事代理；对国际市场开发部、资本运营部实行整体人事代理；

对勘探局紧缺急需的高级人才，其薪酬待遇由双方协商确定；

对企业新增人员，一律实行双向选择，签订短期合同，实行市场工资；

新建立了 5 项社会保障制度，其中基本保险 3 项：基本养老保险、基本医疗保险、失业保险；补充保险 2 项：企业补充医疗保险、企业年金。

5. 加大生活服务系统改革的力度

按照个体经营、民办公助、个人或集体承包等多种形式，对 11 个商业网点、22 个职工食

堂、18 个托儿所和 19 个招待所，实行市场化运作、社会化经营，减少补贴 500 多万元，降低人工成本 900 多万元。

（四）靠稳定保发展，“两个文明”双丰收

1. 认真贯彻中央及集团公司稳定工作会议精神

多次召开党委书记会议，专题研究稳定工作。认真排查 9 个方面存在的不稳定因素，确定了保持稳定的 10 条工作原则，制定了 12 条具体措施；

成立了维护稳定工作领导小组，实行了责任追究制，签订了责任书；

加强治安管理和安全防范工作，深入开展“三禁一反”活动，内部刑事案件发案率下降 16%。

2. 贯彻落实集团公司 39 号文件精神

组织有关部门赴兄弟油田调研，结合实际，制定了切实可行的措施；

为 6124 名有偿解除劳动关系人员接续了养老保险，签订了托管协议，占有偿解除劳动关系人员的 88.2%。另有 159 人自愿签订了档案托管协议；

落实资金并组织发放失业保险金、失业证和工伤补助。

3. 加强信访与政策宣传教育，关心弱势群体生活

充实人员，增设了信访接待站，保证信访渠道畅通，全局共处理来信来访 7553 件（次），件件有着落；

针对有偿解除劳动关系人员的管理问题和住房政策的宣传教育问题，组织编发了专题宣传材料，局领导带队到基层宣讲，收到了较好的效果，受到基层的欢迎；

拨专款 45 万元用于“送温暖”活动；

对 530 户特困户、离退休老职工、老劳模和 3000 余户军烈属、职工遗属进行了慰问；

为 325 户 464 人发放了最低生活保障金；

特别是水电厂、油气技术综合服务处等单位在发展的同时，十分关注困难职工和离退休职工的生活，为维护稳定做出了贡献。

4. 充分发挥大政工的优势，广泛深入地对职工进行形势任务教育

以迎接十六大、学习贯彻十六大精神为主线，在全局营造“实践‘三个代表’，推进‘二次创业’，发挥整体优势，谋求共同发展”的政治氛围；邀请十六大代表胡文瑞同志传达十六大盛况，举办十六大精神学习班；坚持两级中心组学习制度。

为配合全局改革重组，重点宣传了钻井工程总公司、西安长庆科技工程有限责任公司、机械制造总厂抽油杆分厂和天然气设备制造厂等单位的持续重组及公司制改造；针对职工普遍关注的住房制度改革等问题，制作了 8 期政策宣传电视访谈节目，由专家、领导干部亲自宣讲；编发了 21 期“转变观念系列谈”专栏。

加大了对“二次创业”典型的宣传力度，表彰了“二次创业”十大标兵和 12 个标杆集体，追踪报道了“西气东输”等 6 个重点工程和“亮点”项目，组织文化小分队深入基层，到一线送书送画、送歌送戏，慰问和鼓舞职工。

按照勘探局《精神文明建设“十五”规划》，建设具有时代精神和长庆特色的企业文化，制作了手册，规范了全局形象识别系统。对重大节日和重大纪念活动，党政工团精心策划，协调运作。

完善了《长庆石油报》电子版，构建了网络宣传平台，组建了长庆第三电视台，丰富了各具特色的报纸、电视、网络三大宣传媒体。

5. 进一步加强和改善党的基层建设

重点抓好党风廉政建设责任制的落实，层层签订了责任书；在第二采油技术服务处等 10 个单位建立了党风廉政建设责任制“示范区”、“示范点”；

组织处以上领导干部和局机关干部重读《甲申三百年祭》，牢记历史教训，保持清醒头脑，力戒骄傲，扎实工作；

充分发挥基层党组织的战斗堡垒作用和党员的先锋模范作用,增强了党组织的战斗力和凝聚力;

进一步加强领导班子建设,领导干部的大局意识、责任意识、改革意识、创新意识、市场意识和科学管理意识明显增强。

总之,在不平凡的2002年,我们继续保持了大局稳定,基层建设、企业文化建设等得到改善和加强,职工的积极性、创造性进一步提高。不仅保证了生产发展、科技进步,队伍建设和精神文明建设也取得了丰硕成果。

不少单位和个人跨入全国先进行列:

勘探局和地球物理勘探处同时获得全国“送温暖”工程先进单位;

井下技术作业处试气177队、钻井工程总公司30533队获得“全国青年文明号”称号;

井下技术作业处被评为“2002年全国职工体质检测先进单位”;

钻井工程总公司60144钻井队团支部被团中央授予“全国五四红旗团支部”光荣称号;

地球物理勘探处研究所解释二室获得“全国五一劳动奖状”;

西安兴隆园小区被团中央、民政部、建设部、国家工商行政管理总局授予“全国青年文明社区”光荣称号;

长庆西安子弟学校少先大队被全国少工委授予“全国红旗少先大队”光荣称号;

王鸿彬、朱文伯获得“全国五一劳动奖章”;

任雁鹏获得“全国创新创效奖”;

李玉森获得“全国技术能手”称号。

第二部分 “二次创业”的再思考

转眼长庆重组已经三年。回头看,这三年我们群策群力、集中精力办了“三件大事”。

第一件大事:大力进行了结构调整。

资产结构调整要比预期的快。

重组时,固定资产总额31亿元,不仅人均数量不足,而且资产结构不合理,无效资产、非经营性资产占2/3。

这几年,我们抓住机遇,报废了10个亿的无效资产,为下一步产权制度改革打好基础。同时,投资了12.5亿元,其中用10亿元更新了关键设备,其新度系数由重组时的0.5上升到0.78,钻井、测井、压裂设备上了档次。

靠工程技术服务板块“养人”的固定资产净值由10.4亿元(包括已报废的2.18亿元)上升到13亿元,增长24.5%;在全局资产净值总量中所占的比重由34%上升到41.8%,而且资产质量进一步优化。

在组织结构调整方面,除人员减少14.2%外,重点搞了专业化整合重组,为继续改革改制打下了基础。

在市场结构调整方面,非关联交易市场收入由重组时的2.3亿元增加到3.8亿元,占总收入的比重由5.7%上升到8%。

在产业结构调整方面,除了突出主导产业的定位之外,大力发展了多元经济。

2003年多元经济销售收入同比有了大幅度的增长,效益也有了大幅度的提高。

低效油田开发有了实质性的进展。

在产权结构调整方面,职工股权达到2.8亿元,其中7627名职工参与了改制,对1.9亿元的资产享受收益分配权。另外,还有23228名职工参加了持股,股金达到9402万元。

第二件大事:突出抓了发展问题。

主营业务收入三年上了三个台阶,总产值从40亿元上升到44亿元、48亿元(图1)。

主要生产单位完成的实物工作量年年飙升。2002年与2000年相比:

钻井增长42.9%;

测井增长77.6%;

试油压裂增长32.5%;

井下作业增长29.9%;

建筑施工增长109.4%(价值工作量);

加工制造增长122.6%(价值工作量)。

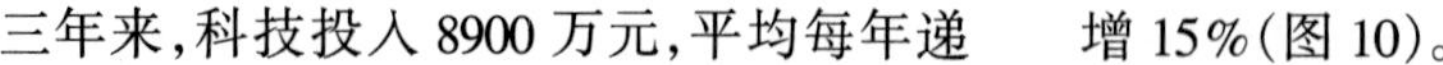
三年来，科技投入 8900 万元，平均每年递增 15%(图 10)。

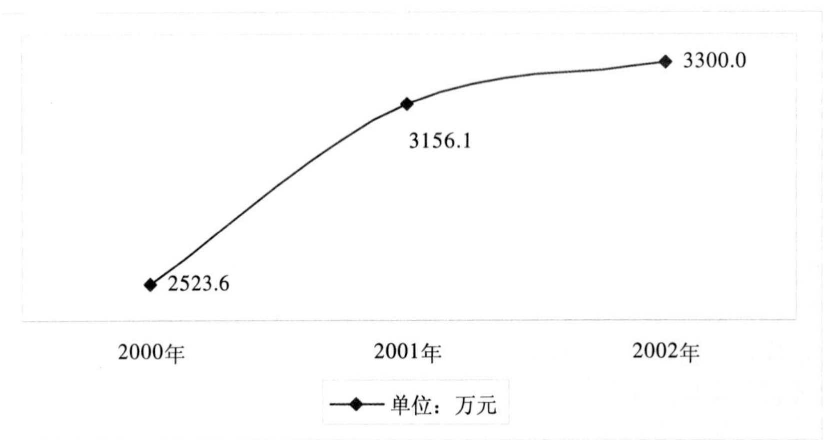

图 10　勘探局 2000—2002 年科技资金投入曲线

在企业发展的同时，职工生活质量进一步提高。

职工收入稳步增长。1999—2002 年均增长 8%；

三年新建住宅 16744 套，与 1990—1999 年 10 年新建住宅总量基本相当(图 11)；

三年高考录取大专以上人数 2782 人，年年在百位数上“换字头”，相当于 1995—1999 年 5 年的总和；

使用劳务合同工 5455 人，提高了劳务合同工的待遇，为他们建立了养老保险、医疗保险和住房公积金；

“一老一少”问题摆到了各级领导的重要议事日程，每年增加投入上千万元，改善少儿教育和建设老年活动中心；

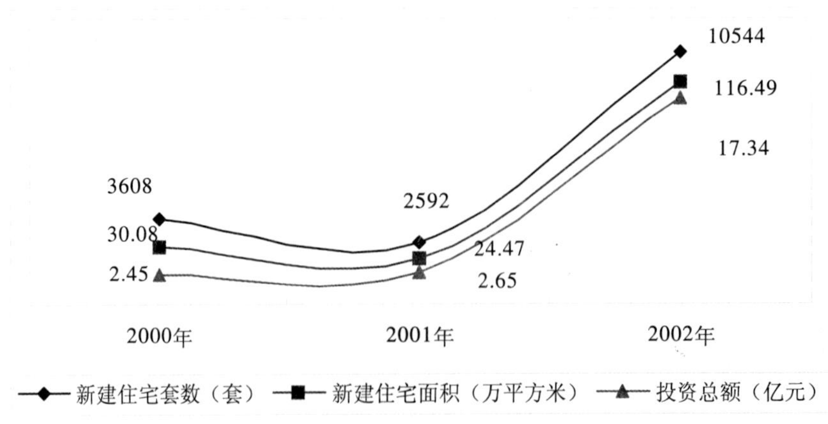

图 11　勘探局 2000—2002 年住房建设曲线图

企业建立了五项社会保险，特别是 2002 年企业拿出近 5000 万元建立了企业年金和补充医疗保险(其中建立企业年金，在集团公司系统尚属第二家)。

第三件大事：改革改制稳步推进。

我们进行了大规模的整合重组，涉及资产21.3亿元，占资产总额的27.3%；涉及人员15802人，占职工总数的42%（不包括二级单位的整合重组）；

已有9个单位按“六种模式”进行公司制试点，已经挂牌的5家公司运作良好；

对长庆实业集团有限公司等6个单位进行了公司制改造，逐步建立健全了法人治理结构，增强了企业活力；

第二采油技术服务处改造了10个公司，其中，9个公司达到甚至超过年初确定的经营目标，10个公司全部扭亏，内部利润明显增长，干部竞聘机制也逐步形成；第三采油技术服务处利用新的机制，开拓新市场，寻求新项目，速度快，效益好，年年上台阶；第一采油技术服务处油城宾馆转换机制，当年就见到很好的效果；

深化“三项制度”改革，全局在三个大的方面又进行了8个方面的改革试点（包括公开竞聘副处级干部、实行巡视员制度、项目经理管理、虚拟机构管理、协议工资、博士后工作站、两项社保等），为其他改革改制起到促进作用；

加强和规范了股权管理，长宁输气公司已经见到效益，长呼管线建设运作顺利，前期效益已经显现；

利用新的体制和机制，全局进行大规模的基地战略调整，并激发了基层的活力。

在办这三件大事的同时：

加强了党的基层建设；

加强了企业文化建设；

加强了职工队伍建设；

加强了企业科学管理；

加强了机关建设，机关工作作风明显转变。

集团公司对我局财务、计划、人事、科研、机动安全、生产运行、市场开发、思想政治工作、报社、公用服务等部门，包括机关、工会、共青团、民兵、离退休管理等工作给予了充分肯定，各项基础工作普遍受到好评。

同志们，我们是在十分困难、十分特殊的条件下办这几件事的。

这三件大事办得很有成效；

这三件大事还没有办完，还得继续办；

这三件大事引起了我们对“二次创业”的再思考。

为什么“二次创业”的步子要比预想的快？

为什么计划经济条件下连想都不敢想的事情，这几年却有了盼头？

为什么人们对“二次创业”的信心一年比一年更足？

为什么党的基层建设、企业文化建设正在不断地改善和加强？

为什么在外部出现不稳定时，我们能一直保持相对的大局稳定？

最近，结合学习贯彻党的十六大精神，全局上下认真回顾近几年的发展历程，比较一致的看法是：

思考之一，必须实事求是，坚持科学的发展战略。

企业要发展，在市场中的定位要科学，企业发展战略必须符合自身的实际。

2000年1月，提出了“两条基本思路”、“四大发展战略”；

2001年1月，提出了“创新、开放、简捷、明确、责任、自信”的企业理念；

制定了10项相应的配套政策。

在贯彻落实上述企业发展战略过程中，连续两年扎扎实实地开展了“求生存、图发展、闯市场、增效益”主题活动。

我们专门召开市场开发工作会、发展多元经济座谈会、经营工作会、改革改制调研会、稳定工作会等，举办领导干部学习班，联系实际对管理层进行科学理念的教育，有针对性地进行深化企业战略、理念专题教育。

如针对市场问题及时提出：

丢掉发展机遇比丢掉黄金更可惜；

管理者丢掉企业发展机遇，“罪”不可恕；

针对事故提出“管理者归位，管理者抓管理”的问题。

现在，我们又针对“指标飘红”，防止管理层“改革漂浮”的问题，明确提出“早备荒”和突出解决领导干部理念创新问题，等等。

我们每次问题的提出，都是在全局大型调研之后。三年六次大型调研，等于六次大的企业理念再认识、再完善，用企业战略指导具体工作，一次比一次深刻，一次比一次深入人心，因此，发展目标更明确，发展战略更科学，发展成果也更显著。

这几年，管理层对发展战略重要性的认识越来越明确，对发展战略的理解也越来越深刻。

思考之二，必须坚持不断创新，激发企业活力。

企业存在的价值是发展，也只有持续发展才能生存，而创新是保持企业持续发展的力量源泉。

这几年，我们在生存发展中碰到了 9 个难题：

人均有效资产少；

社会负担重；

市场观念相对滞后；

关联交易基础价格低；

结构不合理；

社保不健全；

体制陈旧；

机制不活；

发展环境差。

我们把这些棘手的问题分为四大类，即理念问题、结构问题、体制问题、机制问题。解决这些问题，尽量结合勘探局的实际，不落俗套，不尚空谈，立足创新。归纳起来主要有 12 个方面：

（1）我们在集团公司首先提出“关联交易”是特殊的市场交易，必须建立有效的协商机制。三年中，探索了“五种模式”，不仅很好地实现了“平稳过渡”，而且实现了局部的发展，并为建立战略伙伴关系、谋求共同发展奠定了基础。

（2）在结构调整过程中，我们没有过分强调“减员增效”，而是坚持“不消极减人，要用积极的政策养人”。

（3）在实施整体带资分流过程中，我们提出“三不”分流，即群众不自愿、职工不得实惠、分流后没有市场或没有配套政策不分流。此后，我们还积极探索了改革改制的“六种模式”，运行情况都很好。

（4）我们排除一切干扰，承担风险，大刀阔斧地进行生产、生活基地的战略调整，为充分利用社会资源和改善生活环境打下了基础。

（5）在落实“三个代表”思想过程中，不仅要让老百姓眼前得实惠，落实“老少春秋，至尊至贵”，更注重的是让职工成为真正的企业主人，大胆地让职工在改制中获得股权。

（6）在推进改革改制过程中，我们没有走极端，既不等又不冒。能走一步，绝不走半步，只能走半步也决不走一步。更重要的是我们始终坚持企业不发展、职工不得实惠不“改”。

（7）在机关改革中，我们第一步没有在机构设置上费心思，重点抓了管理理念的转变和信息化平台建设。

（8）在“三项制度”改革中，我们从重组之初就提出要以“岗位管理”为中心，大胆进行用工、分配、人事制度的改革。

（9）在建立和完善社保体系过程中，我们实事求是地处理了社会职能与企业管理职能的有效结合，以保证企业利益的优化。

（10）在产业定位过程中，我们始终把

“多元发展”放在突出的位置，在发展油气相关产业的同时也大力发展非油产业。

(11) 在完善企业监督体系的过程中，我们放弃了多年以结果监督为主的综合性检查评比，强化动态监督、立体监督、防范监督、结果监督与过程监督相结合。

(12) 我们的企业文化建设更注重与企业发展相结合，党的基层建设和思想政治工作更注重了对党员、职工进行企业理念、改革创业和形势任务、稳定发展的教育，等等。

这几年逼着我们过自己的日子，想自己的事情。我们没有精力和时间搞花架子、“政绩工程”去应付别人。不用自己脑子想、没有结合自己实情去做的事大大减少了，空喊的少了，求实求是的政策多了，人心也慢慢顺了，事业必然会逐步发展起来。

思考之三，必须坚持“两条腿”走路。

三年过去了，关联交易仍然是我们的生存市场、主体市场。我们从这块市场取得的收入占主营业务收入的90%以上，这为我们平稳过渡和“二次创业”奠定了良好的基础。同时也有三个问题引起了大家的思考：

为什么实物工作量与企业收入、企业效益不成正比（图12）？

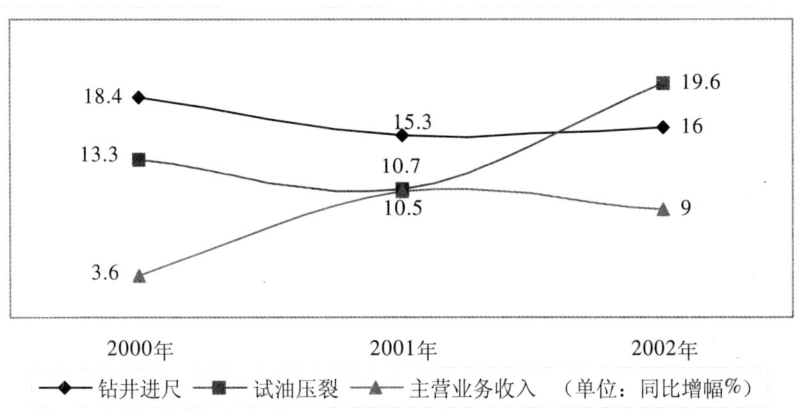

图12　勘探局2000—2002年主要工作量与主营业务增幅趋势图

油气持续飙升的局面还能维持多久（近四年增加了600万吨当量）？

单靠油田市场到底能让存续企业多少人奔小康？

基本结论也越来越清晰：

(1) 钻井、井下等井筒作业能力基本趋于饱和，靠堆工作量发展的潜力很有限了。

(2) 油气加快发展的局面还能维持2—3年。

(3) 维持2000万吨当量所提供的45—50亿的技术服务市场能养活8000—10000名职工。

(4) 要想人均年收入达到5万元以上，还必须另外生产100万吨原油养活3000—5000人；再靠股权和发展非国有经济养活5000—8000人。

所以，讲现实点，不发挥长庆整体优势，有四个迈不过去的“门坎”：

不可能联合搞到100万吨油；

不可能靠油田公司“托管”养活作业区和小炼厂2600人；

不可能主导产业保持50亿元以上的收入，养活10000人；

不可能靠三个采油厂养活采油处的3000—5000人。

从长远看，还有一个基本结论也很清晰，

即仅靠关联交易，日子过不富。我们必须坚持“两条腿”走路，即“一条腿”是搞好关联交易，建立战略伙伴；另“一条腿”是走进社会市场和进行产权制度改革，发展非国有经济。

所以，当前必须办好四件事：

建立战略伙伴；

发挥整体优势，抓紧搞油；

抓住好时机，改革改制；

毫不犹豫地发展非国有经济、扶持发展民营企业。

只有这样，持续发展才有稳固的基础。如果不是这样，我们必将失去机遇，犯历史性的错误。

思考之四，必须抓住关键环节，积极稳妥地推进改革。

实践使我们深化了对改革的认识：

(1) 存续企业不改革不能发展，改革改制是我们发展中不可逾越的“门坎”，改革必将促进发展。

(2) 搞好改革并不难，领导（管理者）是关键。目前，凡是参与了改革改制的单位，尝到了“甜头”，也品味了“苦头”，但还想改；越是改革特别是体制改革还没有展开的单位，越是怕出乱子，天天忙“吃饭”，不知后“有荒”。如果我们不用自己的经验教育干部，不在改革的实践中培养干部，改革将是一句空话。

(3) 改革的中心环节是要调整产权结构，改革成功的基础是转换经营机制，二者缺一不可。要以此带动管理体制的改革和产业结构、市场结构的调整。

(4) 经营机制的转换、“三项制度”的改革、持续的专业化重组，不论企业的性质如何，都必须有效地推进。

思考之五，必须坚持以精细管理为突破口，持续推行管理提升战略。

我们以精细管理为突破口，实施管理提升战略，在管理增效上，初步尝到了“甜头”。

三年来，勘探局先后组织处以上干部进行了 6 次较大规模的工作调研和 17 个专题调研，参加人员 123 人次，累计 200 多天，发现和解决了 2400 多个问题，其中包括企业发展战略、经营政策等，写出有分量的调研报告 15 份。

深入调查研究的结果，不仅帮助基层解决了困难和问题，最重要的是促进了管理理念的创新和机关职能的转变。如果没有这几次大调研，就没有符合实际的、科学的企业理念，更不能树起创业的旗帜。

现在，机关把管理职能具体到“动态分析、动态调控，构筑‘平台’”上；把服务职能落实到“跟踪服务、总结推广、信息咨询”上。

管理者开始把常见的有章不循提高到“冰山一角，根基千丈”，即“冰山效应”的科学理念来对待，用科学管理来消灭“无效管理”。

管理者开始运用虚拟原理，如虚拟资本、虚拟市场、虚拟机构、虚拟管理，进行资本运作，管理创新，有的已经见到了效益；有的已经着手对传统的管理理念、方式进行市场嫁接；还有的把信息化建设作为促进管理理念提升的重要手段，等等。

这说明我们的管理确实在深化，在向市场化、科学化迈进。

思考之六，必须坚持“三个代表”重要思想，全心全意依靠职工群众办企业，保持大局稳定。

(1) 坚持“三个代表”，必须把企业发展作为第一要务

发展是硬道理。重组改制后，我们提出的“二次创业”，就是“二次发展”。但必须用全新的发展观来指导。我们通过结构调整、改革体制、转换机制，不但要提高企业的经济效益，壮大经济实力，而且要使民主更加健全，科技更加进步，群体更加和谐，职工群众生活更加殷实，全面实现小康的目标。

因此，搞好精神文明建设、企业文化建

设、党的基层建设，全面提高职工群众的思想道德和文化技术素质，是企业发展的应有之义。

真心实意依靠职工群众办企业，建立健全职工群众参与民主管理的渠道和机制，实行厂务公开，这是调动职工群众积极性，促进企业发展的重要途径。

事实证明，企业的改革与发展，愈来愈依靠先进文化的推动，企业文化已经成为企业巨大的无形资产。

（2）贯彻“三个代表”，必须保持大局稳定

稳定是企业深化改革、实现可持续发展的根本保证，稳定关系到全局职工的切身利益。维护大局稳定既是各级组织的重要职责，也是全局职工群众的热切期望。局党委、勘探局始终把维护稳定列入重要议事日程，以改革促发展，以发展保稳定。

搞好关联交易，是保持稳定最现实、最有效的措施。油田发展，有活干，有饭吃，稳定才有基础。否则，就会使潜在的矛盾激化，甚至把有利因素变为不利因素。在油田公司的大力支持下，关联交易越来越顺，发挥整体优势，谋求共同发展，越来越得人心。

要掌握实际情况，了解职工心声，帮助他们解除后顾之忧。我们坚持每年为职工办几件实事，职工对企业的困难能理解和支持，对出现的问题只要及时处理，化解矛盾，理顺情绪，广大职工心气就顺、士气就足、人气就旺。

外界的影响和内在的矛盾使我局始终存在很多不稳定的因素，甚至时发时敛。我们始终坚持把握关键环节，耐心做工作，防止矛盾激化。产生不稳定因素并不可怕，关键在于领导干部的政治素质、大局意识和工作责任是否落实。

在加大改革力度的同时，充分考虑职工的承受能力。坚持整体设计、分步实施、渐进式地改，注意引导和沟通，使大家既有压力，也能看到希望，积极支持和参与改革。

要把党和国家以及集团公司、勘探局的各项方针、政策、规定，原原本本告诉广大职工，扩大他们的知情权、参与权，不能把宣传手段与教育主体混为一谈。

事实说明，只要责任落实，相信和依靠群众搞稳定，就一定能保持稳定；只有靠改革促发展，才能实现大发展；只有用发展保稳定，才能实现持续的稳定。

（3）实践“三个代表”，关键在领导

各级领导的创新意识，与时俱进的精神状态，实事求是的工作作风，是我们各项事业蓬勃向上的重要保证。几年来，我们在管理思想上，立足于创新图治；在作风建设上，立足于求实廉政；在决策机制上，立足于群策群力；在队伍建设上，立足于提高素质；在文化建设上，立足于培育精神。大家一致认为，局党委、勘探局所采取的一系列重大决策，符合集团公司党组的要求，符合长庆的客观实际，符合广大职工群众的根本利益，生动地体现了“三个代表”重要思想。

第三部分　2003 年工作部署

一、基本形势

2003 年，将是国有企业进一步深化改革、实现大发展的一年。十六大提出的走新型工业化道路，以及国家已出台的若干政策，将会极大地改善投资环境和企业发展环境。集团公司也将认真总结重组改制以来的基本经验，规范关联交易，推动存续企业的改革与发展。

西部大开发、西气东输、多条输气复线工程建设进展加快，继续为我们提供新的市场空间。

集团公司将加大勘探开发的力度，加大难动用储量开发的投入，加大整体带资分流的力度，加大科学管理的力度，加大房改的力度，

加大维护大局稳定的力度。这为我们的发展优化了环境，提供了支持和保证。

对长庆来讲，油气勘探开发继续加快，产量继续增加。预计年投资 90 亿元，气田产能建设 27 亿立方米，油田产能建设 168 万吨，这为我们开发基本市场创造了条件。

加之这几年，我们逐步建立了一套基本适应市场竞争要求的管理体制和运行机制，企业综合实力、市场竞争能力、技术创新能力和自我发展能力显著增强，为实现可持续发展奠定了基础。

勘探局的发展思路、企业理念、产业定位已得到广大职工的普遍认同，职工思想观念发生了明显变化，这是“二次创业”的强大精神动力。

特别是我们探索了深化改革的路子，注重了管理提升和人才培养，调整了结构，保持了比较稳定的局面，为 2003 年持续改革发展提供了经验。

当然，我们在抓机遇、图发展的同时，也必须看到新出现的不利因素，必须客观地认识自身目前的发展基础。头脑太凉了不好，太热了也不好。

国家可能对石油开发相关政策作一定的调整，鄂尔多斯盆地作为油气战略储备区之一，有可能实施有计划封存或减量开采。

加入 WTO 后，随着服务市场的全面开放，将有更多的竞争对手与我们竞争。

随着油田公司市场的全面开放，竞争会更激烈，工程技术服务价格走低。钻井市场中“挑肥拣瘦”的余地越来越小。

预计 2003 年成本费用增长 1.37 亿元，降低成本的难度增大。

虽然我们工作量年年攀升，但并没有形成积累；结构调整的难度增大，干部职工对改革创新的认识还需要进一步提高；不稳定的因素依然存在；我们并没有步入可持续发展的良性循环轨道。

所以，必须认清形势，坚定信心，开拓创新，开荒备荒，为民做“牛”，努力完成全年经营目标。

二、指导思想

以党的十六大精神为指针，以发展为主题，以改革创新为动力，以结构调整为主线，以提高企业抗风险能力和职工生活质量为目的，争取在结构调整、公司制改造、“三项制度”改革、发展非国有经济、调整基地布局和继续保持稳定等六个方面取得新的进步，全面开创“二次创业”的新局面。

三、工作目标

（一）经营目标

主营业务收入：48.4 亿元（不含物探和测井收入 4.2 亿元），计划增长 9 %；

内部利润：在集团公司三项费用补贴 1.5 亿元后持平有余；

多种经营销售收入 15.5 亿元，扣除物探、测井、炼油厂多种经营后，计划增长 8.3%；

企业增加值 17 亿元，扣除物探、测井增加值后，计划增长 9.6%；

全员劳动生产率 4.8 万元/（人·年），计划增长 5.6%；

职工人均收入计划增长 8%以上。

（二）市场开发目标

关联交易市场：力争占领 80%的市场份额；

钻井进尺：力争 214 万米；

试油（气）作业：2400 层次；

社会市场：力争获得价值工作量 7 亿元，其中，国际市场 2 亿元；

低效油田合作开发：新建原油生产能力 10—15 万吨，生产原油 8—10 万吨；

房地产开发：计划新建住房 4000 套，面积 40 万平方米。

（三）固定资产投资

总投资 6 亿元。其中：

非安装设备购置 2.9 亿元；

低效油田开发 1.8 亿元；

工程建设项目 1.3 亿元。

（四）综合指标

安全生产：实现四个杜绝，三个不超，一个确保。

精神文明建设：走在所在省、自治区前列。

四、重点工作

（一）深入学习党的十六大精神，联系实际，再来一次思想大解放

学习贯彻十六大精神，必须做到“发展要有新思路，改革要有新突破，开放要有新局面，各项工作要有新举措”。

作为企业来讲，发展才是硬道理。我们必须围绕发展再来一次思想大解放，真正做到一切为发展“开绿灯”，做到“一切妨碍发展的思想观念都要坚决冲破，一切束缚发展的做法和规定都要坚决改变，一切影响发展的体制弊端都要坚决革除”。

结合我们的实际，有哪些方面还需要进一步解放思想呢？主要包括：

（1）要不要在大力发展国有经济的同时，大力发展非国有经济？

（2）要不要利用“两种资源”，开拓“两个市场”？

（3）包括钻井在内的主导产业要不要实行产权多元化？

（4）怎样使职工通过增加合法的非劳动收入开辟一条新的致富路子？

（5）勘探局的哪些做法和规定束缚发展？

（6）我们的从业、择业观念是否影响发展、影响致富？等等。

如果这些问题不弄明白，甚至连想都不敢想，改革创新就是一句空话。我们不仅要想，而且要敢想，要带头想，才能自觉地从那些不合时宜的观念和做法中解脱出来，才能带领职工致富奔小康。

（二）“二次创业”就是“二次发展”

我们曾提出过“二次创业”的总体目标。经过近三年的实践，我们更进一步认识到，发展是创业的目标，其他都是手段。“二次创业”，就是以持续发展、全面建设小康为目标，以建立现代企业制度、转换经营机制和调整结构为动力，真正使勘探局成为多元发展的现代企业集团。

这一表述与以前有三点不同：

一是目的不同。体制、机制的改革不是目的，只是手段，是发展的动力。实现企业持续发展，全面建设小康才是目的。

二是经营方式不同。尽管在相当长的一段时间内，还会以生产经营为主，但通过产权多元化和进行资产、资本经营来实现“二次发展”是完全可能的。

三是发展的质量不同。我们不仅要发展，更要寻求持续发展的路子。

三年来，我们年年都在发展，“梅开三度”，但还没有解决可持续发展的问题。

围绕这一目标，争取再用 3—5 年的时间，不仅使勘探局总收入超过 80 亿元，而且从产业结构和组织结构上能达到：

国有收入 50 亿元（包括国际市场 10 亿元，低效油田开发 10 亿元），从业人员 1.5 万人；

非国有收入超过 30 亿元，从业人员超过 1 万人。

要实现上述目标，必须着力做好以下工作。

1. 搞好关联交易，建立战略伙伴

从 2003 年起，关联交易范围将逐步扩大，不仅包括油田公司、石化公司，还包括新成立的物探及测井公司，以及其他控股、参股企业。

对我们存续企业内部，也必须运用关联交易的政策和优势，谋求整体利益的优化，保证勘探局战略目标的实施。

所以，要全力支持油田公司、石化公司的

发展，确保重点项目、重点工程的顺利施工，搞好“一对一”服务。

要重点探索和建立区域经济共同体的有效形式，建立起共同发展的新型战略伙伴关系。

要总结经验，勇于创新。一切行之有效的关联交易政策、协议，都要认真坚持。

在科技发展、内部监督、人才培训、综合治理、对外协调、企业文化建设、完善社保制度、基地建设、文教卫生建设、离退休职工管理及维护大局稳定等方面，要进一步发挥长庆的整体优势，创造出更协调、更高效、职工更满意的经验。

2. 进一步解决好市场问题

要加深对市场理论的学习，承认并尊重价值规律，能动地适应市场，正确认识和把握特殊市场。

要正确认识和把握好特殊的关联交易市场，使我们目前的主体市场成为“二次创业”、开发社会市场的“根据地”。

必须利用“两种资源”，即长庆资源和社会资源；开拓“两个市场”，即关联交易市场和社会市场。

经过 2—3 年努力，力争社会市场包括国际市场的收入由目前的 8%逐步提高到 30%。

要大力培养市场开发人才。管理人员要由以学历培训为主转为以知识更新为主，操作人员逐步由目前的岗位培训向技能储备培训提升，以适应市场开发的需要。

3. 积极培育新的经济增长点，增强企业发展后劲

(1) 做大做强低效油田开发。

2003 年力争建产 15 万吨，产油 8—10 万吨，产值突破 1 亿元。

采用新的机制，实行多元投资、多种方式，有效益地扩大开发范围，包括改造老井、恢复报废井和回收边远井。

必须抓住机遇，向 100 万吨产建目标冲刺。

(2) 抓住西部大开发的机遇，在房地产开发、公路建设、市政建设、油气管道建设、物流配送等方面寻找新的发展项目。

(3) 大力发展多元经济，包括非油产业。

从长远看，井筒作业以及与之相关的产业，不能养活我们全部的人，更不能使我们 3 万人致富。我们惟一的出路就是利用社会资源、社会市场、非油产业和扩大职工个人股权来养人、致富。所以，我们制定的多元化发展战略，是致富的战略。

当前，要从实际出发，兴办劳动密集型的中小企业，充分利用国家优惠政策，安置待业子女及富余人员。

4. 继续加大科技投入，不断增强科技创新能力

2003 年，计划安排科研经费 3300 万元，开发新的科技项目 40 项，其中，技术攻关创新项目 15 项，新技术、新产品开发应用项目 20 项，软科学研究 5 项。

要对重大科研项目实行公开招标和课题负责制。

要设立优秀科技人才奖励基金，对重点项目实行津贴补助。

进一步加强与高等院校和科研机构的合作，吸引更多的博士研究生进站工作。

要整合科研机构，发挥整体优势，形成分工合理、精干高效的技术创新体系。要发挥工程技术研究院、博士后工作站在科研攻关中主力军的作用；协调各单位研发机构，采取多种形式，发挥整体优势，搞好科研攻关，推动科研产业化；人员可以交叉使用，项目不能重复建设。

要以长庆石油天然气工程技术国家重点实验室为平台，培养一批一级学术带头人和专业技术骨干，开发一批拥有自主知识产权的核心技术，进一步推动主体技术的优化升级。

要把井筒作业和重点建设项目作为突破口，攻克 10 项关键技术（表 6）。

表 6　长庆局 2003 年重点建设项目及关键技术

分类	序号	内　　容
钻井	1	苏里格气田高效开发钻井配套技术
	2	长水平段地质导向水平井钻井和欠平衡钻井技术及保护气层的钻井完井液技术
	3	攻克高压盐水层、“下漏上喷”技术
压裂	4	形成天然气高效压裂改造配套技术
	5	次生热压裂、低伤害压裂液技术
	6	煤层气压裂改造工艺技术
井下作业	7	油、水井物化解堵、套损井堵水修复技术
建工	8	湿陷性黄土地区管道施工生态型水工保护技术
	9	高等级公路沥青路面层施工技术
加工制造及化工	10	油气高效真空原油、天然气加热炉、大容量天然气脱水装置以及硫酸盐还原菌（SRB）杀菌剂等油气田化工产品的研制

要把管理平台研究纳入科研范畴。如成本控制分析模式研究，经营控制指标模式研究，基层组织结构模式研究，以及企业文化、企业战略研究等。

5. 抓好职工培训，落实培训规划

在全局范围内营造尊重知识、尊重人才、尊重创造的良好氛围，为优秀人才脱颖而出创造良好的环境。

要在实践中培养人才。新分配到机关和研究单位的大学生，必须先到基层队工作 2—3 年，在实践中提高科研及管理能力。

要以钻井队为对象，在大专以上学历中挑选一批人，加快培养“100 名钻井队长、100 名司钻、100 名机械工程师、100 名电气工程师和 100 名管理人才”。井下技术作业处和其他单位，也必须根据市场需要，认真修订培训规划，落实培训目标。

要加快中层干部的知识更新，着力培养一支市场开发中急需的财务、贸易、营销、法律和项目管理等方面的中高级人才。

6. 加大资金投入，加快关键设备的更新改造

要把有限的资金用在关键设备的更新改造上。

重点做好钻井、井下、修井、建工等工程技术服务关键设备的更新改造和重点实验室的建设。

关键设备的引进，一定要分项搞好论证，归口招标采购，落实责任，确保回报。

要研究设备市场化管理的新路子。

要搞好报废在用设备的管理。

（三）选准突破口，大胆改革创新

1. 必须准确把握结构、体制、机制、理念四者的关系

结构（组织、资产、产业、市场等结构）不合理是影响发展的重要因素；

体制陈旧、机制不活是影响发展的重要原因；

理念不科学是影响发展的桎梏。

究竟先解决什么问题，哪个是主要矛盾，必须认真分析，选准突破口。

一般来讲，经营机制必须以调动劳动者的积极性为出发点和落脚点，与企业的性质本身并没有必然的联系。即便是同一性质的企业，因经济规模不同，产权结构不同，文化背景不同，也不能采用统一模式。即使企业实行了现代企业制度，建立健全了法人治理结构，如果经营机制不活，仍然会失败。经营机制是生产要素中最富弹性、杠杆调节作用最敏感的要素。机制创新必须与时俱进，不可一劳永逸。我们考察一个单位发展有没有活力，首先着眼于此。

体制创新是建立现代企业制度的必然要求，也是实现产权多元化的必然要求。它以法律的形式，保障股（产）权的依法组合、收益的合法分配，实现所有权与经营权的分离。但这种制度本身，并不能保证企业的发展，它只能规范企业运作的行为，促进发展。所以，要实现产权多元化，就必须建立现代企业制度，建立健全法人治理结构，这是不可逾越的法律要求。

对勘探局（国有企业）来讲，要实现产权多元化，可以有多种形式：控股、相对控股、参股等。最需要研究的不是这些形式，而是目的。当前，我们一定要利用好相关政策，力求达到五个目的：

一是对国有资产的增值保值；

二是依法减少国有资产的同时，扩大职工个人的财产（或股权），也同时转变职工的“全民”身份；

三是以较少的国有资产，调动社会上较大的资金（产）量进行经营运作；

四是优化资产、产业、市场结构，甚至直接进入资本市场；

五是拉动企业职工观念的转变。

调整结构，可以用行政的办法，也可以用市场杠杆，还可以兼用。

至于人的理念（观念）问题，不论改革体制，还是转换机制，甚至调整结构，都必须进行教育和引导，否则就不可能让大家积极主动地参与，甚至会成为创新的“桎梏”。

我们弄清这四者的基本关系之后，结合本单位的实际，先改什么后改什么，怎么配套地改就清楚了。

年前，我们用了一个多月的时间，机关同各二级单位结合学习十六大报告，多次讨论了各单位的改革创新目标，希望各单位从长计议，大胆实践，逐步深化。

这里需要强调的是：

根据最近出台的有关政策，对于工程技术服务单位、科研单位以及中介单位，包括钻井工程总公司的专业公司、水电厂的施工队、井下技术作业处的作业队等，都可以实行产权多元化。

凡具备改制条件的，都可以列入扩大整体带资分流的试点范围。不论采取哪种改革形式，都必须利用好国家八部委《关于国有大中型企业主辅分离辅业改制分流安置富余人员的实施办法》的政策，都必须符合法律规定，都必须保护好企业的整体利益并让职工得到实惠。

2. 要积极探索资本经营的路子

资本经营是加快发展的路子之一。我们对它还很不熟悉，更缺乏这方面的人才。

要以资产管理中心为平台，通过股权重组、整体带资分流等方式，壮大非国有资产，开辟企业发展的新途径和职工致富的新路子。

3. 深化“三项制度”改革，促进企业转换经营机制

要强化对管理层业绩的动态考核、关键“事件”的跟踪考核和能力培训，促使管理者在市场中衡量、认识和实现自己的价值。同

时，要培养干部的创业创新能力和大局意识。

今后新成立的公司一律取消行政级别，按产权关系和性质进行分级分类管理。

要在钻井工程总公司进行人事改革综合试点，变身份管理为岗位管理，做到“按需设岗、评聘分开、竞争上岗、择优录用”。

扩大中层干部公开竞聘试点范围，对试行岗位工资的单位包括部分机关工作人员，也可以面向社会公开招聘。

继续扩大二级单位的用工自主权，建立灵活有效的用工机制和激励机制。

要深化和完善人事代理制度。在钻井工程总公司、国际市场开发部、资本运营部、人事劳资处（组织部）等单位和部门实行人事代理，真正按短期合同、岗位工资进行运作。

对公司制企业要按需设岗，用工依法实行市场价格。

要形成“效益优先、兼顾公平”的分配机制，完善“工效挂钩”办法，加大效益工资的调控力度，适当拉开分配差距，强化业绩考核，做到以岗定薪、易岗易薪。

4. 积极推进企业房改，加快货币化分房进程

要尽快出台《长庆油田深化住房制度改革实行住房分配货币化的实施办法》。

积极做好第三轮房改工作。

在勘探局统一指导下，采取多种方式解决好旧房交易中的特殊问题，加快基地调整步伐。

进一步完善价格体系、合同管理、咨询服务等，使住房交易规范化、制度化。

（四）进一步提升科学管理水平，实现管理增效

要继续实施管理提升战略，切实树立科学的管理理念，科学界定管理价值的判识标准；实现对传统管理思想、管理方式的市场“嫁接”；学习和实践新的管理理念，推进管理创新。

1. 进一步加强投资管理，确保投资回报

坚持投资主体多元化。实行投资主体一级法人、两级管理。

严格落实投资责任制，加强项目实施过程的管理、监督和检查，确保投资回报。

2. 加强预算、资金和成本管理，进一步提高财务管理水平

建立完善预算动态管理体系，加强预算过程的调控，确保经营目标的实现。

对资金要实行高度集中管理，及时足额回收各项资金，特别要抓好采购资金的使用和管理，确保现金流良性循环。

实施合理的低成本战略，全面实施“三位一体”动态成本控制，使成本比 2002 年降低 3%—5%。

实施成本集中核算，加强经营分析，财务管理要由核算型向管理服务型转变。

3. 加强股权管理，依法维护企业的投资权益

对局内的控股、参股公司，支持他们依法独立运作。由勘探局兼职的主要管理人员要逐步退出，进一步扩大企业的经营自主权。

勘探局要加强股权管理，依照公司章程行使股东权利。

4. 全面推行 HSE 管理体系，依法加强安全环保管理

十六大提出，要走新型工业化的道路。我们不仅要谋求发展，而且一定要谋求在新型工业化道路上的高质量发展。

要认真执行《安全生产法》、《环境保护法》，全面落实各级领导和各有关部门安全环保责任制。

要严格实行安全生产风险抵押金制度和勘探局关于领导干部引咎辞职制度。

要进一步完善安全监督制度，2003 年主要生产单位都要逐步实行异体监督。

全面推行 HSE 管理体系，以此带动科学管理升级。

5. 加强质量管理，创建知名品牌

要建立健全质量责任制，实行重大质量事故追究制。

要按照市场要求建立完善质量监督制度和审检体系，充分发挥社会职能，促进产品质量管理与社会接轨。

围绕满足用户的需求，认真开展质量回访工作。

6. 以信息化建设带动管理水平的提高

继续搞好信息传输骨架网络建设，提高系统的安全可靠性。

要完成区域互联骨干网信道带宽的扩容，使主干通道带宽达到 45 兆以上。

研究和应用虚拟专用网（VPN）技术、网络病毒安全技术、入侵检测技术（IDS）、安全扫描技术等，保障网上信息传输的安全可靠性。

开发自己的信息管理软件，加强数据库的建设，逐步实现信息网络化、数据标准化、业务处理电子化、信息服务社会化，实现资源共享。

重点抓好钻井工程数据库、井下作业数据库及地面工程数据库、中小学教材数据库的建设。

继续搞好井队数据传输、管理系统的实验。

建立和完善生产运行、市场开发、行政管理以及计划、财务、核算、结算等信息管理系统。

完成西安主会场和银川、延安、庆阳三个分会场视频系统的建设。

搞好新区和西安—西峰宽带网建设。

搞好网络宣传，扩大覆盖率；搞好网络教学，充分利用网络资源，提高教学水平，2003 年先搞好总校的网络教学试验。

利用企业网站，逐步实现物资网上采购、产品营销、技术交流和人才培训。

7. 逐步建立和完善科学管理平台

管理平台就是资源共享的管理系统。主要包括：

人力资源开发服务和社会保障平台。要靠市场实现人力资源的合理配置，使职工处于多元社会保障之中。

股权管理平台。强化股权管理，进行资本运营，加快发展非国有经济。

信息网络平台。建立信息数据库，实现资源共享、管理高效、决策科学。

科技管理与研发平台。以工程技术重点实验室和博士后科研工作站为平台，大力开发专业技术和专利技术，促进科技产业化。

电子商务平台。使全局产品销售、合同管理、招标采购、物流配送、技术服务、对外合作等运作更加规范、高效。

财务管理和结算平台。分级分片成立成本核算中心，实行有效的动态成本控制。

房地产开发平台。搞好职工集资建房，大力开发商品房，以此拉动建材、装饰、物业管理及社区服务同步发展。

人才培训平台。提高培训质量，降低培训成本。

党群系统管理平台。一套党群机构可以通过有效的方式，同时抓好若干相关单位党的建设、工会、共青团建设和思想政治工作。

（五）用改革的精神，加强党的建设、思想政治工作和企业文化建设，为改革与发展提供强有力的支持和保障

1. 落实“三个代表”重要思想，扎扎实实抓好稳定工作

在发展生产、提高效益的基础上，积极创造条件，改善职工的工作环境和生活环境。

要关心弱势群体和特困职工，帮助他们解决生活上的困难。今年春节之前，勘探局再拿出 50 万元，救济 1000 户生活有困难的职工，包括离退休老同志及职工遗属和有偿解除劳动关系的特困户。

积极鼓励和支持发展民营企业，为各类人

员实现就业和再就业创造条件，这是特殊时期的特殊使命。

积极采用新机制兴办公益事业，包括教育、卫生、幼儿园、老年活动中心，进一步丰富职工群众的文化生活。

一定要高度重视和做好稳定工作，稳定的责任在领导，稳定的关键也在领导。

要把稳定的目标和责任落实到各个部门、各个单位、各个环节，防患于未然。

要切实搞好厂务公开，对职工群众普遍关心的突出问题，要面对面地听取意见和要求，耐心解释引导，广泛宣传政策，理顺情绪，化解矛盾。

要继续做好“法轮功”习练者的监控、帮教和转化工作，继续加大治安综合治理和“三禁一反”工作力度，确保大局稳定。

2. 进一步加强领导班子建设，建设一支高素质的管理者队伍

班子建设的重点是要解决好理念创新问题。建设学习型的班子，带出学习型的队伍，建立学习型的企业。

进一步学好十六大精神，破除领导干部存在的等上级决策、听上级安排的老习惯。提高领导干部在市场中的决策水平和管理能力。要调查研究，吃透实情，提出方案，大胆探索。

要增强班子的整体功能，发扬民主，优势互补。

要把工作业绩作为考察选拔干部的重要依据，不断拓宽管理层的选聘渠道；培育德才兼备的职业经理队伍。

“智愈圆，矩愈方。”领导干部自觉接受监督的意识和相融合作的能力是政治上成熟的表现，是现代企业管理者必备的素质，各级领导都要互励共勉。

3. 要用改革的精神，加强和改善党的基层建设

党的基层组织，是联系群众的桥梁，是动员和组织群众的战斗堡垒。

要组织全体党员，认真学习十六大通过的新党章，在生产经营、改革改制中发挥先锋模范作用。

要认真抓好党支部书记的培训，组织优秀党务工作者搞好“传、帮、带”。

要积极探索在改制企业中加强党的建设的新课题。对勘探局控股的企业和参股的非国有经济企业，要充分利用党群工作平台，抓好党群工作。

要研究和探索“新三会”和“老三会”职能的兼容、互补。

要重视在生产一线、科技人员、经营管理者和在非国有企业中发展新党员。

4. 加强党风廉政建设

以党风廉政教育、抓源治本为基础，用“八个坚持、八个反对”规范各级领导的行为。

以领导干部廉洁自律为龙头，突出抓好党风廉政建设责任制的落实。

以查办案件为重点，以效能监察为手段，在监督有效和有效监督上下功夫，纠正违纪、违法行为。

解决腐败问题的关键在于深化改革。当职工通过股权管理企业时，对管理层的监督力度将会更有效，甚至会直接行使罢免权。

5. 全心全意依靠工人阶级办企业

建设政治文明是全面建设小康社会的重要内容，对于我们来说，就是要全心全意依靠工人阶级办企业。

要维护职工的合法权益，保障职工的切身利益，搞好民主监督，推进厂务公开。

要从根本上为职工群众谋利益，通过对企业的参股、入股，使职工成为企业的主人，拥有劳动者和投资者双重身份，在按劳分配获得收入的同时，还可以获取合法的非劳动收入。

要加强企业内部的各项监督，包括监察、审计、法律监督等。把过程监督和结果监督结合起来，以过程监督为主。

6. 继续做好改革中的宣传思想政治工作

打通思想，提高认识。在学习贯彻十六大精神中结合长庆的实际，按照集团公司党组的统一部署，开展好“形势、任务、主题”教育，春节过后，勘探局将组织讲师团深入基层专题宣讲。

突出重点，融合渗透。重点抓好三个环节：改革之前教育引导，让职工明实情、顾大局；改革之中同步参与，让职工定方案、提建议；改革之后共同运作，总结提高。

调查研究，掌握实情。要运用大政工优势，围绕改革改制、生产经营等中心工作，继续开展几次大型调研活动。

宣传亮点，树立典型。上半年要召开政工会，总结思想政治工作在新形势下的新经验。

要坚持政工例会制度，及时研究、落实和通报重大政策及重要事件。

7. 建设具有长庆特色的企业文化

要把打造长庆品牌、提升企业形象、提高员工素质作为企业文化建设的主要任务，全面推行视觉识别系统。

整合重组给企业文化建设创造了机遇，带来了活力。要充分发挥文化整合的优势，使之在更高层次上发展。

要树立样板，针对不同的工作性质和环境，创建不同的模式，如“项目文化”、“井场文化”、“社区文化”、“产品文化”等，分步推广实施。

五、具体要求

钻井工程总公司要做好油田各区块钻井风险的分析，制订预案，大力提高经济效益；完成多种经营企业整合及公司制改造；寻求录井等部分专业公司的股权多元化；大力开拓国际国内社会市场；继续推进信息化建设和机关建设，搞好应用技术推广和职工培训。

井下技术作业处要在有效占领关联交易市场的同时，逐步扩张社会市场；进一步理顺关联交易价格体系；大力开展试油、压裂技术攻关；大力发展非国有经济，实现产权多元化；大力进行“三项制度”改革，推进整体带资分流。

工程技术研究院要带头实施“科技进步与人才开发”战略，大力开发新产品和推广应用新技术，建立有效的人才培养和激励机制；结合市场需求，打破技术上的“盆地意识”，立足盆地技术走出盆地，立足传统技术突破传统，搞好社会市场开发中的技术服务和技术保障工作；建设好重点实验室。

采油厂、处间和炼化、销售服务双方的共同合作，共同发展，自求平衡，具有特殊的意义。

三个采油技术服务处要积极支持采油厂完成原油上产目标，与采油厂建立长期稳定合作关系；要加强科研，掌握稳产增产的特色技术，搞好技术储备。通过横向联合，相互参股，实现技术共享，市场互补。

要加快联合开发低效油田的步伐，特别要在共同开发利用关、停井、边远井上动脑子、求效益。

建设工程总公司要继续在“两西”工程上做文章。抢占市场制高点，扩大社会市场份额；发挥管理优势、技术优势，实施低成本扩张战略；要大力推进企业内部体制、机制改革，增强活力，提高竞争能力。

机械制造总厂要进一步调整产业结构、市场结构，降低经营风险，扩大社会市场占有份额；要把主导产品做精做强，不断研发升级换代产品，优化产品结构，努力控降成本，实现产品升级，打造知名品牌；要继续做好已改制单位的市场开发及管理工作。

油气开发公司要以王盘山为主战场，进一步扩大油气勘探区域，实施滚动勘探与开发；要借鉴“镰刀湾”的经验，加强地质研究，优化方案，增加效益。

水电厂要继续搞好“一对一”服务，通过资产运作，建立伙伴关系，与地方实现业务融合。通过产销挂钩，市场置换，扩大市场范围；要大力发展非国有经济，继续做好新项目的前期工作。

运输处 2002 年实现了两大亮点：即第一次实现持平，安全生产跨入先进单位行列。下一步要大力推行改体制与转机制并重、内部市场与外部市场并重、节约挖潜与增加生产能力并重的发展战略，力争在调整产业结构、改革改制、内部管理、安全生产诸方面再上新台阶。

通信公司 2002 年实现了预期的“三五”目标，今年要大力发展信息产业，推进改革改制，提高个性化服务水平，建设一流的网络、一流的管理和一流的队伍，提供一流的服务。

器材供应处要继续搞好重点项目的物资供应，降低成本，大力开拓社会市场；要发展电子商务和国际贸易；要加强内部管理，深化内部改革，逐步把管理和经营职能分开，实现管理与经营双加强。

油气技术综合服务处 2002 年产值突破 1 亿元。在粮、果受灾减产的情况下，自我积累的能力有所提高，产业结构调整有了新的进步。今年要继续开发新市场，强化管理，拓展新的经济增长点；认真搞好职工培训，管理好长呼管线，增加劳务输出，提高效益。

石化、销售服务处 2002 年在石化公司、销售公司的直接管理下，取得了双方满意的成果，探索了自求平衡的新途径。今年要进一步拓展新的经济增长点，深化改革，增加积累，实现自我发展。

技术监测中心、监督公司 2002 年都较好地完成了经营目标，效益大幅度提高。今年要进一步加强内部管理，提高服务质量，搞好职工培训，谋求更快发展。

长庆科技工程有限公司这两年步入了良性循环的轨道。今年要发挥自身优势，在服务于油田的同时，加快社会市场包括国外市场的开发；深化机制改革，培养拔尖人才，开展新的设计项目，搞好苏州、青海、新疆等市场的联合开发。

长庆实业集团有限公司 2002 年办了三件事：一是健全了法人治理结构；二是原油生产等生产经营取得可喜成果；三是拓展了新的市场。今年要按照现代企业制度的要求，积极稳妥地做好直属企业整合重组和公司制改造；突出抓好原油生产，大力推进“三个一”工程（平均一人一天一吨油，一人一亩地，一人年分红一万元）；大力发展非油产业，拓展新的经济增长点，成为发展多元经济的“龙头老大”。

监理公司要充分发挥新体制、新机制的优势，严格按照公司章程规范运作，争取 2003 年收入增长 15%，利润增长 10%，回报率达到 15%以上。

物业管理在搞好“一对一”服务的同时，要逐步理顺价格体系，拓宽服务范围；新建小区的物业管理，要采取新的投资体制和新的管理机制；要逐步与社会物业管理嫁接和接轨；要改善安全、环保、绿化、人文等环境，搞好医疗、教育、休闲、娱乐服务。

房地产开发公司要充分发挥“两种职能”和“两种作用”，既要成为新的经济增长点，又要加快集资建房步伐，为广大职工群众办实事、办好事。在坚持“四统一”政策的前提下，利用两种政策开辟两条战线，实现基地战略调整与商品房开发双丰收。

培训中心要积极推进教育产业化的进程。同时，要根据发展的需要，抓好在职职工培训和待业青年、下岗人员及其他人员的职前培训。

医院、疗养院、宾馆要面向社会，创建新的管理模式，模拟市场化经营。

交通服务处、驻外办事机构要进一步提高服务质量，加强内部管理，增收节支，减少费用补贴。全局要联合开发旅游资源，开展商贸，形成新的产业。

中小学要认认真真地培养师资队伍，扎扎

实实地开展教研活动，一步一个脚印地提高教学质量，全方位地管理好学生。要进一步调整学校布局。高中教育要寻求与社会联合办学方式。教师队伍建设要保存骨干，有进有出，进入社会人才市场。

机关要进一步转变职能，转变作风，加强指导和监督，在提高管理水平和办事效率的同时，大力压缩会议，精简文件，深入基层，调查研究，切实帮助基层解决实际问题；大力倡导管理思想的创新，今年要专门召开管理创新研讨会；要带头进行“三项制度”改革，带头厉行节约，带头勤政廉政，带头推进信息化建设，处处给基层作表率、当楷模。

同志们，今年的工作目标已经明确，任务十分艰巨而光荣。只要我们团结奋斗，再鼓一把劲，各项工作就一定会再上新台阶。我们一定要按照集团公司工作会议的部署和勘探局的总体要求，抓住机遇，真抓实干，与时俱进，开拓创新，确保全年各项工作目标的实现，让大家过上“好日子”，奔向“富日子”，为开创“二次创业”的新局面而努力奋斗！

孙玉辰同志在长庆石油勘探局 2003 年工作会议结束时的讲话

（2003 年 1 月 5 日）

同志们：

2003 年工作会议，以十六大精神为指针，认真总结了 2002 年的工作，以实事求是的态度对“二次创业”进行了再思考，以改革、发展、稳定为主线，部署了全年工作。在大家的共同努力下，这次会议开得很好，很成功，完成了会议的各项议程，达到了预期目的。在会议即将结束的时候，我再强调几个问题。

一、要发展必须解放思想

十六大提出要“从那些不合时宜的观念、做法和体制的束缚中解放出来；从对马克思主义的教条式的理解中解放出来；从主观主义和形而上学的桎梏中解放出来”。

思想观念的滞后，不是先天的，是特定环境条件下形成的思维定势。人们习惯用老理“论”新理，用老事“看”新事。生怕丢了“老祖宗”；生怕“犯错误”、“担责任”。结果可想而知，轻则南辕北辙，重则痛失发展机遇。

解放思想的标志是能否与时俱进。与时俱进，有两种最基本的涵义，一是对前人理论和实践的突破；二是对自己的旧观念和实践的突破。

十六大报告中提出了 45 个新观点、新概念，是与时俱进的典范。我们在工作报告中也提出了一些新的思考，提出了需要解放思想的六个方面，符合不符合长庆的实际，还要用实践来检验，还有个过程。问题是这些新的想法，能不能起到抛砖引玉的作用，能不能对解放思想起到推波助澜的作用，则是现在就要注意的大问题。如果坐而论道，只能痛失时机。

第一，要从集团公司的战略定位上开阔眼界。

集团公司提出，要加快建设具有国际竞争力的世界一流大公司、大集团。存续企业承担着十分重要的任务，是一个重要的方面军。

国际石油企业的竞争，主要是为了参与分享全球石油资源和市场。随着油气田勘探开发程度的提高，难度越来越大，对工程技术服务水平的要求及依赖程度也越来越高。因此，工程技术服务既是参与竞争的重要手段，又是竞争的主体。

按照集团公司的战略定位，我们在思想上显得准备不足，还没有想到为集团公司参与国际竞争而效力，也没有想到要与国际上的技术服务公司比高低。仅是为了利用国际市场谋生、求发展，显然起点不高。

第二，必须坚持整体发展的战略思想。

集团公司在认真总结关联交易经验的基础上，逐步明确要实施整体发展战略。这是对石油石化企业内在发展规律的认识深化的必然结果，也是站在全局的、战略的高度，把存续企业的改革与发展置于集团公司整体发展框架之内的战略部署。我们提出整体发展战略已经两年了，已经有了很大进步。下一步，要进一步统一认识，探索发挥整体优势的具体途径，把集团公司的这一战略落到实处。否则，会失掉机遇，对不起长庆的父老乡亲。

第三，要建立新的稳定观。

改革需要主动打破"平衡"，不可能每个人的即得利益都不伤害，这一点谁都做不到。因此，在局部范围内会出现某些不稳定因素，这是难免的，我们只要能把握住大局稳定就可以了，应当建立一种新的稳定观。

我局确实存在一些不稳定因素，但主要不是来自改革改制，这一点一定要实事求是。

我们追求的稳定，不是禁锢和僵化条件下的稳定，不是愚昧和落后状态下的稳定，更不是原地不动。新的稳定观，是与改革、发展有机的结合；是打破旧的平衡，建立新的平衡；是与富裕、文明、现代化联系起来的稳定。

日常工作中的一些问题反映和来信来访是正常现象，不属于不稳定范畴。职工对自己关心的问题在法律规定的范围内上访是正常的，对领导干部工作提出批评意见也是正常的。不能因此大惊小怪，不能庸人自扰，更不能畏首畏尾，对改革创新"叶公好龙"。我们应该警惕的是有组织的破坏干扰活动，有目的的阴谋活动和直接影响生产生活秩序的非法聚集活动，对这些违法活动要依法追究法律责任。

二、要发展必须体制创新

目前，国企改革的核心是体制创新。

去年，全国4371家骨干企业，已经改制的有3322家，占76%。其中，改制后在境内上市的有1160家，占改制企业的35%。整个发展趋势说明，不搞体制创新，企业很难发展。结合我们下步工作，还需要统一以下认识：

第一，"导向"要科学。

改革始终存在着两种截然不同的导向，即主动积极导向和被动消极导向。

主动积极导向：是指企业为了获得更大的发展空间，获取更多的利益而进行的改革。世界500强企业大多数采用的是这种积极导向。奔驰名列500强第二，它与美国克莱斯勒公司的合并，就是为了把亚洲市场的销售额从7%提高到20%。

被动消极导向：是指企业经营不下去了，用改革减人甩包袱。前些年国企改革大都是这种导向，这是无奈的导向。

我们的改革始终采取的是主动积极导向。主要考虑：

在形势好时搞改革，是"备荒"。等形势不好了，不改不行了，那时的改只能是被动地，会损害职工利益。

国企改革无非是两个方向：要么把国有资产退出来，要么独资或控股。我们采取的是能退则退，不能退则控股。

第二，要发展，必须进行产权制度改革。

国企产权问题在理论和实践上十分复杂。国有资产有三个问题需要解决，即权属、价值和管理，不解决就可能束缚发展。

就权属而言，国有资产所有权是国家的，也是全民的。那么全民企业的职工有没有份？有多大的份？这个界限不清楚。因此，企业的主人空泛化，人人都是主人公，但企业的经营业绩好坏与职工利益并没有用一种机制紧密联系起来,久而久之,挫伤了职工的积极性。

就资产的价值而言,国有资产账面价值十分清楚,但市场价值不清。因为不能随便交易,所以不可能清楚(上市的企业是清楚的,股份制企业也是清楚的)。因而,我局到现在为止,报废在用或没有报废而不能用的资产还很多。

就管理而言,经营者管理政府化,增值了没利可图,贬值了无责任可究。

我们也是国有独资企业,这个问题不解决,也会束缚我们的发展。

其实,在我们职权范围内只要想办法,这三个问题都能解决。就量化职工个人产权来讲,至少可以有两种办法:职工入股和职工持股(这里的职工持股主要是指把一部分资产量化到职工个人身上,职工没有资产的处置权,但有资产的收益权),形式也可以是多样的;就明晰资产市场价值来讲,可以利用股权多元化,通过这个过程,明确资产的市场价值,至少可以做到资产的一次性的市场化;就管理者责任来讲,可以在局部范围内模拟法人治理结构运作。

产权改革说到底是调整生产关系,是调整人与人、职工与企业、企业与国家的关系。产权制度改革的意义,是要把职工变成企业真正的主人,让职工通过企业的发展得到实惠,过上好日子、富日子。这个意义,也许以后会看得更清楚。

第三,产权制度改革要进一步解放思想。

(1)要把产权改革作为投资主体多元化的平台。

集团公司要求,要大胆探索投资主体多元化的形式:

集团公司内部各企业间可以相互参股;

可以“筑巢引凤”,吸引社会法人和外商投资入股;

可以“借壳”上市或直接上市;

我们如果不通过改制建立一个产权明晰的平台,下步则很被动。

(2)通过产权制度改革可以促进非油产业和多元开发。

按照十六大精神,国有企业要根据企业的不同情况,实行有进有退的调整,总体要求是进而有为,退而有序;抓大做强,放小搞活。

按照集团公司的要求,国有资本要逐步从非油产业和多种经营领域陆续退出,集中资金和力量,发展壮大主营业务,提升主营业务的竞争力。

对于非主营业务,基本的思路是“国退民进”,大力发展非国有经济。我们的多种经营经历了安置待业、整顿提高等阶段,现已进入了规范发展的新时期。它已进入了勘探局“三分天下有其一”的大战略圈。

对中小企业改制可以加大力度,加快步伐。勘探局一般不控股,参股的范围也要尽量小,主要是让职工持大股。还可以胆子更大一点,如果有人愿意带头,可以申请出资购买企业。

多元经济是放水养鱼的“鱼池”和活水。可以养“大鱼”,也可以养“小鱼”。瞅准科技含量高、附加值高的朝阳产业,采用新体制、新机制迅速形成生产销售能力,拓展市场空间,尽快形成新的经济增长点,这叫养“大鱼”;能养人保本也行。只要赚钱,任何不违法的产业都可以搞。春兰集团搞新能源、搞汽车,都成了气候。我们本来主体专业就不专,就很杂,真正直接从事井筒作业的科研、管理、施工人员不到1万人。现在的状况是三分之二的人硬吃三分之一人的饭。所以,不能单打一,风险太大。我们要在多项产品之间游刃有余,在两个市场之间左右逢源才行。必须多元发展,两条腿走路,这一点后面还要讲。

要通过产权多元化促进非公有经济的发展。我们井筒作业用不了这么多人,其他人员哪里去?通过转岗培训,调整到新的岗位上,是一条出路;通过优惠政策养起来,也算是一条出路;鼓励职工自谋职业、自主创业则是一条有前途的活路。

要研究配套政策,通过扶持、引导和鼓励一

些职工进入矿区和社会服务市场,兴办个体修理、餐饮、家政、商业网点等。有条件的可以通过培训,利用长庆的无形资产,搞品牌连锁经营。让这部分职工创业致富,创业先富,起示范带头作用。

(3)要以产权为纽带进行整合。

集团公司明确提出,对有条件的专业,继续鼓励以产权为纽带进行跨企业、跨地区的专业化重组。

集团公司下一步要研究的是运输和仓储资源的整合问题。要借助现代信息技术手段和物流形式,发展运输、仓储、装卸、加工、配送等多功能、一体化的综合物流服务体系;对目前市场竞争激烈,但力量分散的建筑施工单位,鼓励横向联合,相互参股,以增强竞争力。

我们能不能先下手为强,抢占时机,先行一步?

比如:我们现在的机械加工、修理、化工产品各家都有,都受人才、技术、市场的制约,形不成大气候;

我们的办事处、疗养院、宾馆遍及陕、甘、宁、蒙、北京、上海、山东等地,全是旅游热线辐射地区,多家都搞旅游,自相竞争,也需要通过项目或专业整合,带动旅游业、服务业的发展。

专业化的重组整合可以靠行政命令来实现,也可以通过产权纽带来实现。我们两手都要用,但用产权为纽带起点更高,后续工作量更小。

要"拆围墙",优化资源配置。计划经济条件下是用行政命令手段配置资源,形成了一个个封闭的圈。市场经济必须是破除壁垒,开放式经营。对同类业务要持续整合重组,彻底解体"大而全"、"小而全",优化资源配置,进一步提高技术服务业的专业集中度,增强竞争优势。特别是在社会市场和国际市场的开发中,一定要做到资源共享,形成合力。

要共同维护、开发、利用好"长庆"这个无形资产。工程技术服务要以井筒作业为载体,带动其他产业如化工产品、采油设备、贸易等;地面工程要以设计为先导,带动施工、监理、器材供应、劳务输出等。

(4)产权制度改革一定要利用好相关政策。

要认真贯彻落实国家经贸委等八部委联合下发的《关于国有大中型企业主辅分离辅业改制分流安置富余人员的实施办法》。对存续企业来讲,所有的资产,都可以通过改制享受国家的优惠政策,我们不要把自己划在圈外。

整体带资分流政策对企业、职工是双赢互利的政策。对企业来讲,可以盘活存量资产、分流富余人员、实现产权多元化、保持职工队伍稳定;对职工来讲,切身利益可以得到较好的保障,既是劳动者,又是出资人,既有工资收入,又有股本分红;市场有保障,工作有保障。

整体带资分流要在试点的基础上,扩大范围,加大力度。

首选一些市场前景好、经营效益好、规模适中的企业,争取改一个,活一个;

对一些国有资产比例较低的二级单位,也可利用这个政策,用现金补偿的方式为改制后的企业注入新的资本;

有条件的单位要与勘探局的基地调整相结合,优先在两个工业园登记注册,为这些企业尽快融入社会、扩大市场份额创造有利条件;

对一时难以改制分流的单位,可实行模拟法人治理结构。

整体带资分流总体把握的原则是:政策到位,因地制宜,一厂一策,职工自愿,平稳运行。

(5)"三项制度"改革必须与之相适应。

人事管理制度改革。集团公司干部人事制度改革总体要求是对企业实行分类分级管理。

领导班子副职全面实行公开选拔、差额竞聘和试用期制度;

以签订业绩合同、确定业绩目标为基础,建立科学的、符合企业实际的考核指标体系和奖惩制度;

推行"按需设岗、按岗聘用、竞争上岗、易岗

期,错过了可能就无法弥补。一个企业的发展,是几代人共同努力的心血,是一场接力赛。一棒拉下的差距,后人有可能付出数倍的努力都追不回来。领导干部要身体力行真正实践"三个代表",要有强烈的责任心和使命感,在加快企业发展问题上,时不我待。

领导干部要抓大事,谋长远。一个单位工作千头万绪,领导的压力很大,工作很辛苦。但是,一定不能陷在具体事务中,要潜心学习理论,研究政策,分析形势,制定战略,解决好生存发展的主要矛盾。企业的成功,首先是战略的成功,它不仅仅是管理方法和技巧,更是一种思维方式。局处两级都要尽快完善科学的决策支持系统,要用80%的精力研究真正需要解决的20%的关键问题。领导干部既要当企业家,又要当经济学家。2002年经济圈中十大新闻人物评选,电子企业4位、钢铁石油汽车3位。剩下3位除了娃哈哈集团总裁外,有两位是经济学家:一位是以600字短文终结"兰田神话"的中央财经大学经济研究所的刘姝威,另一位是陕西走出去的经济学家北大校长助理、光华管理学院常务副院长张维迎。这两位,一位冒死揭露了"稻田里放出高利润卫星"的兰田股份公司的"空壳";一位是被公认的企业理论权威。他们共同的认识是中国目前不仅需要创造物质财富的企业家,还需要创造精神财富的学者。他们认为没有学者替企业家思考,企业家自己又不注意思考,这个企业就很难成功。

领导干部要三个文明一起抓,协调发展。抓物质文明,加快发展;抓精神文明,实现两个走在前列;抓政治文明,全心全意依靠工人阶级办企业。

五、学习十六大文件,贯彻好会议精神,保持稳定,过好春节

(1)要做好稳定工作,领导干部要深入生产一线慰问职工,特别是对困难职工、遗属等要组织送温暖活动,帮助他们解决实际困难。对有偿解除劳动关系的人员和内部退养人员,也要通过多种方式表示我们的关心。

(2)要抓好节日期间的安全生产,对重点要害部位认真进行检查。要落实节日值班制度,领导干部要带班。主要领导如果离开单位要向局组织部门请假。各单位要组织协调各部门,在欢度春节的同时,积极做好明年的生产启动工作。

(3)要加强综合治理工作,对职工进行"三禁一反"教育。

(4)工会、团委、离退休管理、物业管理等部门,要认真组织好节日期间的文体活动,提倡文明新风,让职工家属过一个文明、祥和、喜庆的春节。

最后,我再强调一下会议精神的传达贯彻。

(1)会议精神的传达贯彻,要做到三个紧密结合:即和学习贯彻十六大精神紧密结合;和贯彻落实集团公司工作会议精神紧密结合;和本单位实际情况紧密结合。

(2)要开好领导班子会。传达贯彻会议精神,关键是突出重点、解放思想、理清思路,制定出贯彻落实的具体措施。

(3)要把会议的主要精神和本单位贯彻落实的具体措施,编成宣讲材料,结合形势、任务、责任主题教育,对职工进行宣传。

(4)要抓好落实。春节之后,勘探局领导和机关部门同志还要下基层,就会议的落实情况,特别是事关改革发展的一些重大问题进行深入调研。

(5)会议讨论时,大家也对下步工作提出了很多修改意见,这些内容局党委、勘探局将在今后的工作中采纳、研究。

新春佳节来临,借此机会,我代表局党委、勘探局向在座各位领导并通过你们向全局各条战线的广大职工家属表示诚挚地感谢和节日的祝福,给大家拜个早年!

祝大家新春愉快、身体健康、阖家幸福、万事如意!

孙玉辰同志在泾河工业园项目组 2003年工作会议上的讲话

（2003年3月4日）

今天，在家的领导都来参加泾河工业园项目组2003年工作会议，想借这个机会，向项目组，向所有参加项目建设的施工单位、监理公司，向支持我们这个项目建设的地方各级领导，表示衷心的感谢！另外，也想借这个机会，对下一步工作谈一些个人的想法，供大家研究和部署工作的时候参考。

长庆局在大中城市建设我们的综合基地，已经有十年的历史。为什么我们对泾河项目要特别提出一些新的要求？那就是我们现在的基地建设和过去的基地建设有相同的地方，也有不同的地方。在计划经济条件下，我们也着手进行过基地建设和调整，但是，那个时候的调整，所采取的机制、体制跟现在不一样。那时候，上级给多少钱，就办多少事情，所以我们最大的一个基地，征了2300多亩地，建设了将近十年，但是，进展还没有最近两年建设的总和多。我们之所以有这样一个速度，是因为所采取的体制和机制与过去不一样了。过去我们认为非常难办的事情，现在只要我们运作得好，就能克服困难，就会把理想变成现实。

下一步，仍然需要探索新的思路，需要建设施工单位和我们一块探索。

第一，老百姓要在“有其居”的基础上向“优其居”迈进。过去，我们是解决老百姓有没有房子住的问题，叫做“有其居”；下一步，要解决的目标是“优其居”，优化的“优”。所以，施工设计、建设，包括环境的建设，要向“优其居”迈进。不仅要达到一定的居住面积，而且要使职工居住的环境得到优化。长庆的职工经过几十年的努力，在解决“有其居”的问题上，可以说基本上得到满足，现在真正的无房户，作为老一点的职工已经不多了。但是解决“优其居”的问题，这个工作量、任务还是相当艰巨的。因为到现在为止，大部分的职工还住在山沟里面，居住环境不仅是面积小，而且居住环境赶不上形势的发展。

“优其居”主要包括三个方面的内容：一是自然环境要“优”。二是人文环境也要“优”。自然环境大家容易理解，山清水秀，冬暖夏凉，周围的教育、医疗包括物业管理也得“优”。三是要和现代文明接轨。也就说，不能只住在文明的大城市，而思想、作风还是陈旧的、落后的。所以说，要优化居住环境，还有一个相当长的时间。自然环境，花一点钱，在政府的支持下，可以得到很快的优化，但是环境建设任务还相当艰巨。我们要求各个入园单位对职工进行入园教育，而且这个教育还要随着时间的推移不断深化，就是这个道理。过去，古人都知道优化人文环境，我们现在如果不注意优化人文环境，“土老帽”进城了也享受不了现代文明。对优化环境的责任必须从现在开始，要列入建设工程规划，对这里的每一个标牌、每一个雕塑的设计，甚至栽每一棵树，都要给职工、给子孙，留下一段历史，留下一段回忆，进行一个全面的、更高层次的教育。

前两天，我在市人代会上提了三条建议：一是把泾河园所有入园职工的户口报到西安市。这样做于职工、于西安市都有好处。目前已经引起了市领导的重视，已经两次派人到我局现场办公。二是我呼吁，泾河大桥建好了，应该建渭河大桥了。渭河大桥一建，泾渭包括灞桥流域下游整个就贯通了，下一步，再把渭河水的下游一治理，把浑水、臭水变成清水，这个地方就成了黄金地带。高陵县也在呼吁，一共投资五千万，估计这个项目很快能立项。咸阳市最近规划，在世纪大道要搞一个几公里长的水带。就自然环境来讲，前几年人们找路边、抢路边是为了挣钱，下一步人们要抢水边。咱们在宁夏买的那块地，可贵之处就是中间有一个非常大的人工湖，有一片大的水面，那样的环境现在在江南都很难找。所以说，这个地方不管从哪一方面看，都是一个好地方。三是提出应该认真考虑医院、学校的建设。我们之所以这样呼吁，就是想把这三个目标一起来优化、来考虑。给我们的子孙后代、给我们的职工建一个好的生活环境。但是有一条，优化我们的职工思想，那可不是一年两年、开一两次会就能做到的。

第二，搞基地建设，只要有钱，就能得到各个方面的支持，一两年百座高楼平地拔起，是比较容易做到的，但是要管好可不容易。所以说，第二项任务现在就应该提出来。我们要管理好这样一个新型基地，现在就应该做准备。要从管理的模式，管理的体制，以至于管理的其他软件、硬件的建设等方面，按照新的体制和机制，在借鉴过去经验的基础上，认真探索和创新。

物业管理是整个基地管理的一个中心内容，它必须从市场化、社会化、专业化、个性化服务这几个方面，努力实践、努力摸索。过去我们管基地，都是依靠我们油田内部的行政管理、封闭式的管理。在过去计划经济条件下，我们这样做有它独到之处，我们也有不少管的好的小区。但现在，我们只能研究借鉴过去基本的管理思想，如果说还是沿用过去那一套管理办法，就会出现问题。现在这样的小区，包括已经建成的其他小区，在短期内还都是姓“油”，长远的看，不都姓“油”，也不可能都姓“油”。所以，我们必须和社会管理接轨，这是发展的必然趋势。把社会的职能和企业行政管理职能进行糅合、“嫁接”。但是，完全靠过去那种封闭式的、行政式的管理，是行不通的。必须从一开始就要借助社会的力量来参与管理。过去我们是怕人家来掺和，一说政府参与管理，那就是来“吃、拿、卡、要”。现在要转变认识，不可能在小区当中什么都建，我们讲和市场接轨，就是要利用市场这个杠杆，来满足和优化小区的服务。我当时在局里管生活后勤时做过调查，每天全局光给食堂派的拉菜的车，还不算各个井队的、野外队的，就有 100 台。当时，我们提出依靠社会解决“菜篮子”问题，很多人认为不可能的。那么，现在是靠什么力量把我们原来想都不敢想的事情解决了呢？不光我们西安基地不需要集中拉菜，就连我们住在庆阳城里的也不需要，甚至连住在贾桥的、马岭川的也不需要拉菜。现在人们光想到换一个环境，这个是可以满足的，但配套建设还有一个过程，而且要教育我们的职工在思想上也一定要有所准备。更重要的是要和市场接轨，就是要破除我们管理思想上的封闭观念，要适应这样一个环境。我们的职工三十多年来连开水都是公家烧的，当我们关停“锅炉房”的时候，有些人都不满意，甚至骂大街。你想想，到这来，烧的气也好，用的电也好，水也好，都得要进入市场。所以，大家都要有一个熟悉、适应的过程。

同时，还要提倡物业管理个性化。这个问题，在设计方案中，就初步考虑到这些方面的因素。比如说，把宽带接到户，用不用在你，用宽带你就要多花钱；把安太阳能的管道给你留下，安不安在你，等等。将来，我们的设计和施工单位还得要搞进一步优化和绿化绿色住宅的设计，要给职工提供更方便、选择余地更大的设计方案。所以，对职工来讲，给你提供了消费的市场，但是有没有消费的条件，必须量入为出。物业管理的模式不能走老路，不能和其他基地相比，其他基地都得要改造。必须要有一种新的管理模式、管理机制，也只有把这一关挺过，下一步再扩大规模才能够做到“建房建得起，职工买得起”，最后老百姓来到这里住得起。前几年盖这些房子，非常艰难，非常不容易，但是要把这个基地管好，工作量就更大、更艰难，这也是我们必须要过的一关。

第三，我们进城的目的是进行战略调整。绝不是“叫花子进城要饭吃”，要充分利用大中城市的市场优势发展自己。这个基地征了1400亩地，只有700亩用来搞住房建设，另外700多亩搞项目，就是要让我们的职工住到这里来，包括离退休的职工，都要力所能及地参与市场挣钱，这是我们最终的目的。如果说我们是“叫花子进城”，进了城了还是“叫花子”。要想在这生活得幸福，必须要立足于企业的发展，立足于每一个人利用市场的优势发财致富。如果不是这样，搬到这来，弄不好，说个难听的话，也有可能最后把地卖了。不是说搬到西安来就一定过幸福生活，如果是那样的话，北京就没有失业，西安就不应该有失业的。

所以对一个企业来说，进城的目的是一种战略性的调整，是要解决可持续发展的问题，进而解决我们子孙后代“优其居”的问题。因此，这里的厂子、项目都要办好。现在好多破产企业在西安还不是靠卖地皮吃饭吗？上海不也有企业靠卖地皮吃饭吗？我们当然不希望我们的儿孙这么没出息，也相信我们的子孙后代会有出息。所以从一开始建设，我就老在思考这个问题，包括咱们机关大院，也是这个问题。人家管道局把周围的房子都盖起来了，租出去了，而我们这里呢？我们这个院里在干啥呢？这不是个危险的信号吗？正因为我们在庆阳“卖大碗茶”没有市场，可能到西安来“卖大碗茶”就能养家糊口，所以我们就往西安搬。如果搬到这里来，还是宁可受苦受穷，也放不下架子，也不愿意去“卖大碗茶”，还不如在庆阳受苦呢！弄这个麻烦事干啥？所以说，要利用好这个基地，站在市场的前沿，动员职工包括离退休职工各尽所能，要在市场当中去挣钱。要积极创造条件，为职工挣钱铺平路子。这里面沿街的房子，后来也没有很好地研究，也没有很好地开发。我们这个建设、这个规划，严格地说是计划经济的影子比较浓，这个责任我不能推。但是，完全可以有弥补的余地，也不在于我们临街这几间房子，长庆人要是思想解放了，那确实是天不怕地不怕，哪里都敢闯，哪里合法的钱都敢挣。我们在西安地区还准备征些地，给职工尽快建一些住宅，为我们的战略调整建一些工厂。

希望今天与会的同志共同努力，来完成这样一个历史的目标。我也相信万事开头难，有了这一片，那就会有第二片、第三片。“吃不穷、花不穷，算计不到就受穷”，如果我们今天光知道盖房子、分房子，不用系统论的观点来研究如何盖房子，如何卖房子，如何来管好这个基地，如何靠这个基地作为一个“聚宝盆”发财致富，那我们整个的战略就只能完成表面的、局部的，而不是一个完整的，那将来我们就会丧失发展的机会。

孙玉辰同志在长庆石油勘探局纪检监察工作会议上的讲话

（2003年3月14日）

同志们：

全局纪检监察工作会议是局党委决定召开的一次非常重要的专业会议。

今天在家的局领导都来参加会议，有这样

几个目的：一是祝贺。对大家在过去的一年里取得的成绩表示祝贺。二是学习。学习张继昌同志的讲话，学习安武林同志的报告，也学习会议上印发的有关文件。三是认真带头贯彻落实这次会议上提出的党风廉政建设和反腐败的要求。

安武林同志的报告很实，结合长庆局的实际，讲得很好。张继昌同志的报告虚实结合，有些观点站得很高，看得很远。我都同意，要很好的贯彻落实。

利用这个机会，我对全局的纪检监察工作，也就是这次会议的主题，作一点整体思考，供大家参考。主要想和大家讨论三个方面的内容：

一、牢记“两个务必”，认真实践“三个代表”

毛泽东同志在七届二中全会上告诫全党：“务必使同志们继续保持谦虚、谨慎、不骄、不躁的作风，务必使同志们继续保持艰苦奋斗的作风”。

邓小平同志提出：“艰苦奋斗是我们的传统，我们的国家越发展，越要抓艰苦创业。提倡艰苦创业精神，也有助于克服腐败现象。”

胡锦涛同志主持中央工作，首先强调了“两个务必”，而且亲自到西柏坡去调研，为我们树起了一面旗帜，告诫我们全党，怎么样来建设小康社会。胡锦涛总书记重提毛泽东同志的“两个务必”，这在当前，要引起我们深度思考。

重组以后，经过上下左右共同努力，全局生产经营各项工作三年迈了三大步，发展指标不断攀升，发展路子不断拓宽，“梅开三度”，“全线飘红”。在这种情况下，各级领导干部更要注意“生于忧患，死于安乐”，“居安思危，戒奢以俭”。

2002 年，我们提出“有荒无荒，开荒备荒”。今年在局机关组织的团拜会上，机关党委让大家都送对联，我觉得局领导送的对联写得都非常好。我也凑了个“份子”，觉得我们人顺事顺心也顺，可能羊年乃至未来会更顺。“有荒无荒，开荒备荒”是我们“地老天荒”的一个大道。去年我们组织领导干部和局机关干部重读《甲申三百年祭》，其目的和意义也在于此。

三国时代，群雄并起。诸葛亮分析了当时盘踞在成都、汉中一带的军阀刘彰和张鲁，认为他们“民殷国富而不知存恤”，“智能之士思得明君”是破国败家之像，所以他才能帮助刘备取而代之。诸葛亮认为这样的一个地方，出现了这样的一个状况，有这个基础，他才去帮刘备干这个事。

以古为鉴可知兴衰，以人为鉴可明得失。实现“二次创业”，“放水养鱼、激活基层”，全面建设小康社会，就要重温三代领导人毛泽东、邓小平、江泽民关于艰苦奋斗、居安思危的论述，认真学习胡锦涛总书记在西柏坡学习考察时的讲话，始终坚持讲学习、讲政治、讲正气，始终做到自重、自省、自警、自励，始终保持蓬勃朝气、昂扬锐气、浩然正气，带领职工早日奔小康。

我曾多次讲过，我们没有精力和时间搞花架子、“政绩工程”、“形象工程”去应付别人。

“老少春秋，至尊至贵”。

对存续企业的职工来说，我们有这样一个政策，只要有好的去处，我们就把他厚厚地“嫁出去”；没有好的去处，我们绝不往外赶、往外推。但是有一条，就是要动员和教育干部职工转变观念，积极参与和支持深化改革，因为不改革没有任何出路。所以，我们必须站在贯彻落实“三个代表”重要思想的高度，自觉落实中央关于国有企业领导人员廉洁自律的有关规定，落实好中纪委二次全会对国有企业领导人员提出的“五个不准”，完善领导干部民主生活会制度，认真执行领导干部报告个人重大事项制度，真正做到权为民所用、情为民所系、利为民所谋，关心帮助弱势群体，使广大职工都能过上“好日子”，奔向“富日子”。

二、管理创新，治理源头

重点和大家讨论一下这个问题。因为张继昌同志刚才用了相当的篇幅，也在和大家一块儿来讨论纪检监察工作怎么创新的问题。我最近看了一些这方面的资料，对我们党风廉政建设工作提的非常具体，我也进行了系统的思考，按照《第五项修炼》的要求进行思考。

这里，我简单地从几组数字来说说这些要求。一字开头的，如要把重点放在“一班人”，“一班人”要“抓两手”，这些事情搞不好要实行“一票否决”；二字开头的，如我们要在“二次创业”中牢记“两个务必”，要抓好“两个方面的检查”，工作要做到“两个延伸”，要落实“双规”；三字打头的，要认真贯彻“三个代表”重要思想，进行“三个方面的教育”，落实“三项措施”，抓住“三个重点部位”，考核要“三结合”，“一把手”，“三个不要直接管理”；四字打头的，如对干部“四个珍惜”，开展“四心教育”的活动，工作要“四个到位”，处理好“四个方面的关系”；五字开头的，如要坚持“五个不准”，重点查处“五类案件”，开展“五项工程”。下面，我还要添一些数字，要搞好“六项监控”，仍然要坚持“八个反对”。

这个问题之所以讲这么多，并不是在搞数字游戏，而是作为企业来讲，特别是作为我们党委“一班人”来讲，尤其是作为党委书记和处长来讲，怎么样把这么多的要求、这么多的事情，系统地从管理创新、从研究我们自身的建设问题出发，第一步先把它想得深一点，这是我们要共同努力的目标。

科学管理本身是以系统论为基础的。党风廉政建设必须按照现代科学管理的五项修炼，特别是《第五项修炼》即系统思考来认识形势，分析原因，落实措施，治理源头，这是我们共同的目标。

第一，企业要持续发展，必须真正解决好“系统思考”问题。

这个问题，既是一个理论，也是一个实践，是大家要探讨的一个路子，也是一个模式，纪检监察部门的主要职能是监督。这里我想和大家讨论一个管理思想问题。我认为，监督本身是一个企业管理问题，而不是说监督是监督，企业管理是企业管理。不然的话，我们的处长，我们的书记，就不会系统地来考虑这个问题，就会站到对立面。这是一个系统不可缺少的内容。企业中的监督，包括党内的民主监督、职工的民主监督、法律监督、财务监督等，都必须纳入管理中系统思考，“监督”本身是“管理”的一部分。一个系统如果没有监督，没有监督的管理，是“无效的管理”，这是指大系统管理而言。

我们从2002年就开始研究“管理无效”和“无效管理”问题，所以我们在设计这个监督体系的时候，不是想叫你监督就监督，不让监督就不监督。我们这个企业管理是一个体系，它不可能没有监督。我们经常说，你们要争取党委的领导，要争取党委的支持。这个话也对也不对，这个系统本身它就要这样讲，作为你这样想，去努力工作是对的；但是，作为党委书记来讲，要从管理范围来研究这个问题，不是研究你的责任心问题，不是研究你的工作方法问题，而是来系统研究你的管理方法问题。

第二，“监督”本身是否“有效”，取决于两个因素，一是监督本身要科学，二是授权要充分。

监督与被监督是相互的、双向的。不是说监督部门主要职能是监督，那你受谁的监督？如果你把这个问题看成一个“动环”，我们的工作就可能灵起来。这个问题，我们要抽时间好好学一些有关理论才行，今天我就提个引子。

我们现在落到一个误区当中去，往往不是看到一个“动环”，而是把它看成了一个监督和被监督的对立，管理学上的一种反应式的管理。

没有监督（控制）的系统是“增长性反馈”的失控系统，正反馈与负反馈都会失控。而我们的系统本身之所以设立监督，就是不能让它形成这个东西。考察一种系统，要看它是一种增长性的反馈系统，还是一种调节性的反馈系统。增长性的反馈有时效益也非常好，但是往往是很危险的，那负反馈更不用说。作为我们研究企业的监督来说，要非常注意这个问题。

企业发展中如果没有监督，就是“生癌”企业，快倒霉了，就像那个刘彰和张鲁一样，孔明把他们头砍了;你不要看他现在挺红火,但他是一种增长性的反馈系统。自然界中任何一个“系统”都是如此,这是“大道”。人类社会行为中的控制(监督),必须符合“大道”的规律才行。所谓大道,它是自然界的规律,按照《道德经》上说的,是“道生一,一生二,二生三,三生万物”。

人类社会专门研究系统控制的理论叫“控制论”,它不是研究“小权术”,不是研究为官之术,它和封建社会给我们留下的当官怎么控制下属,是格格不入的,不是研究那一套。它是研究控制的机理与机制的建立。不然,人类也往往堕入这样几种控制的误区:

一是不要监督,就是哲学和政治经济学上讲的无政府主义。

二是只要单向监督,为我所用。这是“皇权”,秦始皇就很典型。现在又何止是秦始皇呢?我们现在有的领导弄不好还不如秦始皇。

三是监督无效。我们前面讲的东西不少,但是如果不是从管理学的角度出发去系统研究这个问题,不因地、因时而异,很可能落入“监督无效”这样一个误区。

时至今日,我们要着重解决“监督无效”的问题,要进行很好的研究。不是说所有的监督都是无效的,如果所有的监督无效,我们的系统就是一个增长性的反馈系统,而现在我们不是,我们还没有达到失控的那个程度。但与我们的理想目标相比,在很多问题上是监督无效的,不光是党委的民主监督,还有行政上的监察监督,管理搞得很多,但是落实的很少,就出现了监督无效。我们要研究这个问题,至于说个别人现在还在自觉不自觉地学“秦始皇”,那是极少数。那样的人,群众会越来越反感,也容易识别。

第三,监督本身要科学,也就是管理要科学。当前,我们必须认真进行三个方面的实践:

一是学习。按照建立学习型企业的要求,把党风廉政建设的目标,作为企业的“共同愿景”。这也就是我们平常说的解决人生观、价值观的问题,这是治理源头的根本措施。

把干部、职工看成教育对象还是看成“管压”对象,是传统科学管理与现代科学管理的本质区别,是“人本主义”还是“本人主义”的本质区别,是把人看成人还是看成“牛”的本质区别。

我们经常说“学而知之,教而知之”、“人不畏我严而畏我廉”,这不仅仅是讲榜样的作用,更讲的是一种管理思想,是一种人本主义的进步思想。榜样是一种教育,是一种学习,是一种“共同愿景”。

讲学习,不是一般意义上获取资讯,不是搞培训班,而是建立“共同愿景”。当然,这个学习讲的是两层意思,一是一个团体学习的能力和创新的能力。我们要总结工作,要表彰先进,我们也要抽出时间来学习,我之所以在这里多讲几句,就是为了推动学习。

学习的目的是解决群体中的“个”对“群”的长期承诺。人只有把自己看成企业不可缺少的部分,才能真正具有“主人”的意识,但还不能马上具备主人的行为。所以,我建议干部培训要释放空间,要处处时时学,而且要有党风廉政教育内容。这是要认真实践的路子。这次会议上给大家发的这些材料,我没有完全看,我觉得对大家敲警钟的目的还是绝对能达到的。但大多数案例没有从学习的角度来研究,有的写成了新闻稿,但是这些案例敲警钟的目的还是能达到的。所以我们今后在分析案例的时候,真正地要解决问题。

我们管理者要把自己看成群众当中的一个“个”,看成是对集体的、组织的一个承诺。刚才张继昌同志极力向大家推荐一本书,这也是宣传部给宣传科长推荐的一本书。人要是爱发牢骚,爱说别人不是的人,那他一定是离学习比较远,不干事都是次要的,心智模式不对,是他个人的问题。作为我们研究管理来说,之所以出现这样的“个”,是学习不行,这个问题有时候也不能怪他。毛主席在世时告诫全党“牢骚太盛防肠断”,你看这个问题厉害不厉害,这个牢骚太盛把肠子都可以气断,要自己注意这个问题。

这里讲干部培训要释放空间，和原来意义上不一样。培训不是说到党校培训叫培训，参加培训班叫培训，考察叫培训。建立学习型企业，它是讲实施和处理。

但我想，我们还是讨论一点，从这个系统设计来看，到底我们的工作应该怎么来做？干部培训工作、党风廉政教育的内容和这次会议的安排，我觉得大家不要一般地来理解这个问题。希望你们回去自己在职权范围内认真实践。为什么有些机关的同志在学习《第五项修炼》的时候说，我看了几遍也看不懂。我说看不懂？这是必然的，因为他真正地研究管理研究得少，更多的是没有实践。

二是动态监督。我之所以强调建立"三位一体"的动态成本控制体系，强调审计和监察实行立体、过程监督，强调干部业绩跟踪考察等等，是想实践一种新的管理思想，即"动态管理"。我认为这是解决"管理无效"包括监督无效和防止"无效管理"的尝试，这也是党风廉政建设治理源头的关键措施之一。

我们在计划经济条件下，强调的是控制两头，叫做效益、效率的最大化，损失的最小化；现代管理科学经过分析，特别认为一个企业做到这个是不可能的。它也对我们中国过去几十年的做法进行过研究，现在按照控制论分析，能够做到大多数满意。按照我的体会，大多数的意思，指导一个人也可以，指导一个"群"也可以，一个"小群"也可以，它既指控制的过程，也指控制的结果，得要大多数人满意。但是有一条，不管是控制发展的过程，还是这个点上的规律，让管理的过程和结果在每一点都达到满意，我们做不到。只要管理过程的均值大多数满意，结果达到大多数满意就可以了。

目前，对管理问题，还比较头疼，不光是在纪检监察工作方面出现一些"管理无效"的问题，在其他的管理方面也出现这个问题。所以，现在提出动态管理。比如说效能监察，也随着企业的发展来不断研究完善，它也正强调的是要治理源头，要在过程中实现控制，要实行动态的监督。但是这个问题一直没有引起大家更高的重视，没有把它纳入一种科学的学习和实践来对待，这不好，这不是个方法问题。

三是培育良性"调节反馈"。按照系统中三种动态形态的控制要求，必须在党风廉政建设中培育良性的"调节反馈"，也就是求"杠杆解"的支点。去年机械制造总厂让我给他们写几个字，我说好，杠杆是你们最好的机械，你们是机械厂，我就写：杠杆可以撬动地球，关键智取支点。我们今天也要用这样的一个管理思想来研究当前我们的纪检监察工作。我认为这个"支点"在这个领域里包括四个方面的内容：

第一责任人：要抓住管头头的头头，管脑子的脑子，管行为的行为。最重要是头头的问题、第一把手的问题。解决第一把手的问题，不解决他的系统管理问题，不把它看成一个具体的工作是不行的。

第一要件：职务犯罪。现在既失控，也控失。

第一时间：平常意义上的"预防"也包括在内。

第一响应：制度。现在确实要建立灵敏的，管理有效的制度。

目前提出的责任制是"龙头"，查要案是"拳头"，抓治本是"源头"，也属于这方面的管理内容。

方法要科学。目前除了传统有效的方法，如"八个坚持，八个反对"（坚持解放思想、实事求是，反对因循守旧、不思进取；坚持理论联系实际，反对照搬照抄、本本主义；坚持密切联系群众，反对形式主义、官僚主义；坚持民主集中制，反对独断专行、软弱涣散；坚持党的纪律，反对自由主义；坚持艰苦奋斗，反对享乐主义；坚持清正廉洁，反对以权谋私；坚持艰苦奋斗，反对享乐主义；坚持任人唯贤，反对用人上的不正之风）和近期提出的抓好"三头"，"六项监控"（重要事项运作，财务委派制、采购、招标、产权变更、选人用人等)外,在我们职权范围内,还可以大胆探索三项制度建设和三项改革内容。

这包括以下几个方面:

建立行政听证会制度(工会、法律、纪检监察、审计部门参加,把单项监督变为具有一定约束力的行政自我监督);

建立股东代表听证会制度(防止小股东、分散的小股民无参与权);

建立党员和职工代表征询制度(防止要事不报告和厂务公开流于形式,把党内的监督和党外的监督分别有序地进行)。

现在民主生活会开得很死板,要么大家在一起学习,要么就是说按照上面的规定,不痛不痒的你给我提两句,我给你提两句,真正地开展批评与自我批评的不多。按照学习型的组织,它也是要释放空间的。不仅局限于会议,而且我觉得现在效果更好的,是我们要把平常的批评和自我批评开展起来。所以党内的监督问题尽管比行政上的监督严格,但是也还没有让广大的党员来参与这个监督。要把被动、单向、有效的监督结合起来,把一个系统和一个人看成一个大系统和一个小系统,首先要改变这个系统的心智模式,研究自身的问题。张书记刚才推荐的《把信送给加西亚》这本书,我叫宣传部给我们每个领导发一本。我觉得这是个心智模式问题,如果老是从系统外面找原因,这个系统肯定不会维持多久。所以我们对这个制度提出有三个层次,希望我们做到第三个层次,也就是讲的管理思想。

另外,还可以尝试对三项内容进行改革,研究有效的监督问题。

第一项,要使职工有产权。这不仅是符合生产力发展要求的必然结果,也是有效监督的进步与升华。

这几年大力推动产权制度改革,不光是"二次创业"的要求,也是民主政治的需要。从本质上、大的方面维权,有三个方面:

一是"精官减政"。我们的管理费用太高,全局平均每人每年负担 1.38 万元,当然这里面也有些其他的费用。局机关每人每年平均负担 18 万元。工会主席同志们、纪委书记同志们,"精官减政"不光是党委书记和处长的责任,也是一种民主监督的任务和责任!

最近我算了一下,西安地区就有 10 个小单位,职工总数不到 700 人,而处长 23 个,科长 110 个,加上机关干部一共占了百分之二十多,将近四分之一,类似现象比比皆是,公家掏钱自己方便,何乐而不为!因此,"精官简政"非搞不行。

二是产权。前面已经讲了,这里不再讲。

三是浪费。职务消费、超前消费问题等。

当然我们今天讲的,为职工办实事不仅仅是为职工多发钱,而是要从深层次来考虑这个问题。

第二项,建立异体监督平台。我们在工作报告中提出要建立十几个工作平台,我想也要建立监督平台,不一定每个单位都要设立纪委监察部门,小单位也可以联合成立专职纪检工作组等。比如有的处级单位,十二三个职工,也得要配党委书记,也得要有人兼纪委书记,还要兼工会主席,看起来表面上做了不少文章,但是他没有精力啊!将来企业可以办的公司很多,长庆局三万七千名职工,可以办一万个公司,按现在这样的办法能行吗?放在我们企业里能有效吗?和我们的整体改革能配套吗?但是这个监督本身作为一个系统,不搞不行,而且非要有效才行。

第三项,完善巡视员制度,向重点监控部门委派巡视员。包括纪检监察、审计这方面的巡视,不光指干部方面的巡视。

当然我只是简单地想了想,要真正地实践起来,要改革,必然要突破现有的权限和程序,使授权更充分。所以,一再强调,监督是否有效,不完全靠人多人少,要在授权上多研究。

当然,上述这些想法,也就是一种构想,它还不等于是一种发明,一种创新,从思考到发明、到创新，中间还有两个环节、六个要素，局党委还没研究，今天先提出来，如果大家愿意改，党委可以按程序成就大家的意愿。

三、长规划、短起步

刚才讨论了这么多问题，不是说有些东西纪委、工会马上就要实行，就是一种正确的、科学的、切合实际的思路，要在我们这个企业推开，没有两三年，都很难见到实际效果；统一人们的认识，没有几个回合，都很难统一。所以，贯彻这次会议精神，要从管理思想引出对问题的系统思考，但这还不够。上面讲的是为了提高认识，解放思想，长远规划，走出误区。当前，还必须一步一步地实践。这个问题，武林和继昌同志讲得非常到位，我们必须项项落实。我这里只想强调两点：

第一，各级党委必须认真系统地思考党风廉政建设问题。党委书记、行政长官，必须自觉带头实行。大家都要从监督我做起，我从监督我做起。作为一个系统，党委、行政，都要充分信任、支持我们的纪律检查机关，赋予他们更多的责任。在监督这个环节上，他们是我们的“千里眼”、“顺风耳”，是新陈代谢中有活力的激素，是保证系统正常、高效运行的“垃圾清理”系统。在体制、机制大变革时期，群众的利益不能单凭个人的素质来保证，必须要靠“群体”的智慧来实现，要靠机制，这是长规划。

第二，要把马富才总经理提出的“六个深入思考”、中央企业工委提出的“六项重点监控内容”和“八个反对”作为领导干部进行主题教育的内容。作为短起步，我觉得要从建立学习型的组织来解决这个问题，所以这次安排领导调研，和过去有所不同的是要求领导干部讲课，局里的每个领导同志都要讲课，机关的同志下去也要讲，讲课实际上是一种共同的学习和讨论；对发生的大案要案要一查到底，并在主题教育中作为警示材料；要认真实践立体的、全过程的监督，不断探索有效监督的新路子。虽然在“动环”管理中“控制”有时会影响“效率”，但必须首先保证企业本身的监督有效。在此基础上，逐步探索控制与效率的统一。这个问题不能含糊，但有本事首先要保证不能叫系统乱。

同志们，我们的任务实际上有两条：监督与创新。当然我本人，我们这个班子，愿意和大家共同努力，真正成熟地系统思考勘探局的纪检监察工作，并把它作为保证企业可持续发展的杠杆，推动“二次创业”获得进步与成功！

孙玉辰同志在长庆石油勘探局物流管理工作会议上的讲话

（2003 年 3 月 24 日）

同志们：

借这个机会，我想与大家讨论三个问题：

一、如何看待近三年物资供应工作

我们只有认清当前的基本情况，才能真正明确下一步怎么走。这三年如果讲成绩的话，我的看法：

第一，不断适应市场变化，大力调整物资采购的结构，取得了显著的成绩。

这三年含税采购量是 80 亿元，下放了 6.9 亿元，占整个采购量的 8.6%；关联交易量三年累计 9.5 亿元，从 2000 年 5 亿多，到 2001 年将近 3 个亿，2002 年不到 1 个亿，即 9900 万元，也就是说每年都在递减,现在已经减到三年的最低水平,是 2000 年和 2001 年的五分之一和三分之一;全局物资周转平均是 5.12 次,2002 年是平均数的 107%,即比平均数提高了 7%;社会零售大幅度增加,2002 年 2.85 亿元,是关联交易量的 2.88 倍。

在前面几个大数据变化的情况下,效益指标增加,成本降低,内部利润增长。器材处 2000 年收入了 8200 万元,支出了 9178 万元,内部利润是负的 958 万元;2001 年收入了 1.1 亿元,支出了 1.05 亿元,内部利润是 567 万元;2002 年整个收入 1.29 亿元,支出 1.24 亿元,内部利润是 458 万元,这还不包括外部承担工作量形成的利润 360 多万元,说明我们市场化经营大大向前迈进了一步。

第二,科学管理不断深化。

一是电子商务平台逐步形成,交易量逐年增加,招标采购不仅节约了成本,而且减少了漏洞。

二是加油站的管理收到了明显的效果。当然这个系统还有待于进一步的完善。

三是对下放资金的管理,也探索出了新路子。下放量是不小,但管理和过去不一样,但还要在下放的过程中探索。

四是提高了资金运行质量,对低效无效的库存进行了优化。

第三,管理体制、管理机制有了新进展。

一是机构设置更加适应市场的要求。

二是整合了部分资源,包括钻井工程总公司的一些资源,为部分企业下一步改制做了前期准备。

三是职工的思想观念确实有了明显的转变。

四是供应结构调整也见到了成效。

第四,市场开发的路子不断拓宽。

一是抓住了“西气东输”的机遇,大力搞好现场材料供应服务,不仅确保了重点工程,而且取得了很好的效益,叫做“一举多得”;

二是在延安等地开辟了新的市场;

三是在民品贸易方面有了起步;

四是在中亚又开拓了新的市场。

不管是国内社会市场还是国际社会市场,我们都在开始起步。总的形势不错,而且还在向好的方向发展。现在的问题是持续发展的机制与体制没有真正建立起来。所有的这些发展,都是在现有的市场范围内所做的一些大胆的尝试,还没有真正地靠科学的体制和机制运作起来。

二、下一步的路子怎样走

第一,要与油田公司在降低成本这个结合点上建立战略同盟。

你们已经抓住了这个问题的要害,后面这条标语就是“落实管理提升战略,降低物资采供成本”。你们一定要抓住这个关键问题,包括联合成立有限责任公司。在这个问题上,目前不在量的大小,而在于质。别看关联交易量逐年减少,千万不要把它看成可有可无的事情,而在于这个问题的实质、本质不一样。因为如果要在结合点上建立战略同盟,关联交易仍然是一个最基础、最牢靠的市场,也是两家谋取共同发展,争取优势的一个非常好的结合点。

第二,要真正解决好管理体制改革的问题。

一是要认真探索公司制的管理体制,包括社会股、油田股、个人股。

二是要探索一级管理、多级联合的路子。国有股在二级单位要采取多级联合,包括与私人企业联合,包括我们持股、参股的企业,也要实行多级联合。

三是要按照新体制、新机制来运作新成立的公司。不能一步到位的,要逐步到位,新成立的公司在机制上要尽可能一步到位,下一步必须认真解决体制问题。

第三,要认真加强管理职能。

有效的办法是建立多个服务平台,勘探局工作会议上已强调了这个问题。之所以强调管理要建立一种平台管理,是因为只有这样才真正有效。我们再不能按计划经济条件下，采取资金下放多少、回收多少的方法，反复折腾，这种方法在那时候有效，但在市场当中却很无力。所以，现在新成立的参股公司、控股公司，我已经告诉他们，愿意让器材供应处采购的由器材处采购，不愿意的自己采购。不形成一种平台式的管理，还按过去那样，好像器材采购是一种权，那就仍然有问题。现在，政府都在尽可能地减少审批，有审批就可能有腐败，审批的环节越多，产生腐败的地方越多。所以，作为企业来讲，要直逼事物的本源，不能一般地思考这个问题。当然这个平台，可以是单项的，也可以是复合的；可以以我们内部服务为主，也可以既向内部服务，也向外部服务。要靠市场“杠杆”这种无形的力量来解决管理问题。

第四，要发挥器材供应自身的优势。

要认真地调整采供市场的结构，包括局内部市场、关联交易市场、社会市场，也包括国际市场。

三、关于战略管理问题

战略管理问题也就是应该注意的政策和策略。器材供应要认真研究这个问题，有很大的潜力。资金多周转一次，就可以节约 1500 万元，多周转 0.1 次，就是 150 万元。现在要在社会上挣 150 万，得费多大的劲，得办多少个厂子？而且要形成好的产业，才能形成 1500 万的产值。我们对形势要有一个比较客观的判断，要抓住我们最主要的一些问题，明确眼前的路子，来研究我们的政策和策略。

第一，要解放思想，打破旧的采供体制与机制。

要建立起以市场为导向的采供新体制和新机制，认真学习和借鉴社会上物流配送的管理经验，创建一个新的机制。

在市场当中，要真正让我们物资采供体系早一点与社会接轨，成为社会商品流通这个大环当中的一个小环，成为社会商品领域当中的一个平台和渠道。

现在，我们的物资采供体系还有非常浓的计划经济的色彩，那就是“保生产”。我们之所以在历年的工作报告当中作为一个专题经验讲，而今年的工作会议关于“保生产”这个问题，没有作为一个专题讲，就是要逐渐淡化这个色彩。这并不是要放弃这个市场，也不是说这块市场不重要，而是怕人们的思想继续延用过去那种计划经济条件下的思想模式，来看待我们的物资供应工作。所以，我们必须要用市场的法则来运作和看待物资供应工作。

现在器材供应处有 800 多人，全局器材供应还有 1800 多人。计划经济条件下物资短缺，使得计划物流过程成了养人的好去处，加价是合情合理的，加价就可以养活这些人。所以，凡是计划经济条件下有这种优厚条件的单位，现在的日子就比较难过。

2002 年 23 个亿的采购量算什么？不到 3 亿美元，有 100 人就足够了？要是都像现在这么做，跨国公司仅器材供应这块就可以养活三个“第三世界”。所以，要真正研究这个“流”字。有 1800 人也可以，但是这 1800 人要属于社会物流当中的一个大动环。

第二，必须研究社会市场，包括国际市场与油田内部市场并重；油品市场和民品市场并重；批发和零售业并重。

我们的物流业要向社会上的物业管理延伸，要向社会商品流通领域延伸。不能仅把我们当成一个买钢管、卖钢管的。华商报雇了那么多卖报的，我们为什么不去帮他卖报？那么多送牛奶的，为啥不研究我们也去配送牛奶？也就说这 1800 人，要利用这些年来建立起来的网点，利用我们的手段，把我们这个工作看成是社会物流当中的一个环，是一个平台，是一个渠道。

在民品贸易方面，张富中同志要好好研究，要摸索国内外的一些期货交易，要参与这个市场，要从政策和策略上很好地研究。

第三，要整合现有采供、物配资源，进一步

完善和重新建立若干个物资供应平台。

在这个问题上，仅仅整合钻井工程总公司还不行，几个人、物少的单位，我建议把供应业务找个比较好的单位代管，不愿意让器材供应处干也可以，让社会上干也行。如果不下这个决心，各家都养那么一部分人，那还能行吗？

下一步我局真正的上班族也就 2 万多人，现在器材供应占了 2000 人，占十分之一，第二采油技术服务处、运输处的器材供应人员也占了大头。采取一般的办法，一般的认识，这个结构始终没有办法调整，效率也没法提高。

第四，要充分利用和进一步完善电子网络，发展电子商务。

网络建设到底包括什么内容，当前包括什么内容，大家一定要清楚，不要在口头上讲电子商务。结合我局情况，我认为网络建设大体上包括四个方面的内容：一是硬件建设；二是软件的开发，以上两项都要花钱；三是信息库的建设。这是最重要的，没有信息库就没法运行网络，就等于有了河没有水，是个干河；四是网络的运行。利用网络运行的人是赚钱的人，他知道利用网络能够实行低成本、高效率和高质量。

网络不是万能的，但要用网络这种科学管理手段来改变人们的观念，所以现在叫做“阳光”工程。网络在一个范围内起码可以实现“两高两低”：低成本，低犯罪；高效率，高质量。

第五，要培养队伍。

要真正使这 1800 人成为一批创业家，成为一批物流管理专家，真正地进行市场中的商务运作。

能不能借鉴渔业的那个“渔”来研究我们的物流。渔业以水为载体、为源，叫做“求鱼生财”。它的办法就是三个环节：一是要注意“时”，什么季节打什么鱼，咱们也得注意商机；二是有放有收，该放养的放养，该收网的收网，我们的市场培育也是如此；三是渔民要观察水况，包括海上的渔民也是如此。他认为有激流的地方不可能长鱼，但是有激流必有活水，激流之下，必有养鱼之处，顺着激流找水缓的地方，找到了活水，必定有鱼，水面越宽、水越缓，叫做“能够厚养”。商业和渔业在这个问题上正好反过来了，商业是上游的水流下来，就变成金，流得越快，财富来的越快。

钱在哪里？在市场、人员、人力资源流通最快的地方，凡是水面最宽的地方，越应该节约挖潜。

所以我们必须两手都要抓，一是挣钱，要寻找商机，像捕鱼一定要找到地方。二是一定要加强我们自己的管理。在计划经济条件下，周转次数多少的问题还不是很明显，在市场当中，不管是人、是物，周转的越快，带来的效益越好。所以从事物流工作强调的是物资周转，从事财务工作也重视资金周转，一样的道理。

我建议，把我们的 1800 人好好地研究，好好地处理才行，让他们到社会上去，到那些能赚钱的地方去。说这个并不难，问题在于我们，最大的弊病就是跳不出旧圈子，而且动不动就建立新的、封闭的圈子，这是我们最麻烦的事情。

都说国有企业人多，按照现在的机制，有几千人当然是多，但是如果我们算活账呢？那就不一定多，可能还有点少。铁路也好，专用线也好，建立的库房也好，不“流”起来那就是个包袱。世界 500 强中有一强是零售业，在全世界直接管理的有近 6000 家企业，他们一个小时就能盘点一次，咱们不说一个小时，我看一年都不一定能盘点清楚。人家真正实现零库存，薄利多销，同样的商品，他就靠周转时间赚钱。他说他的配送是最廉价的，如果找到比他廉价的，那他就可以白送给你，人家就可以吹这个牛。

要加强学习，光靠职称不行。这种人，到社会上去找不到事干，没有他干的，他也找不到他能干的事。

当然，这些工作要有个过程，但各单位能逼近一步的必须要逼近一步，要不然就没有效益，就没有出路。2000 年关联交易还有 5 个多亿，2001 年 2.5 亿，2002 年一下子降到不足 1 个亿，所以，我们必须突围。不能让人家或等着人家照顾，市场规则当中就没有照顾这一说，所谓的战略同盟是双方共同承担风险的同盟，不是谁照顾谁的同盟。

商场如战场，公司到底是大一点好还是小一点好？要在执行大的战略过程中来确定，没有绝对的好还是不好。

物流管理，今年起码要把这个“流”字写出来。“流”是能量，这种能量就形成了一种落差，自然科学叫做势能，势能又可以变成动能。在商界就是一种政策差异、价格差异、环境差异，就是要利用这个差异。

另外，在市场中还要有一股“粘”劲。2002年不就是因为“粘”上了中技服务公司，才把民品外贸做成了吗？

总之，在市场当中，吃不穷，花不穷，算计不到一辈子穷，这是真理。

孙玉辰同志在“非典”防治领导小组第四次会议上的讲话

（2003年4月26日）

4月20日，勘探局和油田公司共同成立了“非典”防治领导小组，一周来的工作，做得非常有成效，这与在座的各位领导和广大医护人员所做的大量工作是分不开的。之所以能得到陕西省、国务院督查组的肯定，要归功于全体职工、家属、离退休人员对这项工作的支持。

最近，我们主要做了三项工作：

第一项是加强了对这项工作的领导。油田公司和勘探局把防治“非典”作为一项政治任务来对待，作为给职工办好事、办实事这样一个具体任务来对待，同时也把它作为对社会负责、向人民负责来对待。因此，各级领导亲自负责，责任、程序基本落实，这一点非常重要。

第二项是我们采取了一些非常有效的、实际的、及时的措施。到目前为止，共采取了4类近40条措施，一是组织保障，共6条，包括成立领导小组、技术小组；二是制度保障，共8条，包括会议制度、汇报制度、值班制度；第三项是技术类，共18条，包括防控、消毒、隔离和餐饮服务；第四类是支持管理，共7条，包括资金的保证和人员的培训。这些工作，各个部门落实得都很好。

第三项是对干部、职工所做的教育富有成效，陕西省对我们的鼓励，是对我们工作的肯定，我们应该把下一步工作做得更好。

一、根据党和国家的要求，结合油田实际，对下一步工作提出以下几点意见

（1）要立足于“打持久战”。这个问题一定要从我们的指导思想上贯彻落实，有备无患。对于重点单位和重点部位，包括指挥机关（大楼）必须是落实专责、专人、专项的防治，如果人手不够，经领导小组研究批准，可以增加力量。时间全国定到5月8日，我建议我们的第一期工作定到5月15日。

（2）对来自疫区的流动人员、物品、车辆必须严加管理，在特殊情况下必须授权领导小组，使用特殊的管理。两边的行政领导要明确这条，要给他们授权。两边车队一定要服从命令，听从指挥，包括人员的审查、隔离，特殊时期这不是对人身自由的限制。

（3）学校虽然没有停课，但为了做好长期准备，学校要增加分散教学的预案，做好一旦发生可疑的病例，做好家庭式、网络式教学的准备。

（4）50人以上的会议必须经过“两办”批准，二级单位也不例外。谁要违反了这项规定，就作为违纪来查处。

(5)所辖、所管的,包括小区内的餐馆、矿区内自己管的市场,有条件的必须实行分餐制;井队和采油队实行起来比较困难,但必须逐步落实。

(6)内部的出差人员,在住宿上尽可能实行单人单间。要在我们自己力所能及的范围内,保护职工的身体健康。

(7)“五一”期间,教育职工少聚餐、不聚会,尽量不要去外地旅游,不要去闹市逛街。要教育职工不但要对自己负责,还要对社会负责。

(8)公用事业处要和有关的粮店、必要的生活用品供应商联系,不要在群众中制造恐慌,教育职工不要轻信谣言。必要时,可公布电话送货上门,特殊时期要教育职工有特殊的责任。

(9)“两办”要有计划地停运外面拉来的纯净水。综合楼的饮水问题,由“两办”研究解决。

10. 严格控制出差人员,副处以上领导干部出差,必须经过主管副局长(副总)的批准;两个以上去疫区出差的人员,必须报告“两办”审批(CNPC 的会除外)。出差回来之后,按规定该隔离观察的,必须隔离观察。

二、进一步明确有关政策

(1)对于参与治疗,包括对疑似“非典”病人治疗的医护人员,要给予生活补贴,补贴多少由领导小组研究决定;对参与防治工作的人员,也要给予适当的生活补贴。对这些同志,在自我保护上要进一步严格培训,保证自身安全。

(2)对于参与救护防治工作的职工子女、老人、学校、幼儿园及组织上要给予特殊的照顾;对这些同志的其他困难,也要实事求是地设法解决,必须确保医护人员全身心地投入工作。

(3)对参与救护防治工作的人员,工作和休息要兼顾。

(4)要进一步落实各级领导责任,在矿区决不能发生拒收、拒治可疑性病人的事情。因工作不到位而发生的重大损失,必须严查、严办。两边的组织人事和纪检监察部门,今年要把这项工作列入领导责任的专项检查中。

(5)一定要与各级政府、专防专治部门建立高效的工作网络和联系网络,这项工作每天都要做。

(6)要建立疫情通报制度,开展全民健身活动。报纸、电视要如实地报道油田“非典”防治情况,只有通过正面的畅通渠道,才能克服不负责任的议论和不必要的恐慌。

(7)由卫生处专门制定当前特殊时期防疫医护人员的防疫工作制度,用制度和纪律规范医护人员,在天灾面前要发扬人道主义精神,要向京、沪、广医疗战线上的医护人员学习,对临阵脱逃人员,要严肃处理。

(8)在特殊时期,要给予医护人员实事求是的特殊待遇,同时也要明确医护人员的责任,要有书面的规定、办法等。

(9)要严格执行国家和集团公司的疫情报告制度,及时、如实地报告疫情和防治情况。

(10)要配合政府、社会的其他防治工作。

三、为了进一步搞好“非典”防治工作,油田公司和勘探局要授予领导小组一些必要的处理权

(1)领导小组有权召集两边任何部门、任何单位包括副局级领导参加的专题会议。

(2)紧急情况可先处置后报告。

(3)可以根据工作需要,统一调动全局的医护人员、专门车辆、设备,用于实施“非典”和可疑病人的防治工作。两边领导要从自身做起,不得拒绝盘问或扣留,违反领导小组制定纪律的任何人都要进行通报。

(4)要支持领导小组的工作,包括对生产岗位上可疑病人的观察隔离,一定要向基层班组传达清楚。

(5)从事具体工作的同志一定要尽职尽责,用实际工作保证油田今年生产指标的完成。

四、其他有关问题

(1)关于养宠物的问题。小区内有养宠物的,单位和个人最好尽快处理;从现在到 5 月 15 日,不许宠物出现在小区。

(2)对于认识上存在的“死角”,认识不到位的,必须先无条件地执行领导小组的一切规定。若由于认识不到位导致工作不到位,就要尽快在每周的办公例会上研究具体措施和处理办法。

(3)对流动人员特别是来自疫区的人员,隔离观察问题一定要落实。与社会上的防治部门要联合起来,必要的话,设立“隔离圈”,具体方案由领导小组制订。对流动人员的管理,可以设立专门的登记卡,每天落实到机关各处室,由一人专门负责登记,登记完后由“两办”汇总到领导小组指定单位。

我在上周一的局办公例会上说过两点思考:

一是为职工办实事。在突如其来的天灾面前,职工群众的保护意识还比较差。正因为我们现在还没有发现疫情,才必须提前预防。在大家的自我保护意识还不到位的情况下,我们的领导必须把它作为给老百姓办实事的一项工作,真心实意来抓。

二是我曾在勘探局这边推荐领导干部学习两本书,其中一本是《把信送给加西亚》,讲的是任何人不要当一个“旁观者”,一定要当一个“自觉的人”。在老百姓还没有“骂”我们的时候,咱们要做自我批评。

再补充一句,防治工作搞不好,井队和作业队如果发现“非典”问题,就会使整个生产瘫痪。对这个问题,大家要有充分的认识。我们要努力保证近20万职工、家属度过一个平平安安的春天。

孙玉辰同志在长庆石油勘探局纪念建党82周年暨先进党支部优秀共产党员优秀党务工作者表彰电视电话会议上的讲话

(2003年7月1日)

同志们:

今天,我们召开全局电视电话会议,隆重纪念中国共产党诞辰82周年。表彰先进党支部、优秀党员和优秀党务工作者,宣讲先进典型事迹。我代表局党委、勘探局,向受到表彰的先进单位和优秀个人表示热烈的祝贺!向全局的党务工作者和全体共产党员致以崇高的敬意!向离退休的老党员、老同志致以亲切的问候!

今天,我们纪念党的生日,全局广大共产党员和职工家属感到非常自豪,这是因为今年春天,我们经受了一次新的考验、新的洗礼。我们在SARS肆虐的日子里,团结一致,和衷共济,取得了抗击“非典”和生产经营的双胜利,向党的生日献了一份厚礼。主要有8个方面。

1. 在前线生产无法倒班、设备器材无法按时到位的情况下,保证了重点工程的建设顺利进行

钻井开钻471口,完井406口,完成进尺95.7万米,价值工作量同比增长15.4%;

试油压裂完成1033层次,同比提高13.88%;

井下技术作业完成5224井次,同比增长19.51%;

建筑施工完成货币价值工作量5.47亿元,同比增长180.79%;

供水661万立方米,同比增长1.69%;供电

4.27 亿千瓦·时，同比增长 16.44%；

运输处完成货物周转量 4209 万吨·千米，同比增长 7.09%；

通信信息交换机总量超过 66600 门，同比增长 20.63%；宽带用户超过 3300 户，同比增长 86.33%；

机械制造完成产值 1.11 亿元，同比增长 27.6%；完成抽油机制造 636 台，同比增长 4.8%；

器材供应完成物资吞吐量 21.87 亿元，同比增长 5.73%。

2. 经营工作踏上了年度预算的步子

1—6 月份，主营业务实现收入 25.21 亿元、内部利润 218 万元、上缴税费 2.83 亿元。钻井、井下、建工等主要工程技术服务单位，完成的实物工作量及价值工作量都有较大幅度增长，生产服务及其他单位的生产成本和费用也得到有效控制。

全局多种经营完成销售收入 4.2 亿元，同比增长 16%；减亏 3081 万元，同比减少 41%。

新的经济增长点初步形成。低效油田合作开发取得进展，截至 6 月底，累计生产原油 4395 吨，实现销售收入 686.992 万元。物资配送 9.3 亿元，同比增长 31.7%，实现利润同比增长 177.34%；物资外销 1.23 亿元，同比增长 130.55%；国际、国内贸易总额 2479.88 万元，实现利润 152 万元，分别比去年同期增长 34.5% 和 78%。一批新项目、新产业按新体制、新机制建成投产。靖边天然气发电厂二期工程总投资 4700 万元，收入可望增加 1300 多万元。水电厂、三个采油技术服务处、工程技术研究院、公用事业处等单位新建的 11 个项目，预计年增加收入 3700 多万元，利润超过 300 万元。

3. 市场开发取得新突破

在油田公司和兄弟单位的大力支持帮助下，关联交易市场进一步规范和发展。制定了总体规划，理清了思路，完善了要情通报制度。针对资金结算问题，双方制定了《2003 年资金结算暂行规定(办法)》，保证了生产建设的顺利进行。双方进一步完善了关联交易协商机制，建立了不同层次的联席会议制度。

国内市场不断拓宽。1—6 月份，共承揽项目 137 项，完成 72 项，跨年项目 9 项，完成 2 项。预计承揽社会市场价值工作量近 6 亿元。其中国内市场工作量 3.2 亿元(不包括长庆科技工程有限责任公司)，为年度计划的 64%。

上半年，建设工程总公司取得市场工作量 10.8 亿元，同比增长 33%，其中外部市场 5.44 亿元，同比增长 50.3%。

钻井工程总公司青海油田钻井作业项目、油气技术综合服务处承揽的长呼管线生产试运行项目、机械制造总厂与大庆合作生产固控设备项目、工程技术研究院与胜利共同承担的大平 1 井、江苏 4 型水平井钻井技术服务项目，以及与新星公司共同开发的鄂北、鄂南压裂项目等，都进展顺利。

在国外，截至 5 月底，厄瓜多尔项目共实现投资登记 598.88 万美元(其中经营性补偿收入 139 万美元)，回款 60 万美元；乌兹别克斯坦项目第二口井目前井深近 3000 米；尼日利亚项目正在进行钻井总包项目谈判。虽然“非典”直接影响了国际市场的开发，但各单位仍积极在南美、南亚、中东及非洲的 10 多个国家不断拓展市场，并取得新的进展。

4. 改革改制平稳推进

主辅分离、辅业改制工作已经启动。制定了勘探局《关于主辅分离辅业改制分流工作的若干意见》，编制了《主辅分离改制分流总体方案》。上半年，产权制度改革立项 9 个，经批准正在组织实施的 6 个，进展较快。3 个国有企业改制正在组织实施。6 个多种经营改制企业涉及资产 5 亿多元，分流国有职工 1054 人。改制企业充满新的生机与活力。机械制造总厂控股的天然气设备制造公司、抽油杆厂，分别完成产值工作量 3023.44 万元和 1043.11 万元，同比大幅度增长。钻井工程总公司控股的管业公司，截至6月10日，已生产出7种规格的钢骨架复合管材，经鉴定全部符合行业标准。新组建的西安长庆石油钻头公司，填补了我局的空白。西安长庆科技工程有限公司各项工作技术指标，同比都有大幅度提高。“三项制度”改革不断深化，钻井、井下、三个采油处、机厂、建工等单位采用短期合同、市场工资、竞聘上岗、末位淘汰等多种形式搞活用工机制，见到明显的效果。钻井工程总公司50118钻井队打破现行工资制度和用工制度，大大调动了职工积极性，在参加气田会战的36支钻井队中，主要经济技术指标领先。建设工程总公司通过建立人事管理平台，用工实行双向选择，进入人力资源中心的932名职工，内部待岗792人，有效地拉动了职工思想观念的转变。

5. 科技创新能力进一步增强

今年勘探局安排的38项科技项目，包括15项重点攻关项目，上半年进展情况良好，计划进度完成率为92.1%。特别是重点项目技术攻关，如苏里格气田小井眼天然气欠平衡钻井技术研究，取得新的成果。

我们还以博士后科研工作站为平台，结合工程技术服务中的难题开展课题攻关，油套管腐蚀预测软件开发等4个项目取得新进展。

6. 科学管理再上新台阶

我们以创建学习型企业为载体，推动科学管理向深层次发展，并取得了十个方面的新成绩。其中包括：财务管理大胆进行流程再造，进一步完善了“三位一体”动态成本控制体系，会计集中核算试点正式运行；企业发展战略专题研究又有新的成果，及时调整了24个单位的产业定位，明确了企业结构调整的方向；量化决策程序中的责任，提高了效率；HSE管理上了台阶；信息平台建设取得初步成果；机关的管理和服务职能得到双加强；管理层的管理理念在不断创新、深化。

7. 党的建设和领导班子建设进一步加强

围绕企业改革、发展和稳定，切实加强和改善党的建设，各级党组织认真学习贯彻党的十六大精神和《中共中央关于印发〈“三个代表”重要思想学习纲要〉的通知》精神，把“两个务必”作为班子思想建设的重要内容。局、处两级领导班子在转变观念、更新理念方面有了明显进步，大局意识、政治意识、责任意识和工作系统性、预见性、创造性也都得到了进一步的提高。

按照勘探局关于“建设学习型班子、带出学习型队伍、建立学习型企业”的要求，学习建立学习型组织的相关理论以及工商管理、网络技术、现代物流知识等；有30多个单位的领导和理论骨干撰写了52篇学习体会。

今年，我们把“夯实基础、抓好培训、深入调研、创新工作”作为加强和改善党的基层组织建设的出发点和着力点，并取得了新的进展。

通过认真学习贯彻《中国共产党章程》，局党委设立了3个党建课题，在5个单位进行调查研究，总结了30533钻井队、177试油队加强基层党组织建设的经验。

我们以纪念建党82周年为契机，对广大党员进行深入的教育。广泛开展“党员责任区”、“党员模范岗”创建活动，广大党员发挥了先锋模范作用。

公用事业处11名保安在抗击“非典”战斗中火线申请入党，培训中心108名学生团员向党组织递交了入党申请书。

上半年，我们进一步加强了党风廉政建设。对党员干部开展警示教育。全局共有9660人次观看了44部警示教育片；印发学习材料4674份。钻井工程总公司、水电厂、第二采油技术服务处等单位，落实“八个坚持、八个反对”，按照《企业领导人员廉洁自律若干规定实施办法》，从源头上加大防范力度。

按照党风廉政建设责任制要求，全局上下建立起了四级党风廉政建设组织体系。第一采油技术服务处党委自我从严要求，“一把手”要做到“五个亲自”（即亲自组织分解党风廉政建设的重点任务；亲自研究本单位的党风廉政建设工作；亲自解决 1—2 个职工反映强烈的热点和难点问题；亲自听取党风廉政建设工作专题汇报；亲自参加至少一个责任单位的民主生活会)。局纪委开展了以"正人心、爱人心、稳人心、聚人心，珍惜手中权力、珍惜集体荣誉、珍惜个人前程、珍惜家庭幸福"为主要内容的"四心四珍惜"活动。

继续开展案件查处和效能监察工作。共受理案件 36 件，初查 34 件，结案 7 起，处理 8 个责任人，挽回经济损失 32.99 万元。

思想政治工作和企业文化建设取得新成果。上半年，深入开展"形势、目标、责任"主题教育。勘探局组织的主题教育报告团从 3 月开始，历时 20 多天，行程 3000 多千米，巡回报告 11 场次，对重点建设项目的典型事迹和集团公司、勘探局工作会议精神进行宣讲，听众达 5000 多人次。钻井工程总公司组织了 12 场次"共同责任"报告会；井下技术作业处开展了"深入思考的六个问题"大讨论；水电厂、第一采油技术服务处、第三采油技术服务处、机械制造总厂、运输处围绕工作中心开展了"形势、目标、责任"与"理念、改革、市场"的宣传教育活动，收到好的效果。

由于我们加强了重点项目的宣传，加强了对先进集体、先进个人典型事迹的宣传，加强了对改革改制、结构调整、科技创新、管理增效、持续发展的宣传，加强了对"非典"防控等政策的宣传，使职工教育更贴近"二次创业"的实际。同时，积极开展企业文化建设和精神文明创建活动，以认知工程、创新工程、精品工程、文明工程、千里油区文化工程等"六大工程"为载体，进一步整合、规范勘探局的 CIS 系统。制定了《长庆石油勘探局企业文化建设 2003—2007 年规划》，确定了 8 个爱国主义教育基地。

8."非典"防控工作取得了阶段性重要成果

面对突如其来的"非典"疫情，局党委、勘探局坚决贯彻中央、集团公司和当地政府的一系列重要指示精神，从难从严搞好油田内部防控"非典"工作。油田上下统一思想、统一认识、统一行动，立足于"防大疫、抗大疫、持久战"，取得了阶段性重要成果。

截至 6 月 30 日，油田 77 个单位在"非典"防控工作中，已累计投入资金 500 余万元。油田区域内无一例"非典"病人和疑似病例。在抗击"非典"战斗中，评选出职工医院传染科等 35 个先进集体和王家煜等 208 名先进个人。

油田各级党政工团组织都把"非典"防控作为头等大事来抓，充分发挥了战斗堡垒、先锋模范和生力军的作用。

由于"非典"影响，运输、油品销售、产品销售、宾馆、餐饮、旅游、疗养等方面累计减少收入 1861 万元。医院门诊和住院病人比去年同期减少近 3000 人次。加之因防治工作需要，投入了大量的场地、设施、人员，导致医院收入减少 150 万元。来油田疗养人员减少 55%，影响收入 85 万元。宾馆、餐饮减少收入 740 万元。全局 42 个加油站油品销售减少 542 吨，减少收入 170 万元。市场开发也受到很大影响。一些地方政府"非典"期间要求油田停止车辆、人员、物资在当地的流动，并出台了严禁车辆、人员、物资流动的规定，影响了部分生产的正常运行。从 4 月下旬到 5 月下旬，停发通勤车 256 班次，井队搬迁、拉运生产物资的车辆受阻 330 车次，产品销售、项目施工延后等，少收入近 716 万元。

在这种特殊情况下，全局广大干部职工和共产党员，众志成城，迎难而上，扎实工作，整体工作量和效益同比仍然保持增长的势头，以优异的成绩向党的 82 周年献上了一份厚礼。这些成绩的取得，是全局上下齐心协力，顽强奋斗的结果，是党的基层建设取得的丰硕成果。我们再一次向广大党员致敬！向党务工作者致敬！向广大职工致敬！向白衣天使们致敬！

同志们，下半年和今后一个时期，我们的任务还相当艰巨。在纪念党的生日的庄严时刻，我们必须保持清醒的头脑，各级党组织必须向职工庄严承诺：奔小康必须由各级党组织来带领，创业的重担首先要由共产党员来承担。为此，我们必须进一步加强党的建设，改善党的领导，保证和促进企业的发展。

党的十六大把“三个代表”重要思想同马克思列宁主义、毛泽东思想、邓小平理论一道，确立为党必须长期坚持的指导思想，实现了我们党指导思想上的又一次与时俱进。这是一个历史性决策，也是一个历史性贡献。我们必须坚持用十六大精神统一思想，把学习贯彻“三个代表”重要思想与加强党的思想、组织和作风建设结合起来，落到实处。

1. 进一步联系实际学习贯彻“三个代表”重要思想

最近，中共中央发出《关于印发〈“三个代表”重要思想学习纲要〉的通知》和《关于在全党兴起学习贯彻“三个代表”重要思想新高潮的通知》，集团公司党组和油田所在省（区）党委也下发了文件，要求各级组织认真贯彻落实中央政治局会议精神和中央《通知》精神，加强领导，狠抓落实，迅速兴起学习贯彻“三个代表”重要思想的新高潮。

为此，我们要按照中央和上级党组织的要求，深刻领会中央“通知”提出的“三个代表”重要思想九个方面的基本内容，着力解决好五个方面的问题，使全局广大党员干部和职工群众进一步认识到“三个代表”重要思想是一个系统的科学理论，把“三个代表”重要思想贯彻到企业生产经营、改革发展等各项具体工作之中，体现在党的基层建设之中，落实到改造客观世界的同时改造主观世界之中，不断推进“二次创业”，实现企业可持续发展目标。

兴起学习贯彻“三个代表”重要思想新高潮，各级领导干部是关键。局、处两级党委中心组要相对集中一些时间，认真研读党的十六大报告和党章以及江泽民同志《论“三个代表”》、《论党的建设》、《江泽民论有中国特色社会主义（专题摘编）》等重要著作，以及《“三个代表”重要思想学习纲要》，把学习“三个代表”重要思想同学习马克思列宁主义、毛泽东思想、邓小平理论结合起来，从整体上掌握“三个代表”重要思想的科学体系。

学习的关键在于坚持与时俱进、核心在于坚持党的先进性、本质在于坚持执政为民。学习要达到以下的目的：思想解放，在解放思想中统一思想；深化改革；解决本单位、本部门影响发展的突出矛盾和问题；促进党风和干部作风进一步好转；切实解决广大职工群众生产生活中的实际困难和问题；切实落实“两个务必”；坚持“两手抓”，夺取“双胜利”。

2. 加强党的建设，建立学习型班子、带出学习型队伍、创建学习型企业

企业中的党组织是党在基层的战斗堡垒，是党的全部工作和战斗力的基础。

一是建立和完善市场评价体系，切实加强领导班子和领导干部队伍建设。要树立市场需要、市场评价和市场配置的选人用人新观念。特别是领导干部，要自觉地树立起在市场中衡量、认识和实现自我价值的观念，并创新和创建人才交流平台。

要把党管干部的原则、党管人才的要求，落实到深化改革、结构调整、解决可持续发展的实践中去。

要继续做好后备干部的选拔培养工作，继续推行和完善公开选拔竞聘上岗制度、分类分级管理制度。培养领导干部创业、创新能力。强化对领导干部的动态考核、关键“事件”的跟踪考核。用人选人要不惟年龄和文凭，只惟能力和实绩，既要发挥优秀青年的聪明才智，又要充分调动老同志的积极性；既要重视选拔高层次的人才，又要注意选拔那些在实践中自学成才的人才。

各级领导干部要求实务实，树立以人为本的思想，改善自己的心智模式，培养自己的耐心、亲和力和融合力。在市场中要把自己当成最大的敌人，始终把“镜子”对准自己。要运用

才智解决好企业发展战略问题，解决好企业的科学理念问题。

二是进一步加强和改进党的基层组织建设。党的十六大明确提出，党的基层组织应该成为贯彻“三个代表”重要思想的组织者、推动者和实践者。要把全局党的基层组织建设的目标统一到贯彻“三个代表”重要思想的高度来认识。要把发挥党支部战斗堡垒作用作为企业管理的第一要务。

紧密围绕企业改革发展稳定工作，查找存在的问题，分析原因，制定措施。努力形成党建融入市场、融入生产的新格局。

三是用科学的理论武装广大党员，不断提高全体党员的思想素质。要保持党的先进性和纯洁性，建设一支“素质优良、结构合理、规模适度、作用突出”的党员队伍。

不断加强和改进党员教育，把深入学习十六大精神和“三个代表”重要思想作为当前和今后一个时期对党员教育的重要内容。切实改进教育方法，强化教育效果。要把正面灌输与说服引导相结合，把严格党内生活与开展丰富多彩的活动相结合，把集中教育与分散的电化教育、网络教育相结合。使全体党员始终保持蓬勃朝气、昂扬锐气、浩然正气，在推进企业改革发展稳定中争先进、当模范。

同时，要把每一个党员都纳入党组织的管理之中，绝不允许出现组织以外的“特殊党员”。要高度重视做好离退休、内部退养、有偿解除劳动关系党员的组织管理和教育工作。

要认真贯彻“坚持标准、保证质量、改善结构、慎重发展”的方针，重点做好在生产一线职工、专业技术人员、青年和妇女中发展党员的工作。

广大党员要带头学习和贯彻落实局党委、勘探局的一系列重大部署和各项政策，正确认识企业改革过程中遇到的各类矛盾和困难，正确处理个人利益与集体利益、局部利益与整体利益、当前利益与长远利益的关系。要立足岗位发挥骨干带头作用；要在完成急、难、险、重任务中发挥骨干带头作用；要在改革改制中发挥骨干带头作用；要在做好职工群众思想政治工作中发挥骨干带头作用。形成“一个支部一个堡垒，一个小组一块阵地，一个党员一面旗帜”的生动局面。

四是深化改革，勇于创新，不断增强党组织的创造力、凝聚力和战斗力。

二次创业不“改”不行，不创新没有出路，改革、创新不解放思想不行。市场观念相对滞后，仍然是阻碍我们发展的桎梏。传统的旧体制、旧机制已经阻碍了企业的发展。我们对这一点必须要有深刻的认识与反思。各级党组织的重要任务、当务之急是带头解放思想。“改”与“创”有风险、有阻力，但四平八稳失掉发展的机遇，就背离了“三个代表”重要思想的精髓。我们的党组织要带头探索跨行政管理的党建平台，党员领导干部要带头领衔创办新企业，包括民营企业；共产党员要勇立“改”“创”潮头，为民创业，造福子孙。党组织只有带领大家奔小康，才会真正赢得职工的拥护，本身才真正具有创造力、凝聚力和战斗力。

3. 加强党风廉政建设，保证“二次创业”顺利进行

重组一开始，我们就提出：勤政廉政是我们带领职工克服困难，“二次创业”的一面旗帜。几年来的实践证明，这样做是正确的。我们要进一步加强思想建设，构筑牢固的思想道德防线。按照中央纪委二次全会的要求，认真落实领导干部廉洁自律的规定。下半年，局党委将出台领导干部廉洁自律的有关规定，各级领导要认真学习和落实。

要坚持实施和完善“一把手”工程。一把手要带头实践“三个代表”重要思想，学做“雷锋式”的“一把手”，尽职尽责，立党为公，创业为民。

要在教育、管理、监督和查处四个环节上不断完善自约自纠机制。

进一步规范人事、财务、物资采购、投资招标等环节的程序及监督机制。健全法律监督、内部审计监督、财务监督、职工民主监督等企业内部监督机制。

严格执行党的民主集中制，认真执行领导干部个人重大事项报告制度；落实好领导干部向职代会述廉制度和厂务公开。要加大党风廉政建设巡视检查力度，及时总结推广先进典型，同时也要严肃追究违法违规责任者。

4. 抓住机遇，加快发展

今年是全面贯彻落实党的十六大精神的第一年，也是解放思想，与时俱进，开拓创新，全面推进勘探局"二次创业"带领职工致富奔小康的重要一年。

经过近三年的实践、认识和再实践、再认识，按照"三个代表"的要求，我们更进一步认识到，实现可持续发展是创业的根本目标，其他都是手段。

对我们勘探局来讲，实现可持续发展是有条件的。长庆油气生产近几年的增量扩展了技术服务市场空间；三年创业的实践丰富了我们的企业发展战略；结构调整取得了进步，特别是我们的各级组织、广大党员和干部职工，不断向市场靠拢，树立了创业的信心。

我们"二次创业"的目标完全符合"三个代表"重要思想的要求，必将成为全局广大职工的共同愿景，这些都是实现可持续发展的基础。

当前，我们要进一步认清形势，正确把握机遇与挑战，以党的十六大精神和"三个代表"重要思想为指针，以改革创新、结构调整为动力，全面开创"二次创业"的新局面。

有 CNPC 的坚强领导，有油田公司和兄弟单位的大力支持，只要认真学习贯彻"三个代表"重要思想，高举党旗，充分发挥广大党员的先锋模范作用，充分调动广大职工的积极性和创造性，坚持两手抓两手都要硬，团结一致，坚定不移，立志发展，创业为民，就一定能取得"二次创业"的新胜利。

孙玉辰同志在长庆石油勘探局改革改制工作座谈会上的讲话

（2003 年 8 月 15 日）

改革改制是"二次创业"战略管理的一部分，也是战略管理的具体措施。重组以来，我们围绕着"二次创业"探索国企改革。但作为专题座谈会来讨论推动改革改制，还是第一次。

2001 年，在临潼传达贯彻集团公司整体带资分流的会议精神，当时还没有涉及今天这么多的内容。从今天上午小组讨论情况看，大家普遍受到了教育和启发。我们春天召开了工作会议，等于春天里播种子。没想到来了个 SARS，我们不得不召开第二次非常重要的会议，专门抗击"非典"，这是给"苗子"打药。现在召开改革改制座谈会，是浇水追肥，争取获得丰收。召开这次会议时机是成熟的，一是我们改革改制已经探索了 3 年，有了一定的发言权；二是由于油气发展的大好时机，我们温饱有余，为改革创造了一定条件；三是人们思想观念转变，特别是市场观念得到深化；四是管理上打下了基础；五是勘探局班子新老交替的步伐加快，能用理性的、战略性的思考统一认识，统一意志，更是持续发展的重要条件。所以，这次会议的目的有两点：一是提高认识，坚定信心；二是共同学习，共同进步。

下面我强调几点。

一、关于认识问题

国企改革主要是企业自我解放的过程，认

识问题必须要提高到自我解放的高度来理解。改革的实践实际是我们经济上、文化上自我解放的实践。在认识上要解决：一是要不要改革；二是怎么改革；三是统一意志。对职工来讲也要解决三个层面的问题，一是身份与命运的关系；二是自我解放是必由之路；三是要支持和参与改革。

要不要改，是解决认识论的问题；怎么改，是解决方法论的问题；统一认识是统一意志的基础。这次会议对正确回答这些问题起到了很好的促进作用。从管理层来讲，对“要不要改”的回答是一致的，这就是企业不仅要改，而且需要不停顿地改，这是一个“凤凰涅槃”的过程。也就是说，不是把“改”看成一件事，而是把它看成一个回避不了的过程。如果把“改”看成是具体的改几件事，与刚才讲的“涅槃”过程相比，我觉得后边的认识就提高了一个层次。今天上午大家能谈出这样的认识是难能可贵的，问题是我们都要用这样一面镜子来反照自己。由于认识的层次不同，必然在行为上表现出来，凡是在改革实践上有盲区的，实质上是反映出在认识上有盲区。不管你怎么说，或者说与不说，总会有反映。在这个问题上谁也用不着对上对下表白什么，自己的行为反映是最直接的表白。在对待改革这个问题上，我们首先要改自己，应该学习“把信送给加西亚的人”，既然在领导岗位上，在管理岗位上，那就必须回答改还是不改的问题。

怎么改，是个方法论的问题。这次会议给了大家很好的启示：

一是不要搞一种模式，不要搞“一刀切”，不要“切一刀”，不要搞那些劳民伤财的事情。各单位的改革在资本积累阶段和资本运作阶段不一样，在资本运作阶段，主要考虑怎么样进行资本的扩张和资本的积累。现在，就整体的形势来看，全局仍然处在资本积累阶段。

二是要建立平台。

三是改革的规模和步子可大、可小、可快、可慢。

四是把产业结构调整与人员组织结构的调整有机地结合起来，这样才更有效。

五是改革的前期重在培养人、重在市场中学会选人、用人。

六是改革要以“三个代表”重要思想为指针。

方法相对认识论来讲，认识论是“体”，方法论是“用”。方法是绿色的、有生命力的、非常活泼的。我们在实践当中要勇于创造，不管是我们前几年搞的六种模式，还是四种模式，以后还应该创造出更多的模式。我们不要在这些问题上浪费更多的时间。我们要运用认识论和方法论的辩证关系，处理好统一认识和统一意志的关系。统一认识是统一意志的基础，但是统一认识和统一意志相比，统一认识是“体”，统一意志是“用”。上层与基层相比，在认识上基层比上层容易统一。而意志正好相反，上层比基层更容易统一。这里的“上层”不仅仅指人，还包括理念、知识的层面。人类在认识客观世界的同时，还在认识自己的主观世界。这个认识，特别是对人类自身的认识，不论是唯心的、唯物的，还是辩证唯物的、历史唯物的，古今中外没有统一过。所以说，指导实践也没有统一过。佛祖传了 33 代，分了多少派？在中国传了 6 代，分了多少派？孔子到了荀子就分派了，一个是唯心，一个是唯物，一个主张“人治”，一个主张“法治”，但他们在人本主义这个层面上是统一的。老子虽然“五千言”是统一的，后来形成了道教以后，分了多少派？对于耶稣那就更不用说了。阿拉伯世界世纪之战战乱不休，所有这些表面上是个信仰问题，实际上是认识的不统一。反馈到对改革理论的认识，越到上层认识越不统一，我们怎么办？小平有句名言叫“不争论”，有一个基本的认识就可以了。这几年，反观我们自己的实践，认识论的不统一，甚至包括方法论的认识不统一，这不是一件坏事，而是财富。我们在认识上不要苛求、不要妄求。我多次给大家公开讲，重组分开后召开的第一次党委常委会上我就提出，“不搞一统天下，但要搞天下统一”。三年时间过去了，成功还是不成功？有什么利弊？我的看法是：见到了阳光、亮光，但还有待于实践。这就是从哲理角度来思考这个问题，这样做的好处就是在改革当中要坚持实践第一，认识上逐步统一。

意志与认识有联系，但也有区别，认识本身就是一种个人的体悟，用其他办法求统一都徒劳无益。意志哪怕是个人的意志都可以用“法”与“权”形成一种行为的意志。意志上的统一，上层比基层更容易做到。正是因为如此，对实践更重要，对当前的改革改制更重要。如果弄不明白认识上统一和意志上统一的辩证关系，而妄谈提高认识，就会掉入一个不能自拔的怪圈当中。所以说，管理者的责任就是千方百计地让大家能够形成统一的意志，形成共同的愿景，这一点太重要了。

改革改制是科学管理的重要组成部分。管理本身就是一种艺术，管理层要认真地利用自己的聪明才智，解决工作中的难题。对于职工来讲，由于个体行为和群体行为的辩证统一关系，当前比较现实的是弄清自己的身份和命运的关系。我们不是一定要转变职工的身份，现在的政策是自愿的，问题是这个身份和本身的命运到底是什么关系？我的看法是，作为国企职工的身份和他自身命运确实是一种依附的关系。所以，人们不想割断这种依附关系，是一种客观的反映，这无可非议。但这种依附和依存关系目前正在发生两个大的变化：

一是国有企业职工的身份与命运的这种依附性逐渐在淡化，而他们的命运反而与企业自身发展的关系逐渐加强。企业发展了，职工“命运”就会好一点；企业要是倒闭了，依附关系也就没用了。这与计划经济时期是不同的。再发展下去，不论是现有国企，还是新建国企，职工身份不可能存在福利性的终身依附关系。

二是非国企职工（包括民营的、个体的员工）的身份与命运的关系，在有些方面正逐渐规范化、法制化，正在与国企接轨，如社保、购房、分配制度等问题。更重要的是非国有企业员工正在利用新的体制、新的机制获取更大的实惠。所以，我们必须引导教育职工，不要把身份看成护身符。

二、要上下互动，大胆实践，勇于实践

（1）领导和两级机关要加强调研，要为改革改制清障。我曾经对大家说：“推车不如清障”。如果说，我们的改革是爬坡，作为管理者需要推一把，但更重要的是帮助修路。目前，已经暴露出来的问题要认真解决，比如改制企业的产品价格、贷款、担保、结算、增值税造成的成本增加问题以及改制企业的经济规模、资质、人才平台等问题，还有一个很重要的是对改制企业的管理问题，包括监督管理、民主决策、激励机制等等。这些问题由改革领导小组牵头，召集有关部门逐条研究。

（2）建立平台。对职工来讲改革有三种途径：一个是建立新平台，职工直接跳上去；二是改造旧机制、旧体制，职工在旧平台上脱胎；三是两者结合。现在看来，各有利弊，也各有成功的先例，抽油杆厂采取的是第一种办法，设计院采取的是第二种办法，三个化工企业的整合、重组属于第三种。

不论哪一种形式，都要抓住三个环节：一是明晰产权；二是权责明晰；三是要认真转变经营机制。

（3）大胆主动地营造市场，带动经济发展和改革改制的深化。营造市场就是营造新的经济增长点，没有这一条，我们“改”可能都属于被动的，或顶多是一种主动进攻，但不是主动地发展。像长实集团对直属公司进行了公司制改造，但没有发展新的产业，只是组织机构调整和人员的分流，没有建立在新的产业上，这是非常危险的。西安地区这两年新成立了十五个企业，今年产值达到 3 至 4 个亿，大部分都是营造了一个新的市场。对这个问题要好好研究，大胆进行改革改制实践。

三、关于改革改制

1. 改革改制大概分为三个阶段

第一阶段是启动。这是“一把手”工程，是一个统一意志的过程；

第二阶段是要选好试验田，种好试验田。在这个过程中，一把手一定要有一种强烈的意识，就是培养教育干部；

第三阶段是自动阶段。到这个阶段，两级机关要注意搞好服务，加强引导，总结提高。

今年，有些企业已经进入第三阶段，三个化工企业的整合是基层主动的整合。通信处也回忆了发展的三个阶段，第一个阶段是在计划经济体制下完成的；第二个阶段是在满足生产需要的同时进入网络信息产业，这是在被动的情况下完成的；现在进入了第三阶段，他们推着我们前进，他们现在的很多设想可能让上层感到深思。我们的国际市场开发也是如此。所以说，第一和第二个阶段，是“一把手”工程，必须下死决心，全力以赴推进这个过程。

到了第二个阶段，如果不认真地教育培养干部，就很难达到自动阶段，也很难达到主动的服务和主动的提高。有两件事使我觉得机关今年发生了一些深刻的变化，一是机关开展的读书活动，推荐一本好书，读一本好书，我们很受启发。二是前两天又搞了一个机关创新研讨，促使我们想更多的问题。所以说，我们领导的责任是历史的责任，是一种不能推卸的责任。首先要使机关人员的脑子新生。我非常高兴、非常乐意参加这些活动，这是机关在自我充电、自我调谐。充电有主动的、有被动的，自我主动的充电在机关已经显露出来；调谐就是一种适应，是主动地适应基层、适应改革形势的发展。我非常负责任地向基层报告机关这种深层次的变化。如果说我们的首脑机关、我们的管理层真正在静下心来研讨一些问题，学习一些问题，我看难事也就不难了。

对于我们的改革来说，最难“改”的是财务系统，但正在实行流程再造的也是财务系统。所以说，大家要“落叶知秋”，要看到深层次的变化。为什么这本会议材料能引起大家的共鸣呢？三年前别人写的材料比我们的还精彩，但是和我们发生不了共鸣。我们现在拿的这些材料，是提高竞争力的宝贝。当前，要把学习“三个代表”重要思想作为充电的一次机会，要尽快办学习班，给正处级的领导专门办班，我们要确确实实把它当作一次充电的机会，把它作为自我提高、自我净化的机会，作为“二次创业”再加油的机会。所以说，完成这三个阶段，特别是首脑机关要行动起来，认认真真地充电。

2. 改革改制过程中必须改变作风

我们强调的不仅仅是在工作上、生活上与老百姓同甘共苦，更重要的是培养管理层的人本思想。要把历史责任自己给自己加到肩上，而不是靠上级，也不是靠群众。能不能把自己这样一个历史的责任，提高到人本思想的高度，自我加码，我想谈一点个人的体会。主要领导能不能这样来看待副职：他干得出色，他干得很好，是事业和班子里的功臣；他努力了，干得很平常，也是我们的战友，也是我们的兄长。按照佛家讲的，相聚即是缘。那么，领导者对待下级和员工能不能这样看待：从本质上讲职工要靠自身解放，而领导则必须在解放自身的同时，还有一个任务，就是要解放他人。在改革目标的设计上，最好能让职工在一、两年亲身体验到好处。在长远目标上，要死死盯住创造可持续发展这样一个条件；在处理上下级关系上，不要在乎褒贬，但是一定要在乎一个系统的设计。

民主向来不是目的，在这个“体”、“用”关系上，它是一个“用”，而不是一个“体”。人类历史上，西方有两件怪事，一件是 2400

年前，把古希腊唯心主义哲学家苏格拉底，用民意公决的形式判处死刑。当时的城堡经济、城堡政治倒是很民主，但是，最后民主公决把他处死了。另一个是耶稣，被用十字架、用绞刑，消灭了又一位哲人的肉体。而这两个人的思想在西方，一直影响至今。中国几乎同时期也有两位影响千年的历史人物——老子和孔子，但是他们的命运和那两个人的命运是不一样的。结果为什么不一样？是偶然的还是必然的？对我们当今有什么影响、有什么利弊？不仅哲学界，包括其他学术界，甚至到了近代每一位有所作为或想有所作为的战略家（包括企业家），都在研究这些问题，无非是想从更高的层次来研究统一问题。我的印象是，中国祖先对人本身的认识，更注重修身、齐家、平天下。西方更注重人本身自由意志的体悟和追求。从推动社会生产力这样一个客观标准来看，这两种思想对推动社会生产力、推动社会进步都有利有弊。但是，东方的哲学一旦实行大包容，就可以充满宇宙；西方的哲学一旦要膨胀，就不可一世。在这两种思想指导下，西方产生过辉煌和文明，东方也产生过辉煌和文明。给人们一个总的启示是：中国的因势利导是上上策。

改革、发展、稳定是中国特有的要求，而且历史上都这么要求。对于改革，要把握住力度和程度。大禹治水是采取了顺导的办法，咱们的改革也是这样。改革走上一段不行了、堵住了，就积极顺导，走上一段又不行了，再顺导，就是看能不能把中西哲学上的精华运用到我们的改革当中去。这就要求各级领导的作风要求实、求是、求证，自己搞试验。允许失败，甚至允许后退。现在我们还没有一个失败、后退的例子，大家思想上要准备去迎接一个失败、后退的例子，不然我们对问题的认识，对我们心智的认识，仍然是不全面的。

四、为改革改制搭台，清障铺路

这方面主要重复讲三个问题：

第一个问题是关于我们内部股、产权的交易问题。我们的目标是宏大的，即能不能人均达到10万元左右的优良产权，还要想法把资产运作起来，这是两个过程：一个是要有资产，一个是要运作好，要增值。一开始就要让资本在流动中增值，流动越广，增值的可能性和增值的量就越大。如果不流动，则一个问题也解决不了。

要流动就要量化，要流动就要有流动的办法和政策，而要量化就要研究政策：第一步，个人股先在局部流动；第二步，个人股在局内流动；第三步，集体法人股局部流动；第四步，集体法人股在局内流动。同时，我们要创造条件上市。所以，大家要认真研究交流平台。

第二个问题是关于模拟法人治理结构的运作。模拟不是指股份公司，也不是指有限责任公司，而是指这两种公司以外的形式，包括我们现在的二级单位。为啥要这么做？这不是在搞“翻牌公司”。人事平台模拟运行可以跳出现在的许多框框，局里对各二级单位，就管那么两、三个人，是一种更彻底的资产经营，监督管理按照公司化进行监管，其他的包括用人、机构的设置、分配的形式等放开。人，只管少数人，对少数人约束；财，只管投资，对资产的处置。现在成立的公司要按股权来管理，还没有成立公司的，也要研究这个问题。第一个好处是提高人的素质；第二个好处是可以加大民主决策的力度，真正让老百姓实行有效的监管，进一步来体现人本主义思想；第三个好处是在没有形成中国职业经理的情况下，可以更好地在市场中用人。作为国有企业，有的框框没有突破，但是有些框框已经突破了。在我们石油企业，现在还确实有很多的框框，有框框我们该怎么办？这个地方把水挡住了，我们怎样让水流过去？建立模拟法人治理结构，不是靠行政压担子，也不是靠当官来致富，而是要把平台建起来。我们可以使大批的管理者在市场运作中实现个人价值甚至致富。

人的素质是在实践中培养起来的，而不是天生的。所以，对关键岗位的人要有特殊的素质要求，要带头吃螃蟹，带头念无字经，带头写无字书，还要挣了钱为老百姓谋实实在在的利益。只有在实践中去锻炼、去磨炼，才能成长，而且要长期培养。一个产品的成熟期从开发到推出可能两三年，但是作为一个管理者的成熟期没有十年八年是不行的。总得要创造这么一种机会和实践，让他们能够成长起来。

第三个问题是要与油田公司建立不同形式、不同层次的战略同盟。三年来的实践告诉我们，一定要从长计议，而且，这是不以人的意志为转移的，不是想建立就建立，不想建立就不建立的。我们要主动服务，培养耐心，互利互惠，来促进战略同盟的建立。

总之，研究讨论改革改制工作是件大事，也是件难事，这个过程是个持续的过程。改革就是改掉不适应的地方，我们对待新东西、不成熟的东西，有一种心态就行了。哪种心态呢？就像对待三岁小孩的心态一样。他们是天真有趣的，对他们这样无助无力稚子所提出的问题，不管多难，我们大人都是非常高兴的，都好像有能力帮助他们解决。我们能不能用这样一种心态来对待当前改革的现状？碰到问题，无非就像蜘蛛织网，能扩展一点就扩展一点。用乐观的态度，把愁事、难事在我们手里艺术化。当然，不是回避矛盾，而是彻底地、有效地暴露矛盾，解决矛盾，在今后的实践中大家要共同的研讨这件事。正如张书记刚才讲的，改革越深入，我们碰到的问题就越具体，也越棘手，大家思想上要有这个准备。所以，我们要共同热情地迎接一两个失败者，要鼓励他前行。

勘探局利用生产大忙时节，对改革改制问题进一步讨论，加深认识。会后，要看各单位有些什么实实在在的行动，能不能形成一个上下互动的局面。大家要用智慧、用群众的力量，既要抓住机遇不等不靠，也不能操之过急。我们的同志素质是非常好的，我认为这就是我们的力量所在，就是“二次创业”的盼头所在，就是真正的长庆人的精神所在。我相信，大戏好戏还在后头。

孙玉辰同志在西气东输靖边进气投产仪式上的发言

（2003 年 10 月 1 日）

各位领导、各位来宾、同志们：

举世瞩目的西气东输工程东段今天就要顺利进气投产了，这是向国庆 54 周年献上的一份厚礼！

西气东输是国家实施西部大开发的一项标志性工程，功在当代、利在千秋。我们长庆石油勘探局有幸承担了这一重大工程的 13、14 标段 134 千米工程建设和靖边压气站 78#、79# 阀室工程建设，以及 687 千米工程质量监督工作，既感到光荣和自豪，又感到责任重大。在工程建设中，我们采用新的管理模式和运行机制，大胆应用新工艺、新技术，实现了 4 个突破，取得了 8 项成果，刷新了 7 项纪录，首创了 10 项指标，确保了工程质量和进度，实现了预期的目标。

同志们，我们长庆人不仅期待着今天把长庆气田的气作为“先锋气”，率先进入上海，而且更期待着西气东输工程早日全线贯通，为改善能源结构、保护环境、发展经济做出新的贡献。

孙玉辰同志在拜访中国驻厄瓜多尔大使馆时的讲话

（2003年10月13日）

首先感谢使馆各位领导能给我这个汇报工作的机会。

在这里见到你们，如同回到了祖国一样亲切。

CPEB（长庆石油勘探局）在厄瓜多尔的A—P项目，经过几番曲折，目前进展比较好。再经过努力，有望实现既定的目标。

在两年多的时间里，使馆的领导及工作人员，为我们提供了大力的支持与帮助，甚至利用外交特权来保护中方工作人员的人身安全及应得的利益。从项目的注册，到加速还款的协调，到救助被绑架人员，甚至宣传CPEB在厄瓜多尔的公司，直到促成古铁雷斯总统在访问西安期间来长庆访问等等，无不包含着使馆全体人员的辛勤努力。我这次来厄，其中一个重要目的，就是当面感谢你们。

第二次海湾战争以后，中央和国务院对我国的能源战略重新进行了思考。温家宝总理专门同老一辈的石油专家讨论了这个问题。我国随着经济建设的发展，石油的生产远远不能满足形势的需要。由石油出口国变成了第三大石油进口国。年进口石油7000到8000万吨。预计到2005年之后，进口1亿吨。

一方面，国内加紧勘探；另一方面，实施“走出去”战略，利用两个市场、两种资源。我们CPEB，是在贯彻CNPC这个重大战略背景下到这里来的。

CPEB今年在国内的产量是石油700万吨，天然气40亿立方米，供应北京、上海、西安、银川、呼和浩特。油气生产总量在CNPC居第三位，仅次于大庆和辽河。我们到2005年，计划生产900万吨油，90亿立方米天然气，位居第二。

我们在国内不是没有活干。到国外冒风险，就是想办三件事：一是开发国际市场；二是培养人才；三是赚钱。

CNPC过去封闭，现在逼着我们与国际接轨，除在纽约、香港上市之外，已在国外生产原油2000多万吨，份额油1000多万吨。

CNPC大踏步“走出去”，在苏丹等国家尝到了甜头，当然，这十多年也交了学费。

作为CPEB，还处在交学费阶段，还希望大家帮助、多指导、多批评我们的工作，把A－P项目作为使馆直属的单位来管理。

我们将负责地将使馆对我们工作的支持和帮助，利用各种场合，向外交部南美司和有关领导反映，也希望其他国家的中国使馆能够像你们一样，使我们从各方面整合世界资源，为发展民族经济，振兴中华和发展同世界各国的友谊做出贡献。

我有两点没有想到：一是这个小项目能引起总统的重视和马富才总经理的亲自过问；二是没想到在厄国家石油公司、DYGOIL公司及各界引起这么广泛的关注。

说实在的，我们与英、美、荷大石油公司相比，在厄瓜多尔的市场份额和运作经验还显得不足。我们的工作人员还有一个学习的过程。但是，不管起头多难，我相信在使馆的帮助支持下，在大家的共同努力下，别人能办到的，我们也能办到，别人办不到的，我们也要想办法办到、办好。

再次感谢你们，尊敬的使馆各位领导。

代向曾特使、刘大使问好！

孙玉辰同志在长庆石油勘探局 2003 年全局中小学校长工作会议上的讲话

（2003 年 11 月 6 日）

同志们：

首先，我想借用这个宝贵的机会，向全局中小学教师表示衷心的感谢，向全局中小学生问好。

今天，我讲三个问题：

一、基本经验

我局中小学教育质量不断提高，学校管理经验不断丰富，集中表现在五个方面：

一是教育、教学、教研理念不断更新；

二是教师素质不断提高；

三是学生管理不断加强，学生的整体素质不断提高；

四是教研工作不断创新；

五是教学环境不断改善。

我们取得的这些成绩，首先归功于广大教师，其次归功于局党委、勘探局的正确领导。同时也归功于学生的努力，及家长和所有关心教育的同志们的支持。

二、经验教训

校长是教学的总设计师，是通过教师来构筑美丽校园这个神圣殿堂的。凡是学校搞得好的，总设计师肯定高明。也就是毛泽东同志所说的，一个学校关键是选择校长。今天是中小学领导会议，实际上就是培训校长、书记。

学校是科学殿堂的一块基石，谁都离不开社会教育。教师是创造人类文明进步的启蒙师，我们从事的事业是真正神圣伟大的事业，我们创造的每一点经验都是这个神圣事业的一部分，我们每个教师都是伟大而神圣的。

三、我们的责任

教育工作者的责任，首先是自我教育、自我改造、自我更新。

教育学是分层次的，教师的素质也是分层次的：第一层次，给学生知识；第二层次，给学生获得知识的能力；第三层次，给学生应用知识的能力。

我认为教师最重要的是给学生应用知识的能力。这是开发学生的悟性，是属于“开启智慧”，而不仅仅是“增智”。校长们要注重培养学生的能力，开发学生的智力。教育我们的学生懂得如何应用这些知识，这才真正是不误人子弟。

能给别人知识，必须自己先有知识。但要开发他人的智慧，则自己必须有智慧才行。

当教师的首先必须自信。对教师职业责任的认识、对待我们工作当中成绩与错误的认识，这些都是个人生活工作中的感悟，不是什么新的知识，想要从书本上去抄，肯定抄不来。如果校长和教师队伍对自己工作意义的认识能够达到我前面讲到的高度，那我们的工作何不充实？我们胸怀何不坦然？我们的生活何不愉快？

当然，教师也不要迈入误区，不要自己塑造自己的完美，这是做不到的，最重要的是世界上不存在绝对的完美。我不相信有神，但相信人，特别是教师完全可以不断自醒，进步就是不断地自醒。人生来就不是完美的，人要进步，就要科学地对待这个不完美，要宽恕，要教育，要转化。当老师的，对待我们天真的学生，不管他再调皮，如果我们表现出不耐烦，甚至放弃教育和引导，那都是我们的罪过。

我们要注重对石油子女的基础教育，包括一些基本素质的教育。对孩子的基础教育，对孩子社会意识的培养，是我们在座的责任。对孩子环境意识的教育，要从一点一滴做起。在国外，政府把相当一部分税收用于教育，企业把相当一部分资金用于对职工的培训，再穷的国家对孩子的教育都舍得花钱，这对我的触动很大。虽然我对教育没什么贡献，但在我的职权范围内绝不会亏待“一老一少”。我们要在力所能及的条件下，给孩子们创造进步的机会。

我们的教育理念必须不断更新，我们要下功夫研究教育政策、教学理念。凡是不断更新理念的校长，工作就比较主动；凡是墨守成规的校长，一般要吃苦头。理念的更新不是说别出心裁，而是要实事求是地推动“教”与“学”的改革。

我们要利用现在的网络资源进行教学，使我们的孩子们能享受到更多的资源。今年庆阳总校先搞试点，确实有用了，再逐渐推开。我最担心的是数据库的建立，而不是硬件的建设。要真正实现数据网络化，把世界上的教育资源、全国最优秀的教育资源，利用现在的传媒，充分地在教育教学中利用。同时，把我们自己的资源包括教学经验，通过网络技术进行推广，让我们的孩子在45分钟之内，学到比他的父母、爷爷们更多的东西。数据库的建立，各位校长要亲自抓。因为这些内容必须结合本单位实际情况自己建立，买来的数据库不可能都适合我们的教学。在改善教学环境，改变教学手段方面，局党委、勘探局及各二级单位要和大家一样，提高认识，要积极创造好的条件给学校。作为校长、学校的教师也要从各学校实际情况出发，克服困难，忠于职守，搞好教育工作。

孙玉辰同志在长庆石油勘探局基层党的建设工作会议结束时的讲话

（2003年11月19日）

同志们：

刚才，张继昌同志对这次基层党的建设工作会议进行了全面的总结，总结得非常好，完全赞同。从会议召开的情况看，会前准备的很充分，会议开得生动活泼、非常成功。

在这次会议上，基层的同志介绍了成功的经验，我感到非常高兴，也深受教育。在这里，我代表局党委、勘探局对受表彰的红旗单位再次表示热烈的祝贺和衷心的感谢！

由于时间紧，这次会议没有安排专门讨论，也没有深入剖析工作中存在的问题，有些基层单位也没有在大会上发言。希望各单位下去以后，对照红旗单位的成功经验，认真分析和解决自身存在的问题。

下面，我主要讲三个方面的问题。

一、当前基层建设中存在的问题

总体上看，我认为当前基层建设工作还存在以下三个“不适应”：

（1）管理者的素质不适应市场经济的要求。主要表现在市场观念和市场运作能力。这是一个比较严肃的问题，管理者如果没有本事，在市场中就“一钱不值”。而且，这种情况目前表现得越来越突出。这几年，虽然我们在这方面也有进步，培养了一部分年轻人，但要应对严峻的国内外市场形势的考验，就目前队伍整体的数量和素质来讲，还与市场经济发展的要求有较大的差距。

（2）党组织的控制力显然不能适应形势发

展的需要。重组分开以来，油田陆续发生过一些游行集会和集体上访事件。当然，对这些问题，也要从两个方面去理解，一方面说明“民主”意识强了，大家不要大惊小怪，也不要“不适应”。我曾提出要树立新的稳定观，因为随着改革改制的不断深入，必然会出现各种利益和权力的再分配，有这样那样的问题是难免的。另一方面，在这些人里面，也有党员和基层干部，这就很不利于我们发挥基层党的政治优势。基层形势不稳，加上“法轮功”痴迷者的肆意捣乱，最终受害的还是老百姓。所以，对于职工或家属上访，不管他们提出的要求合理不合理，其本身并不可怕，关键是要警惕少数人利用矛盾，兴风作浪。由此可见，基层党组织的控制力、影响力需要进一步加强。

(3) 职工的思想观念存在不适应，包括管理者的思想观念需要进一步加强。主要表现在市场观念滞后，还不适应市场形势的要求。这也说明我们的教育、宣传和管理工作对基层的有效性还不够强。对这一点，我们要有足够的认识。我相信，通过这次会议，这方面的工作一定会得到加强。

二、几点认识和体会

借此机会，我也想谈谈自己在这次基层党的建设工作会议上的体会。

1. 关于党的基层建设的发展阶段

先谈谈近 30 年来党的基层建设在理论上的发展。从 1970 年长庆会战到现在，我们党的基层建设从理论到实践，大致可分为三个阶段。

第一阶段：1970—1978 年。企业基层建设的理论是“以阶级斗争为纲”，坚持“无产阶级专政下将革命进行到底”的理论。基层党支部建设的目标就是成为无产阶级专政下继续革命的坚强的战斗堡垒；共产党员要做无产阶级专政下继续革命的先锋战士。在这个理论指导下的实践就是“政治统帅一切、压倒一切”，“经济建设要为无产阶级政治服务”，比较典型的口号就是“宁要社会主义的草，不要资本主义的苗”；企业可以停产办社会主义理论学习班，“批林批孔批邓”；这个时期的领导体制是党的一元化，企业的一切决策均由党委决定。

在这种理论和实践的指导下，队伍建设除了政治狂热之外，也表现出人类空前的献身精神，高度统一的组织纪律，艰苦朴素的思想作风，自力更生的革命精神等。其结果是，本来想批判别人的“幼稚病”，结果自己却犯了“幼稚病”。更为严重的后果是政治体制对经济发展带来了致命的冲击：不重视科技进步；推迟人才培养和浪费人才；失掉了发展的机会，等等。所以说，党的一元化领导体制本身也不能保证按科学规律办事。由此而启发，我们一定要尽可能多地反思自己，在当前的实际工作中也要尽可能少犯“幼稚病”。

第二阶段：1978—1993 年。这个阶段是以邓小平理论为主导，以解放思想为目的，把党的工作重心转移到经济建设上来。这是我们党历史上一个重大的转折时期。在这 15 年中，我们党做出了许多重大的决策，从理论上和实践上停止“无产阶级专政下将革命进行到底”的理论，停止了“文化大革命”，进行了拨乱反正，对许多历史问题做出了科学的结论。

这个时期，我们党做出了关于进行社会主义经济体制改革的一系列重大决定。当改革开放出现这样那样问题的时候，始终坚持经济体制改革不动摇。这个时期，也是党的基层组织和政工干部最为迷茫和失落的一个时期。人们担心“资本主义复辟”、“红旗变色”，为此心存疑虑。这个时期提出的“解放思想”的口号，其实质就是要求我党进行自我反思，尤其是对“无产阶级专政下继续革命”理论的反思。

由此开始，基层建设在实践上也出现了新的变化：开始重视人才培养，恢复了高考，为企业提高队伍素质打下了基础；进行了持久地拨乱反正教育，基层开始一心一意地搞发展、搞建设；领导体制由一元化向党委领导下的厂长负责制转变。这个时期最大的收获就是把党的工作重心转移到了经济建设上，尽管当时经济体制还很不完善。

第三阶段：1993 年至今。这个时期，基层建设在理论上发生了重大转变。从 1978 年开始，摸索了 15 年，理论上的突破只有两个字，那就是“市场”，由此才开始了社会主义市场经济的探索与实践历程。为了这两个字，我们党付出了很大的代价，经历了一个比较漫长的认识过程。

理论上的突破必然会带来基层建设实践上的突破。从实行党的工作重心转移，到提出市场经济理论的 15 年间，企业的实践主要集中在三个方面：

一是认真实践《企业法》，在全国不少单位进行了现代企业制度改革的试点。

二是调整企业结构，包括产业结构和组织结构。虽然结构调整也不彻底，但取得了一些理论和实践上的新突破。

三是初步建立起了市场经济结构。

人们对市场经济有了新的认识，对企业如何适应市场有了进一步的了解；职工在市场中也开始尝到了甜头；这个时期的领导体制呈现多元化；基层建设的主要方式是按中央的要求，探求如何改善和加强党的领导，而不是担心党会“变色”的问题。

2. 对历史的冷静思考

这次会议，局党委利用两天时间专门研究基层建设问题，这也是对提高基层党的执政能力和领导经济建设的能力等问题进行探讨。反思历史，主要想说明下面几个问题：

一是我们党执政 54 年来，有近 30 年时间是以“政治挂帅”搞经济建设的，我个人的看法是弊多利少。在这个过程中，由于违背经济发展的规律，也干了许多“傻事”；于是又用了 15 年的时间拨乱反正，解放思想，总结教训，在不断探索中实现了工作重心的转移；之后又用了 10 年时间探索社会主义市场经济。所以说，真正下决心搞市场经济也就是这 10 年时间。

从目前来看，建立和完善社会主义市场经济体制，仍然需要一个过程，需要我们加快速度，认真实践和探索。我们这次会议，就是要部署今后 3—5 年的基层建设工作，就是要坚定不移地贯彻邓小平理论、“三个代表”重要思想、十六大精神和十六届三中全会做出的决定，谋求解决好在社会主义市场经济条件下的基层建设和企业持续发展问题。

二是 1978 年以前是经济理论必须服从于政治理论。1978 年以后，是政治理论（包括政治体制改革）“摇摇摆摆”地和经济理论（包括经济体制改革）靠拢。从认识论的角度讲，这是我们党治国理论的一大进步。所以，将来政治体制的改革，首先必须服从、服务于经济体制改革的实践，只有做到这一点，政治体制改革才能站得住脚，也才能用来指导经济体制改革。这就需要我们既能大胆实践，又能不断反思。

目前，我们的“12 字企业理念”中就有“自信”两个字。我想，只要把自己当作“敌人”，不断进行反思，将来就没有战胜不了的对手。基于这样一种认识，在基层建设工作中，要随时检查工作中存在的不足，不断进行改进。只要能做到这一点，基层建设才能产生自发的魅力和强大的内力。

三是社会主义市场经济的建立和逐步完善，对基层建设的理论和实践提出了更高的要求。现在基层工作和过去有很多不同之处，基层工作应在创新上狠下功夫。比如要贯彻好这次会议精神，包括会议的很多决定，绝不是照本宣科地开几个会就行了，关键是要把“活的灵魂”抓住，结合自己的实际情况去认真实践、完善和创新。不能只想着照搬照抄现成的经验，这种想法在市场经济条件下是要不得的。

四是稳定是做好一切工作的前提和基础。稳定问题处理不好，毫无疑问会影响到发展。在党的历史上，这也是有前车之鉴的。这几年，石油行业重组改制以来，局部不同程度地出现了一些不稳定因素，对此，我们要进行深入地研究。也希望大家保持足够的警惕：一要警惕我们政策上的失误；二要警惕极少数别有用心的人利用存在的一些矛盾，重新制造矛盾，以实现他们不可告人的目的。

三、对下一步工作的要求

基层建设工作中确实有许多值得我们借鉴的经验，需要在今后的工作中继续实践。

1. 勇于实践才能发展

只有经过实践的检验，我们才能真正分清对错；只要我们始终坚持对的，不断改正错的，就能把工作不断推向前进。当前，企业正处于机制和体制转变的重要时期，成熟的、可指导企业实践的理论和经验不多。不像过去那样，现在一个政策既不能管“百家”，更管不了“万年”，因此，基层建设的理论和实践都需要不断发展和深化。在这种情况下，我们应紧紧把握住时代发展的趋势，按照“三个代表”重要思想的基本要求，进行大胆的实践和创新。

同时，在认识论上一定要明确，基层才是新理论产生的源泉，只有在实践中才能判断出正确和错误，实践者最具有发言权。这些年来，我们党成熟的主要表现就是给了基层工作很大的空间。从勘探局这几年的实践来看，哪个单位勇于实践，哪个单位就有活力；谁带头种“实验田”，这个领导就有发言权。我很佩服邓小平同志说过的一句话：少争论，多实践。勘探局的改革允许大家去积极尝试，勘探局也会大力支持那些敢于做“第一个吃螃蟹”的人。

2. 要尽快提高自身的学习能力和创新能力

今年以来，我们在两级机关开展了创建学习型组织的活动。建立学习型组织的关键是提高我们自身的学习能力、实践能力和创新能力。所以，在活动中绝不能“关起门来”办学习班、开读书会，读书和学习自然是必要的，但和创建学习型企业是两回事。建立学习型组织的目的是转变一个人的心智模式，使其掌握系统思考的能力，会谋大事，善于创新。这次涌现出的红旗单位，很多就是学习和创新的典型。

在这里，我再强调一下干部和队伍建设的问题。

当前，我们正处于改革发展的特殊时期。市场经济的路，前人没有走过，我们自己就是创业者和拓荒者，一切必须从头学起，这样才能赶上时代发展和知识更新的要求。在这个知识经济的时代，对企业管理层来讲，必须要做到终身学习和边学习、边实践。现在最重要的不再是文凭，关键是学习能力和创新能力。在企业内部，我们要尽力营造一种“注重能力”的用人环境，人才使用要由市场来决定。

衡量一个人的能力，不是看他掌握了多少知识，而是看他具备什么样的学习能力。管理干部仅靠已有的经验管理是不行的。现在仍有少数基层管理者认为基层管理只要把心操到，把成绩弄上去就行，所以在一些地方就出现了简单粗暴的管理方法，这种管理方法暂时或许有用，但绝对是没有前途的。所以，要管理好一个现代企业，要搞好基层建设、带好队伍，干部自身的素质必须要有一个很大的提高。我们要防止干部中存在的“本事不大、官气十足、不思进取”的不良作风。

在这次出国考察期间，我们和国外一些政界、商界高层人士进行了深度“会谈”。我举两个人的例子，一个是我们在厄瓜多尔公司的雇员威尔逊，一个是美国地球能源公司的雇员杰克。威尔逊早年留学法国，后来曾担任过厄瓜多尔国家石油公司生产板块的总裁，颇具战略眼光，现在他是我们的雇员，他的工作态度非常认真，为人非常坦诚，为我们厄瓜多尔AP项目的成功运作做出了很大努力。杰克曾经也是一个拥有40多个钻井队的老板，现在是美国能源公司的雇员，尽管已经60多岁了，但他对工作尽心尽责，完全是以一个雇员的标准来要求自己。这两个人相同的地方是，他们不管自己曾经干过什么，都对自己目前效力的公司绝对忠诚，工作作风严细认真，大事小事都能干。在市场经济中就需要这样的管理者。相比之下，我们有些管理者，官气十足，爱说空话，不抓落实。这次基层红旗单位取得的经验就是善于学习的结果。读书要常读、会解、能悟、善行，读书的最终目的就是指导实践，把工作搞好。所以说大家应该努力地、不断地提高自己的学习和创新能力。

3. 进一步完善公司法人治理结构

完善法人治理结构，就是要以产权为纽带，实行所有权和经营权的分离，选人用人都要以市场为出发点。基层建设一定要对此尽快适应。我们要让政治文明、精神文明和物质文明三者协调发展。在基层建设中，民主管理、科学决策和企业文化，都与政治文明和精神文明建设有着密切的关系，需要协调发展。其次是不管企业怎么改，职工的合法权益一定要得到有效的保护。各级工会组织要不断提高民主管理水平，要善于从职工群众的利益出发，在关键性的问题上力争有所突破。此外，还要从道德修养上提高职工的素质，教育职工以良好的习惯、谦虚的心态和自强的信念去接触和认识世界。

4. 坚定信心，努力开创基层建设工作的新局面

党的思想政治工作的优势，就是基层工作和群众工作。我们党在红军时期就提出“把支部建在连上”。这一为历史所证明的成功经验现在仍然值得我们不断借鉴。当前，建立和完善社会主义市场经济体制的伟大实践给我们党提出了新的要求。那么，在企业体制、机制转变的过程中，我们企业究竟如何发挥党的政治核心作用呢？我认为关键是把握住三个重要环节：

一是我们党的制度、活动的方式要主动自觉地适应现代企业制度。在这一点上，我们不能让现代企业制度来适应党的制度。客观地说，党在企业参与重大问题决策的方式和方法，目前还不成熟、不完善，还需要经过实践逐步完善成熟起来。我们讲公有制经济为主体，这不仅仅指比重，更主要的是一种控制力。我们党的政治核心作用，主要是把握方向，由“决策大事”到“管好大事”是对党的影响力、控制力的一种拓展。这个观点符合十六届三中全会的精神，也对在座的同志提出了一种新的要求，希望大家要认真对待并解决好“实践”这个问题。

二是要切实发挥好党支部的战斗堡垒作用和党员的先锋模范作用。市场经济有一种无形的力量，它可以使一个人适应市场、发挥才干，也可以扭曲党员的人生观、价值观。在新的形势下，党员的先锋模范作用的标准是什么？这个问题也需要我们很好地研究。十六届三中全会的精神，对党员队伍人生观、价值观在提法上又给了更大的实践的空间。在保持党的先进性上，也更为实际了。这些年我们引进了新的人才观，把人才放到市场当中去衡量，应该说这也是适应对党员先进性的要求。但要实践好这个问题，一定要把握好分寸。这个问题如果处理不好，就会失掉我们党的先进性，就会失掉我们党的群众基础。这几年，在基层有些单位既注重“在骨干中发展党员”，又推行“把现有的党员培养成骨干”，我非常赞同这种做法。这样既扩大了党的群众基础，又保持了基层正确的政治方向。

三是在党的基层建设中，要注意研究和实践与新体制相适应的民主管理、科学决策、内部监督的有效性等问题。

总的来说，当前，基层建设工作要做的事

情还很多。下来以后，局机关各部门要和基层共同探讨、实践和解决这些问题。我相信，只要基层工作本着既能论理、又能论事，既能看得远一些，又不讲空话、善于实践，就一定会开创出基层党建工作的新局面。

张继昌同志在长庆油田社会治安综合治理工作会议上的讲话

（2003 年 2 月 21 日）

同志们：

这次油田社会治安综合治理工作会议，是在全国上下以实际行动学习贯彻落实十六大精神和勘探局、油田公司 2003 年工作会议之后召开的又一次非常重要的会议。会上，闵建雄同志代表油田社会治安综合治理领导小组作了工作报告。会议还通报了 2002 年度综合治理工作考核结果，交流了先进单位的工作经验，表彰了模范先进单位和见义勇为积极分子，签订了 2003 年社会治安综合治理责任书。

借此机会，我代表油田社会治安综合治理领导小组向受到表彰的模范先进单位、先进个人和见义勇为积极分子表示热烈的祝贺！向长期奋战在油田公安保卫、综合治理战线的全体民警和同志们表示崇高的敬意！

闵建雄同志在工作报告中对去年的工作和今年的任务已经作了详细的总结和安排。会前，勘探局、油田分公司有关领导对这个报告提出了具体指示和要求，综合治理领导小组成员也进行了讨论。总体上说，这个报告比较准确、实事求是地总结了 2002 年的工作，突出重点、全面细致地部署了 2003 年的工作，希望各单位结合自身实际，认真传达贯彻执行。

下面，我就油田社会治安综合治理工作讲几点意见。

一、对 2002 年度油田社会治安综合治理工作的基本评价

2002 年，是我们长庆油田各项工作取得全面进步的一年。一年来，勘探局、油田公司认真贯彻落实集团公司 2002 年工作会议精神，遵循“两条基本思路”，实施“四大发展战略”和各自的理念体系，紧紧抓住油气大发展、西部大开发和“西气东输”等百年不遇的发展机遇，以加快鄂尔多斯盆地油气勘探开发步伐为己任，发挥整体优势，谋求共同发展。改革创新，锐意进取，全面超额完成了各项生产建设任务和业绩指标，创造了一系列新成绩、新突破、新纪录。特别是勘探开发、生产建设、改革改制、科技进步、精神文明建设都再创长庆历史最新纪录。这些辉煌业绩的取得，是数万长庆职工忘我工作的结果，也是与扎实有效的综合治理保驾护航作用分不开的。

2002 年，油田社会治安综合治理工作在勘探局、油田分公司的正确领导和地方各级政府大力支持配合下，认真贯彻落实“三个代表”重要思想和全国社会治安综合治理工作会议精神及勘探局、油田分公司 2002 年工作会议精神，按照年初的工作部署，坚持“打防并举，预防为主，综合治理”的方针，紧紧围绕油气田生产建设、经营任务圆满完成和内部稳定的中心，进一步加大对各种刑事犯罪活动的打击力度，积极动员组织油田各方面力量深化社会治安综合治理工作，使打击、防范、教育、管理、建设、改造等各项措施得到较好落实。为探索建立社会治安综合治理工作长效机制奠定了坚实基础，有力地维护了油田政治稳定和治安安定，为油田生产经营、改革改制和职工群众生活创造了良好的治安环境。

从全年工作的总体情况看，油田社会治安综合治理工作取得了长足发展，再上了一个新台阶。归纳起来，2002年油田社会治安综合治理工作有以下几个方面的特点。

1. 任务指标全面完成，保持油田大局稳定

闵建雄同志在工作报告中就去年综治工作总结了10个方面的成果，概括起来就是：

“两个再创”即：一是破案绝对数增加，破获刑事案件849起，比去年766起，增加10.08%；二是打击违法犯罪分子绝对人数增加，共打击处理1258人，比去年1113人相比，增加13%，均创油田最新纪录。

“三个未发生”即：未发生群体性上访事件；未发生重大治安灾害事故；未发生在校学生犯罪。

“六个下降”即：内部刑事案件发案数下降0.04个百分点；内部违法犯罪人数下降0.01个百分点；“法轮功”人员参与非法活动人（次）数下降50%；吸毒人员复吸率下降80%；危害生产案件和问题下降37.4%；火灾次数下降50%。

特别值得一提的是，各级领导、广大职工群众对内部稳定重要性的认识、对社会治安综合治理的参与意识、对不法行为作斗争的积极性和见义勇为的自觉性进一步提高。油田维护稳定、综合治理的重大决策、制度、措施得到进一步落实。内防外控能力显著增强。通过油田上下干部职工共同的努力，油田政治稳定、内部安定。

2. 领导重视，组织得力，注重实效

油田综合治理工作始终得到勘探局、油田分公司各级组织和领导的重视，各单位采取了一系列维护稳定、保一方平安的行之有效的措施。

在工作实践中，全年工作始终贯穿社会治安综合治理领导责任制和目标管理责任制这条主线，注重外部和内部两个层面，坚持调查研究，区分轻重缓急，采取不同措施，注重见到实效。各单位特别是一些重组整合后新成立的单位，及时地把综合治理工作摆上议事日程，构建综治网络，从制度建设入手，落实各项防范措施，确保综治工作与生产经营工作同布置、同检查、同考核、同兑现，使综合治理工作不断向纵深推进，成效显著。

3. 各相关职能部门尽职尽责，措施得力，工作到位

这主要体现在公安保卫、经济民警队伍、党、政、工等综合治理参与部门和群防群治三个方面的作用，特别是作为综治工作支柱和骨干的油田公安保卫机关，在油气田外部生产环境十分严峻、内部治安不稳定因素增多、“法轮功”非法活动时有露头、毒品违法犯罪时有反复的形势下，始终对各类刑事犯罪保持高压态势，对严重影响生产秩序和危害职工群众生命财产安全的各类案件，快侦快破，对各类刑事犯罪分子严厉打击。适时开展禁毒专项斗争，深入开展专项调查，严密防范，起到了打防并举，震慑犯罪的作用。

全年油田公安机关共侦破各类刑事案件849起。其中：侦破涉油案件742起，内部刑事案件107起。查处治安案件675起。打击处理违法犯罪人员1258人。其中：刑拘236人，逮捕330人，取保候审125人，治安处罚480人，其他处理321人。全面完成了生产要害部位保卫、消防安全、综合治理、队伍建设等工作任务。比较圆满地完成了上级交派的各项重点工作任务。

4. 尽量争取地方政府支持，加强协作配合，油区生产环境整治效果明显

通过积极主动，多方联系，公安处先后20余次向油区所在地政府、公检法汇报油区治安问题，陈述油区治安与当地治安特别是经济发展的关系，共召开油区治安专项治理工作

会8场次，召开油区治理工作协调和座谈会23场次，分析、研究、部署油区整治工作。

4、5、6三个月与庆阳市公安机关联合在陇东油区开展“打黑除恶”和“严打”专项整治斗争；5月份，与陕西省公安厅统一组织、协调在陕北油区开展专项整治斗争；8月份，采油一厂、采油四厂公安分局与延安、榆林两市公安机关联合在陕北油区及周边地区开展摧毁“土炼炉”、查处“三无”盗贩原油黑车整治活动；10月份，国家三部委关于《油田区域治安秩序专项整治行动工作方案》的通知下发后，积极贯彻油田公司顺宁会议精神，发挥主要力量作用，疏理涉油的三省（区）4市17县75乡559个行政村各自治安特点，摸排分析确定重点区域，逐级上报挂牌督办案件。截至2月20日，共侦破各类涉油案件86起，抓获涉油犯罪嫌疑人119人，刑拘50人，逮捕21人，治安处罚11人，抓获逃犯4名。取缔土炼炉115座，收油点15处。收回非法抢占井3口。抓获盗贩原油车辆136台。特别是上报的公安部、陕西省公安厅、延安市、榆林市、庆阳市挂牌督办案件29起，有8起获重大突破。通过不断地联合专项治理，使油区治安环境得到明显改善，取得了很好的效果。

二、正确分析把握油田社会治安面临的形势和综合治理工作存在的突出问题，进一步增强综合治理的紧迫感、使命感

当前，从总体上看，全国大局是稳定的，总的形势是好的。特别是随着党的十六大精神的贯彻落实，中国特色社会主义事业必将呈现出崭新的局面，这将从根本上有利于社会治安的持续稳定。

回顾长庆油田几十年的奋斗历程和辉煌成就，展望新世纪新阶段长庆各项事业的美好前景，也从根本上有利于油田社会治安的持续稳定。

但是，社会治安是一个极其复杂的问题，涉及到社会的方方面面。国际、国内形势的发展和企业内部改革力度的不断加大及长庆面临的形势、违法犯罪本身的特点都要求我们居安思危，治不忘乱。

第一，我们面临着十分复杂的国际局势。西方敌对势力“西化”、“分化”我国的图谋会进一步加剧。“9·11”事件后，国际恐怖势力对我国安全稳定的影响也不能低估。朝鲜半岛问题、阿富汗局势、中东局势、台湾问题都严重影响我国国内局势。

第二，国内改革进入攻坚阶段也会诱发不稳定因素。加入世贸后，各地区、各行业面临巨大冲击，社会生活中的不稳定、不确定因素可能会进一步增多，人民内部矛盾还会进一步突出，由此引发的各种群体事件有增多的趋势，在治安防范和预防犯罪方面还存在不少新情况、新问题。特别是民族势力，“东突”恐怖势力和黑社会势力还会破坏社会安全稳定，“法轮功”邪教组织还会捣乱，影响社会稳定。

第三，油区外部生产环境还会严峻。蚕食长庆区块、非法抢占油气资源、乱开滥采、坑蒙刁难、拦路挡车等侵犯、破坏油田利益和发展、严重阻碍油田生产建设的问题还会经常发生；偷盗破坏原油及原油生产设施、群体暴力哄抢、盗窃原油等危害生产的案件还会突出，油田各生产单位在组织施工、土地征用、污染赔偿等过程中，还会经常发生工农纠纷甚至地企冲突。油田正常的生产和工作秩序还会受到严重干扰和影响。

第四，油田内部治安状况也时常反复。表现在：一是“法轮功”邪教组织的痴迷者始终把长庆作为他们非法活动的大场面，串通油田“法轮功”痴迷者散发光盘、张贴各种传单。2002年3月，庆阳县“法轮功”痴迷者甚至在庆阳总校教学楼顶安装定时播音装置，进行“法轮功”反动宣传。二是油田内部刑事案件总体发案仍没有得到有效的控制。三是“三禁一反”工作不够平衡。

同时，油田内部还存在着其他一些不稳定

因素，主要有：一是油田内部市场逐步开放，争市场、争饭吃不正常竞争的局面越来越凸现；二是受大庆上访事件影响，油田内部有偿解除劳动合同职工、内部退养职工、弱势群体心理依然存在不平衡现象；三是基地格局大调整，房改政策力度加大，买房退房政策的变化等等都会引起一系列新的矛盾。

第五，各种违法犯罪现象的出现，有其复杂的思想根源和社会根源，是政治、经济、文化等各方面存在的消极因素的综合反映和相互作用的结果，是社会发展中必然的附属物。事实证明，开展专项斗争，固然能有力地打击、遏制和震慑违法犯罪活动，取得阶段性效果。但多种复杂因素造成的问题，也只有从多方面同时着手，采取多种措施综合治理才能解决。必须同时辅之加强管理，从制度上堵塞各种违法犯罪的漏洞；抓好教育，从思想上防止犯罪等等，这样才能保持治安的良性发展。同时，国际、国内的斗争是长期的，意识形态里的斗争也是长期的，市场经济固有的消极因素影响也是长期的，要抵制和消除这些影响，不是一朝一夕的功夫，不能靠“毕其功于一役”，期望几次严打、几次教育就能在短期内解决问题。

对此，各级领导干部务必要保持清醒的头脑，决不能有丝毫的盲目乐观和疏忽大意，务必进一步加大综合治理的工作力度，因地制宜地解决突出的治安问题。

三、对 2003 年油田社会治安综合治理工作的几点意见

1. 围绕主题，把握灵魂，抓住精髓，狠抓落实，不断把学习贯彻党的十六大精神的工作引向深入

学习贯彻党的十六大精神，是当前和今后一个时期的首要政治任务。要以学习江泽民同志报告为重点，认真研究制定学习计划，精心组织实施，加强督促检查，重点组织好领导干部的学习。要采取集中学习、个人自学、专题讨论等各种形式，力求学深学透，融会贯通。要把指导实践、解决问题、推动工作作为学习贯彻党的十六大精神的出发点和落脚点，作为衡量学习成效的重要标准。要紧紧围绕党的十六大的主题，全面理解和把握全面建设小康社会的奋斗目标，并紧紧围绕这一目标改进和加强综合治理工作，牢牢把握“三个代表”重要思想这个灵魂，坚持用“三个代表”重要思想统领综合治理工作，指导队伍建设，真正把“三个代表”重要思想贯彻到综合治理工作中去。紧紧抓住解放思想、实事求是、与时俱进这个精髓，按照“发展要有新思路，改革要有新突破，开放要有新局面，各项工作要有新举措”的要求，进一步加大综合治理工作力度，务必保持谦虚谨慎，不骄不躁和艰苦奋斗的作风，把开拓进取的精神与求真务实的态度紧密地结合起来，脚踏实地，扎实工作，狠抓各项工作措施的落实，创造性地做好各项综合治理工作。

2. 加强领导，发挥大政工优势，全力维护油田大局稳定

一个单位的治安工作抓得好不好，内部稳定不稳定，关键在领导，尤其是党政一把手，领导旗帜鲜明，下面就敢抓敢管，领导不闻不问，下面就抓得没劲。要把综合治理工作摆到头等位置，认真执行社会治安综合治理领导责任制、目标管理责任制和综治工作一票否决制，明确各级党政一把手为社会治安第一责任人，把“保一方平安”的政治责任同对党政领导的考核、奖惩、晋职、晋级直接挂钩。别的会议可减少压缩，但综合治理会议不能压缩，逢会必讲，综合治理也出生产力。要定期研究、定期安排、定期检查。要结合本单位的具体情况，加强具体指导。突出重点，标本兼治，采取切实有效的措施，花时间、花力气、花物力。工作标准要高，措施要具体，方法要灵活，目的要明确，结果要实在。要力戒谈起经济、发展头头是道，而对如何维护治安稳定却缺乏研究，力戒只讲形式，不重实效，满足于制度上墙，搞花架子，切实形成党政齐抓共管，部门各负其责，综治办协调指导，群众积极参与的领导机制和工作机制，保证综合治理工作扎实有效地推进。

要在实际工作中注意发挥党、政、工、团的作用，充分发挥大政工优势，联合互动，形成综合治理的合力。一是各级党组织做顾全大局，维护稳定的模范。要时刻注意讲大局、讲团结、讲稳定。如果出现不稳定，直接的受害者是油田职工群众，不仅影响眼前的利益，还将对长庆未来的发展造成很大的危害。全体党员要在政治上、思想上自觉与党中央、集团公司、油田党委保持一致，决不能有任何偏离，更不能自行其是。在行动上增强组织性、纪性律，不利于稳定的话不说、不利于稳定的事不做，在事关稳定的大是大非问题上，一定要头脑清楚，立场坚定，旗帜鲜明，措施得力，工作有效。二是正确处理改革、发展、稳定的关系。认真贯彻落实中央综治委《关于进一步加强矛盾纠纷排查调处工作的意见》，做好内部稳定。针对不同时期出现的工作难点和热点，帮助职工提高认识，理顺情绪，凝聚力量。教育引导职工转变在计划经济体制下形成的利益分配、住房分配、医疗保险、养老保险、子女入学就业等方面的旧观念。针对企业实行公司制改造、深化“三项制度”改革及机构调整、基地调整等关系到职工切身利益的问题，加强来信来访工作、化解矛盾和思想转化工作，真正把问题解决在基层，把矛盾化解在萌芽状态。对因不负责任，处理不当引起大规模集体上访、越级上访，产生严重后果的，要追究有关人员责任。三是继续同“法轮功”邪教组织开展坚决的斗争，做好“法轮功”习练者的教育转化工作。

3. 毫不动摇地坚持“严打”方针，始终保持对刑事犯罪活动的高压态势

当前，尽管严打整治斗争取得了阶段性成效。但是，油田社会治安稳定的基础还不稳固，刑事犯罪仍呈高发态势，治安形势不容乐观。公安机关要把“打黑除恶”专项斗争贯彻始终，进一步加大对黑恶势力犯罪案件的攻坚力度；继续在重点油区开展“严打”专项斗争，并因地制宜组织开展区域性专项斗争，确保油区社会治安稳定。本着什么犯罪突出就重点打击什么犯罪、什么治安问题严重就重点解决什么问题、哪里治安混乱就重点整治哪里的原则，因地制宜地组织开展严打整治斗争；对“法轮功”痴迷者的犯罪活动，发现一个打击一个，决不能让其形成气候。

4. 持续开展“三禁一反”活动，净化矿区内部治安环境

“三禁一反”是长庆油田针对多年的综合治理工作总结出来的净化内部治安环境的行之有效的措施之一。要继续把“三禁一反”作为加强内部管理、队伍建设、促进两个文明建设的一项重要措施。注意抓好重点阶段、重点环节、重点区域、重点人员“四个重点”的管理教育。要巩固几年来的缉毒破案功效，拒毒品于油田大门之外。对吸毒人员要继续加大尿检密度，在基层公安保卫、单位、家庭“三位一体”帮教上下功夫。坚决杜绝新吸毒人员的滋生。继续开展创建“无毒单位”活动。力争在2003 年实现所有单位达到“无毒单位”目标。

5. 以建立社会治安防控体系为重点，大力加强治安管理和防范工作

要进一步调整工作的着力点，把管理和防范工作置于更加突出的位置来抓。一是要建立健全与新型社区管理体制相适应的机制。同时，进一步改革和加强基层公安保卫工作，切实提高基层公安保卫机关发现、预防、打击、控制违法犯罪活动的能力和服务群众的水平。二是强化对社会面的控制工作，确保对居民区、繁华街区、公共复杂场所、城乡结合部等案件多发区域、时段的有效控制。三是大力加强人防、物防、技防工作，尤其要加强保安服务工作，积极参与基层安全创建活动，推动群防群治队伍建设，促进社会治安防范工作的社会化。四是加强对爆炸、剧毒、放射性等危险物品的安全管理，严防丢失、被盗。

6. 坚持教育管理并重，促进精神文明建设

坚持“两手抓，两手硬”的方针，大力推行两个文明建设全面协调发展。要继续加强爱国主义、社会主义、集体主义教育，教育职工树立科学的经营理念和正确的价值取向。要结合落实《公民道德建设实施纲要》，积极开展群众性精神文明建设创建活动，抓好创建文明企业、青年文明号和争当文明职工的工作，努力培养队伍昂扬向上的精神，知难而进的毅力，开拓创新的思维和脚踏实地的作风。通过开展劳动竞赛、技术革新、岗位练兵等群众性活动，激发广大职工爱岗敬业的热情，以强烈的主人翁意识，积极支持和参与改革，推动油田各项事业的发展。

同志们！豪情满怀辞旧岁，继往开来迎新春。勘探局、油田分公司对综合治理工作历来十分重视，对维护全油田稳定，确保一方平安充满信心。我们一定要以党的十六大精神为指针，与时俱进，开拓进取，充分发挥社会治安综合治理的优势和威力，以饱满的工作热情努力创造稳定的治安环境，为油田的持续稳定和大发展做出更大的贡献。

张继昌同志在长庆石油勘探局“五一”劳模座谈会上的讲话

（2003 年 4 月 28 日）

同志们：

在全局上下认真学习党的十六大精神，以百倍的干劲创造优异成绩，迎接“五一”国际劳动节到来之际，我们在这里欢聚一堂，热烈欢迎“全国五一劳动奖章”获得者勘探局局长、党委书记孙玉辰同志和“全国五一劳动奖状”获得者第三采油技术服务处代表朱文伯同志载誉归来。特别是孙玉辰同志获得“全国五一劳动奖章”，这是继胡文瑞同志当选为党的十六大代表之后长庆油田获得的又一项殊荣，体现了党和国家、三省区党委和政府对长庆的高度重视，是对长庆取得的辉煌业绩的充分肯定。

在此，我代表局党委、勘探局及全局职工家属向载誉归来的孙玉辰同志、朱文伯同志及第三采油技术服务处的全体职工致以崇高的敬意！向全局各条战线上涌现出来的劳动模范和先进生产（工作）者及广大职工家属致以节日的祝贺和亲切的慰问！

面对石油企业重组改制、脱胎换骨的重大变革，孙玉辰局长带领一班人在政治上坚定地与集团公司保持一致，维护了长庆油田稳定与发展的大局。在重组改制过程中，孙玉辰同志坚持从大局出发，从长庆的长远利益出发，提出了“先活心脏，后养肌肤”的原则，教育和要求各级领导干部“在这个问题的认识上不能有半点含糊，在言行上不能有半点的离谱。”在方案的制订、资产的划分、组织的分立、人员的选配等问题上，首先保证油田公司顺利起航，确保了股份公司成功上市。

重组分开分立后，职工对存续企业的生存与发展普遍担忧。针对这种情况，孙玉辰同志和一班人及时确定了“发挥整体优势，谋求共同发展”，把实现鄂尔多斯盆地油气勘探开发

“三步走”战略目标作为长庆人共同目标、共同期望和共同责任。同时，把关联交易当作特殊市场来看待，建立了有效的协商机制，制定了双方共同遵守的“五项基本原则”，为建立战略同盟关系打下了坚实的基础，为确保油田分公司重点工程建设起到了有力的保证作用。

针对重组后存续企业竞争能力弱和市场观念滞后这“一明一暗”两大矛盾，孙玉辰同志及党政一班人在认真分析形势的基础上，制定了“坚持围绕长庆油气发展而发展、坚持以市场为导向促进内部管理水平提高”的两条基本思路，以及“市场开发战略、管理提升战略、多元发展战略、科技进步和人才开发战略”等四大战略，确立了“创新、开放、简捷、明确、责任、自信”的企业理念，明确了“二次创业”的宏伟目标：以持续发展、全面建设小康为目标，以建立现代企业制度、转换经营机制和调整结构为动力，努力使勘探局成为多元发展的现代企业集团。

重组改制以来，孙玉辰同志和党政一班人，坚持以市场为导向，以效益为中心，以发展为主题，以改革为动力，与时俱进，开拓创新，率领全局职工进行了艰苦的“二次创业”。经过三年的实践，在产业结构调整、公司制改造、三项制度改革、市场开发、基地布局调整和保持大局稳定等方面，取得了可喜的业绩，企业核心竞争力进一步增强，职工生活水平和生活质量大幅度提高，实现了勘探局质的飞跃。

下面，我用一组数据说明三年来勘探局“二次创业”取得的不凡业绩：

（1）各项指标全线“飘红”。2000 年全局主营业务收入 40.2 亿元，实现了整体持平的经营目标，创造了 21 个方面、48 项长庆历史最高水平；2001 年实现主营业务收入 42.8 亿元，顺利实现了平稳过渡目标，全局各条战线又在 18 个方面创造了 43 项新成果；2002 年全局生产经营在 22 个方面创造了历史最新纪录，实现主营业务收入 48.2 亿元，同比增长 9.01%，超额完成集团公司利润考核指标。

（2）市场开发成绩喜人。2002 年，关联交易收入 45 亿元，同比提高 10.26%，占主营业务收入的 93.6%；国内社会市场承揽工作量 7.3 亿元，国际市场实现收入 4000 多万元。非关联交易市场收入由重组时的 2.3 亿元增加到 3.8 亿元，占总收入的比重由 5.7% 上升到 8%。长庆的施工队伍已遍布西北地区，并打入了亚洲的哈萨克斯坦、非洲的尼日利亚和南美洲的厄瓜多尔。

（3）科技创新成果显著。三年共投入 8900 万元科技资金，平均每年递增 15%。培育并形成了一整套适合鄂尔多斯盆地油气勘探的钻井、地震、测井、压裂等特色技术。

（4）改革改制成效显著。在资产结构调整方面，报废了 10 个亿的无效资产，投资了 12.5 亿元，其中用 10 亿元更新了关键设备。工程技术服务板块的固定资产净值由 10.4 亿元上升到 13 亿元，增长 24.5%，在全局资产净值总量中所占的比重由 34% 上升到 41.8%，资产质量进一步优化。在组织结构调整方面，除人员减少 14.2% 外，重点进行了专业化整合重组，为继续深化改革改制打下了基础。在产业结构调整方面，除了突出主导产业的定位之外，大力发展了多元经济。低效油田开发有了实质性的进展。在产权结构调整方面，职工股权达到 2.8 亿元，其中 7627 名职工参与了改制，对 1.9 亿元的资产享受收益分配权。另外，还有 23228 名职工参加了持股，股金达到 9402 万元。

同时，进行了大规模的整合重组，涉及资产 21.3 亿元，占资产总额的 27.3%；涉及人员 15802 人，占职工总数的 42%；已有 9 个单位按“六种模式”进行了公司制改制试点，已经挂牌的 5 家公司运作良好；对长庆实业集团有限公司等 6 个单位进行了公司制改造，逐步建立健全了法人治理结构，增强了企业活力。

在“三项制度”改革方面，进行了包括公开竞聘副处级干部、实行巡视员制度、项目经理管理、虚拟机构管理、协议工资、博士后工作站、2项社保等8个方面的改革试点；加强和规范了股权管理，长宁输气公司已经见到效益，长呼管线建设运作顺利，前期效益已经显现；利用新的体制和机制，进行大规模的基地战略调整，激发了基层的活力。

（5）职工生活大幅提高。在企业发展的同时，职工生活质量进一步提高。职工收入稳步增长。2002年年平均收入达到了21000元，比1999年增长43%；三年新建住宅16744套，与1990—1999年10年新建住宅总量基本相当；三年高考录取大专以上人数2782人，年年在百位数上“换字头”，相当于1995—1999年5年的总和；“一老一少”问题摆到了各级领导的重要议事日程，每年增加投入上千万元，改善少儿教育和建设老年活动中心；企业建立了五项社会保险，特别是2002年企业拿出近5000万元建立了企业年金和补充医疗保险（其中建立企业年金，在集团公司系统尚属第二家）。

同时，孙玉辰同志坚持“两手抓，两手都要硬”的原则，十分重视思想政治工作和精神文明建设，重大问题亲自过问，亲自策划，亲自组织。三年来，精神文明建设取得了累累硕果。全局各条战线获得了“全国精神文明建设先进单位”、“全国送温暖工作先进单位”、“全国职业道德先进单位”等一系列国家级、省部级荣誉。截至目前，全局已有11位同志获得“全国五一劳动奖章”，仅重组以来就有6位同志获得了此项殊荣。

孙玉辰同志带头转变作风，加强调查研究，每年要围绕长庆改革发展的全局性战略问题，抽出一至两个月时间下基层解决改革发展中的突出问题。三年来，班子成员共进行了六次大的调研活动。

孙玉辰带头学习，勤于思考，及时提出了结合实际的思路和理念，具有很强的针对性和指导性。今年一开始，他向全局提出了：“建设一个学习型班子、建设一支学习型队伍、建设一个学习型企业”的要求。他身体力行，认真学习有关理论，对全局领导干部进行理论辅导，在全局营造了良好的学习氛围。

他密切联系群众，关心职工生活，下苦功夫，花大气力解决职工群众关心的热点问题和难点问题，把“争取一个好收成，让职工过上好日子”作为改革、发展的基本目标，千方百计为职工群众办大事、办好事、办实事，是一个“三个代表”伟大思想的忠实实践者。

以上所有这些，无不凝聚着孙玉辰同志的心血和汗水。在这里，我代表局党委、勘探局及全局职工家属，对孙玉辰同志表示崇高的敬意和衷心的感谢！

在勘探局“二次创业”的伟大进程中，涌现出一大批开拓创新，勇于进取，在各个方面取得骄人业绩的先进集体。第三采油技术服务处就是其中的一个突出代表。

第三采油技术服务处获得“全国五一劳动奖状”，这是继勘探局及原油建处、原采油二厂、原物探处获得“五一劳动奖状”之后，全局第5个单位获得此项殊荣。

第三采油技术服务处重组分开分立三年来，全面实现了“一年平、二年盈、三年大发展”的阶段性战略目标，企业综合实力明显增强，职工收入逐年提高。2002年，完成标准井次4379个，与上年同比增加460个标准井次；主营业务收入33983万元，与上年同比增加163万元，增长0.48%；多种经营实现销售收入16694万元，与上年同比增加2200万元，增长13.2%；通过建立有效协商机制，提高服务质量，开展“一对一”服务，确保采油三厂原油产量突破200万吨。2002年第三采油技术服务处被评为宁夏回族自治区职工职业道德“十佳”先进单位，处长兼党委书记朱文伯同志获得“全国五一劳动奖章”，处工会继续保持“全国模范职工之家”、自治区总工会“目标考核先进单位”称号。处团委被确定为省级“五四红旗团委创建单位”。

孙玉辰局长获得“全国五一劳动奖章”、第三采油技术服务处获得“全国五一劳动奖状”，这不仅是孙玉辰个人、第三采油技术服务处本单位的荣耀，也是数万名长庆职工的荣耀！劳模和先进是长庆人的杰出代表，他们高度的主人翁责任感，率先垂范、严以律己的品格和无私奉献、开拓进取的精神，集中反映了各级领导干部、全体职工的风貌，展示出长庆的班子是一个好班子，长庆的队伍是一支好队伍，这才是最值得欣慰和自豪的。

与此同时，我们也深深感到，按照学习型组织的要求，建设我们的领导班子，建设干部队伍和职工队伍，是局党委、勘探局的神圣职责和艰巨任务。对此深感责任重大，任重道远。

当前，全局正在为实现“二次创业”的战略目标而努力奋斗。要“二次创业”，就离不开一大批顾全大局，奋发有为，开拓创新，政治素质和业务素质强，决策能力和决策水平高的领导干部，就离不开一大批无私奉献，忘我劳动的优秀职工。全局干部职工，特别是各级领导干部，要努力学习劳模的先进事迹，大力增强大局意识、责任意识、改革意识、创新意识、市场意识和科学管理意识，不断提高驾驭全局、适应市场的能力。同时，要努力学习和弘扬劳模的艰苦创业、无私奉献、精益求精、刻苦钻研的先进思想和崇高精神，发挥劳模先进的骨干和带头作用，引导好、保护好、发挥好广大职工的积极性，在全局干部职工中深入开展学习劳模、赶超先进的活动，努力营造劳动伟大、劳模光荣的良好氛围，形成尊敬劳模、爱护劳模、学习劳模、争当劳模的良好风尚。

只要我们按照已确立的总体工作目标，按照“创新、开放、简捷、明确、责任、自信”的企业理念，同心同德，艰苦奋斗，“二次创业”的宏伟目标就一定能够实现，长庆的明天会更加美好！

张继昌同志在局党群系统“非典”防控网络电视会议上的讲话

（2003 年 5 月 9 日）

同志们：

自4月20日召开全油田防控“非典”工作电视电话会议以来，根据油田“非典”防控领导小组的统一部署，全局上下打响了一场没有硝烟的战斗。目前，“非典”防控工作已经全面铺开，一系列有效的防控措施正在有条不紊地落实。宣传思想工作系统紧密围绕“非典”防控这一重点，切实做到思想到位、工作到位、措施到位，保证了全局“非典”防控工作的顺利进行。

一、前一段时间的工作小结

1. 加大宣传力度，为抗击“非典”打好基础

根据长庆油田“非典”防治领导小组有关会议精神，宣传系统精心策划、严密组织，充分发挥报纸、电视、网络联合作战的优势，上下结合，对全局防控工作进行了全方位、多角度的宣传。

一是建立了有效的宣传网络。组建了由报纸、电视、网络三路记者为主的“非典”防控工作特别宣传小组，负责对全局重大活动的全面宣

传报道。同时,充分发挥长庆互联网传播迅速的优势,开设了长庆油田“非典”防控宣传专题网页,开辟了“重要通知”、“工作动态”、“防控知识”等专栏。《长庆石油报》和油田各电视台均开设了“疫情通报”、“防控动态”和“专家访谈”等专题栏目。电视宣传以长庆电视台为中心平台,按区域划分了三个宣传分平台,陇东片以长庆电视二台为主,各单位电视台、宣传科积极协作配合;宁夏片以长庆电视三台为主,各单位电视台、宣传科积极协作配合;延安片以第一采油技术服务处为主。同时,积极维护,确保长庆电视信号双向传输系统、长庆网、长庆石油报信息上传系统的畅通,为及时有效地宣传打下了良好的基础。

二是抓好有关政策、规定、重要讲话的宣传。组织党员干部认真学习胡锦涛同志和温家宝同志的重要讲话精神,加大对《中华人民共和国传染病防治法》的宣传,普法领导小组和局“非典”防控领导小组下发了《认真贯彻〈中华人民共和国传染病防治法〉的通知》,并印刷单行本5000多份,要求各单位把中央领导讲话、相关法规的学习作为近期中心组学习的重要内容加以落实。同时,我们还充分利用局域网、报纸、电视等手段及时宣传了油田“非典”防控领导小组制定的《关于进一步加强油田门卫管理工作的通知》、《关于做好油田感冒发烧职工检查治疗工作的通知》、《关于加强在油田打工人员管理的通知》、《非常时期医务人员工作规定》、《关于在全油田开展爱国卫生运动的通知》、《关于对从疫区和境外回来人员留观的规定》等九项有关通知及管理规定以及孙玉辰、杨庆理等局领导的重要讲话精神,不断提高对“非典”防控工作重要性和紧迫性的认识。

三是加强对油田“非典”防控重点工作的宣传。先后对油田各生活基地有组织、有计划、大规模地进行消毒,治理小区内小车乱停乱放、清理宠物、整治沿街餐馆、美容美发等个体经营场所,落实学校、幼儿园、职工食堂等重点部位防控措施、开展油田春季爱国卫生活动等进行了及时宣传。对局领导在陇东、三桥、未央湖、泾河工业园调研,“非典”防治领导小组召开的7次会议,国务院督察组来油田视察等重要活动均进行了策划和跟踪报道,使广大职工群众能够及时掌握全局“非典”防控动态,消除了许多小道消息,起到了维护稳定的作用。

四是加强对“非典”防控知识的宣传教育。大张旗鼓地向职工群众宣传卫生防疫,尤其是呼吸道传染病的预防知识,提高职工群众的防病意识和自我保护能力。针对“非典”疫情复杂,起病急、传播速度快、发病率高的特点,教育职工群众掌握该病的传播途径、典型症状、预防方法,让广大职工群众知道非典型肺炎可防、可控、可治,不可怕。在报纸上全文刊发了《防治“非典”基本知识》,《中华人民共和国传染病防治法》,编印了《“非典”预防手册》、《“非典”知识简介》、《“非典”不可怕》等宣传手册。庆阳总校还根据自身特点,印发了卫生部推荐的预防“非典”的中药处方1000多份到师生手中。

2.充分发挥大政工优势,形成了全员防控“非典”的工作格局

在这场突如其来的特殊战斗中,我们充分发挥了大政工机制的作用,全局各单位、各部门加强协作,密切配合,党政工团,齐抓共管,显示了强大的凝聚力和战斗力,迅速掀起了一场抗击“非典”的人民战争。

为严密防止疫情交叉传染,勘探局对2003年4月20日以来532名外出人员、205名返回人员进行了全面清查和登记造册,建立了隔离留观人员档案。加强了会议管理,明确要求50人以上的会议和活动必须事先报告局办公室和“非典”防控领导小组办公室,严格履行审批程序,大型会议全部采用电视电话会和网络的形式召开;全局关闭娱乐场所36个。“五一”前夕,局工会根据勘探局实际,取消了大型文体活动,只在西安基地举行了小规模的“庆祝五一劳模座谈会”。“五四”青年节,局团委在西安基地广场举行了防“非典”知识小型宣传服务活动，向全局广大团员青年发出了抗击“非典”的倡议书。教育部门和中小学校，制定了分散教学的预案。各单位对人群比较集中的地方和公用设施，采取了有效的消毒措施，开展了爱国卫生大扫除活动，各基地开展了清除家养宠物的活动，整治基地内小车乱停乱放等活动。公用事业处对局属各单位公用事业站下发了《全局幼儿园“非典”防治工作紧急通知》，《全局生活基地晨练规定》等，对进入基地的车辆严格实行通行证和定点停放、定点消毒制度。采取了强硬措施，对28户居民家养的宠物进行了彻底清理。组织人员先后5次对西安基地内的36家沿街餐饮、美容美发等个体经营场所进行了监督检查，落实了消毒整改措施。职工医院党委、院团委向全院共产党员、共青团员发出了抗击“非典”请战的号召。院工会积极开展了形式多样的全民健身活动。第二采油技术服务处与第二采油厂各级组织整体联动，各级领导以身作则，深入一线组织防控，构筑了坚固的防线。

截至2003年5月6日，共出动17388人次，消毒面积7692460平方米；发放口罩65188个；发放温度计10419支；发放消毒液72598千克；发放药品14289份；培训防控人员7860人；检测体温30472人；打扫卫生17631038平方米；清理垃圾745吨；组织检查6916次；投入资金246万余元；参加防控人员14301人；发放宣传材料143800份；编发简报289期；办宣传专栏719期；接受咨询24261人；张贴标语3119条；办橱窗板报1005块。

为了严明纪律，确保此项工作顺利进行，局纪委、油田公司纪委联合下发文件，提出八项严格的纪律要求，各单位还加强了监督检查的力度。

3. 有针对性地做好思想政治工作，确保职工队伍的稳定

针对目前全国预防“非典”工作形势严峻，一些职工群众产生心理恐慌的实际，各级宣传思想政治工作部门突出注意了认真做好一人一事的思想政治工作。

我们在电视、网站上公布了西安、陇东、陕北、宁夏各片“非典”防治值班电话和咨询热线。职工医院等医疗单位，也开设热线电话。据统计，共接收热线电话1400多次，及时回答职工家属的各种询问。

针对群众反映我局西安基地已发现“非典”病人的谣传，每天在长庆网重要公告栏目和小区固定专栏以“通告”的形式，对油田近期内无一例“非典”患者或疑似病人的情况进行了通告。2003年5月3日中午，得到西安基地三区五号楼施工工地一名施工人员确诊为“非典疑似者”的消息后，及时将此信息通过电视、长庆网以及张贴通告的形式通报给职工。局主要领导及时带领有关人员深入到未央湖、泾河工业园等施工工地检查，紧急制定相应办法，加大力度落实施工队伍防控措施。2003年5月6日下午，此例疑似病例被正式排除。

同时，各级党组织还千方百计解决职工的实际问题。第二采油技术服务处领导亲自带队，把防治“非典”的药品、知识手册等送到困难户手中。节日期间，有关领导专程前往贾桥、董家滩、庆阳等基地，对节日期间仍然坚守在“非典”防控工作岗位上的医务、防疫、保卫、生活保障人员进行了慰问，送去了水果、饮料、食品等慰问品。同时，深入“非典”董家滩基地被“隔离留观”区详细了解被“留观”人员的情况，耐心细致地向被“留观”人员讲清道理，消除疑虑，稳定情绪。钻井工程总公司领导带队分四路深入到各个基地、项目部、钻井队，慰问职工，发放药品、器械和宣传资料。第一采油技术服务处领导深入塞6—7井井下作业施工现场和王21转油田地面建设施工现场看望慰问了正在作业施工的职工，落实生产一线“非典”防控工作。水电厂对幼儿园、西区老年活动场所等进行了改造，认真做好一老一少的“非典”防治工作。长庆宾馆冻结了外来人员的接待，对内部接待实

行了严格的分餐制。公用事业处一手抓防控“非典”,一手抓优质服务,向基地住户公布服务热线,对职工所需的粮食等生活用品进行集中采购,以方便职工群众生活。

特别要指出的是,在“非典”防控工作中,涌现出一大批可歌可泣的好人好事。职工医院在开设发热门诊时,医护人员不畏病魔,主动请战。2003年4月7日以来,上百张请战书交到了党支部,有的同志甚至找到院长请求参战。2003年5月5日至6日,全院响应油田组建防治“非典”医疗队的号召书,有246名职工、离退休人员向党委递交了请战书400多份。西安基地西大门岗保安员陈阳同志恪守职责,对进入小区的人员、车辆严格进行盘查,在阻拦外部车辆进入小区时,被车撞伤,但他仍然坚持工作。参加“非典”防控工作的工作人员,特别是共产党员、共青团员充分发挥先锋模范作用和青年突击队作用,不讲条件,不计个人安危,冲锋在前,不少同志的腿都肿了,仍然坚持战斗在第一线。职工医院过氧乙酸吃紧,药械科主任、共产党员李建凯同志一面打电话到兰州西安调购原料,一面组织人力加班加点配制。整整三天三夜,他组织制剂室的同志共配制过氧乙酸7000多千克,保证了油田对消毒液的急需。第二采油技术服务处卫生所所长、抗“非典”办公室主任共产党员苟庆林同志带病连续工作48小时,两次晕倒在工作岗位上。工作人员丁飞同志,妻子临产,他也无暇照顾,坚持奋战在抗“非典”第一线。

所有这些,充分体现了长庆人顾全大局、攻坚啃硬、舍生忘死、无私奉献的可贵品质和崇高的精神境界。

二、存在的问题

(1)个别单位领导对“非典”防治工作的重要性、紧迫性认识不够,对“非典”的严峻性估计不足。认为油田至今没有出现一例确诊病例,存在盲目乐观和侥幸心理,在思想上、行动上没有防大疫、抗大疫和打持久战的准备。

(2)还没有自觉地把“非典”防治工作作为加强思想政治工作、搞好精神文明建设和党的基层建设的机遇和载体,工作的自觉性、主动性还不够强。

(3)宣传手段和方法还跟不上形势发展的需要,针对性不强,宣传的深度和广度不够。没有很好地发挥舆论监督的作用,存在着报喜不报忧的现象。

三、下一步工作要求

下一步,全局防控“非典”工作有五项主要任务:一是组织专业的防控队伍,二是建立标准的留观点,三是全面推进素质教育,四是严格控制各类人员流动,五是群防群治,加强监督,落实责任。

根据这一总体安排,宣传思想工作要按照党中央的要求,坚持以“三个代表”重要思想和党的十六大精神为指导,紧紧围绕这五项主要任务,大力宣传典型,弘扬正气,切实加强思想政治工作,为防治“非典”斗争提供强大精神动力、思想保证和舆论支持。

1. 加强领导,落实责任,夺取“非典”防控斗争的胜利

预防和控制“非典”不仅是对各级领导干部政治品德、工作作风、领导水平的一次严峻考验,更是对各级领导干部政治敏锐性、全局观念和驾驭复杂局势、应对突发事件能力的综合考验。在“非典”防控这场斗争的严峻考验面前,油田广大党员群众,特别是各级领导干部要始终站在斗争的最前列,把保护职工家属的身体健康和生命安全放在第一位,尽职尽责,恪尽职守,全力做好“非典”防控工作。要深入一线,靠前指挥,分兵把口,各负其责。各级组织要严格落实CNPC关于做好防治“非典”期间维护稳定工作的密码电报精神,把做好“非典”时期的稳定工作当作当前工作的重中之重,按照《维护稳定责任制》的要求,切实做好工作。凡在这场特殊斗争中擅离职守、临阵脱逃和退缩的,要按照责任制的要求,给予严肃的纪律处分。对玩忽

职守、工作不力、不能准确掌握疫情或有意隐瞒疫情，造成疫情蔓延或造成队伍严重不稳定的，要严肃追究领导及有关人员责任。

要使干部职工真正认识到，"非典"防治工作是一场没有硝烟的战争。要紧紧抓住这个机遇和载体，借势造势，对全局干部职工进行一次深刻的素质教育，全面促进基层建设、思想政治工作、精神文明建设等各项工作上水平。要大力宣传在防治"非典"斗争中展现出来的伟大民族精神，夺取防治"非典"斗争的胜利。面对"非典"这个突如其来的重大灾害，在以胡锦涛同志为总书记的党中央坚强领导下，全国上下奏响了一曲万众一心、众志成城、团结奉献、科学求实、战胜困难、夺取胜利的壮丽凯歌，这是伟大民族精神在这场斗争中的集中体现。目前，防治"非典"工作取得了明显成效，但形势依然非常严峻。要切实加强爱国主义、集体主义和社会主义教育，使广大干部职工真正树立对自己负责、对他人负责、对社会负责的高度责任感和良好的道德风尚。危难时刻，要同舟共济，万众一心，共渡难关。错过教育的机会，比少赚几百万更可惜。眼睁睁地看着机遇丧失，对党员领导干部来说，就是失职。

2. 把握正确舆论导向，大力宣传先进典型，努力弘扬正气，鼓舞士气

要始终坚持团结、稳定、鼓劲，正面宣传为主的方针，讲政治、讲大局、讲稳定、讲科学，牢牢把握正确的舆论导向，通过强有力的舆论引导，把干部群众的思想认识统一到中央的决策上来，在防治"非典"斗争中凝聚人心。要大力宣传全局各单位按照油田"非典"防治领导小组的要求，积极开展工作，宣传防治工作取得的进展和成效；大力宣传《传染病防治法》，引导人们理解和支持油田采取的各项防治措施；大力宣传防治工作第一线特别是广大医护人员的感人事迹和奉献精神，弘扬正气，鼓舞士气。要实事求是地报道疫情，宣传科学知识，推动形成群防群治的局面。

3. 努力增强思想政治工作的针对性、实效性，动员职工群众参与和支持防治"非典"的斗争

各级领导干部要深入群众做好耐心细致的思想政治工作，解疑释惑，稳定群众情绪。要引导人们看到我们有油田各级党委的坚强领导，有"攻坚啃硬、拼搏进取"的长庆精神，有一支高素质的职工队伍和防控队伍，我们一定能够取得油田"非典"防控斗争的最后胜利。要教育引导人们认识到做好防治"非典"的各项工作是每个职工群众的光荣职责和应尽义务，是对自己负责、对家人负责，也是对社会负责。引导人们满腔热情地对待"隔离留观"人群和"非典"疑似人员，绝不能疏远和歧视他们；对隔离留观人员要做到工作耐心，晓之以理；对他们的家属、亲友也要做好思想工作。要引导人们把眼光放长远一些，正确对待"非典"给工作、学习和生活带来的暂时困难和影响，倍加顾全大局，倍加珍视团结，倍加维护稳定，立足各自岗位，做好本职工作，以实际行动为防控"非典"斗争做出自己应有的贡献。

4. 大力开展精神文明创建活动，提高职工的素质，营造良好的道德风尚

在防治"非典"斗争中为群众多办实事、排忧解难。各类精神文明创建活动都要在"非典"的预防控制、防止疫情扩散蔓延等方面多下功夫。各基层单位要广泛发动群众开展全民爱国卫生运动，共同构筑全民防治"非典"的立体网络。要积极普及与防治"非典"相关的科学知识，增强人们的自我保护能力。要大力开展争创文明单位、文明矿区、文明班级，争当文明职工活动，要全面实施《公民道德建设实施纲要》，引导广大人民群众自觉遵守社会公德、职业道德、家庭美德，发扬中华民族扶危济困、互帮互助的优良传统，广泛开展形式多样的送温暖、献爱心活动，帮助困难群体解决生产生活中的实际问题。

通过这场斗争，要把爱护环境、讲究卫生、

分餐制、不养宠物等文明风尚保持下去。

5. 面对“非典”，教育引导职工构筑健康的心理防线

面对“非典”，人们会出现各式各样的心理反应。有的侥幸，认为自己身体健壮，不会感染，表现得不在乎，甚至充大胆，不做认真防护。有的出现恐惧心理，神经过敏，不敢与人交谈，走在大街上，看谁都像“非典”，别人一声咳嗽，他就赶紧离开。他们过分关注自己的健康，时刻注意自己身体的变化，每天反复洗手几十遍，有时一次长达半小时，感到自己的健康不可把握，生活不可控制，感到自己没有力量。还有一些人到处找偏方、秘方，无病乱投医，乱吃药，一旦出现不适症状，不管是不是“非典”，一律采取回避的办法，害怕看病会染上“非典”，担心自己被隔离。这些心理反应，有些是正常的应激反应，有些则属于亚健康状态了，需要心理治疗。在这种情况出现的时候，我们宣传思想工作人员应当勇敢地承担起心理医生的责任，通过宣传、教育、引导、解释等耐心细致的一人一事的思想政治工作，帮助职工的群众构筑起健康的心理防线，树立起战胜“非典”的信心和决心。

6. 努力维护油田正常的生产秩序，确保全年奋斗目标的实现

今年，油田各项生产建设任务十分繁重。当前，是生产的黄金季节，油田各项工作正在有条不紊地进行，生产经营势头良好。各级领导干部要站在全局的高度，正确把握和处理好防治“非典”和推动生产经营的关系，坚持一手抓防治“非典”这件大事，一手抓生产经营这个中心。要将防控工作向前指、项目部及钻井队、试油队、修井队等基层野外作业单位延伸，前线后勤共同构筑防治网络。同时，强化生产组织管理、加强工业卫生、环境保护、防洪防汛、安全生产等工作，确保“非典”防控工作和全年各项奋斗目标的实现。

局党委号召全局共产党员和各级领导干部，一定要站在防控“非典”斗争的最前列，把“非典”防治工作和正在进行的“形势、目标、责任”主题教育活动结合起来，深入基层、深入群众，充分动员广大职工，在特殊的时期承担特殊的责任，经受住这场严峻的考验，以满腔的热情、顽强的斗志、科学的精神和扎实的工作，去夺取防治和抗击“非典”的最后胜利。

专 稿

长庆油田呈现跨越式发展强势

油龙奔腾，气虎啸傲，2002 年，只争朝夕的长庆人用血泪和汗水，书写了辉煌的篇章。油气勘探开发、生产建设、科技创新等各行各业捷报频传，凯歌高奏，呈现出跨越式发展的强劲势头。

(1)原油生产实现第四个高产年。生产原油 610 万吨，为年度计划的 100.83%，比 2001 年净增 90 万吨，净增长量再次名列集团公司前茅。

(2)天然气生产名列全国第二。生产天然气 39.1 亿立方米，为年度计划的 100.26%。

(3)2002 年，油气年产当量比 2001 年净增 144.3 万吨，继续保持 1999 年之后第四个超百万吨规模攀升的势头，实现了历史性的跨越。

(4)新增探明石油储量再次突破 1 亿吨。2002 年，西峰地区石油勘探取得新的突破，1 亿吨级储量的大油田已成现实；经国家储委评审，新增探明石油储量 1.16 亿吨，为年度计划的 165.71%；控制储量 1.32 亿吨，预测储量 1.37

亿吨，再创历史最新纪录。截至目前，长庆油田累计探明石油储量达到 11.21 亿吨，探明、控制、预测三级储量累计达到 24.71 亿吨。

(5)天然气勘探开辟了新领域。以区域甩开勘探发现为重点，神木中浅层气藏勘探取得新进展，榆林南区勘探发现新气藏，靖边气田南二区东侧含气面积进一步扩大。截至目前，长庆气区累计探明储量达到 12337.44 亿立方米，探明、控制、预测三级储量累计达到 22268.78 亿立方米。

(6)165 万吨油田产能建设和 10.7 亿立方米气田产能建设任务圆满完成。2002 年油气田产能建设的规模和工作量创长庆历史之最。

(7)炼油化工生产平稳、安全运行，成果显著。石化公司原油加工全面完成上级下达的业绩指标，第一、二助剂厂加工原油 58 万吨，甲醇厂生产甲醇 9.3 万吨，轻质油收率、产品质量和经济效益都有提高。

(8)工程技术服务、生产服务和机械制造连续三年保持了大幅度增长的态势。二维地震 8707 剖面千米，三维地震 200 平方千米；钻井 1499 口，进尺 280 万米；测井、测试 5084 井次；井下作业 10224 井次；机械制造产值达 2.1 亿元；建筑施工产值 8.595 亿元。均创历史最高水平，刷新了多项历史纪录。

(9)科技创新围绕改造低渗透、攻克“低压”的重点取得显著成果，获得国家科技进步一等奖 1 项，省部级科技进步奖 4 项，10 项技术突破历史新高。

(10)普通教育再创佳绩。高考上线人数 1531 人，上线率 90.7%，高考升学率和考入名牌大学人数均再创历史新高。

(11)HSE 管理成效显著。贯彻“以人为本”的管理理念；重视职工身体健康；安全生产各项指标控制在集团公司、股份公司考核指标之内，油田公司被股份公司评为 HSE 管理先进单位。

(12)关联交易市场进一步规范。按照关联交易总协定和“五条基本原则”，保证了关联交易的规范运行，发挥了整体优势，实现了油田持续稳定发展。

(13)市场开发成果突出。国内社会市场开发打开新局面，范围扩大到西北六省(区)；国际市场开发有重大进展，海外项目管理体系基本形成，在东亚地区打出长庆钻井品牌，填补了乌兹别克斯坦水平井的空白。

(14)多种经营发展势头良好。销售收入超过 17 亿元，比 2001 年增长 6.2%。

(15)经济效益大幅度增长。实现企业收入 241 亿元，比 2001 年净增 33 亿元。

(16)职工生活水平和生活质量稳步提高。特别是在西安、银川、咸阳等大中城市建住宅 11276 套，面积 8185 万平方米，比 2001 年增长 125.5%。

(17)积极稳妥地推进各项改革。在建立新体制、运行新机制方面取得新进展；结构调整初见成效；整合重组优势得到充分发挥，重组单位市场开发成绩突出；积极参与物探、测井跨企业、跨地区重组；采取产权多元化、多种形式、多种模式开发未动用难采储量取得实质性进展；改革用工方式，向市场化过渡；同时，对高中层管理人员实行公开选拔聘用。

(18)稳定呈现出新的局面。认真贯彻集团公司三次稳定工作会议精神，合理解决实际问题，使广大职工老有所养、壮有所为、少有所教，困难职工有人关心，呈现出安定团结、人气旺盛、共谋发展的新局面。

(19)党的建设、思想政治工作和精神文明建设成果显著。各级党组织认真组织学习贯彻江泽民同志“5·31”讲话和党的十六大报告，全面实践“三个代表”重要思想，进一步加强党的基层组织建设、领导班子建设、党风廉政建设和思想政治工作，职工队伍稳定，精神面貌好。涌现出“全国五一劳动奖章”获得者 4 人，省部级先进集体 9 个，先进个人 9 人，职工队伍展现出蓬勃向上的良好风貌。

(杨文礼　贾　勇)

长庆石油勘探局召开 2003 年工作会议

长庆局 2003 年工作会议于 2003 年元月 4 日至 5 日在西安召开,来自局机关各部门的负责人,各二级单位的主要领导共 150 余人参加了会议。长庆局局长、党委书记孙玉辰代表局党委、长庆局作了题为《改革创新,加快发展,为实现“二次创业”目标而努力奋斗》的报告。局党委副书记、纪委书记张继昌通报了 2002 年度领导班子、领导干部和党风廉政建设责任制考核情况,并提出下一步工作要求。

长庆局副局长杨庆理、滕玉林、刘自强,工会主席蒲建中、总工程师赵业荣、总会计师张芝兰,党委常委、组织部长张启英,勘探局老领导陈国法、王树荣以及局长助理张元忠、邓火孝、杨再生等出席了会议。钻井工程总公司、井下技术作业处等 26 个单位以多媒体形式,报告了各自在“二次创业”中创造的成果和取得的经验。钻井工程总公司、井下技术作业处等 12 个单位就如何贯彻这次会议精神,加快“二次创业”步伐,搞好下一步工作,作了表态发言。按照会议安排,还对勘探局领导进行了民主评议和测评。

孙玉辰局长的报告共分 2002 年工作总结、“二次创业”的再思考及 2003 年的工作部署三个部分。在总结 2002 年的工作时孙玉辰说,2002 年,是勘探局生产经营指标全线飘红的一年,是改革改制取得宝贵经验的一年,是科学管理水平有效提升的一年,是继续保持大局稳定的一年,各项工作圆满完成了预期目标。主营业务收入 48.2 亿元,同比增长 9%;企业增加值 17.3 亿元,同比增长 7.4%;全员劳动生产率 4.6 万元/(人·年),同比增长 9.5%;多种经营实现销售收入 17 亿元,同比增长 5.1%;主业和多种经营上缴利税 5.1 亿元。

长庆局独立运行已有 3 年时间,在总结 3 年来勘探局所做的主要工作和取得的成绩时,孙玉辰局长又对“二次创业”提出了再思考。一是必须实事求是,坚持科学的发展战略,企业发展战略必须符合自身的实际,在市场中的定位要科学。二是必须坚持不断创新,激发企业活力。企业存在的价值是发展,只有持续发展才能生存。而创新是企业持续发展的力量源泉。三是必须坚持“两条腿”走路,搞好关联交易,建立战略伙伴;发挥整体优势,抓紧搞油;抓住好时机,改革改制;毫不犹豫地发展非国有经济、扶持发展民营企业。四是必须抓住关键环节,积极稳妥地推进改革。五是必须坚持以精细管理为突破口,持续推进管理提升战略。六是必须坚持“三个代表”重要思想,全心全意依靠职工群众办企业,保持大局稳定。

孙玉辰局长在报告中对 2003 年的工作进行了部署。2003 年工作的指导思想是:以党的十六大精神为指针,以发展为主题,以改革创新为动力,以结构调整为主线,以提高企业抗风险能力和职工生活质量为目的,争取在结构调整、公司制改造、“三项制度”改革、发展非国有经济、调整基地布局和继续保持稳定等六个方面取得新的进步,全面开创“二次创业”的新局面。一是深入学习党的十六大精神,联系实际,再来一次思想大解放,真正做到一切为发展“开绿灯”,做到“一切妨碍发展的思想观念都要坚决冲破,一切束缚发展的做法和规定都要坚决改变,一切影响发展的体制弊端都要坚决革除”。二是正确认识“二次创业”,以持续发展,全面建设小康为目标,以建立现代企业制度、转换经营机制和调整结构为动力,真正使勘探局成为多元发展的现代企业集团。三是选准突破口,大胆改革创新,在体制创新、资本经营、“三项制度”改革、企业房改等方面闯出新路子。四是进一步提升以投资、预算、成本、股权、HSE、质量、信息等管理为主要内容的科学管理水平,实现管理增效。五是用改革的精神,就加强党的建设、思想政治工作和企业文化建设,为改革和发展提供强有力的支持和保证。

孙玉辰局长在会议结束时的总结讲话中强调指出,一是要发展必须解放思想。二是要发展必须体制创新,在产权制度改革上,进一步解放思想。从发展趋势看,不搞体制创新,企业很难发展。三是要发展必须进行结构调整。要有新思路,树立多元发展才能持续发展的思想,并以产业结构的调整带动人员、组织结构的调整。四是开创新局面关键在领导,要明确领导的管理和个人价值的判识标准,树立科学的理念和创新意识。

(杨文礼　杨蒉帙)

第三采油技术服务处荣获“全国五一劳动奖状”,孙玉辰、何自新等五人荣获“全国五一劳动奖章”

“五一”前夕,从北京传来喜讯,勘探局采油三处荣获“全国五一劳动奖状”,勘探局局长、党委书记孙玉辰和油田公司高级地质师何自新、采油二厂厂长张栋杰、采油一厂厂长李逵、采油三厂副总地质师李兆国荣获“全国五一劳动奖章”。

重组改制后,采油三处面对结构性富余人员多、设备新度系数低、人均国有资产占有率低等诸多不利因素,加大改革创新力度,建立了“机构能设能撤,干部能上能下,职工能进能出,收入能高能低”的四能机制。制定和实施了“风险抵押,分类考核,收入两挂,总量调控”为主要内容的新的经营责任考核办法。提出从建设一流的领导班子入手,培养一流的职工队伍,达到一流的管理水平,实现一流的经营业绩的“四个一”工作目标,大力实施“精细管理”。通过优质服务、情感纽带、新技术、优势行业占领关联交易市场,赢得了油田公司的认可。同时坚持多元化的市场开发战略,积极开发油田内外市场。使得企业三年迈出了三大步。

长庆局局长、党委书记孙玉辰历任长庆局副局长、党委副书记、党委书记、局长职务。由于他所学的经济专业和长期从事领导工作,造就了他深谋远虑、超前思维的特性。重组改制后,面对企业冗员多、包袱重,资产结构、产业结构、产品结构、经济结构、队伍结构不合理、社会负担重、经济能力弱等困难,确立了勘探局“坚持围绕长庆油气主业发展而发展和坚持以市场为导向,促进企业内部管理水平的提高”的两条基本思路和市场开发战略、管理提升战略、多元开发战略、科技进步与人才开发战略等“四大发展战略”。2000 年下半年,孙玉辰局长又明确提出了勘探局“十二字”企业理念。3 年多来,勘探局集中精力办了三件大事。第一件大事是大力进行了结构调整,为勘探局建立现代企业制度奠定了坚实的基础。第二件大事是突出抓了企业发展问题,勘探局主营业务三年上了三个台阶,年总产值从 40 亿元上升到 44 亿元、48 亿元,主要生产单位完成的实物工作量也是年年飙升。第三件大事是改革改制稳步推进。勘探局通过“三件大事”的办理,使企业很快走出困境,走上健康发展的道路,职工收入也年年稳步增长。

油田公司教授级高级地质师何自新主要从事鄂尔多斯盆地油气田的勘探开发和技术研究。在油气地质研究中,他勤于实习,善于钻研,铸就了扎实的理论基础,积累了丰富的勘探开发经验,他本人也成为油气田勘探开发的学科带头人。由他主持制订并实施的安塞油田开发方案,创造了著名的“安塞开发模式”。他组织并参与了长庆气田开发早期地质评价和各类方案的编制,在气田水源勘探、气井内防腐等多方面研究的成果,为长庆气田正式投入开发提供了科学依据。他与油田科研工作者一道,创造性地开展工作,先后发现并探明了榆林、乌审旗和苏里格3个千亿立方米以上储量的大气田。

采油二厂厂长张栋杰在石油企业重组改制以来,面对油区环境恶劣、老油田递减加快、成本大幅压缩等主要困难,在全厂实行产学研一体化的科技攻关模式,总结形成了具有开发陇东低渗透油田特色的“三种开发模式”、“十一项主体技术”、“八项重点创新技术”。该厂原油生产能力从150万吨提升到180万吨。特别是2002年,西峰油田石油勘探获得重大突破,已累计发现并拿到三级石油储量3亿吨。

采油一厂厂长李逵在安塞油田生产建设中,运用现代化管理思想,大力推行了“互动管理法”,实现决策层与管理层的互动。2002年,全厂原油生产遇到前所未有的困难,在互动管理法的指导下,2002年9月下旬一举突破日产5000吨大关。在生产组织管理上,推行“目标导向吸引法”和“过程控制法”,2001年、2002年净增原油分别为38.3万吨和30万吨,原油增产幅度居各采油厂之首。

采油三厂副总地质师李兆国在靖安油田会战中,从深化地质研究入手,钻研地质构造,精细油藏研究,强化随钻分析,强化工艺技术配套。经过7年的努力,终于创造出了一整套科技含量高,与靖安油田储层特点相结合及与开发实践相结合的“三优两先”为主要内容的靖安油田开发模式,开创了全国低渗透油田成功开发的范例。

厄瓜多尔总统
古铁雷斯访问长庆

受国家主席胡锦涛的邀请，来中国进行国事访问的厄瓜多尔总统卢西奥·古铁雷斯·博武阿一行，2003年8月28日来到陕西，于29日下午对长庆油田进行了访问。随行的有厄瓜多尔代外长帕特里希奥·苏吉兰达·杜克，厄瓜多尔驻华大使何塞·拉斐尔·塞拉诺，外贸、工业化、渔业和竞争部长兼农业部长伊沃内·胡埃斯·德巴基，能矿部长卡洛斯·阿沃莱达埃雷迪亚，国家石油公司总裁佩德罗·埃斯平等45人。集团公司副总经理郑虎、总经理助理周吉平专程从北京赶到长庆迎接。外交部拉美司副司长刘玉琴、陕西省副省长洪峰陪同访问。中国驻厄瓜多尔大使曾钢不仅促成了这次来访，而且全程陪同。

下午3点15分，厄瓜多尔总统一行冒雨来到长庆油田。在长庆油田综合科研楼前举行的欢迎仪式上，少先队员向来访的厄瓜多尔总统献上了鲜花；随后古铁雷斯总统一行在参观了长庆油田的成果展览后，欣然挥笔题词；在研究院计算机中心，古铁雷斯总统一行听取了长庆油田科研实力及国内外油气勘探方面取得的成果介绍。

之后，在长庆宾馆龙梅厅举行了欢迎会，集团公司总经理助理周吉平、勘探局局长孙玉辰分别介绍了集团公司和长庆油田的基本情况。孙玉辰说，长庆油田大规模勘探开发已有33年历史，到2003年计划生产原油5124万桶，天然气1589.2亿立方英尺。在国际市场开发中，从零起步，积极实施“走出去”战略，取得了显著成效，已给十多个国家提供过石油工程技术报务。特别是从2001年5月，长庆油田作为我国第一家石油企业中标厄瓜多尔A—P油田项目后，严格按甲方的要求组织施工，目前已向厄瓜多尔国家石油公司提交了7500万桶的石油探明储量和3200万桶的石油预测储量；提交了11口勘探开发井井位，施工进度、服务质量等各方面均受到业主的高度赞扬。

欢迎会上，古铁雷斯总统感慨万分，发表了即席演讲。他说，首先我想说的是我感到非常惊讶，因为你们不仅在石油领域是世界上最优秀的，而且在作为中国的主人方面你们一样是最好的，因为你们总是让我们觉得像在自己家里一样，这样进一步让我们希望能和你们合作，在此追求我们的共同目标，也就是在为我们两国人民创造更加美好的生活方面，把我们更加密切地联系在一起。我们同中石油集团签署了一个意向书，同时我们与长庆油田也有承诺，希望将来我们的合作项目越来越多，而且我相信，在我这一次成功的访问之后，我们这些梦想必然会变成现实。随后，古铁雷斯总统一行又乘车参观了兴隆园小区并在幼儿园观看了少儿表演。

据悉，接待外国总统来访不仅是长庆油田33年发展史上第一次，而且在集团公司所属油田中也是为数不多的几家之一。

（杨文礼）

孙玉辰赴长庆石油勘探局厄瓜多尔分公司检查指导工作

勘探局局长、党委书记孙玉辰一行7人于2003年10月10日，代表局党委、勘探局，带着全局3万多名员工对海外项目的关怀来到勘探局厄瓜多尔分公司调研、检查、指导工作。

孙玉辰局长一行不顾旅途10多个小时飞行的劳累，一下飞机就投入紧张工作中。认真听取了分公司的工作汇报，当他得知A—P项目已取得阶段性成果，明年上半年有望全面完成时，高兴地向大家表示祝贺，并对项目运行中存在的问题作了指示，要求分公司充分利用当地资源，以效益为中心，以市场开发为龙头，为勘探局培养一支精明强干的海外项目管理及技术人员队伍，为勘探局持续稳定发展做出更大的贡献。赵业荣总工程师代表局党委、勘探局宣读了慰问信。

14日，孙玉辰局长在基多受到了厄瓜多尔总统古铁雷斯的亲切接见。古铁雷斯总统介绍了厄瓜多尔油田开发建设的前景和政府的相关政策，希望CPEB和CNPC积极参与招投标，他相信厄、中两国的经济合作和人民友谊必将得到进一步发展。

孙玉辰局长首先感谢古铁雷斯总统在中国对长庆油田的访问，并简要地介绍了长庆在厄瓜多尔A—P油田项目进展情况。孙玉辰局长还向古铁雷斯总统赠送了他访问长庆时珍贵照片的影集和牡丹图《国色天香》。会见结束前，古铁雷斯总统亲切地同孙玉辰局长一行和中国大使馆官员合影留念。

这天上午，孙玉辰、赵业荣一行，还拜会了厄瓜多尔国家石油公司总裁佩得罗·爱斯宾，就A－P油田项目有关问题和今后合作前景进行了热烈、坦率地交谈。

15日，孙玉辰局长一行在PPR执行副总裁的陪同下赴A－P项目施工现场，在钻井作业部、电站施工现场进行调研和指导，他先后听取了电站项目经理BEN和钻井作业部经理袁卓的工作汇报，检查了各岗位的工作情况，亲切地和员工交谈。

孙玉辰局长离开分公司前，欣然提笔为项目部题词："中国长庆，亚马逊，日月同辉"，"吉多三余，中厄长庆"，"吉多有余"，勉励大家增强信心，克服困难，加强管理，为CNPC、长庆做出新贡献。

30527队年进尺首破六万米

一条振奋人心的喜讯2003年11月6日从安塞油田传来，上午9时18分，钻井总公司30527队以255天的有效时间年累计进尺突破6万米大关，比2001年18103钻井队上5万米的时间提前了10天，成为长庆油田有史以来第一个队年进尺突破6万米的钻井队，实现了几代长庆钻井人心中的一个梦想。

2003 年年初以来，30527 钻井队在生产组织、设备管理、技术实施过程中，狠抓各岗位的岗位责任制落实，通过实施“岗位作业卡”制度，落实全员的岗位责任，既杜绝了工作交接过程中推诿扯皮现象，又使遵守各项规章制度变成职工的自觉行动，能够及时发现问题，解决问题，从而激发了职工的工作责任心和能动性；根据设备较为老化的实际，实行定人、定时、定机的维修管理制度，对设备运行中存在的隐患、问题，发现一个解决一个；该队把制订、落实技术管理措施作为一项重点工作，每口井都制订出工程、地质、泥浆等各岗位的技术措施，并在施工的各关键环节由技术人员盯在现场，有效地杜绝了各类井下复杂情况的发生；每口井开钻前都要进行工程、地质、泥浆技术交底，让职工做到心中有数，完井后及时召开技术分析会，把各项技术指标列成表格，进行纵向对比、横向分析，对存在的问题及时提出整改措施，使该队在 2003 年的生产中始终保持安全高效运行的势头并且创造了 4 项长庆钻井先进指标，使该队的各项指标在钻井总公司 64 支钻井队中遥遥领先，从而为该队进尺突破 6 万米提供了可靠的“硬件”保证。

（李　伟　吕宏亮）

长庆石油勘探局召开基层党的建设工作会议

长庆局基层党的建设工作会议于 11 月 18 日在西安基地隆重召开，此次会议是重组改制以来首次召开的专题研究部署基层党建工作的一次重要会议，勘探局领导孙玉辰、张继昌、杨庆理、滕玉林、蒲建中、赵业荣、张芝兰、张启英、杨再生，老领导陈国法、王树荣以及集团公司“百面红旗单位”、勘探局“红旗单位”代表、局属各单位领导、机关部门负责人，基层单位党支部代表近 200 人参加了会议。

大会由局党委常委、副局长杨庆理主持。局长、党委书记孙玉辰作了《实践“三个代表”，强化基层建设，为实现“二次创业”宏伟目标奠定坚实基础》的报告。局党委副书记、纪委书记张继昌代表勘探局党委宣读了《关于进一步加强基层党支部建设的意见》。局工会主席蒲建中代表局党委宣读了对“红旗单位”的表彰决定。钻井工程总公司 30533 钻井队、井下作业处压裂 5 队、建设工程总公司新疆分公司等获奖单位在会上作了典型发言并就如何加强党的基层建设交流了经验。

局长、党委书记孙玉辰在报告中从 3 个方面回顾了重组改制 4 年来基层党建工作的成绩。他说，在这 4 年里，基层党建工作充分发挥基层党组织的思想政治工作优势和政治核心作用，在不断提高基层管理水平，落实管理提升战略的同时，坚持以人为本，充分调动一切积极因素，全心全意实践“三个代表”，为创业实践提供了根本保证。他深入分析当前面临的形势，提出了下一步基层党的建设的主要目标和任务，要求党务工作者要认清形势，提高认识，与时俱进，开拓创新；要加强基层思想政治工作和企业文化建设；要加强管理，提高核心竞争力，积极创造条件，为基层建设创造良好的环境，为实现“二次创业”宏伟目标奠定坚实的基础。在会议结束时的讲话中，他还回顾了长庆 30 多年来党建工作的基本历程，总结了长庆基层党的建设工作的基本经验，强调要认真落实十六届三中全会精神，在探索和完善企业法人治理结构的过程中，基层党的建设要不断创新，主动适应新形势，把基层建设提高到一个新的水平。

党委副书记、纪委书记张继昌在会上还结合勘探局改革发展的形势对进一步加强基层党支部建设提出了 7 点意见。他指出，加强基层党支部建设是深入贯彻“三个代表”重要思想，全面推进党的建设的新的伟大工程的基本要求，是顺应新形势，迎接新挑战的客观需要。勘探局的党建工作要坚持以选好配强党支部书记为重点，坚持以改革发展为动力，以增强党性、突出先进性为目标，充分发挥党员的先锋模范作用。党支部不仅要成为确保职工队伍稳定和大局稳定的第一道防线，而且还要成为先进文化的践行者、职业道德教育的宣传队，使基层成为企业肌体中最活跃的细胞。

会上，局党委还为获得集团公司“百面红旗单位”、局“红旗单位”的代表举行了隆重的颁奖仪式，与会代表还于 11 月 19 日晚参加了“红旗飘飘映长庆”联欢晚会。

（刘怡佳）

长庆年产油气当量突破 1000 万吨

当 2003 年 11 月 29 日的生产日报上显示：“长庆原油年累计生产 650.57 万吨，天然气年累计生产 44.15 亿立方米”时，我国陆上第五大油气田在鄂尔多斯盆地诞生了！“长庆油气当量突破 1000 万吨”的喜讯迅速传遍千里油气区，揭开了油气年产千万吨的新篇章，成为鄂尔多斯盆地油气勘探开发新的里程碑。

鄂尔多斯盆地作为我国重要的能源基地，对西部乃至全国的能源格局有巨大而深远的影响。长庆年产油气当量突破 1000 万吨，将有力地促进盆地及周边省区经济的快速发展。长庆油田属典型的低渗、低压、低产油气藏，其 0.49 毫平方微米的特低渗透率属世界罕见，致密的含油层有“磨刀石”之称。33 年来，长庆人以“攻坚啃硬，拼搏进取”的企业精神，大力实施“油气并举，协调发展”战略，在鄂尔多斯 37 万平方千米的盆地内擒油龙、缚气虎，使低渗透油气田高效开发成为现实。原油年产由 9 年时间跨上 100 万吨台阶、16 年时间跨上 220 万吨台阶，飞速发展到 2001 年以来每年增产 100 万吨。2000 年到 2003 年，原油产量累计净增长 270 万吨，增长了 62.8%，相当于前 26 年原油增长量的总和。天然气生产由 1997 年的 1.7 亿立方米，猛增至 2002 年的 39 亿立方米。

截至目前，长庆累计探明石油储量 11.91 亿吨，探明天然气储量 11143 亿立方米，形成原油生产能力 811 万吨，天然气生产能力 75 亿立方米，地质储量、石油产量年均增长速度居全国第一位，天然气年产量居全国第二，成为中国石油增储上产的主力地区。

特别是 2003 年，长庆为冲刺油气当量 1000 万吨目标，新建油气产能建设 470 万吨当量。长庆油田主辅双方一切围绕油气发展这一中心，在鄂尔多斯盆地奏响了增储上产的最强音，千里油气区捷报频传。8 月 20 日，原油日产突破两万吨，实现了自 1997 年原油日产上万吨之后的又一历史跨越。9 月 28 日，西峰油田 150 万吨产能建设工程开工。10 月 1 日，长庆天然气举世瞩目的“西气东输”工程中作为“先锋气”输向大上海。

（董莉莉）

长庆石油勘探局 2004 年工作会议暨九届二次职代会隆重召开

长庆局 2004 年工作会议暨九届二次职工代表大会于 2003 年 12 月 29 日至 30 日在西安基地召开。大会的主题是认真贯彻党的十六届三中全会精神和中央经济工作会议精神，全面总结 2003 年工作，安排部署 2004 年工作，认真研究勘探局实现全面、协调、可持续发展的战略，动员全局职工与时俱进、开拓创新，努力开创勘探局改革发展稳定的新局面。孙玉辰同志代表局党委、勘探局向大会作了题为《以人为本，统筹兼顾，努力实现勘探局的全面协调可持续发展》的工作报告。

长庆局党委副书记、纪委书记张继昌，副局长杨庆理、滕玉林、刘自强，局工会主席蒲建中，局总工程师赵业荣，局总会计师张芝兰，局党委常委、组织部长张启英，局长助理张元忠、邓火孝，杨再生等勘探局党政领导及勘探局老领导陈国法出席会议，参加会议的还有勘探局局属各单位主要领导及局职工代表和局机关处室主要负责人，共计120人。

长庆局局长、党委书记孙玉辰所作的报告分两大部分，第一部分总结了2003年勘探局各条战线上取得的丰硕成果，部署了2004年的各项主要工作。第二部分以“关于‘二次创业’战略管理的再思考”为题，把战略管理明确地提高到一个前所未有的高度，高屋建瓴，发人深思。

由局党委副书记、纪委书记张继昌所作的党群系统工作报告，副局长杨庆理所作的生产系统工作报告，副局长滕玉林所作的市场开发工作报告，副局长刘自强所作的经营改革工作报告，总工程师赵业荣所作的科技人才工作报告也以书面材料的形式发放到代表手中。

孙玉辰同志在报告中分析了勘探局2003年取得的主要业绩。他指出，2003年，在集团公司的正确领导下，在油田公司的支持下，勘探局以“三个代表”重要思想为指针，战胜了“非典”疫情和洪涝灾害，全年实现主营业务收入51.67亿元，政策补贴后实现利润605万元；主营业务和多种经营上缴税费5.7亿元。工作成果主要表现为8个方面：生产运行安全高效、经济效益平稳增长、改革改制稳步推进、市场开发领域不断拓宽、科技创新能力进一步增强、科学管理水平显著提高、思想政治工作再上新台阶、职工生活水平明显提高。

孙玉辰同志指出，经过4年的摸索和实践，勘探局已经初步树立起“二次创业”的信心，实现了局部的持续发展。企业综合实力、市场竞争力、技术创新能力和自我发展能力显著增强，为实现全面、协调、可持续发展奠定了基础。他分析了勘探局面临的形势，提出了2004年工作的指导思想和工作目标，明确了6项重点工作，即加强管理，确保年度目标顺利实现；大力调整市场结构；大力推进企业改革，加快低效油田开发；不断增强科技创新能力；大力加强党建和思想政治工作。他要求钻井、井下等单位要进一步实现管理增效、科技增效，提高生产能力，降低作业成本；生产服务单位要发挥各自优势，拓展市场，增加积累；做专做精加工制造业；推进国际市场开发；大力发展多元经济；推进企业办社会的改革，同时对两级机关等提出了具体要求。

孙玉辰同志在报告中用较大篇幅对“二次创业”战略作了思考，站在战略管理的高度，对“二次创业”的战略进行了科学、系统的阐述。内容涉及到：要把战略管理放在一切管理之首、深化企业改革是战略管理的首要目标、组织战略设计、市场战略管理、关联交易战略管理、积极创建学习型企业、构建更高层次的文化管理战略、站在战略管理的高度思考企业办社会问题等多个方面。

29日下午到30日上午，与会代表就孙玉辰局长的工作报告进行了分组讨论，大家一致认为，该报告全面、客观；指导思想明确，工作目标可行；战略思考寓意深远，发人深省。30日下午，职代会审议并通过了工作报告。和部分二级单位代表签订了2004年党风廉政建设责任书。

在30日下午的闭幕式上，孙玉辰局长重点强调了四川石油管理局“12·23”事故引发的严肃思考和安全生产的重要性，并就工作会议的贯彻落实和两节期间的各项工作作了具体安排。勘探局副局长杨庆理对会议作总结讲话，号召全局广大职工要以这次会议精神为新的动力，以崭新的精神风貌努力开创“二次创业”的新局面。

（吴　波　杨文礼　徐志武　刘怡佳）

钻井工程总公司创建质量体系纪实

2002 年 12 月 15 日，长庆石油勘探局钻井工程总公司收到了中国方圆认证委员会寄来的 ISO 9001:2000 质量认证证书。长庆钻井总公司在整合重组不到两年的时间里，就建立了一套达到国家质量标准的质量管理体系，可谓来之不易。

1. 建立质量管理体系，夯实企业竞争基础

在我国已加入 WTO，国内外石油技术服务市场竞争日趋激烈的今天，“质量经营”已不再是企业内部的管理问题，而是企业的发展战略问题。长庆钻井工程总公司的决策层清醒地认识到这一点，因而站在战略的高度，结合企业自身实际，对公司的质量管理工作进行了整体规划，提出了 2002 年全面贯彻实施《ISO 9001:2000 质量管理体系要求》，并通过认证的目标。

长庆钻井工程总公司首先进一步完善了质量管理网络，成立了 ISO 9001 质量管理组织机构，使企业的质量管理分工明确、职责清晰；其次，建立符合 ISO 9001 标准的质量管理体系文件，编制了《质量管理手册》、《企业标准》等质量管理体系文件，比较明确地规定了公司各职能部门、专业公司实施 ISO 9001 质量管理体系的具体活动，从而使贯标工作按步骤分阶段进行。

同时，长庆钻井工程总公司组织人员编写制定了 24 项企业技术标准、9 项企业管理标准。根据不同管理职能分别编印成《钻井工程标准》、《钻井设备标准》、《钻前工程标准》合订本，下发到使用单位和岗位操作者手中，使操作者有章可循、有“法”可依。

2. 强化培训和落实措施，增强全员质量意识

针对公司人员较多，生产区域面广、点多的实际，长庆钻井工程总公司在编制质量管理体系文件的同时，注重强化质量管理知识的培训，采取请专家、学者讲课，派员工参加各类质量管理培训与交流活动等方式，提高全员质量管理意识。在 2002 年 1 月份专门举办了由总公司领导、专业公司（部门）领导，井队长和技术员 200 多人参加的《ISO 9001:2000 质量管理体系要求》宣传贯彻班，重点进行了“为什么要贯标”、“如何开展 ISO 9001 质量管理体系认证”专题培训，为公司推行质量管理体系提供了强有力的支持。还通过全方位、多层次、多渠道开展岗位练兵，技术比武、师徒结对子等活动，全面推行生产过程中“分散消化”的质量培训模式，以增强员工的质量、效益意识。

与此同时，长庆钻井工程总公司从 3 个方面抓质量管理措施的落实，一是落实各级领导的质量负责制，实行“质量管理行政第一责任人负责制”和“质量一票否决制”，按月进行考核，把质量工作的考核结果与单位的奖金挂钩，并纳入各级领导工作业绩考核中。二是把三大钻井工程质量目标逐级分解到班组、落实到人头，实现了全员、全方位、全过程的质量控制。三是定期开展对甲方的质量回访，征求甲方对公司施工作业质量和工作质量的意见，促使施工质量和工作质量不断提高。

3. 开展内部审核，提高质量管理水平

为了帮助各基层单位识别和发现在质量管理体系运行过程中存在的问题，评价和确定体系文件的操作性、系统性，长庆钻井工程总公司按照程序文件规定，进行了两次内部质量管理体系审核和一次管理评审。

从 2002 年 6 月 25 日至 7 月 20 日，组织了 5 个质量管理体系内部审核小组，对公司机关 4

个部门、9 个专业公司(部)以及 64 个钻井队进行了第一次质量管理体系内部审核。在审核中,发现问题 146 个。对此,检查组下发了整改通知,并跟踪检查,促使其尽快解决。为了进一步提高各基层单位质量管理工作上台阶、上水平,从 8 月 21 日至 9 月 12 日,长庆钻井工程总公司进行了第二次内部审核,现场帮助整改解决问题共计 96 个,发现不符合项 20 个。9 月 18 日,又召开了管理评审会,对公司质量管理体系的整体运行情况进行了评价。

通过两次内审和一次管理评审,长庆钻井工程总公司进一步完善了 ISO 9001 质量管理体系,从而保证了质量体系认证工作的顺利进行。

一份付出,一份回报。长庆钻井工程总公司在 2002 年 9 月底接受了中国方圆认证委员会的现场认证审核。审核专家认为:长庆钻井工程总公司的质量管理体系的实施状况符合质量管理体系标准,拥有进入国际市场、国内反承包市场的能力和经历,具有新技术、新工艺的研究开发能力,拥有一定的专利技术,先进设备占 35.8%,能够满足国内外市场的需要,审核认证顺利通过。经过 2 个月的预审期,12 月 4 日,中国方圆认证委员会向长庆钻井工程总公司签发了 ISO 9001:2000 认证书。

建立符合国际标准的质量管理体系,让长庆钻井工程总公司插上了高飞的翅膀。我们相信,长庆钻井人前面的天地将更加广阔。

(李　伟)

机械制造总厂抽油杆分厂整体带资分流纪实

2002 年 11 月 18 日,一个令长庆人尤其是长庆机械制造总厂人刻骨铭心的日子。这一天,由长庆机械制造总厂抽油杆分厂整体带资分流改制的宁夏长庆抽油杆制造有限责任公司正式成立。

抽油杆分厂作为抽油杆及配件的专业生产厂点,于 1999 年初在长庆银川燕鸽湖基地筹建,2000 年底完成工业及配套工程,投产运行。根据"新项目、新体制"的原则,这个分厂作为总厂的一个非独立核算单位,按分厂制、模拟法人运作,分厂主营抽油杆及配件制造与销售,兼营石油钻采配件制造及代理代销业务。目前尚属试生产阶段,产品主要销往长庆油田分公司及周边市场。2001 年累计生产各型抽油杆 57.8 万米,销售 55.6 万米,实现销售收入 914.47 万元,其中社会市场占销售额的 15%。分厂现有国有职工 34 人,均为在岗职工。抽油杆分厂生产经营存在的主要问题是生产运行不顺畅,出现了 68.11 万元的经营亏损。主要原因:一是设备尚未完全配套,又处于磨合期,运行状况不良,故障检修率高,成为生产增效的制约因素;二是企业尚处在成长期,还未形成规模化生产,单位操作成本较高,价格竞争优势不明显;三是作为入驻长庆燕鸽湖基地的第一家,也是惟一一家工业企业,外部环境、公共关系尚需协调;四是体制不新、机制不活以及职工对分厂的关切度不高、劳动生产率偏低等因素致使效益不明显。

为解决这些突出问题,长庆石油勘探局根据集团公司整体带资分流改制的政策,深入分析了抽油杆分厂进行整体带资分流改制试点的必要性。一是条件成熟,改制水到渠成。抽油杆项目筹建初期,就按"新项目、新体制、新机制"定位,改制为独立法人后,属宁夏东西部合作工程,可享受"所得税五年全免"等一系列优惠政策。二是市场主体变位,必须以改制应对。抽油杆项目立项于集团公司重组改制之前,并在长庆局统一市场主体、统一价格体系、统一管理模式、统一利益格局的前提下获批筹建。但分开分立后,打破了原有的组织结构、运作方式、经营机制和利益格局,使分厂失去了原依托的目标市场,而置于激烈竞争的市场大潮中,面临着生存与发展的挑战。重组改制后，原定位的内部价格体系被打破，在逐步开放的市场背景下，与其竞争的厂家均是地方改制后的公司或民营企业，而分厂目前的“工厂制”体制，已不适应市场竞争的需要。改制后拟参股的两家企业法人，其经营业务和无形资产将为抽油杆产品提供一部分相对稳定的市场。三是解决现存问题。分厂远离总厂，目前过长的管理链条，使资源配置、指挥、协调、控制等管理很难到位，竞争优势不明显，分厂正处在成长期，要达到规模化生产，还需注入 600 万元的固定投入和流动资金。目前条件下，追加国有投入已无现实可能和必要性。而通过改制实现投资主体多元化，可解决资金问题。四是分流改制，不影响总厂主营业务。目前分厂的综合收入仅占总厂同期主营业务收入的 8%，预计达到设计能力和规模化生产后，也只有 15%，对总厂的生产经营无实质性影响。五是选点示范，有利推进改制。分厂“先行一步”，将为勘探局整体带资分流改制工作积累成功经验，以改制的实际效果赢得更多的参与和支持。

改制工作从何入手？长庆石油勘探局以集团公司整体带资分流改制的有关政策为指针，以建立现代企业制度为目标，使改制后企业真正成为独立法人实体，步入可持续发展的轨道。

纵观抽油杆分厂改制工作，实现了“五变五不变”。即企业的性质变了，由国有单一投资主体转为多元投资主体的有限责任公司；职工身份变了，由国有职工单纯身份转变为企业的员工，转为劳动者和股东合二为一的双重身份；管理体制变了，由行政性多级管理转为无上级主管的“四自经营”的法人实体；收入结构变了，由单一性工资、奖金收入转为工资、奖金与股权收益、净资产增值奖励收入等多元收入结构；财务运作方式变了，由非独立核算转为独立核算体系，由间接式结算转为直接式结算，由完全、足额上缴利润转变为内部提留、按股权比例分红和承担风险。五不变，即目标市场不变；分流不下岗工作不变；油田公司、勘探局和总厂对改制企业的支持和帮助的总体思路和政策不变；物业管理、住房分配、子女入托、上学等社会化服务的有关政策不变；历史渊源和现实情结不变。

分流对许多职工来说是件大事。许多人长期身处国有企业，对企业有较深的感情和依赖性。一些职工担心分流分掉了国企职工身份，一些职工怕分掉了现有的工作岗位，个别干部认为现在的模式也可以生存，改不改都行，针对这些疑虑和模糊认识，改制工作小组按照集团公司、勘探局的指示精神，认真做好分流职工的思想政治工作和宣传教育工作，通过各种会议，对分流中职工关注的热点、焦点问题，有针对性地解答和沟通。总厂还通过各种途径，对分厂经营者进行培训，讲解分流的理论、实际操作、法律、资产评估，工商注册等知识。通过培训宣传，广大干部、职工的思想认识和心理承受能力提高了，对企业的关切度提高了，市场经济的竞争意识提高了，参与意识提高了，并看到了分流后的光明前景。

（阳　毅）

机械制造总厂
市场开发工作调查

2002 年，长庆石油勘探局机械制造总厂实现销售收入 2.57 亿元，比 2001 年净增 23.6%，社会市场及配套出口收入实现 2100 多万元。均创“历史之最”。长庆机械制造总厂的市场之路何以越走越宽？

1. 研究市场需求，捕捉市场信息

长庆机械制造总厂的领导班子分工负责，分片抓市场。厂长杨锋、党委书记纪忠明等 8 名厂领导人人肩上有指标，他们坚持定期分析、走访制度，坚持每个季度最少与主要用户见面一次，每月最少与主要用户电话联系一次，掌握主要用户的中长期需求动向。同时，坚持市场开发例会制度，每月召开一次市场开发工作专题会议，分析当月市场形势，交流市场信息，捕捉用户需求意向，研究市场需求动态，不断调整市场开发方向和力度，千方百计寻找市场需求点。

长庆机械制造总厂还积极整合营销力量，实现信息资源共享。去年年初，总厂确立信息汇报制度，编印了《市场开发简报》，使市场需求信息更加准确。同时，抓住重点用户，紧盯重要需求信息。长庆油田分公司是长庆机械制造总厂的主要市场，其90%左右的收入来自长庆油田市场。在西安基地和长庆油田分公司各个采油厂、采气厂设点驻人，层层抓计划、及时通报信息，把握油田市场需求动态，确保为长庆市场用户提供优质产品和服务。

2. 满足个性需求，按用户要求设计产品

企业按照自己的预测生产产品，然后推销给用户，这是企业与用户相对分离的“推销模式”。

而现在，常规产品的差异性缩小，可替代性加强，企业提高竞争力的手段主要是提供具有独特价值的个性化产品和服务。基于这种认识，长庆机械制造总厂去年从两个方面着手，满足用户需求。

一是常规产品，实行个性化设计。在接受订单的同时，先让技术人员与用户直接沟通，全面了解用户对产品的具体要求，然后进行个性化设计。去年8月，在得到长庆油田分公司要统一所有井场、站点标识的信息后，厂长杨锋、经营副厂长王翔积极与长庆油田分公司办公室、企业文化部、生产运行处联系，确定了实施方案。然后按实施方案修改了抽油机外观标识，重新喷漆，保证了新井投产后标识的统一性。2002年，出厂固控系统设备409台(套)，压力容器148台具，钻井液管汇43套，全都是先与用户面对面协商设计方案、交流看法及意见后生产配套的。

二是加大新产品开发力度，为特殊用户提供特殊服务。这种新产品开发的前提是为用户着想，充分了解用户需要什么。近年来，长庆机械制造总厂根据用户潜在的需求，不断开发新产品。2002年，围绕油气设备做文章，确立研发项目23项，投资259.7万元，受到了用户的普遍好评。

3. 狠抓产品质量，在降低成本上下苦功

质量和价格是用户最关心的问题。在产品开发中，长庆机械总厂首先加强过程控制，保证产品质量。

为了减少失误，长庆机械制造总厂在落实程序文件和“三检”制度的情况下，制定了《产品质量过程控制条例》、《新工时核销办法》，把生产过程中每道工序之间的关系确定为供应商和用户的关系，用户不满意，供应商就无法实现自己的劳动价值，所以每道工序自觉把关，互相监督，残次品被自然淘汰，产品出厂合格率达到了100%。2002年，出厂的产品无用户投诉，无退货返修，产品质量的信誉度稳步上升。

在保证产品质量的同时，长庆机械总厂制定了降低成本的工作目标，推行“五位一体”成本控制体系，大大降低了生产成本。

4. 完善服务网络，全心全意为用户服务

用户购买的是产品，享受的是服务。为了让用户满意，长庆机械制造总厂充分发挥地域优势，建立了一支专业技术性强、服务态度好的售后服务队伍，配备了服务专用车，统一了服装和标志，规范了服务，将服务送到了采油、采气基层队站，比较及时地为用户解决了实际困难。同时，义务为用户培训技术操作工人，提高了用户单位职工的技术水平，延长了设备的使用寿命，为用户节约了职工培训费、设备保养修理费用。除此而外，长庆机械制造总厂还让科技人员参与产品营销和服务，为用户讲解产品的性能、特点、安装、调试等专业知识，了解用户对产品的意见和建议。既增加了用户对企业的信任度，又拓宽了科技人员的设计思路。

（张新民　叶　健）

长庆石油勘探局市场开发工作探析

如果说2001年是长庆局开发外部市场的打基础之年，那么2002年则是市场开发的丰收年。2002年，外部市场开发改变了道路工程建设“一枝独秀”的局面，呈现全方位突破的格局。这个局除道路施工和管道建设工作量继续增长外，钻井、修井、机械制造、施工监理、质量监督、器材供应、劳务输出等外部市场开发均取得重大突破。2002年累计承揽市场价值工作量9.34亿元，其中外部市场承揽工作量7.47亿元，外部市场比上年实际完成的工作量上升了78.89%，全局社会市场收入比重已由2001年的5.8%提高到2002年的8%；国际市场收入4000万元，3个国外施工项目运行顺利。

1. 市场开发工作向深层次、整体开发方向发展

长呼管道项目的顺利实施，标志着长庆石油勘探局市场开发工作进入了深层次运作、整体化推进的全新运作阶段。

长呼输气管道工程是内蒙古自治区大开发的标志性工程之一，该工程从立项开始就列入长庆局市场开发的重点跟踪项目，多次派人到内蒙古进行调研和考察，使长庆局成为该项目的第二大股东。在该项目的运作中，长庆局在市场开发的方式方法上进行了有益的探索和尝试：一是由过去单纯参与工程招投标的运行模式转变为从资金投入、工程设计、工程施工、工程监理、质量监督和劳务输出的整体运行模式；二是首次以大兵团作战的形式进行市场开发工作，展示了长庆局的整体企业素质和精神风貌；三是实现了市场开发与资本运营最佳契合的成功尝试。从眼前利益看，长庆局投资入股5500万元，通过参与工程建设，承揽工作量6304.95万元；从长远利益看，长庆局投资额占内蒙古西部天然气股份有限公司总股本金的22%，为公司的第二大股东，可以确保投资的长期受益，为企业确立了新的经济增长点。

2. 服务质量不断提高，在外部市场树立了长庆品牌

长庆钻井工程总公司30533钻井队去年在青海完井6口，进尺1.165万米，在当地34支钻井队伍中排名第二，不仅为长庆局工程技术服务队伍走向外部市场趟出了路子，而且取得了实现价值工作量807万元、实现利润108万元的工作业绩。

器材供应处承揽西气东输工程两个物资中转站，价值工作量1100万元。在东线11个中转站现场物资供应“服务质量、安全检查”中，这两个站被树立为样板站，并增加价值工作量550万元。

长庆建设工程总公司在新疆施工的三条沙漠公路，获得了自治区交通厅公路管理局40.16万元的嘉奖，在全疆施工的44个合同段项目经理部中名列榜首。长庆建设工程总公司还参加了西气东输工程建设，焊接管线32.6千米，焊接质量一次合格率为99.34%，综合进度和施工质量在陕晋段名列前茅。

3. 国际市场工程项目运行良好

长庆局承担的厄瓜多尔项目在各种不利的条件下，注册成立了长庆石油勘探局厄瓜多尔公司。目前，项目运行正常，钻井已完井3口，物探野外采集工作于去年12月中旬结束，井下作业完成2口井。同时，长庆局还在其他项目承揽一口井的钻井工作量和9口井的修井工作量，使长庆石油勘探局被集团公司确定为下一步在厄瓜多尔开展石油工程技术服务的首

选单位。

长庆乌兹别克斯坦钻井项目部针对该项目复杂的地质特点，研究、总结、运用新工艺、新技术，依靠过硬的队伍、精良的设备，连续攻克了一系列钻井难题，承钻的一口水平井已顺利完井，在中亚油田市场树立了长庆局的良好形象。

4. 产品销售市场进一步拓宽，创造了良好销售业绩

2002年，长庆局主要产品生产企业共外销各类产品价值9649.86万元，比2001年增长了103.69%。

机械制造总厂调整充实产品开发的科研力量，增加新产品研发经费，实行了以产品科研攻关项目经理负责制为主的科研开发政策，先后研制开发了一系列适销对路的新产品，其中，70MPA高压阀门组成功地进入了中海油钻井市场，GW－S型泥浆振动筛网销往新疆淮东等油田。这个厂生产的70MPA高压阀门组取得了中国船级社的产品合格证书。

井下技术作业处化工厂研制开发的CF－5E气井助排剂、YFP－2起泡剂等产品质量过硬，远销中石化新星、青海、吐哈等油田市场，并进入了中石化的供货网络。咸阳长庆飞达有限公司生产的聚丙烯酰胺和聚丙烯酸产品被中国贸促会和法国科技质量监督评价委员联合会评选为向欧盟市场推荐的中国高质量产品，并颁发了证书。

（张新民）

长庆石油勘探局实施“人才开发战略”纪实

重组改制后，长庆局面对激烈的市场竞争和生存发展的严峻挑战，紧密围绕“二次创业”对人才的新需求，坚持把加强人才队伍建设作为科技兴企、人才兴企的战略措施来抓，取得了明显的成效，为促进长庆局改革发展提供了有力的人才保证。

1. 围绕企业发展需要，制定队伍建设规划

实现“二次创业”的宏伟目标，把长庆局建设成为多元发展的现代企业集团，关键是要拥有一大批代表先进生产力发展要求的各类人才。而重组后长庆局人才队伍状况还不能完全适应新形势的需要，长庆局党委、长庆局在认真调查研究、深刻分析现状的基础上，适时提出了科技进步与人才开发战略，确立了“引进急需人才、盘活现有人才、培养高素质人才、稳定核心人才”的工作思路，制定了人才队伍建设的整体工作目标，实施“四个一”和“28568”人才开发工程，即到2005年，选拔培养100名中层正职后备管理人员，100名中层生产技术后备管理人员，100名中层市场开发和经营后备管理人员以及100名中层政工和其他专业后备管理人员；全局各类专家和学术技术带头人达到200人，博士、硕士研究生达到80人，对外合作人才达到500人，高级职称人员达到600人，高级技师达到80人。

2. 把握三个关键环节，构筑长庆人才高地

长庆局加强人才队伍建设，紧贴生产经营实际，狠抓吸引、培养和用活用好人才三个关键环节。

积极创建引进人才的“绿色通道”。2001年挂牌成立了中国西安人才市场长庆分市场、陕西省人才交流服务中心长庆分部，实现了企业内部人才市场与社会人才市场的有效接轨。同年12月建立了长庆博士后科研工作站，目前已有3名博士后进站开展了油套管防腐、经营管理等课题研究，并取得了初步成果。

制定了《聘用高层次科技、管理和紧缺专业人才暂行办法》，对引进人才实行“迁户自愿，待遇从优，考核兑现，留去自由”的政

策。近年来，通过人才市场招聘、上门求贤、签订短期聘用合同等途径，先后引进和聘用了499名急需的专业技术人才，其中博士后4人，硕士研究生5人。

按照分类分级的培训原则，努力培养高层次管理、技术和操作人才。通过工商管理培训、攻读MBA和实践锻炼等形式，突出经营管理人员驾驭市场经济能力培训；通过学术交流、举办技术讲座和攻读研究生等方式，强化高层次专业技术人员石油科技高新知识培训；通过技术比武、岗前培训和岗位练兵等途径，注重操作人员实用技能培训，组织各类技术比武474场次，参赛人员占操作人员的44.8%。通过“请进来、送出去”等渠道，加强对外合作人才外语及相关国际商贸知识培训。近年来全局共举办各类培训班1008期，培训职工2.7万人次，全员培训率达到了64%。对外合作人员队伍从无到有，现已走出国门，成为开拓国际市场的生力军。

积极为各类人才，特别是年轻人才创造良好的条件，帮助他们在鄂尔多斯盆地油气勘探开发建设中成就一番事业。近年来，长庆局选拔、调整了260名中层管理人员，选配了600余名专业技术骨干承担局、处两级科研项目，选拔了2名局级学术技术首席专家和26个专业、58名一级学术技术带头人，培训、选拔了19名高级技师和124名技师。通过不拘一格选拔人才，放手大胆使用人才，为各类人才发挥聪明才智创造了广阔的空间。

在收入分配、住房、培训、职称评审和荣誉奖励等方面对各类人才，尤其是高层次人才实施了许多优惠政策。对局级学术技术首席专家和学术技术带头人逐月发放特殊津贴。设立了1000万元的科技奖励基金，每年对做出突出贡献的专业技术人员一次性发给5000元至5万元不等的奖金，目前已拿出50多万元对44名人员进行了重奖。制定了《技师、高级技师管理暂行办法》，认真落实他们的有关待遇。把学习深造作为稳定人才的重要措施，近年来长庆局送外培训、攻读硕士学位的绝大多数都是在科研和生产工作中做出优异成绩的管理和技术人才。

努力营造优秀人才脱颖而出的竞争环境，创造尊重知识、尊重人才的舆论环境，不断改善人才的工作和生活环境。实施了“优秀专业技术人才形象工程”，对122名优秀专业技术和操作人才的先进事迹进行了宣传，评选奖励了“优秀专业技术人才十佳形象”获得者。对技术比武中涌现出的165名技术状元、技术标兵和技术能手进行了表彰。

3. 创新人才管理机制，优化人才队伍结构

打破传统模式，实行人事代理。制定了《企业内部人事管理事务代理暂行规定》，对部分单位人员和引进人才实行人事代理。代理的主要内容包括人事档案、社会保险、户口和职称评审等一系列人事管理事务。用人单位根据工作岗位说明书的要求，与被代理人员签订短期聘用合同和年度工作目标责任书，规定双方应履行的责任、义务和工作目标，并根据市场价格实行协议工资，人事部门按照工作目标进行管理和考核，依据考核结果兑现待遇。去年长庆局对局内19个单位的346名人员和西安地区引进的61名人才实行了人事代理，增强了被代理人员的责任感和紧迫感，实现了人才的双向选择和动态管理。

积极尝试专业技术人员岗位管理，根据需要将专业技术岗位设置为首席、一级、二级、三级设计师和设计员五个等级，实行公开竞聘，择优上岗，并依据考核结果兑现有关待遇，实现了专业技术职务评聘分开，待遇与任职资格脱钩。

在职称评审中加大对优秀人才的选拔力度，规定35岁以下的局级学术技术带头人晋升副高不受推荐指标的限制，注重在工程技术和经营财务等紧缺专业选拔优秀管理和技术人

才晋升副高级职称，缓解了高层次人才短缺的矛盾。先后调整了多名工程、工商管理硕士到局机关、工程技术研究院等单位工作，充实了科研和管理岗位的人员力量。井下技术作业处加大收入分配向生产一线人员倾斜力度，一线人员奖金为后勤人员的1.5倍，促进了各类人才向艰苦、缺员岗位流动。

几年来，通过积极吸引稳定人才，重视选拔培养人才，完成了“28568”和“四个一”人才开发工程的阶段性目标，加强了人才队伍建设，提升了企业科技创新能力和核心竞争力，形成了14大系列99项具有长庆特色的核心技术，其中85%已转化为生产力，科技贡献率达到42%，有效地占领了国内外市场，促进了长庆持续稳定发展。2002年各项生产经营指标全面刷新，主营业务实现收入48.2亿元，同比增长9%，超额完成了集团公司下达的利润考核指标。

（冀小祁　杨文礼）

长庆石油勘探局开发国际市场纪实

在长庆油田33年的发展史上，2003年8月29日是个值得骄傲的日子，厄瓜多尔总统古铁雷斯冒雨走进长庆油田西安兴隆园小区。接待外国总统来访不仅对长庆油田是第一次，在中油集团公司所属油田中也是为数不多的。

“……我们同中国石油签署了一个意向书，同时我们与长庆油田也有承诺，希望将来我们的合作项目越来越多，而且我相信，在我这一次成功的访问之后，我们这些梦想必然会变成现实。”古铁雷斯总统的致辞标志着中厄石油合作进入了崭新的阶段。

长庆局国际市场开发始于2000年，2001年5月，厄瓜多尔石油工程技术服务项目正式签约。两年过去了，长庆局在厄瓜多尔项目取得的初步成功，标志着长庆人已经在海外市场初步站稳了脚跟。

1. 美丽的起步

2001年5月，长庆石油人踏上厄瓜多尔土地。两年后，提起这个国家，除了更加的感慨它的美丽、富饶、热情的同时，长庆人心中更多了一份亲切。

近日，美国一家知名石油公司主动找到长庆寻求合作。问及原因，他们说：“我们通过一家权威石油信息中心了解到了你们在厄瓜多尔的工程，做得很好，我们相信你们的实力。”长庆人靠勤劳和智慧，在厄瓜多尔开创出一片新天地。紧随长庆之后，中石油各路诸侯以长庆为平台，在厄瓜多尔开展广泛合作。美丽的厄瓜多尔，成为长庆海外市场美丽的起步。

厄瓜多瓜项目由长庆与厄瓜多尔Dygoil公司联合投标，业主为厄瓜多尔国家石油公司，中标区块为该国的AP油田，2001年5月23日签约，合同有效期60个月。主要工作量为：三维地震采集354平方千米，钻井7口，相应的完井修井作业、输变电线路、中央发电站及地面工程，工程合同金额近7000万美元。

6月12日，由长庆局与其石油联盟伙伴美国DYGOIL公司，在厄瓜多尔亚马逊地区AP油田的石油地质勘探，不但获得了3块新的含油层，而且发现一块储油量丰富的地质构造。预计储量可排在目前厄国所有油田的第四位。通过对所采集资料的综合分析研究，目前AP油田350平方千米范围内的探明储量远远大于当初的预计，石油储量由起初的4000万桶上升至6000万桶，3块新的含油层储量约为3000万桶。

由于勘探成果的进一步扩大，促进了长庆局与AP油田更大的合作意向，厄瓜多尔合作方对CPEB的印象也愈来愈深刻。

A－P项目是一个综合性服务项目，几乎包含了油田区块从勘探到开发的所有环节。当时，长庆石油勘探局缺乏国际性项目运作经验，在项目运作环境与国内环境存在很多差异的情况下，A－P项目运作的艰辛和困难可想而知。在回顾厄瓜多尔项目部取得的成绩时，局总工程师赵业荣总结出五个坚持，即坚持诚心诚意的合作；坚持互惠互利，利益共享；坚持发扬长庆人“诚实作风，扎实做事”的优良传统；坚持勘探局12字经营理念和“攻坚啃硬，拼搏进取”的长庆精神；坚持发挥长庆的技术优势和服务优势。这五个坚持，既是经验的总结，也是长庆局在厄瓜多尔取得成功的法宝。

2. 体制创新

长庆国际市场开发工作起步较晚，国际市场开发部经理金学智这样形容他们初入国际市场的感受：“非常艰难，好多工作不知从哪做起。”两年过去了，长庆局在实践中探索，已初步建立起符合国际惯例的境外项目运行新体系。

厄瓜多尔项目部以经济责任制为核心，初步建立起符合国际惯例的境外项目经营承包责任制，将工作绩效与职工收益挂钩，建立了以内部经营承包制为主要内容的经营考核办法。各境外项目部根据实际工作情况制定管理职责、岗位职责，对每项具体业务建立相应的工作流程和规范，使各项管理工作规范化、科学化。

合同是境外项目的基础和生命线。各项目部在项目运行中认真研究合同，以合同为主线，较好地保护了自己的利益。

严格预算和资金管理，确保境外项目效益最大化。厄瓜多尔项目为将有限的资金用好，依据合同编制了详尽的项目预算，严格按照预算拨付资金。国际市场开发部确定专人负责审核境外项目预算专项资金，对重要合同支出项目先由项目部上报专项资金申请，实行逐级审批制；项目部在资金支出上坚持“两笔一章”的“联签制度”保证了资金的安全和合理支出。

境外项目运行一年多来，经营管理理念在不断更新，逐步走上了国际化经营的路子。长庆局充分利用当地人力和物力资源。中方人员从最初的97人减少到目前的51人。人工成本下降了，工作绩效成倍增长了。

3. 锻炼队伍

进入竞争激烈的国际市场，必须有一支高素质的国际项目管理人才队伍。由于长庆局进入国际市场不到两年时间，符合国际项目经营管理要求的人才很少。为此，自2000年开始进行大规模的对外合作人才培养，每年送出大批生产技术骨干进行语言和相关业务培训。如今，已初步建立了一支适应国际市场竞争要求的人才队伍。

长期工作在异国他乡的长庆队伍远离组织和亲人，在恶劣的条件下，为在国际石油工程服务市场上树立长庆形象，忘我工作，演绎出许多可歌可泣的动人故事。

A－P项目部物探测量员杨金梁背上生了毒疮，疼痛难忍。队医在密林深处找到他，让他回营地治疗，可当时测量工作面临的困难很多，施工现场离不开他，他仍坚持在工作一线。队医半夜请来大夫，打着手电为他做手术。因为靠近脊椎，不能打麻药，医生一刀一刀地挖去腐肉，杨金梁一声不吭，在场的人都感动地流下了热泪。

国际市场开发部经理金学智连续3个春节都是在海外项目基地度过的；副经理董兰生带病在厄瓜多尔连续工作11个月；副经理阎世和亲人去世，无法回家料理；厄瓜多尔钻井项目平台经理袁卓在妻子临产前两天，奉命奔赴海外。

4. 成果初显

截至2002年12月底，长庆局国际市场签约金额9444万美元，完成价值工作量2948.25万美元。其中，厄瓜多尔项目合同总金额6924万美元；乌兹别克项目第一个合同总额

420万美元，后续合同总额2035万美元；尼日利亚项目完成价值工作量163万美元。3个境外项目运行逐步规范，市场开发和进出口贸易稳步推进。

A-P项目物探作业的顺利完成和丰硕成果，使得业主对CPEB刮目相看，已决定将相邻工区，由美国PGS公司采集的300平方千米的三维地震资料交由CPEB处理解释。

此外，国际市场开发部正在积极与美国能源地质科学公司、加拿大Rocky Mountain能源公司（油公司）、伊朗、印度、利比亚、尼日利亚、印度尼西亚等国的石油企业建立联系，力争在更多的新项目上有所突破。

与全局的要求和期望相比，国际市场开发工作的道路任重道远。但是短短两年间，国际市场开发队伍已经在异国他乡树立起了长庆的旗帜，展示了长庆的实力。

在这些长庆人身上，我们感受到一股顽强的生命力。我们有理由相信，这支寄托着万名职工殷切期望的队伍、这支承载着长庆局可持续发展重任的队伍，会在国际市场这个大舞台上展现出“二次创业”的亮丽风采。

（吴 波 张新民 苏 柯）

长庆科技工程公司实施科技创新纪实

技术创新是推动现代企业发展的基本力量，是提高现代企业竞争力的源泉。长庆科技工程有限责任公司在强手如林的市场竞争环境中，依靠不断创新的技术优势，显现出强劲的发展势头，成为在石油行业中有一定知名度的综合甲级设计院，并跻身于西安市优秀高新技术企业行列，走出一条科技强企之路。

1. 开发特色技术，练就技术绝活

在日前揭晓的全国第十届优秀工程设计评选中，长庆科技工程公司设计的“靖安油田五里湾一区120万吨/年产能建设地面工程”摘取银奖，这也是此次评选中唯一的油田产能建设地面工程设计大奖。

作为一个油田设计企业，油气田建设技术和模式是其看家本领。伴随着长庆油气生产的发展，这一看家技术也在不断地创新和丰富。油田开发初期，其开发的“马岭油田模式”在全国首创单管密闭常温输送工艺技术，荣获国家“六五”科技攻关成果奖；之后，又开创以“单干管、短流程、简化站、小装置、串联采油井”和“三从一新”特点的“安塞油田模式”，荣获国家优秀设计金奖和原中国石油天然气总公司科技进步一等奖。在此基础上，公司的设计成果在油气田建设中全面开花。在气田建设中，开创以“多井高压集气、高压集中注醇、集气站脱水、集中脱硫”为主要内容的“长庆气田模式”，获得国家工程设计铜奖；在油田建设中，开创以“优化布站、井组增压、简易拉油”为主要内容的“靖安油田”模式，成为我国特低渗透油田开发建设的又一成功范例。两年来，先后获得国家级科技进步奖3项、省部级奖17项、局级奖59项。

2. 搭建创新平台，创新管理机制

企业的技术创新能力取决于技术创新机制。作为高新技术企业，开发一两个在同行业叫得响的专有技术并不难，难的是具有持续创新的动力和激励机制。

为了提高设计质量，加强设计管理，长庆科技工程公司创新用人机制，在全国同行业中率先推行等级设计师聘任制度，即按照设计人员的技术水平、工作能力和工作业绩认定设计人员技术等级资格，再根据岗位设置需要聘任上岗，等级设计师按照规定的岗位职责执业，打破了论资排辈的现象。同时，配套建立新型岗位工资制度，将设计岗位的责权大小与岗位工资挂钩，同岗同薪，异岗异薪，确立首席设计师学科带头人的地位。公司在职称、等级设计师评定中，把是否承担科研项目、是否有专利、是否有获奖项目、是否开发了新产品等作为评定的重要依据，激发设计人员的工作热情，激励设计人员钻研业务，提高自身素质和水平，重视工作业绩、设计质量和科技创新。

进行技术创新需要足够的资金做保证。为此，每年都要筹集一笔资金用于科研项目、新产品开发及优秀设计、科研成果的奖励，并且逐年加大技术攻关投入，为科技创新提供有力的保障。同时，为了加强科研管理，使科技创新工作制度化、规范化、科学化，长庆科技工程公司修订完善“科学技术研究计划管理办法”、“新技术推广工作管理办法”等制度，为科技创新搭建平台。

3. 加快成果转化，获取最大效益

只有把新技术转换为新产品，才能为企业带来经济效益。长庆科技工程公司始终把科研成果的产业化作为企业新的经济增长点，充分发挥其知识密集、技术力量雄厚的优势，成功开发出 40 多个油气田急需、市场前景广阔、市场占有率较高的高新技术产品，每年可为公司创造上千万元的经济效益。

近年来，长庆科技工程公司重点引进开发的高压天然气集气工艺、低温分离以及污水处理等特色技术已逐步进入产业化阶段。其研制的“气田含甲醇污水处理工艺技术研究与应用”填补了国内环境保护项目的空白，荣获中国石油天然气集团公司科技创新二等奖。该项目达到了低投入、低能耗的目的，有效地降低了投资及运行成本，实现了保护环境的目的，在长庆气田推广应用后取得良好的经济效益。最近，其研究开发的“小压差节流低温脱水脱烃技术”在长庆气田现场应用获得成功，填补了国内外低温脱水脱烃工程技术的空白，已成为公司一项独特的专有技术。正在研究开发的油田强化套管换热器、三井式稳流配水阀组和微正压加热炉等多项新技术和新装置，有力地配合了油气田产能建设的技术创新和工程优化设计，节约了建设投资，为公司找到了新的经济增长点。

（赵　桢　赵　皓）

“全国五一劳动奖章”获得者——孙玉辰

2000 年，长庆局主营业务收入达到 40.2 亿元，实现了中国石油天然气集团公司要求的整体持平的预期经营目标。

2001 年，长庆局主营业务收入达到 42.8 亿元，上缴税费 3.8 亿元，实现了中油集团公司下达的经营目标。

2002 年，长庆局主营业务收入达到 48.2 亿元，上缴税费 5.1 亿元，超额完成中油集团公司利润考核指标。

长庆局近几年之所以能创造出这样的辉煌业绩，是因为这里有一个坚强的领导班子，有一个德高望重的带头人，他就是 2003 年“全国五一劳动奖章”获得者、长庆石油勘探局局长、党委书记孙玉辰。

1. 坚持发展第一要务，铸就“二次创业”辉煌

1999 年，对中国石油来说，是一次真正意义上的脱胎换骨的变革。这一年，中国石油天然气集团公司进行了历史性的战略重组。处在鄂尔多斯盆地的长庆油田，也不例外地发生了一次大裂变。近 30 年一直是一个整体的长庆油田在一夜之间被“当腰切开”，一分为二。对于存续企业——长庆石油勘探局来说，已经从一个资源型企业变成了一个服务型企业。它的性质、地位以及运作方式等都已发生了巨大的变化。这意味着占绝大多数的长庆存续部分职工要换一种活法，从过去的吃“石油饭”变为今后的吃“服务饭”。

同时，长庆油田当时重组的实际现状也给

长庆局带来巨大的压力，即：留在长庆局的职工4.3万人，占重组分开前长庆油田职工总数的近80%；固定资产总额67.22亿元，占重组前油田总量17.76%，设备状况新度系数仅仅接近0.5。企业冗员多，包袱重，资产结构、产业结构、产品结构、经济结构、队伍结构不合理、社会负担重、竞争能力弱等等，这些困难像座大山一样摆在长庆局决策面前，压在4万多名存续职工心里。

4万多名职工如何生存？存续企业怎样发展？十几万人口生息繁衍的长庆油区能否持续保持稳定和繁荣？每一个课题都在严峻地考验着长庆局决策层的智慧、勇气和责任感。

面对堆积如山的问题和巨大压力，以局长、党委书记孙玉辰为首的长庆局的决策者们处变不惊，审时度势，沉着应付，以高度的责任感、坚忍的毅力和冷静的头脑，思考着决策，谋划着未来。他们坚信，有中油集团公司的支持，有各级党政工团组织和一支久经考验的干部职工队伍，就没有过不去的火焰山，长庆石油勘探局就一定能够战胜目前的困难，开创更加美好的未来。

1999年10月，长庆油田刚重组分开后，孙玉辰局长就拿出一个多月时间，带领局党政“一班人”分别深入下属各厂处级单位进行调研，于2000年1月初召开局党委常委会议进行部署，分析情况，理清思路，研究对策。

以孙玉辰局长为首的长庆局党政“一班人”普遍认为，重组分开后，摆在面前的困难和问题确实堆积如山，但制约长庆局生存、发展的深层次矛盾是“一明一暗”。明，是指存续部分人均资产少、设备新度系数低、全员劳动生产率低、社会市场占有率低和大市场、低效益，这“五低”构成了存续部分的市场竞争能力差。暗，是指存续部分职工尤其是各级领导干部的市场观念滞后。同时，长庆局领导还认为，长庆局既有生存的压力和困难，也有一定的发展潜力和优势，即：长庆油田有较为丰富的油气储量积累，这就为存续企业在较长时期的发展提供了较为广阔的关联交易市场；掌握了一定的勘探开发低渗透油气田的关键技术，有些技术还处于全国领先和国际先进水平的地位；有一支高素质的干部、职工队伍；有西部大开发，尤其是西气东输等带来的发展机遇。

通过认真研究，以孙玉辰局长为首的长庆局党政“一班人”清醒地意识到，解决长庆局深层次的矛盾和面临的重重困难，只有靠发展。因为发展才是硬道理，也是第一要务。除此，再无别路可走。

共识形成后，以孙玉辰局长为首的长庆局党委和长庆局研究确立了长庆局“坚持围绕长庆油气主业发展而发展和坚持以市场为导向，促进企业内部管理水平的提高”的两条基本思路和市场开发战略、管理提升战略、多元开发战略、科技进步与人才开发战略等“四大发展战略”。2000年下半年，孙玉辰局长又明确提出了长庆局“十二字”企业理念。

为了求得生存和发展，3年多来，长庆局集中精力办了“三件大事”。第一件大事是大力进行了结构调整，使全局资产结构、组织结构、市场结构、产业结构、产权结构都发生了很大变化，为长庆局建立现代企业制度奠定了坚实的基础。第二件大事是突出抓了企业发展问题。长庆局主营业务三年上了三个台阶，年总产值从40亿元上升到44亿元、48亿元。主要生产单位完成的实物工作量也是年年飙升。第三件大事是改革改制稳步推进。

3年多来，长庆局通过“三件大事”的办理，使企业很快地走出了困境，走上了健康发展的道路，在企业发展的同时，职工收入也年年稳步增长。

2. 精心搞好市场开发，不断拓宽生存空间

“市场问题，是地区综合服务公司生存和发展的首要问题。有了市场，就有了生存和发

展的基础；没有市场，存续企业就难以生存和发展。”这是孙玉辰局长及其“一班人”在重组分开后形成的一个共识。

在市场开发上，长庆局坚定不移地进行关联交易市场、社会市场和国际市场“三个市场”的开发。

在关联交易市场开发上，孙玉辰局长及其“一班人”坚持与长庆油田分公司领导一起积极探索关联交易的有效协商机制，达到规范运作、平稳过渡两个目的。

在关联交易市场开发中，长庆局和长庆油田分公司坚持发挥整体优势，在组织措施上保证协商机制的有效运作。为了搞好关联交易，长庆双方从长庆的历史和现状出发，成立了长庆油田分公司和长庆局领导班子成员和有关部门领导组成的关联交易协调委员会，下设 12 个协调小组。双方制定了关联交易的五项基本原则，12 个方面的组织措施，共同探索了关联交易的“五种模式”。

3 年多来，经过长庆双方的共同努力，长庆油田在关联交易方面，实现了规范运作，总体平稳。

孙玉辰同志，1969 年 7 月从北京石油学院工业经济专业毕业，1974 年 5 月他走上处级领导岗位，1983 年 11 月后，他历任长庆局副局长、党委副书记、党委书记、局长职务。由于他所学的经济专业和长期从事领导工作，造就了他深谋远虑，超前思维的特性。

近几年来，在长庆局工作量饱满、生产任务逐年加重的情况下，孙玉辰局长早在 2000 年就告诫全局职工尤其是下属领导干部，要未雨绸缪，超前备荒，积极实施“走出去”战略，大力开发社会市场和国际市场。

于是，长庆建设工程总公司二次重上“死亡之海”，在新疆修筑了三条沙漠公路，并将施工的触角伸向陕西、甘肃等省区，还参加了涩宁兰管道工程、西气东输管道工程等。

长庆局社会市场开发连连得手，成绩斐然，国际市场开发也旗开得胜，成果喜人。

长庆局承担的厄瓜尔多尔项目在各种不利的条件下，于 2002 年完钻 3 口井，物探野外采集工作于 2002 年 12 月中旬结束，井下作业完成两口井。长庆局还在其他项目中承揽了 1 口井的钻井工作量和 9 口井的修井工作量。长庆局乌兹别克钻井项目部针对该项目复杂的地质特点，靠过硬技术和精良的设备，连续攻克一系列钻井难题，成功地钻完了一口水平井，在中亚油田市场树立了中油集团长庆石油勘探局的良好形象。

长庆局 3 万多名职工在自己“当家人”孙玉辰及其“一班人”的领导下，正是靠着求真务实，攻坚啃硬，顽强拼搏，不断探索的“孺子牛”开荒创业精神，取得了“三个市场”开发的辉煌业绩。据统计，2000 年至 2002 年，长庆局主营业务共在“三个市场”中获得收入 131.2 亿元。

孙玉辰局长及其“一班人”在市场开发中还积极培育新的经济增长点。2002 年，长庆局成功地参与了长呼输气管道工程。从眼前利益看，长庆局投资入股 5500 万元，通过参与工程建设，承揽工作量 6300 多万元。从长远利益看，长庆局投资额占内蒙古天然气股份有限公司总股金的 22%，为该公司的第二大股东，可以确保投资的长期受益。

同时，孙玉辰局长及其“一班人”还充分利用中油集团公司给的优惠政策，与长庆油田分公司一起积极合作开发低效油田。2002 年 11 月 26 日，陕北大地北风呼啸，滴水成冰。孙玉辰局长带领局机关人员驱车 400 千米，深入到陕西定边县王盘山区块调研。当听到该区块日产原油量已上升到 200 吨的喜讯后，诗兴大发，挥毫题词：“天盘地盘龙盘王盘，有荒无荒开荒备荒”。孙玉辰放下笔墨，听了局油气开发公司负责人的情况介绍，看了看他手中的油田区块部署图，十分自信地说：“在不远的将来，王盘山将变成长庆局油盘山，这里将成为我们的战略‘油仓’。”

3. 深化改革，创造持续发展推动力

“存续企业不改革就不能发展，早改革、早主动；早改革，早受益。”正是认准了这一点，3年来，孙玉辰局长带领长庆局职工积极稳妥地将改革改制工作不断向前推进。

油田重组后，孙玉辰局长及其“一班人”清醒地意识到：结构性矛盾是影响企业生存发展的主要矛盾，搞好结构调整、增强市场竞争力，是当前乃至“十五”期间的一项头等大事，必须抓紧、抓好。

本着“专业整合、优势互补、资源共享、整体发展”的原则，根据市场需要，长庆局先后对钻井、机械制造、建设工程、职工培训、通信等专业的15个单位及部门进行了整合重组，成立了钻井工程总公司、机械制造总厂、建设工程总公司、培训中心、通信公司等单位，同时，按照企业发展的要求，对机关管理部门也进行了重组。全局整合重组和队伍结构调整涉及职工15800多人，占职工总数的42%。

整合重组实现了产业结构的优化升级，增强了企业对市场的适应性和竞争能力，理顺了管理体制，区位优势、人才优势和技术优势得到了充分的发挥。整合重组收到了良好的效应。

在改革的实践中，孙玉辰局长深刻地体会到，改革的中心环节是要调整产权结构，改革成功的基础是转换经营机制，二者缺一不可。要以此带动管理体制的改革和产业结构、市场结构的调整。在产权制度改革中，长庆局不搞“一刀切”，而是因企施策，大胆创新。根据企业的实际情况探索形成了整带式、控股式、参股式、“三新”式、整合改制式和租赁式6种改制模式。到目前为止，长庆局按照企业的发展定位和建立现代企业制度的要求，已对9个单位按“六种模式”进行公司制试点，已经挂牌的5家公司运作良好，同时，对多种经营系统进行公司制改造和公司规范，涉及法人企业53个，非法人企业3个，改制完成率为52.8%。

在产权结构调整方面，职工股权达到2.8亿元，其中7627名职工参与了改制，对1.9亿元的资产享受收益分配权。另外，还有2.3万多名职工参加了持股，股金达到9400多万元。

产权制度的改革，拉动了长庆局产业结构、产品结构和队伍结构的调整，并达到了孙玉辰局长多次强调的一是为了企业的发展，二是让职工群众得到更多实惠的改革目的。

近几年，长庆局在“三项制度”改革中也做了大量的工作并见到了明显成效。在改革中，长庆局始终坚持制度创新，致力于建立健全科学的管理机制。实行副处级干部公开竞聘制，为14个单位及部门公开竞聘了23名副处级领导干部，占总数的10%。建立职工能进能出机制，通过开辟企业与社会人才劳动市场人员流动的“绿色通道”、对引进人员实行人事代理等做法，初步探索建立了一套与市场相衔接的人才引进、考核、付酬和管理机制。实现收入能增能减机制，通过完善经营承包考核办法，体现了效益工资的激励作用，并向实现年薪制和取消企业行政级别迈进了一步。

4. 依靠科技和管理，增强企业竞争力

孙玉辰常说：“企业犹如一部大机器，而科技和管理则是推动企业发展的两大轮子。强化二者，就能使企业腾飞起来。”

油田重组后，面对科技工作的严峻形势，孙玉辰局长提出：进行“二次创业”，科技是龙头，人才是关键。他将科技进步与人才发展战略作为长庆局四大发展战略之一提出并大力实施。

在科研经费管理中，长庆局建立了多种形式的科技风险投资机制。改变科技经费管理单一的经费拨款做法，根据课题性质、风险和难度分别按科技拨款、部分拨款和内部科技贷款三种形式运作，实行效益回报制度。科研经费的多渠道筹措，保证了重组以来的科研投入的逐年加大，科技投入增长率明显高于企业收入的增长率，达到了27.6%。2000—2003年的4年间，长庆局共投入科技经费1.4亿元，并投入了近3000万元资金用于科研装备的更新，使科研装备新度系数由重组时的0.49上升到了0.78。

在科研项目管理中，长庆局改变年初一次计划立项的方式，采取滚动立项的方式，强化课题立项的可行性论证，避免了立项的盲目性，确保了立项的科学性，逐步建立了开放、流动、竞争、协作的科技项目管理运行机制。科技管理体系和良好机制的建立和运行，确保了长庆局科研成果硕果累累，3年共获得国家科技成果奖4项，省部级科技成果奖7项，局级科技成果奖234项，申请专利33项，授权20项。

重点发展主体工程技术，形成先进适用的长庆特色技术，这是长庆局科研工作的主要目标之一。经过几年的奋斗，这一目标已基本实现，已在物探、测井、钻井、井下作业、地面工程、加工制造等主体工程技术中形成了总体上达到国内先进水平，部分领域达到国际先进水平的长庆特色技术。这一大批特色技术的形成，在长庆局闯市场中表现出强大的优势，正是依靠这批特色技术，长庆局不但走出了重组之初的困境，而且市场之路越走越宽。

“科技创新靠人才，人才管理靠市场”，这是孙玉辰局长提出的人才观。近几年来，他坚持把加强人才队伍建设作为企业战略措施来抓，构筑了长庆大发展的人才高地。

按照“引进急需人才、盘活现有人才、培养高素质人才、稳定核心人才”的工作思路，长庆局为急需人才开辟“绿色通道”，先后成立了中国西安人才市场长庆分市场、陕西省人才交流服务中心长庆分部、建立了长庆博士后科研工作站，并打破传统模式，对引进人才实行了人事代理，实现了企业内部人才市场与社会人才市场的有效接轨。同时，树立“不求所有，不求所在，但求所用”的用人观念，对引进人才实行“迁户自愿、待遇从优、考核兑现、留去自由”等优惠政策，通过人才市场招聘、上门求贤、签订短期聘用合同等途径，先后引进和聘用了一大批包括博士后、硕士研究生在内的急需专业技术人才。

良好的人才环境是用活用好人才的前提。长庆局坚持以宏伟的事业吸引人。设立了学术技术带头人制和学术首席专家制，并选拔、调整了260多名管理人员，选配了600名专业技术骨干承担局处两级科研项目。通过不拘一格选拔人才，放手大胆使用人才，为各类人才发挥聪明才智创造了广阔的空间。坚持以适当的待遇稳定人才。设立了1000万元科技奖励基金，每年对做出突出贡献的专业技术人员实行重奖；对局级学术技术首席专家和学术技术带头人发放特殊津贴。坚持以真挚的感情关心人才。制定了“高层次人才定期联系制度”。为14名研究生在西安解决了住房和夫妻分居问题，对16名西安、银川以外的研究生给予每人每年3000元的特殊津贴。通过公开竞聘中层管理人员、评选优秀专业技术人才十佳形象等办法，为优秀人才脱颖而出营造了良好的竞争环境。

管理也是生产力，更是企业提高效益的一个重要“法宝”。这是孙玉辰在长期的工作实践中得出的一个深刻体会。孙玉辰在他的30年管理生涯中，从心里高度重视管理。他在管理上最大的特点是宏观管理、严细成风、规范运作、民主科学。

孙玉辰注重用制度规范人的行为，最忌讳和最反感随意性太强的行为。油田重组后，孙玉辰首先注重制度建设，大力倡导建立和完善各种行之有效的规章制度。于是，局党委、勘探局《关于加强厂处领导班子组织建设若干问题的意见》和企业中长期质量管理、HSE管理、现代化管理等管理制度很快相继出台。规章制度出台后，他就和“一班人”一起扑下身子，狠抓制度的落实。

企业实行厂务公开制度，是企业政治文明的体现，也是企业深化民主制度建设的必需。油田重组后，长庆局局长、党委书记孙玉辰清醒地意识到，企业越是深化改革改制，越是要坚持厂务公开、民主管理制度，他要求局工会组织实施，于是，长庆局及其下属42个厂处级单位都很快成立了厂务公开领导小组和监督检查小组，从上到下迅速形成了党委统一领导，行政采取多种形式公开厂务，纪检、检察部门进行监督、工会组织承担日常工作的格局。

在实施厂务公开中，长庆局突出职工最关心，反映最强烈的问题；突出涉及职工切身利益，需要让职工清楚的问题；突出容易引发矛盾的问题；突出关系企业改革、发展、稳定、体现职工民主权利，民主决策的问题，始终把“四个突出”作为厂务公开的重点落实对象，常抓不懈。

3年多来，长庆局厂务公开的推行，使全局民主管理水平上升到一个高档次。长庆局厂务公开经验和做法受到了中国石油天然气集团公司的肯定。

孙玉辰说，企业越市场化，企业领导人就越需要强化和细化管理，这是市场经济对企业的要求，也是企业提高经济效益，增强竞争实力的必需。

近3年来，孙玉辰带领长庆局有关领导及局机关有关处室领导，先后进行了6次大规模的工作调研和17个专题调研，参加人员123人次，累计200多天，发现和解决了2400多个问题。孙玉辰局长及其“一班人”深入调研的结果，不仅帮助基层解决了困难和问题，最重要的是促进了全局上下管理理念的创新和机关职能的转变。

固定资产投资管理，是孙玉辰及其“一班人”近几年花大心血管理的重点。固定资产投资管理的加强，使长庆局仅2002年一年就实现投资回报1746万元，受到了中油集团公司财务资产部的肯定。

同时孙玉辰局长及其“一班人”始终牵住财务预算动态管理这个“牛鼻子”，加大经营管理力度。同时坚持实行资金的高度集中统一管理，确保了企业资金的高效、安全运行。

“三位一体”成本动态控制体系，是孙玉辰在油田重组后亲自倡导的，也是长庆局近几年经营管理的一大创新。

“三位一体”成本动态控制体系，是指企业在生产经营活动中，将市场开发、生产运行、财务管理三者形成一个有机的整体。2002年，长庆局在全局范围内大力推行“三位一体”成本动态控制体系，在生产经营全过程中，建立了先算后干、动态分析、过程控制、财务监督等有机结合的成本控制集合体。财务预算动态管理的加强和“三位一体”成本动态控制体系的推行，使长庆局2002年完成主营业务收入48.2亿元，超额完成了中油集团公司的利润考核指标，受到了中油集团公司领导的肯定。

质量和效益，是企业永恒的主题，也是企业长盛不衰的“圣经”。孙玉辰及其“一班人”清醒地意识到，随着石油企业的重组，勘探局已变为乙方。存续企业要生存、要发展，除了要靠高质量的技术和人才外，还要靠高质量的管理和高质量的服务、再无别路可走。于是，他在局各种会议和每次下基层调研时，都语重心长地告诫全局职工尤其是各级领导干部要善于当乙方，依靠高质量的管理和服务，提高企业效益。近3年来，孙玉辰及其“一班人”在每年两次大规模的调研和17个专题调研中，都把为甲方服务的质量回访作为调研的重点，发现质量问题后，就立即责成局主管领导或局机关业务部门调查落实，限期整改。孙玉辰及其“一班人”的深入扎实作风，鼓舞了全局职工的斗志，大大促进了全局各单位服务理念的转变和服务质量的提高。

5. 实践“三个代表”，心里装着群众

孙玉辰出生于河北沧州的一个农村，是父母和亲戚把他供养成一名大学生。他 1969 年从北京石油学院毕业，1970 年分配到坐落在鄂尔多斯盆地的长庆油田，在长庆一干就是 30 多年。北方的水土养育了他，长庆的石油文化熏陶了他，使他一步步成长起来，走上局领导岗位。正是家乡水土的养育和长庆石油文化的熏陶，使他从思想深处养成了浓厚的“人本”思想。

劳模、先进和学科带头人，是企业的无形资产和宝贵财富。因此，孙玉辰局长及其“一班人”格外珍惜，每年，长庆局都要拿出一大笔钱对劳模、先进、科技精英、见义勇为积极分子等进行重奖。同时，孙玉辰还安排局党委宣传部给每个先进单位编一首歌曲，给每个劳模画一幅肖像漫画，并安排局工会、局宣传部将劳模、先进的事迹编印成书下发基层，供职工们学习，使劳模、先进在全局红红火火地“亮”起来。

近几年来，长庆局也和其他企业一样，出现了一些弱势群体。孙玉辰局长及“一班人”看在眼里，急在心上。他多次在有关会上动情地说：我们是人民的“公仆”，是人民的“牛”。我们决不能看着困难职工不管，要千方百计为他们送温暖。局党政“一班人”共识形成后，局工会很快组织实施送温暖工程。即：在全局处级以上领导干部中开展“交友帮扶”活动。截至去年底，全局 127 名处级干部、55 名科技干部先后与 191 名特困职工结成“帮扶对子”，解决了 76 名困难职工子女的就学费用问题，局工会采取多种方式筹措增值基金，保证了每年有 40 万元的送温暖可用资金。长庆局积极与地方政府协商，将特困家庭纳入“低保”范围。截至 2002 年 3 月底，全局共有 325 户、464 名特困职工和职工遗属被纳入社会“低保”范围，每年可从当地政府领到最低生活保障金 21 万余元。长庆局还建立特困职工子女助学制度，采取多种渠道解决特困职工子女的孤儿就学问题。

为了从根本上帮助困难职工脱困，长庆局坚持“输血”与“造血”相结合，采取以多种形式帮助特困职工脱困。2002 年，局工会投资 30 万元，为运输处购置了一套试油机组，解决了 22 名富余、困难职工的就业转岗问题。长庆局还在元旦、春节开展送温暖活动。3 年共动用送温暖资金 759 万元，慰问救济特困职工、离退休等职工 5 万多人次。

稳定是企业深化改革，实现可持续发展的基础，没有稳定局面，企业就根本无法发展。为了保持大局的稳定，孙玉辰局长及其“一班人”坚持与油田分公司搞好关联交易，使勘探局 3 万多名职工有活干、有饭吃。长庆局在加大改革力度的同时，充分考虑职工的承受能力，提出不用消极的办法减人，而是用积极的政策盘活人力资源。正是处于考虑把改革的力度、职工的承受度有机地结合起来。长庆局党委、长庆局确定了长庆局改革的重要思路，即：整体设计、分步实施、渐序推进、积极稳妥，成熟一个改一个。

在确保大局稳定中，孙玉辰局长及其“一班人“紧密联系本单位实际，积极做好油田职工的稳定工作。即：6124 名有偿解除劳动关系人员接续了养老保险，占有偿解除劳动关系人员的 88.2%；为有偿解除劳动关系人员落实资金并组织发放失业证、失业保险金；积极为企业职工新建立了 5 项社会保障制度，其中基本保险 3 项：基本养老保险、基本医疗保险、失业保险，特别是 2002 年勘探局拿出近 5000 万元建立了企业年金和补充医疗保险。

近几年来，孙玉辰局长多次动情地说：“老少春秋，至尊至贵”。于是“一老一少”的问题摆到了长庆局各级领导的重要议事日程上，每年增加投入上千万元，改善少儿教育和建设老年活动中心。

基地调整是长庆人梦寐以求的夙愿，它直接关系到广大职工，特别是离退休职工的切身利益。孙玉辰局长多次在会上强调：我们贯彻“三个代表”，就要在长庆局前任领导工作的基础上，进一步加快在大中城市的小区建设，努力把基地调整这一牵动人心的好事办实，把实事办好。

在小区建设上，为了用最节约的费用建好房，让职工花最少的钱买满意的住房，仅2002年，长庆局就先后4次在局务会上研究讨论房地产开发的有关议题。局长孙玉辰先后3次在房地产开发公司现场办公，7次到西安兴隆园五区综合写字楼检查工作，10多次到西安未央湖建设项目部、泾河园建设项目部、玻璃钢厂指导工作，及时协调解决了几个小区建设中的有关问题。

孙玉辰局长及其“一班人”扎实务实的作风，极大地鼓舞了长庆小区建设者的斗志，他们在确保质量的前提下，大大加快了小区房屋建筑的速度，据统计，3年多来，长庆局在西安、银川、咸阳等大中城市共筹资为职工，特别是离退休职工建住宅楼1.67万余套，为职工，特别是离退休职工营造了一个无比温馨的居住环境。

20年来，孙玉辰就是靠着他对群众、对企业的炽热之情，靠着他善于创新、善于管理、勇于开拓的精神，使自己的企业一年一大步，一步一层楼。

（张新民　赵　桢）

“全国五一劳动奖状”获得单位——第三采油技术服务处

2003年4月底，从宁夏回族自治区总工会传来喜讯：长庆石油勘探局第三采油技术服务处荣获全国总工会颁发的“全国五一劳动奖状”。这是重组改制以来，长庆局第一家获得这项荣誉的企业，也是第三采油技术服务处继1998年获得“全国模范职工之家”后取得的又一殊荣。

1. 转变观念天地宽

石油行业重组改制后，存续企业面临着自求生存、自找饭吃的境地。就在这种形势下，第三采油技术服务处2400多名职工与原主营业务分离。第三采油技术服务处面临重重困难：集中了原企业绝大部分的不良资产，产业布局不合理的矛盾突出，结构性富余人员多，设备新度系数低，人均国有资产占有率低，货币资金紧张等等。企业缺乏发展后劲，面临着诸多不确定因素。

面对这种形势和现状，第三采油技术服务处领导班子多次召开专题会议认真研究讨论。处长、党委书记朱文伯说：“改革如逆水行舟，不进则退。三处要发展，转变观念是根本，科技人才是保障，市场竞争是关键。”第三采油技术服务处党委研究制定出“服务油气主业谋生存、开拓社会市场图发展”的工作思路和“为生存而超越、为发展而创新”的经营理念，确立实施生存战略、市场开发战略、低成本战略、多元化发展战略以及产建工程、油脂化工、送变电工程、油品销售四大支柱业务，形成“多业链式”的发展格局。

2. 改革创新促发展

企业只有改革，才有发展的活力；企业只有创新，才有发展的后劲。重组改制后，第三采油技术服务处党委清醒地认识到，存续企业要生存、要发展，必须打破企业原有的经营机制和组织结构，进行体制和机制创新。只有这样，才能实现企业可持续发展。

按照“理顺体制、激活机制、再造新的生产经营流程”的改革思路，他们首先在机构创新上，建立了“机构能设能撤，干部能上能下、职工能进能出、收入能高能低”的“四能”机制。先后对处机关及附属机构进行了改革，机关科室由原来的 11 个调整为 8 个，机关附属机构由原来的 6 个调整为 2 个，机关人员由原来的 107 人减少到 73 人，达到了机构精简、管理规范、人员精干、高效运行的目的。同时，第三采油技术服务处对多种经营系统进行整合，成立了宁夏长庆石油建设工程有限责任公司。整合后，2003 年的产值达到了 1.45 亿元，资产负债率较整合前降低了 9%。

在经营机制创新上，制定和实施了以“风险抵押、分类考核、收入两挂、总量调控”为主要内容的新的经营责任考核办法。拿出干部、职工基本工资的 20%进行浮动，对中层干部实行风险抵押金制度，逐月进行考核，年终根据经营情况兑现。全面加强了财务管理、预算管理、资金管理、成本管理、合同管理、物资管理，制定出台了 30 多项管理制度，使经营机制建设更趋完善、经营管理更加规范。

在管理创新上，提出了建设一流的领导班子、培养一流的职工队伍、达到一流的管理水平、实现一流的经营业绩的“四个一”工作目标，大力实施精细管理，建立了以财务管理为中心的“三算、三控、三级责任”财务管理体系。即建立以资金预算、资金结算、资金核算为一体的资金“三算管理”体系；建立预算控制、过程控制、财务监控三者有机结合的财务管理“三控”体系；建立处预算中心、专业公司利润中心、生产单元成本控制中心的“三级责任”体系。这三个体系的建立，使经营过程中的各个环节联系得更加紧密，责权利体现得更加明确，形成了一个上下联动的有机体系。2002 年，万元劳务收入成本较 2001 年降低了 3%。

市场是关系到企业是能生存和持续发展的关键。因此，第三采油技术服务处在进行体制和机制创新的同时，十分重视市场的开拓。他们下大力气抓市场、跑市场，始终坚持“主辅相依、互利双赢、共谋发展”的原则，与股份公司单位建立长期的战略伙伴关系。通过优质服务、情感纽带、新技术、优势行业占领关联交易市场，赢得了长庆油田分公司的认可。同时，坚持多元化的市场开发战略，积极开发油田内外市场，凭借着勇于开拓的市场意识，在职工中唱响“以优质服务求生存、靠市场竞争谋发展”的主旋律，企业 3 年迈出了三大步。2000 年，企业收入 2.9 亿元，上缴税金 833 万元，一年减亏 1244 万元，盈利 9.98 万元；2001 年，实现收入 3 亿元；2002 年收入 4.5 亿元。3 年累计向国家和上级上缴税费共 1.05 亿元，实现了“一年平、二年盈、三年大发展”的战略目标，保证了改革过程中职工队伍稳定。

第三采油技术服务处因此荣获多项奖励，连续 3 年保持“全国模范职工之家”荣誉称号；2001 年获宁夏回族自治区“职工职业道德建设十佳单位”荣誉称号；2002 年获长庆局五星级“模范职工之家”称号，处团委获“五四红旗团委”称号；2003 年获得全国“先进女职工集体”荣誉称号。第三采油技术服务处领导班子连续 3 年获长庆局党风廉政建设先进集体称号。处长兼党委书记朱文伯获 2002 年“全国五一劳动奖章”和全国“先进职工之友”荣誉称号，还被评为 2001 年度陕西省第八届“优秀青年企业家”。2003 年，企业获“全国五一劳动奖状”。

3. 精神文明结硕果

第三采油技术服务处把建设先进的企业文化、培育企业精神作为二次创业的重点工作，常抓不懈。

他们以江泽民同志“三个代表”的重要思想为核心内容，以统一广大领导干部思想为重点，着力引导广大员工形成有利于生产经营的价值观。注重顺应经营规律，培育职工价值取向，引导职工树立正确的生产经营价值观，进行理念创新、价值创新。2001 年，井下作业队伍进入油田分公司某公司市场，面对激烈的竞争，他们凭借雄厚的实力、奋力拼搏的决心和毅力占领了市场，实现了自身生产经营价值观。

重组改制后，第三采油技术服务处结合企

业改革和发展实际，重点培育“四种精神”。即转变观念、勇于创新的精神；知难而进、顽强拼搏的精神；艰苦奋斗、勤俭创业的精神；淡泊名利、无私奉献的精神。在实践中先后树立了一批先进集体和先进典型、青年标兵，制作了《党旗在心中飘扬》、《无悔青春书新篇》等10多部专题片，大力开展宣传教育活动，激发了干部职工立足岗位、建功立业的工作热情，形成了奋发进取的竞争氛围。

在培育企业核心精神的同时，第三采油技术服务处以形象宣传为载体，不断展示企业文化的含“金”量，树立良好的企业形象。在“二次创业”中，把实施精品工程作为树立企业形象的“导出系统”。通过精品工程的实施，推动了全处“创建文明单位、创建文明小区、创建文明家庭、争做文明职工”的“三创一争”活动，也为第三采油技术服务处开拓市场走向社会奠定了良好的基础。

(杨林杰　李　峰)

“全国精神文明建设先进单位”——长庆建设工程总公司

自2001年整合重组以来，长庆建设工程总公司适应新体制、新机制和新形势，在开展精神文明建设活动中，以“二次创业”为主线，狠抓精神文明建设，全面提升公司价值，双文明建设取得丰硕成果。在效益连年增长，2002年实现内部利润3117万元，全面完成业绩指标的同时，也迎来了精神文明建设之花盛开的季节。2002年获得“全国用户满意施工企业”、“全国重合同、守信用企业”等荣誉称号，公司西气东输青年突击队被共青团陕西省委授予“青年文明号”。长庆建设工程总公司2003年7月又被授予“全国精神文明建设先进单位”荣誉称号。

1. 整章建制，广泛营造文明氛围

为把精神文明建设工作落到实处，建设工程总公司狠抓加强精神文明建设组织领导这个关键。公司成立精神文明建设领导小组，一把手亲自抓，分管领导主要抓，领导班子成员共同抓，形成党政工团齐抓共管的局面。制定“精神文明建设工作规划”、实施“三创一争”活动的“5443”工程目标。狠抓制度落实，做到精神文明建设长远有规划、年度有安排、季度有检查、月度有活动，从而使精神文明建设与生产经营同部署、同检查、同奖罚、同落实。几年来，共建成精神文明示范窗口5个，示范小区4个，模范岗58个。

2. 塑形铸魂，精神文明建设之树常青

建设工程总公司在创建活动中突出两个重点，即在创建工作中突出学习邓小平理论、“三个代表”重要思想和开展“三德教育”。公司以各级干部和党员为重点，以“三讲”教育统领全盘，以“三个代表”重要思想为指导，大兴理论学习之风。结合“三创一争”活动，重点开展以职业道德、家庭美德和社会公德为主要内容的“三德教育”活动，见到实效。

3. 虚功实做，深入开展精神文明建设活动

总公司扎实开展创建活动，做到四个结合，使其相得益彰、相互促进、共同发展。

与提高道德、文化素质教育相结合，培育企业生力军。长庆建设工程总公司始终把全面提高职工队伍整体素质作为加强精神文明建设的基础工作来抓。总公司先后组织开展学习邓小平理论，学习“三个代表”重要思想，开展形势任务及危机意识等多项教育活动，有力地促进了职工的思想道德建设和法制建设，大大激发了职工的积极性、主动性和创造性。职工利用业余时间刻苦学习科学文化知识，积极参加各种业务技术培训和技术比武活动，整体素质得到很大提高，增强了企业实力。

与关心职工的切身利益相结合，增强企业凝聚力。多年来，总公司坚持职工代表大会制度，让职工参与企业改革。凡是有关精神文明

建设、廉政建设、经营决策、职工福利等重大问题都及时提交职代会讨论。大力实施"送温暖工程",对公司职工遗属及特困户、困难户进行摸底,建立困难职工档案,每年拔出专项款数十万元,坚持定期或不定期进行慰问,发放困难补助金,解除了特困职工的后顾之忧。

与加强企业文化建设相结合,塑造企业新形象。近年来,建设工程总公司把精神文明建设同企业文化建设有机结合起来,大力开展群众性精神文明创建活动,用富有现代企业文化特征和时代气息的长庆建工新文化、新理念教育职工、凝聚人心,陶冶情操。说文明话、做文明事、当文明人已成为职工的自觉行动,整个矿区呈现出整洁、文明、祥和的气氛。

与内部治安综合治理相结合,确保企业稳定发展。总公司始终坚持"预防为主、打防并举、标本兼治、重在治本"的原则,层层落实综合治理领导责任制。总公司主管领导和各基层单位每年都签订综合治理责任书,对各基层单位综合治理工作进行承包,做到年初有安排,年中有检查,年底有考核,奖惩兑现。广泛宣传、正面引导、为综合治理工作营造良好的环境氛围,为企业"双文明"建设起到保驾护航的作用。

4. 硕果累累,为"二次创业"鼓劲助力

整合重组以来,建设工程总公司弘扬主旋律,大唱正气歌,打好主动仗,追求抓精品,取得令人瞩目的显著成绩:企业文化建设全面导入CIS战略。以建设具有时代精神和建工特色的企业文化体系为目标,策划实施了认知工程、创新工程、文明工程、精品工程和社区文化工程,完成了企业标志旗和宣传栏等的制作,制定企业形象宣传规范和思想政治工作评估标准,制作了具有企业特色的厂务公开栏、宣传栏、便民服务栏等宣传广告牌和宣传企业形象的多媒体。目前基本形成以创新、诚信、精心为核心的企业理念体系,以科学性和自律性为目的的制度行为体系,以企业知名度和实力为主要内容的形象工程体系。

先进人物辈出。几年来共涌现出劳动模范、先进生产工作者、优秀共产党员、优秀共青团员、三八红旗手等各类先进人物600多人次。

形象工程崭露头角。建设工程总公司承建的长庆气田30亿立方米/年产能建设地面工程、长庆炼化总厂30万吨/年催化重整及20万吨/年加氢精制联合装置工程,分别荣获2001年度中国石油天然气集团公司优质工程金奖、国家优质工程银奖,新疆吐—乌—大高等级公路工程喜获"全国优质工程奖",新疆塔且沙漠公路、G315、S215及306等4项社会工程全部获得省级先进施工单位称号,西安、打庆项目荣获甘肃省全国通县油路建设先进单位称号,G227线荣获甘肃省政府飞天奖。近期,修筑的塔里木第二条沙漠公路——塔且沙漠公路被评为"省部级优良工程"。

对外影响力大幅提升。2003年5月23日,建设工程总公司首次在央视一套正式亮相,新闻联播节目报道了长庆建工将士鏖战毛乌素沙漠、坚持科学施工管理、奋战西气东输工程的风采,企业知名度大大提高。

(杨蒉帙　星　辰　张新民)

全国首口小井眼天然气欠平衡钻井工艺试验获得成功

早在1999年,长庆局就积极开展了以保护气层为目的的气田天然气欠平衡钻井的工艺试验,先后于2000年在陕242井、2002年在苏35-18井进行的100多米的天然气欠平衡钻井工艺试验均获成功。在试验过程中,自行开发并不断完善了一套气体钻井的设计计算软件,建立起理论模型;根据地层的防塌机理,研制出优质压井液和低密度高强度的水泥浆体系,并研制开发出天然气注气撬装置、钻井套管附件及录井取样器等设备。针对这项具有世界先进技术的非常规钻井作业的特点，编制出一套《天然气欠平衡钻井技术操作规程》。通过几年的攻关，天然气欠平衡钻井技术在全国处于领先水平。

2003年，在苏里格气田的钻井工艺试验中，大胆提出率先采用小井眼天然气欠平衡钻井技术进行以提高钻速、降低成本为目的的长井段钻井的工艺试验，并确定苏39－14－1井作为试验井。

苏39－14－1井设计井深为3415米，建井周期26天，表层以下全部采用天然气钻井，长度2000多米。此次的设计充分体现了安全、快速、简化和经济的原则。从井身结构优化、钻头造型、设备简化及安装等方面，在确保安全的前提下，均体现了低成本的思想。这口井存在着气体钻井中的世界级难题，即钻井过程中地层出水与井壁坍塌的问题。为了确保施工的顺利进行，设计从理论上进行了井壁稳定、地层水评价分析，并制定出相应的预防处理措施，特别是对地层出水造成坍塌等复杂情况制定了详细、周密的预防、处理措施，确保钻井安全。

经过前期的充分设计和开钻前的认真准备，5月22日，苏39－14－1井正式开钻，仅用了4天时间，就打完了1309米的表层。从5月28日开始，"二开"前的准备工作紧张有序地进行着。仅用了一天半的时间，井口的三套封井器就安装到位，同时，气撬装置、监控设备、放喷管线等也相继安装调试完成。

5月30日17时，天然气裹携着钻屑呼啸着从管线中喷涌而出，先喷出的是白色的液体，几分钟后，熊熊的火焰燃烧起来。采用天然气为介质进行钻井的"二开"作业开始了。在以天然气为介质的气体钻井过程中，先后出现了多次地下出水，该井压力随井筒积液量的变化而变化，但都化险为夷，进尺在一米一米地增加着。6月3日，地下出水达到60立方米/时以上，井壁垮塌十分严重。现场指挥小组果断作出决定，改用钻井液钻井。中午12时，苏39－14－1井顺利实现天然气—雾化液—钻井液的转化，安全恢复了钻井液钻井。

至此，长庆局的小井眼天然气欠平衡钻井工艺试验取得阶段性成功，此次现场试验取得10多项初步重要成果，主要有第一次在全国率先采用小井眼、天然气、欠平衡的钻井工艺技术，突破全国最长气体钻井段记录，长度达到783.7米；形成一套适用于苏里格气田气体钻井的轮回供气、雾化扫井（清洁井筒）的工作制度和工作方式；试验段的平均机械钻速（20.87米/时）较常规钻井液钻井（7—10米/时）明显提高，具有良好的经济效益前景；按照设计方案，安全实施了气体钻井、雾化钻井和钻井液钻井，积累了相关的经验；形成了一套天然气欠平衡钻井条件下的HSE管理制度；第一次采用天然气作为循环介质进行欠平衡钻井来提高机械钻速、降低钻井成本，并作为常规钻井工艺进行试验和推广等等。

集团公司科技局和股份公司勘探与生产分公司6月4日在北京召开专题会议，对试验情况进行总结分析。参加会议的领导和专家认为，此次工艺试验取得了阶段性的重大成果。在地层出水和井壁垮塌的严重情况下，保证了试验段各项工作的正常进行和安全钻井，实属不易，并实现了提高机械钻速、降低钻井成本的目的，创造了两项全国第一。

（赵　桢）

长庆石油勘探局压裂增产新工艺、新技术不断完善

2003年上半年，长庆石油勘探局井下技术作业处试油气压裂酸化作业突破1003层次大关，完井380口，油气单井产量普遍大幅度提

高。长庆局井下技术作业处、工程研究院采用配套的压裂新技术,在西峰油田 10 口井进行试验,平均试油日产原油量达到 24.56 吨。长庆油田今年计划新建天然气产能 27 亿立方米,到年底天然气生产能力将累计达到 75 亿立方米,天然气年产量将达到 45 亿立方米。

是什么因素使鄂尔多斯盆地的油龙高高昂起,气虎仰天长啸?长庆局总工程师赵业荣一语道破的:“长庆油田适用的系列配套技术的成功研发和推广使用,大大地解放了鄂尔多斯盆地油气藏。其中,长庆的酸化压裂技术对解放鄂尔多斯盆地‘三低’油气藏和大幅度增加油气储量具有功不可没的促进作用。”

1.“三低”油气藏迫使长庆人走吃压裂饭之路

长庆油田所处的鄂尔多斯盆地是仅次于塔里木盆地的我国第二大盆地,也是我国乃至世界著名的低渗透或特低渗透油藏。长庆油田的石油原始特点正像一些著名的石油专家说的那样,是“井井有油,井井不流”。长庆气田的天然气藏从宏观上讲也是属于低压、低效、低产的“三低”气藏,开发难度很大。

面对这一特点,早在 20 世纪 70 年代中期,时任石油部部长的康世恩到长庆视察时就指出“你们要吃压裂饭,唱压裂歌,用压裂压开延长统和延安组。压开了延长统这块‘磨刀石’,就可能拿下一个大油田,压不开就等于零。”于是一首“压、压、压,压开地层千条缝,压开石油滚滚流”的“压裂歌”在千里油田唱了起来,一个数万名油田职工吃压裂饭的宏伟工程运作了起来,从而使长庆油田于 1978 年“七一”将原油输往兰州。随后的第二年,即 1979 年,长庆油田的原油年产量突破 100 万吨。

20 世纪 90 年代,长庆局集中精力,发挥酸化压裂技术的优势,努力提高油气单井产量,使“三低”油气田年产油气当量由 1979 年的 100 万吨上升到 1999 年的 550 万吨。

集团公司重组后,长庆油田分公司一如既往,将以压裂技术等为龙头的油气田勘探开发配套技术作为油气田增储上产,实现油气田持续发展的法宝。长庆局为了确保油田主业的发展,全力打造工程技术服务利器,不断提升压裂、钻井等核心竞争力。通过多方面的努力,长庆油田 2002 年年产原油 620 万吨,年产天然气近 40 亿立方米。

2. 科技创新使鄂尔多斯“三低”油气藏获得大解放

鄂尔多斯盆地“三低”油气藏如何科学有效地开发,才能取得最佳的经济效益?历届决策层在实践中都清醒地认识到,要经济有效地开发长庆油气田,就必须坚定不移地走科技创新之路,依靠长庆 30 多年来形成的先进适用的配套技术,使油气储量持续增长,否则别无他路。酸化压裂是国内外石油通常用来改造气层的重要手段,更是长庆油气田用来改造“三低”油气藏,有效增加油气储量产量的一个重要手段。

集团公司重组后,为了提升核心竞争力,长庆局千方百计地加大主营业务设备的更新力度。近 3 年来,先后拿出 10 亿元资金更新压裂、钻井等关键技术设备,其中一次性投资 1 亿元,从美国引进了具有 20 世纪 90 年代先进技术水平的压裂机组,使关键技术的设备新度系数由重组时的近 0.5 上升到现在的 0.78。同时,不断加大科技投入力度,3 年来共投入压裂、钻井、测井等方面的资金达 8900 万元,平均每年递增 15%。

长庆局惟一一个以压裂为龙头的专业化施工队伍——井下技术作业处近 4 年来平均每年筹集科研经费 220 万元以上,开展科技创新和攻关项目 10 至 15 个,取得了全油田业主满意的油气勘探开发效果。

在长庆气田勘探开发中,为了充分合理利用长庆气田上、下古生界产气层多的特点,扩大含气面积,长庆井下技术作业处采用电缆桥塞、可捞式桥塞等分层试气工艺,使得两段以上的低产井经分层改造后成为中产井,19 口天然气井单井产量明显增加。同时,井下处与壳牌石油公司及多个国际著名石油公司相继开始了一系列新工艺、新技术的合作交流及现场施工。二氧化碳压裂、变粘酸酸化改造了长庆上古生界气藏和下古生界气藏,见到了显著的增产效果。其中G45-6井采用变粘酸工艺技术压裂改造,试气获得日产天然气156万立方米的无阻流量。长庆井下技术作业处借鉴国外先进技术,采用大排量、高强度压裂改造工艺技术,在7口天然气产建井进行试验,均获得成功。其中G7-3井上古生界压裂改造后,日产天然气无阻流量达到65.7万立方米。

在注重天然气增产改造的同时,长庆局还把精力投向石油勘探开发增产技术的科学研究上。2001年以来,成功地进行了端部脱砂压裂改造技术的开发与应用。目前该技术已成为低渗透油田老井重复改造,提高油井单井产量的有效措施之一。截至目前,长庆石油勘探局应用端部脱砂压裂工艺技术在安塞、靖安、华池等区块先后进行现场试验,重复改造井平均单井产量由压裂前的日产1.55吨上升到2.99吨,增产幅度达到193%,经济效益显著提高。

近年来,长庆井下技术作业处和工程研究院研究开发了一批具有自主知识产权的压裂工艺技术,不但为长庆油田的高效开发探索出新路子,也为自身赢得了市场,树立了良好的油田工程技术服务企业形象。拥有自主知识产权的次生热压裂工艺技术的研发,是目前国内在解决压裂过程中目的层产生“冷却效应”造成对油层伤害问题效果最好的新工艺。它增加了地层能量,提高了返排速度和效率,减少了对油层的伤害,是目前长庆低渗透油田公认的最有希望的新技术。多级充填压裂工艺技术和压裂后裂缝处理技术在安塞油田广泛应用,效果十分明显,与未采取措施井相比,日产油量普遍增加1.1至1.26倍。

长庆井下技术作业处在正确认识油层的基础上,加大对油层压裂改造的力度,进一步提高新油藏勘探成功率。其运用“两大(大排量、大砂量)一高(高砂比)”压裂新技术,使陇东地区长6—8油层获得解放。西17井经加砂增产改造后日产纯油34.68吨,成为陇东地区该油藏产量最高的油井。

年年推陈出新,完善的压裂增产新工艺、新技术的研发和试验成功,标志着工程技术服务企业的科技创新实力大大增强,也意味着长庆局在长庆油气田勘探开发中拥有的核心竞争能力已得到全面的提升。

(张新民　李　铭)

长庆石油勘探局依靠软科学研究提升管理水平

长庆局把研究企业发展战略和新的管理模式摆在与自然科学研究同等重要的地位。经过两年的实践,在管理科学研究中取得了较好的成果,有效地指导了长庆局的改革、管理和生产经营工作,软科学研究的作用越来越显现。

1. 围绕难点,开展决策研究

研究工作要有生命力,就必须从企业的实际情况出发,紧紧围绕经营管理中的难点和重点,有针对性地进行研究。

石油企业重组后,拥有原来近80%人员,近20%资产的存续企业出路何在? 如何通过“二次创业”实现企业的战略转型,在激烈的市场竞争中闯出一条符合企业实际的生存发展之路? 这一系列的问题成为长庆局首先需要解决的问题。长庆局与西北大学等院校合作,确立了“长庆石油勘探局生存与发展战略研究”课题,在深入探讨长庆局的优劣势和发展机遇与挑战,研究国际化工程技术服务公司战略发展趋势的基础上,确立了长庆局“二次创业”的战略目标、企业定位、企业理念及四大发展战略等,明确了长庆局的发展思路和发展方向。

长庆局实现平稳过渡后，将改革的重点转移到调整和优化内部结构、建立现代企业制度上，软科学研究的重点也转移到这些方面，先后完成“长庆局产业定位和发展方向研究”、“调整和解决结构性矛盾研究”等课题。在这些研究思路的指导下，改革改制工作得以顺利进行。在资本经营中，运用市场杠杆，调动更多的社会资金进行资本运营，成功地完成多个控股企业和参股企业的改制。

长庆局在“生存与发展战略研究”中提出实施管理提升战略之后，又展开“实施精细管理，提升科学管理水平”的战略研究，促进了管理水平的提高。以整合重组后的钻井工程总公司生产管理为切入点，通过对管理系统及运作流程的“诊断”和研究，理顺了管理环节，较好地发挥整合的优势；开展内部经营考核办法研究，为建立科学、合理、有效的考核体系奠定了基础；针对改制企业如何实现有效管理的问题进行专项调研，结合有关的法律法规提出了决策建议。

2. 借助外脑，探索多种模式

随着管理科学研究不断向纵深化发展，长庆局研究人员深刻体会到，在高速信息化时代，研究工作的目光应投向广阔的社会大市场。本着“不为所有，但为所用”的原则，积极探索多种研究模式，走合作研究之路。先后与西安交通大学、西北大学、西安石油学院等数十所高校的经济管理学院建立合作关系，采取专题讲座、合作研究项目和联合成立研究机构等多种形式，为社会资源的利用建立绿色通道，提高了研究工作的档次。

长庆局与长庆油田分公司在关联交易之初，围绕如何保证发挥资源优势，实现共同发展等问题，双方开展大量的研究工作，提出“先活心脏，后养肌肤”的工作指导思想，共同研究制定了相互支持发展的“双十二条措施”和“五项基本原则”，建立起较好的协商机制，创造了具有长庆特色的“捆绑运行”模式。面对油气大发展的新形势，围绕关联交易过程中出现的实质性问题，双方的思考更加理性，将目光投向了战略同盟关系的构建上。目前，长庆局与长庆油田分公司共同开展了“实现长庆油田区域经济可持续发展战略对策”的研究，从 7 个方面提出了建立战略同盟的可行性建议和共同发展的合作模式，使关联交易由现在的以上层为主、多方协商机制逐渐向程序化、法律化的战略同盟过渡。

3. 搭建平台，提高研究水平

“发展研究部就是内部董事会，是资深者的俱乐部，是领导者智慧的天堂，是改善心智模式的参谋部、考核监督部。”这是长庆局局长、党委书记孙玉辰对长庆局软科学研究机构的定位。正是处于这样的认识，软科学研究在长庆局得到了高度的重视，并得以较快的发展。

在机构设置中，专门成立发展研究部，负责全局的发展战略、经济政策、改革改制和企业管理等软科学研究，各二级单位也成立了相应的研究机构。在资金十分紧张的情况下，逐年增加研究经费，配备现代化的办公设施，保证了研究工作的顺利进行。

长庆局还积极为软科学研究搭建信息化平台。目前，已建立专门的企业网站，有 32 个机关处室和二级单位建成局域网，并正在筹建长庆局发展研究网。同时，建成西安网控中心和庆阳、延安、银川 3 个网络分中心，较好地实现了资源共享，提高了管理信息化的水平。

（赵　桢）

长庆石油勘探局产权制度改革透视

在建立现代企业制度过程中，长庆局以积极的态度，针对企业改制的难点问题和深层次矛盾，不断探索，勇于创新，使企业逐步摆脱困境，增强核心竞争力，走上健康发展的道路。

1. 因企施策,寻求突破

企业情况千差万别,改制不可能采取一种模式。在产权制度改革的实现形式上,长庆局以“产权清晰、放开搞活、有利发展”为出发点,确定“三个有利于”原则,即只要有利于长庆局结构调整、有利于改制企业发展、有利于改制企业职工,不管何种形式,都可以积极实践,大胆探索。

经过近三年的实践,总结出整带式——整体带资分流改制,控(参)股式——长庆局控(参)股、职工入(控)股,“三新式”——新项目、新体制、新机制,集团式——组建集团公司、构建母子公司管理体制,租赁式——职工出资组建新公司、租赁原单位国有资产等多种改制模式。目前,已对8个国有企业进行了改制,涉及资产1.66亿元,分流国有企业职工近700人。改制后新公司股本总额为9870多万元,其中国有股、职工股和其他法人股分别占36.21%、37.56%和26.23%。同时,对50多个多种经营企业也进行改制,涉及集体资产15亿多元,改制后新公司股本总额为2.56亿元,其中职工股占到总股本的70%以上。

为了实现产权多元化,长庆局既鼓励局内企业、个人联合、又引入社会资本,利用社会资源嫁接和改造自己的企业,更提倡有形资本与无形资本的结合,探索资本运作新路子。

2003年年初,局内部两个企业合作,成功地对西安万通石油钻头有限公司实施控股式收购,成立了长庆石油钻头有限责任公司,完成了长庆局历史上一次具有完整意义的并购行为。此次并购实现了有形资产和无形资产的有机结合,在新公司的股本构成中,吸收了20%的非专利技术持有人的技术股,实现了产权多元化。

2. 改体制更要转机制

长庆局第一个“三新式”企业——西安长庆石油天然气设备制造有限责任公司去年12月正式挂牌后,积极探索新体制下全新的经营管理机制,较好地实现了体制和机制的有机融合。

在用工方面,将员工分为核心员工、合格员工和普通员工,岗位不同,收入不同,每半年考核一次,动态管理,优胜劣汰。

在分配方面,完善工效挂钩,对经理班子成员、管理人员、操作人员等采取年薪制、月薪制和计件工资制等不同的分配形式,充分调动职工的积极性,使企业在较短时间内就步入良性发展轨道,并呈现出勃勃生机。西安长庆石油天然气设备制造有限责任公司在机制方面的创新,成为改制企业在机制创新方面的范例。

建立现代企业制度及规范的法人治理结构,为企业的生存与发展奠定了基础。但其出发点和落脚点是企业经营机制的转换、活力的增强、素质的提高和效益的增长。企业无论怎么改,经营机制不转换,管理工作跟不上,最终改制也会流于形式。这是多年来在改制实践中形成的深刻认识。

为了防止“重体制、轻机制”的片面做法和“翻牌公司”的出现,长庆局一方面鼓励改制企业积极探索企业优胜劣汰、经营者能上能下、人员能进能出、收入能增能减、资产保值增值和市场运行、技术创新等机制;另一方面注重辅业改制与主体企业的深化改革协调一致,加速推进原主体企业的体制改革和机制转换,在这些企业中引入劳动用工和收入分配等新机制,增强职工的危机感,使参与改制的职工积极主动地支持机制创新。

3. 规范运作是保障

改制企业在最初的运作过程中逐渐暴露出一些问题,如董事会作用普遍发挥不够,董事会与经理班子之间责任不明,股东代表职权落实不够,有的改制企业未按《公司章程》规定按期召开“三会”,有的职工持股代表不注意与所代表持股职工的沟通,行使职权时,往往体现个人意愿等。分析上述不规范行为后,长庆局认为这些现象的产生,原因在于对公司制的不了解及缺乏规范化的管理制度和管理手段。对此,专门下发规范运作的有关通知,组织专业人员编撰《长庆局整体带资分流改制文件汇编》和《长庆局企业改制实务手册》，针对基层改制基础工作薄弱的问题，及时印发了公司制改造、公司规范及理顺、新建公司、重组整合、整体带资分流改制方案的编制提纲以及设立有限责任公司的程序和相关文件，先后编写专门用于指导基层工作的文字性材料 24 万字，建立标准化、规范化的改制信息资料库 60 多种。同时，资本运营部的专业人员根据基层需要，对每一个改制企业都进行积极的指导和帮助，做好改制方案的调研、论证、编制、会审、报批及资产评估、集体资产分割量化、债权债务处置、公司注册登记等工作。

4. 掌握好管与放的度

一个个企业通过改制从长庆局这个母体中脱离出来，于是出现了“下改上不改”的情况，对新公司的管理是“老办法不能用、现办法不好用、新办法不会用”。在这种状况下，如何搞好对新公司的管理，成为长庆局管理工作中的难点。

为了维护长庆局的利益，使改制企业“四自”行为得以体现，长庆局提出两个“三不”原则，一个是“献策不决策、指导不领导、扶持不包办”，另一个是“不缺位、不越位、不错位”。重点管好六个方面，一是关联工作。继续为改制企业创造良好的外部条件，支持其发展。二是股权管理。根据在改制企业的股权比例，依法行使出资人权利，维护和保障勘探局的合法权益。三是控制监督。对局控股和参股的公司，通过合法渠道，对经营者和企业经营状况进行监督，对其他改制企业，在不直接干预企业生产经营的前提下，在劳动用工、规范市场行为、财务资金管理等方面进行必要的控制。四是统计工作。改制企业的各类统计信息，继续由长庆局统一对外上报。五是搞好服务。发挥产权所有者和行业管理者的职能作用，为改制企业提供信息、咨询、业务培训、项目论证等服务，进行业务指导，帮助企业解决困难。六是党群工作。

如何行使对改制企业的管理职能，不仅是一个管理难题，也是一个需要不停研究的课题。如改制企业的党工团组织建设、计划生育、社会治安综合治理工作如何开展；职工的“三金”如何缴纳；企业的质量安全管理如何监督、检查；如何对改制企业按照分公司、控股公司、参股公司、无产权关联企业进行分类管理等。随着长庆局改革的不断深化和现代企业制度的建立，经过积极的探索和实践，这些问题将会一一得到较好的解决。

（王纪中　赵　桢　张新民）

长庆石油勘探局改革改制驶入快车道

重组改制三年来，长庆局紧紧围绕多元发展的“二次创业”目标，坚持把产权制度改革与结构调整优化、创新机制体制、扭亏脱困、提高经济效益有机结合，形成了“四种模式”和五大成果。

长庆局改革改制三年来的重要成果主要表现在 5 个方面：一是实施持续重组战略，着力打造发展优势。先后对钻井、录井、机械、建工、通信、教育、多种经营等单位和系统进行了重组及内部再造，使企业生产效率和市场竞争力明显提高，2002 年钻井工程总公司、建设工程总公司、机械制造总厂全年主营业务收入同比均有显著提高。二是加快内部结构调整，促进结构优化升级。在资产结构调整方面，利用有利政策报废 10 亿多元无效资产，同时投资 12.5 亿元，更新关键设备，设备档次明显提高，资产质量进一步优化；在市场结构调整方面，非关联交易市场有所上升，国际市场获得了新突破；在产业结构调整方面，集中精力办好西安泾河工业园、宁夏长庆工业园两个“园区”的建设；在基地调整方面，利用新体制和机制，进行了大规模的生产、生活基地战略性调整。三是稳步推进改革改制，努力增强企业活力。截至目前，共完成国有企业改制项目 8 个，涉及资产 16604.07 万元，分流职工 699 人；完成多种经营企业公司制改造项目 10 个，涉及 49 个法人企业、两个非法人企业，改制面达 55%。四是坚持因企施策原则，积极探索改制形式。长庆局结合企业自身实际，探索出 4 种改制模式。五是依法管理规范运作，改制企业运营良好，主要经济指标已超过预期，显示出了很强的生命力和良好的发展势头。

对今后的改革改制工作，长庆局拟在 2003 年底基本完成多种经营企业公司制改造，以及通信、工程监理和部分机械、机修、运输业务的改造分流。2004 年底基本完成机修、运输、工程监督、印刷、加工等市场竞争激烈、社会依托条件较好的单位的改制分流工作。其他单位原则上在 2005 年底完成改制分流。在具体实施过程中，多种经营系统主要以产权为纽带，实施跨区域、跨主办单位、跨所有制的专业化重组、购并和改制，改造成多元投资主体的、规范的公司制企业，彻底改变长庆局和主办单位对其承担无限连带责任的状况，实现法律意义上的真正分离、分立；对国家政策和集团公司明确要求按公司制进行独立法人注册的工程监理、工程监督，拟通过整体分流改制或国有控股方式改制分流；对于社会市场竞争门槛低，不适宜国有资本规模经营的，需要灵活经营机制的业务资产按照相关法律建立规范的法人治理结构；对于社会市场竞争门槛高，尚不具备改制条件的单位，采取划小核算单元，在 2003 年年底前，拟采取独立核算方式，全面实现“两个分离”，在条件具备时，可进行公司制改造；对暂不具备整体移交条件的文教卫生系统，按调整布局、压缩总量、优化资源配置的总体要求，分别进行两个层面的整合重组，在 2004 年底前完成整合重组，实行独立核算，并逐步脱离。

（王　海　刘怡佳）

第二篇

工程技术服务

钻井工程

【概述】 长庆石油勘探局钻井施工服务系统，主要从事井深7000米以内各类石油、天然气勘探、开发钻井工程。共有64个钻井队，职工8309人。资产总额10.42亿元，固定资产原值9.98亿元，净值7.19亿元。70D、50D等各种类型钻机73部。施工区域横跨陕、甘、宁、蒙等省、自治区，并进入了南美、中亚、北非等国市场，实现主营业务收入22.16亿元，比2002年增长7%，上缴税费2.82亿元。多种经营实现生产经营总值3.87亿元，比2002年增长11.56%，上缴税费0.32亿元。

【钻井生产】 当年开钻919口(结算口径)，完井918口，进尺190.4889万米，动用钻机73部，当年实际开钻875口，完井872口，总进尺186.58万米，在CNPC同行业中名列第二。在长庆油田内部市场承揽861口井，完成油田内部钻井进尺184.09万米，其中气井60.95万米、油井123.14万米。30527A钻井队以257.04天率先突破6万米；40102钻井队以211.20天缩短了气井双万米的周期纪录；30527A钻井队创月进尺9013米最高纪录；50118钻井队以3528米刷新气井月进尺纪录等。

全年取心进尺6514.81米，岩心长度6455.72米，收获率99.09%；固井848口，固井质量合格率100%；井身质量合格率100%；钻机月速平均3289米/(台·月)，机械钻速平均10.57米/时。

【工作特点】 根据“适应市场、优选区块、统筹兼顾、突出重点、减少搬迁、相对均衡、安全有序、优质高效”的生产组织管理原则，进一步加强了工程项目部的人事管理权、奖惩权等职能，提高其综合利用各种生产资源的能力；摸索并形成了专业公司与钻井队的直线直通服务模式，减少中间环节，提高了生产运行效率；持续推进钻井队等级达标考核制度，坚持定置管理与动态管理相结合、治标与治本相结合。利用经济政策的拉动作用，进一步理顺了新形势下生产组织关系，保障了生产组织的快节奏；坚持定期统计分析生产时效，分析问题，及时采取对应措施。全年井队生产时效达94.35%，同比提高1.92%；组织停工时率同比下降了1.38%。

【创新指标】 (1)2月25日进尺12216米，创全局最高日进尺纪录，同比提高533米。(2)32649A队在4月3日在盘36-43井进尺750米，创造了油井队日进尺最高纪录。(3)50628队8月29日在苏39-14-4井创造了761米的最好水平。(4)30527A队6月份完成进尺9013米，创造了油井队最高队月进尺纪录。(5)50118队6月份完成进尺3528米，刷新气井队最高队月进尺纪录。(6)50118队在G1-11井以21天6小时的钻井周期，打破了气井最短钻井周期纪录。(7)50118队在G1-11井以31天的建井周期，打破了气井最短建井周期纪录。(8)18104队4月5日22点进尺上万米，周期44天22小时，使油井队万米周期缩短了5天16小时。(9)40102队6月2日13点进尺上万米，周期102天13小时，刷新了气井队万米周期纪录。(10)上2万米、3万米、4万米、5万米周期分别比历史最好成绩提前了9天1小时、17天16小时、21天19小时、27天11小时。(11)气井队双万米周期纪录40102队9月19日5点进尺上双万米，周期211天5小时，比历史最好成绩提前了19天13小时。(12)30527A队11月6日9点进尺上6万米，实现了长庆有史以来最好队年进尺。(13)30527A队在杏56-28井创造了 45.00 米/时，油井单井的最高机械钻速。(14)50118 队在 G1 - 11 井创造了 10.13 米/时的气井单井最高机械钻速。(15)50118 队在 G1 - 11 井创造了 3644 米/(台·月)的气井单井最高钻机月速度。(16)单只 PDC 钻头最高进尺纪录 32649A 钻井队在盘古梁区块使用一只 PDC 钻头，2002 年 5 月第一次入井，到 2003 年 8 月最后一次入井，累计入井 29 次，完成进尺 16110 米的最高纪录，纯钻时间 404 小时，机械钻速 39.87 米/时，成本 1.42 元/米。

【市场开发】 承揽并完成长庆钻井 861 口，价值工作量 21.25 亿元，油田市场占有率 53.2%。青海项目通过滚动投标，承揽并完成钻井 9 口、价值工作量 787 万元。组织考察了 10 个海外项目，先后与乌兹别克斯坦、厄瓜多尔、印度尼西亚签订了总价值达 4705 万美元的工程技术服务协议，与美国 HALLWOOD 公司达成了合作意向。继乌兹别克斯坦和厄瓜多尔项目之后，年内新启动项目 2 个，完成价值工作总量 3363 万元。

【管理工作】 ISO 9001 质量管理体系通过了中国方圆标志年度监督审核，有 15 个钻井队和 2 个固井队取得了 CNPC 甲级队资质认证，有 41 个钻井队和 3 个固井队取得了 CNPC 乙级队资质认证，有 3 个钻井队通过了 CNPC 石油工程施工作业队伍资质认证的现场审核。注册 QC 小组 128 个，取得 QC 成果 50 项，其中有 8 项获省部级优秀成果奖、有 1 项获国家级优秀成果奖。颁布实施企业技术标准 33 项、管理标准 35 项，采用行业标准 491 项，标准覆盖率达 94%，主要生产设备新度系数升至 0.68。

【技术攻关】 投入经费 412 万元，安排实施科技攻关项目 28 项，并取得了一些新的成果。小井眼天然气欠平衡钻井技术在苏 39 - 14 - 1 井、苏 39 - 14 - 4 井现场的试验，成功地解决了一些相关技术难题，并在低成本开发气田方面取得了多项初步成果和认识；小井眼泥浆钻井技术在苏 40 - 19 井的应用，使钻井成本下降 12.7%；天然气复合钻井技术的大力推广应用，与常规技术相比，平均钻具失效由 2.08 次/口井降至 0.5 次/口井，平均机械钻速提高 0.7 米/时，钻井周期缩短 3.95 天；可循环微泡——充气钻井液的研究与应用，推进了随钻堵漏技术的完善，通过与复合钻井、优选钻头、DST 有线随钻测量等多项新技术集成，较好地解决了西峰地区特大型井漏、井眼轨迹难控、地层可钻性差等多种技术难题，在平均井深增加 67.76 米情况下，机械钻速提高 0.83 米/时，钻井周期缩短 1.58 天，事故复杂下降 0.8 个百分点；复合钻井技术与 PDC 钻头的组合应用，创造了单只 PDC 钻头入井 29 次，累计进尺 16110 米的新纪录。

井下作业

【概述】 2003 年井下作业系统以党的十六届三中全会精神为指针，在勘探局的领导下，以发展为主题，以改革创新为动力，始终坚持把发展和提高企业素质放在首位，坚持以人为本、以特色树形象，靠质量求生存，向管理要效益，坚持围绕油气主业谋生存，开拓社会市场图发展，强化内部管理，加快多元发展，实现了管理增效。统筹兼顾，树立全面、协调、可持续的发展观，加强战略管理，加快结构调整，大力推进改革改制，积极培育新的经济增长点，把“二次创业”推向一个新的阶段。2003 年共有从业人员 4589 人，其中有研究生 6 人；大学本科学历的 271 人；大专学历 307 人；中专学历的 378 人；高级工程师 22 人；工程师 221 人；助理工程师 307

人，技师 91 人。2003 年井下作业系统专业队伍共动用压裂酸化队 5 个，10 套机组、试油（气）队 18 个，71 套机组、测试试井小队 2 个，7 套车组、65 个修井队，149 套机组（采一处 17 个队，34 套机组、采二处 27 个队，71 套机组、采三处 21 个队，44 套机组）。承担着长庆油田分公司所属的 8500 多口油、水维修维护措施作业任务和每年近 1000 口油、气产建新井的试油、压裂酸化、投产的任务。2003 年局井下作业系统共完成试油压裂酸化 2491 层次，交井 1002 口，修井 11982 个标准井次。

【工作特点】 井下技术作业处根据勘探开发部署理性取舍，优选效益区块。把工作重点放到了工作量大、井位集中、产值高、效益好、能发挥生产组织和后勤保障补给优势的区块上，实现了重点突出、兼顾全盘、整体推进的目标。超前计划，超前准备。及时完成气井机组的设备配套和人员培训，油转气机组搬迁组织。提前进行对外合作项目的技术、设备、人员的准备，使油气田产建和对外合作有序推进。科学配置，充分利用资源。通过对试油（气）机组生产能力、正常及异常情况下资源需求进行评估预测，结合各区块特点，合理配置生产要素。最大限度地发挥现有设备的生产能力，全年设备利用率达到了 85.7%。

强化调度命令，合理调迁协调。根据前松后紧的生产特点，加强信息的收集，根据井位部署和钻机调整情况，提前制订应对措施；同时进一步强化调度命令的权威性，明确奖罚机制，有效提高了生产效率。

第一采油技术服务处创新生产管理机制。突出生产运行部门的综合协调指导作用和基层单位的生产运行的自主性和主动性，实现生产管理机制与市场经济的接轨；积极开拓外部市场，先后承揽了西气东输、长呼管线及处延安管道工程中的打压工作；推行车辆运营模拟合同制和车辆日运营效果分析制度。有效提高了车辆利用率和完好率，单车运效平均提高了 5%；严格管理，规范质量标准和现场管理，并及时组织质量回访，有效地提升了服务质量。第二采油技术服务处坚持“稳、准、实、快”的生产运行原则，突出生产的季节性和原油生产特点，加大日常生产的动态监控力度，提高了运行效率；进行了 HSE/OSH、ISO 9001 及井下作业队伍资质认证“三项认证”，制订 HSE/OSH 管理体系运行考核监督细则，加快 ISO 9001 质量认证体系建设步伐，提升了企业竞争实力，提高了基础管理、现场管理和质量管理水平，加强了质量回访，改进了服务质量，提高了施工质量，及时解决用户提出的问题，服务质量进一步提高。第三采油技术服务处根据生产布局，及时调整一线人员、物资、设备配置，争取掌握生产主动权；提高服务意识和工作质量，严格生产现场规格化和操作标准化；加强生产组织协调和质量回访工作，及时解决生产运行中存在的问题，加强各个生产单位之间的有机衔接。

【创新指标】 （1）于 2003 年 6 月 29 日，试油（气）压裂酸化突破 1000 层次，同比提前 14 天；10 月 18 日，突破 2000 层次，同比提前 4 天。（2）与 BJ 公司合作完成苏 38－16－4、苏 38－16－6、苏 39－14－2 井，与斯伦贝谢公司合作完成乌 25－4、乌 20－4、乌 24－5、乌 19－8，共 7 口井，创年对外合作井数之最。（3）试油 166 队完成试油压裂 200.5 层次，刷新了年完成试油压裂 200 层次的历史纪录。（4）9 月 16 日，完成压裂酸化 1002 层，创历史最好水平。（5）10 月 25 日，完成压裂酸化 13 口井、18 层次，创日完成压裂酸化工作量最新纪录。（6）天然气勘探及产建年完井 179 口，试气压裂酸化 553 层次，创历史新高。

工程建设

【概述】 2003年工程建设系统用工总量3785人,职工总数2712人,其中干部792人,工人1920人。资产总值为6.98亿元。其中,固定资产原值2.04亿元,净值1.95亿元;所有者权益2.04亿元,负债4.94亿元,负债率70.77%。拥有各类设备505台(套),资产原值1.70亿元,资产净值1.03亿元,设备新度系数0.61。

全年完成施工总包产值10.41亿元;完成上缴内部利润1900万元;上缴其他费用4168万元;重点工程合同履约率100%;多种经营完成综合产值2.04亿元,实现利润1551万元。

中标西气东输、长呼输气管道工程、宁夏中—郝高速公路、甘肃庆—西一级公路、青海湟—倒一级路面等工程,承揽25个项目,总工作量达13.77亿元,为年计划的172.25%,与2002年相比增长43.5%。

【工作特点】 根据"贴近市场、区域组织、优化配置、项目管理"的原则,按四个阶段组织施工生产:周密部署,早抓快动,生产启动取得开门红;科学决策,主动出击,夺取"大干六十天、实现双过半"攻坚战的全面胜利;抓关键环节,保重点工程,以西气东输项目"十一"向上海供气为目标,带动一批重点工程如期圆满完工,提前三个月实现了全年8亿元的计划目标;以工程投产验交为目标,干净利索地完成各项目的收尾验交工作。

【创新指标】 (1)新疆吐—乌—大高等级公路工程获"全国优质工程奖";(2)新疆塔且沙漠公路、G315、S215及S306等4项工程获得省级先进施工单位称号;(3)西庆、打庆项目荣获甘肃省全国通县油路建设先进单位称号;(4)G227标段荣获甘肃省政府飞天奖;(5)宁夏中郝高速公路标段获自治区优良工程。

【主要成果】 承建的西气东输14A、13B标段近140千米和靖边压气站受到各级领导的充分肯定和高度评价,施工业绩取得了历史性的突破。

完成了年产27亿立方米天然气的超大产建任务,再次检验和显示了主力队伍施工能力、技术、管理经验的日臻完善与成熟。

承担了集团公司立项的重点工程——靖惠线,长庆历史上传输能力最大的站——油坊庄加热站,最大的储罐——北区两具2万立方米储罐,年处理能力最大的集油站——白于山集油站建设等一系列重点建设工程,再次树立了建工在油田产建市场中的良好形象和信誉。

中郝高速公路如期建成,被评为宁夏回族自治区优良工程,使长庆建工在高等级公路建设上增添了突破性业绩。

新疆塔且沙漠公路被新疆维吾尔自治区评为省级优良工程,为总公司进一步巩固和拓展新疆市场奠定了良好的基础。

湟倒公路在高原缺氧、依托环境及后勤保障差的条件下,如期建成,取得了青海市场的"开门红"。

【科技创新与技术改造】

1. 企业核心竞争能力

(1)通过独立承建西气东输管道13、14标段134千米管道施工任务,大口径管道施工业绩由2位数攀升至3位数,大口径长输管道施工技术达到国内领先水平。

(2)2003年攻克2万立方米以上储罐施工安装和自动焊技术工艺,提高储罐制作水平。

2. 新工艺和新技术应用

(1)西气东输项目取得"美国零版方案高强高压试验、大口径管道全自动焊及水工保护"等

3 项施工工艺的重大突破，掌握了当前大口径长输管道和场站施工的先进技术。

(2)采用储罐水浮正装制作、全自动焊、二氧化碳气体保护焊等 3 项新工艺，标志着建工“大储罐”施工能力迈上新台阶。

(3)靖咸输油管线清峪河跨越抢险工程施工中首次采用了“合金灌注锚筒”、“采用锚头固定主索端头”和“用夹块固定吊索与主索”三项工艺，填补了勘探局跨越工程不停输施工的历史空白。

3. 科研成果

(1)黄土高原地区长输管道生态型水工保护技术研究。该成果获 2003 年长庆局科研成果二等奖；(2)大型储罐施工工艺的研究与应用。该成果获 2003 年长庆局科研成果三等奖；(3)高等级公路沥青路面施工技术研究。成果获 2003 年长庆局科研成果二等奖。

【工程建设】 2003 年承建工程项目 27 项，其中关联交易项目 6 项，社会工程项目 21 项，油气田产建、长输管道项目 8 项，道路、桥梁项目 19 项，当年竣工验交 15 项，跨年工程 12 项，新中标的道路项目 1 项。

【质量管理】

(1)工程验交一次合格率 90% 以上，重点工程(西气东输靖边压气站、中郝高速公路等影响大的工程)验交、投产一次合格率 100%；用户满意度值为 79.99，未发生工程质量事故。

(2)塔且沙漠公路被新疆维吾尔自治区交通厅评为省部级优良工程。

(3)6 项 QC 成果在中国质量协会石油分会黄山 QC 成果发布会上获奖，其中获一等奖一项、二等奖四项、三等奖一项；四个 QC 小组荣获石油天然气工程建设优秀质量管理小组。

第三篇

生产服务加工制造合作开发油气田及社会服务

供水及发电供电

【工作量及技术经济指标】 2003 年完成供水量 1632 万立方米(其中:水电厂完成供水量 1186 万立方米;第三采油技术服务处完成供水量 197 万立方米;银川物业管理处完成供水量 161 万立方米;公用事业处完成供水量 88 万立方米),与 2002 年同期相比增长 7.58%。供水商品率 94.24%,供水损失率 1.54%。

2003 年完成发电量 19990 万千瓦·时,与 2002 年同期相比增长 14.99%,供电量 90066 万千瓦·时(其中:水电厂完成供电量 66716 万千瓦·时;第三采油技术服务处完成供电量 19700 万千瓦·时,银川物业管理处完成供电量 1867 万千瓦·时;公用事业处完成供电量 1783 万千瓦·时),与 2002 年同期相比增长 13.01%。负荷率 82.36%,网损率 4.69%。

【工作特点】 修订完善生产管理制度 8 项 197 条、运行规程 61 项、操作规程 105 项、站所运行记录 14 种、修订记录 33 种。实行检修质量责任卡制度,狠抓日常检修维护工作质量,夯实生产运行基础工作,提高整体管理水平;推行目标管理,加强生产过程管理,深入开展岗位规范化活动。规范电力工程施工,严格验收制度。以规范生产运行管理为重点,确保电力设施投运后处于良好运行状态;加大对各类停电事故的查究力度。建立质量回访制度,优质服务,实现承诺。

器材物资供应

【工作量及技术经济指标】 2003 年完成物资购进量 26.15 亿元,与 2002 年同期相比下降 0.46%。完成物资售出量 27.30 亿元,与 2002 年同期相比增长 4.28%,物资周转次数 7.88 次。

全年物资吞吐量达 130 万吨,同比增长 3.17%。

【工作特点】 持续清理、规范物资采购渠道,大幅度砍掉社会中间公司,坚持生产厂家直接供货的主渠道,积极发展与宝钢、天钢等知名大厂的战略联盟,争取价格优惠;加快物资管理信息系统和招投标网建设,全年网上招议标采购物资 14.81 亿元,占总采购金额的 95.97%,与市场价相比,节约采购资金 4385.83 万元;围绕重点生产单位和重点项目,搞好物资的现场供应工作。根据生产布局,及时扩建了西峰中转站、筹建启动了榆林中转站,减少供需环节,提高供应效率,降低运输费用 800 万元以上。

通　信

【工作量及技术经济指标】 2003 年末交换机总量 6.80 万门,比 2002 年同期净增 7500 门,实装单机 5.26 万台，比 2002 年同期净增 1844 台，中继线路 8000 路，微波线路 1208 千米，数据互联网用户到达数 1.09 万户，比 2002 年同期净增 4203 户，中继电路长度 2685 千米，比 2002 年同期净增 176 千米。

长庆通信网(互联网)横跨陕、甘、宁三省、自治区，覆盖全油田各个二级单位生产、生活基地和主要生产厂、站、点，是集光纤传输系统、数字微波传输系统、一点多址传输系统、数字程控交换系统、集群移动通信系统、卫星通信系统、电视电话会议系统、无线寻呼系统和出口主干带宽 100MB/s 的信息宽带网络系统为一体的多功能专用通信网。全网配备了先进的网络管理系统、集中监控系统、通信电源系统、114 查号系统和计费管理系统，提供市话、长途直拨等话音业务以及数据传输、图像传输等非话音业务。

固定电话装机总数达到 5.03 万部，其中 2003 年新装 8914 部；开展互联网接入工程，局域网总接入点达到 126 个，2003 年接入 25 个；发展拨号用户 5510 户，其中 2003 年发展 457 户；宽带用户 5248 户，其中 2003 年新增 4706 户。发展宽带计算机用户 3747 户，同比增长 295%；顺利完成了泾河工业园万门交换机及配套设备的安装、调试工作，一次通话成功。这是长庆通信历史上首次依靠自己的技术力量，独立安装完成的万门交换机。

运　输

【工作量及技术经济指标】 2003 年完成货运量 171 万吨(其中：运输处完成 75.9 万吨；第一采油技术服务处完成 16.5 万吨；第二采油技术服务处完成 24.5 万吨；第三采油技术服务处完成 15.9 万吨；钻井工程总公司完成 35.68 万吨；银川物业管理处完成 2.3 万吨)，与 2002 年同期相比下降 2.28%，完成货运周转量 37389 万吨·千米(其中：运输处完成 15320 万吨·千米；第一采油技术服务处完成 2895 万吨·千米；第二采油技术服务处完成 4264 万吨·千米；第三采油技术服务处完成 3545 万吨·千米；钻井工程总公司完成 11203 万吨·千米；银川物业管理处完成 163 万吨·千米)，与 2002 年同期相比下降 6.15%。车辆完好率 92.66%，车辆工作率 80.74%。

【工作特点】 转变生产组织思路，加强车辆运行过程中的动态监控和管理，强化生产各环节监控及生产要素的时效性和合理性；转变两级生产管理职能，建立起了以生产调度为中心，辐射到驻外站点带队干部、单车的生产运行动态监控网络体系；实行驻外干部全面责任区域生产，极大地提高了单车利用率；根据工作量、运价、道路，严格车型配置，强化生产运行各环节生产要素有效利用；健全完善设备综合管理制度，强化日常检查考核并与单位利益挂钩，提高设备操作、管理水平。

机械加工制造

【工作量及技术经济指标】 2003 年完成现价工业总产值 2.06 亿元，与 2002 年同期相比下降 10.82%，完成现价工业销售产值 1.86 亿元，与 2002 年同期相比下降 11.84%。全年完成机械加工量 2.02 万吨，比 2002 年同期下降 7.76%。主要产品已经形成了三抽设备、天然气设备、固控设备、井下工具等 6 大系列 80 多个品种 270 多种规格。制造抽油机 1186 台，比 2002 年同期减少 196 台，压力容器制造 352 具，比 2002 年同期净增 189 具，抽油泵制造 3305 台，比 2002 年同期减少 724 台。制造抽油杆 156.1 万米，同比增长 119.8%。固控系统制造 7 套，同比增长 40%。天然气设备制造 330 台具，同比增长 102.5%。完成大庆 130－Ⅱ型钻机改造 1 部。

【工作特点】 坚持以销定产，根据用户需求编制和调整生产计划和生产组织形式；按照作业形式确定计划管理方式，经常性施工作业滚动计划，关键性作业实施网络计划；强化调度职能，对生产组织的全过程进行产时、有效地监控；加强沟通，保证信息流和物质流传递畅通。

合作开发油气田

【工作量及技术经济指标】 2003 年钻井 32 口，进尺 7.01 万米。测井 28 口，录井 32 口，投产 23 口井，试油 27 口井，压裂 8 口井。

完成产能建设规模 4.5 万吨。生产原油 2.17 万吨，销售 2.13 万吨。在王盘山区块建成采油井 22 口，日产原油超过 110 吨。在马坊北侯家河区块南部的侯 11 井区打出了两口高产油井，试油日产达到 25 吨。楼房坪区块金 104 井在长$_6$ 层解释了 6.8 米油水层，金评 17 井在长$_6^1$ 发现 9.8 米油层。

在滚动开发的同时，王盘山、楼房坪区块勘探开发取得重大突破性进展，为 2004 年勘探评价和滚动开发奠定了坚实的基础。

【工作特点】 坚持“效益开发，滚动发展”的原则，精心组织施工，抓投产、促上产，争取原油生产的主动权；建立健全管理制度体系，细分管理单元，推行项目管理，提高管理水平；加强随钻分析，搞好综合地质研究，并及时调整井位部署，确保了勘探开发质量。

物业管理及社会服务

【公用事业】 截至 2003 年底，全局公用事业系统用工总量 5804 人，其中在职职工 4076 人、劳务工 799 人、其他用工 929 人；干部 897 人，其中高级职称 14 人、中级职称 261 人、助理级 453 人。全局公用事业系统固定资产原值 9.27 亿元，累计折旧 1.82 亿元，净值 7.45 亿元。全系统经营收入 4.11 亿元，费用支出 4.83 亿元，企业补贴 0.72 亿元。

2003 年全局公用事业系统改革管理工作是按照国务院《物业管理条例》要求，结合油田实际，规范和加快物业管理单位市场化运作的步伐。

学习贯彻《物业管理条例》，按照“专业化管理、企业化经营、市场化运作、社会化服务”要求，进一步规范已市场化运作的各物业公司，先后注册成立了长庆龙凤园物业管理有限责任公司、西安长庆未央湖物业公司、长实集团长达物业公司。对条件尚未成熟的物业公司在未注册前，先按照公司化模拟运作。

长庆龙凤园小区物业管理公司成立，标志着油田物业管理企业已逐步进入市场化运作的轨道。该小区占地总面积 1465.83 亩，已建成职工住宅 7300 套，建筑面积约 91.6 万平方米，入住人数可达 25000 人。在公司注册中由勘探局与入园单位共同出资，注册成立股份制的物业公司（公司未负担任何资产）；在组建方式上，按照新体制、新机制、新模式，坚持走“专业化管理、企业化经营、市场化运行、社会化服务”的新路子；在生存与发展上，坚持“以园养园”的思路，在补贴方式上变暗补为明补。通过兴办三产，延伸服务，增加收入，减轻勘探局与业主的负担方面进行了积极的探索。

根据集团公司关于在长庆油田开展社区化管理试点工作的通知精神，召开了油田专题会议进行研究部署，成立了社区化管理领导小区，做了大量深入细致的方案制订前的调研工作和物业服务收费价格及企业暗补变明补的测算工作，制订了长庆油田社区化管理试点方案，并确定了银川燕鸽湖、西安兴隆园、高陵龙凤园三个小区为开展社区化管理试点单位。

随着油田的大发展，长庆局矿区建设的步伐明显加快，矿区基础设施的建设和更新的投资也相应加大。特别是随着油田基地的调整，新基地的建设和投用，个别老基地关闭和部分基地的计划关闭，勘探局把矿区建设的重点放在西安、银川、高陵、咸阳和延安的河庄坪。并且把矿区基础设施的建设和更新资金主要投向于这些新建基地。据不完全统计，近年来，银川燕鸽湖、西安兴隆园、高陵龙凤园小区从开始建设到目前在基础设施的建设中已投资 6.02 亿元。其中：银川燕鸽湖基地矿区基础设施建设投资达 2.4 亿元；西安兴隆园基础设施建设资金 1.32 亿元；高陵龙凤园基础设施建设资金 2.3 亿元。目前对于一些设施陈旧老化基础设施差的老基地，每年仅投入有限的资金用于日常维修更换和管护，以保证其正常运行，不再进行新项目的建设和大的投资。

4 月 28 日，以长局办发［2003］13 号文件对油田绿化委员会成员进行了调整。

5 月 26 日—7 月 22 日，根据集团公司的要求，在对西安、银川、兰州等城市基地的职工住房面积进行重新丈量核定的基础上，组织完成全油田 80759 名职工住房普查情况的公示工作，对公示中反映出来的 10 个方面 30 多个问题进行了解决处理，并完成了“住房普查和住房补贴信息系统”近 2 万余条数据记录的修改完善。

6 月 24 日，按照局主要领导的指示精神，公用事业处组织召开了全局各单位公用事业系统主管领导和公用事业管理站站长参加的学习贯彻《物业管理条例》座谈会，并结合我局物业管理的运行现状和改革情况进行了热烈的讨论，收到了良好的效果。

8 月 15 日，组织全局 21 家二级单位的幼儿园教师，开展了“十佳幼儿教师”及“优秀教案设优秀教案设计评选计评选”活动。共评出十佳幼儿教师 11 名；优秀教案设计一等奖 5 名；二等奖 10 名；三等奖 15 名。

8 月 24 日，根据集团公司《关于深化住房制度改革实行住房分配货币化的通知》精神和油田房改领导小组的安排部署，全面开展了职工住房普查，建立职工住房档案。共普查 8.07 万人，住房 3.71 万套。标志着长庆油田住房分配货币化工作正式启动。12 月底，根据集团公司有关住房补贴管理信息系统软件设置和油田普查情况，完成了全油田数据录入和汇总，初步建立了“职工住房普查与住房补贴信息系统”。

9 月 3 日，根据集团公司在长庆油田开展社区化管理试点的通知精神，长庆局和油田分公司联合召开了落实会议。会议对开展社区化管理试点工作进行了安排，成立了领导小组，刘自强同志任组长、张元忠、张栋杰同志任副组长，下设社区化管理试点办公室，张元忠同志任办公室主任。

9月10日，向集团公司上报《长庆油田深化住房制度改革实行住房分配货币化实施方案》，获得正式批复同意。

12月29日，完成了《长庆油田深化住房制度改革实行住房分配货币化实施方案》9个配套细则的数据测算、分析论证、文字起草及修改完善工作，进入油田审议程序。

2003年，全油田共交易职工住房1428套，总交易金额4518.04万元，其中宁夏交易所交易住房209套，交易金额1271.99万元；陇东交易所交易住房1118套，交易金额2676.09万元；延安交易所交易住房79套，交易金额420.42万元；西安交易中心22套，交易金额149.54万元，全年共收交易手续费49万元。

（张俊杰）

【中小学教育】　2003年全局有中小学校22所，其中：完全小学9所，九年制学校6所，初级中学1所，完全中学5所，高级中学1所；有中小学生15358人，其中小学生8162人，初中生4102人，高中生3094人；有教职工1443人，其中专任教师1088人，行政人员218人，工勤人员136人。主要成绩：

高考成绩稳步上升。全局大专以上录取1108人，录取人数连续8年在百位数上换“字”头，录取率达到64.64%。本科录取733人，录取率达到42.77%。其中甘肃片录取409人，录取率为40.74%，比甘肃省录取计划高出17.04个百分点；宁夏片录取267人，录取率为50.28%，比宁夏回族自治区录取计划高出15.98个百分点；陕西片录取57人，录取率为40.83%，比陕西省录取计划高出13.83个百分点。有6名考生分别被清华、北大录取。银川高级中学考生张作超以612分的优异成绩名列宁夏理工类第4名；长庆一中考生郑炜以608分的优异成绩名列甘肃理工类第26名；长庆三中张翊、长庆一中韦昱名分别以597分和594分的优异成绩名列甘肃省文史类第18名和第20名。

会考成绩超过省会城市水平，接近或超过省区重点中学水平。2003年陇东地区高三会考四科平均分为76.6分，比全省平均分高出24.5分，名列甘肃省地州市第一；长庆一中四科平均分78.2分，名列甘肃省14所示范学校第一；2003年银川高级中学高中毕业会考数学、政治平均分名列宁夏回族自治区103所高中学校第一。长庆八中174名学生参加西安市初中毕业会考，153名达到高中录取分数线，上线率为87.9%，比西安市平均上线率高出44个百分点；500分以上学生比例超过陕西师大附中、西铁一中等重点中学。

教师赛教、学生竞赛在所处地区处于领先地位，并在当地具有一定的知名度和影响力。银川高级中学教师保少驰参加全国中语会第三届“中华杯”素质教育课堂大赛获一等奖；银川初级中学教师贾生荣代表自治区参加全国中语会第二届创新写作课堂教学大赛获一等奖；长庆一中赵红梅、庆阳总校一小谯丽、第一助剂厂小学张丽丽参加甘肃省中小学教师赛教活动均获二等奖；银川小学教师吴茹芬参加局第二届学科带头人、骨干教师及教学能手评选，其教学水平受到专家好评，自治区教研室拟将参赛课以录像带的形式在全区推广。银川小学学生声乐《滚雪球》在自治区第三届“小歌手、小乐手、小舞蹈演员”比赛中获三等奖；银川初级中学学生小品《Sars的烦恼》在银川市少儿“小明星”艺术比赛中获表演一等奖；长庆三中师生书画在银川基地、长庆局、庆阳市西部交易会上参展，其中23幅作品获奖。学生参加各类竞赛，获得国家级一等奖13人、二等奖15人、三等奖16人；获省区一等奖20人、二等奖25人、三等奖30人。

（田璟利）

【医疗卫生】　2003年，全局医疗卫生机构共有22个，其中处级医院（局职工医院）1所；

科级医院（二级单位医院）5所，防疫站1所；基层卫生所15个，设置正规病床670张，观察病床175张。全局医疗卫生系统共有职工976人，其中卫生技术人员为798人。在卫生技术人员中取得中级技术职称的有193人，取得副主任以上技术职称的有36人。全局主要医疗设备共203台，其中在册主要医疗设备共有95台，报废在用主要设备约108台。

2003年春夏之交，一场突如其来的“非典”疫情爆发后，全局医护人员本着为职工家属生命安全负责、为油田负责的原则，及时将工作中心转移到“非典”防控上来，连续100多个日日夜夜，全身心投入到油田“非典”防控工作上来，构筑了坚强的抗非防线。在长庆局、油田公司和油田“非典”防控领导小组的正确领导下，实现了油田内无一例“非典”疑似病例和确诊病例的目标，确保了油田职工家属的生命安全，取得了抗击“非典”的阶段性胜利。

“非典”期间，共成立三级防控组织560个，直接参与人数4005人；印发宣传材料14万多份；配发防护服350套、防化服6套；检查沿街商业网点2000多个，关闭各种娱乐活动场所36个；紧急处置“非典”险情17次；建立定点医院1个、发热门诊7个、留观点23个；参与“非典”防控医务人员872人，组建“非典”防控医疗救护队6个，组织“非典”救治业务培训1016人；诊治发热病人2458例；排查统计从重疫区返回人员256人，其他疫区返回人员359人，居家留观391人，集中留观149人；为职工家属接种流感疫苗8000多人；消耗各种消毒药品约2.3万千克。

全局医疗单位年内共完成门诊量50.2万人次，医院收治住院病人7200多人次，卫生所观察病床和家庭病床共诊治病人8300多人次，接待急诊病人3600多人次，抢救危重病人850多人次，抢救成功率达97%以上。为职工体检33000多人，巡回医疗约6100多人次。

在HSE健康管理工作上，以贯彻落实《职业病防治法》为前提，及时制定了《2003年职业健康工作要点》，转发了集团公司关于开展《职业病防治法》宣传教育活动安排。并对2465名从事有毒有害作业人员进行上岗前及预防性健康体查；对有毒有害作业场所实施监测367个，设置监测点3618个，监测率为81.02%。并完成了231个职业危害场所的卫生学评价。对所有职业危害单位都建立了《职业卫生档案》，建档率为100%。

完成长庆桥、泾川地区预防“流行性出血热”的鼠情监测，开展了疫区净化处理，共投放标准溴敌隆灭鼠毒饵420千克；对陕北“鼠疫”预防工作按照陕西省的统一部署，先后两次进入陕北疫区现场勘察、了解疫情，实地投放灭鼠药1000千克，投药灭鼠范围300万平方米。在十月份陕西省地方病防治所组织的鼠防验收工作中，顺利通过了验收。

已被控制了五六年未发现的“麻疹”疫病，2003年突然在培训中心的大龄在校学生中发生了8例，卫生防疫站及时协助培训中心卫生所对8名患者实施了严格的隔离治疗，并对其余600多名学生全部接种了麻疹疫苗，有效控制了疫病的传播、蔓延，再无新病例发生。

坚持儿童计划免疫工作，“五苗”接种3800多人次，其他疫苗（狂犬疫苗、甲肝疫苗、腮腺炎疫苗）接种2600多人次，有效预防了相应传染病发生。

加强食品卫生、公共场所卫生的监督管理，完成体检1242人，体检率为98.5%。办理食品、公共场所从业人员《健康证》1224个，审发食品卫生从业单位《卫生许可证》144个，办理公共场所《卫生许可证》15个，监督检查食品、公共场所320户次。

完善计划生育目标管理责任制，在广泛调查研究的基础上，制定了《长庆油田计划生育目标管理考核办法》，计划生育五大指标全面完成。

【职业健康】　全局涉及职业危害因素的单位有25个，有职业病危害场所453个，其中放射性工作场所71个，粉尘作业场所59个，毒噪混合型场所323个。接触职业危害因素有36种，其中粉尘11种，毒物19种，物理因素6种。从事职业病危害作业人员4947人，其中粉尘从业人员1386人，毒物从业人员1610人，噪声从业人员1601人，放射性从业人员350人。

2003年，坚持“预防为主、防治结合”和“以人为本、健康至上”的理念，深入开展职业危害场所监测和职工体检活动，使职业健康工作在整体上步入了良性循环的轨道。

大力推行HSE管理体系，实施HSE“两书一表”精品工程，实施HSE“两书一表”的基层队达到85%以上，有效提高了基层职业健康管理水平。

对全局25个生产单位的282个职业危害场所进行了卫生检测，共检测3468个点次。同时对282个职业危害场所进行了卫生学的分级与评价。

坚持职业性健康体检，努力为职工办实事。按规定应体检2607人，实际体检2465人，体检率达94.56%。

长庆局重视职业危害场所的治理，筹措资金100万元，引导二级单位投资500万元，治理有毒有害场所45项，改善了工作环境和劳动条件，从根本上解决了尘、毒危害问题，实现了清洁、文明生产。

继续按规定充实完善职业卫生档案70册，职业卫生建档率保持在100%。

本着实事求是、科学严格的态度，依法做好职业病复查和伤残医学鉴定工作。共复查、鉴定102人。至2003年底，全局确诊职业病患病人数为40例，无新发确诊病例。

（谷中煜）

【新闻文化】　全年共出版报纸174期，为年度计划的122.5%。其中正刊129期，为年度计划的134.4%；《长庆石油报·经济信息版》45期，为年度计划的150%。编发网络版、PDF版各174期。在《中国石油报》共刊登稿件410篇，为年计划的227.8%。报纸政治性差错继续保持为0；技术差错率仍控制在国家规定的0.03‰以内；正点发行率100%。

长庆电视台全年制播新闻244期；专题新闻53部，专题片16部集，各种栏目50个，公告广告11条。参照凤凰台《有报天天读》节目形式，开通了《信息专递》栏目。完成了电视信号到庆阳、银川的互传，自办节目覆盖西安基地、泾河工业园基地、庆阳基地和燕鸽湖基地，实现了全局电视新闻联播。长庆网第三版正式发布，日点击量6000人次以上。

【离退休职工管理　全局离退休工作以党的十六大精神为指针，认真贯彻落实长庆局2003年工作会议精神和集团公司老干部局2003年工作安排，积极组织广大离退休职工为实现长庆局“二次创业”的总体目标和完成全年工作任务贡献力量。坚持“以典型推动全面工作，以创新提升管理水平”为主题。通过大力开展正面宣传教育活动，进一步提高了广大离退休职工的思想觉悟；通过加强管理、不断创新，使离退休管理工作逐步适应形势发展的要求；通过积极开展健康向上的文体娱乐活动，提高了老同志抵制各种伪科学的能力；通过认真落实“两项”待遇、扎扎实实为老同志办实事、化解各种矛盾，确保了离退休职工队伍的稳定。

2003年，离退休处被集团公司授予“离退休工作先进集体”荣誉称号；赵玉勇同志被中国老年体协授予“全国老年文体先进工作者”荣誉称号；郭爱琴、赵玉勇、马有年、杜树森、宋蕙英、刘生才同志被集团公司授予“先进离退休工作者”荣誉称号；张中民、孙德生、王生春、雷新国、王丽萍、王世荣、张培治同志被集团公司授予“优秀离退休职工”

荣誉称号。

截至 2003 年底，全局离退休职工总数为 11844 人，比 2002 年减少了 1292 人（减少的主要原因是原物探处、测井处移交）。离退休职工中，离休干部 230 人，退休干部 3470 人，退休工人 7994 人，退职人员 150 人。离休干部中，局级 11 人，享受局级待遇 14 人，享受局级单项待遇 15 人，处级 22 人，享受处级待遇 121 人，一般干部 47 人。退休干部中，局级 19 人，教授级高工 29 人，处级 171 人，高工 487 人，科级以下 2764 人。党员 5855 人，占离退休职工总数的 48%，设立党总支 17 个，党支部 129 个，党小组 429 个。离退休职工自管小组 280 个。专职管理人员 218 人。2003 年离退休职工去世 179 人。

（白富才）

第四篇

科技发展

科技发展

【概述】　2003年，科技工作积极实施“科技进步与人才开发”战略，坚持以效益为中心，以市场为导向，以改革为动力，围绕企业发展目标，强化科技创新体系，突出核心技术研发，加强新技术、新产品开发应用，努力推动信息化建设，积极探索“企业科技”、“效益科技”之路，取得了显著成绩，形成了一批具有长庆特色的先进实用技术。

【主要技术进步】　2003年，组织安排重点科技项目52项。其中技术攻关创新项目16项，新技术与新产品开发应用项目26项，软科学项目10项。通过统一部署，精心组织，创造条件，重点攻关，科技项目总体进展良好，项目计划进度完成率达95.5%。一批科技攻关成果在生产应用中见到了显著的效果。主要有：

（1）天然气欠平衡钻井技术。实施小井眼天然气欠平衡钻井2口，其中苏39－14－1井欠平衡钻井进尺783.7米，平均机械钻速达到20.87米/时；苏39－14－4井在下部井段钻井进尺1091米，创造了天然气欠平衡钻井国内最高钻井进尺新纪录。

（2）小井眼低成本快速钻井技术。小井眼钻井液钻井技术试验2口井，较常规钻井单井成本降低80万元，降低幅度达12.7%。

（3）低渗透油田老井重复改造技术。端部脱砂压裂改造工艺技术实施应用60口井，增产幅度达130%。初步形成了堵水—压裂重复改造技术和多级充填压裂新工艺，试验应用效果良好。

（4）乌兹别克斯坦复杂地层水平井钻井技术。研究采用“环空悬浮泥浆钻井法”等多项新技术，顺利完成了复杂水平井350井的钻井施工，续签了新的合同工作量。

（5）天然气复合钻井工艺技术。先后在25个井队58口井上推广应用，平均钻具失效由2.08次/口井降低到0.5次/口井，较常规钻井平均机械钻速提高0.70米/时，钻井周期缩短3.95天。

（6）西峰地区钻井速度新技术试验与应用。应用可循环泡沫及充气钻井液等多项新技术，实施钻井162口，与2002年相比，在平均井深增加67.76米的情况下，平均机械钻速提高了0.83米/时，钻井周期缩短1.58天。

（7）低温集气工艺技术。研究攻克了节流膨胀制冷、低温分离、气液聚结等一系列关键技术，形成了以小压差、大面积换热、节流制冷低温分离为核心技术的低温集气工艺配套技术，在榆林、乌审旗等气田得到成功应用，为大规模开发低产、低渗、低含凝析油气田提供了一种成功模式。

（8）湿陷性黄土地区管道施工生态水工保护技术。在“西气东输”工程B14A标段成功应用，经受住了罕见的“6·18”、“7·4”洪灾考验，并在“西气东输”管道工程陕晋段推广应用。

（9）油气田新产品研发。形成具有自主知识产权的钻井液固控设备、油田三抽设备、天然气田地面设备等四大类10余种新产品，创产值约1.2亿元，取得了良好的经济效益。

【获奖科技成果】　2003年，共选评出长庆局科学技术进步奖81项。其中，一等奖8项，二等奖24项，三等奖49项（表1）。

表 1　长庆局 2003 年重要获奖成果列表

序号	成　果　名　称	单　位	获奖等级
1	应用成像测井资料研究岩石机械特性	测井工程处	勘探局 一等奖
2	西峰地区长 8 储层反射特征及厚度展布研究	地球物理勘探处	勘探局 一等奖
3	长庆苏里格气田水平井钻井技术研究与应用	工技术研究院	勘探局 一等奖
4	乌兹别克斯坦 1－G 水平井钻井技术研究	钻井工程总公司 工程技术研究院	勘探局 一等奖
5	提高天然气井固井质量技术研究与应用	工程技术研究院 钻井工程总公司	勘探局 一等奖
6	长庆气田高效压裂技术研究	工程技术研究院	勘探局 一等奖
7	大口径管道施工配套技术	建设工程总公司	勘探局 一等奖
8	长庆榆林气田低温集气工艺技术研究与应用	西安长庆科技工程 有限责任公司	勘探局 一等奖

【知识产权管理与保护】　见表 2。

表 2　授权专利统计

序号	专　利　名　称	申 请 单 位	申请时间
1	油田站场智能监控柜	工程技术研究院	2003.04.20
2	天然气、煤气长输管道及城区干线安全保护装置	工程技术研究院	2003.04.20
3	液力变径稳定器	工程技术研究院	2003.04.20

（侯哲国　马怀东）

信息工作

【概述】　2003年，信息化建设工作认真贯彻落实集团公司、长庆局工作会议精神，紧紧围绕全局生产经营目标和体制改革思路，以核心业务为中心，以关键应用为重点，突出主体专业数据库建设和重点应用系统开发，积极探索具有石油工程技术服务特色的信息化模式，企业信息化水平不断提高。

加强信息化组织建设，成立了以主管副局长为组长的信息化建设项目组，统一负责长庆局信息化建设项目的运作。同时，制定了《2003年信息化建设工作计划》，做到人员、任务、措施、时间四落实。对重点项目分工到人，从项目的需求分析、招投标、软件开发及验收等，进行全过程管理，对项目实施中出现的问题，积极协调解决。全年召开各类项目协调会16次，深入现场督查35人次。

坚持项目进度汇报制，及时掌握各子项目工作的进展情况。建立了信息化建设项目完成情况旬、月报表，要求各子项目按旬、月定时汇报项目完成情况。实行项目招标制。开展项目以招投标方式，优选系统解决方案和软件开发商，降低了项目成本，提高了软件的技术含量和开发质量。建立完整、规范的文档资料。在项目实施的各阶段，要求各项目组与开发商必须按《石油工业应用软件工程规范》提交完整、规范的文档资料，便于各系统的应用、维护和升级。采取多种形式对信息化管理及技术人员进行培训，有22个二级单位、10个机关处室的36名人员通过培训获得了证书，培训了12名软件二次开发人员和系统操作维护人员。

【信息化建设】　2003年，在网络基础设施建设、专业数据库及企业综合信息管理系统开发等四个方面安排了24个子项目，重点启动了钻井数据库、办公自动化、设备管理等13个子项目，其余各子项目主要完成业务流程优化、规范及用户需求编写等工作。通过统一部署，精心组织，重点项目进展顺利。

网络建设。主要进行了住宅宽带网络建设，网络覆盖到全局18个住宅小区，ADSL/以太网接入能力达到15000个端口，宽带用户达到6100户；应用方面进行了网络、安全管理系统开发及应用。建立了入侵检测系统、一次性统一认证口令系统，进行了主机安全评估和加固等工作。

专业数据库建设。钻井工程数据库初步完成了数据库管理系统的研制与开发，“无线传输、有线接入数据传输系统”已正式运行，运行效果良好；井下作业数据库完成了用户需求调研、编写及开发合同的签订工作；修井作业数据库初步完成了按用户需求调研分析及编写工作。

应用系统开发。办公自动化系统完成了软件主要模块开发；数字校园网应用系统完成了基础架构搭建、信息资源库及教育教学软件开发，已进入试运行阶段；物资与人事管理系统，进行软件的修改完善及推广应用工作；设备管理系统、QHSE管理信息系统及市场开发系统已进入软件开发阶段；中油财务6.0版本软件应用已完成了系统硬件平台建设、网络测试、初始化等工作；其余系统完成了用户需求编写等工作。

（余彩霞）

第五篇

质量安全与环境保护

安全生产

【综述】　2003年，针对安全生产、环境保护工作面临生产工作量大幅度增长、生产区域不断拓宽、非典疫情的冲击、暴雨成灾和国家监管力度加大、社会关注程度提高的严峻形势，认真贯彻落实国家和集团公司安全环境与健康工作会议及其他有关安全环保的会议、指示、文件精神，坚持“安全第一、预防为主”的方针，紧紧围绕长庆局“两条基本思路”、“四大发展战略”及2003年中心工作，牢固树立“创新、开放、简捷、明确、责任、自信”12字企业理念，按照局长、党委书记孙玉辰提出的创建学习型企业的要求和“精细管理”的思想统筹安全环保工作，以杨庆理副局长提出的安全生产要达到“集团公司先进企业水平”为目标，认真落实各级安全环保责任制，以法制化、体系化为主线，积极推进HSE管理体系建设和清洁生产，加大安全环保监管力度，加速安全环保科技进步，取得了良好的工作业绩。全局工业生产实现了零死亡，交通安全杜绝了特大事故，重大事故得到有效控制，34个二级单位实现了交通事故零死亡。经集团公司现场考核，长庆局获得了中国石油天然气集团公司安全生产先进企业和环境保护先进企业称号。

【安全生产指标】　2003年是长庆局历史上安全生产指标最好的一年。按集团公司考核指标统计，长庆局千人死亡率为0（集团公司考核指标为0.05‰），千人重伤率为0.01‰（集团公司考核指标为0.30‰），千台车死亡率为0.9‰（集团公司考核指标为2‰），均在集团公司下达控制指标之内（表1和图1—图3）。

表1　2003年与2002年事故情况统计表

年份	总事故				工业事故				交通事故			
	起数（起）	死亡（人）	重伤（人）	轻伤（人）	起数（起）	死亡（人）	重伤（人）	轻伤（人）	起数（起）	死亡（人）	重伤（人）	轻伤（人）
2003	25	5	5	17	10	0	2	8	15	5	3	9
2002	33	12	7	20	13	3	3	11	20	9	4	9
同比（%）	-24.2	-58.3	-28.6	-15	-23	-100	-33.3	-27.3	-25	-44.4	-25	0

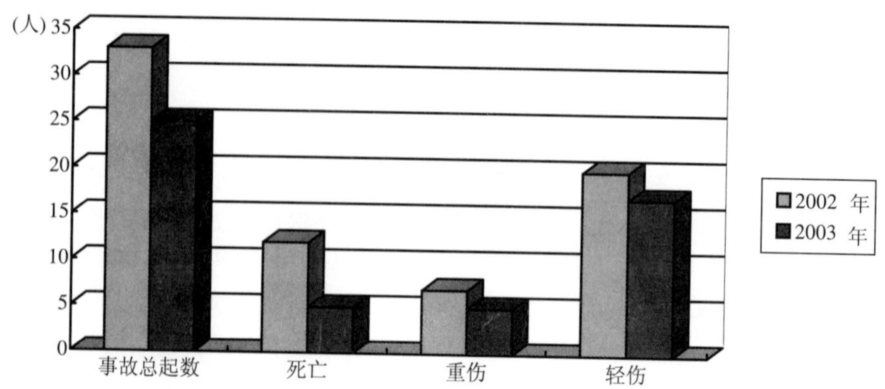

图 1　2003 年与 2002 年事故总量对比

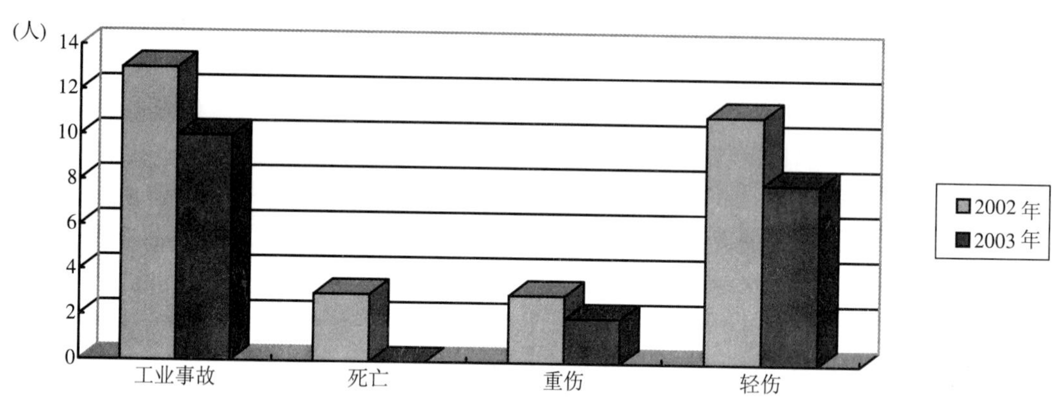

图 2　2003 年与 2002 年工业事故对比

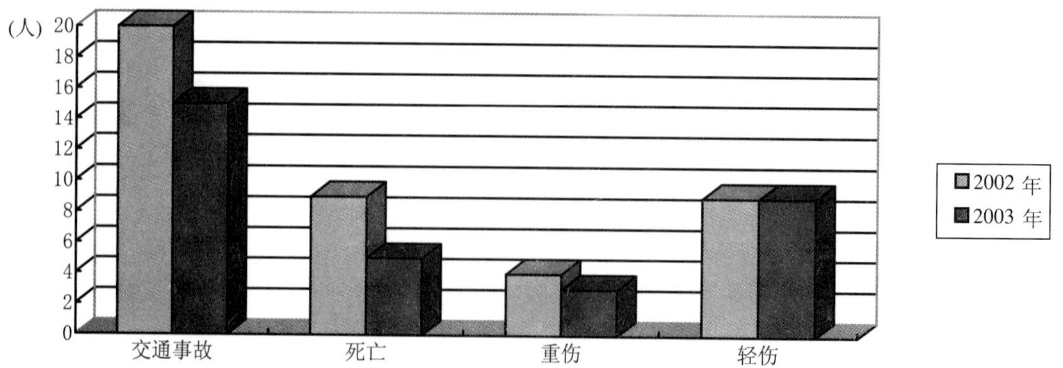

图 3　2003 年与 2002 年交通事故对比

【安全生产监督与管理】 安全环保综合监管走上法治化轨道。长庆局认真组织职工对《中华人民共和国安全生产法》、《中华人民共和国清洁生产促进法》进行宣传贯彻。据不完全统计，全局共举办学习班23期，有1300人参加了学习。

同时，根据法律法规要求，修订完善了规章制度。在2002年颁发《安全生产监督管理规定》的基础上，长庆局出台了《交通安全管理规定》、《劳动防护用品监督管理规定》、《危险源管理规定》、《清洁生产实施意见》、《居住小区建筑施工企业污染防治管理规定》等规章制度。全局共制订、修订规章制度191个。依据规章制度，长庆局加大了对事故和违章处罚的力度。据统计，全局共对负有事故责任的35人进行了处理，对1000多起违章行为进行了查处。

在安全环保机构建设上，深化了安全生产监管体制改革。下发了《关于进一步落实安全总监制的通知》，并组织人员对钻井工程总公司、第三采油技术服务处安全监督实施情况进行了调研帮促。2003年7月，专门召开安全监督工作会，总结一年来实施安全总监制的经验，局安全副总监、质量安全环保处处长戴能尚同志就如何处理安全监督与管理的关系作了论述，使安全管理与监督分开运行的体制得以进一步确立。目前，有1个单位（钻井工程总公司）设立了专职安全总监、副总监，17个单位设立了兼职安全总监，9个单位明确安全副总监兼安全科长，6个单位建立了监督站（钻井工程总公司，井下技术作业处、三个采油技术服务处、运输处），明确专兼职监督员600人。以钻井为代表的单井监督、以井下为代表的划片巡回监督、以建工为代表的项目监督模式基本形成。

长庆局建立了安全网页，初步实现了安全管理数据的远程采集、集中处理，为建立快速的安全反应系统和实施科学的安全管理决策提供了较好的平台，并带动了安全基础管理水平的提高。质量安全环保管理信息系统的集成开发正在进行之中。

【工业安全监管体系化】 2003年，长庆局将实施HSE“两书一表”作为工业安全现场管理的核心，促使基层单位从传统的“三标”管理向体系化管理转变。目前全局主要专业队伍都已开发出HSE“两书一表”。其中钻井、试油、压裂、修井、基建、运输、供电、供水、供热和修理作业HSE“两书一表”都形成了精品工程，建立了标准化作业现场模式。为进一步推动HSE“两书一表”在现场的实施，提高现场HSE管理水平，长庆局召开了全局HSE“两书一表”研讨会，系统总结了HSE“两书一表”的经验和教训，为促进HSE“两书一表”上台阶打下了基础。基本做到了将工业安全检查与HSE体系内审有机的结合。在安全大检查中，为突出体系审核的系统性特点，专门制定了《2003年安全生产大检查暨HSE管理体系内部审核实施方案》，并成立了以杨庆理副局长为组长的领导小组，分五路对全局各单位进行全面审核。通过内审，使工业安全监管进一步体系化，为夺取上半年安全生产主动权，确保全年安全生产奋斗目标的实现奠定了基础。

多种经营企业安全监督管理也按体系建设要求进行了规范。全局68个多种经营法人企业中，有20个建立和实施HSE管理体系。并形成了以五项制度为基础的安全管理模式，即：安全生产协议制度、安全生产保证金制度、安全生产许可证制度、安全生产人身、必要的财产保险制度、重大事故责任追究制度。

【交通安全监控动态化】 交通安全是长庆局安全生产的重点和难点。长庆局始终坚持将HSE管理体系引入交通安全管理，使交通事故得到有效的控制，交通安全管理上了一个台阶。目前，全局已有97个运输车队编制并运行了“一书一表”，占车队总数的85.8%。

为深化HSE体系在交通安全管理中的应

用，2003 年长庆局组织人员对油田运输道路进行了专门的风险评价。重点评价了陕、甘、宁、蒙四省、自治区连接油区的国道、省道、县道和油田专用道路；对桥梁、坡道、弯道、岔道、村镇等客观交通环境，集市、交通量等社会环境和人文环境中的风险因素及驾驶员、机动车辆的风险因素作了深入识别，并制定了针对性措施。共识别交通风险因素 1100 项，制订风险削减措施 2327 项，并初步建立了交通安全风险数据库，为下一步指导交通安全管理和驾驶员安全行车，提供了保障。

为加强对驾驶员驾驶行为全过程监控，规范驾驶员的操作行为，一方面坚持不定期的路查路检。全年共组织路查路检 210 余次，检查车辆 1.2 万台次。发现和处理违章 69 起，极大地促进了交通安全工作。另一方面积极推广行车安全记录仪，重点对象是大型客车、特种车辆，全局共安装行车安全记录仪 180 台，运行情况良好。

（徐非凡）

环境保护

【环境管理】　2003 年是国家《清洁生产促进法》实施的第一年，也是长庆局推行清洁生产的开局之年。实施清洁生产的根本目的就是由传统的环境污染末端治理向全过程污染预防控制的转变，是环保管理理念的重大突破，是加速环保科技进步的重大举措。为此，长庆局制定了《清洁生产实施意见》，成立了清洁生产指导中心和清洁生产审核中心，初步建立了全局清洁生产运行机制。通过举办清洁生产培训班，并利用《长庆宣传》和《长庆石油报》出版清洁生产专版，使清洁生产的宣传不断深入。确定了在钻井、井下等单位的 7 个作业队进行绿色作业试点，完成了 40102 钻井队、15144 钻井队、试油 169 队、试气 164 队的清洁生产审核报告。

【环境治理技术】　认真落实生产过程环境技术措施，为实施清洁生产奠定基础。钻井液池全部铺防渗布，在西峰油田根据地方政府要求铺双层防渗布，岩屑在井场选择合理地点堆放并进行掩埋。表层固井封隔到井口，油层套管水泥返至洛河层以上 30—50 米，并进行回填，没有油的裸眼井采用打塞子回填进行封隔水层等技术，确保了钻井施工不影响生活用水，得到了当地环保部门的认可。井下作业处在试油作业时，抽汲天车装戴防护罩，排污坑铺垫防渗布。建设工程总公司在管道施工过程中，制定详细的《施工过程生态保护方案》并贯彻落实，使得管线穿越沙漠、水源、河流等环境敏感地区时对环境的破坏降至最低限度，“九棵树”精神传为佳话。

2003 年整理汇编了近几年来在污染治理方面取得的 41 项技术成果。加大了钻井废弃泥浆和井下作业废液处理科技攻关力度。钻井废液处理技术方案室内研究已结束，从室内及模拟现场试验来看，效果比较理想。井下作业过程中产生的污水处理技术，正在进行攻关。

（徐非凡）

质量、标准化、计量工作

【概述】 2003年，质量技术监督工作紧紧围绕长庆局生产经营工作重点，认真贯彻长庆局提出的“管理创新、管理提升”的要求，全面推进“质量目标管理工程、名牌战略工程、用户满意工程、队伍资质认证工程”等四大工程，切实完善质量管理体系，取得了良好的成效。钻井、井下、修井、建工、水电、机械制造等主要生产单位的工程技术服务质量、产品质量稳中有升。

【质量管理】 加大质量目标管理力度，根据用户的需要，把提高工程、产品和服务质量总体水平作为长庆局经营策略的核心和管理的中心环节，编制相应的施工作业、产品和服务质量方针和发展目标，提出具体的措施，并认真组织实施，不断增强市场竞争力。2003年，在综合各施工单位质量管理方针和目标的基础上，结合长庆局2003至2007年发展战略，编制了长庆局的《质量手册》，制定了《长庆石油勘探局质量管理考核办法》，下发到全局各单位，对二级单位的质量管理工作进行考核，切实落实质量责任制。

【质量检查】 从2003年9月8日开始，开展了全局产品质量监督检查，共抽查运输处、井下技术作业处、机械制造总厂等10个单位的60种产品，促使质量目标责任制的落实。

【质量创优】 制定了名牌战略发展规划，确定了以钻井、井下、机械加工等为重点带动长庆局名牌战略的全面实施。即：2010年以前，钻井工程总公司要创建3—5支达到国际先进水平、10—15支达到国内先进水平的星级钻井队；井下技术作业处要创建1支达到国际先进水平、1支达到国内先进水平的压裂队，创建1支达到国际先进水平、2支达到国内先进水平的试油队；三个采油技术服务处创建6支达到国内先进水平的修井队。建设工程总公司要创建3—5项达到国家、行业一流质量的优质建设工程。机械制造总厂要以抽油机、压力容器为主，争创1—2个省级名牌产品；钻井工程总公司要以钻井液添加剂、固井材料、活动野营房、铝塑管为主，争创2—3个省级名牌；井下技术作业处要以压裂、酸化添加剂为主，争创1—2个省级名牌；三个采油技术服务处要以油田化学剂为主，争创3—5个省级名牌；水电厂要以电线、变压器为主，争创一个省级名牌；其他单位要根据自身确立创名牌的目标。

同时，积极组织创地方名牌活动。机械制造总厂的抽油机，运输处长庆客车改装厂的CQK6600A型轻型客车等五种产品、培训中心的劳保皮鞋、机械制造总厂的抽油机系列产品已经申报甘肃省名牌产品。运输处长庆客车改装厂的CQK6980R型城市客车等20种产品证获得了“3C”认证证书。

【质量活动】 在设计单位开展“创设计精品”活动；在工程技术服务和基建施工安装单位开展“创优质工程”活动；在产品加工制造单位开展“创优质产品”活动；在生产和生活服务单位开展“创优质服务”活动。同时，在用户质量回访中，开展用户满意度测评，不断改进和完善质量工作，使质量水平得到持续有效的提高。

【资质认证】 为了加强工程技术服务单位和施工队伍建设，规范市场秩序，2003年组织开展了新一轮资质认证工作：一是根据长庆局设备更新和人员变动及时开展了队伍资质的申报和升级工作。二是积极准备，做好了集团公司的队伍资质年检的准备工作，认真组织自查自改。

【质量认证】 按照“面向市场，全面贯标，分类指导，注重实效”的原则，指导各单位实施 GB/T 19000 标准，帮助主要工程技术服务单位通过质量体系认证。协调已经通过认证的单位按照 GB/T 19000：2000 新版标准，做好转换工作。目前，第三采油技术服务处已经通过体系认证的现场审核，其他通过认证的单位已经完成了转换工作。

（徐非凡）

节能节水工作

【概述】 2003 年是集团公司的管理增效之年。长庆局根据集团公司 2003 年工作会议对节能节水工作提出的新要求，进一步加强节能节水管理工作，以节约能源、提高能效，节约新鲜水、提高重复利用率，提高经济效益为目的，以优化耗能系统经济运行，加强节能节水监测，将节能降耗增效指标纳入经营，承包责任制为工作重点，依靠节能技术进步、加大设备改造和设备更新力度，深化能耗定额管理，推进节能节水型企业建设，长庆局单位能耗持续下降。2003 年与 2002 年相比，钻井进尺柴油单耗 26.58 千克/米，（油井 18.1 千克/米，气井 43.34 千克/米），油井由 2002 年单耗 19 千克/米下降到 2003 年单耗 18.1 千克/米，少用 0.9 千克/米，气井由 2002 年单耗 52 千克/米降到 2003 年的单耗 43.34 千克/米，少用了 8.66 千克/米。全年节约柴油 6373.4 万吨，价值 1784.5 万元。

【定额管理】 根据《节约能源法》、《重点用能单位节能管理办法》等有关法律、法规和集团公司各项规定，勘探局指导各二级单位进一步建立完善了《节约能源管理办法》、《成品油管理办法》、《节约用电管理办法》、《节约用水管理办法》、《锅炉节能管理办法》和《钻井油耗定额》、《运输车辆油耗定额》、《企业用水定额》等。

【节能节水技术改造】 2003 年长庆局局、处两级累计投资节能节水技措项目费用 6343 万元，对银川物业处的锅炉、陇东油田供电系统、马家滩 110 千伏变电所等 16 个项目进行了节能技术改造。通过节能技术改造，累计年节电 461.4 万千瓦·时，节汽柴油 2012 吨，节原煤 1390 吨，节天然气 47 万立方米（能力 900 万立方米）节新鲜水 65.97 万立方米。

【节能节水监测】 2003 年，长庆局安排测试锅炉 22 台，各种泵类 43 台，电动机 35 台，配电变压器 20 台，企业合理用水评价 2 个单位，电网 2 条，落实费用 45.51 万元。测试报告还在整理中。在集团公司主管部门指导帮助下，技术测试中心领导节能监测站经过两年的努力和精心准备，节能监测站于 2003 年 12 月上旬顺利通过国家计量认证，为进入局内局外监测市场增强了实力。

（徐非凡）

第六篇

对外合作与交流

对外交流与外事活动

【外事管理与协调】　随着海外工程服务市场份额的不断增加，出国执行劳务、参加投标、技术考察的团组有了很大的增加，这些团组由于工期的要求及项目的特殊性，紧急出国情况比较多，这也是外事管理工作的难点，在坚持对出国立项、人员选审、出国手续办理、出国教育实行归口管理同时，为了确保海外项目的顺利实施，对于一些紧急项目，在不违反集团公司有关规定的情况下，简化一切可以简化的手续，加快了出国手续的办理。2003 年下半年，出国立项实现网上审批，提高了审批速度。全年共办理出国手续 26 批 81 人次。

随着勘探局海外业务的不断发展，长庆的知名度在国内外有了很大的提升，2003 年厄瓜多尔新任总统古铁雷斯一行 45 人在访华期间，专程到长庆进行了访问，对长庆在厄瓜多尔石油工业中做出的成绩给予充分肯定。全年共接待来访外宾 16 批 97 人次。

【人才培训】　2003 年长庆局在西安石油学院举办了 1 期海外项目骨干学习班，1 期英语培训班，培训 21 人；派 1 人赴美国参加 PMP 学习取证。

【会议与展览】　2003 年，厄瓜多尔分公司第二次参加了“厄瓜多尔国际石油展”，进一步扩大了长庆的知名度；派员参加了在德国举行的世界统计年会。

【对外交流】　2003 年重点对 18 个国家 20 多个钻井、修井、录井、测井、酸化压裂、管道建设、地震项目进行了跟踪，有针对性的制作标书、参与投标 10 多次；邀请美国 EGS、HOLLWOOD、印度尼西亚国家石油公司以及斯伦贝谢、壳牌、道达尔等国际知名大公司高级管理和技术人员到长庆局考察访问，加深了相互了解，提高了长庆局的知名度，增强了他们与长庆局合作的信心。今年年初，斯伦贝谢公司与长庆局签订了《战略合作技术服务联盟框架协议》。

2003 年 10 月 3 日—11 月 1 日，长庆局国际市场考察团共 13 人，在局长孙玉辰同志带领下，分二组对法国、厄瓜多尔、美国、加拿大石油工程技术服务市场进行了考察。考察团在这些国家访问期间，利用一切机会，积极宣传长庆，广泛地与当地政府及一些知名公司进行接触，进一步扩大了长庆局在国际市场上的知名度。在厄瓜多尔考察期间，代表团受到了古铁雷斯总统的接见，在当地造成了很大的影响，为进一步扩大长庆局在厄瓜多尔的市场，起到了积极的促进作用。

（罗晓琴　李东勋）

国外项目运行与管理

【概述】　截至 2003 年 12 月底，长庆局国际市场落实了尼日利亚钻机租赁项目、厄瓜多尔石油工程技术服务项目、乌兹别克斯坦水平井钻井服务项目和印度尼西亚钻机服务项目，签约金额 9810 万美元，累计完成价值工作量近 5000 万美元。

目前，在海外的服务设备有：70D 钻机一部，70LC 钻机一部，50D 钻机两部，XJ550 修井机一部，1 个三维地震队（已移交 BGP）。海外服务的中方员工共计 59 人，外方雇员 120 人。

【海外项目】 厄瓜多尔项目：截至 2003 年年底，A - P 项目累计完成价值工作量 3870 万美元，完成总工作量（不含调整后追加的两口井）的 65.3%，三维地震全面验交。发现三个大含油构造，向厄瓜多尔国家石油公司提交了 7500 万桶的石油探明储量和 3200 万桶的石油预测储量。优选了 7 口开发井、3 口勘探井和 1 口评价井位，受到业主高度评价。钻井完井二口（含合同外一口）；A11 井仅用了 30 天顺利完井，表明长庆局钻井的管理、技术、成本控制已基本适应了当地要求。中央发电站和输变电建设按计划推进，装机容量 11 兆瓦的发电机等部分设备安装完毕。业主对这一部分工作的进度和质量十分满意，已主动要求长庆局再增加 2 台 5 万千瓦的发电机组。地面建设工程在经过长期艰苦谈判后，终于迫使业主同意按新的设计重新报价，这一成果意味着长庆局在原合同外争取到了额外的利益。厄瓜多尔项目的成功运行使 CPEB 成为当地最有影响力的中资机构，为此，厄总统在中国访问期间于 8 月 29 日专访长庆。10 月，孙玉辰局长、赵业荣总工程师一行访厄时又受到总统的亲切接见，这都极大地提高了 CPEB 的声望，具有非常好的社会效益和市场效益。

厄瓜多尔分公司在 A - P 项目合同外承揽钻井一口，修井 9 口，收入 154 万美元；在厄投标的修井项目取得了初步成功；与当地石油公司建立了广泛联系，为扩大市场份额奠定了基础。同时，在厄瓜多尔周边的委内瑞拉和哥伦比亚拿到了石油服务市场的准入证，为长庆局随时进入创造了条件。

乌兹别克斯坦项目：钻井工程总公司及时总结第一口井的经验教训，针对当地地质情况和施工难点，有针对性地采取六项特色技术措施，合理改变井身结构，完成了第二口井——350 井施工任务，日产油 200 立方米。

印尼 50D 钻机项目：在“非典”影响严重的情况下，经过艰苦谈判，终于拿下了印度尼西亚 50D 钻机服务合同。该项目合同期为 10 个月，前 5 个月打 5 口井，合同金额为 360 万美元。第一口井已于 11 月中旬开钻，为长庆局在国际市场上又开辟了一个新天地。

尼日利亚项目是长庆局在非洲市场的立足点。2003 年主要开展了尼日利亚及周边市场的开发，并认真做好设备维护保养工作。

通过四个海外项目运行，带动海外工程项目配件出口业务，总货值达 5000 多万元。长庆局器材供应处通过开展一般贸易项目，在非洲、南美、独联体等国际市场开发中取得了初步成效，2003 年，共计完成贸易总额 4053.42 万元人民币，毛利润 258.11 万元人民币。开展的主要项目有厄瓜多尔油井水泥出口；与中国石油技术开发公司合作在苏丹上马摩托车生产线；并在南美市场达成 1000 万美元贸易意向。机械制造总厂以高压管汇、固控设备出口为突破口，两年向中亚地区出口设备 90 台套，价值 6700 多万元。

【经营管理】 目前，已初步形成了以国际市场开发部为龙头，其他单位相互协作、共同参与的国际市场开发模式，即由国际市场开发部牵头，负责市场开发与对外关系协调；及时向相关单位传递市场开发信息，组织相关单位对项目进行调研、论证、投标，并指导、协调、帮助海外项目运行。国际市场开发部加强了与施工单位的沟通与联系，逐步理顺与长庆局内相关单位在海外业务方面的关系，解决了国际市场开发初期的遗留问题，保持了海外队伍的稳定。

根据国际市场开发和海外项目运行特点，制定了一系列国际市场开发、海外项目经营管理、生产管理、人事管理、后勤保障等管理制度，初步形成了长庆局国际市场开发和海外项目运行的管理体系。各海外项目部初步建立了切实可行的海外项目经营承包责任制；建立健全了海外项目目标考核体系和工作规范；通过强化预算管理、目标管理、过程管理，加大海外项目运行和成本监控力度。一批懂经营、会管理、有特长的国际市场开发和海外项目管理人才脱颖而出。

（李东勋）

技术装备引进

【概述】　截至2003年底，长庆局共有设备3983台（套），设备资产原值24.25亿元，净值16.62亿元，新度系数0.69。主要专业设备综合完好率96.08%；综合利用率73.55%；主要专业设备故障停机率0.21%；设备特、重大责任事故发生率0‰。

2003年，长庆局为更新、引进装备共投入资金3.36亿元，本着“技术配置要高，配套范围要全，成交价格要低”的原则，共购置各类装备668台（套）。其中，物探、钻井、测井、试油和试气、井下作业等工程技术装备247台（套），并更新了建设施工单位的部分装备。同时，ZJ70DB电动钻机配套引进CAT3512B/1200千瓦柴油发电机4套、CAT3512柴油机2台。

（雒建胜）

第七篇

企业改革与管理

企业改革与管理

【概述】 2003 年，长庆局以发展为主题，以改革创新为动力，以结构调整为主线，以提高企业抗风险能力和职工生活质量为目的，实事求是地对“二次创业”进行了再思考，抓市场、严管理、转机制、重实效，开拓创新，坚持投资主体多元化，确保了投资回报；实施战略管理，靠管理增效，保证了企业的持续发展。

【战略管理】 长庆局把战略管理放在一切管理之首，确立“二次创业”就是“二次发展”的理念。以持续发展、全面建设小康为目标，以建立现代企业制度、转换经营机制和调整结构为动力，积极建立学习型企业，继续实施“管理提升战略”。在实践中不断延伸战略管理层面，充实战略管理内容，着手研究建立可持续发展能力评价体系和相关分析模型，重点研究和指导二级单位的战略管理工作，抓好管理者对战略管理的认识，持续开展和深化深层面的战略研究工作，研究建立共同发展的新型战略伙伴关系，推动了长庆局可持续发展。

积极探索战略管理决策实施的有效措施，在变革中不断进行内部重组整合，进行资产结构、人员结构、产业结构的调整，加快企业改制步伐，在转变观念、深化改革、市场开发、科学管理、科技创新、多元经济、关联交易、企业文化建设和改善职工生活等方面发挥了战略指导作用，着重开展了“实现长庆油田区域经济可持续发展的战略对策”、“长庆局企业竞争力”、“创建学习型企业及其激励机制”等课题研究，深层次研究探讨企业的战略调整问题。

【管理创新】 切实树立科学的管理理念，科学界定了管理价值的判识标准，实现了对传统管理思想和管理方式与市场的“嫁接”。学习和实践新的管理理念，坚持体制创新、机制创新，选准突破口，推进管理创新。把战略管理看作是企业管理的核心内容，以战略管理统帅经营管理和生产管理，把深化企业改革作为战略管理的首要目标，不断加以充实、完善。把关联交易覆盖面延伸到石化公司、物探公司、测井集团。充分发挥有效协商机制，与油田公司建立了关联交易联席会议制度，调整、成立了生产运行协调、公共事务管理、定额编制、油田开发合作、对外协调等 5 个委员会，为双方建立战略联盟奠定了基础。优化投资结构，规避投资风险，按照战略方向，积极投资开发社会市场，靠新项目的联动效应带动产业发展和延伸，减少同质化竞争，培育新的经济增长点。实施合理的低成本战略，集中核算成本，促使财务管理由核算型向管理服务型转变。建设信息传输骨架网络，建立一体化信息管理系统，实现资源共享，以信息化建设带动管理水平的提高。把成本控制分析模式研究、经营控制指标模式研究、基层组织结构模式研究等管理平台研究纳入企业软科学研究，逐步建立和完善了科学管理九大平台，即人力资源开发服务和社会保障、股权管理、信息网络、科技管理与研发、电子商务、财务管理和结算、房地产开发、人才培训、党群系统管理平台，促进了信息的有效沟通，使企业管理水平得到了实质性提高。

（刘小康　杨伟杰）

人事管理

【概述】 2003 年，人事管理工作认真贯彻执行集团公司各项方针政策，坚持以基本工资制度配套改革为重点，进一步加强经营管理、专业技术和操作服务人员“三支队伍”建设，积极探索与现代企业制度相适应的人事管理新体制，切实加强组织人事劳资部门自身建设，为促进全局各项生产经营目标任务的完成提供了组织保证和智力支持。

【领导班子建设】 按照“建设学习型班子”的总要求，注重加强各级领导班子和领导干部党的十六大和十六届三中全会精神，以及市场经济基本知识的学习教育。举办 1 期处以上干部“三个代表”重要思想培训班、2 期党政“一把手”培训班和 1 期法人治理培训班。坚持以经营业绩和工作实绩为主要内容的领导班子和领导干部业绩考核制度，不断完善民意测评、民主评议、考察结果通报制度。对全局 40 个厂处领导班子和 303 名领导干部的考核，其中，好班子 21 个，较好班子 18 个；优秀干部 108 人，胜任干部 181 人。结合基本工资制度配套改革，组织实施了 306 名中层管理人员的竞聘上岗工作。坚持优胜劣汰、动态管理的原则，加强了局（处）两级后备干部的选拔培养。按照局党委关于对党政领导干部选拔任用工作进行监督检查的要求，对局属 41 个厂处单位的干部选拔任用工作进行了专题调研，对 13 个厂处级单位的领导班子进行了年中巡视。同时，积极开展了经营管理人才测评系统研究工作。

为适应建立现代企业制度的要求，先后对局属 7 个改制企业法人治理结构进行了规范和完善，委派（推荐）和调整补充股东会、董事会、监事会成员 65 人（次）。制定下发了《长庆石油勘探局改制企业建立法人治理结构暂行办法》、《长庆石油勘探局股权代表管理暂行办法》、《长庆石油勘探局关于加强改制企业党组织建设的若干意见》等配套政策。

【人事制度改革】 认真组织开展以定编、定岗、定责、定员、定岗位规范为主要内容的“五定”工作。按照适当压缩管理和后勤服务队伍，加强和充实一线生产和专业技术队伍的基本思路，合理编制了长庆局“五定”工作方案，对全局岗位按管理、专业技术、操作服务三大系列进行了合理设置。局机关和机关附属、局直属单位共设置岗位 27188 个，其中管理岗位 5223 个、专业技术岗位 3374 个、操作服务岗位 18591 个，基本上达到了精简组织结构、控制职工总量、压缩管理层次、缩短管理链条、优化岗位设置、促进人力资源合理流动和队伍结构优化调整的总体目标。

全面实行管理人员、专业技术人员和操作服务人员“三支队伍”竞聘（竞争）上岗工作。按照集团公司要求，对各级管理岗位人员实行逐级竞聘上岗、对专业技术人员实行评聘分开和全员竞聘上岗、对操作服务人员实行考核竞争上岗。

按照评聘分开、竞聘上岗和岗位管理的要求，建立健全《关于深化专业技术人员管理制度改革的实施意见》等 5 个配套制度和办法，组织实施了 3873 名专业技术人员的岗位聘任工作，初步形成了“按需设岗、按岗聘用、竞争择优、薪随岗变”管理运行机制。

引入劳动力市场价位，突出岗位要素，稳步推进基本工资制度改革。制定《长庆石油勘探局基本工资制度改革方案》和《长庆石油勘探局基本工资制度改革实施细则》，对集团公司管理的长庆局领导人员实行年薪制，对管理和专业技术人员实行岗位等级工资制，对操作和服务人员实行岗位技能工资制，对以社会人事代理方式引进的人员实行协议工资制。改革后的基本工资制度，引入了劳动力市场价位理念，调整了工资结构，简化了工资单元，加大了岗位要素及绩效工资在工资结构中的比重，重点向责任重、贡献大、工作条件艰苦岗位人员倾斜，加大了津（补）贴和奖金的调节力度。在体现岗酬结合、技酬结合、劳酬结合等方面取得了新的突破。同时，为保障工资制度的平稳有序运行，制定了《基本工资制度动态运行管理办法》、《长庆石油勘探局领导人员年薪制管理办法实施细则（试行）》。

【人才队伍建设】 坚持人才开发和人才兴企战略，确立“引进紧缺人才、培养高素质人才、盘活现有人才、稳定核心人才”的工作思路，贯彻“不求所有、不求所在、但求所用”的用人理念，积极实施“四个一”和“28568”人才开发工程，制定下发长庆局《2003—2005年人才队伍建设规划》和《加强操作技能人才队伍建设的意见》，选送了13名高层次人才赴国内外知名院校攻读研究生学位，建立了由5名集团公司高级专家、10名局级专家和60名厂（处）级专家构成的三级技术专家队伍和100名左右的局一级学术技术带头人队伍，形成了以三级技术专家为核心、局级学术技术带头人为骨干、各类专业技术人员为基础的“宝塔型”人才梯次结构，进一步壮大了全局高层次人才队伍。评选表彰了17名“优秀科技人才奖”和10名“十佳形象”获得者，有效调动了各类人员工作的积极性。充分发挥博士后科研工作站的作用，积极做好高层次人才的引进工作，已有5名博士进站开展工作。

2003年，共引进高校毕业生231名，其中硕士2人，本科生220人，石油专科生9人，主体专业数量和生源质量均比往年有较大幅度提高。石油主体专业92人，同比增长48.6%；来自全国排名前50位的高校毕业生106人，由2002年的15%跃升为41%。

人才劳动力市场运作良好。办理市场求职登记900余人，举办各类人才劳动力交流活动9次，参会单位80家次，应聘者1120余人次，双选就业551人，推荐油田子女外部就业52人次。组织2次专场招聘“双选”会，为钻井、采油、井下、建工等一线单位及部分二线单位选聘114人，补充一线生产岗位缺员。对《长庆人才网》的栏目设置、网站功能等进行改版升级，累计发布信息2326条，网上登记求职2604人，点击率突破28万人次，发展新会员6家，会员总数达24家。通过二级市场运作，办理日常新增劳务工聘用手续308人；为19家单位办理多种经营系统劳务工续聘1628人。办理职工流动手续944人，其中局内流动921人，局内调出20人，调入2人，顶招1人。

2003年管理代理人员人事档案615卷，代理职工1594人，其中签订内部流动职工代理协议376人，整体代理单位3个，76人，内部人事关系代理1142人。对引进的2002、2003年150名高校毕业生、西安石油大学未就业的32名应届毕业生和5名社会人员，实行社会人事代理；代理有偿解除劳动关系人员6729人。

认真贯彻落实《关于进一步做好就业和再就业工作的意见》精神，组织开展全局失业人员再就业情况摸底调查，协助地方政府劳动就业部门，为油田失业人员办理《失业证》、申领《再就业优惠证》提供方便，并组织失业人员进行再就业技能培训。

【劳动力管理】 为适应企业发展及市场变化，成立了靖边前线指挥部、局压力管道检验站、局安全生产技术培训中心等机构，并在器材供应处成立引进办公室，保证了长庆局进口物资的采购供应工作。根据经营管理及市场开发工作的需要，指导水电厂、器材供应处、银川物业管理处、长庆石油报社、油气开发公司等单位对其内部机构进行了相应调整。同时，积极做好地球物理勘探处和测井工程处的移交工作。

深入开展“五定”工作，不断优化劳动组织。配合集团公司干部人事制度改革，在全局全面、深入开展以定编、定岗、定员、定责、定岗位规范为主要内容的“五定”工作。制定下发了长庆石油勘探局《“五定”工作指导意见》，通过“五定”工作，进一步优化了组织结构、队伍结构，达到了科学合理设置岗位，控制用工总量，提高劳动效率和经济效益的目的。

强化劳动合同管理，不断规范用工行为。按照总量控制，市场化配置，合同化管理的原则，制定了《关于进一步加强劳动合同管理完善劳动合同制度的意见》，进一步规范了劳动合同签订、解除、终止等行为。对各单位长期不在岗人员进行了一次全面、彻底清理，依照《劳动法》规定进行处理，共除名、解除劳动合同 91 人。制定《长庆石油勘探局劳务合同工管理办法（试行）》和《长庆石油勘探局关于改制企业人事管理若干问题的意见》，进一步规范和理顺了改制企业人员劳动关系。

【职工培训】　2003 年，全局共举办各类培训班 561 期，培训职工 18299 人（干部 5854 人，工人 12445 人），全员培训率达 57.57%。在各类培训中，资格培训 3446 人，工人技术等级培训 4921 人，短期的、应急的适应性培训 7128 人，干部继续教育 509 人，其他培训 2295 人。全局参加岗位练兵 14129 人，占技术工种工人的普及率达 81.4%，占技术工种的覆盖面达 62%；举办各级技术比武 369 场次，参加 8199 人，占技术工人的覆盖面达 47.3%。对劳务合同工进行了操作技能培训，全年培训 2428 人。截至 2003 年，劳务合同工累计培训率达到 99.9%。制定印发《长庆石油勘探局职工学历教育暂行规定》，进一步规范了职工学历教育。

【工资管理】　在完成长庆局与集团公司 2002 年度工资决算的基础上，根据长庆局生产经营考核办法和各单位考核指标完成情况，按照“严考核、硬兑现”的原则，对全局各二级单位及其党政正职领导、局机关处级领导干部进行了 2002 年度经营责任制考核、兑现工作。完善引进人才的薪酬制度，制定《关于 2003 年度引进高校毕业生薪酬参照标准》，在对引进人才薪酬参照标准进行调整的同时，实施了由基本薪金、责任目标薪金和奖励薪金构成的协议工资制。

【职（执）业资格评定】　进一步完善了资格考试、专家评审、考评结合、直接认定和社会评审等多种方式相互补充的专业技术职业资格评价制度。2003 年评审副高级职称 113 人，评审中级职称 320 人；47 人通过全国考试取得专业技术任职资格；组织 890 名专业技术人员参加集团公司晋升职称外语考试，通过率为 55%。考评高级技师 8 人、技师 28 人。

制定下发《长庆石油勘探局职业技能鉴定实施细则》。完成职业技能鉴定质量管理自查自改工作，并通过集团公司检查。组织专家参与集团公司国家题库的审定、编写，修订长庆局工人技师、高级技师评审标准。开通长庆技能鉴定网站。全年共鉴定 9027 人次，西安市社会市场鉴定 895 人次。其中：鉴定油田公司、物探、测井、石化公司员工 2675 人。其中：鉴定劳务合同工 285 人，鉴定综合合格率 80%。

【社会保险】　2003 年，组织了职工高额医疗保险的招标工作，并与中标商业保险公司进行了详细地业务洽谈，签订了《职工高额医疗保险合作协议》、《长庆油田职工高额医疗保险实施细则》以及《长庆油田高额医疗保险会谈纪要》，制定了《长庆油田职工高额医疗保险管理办法》，建立了职工高额医疗保险费用的保障机制。制定《长庆石油勘探局有偿解除劳动关系人员基本医疗保险参保办法（试行）》，切实解决有偿解除劳动关系人员基本医疗保险接续问题。制定《长庆石油勘探局关于改制企业职工社会保险管理及缴费基数确定有关问题的意见（试行）》，为改制企业职工各项社会保险平稳接续提供了政策依据。

规划计划改革与管理

【概述】 2003 年，规划计划工作按照年初长庆局工作会议的部署，深入落实“两条基本思路”、“四大发展战略”，以发展为主题，以加强战略联盟、推进新项目开发为主线，从大局出发，进一步加大管理创新力度，通过实施精细管理和目标管理，更新思想观念，转变工作作风，不断拓展业务范围，改革相关业务流程，提升管理水平。在谋求可持续发展上，确定了当前乃至今后一个时期要抓的五个方面的战略大事，即：研究制定长庆局可持续发展战略规划、积极寻求和培育新的经济增长点和接替产业、全面构筑与油田公司的战略联盟、改革现行投资管理体制和运行机制、探索建立企业可持续发展能力评价指标体系。在关联交易上，充分发挥有效协商机制的作用，与油田公司方面协商确立了关联交易联席会议制度，新组建成立或重新明确了生产运行协调、公共事务管理、定额编制、油田开发合作、对外协调等 5 个委员会，进一步完善了协商协调机制，确保了沟通管道的畅通无阻，为双方构筑战略联盟奠定了必要的基础。在投资计划管理上，通过严格审查投资项目，精心编制投资计划，严格投资进度管理，争取扩大投资规模，确保重点项目实施，严格项目进度管理，完善投资动态管理机制等措施，进一步加强了固定资产投资管理，基本建设管理狠抓项目过程管理，积极推进了监理和施工队伍结构优化和资质就位工作。企业综合统计工作改革“三项”体系，立足服务。经营承包责任制考核为企业制订了更为贴近实际的经营承包模式。

【产业定位与发展方向】 根据集团公司和长庆局的要求，积极开展了局、处两个层面的产业定位和未来发展方向的研究，及时对 24 个二级单位的产业定位进行了论证和研究批复，明确了各单位的整体发展方向，避免了同业竞争和重复建设，进一步优化了资源配置。

【新项目开发】 在 2002 年项目调研的基础上，2003 年集中精力对中国石油西部高新产业园、银川甲醇项目、内蒙地区铀矿开发项目、西气东输沿线城市气化工程等 14 个重点项目进行调研论证，并采取先近后远、先易后难的工作思路对六线三带（六线，即：长呼管线、长蒙管线、长宁管线、涩宁兰管线、靖西复线、西气东输管线。三带，即：西安、银川、兰州、呼和浩特等西部城市；信阳、沁阳、武汉、合肥等中部城市；南京、溧阳、苏州、太仓等东部城市）范围内各天然气管线沿线城市进行深入调研，目前已与内蒙鄂尔多斯市东胜区政府、陕西省天然气公司、百事通公司、河南信阳市政府等单位达成了意向性合作协议，与其他地区政府、企业的合作正在洽谈之中。

【战略研究和中长期规划】 根据集团公司关于编制 5 年滚动发展计划的要求，在认真分析市场结构变化的基础上，适时形成了《长庆局 2003—2007 分年度滚动发展计划》。为及时掌握陕西地区工程技术服务和生产服务的发展方向，在大量调查研究的基础上，形成了《陕西地区工程技术服务和生产服务规划》，为领导决策提供了依据。

【投资计划与项目管理】 全年下达固定资产投资总额 5.76 亿元，其中：工程建设项目 1.37 亿元，非安装设备更新 3.37 亿元，合作开发油气田 1.02 亿元。通过加大项目前期工作的深度和精度，依靠优化方案、优化设计提高了投资效益。通过前期基本建设管理职能，不仅负责工程质量、工期、进度的控制，更突出了对工程建设项目投资的过程控制和监督检查。

【生产经营计划】 在调查分析的基础上，编制完成了《长庆局 2003 年生产经营计划》。为确保全年经营计划的落实，制定了相应的工作措施，和经营承包责任制挂钩，并于 2003 年 2 月底上报了集团公司。根据集团公司关于编制 2004 年生产经营建议计划的要求，组织各有关部门共同编制完成了《长庆局 2004 年生产经营建议计划》，于 2003 年 12 月底上报了集团公司。

【关联交易和经营责任制考核】 在深入分析内外部经营环境及其变化趋势、关联交易面临的有利条件和不利因素的基础上，组织制定了全局关联交易工作规划，经局务会审定后，以此作为指导当前和今后一个时期全局关联交易工作的总纲，为长庆双方构筑战略联盟奠定了必要的基础。为确保关联交易市场占有率，充分发挥有效协商机制的作用，与油田公司方面协商确立了关联交易联席会议制度，新组建成立或重新明确了生产运行协调、公共事务管理、定额编制、油田开发合作、对外协调等 5 个委员会，进一步完善了协商协调机制，确保了沟通渠道的畅通无阻，为双方构筑战略联盟奠定了基础。通过不同层次的多次协商，保证长庆局承揽到了足够的工作量。关联交易结算价格基本维持 2002 年水平未降（整体在关联交易价格基础上下浮 1.143%），使长庆局主营业务收入突破了 50 亿元，经营目标全面实现，本年度签订关联交易分协议 16 个。完善了经营承包考核办法，进一步体现了“放水养鱼、激活基层”的经营理念，加大了经营效果对分配制度的调控力度。

【综合统计】 强化统计工作，实行精细化管理。制定了全局 2003 年统计工作规划，提出了“实现一个总体目标”、“达到两个具体目标”、“实现三个转变”、“抓好四项重点工作”的全年工作目标；进一步细化《长庆石油勘探局统计报表制度》，增加领导决策所需的信息资源。

认真贯彻执行《统计法》。为基层二级单位配备《统计法导读》书籍 40 余本；组织全局统计人员积极参加全国纪念《统计法》颁布 20 周年知识竞赛活动，组织上报统计人员答题卡 219 份，组织投稿 8 篇，同时认真开展自查自纠工作，依法维护统计工作秩序，保证统计工作始终与企业改革和发展的脉搏相合拍。积极开展统计知识培训。2003 年 7 月，在西安举行了有 38 名统计人员参加的统计基础理论知识培训班，8 月又组织选派了 5 名统计骨干参加了集团公司综合统计任职资格培训班的培训学习。

【建筑施工管理】 2003 年资质管理的施工企业 3 个，其中一级总承包企业 1 个，一级专业承包企业 2 个。总承包企业主营石油化工工程建设等。2003 年末一级以上施工企业 4601 人，施工项目经理 162 人。一级资质施工企业共有设备 1426 台，设备总功率 77253 千瓦，动力装备率 16.81 千瓦/人。

2003 年签订合同金额 17.40 亿元，承揽工程完成产值 11.68 亿元，其中自行 10.45 亿元，2003 年末资产总计 8.68 亿元，负债总额 4.74 亿元，所有者权益 3.95 亿元。

（赵　诚　张国伟　赵子敬　刘聪亮　杨晓明）

财务资产改革与管理

【概述】　2003年，财务资产工作突出“二次创业”主题，围绕管理提升年活动，强化预算动态管理，加强资金管理，推进会计集中核算，完善内部控制制度建设，全面实施“三位一体”的成本动态控制体系，抓好国有资产管理及财税政策的研究与落实工作，加强财会基础工作和队伍建设，努力提高财务资产管理工作水平，确保长庆局改革与发展目标的实现。荣获中油集团2002—2003年度会计报表评比一等奖；被陕西省财政厅评为“全省财会工作先进集体”；被陕西省财政厅、国税局、地税局联合评为“诚信纳税企业”；被西安市地税局评为“诚信纳税单位”；财务资产处被评为长庆局机关2003年先进处室、2003年先进党支部等。

2003年实现主营业务收入61.06亿元，实现税费5.41亿元，亏损1.86亿元，完成了集团公司下达的经营指标。

【预算管理】　2003年初，在工作量、价格等诸多因素不确定的情况下，按照已确定的经营目标，及时编制内部实施预算，层层分解落实指标，加强过程控制；进一步强化预算动态管理，在月度分析的基础上，全局所有单位从5月份实行旬报分析，根据外部环境和内部经营情况的变化，及时进行局部预算、专项预算，按程序适时调整；从挖掘内部潜力出发，以预算管理为手段，紧紧盯住生产、经营管理的各个环节，狠抓物料消耗、成本管理；千方百计开拓外部市场，增加企业收入，确保长庆局全年预算指标的完成。

建立、完善全过程的预算控制体系。“三位一体”成本动态控制体系的推广，拉动了经营理念的转变，使“先算后干、效益优先”的原则深入人心，既消除了市场开发的盲目性，减少了经营风险，又做到了生产与经营的有机结合，增强了职工的成本意识和效益观念，形成了全员、全过程、全方位的成本控制机制。钻井工程总公司结合无线传输、有线接入信息系统，建立了较为完善的财务管理分析体系，将每月进行成本分析变为每日动态分析，使财务分析与生产动态、成本控制高度结合，适时动态监控。国际市场开发部也建立了海外项目成本控制分析体系，做到每天对海外项目的成本消耗明晰，与预算对比，对发出预警的项目，查找原因，进行分析，逐步改变了海外成本控制较为薄弱的问题。

同时，针对各单位在专项费用使用中存在的问题，下发了长局财字［2003］第4号文件《关于加强专项费用控制的通知》，规范了专项费用的控制及使用。

【会计核算】　全局各单位在时间紧、任务重的情况下、精心组织、统筹安排，圆满完成了2002年年度决算工作。编制的会计报告经过深圳南方民和会计师事务所审计，取得了无保留意见的审计报告，未出现重大违纪、违规现象。

根据集团公司2003年财务工作要点和长庆局管理水平提升的要求，财务系统将在全局范围内实行会计集中核算。在借鉴股份公司和总结钻井工程总公司实施会计集中核算经验的基础上，编写了《长庆局会计集中核算实施方案》，组建了会计集中核算项目组，制定了会计集中核算实施计划，被集团公司确定为油田企业实施会计集中核算的试点单位。项目组遵照集团公司会计集中核算指导思想设计了长庆局会计集中核算业务流程重组方案。为使业务流程方案和具体的核算办法更加符合长庆局的实际，一方面对30多个二级单位进行深入调研，收集了各单位的生产业务分布、核算结构等财务信息，另一方面又与集团公司积极沟通，提出中油财务软件的改进需求，以满足细化核算的要求，确保2004年1月1日顺利进行。

2003年财务工作的一个重点就是实施新《企业会计制度》，进行有关新旧会计制度衔接的调账工作。先后印发、组织财务人员学习了《新旧会计制度衔接有关调账问题的处理规定》、《资产减值准备计提与核销管理暂行办法》和《新旧会计科目转换对照表》等相关资料，全局各单位全部于9月30日将旧制度科目余额调整结转成新制度科目余额，并按新制度规定自2003年10月1日起使用新制度科目进行核算，实现了新旧会计制度的平稳过渡。按照集团公司的规定，对各项资产进行检查确认，对2001—2002年的各项资产减值共计36，224万元再次进行核实，并按规定进行追溯调整。

【资产管理】　建立健全资产管理制度，规范资产处置程序，下发了长庆局《报废资产处置办法》，并根据集团公司《关于存续企业深化改革的若干意见》和长庆局发展定位，按照建立现代企业制度的要求，加大了产权制度改革力度。三个采油技术服务处、钻井工程总公司、油气技术服务处、器材处等单位的多种经营系统，按照改革改制的要求，聘请中介机构进行评估，并对结果按规定进行了审核确认。同时，加大了对报废物资的处置工作、盘活资产存量，以市场价格为导向，积极组织评估及处置工作。2003年共评估报废物资6588万元。为解决财产保险工作既服务于生产经营，又节约开支这一议题，积极探讨新的财产保险管理模式，目前，在交通服务处开展了由保险经济公司参与、机关有关部门参加的保险试点工作。

【资金管理】　继续坚持高度集中的资金管理，逐步建立了一套较为有效的资金管理、运行、内部控制制度和办法，确保了资金高效运行。2003年各单位结合生产经营实际，经过认真分析和预测，编制了分项目、分阶段货币资金预算。局内资金全部实行有偿占用制度，精心经营内部存、贷款业务，实现资金内部流通，提高资金使用效益。由于资金集中统一管理，确保了资金高效安全运行，同时也降低了财务费用。根据集团公司财资字［2003］第74号文件《关于开展货币资金内控制度专项检查的通知》精神，积极行动，进行了自查自纠工作。从对各单位货币资金内控制度执行情况检查来看，局属各单位资金内控制度比较健全和完善，货币资金日常管理工作非常严格、规范。

【资金结算】　2003年，资金结算中心紧紧围绕全局奋斗目标，以资金效益为中心，全面提升资金管理水平，努力开展以“六抓、六保、六实现”为主要内容的目标管理活动，圆满完成了各项工作和任务。荣获2003年度局机关“先进党支部”和“青年文明号”荣誉称号。

2003年结算中心共有员工38名，其中：正式人员34名，劳务工4名。下设综合科、会计科（多种经营科）、稽查科三个科室，主要负责中心内部事务工作、资金调度、会计核算及资金监督；分设西安结算处、庆阳结算处、银川结算处和延安结算处四个结算处，主要负责办理全局资金结算业务。

资金预算执行率99.18%，较2002年同期提高8个百分点，保障了资金供应，实现了资金的动态管理；银行存款平均占用余额4157万元，与定额指标5000万元相比，降低1223.37万元，节约了财务费用近100万元。银行存款平均占用余额3776.63万元，与定额指标5000万元相比，降低1223.37万元，节约了财务费用近100万元；资金结算及时率100%；资金安全率100%，没有发生违法违纪事件。

以加强资金预算管理为龙头，实行资金动态管理，推行年度加月度资金预算管理，彻底改变了边支付边预算的原有预算管理模式；多种经营资金计划按周安排，改变了过去多种经营拨款的随意性；加大资金来源清收力度，确保预算内资金供应正常，保证企业年度预算指标完成。严肃资金授权管理制度，发挥稽查网络作用，加强内部稽查审计，核定现金日提取量，确保资金安全。深入开展调查研究 73 人次，配合勘探局改革改制企业，为基层单位解决结算中的困难 31 个。

精细部署，确保有偿解除劳动关系人员养老保险金代理缴费工作圆满完成。到 2003 年 9 月 25 日此项工作结束时，为近 5000 名有偿解除劳动关系人员办理了缴费手续，缴费金额 1328.34 万元，粘贴单据 8796 张，无一笔业务差错。

制订了《多种经营企业使用银行承兑汇票暂行管理办法》、《集中贴现及拆分多种经营企业结算的银行承兑汇票管理办法》、《钻井总公司会计集中核算的资金管理办法》、《资金授权管理办法执行情况调查表》、《多种经营企业结算的补充规定》等 21 个文件，从管理制度上保证资金结算业务程序化。

【税收管理】　坚持依法纳税、强化税收管理、协调企税关系，从 2003 年度起，按 15%税率缴纳企业所得税。在进口关税减免方面，经过大力争取，将黄土塬地区纳入特定地域，争取关税进口减免的申请已经集团公司初步同意。此外，困扰长庆局驻陕北地区各单位的土地使用税问题，经过与陕西省地税局多次协商，达成了初步协议，将每平方米年税额由 3 元协调至 1 元左右。这项政策的取得，将使长庆局年节约支出 650 万元左右。为了更好地解决油气田在重组改制中遇到的新问题，经过大力协商，陕甘宁蒙四省区国税局对原“四省区纪要”进行了修订。陕西省财政厅、国税局、地税局联合授予长庆局“诚信纳税先进企业”称号。

（刘　敏）

市场管理

【概述】　2003 年，根据长庆局有关精神，法律事务部从市场开发部分离，市场开发部机构调整为市场开发科、市场管理科、综合信息科，定员 16 人，市场开发部门进一步建立健全全局市场开发信息员制度，适时召开产品销售、劳务输出等专题会议，解决局内产品互换市场，提高内部市场开发效果，按照“品牌—价值链”战略选择原则，设计整体营销策略组合，逐步形成了局机关、二级单位、投资者相互协调、总体参与的市场开发模式。

【指标完成】　2003 年全局在外部市场跟踪信息 156 条，参与投标 107 项，中标 41 项。累计承揽市场价值工作量 93345.27 万元，为年度计划的 187%，其中：石油系统 6376.25 万元，占 35.64%；社会市场 68292.81 万元，占 64.36%（见表 1）。

表 1　承揽市场价值工作量统计表　　单位：万元

项　目　类　别	2003 年	
	承揽价值工作量	完成价值工作量
工程技术服务	1436.4	567
技术服务	588.58	288.9
生产服务	5108.63	3482.53
产能建设	1423	1953.6
筑路工程	51385.32	27236
管道工程	12600	11100
内部产品外销	20599.84	17865.51
劳务输出	232.5	232.5
合　　计	93374.27	62726.04

【市场开发】　召开全局市场开发信息工作会议，安排市场信息工作，提出了市场开发报表的统计范围和传递时间要求，并建立了全局市场开发信息员制度；召开产品销售、劳务输出等专题会议。着重解决局内各单位之间产品互换市场，共同维护油田市场，提高内部市场开发效果；研究提出了勘探局战略选择和营销基本策略组合。按照“品牌—价值链”战略选择原则，设计了整体性的营销策略组合（更新理念理解市场，降低成本维护市场，定制服务扩大市场，创新科技引导市场，强化营销整合市场）。在实践中逐步形成了局机关、二级单位、投资者相互协调、总体参与的市场开发基本模式；市场开发信息管理系统需求方案得到了局信息化建设领导小组的充分肯定，并已被列入首期开发建设项目；建立了较完善的市场开发领导负责制度、市场激励制度、市场服务制度和项目招投标制度，形成了一个相互支持相互连动的工作制度体系，为市场开发提供了保障。

【市场管理】　对长庆油田公司 12 个重点项目组及合资的长西项目组进行了质量回访，并对收集到的 63 个存在问题进行了认真的整改和反馈；对在长庆市场进行作业的 CNPC 队伍，开始月度实施动态管理制度；拟订了《工程技术服务队伍长庆市场管理暂行规定》、《长庆石油勘探局非专业公司工程技术服务队伍施工资格审查实施细则》等管理制度，先后处理了 16 起市场纠纷行为，全年内部市场纠纷大幅度减少，市场秩序比 2002 年有明显好转。

【主要成果】　以西部大开发为契机，以西气东输工程为重点，国内市场开发不断取得新的突破。社会市场已涉及西北五省（区）及内蒙、河南、辽宁、山东、江苏等省区，为今后市场开发工作打下了良好的基础，获得亿元以上的工程项目 3 项；工程施工突破了低层次状态，提升了施工级别；中标东胜——苏家河畔高等级公路路面施工项目，西气东输 13 标段及长呼等大口径、长距离管道工程，创造了我局外部（国内）市场单项工程级别和价值历史之最，跻身于全国长输管道施工的先进行列；集资本投入、工程施工、后期运营为一体运作的长呼管线，2003年9月29日一次点火成功，投入运行。为长庆局建立了新的经济增长点，同时也为局市场开发工作进入深层次整体推进的全新运作模式提供了经验；设工程总公司新疆三条沙漠公路、第二采油技术服务处在陕北周边市场油井措施作业、第一采油技术服务处试压队闯市场、建业绩、树品牌，培育了良好的长庆市场信誉；钻井工程总公司青海市场30533钻井队、建设工程总公司新疆四分公司荣获“集团公司百面红旗单位”光荣称号。建设工程总公司外部市场工作量占全年总工作量的55%以上，首次超过油田内部市场施工量；劳务输出取得实质性的进展。在长呼天然气管道运行管理项目中，安置职工及待业青年110人，年价值工作量580多万元，成为油气技术综合服务处一项长期稳定的基础产业，并为全局劳务输出工作提供了很好的指导经验。

（黄应红 周文庆）

资本运营

【概述】 2003年，资本运营工作以改革创新为动力，以现代企业制度建设、股权管理、集体资产投资管理为依托，平稳运作，整体推进，加快了结构调整、公司制改造进程，促进了非国有经济的发展。

【改革改制】 2003年，继续以优化产权结构、转换经营机制为突破口，加快了企业管理体制改革和产业结构、市场结构的调整。

一是主辅分离工作全面铺开。根据国家和集团公司有关政策，结合全局实际，制定出台了《长庆石油勘探局关于主辅分离辅业改制分流工作的若干意见》。在大量调查研究的基础上，编制完成了《长庆石油勘探局主辅分离改制分流总体方案》，并获得了集团公司批准。按照《总体方案》确定的工作目标，通过结构调整、专业化重组，促进和基本完成了长庆局层面的“两个分离”，推动了二级单位内部的主辅分离，初步做到了业务、资产、人员、管理“四分开”。同时，还启动了第一批改制分流项目。

二是主业重组改制工作持续推进。按照“做专做强一批、重组改制一批、放开搞活一批、分离转制一批”的总体思路，大力推进企业改制分流，使主营业务更加突出，产业集中度不断提高。截至2003年12月31日，先后实施了西安长庆石油天然气设备制造有限责任公司、陕西长庆专用车制造有限责任公司等9个国有单位改制分流项目，涉及国有资产1.44亿元、净资产4390多万元，参加改制的国有职工873名，做到了真正意义上的分开分离。

三是多种经营企业公司制改造基本完成。截至2003年12月31日，共组织实施多种经营改制项目25个，涉及法人企业67个、非法人企业8个，涉及集体净资产2.32亿元，涉及国有职工3200多名。通过改制，不仅解除了长庆局和主办单位对多种经营企业承担的无限连带责任，解决了集体资产产权不清的问题，而且实现了产权多元化。据统计，在改制成立的新公司的注册资本中，职工个人资本占到76.4%。全局多种经营系统已基本实现改制分流目标，集体企业基本告别了长庆历史舞台。

【股权管理】 按照集团公司的总体部署，进一步完善配套政策，逐步建立出资人管理体系，初步实现了传统行政管理向股权管理的平稳转型。一是建立股权管理机构，完善了股权监管体系。成立了由有关局领导和党委组织部(人事劳资处)、财务资产处、资本运营部等部门组成的股权管理委员会，下设股权管理办公室。同时，按照管人、管事相结合的原则，成立了股权代表管理办公室，具体负责长庆局派出的股权代表、监事和董事的日常管理。二是加强政策研究和制度建设，规范股权管理程序。为规范局控参股企业“三会一层”的决策程序和议事规则，依法依规行使职权，进一步修订完善了《关于规范公司制企业法人治理结构的意见》、《股权管理实施细则》、《关于控股公司经营业绩考核办法的指导意见》等规定。新出台的《股权代表管理暂行办法》，详细规定了股权代表行使出资人权利的具体责任、义务和行权程序，为加强股权监管和有效运作提供了政策、制度保障。三是依法行使出资人权利，维护国有、集体资本权益。截至 2003 年底，长庆局先后向国有、集体资本投资公司委派的股东代表、董事、监事共 44 人，为股权有效监管，确保股权收益发挥了积极的作用。2002 年的股权收益已全部足额收缴，2003 年预计国有股权收益 2300 万元，集体股权收益 420 万元。

【投资管理】　截至 2003 年 12 月 31 日，长庆局集体资产投资管理中心共明确权益性投资 4418.91 万元，形成了包括长庆房地产有限公司在内的控股公司 4 个，长实集团、钻宇集团、长庆化工集团在内的参股公司 22 个（集体净资产参股）。集体资产投资管理中心累计形成投资收益 108.25 万元，先后为其控、参股且已完成改制的 11 家多种经营企业派遣了股东代表，完善了改制企业的法人治理结构。

同时，为全面、真实地掌握长庆局集体资产构成、分布及运营状况，了解各单位多种经营企业在结构调整、资产重组和公司制改造过程中集体资产量化处置的实际情况，借以科学、合理地制订长庆局全体职工所属 20% 集体净资产的量化分配方案，对集体资产量化处置情况进行了认真调查分析，形成了《关于长庆石油勘探局多种经营企业改制中集体资产量化处置情况的调查报告》，为长庆局集体资产投资管理中心改制并构建“资本运作平台”创造了条件。

【基础建设】　为大力发展非国有经济，加快长庆局“二次创业”步伐，根据集团公司投资体制、产权制度改革的相关政策和勘探局多元化发展战略的总体要求，编制出台了《关于设立投资有限公司，构建长庆“资本运作平台”的初步方案》。同时，为培育局内部产权市场，促进改制企业产权流动和以资本为纽带的产业整合，提高职工参与股份制改造的积极性，结合全局产权制度改革和职工持股的实际，经过广泛调研和反复论证，编制出台了《关于建立长庆产权交易平台的初步方案》。到年底，上述两个方案已经长庆局审查批准，进入了具体实施阶段。

（李天升）

物资采购与电子商务

【概述】　2003 年，针对竞争日益激烈的市场环境，物资采购根据长庆局“经营管理双加强”的总要求，确立了“局内生产严格控制物耗，局外市场奋力扩大销售”的工作思路。在内部管理上，进一步完善采购、供应、仓储、质量监控等管理体系。全面推行“采购准入制”、“招投标制”、“分级审批制”、“采购责任追究制”等管理制度，形成了监督制约机制。业务运作程序较为完善，仓储布局趋向合理。物资核算体系比较严密，财务监督机制健全，各项指标创新纪录。与80余家资信好、有实力的供货厂家建立长期稳定的代理、代储代销的供销关系。与宝钢、天钢等知名大厂建立战略联盟，争取优惠价格。下调了9种油套管局内供应价格，使订货价格达到中石油系统的最低价，为长庆局争得了可观的经济效益，也为开展市场外销取得价格优势，使生产单位进一步得到了实惠。为了加强报废物资的回收利用，销售报废物资原值1471.25万元，收回资金240.86万元。对外引进工作有序开展，补充、完善了相关制度，加强与地方行政管理部门联系，积极疏通渠道，理顺关系，想方设法落实各项引进计划。先后组织、参与1050酸化压裂机组、燃气热水锅炉及2004年油套管等对外引进谈判20余次，签订对外引进设备、器材合同金额4331.16万元。国际、国内贸易有新突破。与中技公司合作，建立了苏丹中国商品中心、筹建了摩托车生产厂、苏丹家具厂。先后向厄瓜多尔出口水泥1300余吨、33万美元。2003年底，给BJ公司、PRIDE公司供膨润土、重晶石、氯化钙等物资2000吨以及85万美元的意向询价商谈。

【管理机构】 为了切实履行物资管理职能，降低采供成本，提升管理水平，加强物资招标采购的组织领导，长庆局在器材供应处专门成立了招标采购领导小组。下设招标办公室，负责招标采购的日常工作，修订有关招投标管理规定和办法；组织审查招标文件、标底，决定招标的方式，研究决定投标单位；指导、协调和监督开标、评标和定标；调解招投标活动中的纠纷，否决违反招投标规定的定标结果，处罚违反招投标规定的行为。

【经营指标】 全局生产建设物资保障率99%以上；物资供销量25.3亿元，同比增长12.81%，其中，关联交易及社会市场外销7.3亿元，同比增长112%，创历史新高；关联交易市场代储物资6.3亿元，同比增长3.3亿元，增长110%；全局平均库存3.48亿元，同比下降1.35亿元，下降28.25%，其中一级库存同比下降1.21亿元，下降60.5%，创历史最好水平；全局物资周转5.9次，同比加快1.33次，器材处物资周转12.65次，同比加快4.43次，均创历史最高水平；“西气东输”物资中转运输项目完成工作量突破5000万元，创历史新高；完成国际、国内贸易额6890万元，实现利润320万元，同比增长32%、36%；物资吞吐量132.5万吨，同比增长5.2%，创历史之最。

【电子商务技术平台建设】 在2002年建成招标网络系统和物资网络管理信息系统的基础上，为了实现全局各二级单位供应站推广使用，加快开展程序升级、改造工作。2003年将传统C/S体系结构的2层运行模式，更改为3层结构运行模式，降低了程序对客户机硬件的配置需求，提高系统的运行效率。同时为钻井工程总公司、建工总公司等二级单位的供应站安装了该系统，实施联网及试运行工作，从而实现了全局物资系统能够运用物资网络信息系统进行录入库存、上报计划、收发料、共享库存信息。基本实现了物资管理工作主要流程的电子化，大大提高了稳定性、安全性和系统运行效率。

【重点物资采购】 物资采供部门在广泛征求用户对物资质量、售后服务意见的基础上，与重点物资供货生产厂家加强联系，定期走访调研。对国家重点企业和取得石油天然气集团公司入网认可资格的单位，可直接进入长庆局物资供货网络签订供货合同，建立运作畅通的供货渠道。坚持对重点物资供货，定期进行评价和考核，发现不符合质量要求，信誉度差的生产厂家，下期终止订货合同。

【网上交易物资采购管理】 电子商务技术平

台的建立，使物资采购中公开、公平、公正的原则得到了坚持，加强了物资招标采购管理，规范了招标采购行为，充分发挥市场优势，达到多中选优、优中选廉，降低成本，提高全局整体效益，电子商务技术平台始终保持良性运作。

招标分网外招标和网上招标。网外招标即不在长庆局招投标网上进行的招标；网上招标指符合“长庆局器材供应处招议标物资采购目录”范围且符合公开网上招标的物资采购，含集团公司能源一号网上点击采购物资；局内部产品每年进行两次商务议价，并在长庆局招投标网上公布价格，有需求计划可直接点击已公布的价格签订合同。招标品种及招标采购计划，由器材供应处业务科室对符合招标条件的物资，结合上年度消耗量和本年度需求预测编制年度、季度采购计划，提供招标采购依据，向招标办公室申报。严格按照规定程序进行招标、议标和商务谈判。其方式有网上公开招标、网上邀请招标、网外招标。向社会公开发布招标信息，允许符合招标文件规定条件的法人或其他组织参加投标。

局属二级单位采购所需物资，需求计划必须有二级单位厂、处级主管领导签字同意，经招标领导小组审批后，可直接进行商务谈判；油田科研单位（部门）因科研实验用料，业务科室与科研单位沟通后共同确定供货商和采购价格。

（石仲昭　杨治鹏　赵步清）

审计监督

【概述】 2003 年，审计工作针对持续重组和改革不断深化，企业经营领域不断扩大，经营活动日趋复杂，特别是产权主体多元化、经营模式多样化，以及企业内部专业化整合、管理流程再造的态势，坚持与时俱进，实现观念创新，确立“企业需要就是内审重点”的指导思想，以人为本，积极探索，大胆创新，充分发挥了审计监督和审计评价功能，努力为企业实现经营目标服务。全年累计完成审计项目 69 项，审计资金总额 158 亿元，发现违纪违规及影响经济效益问题金额 1.79 亿元，已整改或纠正处理资金 5984 万元。累计审计对外结算付款资金 13.2 亿元，审减金额 1413 万元，综合审减率达 1.07%，单位审计覆盖率和资金审计覆盖率基本达到 100%。为长庆局强化经营管理、实现年度经营目标发挥了积极作用。长庆局审计处先后被中国石油天然气集团公司评为“2002—2003 年度先进集体”；被陕西省审计厅、陕西省内部审计师协会评为“陕西省 2003 年度内部审计理论研讨先进单位”和“2003 年度 CIA 考试组织工作先进单位”。

【主要审计活动】 2003 年，先后集中对全局 35 个单位全面开展了 2002 年度经营成果考核审计。并派出审计组对长庆泾河工业园、咸阳昌源小区、银川燕鸽湖基地等建设项目进行全过程跟踪审计；对住房资金管理中心管理的 2000 年住房预转资与实际售房差额资金进行了专项审计；对华油长庆西安实业公司 1997—2002 年 6 年时间经营状况进行了专项审计；对厄瓜多尔分公司 2001 年至 2003 年 8 月经营状况、合同投资完成情况、债权债务和资产构成情况以及内部控制情况等进行了就地审计。

2003 年 3 月 11 日—4 月 3 日，受集团公司委托，由长庆局组成 8 人审计小组，赴辽河石油勘探局进行了辽河局 2002 年经营成果考核审计工作，历时23天。

【财务审计】 2003年，按照财务收支审计、资产负债损益审计、预算执行情况审计相结合的“三位一体”财务审计模式。组织审计人员集中对长庆局35个单位全面开展了2002年度经营成果考核审计工作，审计查证资金61.03亿元，审计发现违纪违规及影响经济效益金额达16134.19万元，其中，少计收入、多计成本影响当期利润少计的问题10951.21万元；多计收入、少计成本影响当期内部利润多计的问题1073.59万元；其他不影响当期损益的问题4109.39万元。局考核办根据审计结论，严格对各单位进行了考核兑现。同时完成财务收支、资产负债损益审计19项，共查证资金83.2亿元，发现问题金额1793.66万元，提出审计建议和意见69条。目前从各单位反馈的情况看，已整改问题41项，整改金额782.9万元，预计在财务决算前，可以整改的问题均可以得到纠正。

【经营责任制考核审计】 根据长庆局经济责任制考核办法规定，2003年组织对35个单位的2002年度经营成果和预算外指标调整因素的两个审计确认，并加强与局经济责任制考核领导小组、及计划、财务等相关部门之间的沟通与协调，确保考核审计结论的执行，维护了考核审计的权威性。相关部门按照审计结果对各单位进行了严格考核兑现，审计调减了6个单位2002年内部利润469万元，调整了19个单位2003年内部利润考核指标或费用补贴额指标1424万元，扣缴单位工资总额1400万元。

【对外结算付款审计】 2003年，严格执行长庆局有关规定，坚持“不经审计，不予付款”原则，继续拓展审计范围，将审计范围扩大到包括各单位对外支付的各种货款、工程价款、外委修理费、外雇运输费、技术协作费、设计费、钻前工程费、劳务费等几乎所有涉及资金流出的项目。积极主动参与付款项目前期合同招标、谈判等工作。共参加局有关部门和单位组织的设备、工程及物资采购等方面的各类招标谈判会议83次，涉及人民币金额19967万元、美元308万元，欧元83万元，并提出了许多好的意见和建议。审计人员经常深入现场验证工作量或复验实物，确认无误后出具审计意见。发现弄虚作假或价款不实等现象，坚决予以纠正或审减。2003年共审计对外结算付款资金13.2亿元，共计审减金额1413万元，审减率1.1%。

【基本建设项目审计】 面对长庆局产业结构与生活基地调整的实际，积极转变观念，打破界限，从维护广大职工群众切身利益出发，组建审计室或派出审计组对长庆泾河工业园、咸阳昌源小区、银川燕鸽湖基地等建设项目进行全过程跟踪审计。其中在西安泾河工业园建设项目审计中，审计人员在住宅楼全部采取平方米造价合同包干方式的情况下，对工业园六种户型6802套住宅楼主体工程造价，重新进行了审计。经过审计复查、复算，平方米平均造价从809.16元核减为796.67元，平方米造价较原定价格节约12.49元；工程量核减11611.62平方米，平均每户核减1.71平方米；主体工程总造价从59963.57万元核减为58112.75万元，审计审减总造价1850.83万元。平均每户可节约购房支出达2723元。同时，审计人员主动介入项目管理控制的重要环节，参与泾河工业园项目前期采购的考察、谈判、招标等重要经济活动，全年共参加项目组组织的近百种物资采购招标27次、审查合同117份，涉及金额5000.12万元，取得直接成果195.04万元，间接审计成果429.97万元。

【“内部控制与风险管理”的审计评价】 2003年，在对华油公司经营状况的审计中，不仅核实了有关经营财务信息，更重要的是揭示了公司会计控制中存货控制、成本控制、现金控制方面的重大失控现象及造成的后果，提出了公司产权及资产演变及变动过程中可能发生的重大经济诉讼风险，为华油公司遗留问题的解决提供了详实可靠的依据。在对海外项目厄瓜多尔分公司 2001—2003 年经营状况的专项审计中，审计人员运用了控制测试与风险评估方法，提出了关于长庆局与美国 PHILLIS（菲利斯）公司的合同诉讼风险、与厄瓜多尔 DYGOIL（第高）公司的合作经营风险、结算与投资的安全风险、汇率折算差额风险等重大经营风险区域，以及这些风险可能带来的后果，提出了需要关注事项和建议，提请长庆局及相关部门重视。孙玉辰局长对此做了专门批示，要求有关部门逐步落实审计建议。

（金　刚）

长庆局机关管理

【概述】 2003 年，局机关处室 16 个，附属单位 9 个，托管单位 1 个；职工总数 555 人，其中干部 543 人，工人 12 人；男职工 360 人，占职工总数的 64%，女职工 195 人，占职工总数的 36%。干部中各类管理人员 231 人，各类专业技术人 193 人。其中：具有中级职称 286 人，占干部总数的 53%；副高级职称 99 人，占干部总数 18%，共有离退休职工 426 人。

2003 年，局机关广大职工在党的十六大精神指导下，认真贯彻落实集团公司和长庆局 2003 年工作会议精神，紧紧围绕“两条基本思路”、“四大发展战略”和“十二字企业理念”，按照局党委、长庆局对机关建设提出的总体要求，以创建与时俱进的学习型现代企业机关为目标，不断加强处室建设，推动机关各项管理工作的创新，在进一步转变职能、转变作风，提高服务质量、办事效率上狠下功夫，主动帮助基层解决实际困难和问题，为圆满实现长庆局生产经营目标做出了积极的贡献。

【处室建设】 面对“非典”疫情带来的不利影响，机关党委把局党委、勘探局提出的“建设学习型的班子，带出学习型的队伍，建立学习型的企业”作为处室建设的重要内容，精心策划，认真落实。一是开展了“形势、目标、责任”主题教育活动，促进干部职工思想观念的转变。组织职工认真学习了党的十六大及十六届三中全会精神和集团公司、长庆局 2003 年工作会议精神，并结合企业面临的生产经营形势和工作实际开展了广泛务实的讨论。2003 年，机关处室组织干部学习 654 次、1289 小时；开展党组织生活 198 次、上党课 65 次；召开民主生活会 21 次。基本做到了一个月组织学习 3 次，开展党组织生活至少 1 次。

二是开展读书活动，创建学习型现代企业机关。2 月 27 日组织干部职工听取孙玉辰局长《第五项修炼》专题辅导讲座；结合局纪委开展的“四心四珍惜”活动，在“七一”期间组织开展了“上一堂党课，开展一次社会公德专题教育，读一本好书，推荐一本好书”的“四个一”活动。机关 245 名干部职工推荐好书 157 本。评选出了 10 本好书作为机关干部的阅读书目；举办了 3 场“读书交流会”，共有 8 名好书推荐人做了精彩的读书报告。孙玉辰局长还当场赋诗一首《读书为了啥》，对读书活动进行了点评指导。

为了推动、普及读书活动，机关党委购买了《第五项修炼》、《把信送给加西亚》、《高效能人士的七个习惯》、《自动自发》、《谁动了我的奶酪》等 5 本书共 2100 册，配发给机关干部职工进行了阅读交流。

三是以管理创新研讨会为载体，全面提升处室的科学管理水平。各处室以创新管理、提高服务质量和办事效率为目标,围绕建立学习型企业,培养知识型员工这一主题,撰写管理研讨论文38篇。机关党委于8月12日组织召开了"管理创新研讨会",各处室采用多媒体方式发布交流了14篇优秀论文。局长、党委书记孙玉辰,党委副书记、纪委书记张继昌,副局长杨庆理,工会主席蒲建中,总会计师张芝兰参加了会议,并对创新研讨活动给予了高度评价。机关党委组织有关处室专业人员评出了一等奖论文3篇、二等奖论文6篇、三等奖论文9篇、优秀论文20篇,进行了表彰奖励,并将论文汇编成集,印发机关干部职工人手一本。局党委常委、工会主席蒲建中同志为该论文集作序。

四是从具体工作入手,进行创新实践。机关党委改变以往的年度总结表彰会方式,在春节采取了局领导赠联、处室(单位)领导赠诗这一新颖独特的团拜方式来总结工作。在融洽的气氛中,处室代表、先进个人与局领导共抒创业激情,展望美好未来,起到了鼓舞士气的积极效果,受到了领导和大家的好评。

2003年5月,按照局领导对机关建设的总体要求,局办、劳资处、事务处制定了《服务承诺书》,对各处室的职能职责、办事效率、服务质量、工作作风和承诺项目做出了具体承诺,上网公示,自觉接受基层监督。8月,按照孙玉辰局长"承诺必须信守"的指示,在征求各单位对《承诺书》执行情况反馈意见的基础上,又下发了关于进一步落实《承诺书》的意见。

2003年,局党委提出了建立学习型企业、战略管理是一切管理之首等管理理念,把局机关的"三个转变"推进到了一个新阶段。

2003年11月6日—2004年4月,机关党委又对重组改制以来局机关"三个转变"情况进行了全方位的调研。

【事务管理】 一是实行挂牌服务。搬迁新办公大楼后,对所有职工在进一步明确岗位职责的基础上,实行了挂牌服务。

二是实行服务承诺。机关各处室从办事效率、服务质量、工作作风方面进行了具体承诺。5月初,机关事务管理处与局办公室、人事劳资处共同行文,并上网进行了承诺发布,公布了服务投诉电话,主动接受基层的监督。

三是帮助基层解决问题。针对基层反映的"温暖工程基金"增值、信息网络建设、企业管理研究、关联交易、科技创新、市场开发等方面的个性和共性问题,机关党委专门召开会议,提出了进一步落实服务承诺的意见,责成相关部门认真整改,将整改结果反馈给基层,给基层一个满意的答复。

2003年,机关各处室共收到基层报送的公文报告2125份,已办理1954份,办结率超过了92%;下基层1015人次,3461天,人均下基层9.2天;在调研中发现问题1168个,帮助解决问题1312个,其中现场解决问题774个;形成调研报告118篇,总结典型经验176个,建立规章制度183项。

四是借搬迁之机,抓规范化管理和机关形象工程建设。为机关职工配发了统一的工作标志服。在搬迁前制订了搬迁教育提纲,从办公环境布置、设施使用、行为规范等方面做了明确规定。各处室结合实际,对职工进行了搬迁教育,确保了搬迁工作的顺利进行。在搬迁进入新大楼后,机关事务管理处对办公文具按照长庆局规定印制了企业标识,进行了统一配置,有效地宣传了企业文化。

五是通过防控"非典",抓职工文明行为规范。从4月20日开始,按照长庆局和油田"非典"防控领导小组的部署,成立相应的组织领导机构,开展了"非典"防控工作。在职工中开展了社会公德教育活动,规范职工的行为。组织人员坚持对各处室打扫卫生、消毒、办公室抽烟等情况进行检查,及时通报存在的问题。

五是加强信息化建设,对机关网络、设备进行了更新和改造。局机关全部实现了宽带网接入,保证了机关工作人员人人有 ·台计算机。有 14 个处室或附属单位建立了自己的网站，有效实现了信息资源共享，充分发挥了信息平台的作用。

【调查研究】 为了深入了解基层情况，帮助基层解决实际困难和问题，总结推广基层好的经验及做法，2003 年下半年，局机关党委参与或组织了两次大的调研活动。一是根据局领导关于“局机关各处室要结合钻井总公司在经营、管理和改革等方面所取得的成绩，就科学管理问题进行积极探索”的意见，策划了组团深入钻井工程总公司进行调研的方案。6 个调研大组分别就党群工作及企业文化、财务及经营管理、生产管理、技术及信息化管理、产权制度改革、三项制度改革，以及职工培训等 6 个大的方面进行调研。二是“关于局机关转变观念、转变职能、转变作风”的调研。

（王凤嘉　高万善　蒙阿仔）

其　他

【法律事务】 2003 年，长庆局法律事务工作取得了显著成绩：

(1)陕西省经贸委根据原国家经贸委、中组部等七部委颁发的《关于在国家重点企业开展企业总法律顾问试点工作的指导意见》，在全省范围筛选出包括我局在内的 8 户企业率先开展总法律顾问制度试点。

通过近半年时间的试点，进一步探索了加强和改进企业法制建设的措施、方法和途径，积累了一些经验，形成了自身的一些特点。

(2)加强制度建设。2003 年初，下发了《长庆石油勘探局关于全面推行合同示范文本的通知》，保证了合同管理工作步入制度化、程序化和规范化的运行机制，全局合同综合履约率达到 98%以上。

(3)分别在西安、银川基地举办《签订合同资格证》培训班，培训人员 96 名。在全局开展了清理和更换《长庆石油勘探局签订经济合同资格证》的工作，全面推行签约人员持证上岗制度。

(4)经过积极协调，机械制造总厂、第二采油技术服务处、运输处等 9 户企业分别荣获了甘肃省工商局、庆阳市政府命名的 2002 年度“守合同、重信用”荣誉称号，建设工程总公司荣获国家级“守合同、重信用企业”荣誉称号。

(5)全局法律干部共审查合同 7741 份，涉及金额 32.55 亿元。

(6)全局法律干部先后就钻井工程总公司多种经营系统整合改制方案、长庆局对灵武市水泥厂的并购、钻宇有限公司制度建设问题等提供法律论证意见书 135 份。对合资合作、对外投资、资产转让、改革改制、基地建设、房地产开发、招标投标、知识产权保护以及实施“走出去”战略等各个方面提供法律咨询 760 多次。

(7)在长庆局及所属单位开展的招投标工作中，全局法律干部从招投标主体的资信调查入手，到开标、评标、定标和合同的订立及履行，做了大量的法律服务工作，主要参与了 160 吨沥青混凝土搅拌站、运输罐车、钻井顶驱采购、钻机改造、校园网应用系统、河东工业园产建、压裂设备采购等 50 多个项目的招标投工作，保证了招投标活动的有序进行。

(8)按照工商登记管理的有关规定和长庆局《关于认真做好 2002 年度企业年检工作的通知》要求，对 23 个二级单位上报的年检资料，进行初审并下发批复。

(9)分别向陕西省、西安市以及银川、兰州、延安、庆阳等市工商局发出《关于保护“长庆”字号及企业名称的函》,得到了上述工商部门的大力支持。西安市工商局的有关领导亲临长庆,共同研究、制订出切实保护“长庆”字号的措施。在2003年企业年检中积极配合工商部门深入企业,现场清理20余户。2003年共审查、办理使用“长庆”字号申请37份。

(10)代理处理陕西东起公司诉长庆局租赁输电线路案、彭原建筑公司诉井下技术作业处合同纠纷案、陕北石油公司诉第二采油技术服务处侵权案、华油公司案等29起案件,诉讼金额达4000余万元。经过扎实工作,最终全面胜诉。

(11)发挥优势,站在理论和发展的前沿思考问题,完成了承担的《长庆石油勘探局法律事务定位及发展战略研究》课题,为长庆局深化改革和持续发展提供法律理论支撑。

(高　鹏　李　正)

【治安综合治理】　2003年,长庆局综合治理工作在长庆局和上级公安业务部门领导下,认真贯彻落实党的十六大精神和油田工作会议精神,围绕油田“三步走”和“31599”发展目标以及“六大战役”,全面加强综合治理工作,确保了油田政治、治安大局持续稳定,综合治理各项业务工作取得了显著成绩。

(1)持续开展了“严打”专项工作,集中开展了油气区域生产治安秩序整治行动,确保了油气生产任务安全顺利完成和内部治安稳定。

2003年破获各类刑事案件977起,其中,涉油案件920起,矿区刑事案件57起。与2002年同期849起相比,破案绝对数增加15%。打掉违法犯罪团伙61个,涉案353人,查处违法犯罪人员1247人,其中:刑事拘留236人,逮捕284人,治安处罚568人,劳教9人,强制戒毒11人。查处的违法犯罪人员与2002年1213人相比,绝对数增加了2.8%。

(2)油区专项整治取得了明显的成果。

取缔、停建占压管道违章建筑14处,制止侵权打井41起,取缔土炼油炉88座、非法收油窝点98处,收回抢占油井35口,查处盗贩原油车辆1101台,追回原油2634吨,挽回经济损失776万余元。

(3)生产治安环境有了较大改善。

危害生产案件与2002年同期相比,绝对数减少了3023起,下降了46%。对油田危害大、损失大的输油管线打眼盗油案件绝对数减少了1973起,下降了44%。危害生产案件问题造成的损失下降了14.5%(表2)。

表2　2003年与2002年油区发案情况对比表

项目＼类别	案件问题总数(起)	管线打眼(起)	井口盗抢原油(起)	偷盗破坏设材(起)	殴打伤害员工案件		其他案件问题(起)	损失原油(吨)	损失价值(万元)
					起	人			
2002年度	6550	4511	1544	352	54	69	89	15598	3154
2003年度	3527	2538	818	111	18	28	42	11157	2696
同比增减数	−3023	−1973	−726	−241	−36	−41	−47	−4441	−458
下降比率(%)	46	44	47	68	67	59	53	28	14.5

(4)油田社会治安综合治理工作目标责任落实。

局社会治安综合领导小组与油田 69 个二级单位签订了社会治安综合治理责任书,年终进行了考核兑现。全油田无不达标单位。其中:达标单位 47 个,表彰奖励的综合治理模范单位 7 个、先进单位 15 个。表彰奖励长庆油田公司"油田卫士"10 人;表彰奖励油田见义勇为积极分子 31 人,共奖励资金 45.8 万元。综合治理主要指标全面完成,内部刑事案件发案率为内部人员总数的 0.59‰,比 2002 年下降 0.2 个千分点;内部职工、家属、待业青年、学生违法犯罪率分别为 0.4‰、0.04‰、0.8‰、0.09‰,分别低于控制指标 0.6‰、0.96‰、2.2‰、4.91‰;重点人口管理措施得到了进一步落实,控制帮教转化均在控制指标之内。

(5)油田内部治安大局稳定,重大活动秩序良好,职工家属安居乐业。

矿区发生刑事案件 82 起,与 2002 年同期 107 起相比,下降了 23%;发生治安案件 49 起,与 2002 年 87 起相比,下降了 43%,职工群众明显有了安全感;油田内部重大活动组织有力,措施到位,安全顺畅。

(6)油田消防安全、要害保卫工作成效显著。

通过认真推行目标管理,狠抓各级领导消防和要害部门保卫管理责任制的落实,组织开展多种形式的防火防爆检查,大力整改整治存在的隐患问题,积极开展岗位员工的防火安全教育活动,有力地推动了油田消防工作的开展,进一步强化了油田消防安全管理,保障了油田公司和长庆局各项生产建设任务的顺利进行,完成了 HSE 业绩合同赋予的消防、要害部位保卫工作任务和目标。2003 年,长庆局发生一般火灾 1 起,直接经济损失 6700 元,火灾起数、伤亡人数、直接经济损失三大指标连续 4 年保持下降态势;油田公司发生火灾 3 起,直接经济损失 23.6 万元,死亡 1 人,轻伤 3 人。火灾起数、伤亡人数和直接经济损失与往年相比虽呈上升势头,但全年杜绝了重特大火灾爆炸事故和重大破坏嫌疑案件,完成了业绩合同规定的各项指标。

(7)治安基础工作进一步加强。

各级领导重视,各部门齐抓共管,职工群众积极参与,使治安管理工作组织更健全,制度更完善,措施更有力,重点更突出,责任更明确,基础资料更完备。基层无刑事案件、无治安案件、无重大治安灾害事故、无内部人员违法犯罪的"四无"单位达到 98.5%,比上年 96.5% 提高了 2 个百分点。

(8)安全小区建设再获新进展。

生活小区被驻地县、地(市)、省(区)政府部门授予"安全小区"称号的数量逐年增多,2003 年银川物业管理处、油气销售综合服务处、建设工程总公司等 8 个单位管理的生活小区被当地政府授予"安全小区"称号。

【信访工作】

(1)坚持以"三个代表"重要思想为指导,把信访工作重点放在解决实际问题上,妥善处理发展生产与改善职工生活的关系,努力维护职工的根本利益,运用新体制进行生产生活基地调整,大大改善了职工住房条件。从小事做起,突出对企业内部弱势群体的关心和支持,为 400 多人发了最低生活保障金,对 175 名特困户进行救助,用于救济和慰问弱势群体的资金达 461 万元。

(2)2003 年的特点主要是群体意见突出,重信重访多,持续时间长,针对这一情况,局党委高度重视,建立健全妥善处理信访问题工作机制,成立了维护稳定工作领导小组,制定了信访工作预案,实行信访工作"一把手"负总责、分管领导负专责的工作责任制。

(3)2003 年,共受理职工群众来信来访 1847 件(次),已处理 1662 件(次),办结率为 90%。在这些来信来访中,办理来信 660 件(次),接待群众来访 1187 人(次),局党政领导阅批群众来信18件。信访办公室受理信访问题1235件(次),其中办理来信471件,接待群众来访764人(次),编发《信访信息》7期,调查处理了14人的信访问题。

(丁哲高)

【档案工作】 2003年,油田档案系统认真贯彻落实"三个代表"重要思想和集团公司关于档案工作的要求,充分发挥档案信息资源的作用,继续构筑"基础工程、管理工程、专家工程"的三个优质工程,管理水平明显提高,取得了可喜的管理成果。

1. 档案工作基本情况

2003年油田档案系统继续发扬"求实、进取、创新、效益"的工作精神,全面完成了各项工作任务和业绩指标,档案归档率、准确率、查全查准率达到规定指标,档案的"双轨制"归档已步入标准化、规范化的轨道,档案利用率又创新水平,项目竣工档案管理工作规范有序运作,档案计算机管理逐步推进,档案基础建设有了良好开端。长庆局共有25个单位保管各类档案586389卷,以件为单位保管的档案为63025件,各类图表702714张,各类磁带69090盒,各类磁盘20600盘,录音录像带1121盒。共有4355人次,借阅各类档案19965卷次。

2. 加强归档工作,确保归档工作健康有序进行

为了加强归档工作,绘制归档运行大表,要求机关各部门、各二级单位按照归档运行大表进行归档,使归档管理步入正轨。切实贯彻执行国家档案局新颁布的《文件归档整理规则》、《电子公文归档管理暂行办法》的要求对电子文件进行归档管理。使形成的各类文件材料按新标准、新规定开展档案的"双轨制"归档管理工作,已基本步入规范化管理轨道。2003年,新增档案39138卷,以件保管的档案181件,图纸48278张,磁盘87盘,录音录像137盘。

3. 继续坚持依法治档

油田档案管理继续贯彻以《档案法》为中心的档案法规和规章制度,企业档案意识和档案法制观念进一步加强,依法治档的能力和水平不断提高。按照现代企业制度要求,对以往制定的档案管理规定、细则等规章制度进行全面修订,完善企业档案管理标准体系。各单位依据规定标准完善了档案管理制度体系,将档案工作纳入企业规划,列入生产计划,纳入科研生产管理,档案工作经费列入企业费用计划,档案工作实行目标管理。档案人员参加有关专业会议,参加产能建设项目、工程等验收,参加设备开箱验收等已成为制度。归档工作渠道畅通,及时归档已成为档案文件材料产生部门的自觉行为,归档数量和质量明显提高。

4. 实施档案目标管理,提高整体管理素质

档案管理工作在领导的高度重视和有关部门的大力支持下,制定了切实可行的规定、标准和细则,使工作有制度,整理有标准,管理有规范。档案工作的软、硬件条件有了明显提高,许多单位档案保管条件有了明显的改善,配置了计算机、打印机、扫描仪等设备设施和网络连接,逐步向利用计算机管理、网上电子归档的现代化档案管理方向迈进,为档案的纸质档案和电子文件档案"双轨制"归档管理创造了良好的硬件环境。第一、二采油技术服务处、钻井工程总公司、西安长庆科技工程公司、筑路工程总公司、通信处、银川物业管理处等单位的档案进行了有效搬迁与整合,明显改善了档案的保管条件。档案整理归档的质量和档案工作的整体管理水平明显提高,使档案管理的水平与现代企业的管理水平相适应。

【保密工作】 2003年,保密工作以邓小平理论和"三个代表"重要思想和党的十六大精神为指导,继续深入贯彻中央《关于加强新形势下保密工作的决定》,紧紧围绕长庆局中心工作,积极为生产经营、市场开发、改革改制、科技发展、企业管理、企业文化建设服务,为实现长庆局"二次创业"宏伟目标发挥了积极的作用。在2003年中共中央保密委员会办公室、国家保密局组

织开展的“全国先进保密工作集体和全国先进保密工作者”评选活动中，长庆局保密委员会办公室主任陈辉荣同志荣获“全国先进保密工作者称号”。

(1)按照《长庆局“四五”保密法制宣传教育规划》的要求，结合上级保密工作会议精神，制定下发了 2003 年全局保密工作要点，健全了二级单位保密组织机构，调配充实了工作人员。

(2)组织相关单位和部门的保密干部，认真学习讨论了《保密要害部门部位管理规定(征求意见稿)》，对于进一步做好保密要害部门部位管理工作提出了我们的建议。以纪念《保密法》颁布 15 周年为契机，举办了“保密法制教育图片展览”，在局机关和西安基地各二级单位进行了巡回展出，提高了机关干部的保密法治意识。

(3)按照文件管理要求，结合传阅件的密级标定和传阅范围，及时传阅处理党中央、国务院、集团公司和陕甘宁三(省)区文件 842 份。按规定审查办理了 5 篇对外提供的资料。按照集团公司的要求，办公室派员参加了 CNPC 电子公文传输培训班学习，为 2003 年的试传输和明年的正式传输做好准备。

(4)按照上级保密部门的要求，及时转发了中共中央保密委员会《关于严禁用涉密计算机上国际互联网的通知》，组织各单位进行了自查和互查活动，审批办理了 29 户计算机入网手续，加强了对计算机及网络的保密管理。

(5)组织各单位认真做好 2004 年《保密工作》杂志的征订工作。协同局机关行政事务管理处做好科研办公大楼搬迁过程中保密工作，组织基地单位和部门销毁文件资料 11 吨。

(6)修订印发了《长庆石油勘探局高考试卷安全保密管理若干规定》，制定了保密工作预案，组织专人保管看护高考试卷，没有发生任何问题，连续 14 年受到甘肃省高考委的好评。

(魏小宁　陈辉荣)

【巡视工作】　2003 年巡视工作以党的十六大精神为指导，认真贯彻落实长庆局年度工作会议精神，按照局党委关于进一步加大巡视工作力度，强化对领导班子和领导干部的督察、跟踪考核和服务的总要求，突出工作重点，不断改进和完善工作方法，抓好自身建设，增强巡视工作的针对性和有效性，各项工作取得了良好的效果。各巡视组通过列席会议、访谈职工、查阅资料、跟踪调查，比较全面地、真实地掌握了基层领导班子的决策轨迹和领导干部的行为轨迹。通过书面建议、分析汇报，及时将基层重要情况反馈给上级主管部门，为局党委、长庆局有针对性地加强和改进基层领导班子建设，提供了可靠的基础资料，取得了良好的成效。

(1)整章建制，规范行为，使基层领导班子的工作更加规范化、程序化。对照长庆局有关制度要求，检查各单位会议制度及工作程序，对不符合要求的提出整改意见。基层单位按巡视组要求，普遍对本单位原有的各项制度、规范及标准进行了检查、修订和完善，着力解决与生产经营工作精细化要求不相适应的问题。15 个单位重新制定并以文件形式下发了会议制度，有 7 个单位完善、修订了会议制度、工作程序，使各单位各项管理制度及班子内部的议事规则、决策程序和工作标准达到了规范化要求。

(2)督察落实，注重效果，使局党委、长庆局重大工作部署和重大决策的贯彻落实更加扎实、更加结合实际。针对局党委、长庆局不同时期的工作重点，巡视员跟踪督察落实，了解工作动态、工作进展和效果，较好地了解和掌握各单位领导班子贯彻落实局党委、长庆局重大决策和工作部署，结合本单位实际创造性开展工作情况。了解和掌握各单位领导班子在把握职工思想动态、化解内部矛盾、妥善解决职工普遍关心的热点、难点问题方面的情况，使局党委、长庆局重大决策得以更好地执行。

(3)严格程序，注重质量，使基层工作程序更加严格，决策的民主性、科学性更加增强。巡视员列席有关会议，并按照会议制度，督促检查各单位会议制度、工作程序落实情况，对不符合会议制度、决策程序要求的做法提出规范要求，促使各单位的会议程序更加严格了，会议质量进一步提高，领导班子工作的规范化、制度化和决策的民主化、科学化程度进一步增强，有效防止了个别单位以通气、打招呼、个别协商代替会议研究的做法，防止了重大问题个人说了算的问题。

(4)身临其境，跟踪考核，对重点单位、重点干部的工作情况更加熟悉。巡视员身临其境，发挥自身优势，在较长时间和较大范围，广泛听取职工群众对班子、干部的评价。通过列席有关会议，掌握了各单位在研究工作、决策事情时，班子成员思路是否统一，意见是否集中，哪些同志有不同的看法，提出不同看法的原因是什么，会议是否贯彻了民主集中制的原则，是否符合有关程序等，从而对班子整体作用发挥情况、干部的思想水平、工作能力及存在问题有了更真切的感受和了解。完成了对8个单位领导班子的年中巡视，41个单位领导班子、领导干部的年度考核。

(5)调查研究，及时反映，为局党委、长庆局提供可靠决策依据。把服务的重点放在调查研究和及时反映基层单位意见，协助解决有关问题方面。坚持重心下移，面向基层，调查研究，认真总结分析，提出建设性的意见和建议，用以指导基层工作。深入陕北、内蒙等生产一线调研，访谈钻井、建工、井下、采油三处、油气技术综合服务处等主要生产单位驻前指的处级领导干部，了解其生产经营任务完成情况及生产组织、现场管理、安全管理、职工队伍建设等情况。和一线干部、职工座谈，了解一线职工的工作、生活情况，思想动态，普遍关心的热点问题，职工对本单位处级领导干部的评价。了解了基层党建、思想政治工作开展情况及职工的精神状态，并写出了调研报告，为局党委、长庆局掌握基层情况提供了资料。

(李守泉)

第八篇

精神文明建　设

党建与党群工作

【概述】　2003年，是长庆局积极落实集团公司的工作部署，贯彻“两条基本思路”，实施“四大发展战略”的一年，也是党的建设及思想政治工作再上新台阶的一年。制定了《企业文化建设2003—2007年规划》；确定了8个部级爱国主义教育基地；开展了创建学习型企业活动，培育具有长庆特色的制度文化、管理文化、品牌文化。持续实施企业文化建设“六大工程”，对企业形象识别系统进行了整体设计，大幅度提升了CPEB的品牌价值；共青团、青年工作者在各级党委的领导下，创造性地开展工作。各级团组织认真贯彻局党委《关于加强共青团及青年工作的意见》，广大团员青年在生产建设中发挥了突击队的作用；民兵武装工作在国防建设、生产建设、经营管理和军训中做出了积极的贡献；广大离退休职工时刻关心企业的发展，言传身教，率先垂范，在精神文明建设和维护稳定方面发挥了积极的作用。

【理论学习】　2003年，各级党组织，进一步深入学习“三个代表”的重要思想，把理论学习升华到新的高度，在坚持用“三个代表”重要思想武装头脑的同时，局党委明确提出了“建设学习型班子、带出学习型队伍、创建学习型企业”的思路，并在实践中努力探索创建学习型企业方式方法。

创建学习型企业，建设学习型班子，重点要抓好两级中心组学习。局处两级中心组紧密围绕长庆改革发展的战略性问题，全年学习13次，有4次扩大到西安片二级单位，多次采用电视电话、网络视频等形式，分层次、分阶段重点学习了党的十六大精神、胡锦涛同志在西柏坡考察时的重要讲话及“七一”讲话、十六届三中全会精神、集团公司工作会议精神及工商管理知识等。组织编写学习辅导及党课教材3期，特别是请知名教授作学习《关于完善社会主义市场经济体制若干问题的决定》讲座，举办全局处以上领导干部“三个代表”重要思想学习培训班。局党政领导带头破除陈旧观念的束缚，把镜子对准自己，组织管理层反复研读《第五项修炼》，带头为各单位党政班子讲授学习型组织理论知识，先后9次有1000多名管理干部接受教育。并有针对性地进行“再来一次思想大解放”、“领导干部丢掉企业发展机遇，比丢掉黄金更可惜”等专题教育，提高了决策的科学性、民主性，确保企业沿着正确的方向前进。

为确保学习型企业创建活动长期、规范地开展，积极探索建立了五个机制。一是党政工团齐抓共管机制。提出目标和阶段性任务，进行总体设计，组织课题组进行专题研究，提出实施细则和步骤，并负责抓好试点。二是组织保障机制。建立健全了四支队伍，即由局领导班子成员组成的领导授课队伍；社会知名学者、教授和专家担任顾问的咨询队伍；从全局抽调有理论水平和实践经验的理论骨干队伍；以及由两级政研会组成的政研队伍。三是激励机制。将创建工作纳入班子考核体系，要求领导干部既要“述职”，也要“述学”。四是交流机制。创建读书会，开辟网上学习交流园地，实现知识、信息、技术共享。五是监督约束机制。通过制度约束、评价约束、处罚约束，督促干部员工加强自身学习和团队学习。

【党建工作】　2003年，全局各级党组织本着“抓基层，打基础，重实效”的原则，坚持用“三个代表”重要思想统领基层党的组织建设，把企业的改革、发展和稳定作为第一要务，党组织的战斗堡垒作用和党员的先锋模范作用得到有效发挥，有力地促进了全局各项生产经营工作的稳步发展。

制订下发《国有控股企业党组织建设的意见》和《加强基层党支部建设的意见》，从党章的要求和企业的实际出发，及时建立健全并完善改制企业、新型经济组织和海外项目的党组织，井下技术作业处、公用事业处党委进行了换届改选。

组织召开重组之后长庆局首次党建工作课题研讨会，来自 19 个单位和机关处室的 46 名同志围绕“国有企业党组织参与重大问题决策的内容、途径和方法”、“新形势下基层党支部如何发挥战斗堡垒作用”、“新形势下党员如何发挥先锋模范作用”三个研讨课题进行了探讨交流。

组织召开了全局基层党的建设工作会议，会议进一步传达学习了集团公司基层党的建设工作会议精神，听取了局长、党委书记孙玉辰同志代表局党委所做的《实践“三个代表”，强化基层建设，为实现“二次创业”宏伟目标奠定坚实基础》的重要报告；隆重表彰了 28 个基层建设“红旗单位”；有 34 个二级单位党委和“红旗单位”代表交流了关于加强基层建设的典型经验。

认真组织开展中国共产党成立 82 周年纪念活动。起草下发了《中共长庆石油勘探局委员会关于组织开展建党 82 周年纪念活动的通知》和《关于评选和表彰先进基层党组织、优秀党员和优秀党务工作者的通知》。组织开展了《党政领导干部选拔任用工作条例》知识竞赛活动，全局 34 个基层组织 1030 名党员领导干部参加了此次竞赛活动。组织了全局先进基层党组织、优秀党员和优秀党务工作者的推荐和评选活动，共评选出 32 个先进党支部、30 名优秀党务工作者和 100 名优秀党员。

【宣传思想工作】 2003 年，深入开展“形势、目标、责任”主题教育活动。局领导带队分赴陇东、宁夏调研，为基层职工进行集团公司工作会议精神、长庆局工作会议精神专题学习辅导 4 次。局党委专门下发了［2003］第 4 号文件，对长庆局“形势、目标、责任”主题教育活动进行了策划安排。从 3 月底起，组织了主题教育报告团，历时 20 天，在全局范围内就长庆局 2002 年的五项重点工程建设项目的先进事迹、长庆局 2003 年工作会议精神进行巡回报告。报告团辗转陕、甘、宁三省区，行程 3000 公里，共报告 11 场次，参加单位 32 个，听众近 5000 人次。编写了 3 万字的《2003 年长庆局工作会议精神辅导材料》和集团公司党组的《形势、目标、责任》辅导材料 1900 册同时下发到基层。据统计，教育覆盖面达到了 80%以上。

围绕全局生产经营等中心工作，突出重点，组织了一系列宣传战役，确立了长庆气田 27 亿立方米产建工程、西气东输 13 标段项目、西峰油田勘探开发工程等 10 项重点宣传项目，开展了三次重点工程采风和五项宣传活动。配合局领导赴油田公司项目部质量回访和在生产一线调研工作，对重点工程取得的阶段性成果进行了及时报道。特别是与生产紧密结合，重点宣传了“大干一百天，建功大气田”劳动竞赛，对创出的 22 项指标和 30527A 钻井队年进尺突破了 6 万米等进行了重点宣传，用职工创造的辉煌业绩教育职工自己，形成了士气旺、心气顺、干劲高的生动局面。围绕长庆局的科技进步工作，重点对厄瓜多尔 AP 油田项目，小井眼天然气欠平衡钻井项目，苏里格气田综合配套技术项目等进行了大力宣传。对质量安全环保月的宣传，进行了详尽策划。制作、刊播了长庆局、油田公司领导安全生产月电视讲话节目，跟踪安全大检查，宣传了六个方面的安全生产先进单位。在西安基地组织了安全专题展览，编印安全生产和质量管理《长庆宣传》两个专期，大力宣传安全生产和质量管理知识，增强职工安全生产和质量管理意识。对社会市场包括海外市场取得的突破性进展进行强势宣传。突出厄瓜多尔总统访问长庆的宣传，召开专题会议整体策划，周密部署，树立了长庆品牌。在“非典”期间，由10多名记者组成的防控“非典”宣传特别报道组，长庆石油报共编发9个专期2个专版，共计发稿203篇。长庆电视台开设防控“非典”特别节目共27期总计1350小时，采访行程2000多千米，开设电话采访栏目“直击一线”。长庆“非典”防控网在48小时内建成，开设7个栏目，成了特殊时期上情下达，下情上传的快捷通道。

为搞好西气东输“十一”送气仪式的宣传，制作了反映施工队伍取得辉煌成绩的宣传画册，和《长庆天然气奔向大上海》、《西气东输进气仪式》等专题片，在中国石油新闻联播和长庆电视台反复播放。制作“一切为了西气东输”的宣传展览。中国石油报专门编发《长庆与西气东输》的专题彩报，取得了很好的反响。2003年，长庆油气当量突破一千万吨，为了加大宣传力度，和油田公司积极协作，制订了周密的宣传策划方案，制作反映长庆局30多年建设成果、队伍精神面貌的宣传展览和《跨越一千万吨》专题片，在中国石油电视频道播放；报纸和网络均加强了宣传力度，振奋了人心，鼓舞了士气。

宣传先进典型，弘扬长庆精神。集中宣传了2002年度全局20名劳模、长庆局第二届青年科技人才“十佳形象”的宣传，开设了《劳模风采》、《长庆之星》专栏，陆续刊发劳模先进的事迹。突出宣传了“全国五一劳动奖章”获得者局长孙玉辰及全国“五一劳动奖状”获得者第三采油技术服务处的事迹，并组织劳模座谈会、进行电视访谈等多种形式，发挥了很好的典型示范作用。围绕建党82周年庆祝活动，总结宣传了钻井40102钻井队、井下压裂5队、职工医院传染科等3个先进党支部以及齐锐等4名优秀共产党员的典型事迹，举办了优秀共产党员、先进党支部事迹报告会，组织了“二次创业中的共产党员”专题片展播，收到了良好的效果。

【精神文明建设】　2003年，长庆局企业文化、精神文明建设取得显著成效。制定了《企业文化建设2003—2007年规划》；确定了8个部级爱国主义教育基地；开展了创建学习型企业活动，培育具有长庆特色的制度文化、管理文化、品牌文化。持续实施企业文化建设“六大工程”，对企业形象识别系统进行了整体设计，大幅度提升了CPEB的品牌价值；精神文明建设，再次走到了所在省区的前列。局工会女职工委员会和第三采油技术服务处工会女职工委员会被中华全国总工会授予“全国先进女职工集体”光荣称号；建设工程总公司荣获“全国精神文明建设先进单位”的荣誉称号和“国家西气东输管道工程建设先进集体”称号。科技工程有限责任公司现场设计小组、器材供应处临汾物资中转站获“西气东输管道工程建设优秀机组（班组）”称号；第三采油技术服务处工会主席刘永林同志荣获“全国优秀工会工作者”称号；钻井工程总公司30533钻井队、井下技术作业处压裂大队压裂五队、建设工程总公司新疆分公司三单位被评为集团公司“百面红旗单位”；建设工程总公司第七工程公司被陕西团省委评为“陕西省青年文明号”；采油三处井下作业一公司作业八队、宁夏长庆化工集团有限责任公司大水坑助剂厂被评为“宁夏回族自治区青年文明号”；兴隆园小区又被评为“陕西省创建文明社区先进单位”；第三采油技术服务处荣获“全国五一劳动奖状”等。

【工会工作】　2003年，全局各级工会组织，以党的十六大和工会十四大精神为指针，认真实践“三个代表”重要思想，围绕全局的中心工作，认真履行维护基本职责，抓基础，抓基层，抓特色，积极探索新形势下工会工作新思路，努力在机制建设上和为职工群众办实事、求实效上下功夫，充分发挥广大职工在“二次创业”和建设小康社会中的主力军作用，为长庆局的改革、发展和稳定做出积极的贡献。

加强基层组织建设，狠抓制度落实，2003年，重点加强了厂处、大队的制度建设和重大事项的公开工作。各级工会注意收集和建立健全各种原始资料，建立了厂务公开领导小组、民主监督小组和办公室，建立健全工作运行体制，制定了适合本单位实际的厂务公开实施办法和实施细则，对各基层队、站民主公开的内容、形式、程序、时间、考核标准、监督检查等方面进行了规范。采取了公开栏、职工大会、职工代表意见书等多种形式进行公开。各单位工会组织职工代表参与单位公开竞价采购大宗物资设备 100 余次，节约资金 3000 多万元。局工会 11 月组织召开了全局厂务公开工作研讨会，收集调研论文 32 篇，进一步总结经验，探索和研究新形势下厂务公开工作的新思路、新方法，使厂务公开工作不断得以升华。

进一步规范了职代会程序，加大对职工代表的培训力度，按时组织召开各级职工代表大会和职工大会，审议行政工作报告、工会工作报告、企业改革改制方案和有关职工切身利益的重要方案、政策、规定，对领导班子成员进行民主评议。局工会组织召开五次职代会代表团长联席会议，审议了 5 项重大政策方案，充分发挥了职代会在企业民主决策、民主管理、民主监督中的作用。各级工会还积极参与了本单位改革改制方案的调研、起草和论证工作，收集职工意见和建议，充分体现职工意愿。局工会在积极指导、推进各单位民主管理工作的同时，参与了长庆局在银川、陇东职工住房政策的宣讲，先后两次组织职工代表到泾河园工业区建设现场监督检查，在银川燕鸽湖基地两次听取了职工意见，加强了建设单位与职工的沟通，并根据职工意见，对建设成本控制、部分房屋结构调整提出了建议。

围绕全局中心工作和重点工程建设，2003年上半年开展了重点工程立功竞赛活动。参与竞赛的单位遍及全局一线各个重点项目，共创造了 37 项新纪录；围绕气田产能建设和西气东输工程，与靖边前线指挥部共同开展了“大干 100 天，建功大气田”立功竞赛活动。竞赛期间共涌现出立功单位 4 个，立功集体 16 个，精品工程 6 项，创新指标 22 项，立功个人 100 名，为长庆先锋气准时正点向上海输送做出了贡献；围绕一线基层队站经营建设，开展了“创市场、增效益”劳动竞赛。竞赛以增强企业科技开发能力、市场竞争能力和抵御风险能力为主攻方向，把解决影响企业发展的难点、实现扭亏增盈等问题作为重点，切实解决了生产经营中的许多难点问题，提高了企业的经济效益；围绕科技强企目标，开展群众性技术攻关、技术革新、发明创造活动。各级工会组织注重发掘职工群众的创造力，最大限度地把职工群众引导到各项经济技术创新活动中来。活动中全局共创造厂处级纪录 200 多项，进行技术攻关、技术革新 2300 多项，收集合理化建议 13300 多条，采纳 2660 多条，实施 830 多条；开展群众性岗位练兵、技术比武活动，并举办了“第十届工人技术运动会”。16 个单位的 252 名选手参加了钻井、修井、变电站值班员、消防、计算机操作等 5 个工种（项目）的决赛。首次成功地承办了陕西省职工技术大赛“长庆钻井杯”石油钻井工技能大赛。组织了 46 个工种的厂处级技术比武，参加人数达 2518 人（次），基层参与选拔比武的人数达 11850 人，涌现出技术状元 12 名，技术标兵 25 名，技术能手 40 名。建设工程总公司电焊工谭郁江、运输处钳工技师宋光熙获得“集团公司技术能手”称号。

各级工会组织把关心职工特别是困难职工生活问题作为一项重要的政治任务来抓，深入职工群众中，体察职工疾苦，及时反映职工的意愿和要求，扎扎实实地帮助他们解决实际问题。2003 年全局共动用资金 461.87 万元，慰问困难户、特困户 1676 户，慰问离退休职工、军烈属、职工遗属 11179 户（人）；慰问在岗职工 6219 人；慰问住院和在家养病的职工 491 人。同时，建立健全职工生活保障体系，确立“不让一户困难家庭生活过不下去、不让一户困难职工子女上不起学、不让一名患大病职工看不起病”的“三个不让”的保障工作目标。坚持把保障困难职工的基本生活作为维护职工权益的重点，继续推动“两个确保”、“一个低保”的落实。

【共青团工作】　2003 年，各级团组织以党的十六大精神为指导，深入贯彻长庆局 2003 年工作会议精神，围绕“二次创业”主题，立足青年素质提升，坚持服务企业改革稳定大局、服务企业中心工作、服务青年成长成才，带领团员青年积极投身“二次创业”的伟大实践，充分发挥了生力军和突击队作用。

围绕全局中心工作、生产建设任务及重点建设项目，积极组织成立青年突击队，并按照《长庆局青年突击队活动实施细则》，对全局的青年突击队活动进行规范管理，以劳动竞赛等形式组织活动，调动其积极性，在生产建设中充分发挥了突击队的作用。4 月份，局团委在陕西省“青工工作经验推介会”上作了题为《高举突击队大旗，发挥生力军作用》的经验介绍。

围绕市场开发、产品销售、企业管理、服务等积极开展“青年文明号”创建活动，并取得了显著成绩。第一采油技术服务处张世甫被共青团中央评为“全国优秀共青团员”；通信处西安线务班被陕西省团委评为“青年文明号标兵”；水电厂团委被甘肃团省委评为“五四红旗团委标兵”；机械制造总厂团委被陕西团省委评为“五四红旗团委”；第三采油技术服务处周春玲的《采输系统结蜡分析及清蜡剂的配方研制》被确定为“集团公司青年创新工作法大赛”获奖项目；公用事业处彭华被评为“陕西省学雷锋先进个人”；第二采油技术服务处刘宝社被甘肃团省委评为“优秀团干部”；井下处何晓梅被甘肃团省委评为“优秀共青团员”。

【企业文化建设】　2003 年，长庆局根据集团公司《企业文化建设纲要》，制定了《企业文化建设 2003—2007 年规划》，明确了指导思想、方针、目标和任务。加强“千里油田文化工程”建设，开展丰富多彩的项目文化、井场文化、社区文化等文化娱乐活动，极大地丰富活跃了职工的文化生活。加强文艺骨干队伍建设，加强长庆文联的工作力度，编辑出版了《长庆文化》第 6 期，组织 6 名文学创作骨干深入生产一线采访两个多月，创作《西部雕龙》等 7 部（篇）报告文学等文学作品，共 30 余万字。开展中国共产党建党 82 周年纪念活动，编排了《长庆儿女心向党》电视文艺晚会，创作了《天使赞》等多个节目，受到了职工群众的喜爱。

节日文化形式多样，“双节”期间，各级工会组织了各种形式的联谊会、灯谜晚会、电影晚会、游艺晚会等 400 多场（次）、焰火晚会 8 场。举办了“长庆局二次创业亮点展”、“迎新春长庆油田职工摄影作品展览”。国庆节期间，举办了国际标准舞大赛和第五届“兴隆杯”职工排球赛，举办大型文艺演出 3 场次，书法摄影展 7 场次。

全面推进全民健身运动。受“非典”的警示，职工群众科学健身、全民健身的意识和愿望迅速增强，局工会因势利导，开展防治“非典”全民健身月活动，将“科学锻炼、有益健康、全民参与、防治非典”确定为活动的主题，活动的时间从 6 月开始延续到 10 月，各级领导带头，有 3 万多人次参加活动，达到职工总数的 80% 以上。先后组织了篮球、足球、排球、文艺演出等 11 个项目的全局比赛 25 届（次），有 283 支男队、236 支女队参加了 1536 场（次）的比赛。还组织队伍，参加了 2003

年集团公司春节团拜会上的歌曲演唱，得到了集团公司领导的高度赞扬。10 月份在北京奥体中心组织了石油信鸽协会第二届信鸽大赛，圆满完成了石油天然气集团公司机关直属单位第三届运动会的开幕式放飞鸽的任务。

【武装工作】 2003 年，是长庆局落实集团公司的工作部署，贯彻“两条基本思路”，实施“四大发展战略”的一年，也是长庆武装工作再上新台阶的一年。长庆武装工作积极适应形势，转变思想观念，不断调整工作思路，深入基层调研，认真思考探索，调整民兵组织结构，适度压缩民兵组建规模，减少普通民兵数量，精干民兵组织。不断完善全民国防教育，开创民兵军事训练和学生军训的新模式，使长庆武装工作具有了长庆特色。

（1）认真贯彻中央《关于加强和改进城市民兵工作的意见》精神，积极落实党管武装工作制度，召开第二次油田党管武装工作座谈会，有 9 个单位主管民兵工作的领导介绍了本单位武装工作经验。同时，明确民兵工作属地条块领导关系和理顺了油田内部民兵工作领导关系。

（2）积极开展以国防教育为主要内容的净化社会风气、提高职工国防知识的“文明工程”；密切军民关系、增强民族团结的“稳定工程”；救助困难学生、爱心献功臣的“德育工程”；为军烈属排忧解难、促进武装工作的“固长城工程”等“四大工程”。

（3）结合长庆实际积极组织民兵和学生进行军训和应急训练，培训基干民兵 326 名，在校学生 1471 名，争取了民兵训练工作主动。并撰写了论文《创新训练强军备战，围绕生产服务油田》，获局机关“创新论文优秀奖”。

（4）在“八一”建军节期间，大力开展国防教育，组织上万名干部职工参加了“全民国防知识答题竞赛活动”。《长庆石油报》开辟“国防教育专栏”，宣传《国防教育法》、《兵役法》和《民兵工作条例》，报道油田民兵整组、军事训练、学生军训、双拥活动情况。从油田生活基地到野外生产一线，都张贴标语，悬挂横幅，把国防教育渗透到各项活动之中，使千里石油矿区成为普及国防教育的主阵地。各基层单位还利用电影院、图书馆、文化活动中心、爱国主义教育基地等，积极开展形式多样、内容丰富的教育活动，在潜移默化中增强人们的国防观念。

（李　强　张永平　史恒伟）

纪检监察工作

【概述】 2003 年，长庆局纪检监察工作，以邓小平理论和“三个代表”重要思想为指导，认真贯彻集团公司纪检监察工作会议及长庆局工作会议精神，紧紧围绕生产经营中心，坚持标本兼治，综合治理的原则，在监督有效和有效监督上下功夫，在源头治理上做文章，推动党风廉政建设和纪检监察工作深入、扎实、有效地开展。

【领导干部廉洁自律】 2003 年，按照全局党风廉政建设和纪检监察工作的部署，为了促进领导干部廉洁自律工作，在全局开展了“两个务必”教育、“四心四珍惜”（即正人心、暖人心、稳人心、聚人心，珍惜手中权力、珍惜集体荣誉、珍惜个人前程、珍惜家庭幸福）活动。在活动中，各级领导干部认真开展了查廉洁自律意识、查作风、查责任、查艰苦奋斗和勤俭节约的“四查”活动。局领导班子成员、全局副处级以上领导干部认真对照集团公司、长庆局有关廉洁自律检查内容进行了自查自评自纠活动。同时，紧密结合实际，制定下发了《长庆局厂处以上领导人员廉洁自律若干行为规范》，对领导干部提出了42个不准，广泛开展了党纪政纪条规教育、典型案例教育、正面典型教育和廉洁从业教育。全局征订和编发教育学习材料4400余份，转发案例通报14篇，组织学习246次，开展专题讨论265次，购置反腐倡廉电教片68部，组织观看58场次，上廉政党课51次，宣传廉政勤政先进典型144个。通过活动的开展，领导机关、领导班子的作风建设得到转变，领导干部廉洁自律的自觉性得到提高，开拓创新、求真务实的意识进一步增强，服务观念、效率观念、纪律观念明显增强，艰苦奋斗，为企业谋发展、为职工谋利益的风气逐步形成。

2003年，全局对加强党风廉政建设和反腐败工作的认识基本到位，重视程度和履行责任的自觉性不断提高。具体体现在“四个贴近”上：即党风廉政建设和反腐败工作与职工关心的热点问题贴得更近；与生产经营中心工作贴得更近；与企业重要人事任免、改革改制等重点工作贴得更近；与现代化传媒手段贴得更近。党风廉政建设和反腐败工作取得了阶段性的明显成效，促进了全局的改革、发展、稳定。

【案件查处】 2003年，共受理信访举报案件117件，初步核实111件。立案15件，其中要案1件，大案2件，结案率100%；受党政纪处分16人；通过初查各类违纪线索和处理各类违纪案件，挽回经济损失78.77万元。

（1）抓好信访举报工作。实行了信访举报责任制，开展了全局信访举报设施和管理情况、上年度信访举报初核原始资料两个专项检查，发现问题58个，及时进行了整改。制定和实施了《案件信息沟通制度》，取得了好的效果。

（2）强化案件调查工作措施。继续实行领导和调查组包案责任制。采取“下沉、下访、下管”的“三下”措施，使查案工作更加贴近群众，贴近实际。实施“分片协查”措施，有效整合了办案力量，加强对基层办案工作指导，加快了办案进度，提高了办案业务水平。

（3）深化“两个延伸”，确保办案质量。坚持把办案工作向案前延伸，定期分析信访和案件规律，针对案件多发部位做好预防工作；向案后延伸，对2002年查结的16起案件进行回访，促进教育转化，并对发案部位进行跟踪检查，帮助加强管理。由此强化了查办案件的治本功能，扩大了办案的综合效应，案件多发势头得到了遏制。

【效能监察】 按照集团公司效能监察工作总体部署，纪检监察部门紧紧围绕科学管理和精细管理的要求，从保证政令畅通、严格监督、规范管理、提高效益入手，把影响企业生存、发展、稳定的薄弱环节作为效能监察的“关键点”，重点开展了外投外借资金清查工作专项监察、财产清查损失处理工作专项监察、招投标工作专项效能监察和自立项目效能监察。全局共立效能监察项目38个。通过效能监察共发现问题180个，发现问题金额1310.9万元，有效整改问题179个，整改问题金额1055.1万元；提出各项建议208条，采纳192条；发现案件线索2件，立案查处2件；处理各类人员35人，避免和挽回经济损失444.83万元。

外投外借资金清查工作专项监察；共清查1999年以前外投外借项目24个，涉及金额2023.9万元，落实了清查责任，建立了外投外借档案；发现问题15个，涉及金额949.4万元，整改问题15个，涉及金额733.1万元；避免和挽回经济损失178.6万元。

财产清查损失处理工作专项监察；发现问题8个，涉及金额165.3万元，避免和挽回经济损失115.45万元。

招投标专项执法监察；共参与招投标活动454次，涉及资金104505.2万元，节约资金

4250.57 万元。

积极开展自立项目效能监察。紧密围绕企业生产经营管理、企业成本、重点项目及群众关心的热点、难点做文章，下功夫，全局共自立项目 33 个，共发现问题 155 个，涉及金额 97.55 万元，整改问题 108 个，提出建议 91 条，建议采纳率 93%，避免和挽回经济损失 150.78 万元，经济处罚 14 人。

【党风廉政建设责任制】 层层签订责任书，分解责任内容。按党风廉政建设责任制要求，全局共签订责任书 1430 份。同时，局纪委对全局党风廉政建设和反腐败的重点工作任务进行了分解，各单位也进行了责任分工。各级领导班子成员结合本职工作，认真履行党风廉政建设责任制，全局上下形成了齐抓共管的局面。

强化监督检查。局纪委于 7、8 两月对 29 个厂处单位的党风廉政建设工作情况进行了巡视调研，并于 8 月底召开了全局纪检监察工作座谈会，对各单位工作亮点进行了展示和交流，通报了巡视调研的情况，对今后的工作提出了要求。11 月中旬，又和组织部门联合组成 5 个检查考核组，对各单位进行了年终检查考核。同时，全局聘任党风廉政监督员 166 名，并坚持从完善制度、抓点带面入手，强化了责任制落实。

严格责任追究。全局共对 17 人次进行了责任追究，其中经济处罚 8 人次，组织处理 8 人次，纪律处分 5 人次，严格的责任追究，促进了责任制的落实。

【源头治理】 坚持体制、机制、制度创新，建立完善了抓源治本的防范机制和监管机制，从规范事权、财权、人事权和物权入手，认真落实厂处单位党政一把手“不直接管财务，不直接管工程招标，不直接管物资采购”的规定，加大了从源头上预防和治理的力度。

(1) 规范事权和人事权。各厂处单位和机关部门进一步建立和完善了领导班子工作制度、会议制度、决策制度和监督制度等必要的工作程序和运行机制。各级领导班子坚持民主集中制原则，对事关生产经营、人事安排、改革改制重大决策、关系职工群众切身利益的重大问题，均按规定经过有关会议集体研究决定或提交职代会审定，实行民主决策，注意发挥班子的集体智慧和整体功能。全局先后制定了有关加强厂处领导班子组织建设、加强领导干部管理、巡视员派驻、干部选拔任用监督检查及领导干部公示、警示、辞职制度等 8 项制度和办法，使选拔任用干部工作走上了制度化、规范化轨道。2003 年，共公开竞聘选拔任用干部 96 人；提拔任用的 386 名干部，均在上会讨论前征求了同级纪委的意见，上任前进行了廉政谈话教育；对 532 名干部进行了廉政提醒谈话教育；针对各级领导干部在工作生活中出现的尚不够违纪的问题，对 30 人进行了诫勉谈话。全局进一步深化了厂务公开，拓展了公开范围，增强了办事透明度，调动了职工参与民主监督的积极性。

(2) 规范财权和物权。为实现会计信息共享，加强财务监管，长庆局制定出了会计集中核算标准化实施方案、实施细则和核算办法，为实现会计集中核算奠定了基础。各厂处单位普遍成立了财务预算委员会，制订了资金授权管理实施办法，规定了资金运用的程序和审批权限，防止了效益流失。局机关相关部门强化了资金监管，全年开展专项检查 25 次，发现和整改问题 16 个；严把对外结算付款关口，对主业各开户单位的 115 个社会银行存款账户进行了清理，撤消账户 12 个，进一步明确了社会银行账户开设的审批程序。对开设账户的单位限额户限额运行情况进行了实地稽查，严肃了结算制度和结算纪律。全局进一步完善了招投标程序和监督办法，各单位建立了招标评委库，制定了招标规程，细化了招标项目，完善了电子商务平台，加大了网上采购物资的力度，监察部门积极参与了监督。

【纪检监察队伍建设】　全局纪检监察系统围绕理论、制度、监督标准和方式方法等“四个创新”，积极组织开展理论研究工作。参与了甘肃省纪委、集团公司组织的用“三个代表”重要思想指导反腐倡廉工作的征文活动，共收到征文20篇，向集团公司、甘肃省推荐上报14篇。被甘肃省纪委监察厅评为征文优秀组织奖，有1篇论文被省纪委评为三等奖。召开了长庆监察支会第六次理论研讨会，对两年来长庆监察支会工作情况进行了回顾总结，对下一步工作提出了具体要求。会上共收到论文44篇，有18篇论文获奖。另外，局纪检监察处撰写的《现代企业制度监督制约机制研究》一文，获石油监察分会第五片组研讨会二等奖；《关于纪检监察工作创新的几点思考》一文，获局机关管理创新研讨会三等奖。

各级纪检监察干部积极适应反腐倡廉工作不断发展的新形势，努力学习经济、政治、法律、企业管理、现代化办公和业务知识，不断改善知识结构，转变思想观念，改善心智模式，提高了综合素质。同时，选派11名同志参加了甘肃省纪委、集团公司党组纪检组组织的业务培训和岗位任职资格培训，有效提高了纪检监察干部的业务水平。

2003年长庆局纪委、纪检监察处被集团公司党组、集团公司授予“2002—2003年度纪检监察模范集体”荣誉称号，第二采油技术服务处纪委副书记、监察科科长刘平同志被集团公司党组、集团公司授予“模范纪检监察干部”荣誉称号，并受到了表彰奖励。

（李巨龙）

第九篇

机构与人物

长庆石油勘探局组织机构

（机关部门18个，机关附属单位10个，直属单位34个，控股企业3个，参股企业1个，托管单位3个，其他机构3个。资料截至日期：2003年12月31日。）

一、长庆局机关（18个处、室、部） 陕西省西安市

局办公室（党委办公室）
财务资产处
市场开发部
生产运行处
人事劳资处（组织部）
规划计划处（关联交易处）
科技发展处
质量安全环保处
纪检监察处
政治思想工作部（党委宣传部、企业文化处、武装部、局团委）
局工会
机关事务管理处（机关党委）
离退休职工管理处
教育处
卫生处
法律事务处
发展研究部
庆阳指挥部 甘肃省庆城县

二、长庆局机关附属（10个） 陕西省西安市

人力资源开发服务中心（再就业服务中心）
社会保险中心
职业技能鉴定中心
巡视员办公室
资金结算中心
石油工程造价管理中心（工程定额概预算管理站）
审计处（审计中心）
西安基地卫生所
西安基地子弟学校
电视台

三、直属单位(34个)

1. 工程技术服务板块(8个)

钻井工程总公司	陕西省西安市
录井公司	宁夏银川市
井下技术作业处	甘肃省庆城县
建设工程总公司	陕西省西安市
工程技术研究院(工程技术处)	陕西省西安市
工程监督公司	陕西省西安市
国际市场开发部(国际石油技术工程公司)	陕西省西安市
油气开发公司	陕西省西安市

2. 生产服务板块(10个)

第一采油技术服务处	陕西省延安市
第二采油技术服务处	甘肃省庆城县
第三采油技术服务处	宁夏银川市
油气技术综合服务处	宁夏银川市
机械制造总厂	甘肃省宁县
器材供应处	陕西省西安市
水电厂	甘肃省庆城县
通信公司	陕西省西安市
运输处	甘肃省庆城县
交通服务处	陕西省西安市

3. 社会服务板块(16个)

培训中心	甘肃省宁县
庆阳子弟总校	甘肃省庆城县
银川高级中学	宁夏银川市
职工疗养院	陕西省西安市
职工医院	甘肃省庆城县
公用事业处	陕西省西安市
银川物业管理处(银川办事处)	宁夏银川市
西安油气销售综合服务处	陕西省西安市
长庆宾馆	陕西省西安市
兰州办事处	甘肃省兰州市
北京联络处	北京市
上海联络处	上海市
乳山职工培训中心(乳山长庆公司)	山东省乳山市
技术监测中心(石油天然气长庆工程质量监督站)	陕西省西安市
长庆石油报社	陕西省西安市
资本运营部(多种经营管理处、集体资产投资管理中心)	陕西省西安市

四、控股企业(3个)

长庆实业集团有限公司　陕西省西安市

房地产开发公司(西安长庆房地产开发有限公司)　陕西省西安市

西安长庆科技工程有限责任公司　陕西省西安市

五、参股企业(1个)

西安长庆工程建设监理有限公司　陕西省西安市

六、托管单位(3个)

马岭炼油厂　甘肃省庆城县

马家滩炼油厂　宁夏区灵武市

长庆石化综合服务处　陕西省咸阳市

七、其他机构(3个)

博士后科研工作站　陕西省西安市

泾河工业园项目组　陕西省西安市

宁夏长庆工业园建设项目组　宁夏银川市

长庆石油勘探局党政领导

序号	姓　名	职　　务
1	孙玉辰	长庆石油勘探局局长、党委书记
2	张继昌	长庆石油勘探局党委副书记、纪委书记
3	杨庆理	长庆石油勘探局副局长、安全总监、党委常委
4	滕玉林	长庆石油勘探局副局长、党委常委
5	刘自强	长庆石油勘探局副局长
6	蒲建中	长庆石油勘探局工会主席、党委常委
7	赵业荣	长庆石油勘探局总工程师、党委常委
8	张芝兰	长庆石油勘探局总会计师、党委常委
9	张启英	局党委常委、人事劳资处处长、党委组织部部长

长庆石油勘探局咨询委员

序号	姓　名	职　　　务
1	陈国法	原长庆石油勘探局副局长、现为局咨询委员
2	王树荣	原长庆石油勘探局工会主席、现为局咨询委员

长庆石油勘探局局长助理

序号	姓　名	职　　　务
1	张元忠	长庆石油勘探局局长助理兼房地产开发公司经理、党委委员
2	邓火孝	长庆石油勘探局局长助理兼长庆实业集团有限公司经理、党委委员
3	杨再生	长庆石油勘探局局长助理兼钻井工程总公司总经理、党委书记

长庆石油勘探局副总

序号	姓　名	职　　　务
1	贾明欧	长庆石油勘探局钻井副总工程师
2	刘硕琼	副总工程师兼工程技术研究院(工程技术处)院长(处长)党委委员
3	戴能尚	局安全副总监兼质量安全环保处处长

长庆石油勘探局机关处室及附属单位班子成员

序号	单位	正职	副职
1	庆阳指挥部	滕玉林(兼)	
2	局办公室(党委办公室)	张宏鹏	李三卫　杨懿峰 陈辉荣
3	生产运行处	吴述普	于怀兴　万云峰 孙智国　高连中
4	市场开发部	谢文虎	黄应红　李建福 勾　建
5	法律事务处		高　鹏
6	财务资产处	张忠华	王　红　杨杰山 童天喜　刑发银
	资金结算中心	阮平生	阮开奎
7	规划计划处(关联交易处)	马效忠	尚　进　倪文清 肖剑华　廖长明
	石油工程造价管理中心(工程定额概预算管理站)	廖长明(兼)	
8	科技发展处	丁世宣	陈军强
9	质量安全环保处	戴能尚(兼)	王玉琦　郭占春

续表

序号	单　　位	正　职	副　职
10	人事劳资处(党委组织部)	张启英(兼)	徐维坚　赵清显 王录军
	人力资源开发服务中心(再就业服务中心)	徐维坚(兼)	戎玉瑛　石恒春
	职业技能鉴定中心	刘晓华	冯树立
	社会保险中心	李锡璋	
11	纪检监察处	安武林	苏碎勋　张景尧 李巨龙　刘春科
12	政治思想工作部	郭志刚	
	宣传部(企业文化处)	郭志刚	戴　娜　李尊团
	局团委		张明力
	武装部	范恩海	
13	局工会	曹师伊　周红霞	
14	机关事务管理处(机关党委)	王凤嘉	陈云虎　李新杰
15	审计处(审计中心)	张金山	何丽君　杨吉明 阎凤俊
16	教育处	王振昌	范光洲　孟汉青
17	卫生处	贺红旗	
18	离退休职工管理处	朱世骏	秦有明
19	发展研究部	徐安国	黄祥林
20	巡视员办公室	黄儒新	

长庆石油勘探局所属单位及控股单位班子成员

序号	单位	处长(经理、主任、院长、校长、社长)	党委(总支)书记	副处长(副经理、副主任、副院长、副校长、副社长、副书记、纪委书记、工会主席、总工程师、总会计师)
1	国际市场开发部(国际石油技术工程公司)	金学智	金学智	袁争鸣 董兰生 郭建友 闫世和 张振武
2	资本运营部(多种经营管理处、集体资产投资管理中心)	袁培森	袁培森	张生春 刘维忠 高小东 周延礼
3	钻井工程总公司	杨再生(兼)	杨再生(兼)	赵宏英 李旭春 张晓成 韩 庆 李功玉 潘应元 高荣瑛 沈双平 郭 杰 岳砚华 刘新建
4	建设工程总公司	凌心强	朱德胜	文杰堂 任留生 刘 伟 王 锐 王建国 范万动 杨正新 郭怀林 韩建成 刘济民 王国仁 刘建华 王 凌 边文宇 郝世英 朱传敬
5	第一采油技术服务处	吴志华	吴志华	刘 琴 陶德荣 张 暄 孙常印 王 旭
6	第二采油技术服务处	刘拴孝	刘拴孝	王秉科 燕世文 雒继忠 李崇奇 严正江 王振华 李开连
7	第三采油技术服务处	朱文伯	朱文伯	刘永林 贺军生 强少军 程玉虎 曹继虎
8	井下技术作业处	王鸿彬	刘勇谋	吕凤军 赵 勇 李静群 田广平 付贵荣 徐宝亮 胡文让 李 锋 赵中华
9	工程技术研究院(工程技术处)	刘硕琼(兼)	刘顶运	荆长勇 王长宁 孙玉玺 刘贵喜 雷 桐 宋振云 谭 平

续表

序号	单　　位	处长(经理、主任、院长、校长、社长)	党委(总支)书　记	副处长(副经理、副主任、副院长、副校长、副社长、副书记、纪委书记、工会主席、总工程师、总会计师)
10	博士后工作站	张启英(兼)		袁孟嘉　丁世宣(兼) 徐维坚(兼)　王长宁(兼)
11	西安长庆科技工程有限责任公司	何宗平	朱文甫	张正海　李智渊　李时宣 张　帆　杨世海
12	西安长庆工程建设监理有限公司	孙志文	孙志文	
13	工程监督公司	王益海	王益海	赵　康
14	机械制造总厂	杨　锋	纪忠明	徐步京　李红才　冯林生 陈建毅　王　翔　吉振宇
15	运输处	杨伯岳	李　涛	李建民　马忠林　熊浩平 张　峰　翟习佳
16	水电厂	慕甲锋	慕甲锋	于　军　周地南　王进海 童建平　杨志铎　侯远志
17	器材供应处	张富中	孔明杜	王平生　周建民　刘世祥 易宝安
18	油气技术综合服务处	杨　清	杨　清	杨　文　朱彦博　田毓峰 樊　成　杨鹏云
19	通信公司	郝永宏	郭海岗	郭文仲　杨定普　黄晓东 陈国庆　刘振华　艾宝泉
20	职工医院	杨耀民	马积玉	李　琪　杨共和　张百宁 田　云
21	职工疗养院	宋钊元	宋钊元	刘全利　郝自力
22	公用事业处	牛仁会	牛仁会	白文运　付运生　徐　斌 陈有仁　李　云
23	交通服务处	石玉国	石玉国	李　明
24	长庆宾馆	刘　琦	刘　琦	毕丽君　李晓明
25	西安油气销售综合服务处	吴全福	吴全福	孙素辉
26	培训中心	史仲乾	余连城	郭月琴　衣国安　王　乐 徐进学　尤学文　鱼永纲

续表

序号	单　　位	处长(经理、主任、院长、校长、社长)	党委(总支)书　记	副处长(副经理、副主任、副院长、副校长、副社长、副书记、纪委书记、工会主席、总工程师、总会计师)
27	庆阳子弟总校	王智兴	康俊杰	高　议　顾　云　席进忠　王金江
28	银川高级中学	雷永锋	王占龙	陈金龙　于成义　蔺晓林
29	长庆石油报社	王纪中	王纪中	雍亚民　金其超
30	中国石油报社驻长庆记者站	张新民		
31	技术监测中心	何　毅	何　毅	贾春虎
32	房地产开发公司(西安长庆房地产开发有限公司)	张元忠(兼)	周仁荣	李庆宁　张树国　权　衡　尚世君　吕本祥　李广权　王黎明
33	长庆实业集团有限公司	邓火孝(兼)	王跃龙	郭树森　黄依理　苏计成　吕立国　夏化民　王维东　王天新　曹丽辉
34	银川物业管理处(银川办事处)	许　允	叶含中	杨登治　周宏跃　巴怀富　文宏平
35	油气开发公司	杨玉征	杨玉征	秦惠中　张凤奎　王永华　李金明　姬定成　阎凤俊(兼)
36	录井公司	姚建国	姚建国	杨金龙　龙利平　张应忠　陈四魁
37	泾河工业园项目组	张文锦	张文锦	王黎明(兼)　夏孟虎　王铁项　张君海
38	宁夏长庆工业园建设项目组	马建军	马建军	李舜和　郭必虎　刘光前　张占玺
39	北京联络处	王欣夫	王欣夫	邵明新
40	上海办事处		刘志文	刘志文
41	兰州办事处		陈晓玲	陈晓玲
42	乳山职工培训中心(乳山长庆公司)	王育中	王育中	周义刚

长庆石油勘探局正高级职称人员

序号	单　　　位	姓　名	技　术　职　称	备　　注
1	长庆石油勘探局	孙玉辰	教授级高级政工师	
2	长庆石油勘探局	张继昌	教授级高级政工师	
3	长庆石油勘探局	杨庆理	教授级高级工程师	
4	长庆石油勘探局	赵业荣	教授级高级工程师	2001 年特贴
5	长庆石油勘探局	贾明欧	教授级高级工程师	
6	长庆石油勘探局	刘硕琼	教授级高级工程师	
7	长庆石油勘探局	邓火孝	教授级高级工程师	
8	长庆石油勘探局	杨再生	教授级高级工程师	
9	局工会	曹师伊	教授级高级政工师	
10	市场开发部	谢文虎	教授级高级工程师	
11	科技发展处	侯哲国	教授级高级工程师	2000 年特贴
12	卫生处	贺红旗	主任医师	
13	井下技术作业处	王鸿彬	教授级高级经济师	
14	长庆实业集团有限公司	王跃龙	教授级高级政工师	
15	工程技术研究院	刘顶运	教授级高级工程师	
16	博士后科研工作站	袁孟嘉	教授级高级工程师	
17	工程技术研究院	杨呈德	教授级高级工程师	1993 年特贴
18	房地产开发公司	李庆宁	教授级高级经济师	
19	职工医院	杨耀民	主任医师	
20	职工医院	李明科	主任医师	
21	油气开发公司	杨玉征	教授级高级工程师	
22	油气开发公司	秦惠中	教授级高级经济师	

长庆石油勘探局副高级职称人员

序号	单　　位		
1	长庆石油勘探局	滕玉林	高级经济师
2	长庆石油勘探局	刘自强	高级工程师
3	长庆石油勘探局	蒲建中	高级工程师
4	长庆石油勘探局	张启英	高级工程师
5	长庆石油勘探局	张元忠	高级经济师
6	长庆石油勘探局	戴能尚	高级工程师
7	局办公室(党委办公室)	张宏鹏	高级政工师
8	局办公室(党委办公室)	李三卫	高级政工师
9	局办公室(党委办公室)	杨懿峰	高级经济师
10	局办公室(党委办公室)	罗晓琴	高级工程师
11	人事劳资处(组织部)	徐维坚	高级工程师
12	人事劳资处(组织部)	王录军	高级政工师
13	人事劳资处(组织部)	杨雄义	高级工程师
14	人事劳资处(组织部)	蔡金海	高级工程师
15	人事劳资处(组织部)	曾晓培	高级政工师
16	人事劳资处(组织部)	冀小祁	高级工程师
17	人事劳资处(组织部)	谭郁平	高级工程师
18	人事劳资处(组织部)	王凤礼	高级工程师
19	人事劳资处(组织部)	郭东宏	高级工程师
20	纪检监察处	安武林	高级政工师
21	纪检监察处	苏碎勋	高级政工师

续表

序号	单　　　位	姓　名	技　术　职　称
22	纪检监察处	冯　彪	高级政工师
23	纪检监察处	李润生	高级政工师
24	党委宣传部(企业文化处)	郭志刚	高级政工师
25	党委宣传部(企业文化处)	戴　娜	高级政工师
26	党委宣传部(企业文化处)	史树德	高级政工师
27	局电视台	张平心	高级政工师
28	局电视台	张庆文	主任记者
29	局工会	周红霞	高级政工师
30	局工会	康　熹	高级政工师
31	局工会	徐家林	高级政工师
32	局工会	李鸿明	高级政工师
33	发展研究部(咨询中心)	徐安国	高级经济师
34	发展研究部(咨询中心)	荆永福	高级工程师
35	发展研究部(咨询中心)	刘永泉	高级工程师
36	规划计划处(关联交易处)	马效忠	高级工程师
37	规划计划处(关联交易处)	肖剑华	高级经济师
38	规划计划处(关联交易处)	张国伟	高级经济师
39	规划计划处(关联交易处)	尚　进	高级工程师
40	生产运行处	吴述普	高级工程师
41	生产运行处	于怀兴	高级经济师
42	生产运行处	万云峰	高级工程师
43	生产运行处	孙智国	高级工程师

续表

序号	单　　位	姓　名	技　术　职　称
44	生产运行处	张玉坤	高级工程师
45	生产运行处	雒建胜	高级工程师
46	石油工程造价管理中心	廖长明	高级经济师
47	市场开发部	黄应红	高级工程师
48	市场开发部	勾　建	高级工程师
49	市场开发部	邓忠义	高级工程师
50	科技发展处	丁世宣	高级工程师
51	科技发展处	陈军强	高级工程师
52	科技发展处	高尊民	高级工程师
53	机关事务管理处	王凤嘉	高级政工师
54	教育处	王振昌	高级工程师
55	教育处	孟汉青	高级工程师
56	教育处	范光洲	中学高级教师
57	教育处	王新民	中学高级教师
58	教育处	张　芸	中学高级教师
59	教育处	田璟利	中学高级教师
60	质量安全环保处	郭占春	高级工程师
61	质量安全环保处	王玉琦	高级工程师
62	质量安全环保处	辛熠平	高级工程师
63	质量安全环保处	马全仁	高级工程师
64	质量安全环保处	张兴科	高级工程师
65	质量安全环保处	冯忠全	高级工程师

续表

序号	单　　位	姓　名	技 术 职 称
66	审计处	张金山	高级审计师
67	财务资产处	杨吉明	高级会计师
68	财务资产处	何丽君	高级会计师
69	财务资产处	张忠华	高级会计师
70	财务资产处	王　红	高级会计师
71	财务资产处	刘继红	高级会计师
72	财务资产处	杨杰山	高级会计师
73	财务资产处	陈　春	高级会计师
74	财务资产处	张　瑞	高级工程师
75	资金结算中心	阮平生	高级工程师
76	资金结算中心	阮开奎	高级会计师
77	离退休职工管理处	郭爱琴	高级政工师
78	离退休职工管理处	朱世骏	高级政工师
79	离退休职工管理处	秦有明	高级政工师
80	人力资源开发服务中心	李　宁	高级工程师
81	人力资源开发服务中心	戎玉瑛	高级工程师
82	职业技能鉴定中心	钱定新	高级经济师
83	社会保险中心	李锡璋	高级经济师
84	巡视员办公室	黄儒新	高级政工师
85	巡视员办公室	王殿民	副教授
86	巡视员办公室	施洪建	高级政工师
87	泾河工业园项目组	张文锦	高级政工师

续表

序号	单　　　位	姓　名	技　术　职　称
88	泾河工业园项目组	王黎明	高级工程师
89	泾河工业园项目组	王铁项	高级讲师
90	宁夏河东工业园建设项目组	马建军	高级工程师
91	宁夏河东工业园建设项目组	郭必虎	高级政工师
92	西安基地卫生所	张建萍	副主任医师
93	西安基地子弟学校	朱克强	中学高级教师
94	西安基地子弟学校	刘少阳	中学高级教师
95	西安基地子弟学校	王嘉利	中学高级教师
96	西安基地子弟学校	王存才	中学高级教师
97	西安基地子弟学校	李顺启	中学高级教师
98	西安基地子弟学校	葛志莲	中学高级教师
99	西安基地子弟学校	赵珍兰	中学高级教师
100	西安基地子弟学校	高春毅	中学高级教师
101	西安基地子弟学校	薛安民	中学高级教师
102	西安基地子弟学校	王　华	中学高级教师
103	西安基地子弟学校	李建平	中学高级教师
104	西安基地子弟学校	刘玉兰	中学高级教师
105	西安基地子弟学校	曹朗朗	中学高级教师
106	西安基地子弟学校	周　兰	中学高级教师
107	第一采油技术服务处	吴志华	高级工程师
108	第一采油技术服务处	党义玲	中学高级教师
109	第一采油技术服务处	段万祥	中学高级教师

续表

序号	单　　位	姓　名	技　术　职　称
110	第一采油技术服务处	甄永峰	中学高级教师
111	第一采油技术服务处	吉双虎	中学高级教师
112	第一采油技术服务处	王芒丽	中学高级教师
113	第一采油技术服务处	朱克强	中学高级教师
114	第一采油技术服务处	刘铁锁	中学高级教师
115	第一采油技术服务处	王芳玲	中学高级教师
116	第一采油技术服务处	张天锋	中学高级教师
117	第一采油技术服务处	刘永谦	中学高级教师
118	第一采油技术服务处	温哲豪	高级工程师
119	第一采油技术服务处	张树德	副主任医师
120	第一采油技术服务处	张清俊	副主任医师
121	第一采油技术服务处	吴福兴	副主任医师
122	第一采油技术服务处	刘延民	副主任医师
123	第一采油技术服务处	梁晓春	副主任医师
124	第一采油技术服务处	芦海洋	副主任药剂师
125	第一采油技术服务处	李　莉	副主任医师
126	第二采油技术服务处	刘拴孝	高级经济师
127	第二采油技术服务处	李崇奇	高级会计师
128	第二采油技术服务处	雒继忠	高级工程师
129	第二采油技术服务处	李开连	高级工程师
130	第二采油技术服务处	王兴国	高级政工师
131	第二采油技术服务处	张新峰	高级工程师

续表

序号	单　　位	姓　名	技　术　职　称
132	第二采油技术服务处	李永辉	中学高级教师
133	第二采油技术服务处	毛德科	中学高级教师
134	第二采油技术服务处	靳思贤	高级工程师
135	第二采油技术服务处	金正谦	高级工程师
136	第三采油技术服务处	朱文伯	高级工程师
137	第三采油技术服务处	程玉虎	高级工程师
138	第三采油技术服务处	刘永林	高级工程师
139	第三采油技术服务处	唐建平	副主任医师
140	第三采油技术服务处	宋建明	副主任医师
141	第三采油技术服务处	韩志民	副主任医师
142	第三采油技术服务处	郑社教	高级讲师
143	钻井工程总公司	赵宏英	高级政工师
144	钻井工程总公司	韩　庆	高级工程师
145	钻井工程总公司	李旭春	高级工程师
146	钻井工程总公司	潘应元	高级经济师
147	钻井工程总公司	张晓成	高级工程师
148	钻井工程总公司	高荣瑛	高级经济师
149	钻井工程总公司	沈双平	高级工程师
150	钻井工程总公司	岳砚华	高级工程师
151	钻井工程总公司	郭　杰	高级政工师
152	钻井工程总公司	吕松林	高级工程师
153	钻井工程总公司	彭国荣	高级工程师

续表

序号	单　　位	姓　名	技　术　职　称
154	钻井工程总公司	王居明	高级工程师
155	钻井工程总公司	吕平福	高级工程师
156	钻井工程总公司	韩相义	高级工程师
157	钻井工程总公司	常占宪	高级工程师
158	钻井工程总公司	肖纪石	高级工程师
159	钻井工程总公司	高政宏	高级工程师
160	钻井工程总公司	周　浩	高级工程师
161	钻井工程总公司	王均良	高级工程师
162	钻井工程总公司	孙保林	高级工程师
163	钻井工程总公司	张增年	高级工程师
164	钻井工程总公司	朱　虎	高级工程师
165	钻井工程总公司	田少江	高级工程师
166	钻井工程总公司	何巨川	高级政工师
167	钻井工程总公司	王宏伟	高级工程师
168	钻井工程总公司	蒋跃新	高级工程师
169	钻井工程总公司	肖建东	高级工程师
170	钻井工程总公司	韦海防	高级工程师
171	钻井工程总公司	吴付频	高级工程师
172	钻井工程总公司	李百顺	高级经济师
173	钻井工程总公司	李章元	高级工程师
174	钻井工程总公司	史向东	高级工程师
175	钻井工程总公司	慕建军	高级工程师

续表

序号	单　　位	姓　名	技 术 职 称
176	钻井工程总公司	陈水镜	高级经济师
177	钻井工程总公司	刘胜娃	高级工程师
178	钻井工程总公司	王玉明	高级工程师
179	钻井工程总公司	冉启华	高级工程师
180	钻井工程总公司	石宪峰	高级工程师
181	钻井工程总公司	刘新建	高级会计师
182	钻井工程总公司	李功玉	高级工程师
183	钻井工程总公司	李进塘	高级工程师
184	钻井工程总公司	李　勇	高级工程师
185	钻井工程总公司	李　泉	高级工程师
186	钻井工程总公司	李晓明	高级工程师
187	钻井工程总公司	杨芝萍	高级工程师
188	钻井工程总公司	苏兴华	高级工程师
189	钻井工程总公司	邵贵田	高级工程师
190	钻井工程总公司	刘文华	高级工程师
191	钻井工程总公司	秦建忠	高级工程师
192	钻井工程总公司	李　艳	高级会计师
193	钻井工程总公司	郭卫军	高级工程师
194	钻井工程总公司	王泽霖	高级工程师
195	钻井工程总公司	谢凌祥	高级工程师
196	钻井工程总公司	智兴昌	中学高级教师
197	钻井工程总公司	罗润子	中学高级教师

续表

序号	单　　位	姓　名	技　术　职　称
198	钻井工程总公司	李建明	副主任医师
199	钻井工程总公司	席建堂	副主任医师
200	钻井工程总公司	曹文信	副主任医师
201	钻井工程总公司	王占宁	副主任医师
202	钻井工程总公司	韩文兴	副主任医师
203	钻井工程总公司	张应华	中学高级教师
204	钻井工程总公司	何光荣	中学高级教师
205	钻井工程总公司	慕勤国	中学高级教师
206	钻井工程总公司	蒙学成	中学高级教师
207	钻井工程总公司	野德胜	中学高级教师
208	钻井工程总公司	薛仁福	中学高级教师
209	钻井工程总公司	周建兴	中学高级教师
210	钻井工程总公司	柴仓库	中学高级教师
211	钻井工程总公司	张富军	中学高级教师
212	钻井工程总公司	薛克泰	中学高级教师
213	钻井工程总公司	化柱州	副主任医师
214	钻井工程总公司	李　斌	中学高级教师
215	录井公司	姚建国	高级工程师
216	录井公司	王志峰	高级工程师
217	录井公司	孙水利	高级工程师
218	录井公司	曹岩刚	高级工程师
219	录井公司	龙利平	高级工程师

续表

序号	单　　位	姓　名	技　术　职　称
220	录井公司	雍存侠	高级工程师
221	录井公司	郝俊林	高级工程师
222	录井公司	邵东波	高级工程师
223	录井公司	罗　强	高级工程师
224	录井公司	胡培茂	高级工程师
225	录井公司	董拴有	高级工程师
226	录井公司	梅海桥	高级工程师
227	井下技术作业处	刘勇谋	高级工程师
228	井下技术作业处	吕凤军	高级政工师
229	井下技术作业处	赵　勇	高级工程师
230	井下技术作业处	李静群	高级工程师
231	井下技术作业处	漆雕良	高级工程师
232	井下技术作业处	王庚锁	高级工程师
233	井下技术作业处	苏金柱	高级工程师
234	井下技术作业处	李武平	高级工程师
235	井下技术作业处	张摩西	高级工程师
236	井下技术作业处	汪义发	高级工程师
237	井下技术作业处	陈　平	高级工程师
238	井下技术作业处	黄金河	高级工程师
239	井下技术作业处	谢正温	高级工程师
240	井下技术作业处	孙　虎	高级工程师
241	井下技术作业处	王宏宇	高级经济师

续表

序号	单　　位	姓　名	技　术　职　称
242	井下技术作业处	刘培润	高级工程师
243	井下技术作业处	刘文晖	高级工程师
244	井下技术作业处	赵维斌	高级工程师
245	井下技术作业处	王宇豪	中学高级教师
246	井下技术作业处	孙宝成	中学高级教师
247	井下技术作业处	孙　莉	中学高级教师
248	建设工程总公司	凌心强	高级工程师
249	建设工程总公司	朱德胜	高级政工师
250	建设工程总公司	陈永进	高级工程师
251	建设工程总公司	赵永忠	高级工程师
252	建设工程总公司	刘　伟	高级政工师
253	建设工程总公司	韩建成	高级工程师
254	建设工程总公司	刘济民	高级工程师
255	建设工程总公司	边文宇	高级政工师
256	建设工程总公司	任留生	高级政工师
257	建设工程总公司	王建国	高级工程师
258	建设工程总公司	范万动	高级会计师
259	建设工程总公司	朱传敬	高级工程师
260	建设工程总公司	郝世英	高级工程师
261	建设工程总公司	许小成	高级工程师
262	建设工程总公司	岳志宏	高级工程师
263	建设工程总公司	崔旭良	高级工程师

续表

序号	单　　位	姓　名	技　术　职　称
264	建设工程总公司	路彩青	高级工程师
265	建设工程总公司	张景斌	高级工程师
266	建设工程总公司	廉援朝	副主任医师
267	油气技术综合服务处	杨　清	高级政工师
268	油气技术综合服务处	朱彦博	高级农艺师
269	油气技术综合服务处	张鹏云	高级讲师
270	水电厂	慕甲锋	高级会计师
271	水电厂	周地南	高级经济师
272	水电厂	童建平	高级工程师
273	水电厂	杨志铎	高级政工师
274	水电厂	侯元志	高级工程师
275	水电厂	李志锋	高级工程师
276	水电厂	刘志恩	高级工程师
277	水电厂	马镇文	高级工程师
278	水电厂	李永军	高级工程师
279	水电厂	唐绍生	高级工程师
280	机械制造总厂	杨　锋	高级经济师
281	机械制造总厂	纪忠明	高级政工师
282	机械制造总厂	李红才	高级工程师
283	机械制造总厂	吉振宇	高级工程师
284	机械制造总厂	秦德福	高级工程师
285	机械制造总厂	谭家荣	高级工程师

续表

序号	单　　位	姓　名	技 术 职 称
286	机械制造总厂	唐忠钰	中学高级教师
287	机械制造总厂	韩宏斌	高级工程师
288	机械制造总厂	刘舒义	高级工程师
289	机械制造总厂	白文雄	高级工程师
290	机械制造总厂	薛庆生	副主任医师
291	机械制造总厂	丁发亮	高级工程师
292	机械制造总厂	田百选	高级工程师
293	机械制造总厂	曹接民	高级工程师
294	机械制造总厂	何　勇	高级工程师
295	机械制造总厂	孟平德	高级工程师
296	机械制造总厂	王安平	高级工程师
297	机械制造总厂	刘忠和	高级工程师
298	机械制造总厂	张春新	高级工程师
299	机械制造总厂	徐安东	高级工程师
300	机械制造总厂	何胆孝	中学高级教师
301	机械制造总厂	程旭昌	中学高级教师
302	机械制造总厂	姚志长	中学高级教师
303	机械制造总厂	栗新洮	中学高级教师
304	机械制造总厂	吕荣华	中学高级教师
305	机械制造总厂	陈治中	中学高级教师
306	机械制造总厂	徐自创	中学高级教师
307	机械制造总厂	惠登科	中学高级教师

续表

序号	单　　位	姓　名	技　术　职　称
308	公用事业处	牛仁会	高级政工师
309	公用事业处	白文运	高级政工师
310	公用事业处	张晓林	高级工程师
311	长庆实业集团有限公司	郭树森	高级政工师
312	长庆实业集团有限公司	苏计成	高级经济师
313	长庆实业集团有限公司	黄依理	高级工程师
314	长庆实业集团有限公司	王天新	高级工程师
315	长庆实业集团有限公司	王维东	高级经济师
316	长庆实业集团有限公司	曹丽辉	高级会计师
317	长庆实业集团有限公司	姚明星	高级政工师
318	长庆实业集团有限公司	张志荣	高级工程师
319	长庆实业集团有限公司	李存群	高级工程师
320	器材供应处	张富中	高级经济师
321	器材供应处	孔明杜	高级政工师
322	器材供应处	刘世祥	高级政工师
323	器材供应处	徐定国	高级工程师
324	器材供应处	吴涛生	高级经济师
325	器材供应处	杨小琴	中学高级教师
326	器材供应处	杨丽芸	中学高级教师
327	器材供应处	职玉清	中学高级教师
328	运输处	李　涛	高级政工师
329	运输处	李健民	高级政工师

续表

序号	单　　　　位	姓　名	技　术　职　称
330	运输处	席崇道	高级会计师
331	运输处	翟习佳	高级工程师
332	交通服务处	武西安	高级工程师
333	交通服务处	石玉国	高级政工师
334	通信公司	郝永宏	高级经济师
335	通信公司	郭海岗	高级政工师
336	通信公司	刘振华	高级工程师
337	通信公司	郭文仲	高级工程师
338	通信公司	黄晓东	高级工程师
339	通信公司	程维平	高级工程师
340	通信公司	刘玉芬	高级工程师
341	通信公司	李亚峰	高级工程师
342	通信公司	杜　娟	高级工程师
343	通信公司	王建忠	高级工程师
344	通信公司	张吉应	高级工程师
345	长庆石油报社	金其超	主任编辑
346	长庆石油报社	王纪中	高级政工师
347	技术监测中心	何　毅	高级工程师
348	技术监测中心	贾春虎	高级工程师
349	技术监测中心	刘丰年	高级工程师
350	技术监测中心	徐怀玉	高级工程师
351	技术监测中心	潘文启	高级讲师

续表

序号	单　　位	姓　名	技　术　职　称
352	西安长庆科技工程有限责任公司	何宗平	高级工程师
353	西安长庆科技工程有限责任公司	朱文甫	高级工程师
354	西安长庆科技工程有限责任公司	张正海	高级政工师
355	西安长庆科技工程有限责任公司	李智渊	高级会计师
356	西安长庆科技工程有限责任公司	张　帆	高级工程师
357	西安长庆科技工程有限责任公司	李时宣	高级工程师
358	西安长庆科技工程有限责任公司	杨世海	高级工程师
359	西安长庆科技工程有限责任公司	黄　琨	高级工程师
360	西安长庆科技工程有限责任公司	冯凯生	高级工程师
361	西安长庆科技工程有限责任公司	曹家泉	高级工程师
362	西安长庆科技工程有限责任公司	赵兴国	高级工程师
363	西安长庆科技工程有限责任公司	白红升	高级工程师
364	西安长庆科技工程有限责任公司	郭少林	高级工程师
365	西安长庆科技工程有限责任公司	何　军	高级工程师
366	西安长庆科技工程有限责任公司	牟小平	高级工程师
367	西安长庆科技工程有限责任公司	陆子谦	高级工程师
368	西安长庆科技工程有限责任公司	方文俊	高级工程师
369	西安长庆科技工程有限责任公司	陈金根	高级工程师
370	西安长庆科技工程有限责任公司	王　斌	高级工程师
371	西安长庆科技工程有限责任公司	李相庭	高级工程师
372	西安长庆科技工程有限责任公司	邹涛录	高级工程师
373	西安长庆科技工程有限责任公司	陈鸿斌	高级工程师

续表

序号	单　　　位	姓　名	技　术　职　称
374	西安长庆科技工程有限责任公司	胡学锋	高级工程师
375	西安长庆科技工程有限责任公司	胡建国	高级工程师
376	西安长庆科技工程有限责任公司	邹　和	高级工程师
377	西安长庆科技工程有限责任公司	穆冬玲	高级工程师
378	西安长庆科技工程有限责任公司	任兴文	高级工程师
379	西安长庆科技工程有限责任公司	常益民	高级工程师
380	西安长庆科技工程有限责任公司	何茂林	高级工程师
381	西安长庆科技工程有限责任公司	王晓东	高级工程师
382	西安长庆科技工程有限责任公司	刘文喜	高级工程师
383	西安长庆科技工程有限责任公司	刘利群	高级工程师
384	西安长庆科技工程有限责任公司	赵志刚	高级工程师
385	西安长庆科技工程有限责任公司	李　娟	高级工程师
386	西安长庆科技工程有限责任公司	隋月凤	高级工程师
387	西安长庆科技工程有限责任公司	姚光蓉	高级工程师
388	西安长庆科技工程有限责任公司	曹海忠	高级工程师
389	西安长庆科技工程有限责任公司	孙志鹏	高级工程师
390	西安长庆科技工程有限责任公司	贾德义	高级工程师
391	西安长庆科技工程有限责任公司	方　俊	高级工程师
392	西安长庆科技工程有限责任公司	聂　华	高级工程师
393	工程技术研究院	荆长勇	高级政工师
394	工程技术研究院	孙玉玺	高级工程师
395	工程技术研究院	王长宁	高级工程师

续表

序号	单　　位	姓　名	技　术　职　称
396	工程技术研究院	刘贵喜	高级工程师
397	工程技术研究院	雷　桐	高级工程师
398	工程技术研究院	谭　平	高级工程师
399	工程技术研究院	宋振云	高级工程师
400	工程技术研究院	陈在君	高级工程师
401	工程技术研究院	毛连海	高级工程师
402	工程技术研究院	张西明	高级工程师
403	工程技术研究院	尹才元	高级工程师
404	工程技术研究院	马海忠	高级工程师
405	工程技术研究院	买炎广	高级工程师
406	工程技术研究院	任雁鹏	高级工程师
407	工程技术研究院	李品春	高级工程师
408	工程技术研究院	温雪丽	高级工程师
409	工程技术研究院	魏周胜	高级工程师
410	工程技术研究院	周春玲	高级工程师
411	工程技术研究院	张毓民	高级工程师
412	工程技术研究院	田福德	高级工程师
413	工程技术研究院	王立群	高级工程师
414	工程技术研究院	李志航	高级工程师
415	工程技术研究院	赵喜民	高级工程师
416	工程技术研究院	张汉林	高级工程师
417	工程技术研究院	拓伯民	高级工程师

续表

序号	单　　位	姓　名	技　术　职　称
418	工程技术研究院	范兴沃	高级工程师
419	工程技术研究院	张建斌	高级工程师
420	房地产开发公司	周仁荣	高级经济师
421	房地产开发公司	尚世君	高级会计师
422	房地产开发公司	高思毅	高级工程师
423	房地产开发公司	吕本祥	高级工程师
424	房地产开发公司	丁　伟	高级经济师
425	房地产开发公司	李敏光	高级政工师
426	房地产开发公司	刘东轸	高级政工师
427	房地产开发公司	张德新	高级经济师
428	职工医院	马积玉	高级政工师
429	职工医院	杨共和	高级政工师
430	职工医院	张百宁	副主任医师
431	职工医院	李　琪	副主任医师
432	职工医院	田　云	高级政工师
433	职工医院	武卫东	副主任医师
434	职工医院	李秀英	副主任医师
435	职工医院	牛靖峰	副主任医师
436	职工医院	张为民	副主任医师
437	职工医院	唐承伟	副主任医师
438	职工医院	王　平	副主任医师
439	职工医院	白晓霞	副主任医师

续表

序号	单　　位	姓　名	技　术　职　称
440	职工医院	李永红	副主任医师
441	职工医院	胡　清	副主任医师
442	职工医院	童玉梅	副主任医师
443	职工医院	黄金环	副主任医师
444	职工医院	吴世俊	副主任医师
445	职工医院	王树德	副主任医师
446	职工医院	李西安	副主任医师
447	职工医院	张建民	副主任医师
448	职工医院	李建凯	副主任药师
449	职工医院	杨　伟	副主任医师
450	职工医院	王长青	副主任医师
451	职工疗养院	宋钊元	高级政工师
452	职工疗养院	刘全利	高级政工师
453	职工疗养院	郝自力	副主任医师
454	职工疗养院	徐宏万	高级经济师
455	职工疗养院	屈发启	高级工程师
456	职工疗养院	刘致远	高级政工师
457	培训中心	史仲乾	高级讲师
458	培训中心	余连城	高级工程师
459	培训中心	郭月琴	高级政工师
460	培训中心	徐进学	高级讲师
461	培训中心	衣国安	高级讲师

续表

序号	单　　位	姓　名	技　术　职　称
462	培训中心	王　乐	高级政工师
463	培训中心	鱼永纲	高级政工师
464	培训中心	金俊禄	高级讲师
465	培训中心	王淑娟	高级讲师
466	培训中心	路利民	高级讲师
467	培训中心	陈明支	高级讲师
468	培训中心	栾中鹤	高级讲师
469	培训中心	王三乐	高级讲师
470	培训中心	杜宏昌	高级讲师
471	培训中心	高松厚	高级讲师
472	培训中心	余洪林	高级讲师
473	培训中心	孙俊郎	高级讲师
474	培训中心	张　波	高级讲师
475	培训中心	杨保林	高级讲师
476	培训中心	廖军伟	高级讲师
477	培训中心	唐　磊	高级讲师
478	培训中心	张发展	高级讲师
479	培训中心	张积峰	高级讲师
480	培训中心	王樊科	高级讲师
481	培训中心	巩智远	高级讲师
482	培训中心	王维珍	高级讲师
483	培训中心	马仁华	高级讲师

续表

序号	单　　位	姓　名	技　术　职　称
484	庆阳子弟总校	康俊杰	中学高级教师
485	庆阳子弟总校	高　议	中学高级教师
486	庆阳子弟总校	王金江	中学高级教师
487	庆阳子弟总校	席进忠	中学高级教师
488	庆阳子弟总校	夏继军	中学高级教师
489	庆阳子弟总校	陈　萍	中学高级教师
490	庆阳子弟总校	刘　策	中学高级教师
491	庆阳子弟总校	相云峰	中学高级教师
492	庆阳子弟总校	刘朝东	中学高级教师
493	庆阳子弟总校	刘风中	中学高级教师
494	庆阳子弟总校	王媛珍	中学高级教师
495	庆阳子弟总校	段转林	中学高级教师
496	庆阳子弟总校	杜佩钦	中学高级教师
497	庆阳子弟总校	俞卫红	中学高级教师
498	庆阳子弟总校	刘宜攀	中学高级教师
499	庆阳子弟总校	张淳骛	中学高级教师
500	庆阳子弟总校	李崇祥	中学高级教师
501	庆阳子弟总校	包新安	中学高级教师
502	庆阳子弟总校	刘晓凝	中学高级教师
503	庆阳子弟总校	周颖娟	中学高级教师
504	庆阳子弟总校	袁明敏	中学高级教师
505	庆阳子弟总校	赵炜辉	中学高级教师

续表

序号	单　　位	姓　名	技 术 职 称
506	庆阳子弟总校	何　辉	中学高级教师
507	庆阳子弟总校	孔珍珍	中学高级教师
508	庆阳子弟总校	张盱明	中学高级教师
509	庆阳子弟总校	赵柯然	中学高级教师
510	庆阳子弟总校	侯陆良	中学高级教师
511	庆阳子弟总校	刘弘敬	中学高级教师
512	银川高级中学	雷永锋	中学高级教师
513	银川高级中学	王占龙	高级政工师
514	银川高级中学	于成义	中学高级教师
515	银川高级中学	陈金龙	中学高级教师
516	银川高级中学	蔺晓林	中学高级教师
517	银川高级中学	包忠勇	中学高级教师
518	银川高级中学	郭学文	中学高级教师
519	银川高级中学	张玉生	中学高级教师
520	银川高级中学	顾同刚	中学高级教师
521	银川高级中学	王宏恩	中学高级教师
522	银川高级中学	马占林	中学高级教师
523	银川高级中学	刘兴昌	中学高级教师
524	银川高级中学	宋卫乾	中学高级教师
525	银川高级中学	王　青	中学高级教师
526	银川高级中学	唐　玉	中学高级教师
527	银川高级中学	倪鸿平	中学高级教师

续表

序号	单　　位	姓　名	技　术　职　称
528	银川高级中学	杜海军	中学高级教师
529	银川高级中学	同高社	中学高级教师
530	银川高级中学	雍海军	中学高级教师
531	银川高级中学	王保源	中学高级教师
532	银川高级中学	张莹萍	中学高级教师
533	银川高级中学	刘建明	中学高级教师
534	银川高级中学	马庭龙	中学高级教师
535	银川高级中学	马廷喜	中学高级教师
536	银川高级中学	刘建全	中学高级教师
537	银川高级中学	乔新宁	中学高级教师
538	银川高级中学	徐　燕	中学高级教师
539	银川高级中学	顾险峰	中学高级教师
540	银川高级中学	吕淑杰	中学高级教师
541	银川高级中学	李　敏	中学高级教师
542	银川高级中学	张万贵	中学高级教师
543	银川高级中学	马英海	中学高级教师
544	银川高级中学	杨培军	中学高级教师
545	银川高级中学	王　勇	中学高级教师
546	银川高级中学	沈　毅	中学高级教师
547	银川高级中学	任克建	中学高级教师
548	银川高级中学	胡文锋	中学高级教师
549	银川高级中学	李兴荣	中学高级教师

续表

序号	单　　位	姓　名	技　术　职　称
550	银川高级中学	霍德亮	中学高级教师
551	银川高级中学	文燕萍	中学高级教师
552	油气开发公司	王永华	高级经济师
553	油气开发公司	张凤奎	高级工程师
554	油气开发公司	陈付星	高级工程师
555	油气开发公司	高怀琳	高级工程师
556	油气开发公司	张明山	高级工程师
557	国际市场开发部	金学智	高级工程师
558	国际市场开发部	袁争鸣	高级工程师
559	国际市场开发部	李东勋	高级工程师
560	国际市场开发部	张振武	高级工程师
561	国际市场开发部	郭建友	高级工程师
562	国际市场开发部	阎世和	高级工程师
563	国际市场开发部	董兰生	高级工程师
564	国际市场开发部	李永泓	高级工程师
565	国际市场开发部	魏　斌	高级工程师
566	国际市场开发部	宋绍军	高级工程师
567	国际市场开发部	杨平春	高级工程师
568	多种经营处(资本运营部)	袁培森	高级会计师
569	多种经营处(资本运营部)	刘维忠	高级经济师
570	多种经营处(资本运营部)	张生春	高级经济师
571	长庆宾馆	刘　琦	高级经济师

续表

序号	单　　位	姓　名	技　术　职　称
572	监督公司	王益海	高级工程师
573	油气销售综合服务处	孙素辉	高级经济师
574	西安长庆工程建设监理有限公司	孟兴业	高级工程师
575	西安长庆工程建设监理有限公司	王　浩	高级工程师
576	西安长庆工程建设监理有限公司	王生才	高级工程师
577	银川物业管理处(银川办事处)	叶含中	高级工程师
578	银川物业管理处(银川办事处)	许　允	高级政工师
579	银川物业管理处(银川办事处)	杨登治	高级政工师
580	银川物业管理处(银川办事处)	李杰然	高级政工师
581	北京联络处	王欣夫	高级经济师
582	北京联络处	张　平	高级政工师

模范(先进)集体

【"全国五一劳动奖状"获得单位】 第三采油技术服务处。

【全国精神文明建设先进单位】 建设工程总公司。

【国家西气东输管道工程建设先进集体】 建设工程总公司。

【全国先进企业报】 《长庆石油报》。

【国家西气东输管道工程建设优秀机组(班组)】 西安长庆科技工程有限责任公司现场设计小组、器材供应处临汾物资中转站。

【全国先进女职工集体】 长庆局工会女职工委员会、第三采油技术服务处工会女职工委员会。

【陕西省青年文明号标兵】 通信公司西安线务班。

【甘肃省五四红旗团委标兵】 水电厂团委。

【陕西省五四红旗团委】 机械制造总厂团委。

【长庆局模范集体】 钻井工程总公司:30527A钻井队、40102钻井队、30533钻井队、30530钻井队、18104钻井队、乌兹别克斯坦项目部70106钻井队。

井下技术作业处:压裂五队、试油166队。

建设工程总公司:西气东输项目部、防腐工程分公司。

第一采油技术服务处:井下作业工程公司。

第二采油技术服务处:修井公司修井27队、外围项目部202机组。

第三采油技术服务处:井下作业一公司作业八队。

油气技术综合服务处:农业综合大队。

运输处:运输三分公司五中队。

机械制造总厂:抽油机制造分厂、长庆第三中学。

水电厂:安塞综合大队。

通信处:信息中心。

工程技术研究院:压裂酸化研究所。

西安长庆科技工程有限责任公司:天然气工程设计部。

器材供应处:咸阳转运站。

长庆实业集团有限公司:勘探开发公司。

职工医院:药械科。

银川高级中学:高三年级组。

银川物业管理处:二区管理站。

房地产开发公司:未央湖花园建设项目部。

公用事业处:西安长庆华能机械安装工程有限公司。

局机关:国际市场开发部厄瓜多尔分公司。

【长庆局先进集体】 钻井工程总公司:15529钻井队、32889钻井队、32646钻井队、32646A钻井队、32754钻井队、运输公司六中队、固井公司三中队、钻前公司安装三队、管子公司甘泉服务部。

井下技术作业处:试油165队、试油169队、测试试井队。

建设工程总公司:中郝项目部、一分公司靖惠管道项目部、二分公司榆林气田项目部、六分公司庆西项目部。

第一采油技术服务处:长庆华泰石油工程建设有限责任公司、井下作业工程二公司三分公司、特车大队特车中队、综合机修公司加工车间。

第二采油技术服务处:特种修井公司特修一队、工程建设公司安装四队、工贸公司服装厂、机械厂注采车间。

第三采油技术服务处:水电厂供电维修队、宁夏长石建公司油气田建设工程分公司、运输公司客运服务中心、燕莎大酒店。

运输处:驾驶培训学校、试采公司。

机械制造总厂:西安长庆石油天然气设备制造有限责任公司、甘肃长庆机械建筑安装工程公司、铸锻车间。

水电厂:庆阳长庆水电工程有限责任公司、水电安装大队、安塞综合大队侯杏水电队。

器材供应处:长庆膨润土有限责任公司。

油气技术综合服务处:宁夏长庆油气工程公司。

通信处:西安长庆通信信息有限责任公司。

油气开发公司:定边项目部。

工程技术研究院:机械电气研究所。

西安长庆科技工程有限责任公司:石油工程设计部。

职工医院:外三科。

职工疗养院:膳食服务部。

交通服务处:驾驶员一队。

长庆宾馆:餐饮部。

培训中心:机电工程科。

庆阳子弟总校:高三年级组、第一小学。

银川高级中学:银川初中初三年级组。

长庆石油报社:编辑部。

技术监测中心:工程质量监督室。

公用事业处:房产管理所。

房地产开发公司:银川基地建设项目部。

长庆实业集团有限公司:镰刀湾油田项目组、长源公司工程部。

乳山长庆公司:乳山韩京摩擦材料有限公司。

西安油气销售综合服务处:公用事业站。

西安泾河工业园项目组:工程技术部。

宁夏长庆工业园建设项目组:工程技术组。

兰州办事处:接待科。

北京联络处:多种经营财务科。

上海联络处:无锡明园饭店。

局机关:生产运行处、人事劳资处(组织

部)。

【长庆局党风廉政建设先进集体】 钻井工程总公司、建设工程总公司、井下技术作业处、水电厂、第一采油技术服务处、第二采油技术服务处、第三采油技术服务处、机械制造总厂、局机关党委、西安长庆科技工程有限责任公司党委。

【长庆局先进党支部】 钻井工程总公司:30530钻井队党支部、40102钻井队党支部、30533钻井队党支部、管子公司河东服务部党支部、运输公司六中队党支部。

井下技术作业处:压裂大队压裂五队党支部、试油177队党支部。

建设工程总公司:第七工程分公司西气东输项目党支部、第四工程分公司S306临时党支部。

第一采油技术服务处:特车大队特车中队党支部、井下作业工程公司修井八队党支部。

第二采油技术服务处:工程建设公司安装队党支部、特种修井公司特修五队党支部。

第三采油技术服务处:运输公司党总支、水电厂党总支。

水电厂:安装大队党支部。

机械制造总厂:抽油机分厂党支部。

运输处:运输三分公司党支部。

通信公司:长庆通信信息有限责任公司党支部。

器材供应处:宁夏供应转运站青铜峡库党支部。

工程技术研究院:腐蚀与防护研究所党支部。

长庆实业集团有限公司:勘探开发公司党总支。

西安长庆科技工程有限公司:石油工程设计部党支部。

房地产开发公司:银川分公司党支部。

油气技术综合服务处:农业综合大队党支部。

公用事业处:房产管理所党支部。

培训中心:培训部党支部。

银川物业管理处:离退休职工第九党支部。

职工医院:传染科党支部。

银川高级中学:高中教师党支部。

局机关党委:规划计划处党支部、报社编辑部党支部。

【全局医疗卫生系统“非典”防控工作先进集体】 职工医院:感染科、防疫站、药械科、车队救护车班。

钻井工程总公司:马岭职工医院内科、马岭职工医院功能检查科、燕鸽湖职工医院防疫科、长庆二中医务室、礼泉医疗服务中心、第三项目部医务室。

第一采油技术服务处:职工医院公共卫生预防保健科、职工医院内科发热门诊。

第二采油技术服务处:卫生所董家滩第一社区卫生服务站、卫生所19队社区卫生服务站。

第三采油技术服务处:职工医院住院部、职工医院一区社区卫生服务站。

建设工程总公司:阜城卫生所、和兴园卫生所。

机械制造总厂:职工医院临床科、职工医院护理部。

职工疗养院:医疗接待组。

水电厂:物业管理站卫生所。

井下技术作业处:卫生所防疫室。

培训中心:卫生所。

庆阳子弟总校:医务室。

银川高级中学:医务室。

运输处:卫生所。

银川物业管理处:新城管理站医务室。

油气销售综合服务处:卫生所。

器材供应处:咸阳干休所医务室。

油气技术综合服务处:卫生所治疗组、卫生所靖边医疗组。

长庆石化综合服务处:卫生所综合组。

局机关:卫生处医政科、西安基地卫生所。

模范(先进)个人

【全国“五一”劳动奖章获得者】 长庆局:孙玉辰。

【全国优秀工会工作者】 第三采油技术服务处:刘永林。

【全国先进保密工作者】 局办公室:陈辉荣。

【全国优秀共青团员】 第一采油技术服务处:张世甫。

【中国石油天然气集团公司技术能手】 钻井工程总公司石油钻井工:曾龙。

建设工程总公司电焊工:谭郁江。

运输处钳工:宋光熙。

【甘肃省优秀团干部】 第二采油技术服务处:刘宝社。

【甘肃省优秀共青团员】 井下技术作业处:何晓梅。

【长庆局劳动模范】 钻井工程总公司:李新建、李军、安生俊、孙宏勇、周金仓、陈有林。

井下技术作业处:张瑞永、吴效金。

建设工程总公司:孟繁荣、张建仁。

第一采油技术服务处:高金刚、张克霞(女)。

第二采油技术服务处:刘拴孝、周瑾成。

第三采油技术服务处:南小东、杨学峰。

运输处:陈勇。

机械制造总厂:杨锋。

水电厂:杨颖(女)。

通信处:陶丽君(女)。

西安长庆科技工程有限责任公司:何宗平。

工程技术研究院:任雁鹏。

长庆实业集团有限公司:冯科。

职工医院:黄金环(女)。

培训中心:史仲乾。

庆阳子第总校:张甲文。

公用事业处:刘红梅(女)。

房地产开发公司:姜振平。

国际市场开发部:阎世和。

西安泾河工业园项目组:张文锦。

【长庆局先进生产(工作)者】 钻井工程总公司:倪华峰、麻景山、吕凤彬、王林刚、孙继军、石仲元、张跃武、周永平、王永文、樊继强、程立新、杨佐英、郑晓鹏、曾东平、史文渊、王希红、李进塘、杨大林、张秉义、刘文祥、虎国林、于国鸿、王俊孝、徐功明、司刚柱。

井下技术作业处:陈海涌、常建军、徐岗宏、张永林、李武平、李文涛、林平、苏敏文、秦金林。

建设工程总公司:李文明、安考运、赵开江、曹鹏章、符永春、王振锋、郭培宁、万守义、杨拥军(女)、张彬辉、邵杏梅(女)。

第一采油技术服务处:蔡水清、付小军、吴志华、杨青昌、杨金峰、康广寅、刘延民、魏海峰。

第二采油技术服务处:陈忠明、张宏群、李益民、马平春、杨军利、董西铸、胡平香、李晓朝、刘鑫、张卓林、季镇中。

第三采油技术服务处:贺军生、李让、陈治科、刘志刚、唐建平、马维德、寇宝东、王地生。

运输处:陈建宁、任广相、梁建民、张永泰、李玉辉、宋光熙。

器材供应处:马如青、唐光宁、易锦华、汤志林。

机械制造总厂:王强恒、彭志祯、秦德福、王国红、赵宏伟、陈玉琴(女)。

水电厂:常亚文、慕甲锋、杨自广、王伟军、李军宏、郭斌、陶俊洲。

西安长庆科技工程有限责任公司:夏政、任兴文。

工程技术研究院:魏周胜、李欣。

油气技术综合服务处：张明哲、苗永亮、崔建生。

通信处：张柏林、杨永斌。

职工医院：杨伯炜、李艳玲（女）。

职工疗养院：王学全。

银川物业管理处：张永琪、王桂生。

公用事业处：王东生、张庭杰。

交通服务处：韩振虎。

油气开发公司：刘朝东。

长庆宾馆：刘莉（女）。

培训中心：张波。

庆阳子弟总校：何辉。

银川高级中学：马占林、黄熹。

长庆石油报社：杨良喜。

技术监测中心：周生来。

房地产开发公司：王刚。

长庆实业集团有限公司：李玉峰、张百平。

西安油气销售综合服务处：刘惠芬（女）。

乳山长庆公司：孙鸿章。

兰州办事处：孙彦福。

上海联络处：刘志文。

北京联络处：宋振社。

西安泾河工业园项目组：杨耐厚。

宁夏长庆工业园项目组：马建军。

局机关：张剑平、车文金、杨雄义、张国伟、刘龙、韩侨（女）、马跃川。

【长庆局第二届“十佳形象”获得者】 钻井工程总公司机修公司：李莉。

井下技术作业处工程技术研究中心：孙虎。

审计处五科：朱军林。

职工医院神经外科：胡发明。

第三采油技术服务处机械维修公司：胡凤珍。

油气技术综合服务处农业综合大队：周占江。

水电厂安装大队：郑继军。

建设工程总公司市场开发部：赵永忠。

机械制造总厂天然气设备制造分厂：杨曙光。

钻井工程总公司30527钻井队：耿天祥。

【党风廉政建设先进】 杨再生、赵宏英、凌心强、朱德胜、王鸿彬、刘勇谋、慕甲锋、吴志华、刘拴孝、朱文伯、杨锋、纪忠明、王凤嘉、何宗平、朱文甫、郝永宏、牛仁会、史仲乾、王纪中。

【长庆局优秀党务工作者】 钻井工程总公司：李志杰、杨茂存、邱育宁、张林明。

井下技术作业处：邵长虹、柳志勇。

建设工程总公司：章武堂、金锋。

第一采油技术服务处：苗文胜、南学武。

第二采油技术服务处：李芳刚、沈学志。

第三采油技术服务处：陈卫忠、王振环。

水电厂：杜春发。

机械制造总厂：底国富。

运输处：赵伟兰。

器材供应处：马庆。

工程技术研究院：马海忠。

长庆实业集团有限公司：颉耀明。

油气技术综合服务处：辛旭红。

公用事业处：贺建东。

培训中心：廖军伟。

职工医院：李建凯。

庆阳子弟总校：雷致文。

局机关党委：李强、范存孝、刘龙、高万善、龚振鹏。

【优秀共产党员名单】 钻井工程总公司：谭新全、孙宏勇、张建军、周金仓、韩小龙、李新建、陈水镜、刘文祥、蔡军、曹林、严福泉、杜永葆、刘文海、贺祖林、王玉明、雷米锋、白浩斌、陈鹏。

井下技术作业处：林平、李庆峰、陈海涌、王志科、张瑞勇。

建设工程总公司：齐锐、崔峰、吴怀有、李兰祥、许富强、董桂珍、文莉、席长寿。

第一采油技术服务处：杨文生、文沛、陈虎、孙芳红、白银祥。

第二采油技术服务处：陈伟、冯永忠、荀庆林、土锋涛、穆小平、李朝晖、李益民、朱好华。

第三采油技术服务处:万玉祥、唐建平、王地生、马新春、贺玉龙、崔全喜。

水电厂:张军林、史东方、窦海清、刘斌。

机械制造总厂:符军平、郭跃华、杨世忠、马永锋。

运输处:陈勇、苏会周、祁军、孙多福、郭建刚、孙德生。

通信公司:李亚峰。

器材供应处:汤志林、李建军、黄海宝。

工程技术研究院:王培峰。

长庆实业集团有限公司:丁云鹏、吴佑新。

西安长庆科技工程有限公司:任兴文。

房地产开发公司:王刚。

油气技术综合服务处:刘兴波。

公用事业处:顾继华、李秉儒、王天喜、杨东纯。

培训中心:唐磊、杜公平。

银川物业管理处:朱四军、项影凡、李积善。

职工医院:王慧霞。

职工疗养院:王学全。

油气开发公司:刘朝东。

庆阳子弟总校:王金莲。

交通服务处:张成群。

乳山职工培训中心:孙鸿章。

北京联络处:张海英。

兰州办事处:赵根生。

局机关党委:

生产运行处:雒建胜。

局办公室(党委办公室):吕红霞。

市场开发部:孟海泉。

局工会:李鸿明。

审计处:王小川。

卫生处:谷中煜。

长庆八中:刘少阳。

长庆石油报社:卢贤瑞。

泾河工业园项目组:杨耐厚。

【长庆局技术状元】

钻井项目:

司钻:贾学峰(钻井工程总公司)。

副司钻:陈有林(钻井工程总公司)。

井架工:蒋学成(钻井工程总公司)。

内钳工:李俊峰(钻井工程总公司)。

外钳工:宋如金(钻井工程总公司)。

司机:朱亚峰(钻井工程总公司)。

司助:张德强(钻井工程总公司)。

场地工:方利军(钻井工程总公司)。

井下作业工(修井):寇保东(第三采油技术服务处)。

变电站值班员:杨颖(水电厂)。

消防项目:杨君利(第二采油技术服务处)。

计算机操作:姜军武(第三采油技术服务处)。

【长庆局技术标兵】

钻井项目:

司钻:王勇(钻井工程总公司)、齐向才(钻井工程总公司)。

副司钻:王小军(钻井工程总公司)、靳海军(钻井工程总公司)。

井架工:朱俊清(钻井工程总公司)、张万顺(钻井工程总公司)。

内钳工:徐庆琦(钻井工程总公司)、曹相忠(钻井工程总公司)。

外钳工:秦喜锋(钻井工程总公司)、郭宝珍(钻井工程总公司)。

场地工:王海彦(钻井工程总公司)、王军吉(钻井工程总公司)。

司机:郑智勇(钻井工程总公司)、申甲龙(钻井工程总公司)。

司助:杨三友(钻井工程总公司)、常群(钻井工程总公司)。

井下作业工(修井):马荣录(第三采油技术服务处)、杨义兴(第二采油技术服务处)、杨国祥(第三采油技术服务处)。

变电站值班员:胡景新(水电厂)、单晓勇(第三采油技术服务处)。

消防项目:赵兵(第二采油技术服务处)、刘宁(第三采油技术服务处)。

计算机操作:刘影(第一采油技术服务处)、杨春全(机械制造总厂)。

【长庆局技术能手】

钻井项目:

司钻:冯军(钻井工程总公司)、安二学(钻井工程总公司)。

副司钻:李明军(钻井工程总公司)、邓大军(钻井工程总公司)。

井架工:张文军(钻井工程总公司)、金维刚(钻井工程总公司)。

内钳工:李传兵(钻井工程总公司)、王军(钻井工程总公司)。

外钳工:蒋庆(钻井工程总公司)、杜志峰(钻井工程总公司)。

场地工:李炳仁(钻井工程总公司)、敬立国(钻井工程总公司)。

司机:石玉明(钻井工程总公司)、刘保伟(钻井工程总公司)。

司助:张啸(钻井工程总公司)、高健(钻井工程总公司)。

井下作业工(修井):赵小文(第二采油技术服务处)、周伟战(第一采油技术服务处)、景忠锋(第三采油技术服务处)、赵东军(第一采油技术服务处)、赵惠周(第二采油技术服务处)、李峰涛(第三采油技术服务处)。

变电站值班员:甘巧莲(水电厂)、高婧花(水电厂)、弋娜(水电厂)、蒋晓凤(水电厂)、赵斌(第三采油技术服务处)、徐英红(水电厂)。

消防项目:易向东(第一采油技术服务处)、李社鹏(第二采油技术服务处)、张延军(第二采油技术服务处)、付建军(第一采油技术服务处)、王增涛(第三采油技术服务处)。

计算机操作:秦海峰(通信公司)、齐清华(第三采油技术服务处)、葛振刚(银川物业管理处)、路宽一(第三采油技术服务处)、孙红亚(水电厂)、何丽丽(培训中心)、王建胜(钻井工程总公司)。

【全局医疗卫生系统“非典”防控工作先进工作者】 职工医院:王家煜、靳桂花、石丽丽、谢彩琴、刘惠琴、赵化鸽、王立生、沈晓刚、肖莲芳、赵玉华、张艳霞、张追靠、张喜文、钱万军、党建设、赵　炜、王树德、何淑惠、赵斌、朱惠敏、胡发明、李芬、付艳红、薛玉霞、李艳玲、李明科、张殿超、黄金环、贺立文、张宁霞、李建凯、李思林、夏爱芬、刘莉、王立波、康惠梅、杨伯伟、徐海文、刘敏、李学义、李亚男、刘长林、白晓霞、史蓉霞、叶婧、刘相蓉、袁剑洁、任步杰、武卫东、李院萍、刘莉、高红燕、张辉、陈宗坚、宋世杰、胡清、李永宏、朱翠花、李云玲、王慧霞、牛靖峰、张志强、唐承伟、向红、张煜、朱登云。

钻井工程总公司:苏嫦凤、席建堂、李建明、魏鹏、张红、张忠良、赵志明、岳斌、张小军、赵小奎、冯小帅、李彦斌、宋利刚、田旭、韩梅、卢群、赵红英、杨晓莉、段永红、伍广、刘勤勤、石林、宋学斌、张俊农、蔺秀芳、杨泽福、白浩斌、李树敏、陈虎、张军、党万里、杨志宏、闫红梅、张宇、李斌、马学清、王占宁、刘润喜、胡鹏军、夏辉、李先群、崔文娟、董淑贤、单玉琴、周其华、张文霞、王满仓、邓云凤、庾兰、李华、詹伟、马军、程庆萍、张改玲、孟建平、水泉、张延利、杨占英、王敏、辛建红、朱伟。

第一采油技术服务处:吴福兴、张艳辉、张吉平、刘延民、黄茂先、苗秀梅、任建平、李莉、吕娟、田咏梅、田晓莉、芦海洋、王晓燕、杨新成、赵合瑞、黄萍。

第二采油技术服务处:都柯羽、梁钧、张国贤、朱炳灿、孙积善、程凯、李红梅。

第三采油技术服务处:唐建平、宋建明、刘延丽、韩正君、王梅、祁学成、张金范、陈新岩、王朝霞、马夏宁、李文利、陈建军、王卫君、金志臻、刘致平。

建设工程总公司:魏丹国、姚天芳、唐利梅、马龙、蒋妙玲、韩凤阳。

机械制造总厂:王平江、原滨莉、雷华峰、白志荣、薛庆生、芦爱国、魏彩娥、韩慧、谢喜军、张俊英。

职工疗养院:李颖秀、文海英。

水电厂:高科、王萍。

井下技术作业处:杨长庚、赵吉祥、张红梅、郑彩云。

培训中心:熊竹源。

银川高级中学:李淑华。

运输处:畅玉凤。

油气销售综合服务处:只建新。

器材供应处:王静华。

油气技术综合服务处:李德印、张玖玲、常淑梅、李林成。

长庆石化综合服务处:乔引霞、乔远革、刘菊香。

局机关:张建萍、刘玲娟、马玲琴、张丽萍、韩侨、李玉玲、朱萍香。

第十篇

长庆石油勘探局属单位概览

钻井工程总公司

【概述】 钻井工程总公司(以下简称钻井总公司)属钻井施工服务单位,主要从事井深7000米以内各类石油、天然气及其他地下资源、开发的钻井工程。截至2003年末,总公司机关设5个职能科室,13个附属单位,下设有19个专业公司,64个钻井队,有职工8309人(其中管理人员1425人,专业技术人员915人),党员3845人,占职工总数的46.28%。资产总额10.42亿元,固定资产原值9.98亿元,净值7.19亿元。70D、50D等各种类型钻机64部,施工区域横跨陕、甘、宁、蒙等省、自治区,并进入了南美、中亚、北非等国市场,实现主营业务收入22.16亿元,比2002年增长7%,上缴税费2.82亿元。多种经营实现生产经营总值3.87亿元,比2002年增长11.56%,上缴税费0.32亿元。

【钻井生产】 2003年动用钻机73部,开井875口(其中长庆市场861口,社会市场9口,国际市场5口),完井872口,总进尺186.58万米,在CNPC同行业中名列第二。在长庆油田内部市场承揽的861口井中:油探井47口,油开井631口,气探井28口,气开井155口,完成油田内部钻井进尺184.09万米,其中气井60.95万米、油井123.14万米,按价值折算为油开井进尺256.41万米,同比上升3.43%,为历史之最。并且有多项指标同比有所提高,其中30527A钻井队以257.04天率先突破6万米;40102钻井队以211.20天缩短了气井双万米的周期纪录;30527A钻井队创月进尺9013米最高纪录;50118钻井队以3528米刷新气井月进尺纪录等。

面对"非典"疫情和洪涝灾害等严峻形势的挑战,总公司抓安全、保质量全面完成了各项目标任务,保持了较高的质量指标。全年总取心进尺6514.81米,岩心长度6455.72米,收获率达99.09%;固表层861口,固完井848口,固井质量合格率100%;井身质量合格率100%;钻机月速平均3289米/(台·月),机械钻速平均10.57米/时。

【市场开发】 2003年继续坚持"立足油田、拓展外部"方针,大力调整市场结构,注重质的提高,在油田、社会、国际"三个市场"开发上取得了新的进展。在外部队伍比我们高出一倍的情况下,承揽并完成长庆钻井861口,价值工作量21.25亿元,油田市场占有率53.2%。青海项目通过滚动投标,承揽并完成钻井9口、价值工作量787万元,占全公司总收入的0.37%。组织考察了10个海外项目,先后与乌兹别克斯坦、厄瓜多尔、印度尼西亚签订了总价值达4705万美元的工程技术服务协议,与美国HALLWOOD公司达成了合作意向。继乌兹别克斯坦和厄瓜多尔项目之后,年内新启动项目2个,完成价值工作总量3363万元,占全公司总收入的1.6%,"走出去"战略见到新的成效,市场开发由单一的找活干开始向多领域合作扩展。

【改革改制】 抓住长庆油气增储上产的历史机遇,坚持以市场为导向,以建立新的产权制度和现代企业制度为目标,以结构调整为主线,通过优化资源配置,重构结构体系,在六个方面迈出了新的步伐。

(1)公司制改造。在对6个专业公司进行模拟法人运作的基础上,以产权为纽带,完成了多种经营系统整合重组,新组建的钻宇集团拥有公司制企业12个、经营厂点59个,涉及集体净资产8000多万元、从业人员2817人,法人治理结构健全,生产集中度明显提高,初步形成了依法独立运作机制和参与国内外市场竞争的实力。

(2)产业结构调整。通过技术引进兴建了钢骨架塑料复合管制造项目,运用市场法则和股权收购方式兼并了西安万通钻头制造项目,石油工具制造项目筹建工作已经启动运行,高新技术产业、非油产业和民用产品比重有所上升,年增创收能力 6800 万元,形成了新的经济增长点。

(3)组织结构调整。通过落实项目部的生产组织权、监督指挥权、纠纷仲裁权、考核奖惩权、一般人事处置权和"直通车"式生产保障机制建设,在钻井总时间比 2002 年增多 22132 小时的情况下,生产时效上升 1.91 个百分点,纯钻时效上升 2.78 个百分点,组织停工下降 1.39 个百分点。

(4)主辅分离。以物业管理为突破口,分前线服务、基地服务、社区服务三个板块模拟公司进行运作,社区服务作为先期分离改制试点项目之一,注册成立了长庆家园物业有限责任公司,并在银川设立了分公司,开办服务业务 8 个,吸纳职工 82 人,不仅形成了 500—600 万元的年创收能力,更重要的是在主辅分离、辅业改制方面进行了有益的尝试。

(5)经营政策调整。继续推行"三个层次"(核心层、紧密层、松散层)、"三种模式"(单井全额承包、内部模拟资产经营承包、费用包干)的承包经营责任制。通过提高生产、安全、效益、服务指标挂钩比例,完善内部定额及价格体系、成本核算体系和钻井施工风险储备金制度,实施严考核、硬兑现,形成了强有力的政策拉动机制。

(6)"三项制度"改革。以全员聘任制为主要特征的人事制度改革,涉及 9693 个岗位,推动了身份管理向岗位管理的转变;机关人事代理制的成功尝试,形成了以再就业服务中心为中介的内部模拟人才市场管理模式,先后有 209 人通过"双向选择"竞争上岗;中层副职公开竞聘制度的实施,先后有 69 人报名参加了 5 个专业公司(部)的 6 个岗位公开竞聘;率先推行技术人员评聘分开,实施聘任上岗的 76 人,其中有 17 人被高聘、4 人被低聘,体现了以人为本的真正价值;在工资制度改革中,对 260 多个岗位(工种)进行了重新归并,试行工资套改 41000 人次,为长庆局推进工资制度改革提供了依据。

【创新管理】 面对国家经济体制转型和企业管理体制转轨,钻井总公司着眼于构建市场竞争主体、实现长庆钻井可持续发展,按照长庆局控股公司的定位,以创建学习型企业为载体,注重加强企业的战略管理和管理者的心智模式改善,先后完成可持续发展研究报告 15 份,一些报告已经付诸实施,在促动管理方式从日常生产经营过程管理向实施战略管理转变方面发挥了积极的作用。财务管理分析系统的建立、财务集中管理制度的实施和市场开发、生产运行、财务管理"三位一体"的成本动态控制体系的完善,形成了以财务管理为中心、以提高效益为目的的经营管理模式,通过对油田各区块进行效益评估分析,放弃了一些无效益、无市场前景的钻井区块,降低了经营风险,加强了成本的源头管理和过程监控,钻井综合成本比预算降低 1.42%。率先实行安全监管分开运行,通过建立风险识别和提示预警制度、四级检查除患制度、推行 STOP 卡、扩建 HSE 示范队等系列活动,消除了各类安全隐患,有效地遏制了重大伤亡事故,实现了工业生产零死亡。ISO 9001 质量管理体系通过了中国方圆标志年度监督审核,有 15 个钻井队和 2 个固井队取得了 CNPC 甲级队资质认证,有 41 个钻井队和 3 个固井队取得了 CNPC 乙级队资质认证,有 3 个钻井队通过了 CNPC 石油工程施工作业队伍资质认证的现场审核。注册 QC 小组 128 个,取得 QC 成果 50 项,其中有 8 项获省部级优秀成果奖、有 1 项获国家级优秀成果奖。颁布实施企业技术标准 33 项、管理标准 35 项,采用行业标准 491

项,标准覆盖率达94%。以钻井队无线传输、有线接入系统建设为重点,完成了73个钻井队无线联网安装调试、9个生产(工作)基地宽带网络架设和7个信息管理子系统研发测试,在业务流程再造、提高管理效益方面的带动作用初步显现。积极利用政策报废无效资产7400万元,更新设备393台,新增固定资产1.63亿元,主要生产设备新度系数升至0.68。

【技术攻关】 2003年,共投入经费412万元,安排实施科技攻关项目28项,并取得了一些新的成果。小井眼天然气欠平衡钻井技术在苏39-14-1井、苏39-14-4井现场的试验,成功地解决了一些相关技术难题,并在低成本开发气田方面取得了多项初步成果和认识;小井眼泥浆钻井技术在苏40-19井的应用,使钻井成本下降12.7%;天然气复合钻井技术的大力推广应用,与常规技术相比,平均钻具失效由2.08次/口井降至0.5次/口井,平均机械钻速提高0.7米/时,钻井周期缩短3.95天;可循环微泡——充气钻井液的研究与应用,推进了随钻堵漏技术的完善,通过与复合钻井、优选钻头、DST有线随钻测量等多项新技术集成,较好地解决了西峰地区特大型井漏、井眼轨迹难控、地层可钻性差等多种技术难题,在平均井深增加67.76米情况下,机械钻速提高0.83米/时,钻井周期缩短1.58天,事故复杂下降0.8个百分点;复合钻井技术与PDC钻头的组合应用,创造了单只PDC钻头入井29次,累计进尺16110米的历史之最。坚持以知识更新培训、复合型人才培训和技能储备培训为重点,通过内外结合、上下联动,多学科并进、多层面运作,形成了具有紧贴实际、灵活多样、注重实效等显著特点的,以一日一岗一题培训、作业风险识别培训、末位强制培训等"十大特色"培训方法为主的职工培训模式,先后培训各类人员9536人次,有1人被确定为局级技术专家,有15人确定为局一级学术技术带头人,有45名中高级管理人员取得了岗位任职资格,有193名专业技术人员晋升了高一级职称,有1611名技术工人晋升了高一级技术等级,有1人获CNPC技术能手称号,有24人分获陕西省技术状元、技术能手称号,有54人分获CPEB技术状元、技术标兵、技术能手、工人明星称号,职工队伍的整体素质有了新的提高。

【职工生活】 剔除工资套改增资部分,职工人均年收入随着工作量的增长有所增长。生活基地调整进入实施阶段,银川燕鸽湖基地新建住宅43156平方米,大马基地向其迁入1285户;西安龙凤园基地建设住宅16.58万平方米,马岭基地向其迁入1441户;礼泉基地新建住宅228套,目前已全部达到入住条件。更新野营房152顶,部分前线职工的住宿条件有所改善。先后拨款806.3万元用于"温暖工程",救济和慰问职工群众33122人次。通过加快发展和用工制度改革,较好地解决了111名内部职工子女的就业问题。

【党建和思想政治工作】 坚持以"形势、目标、责任"主题教育为主线,坚持与不同时期的重点工作相融合,突出一个"实"字,重心下移、贴近实际,虚功实做、讲求实效,为改革和发展提供了强大的精神动力。先后新建党组织10个,改选和补选党组织40个,培训入党积极分子190人,发展新党员143人,党的建设得到了进一步加强。在基地搬迁、钻宇集团组建、"非典"防控等工作中成功地尝试思想政治工作目标管理,形成了新的工作机制,使大政工的作用得到了充分发挥。建立党群工作例会制度,做到了月度工作重点突出、措施落实,增强了党群工作的针对性、有效性。在以井场文化为主体的企业文化建设中,充分利用电视、报纸、网络、内部刊物、文化娱乐活动等载体,广泛进行了先进典型选树宣传,进一步提升了长庆钻井在油田内外的影响力。认真落实厂(队)务公开制度,职工代表先后14次参与总公司重大政策方案审议和基建工程监督检查等,民主监督机制进一步完善。组建青年突击队97支、志愿者服务队12

支,在生产经营及各项工作中较好地发挥了生力军作用。文教卫生、治安保卫、离退休职工管理、计划生育、消防、保密、信访等工作都取得了新的成绩,在维护稳定方面发挥了重要作用。钻井总公司被中国石油天然气集团公司命名为“基层文化建设先进单位”;被长庆局评为“党风廉政建设先进集体”和“社会治安综合治理先进单位”;钻井总公司礼泉基地被评为“陕西省创建文明小区先进单位”和“陕西省绿色文明社区”;钻井工程技术公司被评为“陕西省职工经济技术创新工程先进单位”;30533 钻井队被集团公司命名为“百面红旗钻井队”;30527A、40102、30533、30530、18104、乌兹别克斯坦项目部 70106 钻井队被长庆局评为“模范集体”;郭杰被评为“陕西省工会先进工作者”;姚立新被评为“陕西省职工经济技术创新工程标兵”;曾龙被评为“集团公司技术能手”;杨再生、赵宏英被评为“长庆局党风廉政建设先进个人”;安生俊、李军、李新建、孙宏勇、周金仓、陈有林等被评为“长庆局劳动模范”。

(李作宁　马　佳)

录井公司

【概述】 录井公司原名钻井工程总公司录井公司,于 2002 年元月 21 日成立,由原三个钻井工程处地质大队和测井处宁夏测井站整合重组而成,行政隶属于钻井工程总公司,对外称长庆局录井公司。

2003 年底,根据长局发[2003]第 226 号文件精神,录井公司与钻井工程总公司分离并独立运作,成为隶属于长庆局的二级单位,更名为长庆录井公司。

现有职工 511 人,其中一线录井队 347 人,占总人数的 67.9%;女职工 205 人;具有大中专学历的 280 人,占总人数的 54.8%;高级地质师 9 人,地质师 60 人,助工及技术员 140 人,技师 3 人,高级工 24 人,中级工 119 人,初级工 156 人。机关设四个部门,分别为:生产技术监督部、综合办公室、经营财务部、市场开发部;基层单位 3 个,分别为:地质技术研究所、分析化验中心、仪器装备服务部。按生产区域分别在高沟口、西峰、靖边和东坪设四个录井工程项目部。下属综合录井队 18 个,地质录井队 66 个,地化录井队 6 个(包括定量荧光录井和快速色谱录井)。通过中国石油天然气集团公司认证,取得石油工程技术服务资质的队伍共 62 个:(其中综合录井 4 个、常规录井 3 个、地化录井 1 个);甲级队 8 个、乙级队 54 个(其中:综合录井 14 个、常规录井 38 个、地化录井 2 个)。

固定资产:原值 2491.37 万元,净值 1913.33 万元。

【生产规模】 综合录井年录井能力 135 口气开气探井。地质录井年录井能力 1000 口油开油探井。两台 DLS 综合录井仪具备国际录井市场的开发能力。分析化验中心年物性分析化验能力 240 口井,岩石薄片铸体和荧光定量分析 30-40 口井。地化录井年录井能力 40 口。快速色谱和定量荧光分析年录井能力 30 口。

【生产经营】 2003 年完成综合录井 122 口,常规地质录井 991 口,解释评价处理资料 1100 口,分析化验 260 口。资料全准率 99%,油气层卡准率不小于 80%,资料一级品率大于等于 85%,设备完好率不小于 92%,设备综合利用率不小于 80%。实现零事故、零伤亡、零污染。主营业务产值 7200 万元,实现内部利润 800 万元。

2003 年引进 DLS 综合录井仪 1 套,购置定量荧光分析仪两套，铸体薄片分析仪1套，地化录井两套，地质参数仪24套，基本实现了硬件配置目标，扩展了录井新技术的应用，提高录井质量的能力。2003年9月，经长城质量保证中心审核，通过了GB/T 19001—2000、GB/T 24001—1996、GB/T 28001—2001整合管理体系的认证，取得了国家级资质。全面完成年度工作任务，质量指标全优。完成了科研项目《长庆上古生界气测录井解释方法》和《地化录井技术在西峰油田勘探开发中的应用》，填补了长庆录井技术的两项空白。

（龙利平　刘建盛）

井下技术作业处

【概述】 2003年，井下技术作业处用工总数(在职)2918人；离退休职工465人；内部退养232人。机关职能科室9个，机关附属单位6个，处属科级基层单位16个，处属小队级基层单位23个。截至12月底，资产总值24538.08万元，其中固定资产原值22467.87万元，净值16725.18万元。

2003年完成各类试油(气)井、油田井1085口，试油(气)压裂2682.5层次，其中试油(气)966.5层，压裂1511次，酸化126次，挤水解堵8次，爆燃压裂71次；试井测试完成压力恢复试井87井次，高压物性取样17井次，常规流静压、探液面437井次；各类特殊作业123井次，其中可捞式桥塞封堵26井次，电缆桥塞封堵36井次，水泥塞封堵(包括完井水泥塞)33井次，二次固井4井次，挤水泥封堵6井次，磨钻4井次，填砂打胶塞14井次。

全年实现模拟货币收入74306.48万元。其中：主营业务模拟收入72416.22万元，其他业务收入1886.83万元，外部收入3.43万元。全年总成本72498.85万元，其中：主营业务成本69945.14万元，其他业务成本1798万元，三项经费支出756.16万元。多元经济实现生产经营总值30679.31万元，与2002年相比增长了58.29%。

【经营管理】 2003年，井下技术作业处进一步完善了内部生产经营关联保障协议，按照内部模拟市场开展生产经营。对项目部、试油(气)队等主要生产经营单位实行经营收入和成本利润承包，超额奖励，欠额受罚；对辅助生产单位，实行内挣劳务、外搞创收、亏损不补、盈利奖励；对费用单位实行切块包干、节余奖励、超支受罚。同时将试油队成本核算从原属项目部成本核算体系中剥离，重新核定纯工序作业劳务价格，突出了项目部是作业处内部利润中心，试油队、压裂大队等施工单位完全成为以降低和有效控制成本为目标的基本单元，构建了新的核算体系。

按照与市场接轨和提升管理的要求，重新测定内部价格体系，对材料油料消耗、设备使用、生产等6大定额进行了调整，修订完善了涉及企业生产经营、器材物资管理、采购等16个方面21项管理制度，将基层单位的“针线簸箩”剥离，精简物流环节，使经营管理工作进一步科学化、规范化、精细化、简捷化，成本控制更加直接有效，从5月份开始实行了财务、器材等部门联席会议制度和季度经营工作巡查制度，促进了经营工作的整体推进。

围绕“管理增效年”活动，确立了12项节约挖潜项目，实行项目管理，下达了《节约挖潜增效项目执行书》，建立了项目运行、评估验收办法以及相应的配套政策等。

【市场开发】 2003年启动18个试油(气)队80套机组，10个专业压裂酸化机组，1个测试试井队。全面承担了长庆天然气勘探开发工作量，有效占领了油探、产建主体市场。国内国际技术合作市场有了良好的开端，与斯伦贝谢公司签订了乌审旗气田 12 口井的合作协议，2003 年完成了乌 25－4、乌 20－4 等 4 口井的施工作业。加强了与韩国三星公司、韩国国家石油公司、中石化华北局的合作，成功实施了 MC－2 井、MC2P－1 井的试油、压裂、测试施工，并达成了长期合作的新意向。自行研制生产的试油压裂化工产品实现外销陕北、青海、新疆和中石化等社会市场，2003 年实现外销 1253 万元。

【QHSE 管理】 以 QHSE 体系管理创优升级为主线，制订了 QHSE 创优升级管理方案及资源配置计划，确定了 18 项考核评价要素和 64 项考核标准，进一步加强了 QHSE 管理，2003 年 7 月 27 日、10 月 20 日分别通过了 HSE/OSH 和 ISO 9001 监督审核。安全生产实现了“四个杜绝，三个不超，一个确保”的目标，环保水平有了新的提升，各项考核指标全面达标，被长庆局评为“安全生产先进单位”，实现了安全生产“三连冠”。

加强了安全教育和 QHSE 的宣传贯彻，在全处组织职工深入学习 QHSE 体系文件、《安全生产法》及岗位操作规程、技术标准，选编了 9 大类、12 套题库、57 套试卷 600 道题，分层次、分工种组织了 36 场 1400 人参加的 QHSE 体系文件及相关知识考试。成立了 QHSE 监督站，在项目部和大队级单位设立专职 QHSE 总监，基层单位设立兼职现场质量技术监督网员，形成了由点到面，覆盖全处的 QHSE 监督网络。

以确保甲方、顾客的利益和实现企业自身效益目标为宗旨，实施“用户满意”工程。全年压裂（酸化）施工全优率 88.5%，比 2002 年提高了 0.1%；压裂（酸化）成功率达到 99.9%；地层测试成功率达到 100%；资料一级品率为 84.1%，与 2002 年相比增长了 3.5%。施工服务质量受到了甲方好评，被长庆局推荐为“集团公司质量管理奖参评单位”。

【技术进步】 推广应用了强度递增压裂和去污压裂、多级充填压裂；开展了长庆气田上古压裂液体研究，开发生产了非离子型起泡剂、气井助排剂、杀菌剂、温度稳定剂等新产品，研发生产的次生热及次生泡沫压裂液体技术获得国家专利；在苏里格气田与托普威尔（TOPWELL）公司合作，完成了气井油管内打电缆桥塞工艺试验，成功实施了“双级”高能气体压裂。

【装备更新与管理】 坚持实用性与先进性相结合、设备更新与技术改造相结合的原则，全面实施“装备升级工程”，加大了设备更新与技术改造力度。2003 年重点设备购置投资达 6264 万元，完成了 YLC－1050 型机组的引进、调试、验收和人员培训，这是继 2000 年 SS－2000 型压裂机组引进之后又一次大规模的设备更新。同时对 LC－30 三相分离器、XJ450、XJ550 修井机、REBOUND 仪表车进行了技术改造，对 SS－2000 型便携仪表进行了扩展应用等，实现了装备水平的综合提升。2003 年，压裂设备的完好率为 99.8%，运输设备的完好率 93.7%，分别比 2002 年同期提高了 2.6%和 1.0%。

【信息化建设】 投资 24 万元，完善和增强了内部网络功能，在贺旗基地架设宽带网络，2003 年 5 月上旬全面开通，实现了作业处与基地基层单位之间资源共享和部分业务的网上办公。

建立完善了物资信息平台，加快了流动资金的流转速度，对储备资金的流动过程实施有效监控，提高了资金利用效果，同时开始对原有功能进行扩展和升级。

开展了《井下处生产信息一体化系统研究》、《压裂优化设计及压裂效果评价系统研究》等 2 项信息化建设课题，特别是井下处生产信息一体化系统的完成，实现了施工数据的自动化采集、传输和数据库建设。

【改革改制】 以产权制度改革为重点，从 6 月份开始，着手对昌源公司、劳动公司、利源加工厂等三个企业进行了财产清查、产权界定，为建立规范的法人治理结构奠定了基础。在人事制度改革上,结合“五定”工作,开展了管理、专业技术人员和操作服务人员的全员竞聘(竞争)上岗,变身份管理为岗位管理。分配制度改革上,进一步向技术含量高、管理责任大、经济效益好、市场开发成效显著的岗位倾斜,激活了人才队伍,调动了全员的积极性和创造性。

【职工培训】 以职工技能培训为突破口,以提高在职职工综合素质为目标,对不同层次、不同工种、不同岗位职工进行了岗位技能强化培训、竞争上岗培训、现场练兵比武培训、新增人员适应性培训。以生产岗位一线职工和特殊岗位人员为重点,按照人均接受培训30天/年的要求,进行集中培训。全年举办管理人员、压裂操作工、测试试井工、试油工等生产培训班32期,培训人员1823人次。对在双向选择中落聘的34名职工,进行了为期一个月的再培训,经考试考核合格后,重新安排上岗。新增人员采取结帮学对子、理论辅导与跟班实习相结合等办法,对2002年入厂的31名大学生进行了适应性培训,年内有8人补充到机关科室,有5人进入生产科研部门工作,有16人成为生产一线的技术骨干。

【精神文明建设】 以学习贯彻落实“三个代表”重要思想为指导,开展了“二次创业”和“形势、目标、责任”主题教育活动,积极创建学习型企业、学习型团队、学习型组织,加强了政治理论教育、廉政建设教育、形势任务教育、职业道德教育,精神文明建设取得了新的成果。井下作业处被陕西省评为陕西省职工互助保险先进单位,压裂五队被评为集团公司“百面红旗单位”,压裂五队、试油166队被长庆局授予2003年度模范集体。测试试井队、试油165队、试油169队等3个单位被长庆局评为2003年度先进集体。

(张纯民)

建设工程总公司

【概述】 2003年,建设工程总公司下设机关职能科室8个,附属单位3个;厂(处)属科级单位22个。厂(处)党政领导班子成员18人,处级干部18人,科级干部112人。用工总量3785人,职工总数2712人,其中干部792人,工人1920人;男职工1967人,占职工总数的73%,女职工745人,占职工总数的27%。设置党总支15个,党支部56个,党员总数1687人,占职工总数的41.21%。

资产总值为69799.51万元。其中,固定资产原值20401.58万元,净值19539.40万元;所有者权益20401.58万元,负债49397.93万元,负债率70.77%。拥有各类设备505台(套),资产原值17054.86万元,资产净值10368.67万元,设备新度系数0.61。

全年完成施工总产值10.03亿元,为年计划8亿元的125.3%,同比增长13.2%;完成上缴内部利润1900万元,为局下达指标的100%;上缴其他费用4168万元,为局下达指标的100%;重点工程合同履约率100%;质量管理体系通过年检,全面实现了年初制定的各项工程质量控制指标,总公司被长庆局评为“2003年度质量管理先进单位”;通过HSE体系认证,全面实现了长庆局下达的安全环保管理指标,被长庆局评为“2003年度安全环保先进单位”;多种经营完成综合产值2.04亿元,实现利润1551万元。

施工生产按照“贴近市场,区域组织,优化配置,项目管理”的生产组织原则,做到资源优化配置、动态管理,真正实现了项目法管理,企业综合实力、对外影响力和竞争力再攀新台阶。

【市场开发】 建设工程总公司在市场开发中坚持关联交易市场和社会市场两者并重的方针，追求项目“量”与“质”的双重突破，取得了突出的成绩。油气田建设市场得到继续巩固，新疆、宁夏道桥社会市场进一步拓展，长输管道专业、道桥专业社会市场进一步扩大，尤其是市场区域在内蒙、青海、山西三省、自治区取得了历史性的突破，市场区域扩张至陕、甘、宁、青、新、蒙、晋七省、自治区。中标和承揽的西气东输、长呼输气管道工程、宁夏中—郝高速公路、甘肃庆—西一级公路、青海湟—倒一级路面等工程，为拓展社会市场和力争跻身国际市场奠定了坚实的基础。

2003 年承建工程项目 27 项，其中关联交易项目 6 项，社会工程项目 21 项，油气田产建、长输管道项目 8 项，道路、桥梁项目 19 项，当年竣工验交 15 项，跨年工程 12 项，新中标的道路项目 1 项。

【生产组织与管理】 2003 年，建设工程总公司根据油气田产建、长输管道市场的实际，按照“贴近市场、区域组织、优化配置、项目管理”的原则，充分发挥区域性专业公司的作用，提高了项目的独立运作能力和管理水平，形成了具有建工特色的区域性专业公司独立运作项目的生产管理模式。

在生产组织管理中，确定了以现场保市场，以管理增效益的施工生产组织管理的核心，取得了良好的效果。使区域性专业公司的作用得到发挥；项目的运作能力、管理水平得到提高。

承建的西气东输 14A、13B 标段近 140 千米和靖边压气站受到各级领导的充分肯定和高度评价。完成了年产 27 亿立方米天然气的超大产建任务，再次检验和显示了主力队伍施工能力、技术、管理经验的日臻完善与成熟。承担了集团公司立项的重点工程——靖惠线，长庆历史上传输能力最大的站——油坊庄加热站，建工最大的储罐——北区两具两万立方米储罐，年处理能力最大的集油站——白于山集油站建设等一系列重点建设工程，再次树立了建工在油田产建市场中的良好形象和信誉。中郝高速公路如期建成，被评为宁夏回族自治区优良工程，使长庆建工在高等级公路建设上增添了突破性业绩。新疆塔且沙漠公路被新疆维吾尔自治区评为省级优良工程，为建设工程总公司进一步巩固和拓展新疆市场奠定了良好的基础。湟倒公路在高原缺氧、依托环境及后勤保障差的条件下，如期建成，取得了青海市场的“开门红”。

【科技创新与技术改造】 2003 年，科技工作着重加强核心技术研究，不断加强科研管理，积极推进新工艺、新技术推广应用，在科研攻关中取得了较好的成果，为培养企业核心竞争力提供了技术支持。其中黄土高原地区长输管道生态型水工保护技术研究，最大限度地减少工程建设对当地的生态破坏，并经受大型洪灾的考验，为业主提供了水工保护的良好做法。该成果获 2003 年长庆局科研成果奖二等奖；大型储罐施工工艺的研究与应用在长庆油田北区集油站两具 2 万立方米储罐工程中得到了顺利实施，试验中最大限度地发挥了水浮正装法施工工艺在储罐施工过程中的优势。该成果获 2003 年长庆局科研成果奖三等奖；高等级公路沥青路面施工技术研究，获 2003 年长庆局科研成果二等奖。

西气东输项目取得“美国零版方案高强高压试验、大口径管道全自动焊及水工保护”等 3 项施工工艺的重大突破，掌握了当前大口径长输管道和场站施工的先进技术。靖咸输油管线清峪河跨越抢险工程施工中首次采用了“合金灌注锚筒”、“采用锚头固定主索端头”和“用夹块固定吊索与主索”三项工艺，填补了长庆局跨越工程不停输施工的历史空白。

【质量管理与安全生产】 在质量安全管理工作中，建设工程总公司以“质量”、“HSE”两个体系为龙头，采取立体动态形的网络预防管理方法，实行系统化、网络化辐射管理，狠抓施工作业全过程控制，实现了质量、安全、环保既定目标。

2003年工程质量管理工作：工程验交一次合格率90%以上，重点工程（西气东输靖边压气站、中郝高速公路等影响大的工程）验交、投产一次合格率100%；用户满意度值为79.99；全年未发生大小工程质量事故，实现了年初预定的质量目标；塔且沙漠公路被新疆维吾尔自治区交通厅评为省部级优良工程。6项QC成果在中国质量协会石油分会黄山QC成果发布会上获奖，其中获一等奖一项、获二等奖四项、获三等奖一项；四个QC小组荣获石油天然气工程建设优秀质量管理小组。

安全环保管理工作：千人死亡率为零，千人重伤率为零，千台车死亡率为零，完成了长庆局下达的指标。杜绝了任何环境污染和植被破坏事故。通过HSE/OSH体系认证。

【企业改革】　2003年，建设工程总公司加大企业改革改制力度，点面结合，重点突破，为企业发展提供强有力的动力。

一是按照业务流程再造与市场接轨的思路，对总公司机关进行了优化重组。

二是按照“区域分布、两层分离、项目管理、成本中心、动态控制、资源共享”的目标，撤销原基层建制，组建六个区域性管理型的专业分公司、三个人机配置配套的工程分公司及设备租赁分公司、人力资源中心。全公司劳务作业层的各类人员全部进入人力资源中心，实行双向选择，竞争上项目，随着工序的进展有序流动；全公司的设备统一集中管理，实行内部有偿服务，共对477台（套）大中型设备实行了统一集中管理，做到灵活调度，有效地提高了设备的利用率。人力、设备资源实行了动态控制、资源共享。专业分公司只保留20—50人左右的管理人员，实施对本区域工程管理。

三是对后勤单位实施以压缩费用、减少冗员为目的的改革。通过同岗同薪、易岗易薪、竞争上岗等手段，提高后勤单位的服务质量，促进队伍结构的进一步优化。

四是按照建立现代企业制度的要求，对原劳司和长建公司进行整合重组，完成了股份制改造。2003年1月18日，长建有限公司正式挂牌运行。同时新注册成立了股份制无损检测公司，对防腐分公司按照股份制公司模拟运行，择机实施改制。

【企业经营管理】　一是及时调整经营管理模式，提高管理主动性。将经济责任制的总原则由过去的“利润包干”改为“成本包干”，由基层上缴利润变为标后预算分解包干、现场直接成本包干后总公司预留利润，使经营工作由被动转向了主动。

二是把管理的重点放在工程项目上，强化“三位一体”和科学管理。各项目以市场开发、施工组织、经营管理“三位一体”动态成本控制体系为主线，实行了标后预算分解包干和项目直接成本包干，层层分解指标，把经营管理的重点放在现场，使得生产成本、费用支出由一家算变成了大家算。

三是推行全面预算管理，对非生产性开支全面预算控制，同时切实降低后勤单位的运行费用。

四是强化资金高度集中管理，加大清欠工作力度，确保生产经营对资金的需求。

五是重拳出击，专项整顿，加大对经营管理中存在问题的治理力度。

【精神文明建设】　精神文明建设硕果累累，全面喜获丰收。先后荣获全国“重合同、守信用企业”、“全国精神文明建设先进单位”等光荣称号。曾经在新疆和甘肃等省区参建的8项工程分获多种殊荣。5月下旬，长庆建工西气东输正式亮相央视一台。国庆前夕，公司荣获“国家西气东输管道工程先进集体”称号，四分公司荣获“集团公司百面红旗先进集体”光荣称号，受到集团公司的表彰奖励。

【基地建设】　2003年和兴园、龙凤园两个基地新建住宅小区建成投用，1716套职工住宅顺利完工，职工从陇东各基地搬迁至西安和兴园、龙凤园，实现了几代建工人梦寐以求的改善居住环境、提高生活质量的美好愿望。

（尚建文　张建军）

工程技术研究院（工程技术处）

【概述】　工程技术研究院（工程技术处）有职工 161 人。其中教授级高级工程师 5 人，高级工程师 22 人，工程师 58 人，工程师以上人员占全院员工的 50%。拥有 CNPC 级专家 2 人，局级专家 5 人，局一级学术技术带头人 14 人，二级学术技术带头人 18 人，占全院员工的 18.8%。下设钻井研究所、钻井液完井液研究所、固井研究所、压裂酸化研究所、机械电气研究所、腐蚀与防护研究所、信息情报研究所、新技术推广部；院机关设有综合管理部、工程技术部、市场开发部、财务资产部等 4 个科室。拥有固定资产原值 2816.02 万元，折旧 286.72 万元，净值 2529.30 万元。

全年共承担科研项目 17 项。其中：技术攻关创新项目 12 项，新技术、新产品开发应用项目 5 项（含：集团公司科技发展项目 3 项）。承担的 3 个 CNPC 级项目（分项目 7 项），研究水平取得了新的突破。长庆局 2003 年形成的 10 项长庆特色技术中，有 6 项是工程技术研究院研发的。共申报技术发明和实用新型专利 6 项，获授权 6 项（2001 年至今共授权 12 项），发表技术论文 14 篇。2003 年科技创新取得了新的突破，成为 CNPC 五大研究院之一。全年收入 8764.5 万元；长庆局定额费用补贴 870 万元；局拨科研经费 1000 万元（含接转到 2004 年项目费）；完成产值 6894.5 万元（含责任公司），同比增长 19.9%。外部市场产值比 2002 年翻了一番，确保了 2003 年外部市场 1000 万元产值目标的完成。

【企业管理】　根据形势的发展，制定了“加快由单纯科研向集科研、技术服务、产品生产一体化转变；由事业型科研单位向科技型企业转变。坚定不移地走科技型企业之路，推进“工程技术研究院全面协调可持续发展”的发展战略。提出了新的发展目标：即到 2005 年经营收入达到 1 个亿，其中技术服务和特色产品、工程施工各占一半，外部市场占 30%；初步形成工程技术研究院的品牌；员工提前进入小康生活水平；2010 年经营收入达到 2 个亿，外部市场占到 50%，员工过上相对富裕的日子。

按照工程技术研究院提出的科研创新和人才开发战略；技术引导市场需求的市场开发战略；“走出去”的发展战略；管理提升和精细管理战略，使管理创新得到落实。人事劳资管理、干部管理、科研管理、岗位责任制、投资管理、监督管理等各项基础工作更加制度化、规范化、透明化；安全质量管理常抓不懈。质量、安全、健康三个体系顺利通过了年度复审，做到了零事故、零伤亡、零污染；经营财务管理进一步加强，以资金管理为中心，切实加强了成本费用控制，免交税金 95.8 万元。强化了合同管理，突出了合同会签制度的落实，通过会签全年节约资金 120 万元。严格采购制度，全年 65 项原材料成本下降 3%，节约资金 30 多万元。

【改革改制】　改革用工制度，在“五定”的基础上，实施了全员竞聘上岗。专业技术职务实行评聘分开。打破了岗位和职务终身制。加大了用工的双向选择力度，下放了各单位的选人用人权，出台了《工程院内部人事管理办法》。发挥市场在资源配置中的基础性作用，实施灵活的用工制度，实行多种形式的工资制度，既有年薪制员工，也有合同制员工，实施有效的分配激励政策，分配政策向效率优先倾斜。加大医疗和养老保险的力度，筹措资金进行补充保险，实行企业年金制。

【人才培养】 2003年，主要从激励机制、培养制度等方面进行了创新，形成了有效的人才培养激励机制。对担任项目长的技术人员提高奖金系数，进行科研补贴。对各级技术学术带头人（不担任处级管理职务）进行200—5000元/月不等的津贴补助。对急需的高学历人才实行年薪制。同时，加大培养力度，针对近三年来分配来的大学生多的特点，让年轻人在科研和技术服务一线挑重担，鼓励他们在实践中成才。鼓励技术人员参加各种培训班学习和各种技术交流会。加强在职学历教育，在职函授大专、大学学历有14人，硕士和博士研究生5人。创造条件进行英语等技能培训、出国技术培训和交流。

【结构调整】

（1）市场结构发生了明显变化。走出去战略迈出了新的步伐；技术服务成果显著；面向老油田技术服务市场的科研和市场结构调整成绩斐然。压裂所坚持向老油田技术改造市场调整科研和市场结构，产值实现了跳跃式增长，率先突破了1000万元。

（2）投资结构更加合理。科研投资结构逐步走向多元化，科研立项市场化、滚动化的格局已初步形成。工程技术研究院各单位承担的项目有CNPC、长庆局的指令性科研项目；有工程技术研究院自筹资金、外部市场横向合作的科研项目；有贷款的科研项目；有年度计划项目；有针对市场需求的滚动项目。

（3）加大了实验装备的投入。长庆局为工程技术研究院投资500万购买了设备仪器；工程院筹资200万购买了新型设备；投资65万改造了实验室，投资42万元建立了语音教室和装修办公室；投资网络改造、网络安全系统32万，投资6万搭建了办公系统自动化平台；责任公司积极调整投资结构，筹措资金200多万元延伸产业链。

（4）实行了院、所二级管理的技术服务项目长负责制和科研项目长负责制。建立了工程技术研究院的技术服务运行指挥系统，强化了技术服务和科学试验的指挥、协调。

（5）规范了责任公司的运作，及时调整了股东会、董事会、监事会，明确了责任公司在投资决策、财务监管和生产经营等过程中的责任主体。

【精神文明建设】 抓好班子建设，严格实行党风廉政建设责任制。认真推行了厂务公开制度和民主评议干部制度，4次召开职工代表团组长会议。院领导班子连续三年被长庆局评为好班子。各基层单位班子年终考核优良率达100%。综合治理工作、计划生育工作全面达标。企业文化建设得到进一步加强，工程技术研究院的品牌正在得到油田内外各界人士的认可、信任。重视基层建设，加强队伍建设，院党委关于“固基强本、激活基层”的党建工作经验得到了局党委和长庆局的肯定，并在全局基层工作会议上进行介绍。干部、职工的互助友爱精神得到发扬，为陕西灾区捐款9680余元，衣服、棉被等700余件。为重庆开县重建捐款12000元。涌现了一大批先进集体和个人：其中压裂酸化研究所被局评为基层建设“红旗单位”和模范集体；机械电气研究所被评为局先进集体；刘硕琼同志被陕西省授予“优秀青年企业家”称号；任雁鹏被评为“局劳动模范”；魏周胜、李欣被评为“局先进个人”；任雁鹏、魏周胜、李欣、蔺志鹏、诗林被树为“工程院五大标兵”。

（左志俊　马红宁）

工程监督公司

【概述】 2003 年,工程监督公司以油田产能建设为主、以井下井筒作业工程质量监督为主要工作内容,争市场、保质量、树形象、求发展、抓生产、促经营,面对繁重的监督任务和艰巨的经营目标,通力协作,精心组织,合理调配,通过不懈的努力,克服重重困难,确保公司生产、经营工作平稳运行。在公司人员编制没有增加的情况下,为了保证 2003 年所承揽的工程监督工作量的顺利完成,分别在庆阳、顺宁、定边、靖边等地共设置了 5 个现场监督部,向现场派驻钻井、试油、地质、测井四个专业的工程监督人员 104 名,其中钻井专业 48 人,地质专业 14 人,测井专业 10 人,试油(气)专业 32 人。

【生产经营指标】 全年共完成钻井监督井 1172 口,地质监督井 980 口,测井监督井 921 口,试油(气)监督井 837 口,监督覆盖率分别达到了 100%,98%,93%,100%。查出各类质量问题及质量隐患问题 3339 个,现场解决与整改 3024 个,下发监督备忘录 699 份。2003 年长庆局下达经营指标:管理费 100 万元,内部利润 50 万元,实际完成上缴管理费 100 万元,内部利润 73.3 万元,超额完成经营考核指标,其他管理控制指标全部达标。

(荣建利)

国际市场开发部（国际石油技术工程公司）

【概述】 国际市场开发部(国际石油技术工程公司)有机关职能科室 4 个,党政领导班子成员 6 人,处级干部 6 人,科级干部 12 人。截至 2003 年末,用工总量 30 人,职工总数 30 人。其中:干部 30 人;男职工 26 人,占职工总数的 87%;女职工 24 人,占职工总数的 13%。党员总数 18 人,占职工总数的 60%。中级职称 10 人,占干部总数的 33%;副高级职称 10 人,占干部总数的 33%。

截至 2003 年末,资产总值 6572.12 万元。其中,固定资产原值 5054.13 万元,净值 4163.76 万元;所有者权益 4163.76 万元,负债 2408.36 万元,负债率 36.65%。

【主要成绩】

(1)厄瓜多尔 A－P 项目已完成价值工作量 3685 万美元,完成总工作量(不含调整后追加的两口井)的 65.3%。

(2)三维地震工程项目成果已全面验交。发现三个大的含油构造,向厄瓜多尔国家石油公司提交了 7500 万桶的石油探明储量和 3200 万桶的石油预测储量。优选了 7 口开发井、3 口勘探井和 1 口评价井位,受到业主高度评价。

(3)钻井已完井 5 口(含合同外一口);A11 井仅用了 30 天顺利完井,表明我们钻井的管理、技术、成本控制已基本适应了当地要求。

(4)中央发电站和输变电建设按计划推进,装机容量 11 兆瓦的发电机等部分设备已开始安装。业主对这一部分工作的进度和质量十分满意,主动要求我们再增加 2 台 5 万千瓦的发电机组。

(5)地面建设工程在经过长期艰苦谈判后,

终于迫使业主同意按新的设计重新报价，这一成果意味着我们在原合同外争取到了额外的利益。

(6)厄瓜多尔项目的成功运行使 CPEB 成为当地最有影响力的中资机构，在此基础上经过我们多方努力，促成了厄总统对长庆的访问。其后，孙玉辰局长一行访厄时又受到总统的亲切接见，这都极大地提高了 CPEB 的声望，具有非常好的社会效益和市场效益。

【市场开发】

(1)经过与长城公司艰苦谈判，拿下了印度尼西亚 50D 钻机服务合同，为长庆局在国际市场上又开辟了一个新天地。

(2)孟加拉项目在中国、美国、加拿大、印度、澳大利亚五个国家七个公司的激烈竞争中中标，实现了年初市场开发既定目标。

(3)在美国项目的前期工作中，前后召开了 20 多次分析会、协调会、工作会，进行了 40 多次电子邮件和 20 多次电话联系，经过 10 多次艰苦谈判，完成了项目前期评估报告，促成了两次具有重大意义的考察。特别是对美国市场乃至北美市场全面了解，使我们在国际市场开发的认识上进一步升华，为今后我们在北美开发市场打下了基础。

(4)积极帮助集团公司 CNODC 在厄瓜多尔购买油田区块并取得成功，目前 11 区块合同已签订，18、31 区块的谈判也取得实质进展。这为确保厄瓜多尔分公司在南美市场站稳脚跟和今后长期稳定发展奠定了良好的基础。

(5)将 A－P 项目结合部，由美国公司完成的 350 平方千米的三维地震资料和 250 千米的二维地震资料交由 CPEB 重新处理解释，显示了我们的实力和良好信誉，也显示了 CPEB 在厄瓜多尔国家石油公司的地位。

(6)在厄投标的两台修井机修井项目取得了初步成功。

(7)在厄瓜多尔周边的委内瑞拉和哥伦比亚拿到了石油服务市场的市场准入证，为随时进入创造了基本条件。

(8)在沙特、叙利亚与 CNODC 的合作初见成效，沙特 27000 千米地震资料评价交由我们组织物探长庆分院、油田公司研究院合作完成。

(9)初步建立了国际市场开发网络，有选择地与各目标市场的合作伙伴及专业公司保持着良好的关系。国际市场开发已由最初的“无米之炊”上升到今天的选择性进入阶段。

【经营管理】

(1)进一步完善了“市场开发、生产运行、经营管理”三位一体的动态管理体系，建立“工作决策→决策反思→行动→行动反思→文字化→经验共享→工作决策”的良性循环系统，不断提高工作水平，为长庆局开拓国际市场积累成功经验。

(2)加强了海外项目的跟踪管理。随着项目管理部职能从进出口到项目跟踪管理的转变，使项目管理协调的力度和及时性得到了强化，较好地协调解决了海外项目生产过程中的突发事件。

(3)对境外项目按不同性质确定明确的经营责任制，强化对项目的经营考核。从项目运行起始就要与项目部签订经营承包责任书，明确责、权、利关系，将经营者的薪酬与经营业绩直接挂钩，加大奖惩力度。国际市场开发部 2003 年将厄瓜多尔项目工程量完成指标、投资登记完成指标、资金回收完成指标、安全生产等要素作为考核厄瓜多尔分公司的主要指标。厄瓜多尔分公司在明确岗位职责的基础上，进一步细化了“项目部承包经营管理办法”和“钻井作业部承包经营办法”，层层分解责任压力，形成千斤重担众人挑的局面。

(4)深化人事制度改革，建立岗位责任管理体系。对各岗位都制作了岗位说明书，明确了各岗位职责、任职条件、工作绩效要求、考核办法，形成了职责明确、落实有力的工作氛围。厄瓜多尔分公司对每一项具体业务都建立起相应的工作流程和业务规范，使各项管理工作规范化、科学化。同时完善了员工考核管理办法,每月对分公司所有员工进行一次考核,考核结果直接和本人效益挂钩。

(5)继续建立和完善国际市场开发部内部各项管理制度,规范工作秩序。国际市场开发部制定完善了《资金授权管理办法》、《国际部费用补助标准及报销办法》、《内部合同管理办法和程序》、《境外项目物资采供办法》、《进出口工作流程》等一系列内部管理制度,使各项工作有据可依,进一步走向规范。

(6)建立完善了动态的预算体系和成本控制体系。适时按照变化的工作量调整项目的工期表和项目的费用计划。同时,建立了生产日报、周报、经营情况月度分析制度,每月按照月初下达的生产经营计划和预算进行月度的生产经营情况分析,及时纠正偏差。并按照成本控制要求,从 A12 井开始,实行了日成本报告制度,即在钻井日报表中增加费用报表,随日报每天发回国内,国内对费用认真汇总并与预算对比分析,及时征询费用支出中反映的问题,真正使成本管理变成现场管理的一部分,这为今后全面推行成本现场管理奠定了基础。

【队伍建设】 针对人员来自全局不同单位,个人经历和掌握的知识各异,在执行复杂而繁重的国际市场开发任务时,员工工作能力制约日渐显露的实际,国际市场开发部分层次细化了培养目标,对境外项目经理队伍、项目中层管理人才队伍、市场开发人才队伍、技术服务人才队伍、核心岗位操作人才队伍建设,有针对性地提出了具体培养要求和以岗位业务知识学习为主的强化培训措施。利用项目施工间隙,组织了“顶驱使用培训班”,“境外施工人员业务培训班”,对境外项目回国修整人员进行了岗位知识培训。各业务部门根据各自情况,本着“缺什么学什么,什么弱学什么”的原则,重点加强了合同条法、项目动态管理相关专业等方面知识的学习。在工作十分繁忙的情况下,主要领导还结合具体项目合同主要内容及近年工作体会,对员工进行合同惯例、条款及相关知识讲解。另外还派员工参加集团公司及长庆局组织的有关业务培训,在一定程度上提高了职工队伍的业务能力。

国际市场开发部制定并落实了党总支 2003 年工作目标、任务;重申了党支部“两会一课”、民主生活会等一系列组织生活制度,坚持每月一次的中心组学习,严格执行领导干部廉洁自律的有关规定,进一步加强党风廉政建设,使组织生活进一步规范化。同时,专门建立了海外职工家属联系单,国庆节期间专门召开海外员工家属座谈会,通报、介绍海外项目运行情况,了解海外职工家庭情况,尽力解除境外职工诸如子女上学、职称评定、家属安置等生活困难,为稳定职工队伍、增强凝聚力起到了积极作用。

2003 年,精神文明建设也取得了丰硕成果。厄瓜多尔分公司被评为长庆局红旗单位、先进集体;厄瓜多尔分公司经理阎世和被评为长庆局劳动模范。

(李东勋)

油气开发公司

【概述】 2003 年油气开发公司设有合作开发与公共关系部、生产运行部、计划销售部、财务资产部和综合部 5 个部门,下属工程技术部、定边项目部、马坊项目部和楼房坪项目部等 4 个基层单位。共有员工 49 人,其中各类管理人员 33 人,各类专业技术人员 13 人,工人 3 人,其中教授级高工2人,高级职称专业技术人员4人,中级职称专业技术人员21人。

2003年资产总值为13315.17万元。其中,固定资产原值10922.20万元,净值10022.91万元;所有者权益10022.91万元,负债3292.27万元,负债率30.14%。

【生产经营】 2003年,钻井32口、进尺7.01万米;完成产能建设规模4.5万吨;生产原油2.17万吨,销售2.13万吨;王盘山区块建成采油井22口,日产原油超过110吨,该区块含油面积继续向北扩大;马坊北侯家河区块在南部的侯11井区打出了两口高产油井,试油日产达到25吨;楼房坪区块金104井在长$_6$层解释了6.8米油水层,金评17井在长$_6^1$发现9.8米油层。

【企业管理】 按照务实、简洁、便利、程序清楚、操作性强的原则,修订、完善了公司各项管理制度和规章制度,建立起一套适合企业发展的管理制度体系。同时,坚持抓住"一条主线",采取"四个结合",执行"三个从严"的工作方法,即抓住现场存在的问题这条主线,由表及里,追查发生问题的根源;采取定期督查与随机抽查相结合、监督检查与帮促整改相结合、奖励与处罚相结合、现场检查与现场分析相结合;坚持施工现场有重特大隐患处罚从严、未签发"开工令"私自开工处罚从严、查出问题未能限期整改处罚从严。开展了基础工作和冬季安全生产大检查,共查出问题28个,现场整改20个,限期整改8个,2003年全公司安全生产,实现零污染、零事故的安全生产目标。

【党群工作】 2003年经局党委批准公司正式成立党委,共有党员35名。下设2个党支部,3个临时党支部,7个党小组。以"两无一稳定"为工作目标,围绕"狠抓管理,增产增效,加快发展"的工作主题,加强党的建设,年终民主评议党员合格率达100%,局优秀党员1名;抓干部队伍作风建设,年终干部胜任率达100%;抓机关各部门和项目部班子建设,先后选聘科级干部6名,聘任副科级干部5名;搞好"五定"工作,实施全员竞聘上岗。开展以坚持"两个务必"、"四心四珍惜"活动为主题的廉政教育活动,支持工会组织工作,切实保障职工的合法权益。

（杨玉虎　王晓红）

第一采油技术服务处

【概述】 2003年,第一采油技术服务处(以下简称采油一处)下设机关职能科室12个,附属单位4个,处属科级单位12个。处党政领导班子成员6人,处级干部6人,科级干部76人。用工总量2481人,职工总数2035人,其中干部588人,工人1447人;男职工1472人,占职工总数的72%,女职工563人,占职工总数的28%。共有离退休职工1019人,在岗位人数与离退休职工(含内退)比例为1.997:1。截至2003年12月31日,资产总值为24904.49万元。其中,固定资产原值33370.42万元,净值17415.31万元;所有者权益17451.31万元,负债7489.18万元,负债率30%。共有各类设备547台(套),资产原值33370.42万元,资产净值23214.97万元,设备新度系数0.63。2003年,采油一处继续保持了平稳的增长势头。

【生产经营】 全年实现企业总收入25190万元。其中:关联交易实现收入14435万元,社会市场收入3207万元,同比增长60.7%。主营业务收入稳中有升,主营业务全年实现收入15052万元,同比略有增长。职工人均收入持续大幅增长,职工人均收入达到24388元,同比有较大幅度增长。

工程技术服务板块完成工作量大幅增长。

全年完井折合 5685 个标准井次，同比增长 6.8%，同时，修井一次合格率 99.1%，施工优质率 98.3%，措施方案执行率达 100%。

特车运输、机修机加工业务板块收入稳步增长。特车运输全年实现收入 4839 万元，同比略有增长；机修机加工全年实现收入 1482 万元，同比增长 2.1%。

油田地面建设一举拿下 6 个优良工程，创造年度优良工程最高纪录。其中，王二十二转被油田公司评为“2003 年度产建施工样板工程”。

【关联交易】 2003 年，采油一处与采油一厂建立、完善了处厂协作运行机制。首次成立了处厂经济协调委员会，下设生产建设、经济建设、党群工作、后勤工作 4 个协作委员会，为建立和巩固战略合作伙伴关系奠定了基础。

【市场开发】 2003 年，采油一处在稳固关联交易市场的基础上，油田地面建设在油田公司放开市场和社会市场上共承揽到 6 项工程，实现了“打开周边、走向社会”的市场开发战略目标。社会市场比重由 2002 年的不足 8%，上升到现在的 12.7%，增长了近 5 个百分点，与 2000 年相比增长了近 11 个百分点。其中试压队伍承揽到社会市场 11 大项、12 小项共 23 个扫线打压任务，完成产值 310 万元，取得了历史性突破。使市场格局逐步趋于合理，企业抗风险能力不断增强。

【改革改制】 2003 年，采油一处改革改制在三个方面成效显著：一是通过非公有经济的试点引导，先后对 10 个辅助业务、亏损厂点进行了职工个人和集体承包，全年为处创收节支 100 多万元。二是通过对多种经营系统的重组改制，新公司注册资本金由原来的 220 万元增加到 1746.86 万元，全处共有 2234 名职工参加了持股，股金达到 1624.4 万元，并调整了其股权及法人治理结构，壮大了企业实力，开创了企业经济成分多元化、职工收入渠道多元化的新局面。三是通过横向联合，相互参股，与二、三处联合成立了“长庆化工(集团)有限责任公司”，采油一处投资 760 万元，派驻 10 名职工，占有 20%的股权。

【企业管理】 大力推行低成本战略，加大了成本监控覆盖面和考核力度，压缩非生产性开支，杜绝无预算、超预算的行为，将各单位变动费用压缩了 2%—3%，将机关及制造费用、变动费用部分压缩了 8%。通过效能监察，盘活资产创产值 7 万余元，挽回经济损失 62.91 万元，招投标节约资金 16.04 万元。同时，基层的成本意识和管理措施也进一步增强。单项工程成本管理、“三算法”以及预测核算手段的建立与完善为采油一处节约费用近 70 万元。

建立与市场接轨的安全生产运行机制。弱化原生产运行中生产调度的行政命令，形成了市场经济下“三位一体”的新型高效生产运作体系。强化了安全生产监督管理，将安全管理与监督职能剥离并行，在全处设立专(兼)职安全监督岗位 18 个。其中，创新了车辆管理模式，建立健全了单车日运营动态管理，单车运行效益平均提高了 2 个百分点，同比多创收 60 余万元。

实施新一轮业绩考核办法。细化了 14 条配套政策，强化收入、成本、利润三大环节，充分体现责、权、利对等原则，实现自主经营，激发活力，业绩考核基础管理工作取得了一系列亮点。井下作业工程公司实行了单车组核算，将车组工资与任务井次挂钩，效益工资与利润指标和目标井次挂钩，6 月份效益工资分配差距就达 600 元；公用事业管理站采取工资奖金与绩效相挂钩、与考评分数相挂钩，7 月份有 5 个部门超过考核评分标准，与其他 3 个未完成指标的部门相比，多兑现效益工资 1500 元。

加强人力资源管理，按照五个层面的人力资源开发战略，采取培训与引进人才相结合的方法，充实调整了 23 名科级干部，补充了 32 名后备干部。引进工商管理、财务税法等大、中专毕业生 20 名；开展 HSE 管理、标准化作业等培训1060人次、岗位练兵覆盖面达到了69.6%，新增技师4名，有5人获局“技术标兵”、“技术能手”称号，4人获得国际船舶焊接证，2人成为国家级QC诊断师，人力资源的结构更加合理。

在科技与节能管理上，召开了采油一处第二届科技大会，奖励优秀科技论文21篇，优秀科技成果9项，优秀QC成果6项，奖励金额达到7.18万元。安排科技经费105万元，安排科研和新技术推广项目16项。智能井口防盗箱获两项国家技术专利。被评为“陕西省节能节水型先进企业”，成为长庆局惟一获此项殊荣的单位。

【安全生产】　完成2003年HSE管理体系首次内审，完善了安全监督管理体系和基层HSE“两书一表”文件修订工作，制定下发了18项安全管理规章制度，修订发布了B版HSE管理文件。污染物排放总量控制在集团公司和当地政府下达的指标之内，新、改、扩建项目环境影响评价和“三同时”执行率达到100%，其他安全指标均达标。其中，劳动服务公司通过“剔除井场陋习”活动的开展，树立了HSE“标准化井场”18个。

【精神文明建设】　2003年，采油一处各级党组织以“三个代表”重要思想为指针，以“七心”换齐心，用齐心促发展，充分发挥了大政工作用。使各级领导班子建设、干部队伍建设得到加强，广大职工的大局意识、创新意识、市场意识、科学管理意识明显增强。

充分发挥基层党支部战斗堡垒作用和党员先锋作用。树立了4个“示范点”、30个“模范岗”，井下作业工程公司修井八队在长庆局基层党的建设工作会上被树为“长庆局红旗单位”，高金刚、张克霞2人荣获局劳动模范。

充分发挥模范先进的典型引路作用，特别是以优秀共产党员、公用事业管理站环卫队队长史敏华同志和5名医护人员奔赴延安“非典”隔离区工作先进事迹为依托，开展了一系列向先进典型“学、树”的活动，在全处上下形成“学先进、赶先进、超先进”的良好氛围。史敏华成为全局学习的典型，采油一处女职工委员会被全国总工会授予“全国先进女职工集体”称号，采油一处获《中国石油报》报社“先进报道组”荣誉称号。

【稳定工作】　2003年，采油一处不断提高对维护稳定工作的思想认识，认真落实了长庆局有关稳定的一系列文件精神，加强了维护稳定领导小组，建立了动态信息网络，充实了8名维护稳定信息联络员，保证了信访渠道畅通。全年共处理来信来访29件(次)，信访办结率达到了100%，保证了件件有着落。同时，想方设法为职工家属办了10件好事，事事顺民心，处处得人心。职工收入与企业发展同步增长，职工收入与2000年同比增长了57%；新建住宅面积7156.8平方米，84户职工喜迁新居。维修职工住宅及公寓屋面6500平方米；小区配套物业管理日趋完善。投入50万元，新建成一区花园，栽种树木5400余棵(株)，绿化草坪1200平方米，绿篱花带720米。河庄坪污水再利用改造工程建成投入运行，日处理污水1700立方米左右；为1671名一线员工进行了巡回医疗体检，建立家庭健康档案45份，“120”急救出诊65次，抢救危重病人59人次，抢救成功50人次，抢救成功率85%。筹资10余万元，对职工医院发热门诊进行了改造；高考总上线率达99%，其中本科录取38人，专科录取61人，录取率分别达到了37.6%和60.4%。在省市级竞赛中有30人次获奖；与石油大学联合开办了远程教育，为116名职工提供了学习的机会；筹资近6万元为前线职工购买电视机20台、VCD机15台、苹果、副食等272余箱、文娱器材1400余件(套)，改善了一线职工的生活娱乐条件；为离退休职工、困难家属发放救济款、慰问金32.085万元，为49户特困职工办理了重大疾病保险，为530名女职工办理了安康重大疾病保险，为478名职工办理了安康意外伤害保险，共有6人获赔1.538万元；为9名特困职工家庭子女提供每人 2000 元帮困助学金。积极创造条件，联系推荐 14 户困难遗属和 22 名职工子女就业；为 211 名有偿解除劳动关系人员办理了失业保险证，按时、足额将失业保险金分发到手，还积极与长庆局再就业、延安再就业培训中心等部门联系，为有偿解除劳动关系人员再就业提供帮助。

（王 磊）

第二采油技术服务处

【概述】 第二采油技术服务处（以下简称采油二处）是长庆局所属的以采油技术工程服务为主的综合性国有大型企业。截至 2003 年底，处属大队级单位有 27 个；机关设有 11 个职能科室和 4 个附属单位。全处共有职工 3591 人，其中干部 750 人，占职工总数的 20.9%；工人 2841 人，占职工总数的 80.1%。资产总值 25566.3 万元。其中，固定资产原值 31734.84 万元，净值 18607.94 万元；所有者权益 18607.97 万元，负债 6958.33 万元，负债率 27.22%。

2003 年，采油二处在经营形势十分困难的情况下，努力控制成本，降低消耗，开发市场，全面完成各项业绩指标。主营业务实现收入 3.16 亿元；多种经营实现收入 1.51 亿元，完成利润 1070 亿元。

【生产建设】 采油二处生产建设稳步发展。2003 年措施作业 437 口井，同比增长 51.55%；维修检泵 4580 口井，同比增长 51.55%；原油生产 11015 万吨，同比增长 4.57%；抽油机安装 340 台，同比增长 20.96%。地面建设、特车运输、物业管理、多种经营等行业生产建设指标均有所提高。

通过构建生产指挥平台，狠抓生产组织管理，推广新技术、新工艺，作业速度、施工质量、应变能力明显增强。井下作业施工一次合格率达到 98%，用户满意率 97.5%，措施有效率 96.3%，施工质量优良率 98%。特车运输设备到位率 98%，用户满意率 90%。地面建设施工一次合格率 100%，用户满意率 100%，工程质量优良率 70%。2003 年，工程公司承建的 26 项工程，优良率达到 80%，其中 5 项工程被评为优质工程。机械加工产品质量合格率 100%，质量抽检合格率 100%，用户满意率 90%，物业管理用户满意率 90%。

【战略管理】 2003 年，先后研究编制了《采油二处产业定位与中长期业务发展规划》、《采油二处井下作业、科技创新中长期发展规划》、《采油二处发展战略》，使全处发展方向更加清晰，战略重点更加明确，工作目标更加具体，主营业务更加突出。树立“服务就是市场，服务就是效益”的服务理念，改进服务态度，提高服务质量，制定规划，落实到位。加大对井下作业、特车运输等单位的投入，更新、配套、完善装备，大大提升了服务能力和手段，为有效占领关联交易市场和开拓外部市场打下了良好的基础。经过全处上下共同努力，采油二处连续四年被庆阳市评为“重合同、守信用”单位。

【市场开发】 关联交易运行基本到位，与采油二厂战略同盟伙伴关系初步建立。一是“一对一”服务模式不断完善。按照“实事求是、双赢互利、共同发展”思路，解决了关联交易市场保护和新区市场准入等问题。二是服务质量明显提高。导入 H/O、ISO 9001 管理体系，认真开展“两书一表”精品工程、“创优升级”工程和“绿色技术服务”、“诚信公开零缺陷服务”活动，作业速度、施工质量明显提高。三是关联交易市场领域进一步拓宽。进入西峰油田，增加了企业收入，基本生存市场得到不断拓展。四是关联交易双方继续坚持“四个一致”,“四个保证”和“一个稳定”,为关联交易有效运行打下了良好的基础。关联交易实现收入2.56亿元,占主营业务总收入的74%,市场占有率达到100%。

外部市场范围不断扩大,收入逐年增加。井下作业、地面建设、油田化工、彩钢工程、机械加工、特车运输、劳务输出和新项目开发等,先后进入了油田公司开放市场和陕西、青海、新疆、大港、玉门等市场,并开始向天然气下游工程发展。外部市场开发效果显著,全年承揽工作量8325万元,同比增长12%。

【安全、质量、环保】　采油二处获得长庆局“2003年度安全生产先进单位”和“2003年度质量管理先进单位”称号。安全管理实现了传统管理向体系管理转变,走过了一条传统管理与HSE/OSH现代管理体系有效融合、持续改进和不断提高之路,创新了以“风险管理、动态控制、异体监督”为核心的体系管理新模式。2003年安全生产各项指标与过去相比大幅度下降,创出历史最好成绩。千人死亡率、千人重伤率、千台车死亡率3大指标均控制为零。全处有控废气排放率达标率为95%,固定源工业污水排放达标率为97%,杜绝了特大环境污染和环境破坏事故的发生。确定了“今天的质量就是明天的市场”的质量工作方针,ISO 9001质量管理体系向深层次迈进,开发出了具有采油二处管理特色的《质量管理体系文件》、《管理手册》以及质量作业指导书、计划书和现场检查表。创造性地开展了13类66项标准化服务,服务质量演练和质量文化理念宣传,在长庆局用户满意工程实施中,获得了优秀单位称号。

【科技创新】　科技工作遵循“引进、消化、吸收、模仿、创新”的工作思路,转变职能,强化服务,有力地推进了企业发展,初步形成了具有行业特色的采油技术服务、油田化工、工业与民用增效技术、信息工程4大工艺技术系列。井下作业具有井筒大修处理、油水井增产增注措施、油水井日常维修、新井试油四大系列39项配套工艺技术。油田化工形成了5大系列19种产品。有10多项成果得到了实际应用,取得了较好的经济效益。

【改革改制】　2003年,对多种经营系统进行了公司制改造,实现了市场化运作。将原低产低效井开发和低产井收油业务合并,成立低产低效井开发公司。以巨力化工厂为依托,积极参与三个采油技术服务处化工业务整合,成立了长庆化工(集团)公司。对3个印刷业务场点进行专业化整合和改制,成立了西安长庆七彩印刷有限责任公司。通过改革改制、产权置换、扩大融资渠道和大力开拓市场,企业生存能力和竞争能力大大增强。

【精神文明建设】　坚持精神文明建设与物质文明建设一起抓,在抓好生产建设的同时,狠抓政治思想工作和企业文化建设。一是围绕热点问题、敏感问题有针对性地做好思想政治工作,维护企业稳定。团结和带领广大职工群众同“法轮功”宗教活动坚决斗争,并针对聚众上访和子女就业难等热点难点问题,积极开展政策教育,舆论引导等一系列行之有效的具体工作,妥善化解矛盾、理顺情绪、凝聚人心,职工队伍和社会秩序保持了稳定。二是用实际行动实践“三个代表”重要思想,大兴调查研究之风,切实转变工作作风。多次组织大规模的调研活动,与基层同志一同解决事关企业发展和职工关心的重大问题,有力地密切了党群、干群、机关与基层之间的关系。三是加强企业文化建设。通过一系列创建活动和文化体育活动,把广大职工的思想统一到企业发展目标上来,增强了队伍的凝聚力和战斗力。四年来,采油二处保持了地级“精神文明建设先进单位”称号。2003年,又获得了“甘肃省模范职工之家”、“甘肃省职工职业道德建设十佳单位”和“全国职工职业道德建设先进单位”荣誉称号。四是把为解决职工实际困难、办实事同思想政治工作有机结合起来。2001—2003年,在高陵基地修建职工住宅24栋1104套。在资金十分困难的情况下,出资

1124 万元,补贴了高陵建房中阳台封闭、绿化护栏、项目管理等费用,减轻了职工购房负担。

（第二采油技术服务处办公室）

第三采油技术服务处

【概述】 第三采油技术服务处(以下简称采油三处)是长庆石油勘探局所属的以油气井下作业、水电供应、油气田建设、机修加工、物业管理、消防戒备等多元化服务为主的油气技术服务企业。截至 2003 年底,处属单位 27 个,机关设 8 个职能科室,5 个附属单位,1 个直属单位。全处有职工 2107 人,其中干部 555 人,工人 1552 人,共有离退休职工 1137 人。在岗人数与离退休职工(含内退)比例为 1.2:1。

2003 年,全处各级组织认真贯彻长庆局"两条基本思路"和"四大发展战略",紧紧围绕"服务油气主业谋生存、开拓社会市场图发展"的工作思路,克服"非典"影响、市场竞争激烈和生产组织难度大等困难,在内部改革、市场开发、精细管理、安全生产、队伍建设、职工收入、精神文明建设等方面实现了预定目标。主营业务收入 31930 万元,与 2002 年同比增长 9.4%,实现内部利润 350 万元。主营业务和多种经营上缴税费 3386.33 万元。多种经营实现收入 17976.3 万元,与 2002 年同比增长 19.66 %,实现内部利润 528.2 万元。

【主要生产指标】

(1)转供电 19700 万千瓦·时(含自发电),同比增长 10.77%;

(2)全年完成转供水 197 万立方米;

(3)井下作业完成 3160 个标准井次,同比增长 5.58%;

(4)货运周转量 3545 万吨千米,同比增长 0.57%;拉运原油 96781 吨,同比增长 627.6%。

【关联交易】 2003 年,采油三处坚持"双赢互利、共同发展"战略思路,不断提高服务质量和服务效率,在服务中获得最佳效益。2003 年,关联交易收入 28654 万元,占总收入的 89.74%,同比增长 13.94%。

【市场开发】 截至 2003 年底,采油三处初步建立了以服务、质量、责任、目标为市场开发总要求,以油房庄、顺宁、大路沟等生产、生活基地为依托,以井下作业、水电供应、产能地面建设等服务项目为主体,全方位拓展、全员参与、上下联动的市场开发体系。

【企业管理】 2003 年采油三处认真组织开展管理增效活动,收到了明显成效。消化预算外因素和涨价因素力度最大、效果最为显著。全年共消化各种增支因素 2500 多万元。对新兴业务的经营管理工作进行了规范,效果显著。燕鸽湖加油城、河东加油城、燕莎大酒店、小汽车维修中心实现盈利。适时撤并了大马前指,使大水坑物业管理站的服务功能和基地的管理职能得到有机结合。

【企业改革】 2003 年根据长庆局主辅分离,辅业改制分流的有关精神,完成了对宁夏长庆油建工程有限责任公司的规范理顺工作,并吸纳职工现金入股 753 万元,为三处职工在取得工资收益之外实现股权受益搭建了平台。与长庆局工程技术研究院、西安交通大学、西安奥德石油工程技术有限责任公司联合成立了西安交大长庆应用化学研究所,并投入资金 135 万元,争取到长庆局科研经费 25 万元,签订了 6 项技术开发合同,有 2 个项目获得局级科技进步奖。成立了井下作业工艺技术研究所,积极与采油三厂采油工艺研究所合作,开展了 9 项井下作业工艺技术研究。职工持股会投资 206 万元参股宁夏全世达镁业有限责任公司,获得了一定的投资回报。

另外,职工持股会投资950万元,与采油一处、采油二处、西安奥德石油工程技术有限责任公司共同出资3800万元,成立了长庆化工集团公司,对三个采油处化工行业的资产、设备、人员等进行全新组合,形成了决策统一、管理统一、市场统一、销售统一的企业集团,克服了3家同争一块市场蛋糕的局面。

【技术培训】 2003年职工在长庆局举办的各类技术比武中取得了前所未有的骄人成绩,一举改写了采油三处在近几年长庆局技术比武中没有技术状元的历史:在局第十届工人技术运动会各分项决赛中:2人分获井下高级工组和中级工组第一名,5人进入了前4名。4人分获变电站值班员和消防项目"技术标兵"和"技术能手"称号。3人分获计算机项目"技术状元"和"技术能手"称号。

【基础设施改造】 2003年,利用投资679.21万元,新建了油房庄生活基地,利用投资675.71万元,完善了顺宁生活基地,投资224.6万元改造了大路沟基地,为原驻大水坑基地各单位贴近油田主力市场、靠前服务提供了全面的后勤保障。为构建以银川为指挥中心,大水坑、油房庄、吴旗、顺宁、大路沟等小型基地为生产指挥单元,功能互补、职能统一、调度灵活、协调有力的新的生产指挥系统奠定了坚实基础。

【设备投资】 2003年,采油三处争取长庆局投资2099.24万元,购置更新了一批关键设备,对重点行业进行了技术改造,提高了生产保障能力和生产效率。其中,投资814万元购置了5台修井车;投资232.8万元购置了19台运输设备;投资646.54万元购置了28台成品油罐车;投资405.9万元购置了9台特种作业设备;投资141.5万元,购置了17台油田工程车;投资299.45万元对大水坑、马家滩两座变电所进行了技术改造。

【安全生产】 2003年,全处各级组织、特别是安全监督管理部门,始终坚持"生产管理、安全第一、预防为主"的方针,开展了大量工作。成立安全督导办公室,实现了第三方监督,达到了监管分离的目的。通过了ISO 9001:2000版国际质量管理体系认证。安全生产形势创历史最好水平,在长庆局检查评比中,总分在全局各二级单位名列第二,被评为长庆局安全生产先进单位。

【精神文明建设】 2003年采油三处荣获全国"五一劳动奖状"。采油三处领导班子继续保持长庆局勤政廉政先进集体。井下一公司作业八队团支部和宁石建永兴油脂化工分公司团支部被宁夏回族自治区授予"青年文明号"。井下作业一公司作业八队被长庆局授予"红旗单位"称号。

(杨林杰)

油气技术综合服务处

【概述】 油气技术综合服务处(以下简称油气处)是长庆局下属的以油气工程技术和生产服务为主的综合性服务单位。截至2003年末,用工总量635人,职工总数398人,其中干部182人,工人261人;设机关职能科室7个,附属单位1个,处属科级单位14个。截至2003年末,固定资产原值987.74万元,净值735.48万元。共有各类主要专业设备92台(套),设备资产原值884.90万元,净值658.30万元,设备新度系数0.74。各类专业技术队伍11个,其中:产建安装队5个,年施工能力1亿元;钻井队4个,年进尺10万米;井下作业(修井)队1个,年生产能力 110 井次；井下作业（试油）队 1 个，年生产能力 30 层次。

2003 年，全处主营业务收入 1.1 亿元；多种经营实现收入 2484 万元；完成局下达责任指标和各项上缴指标；局拨三项费用控制在预算之内；各项控制指标全面达标。

【市场开发】 2003 年油气处坚持以市场结构调整带动产业结构调整，坚持以稳固油田内部市场为后盾，积极开拓社会市场的方针，主动出击、精心运作，经过全处上下的共同努力，两大市场开发取得令人满意的成绩。

油田内部市场份额稳中有升。2003 年在油田内部市场承揽产建安装和油维工作量 2658 万元；承揽钻井工作量 2000 万元；承揽绿化工作量 263 万元；向油田兄弟单位派驻车辆 76 台；劳务输出 104 人。

社会市场开发成绩显著。在内蒙地区承揽到长呼管线防风绿化工程及“三桩”埋设工程，成为油气处第二次产业结构调整中第一个长期持续稳定发展的新产业。在陕西承揽到白水造纸厂和靖边发电厂工程，社会市场的开发对全处建立新的产业群体，加快发展实现经济强处的目标奠定了基础。

【企业管理】 2003 年油气处按照长庆局“管理提升战略”的要求，继续把精细管理作为企业管理的基础工作落到实处，使全处管理水平明显提高，经济效益逐年攀升。

（1）创新管理，放活机制。对基层单位实行“九包一挂”经济政策，即各基层单位对油气处要承包经营（费用）指标的完成、承包全员劳动生产率、承包工程（产品）质量、承包安全生产无事故、承包综合治理指标的完成、承包计划生育指标的完成、承包党风廉政建设无违纪、承包班子建设和职工队伍建设、承包对各项管理制度的落实；“一挂”即九项承包内容的完成情况与各单位职工的收入和班子成员的政绩挂钩，并将九包一挂作为油气处季度、半年考核和年终考核兑现的主要依据，超奖亏罚、奖罚分明。在劳动用工、二次分配、经营管理等方面扩大基层管理权限，有效地调动了基层的积极性和创造性，各单位较好地完成了油气处下达的任务指标。

（2）财务工作进一步加强。建立了预算动态管理体系；完善了资金授权管理、社会收入暂行管理办法；加强了资金和报废资产管理，积极处理国有、自有报废闲置设备，降低了不良设备资产；加强成本管理，八项可控费用较去年有较大幅度减少。

（3）加强人员培训和资质取证工作，为开辟新市场创造条件。对 20 名员工进行天然气管道焊接、安装送外培训，3 人取得高级证书，17 人取得中级证书；3 月 28 日获得由宁夏回族自治区质量技术监督局颁发的压力管道 GA_2 级、GB 级、GC_2 级安装许可证；5 月份取得由国家质量监督检验检疫总局压力容器安全监察局颁发的 GA_1 + GB 级压力管道安装许可证授理通知书。现已具备了天然气管道和集配气站施工及管道装置安装工程施工能力。

（4）注重全方位严格管理，全面落实各项制度，将 HSE 管理体系与传统的管理经验及企业规章制度有机结合，形成独具特色的管理模式，安全管理工作上了新台阶，2003 年全处实现零伤亡的目标，被长庆局评为“安全生产先进单位”。

【企业改革】 2003 年，油气处围绕加快经济发展，实施第二次产业结构调整和推进企业改革改制和中心任务做了大量细致的工作，取得了新的进展。

（1）适时确定了产业结构调整的目标、任务和措施，全处二次产业结构调整的目标是：搭建三个产业平台，即模拟公司制平台、有限责任公司平台、项目制式平台；建立三个产业群体，第一产业群体即油田内部市场产业群体，第二产业群体即社会市场产业群体，第三产业群体即以自有资金投资建设的大型工业项目。经过一年来的工作，全处第二次产业结构调整已迈出实质性步伐，第二产业群体已确立并初步成形。

(2)完成了宁夏长庆油气工程公司和长庆园林绿化有限责任公司公司制改造方案的报审、批复、资产评估和公司注册等工作，为下一步规范化运作奠定了基础。

(3)对全处全民经营单位实行模拟公司制运作，积极创造条件向真正的公司制运作转变。

(4)“三项制度”改革稳步推进。在干部使用上打破干部、工人界限，一批具有创新能力和管理经验的年轻干部充实到基层领导班子，从而为今后改革改制，更好地适应现代企业制度奠定了一定的基础。

【精神文明建设】 2003 年，油气处党委、油气处认真学习贯彻党的“十六大”精神，紧紧围绕全处生产经营的目标、任务，通过进一步加强党建和思想政治工作，积极推进队伍建设和企业文化建设，全面落实党风廉政建设责任制，大力弘扬“攻坚、奉献、务实、创先”的企业精神，广泛开展形势任务教育，努力引导职工转变观念，全力以赴地投入到企业改革改制和经济建设中去，确保了全处各项工作的顺利开展，实现了精神文明与物质文明双丰收，取得了多项荣誉。2003 年油气技术综合服务处被长庆局评为“社会治安综合治理先进单位”、“要害保卫工作先进单位”；农业综合大队被长庆局评为“模范集体”；宁夏长庆油气工程公司被长庆局评为“先进集体”；长庆园林绿化工程有限公司被长庆局评为“基层建设红旗单位”；油气处团委被评为“五四红旗团支部”；农业大队党支部被评为“局先进党支部”；长庆园林绿化公司被评为“局重点工程立功竞赛先进集体”；多名同志受到长庆局的表彰奖励。

（赵文杰　郭　锐）

机械制造总厂

【概述】 机械制造总厂是长庆石油勘探局的直属生产单位。是中国石油天然气集团公司“三抽”设备、固控设备、钻采配件一级网络企业和出口网络企业。是生产石油固控、钻采设备和配件的石油专业机械制造厂。总厂下设机关职能科室 8 个，附属单位 6 个，主要生产单位 4 个，基层辅助生产单位 3 个，社会服务单位 5 个，多种经营单位 1 个。有各类用工 1703 人，其中在册职工 925 人，专业技术干部 285 人。有冶炼、铸钢、铸铁、铆锻、焊、热处理、机加工、动力及维修等各类生产工种 69 个，主要生产配套设备 519 台。资产原值 11213.92 万元，净值 8603.50 万元。

全年完成工业总产值 2.89 亿元，实现销售额 2.65 亿元，同比分别增长 7.8% 和 3.1%，再创历史新高，实现长庆局下达的内部利润指标。

【产业、产品结构调整】

(1)积极培育新的经济增长点。石油钻机改造项目在长庆局的大力支持下，中标一台，迈出了产业结构调整的第一步。产建地面工程首次挤进气田市场。承揽了油田公司榆天化输气专线工程，油田污水处理设施项目进入初步调研。

(2)做专做精主导产品。在“三抽”产品的制造上，采用数控自动切割下料、完善表面处理设施、实现消失模铸造工艺、加强焊接工艺控制，使产品质量提高。在天然气设备制造上，加大研究深度，进一步提高产品的可靠性；加强表面防护及组装的工艺研究，使表面质量达到国内一流水平；借鉴国外经验，提高产品科技含量；压力容器的制造推广氩弧焊打底工艺，提高焊接成功率，产品质量保持行业一流水平。在钻井设备上，以振动筛产品为核心，以高性能新产品形成技术优势。继 GW－1、CQ－2 后，投入 GW－S 新产品，确保技术上处于国内一流水平；加强制造核心工艺的研究和投入，在西安泾河园形成筛网制造中心；实现固控系统设备的成龙配套；管汇系列开展个性化设计。

(3)加大新产品研发力度。2003 年实现了第四代抽油机——特色技术节能抽油机的产品系列化，完成了三种弯梁变矩抽油机，实现了弯梁变矩抽油机系列化(5—10 型)，完成了三种大传动比减速器，实现了低冲次抽油机系列化(4—10 型)，完成了七种型号抽油机的工艺改进设计；进入第五代——API 标准抽油机产品设计。振动筛的研制继 GW－1、CQ－2 后，2003 年投入 GW－S 新产品的生产，并推向市场。正在预研的是第四代——压滤净化系统，钻井液管汇。在完成系列化设计后，开展了个性化设计。全年为用户设计制造了 28 套车载钻机、海洋钻机。设计 WECO(2 英寸、3 英寸、4 英寸)1502 型活接头、Z23Y－35 硬质合金密封泥浆阀，使产品更加多样化。天然气设备，完成了 30 万、80 万立方米两种天然气脱水撬的全部设计；八井负压式天然气加热炉已投入制造。

【市场开发】

(1)领导分工营销。建立了“两个定期，三个一”制度。即：坚持定期分析、定期走访制度；每个季度最少与主要用户见面一次，每月最少与主要用户电话联系一次，每周召开一次市场开发工作会议。

(2)以“个性”化产品拓展市场。坚持产品的“个性化设计”思路，在接受订单时，让技术人员与用户直接沟通，了解用户对产品的具体要求，在设计方案得到用户认可后，再进行个性化设计和生产制造。

(3)完善服务体系。在主要目标市场建立信息点；在长庆提出了“全天候”、“零距离服务”的目标，建立服务点 5 个；义务为用户培训熟练的技术操作工人；建立用户档案，为用户提供个性化服务。

(4)开发潜在市场。充分利用好“长庆”品牌的无形资产，通过各种媒体进行广泛宣传，参加知名品牌和质量管理奖评选活动，扩大影响，提高知名度。

(5)市场开发取得三项历史性突破：一是抽油机社会市场销售合同签订 90 台，价值 681 万多元，创历史最好水平。二是固控系统首次进入南阳二机厂，合同额达 208 万元；天然气设备首次走出长庆，拿到中石化、新星公司订单 23 万元；抽油泵首次进入吐哈油田市场，拿到订单 60 万元。三是社会市场和国际市场有新进展，全年销售额为 4608.18 万元，占总销售额的 17.4%，直接出口实现零的突破。

【改革改制】　2002 年 12 月 28 日挂牌的西安长庆石油天然气设备制造有限责任公司和 2002 年 11 月 18 日挂牌的宁夏长庆抽油杆制造有限责任公司，是长庆局按照“整体带资分流”和“新项目、新体制、新机制”两种模式的改制单位。总厂从整体发展的战略思考，坚持以《公司法》、《公司章程》和长庆局委托管理规定为依据，对两个新公司实行有限、有效管理。总体做到了：授权代理不越位，管理依法不包办，间接指导不放松，指导两个公司依法运作，依法规范。

在人力资源和机制创新上全力保障。在西安公司的组建中，总厂坚持“岗位公开、薪酬公开、条件公开、报名公开、考核公开、录用公开”的“六公开”原则，公平、公正地完成了新公司的人员竞聘工作。指导建立了全新的分配机制，两个新公司彻底打破“国有职工工资能长不能降、职位能上不能下”的旧机制。在薪酬分配方面共分四种形式：一是经理班子成员实行年薪制。二是管理人员和辅助人员实行月薪制。三是操作层执行计件工资制。四是分配向市场开发、产品研发人员倾斜：市场营销人员薪金实行底薪保障＋费用控制＋奖励提成的业绩考核兑现的办法；专业技术人员设首席设计师、一级设计师、设计师和技术员 4 个等级，套入相应工资标准,享受本岗位基础工资和岗位工资。特别是专业技术职务实行评、聘分开、待遇与绩效挂钩,调动了技术人员的积极性,促进新公司形成了"企业优胜劣汰、经营者能上能下、人员能进能出、收入能增能减、技术不断创新"等新的经营机制。

全力支持市场开发。总厂为新公司取得进入油田内外市场的"通行证"、提高新公司的知名度竭尽全力。总厂领导坚持每周询问销售情况,每月查看公司销售报表的制度,坚持一月两次的现场办公。为落实市场,总厂领导经常带领两个公司的有关人员,拜访油田公司各级领导、物资装备公司、器材处等部门,为天然气设备、抽油泵在长庆的销售做了大量的工作,为抽油杆在长庆的销售打开了局面;拜访中油技术开发公司、长城钻井公司、中石化新星公司等部门,为西安公司固控设备、钻井液管汇、容器在社会市场和国际市场的销售打开了局面。

同时,在产品研发,政策支持等方面做了大量工作。还将西安公司纳入总厂安全生产管理体系,科研开发由总厂产品开发研究所统一管理,市场开发由总厂统一策划,使两个新公司以较规范的管理,积极稳妥地运作。西安公司全年实现销售额 7568.56 万元,超预期目标。宁夏公司全年制造抽油杆 133.4 万米,实现产值 2550.03 万元,完成销售额 2686.81 万元,均创历史新高。

【HSE 管理】 坚持"安全第一、预防为主"的方针,树立"以一万倍的努力,防止万一的发生"、"以人为本"的安全观和"消除一个隐患,就是杜绝一次事故;纠正一次违章,就是挽救一个生命"的思想,围绕"四个杜绝、五个不超、两个确保"的目标开展工作。认真落实各级领导安全责任制。建立健全安全生产监督管理体系和安全生产管理责任体系,建立了可靠的安全生产保障体系,与 13 个基层单位签订了《安全生产目标责任书》。认真组织开展"安全生产月"和"6·5 世界环境日"宣传活动。加强安全培训教育。组织全厂 39 名中层以上领导干部及 18 名基层班组长进行 HSE 培训学习;对全厂 51 名新分配的大学生、新招职工、转岗人员进行了安全环保三级教育。坚持搞好安全生产月检查、季评比、年考核工作,并将考核结果公布;开展以"反违章、保安全"为主题的自查自改活动,解决了安全生产中的低级违章和"低、老、坏"现象。加强交通安全管理,在运输大队开展了"道路风险评价"、"行驶道路预想"活动,并向全厂各有车单位推广;实行了交通安全领导承包连带责任制。

积极实践 ISO 14001 环境管理体系与 HSE 管理体系的有机结合。在 8 月份 ISO 14001 体系年度监督审核中,总厂对环境管理手册、质量管理手册、程序及作业指导书等作了修改,补充了 8 个作业指导书、12 个应急预案。同时,将各岗位、工种涉及到的安全、环境因素及相应对策列到 HSE 检查卡上,发给每位操作工。ISO 14001 体系的运行,对 HSE 管理起到了促进作用,HSE 管理为 ISO 14001 体系运行提供了良好的基础,推动了 ISO 9001 体系的运行。

加强"锅、容、管、特"管理。全厂所有锅炉、压力容器、压力管线、特殊设备均按国家、集团公司及长庆局有关法律法规和规章制度进行了检测;加快设备更新改造。全年投入 320 多万元更新和改造设备 22 台次;投入 55 万元用于设备大修、改造。

全年全厂工业生产千人死亡率、千人重伤率、千台车重伤率均为零;三废排放全部达标,重大污染事故发生率为零,安全生产为长庆局达标单位。

【精神文明建设】

(1)卓有成效地抓好"形势、目标、责任"主题、党性理念、先进典型、改革改制、抓质量降成本等"五个"教育,加强队伍建设。

(2)强化两级班子建设,强化政治理论学习,兴起学习贯彻"三个代表"重要思想新高潮;修订《两级领导班子成员公约》,与 23 个基层党总支、党支部签订了党风廉政建设责任书；利用民主生活会和领导干部述职会，进一步增强各级领导干部的责任意识。

(3)严管队伍。成立了总厂维护稳定工作领导小组，每月召开一次稳定工作例会；深入开展“三禁一反”活动；党政工团整体联动防控“非典”，确保了全厂无一例“非典”患者或疑似病例。

(4)关心弱势群体生活。建立健全了困难职工档案，全年慰问特困户、困难户 189 户，老劳模、老先进 4 户，慰问金 4.7 万元；厂领导与特困职工建立“交友帮扶”对子 12 个，开展“一帮一”活动，为 3 名特困户解决子女就业 3 人，帮助 2 名特困户建立了创收网点，2 名遗属遗孀解决了就业；接待职工来访 60 人次，处理反映的各类问题 60 多个；深入开展“进千家门，办千家事，暖千人心”活动，为职工办各类实事 30 多件。

2003 年总厂通过“省级文明单位”复查验收；总厂厂长杨锋获甘肃省第五届“优秀青年企业家”和长庆局“劳动模范”称号；总厂工会获甘肃省“模范职工之家”称号；总厂领导班子获局党委、长庆局“好班子”和“党风廉政建设先进集体”称号，厂长杨锋、党委书记纪忠明被评为“廉政勤政先进个人”；抽油机分厂获长庆局“模范集体”称号。

（杨　锋　常向龙　阳　毅）

器材供应处

【概述】 2003 年，器材供应处按照长庆局提出的管理与经营“双加强”的要求，调整组织机构，确定了全年工作任务和目标。同时本着“精深研究，精密部署，精细算账，精心组织，精业求报”的原则，拓宽市场领域，夯实管理基础，各项工作取得了新成果。

全处共有职工 896 人，其中干部 323 人，工人 573 人，有机关职能科室 9 个，附属单位 2 个，厂(处)属科级单位 13 个。固定资产原值 4569.5 万元，净值 3553.9 万元；共有吊车、抓管机等各类设备 65 台(套)，资产原值 3213.16 万元，资产净值 1993.44 万元，设备新度系数 0.62。

【经济管理指标】 全局生产建设物资保障率 99% 以上；物资供销量 25.3 亿元，同比增长 12.81%。其中关联交易及社会市场外销 7.3 亿元，同比增长 112%，创历史新高；关联交易市场代储物资 6.3 亿元，同比增长 110%；全局平均库存 3.48 亿元，同比下降 28.25%，其中一级库存同比下降 60.5%，均创历史最高水平；物资周转 12.65 次，同比加快 4.43 次，均创历史最高水平；“西气东输”物资中转运输项目完成工作量突破 5000 万元，创历史新高；完成国际、国内贸易额 6890 万元，实现利润 320 万元，同比增长 32%、36%；多元经济完成经营总值 6740.86 万元，实现经营利润 494.56 万元，同比分别增长 21%、16%。物资吞吐量 132.5 万吨，同比增长 5.2%，创历史之最，职工平均收入比 2003 年又有增加。

【物资管理】 一是严格控制库存，开展了两次全局库存物资清仓查库活动，加快了报废物资处理利用，积极采用期货方式，充分利用社会库存。二是强化油品管理，起草下发了《长庆石油勘探局关于进一步加强成品油管理的通知》，联合财务资产处对全局主业单位与三产单位用油结算进行了专项调研，对加油站进行专项整治，进一步完善了 IC 卡加油网络，催交催运，保障了全局油品供应。三是重视资源市场管理，持续清理、规范采购渠道，与 80 余家资信好、有实力的供货厂家建立长期稳定的代理、代储、代销的供销关系，与宝钢、天钢、宝鸡等知名大厂建立战略联盟，争取到了优惠价格。四是完善两个网络平台，组建了由工程技术人员、直接用户参与的27个大类5个专业约200人的评委库，自筹资金35万元，进行全局物资管理信息系统机房标准化建设，全年通过“长庆石油勘探局招投标网”组织招议标617次，完成采购资金15.96亿元，与市场价相比累计节约资金4441.86万元。五是有序开展对外引进工作，及时补充完善了相关制度，先后组织、参与1050酸化压裂机组、燃气热水锅炉及2004年油套管等对外引进谈判20余次。六是打造服务品牌，在提升服务品质上狠下功夫，及时扩建了西峰中转站，筹建启动了榆林中转站，积极实行二次配送服务，供应及时率得到较大提高。

【资金管理】　一是全处各单位依据确立的目标市场，一律实行切块预算，推行从上向下和从下向上相结合的双向动态预算制，在预算中涵盖了目标市场份额、分步工作量、费用支出控制额、预期收益、预期盈亏额、分项预算责任人等内容。二是对全处费用支出实行定户、定额、定责，按月跟踪检查，将付款分配权适当下放到业务科室，由业务科室根据轻重缓急、商务状况确定支付对象，坚持“四单付款”，主管领导把关，总会计师审核，处长总额控制的管理程序。三是大力调整和压缩公用事业站、离退休管理站等后勤服务人员，先后抽调30人充实到一线生产岗位，重点加强对外雇工和临时用工的管理，减少费用支出30余万元，撤并了一批小队级单位，提高了管理效率。

【市场开发】　一是关联交易市场不拘形式，派出人员长驻物资装备公司，主动上门开拓长庆石化公司、东方地球物探公司长庆事业部、中油测井公司长庆事业部物资供销市场，想方设法承揽代理代储物资。二是“西气东输”物资中转项目取得新进展，筹建了青铜峡、迎水桥、红柳沟中转站，中转干线1016钢管486千米，比2002年增长35%，承揽东段9—17标段站场、阀室材料的采购供应1400万元，向北京天然气公司销售物资360万元，达成陕京复线中转站建设意向。三是国际贸易发展迅速，与中技公司合作的苏丹中国商品中心于7月23日开张营业，摩托车生产厂第一批摩托车下线，苏丹家具厂完成注册，南美市场的复印机、地震检波器、钻机及多种规格的闸阀出口等达成初步意向。四是社会外销保持良好势头，“长庆物流品牌”初步在周边地区得到认同。

【改革改制】　按照“双加强”的要求，调整了组织机构。将经营策划部更名恢复为物资管理科，代表器材供应处具体行使全局物资管理职能，恢复增产节约办（作为物资管理科内设机构）；在合同物价科的基础上组建电子商务部，负责网络管理、网上采购的组织、合同物价审查等工作；将调整办并入市场开发部，将原市场开发部中生产调度、安全管理等职能分离出来，成立生产运行科；成立了引进办公室，负责移交后的长庆局对外引进的管理工作。

按照长庆局改革改制要求，于3月份完成长顺运输公司改制，完全市场化规范运作；按局审批的改制方案，完成了长庆青铜峡膨润土厂改制工作；制订并上报了咸阳长庆兴融公司规范理顺方案、化剂厂改制方案。

【精神文明建设】　围绕全年的物资经销、精细管理和市场开发等重点工作，加强班子思想、组织、作风建设，全方位开展职工的思想政治工作，确保了职工队伍的稳定和生产经营任务的完成。一是注重干部的日常考核与管理，全年先后调整选拔了中层领导干部20名，落聘1名，使基层单位领导班子保持合理的梯形结构。二是领导干部及机关人员改变作风，深入生产一线680人次，解决生产服务问题150个，并抽调业务骨干组成靖边、延安、高沟口、顺宁桥、宁夏、陇东（包括西峰）6个现场工作组，与各单位项目组沟通联系，协调解决资源落实、配送、质量价格等问题。通过优质服务和良好的精神感动用户，使职工闯市场、增效益的意识得到有效提高。三是对职工进行职业道德教育，开展“四爱四德”活动，并组织计算机、现代企业管理、工商管理、商务谈判技巧及《合同法》等专业知识培训。

（石仲昭　杨治鹏　赵步清）

水　电　厂

【概述】 水电厂有职工1526人。机关职能科室11个，附属单位2个；厂（处）属科级单位14个。拥有固定资产原值6.67亿元、净值4.74亿元。主要承担长庆油区供电、供水等服务业务，55个生产厂点分布在甘、陕、蒙三省区16个县域。拥有自备发电站10座、变电所41座、各类发电机组31台套，总装机容量68790千瓦。6—10千伏供电线路191条2047.75千米，35千伏、110千伏供电线路55条807.13千米。供水站23座，水源井166口，供集水管线345.5千米，水处理设备4组，年供电能力10.25亿千瓦·时、供水能力1500万立方米。可承担220千伏及以下电压等级的送变电线路工程和变电所建设、安装工程的施工、电讯安装、水泥预制、玻璃钢内防腐、镀锌、电机维修、二级污水处理和净化厂、10万吨以下的给排水工程、输送变电工程建设，以及变压器、水泵、电杆、电线、电缆、钢丝制造等业务。2003年，水电厂认真贯彻长庆局工作会议精神，团结带领全厂干部职工克服电价上涨、采暖面积下降、非典型性肺炎、洪涝灾害及企业内外部复杂多变的环境影响等困难，顽强拼搏，超额完成了既定工作目标。

【生产经营指标】

（1）购发电量7.1亿千瓦·时，同比增长14.15%；

（2）供水1186万立方米，同比增长9.8%（重组改制以来首次增长）；

（3）天然气产量1119万立方米，同比下降17.6%；

（4）供热面积185万平方米，同比下降2.63%；

（5）工业总产值（现价）24929万元，同比增长18.5%；

（6）企业总收入达到5.04亿元，同比增长12.53%；

（7）供电商品率86.7%，同比提高0.77个百分点；

（8）供水商品率89%，同比提高0.4个百分点；

（9）内部利润2820.95万元，为局考核指标（1960万元）的143.93%，同比增长143.19%。

【经营管理】 2003年，水电厂通过加强管理，水电暖运行质量不断提高，春检停电时间比原计划节约326小时；认真落实安全生产责任制，对全厂18个要害部位实行领导分片承包，坚持把HSE/OSH管理体系贯穿到安全生产全过程，修订了发电站、变电所、供水站HSE/OSH“两书一表”。层层设立219名QHSE监督员，形成了责任明确、监管到位、考核兑现的长效监督运行机制；严格落实乘车人连带责任制，对5个基层单位、2名违章驾驶员、4名乘车连带人、3名车管干部进行了责任追究和经济处罚，促进了安全生产；制定了《科技成果奖励实施办法》、《水电厂质量管理经济处罚办法》、《水电厂用户满意工程实施办法》，建立了《水电厂用户满意度评价模型》，进一步健全完善了基层单位、机关科室、厂领导三级市场开发管理体系，把市场开发责任制落实到了部门、单位和人头；签订关联交易合同17份，保证了结算顺畅；推行市场、质量、效益捆绑运作的“三位一体”经营管理体系，实现了生产、市场与经营的有机结合，降低了经营风险；加强预算事前、事中、事后控制，确保了全厂预算总盘子不超；修订、完善了“两个体系”、“两种职责”、“四项管理”、“一套标准”和“一个规程”的管理制度，分层次组织考试，达到了人人了解制度、职责、标准、规程内容，提高了执行制度、标准、规程和履行职责的有效性；推行战略管理，强化科学管理，实现了管理增效。

【改革改制】 2003年，完成了全厂多元经济单位的整合，将全厂产品制造、水电工程施工、土建施工、租赁、合资、商饮、劳务输出等业务全部整合到多元经济单位水电工程公司，实现了产业结构的优化调整；完成了水电工程公司的公司制改造，建立了规范的法人治理结构；构建了靠“劳动、技术、管理、资金”参与分红的新格局；完成了靖边燃气发电厂、运输大队、西峰水电作业区机构扁平化；成立了庆阳长庆双维水电有限责任公司，开创了水电厂组建民营公司的先河；完成了水电厂基本工资制度改革；与庆阳市、庆城县、环县、华池县、西峰区五个电力局达成了在供电网络建设中保持共同发展、不相互竞争的企业协作协议；与榆林市供电局达成了靖边南部电网建设及管理问题的协议，建设了地方杨米涧110千伏变电所至我厂靖安110千伏变电所输变电工程，实现了与榆林市电网的融合，为陕北油田的开发建设开辟了第三个供电电源；通过第三净化厂化子坪35千伏变电所的建设，实现了与安塞县电网的融合；承包租赁运行了采油一厂、采油二厂6座供水站、35口水源井及供水设施，实现了供水市场新突破。承揽社会市场开发取得重大突破，工作量达1488万元；顺利通过了ISO 9001质量管理体系认证；编制了271个主要岗位职责、317种管理制度和4大项现场运行、操作规程(其中站所运行规程62项、仪器仪表44项、施工机具61项)，规范采用国家和行业标准1020种，制定企业内部标准28种；完成了内部局域网的设备更新和网络结构调整，健全了厂、大队、小队三级信息传输通道，实现了内部信息资源共享；顺利关闭了马岭基地。新建了顺宁、凤凰山、高沟口三个新基地；多元经济实现销售收入8132万元，同比增长89%，实现利润331万元，同比增长209%。

【精神文明建设】 厂领导班子荣获长庆局党风廉政建设先进集体。水电厂荣获“集团公司基层文化活动先进单位”、“庆阳市文明单位”、“庆阳市绿色社区”，荣获长庆局“安全生产先进单位”、“质量管理先进单位”、“宣传思想工作先进单位”、“统计工作先进单位”、“计划生育工作先进单位”、“效能监察工作先进单位”、“消防工作先进单位”、“财务报表评比优胜单位”、“树立组织干部形象优胜组织单位”、实施“送温暖工程先进单位”、“多种经营系统优秀企业”、“全局公用事业系统优质服务先进集体”、“优秀管理住宅小区”、“基层文化活动先进单位”、“五四红旗团委”、“第十届工人技术运动会和中小学生暑假教育工作优秀组织单位”等称号。

厂团委获得甘肃省“五四红旗团委标兵”荣誉称号和局团委“抗击‘非典’优秀团组织”称号。

安塞综合大队荣获长庆局“模范集体”、“基层文化活动先进单位”、侯杏水电队荣获“长庆局红旗单位”和“长庆局先进集体”称号，水电工程有限责任公司荣获“庆阳市重合同、守信用单位”、“长庆局先进集体”、“长庆局抗击非典工作先进集体”称号，贺旗水电大队荣获长庆局“基层文化活动先进单位”称号，水电安装大队荣获“长庆局先进党支部”、“长庆局先进集体”称号，运输大队在公路运输管理上获得“庆阳市规范管理先进单位”称号，离退休职工管理站、第三供热站荣获长庆局实施“送温暖工程先进基层单位”。

男女乒乓球队双双获得庆阳市第十届运动会乒乓球比赛团体第二名；男子篮球队夺得长庆油田第二届“靖安杯”前线职工篮球赛冠军。

慕甲锋同志被局党委、长庆局评为“党风廉政建设先进个人、先进工作者”；杨颖同志荣获“长庆局劳动模范”；常亚文、李军宏、杨自广、王伟军、陶俊州、郭斌等 7 名同志被长庆局评为“先进生产(工作)者”；宋慧英同志荣获“集团公司离退休管理先进工作者”称号；张军林同志荣获“甘肃省青年岗位能手”；张文科同志荣获“陕西省十佳优秀辅导员”；杜春发同志荣获“长庆局优秀党务工作者”；窦海青、刘斌等 4 名同志荣获“长庆局优秀共产党员”；顾立华同志被长庆局评为“大干 100 天，建功大气田劳动竞赛活动立功先进个人”。

在长庆局第十届工人技术运动会上，杨颖同志荣获“技术状元”称号，胡景欣同志获得“技术标兵”称号，弋娜、蒋小凤、甘巧莲、高婧花、徐英红等 5 名同志荣获“技术能手”称号，孙红亚同志荣获计算机操作“技术能手”称号。

（曹　斌　杜永平）

通信公司

【概述】　2003 年，通信公司机关设生产运行部、计划财务部、技术服务部、市场开发部(客户服务部)、综合办公室等五个职能科室和档案收发室、计费室、调度室、小车班等四个机关附属单位，基层单位有信息中心、西安分公司、庆阳分公司、延安分公司、银川分公司、靖边分公司、长庆通信信息有限责任公司、器材供应站。全公司共有职工 365 人，其中干部 162 人，操作服务人员 203 人(含内部退养职工 22 人)。

2003 年通信公司拥有固定资产 2.48 亿元。长庆通信网拥有程控交换站点 53 座，装机总容量达 76000 余门；微波站 31 座，微波传输线路 1064 千米；光缆传输线路 1661 千米，带宽为 2.5GB/s 和 622MB/s，大容量、高带宽的主干光缆传输电路为长庆固定电话网和互联网提供了无阻塞中继电路和高速数据传输通道；无线寻呼基站 27 座；电视会议系统由西安中心会场和外围七个分会场组成；长庆互联网新增靖边二级接入节点，西安网控中心至庆阳、银川、延安、靖边二级节点的互联带宽均为 100MB/s，实现了长庆互联网骨干网络的宽带化。创办了长庆信息网站(www.cpxx.com)，为用户提供网摘、软件下载、视频点播(VOD)、大型网络游戏、音乐、教育等网络业务服务。2003 年，在 ADSL 宽带网络进入住宅小区的基础上，又采用以太网技术和光缆到楼、网线进户的方式，为住户提供宽带网络服务，全油田各住宅小区宽带网络接入能力累计达 20116 线。截至 2003 年底，全网固定电话用户突破 50000 户大关，无线寻呼用户 6703 户，局域网接入 126 个，拨号上网用户 5510 户，宽带上网用户超过 5000 户。由于主干传输网络带宽的提高，多媒体通信业务在长庆互联网上全面展开。

【生产经营指标】　微波电路阻断历时为 0.032 分/路；

光纤电路阻断历时为 0.14 分/路；

电话综合接通率为 89%；

信息网络接通率为 98.2%；

寻呼系统接通率为 98.1%；

计费差错率为 1×10^{-6}；

设备完好率为 98.8%。

主营业务收入为 6552.16 万元；

内部利润为 509.04 万元，超计划 9.04 万元。

【科技创新与技术改造】　2003 年对吴旗—大水坑—银川和吴旗—庆阳光缆传输进行了技术改造，吴旗—大水坑—银川带宽由 155MB/s 扩至 2.5GB/s，提高了 16 倍，吴旗—庆阳带宽由

155MB/s 扩至 622MB/s，提高了 4 倍，至此，长庆主干传输系统全部实现了宽带化，这是长庆通信网实现网络宽带化和为用户提供多媒体通信业务服务的基础。在住宅宽带网络方面，采用了先进的以太网技术和光纤到楼、网络进户的模式，实现了 100MB/s 到楼、10MB/s 到户的网络宽带化，2003 年以这种模式改造完善的住宅宽带网络接入能力达 15000 多线。为保证长庆互联网的安全运行，2003 年对网络安全进行技术改造和配套完善，网络中心增设了 ACS/ACE 认证服务器和入侵检测服务器(IDS)。

【工程建设】 2003 年随着泾河园用户入住、配套建设了 7000 多户住宅和工业区的通信、宽带网络系统，并于年初依靠自己的技术力量，安装开通了万门程控交换机、千兆网络接入节点及其配套系统，一次投产成功。为适应靖边气田发展的需求，在靖边新建了通信机房，并于 7 月进行了机房通信设备的搬迁和用户割接。2003 年初配合科研综合楼办公室投用，配套完善了大楼网络系统、办公台布线和 1000 多部用户迁装，22 个局域网搬迁开通工作，保证了长庆局和油田公司机关办公室搬迁工作顺利进行。

【安全生产】 2003 年公司组织修改完善了《通信机房值班制度》、《巡回检查制度》、《防火管理规定》、《通信机房安全管理规定》等 24 项规章制度。各分公司修改完善并发布了 2003 年版《HSE 作业指导书》和《现场检查表》，增加了危险识别、风险控制、应急预案、安全操作规程等内容，进一步加强了安全生产管理，预防各类事故的发生，实现了全年无任何安全生产和交通安全的事故。

【企业改革与管理】 2003 年 8 月公司制定了《长庆石油勘探局通信公司国有控股改制方案(草案)》的意见。为适应市场需求，并考虑职工的切身利益，公司决定在保持原计时计费方式不变的前提下，实行网内自费住宅电话费 30 元包月和分段计费办法，受到广大自费住宅用户的欢迎。2003 年 11 月 18 日，取得了西安经济技术开发区工商局颁发的《营业执照》，获得了长庆石油通信专网内语音、数据服务业务的经营许可权，为市场准入创造了条件。2003 年通信公司多种经营发展势头良好，长庆通信信息有限责任公司共承揽油田通信工程 19 项，工程总价 1826.98 万元，全年总产值达 2793.7 万元。

【精神文明建设】 2003 年公司信息中心荣获长庆局“模范集体”光荣称号、长庆通信信息有限责任公司获长庆局“先进集体”光荣称号、陶丽君同志获长庆局“劳动模范”光荣称号，通信公司被评为长庆局“社会综合治理模范单位”和“质量工作先进单位”。

（郝永宏　郭文仲　艾宝泉　赵哲群　杨纪民　杨增辉　景怀民　鄢希龙　李亚峰）

运　输　处

【概述】 运输处是长庆局所属的以公路运输服务为主的专业运输企业。截至 2003 年底，全处下设 10 个科级单位，8 个职能科室，3 个附属科级单位。共有职工 1161 人(含内部退养 52 人)，其中干部 229 人，占职工总数的 19.72%；工人 932 人，占职工总数的 80.28%。全处共有离退休职工 836 人，有偿解除劳动关系人员 1085 人。

2003 年，运输处在遭受“非典”、暴雨和连绵阴雨、运费降价和油料涨价三大冲击的严峻形势下，全年完成货物周转量 15319.8 万吨·千米、137.8 万吨·时、225.2 万车·千米；车辆改装完成 131 台；车辆工作率完成 83.8%；车辆完好率达到 92.9%；实现收入 16088.9 万元，实现了年初确定的“保平争盈、安全、稳定、发展”的奋斗目标。

【业务范围及服务能力】

(1)为长庆油田钻井工作提供钻井设备的转移服务,同时为试油(气)、修井队提供设备搬迁服务。2003 年完成井队搬迁 225 队次,其中:局内钻井队搬迁 172 队次(独立搬迁队 103 次,参与搬迁 69 队次),局内试油(试气)队、修井队搬迁 20 队次,外雇钻井队搬迁 33 队次。

(2)在油田生产中提供边远单井原油的转运服务。2003 年拉运原油 19.9 万吨,与 2002 年相比增加 8.4 万吨。

(3)为油田产能建设工作提供所需专用物资(钻井专用的油套、表套、油井水泥,采油专用的抽油管、抽油杆等)的运输服务。2003 年共拉运物资 14.89 万吨,其中拉运油田物资 10.96 万吨,拉运社会物资 3.93 万吨,与 2002 年相比增加 5.69 万吨。

(4)为油田内各单位提供车辆配属服务,2003 年共配属车辆 111 台。

(5)提供旅客公路运输服务。2003 年,完成轿车 225.2 万车·千米,与 2002 年相比减少 17.6 万车·千米。

(6)提供汽车维修作业及机械加工服务。2003 年汽车大修理完成 131.25 个标准台,与 2002 年相比增加 21.25 个标准台。

(7)以客车、油田特种车辆的改装制造为主。2003 年改装车辆 131 台,与 2002 年相比增加 82 个标准台。

(8)为油田公司提供工程技术服务。2003 年完成试油 40 井次、试气 8 井次、修井 104 井次,与 2002 年相比,试油增加 4 井次、试气增加 4 井次、修井减少 30 井次。

【设备状况】 截至 2003 年底,全处生产车辆总数 340 台 4356 个吨位,新度系数 0.64,资产原值 6333.5 万元,净值 4005.7 万元。拥有吊车 34 台 760 个吨位;罐车 12 台 144 个吨位;拖车 34 台 618 个吨位;重型货车 92 台 1608 个吨位;中、小型货车 142 台 1226 个吨位;轿子车 26 台 974 个座位。年生产能力可完成货物周转量 15579.2 万吨·千米、157.4 万吨·时、280.5 万车·千米。全处设备综合完好率 96.03%,主要设备利用率 83.59%,设备故障停机率 0.71,设备特大、重大责任事故发生率零。

【市场开发】 全面树立“宁要饱满的工作量,不要没量的高价格”和“合理竞争,追求双赢”的市场开发理念,按照“内外兼顾,两手并重”的市场开发策略,持续完善市场开发体系和考核办法,用政策调动全员市场开发的积极性。

油田市场。完成局内井队搬迁 172 个队次,拉运原油 10.73 万吨,拉运油田物资 14.89 万吨,完成试油试气及修井 152 井次,完成车辆改装 131 台。全年实现收入 14507.6 万元,占总收入的 88.8%,同比上升 5.9%。

社会市场。完成外雇井队搬迁 33 队次,实现收入 227.3 万元;承揽西气东输、长呼、靖西等大口径管线和设备拉运 4.8 万吨,收入 403 万元;向社会销售轻型客车 19 台,收入 118.95 万元。全年实现对外创收 1841.3 万元,占全处总收入的 11.2%,同比上升 6.2%。

【企业管理】

(1)生产组织方式科学化。加强运行过程中的动态监控与管理,突破传统生产组织模式,创新生产运行流程,突出了单车的动态管理,实行亏损单车预警制度,使车辆投入重出勤更重效率,重产值更重效益。2003 年在生产能力较 2002 年同期总体下降 105 个吨位的情况下,产量同比增加 1586.2 万吨·千米,里程利用率同比上升 1.2%,货运车工作率同比上升 3.4%,车吨产量同比提高 4597 吨·千米,上升 13.2%。

(2)不断完善创新经营政策和经营机制。2003 年经营工作强化了过程管理,并首次将基层中队、工段干部纳入全处考核,挂钩考核的力度进一步加大;将工作量向效益好、运效高、服务质量好以及承包车辆和单项费用包干车辆倾斜;经济责任制考核办法从政策导向上进一步突出效益，激发了基层单位的创新意识。通过机制的创新，企业收入比2002年同期上升16%。

(3)不断完善多元动态成本控制体系。强化了成本形成的过程控制，重点加强油材料的管理工作。同时，强化核算管理，统一全处单车核算口径、核算方法和时间，形成上下相互对比、相互补充、相互印证的完整体系。2003年，在剔除固定成本上升292.3万元、油料涨价362万元后，比2002年减少亏损692.8万元，全年在油料比预算上涨362万元的情况下，成本控制在预算之内。

(4)不断强化质量管理意识。完成了ISO 9000质量管理体系手册、程序文件的换版工作，并通过了认证公司的年度监督审核；客车改装厂通过了"3C"、四位一体的管理体系认证工作；全面完善质量事故管理规定，推行了服务质量事故追究制。2003年服务质量、机修质量、产品质量和用户满意率都有不同程度的提高。

【安全生产】　全面推行HSE系统工程，深入宣贯ISO 14001环境管理体系标准，加强"绿色示范队"建设，实现"末端治理"向"预防为主"转变，广泛开展"两书一表"精品工程和"创优升级"活动，有2个基层单位深层次开展了局级"精品工程"创建活动，7个基层单位开展处级"精品工程"创建活动。同时，认真执行《安全生产法》、《环境保护法》，进一步完善了"三全"管理体系，加强生产过程中的安全检查，逐步实行异体监督。全年培训车管干部和驾驶员1410人次，人均受教育时间30小时，教育覆盖率达到95%以上；路查118次、检查车辆2728台次，查纠各类违章131起，现场整改119起，有效地起到了预防作用。2003年，全处发生上报责任事故1起，千人死亡率控制在长庆局下达指标以内，千人重伤率为零，环境保护实现了"一控双达标"，达到了长庆局安全生产考核标准。

【改革改制】　2003年就如何发展油田物流业务进行了深入的调查和研究，并与局内外有关部门和单位积极探索油田物流发展的方向与方式；对运输车型进行了优化。更新补充中卡20台，轻卡20台，小型车辆35台，报废和停驶负效车40台，卡车加长改造6台，新增客运车辆11台，市场竞争能力逐步增强；继续进行内部产业结构调整。加大外部市场开发力度，社会市场占有份额由2002年的5%上升到2003年的11.2%；对内部不具备改制条件的单位进行经营机制、分配机制的调整，以调动广大职工的生产积极性；调整人员结构，压缩后勤人员，培训驾驶员充实生产一线，自2002年以来先后输出劳务75人。

【精神文明建设】　2003年，坚持执行党委工作网络目标管理法，充分发挥大政工的运行机制，先后开展了以"形势、目标、责任"为内容的主题教育、以转变身份观念为内容的思想教育、以建立学习型企业为内容的素质教育、以"禁赌、反赌"为内容的法制教育，使干部职工能够面对现实尽职尽责，在严峻的形势面前，不等不靠，千方百计把工作干好，保持了队伍的团结稳定。组织建设和干部队伍建设得到加强，运输五中队被长庆局评为百面红旗先进单位。

稳定工作得到强化，并构筑了开展"送温暖"活动、争取上级组织支持、全面落实"低保"政策等"三道防线"，使困难职工有人管、有人问，生活有保障。同时，建立畅通灵敏的信息渠道，切实把问题解决在基层，消除在萌芽状态，为生产经营创造了良好的稳定环境。

加强党风廉政建设，深入开展"四心四珍惜"活动，使党员干部廉洁自律意识和拒腐防变能力得到进一步增强，遵纪守法的自觉性有了提高。效能监察工作充分发挥了规范监督职能。厂务公开进一步加强，良好和谐的氛围逐步形成。共青团工作、综合治理、计划生育工作得到加强。

（王永刚）

交通服务处

【概述】 2003 年,交通服务处有职工 126 人,其中管理人员 17 人、工人 109 人。有各型小汽车 65 台,固定资产原值 3380 万元,净值 1869.71 万元。下辖机关职能科室 3 个、直属生产单位 1 个、多种经营单位 1 个。

一年来,交通服务处认真贯彻局工作会议精神,以"狠抓安全生产,强化优质服务,努力增效减亏,实施多元开发"为工作方针,加大管理力度,探索调整经营思路,同心协力,努力奋斗,全面完成了局下达的各项经营指标。

【生产经营指标】 2003 年,交通服务处实现总收入 1204.80 万元,比 2002 年增收 159.10 万元;总支出成本 1504 万元,比 2002 年增加 172.70 万元;内部亏损 299.20 万元,减亏 2.8 万元。全年共行驶 299 万千米(平均单车行驶 4.6 万千米),比计划目标多跑 49 万千米,完成目标的 120%。车辆平均出勤率为 78%,比计划目标提高了 6%。全年维修车辆 1120 台次,其中一保车 172 台次;二保车 51 台次;项修车 875 台次,大修发动机 22 台次,全年实现收入 69.3 万元,其中内部核算 49.4 万元,外部收入 19.95 万元。

【安全生产】 2003 年,交通服务处始终把安全行车放在安全生产的重要位置狠抓严管,进一步完善已建立的 HSE 管理体系,编制和完善《车队 HSE 管理手册》,检查《交通安全管理手册》的落实情况,积极组织职工参加以"实施安全生产法,人人事事保安全"为主题的"全国安全生产月"活动和以"掌握安全生产知识,争做遵章守纪职工"的"安康杯"安全竞赛活动,加大对广大员工家属安全法制宣传教育的力度,提高全体员工的安全文化素质,建立安全生产长效机制。使质量安全环境保护工作保持了较好的状态,发生次要责任交通死亡 1 人事故一起,基本上做到了平稳运行,实现了安全生产"三个杜绝,三个不超,一个确保"的目标,长庆局安全生产综合考核的"否决指标和控制指标"全部达标,管理指标考核得 865 分,在全局 39 个单位中排名第 18 位,环境保护工作保持了良好的状态,全处工作区域无污染源,无公害垃圾,所有车辆的尾气、噪声检测合格率达到 100%。

【经营管理】 2003 年,进一步贯彻长庆局"精细管理"的思想,体现"安全第一,服务为本,效益至上"的经营理念,强化职工的成本节约意识和绩效经营意识,在 2002 年经营实践的基础上,加大并细化了企业经营管理力度,制定了《交通服务处 2003 年单车月任务、利润考核奖惩办法》,细化了车辆成本核算指标,把不完全成本核算变为完全成本核算,并把工资浮动部分,平均生产奖,误餐费一并纳入考核兑现范围,制定了三条切实的考核原则,即:体现"效益优先,兼顾公平"的原则;体现"多劳多得,不劳不得,劳而无效也不得"的原则;体现"任务、利润指标与工资、奖金、误餐费挂钩"的原则。考核办法突出了"奖惩"二字,即在提高超额完成任务兑现比例的同时,对欠任务的扣罚也相应增加,充分体现"奖勤罚懒",意在从工作要求和实际利益两个方面调动职工的工作积极性,达到鼓励和激励的双重目的。

2003 年底,交通服务处还按照长局发[2003]第 201 号文件关于《基本工资制度改革方案》的通知精神,严格政策,坚持原则,细致考核,先后研究上报了《交通服务处基本工资制度改革实施方案》、《交通服务处"五定"实施方案》及《交通服务处管理人员聘任上岗暂行办法》、《交通服务处操作、服务人员竞争上岗暂行办法》,适时公布了《交通服务处管理人员岗位设置方案》和《交通服务处操作、服务人员岗位设置方案》,对应聘人员进行了广泛的信任度测评,合格率达到95%以上,共计126名职工全部参加工资套改序列,在108名在职职工中,管理岗位17个,操作、服务岗位92个,已全部竞争、评聘到岗。

【队伍建设】 2003年,交通服务处狠抓职工队伍建设,以党的十六大精神和局工作会议精神为指针,在全处职工中开展"岗位创明星"活动。倡议职工争做"安全生产明星"、"完成任务明星"、"最佳效益明星"、"优质服务明星"、"设备保养明星",引导和鼓励职工在"二次创业"活动中再立新功,年终总结评比,表彰了各项"岗位明星"14人。

切实加强基层党组织建设和领导班子建设,加强对党员的教育和管理,在四个基层党支部中培养入党积极分子4名,举办入党积极分子学习班两期。2月下旬,筹备和召开了建处以来的第一次党员领导干部民主生活会,按照长庆局党委和纪委对召开民主生活会的要求,结合工作实际情况,对开好民主生活会进行了专题研究,民主生活会开得团结、民主、富有成效。

2003年4月,在预防"非典"工作中,交通服务处按照局预防"非典"的工作部署,动员全体党员和全体职工"为自己负责,为家人负责,为他人负责,为社会负责",切实做好预防、消毒、清洁卫生工作,累计进行工作区域消毒面积9800平方米,返场车辆消毒760台次,配合留观体检9人次,编制了《交通服务处关于"非典"疫情的应急预案》。

(郭光明)

培训中心

【概述】 2003年,培训中心认真贯彻长庆局工作会议精神,在体制改革、市场开发、"三建工程"、管理水平提升等方面取得了新的进展,为推进教育产业化进程开了一个好头。一是初步形成了适应市场的职后培训管理体制。按地域分布成立了陇东、西安、银川、社会4个培训项目部。举办培训班152期,培训学员8805人次。二是职前学制教育保持了持续发展的势头。2003年招生562名,完成计划的100.3%。其中:校际大专165名,高职(3+2)78名,中专182名,劳动预备制137名;为水电厂、井下处、陕北钻采公司等单位"订单"培养167名。毕业生562名,就业率达94.6%,与2002年同比增长12.6%。三是培训基地建设取得了进展。按照重点开发西安培训基地的思路,在长庆局的大力支持下,经过慎重考虑和充分论证,在未央湖地区建成长庆干部培训基地(党校+夜校)、集团公司部分专业技师培训基地及井下作业和井控培训中心,并在西安地区积极开展了对外合作办班、办学。四是校办产业保持了较好发展势头。完成产值2100万元,实现内部利润368万元。五是培训资质申办工作有了新的进展。2003年获得集团公司井下作业和井控培训点的资质认证;集团公司部分专业技师培训资质申办工作取得重要进展;西峰基地社会项目部取得了三项培训资质:"庆阳市危险化学品培训站"、"全国会计专业技术职称考试考前辅导站"、"庆阳市下岗职工家政服务培训站",为进一步开拓培训市场奠定了基础。六是"非典"防控取得了阶段性胜利。"非典"期间,校园封闭管理60多天,确保了防"非典"工作的全面落实,保证了培训中心教职员工、学生(学员)、离退休职工、家属的健康与安全。七是用工总量由2002年395人减少到378人,职工福利待遇大幅度增长，货币收入同时增长 12.7%。

【四项改革】 按照长庆局工作会议精神和培训中心职代会精神，2003 年重点进行了干部人事制度改革、分配制度改革、后勤改革和校办产业改革改制，并见到了初步效果。

(1)积极进行了用人机制的改革探索。年初首先在教学培训系统的 10 个科级干部岗位实行公开竞聘，同时，按照长庆局要求认真开展了“五定”工作，制定了全员竞聘上岗的实施细则，顺利完成了三支队伍的竞聘上岗工作。

(2)推进了分配制度的改革。按照“打破平均主义，加大业绩激励，弱化固定收入，体现公平原则”的基本思路，对现行奖金分配办法进行了改革，重新核定了不同岗位人员的奖金系数，加大了效益奖的考核比例。修订了单位、科级干部和员工的考核细则，构建了管理责任链，形成了比较科学的考核体系。

(3)后勤系统建立模拟物业公司的管理运行体制。按照“引入竞争机制，模拟物业公司运行，服务有偿化、运作市场化”的基本思路，将后勤服务系统，由原来的行政属性改变为经营性的物业管理实体。一是搭建了新机制的运行平台，撤消原中心基地物业管理站和驿马物业管理分站，成立了培训中心总务科和物业管理公司；二是划小了核算单位，实行承包经营的运作方式；三是完善了物业管理服务价格体系，按照价格逐步到位的原则，本着“单位明补一块，职工承担一块”的思路，制定了内部收费相关办法。

(4)校办产业实现了改制与经营同步运行。八达公司完成了改制方案审批、清产核资、资产评估、股权设置等工作，组建了庆阳长庆八达工程有限责任公司。

【科研开发】 2003 年，将自己编写的局新技术应用项目《井下作业技术手册》推广应用到职工培训中，为采油一处、采油二处、采油三处举办了 8 期修井队长、技术员、操作骨干培训班，培训职工 460 名，探索了以科研带动培训市场开发的运行机制，取得了很好的效果。同时又承担《钻井技术工人手册》和《井下作业井控技术与设备》两个局级新技术应用项目的研究；还承担了长庆局企业管理协会的软科学应用项目《长庆局“十五”期间人力资源现状分析与培训模式研究》；与长庆油田公司第一输油公司合作开发输油工培训教材与多媒体软件等项科研课题。

【教师队伍建设】 一是在教师中开展了形势、任务和二次创业教育、职业道德教育、师生对比教育、身边优秀教师先进事迹教育。中心领导、教学科室长亲自为全体教师解读《把信送给加西亚》、《谁动了我的奶酪》、《第五项修炼》等书。通报培训市场反馈情况，介绍德国“双元制”培训模式，探索科技引导市场需求的培训思路。增强了教师队伍的责任意识、危机意识。二是建立了有效的激励机制，实行了内部专家津贴制，首次评选专家 7 人，每人享受每月 200 元的内部津贴。三是认真落实教师个人发展“CBD”计划，不断为教师“充电”。中心组织教师适应性培训 4 期，有 246 人次参加；送 7 名教师到现场锻炼；选派 36 名教师到外地参加各类提高性培训。

【信息化建设】 完成了校园信息化建设三年规划，积极扩充、培育校园网客户群。根据职工实际需要，对长庆桥基地家属区进行了网络基础设施的安装，为 39 户住户接入了宽带网，办公室的接入率达到了 95%；部分教职工也初步实现了办公、教学、生活三地信息资源的网络流动和家庭办公；网络信息技术已在教学、管理中得到了应用。建立了校内网站，实现了文件网上即时传送、网上阅览，及时信息传输和语音交流，初步实现了办公网络化。更新了培训中心校外网主页，调整充实了栏目内容，申请了网络域名，扩大了培训中心的对外影响；初步建立了 7 个基础信息库：新闻声像图片库、师资信息库、教学素材库、企业文化库、学生(学员)信息库、电子文档库和电子图书查询系统；MSN 网上互动式教学系统开始在培训中心外网试运行，开设了在线辅导、学习指导等栏目。

建立了培训信息的收集与处理制度。完善了兼职信息员制度，建立了市场开发、信息收集区域负责制，信息收集、处理专人负责制，生产现场定期巡回制，进一步完善了培训的实施过程，提高了管理效能。

【管理创新】 基本构建了适应产业化办学的管理平台。对内部组织结构和业务流程进行再造，缩短内部管理链，实行扁平化管理体制，资源配置不断得到优化。教学、培训、函授、科研等4项主要业务的运行流程，由原来直线职能型转变为矩阵型，使师资、信息、微机等有限的教学资源实现了共享，初步形成了适应产业化办学的管理系统；完善五种经营承包模式，创新了经营机制。对基层各单位采取了不同的经营承包形式，明确了责任及目标：一是银川培训项目部继续完善模拟资产经营承包制，通过经营合同书的形式，与中心明确责、权、利的关系，为下一步成立培训公司探索了路子；二是西安、陇东两个项目部通过经营指标与中心建立责、权关系；三是后勤服务模拟物业公司，通过服务价格体系与中心建立一对一服务关系；四是费用单位下达总费用和专项费用控制责任指标，与中心建立费用承包责任关系；五是八达公司通过改制，明晰产权，理顺法人治理结构，明确经营者与所有者之间的责、权、利关系。

【校园文化建设】 经过不断探索努力，形成了一套具有长庆培训特色的理念体系，即：

使命：推进学习，提升个体、团队及组织绩效。

宗旨：满足企业人力资源开发需求，满足学员（学生）个人发展需求。

发展思路：转变办学职能，发展教育产业。

办学方针：服务企业、面向社会、多元发展、办出特色。

治学原则：以学员（学生）为中心，以职业能力为本位，以厂校合作为途径，以办学质量为根本。

校训：博学、铸能、敬业、立身。

校风：勤奋、实践、团结、创新。

学风：立志、求真、勤学、苦练。

在保持“全国精神文明创建先进单位”光荣称号的基础上，2003年被甘肃省授予“职业教育先进单位”称号；被评为长庆局“综合治理先进单位”称号和“宣传思想工作先进单位”；培训中心团委被长庆局授予“红旗团委”称号。史仲乾同志被授予长庆局“劳动模范”称号；余连城同志被评为甘肃省“职业教育先进个人”；陇东项目部荣获长庆局“基层建设红旗单位”称号。

（叶　健）

庆阳子弟总校

【概述】 庆阳子弟总校由长庆一中及两所附属小学（第一小学、第二小学）组成，担负着长庆油田庆城及周边地区职工子女的基础教育任务。学校现为甘肃省示范性学校，全国中小学德育工作先进集体。有教职工337人，专职教师226人，其中高级教师28人、中级教师129人、省特级教师1人，省级教学能手4人，局级教学骨干3人，教学能手3人。在校学生3800名（高中985名、初中1085名、一小1223名、二小480名），共有教学班84个（高中20个、初中22个、一小30个、二小12个）。下设综合办公室、教务处、德育处、教研室、团委、总务处、财务科等科（室）。

【教学业绩】 高考创历史新高。2003年考生

472 人，500 分以上 46 人，重点院校上线 79 人；本科录取 242 人，录取率 51.3%，高出全省 28 个百分点；二级本科上线 330 人，上线率达 70%。高考高分段人数、重点院校上线人数和本科录取率三项指标创历史最好水平。张帆、白鹏两名同学被清华大学录取。有两名学生成绩进入全省文理科前 30 名。毕业会考成绩跃上新台阶。高三毕业会考成绩连续两年名列全省 24 所示范性学校第一名；高中毕业会考合格率达到 97.3%。高一计算机会考合格率 96.7%。列陇东三校第一。初中毕业会考全科合格率 65.5%，超局颁标准 15.5 个百分点，体育会考合格率达 94%。700 分以上全局 26 人，我校占 8 人，刘剑洋同学以 734 分的总成绩名列全局第一。小学六年级毕业统考，一、二小学双科合格率、体育会考合格率均为 100%；学科竞赛再创佳绩。获团体奖 4 个，初中英语竞赛再次获庆阳市团体第一名、参赛选手获奖率 100%。初中化学获团体第一名、高中英语获团体第二名、高中语文获团体第二名。获个人奖 93 人次，省级一等奖 4 人次、二等奖 2 人次、三等奖 4 人次、优秀奖 8 人次。地区级一等奖 24 人次、二等奖 27 人次、三等奖 23 人次；学生管理成效显著。学生安全率 100%。学生思想品德评定合格率 100%、优良率 93%、守法率 100%、守纪率 99.31%；办学条件得到了极大的改善，校园面貌发生了历史性的新变化。对第一小学，第二小学的校园进行了维修改造，对中学两栋教学楼进行了彻底的翻新，对中学所有教室的门进行了更换。改造了中学理化实验室，实验条件达到了国内一流水平。建立了校园网，基本满足了现代信息技术教育和现代化管理的要求。学校被评为庆阳地区“精神文明单位”，被甘肃省评为“职工职业道德教育先进集体”和“道德教育和道德实践示范学校”，综合治理全面达标。德育处被长庆局评为“红旗单位”，第一小学以 486 分的成绩通过局教育处督导验收，跨入局一级一类学校行列，第二小学被甘肃省命名为“交通安全文明学校”。

【教学工作】 2003 年，总校紧紧抓住教学这个中心，在坚持做好教学常规管理工作的同时，大力开展教学研究，努力创新，大胆探索，大力推行课堂教学创新模式和新课程理念，实施了分层次教学、个性化教育和研究性学习等一系列新举措，推动了教育教学质量的稳步提高，使学校的影响力和地位日益提高，大大增强了学校的生存、竞争能力。学校还抓住油田学校布局调整和长庆局对教育重视的有利机遇，加大学校基础建设力度，极大地改善了校园环境和教学设施，为学校发展提供了有力的物质保障。坚持“向学生终身负责”的办学理念，推动学校各项工作的全面发展。学校以现代教育理论为指导，以培养新型人才和促进学校全面、协调、可持续发展为目的，提出了“向学生终身负责”的办学理念，突出了一切为学生素质发展的教育思想。从这一理念出发，学校进一步加强了队伍建设，强化教师的责任心、事业心教育；大力开展了教育教学研究，改革教学方法，转变教育观念；不断深化德育工作，维护了学生的身心健康；实施了“校园文化工程”，为学生素质教育搭建平台；美化了校园环境，为学生提供了良好的学习、生活环境。坚持“以人为本”的管理取向，相信教师、尊重教师、依靠教师、发展教师，为教师成才创造良好的工作环境，使教师心情愉快地工作，并在工作中取得更大的进步。学校把严格管理和关心生活、精神激励有机结合起来，根据教师的职业特点，从满足需要出发进行科学有效的管理。一是重视教师的物质需要；二是尊重教师的劳动；三是建立良好的人际关系；四是注重教师成长和成就的需要。“以人为本”的管理思想，使学校拥有了一支好的教师队伍，保证了学校教育教学不断上台阶。坚持发扬务实的工作作风，充分发挥领导干部的表率作用，扎扎实实地做好各项工作。学校通过在领导干部中大力倡导和实践务实精神，切实转变了领导作风，努力实现“为官一任、造福一方”，以对学校对职工负责的态度，脚踏实地，勤政廉洁，尽心尽力干出成绩，获得了民心、赢得了信任，取得了支持，让教职工在领导干部身上看到了学校发展的前途和希望。

（张灵生）

银川高级中学

【概述】　2003年，随着马家滩子校、九公里子校初中部的撤并整合，银川高级中学包括银川初级中学、银川小学、九公里子弟学校，教职工总人数达到445人（含内退，在职397人），男职工207人，女职工234人。干部402人，工人39人。专业技术人员321人，管理人员42人。副高级职称28人，中级职称183人。学校共有94个教学班，学生总人数达到4187人。下设综合办公室、教务处、教研室、德育处、人事劳资科、财务科、总务处、团委等部门和三个年级组，下辖银川初中、银川小学、九公里子校三所子校，组建基层党支部和工会小组各5个，成立了计划生育委员会、保密工作领导小组、综合治理和禁毒工作领导小组、安全环境健康和消防安全委员会、中心学习小组、绿化和爱国卫生环境保护委员会、宣传报道组、青年志愿者协会等专业组织。制定了党群、行政、教学教研、德育、后勤财务、团委、档案等七大类234项规章制度，管理规范，档案齐全。

截至2003年底，学校固定资产原值达到2999.38万元，资产净值达到2618.51万元。

2003年，银川高级中学以“三个代表”的重要思想为指导，全面落实局工作会议和教育工作会议精神，继续实施“三大提高”、“三大突破”的总体要求，抓好“六项精品工程”和“两项管理”，以“学习发展、反思成长、追求卓越”为基本工作理念，稳步推进课程改革，全面实施个性化管理，在教育教学管理中打造精品工程，以质量树形象，以质量求发展。

【教学教研】

(1)新课程理论的研讨与实验。2003年，长庆银川高中及其所属子校凭借地域优势，率先在不同学段的起始年级进行新课程实验，把新课程的学习和新课程理论研讨作为常规教研活动的主要内容，组织教师全员参加了银川市教科所组织的以新课程标准为主要内容的继续教育考试，合格率100%。

在专题教学研究方面，银川高中制定了《长庆银川高级中学科研课题项目管理办法》，加强对课题研究的管理。学校现有国家级立项教研课题3个，省级2个，局级1个，校级8个，在此基础上，新开题34个，部分课题的研究已初见成效，获得不同级别的奖励。

(2)学习交流，更新观念与方法。在抓好教研活动，开展岗位练兵活动的同时，学校扩大与外界的学习、交流，促使教师尽快转变教学观念，提高教学水平。在长庆局、宁夏区及全国教育部门组织的各类学科竞赛中，教师参加各级各类教学竞赛获国家级奖5人次，省部级奖17人次，市局级奖10人次。教师共撰写论文200余篇，获国家级奖励39篇，省部级23篇，市局级28篇。在宁夏第八届基础教育科研成果评奖活动中，我校有13人获奖，其中一等奖3人，二等奖3人，三等奖7人，一批高素质的教师已经在我校教坛上脱颖而出。

(3)选拔与培养学科带头人。2003年，学校举行了首届学科带头人评选活动，评选出校级学科带头人9人、骨干教师15人、教学能手9人。为了使学科带头人能发挥应有的作用，带动学校“名师”工程健康、快速地向前发展，学校实行动态管理制度，一年一评，消除一劳永逸的思想，鼓励他们不断开拓进取，做出新的成绩。学校还坚持开展学科带头人、骨干教师、教学能手上示范课制度，规定每位学科带头人每学期至少上一到两次示范课，带动教师相互学习、相互促进、共同提高。同时学校还重视发挥骨干教师在学科辅导上的作用，收效明显。高中学生参加数、理、化、英语等学科竞赛，获得国家级奖励 23 人次，省部级 35 人次，2 人代表宁夏参加在澳门举行的全国奥林匹克冬令营赛事。优秀辅导老师国家级 9 人次，省部级 19 人次，银川初中学生参加各级各类竞赛获奖 128 人次。

(4)校本课程的研究与开发。2003 年，银川高中及其所属子校在往年的基础上，共开发校本课程 36 项，编排教学班 85 个，定时间、定场地、定教师，加强管理、考核，使校本课程进一步走向规范化。同时，学校还在高一、高二广泛开展研究性学习，内容涉及小区管理、水资源调查、交通安全、环境保护、旅游开发等社会生活的方方面面，师生参与率达到 90%以上。在本年度研究性学习开题报告会上，共开题 82 个。学校教研室在反复实践、探索的基础上，组织课题组辅导教师编写了《研究性学习指南、探索、实践》和《学生实践能力考察纲要》，对指导学生进行研究性学习发挥了积极的作用。

【教育管理】

(1)全面实施个性化管理，培养学生的主体意识。个性化管理是长庆银川高级中学德育管理的主题，也是培养学生主体意识的主要途径。主要做法是：实施学生行为习惯积分卡制，围绕《中小学生一日常规》，不同学段规定不同的标准，采取个人、学校、家庭多方评价的办法，强化了学生的教育；全面落实校园文明工程建设。使校园每一个角落都蕴含教育的内容，让学生时时处处都受到美的熏陶，配合周五劳动日，使保护环境变成每一位学生自觉的行动；开展社会实践活动，让学生参与管理；开展了革陋习，树新风活动。通过板报宣传、签名仪式、自查自改、组织学生到小区打扫卫生等形式，掀起了“讲文明、讲卫生、讲科学、革陋习、树新风”活动的高潮，促进了“校园文明精品工程”建设和燕鸽湖基地文明程度的提高。

(2)组建德育管理网络，发挥整体育人功能。建立学校、家庭、社会三结合的德育网络，高中与学生家长签订管理合同 760 份，并建立了联系卡制，使家长与学校经常保持联系，消除了管理空挡。银川初中、小学开办家长学校，通过对家长的培训，提高了他们教育子女的水平及能力，促进了学校的管理。邀请矿区各单位的领导参与学校的大型活动，并召开庆祝教师节座谈会，汇报办学成绩，共商办学大计。校领导、班主任、任课教师及乐队组织强大的宣传阵容，为考上清华、北大的学生送喜报，在矿区营造尊师重教的氛围。

(3)在安全中求稳定，在稳定中求发展。在年初学校与长庆局签订《党风廉政建设责任书》的基础上，学校党委与各基层单位、机关各部门签订了《党风廉政建设责任书》，分解全年党风廉政建设重点工作的具体任务。以日常考核为主，坚持每学期对基层学校进行考核和民主测评。广泛发动教职工参政议政，推进民主化进程。学校坚持校务公开制和职工代表大会，召开民主生活会共 8 次，采用公开竞聘的办法选拔了一批德才兼备的中层管理干部，完成了干部年终考核、党员民主评议、职称评审和教职工全员聘任等工作。学校工会根据长庆局倡导职工开展自学成才及读书活动精神，通过个人申报，基层工会审查上报，学校工会研究审定表彰了 36 名自学成才先进个人，掀起人人自学、个个成才的良好氛围，被局工会授予“职工自学成才先进单位”。在妇女节、教师节期间，举办了“展教师风采”系列活动，营造了健康向上的工作和生活氛围。校团委开展假期社会实践和捐资助学等丰富多彩的活动，被局团委授予“五四红旗集体”荣誉称号。

【教学业绩】

(1)学校安全、综合治理全面达标。全校无治安案件、无刑事案件、无重大治安事故、无内部人员违法犯罪的“四无”达到100%；教职工和学生中没有受党纪、政纪处分人员；教职工、家属、学生中没有违法犯罪人员；全体师生和家属无一人参加“法轮功”邪教组织；全校未发生任何不安全事故；无吸毒和涉毒人员，计划生育工作全面完成了局下达的指标。

(2)高考、中考、小学毕业测试成绩稳中有升，实现了新的突破。2003年参加高考531人，录取493人，录取率92.84%，其中重点录取118人，本科录取240人，有4人分别被北京大学、清华大学录取；1人被中国科技大学提前录取；张作超同学以612分居宁夏回族自治区理科第四名。高中会考，6科全部进入自治区前十名。银川初中参加全局毕业会考，文化课合格率达到70.35%，超局定指标20.35个百分点，700分以上的学生在全局27人中占13人，薛芬、熊杰两名同学的总成绩名列全局二、三名；九公里子校初中毕业会考文化课合格率72.73%，居全局第五名，银川小学在全局小学毕业测试中，语数双科合格率，单科优秀率和平均分及体育测试合格率均大幅度超过局定指标。各子校文化课和体育测试合格率均达到100%。

(3)积极竞争自治区重点中学和示范性学校，创建全国一流名校的工作初见成效。上半年，学校被确定为“全国重点科研课题21世纪中国学校体育发展研究实验学校”、“中华人民共和国现代教育技术实验学校”、“中国教育学会中学语文教学专业委员会“十五”重点科研课题创新写作教学研究与实验学校”。11月3—5日，银川市人民政府教育督导室35人对学校的评估验收活动中，综合考评打出了498.5分(满分500分)，名列全区第一，被评为“宁夏回族自治区学校办学水平督导评估先进学校”，受到表彰奖励。12月份，成功申报了“宁夏长庆青少年体育俱乐部”，并于2004年3月10日正式挂牌成立。

(李儒新　田志进　王占龙)

职工疗养院

【概述】　2003年，职工疗养院共有各类劳动用工109人，其中：职工94人(管理人员33人，专业技术人员19人，操作服务人员42人)；劳务合同工15人。副高级以上职称6人；中级职称10人；初级职称24人。固定资产原值660万元，净值447万元。排除“非典”疫情影响，全年共接待疗养人员1133人次，其中：长庆油田内部366人次，外油田767人次；接待会议、培训班、旅游团体和体育比赛54个3940人次；为油田职工体查2327人次。全年经营净收入243万元，定额费用补贴不超。疗养服务满意率达到98.21%，比局下达指标提高13.21%；慢性病治疗有效率达到94.4%，比局下达指标提高14.4%；床位使用率达到70.1%，比局下达指标提高0.1%。

【市场开发】　认真进行了疗养院产业定位与发展方向的研究，经报请长庆局批准，确定了疗养院“以职工培训、会务服务、疗养、医疗服务为主营业务，兼营旅游业务，放开搞活物业管理业务”的产业定位，使开拓市场有了明确方向。坚持主动出击跑市场，院领导和接待科业务人员前往7个兄弟油田和中油集团公司两大部门联系职工疗养及团体旅游业务。面对“非典”疫情的影响，积极开拓油田内外服务市场，先后接待了长庆局、长庆油田公司、中油集团公司以及陕西省、甘肃省的有关会议、培训班。发挥医疗优势，开拓油田内部医疗服务市场，开办了陕北靖边凤凰山作业区卫生所，给油田一线职工查体治疗 300 多人次，既方便了一线职工就医看病，又增加了医疗收入。继续搞好多种经营，长庆实业发展公司加强市场公关，强化内部管理，其肥皂产品得到了油田内部电子商务市场认证；斜口加油站被评为“西安市加油计量质量专项整治示范加油站”，全年实现生产经营总值 258 万元，利润 3.9 万元。

【管理与改革】　以改革创新为动力，以强化管理为重点，转换经营机制，提高管理水平。一是建立灵活高效的用人、用工制度。通过严格考核，采取末位淘汰制，减少劳务合同工 10 名；按照长庆局统一部署，组织实施了全员竞聘(竞争)上岗工作，经个人对岗申报、民主测评、组织考察(考试)，30 名科以下管理人员和 19 名专业技术人员通过竞聘上岗，40 名操作和服务人员通过竞争上岗，增强了全员竞争意识和责任心。二是改革旧的经营模式及公用事业管理模式。先后对院北大门外五间门面房实行了公开竞争租赁经营；关闭了运行 20 多年的茶炉房；处理了库房积压的废旧物品，回笼资金 2 万多元，盘活了资产，避免了浪费。三是实施精细管理，努力增收节支。面对“非典”阻断客源，5—7 月几乎无收入的严峻形势，及时制订实施了 14 条节支措施，严格控制劳动用工以及水、电、暖等费用支出和低值易耗品的采购发放，将费用支出压缩到最低限度，确保了局拨定额费用不超。四是加强设备管理。2003 年，在例行做好电器、车辆及医疗设备维护维修的同时，及早检修了 300 千瓦自备发电机，在临潼区多次停电的情况下，保证了院内疗养接待和职工生活用电；提前完成了 2 号采暖锅炉的维修改造，确保了冬季锅炉供暖安全平稳运行。五是强化安全管理，落实防范措施。2003 年，结合疗养院实际，制定了《安全生产监督管理规定》；对安全、消防要害部位继续实行院、科两级领导挂牌承包，经常定点检查，落实领导责任；落实安全例会制度，院领导逢会必讲安全，并坚持参加运输队每周一的安全例会；全面维护检测了院内避雷装置和消防器具。通过加强日常安全教育，落实防范措施，实现了安全生产和消防要害管理达标。

【精神文明建设】

(1)进一步加强基层党组织的思想建设、组织建设和作风建设。组织党员、干部认真学习贯彻党的十六大精神和十六届三中全会精神，掀起学习“三个代表”重要思想新高潮，在深化改革的形势下，在抗“非典”斗争中发挥党组织的政治核心作用。在党支部和党员中，开展了“创先争优”活动的总结评比和纪念建党 82 周年系列活动，“七一”前夕表彰了 2002—2003 年度先进党支部和优秀共产党员。认真落实党风廉政建设责任制，以开展“两个务必”教育和“四心、四珍惜”活动为重点，有针对性地开展党政纪条规教育、警示教育和党课教育。通过教育党员、干部增强党性，筑牢思想防线，党员、干部中没有发生违纪违规问题。

(2)开展以“形势、目标、责任”主题教育活动为主线的宣传思想工作。加强改革中的思想工作，在实施全员竞聘上岗以及关闭茶炉房等改革措施过程中，注意事先教育引导，实施过程中让职工积极参与，增强了宣传思想工作的教育引导效果。针对“非典”疫情给疗养院经营工作造成的严峻困难，院党委及时提出了“全院总动员，大干 180 天，把‘非典’造成的损失夺回来”的战斗口号，引导全体员工为疗养院的生存发展作贡献。

(3)坚持以人为本，建设具有疗养院特色的企业文化。坚持在队伍建设上着力培养“团结、敬业、诚信、进取”的企业精神；在接待服务工作上始终坚持“全心全意为疗养院和宾客服务”的办院宗旨；坚持以高尚的精神塑造人，引导职工、家属树新风、改陋习，自觉遵守《疗养院文明公约》，全面提高队伍素质；加强文化阵地建设，利用阅报栏、宣传栏，宣传时事政策，坚持正确的舆论导向；发挥院内多种文化娱乐、体育健身设施的功能，引导职工、离退休职工和家属参加各种健康向上的文体活动，全年仅组织离退休职工开展各项文体活动就达21次，并承办了陕西省和本油田老年门球、台球赛7次。推动了精神文明建设，增强了职工队伍的凝聚力。

(4)坚持为职工群众办实事、办好事。多方筹集资金开通了西安市闭路电视网，收视节目频道由18个增加到56个；为全院96名工会会员办理了全国总工会主办的“安康保险”；为38名有偿解除劳动关系人员办理了再就业优惠证；职工、离退休职工患重病住院，院党政领导坚持去医院看望；在十分困难的情况下，仍筹集资金为职工、离退休职工报销了全年的住院及慢性病治疗医药费，这一步密切了干群关系，稳定了职工队伍；院工会在行使“四项职能”和职代会“五项职权”的同时，积极推动民主管理，在全员竞聘工作中，组织职工代表参加了对科级干部的信任度投票；坚持组织好群众性文体活动，举办了迎春长跑比赛，国庆节职工棋牌赛等大众体育活动；组织开展了以“满意在长疗”为主题的劳动竞赛，调动了全体员工闯市场、增效益的积极性。

【内部治安综合治理】　2003年，继续加大综合治理工作力度，突出工作重点，落实防范措施。认真做好“非典”防控期间的治安保卫工作，加强门卫值班和夜间巡逻，严格控制闲杂人员入院，确保“非典”防控期间治安稳定；加强重大节日和重要接待活动期间的安全保卫工作；针对秋季雨涝造成院区围墙倒塌，压坏村民一些石榴树引起的纠纷，协同当地公安派出所和政府部门积极调解，避免了事态扩大，使纠纷得到妥善处理。通过全院上下共同努力，实现了综合治理“四无”目标，为疗养院的生存和发展创造了良好的内部治安环境。

(刘致远　薛　恒　高甫印)

职工医院

【概述】　长庆局职工医院是一所集医疗、科研、教学于一体的综合性医院，担负着为广大油田职工、家属及老区人民群众防病治病的重任。2003年，下设机关职能科室6个，附属单位2个；院属科级单位20个。职工总数396人，其中干部263人，工人133人，离退休职工237人，内部退养职工35人，劳务合同工34人。有主任医师2人，副主任医师21人，中级专业技术职务人员88人。

医院设有急诊科、内科、外科、妇产科、儿科、眼科、五官科、口腔科、皮肤科、传染科、影像科(CT、B超、放射)、检验科、麻醉手术科、病理科、药械科、介入科等16个科室及心血管内科、血液内科、普通外科、神经外科、妇科、产科等30多个二级专业。拥有CT、彩色B超、800毫安X光机、颈颅多普勒、乳腺X光机、高压氧舱、电子胃镜、血气分析仪、大生化分析仪等先进设备。

【医疗指标】　坚持以一流的管理、一流的技术、一流的服务、一流的设备、一流的质量、一流的信誉为油田职工家属和老区群众健康服务。2003年继续开展“百姓放心医院”第二主题“优质高效”活动，使医疗和护理质量不断提高，服务态度不断改善，保证了各项医疗指标全面完成。全年出院人数4076人，治疗有效率96.16%，平均住院天数12.96天，床位使用率44.26%，诊断符合率99.18%，抢救成功率94.98%，门诊量55965人次。

【经营指标】　职工医院属于长庆局补贴费用单位，在做好“经营承包责任制”的同时，2003年又积极推进了"科室经济核算考核制度"向纵深发展,在防疫站试行成本核算试点,将防疫站的成本、任务和职工的经济收入挂钩,实行了月核算月考核年兑现,调动了科室职工的工作积极性。全院各个科室更加自觉地注意节约成本和开支,领用材料精打细算,日常工作注意节约一点一滴。在医疗市场不断缩小的情况下,努力提高医护质量,不断改善服务态度,增加收入,减少支出,节约成本。2003 年局补贴 1405.4 万元,实现收入 2886 万元,支出 4301 万元,实现了收支平衡。

【科技成果】 2003 年,职工医院积极采取走出去学习和引进新技术两条腿走路的方法,使医疗技术状态一直处在陇东地区的领先地位。全年送出去到各大医院进修人员 5 人,发表各种学术文章 28 篇,开展了"中国第二项急性心肌梗塞临床治疗研究"等 19 项新工作。

【医疗管理】 职工医院面对重组改制和医疗市场不断减少的情况,牢固树立"外树形象、内聚实力、严谨务实、开拓进取"的思想,抓住"质量、服务、稳定、安全"这一主题,积极开展优质服务竞赛,每月进行患者满意度测评,提高全院职工的素质。2003 年在抗击"非典"的战斗中,医院成立了防治"非典"领导小组,建立了发热门诊 24 小时接诊病人,制定了全院防治"非典"紧急预案,组建了防治"非典"紧急抢救医疗队和医疗专家组。全院职工积极投身到抗击"非典"工作中,有 385 人写请战书要求到抗击"非典"的第一线工作,占到全院职工的 95%以上。医院组织了对医务人员的防治"非典"知识和技术的培训 12 场 1487 人次,参加了庆城县政府和卫生行政管理部门组织的防"非典"紧急抢救演练,增强了实战的能力。防疫站战斗在消毒防疫的一线,负责陇东和西安各单位的消毒工作,全站累计出动 322 人次,消毒 105.05 万平方米。防治"非典"工作受到了甘肃省、庆阳市、庆城县防治"非典"检查团的高度好评。在抗击"非典"的过程中,全院干部职工表现出的不怕牺牲、无私奉献的精神,关爱生命、真情奉献的精神,刻苦训练、科学防治的精神,心系大局、团结协作的精神,是我院数十年优秀文化的集中表现,是职工队伍良好工作作风和顽强战斗力的集中表现。

【安全生产】 树立"安全第一、服务第一"的思想,建立健全各级安全网络和科室安全生产责任制。全面推行了 HSE 管理体系,发布 HSE"一书一表",重点在车队、防疫站、劳司、物业公司、药械科等生产单位推广实施,并进行风险评估,提出 49 项风险削减措施。从 2002 年 9 月 1 日开始施行的《医疗事故处理条例》,对职工医院的医疗工作提出了更高的要求,医疗安全成了职工医院安全工作的重中之重。对此,职工医院从抓病历书写、处方书写入手,规范医疗文件,规范医疗工作程序和质量,保证医疗生产的安全,减少医疗纠纷的发生。加强职工生活区的安全和治安管理,关心职工生活,定期到职工家中检查用电、用气的情况,杜绝了不安全因素。针对医院属于开放性的服务单位的特点,成立了医院巡逻队,加强治安巡逻。

（龚成林）

公用事业处

【概述】 2003 年，处属基层科级单位 10 个，设机关职能科室 6 个；附属单位 2 个。全处职工总数 292 人，其中干部 142 人，工人 150 人；干部中各类管理人员 84 人，各类专业技术人员 43 人。其中：具有中级职称 33 人，占干部总数的 23.24%；副高级职称 3 人，占干部总数2.1%，共有离退休职工33人。截至2003年末，拥有资产总值为3.63亿元。其中，固定资产原值2.06亿元，净值1.70亿元，负债总额2.24亿元。

2003年，是公用事业处奋发进取、全面发展进步的一年。组织带领全体职工认真贯彻落实集团公司、长庆局2003年工作会议精神，围绕事业处年度确定的工作思路和工作目标，突出发展主题，坚持改革创新，直面油田和社会两个市场，战胜“减补”和“非典”两个困难，使班子和职工队伍经受了新形势、新任务的考验。通过全处广大职工的奋发努力，实现了主营收入、多种经营两个突破，取得了物质文明和精神文明双胜利。

【生产经营】　面临“非典”疫情带来的不利影响，坚持并突出抓了优化服务、关联交易，保证了主营创收指标的完成，全年实现主营收入4261万元，与2002年比较，实际增加605万元，同比增长16.6%，保持了主营业务稳定发展的局面。多元经济快速增长，在每年完成突破性指标的基础上，2003年经营产值超过5000万元，利润同比增长62.3%，创造历史“两项新高”，使公用事业处多元经济的发展，逐步驶入快车道。跨越式的发展促进了事业处半壁江山的形成，提高了单位防御经营风险的能力。

【内部改革】　对西安基地的维修业务、绿化业务进行了整合，达到了各类维修人员综合利用，提高工作效率和方便居民服务的目的。对西安基地幼儿园进行了“3个调整”，即：调整领导班子、调整经营模式、调整收费价格。给幼儿园的工作带来新起色，在册入园幼儿达到380名，比2002年同期增长46%，其中外界入园人数达到29%，比2002年同期增长37.5%。召开了首次劳务工双选会议。在涉及西安、靖边两个基地的84名劳务工中，有63名被内部用工单位重新选用，另21人因聘用条件或个人意愿，改变了原工作岗位或劳务工身份，与有关单位签订了临时用工协议。结合年度干部考核情况，按照考察酝酿的干部选用程序，新聘任科级干部3名，调整科级干部2名，从工人中聘用一般干部4人，并大胆聘用2名工作突出的劳务工到干部岗位。按照长庆局有关改革改制要求，对处属三业开发公司拟订了改革改制方案；按照多元化投资的思路，对靖边基地加油站进行了股份制改造。

【市场开发】　2003年，公用事业处从战略发展的高度提出了5条应对市场的基本思路、5条市场开发组织原则。通过规范运作、优化组织、调配力量，发挥了各个公司自身优势，促进了整体工作的点、线、面结合，提高了市场占有率。全年承揽的上万元项目超过百位数，其中10万元以上项目达63项，显现出市场开发前所未有的强劲势头。

【小区建设与管理】　坚持抓好假日管理和服务，做到节前有准备、节中有检查和节后有总结。使节日的气氛营造工作效果好于往年，节日值班人数多于往年，基地运行的保障程度高于往年。

继续签订《社会治安综合治理承包责任书》，落实责任，并通过公开招聘楼群看管员、与西安经济技术开发区公安分局共建“兴隆园社区警务室”、组织专项的反盗窃活动、开展车辆交通专项治理等活动，把“保一方平安”的措施切实落到实处。全年，保卫科共接警和处理报警事件97件次，抓获各类犯罪嫌疑人193名、纠正各类车辆违章850台次，同时通过不懈的努力，解决了小区车辆停放和饲养宠物2个难点问题，使小区生活环境和治安环境得到了进一步改善。

积极开展“广场文化”活动。配合局工会等部门在“文化广场”开展了文艺演唱、诗歌朗诵、国标舞、健美操、电影、球赛等多种形式的文化活动，累计活动达39场次，参加单位16个，1000多人次，观众达2万余人次。在第四届离退休职工春季运动会上，千余人参加了 10 余项比赛；并举办了“庆祝‘六一’国际儿童节文艺演出”、“重阳节广场文艺演出”，参与率达到了 75%以上，在小区产生了强烈反响。促进了全民健身活动的大力开展，全国体育工作会议代表集体参观了兴隆园小区全民健身活动场点，对小区群体活动给予了充分肯定。

在“非典”防控期间，发通告 14 期，工作简报 4 期，各类汇报 20 余份，宣传材料 3000 余份，办宣传栏 6 期，向油田“非典”防控专网投稿 10 篇。实现了兴隆园小区没有发生一例“非典”病人，疑似病例的目标。

自 2001 年荣获长庆局“安全生产先进单位”和“消防工作先进单位”称号以来，连续 3 年夺冠，对公用事业处的发展产生了重要影响。

【队伍建设】　按照“建设学习型班子、带出学习型队伍、建立学习型企业”的要求。组织管理层认真研读《第五项修炼》，并结合公用事业处工作实际，在处机关和基层领导之间成立了读书会，统一购买发放了《把信送给加西亚》等 6 套书籍 780 本。将法制宣传教育学习作为理论学习的重要内容，重点组织好各级领导干部和专业管理人员的法制教育工作，在职工中广泛宣传《安全生产法》、《物业管理条例》等法律法规。把团组织开展工作的情况列入了党群工作的考核范围，处团委大力开展青年突击队、青年文明号和争当青年岗位能手活动。水电暖气供应站团支部被评为陕西省“五四红旗团支部”，处团委被评为长庆局“五四红旗团委”称号。

（张俊杰）

银川物业管理处（银川办事处）

【概述】　2003 年，银川物业管理处（以下简称物业处）下设机关科室 5 个，基层科级单位 11 个，队站级单位 7 个，多种经营企业 1 个。职工总数 244 人，其中：工人 156 人，干部 88 人。燕鸽湖基地住户 8384 户。固定资产 15142 万元。2003 年局下达收入指标 4734.6 万元，费用指标 6816.6 万元，实际完成收入 4734.6 万元，费用 6756.3 万元，节约费用 60.3 万元。

【经营管理】　2003 年，以市场为导向，以提高经济效益为目标，实现了物业管理水平明显提高、小区居住环境明显改善、居民服务质量明显进步、企业整体实力明显增强。2003 年，主动适应市场经济发展的要求，努力降低运行成本。一是实行了四种模式的经济责任制承包，有效地强化了基层单位的经营意识。二是加强了预算、资金和成本“三位一体”的经营财务管理，充分发挥预算委员会的决策和监督职能。三是开展效能监察，堵塞漏洞。四是加强经营管理制度建设。全年，在消化了水电涨价、“非典”支出和职工增资等预算外费用的情况下，节约费用 60 万元，较好地完成了全年经营指标。

【基础建设】　建立了银川物业管理处与银川基地筹建处的联席会议制度，形成了建管衔接的长效机制。2003 年共召开联席会议两次，较好地解决了各项议定事项。对供电、供暖扩容工程进行周密部署，实行项目管理，认真组织实施，二供新装锅炉已成功投运；多方筹资对各小区实施了围栏封闭；自筹资金新建了三个停车场；对供水管网进行了改造，实现了自来水环网供应。

【人事制度改革】　在干部选拔方面，参照长庆局中层干部公开竞聘程序，从 22 名应聘干部中公开竞聘了1名正科级干部，2名副科级干部。在劳务合同工用工方面，按照“先考核、后续聘、坚持按一定比例淘汰”的原则，对全处141名在用劳务合同工进行全面考核，解聘了7名考核不合格或岗位不需要的劳务合同工。组织实施了“五定”和全员竞聘（竞争）上岗工作，完成了“五定”方案的拟订、报批和226名职工、2名岗前培训工、143名劳务合同工的竞聘（竞争）上岗，这些举措都有效激活了干部职工的竞争意识和工作热情。

【职工教育】 送外培训21人，参加技能鉴定40人。积极开展岗位培训，共举办《安全生产法》、《食品卫生法》、消防知识、物业管理职业资格取证、HSE取证和ISO 9000认证知识培训等各类培训班7期，297个课时，参加培训188人次。

【绿化工作】 在三区种植白蜡、国槐等乡土树木2000余棵，常青树1400余棵，花灌木43000余棵，植草坪4万余平方米。在南大门以北主干道引种大树200余棵，成活情况良好。入秋后，又确定了“以补充为主、以栽树为主、以管护为主、以新区绿化为主”的原则，共栽植乔木558棵。切实落实“一日两扫、全天保洁”的环卫要求和划片承包制度，集中治理卫生死角，及时清运垃圾，环卫管理已形成良性机制，环卫面貌有了根本改观。

【社会治安综合治理】 2003年，基地通过了银川市“安全文明小区”考核验收，物业处被评为长庆局“社会治安综合治理先进单位”和“消防工作先进单位”。

【安全生产】 2003年，讨论通过了银川物业管理处2003年安全生产工作安排，与基层单位层层签订了责任书，进一步明确了安全生产领导承包制，分解了指标，落实了责任。重点加强了交通安全管理，成立了多种经营企业运输队，加强了长途车的控制和车辆使用的动态管理；组织对小区车速过快、乱停乱放、随意鸣号等现象进行了集中整治。组织了电气设备春检和锅炉夏季检修，确保了供电、供暖系统的设备完好和安全运行。2003年，供热站、运输队被评为长庆局“安全生产先进集体”，供热站被评为长庆局“HSE两书一表精品工程银牌单位”，物业处被评为长庆局“安全生产先进单位”。

【离退休职工管理】 一是坚持老有所养，落实两项待遇，切实改善离退休职工的生活条件。重点维修了南门、新城两个小区的房屋设施、活动设施、锅炉、供电线路等，项目数占到了全处维修项目的40%。多方联系调整了定点医院布局，解决了新城站离退休职工就医难的问题。二是坚持老有所学，认真办好老年大学。银川老年大学长庆分校在组织好6个专业教学工作的同时，新开设了计算机专业，配置了电教室，添置电脑16台。三是坚持老有所乐，积极开展丰富多彩的老年文体活动，形成了特色鲜明的老年社区文化。2003年共组织各类活动70余场次。四是坚持老有所为，组织离退休职工进行自我管理。各离退休职工党支部、离退休职工自管小组和各楼楼长积极参与小区管理，在宣传小区管理制度、教育居民理解和支持基地建设和物业管理方面做了大量工作，有效维护了离退休职工群体的稳定。

【多种经营】 对原有六个多种经营企业进行整合重组，按照规范的法人治理结构成立的宁夏长庆创业工程建设有限公司，加强经营管理制度建设，实施项目工程承包经营，依靠资质优势，努力拓展市场，在努力巩固已有市场的同时，努力拓展社会市场，一举承揽银川市新银路正源街、丽景街绿化景观林的亮化工程470余万元。2003年，多种经营企业完成产值3000余万元。

【党建工作】 加强了基层支部组织建设，调整了基层支部布局，改选了基层支部人员组成，开展了支部书记培训，发挥了党支部的战斗堡垒作用；加强了党员队伍建设，认真做好党员教育、组织发展和党员民主评议工作，深入开展党员责任区、示范岗活动，发挥了党员的先锋模范作用。反映物业处党建工作的经验材料《坚持以人为本，注重素质教育、努力塑造文明居民》在长庆局党建工作会议上做了交流。

【主要成果】　2003 年，银川基地获“银川市物业管理优秀住宅小区”、“银川市安全文明小区”称号。

（窦付学）

西安油气销售综合服务处

【基本状况】　油气销售服务处下设机关科室 3 个，附属单位 1 个，处属科级单位 4 个。用工总量 102 人，其中全民职工 66 人，其他用工 36 人。资产总额 481 万元，固定资产原值 462.6 万元，净值 342 万元。2003 年，全面完成长庆局下达的经营指标，全年实现收入 668 万元。其中关联交易收入 460 万元，三项费用补贴 86 万元，其他收入 122 万元。全年用支出 667 万元，上缴局各项费用 111 万元。

【服务管理】　2003 年，油气销售服务处把接待服务、后勤服务和为离退休人员服务作为发展的基础，坚持把日常工作做精、做细，实现增收、增效。在接待服务上，努力转变思想观念，提高服务水平，全年共接待住宿客人 34758 人次；寄存物品 4178 件；代售汽车票 8207 张。在后勤服务上，逐步推行矿区管理模式，围绕改善基础设施建设和职工住宅楼建设等重点项目，自筹资金 25 万元对办公楼进行了装修改造。争取资金 10 万余元，对全处院落和办公区进行了网络改造，初步实现了内部资源共享，提高了工作效率。同时，加强了生态建设，新增绿化面积 120 平方米，种植各类花草树木 1600 株。在为离退休人员服务中，真情融注，情暖夕阳，全心全意为老同志办实事，受到了广大离退休人员的表扬和肯定。

【改革改制】　2003 年，平稳推进了“三项制度”改革，全处共聘任（竞争）上岗 100 人，其中，局聘处级干部 2 人，处聘科级干部 13 人，专业技术人员 5 人，一般管理人员 17 人，考核竞争上岗操作服务人员 27 人，劳务合同工 36 人。对成都长庆实业公司进行股权置换，按照长庆局多种经营管理处《批复》要求，对该公司进行了资产清查，产权界定和财务审计。并于 10 月 13 日召开全体职工大会，选举产生了董事会、监事会，保证了改制工作的顺利进行。

（刘惠芬）

长庆宾馆

【概述】　2003 年，长庆宾馆有职工 38 人、劳务工 45 人。机构设置为 10 部 1 室，即总经理办公室、人力资源部、前厅销售部、餐饮部、客房部、旅游部、康乐部、财务部、采供部、工程部、保安部。

2003 年宾馆固定资产 6075.59 万元、全年共接待 17 万人次，同比增加 2 万人次，增幅为 13%，实现收入 1535 万元，同比增收 109

万元，增长7.6%，上缴长庆局费用指标197.52万元，上缴和返还长庆局费用380.52万元，向国家缴纳税金70.19万元。

【经营管理】　2003年，推行经营目标管理，依靠健全规范的规章制度、行为规范准则约束员工，减少管理中的人为因素，明确了各部门、各岗位工作职责，工作流程，考核标准。在宏观管理中，逐步形成规范化和制度化。并将全年经营工作总目标细化和分解，与部门经理分别签订经营目标责任书，把每月的效益奖金与经营挂钩，在年终进行考核，对于超额完成任务按一定比例进行奖励，对于未完成任务的追究责任，实行管理者真正能上能下的激励机制，充分发挥每个员工的主观能动性，确保全年经营目标的完成。继续以实施“五个一”工程为突破口，真正落实《西安长庆宾馆过程管理细则》，把微观管理工作提到重要位置，清除管理死角。在“五个一”工程中，对每季度评选出来的过程管理优胜者和明星员工晋升一级工资，在员工大会上隆重表扬，促使部门之间，员工之间形成竞争关系，提高管理水平和服务技能。在每季度的经营分析会上部门经理要对本部门各岗位上的过程管理进行汇报，各项工作是否严格按照过程管理细则，对每道工序从职责、程序、标准等方面是否采取量化考核办法。常年开展“以质量求生存，以质量求发展，以质量抢占市场”活动，坚持班组长、领班、经理每日检查，监督制度，讨论“99+1=1”（更上一层）100-1=0（功亏一篑）的服务效果，努力争取把100%的满意留给客人，把100%的困难留给自己，使全员的整体素质和个人服务技能不断提高，将被动服务转为主动服务，变一般服务为优质服务，大幅度降低投诉率，从而提高服务质量。经营收入与2000年相比，增加了近800万元。2003年底，西安市国家星级酒店复核小组来进行星级酒店检查复核时，对宾馆的管理模式给予高度的好评。

【设施建设】　针对宾馆餐饮包间少、档次低、不能满足宾客需要、不能承担局内重要规模接待的实际情况，2002年4月，在宾馆北面建起了一座1000多平方米的餐饮楼，因多功能厅正面悬挂一巨幅龙形梅花，而得名为龙梅厅。其中厨房1个，包间8个，会议室1个，可容纳300人的宴会厅1个。2003年6月，龙梅厅正式投入运营，半年的时间里，以优质的服务，高档爽口的佳肴，舒适雅致的就餐环境，实现收入210万元，取得了良好的投资回报。2003年8月29日，宾馆员工以良好的职业风采，娴熟的业务技能，在龙梅厅成功接待了厄瓜多尔总统一行。并于10月13日参加西安市首届烹饪技术大赛，一举夺得团体银奖和个人热菜组、服务组2金1铜的好成绩，为宾馆在西安市树立了新形象。

【抗击“非典”】　“非典”疫情发生后，宾馆根据长庆局防“非典”办公室的要求，及时成立了防治“非典”工作领导小组，采取了强有力的措施，开展防治“非典”工作。一是请省卫生防疫站来现场指导，对宾馆经营场所，办公区域进行严格消毒；二是召开员工大会，教育员工相信科学，消除恐惧，战胜“非典”；三是购买84消毒液，维绿等消毒试剂以及中药、口罩和温度计，每日负责为宾客和员工提供防“非典”中药汤剂；四是对宾馆员工和入住客人每天测量体温2次，要求员工不得随意出小区，从纪律上约束员工，加强防范意识；五是严密注意进入客人，对疫情高发区来的客人拒绝入住，并将当天入住的客源情况及疫情防治情况上报有关部门；六是制订积极的应对措施，建立防范预案制度；七是为宾客提供分餐服务。由于领导重组，采取防范措施得力，经全体员工的共同努力，使宾馆平稳，安全地度过“非典”疫期。

【精神文明建设】　在宾馆党支部积极引导下，工会、共青团组织成立了宾馆读书协会，力图通过读书协会，搭建企业文化平台，推荐书目有《把信送给加西亚》、《谁动了我的奶酪》。员工积极响应读书协会号召，认真开展读书活动，写出了许多催人奋进的读书心得。组织员工结合工作实际，谈如何做一个把信送给加西亚的人，现代企业为什么需要罗文式的员工的讨论。使员工明白要做一个优秀的员工就必须要有一个明确的目标、有一种不折不挠、坚忍不拔的信心、有一种坚强和忠诚的品格、有一种不计个人得失为事业献身的精神。

在元旦、春节、“五一”期间，由各部门自编自演，举办形式多样的联欢晚会和专题演讲比赛，丰富了员工的业余文化生活。由宾馆领导和中层管理人员带队，分批组织员工到国家级森林公园、洛阳、延安、好汉波等地旅游，缓解工作压力，开阔员工视野，增强爱国热情，珍惜今天的工作，密切管理人员与服务人员的关系。通过这些活动，营造了浓郁的宾馆文化氛围，宾馆向心力，战斗力，团队精神不断增强，涌现出了一大批无私奉献、优质服务的员工，充分体现了长庆宾馆人的高尚精神与独特风采。

（林　元）

兰州办事处

【概述】 2003 年,兰州办事处共有工作人员 40 人。其中正式职工 12 人。办事处设立党委,下辖 2 个基层党支部(机关党支部、离退休职工党支部)。机关职能科室 4 个:办公室、综合科、市场开发科、接待科(下辖招待所)。固定资产原值 881.78 万元,2003 年净值 698.84 万元。全年实现总收入 75.8 万元;总支出 195.09 万元;以收抵支 54.2 万元。

【经营管理】 2003 年兰州办事处党委组织职工认真学习十六大精神和“三个代表”的重要思想、学习贯彻落实长庆局 2003 年工作会议精神,把学习同更新理念、改革、改制和建立现代企业制度结合起来,同办事处今后的发展实际结合起来,进一步开展“求生存、图发展、闯市场、增效益”的主题活动。每项工作具体落到实处,责任到人,进行“精细化”管理。保证了长庆局下达的各项经营承包指标的顺利完成。

【防治“非典”】 2003 年,办事处把“防非”工作作为一项政治工作来抓,并采取了一系列的措施:成立了预防“非典”领导小组,坚决听从长庆局以及当地政府统一领导,严格执行当地政府及长庆局的统一规定;分别召开全体员工和离退休职工会议,请医务工作者对“非典”的防止和预防进行讲解。大力宣传有关预防“非典”的知识,给每位职工、离退休职工和有偿解除劳动关系人员发送预防“非典”手册及消毒液;根据长庆局的要求,从 4 月 27 日起,停止对外接待,只接待油田内部来兰人员;关闭 1 号接待楼,彻底切断易感染源。对重点部位、重点环节采取特殊措施;严禁闲杂人员进入住宅区大院。对进入大院人员进行严格登记;招待所食堂实行分餐制,坚持对客房、大院、宿舍、汽车一天 3 次的消毒工作,并配有专人检查,坚决做到不留死角;对工作区制定了“防非”暂行规定,对住宅区每个住户发放了兰州办事处《关于预防“非典”的通知》;加强对工作区、生活区、门卫的管理工作,对进入人员一律严格登记。对住宅区的宠物按照局统一规定及时进行了处理;坚决做到预防“非典”的信息畅通。

通过以上措施,在“防非”工作中,做到了严防死守,没有出现失误,取得了“防非”工作的胜利。

【“三项制度”改革】 2003 年底,兰州办事处按照长局发[2003]第 201 号文件关于《基本工资制度改革方案》的通知精神，严格政策，坚持原则，细致考核，先后研究上报了《办事处基本工资制度改革实施方案》、《办事处"五定"实施方案》及《办事处管理人员聘任上岗暂行办法》、《办事处操作、服务人员竞争上岗暂行办法》，适时公布了《办事处管理人员岗位设置方案》和《办事处操作、服务人员岗位设置方案》，对应聘人员进行了广泛的信任度测评，合格率达到96%以上，共计12名职工全部参加工资套改序列，在12名在职职工中，管理岗位9个，操作、服务岗位3个，已全部竞争、评聘到岗。

（陈晓玲）

北京联络处

【概述】 2003年，北京联络处有正式职工25人，劳务合同工6人，临时性用工14人。下设机关科室两个：综合管理科、经营财务科；基层单位两个：接待服务部、物业管理部；多种经营单位一个：海帝达公司。固定资产原值2046.15万元，净值1492.57万元。

【主要工作】 2003年上半年，非典型肺炎在北京蔓延，联络处以高度的警觉和责任心，积极预防，在北京公开报道有"非典"病人被收治的第二天，联络处就成立了预防"非典"办公室，明确分工，要求科以上干部、党员必须坚守岗位，做好本职工作。由于预防措施得力，全处80名职工家属及长庆局、油田公司来京人员、及数十名租房公司工作人员没有一人感染非典型性肺炎。并在"非典"肆虐，北京市多处隔离封闭的情况下，克服困难完成了长庆局交办的小汤山非典医院设计建设方案的调研工作。

在积极探索联络处新的定位的同时，认真履行长庆局赋予的各项职责，努力实现联络处工作由单纯服务型向服务经营并重型的转变。2003年全年实现自营收入266万元，职工人均创收10万元以上；接待油田来京人员10000多人次，服务质量投诉率低于0.03%，对长庆局（含长庆油田公司）重点工作的保证率和交办事项的完成率均达100%。

（张　平）

上海联络处

【概述】 2003年，上海联络处以效益、发展、稳定为主题；以结构调整、产权改制为纲领；以"三项制度"改革为动力；以增加经济效益、提高职工生活质量为目标，努力开拓全处经营工作新局面。

截至2003年12月31日，联络处用工总量199人。局内职工总数13名，其中干部6人、工人7人；局内劳务工57人，外聘工128人，平均年龄39岁。联络处机关设置2科1室（即财务经营科、市场开发科和综合办公室），下属1个基层单位（即长庆油田无锡技术开发中心—无锡明园饭店），3个多种经营单位（即华油远东实业公司西北公司、上海长庆旅行社有限公司、上海长庆石化物资装备有限公司）。截至2003年底，联络处资产总值1617.66万元。其中固定资产原值1861.39万元，净值1395.93万元；所有者权益1395.93万元，负债221.73万元。

【企业理念与产业定位】 联络处的企业理念

是:以市场为衣食,信息为先,人才为本,创新竞争谋发展;产业定位是:拓展旅游业务平台,成立西安、银川旅行社,巩固油田工程技术服务,寻找新项目,产权改革改制,完成联络处整体带资分流。经营范围主要是职工疗(休)养、举办培训学习班、国内旅游、饭店服务、进出口物资贸易、承揽油田工程技术服务、项目引进、新技术开发、信息传递、境内外接待服务工作。

【主要工作】

(1)抗击“非典”,旅游主业在困境中迎难而上。旅游板块是“非典”影响的“重灾区”,在重重困难面前,全体职工没有被困难所折服,没有灰心丧气,而是振奋精神,迎难而上,在困境中顽强拼搏,较好地完成了全年的经营指标和各项工作任务。

(2)转换经营模式,多元经济在调整中求得发展。试油作业一队实行合作经营模式,由联络处提供工作量并实行项目管理,合作方上缴经营利润;二队实行试油作业单井成本承包;三队实行试油作业单井目标利润承包。作为多元经济主体的试油作业和产能建设项目,全年实现总收入 952 万元,利润 213.02 万元。其中,三个试油作业队年实现净利润 100 万元。

(3)深化改革,进行产权结构调整。按照中央八部委《关于产权改制和再就业的意见》,一是投入大量的精力积极筹建西安长油旅行社有限公司、银川长庆旅行社有限公司。通过加大现有职工个人股份比例,将企业性质逐步改造为非国有经济;二是对石化公司的完善和改造已经做了大量的准备工作,目前还在加紧运作;三是对无锡明园饭店进行改革改制,本着置换明园饭店的不良资产,使职工得到实惠的原则,考虑对明园饭店实施整体带资分流的改革改制方案,现在该方案的初步框架已经形成,在广泛征求意见,充分讨论和论证的基础上,争取在 2004 年确定并实施。

(4)强化内部管理,不断深化“三项制度”改革。一是进一步完善经营承包责任制,以承包经营的实际运作模式和内容,分解任务指标,签订内部经营合同,把经济责任落到实处;二是坚持经营分析会制度,加强动态管理;三是实施会计委派制度,在运作方式、参与经营程度、资金统一调度、现场管理等方面不断探索,取得了明显的效果;四是根据长庆局“五定”工作部署,制订了联络处“五定”方案;五是安全管理常抓不懈。突出抓好安全责任制度的落实,健全完善安全生产管理体系,突出重点要害部位的管理。

(郑志良)

乳山职工培训中心(乳山长庆公司)

【概况】 2003 年,乳山职工培训中心(乳山长庆公司)劳动用工 240 人,其中原长庆固定职工 38 人(干部 29 人,工人 9 人),劳务合同工 69 人,外方代表 1 人,外聘工 132 人。机关设置经理办公室、计划财务科、市场开发科。经营单位有物业管理部、长庆度假村。多种经营法人企业有庆阳长庆隆达防腐保温工程有限公司、庆阳长庆隆达工程建设有限公司、乳山鼎立有限公司。受长庆局委托,负责管理中美合资乳山隆达美西橡胶制品有限公司、中韩合资乳山韩京摩擦材料有限公司。截至 2003 年年底,乳山长庆公司及两合资企业固定资产原值总额为 5199.38 万元,净值 4654.83 万元,年折旧约 300 万元,待摊销递延及无形资产 907.1 万元。其中中心固定资产总额 3149.66 万元,固定资产原值 3682.04 万元,净值 2926.35 万元,待摊销无形资产 860.57 万元。

【经营思路及目标】 2003 年,乳山职工培训中心(乳山长庆公司),总体经营思路是生存靠经营、出路在市场、发展靠改革,并制定了“十六”字工作方针(转变机制、坚持创新、抓住机遇、与时俱进)和三条工作思路,即加快合资企业和长庆度假村发展;全力开拓市场,包括油田市场、社会市场、创造条件进入国际市场;努力盘活低效资产,取得投资回报。

2003年,公司计划完成经营收入4000万元,实现利润295万元,其中主营业务收入240万元;多种经营单位收入2360万元,实现利润145万元;两合资企业收入1400万元,实现利润150万元。

【产业定位及发展方向】 乳山职工培训中心(乳山长庆公司)主要是以职工培训、橡胶防腐保温产品生产、摩擦材料产品生产、旅游疗养为主营业务;兼营物资贸易、物业服务业务。并结合实际,充分利用现有资源,根据长庆局新项目开发计划,积极寻求新项目,培育新的经济增长点。加快产权制度改革,逐步实行投资主体多元化;争取在2005年前,按照现代企业制度要求,逐步建立起适应市场经济发展要求的管理体制和经营机制。经营收入年平均递增力争达5%以上。进一步加强合资企业的科技力量,摩擦材料产品生产技术要达到国内先进水平,橡胶防腐保温产品要在国内石油行业中处于领先水平。

【生产经营指标】 2003年,乳山职工培训中心(乳山长庆公司)及两合资企业完成经营收入5020万元,实现利润255万元,上缴国家税金230万元。其中主营业务实现收入220万元,上缴国家税金11万元;多种经营完成经营收入3300万元,实现利润125万元,上缴国家税金71万元;两合资企业完成经营收入1500万元,实现利润130万元,上缴国家税金148万元。韩京公司出口韩国集装箱18个,共计270吨,收入达129万元,为济南重汽配套年收入达600万元,社会市场和国外市场收入比2002年增长40%。从韩国成功进行无石棉技术转让,重点开发了编织型石油钻机刹车片及新型洗衣机刹车带。隆达公司和石油大学合作,成功研制出油田堵漏专用胶粉,自行研制出泡沫橡胶保温管、活化胶粉和防火专用涂料,在新产品开发方面取得可喜成绩。与胜利油田签订橡胶防腐技术合作协议,成功开发了胜利油田的防腐市场,使公司的市场开发工作迈出了重要的一步。

(成秀梅)

技术监测中心
(石油天然气长庆工程质量监督站)

【概述】 2003年,技术监测中心以党的十六大精神为指针,以“责任第一,效益第二;精雕细刻,精益求精”为工作方针,谋全局,想长远,抓大事,促发展。坚持“三个学习”,打好“三个攻坚战”,实现“三个目标”,建设好“三支队伍”,搞好“三个文明建设”,确保“三个满意”,实现了综合经济实力新跨越。同时,中心使用局拨资金27.5万元、自筹资金116万元,添置更新各种检测设备和办公设施22台(套),使原监测设备陈旧落后的状况大为改观,在此基础上,大力实施“人才强企”战略,通过送外培训交流、现场锻炼、政策激励等措施,使中心新增一级质量监督工程师2名、二级质量监督工程师8名,取得X射线探伤三级证1个(全油田仅3个)、国家室内环境监测资格证3个、国家注册质量体系审核员资格证5个。

中心下设工程质量监督室、锅炉压力容器

检验站、节能与环境监测站、标准计量站、特种作业培训站等5个专业站和西望公司。机关设有综合管理科、经营财务科、技术管理科和供应保障组等4个职能部门。职工98人，其中干部68人，工人27人，内部退养3人。共有各类监测设备仪器114台（套），资产净值362.39万元。

【业务和经营指标】 2003年，完成工程质量监督540个单位工程；检验锅炉压力容器23410台（只）；监测环境监测数据19000个；检定计量器具1560套（件）；监测能耗设备613台；检验油田化学剂产品质量320个样品200个项目；特种作业人员培训取证复证4110人。完成监测收入1070万元，比2002年增加了222万元；与2002年相比，在局拨定额费用下降34万元且斥资130万元购买部分办公用房的情况下，定额费用节余80万元，为2002年节余额的2倍。

【资质认证】 在确保原有资质继续有效使用的同时，积极办理新兴业务资质及提升重点业务资质。其中：中心西望公司取得了国家级无损检测资质；中心取得了国家二级安全生产技术培训资质；通过了集团公司节能监测职能认证和国家级节能监测与石油及石油产品测试计量认证的正式审查；13项局级最高计量标准器在2003年3月份全部通过了甘肃省考核；9月份取得了陕西省大罐、测爆仪、电三表等检定资质，5项局次级计量标准通过了长庆局组织的考核。

【市场开发】 2003年，在牢固地巩固占有了油田内部关联交易市场的同时，大力开发社会市场。在“西气东输”工程中首创的“清单式”监督检查方法以及监督效果，受到了该工程总监督单位集团公司工程质量监督总站和项目部及参建各方的充分肯定，受到了外方监理的称赞，并被在全线推广，树立了长庆工程质量监督品牌。并在继续承担2002年开发的陕晋段第一分部487千米监督工作量之外，又拿到陕晋段其中200千米的监督工作量。承担了长呼输气管道工程全程监督工作量。承揽了南华输油管线环境影响评价、钻井工程总公司录井公司化验室排污监测，全局污染源调查，两个钻井队和两个试油（气）队清洁生产审核等工作量。承揽了四个采油厂耗能设备节能效果评价，油田公司各区块原油密度测定，采油厂燃烧器效果评价，西安、银川两个基地水平衡测试、采油三处两条电网电平衡测试，全局锅炉效率测试等工作量。计划外承揽了第一、三输油公司、油田产能建设等30万立方米大罐，采油厂、采气厂、助剂厂等近800台次可燃气体报警器，油田公司80余台次内部交接流量计，以及油田内拉力表、加油机等计量器具的检定工作量和长庆局、油田公司入网产品质量抽检工作。

【精细管理】 一是精简机关，减少冗员，加强基层。把机关人员由18人精简为11人。二是先后将产品质量检验业务与节能化验业务进行整合，将原节能监测站与环境监测站整合，成立了节能与环境监测站。全年共健全完善修订各项规章制度8种50章98条。实现了长庆局下达的经营目标，年终节余局下达定额补贴费用80万元。实现了第三产业发展的目标，西望公司在专业资质提升的同时，狠抓市场开发和工作质量，实现70万元的利润，实现了职工收入继续保持较高水平的目标。

2003年，未发生任何交通、工业、消防等事故，无污染事故，污染物总量控制在局下达指标之内，为局安全生产和消防工作达标单位。

【企业改革】 2003年先后将产品质量检验业务与节能化验业务进行整合，将原节能监测站与环境监测站整合，成立了节能与环境监测站，从而实现了两个专业监测设备、人力资源与监测市场的优势互补。9月首次对节能与环境监测站副职公开竞聘，产生了良好的激励效应。年底，结合全局关于开展全员竞聘（竞争）上岗的有关政策规定，采取中心下达指标、所在单位组织实施、组织人事部门监督的方式，对全中心 14 个担任一定职务且享受副科级待遇的岗位进行了公开竞聘，进一步增强了干部队伍的危机感、责任感和事业心。与此同时，又积极稳妥地对管理人员、专业技术人员和操作服务人员等三支队伍普遍进行了竞聘（竞争）上岗，变身份管理为岗位管理。

（李汉峰）

长庆石油报社

【概述】　2003 年，长庆石油报社把认真贯彻落实党的十六大精神、“三个代表”重要思想和长庆局工作会议精神作为全社工作的指导方针，全面落实“坚持一条工作主线，挖掘四个方面资源，力争五个方面新突破”的总体思路和奋斗目标，以办好、办活报纸为宗旨，突出宣传主题，深化宣传内容，创新报道方法，为“二次创业”的大发展呐喊鼓劲，夯实了开创报纸宣传、生产经营、队伍建设新局面的基础。

2003 年，长庆石油报社下设机关职能科室 3 个（综合办公室、经营管理科、财务资产科），附属单位 2 个（中国石油报驻长庆记者站、年鉴办）；所属科级单位 4 个（编辑部、副刊部、策划通联部、印刷厂）；多种经营公司 1 个（金羽广告公司）。截至 2003 年年底，用工总量 81 人，职工总数 65 人，其中干部 42 人，工人 23 人；劳务合同工 16 人。另有离退休职工 1 人，在岗人数与离退休职工（含内退）比例为 61∶5。按岗位职务分，拥有各类管理人员 29 人，各类专业技术人员 11 人。

资产总值为 392 万元。其中，固定资产原值 400 万元，净值 371 万元；所有者权益 371 万元，负债 21 万元，负债率 5%，实现收入 221.75 万元。

【经济技术指标】　2003 年共出版报纸 174 期，为年度计划的 122.5%。其中正刊 129 期，为年度计划的 134.4%；《长庆石油报·经济信息版》45 期，为年度计划的 150%。编发网络版、PDF 版各 174 期。在《中国石油报》共刊登稿件 410 篇，为年计划的 227.8%。报纸政治性差错继续保持为零；技术差错率仍控制在国家规定的 0.03‰以内；正点发行率 100%。全年以收抵支后完成局补费用指标 473.72 万元，为年计划的 99.6%。各项费用指标均控制在计划之内。共完成印刷收入 221.75 万元，与 2002 年相比有较大幅度增长。多种经营收入稳中有升，全年实现总产值 349 万元，超额完成了年初计划指标。安全生产形势良好，社会治安综合治理工作持续良性循环。全社全年无生产事故、无治安案件、无火灾、无交通事故，职工队伍稳定，党风廉政建设和效能监察工作平稳有序。

【新闻宣传十大亮点】　（1）坚持不断创新和改进编采方式，以“三个代表”重要思想和“三贴近”为指针，新闻宣传凸现了“高、深、实、活”的特色；（2）集中组织、系统宣传长庆局的发展战略，有力配合了各路工作平稳顺利运行；（3）第一次成功运作了厄瓜多尔总统访问长庆彩色铜版对开大报的采编出版、高规格展览和影集礼品的设计制作工作；（4）对油田科技进步和改革改制的充分报道，使油田科技创新、机制创新的新进展得到展示；（5）以“西气东输”工程为龙头的重点工程建设宣传，显示出长庆报日益增强的影响和把握媒体报道取向的能力；（6）以“形势、目标、责任”主题教育活动和先进典型的报道，使精神文明建设成果得到强势宣传；（7）强势报道了油田勘探开发的阶段性成果及长庆局“二次创业”的累累硕果；（8）以巩固关联交易市场、开拓国内外市场的采访报道，突出宣传了长庆局参与国内外市场竞争的实力；（9）一手抓“抗非”，一手抓生产经营、建设的宣传，构成了大疫中“抗非”、生产经营两同步的新闻宣传的主旋律；（10）以《企业需要什么样的罗文》大讨论活动为重点的创建学习型组织的连续报道，参与广泛、组织有序、宣传有力，成为创建学习型组织宣传的最强音。

【经营管理】

（1）坚持以前瞻性、纵深性策划为龙头的深度报道水平跃上新台阶。全年报纸宣传在企业发展战略、油气勘探开发、抗“非典”保生产、主辅分离深化改制、三大市场开发、“西气东输”重点工程、特色技术、提升核心竞争力、创建学习型组织、企业文化建设、“形势、目标、责任”主题教育、弘扬企业精神及精神文明建设、厄瓜多尔总统来访等方面，凸现出视角独特、有声有势的宣传强势。

（2）不断探索和推进适合报社发展特点的市场经营模式，努力构建科学、规范、全新的经营格局。以“四零三优两高一满意”、“员工星级管理”、“5S 现场管理”、“全程质量服务卡”等为重点，进一步将经营管理机制向岗位、过程、深度和细化方面迈进，确保了全年总体费用不超，印刷收入已超额完成年计划的 134%，比 2002 年同期提高 25.4%，多种经营收入比 2002 年翻了一番。

（3）坚持以改革促进创新，努力把创新机制、创新制度为核心的内部改革向纵深推进。在完善原有 9 项责任制、量化薪酬激励机制的基础上，积极探索和实施以岗位为单元的“五位一体员工星级动态管理制”、“首席制”、“无创新淘汰制”和“逐级目标选聘制”等新的管理方式，使以“三项制度”改革为中心的内部改革有了实质性的推进，初步形成了岗位可高可低、工资能升能降、人员可进可出的管理新机制。

（4）坚持“一业为主、多元开发、稳定扩张、滚动发展、小而精强”的发展战略和经营思路，多种经营和非国有经济呈现出良好的发展势头。在探索股份制、民营化发展的道路上迈出了实质性的步伐。在原有一个法人企业的基础上，发展到了 3 个法人企业、5 个经营实体，实现总收入 300 多万元，平稳走过了风险初创阶段，进入良性发展的轨道。

（5）坚持创新管理和科学管理，以优化、改造管理流程和作业流程为基点，进一步细分了编采功能，整合了印刷和广告设计的同类业务。根据新的市场定位和发展战略出台了一系列有效的管理制度，工作效率明显提高，整体管理水平有了进一步提升。

（6）坚持以最大限度挖掘新闻资源和人才资源为根本的跨地域、跨单位分片记者站及信息网络已经组建和形成。在西安、庆阳、马岭、宁夏等地区比较大的油田单位共建成 9 个记者站，发展兼职记者，实现新闻及人才资源共享；与油田机关处室和各主要生产单位建立了长期信息联系网络，确保了重大事件、重点报道的时效性、准确性。

（7）坚持以服务读者、贴近读者、贴近生活为宗旨的纸质媒体与网站电子媒体互动的新闻宣传模式初步形成。报纸网络版经过重新定位和改造，已建成兼容报纸要闻宣传、PDF 版传输等多项功能为一体，具有实用信息、服务信息、行业信息、衣食住行、时尚娱乐、油田特色的综合性网站，功能进一步增强，信息量进一步增大，内容更加丰富。

（8）坚持以人为本，着力抓队伍建设，努力向学习型组织和学习型队伍迈进。采用多种方式在员工中开展了全新的思想和理念教育；深入开展“学罗文、做罗文、爱岗位、创精品”，“四零三高两优一满意”、“三个一”、“六个一”、“星光杯”、“21世纪新媒体学习论坛”等形式多样的学习交流、业务培训、岗位练兵、技术比武等活动，增强了员工队伍在市场条件下的主动适应和自我超越能力，学习风气日渐浓厚，学习型的组织初步形成。

（辛喜雪）

资本运营部
（多种经营管理处、集体资产投资管理中心）

【概述】 2003年，资本运营部以改革创新为动力，以现代企业制度建设、股权管理、集体资产投资管理为依托，平稳运作，整体推进，加快了结构调整、公司制改造进程，促进了非国有经济的发展。

【改革改制】 2003年，改革改制仍然是资本运营工作的重头戏。一年来，继续以优化产权结构、转换经营机制为突破口，加快了企业管理体制改革和产业结构、市场结构的调整。

（1）主辅分离工作全面铺开。2003年，根据国家和集团公司有关政策，结合全局实际，制定出台了《长庆石油勘探局关于主辅分离辅业改制分流工作的若干意见》。在大量调查研究的基础上，编制完成了《长庆石油勘探局主辅分离改制分流总体方案》，并获得了集团公司批准。按照《总体方案》确定的工作目标，通过结构调整、专业化重组，促进和基本完成了长庆局层面的“两个分离”，推动了二级单位内部的主辅分离，初步做到了业务、资产、人员、管理“四分开”。同时，还启动了第一批改制分流项目。

（2）主业重组改制工作持续推进。按照“做专做强一批、重组改制一批、放开搞活一批、分离转制一批”的总体思路，大力推进企业改制分流，使主营业务更加突出，产业集中度不断提高。截至2003年12月31日，先后实施了西安长庆石油天然气设备制造有限责任公司、陕西长庆专用车制造有限责任公司等9个国有单位改制分流项目，涉及国有资产1.44亿元、净资产4390多万元，参加改制的国有职工873名，做到了真正意义上的分开分离。

（3）多种经营企业公司制改造基本完成。截至2003年12月31日，共组织实施多种经营改制项目25个，涉及法人企业67个、非法人企业8个，涉及集体净资产2.32亿元，涉及国有职工3200多名。通过改制，不仅解除了长庆局和主办单位对多种经营企业承担的无限连带责任，解决了集体资产产权不清的问题，而且实现了产权多元化。据统计，在改制成立的新公司的注册资本中，职工个人资本占到76.4%。全局多种经营系统已基本实现改制分流目标，集体企业基本告别了长庆历史舞台。

【股权管理】 按照集团公司的总体部署，进一步完善配套政策，逐步建立出资人管理体系，初步实现了传统行政管理向股权管理的平稳转型。

（1）建立股权管理机构，完善了股权监管体系。成立了由有关局领导和党委组织部（人事劳资处）、财务资产处、资本运营部、规划计划处、审计处、工会等部门组成的股权管理委员会，下设股权管理办公室。同时，按照管人、管事相结合的原则，成立了股权代表管理办公室，具体负责长庆局派出的股权代表、监事和董事的日常管理。股权代表管理办公室与股权管理办公室按“一套人马，两块牌子”的模式，设在资本运营部。

（2）加强政策研究和制度建设，规范股权管理程序。为规范长庆局控参股企业“三会一层”的决策程序和议事规则，依法依规行使职权，进一步修订完善了《关于规范公司制企业法人治理结构的意见》、《股权管理实施细则》、《关于控股公司经营业绩考核办法的指导意见》等规定。新出台的《股权代表管理暂行办法》，详细规定了股权代表行使出资人权利的具体责任、义务和行权程序，为加强股权监管和有效运作提供了政策、制度保障。

（3）依法行使出资人权利，维护国有、集体资本权益。截至 2003 年年底，先后向国有、集体资本投资公司委派的股东代表、董事、监事共 44 人，为股权有效监管，确保股权收益发挥了积极的作用。2002 年的股权收益已全部足额收缴，2003 年预计国有股权收益 2300 万元，集体股权收益 420 万元。

（4）加强股权管理业务培训，提高股权代表的履职能力。为有效行使股东决策权、监管权和收益权，促进各控、参股企业建立和完善现代企业制度，积极派员参加国家、集团公司相关业务培训。同时，还于三季度举办了 72 名厂处领导及股权管理骨干参加的首期“公司治理培训班”，为提高股东及股权代表专业素质和履职能力发挥了积极作用。

【投资管理】　截至 2003 年年底，长庆局集体资产投资管理中心共明确权益性投资 4418.91 万元，形成了包括长庆房地产有限公司在内的控股公司 4 个，长实集团、钻宇集团、长庆化工集团在内的参股公司 22 个（集体净资产参股）。集体资产投资管理中心累计形成投资收益 108.25 万元，先后为其控、参股且已完成改制的 11 家多种经营企业派遣了股东代表，完善了改制企业的法人治理结构。

同时，为全面、真实地掌握长庆局集体资产构成、分布及运营状况，了解各单位多种经营企业在结构调整、资产重组和公司制改造过程中集体资产量化处置的实际情况，借以科学、合理地制订长庆局全体职工所属 20% 集体净资产的量化分配方案，对集体资产量化处置情况进行了认真调查分析，形成了《关于长庆石油勘探局多种经营企业改制中集体资产量化处置情况的调查报告》，为长庆局集体资产投资管理中心改制并构建“资本运作平台”创造了条件。

【基础建设】

（1）加强宏观计划管理和指导工作。编制下发了多种经营发展年度计划，组成调研组深入基层，检查指导，并就企业改革改制、市场开发、扭亏增盈、新上项目等情况进行了广泛的调查研究，保证了计划的落实。分片组织召开年度工作座谈会，评先选优，总结安排系统年度工作，互通情况，交流经验，极大地鼓舞和激励了广大职工的积极性。

（2）加大了改制重组工作力度。以整合资源优势和调整产权结构为重点，确定了多种经营企业公司制改造目标。围绕这一重大部署，有关部门、各主办单位及多种经营企业研究政策，宣传、动员职工积极参与改制，认真编制和实施改制方案，完成了多种经营企业公司制改造任务，产权多元化的局面已初步形成。

（3）加强内部市场的协调监管。先后完成了 12 个企业 125 种产品的换证工作，为 39 家生产企业办理了内部市场准入证。开展了井下作业市场调研，摸清了基本情况，提出了长庆局《非主营业务井下作业队伍整合意见》。落实集团公司“存续企业加油站专项整治工作会议”精神，加强加油站市场专业化、标准化管理，通过了集团公司专项工作检查。

（4）积极做好项目投资审批。继续坚持“四有”、“四为主”的投资方针，严把项目审核关，全年批准多种经营投资项目 11 个，涉及投资总额 4588 万元，对调整产业结构、产品结构，起到了积极作用。

（5）服务基层，努力转变机关职能。利用企业改制机会，经过清产核资，资产核实，为企业争取税前核销无效资产255万元；为向油田公司提供劳务的企业争取到了增值税抵扣政策；依据有关政策和规定，积极提供内部筹融资服务，全年为基层企业担保借款1250万元，解决了部分企业的资金难题。同时，还建成长庆多元经济网，建立了多种经营企业与市场和用户交流、共享信息的传输纽带。先后举办多种经营企业“物资招投标网络操作培训班”、统计业务培训班、新《会计制度》学习班、产权制度改革暨多种经营企业厂长经理学习班等5期，有针对性地对192名企业经营管理人员进行了业务培训。结合实际组织培训人员参观考察当地名牌企业，使大家开阔了视野，学到了先进的管理经验。

（李天升）

长庆实业集团有限公司

【概况】　2003年，长庆实业集团公司机关有职能科室7个，成员企业21个，其中：全资企业11个，控股子公司5个，参股公司5个。用工总量760人，职工总数530人。其中全民工396人。拥有各类管理人员130人，各类专业技术人员161人。设党总支2个，党支部17个，党员总数196人，占职工总数的37%。资产总值为56549万元。其中，固定资产原值45976万元，净值31202万元；所有者权益8946万元，负债45256万元，负债率80.92%。

【经营成果】　2003年，是长实集团经过“完善与规范”后真正按公司制运行的第一年。依托整个长庆油田大政策、大市场的支持，克服了因过度负债、固定资产结构失调造成的财务费用高、折旧额度大、为保回报必须倒排预算的先天压力，克服了本年度在两个新区勘探都未能得手、还必须消化风险投入、消化改革改制成本等后天困难，以油田区块开发及油气产品销售为主营业务，以建筑安装、建材制造、商贸为兼营业务。同时，充分利用现有资源优势，大力发展非油产业，拓展新的经济增长点。全面完成经营、管理责任指标，全年实现销售收入2.8亿元以上，利润总额1900万元以上，在确保企业资产保值增值、股东8%的分红派现后，还可为2004年留些“以丰补歉”的余地。

【改革改制】　面对特定的母子公司结构，2003年公司的改革主要是实现按现代企业制度规范运作，股东会、董事会、监事会和经理班子各司其职，本部机关逐步实现“从当上级到做股东”、“从管单位到管企业”的转变，为此在制度创新、股权管理和配套改革方面都做了大量工作。在成员企业层面，通过“因企施策、上下互动”，有6家实现了公司制改造、5家进行了完善规范、6家正平稳地依法退出。剩下的3家已启动公司制改造、2家在过渡中善后。为此成员企业的数量将从22家减少到15家，结构有望从“一群小渔船”改造成“一支小舰队”。

【石油勘探和开发】　为做强油业，对2002年争取到手的三个合作区块进行了风险勘探，一个区块新增产油32吨/日，建成产能近1万吨，另两个区块因暂不具备开发条件而搁置；2003年又新争取到王家湾区块；还在收购地方区块、承包地方油井管护方面做了大量工作。

【市场开发】　积极发展非油产业，物业服务正进入西安高新区市场，渭河农林项目正按混合经济模式运行，控股收购年产27万吨焦化项目正报股东会审批。在争取政策方面，已拿到原油生产所得税由33%减至15%的合法批件。通过资质就位、市场准入、质量认证和HSE管理，还有效地提升了企业进入市场的能力，构建了地面施工和井筒作业两个工程服务平台。

【结构调整】 通过对改革、发展、管理和结构调整的有机结合、系统考虑，解决了大小17个难题，从而使长实集团的产权结构、产业结构、资产结构、市场结构、组织结构和队伍结构都进一步趋向合理和适应市场。

【企业管理】 强化预算控制意识和股权管理意识，提升了整体管理水平和经济运行质量。全年收回各种欠款6722万元，归还各种借贷5130万元，在长庆局领导和董事长的督促、帮助下，对西兰、西奇欠款的清收也有了实质性进展。

【队伍建设】 党建思想政治工作和企业文化建设发挥了重要作用，党风廉政、综合治理、计划生育被评为“局先进单位”；两级班子建设突出了“依法依章”和“学习型组织”两个重点；努力实践“三个代表”重要思想，从9个方面办实事落到实处，职工的工资收入和股权收入都明显增加。

（石建军　任绥海）

房地产开发公司（西安长庆房产投资管理中心）

【概述】 2003年，房地产开发公司以十六大精神和“三个代表”重要思想为指针，与时俱进，开拓创新。在长庆局的正确领导和关心支持下，立足当前，谋划未来，突出发展房地产开发主营业务，积极构建长庆建筑、建材、装饰、混凝土、物业管理、置业投资等市场前景好的多元产业链，为使公司向集团化、规模化方向发展奠定了坚实的基础。

2003年，房地产开发公司有员工165人，其中在册全民职工100人，社会人事代理大学生10人，劳务合同工40人，外聘高中级专业技术人员15人。公司下设综合办公室、财务部、投资计划部、工程技术部、经营销售部、市场开发部、造价审计部等7个部室和未央湖建设项目部、咸阳建设项目部、西安基地三区建设项目部、西安基地五区建设项目部、兴乐园建设项目部等5个在建工程项目部；下设银川分公司、销售分公司；拥有西安长庆建筑安装工程有限公司、西安长庆建材有限公司、西安长庆装饰设计有限公司、西安长庆混凝土有限公司、西安长庆物业管理有限公司、陕西长兴石油工程有限公司等6个控股子公司。

【生产经营】 全年新开工和在建住房总数7604套，建筑面积71万平方米，完成实物工作量5.9亿元。

（1）集资建房平稳运行。银川、咸阳、西安三大基地住宅建设总规模达到4326套，面积45.76万平方米，完成投资2.8亿元。其中：新开工住宅2035套，面积22.64万平方米（银川湖滨园849套、11.48万平方米；燕欣园922套、8.16万平方米；西安基地三区264套、3万平方米）；在建住宅647套，面积7.07万平方米（咸阳石化生活基地）；竣工住宅1644套、面积16.05万平方米（银川五区1380套，12.6万平方米、西安基地三区高层264套、3.45万平方米）。

（2）商品房开发速度加快。长庆未央湖花园模拟市场运作，开发住宅2281套（其中，跨年续建多层住宅2005套，新开工小高层276套），面积30.6万平方米，完成投资2.4亿元。新开兴乐园 1000 套小高层和高层住宅的环境工程和基础工程，完成投资 800 多万元。

【改革改制】　一是用人机制改革。按照“人员能进能出，职务能上能下，待遇能高能低”、“用人市场化，管理合同化，待遇岗位化”的原则，深化了用人制度改革；二是项目管理改革。实行了项目管理重心下移，全面实施工程监理，推行了项目管理经济责任制，促进了项目管理水平的提高；三是材料供应改革。建材采供实行了“公司级、建设项目部级和乙方级”的“市场采供、直达现场”的三级管理模式，取消了器材供应库房，减少了层次，降低了费用，提高了效率；四是招投标管理改革。完善了招投标办法，改进了招投标运作模式，严格了招标程序，有效降低了工程造价，促进了党风廉政建设。全年共招投标 58 次，其中工程招标 11 次，材料招标 47 次；签订合同 587 份（银川分公司 92 份），合同金额达 8.37 亿元。其中工程合同 258 份，材料合同 228 份，其他类合同 74 份，全年未发生一起合同纠纷。

【市场开发】　公司着眼未来，在土地储备和项目论证方面做了大量工作，先后组织有关人员调研论证了一批房地产开发及其他商业项目，考察论证了长庆未央湖水乡土地、银川基地周边土地、三桥附近部队用地等三块土地。为实现长远发展，公司主动同省、市政府有关部门联系，捕捉市场信息，积极介绍长庆的企业和项目，争取优惠条件，创造了良好的发展环境。

【资质认证】　长庆房地产开发有限公司取得了二级开发资质，从暂定级、三级到现在的二级资质，在两年内资质等级实现了“三级跳”。长庆建筑公司在取得房屋建筑总承包三级资质的基础上，正在申报二级总承包资质。长庆建材公司取得了高新技术企业认定证书，玻璃钢产品取得了陕西省经贸委和省建设厅颁发的新产品鉴定证书，并列为陕西省建材新产品项目。长庆装饰公司取得了乙级设计、乙级施工资质。长庆混凝土公司、长庆物业公司也取得了国家规定的资质证书。新成立的长兴石油工程公司也顺利取得了石油化工管道安装工程专业承包二级资质和防腐保温工程专业承包二级资质。

以产权为纽带，通过股权收购、投资控股或参股等资本运作方式，与社会法人企业或投资者合作，吸纳社会资本金 3655 万元，使公司运作的资本金总量达到 5600 万元，集团公司实际控制资产超过 2 亿元。在全油田首家注册成立了西安长庆置业投资股份有限公司，召开了股东大会，理顺了职工的投资渠道，形成了归属清晰、权责明确、保护严格、流转顺畅的管理机制，搭建了资本运作的平台。

【企业管理】　在资金管理、费用预算管理和投资融资管理等方面做了大量工作，取得了长足进步。财务基础工作明显加强，实现了财务集中核算，出台了《资金管理暂行办法》等制度，财务管理的制度建设跟上了公司发展的步伐。在 2002 年通过 ISO 9001 质量体系认证的基础上，2003 年顺利通过了年度监督审核，这是对我们推行全面质量管理的肯定，也说明我们在质量管理体系运作以及持续改进上取得了新成绩。

【党群工作】　2003 年，公司党委按照局党委的总体要求，以领导干部和党员教育为重点，利用中心组学习和上党课等多种形式，认真组织学习了“三个代表”重要思想和党的十六届三中全会精神。公司党委紧贴工作实际和职工思想动态，组织开展了“形势、目标、责任”主题教育活动和“改革、发展、效益”大讨论，使广大职工认清了形势，促进了观念转变，增强了紧迫感、危机感和责任感，激发了爱岗敬业的工作热情。公司党委及时调整和健全了两级基层党工团组织，广泛开展了局党委部署的“百面红旗”竞赛和“党员模范岗”竞赛活动。

【职工教育】 创造条件，加强员工培训工作。公司每周利用半天时间，组织员工进行业务知识学习，先后举办了《创新经营》等 11 个专题讲座。同时，还通过集中教学、网络授课及送外培训等形式，为员工及时“充电”，使他们学有所长、干有所用，业务技术素质和组织管理能力普遍有所提高，收到了明显效果。

（周仁荣　刘东臻　苟世伟）

西安长庆科技工程有限责任公司

【概述】 西安长庆科技工程有限责任公司（以下简称科技公司）是长庆石油勘探局控股企业，国家行业甲级设计单位。持有甲级工程设计、甲级工程勘察、甲级工程咨询、甲级工程总承包及 GA、GB、GC 类压力管道设计和 A、D 类压力容器设计等资质，并通过了 ISO 9000：2000 版（质量）、ISO 14000（环境）、OHSAS 18000（职业健康安全）3 个体系的认证。科技公司主要从事石油天然气、石油化工、建筑、市政（燃气、给水、排水、热力、道路）、电力、通信、机械、自控、消防、环境保护、压力管道和压力容器等工程的咨询、勘察、设计、技术经济评价、工程监理和工程建设总承包以及行业高新技术产品研发、制造、安装和销售等。

科技公司设机关职能科室 7 个，公司所属基层单位 9 个，公司党政领导班子成员 7 人，科级干部 41 人。用工总量 385 人，职工总数 287 人，其中干部 263 人，工人 24 人。干部中各类管理人员 64 人，各类专业技术人员 258 人。专业技术人员中副高级职称 42 人，占干部总数的 16%；中级职称 133 人，占干部总数 52%；全公司共有离退休职工 88 人（含内退 3 人）。

截至 2003 年底，科技公司资产总值为 1.16 亿元。其中，固定资产原值 1162.43 万元，净值 702.27 万元；所有者权益 4820.18 万元，负债 6828.03 万元，负债率 59%。共有各类设备 368 台（套），资产原值 1162.43 万元，资产净值 702.27 万元，设备新度系数 0.86。

【经营业绩】 2003 年公司完成产值 9591.15 万元，比年计划增长 37.01%；实现利润 1972.85 万元，比年计划增长 64.4%；投资回报率达到 68.75%。所有者权益从 2002 年的 3128.5 万元增长到 2003 年底的 4820.11 万元，增幅 54.07%。

【改革与管理】 按照长庆局关于规范法人治理结构若干规定的要求，4 月份召开公司二届一次董事会，调整了股东代表、董事会、监事会、职工持股会及理事会，使公司的运作更趋规范化。继续推动“三项制度”改革，认真实行“五定”，对 284 名员工按照程序进行聘任上岗。从工资中拿出一块和绩效工资一起，按工作业绩考核发放。同时，在用人机制上，通过聘用有资质的人才、招聘新分配大学生等举措，充实了专业技术队伍，取得了良好的效果。

公司大力开展“质量效益年”、“质量月”活动，规章制度不断健全，生产成本不断下降，质量、安全意识不断增强，管理水平进一步提高，勘察设计、工程、新产品开发制造质量全面提高。

【市场开发】 参与投标承揽了长—蒙管线可研等社会项目 16 项；靖—榆管道工程监理等 4 个项目中标；组建了苏州分公司。东部立足苏豫皖，面向长三角加大市场开发，以西气东输下游天然气支管线和城市配气管网为主要业务并取得 10 多个项目；北部以内蒙天然气和房地产建筑为主，共取得5个项目；西部参与了新疆气体处理项目的投标。2003年8月，公司开设了第一个对外窗口，苏州分公司举行了隆重的揭牌仪式，这是公司走向市场，企地沟通，服务客户，实现双赢的战略部署，对于宣传企业形象，展示公司实力，进一步拓展长庆勘察设计主营业务，具有重要的意义。

【设计规模】 2003年，完成油田产建208.5万吨、气田产建27亿立方米、矿建37.8万平方米的勘察设计。完成了靖—惠管道、气田第三净化厂及倒班点、榆林污水处理站等多项重点工程的设计。油气田产建设计当量首次突破400万吨大关。建筑设计首次跨入高层并进入兴隆园小区的住宅设计，各项生产指标又创下了新的历史纪录。工程质量、工程优良率、用户满意度稳步提高、大型工程、重点工程一次投产成功率100%。

生产能力大幅度提高，油田产建设计能力200万吨/年；天然气产建设计能力30亿立方米/年以上；建筑设计能力达到40万平方米，并且进入了高层、网架、大跨度轻钢结构的设计范围；综合勘察进尺上万米、线路测量1200千米以上；大口径长输管道设计能力上千千米，概预算能力达到建设投资40亿元，工程晒图45万张，装订2.6万册/64万张、资料117万册/60万张，复印80万张的能力，使公司的设计能力实现了历史性跨越。

【科技成果】 2003年共承担长庆局、长庆油田公司、西安市科技局及本公司科研项目19项，均按计划实施。取得技术研究成果6项；研发新产品7种；申请国家专利5项；取得石油天然气集团公司专有技术两项；荣获长庆局科技进步奖9项；荣获陕西省优秀勘察奖两项；推广油气田专用设备85台。“西气东输工程第五标段线路测量”、“靖咸输油管道工程线路测量”首次获陕西省第十届优秀工程勘察奖；“Trimble4700与Leica200GPS联合静态作业技术”和“陕甘黄土地区洪水位、冲刷深度推求技术”两项工程勘察技术，被中国石油天然气集团公司评审认定为首批集团公司专有技术。

【精神文明建设】 2003年长庆科技工程公司被陕西省、西安市评为“守合同、重信誉”先进单位、“AAA级信用客户”、“诚信纳税企业”、“先进勘察设计会员单位”、“科技创新示范岗”。公司领导班子连续三年荣获长庆局党风廉政建设先进集体；石油工程设计部、天然气工程设计部及一批个人受到长庆局表彰。

（苏忠华）

西安长庆工程建设监理有限公司

【概述】 2003年，工程建设监理公司共承担了油气田建设、长输管道工程、房屋建筑工程、市政工程等21个工程监理，所投入的技术、人力、物力、设备等资源均创历史投入之最。在各业主、主管部门及各项目组的大力支持和配合下，坚持抓好现场服务，严格施工管理，全方位、全过程控制施工质量，各项主要工程按期建成投产，比较圆满地完成了所有合同内的监理任务。

2002年底公司改制，注册资金300万元，为独立法人资格。2003年初共有员工208人，其中正式编制人员26人（总经理1人，副总经理3人，其他干部22人），现场监理人员182人（国家注册监理工程师38人，省部级监理工程师144人），现场监理人员持证率达71%。公司最高决策机构为股东大会，公司管理机构设总经理 1 人，副总经理 3 人；机关职能部门 4 个：综合办公室、经营财务部、市场开发部、工程监理部（下辖 25 个监理分部）。

【经营指标】 2003 年，公司全年监理费收入共 1570 万元，比 2002 年增收 112.1 万元；比 2001 年增收 308.9 万元；比 2000 年增收 749.89 万元。其中油气田产建工程 1305 万元，存续企业 104 万元，社会市场 161 万元。全年实现营业利润 151 万元，净利润 101 万元，分红率 20%。

【监理质量】 2003 年，在股东会领导下，公司统一部署，要求各项目监理部以优化服务为宗旨，最大限度满足用户；用“创新、竞争、诚信、奉献”的经营理念和“优化服务、追求卓越、完善自我、创造价值”的企业精神，坚持“质量、顾客、信誉、服务”四个第一的宗旨，恪守“守法、诚信、公正、科学”的工作原则，团结一致，坚定信心；千方百计，应对挑战；精细管理，确保质量；主动配合，正确监督；积极协调，协助项目组严格控制工期、投资；有条不紊地组织好各项工程施工，提高监理工作质量。

采取的主要措施是：结合实际，注重培训，优化配置，高效运作；强化基础建设，进一步完善监理基础管理工作。2002 年公司编制、完善各种规章制度、办法 14 项；狠抓过程管理，严格工序控制，确保工程质量。在现场监理中坚持做到“三严一勤”，即严把资质审查关，严把材料报审关，严格工序报验制，勤检查，并将该项工作一一落到实处；加大巡视检查、协调各方关系力度，公司领导及部门多次到现场检查指导。使监理服务质量及现场工程实体质量稳中有升，工程质量合格率达 100%，工程优良率进一步提高。

完成油田产能建设工程规模约 159.6 万吨/年，工程优良率达 45%以上；完成气田产能建设规模 21.9 亿立方米/年，工程优良率达 91.3%以上；完成基地矿建工程建筑面积 51 万平方米，工程优良率达 90%以上。

【企业改革与管理】 2003 年，公司企业资质取得了历史性突破。顺利通过市政公用工程监理甲级资质，通过 ISO 9000 标准 2000 版的换版认证。各项工作管理水平有了进一步提高。合同履约率达 100%；用户满意率达 96.5%；成本预测及有效控制保证了投资回报率的实现；安全生产零事故、综合治理无案件，保证了职工队伍的稳定。领导班子进一步加强，建立完善了现代企业制度；市场结构、队伍结构调整平稳推进；机制改革有序进行；企业文化进一步得到弘扬；勤政、廉政建设取得了显著成绩。

（张　婷）

长庆石化综合服务处

【概述】 长庆石化综合服务处下设机关科室 3 个，附属单位 2 个，处属科级单位 5 个。用工总量 117 人，其中全民职工 93 人，其他用工 34 人。2003 年底，固定资产原值 876.2 万元，净值 672 万元。实现收入 508.4 万元，实现利润 12.9 万元。上缴长庆局折旧 161.55 万元，上缴养老统筹金 40.72 万元。

【企业管理】

（1）认真开展“六查六整顿”工作。按照长庆石化分公司［2003］11 号文件精神，石化综合服务处认真开展以“六查六整顿”为主要内容的“严管理、找差距、搞整改、创一流、增效益”活动，积极采取有效措施，严堵管理漏洞。

(2) 采取了不同的承包经营方式，做到了人人肩上有指标，个个身上有压力。

(3) 以人为本、整顿队伍、深化人事制度改革。对没有岗位的人员，制定了相应的政策。认真开展工资制度改革工作，强化劳动纪律，加强了工作期间的劳动纪律检查工作。精简人员、努力降低人工成本，改革奖金发放制度。

(4) 挖潜增效、节能降耗，实行精细化管理。努力降低和压缩办公费用，严格控制管理费用支出，对办公费、业务招待费、交通费等实行了专项定额控制，在管理和审批程序上实现了制度化。以效益为中心，坚决关闭亏损网点。

(5) 增强安全意识，搞好安全生产。

(6) 进一步加大了绿化、环卫、综合治理工作力度，营建双文明小区，被陕西省评为绿色文明小区。

(周文来)

博士后科研工作站

【概述】 博士后工作站设站长1人，常务副站长1人，副站长3人。工作站下设办公室，办公室设在工程技术研究院（工程技术处），暂编1人。主要负责工作站的具体事务及日常管理工作。

工作站成立后，很快熟悉了相关业务并建立了基本信息台账，明确了工作重点：一是做好在站博士后的日常服务工作，保证博士后全身心地投入到科研项目的研究工作中。二是采用多种形式宣传博士后工作站的政策，扩大长庆局对外的影响力，吸引更多的博士后来站考察和进行技术交流。

【主要工作】 学习了国家有关博士后的管理文件，为完善工作站的管理制度及探索适合长庆局实际的运行模式和管理办法理清了思路。认真做好博士后研究课题的初选、博士后的引进、项目论证及运行协调、中期考核、安排居住等各项具体工作。坚持每月定期发行博士后工作站简报，报道工作站重要活动及博士后科研项目运行情况等，并及时送局主管领导、工作站各位站长、各位博士后指导老师、科技处、工程技术研究院各位领导及相关管理部门等，达到沟通交流博士后信息的目的。专门建立了长庆博士后网站并申请了实名和域名，完成了与长庆局域网的链接，扩大了对内对外的宣传力度。鼓励博士后深入生产一线，利用其知识面广，精力充沛，阅历丰富的优势，为解决长庆局生产中的难点问题献计献策。如韩勇博士将其专业特长与钻井工程总公司实际生产中的钻具失效难题相结合，在钻井工程总公司的“钻具失效分析会”上，专门作了《钻柱失效事故的主要原因和预防》的专题技术报告，并协商确定了博士后课题之外所要开展的预防钻具失效的10项具体工作。

工作站积极组织博士后参加中国博士后科学基金的申请工作，其中有一名博士荣获三等博士后科学基金资助金。

工作站在2003年又先后引进了2名博士后进站，截至2003年年底，已累计在站博士后5名（工程类4名，管理类1名），展现了工作站良好的发展势头。

(毛连海)

泾河工业园项目组

【概述】 长庆西安泾河工业园项目组（以下简称项目组），是代表长庆局在泾河工业园建设中实施管理、协调、监督、检查职能的局属项目组。截至 2003 年底，项目组设五个职能部门，有职工 36 人，其中干部 26 人，工人 10 人。均属从各入园单位临时抽调人员，其人事关系仍在原单位，工资奖金等均由原单位发放。全年完成工程建设投资 3.05 亿元，占总投资的 31.1%，累计完成投资 7.35 亿元，占总投资的 75%。

【工程建设】 2003 年底，住宅工程完成一、二期工程 128 栋 5624 户住宅楼建设，达到入住条件，三期工程 32 栋楼 1380 户住宅楼，主体建设已经完成，将于 2004 年 10 月全部达到入住条件。此外，九区规划的六栋 282 户住宅楼已经全面开工建设。

系统配套方面，主干道路全部完成；已经竣工住宅楼的宅前道路全部铺装；给排水工程、污水工程、雨水工程已经投入使用；达到入住条件住宅楼的电话、闭路电视、宽带网、三表一卡全部开通；六个锅炉房全部投入使用，一次试炉成功；10 千伏的开闭所、九个低压配电房全部安装完毕并投入使用；污水处理厂已经完工；园区活动中心、幼儿园分别于 2003 年 10 月 18 日和 11 月 3 日开始投入使用；和高陵县共同改建的泾河工业园中心学校初中教学楼主体完工，小学教学楼正在进行主体建设，2004 年 5 月底可投入使用。

工业项目方面，彩钢厂、管业公司、石油天然气设备制造有限责任公司所属的机加工车间、天然气工房、固控工房、钢骨架复合管厂已经全部投产；射孔器材厂设备安装完成；管业公司综合楼、方圆公司综合大楼已投入使用；工程院的国家重点实验室正在进行主体建设。

【工程质量管理】 2003 年，项目组坚持发挥整体优势，强化精细管理，建筑精品工程，创造一流业绩的指导方针。严格“三个管理”（施工现场组织管理、施工程序管理、施工环节管理）。坚持“三个统一”（统一现场管理标准、统一技术措施、统一材料招投标）、落实“三个到位”（乙方施工管理人员到位、甲方施工管理人员到位、监理人员到位）、严把“三道关”（工程验收关、工程签证关、材料入口关），开展工程质量大检查活动，实现了工程质量控制目标。检查合格率达到 100%；分项工程优良率达到了 96% 以上；分部工程优良率达到了 95% 以上；主体和装饰分部工程必须优良；单体及单项工程优良率达到 85% 以上；质量保证资料准确齐全。

【绿化工程管理】 按照长庆局确定的“坚持以绿为主，以树为主，多栽大树、成树、少种草，形成以树为主、乔灌木搭配、果树景树相间、花草映衬、景观点缀、有动有静的园林绿化格局的绿化”美化原则。2003 年全面实施园区绿化美化工程。通过公开招标选择了 11 个绿化施工队伍参加园区绿化美化工作，平整土地 150 亩，绿化面积 10 万多平方米，栽种草坪 9 万平方米，栽植乔木 41 种 3600 棵，栽种花灌木 53 种 5 万多棵（株）。完成泾河路青石片凹缝道路 1350 米。修建花架 6 座，假山 1 座，水池 2 座，完成 8 个雕塑的制作、建成花坛 5 个、修建了 10 多处休闲、景观景点、添置了部分健身用具。完成街面道路铺装 2400 米，铺装广场 1000 平方米，东、西两个转盘 300 平方米，完成 500 米溪水施工，4 个商业楼主体建设。

【职工搬迁入园】 2003年5月职工搬迁入园工作正式开始，按照长庆局的要求，制订了搬迁方案，抽调10名同志成立了搬迁运行部，制定了《职工入园管理规定》等7个管理规定，印制入园职工须知8000余册，设立便民服务点3个、设购物、饮食、医疗、太阳能安装、装修、搬家等服务项目达30多项，保证了职工顺利入住园区。截至2003年底，已经发放钥匙3629户，有2830户职工入住园区。

【物业管理】 由七个入园单位共同出资成立了西安长庆物业管理有限责任公司（以下简称物业公司）。目前由公司董事会委托泾河工业园项目组对物业公司实施管理。物业公司设有综合办公室、经营财务部、服务中心、治安大队等四个部门，管理人员19人。目前用工总量达186人，其中服务人员167人。服务总面积为912796平方米，其中住宅楼128栋、5624户、70多万平方米。服务项目有水、电、气保运、环卫、绿化、治安、供暖、维修服务等项内容。

长庆泾河工业园的物业管理实行“新基地、新体制、新模式、新机制”运作模式。坚持“企业化经营、市场化运行、社会化服务”的管理原则。

（1）引入竞争机制，采取面向社会公开招标、内部市场进行议标的方式，选择专业队伍进行管理。其中幼儿园委托西高新（教育产业集团）全程教育投资有限公司管理教育；活动中心由长庆局离退休管理处进行管理经营，采取分级管理、集中活动的方式运作。供热委托西安西美环保设备有限公司承担园区2003年的供热工作，并为物业管理公司培训技术人员。环卫委托第二采油技术服务处负责管理。水、电、气的管理和管网维修由物业公司通过议标委托水电厂承担。通信、闭路电视分别委托长庆局通信公司和电视台进行管理。绿化仍由绿化公司负责管理养护，从2004年开始，将采用招标的方式，招聘具有一定专业资质的绿化公司分片承包管理。

（2）坚持“以园养园”的方针，为物业管理的发展壮大创造条件。园区物业管理无资产运行，出租商业用房弥补物业管理费用不足，以减轻园区物业管理的压力。

（3）由职工直接向物业公司交费，使企业对职工物业管理费“暗补为明补”成为现实。

【综合治理】 2003年，园区入住职工近3000户10000多人；上百个施工建设单位（队），人数达10000多人；园区装修队伍及务工人员等流动人员近10000人，人口密度大，成分复杂，园区片大，点多，线长，给园区治安管理带来了许多困难。项目组坚持“齐抓共管、领导负责；标本兼治、重在治本；坚持严打，突出重点；建设队伍，长治久安”的指导思想，组建了由40多人组成的治安大队，制作发放《居民治安明白卡》2360多张，悬挂警民联系箱，实行园区治安中心楼长制度，组织了100多名楼长。全年共组织治安大检查10多次，表彰奖励18个工队，通报批评8个工队。通过以上措施，实现了“无治安案件，无刑事案件，无治安灾害事故，无内部人员违法犯罪”的四无目标，被评为长庆局“综合治理达标单位”，被高陵县命名为“社会治安综合治理先进单位”。

（张文锦　杨耐厚）

宁夏长庆工业园建设项目组

【概述】 宁夏长庆工业园建设项目组成立于2002年6月16日，主要承担宁夏长庆工业园的项目建设与园区管理任务。截至2003年底，项目组共有职工29人，其中：干部20人，工人9人。

2003年，宁夏长庆工业园建设项目组认真贯彻长庆局重组改制、深化改革的指示精神，按照局多元化发展战略和开拓社会市场图发展的思路，加快工业园区基础设施建设的步伐，加大生态环境治理的力度，认真完成各项工程建设任务。

【项目建设】 宁夏长庆工业园历年累计总投资12597.31万元，至2003年已完成投资12597.31万元，其中：长庆局总投资8156.25万元，已完成8156.25万元。原第三钻井工程处和钻井工程总公司总投资4441.06万元，已完成投资4108.06万元。

园区水、电、暖、路、讯等基础设施建设项目及工业厂房建设项目包括：锅炉房主体工程和土建工程、安装工程；工业园区供热管网、园区供水、运输公司小修工房、管具公司井控工房、管具公司加工工房、园区10千伏配电室、职工公寓、职工食堂和园区道路等多项工程。

【园区绿化】 为了切实抓好园区的绿化工作，宁夏长庆工业园首先建立健全了绿化组织机构，成立了绿化领导小组，并设立专职绿化管理人员一名，负责园区绿化工作。在绿化工作具体开展过程中，本着合理设计、科学规划的原则，力求达到先绿化、后美化的目的。在近年内，除对占地面积达5558亩的生态治理区域进行大面积植树造林外，着重对以园区人工湖为中心的周边地带进行绿化美化，对已投入的绿化资源进行了调配，投资46908元，移栽和调运各类苗木19458棵。2003年1—9月，移栽各种树木10325棵，种植草坪14000平方米，购买树木2089棵，购买草花10000盒。10月份，项目组按照园区绿化原则，对39304棵经济林进行移栽，并将工业园影响道路施工的15000棵大乔木移栽至湖区。

至2003年底，园区绿化面积已经达到近千亩之多，共栽种各类树木159814株，草坪58149平方米，盆栽铁树200盆。林木平均成活率均达到80%以上，为宁夏回族自治区提出的在以河东国际机场为中心的周边地区的生态环境治理工程中开了先河，并被评为“宁夏银川市2003年度绿化先进单位”。这个大环境的绿化，作为银川地区重要的生态屏障，其意义越来越重要，其地位也将越来越突出。为这一地区生态环境的治理工作做出了突出的贡献。

【改革改制】 2003年，宁夏长庆工业园建设项目组以“新单位，新机制，新办法，创出一条机构管理新路子”为出发点，力求做到科学、精细、严格和程序化管理，使各项工作高效有序的运行，在项目组内部推行了按需设岗、按岗聘用、落实职责，能进能出的管理岗位首要责任制，旨在改善管理工作薄弱、工作水平低、外部联络、国有资产工作亟待加强的实际情况，给包括项目经理在内的27名职工每人都定岗定责，形成了各司其职、各负其责的工作局面，使得人人肩上有重担，头上有指标，促进了工作责任心的加强。

【精神文明建设】 宁夏长庆工业园建设项目组，始终把坚持精神文明建设与物质文明建设一起抓，在抓好项目工程建设的同时，对政治思想工作和企业文化建设不放松。为培养一支高素质的干部队伍和职工队伍，把项目组办成学习型的组织，2003 年，加大了对职工的培养和教育力度，由项目组主要领导授课，坚持每周一次的政治学习，系统学习了《把信送给加西亚》、《第五项修炼》等书，使项目组所有成员都受到了很大的启发教育，对形势任务和自身的工作都有了新的认识，精神状态发生了很大的变化，有效地激发了干部职工的工作积极性和心智模式的改进。

（张占玺　刘　静）

第十一篇

长庆石油勘探局大事纪要

长庆石油勘探局大事纪要

一 月

4日 局党委、长庆局决定表彰2002年度先进模范集体、劳动模范和先进生产（工作）者（长党发［2003］1号）。钻井工程总公司30527A钻井队等20个单位被授予“2002年度模范集体”光荣称号；钻井工程总公司15144钻井队等43个单位被授予“先进集体”光荣称号；李新建等20名同志被授予“劳动模范”光荣称号；孙建林等89名同志被授予“先进生产（工作）者”光荣称号。

4—5日 长庆局隆重召开2003年工作会议，孙玉辰局长作了《改革创新，加快发展，为实现“二次创业”目标而努力奋斗》的工作报告；局党委副书记、纪委书记张继昌通报了2002年度领导班子、领导干部和党风廉政建设责任制考核情况。

6日 长庆局转发《中国石油天然气集团公司质量事故管理规定（试行）》（长局发［2003］1号），要求各单位明确质量责任，切实落实质量责任制，若发生质量事故必须及时履行事故报告制度。对隐瞒不报、虚报或故意拖延报告的，将视情节严肃处理，并追究领导责任。

同日 长庆局印发《软科学研究管理暂行办法》（长局发［2003］2号）。《暂行办法》共十一章36条，就软科学的研究范围、项目的立项、管理、项目结题、成果奖励、成果应用推广等作了明确规定。

8日 长庆局局长、党委书记孙玉辰前往兰州参加甘肃省九届政协会议。

10日 长庆油田召开2002年度庆功表彰电视电话会议，张继昌代表长庆局和油田公司全面总结了长庆油田2002年取得的成绩。大会表彰奖励了2002年先进模范集体和个人。

20日 长庆局决定表彰国际市场开发工作中涌现出的先进集体和先进个人（长局发［2003］8号），钻井工程总公司乌兹别克斯坦项目部等3个单位被授予“2002年度国际市场开发先进集体”光荣称号，陈伊苗等18名同志被授予“2002年度国际市场开发先进工作者”光荣称号。

22日 集团公司副总经理、股份公司总裁陈耕率股份公司规划计划、勘探开发等有关部门负责人来长庆油田视察。

23日 集团公司副总经理阎三忠一行8人，来长庆油田进行慰问。

24日 长庆局党委副书记、纪委书记张继昌，局工会主席蒲建中陪同集团公司副总经理陈耕深入机械制造总厂、西峰油田视察和慰问。

25日 集团公司驻陕单位新春团拜会在西安举行。集团公司副总经理阎三忠，集团公司副总经理、股份公司总裁陈耕，集团公司驻陕15家企业和单位60余人参加了团拜会。团拜会由股份公司勘探与生产公司总经理胡文瑞主持，长庆局局长、党委书记孙玉辰致辞，集团公司领导阎三忠、陈耕分别发表了重要讲话。

同日 长庆局在西安召开迎春统战座谈会。西安地区部分二级单位的党委书记，侨联、民盟、民进等民主党派及党外知识分子31人参加了会议。

26日 长庆油田新春团拜会在长庆宾馆召开。孙玉辰、张继昌、杨庆理、滕玉林、刘自强、蒲建中、赵业荣、陈国法、王树荣等局领导参加了团拜会。

27 日　集团公司副总经理、股份公司总裁陈耕听取长庆局专题汇报，肯定了长庆局在长庆油田增储上产中所做出的巨大贡献，并对油田下一步发展提出了新的希望。

二　月

14 日　长庆局决定表彰第二届“优秀技术人才十佳形象”（长局发［2003］20 号），李莉等 10 名同志获此殊荣。

同日　长庆局决定重奖 2001 年度优秀科技人才（长局发［2003］21 号），杨呈德等 17 名同志受到奖励。

同日　长庆局调整优秀科技人才奖励基金管理委员会（长局发［2003］22 号）。该委员会由 14 人组成，孙玉辰任主任。

16 日　钻井工程总公司 2003 年生产全面启动，66 支钻井队伍分别从礼泉、马岭、马家滩三个基地启程开赴生产一线。长庆局领导孙玉辰、张继昌、滕玉林、杨庆理、刘自强、赵业荣、张芝兰、杨再生分别在礼泉、马岭、马家滩基地欢送开赴前线的钻井队伍。

17 日　长庆局领导张继昌、刘自强在庆阳长庆二招主持召开由陇东各二级单位领导班子成员参加的长庆局 2003 年工作会议精神学习辅导报告会。

18—21 日　长庆局局长、党委书记孙玉辰，副局长杨庆理、刘自强，总工程师赵业荣与机关部分处室负责人一同深入陇东地区 10 个单位调研指导工作。

19 日　长庆局党委决定，在全局范围内深入开展“形势、目标、责任”主题教育活动（长党发［2003］4 号），并就活动的指导思想、组织领导、活动内容、活动要求等提出了具体意见。

20 日　长庆局印发《2003 年度审计工作要点》（长局发［2003］30 号），要求各单位审计工作围绕“一个中心”，把住“一个关口”，搞好“两个确认”，力争“两个突破”，突出“三个重点”，实现“三个 100%”。

21 日　长庆油田召开社会治安综合治理工作会议。会议总结了 2002 年度工作，通报了 2002 年度综合治理考核结果，表彰了先进，部署了 2003 年综合治理工作。张继昌、蒲建中、张启英及长庆油田社会治安综合治理领导小组成员参加了会议。

24 日　长庆局印发《2003 年科技发展计划》（长局发［2003］31 号），确定了 2003 年 38 项科研项目。其中，技术攻关创新项目 15 项，新技术与新产品开发应用项目 22 项，软科学研究 1 项。《计划》要求着重抓好 15 项重点科技项目的攻关研究与应用，在优势项目上做精做强，力争取得突破性的研究成果。

28 日　长庆局召开企业文化建设工作座谈会。局长、党委书记孙玉辰作了题为《创建学习型企业初步思考》的学习辅导报告，深刻阐述了学习型组织理论与实践问题。

同日　长庆局召开 2003 年教育工作会议。局长、党委书记孙玉辰，副局长滕玉林和局长助理张元忠同志分别讲话。

三　月

7 日　长庆局工会女职工委员会和第三采油技术服务处工会女职工委员会被中华全国总工会授予“全国先进女职工集体”光荣称号。

同日　长庆局工会召开“二次创业”女职工先进代表座谈会。女职工委员会委员、双“十佳”代表、局各级工会女职工干部共 40 余人欢聚一堂，畅所欲言。局工会主席蒲建中、总会计师张芝兰参加了座谈会。

12 日　井下技术作业处靖边项目部本着“充分准备，平稳组织，逐步加速，安全高效”的生产启动原则，成功地组织了由 SS－2000

型压裂机组对榆 42-8 井加陶粒砂 35 立方米的压裂施工。这标志着该处在长庆气田“天字一号”工程的施工服务全面拉开了序幕。

14 日　长庆局 2003 年纪检监察工作会议在西安召开。会议总结了 2002 年党风廉政建设和纪检监察工作，部署了 2003 年党风廉政建设和纪检监察工作，表彰奖励了钻井工程总公司纪委监察室等 9 个先进集体、第一采油技术服务处文才斌等 15 名纪检监察先进工作者。

18 日　斯伦贝谢公司中东/亚洲地区总裁伊穆冉·肯班斯（Imran Kizibash）一行 6 人，来西安参加与长庆局战略合作技术服务联盟框架协议签字仪式。

19 日　由建设工程总公司承建的国家重点项目西气东输工程 13 标段开工仪式，在陕西定边县郝滩工地隆重举行。长庆局副局长刘自强参加了开工典礼，为“青年突击队”授旗并作重要讲话。

21 日　长庆局 2003 年第一期厂处领导培训班在西安开课。局长、党委书记孙玉辰，局党委常委、组织部长张启英出席开学典礼。孙玉辰局长作了题为《创建学习型企业的初步思考》的学习辅导报告，全面、深刻、细微地阐述了学习型组织理论的形成、发展以及对企业的指导作用。

23 日　长庆局表彰 2002 年度安全生产先进单位、先进部门、先进集体和先进个人（长局发［2003］46 号），井下技术作业处等 10 个单位被评为“2002 年度安全生产先进单位”；井下技术作业处质量安全环保科等 10 个部门被评为“2002 年度安全生产先进部门”；钻井工程总公司运输公司等 36 个基层单位被评为“2002 年度安全生产先进集体”；钻井工程总公司魏永平等 62 名同志被评为“2002 年度安全生产先进个人”。

25 日　兴隆园小区被评为陕西省“创建文明社区先进单位”。

同日　吉林油田公司总经理、党委书记王永春一行 9 人来长庆调研。

四　月

2 日　长庆局根据《中华人民共和国清洁生产促进法》、GB/T 24000—ISO 14000 系列标准、中国石油天然气集团公司《石油行业清洁生产技术要求》、《长庆石油勘探局 HSE 管理手册》和《长庆石油勘探局关于推进 ISO 14000 环境管理体系建立的指导意见》，结合长庆局环境保护工作实际，制定了《清洁生产实施意见》。

4—5 日　集团公司党组成员、副总经理任传俊一行视察了驻陕石油企业。在陕期间，任传俊副总经理相继参加了“癸未年清明公祭轩辕黄帝典礼”等一系列活动。长庆油田领导孙玉辰、王道富等陪同，并汇报工作。

同日　长庆局副局长杨庆理带领生产运行处、市场开发部、工程技术处、质量安全环保处等机关有关部门负责人，会同油田公司生产运行处，在第一采油技术服务处召开了由第一采油厂项目组、钻井工程总公司、井下技术作业处、第一采油技术服务处等单位参加的质量回访及产能建设协调会，协调解决油田产能建设中存在的问题。

同日　18104 钻井队仅用 44 天 22 小时在钻井工程总公司 64 支钻井队中率先突破万米进尺大关，同比提前 6 天。

6 日　孙玉辰、王道富等油田领导陪同集团公司任传俊副总经理，参加了在西安举行的“第七届中国东西部合作与投资贸易洽谈会”开幕式。

7 日　长庆局印发《长庆石油勘探局关于主辅分离辅业改制分流工作的若干意见》（长局发［2003］60 号），就推进主辅业分离，辅业改制分流的总体思路、基本原则和改制分流范围、目标、形式及相关政策提出了具体意见。

9 日　长庆局组织人事工作会议在西安召开。会议认真传达学习了集团公司人事工作会议和长庆局 2003 年工作会议精神，全面总结了长庆局重组三年来的组织人事工作，明确了今后一个时期的工作目标和总体思路。会议由局党委常委、组织部长张启英主持，长庆局局长、党委书记孙玉辰出席会议并作重要讲话。

17 日　中国石油技术开发公司总经理邢祖侗一行 6 人来长庆局商讨技术合作有关事宜。

20 日　长庆油田召开防治非典型肺炎电视电话会议。长庆局、长庆油田公司领导杨庆理、苟三权及油田机关各处室、各二级单位领导参加了会议。

24 日　长庆局印发《危险源管理规定》(长局发［2003］76 号)，就危险源的划分、管理职责的划分、危险源的识别、评价及控制作了明确规定。

25 日　长庆局局长、党委书记孙玉辰荣获“全国五一劳动奖章”，并出席甘肃省总工会在兰州宁卧庄宾馆举行的“五一”国际劳动节庆祝大会。

26 日　钻井工程总公司 32107 钻井队以 11.5 天的有效钻井时间，完成井深 2226 米的西峰油田西 26－15 井钻探任务，首创该区块两千米井完井新纪录。

28 日　截至当日 8 时，钻井工程总公司累计进尺达 501017 米，以 69 天有效时间年进尺突破 50 万米，同比提前了两天，平均日进尺达 7261.11 米。

同日　长庆局党委常委、工会主席蒲建中主持召开庆“五一”劳模座谈会，局领导孙玉辰、张继昌、杨庆理、赵业荣及老领导陈国法、王树荣等参加了会议。

29 日　第三采油技术服务处荣获“全国五一劳动奖状”。这是继长庆局、原油田建设工程处、原第二采油厂、原地球物理勘探处获得“全国五一劳动奖状”以来，长庆局第 5 次获此殊荣。

五　月

4 日　长庆局局长、党委书记孙玉辰带领局办公室、生产运行处、市场开发部、财务资产处、宣传部等部门负责人，到建设工程总公司调研和慰问职工，帮助基层协调解决生产管理中的困难和问题。

8 日　长庆油田“非典”防控网络电视会议在西安基地召开。

9 日　局党委中心组认真学习胡锦涛总书记、温家宝总理有关防治“非典”重要讲话精神，以及集团公司《关于切实做好防治非典型肺炎期间维护企业稳定工作的通知》精神，并就如何贯彻落实上级指示精神，夺取“非典”防控斗争的胜利，进行广泛而深入地讨论，进一步统一了思想，增强了信心。

同日　局机关各部门根据自身职能及职责，制订了《服务承诺书》，由局办公室印发全局监督执行。

12 日　2002 年度全国公路工程“三优”评选结果揭晓，共有 52 个项目分别获得优秀勘察奖、优秀设计奖和优质工程奖。在全国 12 个获得优质工程奖的项目中，建设工程总公司参建的吐乌大公路工程名列其中。

15 日　经局党政领导联席会议研究，集团公司人事劳资部批复（人劳字〔2003〕89 号）同意，长庆局聘任刘硕琼同志为副总工程师。

同日　根据陕西省经贸委《关于进一步做好企业总法律顾问试点工作的通知》精神，经研究，长庆局聘任张继昌同志为总法律顾问（兼)，并成立了长庆局总法律顾问制度试点工作领导小组。

同日　局党委、长庆局印发《2003 年全局党风廉政建设和反腐败主要任务分工意见》(长党发［2003］15 号)，明确了各有关职能部门的任务，并要求各责任部门对牵头负责的工作要明确目标、制订措施、认真实施。

同日　局党委、长庆局表彰奖励全局医疗卫生系统“非典”防控工作先进集体和先进工作者（长党发［2003］15号）。授予职工医院感染科等35个基层单位“非典”防控工作先进集体光荣称号，王家煜等208名同志“非典”防控工作先工作者光荣称号，并从局长特殊贡献奖中拨出20万元专款，重奖“非典”防控有功人员。

22日　油田召开住房分配货币化电视电话会议，传达了长庆油田《关于搞好住房分配货币化工作的通知》和《关于对职工住房普查情况的公示的通知》等文件精神。

同日　建设工程总公司承担施工的长呼输气管线148.2千米主线和12千米支线贯通。

21—28日　长庆局副局长杨庆理率领生产运行处、质量安全环保处、工程技术处相关负责人，对陕北区块局生产单位施工现场安全生产、井控安全等工作进行调研，现场解决钻井施工过程中存在的问题。

23日　中央电视台《新闻联播》节目报道了长庆建设工程总公司西气东输项目部13标段线路工程第三机组施工情况，首开长庆建工在中央媒体新闻中播出之先河，长庆建工企业形象得到进一步提升。

29日　钻井工程总公司第三工程项目部50118钻井队在G1－11井施工中，科学使用复合钻具钻井技术，创长庆气田钻井最高机械钻速、最短钻井周期两项新指标，全井机械钻速达到10.17米/时，钻井周期21.25天。

30日　长庆局党委印发《关于加强和改进共青团工作和青年工作的意见》（长党发［2003］17号），要求各级党组织站在推进长庆局“二次创业”和可持续发展的高度，加强和改进共青团和青年工作。同时要求各级团组织，自觉接受党的领导，发挥共青团的助手作用和桥梁、纽带作用。

六　月

2日　长庆局发出通知，将通信公司更名为通信处。

3日　钻井工程总公司40102钻井队以102.5天有效时间，进尺率先突破气田万米大关，比2002年第一个上万米的60144钻井队提前15天，周期缩短9天5小时，再次刷新气田上万米纪录。

5日　苏39－14－1井试验取得阶段性重大成果，首次实现了以提高机械钻速、降低钻井成本为目的的天然气欠平衡钻井，创造了全国第一次采用小井眼天然气欠平衡钻井技术进行工艺试验并获得成功和气体欠平衡钻进最高进尺783.7米的新纪录。

6日　长庆局印发《股权管理实施细则》（长局发［2003］102号），就股权管理的目的、原则、机构、程序等做了规定。

10日　由陕西省人事厅主办、长庆局人事劳资处（组织部）承办的“中央驻陕单位（石油石化系统）专业技术队伍建设座谈会”在西安基地召开，来自全省石油石化等单位的20多名代表参加了会议。与会代表就如何搞好石油石化单位专业技术干部队伍建设问题进行了深入探讨。

13日　西峰油田西23－25井经井下技术作业处试油182队2机组与压裂队精心施工作业，按照设计加砂进行压裂改造后自喷，经求产，喜获日产106.8立方米的高产工业油流，创西峰油田长庆开发以来单井日产量之最。

14日　经过中国认证认可监督管理委员会四名专家的严格审查，运输处长庆客车改装厂通过“CCC”认证（强制性产品认证工厂审核），标志着该厂在产品设计、生产、检验全过程和产品一致性的质量控制规范等方面，正式与国际标准接轨。

16日　长庆化工（集团）有限责任公司

出资协议签字仪式在长庆宾馆举行。三个采油技术服务处充分利用集团公司和长庆局关于主辅分离、辅业改制的优惠政策，各自注入资金组建长庆化工（集团）有限责任公司。

17 日　第一采油技术服务处荣获“陕西省厂务公开先进单位”称号。

同日　西安交通大学校长徐通模一行 28 人来长庆局，双方就人才培养、科学研究、产学研合作等方面进行了交流。

20 日　井下技术作业处试油压裂酸化完井 352 口，突破 1000 层大关，比历史最好的 2002 年提前 16 天突破千层大关。

23 日　甘肃省环保局局长赵伟民一行 13 人就油区环境污染问题来长庆调研及检查指导工作。

24 日　钻井工程总公司第一项目部 18104 钻井队在 H61 – 29 井以 121 天 20 小时有效时间，进尺率先突破 3 万米大关，比 2002 年同比提前 17 天 16 小时，再创新高。

26 日　长庆局党委表彰 32 个先进基层党支部、100 名优秀共产党员和 30 名优秀党务工作者（长党发［2003］22 号）。

27 日　长庆局召开纪念建党 82 周年座谈会。局党委副书记、纪委书记张继昌，局工会主席蒲建中，老领导陈国法，局机关部门负责同志及西安片各二级单位领导共 30 多人参加了座谈会。会议由蒲建中主持，张继昌作了重要讲话。

27—29 日　中国石油集团东方地球物理勘探有限公司总经理徐文荣一行 19 人来长庆油田交流工作。

28 日　长庆局在泾河工业园举行长庆龙凤园入园仪式。局领导孙玉辰、张继昌、杨庆理、刘自强、蒲建中、赵业荣、陈国法、局长助理张元忠、邓火孝、杨再生，油田公司总经理助理张敬堂，高陵县领导张民生、张兴新等参加了入园仪式。

七　月

1 日　长庆局召开纪念建党 82 周年先进表彰暨事迹报告会。会议表彰了 32 个先进党支部、30 名优秀党务工作者和 100 名优秀共产党员，介绍了钻井工程总公司 40102 钻井队党支部等 7 个党支部、共产党员的先进事迹。局党委书记、局长孙玉辰发表了重要讲话。

4 日　井下技术作业处化工厂开发的次生热及次生泡沫压裂新工艺成果获得了国家专利局颁发的专利证书。

同日　长庆局印发《交通安全管理规定》（长局发［2003］110 号），就管理体制、安全管理、安全教育、事故管理等做了明确规定。

8 日　长庆信息网建成并投入使用。

11 日　长庆局、长庆油田公司联合印发《关联交易联席会议制度》（长庆字［2003］19 号），就关联交易协商机构、联席会议层次、召开的方式与时间、组织与主持方、参加人员、会议内容及组织程序做了明确规定；并成立了长庆局、长庆油田公司关联交易领导小组，下设 6 个专项事务管理委员会。

12 日　长庆局召开电视电话会议，总结上半年工作，安排部署下半年任务。局领导孙玉辰、张继昌、杨庆理、刘自强、蒲建中、张芝兰、张启英及老领导王树荣参加了会议。

13 日　中国石油天然气集团公司公布首批石油工程技术服务资质认证结果，长庆局钻井工程总公司、井下技术作业处、第一采油技术服务处、第二采油技术服务处、第三采油技术服务处五单位取得石油工程技术服务企业资质；37 支队伍取得甲级施工作业队伍资质；191 支队伍取得乙级施工作业队伍资质。

16 日　集团公司气体钻井技术研讨会在长庆局西安基地召开。国家经贸委、中国石油天然气集团公司、中石油股份公司、长庆油田分公司、西南油气田分公司、大港石油集团公司研究院等15家单位的50多位专家和代表参加了会议，长庆局总工程师赵业荣出席会议并讲话。

17日 由长庆局公用事业处承办的中国石油天然气集团公司房改工作座谈会，在西安未央湖召开。来自集团公司机关及部分单位的代表约30人参加会议。

18日 在中共甘肃省委组织部、共青团甘肃省委、甘肃省经济贸易委员会、甘肃省劳动和社会保障厅、甘肃省青年企业家协会联合召开的甘肃省第五届“优秀青年企业家”和“优秀青年厂长（经理)”命名表彰大会上，机械制造总厂厂长杨锋荣获”优秀青年企业家”称号。

22日 辽河石油勘探局党委书记宋道堂、工会主席陈雨范一行17人来长庆油田交流工作。

23日 长庆局正式启动印度尼西亚加里曼丹油田50D钻机日费项目。该项目业主为印度尼西亚国家石油公司，合同期为10个月，前5个月打5口井，其中3200米斜井1口，2200米斜井4口；后5个月修井4口，合同期总收入为387万美元。

29日 建设工程总公司第七工程公司被共青团陕西省委授予“陕西省青年文明号”；第三采油技术服务处井下作业一公司作业八队、宁夏长庆化工集团有限责任公司大水坑助剂厂被共青团宁夏区委授予“宁夏回族自治区青年文明号”。

八　月

2日 由钻井工程总公司承钻的乌兹别克斯坦国家第二口水平井完钻。

3—11日 长庆局副局长杨庆理带领生产运行处、市场开发部、建设工程总公司、钻井工程总公司机修分公司的领导和有关人员走访了新疆石油管理局、新疆油田分公司、塔里木油田指挥部和塔里木油田分公司。

4日 美国能源地球科学公司总裁刘树民来长庆局作美国石油工程技术服务市场分析报告。局领导滕玉林、刘自强、赵业荣、张芝兰、局长助理杨再生以及部分二级单位、机关部门负责人听取了报告。

6日 钻井工程总公司18104钻井队以167天5小时的有效时间年累计进尺突破4万米，比历史最高纪录提前21天18小时，再创油田此项纪录最新指标。

同日 长庆局印发《工程技术服务队伍长庆市场管理暂行规定》（长局发［2003］125号)，就工程技术服务队伍服务市场管理的总体原则、主营业务服务范围、市场管理等做了规定。

8日 长庆局被评为“陕西省诚信纳税先进企业”。

14—15日 长庆局召开改革改制工作座谈会。这次会议是长庆局重组以来系统总结和交流改革改制工作成果，深入研究企业改革改制有关问题的专题会议。局领导孙玉辰、张继昌、杨庆理、滕玉林、刘自强、蒲建中、赵业荣、张芝兰、张启英等参加了座谈会。

16日 长庆气田超深探井镇探1井开钻。镇探1井位于甘肃省庆阳市镇原县境内，设计井深4900米，是长庆气田自1989年勘探开发以来钻探的最深的一口井。该井旨在建立鄂尔多斯盆地西南地区上、下古生界的生、储、盖组合剖面，查明奥陶系马家沟组、二叠系山西组和石盒子组储层发育及含气情况，以及三叠系延长组和侏罗系延安组油藏。

同日 由西安长庆科技工程有限责任公司研究开发的小压差节流低温脱水脱烃技术，在采气二厂141井区对天然气低温脱烃获得成功。这项技术在国内外低温脱水脱烃工程实践中尚无先例，已成为该公司一项独特的专有技术，目前这 技术在国内甚至国际占据领先地位。

18—22 日　在中华全国总工会举办的“全国职工学习党的十六大精神系列活动决赛”比赛中，代表甘肃省参加比赛的长庆局第二采油技术服务处职工殷玲玲、闫养荣和乳山培训中心的朱琳 3 名选手，获得了团体铜奖；闫养荣和朱琳还获得了演讲比赛一等奖。

25 日　西安长庆科技工程有限责任公司苏州分公司在苏州正式挂牌运营，标志着该公司向东南市场迈出了重要的一步。

27 日　中国石油天然气集团公司副总经理郑虎、总经理助理周吉平一行来长庆油田，代表集团公司接待厄瓜多尔总统一行。

同日　华北石油管理局局长张宝庄一行来长庆油田进行交流。

28 日　由钻井工程总公司与哈尔滨工业大学星河有限公司、咸阳长庆兴融油气开发公司合资兴建的长庆管业公司举行产品发布会。

29 日　中国石油天然气集团公司副总经理郑虎在西安喜来登酒店，与随同古铁雷斯来访的厄政府能源部部长阿沃莱达、国家石油公司总裁埃斯平共同签署了石油领域的合作协议。长庆局局长孙玉辰主持合作签字仪式。中国驻厄瓜多尔大使曾钢、外交部拉美司副司长刘玉琴、陕西省副省长洪峰、集团公司总经理助理周吉平、长庆油田公司总经理王道富等领导参加了签字仪式。

同日　厄瓜多尔总统卢西奥·古铁雷斯一行 45 人莅临长庆油田西安基地访问，中国驻厄瓜多尔大使曾钢、外交部拉美司副司长刘玉琴、集团公司副总经理郑虎、总经理助理周吉平、陕西省副省长洪峰陪同访问。长庆油田在综合楼前举行欢迎仪式，并在长庆宾馆龙梅厅举行了欢迎会。会上，长庆局局长、党委书记孙玉辰介绍了长庆油田基本情况及厄瓜多尔 A—P 油田项目进展情况。古特雷斯总统就长庆在 A—P 油田项目施工进度、服务质量予以高度评价。随后，古特雷斯总统一行乘车参观了兴隆园小区，并在基地幼儿园观看了幼儿表演。

九　月

2 日　在集团公司 2003 年度 QC 成果发布会上，由长庆局选送的第二采油技术服务处工艺所撰写的《新型液力自封封隔器与万向伸缩节的研制与应用》成果获一等奖。

3 日　西安长庆科技工程有限责任公司设计的“靖安油田五里湾一区 120 万吨/年产能建设地面工程”获得“第十届全国优秀工程设计银质奖”。

4 日　长庆局与斯伦贝谢服务联盟暨苏里格气田增产合作合同签字仪式在西安举行。局长孙玉辰与斯伦贝谢（中国）公司总经理博方索在合作合同上签字。

5 日　建设工程总公司在西安三桥基地举行“全国精神文明建设先进单位”挂牌仪式。长庆局党委副书记张继昌、副局长刘自强出席仪式。

9 日　长庆局与美国哈德公司及地球科学能源公司石油工程技术交流会在西安举行。长庆局总工程师赵业荣出席会议。钻井工程总公司、井下技术作业处、建设工程总公司、机械制造总厂、国际市场开发部等单位及财务资产处、科技发展处、宣传部等部门的负责人参加了会议。

10 日　西安长庆科技工程有限责任公司自行研制的“储油罐自力式防爆自动灭火装置”和“多功能天然气过滤器”两个科研项目获得国家专利。

14 日　长庆局钻井工程总公司 30533 队、井下技术作业处压裂 5 队和建设工程总公司新疆四分公司荣获中国石油天然气集团公司“百面红旗单位”称号。

15 日　西安长庆科技工程有限责任公司在全国同行业率先通过质量、环境和职业健康安全三个体系认证，并获中质协质量保证中心颁发的 ISO 9000：2000 版（质量）、ISO 14000（环境）、OHSAS 18000（职业健康安全）三个证书，为提升实力、加快发展奠定了基础。

同日　建设工程总公司荣获“国家西气东输管道工程建设先进集体”称号，西安长庆科技工程有限责任公司现场设计小组、器材供应处临汾物资中转站荣获“西气东输管道工程建设优秀机组（班组）”称号。

17 日　钻井工程总公司钻工曾龙、建设工程总公司电焊工谭郁江、运输处钳工技师宋光熙荣获“中国石油天然气集团公司技术能手”称号。

18 日　《长庆局与中国石油技术开发公司合作开发国际市场战略联盟框架协议》在北京签订。长庆局局长、党委书记孙玉辰，总工程师赵业荣，局长助理、钻井工程总公司总经理杨再生，长庆局老领导王树荣及相关单位和处室负责人出席了签字仪式。

19 日　长庆化工（集团）有限责任公司在西安基地举行挂牌仪式。

21 日　由建设工程总公司承建的西气东输工程“十一”输气咽喉工程——靖边压气站，提前 10 天以一次合格率 97.8%，分部工程优良率 100%、单位工程超过国家优质工程验收标准的水准提前实现交接。

22 日　当选为中国工会十四大代表的长庆局党委常委、工会主席蒲建中同志出席在北京举行的中华全国总工会第十四次全国代表大会。

同日　第三采油技术服务处工会主席刘永林同志荣获“全国优秀工会工作者”称号。

25 日　长庆局印发《管理人员聘任上岗暂行办法》（长局发［2003］161 号）、《专业技术人员岗位聘任管理暂行办法》（长局发［2003］163 号）、《专业技术专家管理暂行办法》（长局发［2003］164 号）及《操作和服务人员考核竞争上岗暂行规定》（长局发［2003］166 号），就企业实行各级各类人员竞争上岗制度、建立能上能下的用人制度和易岗易薪的分配机制做了明确规定。

28 日　长庆局“大干 100 天，建功大气田”立功竞赛活动表彰大会在靖边召开。钻井工程总公司第三工程项目部等 4 个单位被评为立功竞赛优胜单位；40102 钻井队等 16 个集体被评为立功集体；50628 钻井队小井眼高压喷射实验井—苏 40－19 井等 6 项工程被评为精品工程；李宁、徐宝亮、郝世英等 100 名同志被评为立功个人。

30 日　集团公司总经理马富才一行在靖边基地听取长庆油田汇报，了解天然气的勘探开发现状，以及为保证“西气东输”和陕京、靖西、陕宁、长呼等管道供气的资源和方案准备情况，并视察了天然气生产一线的后勤保障工作。

十　月

1 日　“西气东输”靖边至上海段进气仪式隆重举行。进气仪式由中国石油天然气集团公司副总经理、股份公司高级副总裁苏树林主持，陕西省副省长洪峰，集团公司总经理、股份公司董事长马富才，股份公司监事会主席李克成，集团公司总经理助理、“西气东输”工程协调组组长谢志强，股份公司原副总裁史兴全，国家西气东输工程建设领导小组办公室胡卫平，以及陕西省各有关部门、榆林市委市政府、延安市委市政府、靖边县委县政府的领导，集团公司、股份公司有关部门、“西气东输”管道公司的负责同志出席仪式。长庆局领导孙玉辰、杨庆理、滕玉林，长庆油田公司领导王道富、苟三权，以及长庆局、油田公司、管道分公司的设计、采购、施工、监理单位的领导和员工代表 600 多人参加了仪式。

9 日　长庆局党委发出《关于开展向集团公司“百面红旗单位”学习活动的通知》（长

党发［2003］37 号），号召全局上下积极开展向集团公司“百面红旗单位”钻井工程总公司 30533 钻井队、井下技术作业处压裂大队压裂五队、建设工程总公司新疆分公司学习活动。

10 日　陕西省政协常委、社会与法制委员会主任穆锡明一行 25 人到长庆兴隆园小区调研并座谈。长庆局副局长滕玉林、局长助理张元忠及相关处室负责人参加了座谈会。

同日　局长、党委书记孙玉辰一行 7 人飞抵长庆局厄瓜多尔分公司调研和检查指导工作。在厄瓜多尔孙玉辰局长要求分公司充分利用当地资源，以效益为中心，以市场开发为龙头，为长庆局全面实施“走出去”战略，加快调整市场结构，实现持续稳定协调发展，做出更大的贡献。

14 日　孙玉辰局长在基多受到厄瓜多尔总统卢西奥·古铁雷斯·博尔布阿的亲切接见。古铁雷斯总统介绍了厄瓜多尔油田开发建设的前景和厄政府的相关政策，希望 CPEB 和 CNPC 积极参与招投标，并相信厄中两国的经济合作和人民友谊将会进一步得到发展。孙玉辰局长首先感谢古铁雷斯总统对长庆油田的访问，并简要介绍了 A－P 油田项目进展情况。孙玉辰局长还向古铁雷斯总统赠送了他访问长庆时的影集和牡丹图《国色天香》。会见结束时，古铁雷斯总统还亲切的同孙玉辰局长一行及中国驻厄大使馆官员合影留念。

同日　长庆局局长孙玉辰、总工程师赵业荣一行又拜会了厄瓜多尔国家石油公司总裁佩得罗·爱斯宾，就 A－P 油田项目有关问题和进一步合作进行了热情、坦率地交谈。

15 日　孙玉辰局长一行在 PPR 执行副总裁的陪同下赴 A－P 项目施工现场进行调研和指导，先后听取了电站项目和钻井作业部的工作汇报，并检查了各岗位的工作情况。孙玉辰局长离开前，为项目部题词：“中国长庆，亚马逊，日月同辉”，“吉多三余，长庆中厄”，“吉多有余”，勉励大家坚定信心，克服困难，加强管理，勇于探索，为 CNPC 及长庆做出贡献。

24 日　长庆局、长庆油田公司联合发出《关于明确关联交易各项事务管理委员会人员组成的通知》（长庆字［2003］28 号）。经协商，双方共同成立关联交易、生产运行协调、工程造价管理、石油合作开发联合管理、公共事务管理和对外协调六个管理委员会。

30 日　长庆局印发《报废资产处置办法》（长局发［2003］179 号），就报废资产的范围、管理、处置等做了规定。

同日　长庆局表彰第十届工人技术运动会技术状元、技术标兵及技术能手（长局发［2003］188 号），授予贾学峰等 12 名同志技术状元称号；授予马荣录等 25 名同志技术标兵称号；授予赵小文等 40 名同志技术能手称号。

十一月

3 日　职工医院外一科成功实施一例直径达 13 厘米、重约 0.5 千克左右的巨大肝血管瘤切除手术，实现了该院普外科技术的又一突破。

6 日　钻井工程总公司 30527A 钻井队以 255 天 1 小时的有效时间，累计进尺突破 6 万米大关，实现了几代长庆钻井人的夙愿。

10 日　承担长庆气田钻井施工任务的钻井工程总公司第三、第五工程项目部气井钻井进尺顺利突破 60 万米大关，成为气田会战有史以来年进尺最高的一年。

12 日　中国石油天然气集团公司质量安全环保部安全检查团一行来长庆局进行安全生产大检查。

同日　中国石油工程学会 2003 年钻井技术研讨会在长庆油田召开，来自全国石油石化系统的钻井技术专家 80 多人参加了会议。长庆局总工程师赵业荣参加会议，并作大会发言。

13日　中国石油天然气集团公司发展研究部主任严绪朝来长庆油田，并作了题为《国内外石油工业形势及战略对策》的专题报告。油田领导孙玉辰、张继昌、杨庆理、包方钧、陈慧敏等参加了报告会。

14日　长庆局转发《中国石油天然气集团公司管理人员违纪违规行为处分规定（试行）》。该规定对加强企业管理，强化监督约束机制，规范各级各类管理人员行为，促进党风廉政建设具有十分重要的作用。

17日　长庆局通报2003年优秀工程勘察、设计软件成果（长局发［2003］193号）。

18日　长庆局基层党的建设工作会议在西安基地召开。会议由局党委常委、副局长杨庆理主持；局长、党委书记孙玉辰作了《实践“三个代表”，强化基层建设，为实现“二次创业”宏伟目标奠定坚实基础》的报告；局党委副书记、纪委书记张继昌宣读了《关于进一步加强基层党支部建设的意见》。会上局党委还对获得中国石油天然气集团公司“百面红旗单位”进行了表彰，授予钻井工程总公司30527钻井队等28个基层单位为长庆局基层建设“红旗单位”荣誉称号。

22日　中国石油天然气集团公司环境与健康检查考核组来长庆检查指导工作。长庆局副局长杨庆理就长庆局环境保护、职业健康工作等进行了专题汇报，考核组对此给予了充分肯定。

26日　在第四届全国公开发行企业报评选和中国石油记协第二届“十佳百优”石油新闻工作者评选中，《长庆石油报》荣获“全国先进企业报”称号，两名记者获“百优”石油新闻工作者称号。

27日　局党委、长庆局发出《关于表彰2003年度模范集体、劳动模范和先进集体、先进生产（工作）者决定》（长党发［2003］43号），授予钻井工程总公司30527A钻井队等30个单位“2003年度模范集体”荣誉称号；授予井下技术作业处试油165队等65个单位“2003年度先进集体”荣誉称号；授予李新建等30名同志“2003年度劳动模范”荣誉称号；授予倪华峰等137名同志“2003年度先进生产（工作）者”荣誉称号。

28日　井下技术作业处完成试油压裂酸化2501层次，连续两年试油压裂酸化突破2500层次。

十二月

1日　长庆油田油气当量突破1000万吨暨2003年总结表彰大会在西安基地隆重举行。中国石油天然气集团公司副总经理、股份公司总裁陈耕，集团公司总经理助理刘海胜，股份公司总裁办公室主任李华民，中国石油测井公司董事长、党委书记饶永久，长庆石化分公司总经理张喜文，原石油工业部副部长李敬，长庆局和长庆油田公司党政领导及曾在长庆油田工作过的老领导，以及长庆油田各二级单位领导、受表彰的先进代表、西安地区职工代表近3000人参加了大会。大会由长庆局局长、党委书记孙玉辰主持；集团公司总经理助理刘海胜代表集团公司和股份公司宣读了贺信；长庆油田分公司总经理、党委书记王道富代表长庆油田作总结报告。集团公司副总经理、股份公司总裁陈耕在大会上作了重要讲话。会议还表彰了油田2003年度模范集体、劳动模范和先进集体、先进生产（工作）者。

5日　长庆局在西安召开工资分配制度改革工作视频会议。会议传达了中国石油天然气集团公司工资分配制度改革会议精神，安排部署了长庆局工资分配制度改革工作。

9日　长庆局、长庆油田公司联合发出《关于解决2003年关联交易问题的通知》（长庆字［2003］34号）。本着“相互理解、相互支持、规范运作、共同发展”的原则，油田双方经协商，就2003年关联交易问题达成了一致意见。

同日　陕西省人民政府授予长庆局 2002 年度陕西省“守合同、重信用”企业称号。

同日　长庆局人事组织系统“树组工干部形象”集中学习教育活动经验总结交流会在西安召开。局党委常委、组织部部长张启英参加会议并讲话。

10 日　苏里格开发前期评价工作中多项科技攻关及工艺技术实验取得了阶段性成果。其中，气层改造方式和地面配套工艺氨制冷脱烃、脱水技术两项工艺技术取得突破；简易井口现场应用、国产天然气压缩机应用、气井不压井作业应用、钻井新工艺应用 4 项应用技术取得了科技攻关实验成果。

11 日　来自全国各省市区、计划单列市、各行业体育协会的代表 200 多人，参加了在西安召开的 2003 年全国群众体育工作会议。会议期间代表们参观了长庆兴隆园小区群众体育活动设施，对长庆群众性全民健身活动给予了肯定。

12 日　长庆凭借成功开发大气田的绝对优势，参与了中国石油天然气集团公司投标的重要项目——沙特鲁普哈利盆地招标区块天然气资源初期评估工作。

同日　西安交通大学财经学院副院长、博士生导师、国家有特殊贡献专家、陕西省政府经济顾问冯涛，到长庆作关于国有企业改革的专题讲座。局党委书记、局长孙玉辰，党委副书记、纪委书记张继昌，副局长杨庆理、工会主席蒲建中、总工程师赵业荣、总会计师张芝兰听取了报告。

13 日　加拿大卡阳石油公司技术副总裁劳埃·威伯和加拿大石油公司中国代理张洪涛一行与长庆局商榷技术合作有关事宜。并考察了井下技术作业处、机械制造总厂等单位的石油工程设备，希望与长庆长期合作，希望长庆产品能进入加拿大市场。

22 日　内蒙古自治区乌审旗党政领导包崇明、张平等一行 15 人来长庆局慰问。孙玉辰、滕玉林等局领导与乌审旗领导就双方的进一步合作进行了广泛深入的探讨。

23 日　长庆局印发《建设工程质量追究管理规定》（长局发［2003］231 号），就建设工程质量责任追究范围，建设、勘察、设计、施工、工程监理等单位的质量责任及质量责任追究做了明确规定。

同日　长庆局明确了长庆石油勘探局咨询委员会领导人员名单（长局发［2003］231 号）。

孙玉辰兼任长庆局咨询委员会主任委员；

张启英兼任长庆局咨询委员会副主任委员；

张宏鹏兼任长庆局咨询委员会副主任委员、办公室主任。

29 日　局团委、局党委宣传部联合举办了西安地区才艺展示大赛。西安地区各单位 140 多人、36 个节目参加了比赛。

29—30 日　长庆局 2004 年工作会议暨九届二次职工代表大会在西安召开。局领导、局属各单位党政领导、局机关处室负责人共 120 多人参加了会议。会议由局党委副书记、纪委书记张继昌主持。局长、党委书记孙玉辰代表局党委、长庆局作了《以人为本，统筹兼顾，努力实现长庆局的全面协调可持续发展》的工作报告。《报告》从八个方面总结了 2003 年取得的工作业绩，提出了 2004 年工作的指导思想和工作目标，明确了 6 项重点工作。局领导张继昌、杨庆理、滕玉林、刘自强、赵业荣分别作专题报告。职代会审议通过了《九届二次职工代表大会关于长庆局工作报告的决议（草案）》；签订了 2004 年度党风廉政建设责任书。

31 日　长庆局决定聘任局级技术专家（长局发［2003］237 号）：

刘硕琼兼任长庆局钻井技术专家；

吉振宇兼任长庆局机械技术专家；

孙玉玺兼任长庆局石油压裂技术专家；

宋振云兼任长庆局石油压裂技术专家；
李时宣兼任长庆局油气集输技术专家；
李静群兼任长庆局地质技术专家；
杨世海兼任长庆局油气集输技术专家；
岳砚华兼任长庆局钻井技术专家；
侯元志兼任长庆局电气技术专家；
赵业荣兼任长庆局钻井技术专家；
贾明欧兼任长庆局钻井技术专家；
雷　桐兼任长庆局钻井技术专家；
张明山任长庆局地质技术专家；
侯哲国任长庆局测井技术专家；
杨呈德任长庆局钻井液技术专家。

12月，长庆石油勘探局党委保密委员会办公室主任陈辉荣同志，被中共中央保密委员会办公室、国家保密局评为“全国先进保密工作者”。

（李三卫　廖应兵　赵玉华　王　萌　贾稳鹏　高生珠）